Sartorius aktuell 128. EL

„Sartorius aktuell“ ist ein Service der Sartorius-Redaktion, der zum einen den Inhalt der jeweiligen Ergänzungslieferung beschreibt und zum anderen in einer Vorschau wichtige gesetzgeberische Vorhaben darstellt, um bereit[s ...] tierungshilfe für die Praxis zu geben.

Inhalt der Ergänzungslieferung

Die vorliegende 128. Ergänzungslieferung bringt die Tex[...] Stand vom 22. Oktober 2020. Sie beinhaltet alle seit der letzten Lieferung mit Stand vom 3. August 2020 bis einschließlich 22. Oktober 2020 verkündeten Änderungen sowie bereits früher verkündete Änderungen, die bis 1. Januar 2021 in Kraft treten.

Im Grundgesetz (Nr.**1**) wurde durch das **Gesetz zur Änderung des Grundgesetzes (Artikel 104a und Artikel 143h)** v. 29.9.2020 (BGBl. I S. 2048) in Artikel 104a Absatz 3 ein neuer Satz 3 als Ausnahme zur Grundregel des Satz 2 eingefügt: „Bei der Gewährung von Leistungen für Unterkunft und Heizung auf dem Gebiet der Grundsicherung für Arbeitsuchende wird das Gesetz im Auftrage des Bundes ausgeführt, wenn der Bund drei Viertel der Ausgaben oder mehr trägt.“
Die Schaffung einer einmaligen Ausnahmeregelung ermöglicht es dem Bund, sich gezielt an Entlastungsmaßnahmen der Länder zu beteiligen, indem er einen pauschalen Ausgleich der pandemiebedingten Gewerbesteuermindereinnahmen der Gemeinden zur Hälfte mitträgt. Die grundsätzliche kompetenzrechtliche Verantwortung der Länder für eine angemessene Finanzausstattung der Kommunen bleibt im Übrigen unberührt. Aus diesem Grund wird die ausnahmsweise Ermächtigung in den Übergangsvorschriften des Grundgesetzes verankert und kann ausdrücklich nur einmal genutzt werden. Die Hilfe des Bundes zugunsten der Kommunen erfolgt über das jeweilige Land und setzt seine finanzielle Beteiligung voraus.
Die grundsätzliche Verantwortung der Länder für die Gewährleistung einer angemessenen Finanzausstattung ihrer Kommunen bleibt davon unberührt; die Ausnahmeregelung kann daher, über diesen konkreten Fall hinaus, nicht auf andere Sachverhalte angewandt werden.

Das Wohngeldgesetz (Nr. **385**) wurde durch das Gesetz zur Entlastung bei den Heizkosten im Wohngeld im Kontext der CO_2-Bepreisung (**Wohngeld-CO_2-Bepreisungsentlastungsgesetz** – $WoGCO_2BeprEntlG$) v. 15.5.2020 (BGBl. I S. 1015) und durch das Gesetz zur Einführung der Grundrente für langjährige Versicherung in der gesetzlichen Rentenversicherung mit unterdurchschnittlichem Einkommen und für weitere Maßnahmen zur Erhöhung der Alterseinkommen (**Grundrentengesetz**) v. 12.8.2020 (BGBl. I S. 1879) geändert.
Gemäß dem Klimaschutzprogramm 2030 der Bundesregierung wird ab 2021 eine CO_2-Bepreisung für die Sektoren Verkehr und Wärme eingeführt. Alle zusätzlichen Einnahmen aus der CO_2-Bepreisung sollen in Klimaschutzfördermaßnahmen reinvestiert oder in Form einer Entlastung an die Bürgerinnen und Bürger zurückgegeben werden.

Die CO_2-Komponente soll als Zuschlag zur Miete bzw. Belastung in die Wohngeldberechnung eingehen und so zu einem höheren Wohngeld führen. Im Durchschnitt aller

Wohngeldhaushalte führt die CO_2-Komponente im Jahr 2021 voraussichtlich zu einem um rund 15 Euro höheren Wohngeld pro Monat. Da das Wohngeld eine einkommensabhängige Leistung ist, fällt das zusätzliche Wohngeld bei Haushalten mit besonders niedrigen Einkommen höher und bei steigendem Einkommen niedriger aus.

Das **Grundrentengesetz** sieht die Einführung einer Grundrente für langjährige Versicherung in der gesetzlichen Rentenversicherung vor. Dabei soll der Grundrentenzuschlag in einer Staffelung von 33 bis 35 Jahren ansteigend berechnet werden, damit auch Versicherte mit weniger als 35 Jahren Grundrentenzeiten einen Zuschlag erhalten können. Damit die Verbesserungen durch die Grundrente nicht durch eine Kürzung des Wohngeldes aufgehoben und das systematische „Herauswachsen" aus dem Wohngeld durch die Grundrente reduziert wird, gibt es im Wohngeld (§ 17a WoGG) für die Grundrente einen neuen Freibetrag für langjährige Versicherung.

Zum **1.1.2021** wurde das Bundesfernstraßengesetz (Nr. **932**) durch das **Gesetz zur Neuregelung des bundesstaatlichen Finanzausgleichssystems ab dem Jahr 2020 und zur Änderung haushaltsrechtlicher Vorschriften** v. 14.8.2017 (BGBl. I S. 3122) sowie durch das **Gesetz zur Beschleunigung von Planungs- und Genehmigungsverfahren im Verkehrsbereich** v. 29.11.2018 (BGBl. I S. 2237) geändert.

Das **Gesetz zur Neuregelung des bundesstaatlichen Finanzausgleichssystems** steht im Zusammenhang mit dem Gesetz zur Änderung des Grundgesetzes (Artikel 90, 91c, 104b, 104c, 107, 108, 109a, 114, 125c, 143d, 143e, 143f, 143g) vom 13.7.2017 (BGBl. I S. 2347). Es dient der Umsetzung des Beschlusses der Regierungschefinnen und Regierungschefs von Bund und Ländern vom 14. Oktober 2016 zur Neuregelung des bundesstaatlichen Finanzausgleichssystems ab dem Jahr 2020 und beinhaltet die notwendigen einfachgesetzlichen Folgeregelungen zu den Grundgesetzänderungen.

Bei dem **Gesetz zur weiteren Beschleunigung von Planungs- und Genehmigungsverfahren im Verkehrsbereich** handelt es sich um ein Mantelgesetz zur Änderung u. a. des Bundesfernstraßengesetzes (FStrG).

Kleine Änderungen gab es

- im Artikel 10-Gesetz (Nr. **7**) durch das **Gesetz zur Ergänzung des Terrorismusbekämpfungsgesetzes** v. 5.1.2007 (BGBl. I S. 2), geänd. durch G zur Verlängerung der Befristung von Vorschriften nach den Terrorismusbekämpfungsgesetzen v. 3.12.2015 (BGBl. I S. 2161),
- in der Geschäftsordnung des Deutschen Bundestages (Nr. **35**) durch die **Änderung der Geschäftsordnung des Deutschen Bundestages** v. 17.9.2020 (BGBl. I S. 2067),
- im Bundesverfassungsschutzgesetz (Nr. **80**) durch das **Gesetz zur Ergänzung des Terrorismusbekämpfungsgesetzes** v. 5.1.2007 (BGBl. I S. 2), geänd. durch G v. 6.6.2009 (BGBl. I S. 1226), G v. 7.12.2011 (BGBl. I S. 2576) und G v. 3.12.2015, (BGBl. I S. 2161) sowie durch die **Entscheidung des Bundesverfassungsgerichts** (zu § 8d Absatz 1 Satz 1 und Absatz 2 Satz 1 des Bundesverfassungsschutzgesetzes),
- im Beamtenversorgungsgesetz (Nr. **155**) durch das **Zweite Gesetz zur Änderung des Bundespersonalvertretungsgesetzes und weiterer dienstrechtlicher Vorschriften aus Anlass der COVID-19-Pandemie** v. 25.5.2020 (BGBl. I S. 1063),

- im Baugesetzbuch (Nr. **300**) durch das **Gesetz zur Vereinheitlichung des Energieeinsparrechts für Gebäude und zur Änderung weiterer Gesetze** v. 8.8.2020 (BGBl. I S. 1728),
- im Jugendschutzgesetz (Nr. **400**) mWv 1.10.2021 durch das **Gesetz zur Aktualisierung der Strukturreform des Gebührenrechts des Bundes** v. 18.7.2016 (BGBl. I S. 1666),
- im Bundeskriminalamtgesetz (Nr. **450**) durch die **Entscheidung des Bundesverfassungsgerichts** (zu § 10 Absatz 1 Satz 1 und Absatz 2 und § 40 Absatz 1 Satz 1 und Absatz 2 des Bundeskriminalamtgesetzes),
- in der Gewerbeordnung (Nr. **800**) durch das **Gesetz zur Einführung einer Karte für Unionsbürger und Angehörige des Europäischen Wirtschaftsraums mit Funktion zum elektronischen Identitätsnachweis sowie zur Änderung des Personalausweisgesetzes und weiterer Vorschriften** durch G v. 21.6.2019 (BGBl. I S. 846),
- im Energiewirtschaftsgesetz (Nr. **830**) durch das **Gesetz zur Vereinheitlichung des Energieeinsparrechts für Gebäude und zur Änderung weiterer Gesetze** v. 8.8.2020 (BGBl. I S. 1728) und durch das **Gesetz zur Reduzierung und zur Beendigung der Kohleverstromung und zur Änderung weiterer Gesetze (Kohleausstiegsgesetz)** v. 8.8.2020 (BGBl. I S. 1818).

Die Änderungen im Bundespolizeigesetz (Nr. **90**) durch die **Entscheidung des Bundesverfassungsgerichts** in §§ 22a Abs. 1 und 2 werden in der kommenden **129**. Lieferung eingearbeitet: „(§ 22a Abs. 1 Satz 1, soweit er nicht auf § 21 Abs. 2 Nr. 2 verweist, ist gem. Beschluss des BVerfG v. 27.5.2020 (BGBl. I S. 1931) mit Art. 2 Abs. 1 iVm Art. 1 Abs. 1 und Art. 10 Abs. 1 GG unvereinbar. Bis zur Neuregelung, längstens jedoch bis 31.12.2021, bleibt die für mit dem Grundgesetz unvereinbar erklärte Vorschrift weiter anwendbar)“

Die Änderungen durch die **Elfte Zuständigkeitsanpassungsverordnung** v. 19.6.2020 (BGBl. I S. 1328), die in der 127. Ergänzungslieferung aus Umfanggründen zurückgestellt wurden, sind abschließend in folgenden Vorschriften eingearbeitet:

Artikel 10-Gesetz (Nr. **7**), Verwaltungs-Vollstreckungsgesetz (Nr. **112**), Informationsfreiheitsgesetz (Nr. **113**), Bundespolizeibeamtengesetz (Nr. **200**), Bundesdisziplinargesetz (Nr. **220**), Bundesreisekostengesetz (Nr. **235**), Paßgesetz (Nr. **250**), Personalausweisgesetz (Nr. **255**), Personenstandsgesetz (Nr. **260**), Personenstandsverordnung (Nr. **261**), Gentechnikgesetz (Nr. **270**), Bundes-Bodenschutz- und Altlastenverordnung (Nr. **299a**), Raumordnungsgesetz (Nr. **340**), Wohnungsbindungsgesetz (Nr. **387**), Vereinsgesetz (Nr. **425**), Gesetz über befriedete Bezirke für Verfassungsorgane des Bundes (Nr. **434**), Versammlungsgesetz (Nr. **435**), Freizügigkeitsgesetz/EU (Nr. **560**), Wehrpflichtgesetz (Nr. **620**), Zivilschutz- und Katastrophenhilfegesetz (Nr. **680**), Bundeshaushaltsordnung (Nr. **700**), Waffengesetz (Nr. **820**), Gesetz über die Kontrolle von Kriegswaffen (Nr. **823**), Pflanzenschutzgesetz (Nr. **863**), Tierschutzgesetz (Nr. **873**), Bundesnaturschutzgesetz (Nr. **880**) und im Bundesjagdgesetz (Nr. **890**).

Vorschau

Die kommende 129. Ergänzungslieferung wird sämtliche Änderungen enthalten, die nach dem 22. Oktober 2020 verkündet und bis zum Erscheinungstermin der 129. EL in Kraft treten werden.

Die Änderungsvorschriften, denen in der Bundesratsitzung v. 6.11.2020 zugestimmt wurde, konnten in dieser Vorschau noch nicht berücksichtigt werden, da die Ergänzungslieferung bereits in Druck war.

Die 129. EL wird die aktualisierte Tabelle der Anlage zum BundesfernstraßenG (Nr. 932), zuletzt geänd. mWv 14.8.2020 durch G v. 8.8.2020 (BGBl. I S. 1795) auf den Blättern 27 ff. enthalten, die beim Austausch der Blätter des FStrG versehentlich nicht berücksichtigt wurden:

Anlage[1)]
(zu § 17e Abs. 1)

Bundesfernstraßen mit erstinstanzlicher Zuständigkeit des Bundesverwaltungsgerichts

Lfd. Nr.	Bezeichnung
1	A 1 Dreieck Hamburg-Südost – Hamburg-Harburg
2	A 1 Neuenkirchen/Vörden – Münster-Nord
3	A 1 Köln-Niehl – Kreuz Leverkusen
4	A 1 Kreuz Wuppertal-Nord (A 43)
5	A 1 Westhofener Kreuz (A 45)
6	A 1 Blankenheim – Kelberg
7	A 2 Kreuz Bottrop (A 31)
8	A 3 Kreuz Kaiserberg (A 40)
9	A 3 Kreuz Oberhausen (A 2/ A 516)
10	A 3 Köln-Mülheim – Kreuz Leverkusen (A 1)
11	A 3 Wiesbadener Kreuz (A 66)
12	A 3 Kreuz Biebelried (A 7) – Kreuz Fürth/Erlangen (A 73)
13	A 4 Kreuz Köln-Süd (A 555)
14	A 4 AD Nossen (A 14) – Bundesgrenze Deutschland/Polen
15	A 6 Saarbrücken-Fechingen – St. Ingbert-West
16	A 6 Heilbronn/Untereisesheim – Heilbronn/Neckarsulm
17	A 6 Kreuz Weinsberg (A 81) – Kreuz Feuchtwangen/Crailsheim (A 7)
18	A 7 Hamburg/Heimfeld – Hamburg/Volkspark

[1)] Anlage neu gef. mWv 5.7.2017 durch G v. 27.6.2017 (BGBl. I S. 2082); geänd. mWv 7.12.2018 durch G v. 29.11.2018 (BGBl. I S. 2237); geänd. mWv 14.8.2020 durch G v. 8.8.2020 (BGBl. I S. 1795).

Lfd. Nr.	Bezeichnung
19	A 7 Kreuz Rendsburg – Rendsburg/Büdelsdorf
20	A 8 Mühlhausen – Hohenstadt
21	A 8 Kreuz München Süd (A 99) – Bundesgrenze Deutschland – Österreich
22	A 14 AS Leipzig-Ost – AD Parthenaue
23	A 20 Westerstede (A 28) – Weede
24	A 26 Drochtersen (A 20) – Dreieck Hamburg-Stillhorn (A 1)
25	A 33 Bielefeld/Brackwede – Borgholzhausen einschließlich Zubringer Ummeln
26	A 33 Dreieck Osnabrück-Nord (A 1) – Osnabrück-Belm
27	A 39 Lüneburg – Wolfsburg
28	A 40 Duisburg-Homberg – Duisburg-Häfen
29	A 44 Ratingen (A 3) – Velbert
30	A 45 Hagen (A 46) – Westhofen (A 1)
31	A 46 Westring – Kreuz Sonnborn (L 418)
32	A 49 Bischhausen – A 5
33	A 52 AK Mönchengladbach (A 61) – AK Neersen (A 44)
34	A 57 Kreuz Köln-Nord (A 1) – Kreuz Moers (A 40)
35	A 61 Kreuz Frankenthal (A 6) – Landesgrenze Rheinland-Pfalz – Baden-Württemberg
36	A 66 Kreuz Wiesbaden-Schierstein – Kreuz Wiesbaden
37	A 81 Böblingen/Hulb – Sindelfingen Ost
38	A 94 Malching – Pocking (A 3)
39	A 99 Dreieck München Süd-West (A 96) – Kreuz München Süd (A 8)
40	A 100 Dreieck Neukölln (A 113) – Storkower Straße
41	A 111 Landesgrenze Berlin – Brandenburg – einschließlich Rudolf-Wissell-Brücke (A 100)
42	A 281 Eckverbindung in Bremen
43	A 445 Werl-Nord – Hamm-Rhynern (A 2)
44	A 553 AK Köln-Godorf (A 555) – AD Köln-Lind (A 59)
45	A 643 Dreieck Mainz (A 60) – Mainz-Mombach
46	B 6 OU Bruckdorf
47	B 6 OU Gröbers
48	B 6 OU Großkugel
49	B 7 Verlegung nördlich Frohburg (Landesgrenze Freistaat Thüringen – Freistaat Sachsen – nördlich Frohburg)
50	B 7 Altenburg (B 93) – Landesgrenze Freistaat Thüringen – Freistaat Sachsen
51	B 19 OU Meiningen
52	B 35 Altenkreith – Wetterfeld
53	B 37 OU Naumburg – Wethau
54	B 101 OU Elsterwerda
55	B 112 OU Frankfurt (Oder)
56	B 169 OU Klein Oßnig und OU Annahof/Klein Gaglow

Lfd. Nr.	Bezeichnung
57	B 169 OU Plessa
58	B 178 Nostitz – A 4 (AS Weißenberg)
59	B 87 OU Weißenfels
60	B 181 Neu- und Ausbau westlich Leipzig (A 9 bis Stadtgrenze Leipzig)
61	B 207 (E 47) Fehmarnsundquerung
62	B 221 OU Scherpenseel
63	B 221 OU Unterbruch
64	E 47 Feste Fehmarnbeltquerung (Puttgarden – Grenze der deutschen ausschließlichen Wirtschaftszone)
65	B 402/B 213/B 72 (E 233) Meppen (A 31) – Cloppenburg (A 1)

Bei dieser Gelegenheit wollen wir uns für die Anregungen und Fehlerhinweise durch unsere Bezieher bedanken, die uns auf diese Weise eine wertvolle Hilfestellung bei der Gestaltung der Textsammlung leisten. Zudem möchten wir darauf aufmerksam machen, dass wir unter der eigens für diese Textsammlung eingerichteten E-Mail-Adresse sartorius.redaktion@beck.de erreichbar sind; die Adresse ist auch auf der Rückseite des Titelblattes vermerkt.

Verlag C.H.BECK

Sartorius

Verfassungs- und Verwaltungsgesetze

Einordnungsanweisung für die 128. Ergänzungslieferung November 2020

Herauszunehmen:		Zahl der Blätter:	Einzufügen:		Zahl der Blätter:
Titelblatt		1	Titelblatt		1
Geleitwort zur 127. EL „Sartorius aktuell" 1–8		4	Geleitwort zur 128. EL „Sartorius aktuell"* 1–6		3
1	5/6	1	**1**	5/6	1
	57/57a	1		57/57a	1
	79–80a	2		79–80a	2
7	1–4	2	**7**	1–4	2
	10/10a	1		10/10a	1
35	1–2a	2	**35**	1–2a	2
	32/32a	1		32/32a	1
80	1–24	13	**80**	1–24	10
100	1–7a	4	**100**	1–7a	4
110	1/2	1	**110**	1/2	1
112	1/2	1	**112**	1/2	1
113	1/2	1	**113**	1/2	1
120	5/6	1	**120**	5/6	1
155	1–4	2	**155**	1–4	2
	81/82	1		81/82	1
180	1/2	1	**180**	1/2	1
200	1–6	3	**200**	1–6	3
220	1/2	1	**220**	1/2	1
	31–33a	2		31–33a	2
230	59/60	1	**230**	59/60	1
	89/90	1		89/90	1
235	1–6	3	**235**	1–6	3
246	1–8a	7	**246**	1–8i	33
250	1–4	2	**250**	1–4	2
	13–**251** 4	5		13–18 **251** 4	5
255	1–4	2	**255**	1–4	2
	23–**256** 2	3		23–**256** 2	3
Übertrag:		70	Übertrag:		92

* Aus technischen Gründen liegt das Geleitwort zur 128. EL „Sartorius aktuell" am Anfang der Lieferung, bitte ordnen Sie es wie gewohnt anstelle des Geleitworts zur 127. EL hinter dem Vorwort in die Textsammlung ein.

Herauszunehmen:

		Zahl der Blätter:
Übertrag:		70
256	15/16	1
	21/22	1
	29/30	1
	39–**260** 2	2
260	19/20	1
	35–**261** 2	3
261	7/8	1
	32–34	2
270	1/1a	1
	7/8	1
	33/34	1
	47/48	1
275	1/2	1
	19/20	1
299a	1/2	1
	13/14	1
300	1–4	2
	121/122	1
	159/160	1
340	1/2	1
	17–22	3
385	1–38	19
387	1/1a	1
	15/16	1
400	1–6	4
	17–20	2
425	1–14	8
434	1–**435** 2	2
450	1–36	18
	61/62	1
	71–74	2
560	1/2	1
	11/12	1
565	1/2	1
	151/152	1
	161–166	3
	189–192	2
567	1/2	1
	9/10	1
	14–22	7
	35/36	1
	53/54	1
Übertrag:		176

Einzufügen:

		Zahl der Blätter:
Übertrag:		92
256	15/16	1
	21/22	1
	29/30	1
	39–**260** 2	2
260	19/20	1
	35–**261** 2	3
261	7/8	1
	32–34a	2
270	1/1a	1
	7/8	1
	33/34	1
	47/48	1
275	1/2	1
	19/20	1
299a	1/2	1
	13/14	1
300	1–4	2
	121/122	1
	159/160	1
340	1/2	1
	17–22	3
385	1–38a	20
387	1/1a	1
	15/16	1
400	1–6a	4
	17–20	2
425	1–14	7
434	1–**435** 2	2
450	1–36	18
	61/62	1
	71–74	2
560	1/2	1
	11/12	1
565	1/2	1
	151/152	1
	161–166	3
	189–192	2
567	1/2	1
	9/10	1
	14–22a	6
	35/36	1
	53/54	1
Übertrag:		197

Herauszunehmen:		Zahl der Blätter:
Übertrag:		176
620	1/2	1
	11–14	2
680	1–12	6
700	1–4	3
	17/18	1
800	91/91a	1
820	1/2	1
823	1/2	1
	7/8	1
830	1–6	3
	37–40	2
	47–58	6
	83/83a	1
	89–95a	10
	102–109a	9
	125–130a	4
	155/156	1
863	1–54	27
873	1–6	4
	17–25	5
880	1/2	1
	20–37	12
	45–57	7
890	1/2	1
	18/19	1
932	1–26	15
1001	45/46	1
Insgesamt herauszunehmen:		303

Einzufügen:		Zahl der Blätter:
Übertrag:		197
620	1/2	1
	11–14	2
680	1–12	6
700	1–4	1
	17/18	1
800	91/91a	1
820	1/2	1
823	1/2	1
	7/8	1
830	1–6	3
	37–40	2
	47–58a	7
	83/83a	1
	89–95c	9
	102–109c	9
	125–130a	4
	155–158	2
863	1–54	26
873	1–6a	4
	17–26	5
880	1/2	1
	20–37a	10
	45–57a	7
890	1/2	1
	18/19	1
932	1–26a	15
1001	45/46	1
Insgesamt einzufügen:		320

SARTORIUS

Verfassungs- und Verwaltungsgesetze

Textausgabe

Begründet von Dr. Carl Sartorius

Stand: 22. Oktober 2020
(128. Ergänzungslieferung)

C.H.BECK

Dieses Titelblatt entstammt der 128. Ergänzungslieferung Oktober 2020
(Anschluss an die 127. Ergänzungslieferung August 2020)
ISBN 978 3 406 74672 7

Redaktioneller Hinweis:

Paragraphenüberschriften in eckigen Klammern sind nicht amtlich.
Sie sind ebenso wie die Fußnoten urheber- und wettbewerbsgeschützt.
Die Angaben zum Stand der Sammlung auf dem Titelblatt beziehen sich auf das Verkündungsdatum der maßgebenden Gesetzes-, Verordnungs- und Amtsblätter.
Anregungen und Hinweise zur Gestaltung der Textsammlung bitte an den Verlag oder an

sartorius.redaktion@beck.de

www.beck.de

ISBN 978 3 406 45645 9 (Grundwerk zur Fortsetzung für 12 Monate)
ISBN 978 3 406 63600 4 (Grundwerk ohne Fortsetzung)

Wilhelmstraße 9, 80801 München
Satz, Druck und Bindung: Druckerei C. H. Beck Nördlingen
(Adresse wie Verlag)

Gedruckt auf säurefreiem, alterungsbeständigem Papier
(hergestellt aus chlorfrei gebleichtem Zellstoff)

Lfd. Nr.	Änderndes Gesetz	Datum	Fundstelle	Betroffen	Hinweis
57.	Art. 1 ÄndG (Art. 91c, 91d, 104b, 109, 109a, 115, 143d)	29.7.2009	BGBl. I S. 2248	Überschrift Abschnitt VIIIa, Art. 104b, 109, 115	geänd. mWv 1.8.2009
				Art. 91c, 91d, 109a, 143d	eingef. mWv 1.8.2009
58.	Art. 1 ÄndG (Art. 91e)	21.7.2010	BGBl. I S. 944	Art. 91e	eingef. mWv 27.7.2010
59.	Art. 1 ÄndG (Art. 93)	11.7.2012	BGBl. I S. 1478	Art. 93	geänd. mWv 17.7.2012
60.	Art. 1 ÄndG (Art. 91b)	23.12.2014	BGBl. I S. 2438	Art. 91b	geänd. mWv 1.1.2015
61.	Art. 1 ÄndG (Art. 21)	13.7.2017	BGBl. I S. 2346	Art. 21	geänd. mWv 20.7.2017
62.	Art. 1 ÄndG (Art. 90, 91c, 104b, 104c, 107, 108, 109a, 114, 125c, 143d, 143e, 143f, 143g)	13.7.2017	BGBl. I S. 2347	Art. 90, 91c, 104b, 107, 108, 109a, 114, 125c, 143d	geänd. mWv 20.7.2017
				Art. 104c, 143e, 143f, 143g	eingef. mWv 20.7.2017
63.	Art. 1 ÄndG (Art. 104b, 104c, 104d, 125c, 143e)	28.3.2019	BGBl. I S. 404	Art. 104b, 125c, 143e	geänd. mWv 4.4.2019
				Art. 104c	neu gef. mWv 4.4.2019
				Art. 104d	eingef. mWv 4.4.2019
64.	Art. 1 ÄndG (Art. 72, 105, 125b)	15.11.2019	BGBl. I S. 1546	Art. 72, 105, 125b	geänd. mWv 21.11. 2019
65.	Art. 1, Art. 2 Covid-19-G zur Änd. des GrundG	29.9.2020	BGBl. I S. 2048	Art. 104a	geänd. mWv 8.10.2020
				Art. 143h	eingef. mWv 8.10.2020
				Art. 143h	aufgeh. mit Ablauf des 31.12.2020

Gliederung des Grundgesetzes für die Bundesrepublik Deutschland[1)]

Nichtamtliche Inhaltsübersicht

Präambel

I. Die Grundrechte

1) Die Gliederung wurde redaktionell an die nachträglichen Änderungen des Grundgesetzes angepasst.

niemanden länger als bis zum Ende des Tages nach dem Ergreifen in eigenem Gewahrsam halten. [4] Das Nähere ist gesetzlich[1)] zu regeln.

(3) [1] Jeder wegen des Verdachtes einer strafbaren Handlung vorläufig Festgenommene ist spätestens am Tage nach der Festnahme dem Richter vorzuführen, der ihm die Gründe der Festnahme mitzuteilen, ihn zu vernehmen und ihm Gelegenheit zu Einwendungen zu geben hat. [2] Der Richter hat unverzüglich entweder einen mit Gründen versehenen schriftlichen Haftbefehl zu erlassen oder die Freilassung anzuordnen.

(4) Von jeder richterlichen Entscheidung über die Anordnung oder Fortdauer einer Freiheitsentziehung ist unverzüglich ein Angehöriger des Festgehaltenen oder eine Person seines Vertrauens zu benachrichtigen.

X. Das Finanzwesen[2)3)]

Art. 104a[4)] [Ausgabenverteilung; Lastenverteilung] (1) Der Bund und die Länder tragen gesondert die Ausgaben, die sich aus der Wahrnehmung ihrer Aufgaben ergeben, soweit dieses Grundgesetz nichts anderes bestimmt.

(2) Handeln die Länder im Auftrage des Bundes, trägt der Bund die sich daraus ergebenden Ausgaben.

(3) [1] Bundesgesetze, die Geldleistungen gewähren und von den Ländern ausgeführt werden, können bestimmen, daß die Geldleistungen ganz oder zum Teil vom Bund getragen werden. [2] Bestimmt das Gesetz, daß der Bund die Hälfte der Ausgaben oder mehr trägt, wird es im Auftrage des Bundes durchgeführt. [3] Bei der Gewährung von Leistungen für Unterkunft und Heizung auf dem Gebiet der

---

[1)] Siehe hierzu Buch 7 (§§ 415 ff. – Verfahren in Freiheitsentziehungssachen) des G über das Verfahren in Familiensachen und in den Angelegenheiten der freiwilligen Gerichtsbarkeit (FamFG) **(Schönfelder Nr. 112)**.

[2)] Siehe für die Zeit nach der Herstellung der Einheit Deutschlands Art. 7 EVertr. v. 31.8.1990 (BGBl. II S. 885, 889):

„**Art. 7 Finanzverfassung.** (1) Die Finanzverfassung der Bundesrepublik Deutschland wird auf das in Artikel 3 genannte Gebiet erstreckt, soweit in diesem Vertrag nichts anderes bestimmt ist.

(2), (3) *(nicht mehr wiedergegebene Maßgaben für die Anwendung der Art. 106 und 107 GG bis zum 31.12. 1994 bzw. 31.12 1996)*

(4) Das in Artikel 3 genannte Gebiet wird in die Regelungen der Artikel 91a, 91b und 104a Abs. 3 und 4 des Grundgesetzes einschließlich der hierzu ergangenen Ausführungsbestimmungen nach Maßgabe dieses Vertrags mit Wirkung vom 1. Januar 1991 einbezogen.

(5) Nach Herstellung der deutschen Einheit werden die jährlichen Leistungen des Fonds „Deutsche Einheit"

1. zu 85 vom Hundert als besondere Unterstützung den Ländern Brandenburg, Mecklenburg-Vorpommern, Sachsen, Sachsen-Anhalt und Thüringen sowie dem Land Berlin zur Deckung ihres allgemeinen Finanzbedarfs gewährt und auf diese Länder im Verhältnis ihrer Einwohnerzahl ohne Berücksichtigung der Einwohnerzahl von Berlin (West) verteilt sowie
2. zu 15 vom Hundert zur Erfüllung zentraler öffentlicher Aufgaben auf dem Gebiet der vorgenannten Länder verwendet.

(6) Bei grundlegender Veränderung der Gegebenheiten werden die Möglichkeiten weiterer Hilfe zum angemessenen Ausgleich der Finanzkraft für die Länder in dem Artikel 3 genannten Gebiet von Bund und Ländern gemeinsam geprüft."

[3)] Siehe auch das G zur Lastentragung im Bund-Länder-Verhältnis bei Verletzung von supranationalen oder völkerrechtlichen Verpflichtungen (Lastentragungsgesetz – LastG) **(Sartorius III Nr. 103)**.

[4)] Art. 104a eingef. durch G v. 12.5.1969 (BGBl. I S. 359); Abs. 3 Satz 3 aufgeh., Abs. 4 neu gef. und Abs. 6 angef. mWv 1.9.2006 durch G v. 28.8.2006 (BGBl. I S. 2034); Abs. 3 Satz 3 angef. mWv 8.10.2020 durch G v. 29.9.2020 (BGBl. I S. 2048).

Grundsicherung für Arbeitsuchende wird das Gesetz im Auftrage des Bundes ausgeführt, wenn der Bund drei Viertel der Ausgaben oder mehr trägt.

(4) Bundesgesetze, die Pflichten der Länder zur Erbringung von Geldleistungen, geldwerten Sachleistungen oder vergleichbaren Dienstleistungen gegenüber Dritten begründen und von den Ländern als eigene Angelegenheit oder nach Absatz 3 Satz 2 im Auftrag des Bundes ausgeführt werden, bedürfen der Zustimmung des Bundesrates, wenn daraus entstehende Ausgaben von den Ländern zu tragen sind.

(5) [1] Der Bund und die Länder tragen die bei ihren Behörden entstehenden Verwaltungsausgaben und haften im Verhältnis zueinander für eine ordnungsmäßige Verwaltung. [2] Das Nähere bestimmt ein Bundesgesetz, das der Zustimmung des Bundesrates bedarf.

(6) [1] Bund und Länder tragen nach der innerstaatlichen Zuständigkeits- und Aufgabenverteilung die Lasten einer Verletzung von supranationalen oder völkerrechtlichen Verpflichtungen Deutschlands. [2] In Fällen länderübergreifender Finanzkorrekturen der Europäischen Union tragen Bund und Länder diese Lasten im Verhältnis 15 zu 85. [3] Die Ländergesamtheit trägt in diesen Fällen solidarisch 35 vom Hundert der Gesamtlasten entsprechend einem allgemeinen Schlüssel; 50 vom Hundert der Gesamtlasten tragen die Länder, die die Lasten verursacht haben, anteilig entsprechend der Höhe der erhaltenen Mittel. [4] Das Nähere regelt ein Bundesgesetz, das der Zustimmung des Bundesrates bedarf.

Art. 104b [1)2)] [Finanzhilfen für bedeutsame Investitionen der Länder]

(1) [1] Der Bund kann, soweit dieses Grundgesetz ihm Gesetzgebungsbefugnisse verleiht, den Ländern Finanzhilfen für besonders bedeutsame Investitionen der Länder und der Gemeinden (Gemeindeverbände) gewähren, die

1. zur Abwehr einer Störung des gesamtwirtschaftlichen Gleichgewichts oder
2. zum Ausgleich unterschiedlicher Wirtschaftskraft im Bundesgebiet oder
3. zur Förderung des wirtschaftlichen Wachstums

erforderlich sind. [2] Abweichend von Satz 1 kann der Bund im Falle von Naturkatastrophen oder außergewöhnlichen Notsituationen, die sich der Kontrolle des Staates entziehen und die staatliche Finanzlage erheblich beeinträchtigen, auch ohne Gesetzgebungsbefugnisse Finanzhilfen gewähren.

(2) [1] Das Nähere, insbesondere die Arten der zu fördernden Investitionen, wird durch Bundesgesetz, das der Zustimmung des Bundesrates bedarf, oder auf Grund des Bundeshaushaltsgesetzes durch Verwaltungsvereinbarung geregelt. [2] Das Bundesgesetz oder die Verwaltungsvereinbarung kann Bestimmungen über die Ausgestaltung der jeweiligen Länderprogramme zur Verwendung der Finanzhilfen vorsehen. [3] Die Festlegung der Kriterien für die Ausgestaltung der Länderprogramme erfolgt im Einvernehmen mit den betroffenen Ländern. [4] Zur Gewährleistung der zweckentsprechenden Mittelverwendung kann die Bundesregierung Bericht und Vorlage der Akten verlangen und Erhebungen bei allen Behörden durchführen. [5] Die Mittel des Bundes werden zusätzlich zu

(Fortsetzung nächstes Blatt)

[1)] Art. 104b eingef. mWv 1.9.2006 durch G v. 28.8.2006 (BGBl. I S. 2034); Abs. 1 Satz 2 angef. mWv 1.8.2009 durch G v. 29.7.2009 (BGBl. I S. 2248); Abs. 2 Sätze 2–4 eingef., bish. Sätze 2 und 3 werden Sätze 5 und 6 mWv 20.7.2017 durch G v. 13.7.2017 (BGBl. I S. 2347); Abs. 2 Satz 5 eingef., bish. Sätze 5 und 6 werden Sätze 6 und 7, Satz 6 geänd. mWv 4.4.2019 durch G v. 28.3.2019 (BGBl. I S. 404).

[2)] Siehe hierzu ua die VV Städtebauförderung 2020 v. 19.12.2019 (BAnz AT 25.06.2020 B1, 2).

erreicht werden kann. [2]Abweichungen dürfen nicht gegen Artikel 19 Abs. 2 verstoßen und müssen mit den in Artikel 79 Abs. 3 genannten Grundsätzen vereinbar sein.

(2)[1] Abweichungen von den Abschnitten II, VIII, VIIIa, IX, X und XI sind längstens bis zum 31. Dezember 1995 zulässig.

(3) Unabhängig von Absatz 1 und 2 haben Artikel 41 des Einigungsvertrags und Regelungen zu seiner Durchführung auch insoweit Bestand, als sie vorsehen, daß Eingriffe in das Eigentum auf dem in Artikel 3 dieses Vertrags genannten Gebiet nicht mehr rückgängig gemacht werden.

Art. 143a[2] **[Übergangsvorschriften für Bundeseisenbahnen]** (1) [1]Der Bund hat die ausschließliche Gesetzgebung über alle Angelegenheiten, die sich aus der Umwandlung der in bundeseigener Verwaltung geführten Bundeseisenbahnen in Wirtschaftsunternehmen ergeben. [2]Artikel 87e Abs. 5 findet entsprechende Anwendung. [3]Beamte der Bundeseisenbahnen können durch Gesetz unter Wahrung ihrer Rechtsstellung und der Verantwortung des Dienstherrn einer privat-rechtlich organisierten Eisenbahn des Bundes zur Dienstleistung zugewiesen werden.

(2) Gesetze nach Absatz 1 führt der Bund aus.

(3) [1]Die Erfüllung der Aufgaben im Bereich des Schienenpersonennahverkehrs der bisherigen Bundeseisenbahnen ist bis zum 31. Dezember 1995 Sache des Bundes. [2]Dies gilt auch für die entsprechenden Aufgaben der Eisenbahnverkehrsverwaltung. [3]Das Nähere wird durch Bundesgesetz geregelt, das der Zustimmung des Bundesrates bedarf.

Art. 143b[3] **[Umwandlung der Deutschen Bundespost]** (1) [1]Das Sondervermögen Deutsche Bundespost wird nach Maßgabe eines Bundesgesetzes in Unternehmen privater Rechtsform umgewandelt. [2]Der Bund hat die ausschließliche Gesetzgebung über alle sich hieraus ergebenden Angelegenheiten.

(2) [1]Die vor der Umwandlung bestehenden ausschließlichen Rechte des Bundes können durch Bundesgesetz für eine Übergangszeit den aus der Deutschen Bundespost POSTDIENST und der Deutschen Bundespost TELEKOM hervorgegangenen Unternehmen verliehen werden. [2]Die Kapitalmehrheit am Nachfolgeunternehmen der Deutschen Bundespost POSTDIENST darf der Bund frühestens fünf Jahre nach Inkrafttreten des Gesetzes aufgeben. [3]Dazu bedarf es eines Bundesgesetzes mit Zustimmung des Bundesrates.

(3) [1]Die bei der Deutschen Bundespost tätigen Bundesbeamten werden unter Wahrung ihrer Rechtsstellung und der Verantwortung des Dienstherrn bei den privaten Unternehmen beschäftigt. [2]Die Unternehmen üben Dienstherrenbefugnisse aus. [3]Das Nähere bestimmt ein Bundesgesetz.

Art. 143c[4] **[Übergangsvorschriften wegen Wegfalls der Finanzhilfen durch den Bund]** (1) [1]Den Ländern stehen ab dem 1. Januar 2007 bis zum 31. Dezember 2019 für den durch die Abschaffung der Gemeinschaftsaufgaben Ausbau und Neubau von Hochschulen einschließlich Hochschulkliniken und

[1] Art. 143 Abs. 1 und 2 haben gem. Unterzeichnungsprotokoll zum EVertr. „[…] nur zeitliche Bedeutung; sie sind deshalb keine Vorgabe für die künftige Gesetzgebung."

[2] Art. 143a eingef. durch G v. 20.12.1993 (BGBl. I S. 2089).

[3] Art. 143b eingef. durch G v. 30.8.1994 (BGBl. I S. 2245).

[4] Art. 143c eingef. mWv 1.9.2006 durch G v. 28.8.2006 (BGBl. I S. 2034).

Bildungsplanung sowie für den durch die Abschaffung der Finanzhilfen zur Verbesserung der Verkehrsverhältnisse der Gemeinden und zur sozialen Wohnraumförderung bedingten Wegfall der Finanzierungsanteile des Bundes jährlich Beträge aus dem Haushalt des Bundes zu. [2]Bis zum 31. Dezember 2013 werden diese Beträge aus dem Durchschnitt der Finanzierungsanteile des Bundes im Referenzzeitraum 2000 bis 2008 ermittelt.

(2) Die Beträge nach Absatz 1 werden auf die Länder bis zum 31. Dezember 2013 wie folgt verteilt:

1. als jährliche Festbeträge, deren Höhe sich nach dem Durchschnittsanteil eines jeden Landes im Zeitraum 2000 bis 2003 errechnet;
2. jeweils zweckgebunden an den Aufgabenbereich der bisherigen Mischfinanzierungen.

(3) [1]Bund und Länder überprüfen bis Ende 2013, in welcher Höhe die den Ländern nach Absatz 1 zugewiesenen Finanzierungsmittel zur Aufgabenerfüllung der Länder noch angemessen und erforderlich sind. [2]Ab dem 1. Januar 2014 entfällt die nach Absatz 2 Nr. 2 vorgesehene Zweckbindung der nach Absatz 1 zugewiesenen Finanzierungsmittel; die investive Zweckbindung des Mittelvolumens bleibt bestehen. [3]Die Vereinbarungen aus dem Solidarpakt II bleiben unberührt.

(4) Das Nähere regelt ein Bundesgesetz, das der Zustimmung des Bundesrates bedarf.

Art. 143d[1)] [Übergangsvorschriften im Rahmen der Konsolidierungshilfen] (1) [1]Artikel 109 und 115 in der bis zum 31. Juli 2009 geltenden Fassung sind letztmals auf das Haushaltsjahr 2010 anzuwenden. [2]Artikel 109 und 115 in der ab dem 1. August 2009 geltenden Fassung sind erstmals für das Haushaltsjahr 2011 anzuwenden; am 31. Dezember 2010 bestehende Kreditermächtigungen für bereits eingerichtete Sondervermögen bleiben unberührt. [3]Die Länder dürfen im Zeitraum vom 1. Januar 2011 bis zum 31. Dezember 2019 nach Maßgabe der geltenden landesrechtlichen Regelungen von den Vorgaben des Artikels 109 Absatz 3 abweichen. [4]Die Haushalte der Länder sind so aufzustellen, dass im Haushaltsjahr 2020 die Vorgabe aus Artikel 109 Absatz 3 Satz 5 erfüllt wird. [5]Der Bund kann im Zeitraum vom 1. Januar 2011 bis zum 31. Dezember 2015 von der Vorgabe des Artikels 115 Absatz 2 Satz 2 abweichen. [6]Mit dem Abbau des bestehenden Defizits soll im Haushaltsjahr 2011 begonnen werden. [7]Die jährlichen Haushalte sind so aufzustellen, dass im Haushaltsjahr 2016 die Vorgabe aus Artikel 115 Absatz 2 Satz 2 erfüllt wird; das Nähere regelt ein Bundesgesetz.

(2) [1]Als Hilfe zur Einhaltung der Vorgaben des Artikels 109 Absatz 3 ab dem 1. Januar 2020 können den Ländern Berlin, Bremen, Saarland, Sachsen-Anhalt und Schleswig-Holstein für den Zeitraum 2011 bis 2019 Konsolidierungshilfen aus dem Haushalt des Bundes in Höhe von insgesamt 800 Millionen Euro jährlich gewährt werden. [2]Davon entfallen auf Bremen 300 Millionen Euro, auf das Saarland 260 Millionen Euro und auf Berlin, Sachsen-Anhalt und Schleswig-Holstein jeweils 80 Millionen Euro. [3]Die Hilfen werden auf der Grundlage einer Verwaltungsvereinbarung nach Maßgabe eines Bundesgesetzes mit Zustimmung des Bundesrates geleistet. [4]Die Gewährung der Hilfen setzt einen vollständigen Abbau der Finanzierungsdefizite bis zum Jahresende 2020 voraus. [5]Das Nähere,

---

1) Art. 143d eingef. mWv 1.8.2009 durch G v. 29.7.2009 (BGBl. I S. 2248); Abs. 4 angef. mWv 20.7.2017 durch G v. 13.7.2017 (BGBl. I S. 2347).

insbesondere die jährlichen Abbauschritte der Finanzierungsdefizite, die Überwachung des Abbaus der Finanzierungsdefizite durch den Stabilitätsrat sowie die Konsequenzen im Falle der Nichteinhaltung der Abbauschritte, wird durch Bundesgesetz mit Zustimmung des Bundesrates und durch Verwaltungsvereinbarung geregelt. [6]Die gleichzeitige Gewährung der Konsolidierungshilfen und Sanierungshilfen auf Grund einer extremen Haushaltsnotlage ist ausgeschlossen.

(3) [1]Die sich aus der Gewährung der Konsolidierungshilfen ergebende Finanzierungslast wird hälftig von Bund und Ländern, von letzteren aus ihrem Umsatzsteueranteil, getragen. [2]Das Nähere wird durch Bundesgesetz mit Zustimmung des Bundesrates geregelt.

(4) [1]Als Hilfe zur künftig eigenständigen Einhaltung der Vorgaben des Artikels 109 Absatz 3 können den Ländern Bremen und Saarland ab dem 1. Januar 2020 Sanierungshilfen in Höhe von jährlich insgesamt 800 Millionen Euro aus dem Haushalt des Bundes gewährt werden. [2]Die Länder ergreifen hierzu Maßnahmen zum Abbau der übermäßigen Verschuldung sowie zur Stärkung der Wirtschafts- und Finanzkraft. [3]Das Nähere regelt ein Bundesgesetz, das der Zustimmung des Bundesrates bedarf. [4]Die gleichzeitige Gewährung der Sanierungshilfen und Sanierungshilfen auf Grund einer extremen Haushaltsnotlage ist ausgeschlossen.

Art. 143e[1)] [Übergangsvorschrift wegen Umwandlung der Auftragsverwaltung für die Bundesautobahnen und Bundesstraßen in Bundesverwaltung] (1) [1]Die Bundesautobahnen werden abweichend von Artikel 90 Absatz 2 längstens bis zum 31. Dezember 2020 in Auftragsverwaltung durch die Länder oder die nach Landesrecht zuständigen Selbstverwaltungskörperschaften geführt. [2]Der Bund regelt die Umwandlung der Auftragsverwaltung in Bundesverwaltung nach Artikel 90 Absatz 2 und 4 durch Bundesgesetz mit Zustimmung des Bundesrates.

(2) Auf Antrag eines Landes, der bis zum 31. Dezember 2018 zu stellen ist, übernimmt der Bund abweichend von Artikel 90 Absatz 4 die sonstigen Bundesstraßen des Fernverkehrs, soweit sie im Gebiet dieses Landes liegen, mit Wirkung zum 1. Januar 2021 in Bundesverwaltung.

(3) Durch Bundesgesetz mit Zustimmung des Bundesrates kann geregelt werden, dass ein Land auf Antrag die Aufgabe der Planfeststellung und Plangenehmigung für den Bau und für die Änderung von Bundesautobahnen und von sonstigen Bundesstraßen des Fernverkehrs, die der Bund nach Artikel 90 Absatz 4 oder Artikel 143e Absatz 2 in Bundesverwaltung übernommen hat, im Auftrage des Bundes übernimmt und unter welchen Voraussetzungen eine Rückübertragung erfolgen kann.

Art. 143f[2)] [Bedingtes Außerkrafttreten des Art. 143d GG, des FAG und sonstiger aufgrund von Art. 107 Abs. 2 GG erlassener Gesetze]

[1]Artikel 143d, das Gesetz über den Finanzausgleich zwischen Bund und Ländern sowie sonstige auf der Grundlage von Artikel 107 Absatz 2 in seiner ab dem 1. Januar 2020 geltenden Fassung erlassene Gesetze treten außer Kraft, wenn nach dem 31. Dezember 2030 die Bundesregierung, der Bundestag oder gemeinsam mindestens drei Länder Verhandlungen über eine Neuordnung der

---

[1)] Art. 143e eingef. mWv 20.7.2017 durch G v. 13.7.2017 (BGBl. I S. 2347); Abs. 3 angef. mWv 4.4. 2019 durch G v. 28.3.2019 (BGBl. I S. 404).

[2)] Art. 143f eingef. mWv 20.7.2017 durch G v. 13.7.2017 (BGBl. I S. 2347).

bundesstaatlichen Finanzbeziehungen verlangt haben und mit Ablauf von fünf Jahren nach Notifikation des Verhandlungsverlangens der Bundesregierung, des Bundestages oder der Länder beim Bundespräsidenten keine gesetzliche Neuordnung der bundesstaatlichen Finanzbeziehungen in Kraft getreten ist. [2] Der Tag des Außerkrafttretens ist im Bundesgesetzblatt bekannt zu geben.

Art. 143g[1)] [Anwendung des Art. 107 GG] Für die Regelung der Steuerertragsverteilung, des Länderfinanzausgleichs und der Bundesergänzungszuweisungen bis zum 31. Dezember 2019 ist Artikel 107 in seiner bis zum Inkrafttreten des Gesetzes zur Änderung des Grundgesetzes vom 13. Juli 2017 geltenden Fassung weiter anzuwenden.

Art. 143h[2)] [Ausgleich für Mindereinnahmen im Zuge der COVID-19-Pandemie] *[1] Als Folgewirkung der COVID-19-Pandemie im Jahr 2020 gewährt der Bund im Jahr 2020 einmalig einen pauschalen Ausgleich für Mindereinnahmen aus der Gewerbesteuer zugunsten der Gemeinden und zu gleichen Teilen mit dem jeweiligen Land. [2] Der Ausgleich wird von den Ländern an die Gemeinden auf Grundlage der erwarteten Mindereinnahmen weitergeleitet. [3] Bestehen in einem Land keine Gemeinden, so steht der Ausgleich durch den Bund dem Land zu. [4] Der den Ländern vom Bund zum Ausgleich geleistete Betrag berücksichtigt zusätzlich Auswirkungen der Mindereinnahmen gemäß Satz 1 auf Zu- und Abschläge sowie auf Zuweisungen gemäß Artikel 107 Absatz 2. [5] Das Nähere regelt ein Bundesgesetz, das der Zustimmung des Bundesrates bedarf. [6] Der Ausgleich bleibt bei der Bemessung der Finanzkraft nach Artikel 107 Absatz 2 unberücksichtigt. [7] Artikel 106 Absatz 6 Satz 6 gilt entsprechend.*

Art. 143h[3)] *(aufgehoben)*

Art. 144[4)] [Ratifizierung des Grundgesetzes] *(1) Dieses Grundgesetz bedarf der Annahme durch die Volksvertretungen in zwei Dritteln der deutschen Länder, in denen es zunächst gelten soll.*

(2) Soweit die Anwendung dieses Grundgesetzes in einem der in Artikel 23[5)] aufgeführten Länder oder in einem Teile eines dieser Länder Beschränkungen unterliegt, hat das Land oder der Teil des Landes das Recht, gemäß Artikel 38 Vertreter in den Bundestag und gemäß Artikel 50 Vertreter in den Bundesrat zu entsenden.

Art. 145 [Inkrafttreten des Grundgesetzes] (1) Der Parlamentarische Rat stellt in öffentlicher Sitzung unter Mitwirkung der Abgeordneten Groß-Berlins die Annahme dieses Grundgesetzes fest, fertigt es aus und verkündet es.

(2) Dieses Grundgesetz tritt mit Ablauf des Tages der Verkündung[6)] in Kraft.

(3) Es ist im Bundesgesetzblatte zu veröffentlichen.

[1)] Art. 143g eingef. mWv 20.7.2017 durch G v. 13.7.2017 (BGBl. I S. 2347).

[2)] Art. 143h eingef. mWv 8.10.2020 und aufgeh. mWv 1.1.2021 durch G v. 29.9.2020 (BGBl. I S. 2048).

[3)] Art. 143h aufgeh. mWv 1.1.2021 durch G v. 29.9.2020 (BGBl. I S. 2048).

[4)] Gegenstandslos durch Vollzug.

[5)] Bezieht sich auf Art. 23 in der durch Art. 4 Nr. 2 EVertr. v. 31.8.1990 (BGBl. II S. 885, 889) aufgehobenen Fassung.

[6)] Verkündet am 23.5.1949.

7. Gesetz zur Beschränkung des Brief-, Post- und Fernmeldegeheimnisses (Artikel 10-Gesetz – G 10) [1)2)]

Vom 26. Juni 2001
(BGBl. I S. 1254, ber. S. 2298, 2017 S. 154)

FNA 190-4

geänd. durch Art. 4 TerrorismusbekämpfungsG[3)] v. 9.1.2002 (BGBl. I S. 361, ber. S. 3142, geänd. 2007 I S. 2), Art. 11 Nr. 5 ZuwanderungsG v. 20.6.2002 (BGBl. I S. 1946, nichtig gem. Urt. des BVerfG v. 18.12.2002 – 2 BvF 1/02 –), Art. 5 Abs. 1 34. StrafrechtsÄndG v. 22.8.2002 (BGBl. I S. 3390), Art. 4 G zur Umsetzung des Rahmenbeschlusses des Rates vom 13. Juni 2002 zur Terrorismusbekämpfung und zur Änd. anderer Gesetze v. 22.12.2003 (BGBl. I S. 2836), Art. 4 Abs. 6 KostenrechtsmodernisierungsG v. 5.5.2004 (BGBl. I S. 718), § 151 Abs. 2 TelekommunikationsG v. 22.6.2004 (BGBl. I S. 1190), Art. 11 Nr. 5 ZuwanderungsG v. 30.7.2004 (BGBl. I S. 1950), Art. 3 Abs. 1 37. StrafrechtsÄndG v. 11.2.2005 (BGBl. I S. 239), Art. 5, 10 Abs. 4 Terrorismusbekämpfungsergänzungsgesetz v. 5.1.2007 (BGBl. I S. 2, geänd. durch Art. 6 G v. 7.12.2011, BGBl. I S. 2576 und durch Art. 1 G v. 3.12.2015, BGBl. I S. 2161), Art. 1 G zur Änd. telekommunikationsrechtlicher Vorschriften v. 18.2.2007 (BGBl. I S. 106), Art. 78 Abs. 1 Zweites G über die Bereinigung von

---

[1)] Verkündet als Art. 1 Artikel 10-NeuregelungsG v. 26.6.2001 (BGBl. I S. 1254, ber. S. 2298, 2017 S. 154); Inkrafttreten gem. Art. 5 Satz 1 dieses G am 29.6.2001.

[2)] Ua haben folgende Länder Durch- bzw. Ausführungsbestimmungen zum Artikel 10-Gesetz erlassen:
- **Baden-Württemberg:** Gesetz zur Ausführung des Artikel 10-Gesetzes (Ausführungsgesetz zum Artikel 10-Gesetz – AG G10) v. 13.5.1969 (GBl. S. 79), zuletzt geänd. durch G v. 18.12.2018 (GBl. S. 1552),
- **Bayern:** Gesetz über die Aufgaben der G10-Kommission im Bayerischen Landtag und zur Ausführung des Art. 10-Gesetzes (Ausführungsgesetz Art. 10-Gesetz – AGG 10) v. 11.12.1984 (GVBl. S. 522), zuletzt geänd. durch V v. 26.3.2019 (GVBl. S. 98),
- **Berlin:** Gesetz zur Ausführung des Artikel 10-Gesetzes (AG G 10) idF der Bek. v. 25.6.2001 (GVBl. S. 251), zuletzt geänd. durch G v. 5.12.2003 (GVBl. S. 571),
- **Brandenburg:** Gesetz zur Ausführung des Artikel 10-Gesetzes v. 14.12.1995 (GVBl. I S. 286), zuletzt geänd. durch G v. 27.2.2020 (GVBl. I Nr. 4),
- **Bremen:** Gesetz zur Ausführung des Gesetzes zur Beschränkung des Brief-, Post- und Fernmeldegeheimnisses v. 14.10.1969 (Brem.GBl. S. 131), zuletzt geänd. durch G v. 11.4.2017 (Brem.GBl. S. 157),
- **Hamburg:** Gesetz zur Ausführung des Artikel 10-Gesetzes v. 17.1.1969 (HmbGVBl. S. 5), zuletzt geänd. durch G v. 24.1.2020 (HmbGVBl. S. 99, 123),
- **Hessen:** Hessisches Ausführungsgesetz zum Artikel 10-Gesetz v. 16.12.1969 (GVBl. I S. 303), zuletzt geänd. durch G v. 23.6.2020 (GVBl. S. 430),
- **Mecklenburg-Vorpommern:** Gesetz zur Ausführung des Artikel 10-Gesetzes v. 17.7.1992 (GVOBl. M-V S. 486), zuletzt geänd. durch G v. 30.7.2007 (GVOBl. M-V S. 278),
- **Niedersachsen:** Niedersächsisches Gesetz zur Ausführung des Artikel 10-Gesetzes v. 27.1.2004 (Nds. GVBl. S. 38), zuletzt geänd. durch G v. 15.9.2016 (Nds. GVBl. S. 194),
- **Rheinland-Pfalz:** Landesgesetz zur parlamentarischen Kontrolle von Beschränkungen des Brief-, Post- und Fernmeldegeheimnisses v. 16.12.2002 (GVBl. S. 477), zuletzt geänd. durch G v. 22.12. 2015 (GVBl. S. 461),
- **Saarland:** Gesetz zur Durchführung des Artikel 10-Gesetzes (G 10-Durchführungsgesetz) v. 19.3. 2003 (Amtsbl. S. 1350), zuletzt geänd. durch G v. 18.4.2018 (Amtsbl. I S. 332),
- **Sachsen:** Gesetz zur Ausführung des Artikel 10-Gesetzes im Freistaat Sachsen (SächsAG G 10) v. 16.10.1992 (SächsGVBl. S. 464), zuletzt geänd. durch G v. 3.5.2019 (SächsGVBl. S. 312)
- **Sachsen-Anhalt:** Gesetz zur Ausführung des Artikel 10-Gesetzes (AG G 10-LSA) v. 26.1.2006 (GVBl. LSA S. 25), geänd. durch G v. 12.1.2012 (GVBl. LSA S. 2),
- **Thüringen:** Thüringer Gesetz zur Ausführung des Artikel 10-Gesetzes v. 16.7.2008 (GVBl. S. 245), zuletzt geänd. durch G v. 6.6.2018 (GVBl. S. 229).

[3)] Gem. Art. 22 Abs. 2 dieses G gilt das Artikel 10-G vom **11.1.2007** an wieder in seiner am 31.12. 2001 maßgeblichen Fassung.

Bundesrecht im Zuständigkeitsbereich des BMJ v. 23.11.2007 (BGBl. I S. 2614), Art. 5 Telekommunikationsüberwachung-NeuregelungsG v. 21.12.2007 (BGBl. I S. 3198), Art. 2 TK-Entschädigungs-NeuordnungsG v. 29.4.2009 (BGBl. I S. 994), Art. 3 Abs. 1 G zur Fortentwicklung der parlamentarischen Kontrolle der Nachrichtendienste des Bundes v. 29.7.2009 (BGBl. I S. 2346), Art. 4 Abs. 1 G zur Verfolgung der Vorbereitung von schweren staatsgefährdenden Gewalttaten v. 30.7.2009 (BGBl. I S. 2437), Art. 1 Erstes G zur Änd. des Artikel 10-G v. 31.7.2009 (BGBl. I S. 2499), Art. 5 G zur Änd. des BundesverfassungsschutzG v. 7.12.2011 (BGBl. I S. 2576), Art. 2 Abs. 4 G zur Modernisierung des Außenwirtschaftsrechts v. 6.6.2013 (BGBl. I S. 1482), Art. 2 Abs. 1 GVVG-ÄnderungsG v. 12.6.2015 (BGBl. I S. 926), Art. 6 G zur Verbesserung der Zusammenarbeit im Bereich des Verfassungsschutzes v. 17.11.2015 (BGBl. I S. 1938), Art. 5 G zum besseren Informationsaustausch bei der Bekämpfung des internationalen Terrorismus v. 26.7.2016 (BGBl. I S. 1818), Art. 2 G zur weiteren Fortentwicklung der parlamentarischen Kontrolle der Nachrichtendienste des Bundes v. 30.11.2016 (BGBl. I S. 2746), Art. 2 Abs. 1 G zur Änd. des Völkerstrafgesetzbuches v. 22.12.2016 (BGBl. I S. 3150), Art. 3 Abs. 3 G zur Ausland-Ausland-Fernmeldeaufklärung des Bundesnachrichtendienstes v. 23.12.2016 (BGBl. I S. 3346), Art. 2 Abs. 2 Erstes G zur Änd. des SicherheitsüberprüfungsG v. 16.6.2017 (BGBl. I S. 1634), Art. 6 Datenschutz-Anpassungs- und -UmsetzungsG EU v. 30.6.2017 (BGBl. I S. 2097), Art. 12 G zur effektiveren und praxistauglicheren Ausgestaltung des Strafverfahrens v. 17.8.2017 (BGBl. I S. 3202) und Art. 38 Elfte ZuständigkeitsanpassungsVO v. 19.6.2020 (BGBl. I S. 1328)

Der Bundestag hat das folgende Gesetz beschlossen:

Abschnitt 1. Allgemeine Bestimmungen

§ 1[1)] Gegenstand des Gesetzes. (1) Es sind

1. die Verfassungsschutzbehörden des Bundes und der Länder, der Militärische Abschirmdienst und der Bundesnachrichtendienst zur Abwehr von drohenden Gefahren für die freiheitliche demokratische Grundordnung oder den Bestand oder die Sicherheit des Bundes oder eines Landes einschließlich der Sicherheit der in der Bundesrepublik Deutschland stationierten Truppen der nichtdeutschen Vertragsstaaten des Nordatlantikvertrages,
2. der Bundesnachrichtendienst im Rahmen seiner Aufgaben nach § 1 Abs. 2 des BND-Gesetzes[2)] auch zu den in § 5 Abs. 1 Satz 3 Nr. 2 bis 8 und § 8 Abs. 1 Satz 1 bestimmten Zwecken

berechtigt, die Telekommunikation zu überwachen und aufzuzeichnen, in den Fällen der Nummer 1 auch die dem Brief- oder Postgeheimnis unterliegenden Sendungen zu öffnen und einzusehen.

(2) Soweit Maßnahmen nach Absatz 1 von Behörden des Bundes durchgeführt werden, unterliegen sie der Kontrolle durch das Parlamentarische Kontrollgremium und durch eine besondere Kommission (G 10-Kommission).

§ 2[3)] Pflichten der Anbieter von Post- und Telekommunikationsdiensten. (1) [1] Wer geschäftsmäßig Postdienste erbringt oder an der Erbringung solcher Dienste mitwirkt, hat der berechtigten Stelle auf Anordnung Auskunft

---

[1)] § 1 Abs. 1 Nr. 2 geänd. mWv 5.8.2009 durch G v. 31.7.2009 (BGBl. I S. 2499); Abs. 1 Nr. 2 geänd. mWv 21.11.2015 durch G v. 17.11.2015 (BGBl. I S. 1938).

[2)] **Sartorius III Nr. 805.**

[3)] § 2 Abs. 1 Satz 4 geänd. mWv 26.6.2004 durch G v. 22.6.2004 (BGBl. I S. 1190); Abs. 1 Satz 4 eingef., bish. Satz 4 wird Satz 5 mWv 11.1.2007, Abs. 1 Satz 4 aufgeh., bish. Satz 5 wird Satz 4 mWv 10.1.2021 durch G v. 5.1.2007 (BGBl. I S. 2, geänd. durch Art. 6 G v. 7.12.2011, BGBl. I S. 2576 und durch Art. 1 G v. 3.12.2015, BGBl. I S. 2161); Abs. 1 Satz 4 geänd., Abs. 2 Satz 1 neu gef., Satz 3 eingef., bish. Satz 3 wird Satz 4, Abs. 3 Satz 1 geänd. mWv 5.8.2009 durch G v. 31.7.2009 (BGBl. I S. 2499); Abs. 1 Satz 4 geänd. mWv 10.1.2012 durch G v. 7.12.2011 (BGBl. I S. 2576); Abs. 2 Satz 3 geänd. mWv 21.11.2015 durch G v. 17.11.2015 (BGBl. I S. 1938); Abs. 1 Satz 4 geänd. mWv 31.12.2016 durch G v. 23.12.2016 (BGBl. I S. 3346); Abs. 2 Satz 4 neu gef. mWv 21.6.2017 durch G v.

über die näheren Umstände des Postverkehrs zu erteilen und Sendungen, die ihm zum Einsammeln, Weiterleiten oder Ausliefern anvertraut sind, auszuhändigen. [2] Der nach Satz 1 Verpflichtete hat der berechtigten Stelle auf Verlangen die zur Vorbereitung einer Anordnung erforderlichen Auskünfte zu Postfächern zu erteilen, ohne dass es hierzu einer gesonderten Anordnung bedarf. [3] Wer geschäftsmäßig Telekommunikationsdienste erbringt oder an der Erbringung solcher Dienste mitwirkt, hat der berechtigten Stelle auf Anordnung Auskunft über die näheren Umstände der nach Wirksamwerden der Anordnung durchgeführten Telekommunikation zu erteilen, Sendungen, die ihm zur Übermittlung auf dem Telekommunikationsweg anvertraut sind, auszuhändigen sowie die Überwachung und Aufzeichnung der Telekommunikation zu ermöglichen. [4] Ob und in welchem Umfang der nach Satz 3 Verpflichtete Vorkehrungen für die technische und organisatorische Umsetzung der Überwachungsmaßnahme zu treffen hat, bestimmt sich nach § 110 des Telekommunikationsgesetzes[1)] und der dazu erlassenen Rechtsverordnung.

(2) [1] Der nach Absatz 1 Satz 1 oder 3 Verpflichtete hat vor Durchführung einer beabsichtigten Beschränkungsmaßnahme unverzüglich die Personen, die mit der Durchführung der Maßnahme betraut werden sollen,

1. auszuwählen,
2. einer einfachen Sicherheitsüberprüfung unterziehen zu lassen und
3. über Mitteilungsverbote nach § 17 sowie die Strafbarkeit eines Verstoßes nach § 18 zu belehren; die Belehrung ist aktenkundig zu machen.

[2] Mit der Durchführung einer Beschränkungsmaßnahme dürfen nur Personen betraut werden, die nach Maßgabe des Satzes 1 überprüft und belehrt worden sind. [3] Nach Zustimmung des Bundesministeriums des Innern, für Bau und Heimat, bei Beschränkungsmaßnahmen einer Landesbehörde des zuständigen Landesministeriums, kann der Behördenleiter der berechtigten Stelle oder dessen Stellvertreter die nach Absatz 1 Satz 1 oder 3 Verpflichteten schriftlich auffordern, die Beschränkungsmaßnahme bereits vor Abschluss der Sicherheitsüberprüfung durchzuführen. [4] Der nach Absatz 1 Satz 1 oder Satz 3 Verpflichtete hat sicherzustellen, dass die Geheimschutzmaßnahmen zum Schutz als VS-NUR FÜR DEN DIENSTGEBRAUCH eingestufter Informationen gemäß der nach § 35 Absatz 1 des Sicherheitsüberprüfungsgesetzes[2)] zu erlassenden allgemeinen Verwaltungsvorschrift zum materiellen Geheimschutz in der jeweils geltenden Fassung getroffen werden.

(3) [1] Die Sicherheitsüberprüfung nach Absatz 2 Satz 1 Nr. 2 ist entsprechend dem Sicherheitsüberprüfungsgesetz durchzuführen. [2] Für Beschränkungsmaßnahmen einer Landesbehörde gilt dies nicht, soweit Rechtsvorschriften des Landes vergleichbare Bestimmungen enthalten; in diesem Fall sind die Rechtsschriften des Landes entsprechend anzuwenden. [3] Zuständig ist bei Beschränkungsmaßnahmen von Bundesbehörden das Bundesministerium des Innern, für Bau und Heimat; im Übrigen sind die nach Landesrecht bestimmten Behörden zuständig. [4] Soll mit der Durchführung einer Beschränkungsmaßnahme eine Person betraut werden, für die innerhalb der letzten fünf Jahre bereits

(Fortsetzung der Anm. von voriger Seite)
16.6.2017 (BGBl. I S. 1634); Abs. 2 Satz 3 und Abs. 3 Satz 3 geänd. mWv 27.6.2020 durch VO v. 19.6.2020 (BGBl. I S. 1328).

[1)] **Sartorius ErgBd. Nr. 920.**
[2)] **Wehrrecht Nr. 807.**

eine gleich- oder höherwertige Sicherheitsüberprüfung nach Bundes- oder Landesrecht durchgeführt worden ist, soll von einer erneuten Sicherheitsüberprüfung abgesehen werden.

Abschnitt 2. Beschränkungen in Einzelfällen

§ 3[1)] Voraussetzungen. (1) [1]Beschränkungen nach § 1 Abs. 1 Nr. 1 dürfen unter den dort bezeichneten Voraussetzungen angeordnet werden, wenn tatsächliche Anhaltspunkte für den Verdacht bestehen, dass jemand

1. Straftaten des Friedensverrats oder des Hochverrats (§§ 80a bis 83 des Strafgesetzbuches[2)]),
2. Straftaten der Gefährdung des demokratischen Rechtsstaates (§§ 84 bis 86, 87 bis 89b, 89c Absatz 1 bis 4 des Strafgesetzbuches, § 20 Abs. 1 Nr. 1 bis 4 des Vereinsgesetzes[3)]),
3. Straftaten des Landesverrats und der Gefährdung der äußeren Sicherheit (§§ 94 bis 96, 97a bis 100a des Strafgesetzbuches),
4. Straftaten gegen die Landesverteidigung (§§ 109e bis 109g des Strafgesetzbuches),
5. Straftaten gegen die Sicherheit der in der Bundesrepublik Deutschland stationierten Truppen der nichtdeutschen Vertragsstaaten des Nordatlantik-

(Fortsetzung nächstes Blatt)

[1)] § 3 Abs. 1 Satz 1 Nr. 6 Buchst. a geänd. mWv 30.8.2002 durch G v. 22.8.2002 (BGBl. I S. 3390); Abs. 1 Satz 1 Nr. 7 geänd. mWv 1.1.2005 durch G v. 30.7.2004 (BGBl. I S. 1950); Abs. 1 Satz 1 Nr. 5 geänd. mWv 30.11.2007 durch G v. 23.11.2007 (BGBl. I S. 2614); Abs. 1 Satz 1 Nr. 2 geänd. mWv 4.8.2009 durch G v. 30.7.2009 (BGBl. I S. 2437); Abs. 1a eingef. mWv 5.8.2009 durch G v. 31.7. 2009 (BGBl. I S. 2499); Abs. 1 Satz 1 Nr. 2 geänd. mWv 20.6.2015 durch G v. 12.6.2015 (BGBl. I S. 926); Abs. 1 Satz 1 Nr. 6 Buchst. b und Nr. 7 geänd., Nr. 8 angef. mWv 21.11.2015 durch G v. 17.11.2015 (BGBl. I S. 1938); Abs. 1 Satz 1 Nr. 1, 7 und 8 geänd., Nr. 9 angef. mWv 1.1.2017 durch G v. 22.12.2016 (BGBl. I S. 3150).

[2)] **Schönfelder Nr. 85.**

[3)] Nr. **425**.

gleich genutzten Daten dürfen nicht als Suchbegriffe im Sinne des § 5 Abs. 2 Satz 1 verwendet werden. [4]Der Abgleich und die Gründe für die Verwendung der für den Abgleich genutzten Daten sind zu protokollieren. [5]Die Protokolldaten dürfen ausschließlich zu Zwecken der Datenschutzkontrolle verwendet werden. [6]Sie sind am Ende des Kalenderjahres, das dem Jahr der Protokollierung folgt, zu vernichten.

§ 7[1)] Übermittlungen durch den Bundesnachrichtendienst. (1) Durch Beschränkungen nach § 5 erhobene personenbezogene Daten dürfen nach § 33 des BND-Gesetzes[2)] zur Unterrichtung über die in § 5 Abs. 1 Satz 3 genannten Gefahren übermittelt werden.

(2) Durch Beschränkungen nach § 5 erhobene personenbezogene Daten dürfen an die Verfassungsschutzbehörden des Bundes und der Länder sowie an den Militärischen Abschirmdienst übermittelt werden, wenn

1. tatsächliche Anhaltspunkte dafür bestehen, dass die Daten erforderlich sind zur Sammlung und Auswertung von Informationen über Bestrebungen in der Bundesrepublik Deutschland, die durch Anwendung von Gewalt oder darauf gerichtete Vorbereitungshandlungen gegen die in § 3 Abs. 1 Nr. 1 und 3 des Bundesverfassungsschutzgesetzes[3)] genannten Schutzgüter gerichtet sind,
2. bestimmte Tatsachen den Verdacht sicherheitsgefährdender oder geheimdienstlicher Tätigkeiten für eine fremde Macht begründen oder
3. im Falle des § 5 Absatz 1 Satz 1 in Verbindung mit Satz 3 Nummer 8 tatsächliche Anhaltspunkte dafür bestehen, dass die Angriffe von Bestrebungen oder Tätigkeiten nach § 3 Absatz 1 des Bundesverfassungsschutzgesetzes ausgehen.

(3) Durch Beschränkungen nach § 5 Abs. 1 Satz 1 in Verbindung mit Satz 3 Nr. 3 erhobene personenbezogene Daten dürfen an das Bundesamt für Wirtschaft und Ausfuhrkontrolle (BAFA) übermittelt werden, wenn tatsächliche Anhaltspunkte dafür bestehen, dass die Kenntnis dieser Daten erforderlich ist

1. zur Aufklärung von Teilnehmern am Außenwirtschaftsverkehr über Umstände, die für die Einhaltung von Beschränkungen des Außenwirtschaftsverkehrs von Bedeutung sind, oder
2. im Rahmen eines Verfahrens zur Erteilung einer ausfuhrrechtlichen Genehmigung oder zur Unterrichtung von Teilnehmern am Außenwirtschaftsver-

---

[1)] § 7 Abs. 4 Satz 1 Nr. 2 ber. BGBl. 2017 I S. 154; Abs. 2 Nr. 1 geänd. mWv 1.1.2002 durch G v. 9.1.2002 (BGBl. I S. 361); Abs. 4 Satz 1 Nr. 1 Buchst. a neu gef. mWv 30.8.2002 durch G v. 22.8. 2002 (BGBl. I S. 3390); Abs. 4 Satz 1 Nr. 2 Buchst. b neu gef. mWv 28.12.2003 durch G v. 22.12. 2003 (BGBl. I S. 2836); Abs. 4 Satz 1 Nr. 2 Buchst. b geänd. mWv 19.2.2005 durch G v. 11.2.2005 (BGBl. I S. 239); Abs. 2 Nr. 1 geänd. mWv 10.1.2021 durch G v. 5.1.2007 (BGBl. I S. 2, geänd. durch Art. 6 G v. 7.12.2011, BGBl. I S. 2576 und durch Art. 1 G v. 3.12.2015, BGBl. I S. 2161); Abs. 4 Satz 1 Nr. 1 Buchst. a geänd. mWv 4.8.2009 durch G v. 30.7.2009 (BGBl. I S. 2437); Abs. 4 Satz 1 Nr. 2 Buchst. a und b geänd., Buchst. c angef., Abs. 6 Satz 3 neu gef. mWv 5.8.2009 durch G v. 31.7.2009 (BGBl. I S. 2499); Abs. 4 Satz 1 Nr. 1 Buchst. b geänd. mWv 1.9.2013 durch G v. 6.6. 2013 (BGBl. I S. 1482); Abs. 4 Satz 1 Nr. 1 Buchst. a geänd. mWv 20.6.2015 durch G v. 12.6.2015 (BGBl. I S. 925); Abs. 2 Nr. 1 und 2 geänd., Nr. 3 angef., Abs. 4 Satz 1 Nr. 2 neu gef., Abs. 4a eingef. mWv 21.11.2015 durch G v. 17.11.2015 (BGBl. I S. 1938); Abs. 4 Satz 1 Nr. 2 geänd. mWv 1.1.2017 durch G v. 22.12.2016 (BGBl. I S. 3150); Abs. 1 geänd. mWv 31.12.2016 durch G v. 23.12.2016 (BGBl. I S. 3346).

[2)] **Sartorius III Nr. 805.**

[3)] Nr. **80**.

kehr, soweit hierdurch eine Genehmigungspflicht für die Ausfuhr von Gütern begründet wird.

(Fortsetzung nächstes Blatt)

35. Geschäftsordnung des Deutschen Bundestages

In der Fassung der Bekanntmachung vom 2. Juli 1980[1)]
(BGBl. I S. 1237)

FNA 1101-1

geänd. durch Bek. v. 17.3.1982 (BGBl. I S. 400), Bek. v. 18.12.1986 (BGBl. 1987 I S. 147), Bek. v. 9.12.1987 (BGBl. I S. 2677), Bek. v. 28.6.1988 (BGBl. I S. 1009), Bek. v. 18.12.1989 (BGBl. I S. 2442), Bek. v. 12.11.1990 (BGBl. I S. 2555), Bek. v. 16.12.1994 (BGBl. 1995 I S. 11), Bek. v. 30.9.1995 (BGBl. I S. 1246), Bek. v. 17.3.1997 (BGBl. I S. 747), Bek. v. 12.2.1998 (BGBl. I S. 428), Bek. v. 30.5.2001 (BGBl. I S. 1203), Bek. v. 15.7.2002 (BGBl. I S. 3012), Bek. v. 17.9.2002 (BGBl. I S. 3759), Bek. v. 28.2.2005 (BGBl. I S. 668), Bek. v. 21.4.2005 (BGBl. I S. 1230), Bek. v. 12.7.2005 (BGBl. I S. 2512), Bek. v. 21.10.2005 (BGBl. I S. 3094), Bek. v. 26.9.2006 (BGBl. I S. 2210), Bek. v. 29.7.2008 (BGBl. I S. 1712), Bek. v. 6.7.2009 (BGBl. I S. 2128), Bek. v. 16.7.2010 (BGBl. I S. 1041), Bek. v. 17.12.2010 (BGBl. I S. 2199), Bek. v. 24.11.2011 (BGBl. I S. 2454), Bek. v. 7.5.2012 (BGBl. I S. 1119), Bek. v. 12.3.2013 (BGBl. I S. 548), Bek. v. 18.6.2013 (BGBl. I S. 1644), Beschl. v. 6.6.2013 (BGBl. I S. 2167), Beschl. v. 3.4.2014 (BGBl. I S. 534), Beschl. v. 12.6.2017 (BGBl. I S. 1877), Beschl. v. 1.3.2019 (BGBl. I S. 197), Beschl. v. 25.3.2020 (BGBl. I S. 764) und Beschl. v. 17.9.2020 (BGBl. I S. 2067)

Nichtamtliche Gliederungsübersicht

I. Wahl des Präsidenten, der Stellvertreter und Schriftführer

§ 1[2)] Konstituierung (1) Der neugewählte Bundestag wird zu seiner ersten Sitzung vom bisherigen Präsidenten spätestens zum dreißigsten Tage nach der Wahl (Artikel 39 des Grundgesetzes[3)]) einberufen.

[1)] Neubekanntmachung der GeschäftsO des Deutschen Bundestages idF der Bek. v. 22.5.1970 (BGBl. I S. 628) in der ab 1.10.1980 geltenden Fassung.

[2)] § 1 Abs. 2 neu gef. mWv 1.6.2017 durch Beschl. v. 1.6.2017 (BGBl. I S. 1877).

[3)] Nr. 1.

(2) Bis der neugewählte Präsident oder einer seiner Stellvertreter das Amt übernimmt, führt das am längsten dem Bundestag angehörende Mitglied, das hierzu bereit ist, den Vorsitz (Alterspräsident); bei gleicher Dauer der Zugehörigkeit zum Bundestag entscheidet das höhere Lebensalter.

(3) [1]Der Alterspräsident ernennt Mitglieder des Bundestages zu vorläufigen Schriftführern. [2]Hierauf erfolgt der Namensaufruf der Mitglieder des Bundestages.

(4) Nach Feststellung der Beschlußfähigkeit wird die Wahl des Präsidenten, der Stellvertreter und der Schriftführer vorgenommen.

§ 2[1)] Wahl des Präsidenten und der Stellvertreter. (1) [1]Der Bundestag wählt mit verdeckten Stimmzetteln (§ 49) in besonderen Wahlhandlungen den Präsidenten und seine Stellvertreter für die Dauer der Wahlperiode. [2]Jede Fraktion des Deutschen Bundestages ist durch mindestens einen Vizepräsidenten oder eine Vizepräsidentin im Präsidium vertreten.

(2) [1]Gewählt ist, wer die Stimmen der Mehrheit der Mitglieder des Bundestages erhält. [2]Ergibt sich im ersten Wahlgang keine Mehrheit, so können für einen zweiten Wahlgang neue Bewerber vorgeschlagen werden. [3]Ergibt sich auch dann keine Mehrheit der Stimmen der Mitglieder des Bundestages, findet ein dritter Wahlgang statt. [4]Bei nur einem Bewerber ist dieser gewählt, wenn er die Mehrheit der abgegebenen Stimmen auf sich vereinigt. [5]Bei mehreren Bewerbern kommen die beiden Bewerber mit den höchsten Stimmenzahlen in die engere Wahl; gewählt ist, wer die meisten Stimmen auf sich vereinigt. [6]Bei Stimmengleichheit entscheidet das Los durch die Hand des amtierenden Präsidenten.

(3) [1]Weitere Wahlgänge mit einem im dritten Wahlgang erfolglosen Bewerber sind nur nach Vereinbarung im Ältestenrat zulässig. [2]Werden nach erfolglosem Ablauf des Verfahrens nach Absatz 2 neue Bewerber vorgeschlagen, ist neu in das Wahlverfahren gemäß Absatz 2 einzutreten.

§ 3 Wahl der Schriftführer. [1]Der Bundestag beschließt die Zahl der Schriftführer. [2]Sie können gemeinsam auf Grund eines Vorschlages der Fraktionen gewählt werden. [3]Bei der Festlegung der Zahl der Schriftführer und ihrer Verteilung auf die Fraktionen ist § 12 zu beachten.

II. Wahl des Bundeskanzlers

§ 4 Wahl des Bundeskanzlers. [1]Die Wahl des Bundeskanzlers (Artikel 63 des Grundgesetzes[2)]) erfolgt mit verdeckten Stimmzetteln (§ 49). [2]Wahlvorschläge zu den Wahlgängen gemäß Artikel 63 Abs. 3 und 4 des Grundgesetzes sind von einem Viertel der Mitglieder des Bundestages oder einer Fraktion, die mindestens ein Viertel der Mitglieder des Bundestages umfaßt, zu unterzeichnen.

[1)] § 2 Abs. 1 Satz 2 angef. durch Bek. v. 16.12.1994 (BGBl. 1995 I S. 11); Abs. 2 neu gef. und Abs. 3 angef. mWv 26.9.2006 durch Bek. v. 26.9.2006 (BGBl. I S. 2210).

[2)] Nr. **1**.

III. Präsident, Präsidium und Ältestenrat

§ 5 Präsidium. Der Präsident und die stellvertretenden Präsidenten bilden das Präsidium.

§ 6[1] Ältestenrat. (1) [1]Der Ältestenrat besteht aus dem Präsidenten, seinen Stellvertretern und dreiundzwanzig weiteren von den Fraktionen gemäß § 12 zu benennenden Mitgliedern. [2]Die Einberufung obliegt dem Präsidenten. [3]Er muß ihn einberufen, wenn eine Fraktion oder fünf vom Hundert der Mitglieder des Bundestages es verlangen.

(2) [1]Der Ältestenrat unterstützt den Präsidenten bei der Führung der Geschäfte. [2]Er führt eine Verständigung zwischen den Fraktionen über die Besetzung der Stellen der Ausschußvorsitzenden und ihrer Stellvertreter sowie über den Arbeitsplan des Bundestages herbei. [3]Bei der Wahrnehmung dieser Aufgaben ist der Ältestenrat kein Beschlußorgan.

(3) [1]Der Ältestenrat beschließt über die inneren Angelegenheiten des Bundestages, soweit sie nicht dem Präsidenten oder dem Präsidium vorbehalten sind. [2]Er verfügt über die Verwendung der dem Bundestag vorbehaltenen Räume. [3]Er stellt den Voranschlag für den Haushaltseinzelplan des Bundestages auf, von dem der Haushaltsausschuß nur im Benehmen mit dem Ältestenrat abweichen kann.

(4) Für die Angelegenheiten der Bibliothek, des Archivs und anderer Dokumentationen setzt der Ältestenrat einen ständigen Unterausschuß ein, dem auch Mitglieder des Bundestages, die nicht Mitglied des Ältestenrates sind, angehören können.

§ 7[2] Aufgaben des Präsidenten. (1) [1]Der Präsident vertritt den Bundestag und regelt seine Geschäfte. [2]Er wahrt die Würde und die Rechte des Bundestages, fördert seine Arbeiten, leitet die Verhandlungen gerecht und unparteiisch und wahrt die Ordnung im Hause. [3]Er hat beratende Stimme in allen Ausschüssen.

(2) [1]Dem Präsidenten steht das Hausrecht und die Polizeigewalt in allen der Verwaltung des Bundestages unterstehenden Gebäuden, Gebäudeteilen und Grundstücken zu. [2]Der Präsident erläßt im Einvernehmen mit dem Ausschuß für Wahlprüfung, Immunität und Geschäftsordnung eine Hausordnung[3].

(3) [1]Der Präsident schließt die Verträge, die für die Bundestagsverwaltung von erheblicher Bedeutung sind, im Benehmen mit seinen Stellvertretern ab. [2]Ausgaben im Rahmen des Haushaltsplanes weist der Präsident an.

(Fortsetzung nächstes Blatt)

---

[1] § 6 Abs. 1 Sätze 2 und 3 neu gef. durch Bek. v. 18.12.1989 (BGBl. I S. 2442).
[2] § 7 Abs. 5 eingef., bish. Abs. 5 wird Abs. 6 durch Bek. v. 17.3.1982 (BGBl. I S. 400).
[3] Siehe die HausO des Deutschen Bundestages idF der Bek. v. 29.6.2020 (BGBl. I S. 1949).

III. Präsident, Präsidium und Ältestenrat

§ 5 Präsidium. Der Präsident und die stellvertretenden Präsidenten bilden das Präsidium.

§ 6 Ältestenrat. (1) [1]Der Ältestenrat besteht aus dem Präsidenten, seinen Stellvertretern und dreiundzwanzig weiteren von den Fraktionen gemäß § 12 zu benennenden Mitgliedern. [2]Die Einberufung obliegt dem Präsidenten. [3]Er muß ihn einberufen, wenn eine Fraktion oder fünf vom Hundert der Mitglieder des Bundestages es verlangen.[1)]

(2) [1]Der Ältestenrat unterstützt den Präsidenten bei der Führung der Geschäfte. [2]Er führt eine Verständigung zwischen den Fraktionen über die Besetzung der Stellen der Ausschußvorsitzenden und ihrer Stellvertreter sowie über den Arbeitsplan des Bundestages herbei. [3]Bei der Wahrnehmung dieser Aufgaben ist der Ältestenrat kein Beschlußorgan.

(3) [1]Der Ältestenrat beschließt über die inneren Angelegenheiten des Bundestages, soweit sie nicht dem Präsidenten oder dem Präsidium vorbehalten sind. [2]Er verfügt über die Verwendung der dem Bundestag vorbehaltenen Räume. [3]Er stellt den Voranschlag für den Haushaltseinzelplan des Bundestages auf, von dem der Haushaltsausschuß nur im Benehmen mit dem Ältestenrat abweichen kann.[2)]

(4) Für die Angelegenheiten der Bibliothek, des Archivs und anderer Dokumentationen setzt der Ältestenrat einen ständigen Unterausschuß ein, dem auch Mitglieder des Bundestages, die nicht Mitglied des Ältestenrates sind, angehören können.

§ 7 Aufgaben des Präsidenten. (1) [1]Der Präsident vertritt den Bundestag und regelt seine Geschäfte. [2]Er wahrt die Würde und die Rechte des Bundestages, fördert seine Arbeiten, leitet die Verhandlungen gerecht und unparteiisch und wahrt die Ordnung im Hause. [3]Er hat beratende Stimme in allen Ausschüssen.

(2) [1]Dem Präsidenten steht das Hausrecht und die Polizeigewalt in allen der Verwaltung des Bundestages unterstehenden Gebäuden, Gebäudeteilen und Grundstücken zu. [2]Der Präsident erläßt im Einvernehmen mit dem Ausschuß für Wahlprüfung, Immunität und Geschäftsordnung eine Hausordnung.[3)]

(3) [1]Der Präsident schließt die Verträge, die für die Bundestagsverwaltung von erheblicher Bedeutung sind, im Benehmen mit seinen Stellvertretern ab. [2]Ausgaben im Rahmen des Haushaltsplanes weist der Präsident an.

(Fortsetzung nächstes Blatt)

---

1) § 6 Abs. 1 Satz 2 und 3 neu gefaßt durch Bek. v. 18.12.1989 (BGBl. I S. 2442).
2) § 6 Abs. 3 Satz 1 [illegible] durch [illegible] 1982 (BGBl. I S. 400).
3) Siehe die HausO des Deutschen Bundestages idF der Bek. v. 20.6.2002 (BGBl. I S. 1989).

§ 122 Übersendung beschlossener Gesetze. (1) Der Präsident des Bundestages übersendet das beschlossene Gesetz unverzüglich dem Bundesrat (Artikel 77 Abs. 1 Satz 2 des Grundgesetzes[1]).

(2) Je einen Abdruck des Gesetzesbeschlusses übersendet der Präsident an den Bundeskanzler und an den federführenden Minister und teilt dabei mit, wann die Zuleitung des beschlossenen Gesetzes an den Bundesrat nach Artikel 77 Abs. 1 Satz 2 des Grundgesetzes erfolgt ist.

(3) [1] Werden vor Übersendung nach Absatz 1 in der vom Bundestag in der Schlußabstimmung angenommenen Fassung des Gesetzes Druckfehler oder andere offenbare Unrichtigkeiten festgestellt, kann der Präsident im Einvernehmen mit dem federführenden Ausschuß eine Berichtigung veranlassen. [2] Ist das Gesetz gemäß Absatz 1 bereits übersandt, macht der Präsident nach Einwilligung des federführenden Ausschusses den Präsidenten des Bundesrates auf die Druckfehler oder andere offenbare Unrichtigkeiten mit der Bitte aufmerksam, sie im weiteren Gesetzgebungsverfahren zu berichtigen. [3] Von dieser Bitte ist dem Bundeskanzler und dem federführenden Minister Mitteilung zu machen.

§ 122a[2] Elektronische Dokumente. (1) Soweit für die Einbringung von Vorlagen Schriftform vorgesehen ist, genügt dieser Form die Aufzeichnung als elektronisches Dokument, wenn dieses für die weitere Bearbeitung geeignet ist.

(2) [1] Das Dokument muss mit einer elektronischen Signatur nach dem Signaturgesetz versehen sein. [2] Das Nähere regeln Ausführungsbestimmungen, die vom Ältestenrat zu erlassen sind.

§ 123[3] Fristberechnung. (1) Bei Fristen wird der Tag der Verteilung der Drucksache nicht eingerechnet; sie gilt als verteilt, wenn sie für die Mitglieder des Bundestages elektronisch abrufbar oder in ihre Fächer verteilt worden ist.

(2) Die Fristen gelten auch dann als gewahrt, wenn infolge technischer Schwierigkeiten oder aus zufälligen Gründen für einzelne Mitglieder des Bundestages eine Drucksache erst nach der allgemeinen Verteilung elektronisch abrufbar oder in ihre Fächer verteilt worden ist.

§ 124 Wahrung der Frist. [1] Bei Berechnung einer Frist, innerhalb der eine Erklärung gegenüber dem Bundestag abzugeben oder eine Leistung zu bewirken ist, wird der Tag, an dem die Erklärung oder Leistung erfolgt, nicht mitgerechnet. [2] Ist danach die Erklärung oder Leistung an einem Sonnabend, Sonntag oder einem am Sitz des Bundestages gesetzlich anerkannten Feiertag zu bewirken, so tritt an dessen Stelle der nächstfolgende Werktag. [3] Die Erklärung oder Leistung ist während der üblichen Dienststunden, spätestens aber um 18 Uhr, zu bewirken.

§ 125 Unerledigte Gegenstände. [1] Am Ende der Wahlperiode des Bundestages gelten alle Vorlagen als erledigt. [2] Dies gilt nicht für Petitionen und für Vorlagen, die keiner Beschlußfassung bedürfen.

---

[1] Nr. **1**.
[2] § 122a eingef. mWv 28.2.2005 durch Bek. v. 28.2.2005 (BGBl. I S. 668).
[3] § 123 neu gef. mWv 22.10.2013 durch Beschl. v. 6.6.2013 (BGBl. I S. 2167).

XII. Abweichungen und Auslegung dieser Geschäftsordnung

§ 126 Abweichungen von dieser Geschäftsordnung. Abweichungen von den Vorschriften dieser Geschäftsordnung können im einzelnen Fall mit Zweidrittelmehrheit der anwesenden Mitglieder des Bundestages beschlossen werden, wenn die Bestimmungen des Grundgesetzes[1)] dem nicht entgegenstehen.

§ 126a[2)] Besondere Anwendung der Geschäftsordnung auf Grund der allgemeinen Beeinträchtigung durch COVID-19. (1) Der Deutsche Bundestag ist abweichend von § 45 Absatz 1 beschlussfähig, wenn mehr als ein Viertel der Mitglieder im Sitzungssaal anwesend ist.

(2) Ein Ausschuss ist abweichend von § 67 beschlussfähig, wenn mehr als ein Viertel der Mitglieder an der Sitzung teilnehmen oder über elektronische Kommunikationsmittel an den Beratungen teilnehmen können.

(3) Die Ausschüsse, einschließlich des Ausschusses für Wahlprüfung, Immunität und Geschäftsordnung, können ihren Vorsitzenden auch in Sitzungswochen entsprechend § 72 zu Abstimmungen außerhalb einer Sitzung ermächtigen, für Abstimmungen und Beschlussfassungen können in Abweichung von § 48 Absatz 1 Satz 1 auch elektronische Kommunikationsmittel genutzt werden.

(4) Öffentliche Ausschussberatungen und öffentliche Anhörungssitzungen können auch so durchgeführt werden, dass der Öffentlichkeit Zugang ausschließlich durch elektronische Übermittlungswege gewährt wird.

(5) [1] § 126a findet ab 31. Dezember 2020 keine Anwendung mehr. [2] Vor diesem Datum kann die Regelung jederzeit durch Beschluss des Deutschen Bundestages aufgehoben werden.

§ 127 Auslegung dieser Geschäftsordnung. (1) [1] Während einer Sitzung des Bundestages auftretende Zweifel über die Auslegung dieser Geschäftsordnung entscheidet der Präsident für den Einzelfall. [2] Im übrigen obliegt die Auslegung dieser Geschäftsordnung dem Ausschuß für Wahlprüfung, Immunität und Geschäftsordnung; der Präsident, ein Ausschuß, eine Fraktion, ein Viertel der Mitglieder des Ausschusses für Wahlprüfung, Immunität und Geschäftsordnung oder fünf vom Hundert der Mitglieder des Bundestages können verlangen, daß die Auslegung dem Bundestag zur Entscheidung vorgelegt wird.

(2) Wird ein entsprechendes Verlangen gemäß Absatz 1 Satz 2 nicht vorgebracht, entscheidet der Ausschuß für Wahlprüfung, Immunität und Geschäftsordnung, in welcher Form seine Auslegung bekanntzumachen ist.

§ 128 Rechte des Ausschusses für Wahlprüfung, Immunität und Geschäftsordnung. Der Ausschuß für Wahlprüfung, Immunität und Geschäftsordnung kann Fragen aus seinem Geschäftsbereich beraten und dem Bundestag Empfehlungen unterbreiten (§ 75 Abs. 1 Buchstabe h).

---

1) Nr. **1**.

2) § 126a eingef. mWv 25.3.2020 durch Beschl. v. 25.3.2020 (BGBl. I S. 764); Abs. 5 geänd. mWv 17.9.2020 durch Beschl. v. 17.9.2020 (BGBl. I S. 2067).

80. Gesetz über die Zusammenarbeit des Bundes und der Länder in Angelegenheiten des Verfassungsschutzes und über das Bundesamt für Verfassungsschutz (Bundesverfassungsschutzgesetz – BVerfSchG)[1)]

Vom 20. Dezember 1990

(BGBl. I S. 2954)

FNA 12-4

geänd. durch § 38 Abs. 2 SicherheitsüberprüfungsG v. 20.4.1994 (BGBl. I S. 867), Art. 4 G zur Änd. von Vorschr. über parlamentarische Gremien v. 17.6.1999 (BGBl. I S. 1334), Art. 11 StrafverfahrensÄndG 1999 v. 2.8 2000 (BGBl. I S. 1253), Art. 2 G zur Änd. des BundesdatenschutzG und anderer G v. 18.5.2001 (BGBl. I S. 904), Art. 3 Abs. 2 G zur Neuregelung von Beschränkungen des Brief-, Post- und Fernmeldegeheimnisses v. 26.6.2001 (BGBl. I S. 1254, ber. S. 2298), Art. 1 G zur Bekämpfung des internationalen Terrorismus v. 9.1.2002 (BGBl. I S. 361), Art. 9 ZollfahndungsneuregelungsG v. 16.8.2002 (BGBl. I S. 3202), Art. 2 G zur Umbenennung des Bundesgrenzschutzes in Bundespolizei v. 21.6.2005 (BGBl. I S. 1818), Art. 2 Gemeinsame-Dateien-G v. 22.12.2006 (BGBl. I S. 3409) Art. 1 und Art. 10 Abs. 1 TerrorismusbekämpfungsergänzungsG v. 5.1.2007 (BGBl. I S. 2, geänd. durch Art. 6 G v. 7.12.2011, BGBl. I S. 2576, und Art. 1 G v. 3.12.2015, BGBl. I S. 2161), Art. 6 Abs. 1 G zur Umsetzung aufenthalts- und asylrechtl. RLn der EU v. 19.8.2007 (BGBl. I S. 1970), § 32 SatellitendatensicherheitsG v. 23.11.2007 (BGBl. I S. 2590), Art. 6 FGG-ReformG v. 17.12.2008 (BGBl. I S. 2586), Art. 3 SIS-II-G v. 6.6.2009[2)] (BGBl. I S. 1226), Art. 3 Abs. 2 G zur Fortentwicklung der parlamentarischen Kontrolle der Nachrichtendienste des Bundes v. 29.7.2009 (BGBl. I S. 2346), Art. 1a Erstes G zur Änd. des Artikel 10-Gs v. 31.7.2009 (BGBl. I S. 2499), Art. 1 G zur Änd. des BundesverfassungsschutzG v. 7.12.2011 (BGBl. I S. 2576), Art. 2 G zur Verbesserung der Bekämpfung des Rechtsextremismus v. 20.8.2012 (BGBl. I S. 1798), Art. 6 G zur Änd. des TelekommunikationsG und zur Neuregelung der Bestandsdatenauskunft v. 20.6.2013 (BGBl. I S. 1602), Art. 1 G zur Verbesserung der Zusammenarbeit im Bereich des Verfassungsschutzes v. 17.11.2015 (BGBl. I S. 1938), Art. 1 G zum besseren Informationsaustausch bei der Bekämpfung des internationalen Terrorismus v. 26.7.2016 (BGBl. I S. 1818), Art. 4 Digitale Hochgeschwindigkeitsnetze-Gesetz v. 4.11.2016 (BGBl. I S. 2473), Art. 2 Abs. 1 Erstes G zur Änd. des SicherheitsüberprüfungsG v. 16.6.2017 (BGBl. I S. 1634), Art. 2 Datenschutz-Anpassungs- und -Umsetzungsgesetz EU v. 30.6.2017 (BGBl. I S. 2097), Art. 16 Elfte ZuständigkeitsanpassungsVO v. 19.6.2020 (BGBl. I S. 1328) und Beschluss des BVerfG – 1 BvR 1873/13, 1 BvR 2618/13 – v. 27.5.2020 (BGBl. I S. 1931)

Erster Abschnitt. Zusammenarbeit, Aufgaben der Verfassungsschutzbehörden

§ 1 Zusammenarbeitspflicht. (1) Der Verfassungsschutz dient dem Schutz der freiheitlichen demokratischen Grundordnung, des Bestandes und der Sicherheit des Bundes und der Länder.

(2) Der Bund und die Länder sind verpflichtet, in Angelegenheiten des Verfassungsschutzes zusammenzuarbeiten.

(3) Die Zusammenarbeit besteht auch in gegenseitiger Unterstützung und Hilfeleistung.

[1)] Verkündet als Art. 2 des G zur Fortentwicklung der Datenverarbeitung und des Datenschutzes v. 20.12.1990 (BGBl. I S. 2954); Inkrafttreten gem. Art. 6 Abs. 1 dieses G am 30.12.1990.

[2)] Zum Inkrafttreten der Änderung siehe die Bekanntmachung über das Inkrafttreten von Teilen des SIS-II-Gesetzes v. 2.4.2013 (BGBl. I S. 727)

§ 2[1] Verfassungsschutzbehörden. (1) [1] Für die Zusammenarbeit des Bundes mit den Ländern unterhält der Bund ein Bundesamt für Verfassungsschutz als Bundesoberbehörde. [2] Es untersteht dem Bundesministerium des Innern, für Bau und Heimat. [3] Das Bundesamt für Verfassungsschutz darf einer polizeilichen Dienststelle nicht angegliedert werden.

(2) [1] Für die Zusammenarbeit der Länder mit dem Bund und der Länder untereinander unterhält jedes Land eine Behörde zur Bearbeitung von Angelegenheiten des Verfassungsschutzes. [2] Mehrere Länder können eine gemeinsame Behörde unterhalten.

§ 3[2] Aufgaben der Verfassungsschutzbehörden. (1) Aufgabe der Verfassungsschutzbehörden des Bundes und der Länder ist die Sammlung und Auswertung von Informationen, insbesondere von sach- und personenbezogenen Auskünften, Nachrichten und Unterlagen, über

1. Bestrebungen, die gegen die freiheitliche demokratische Grundordnung, den Bestand oder die Sicherheit des Bundes oder eines Landes gerichtet sind oder eine ungesetzliche Beeinträchtigung der Amtsführung der Verfassungsorgane des Bundes oder eines Landes oder ihrer Mitglieder zum Ziele haben,
2. sicherheitsgefährdende oder geheimdienstliche Tätigkeiten im Geltungsbereich dieses Gesetzes für eine fremde Macht,
3. Bestrebungen im Geltungsbereich dieses Gesetzes, die durch Anwendung von Gewalt oder darauf gerichtete Vorbereitungshandlungen auswärtige Belange der Bundesrepublik Deutschland gefährden.

(2) [1] Die Verfassungsschutzbehörden des Bundes und der Länder wirken mit

1. bei der Sicherheitsüberprüfung von Personen, denen im öffentlichen Interesse geheimhaltungsbedürftige Tatsachen, Gegenstände oder Erkenntnisse anvertraut werden, die Zugang dazu erhalten sollen oder ihn sich verschaffen können,
2. bei der Sicherheitsüberprüfung von Personen, die an sicherheitsempfindlichen Stellen von lebens- oder verteidigungswichtigen Einrichtungen beschäftigt sind oder werden sollen,
3. bei technischen Sicherheitsmaßnahmen zum Schutz von im öffentlichen Interesse geheimhaltungsbedürftigen Tatsachen, Gegenständen oder Erkenntnissen gegen die Kenntnisnahme durch Unbefugte,
4. bei der Überprüfung von Personen in sonstigen gesetzlich bestimmten Fällen,
5. bei der Geheimschutzbetreuung von nichtöffentlichen Stellen durch den Bund oder durch ein Land.

---

[1] § 2 Abs. 1 Satz 2 geänd. mWv 11.1.2007 durch G v. 5.1.2007 (BGBl. I S. 2); Abs. 2 Satz 2 angef. mWv 21.11.2015 durch G v. 17.11.2015 (BGBl. I S. 1938); Abs. 1 Satz 2 geänd. mWv 27.6.2020 durch VO v. 19.6.2020 (BGBl. I S. 1328).

[2] § 3 Abs. 2 Satz 2 neu gef. sowie Sätze 3 und 4 aufgeh. durch G v. 20.4.1994 (BGBl. I S. 867); Abs. 1 Nr. 3 und Abs. 2 Satz 2 geänd. sowie Abs. 1 Nr. 4 angef. mWv 1.1.2002 durch G v. 9.1.2002 (BGBl. I S. 361); Abs. 1 Nr. 3 geänd., Nr. 4 aufgeh., Abs. 2 Satz 2 geänd. mWv 10.1.2021 durch G v. 5.1.2007 (BGBl. I S. 2, geänd. durch Art. 6 G v. 7.12.2011, BGBl. I S. 2576, und Art. 1 G v. 3.12. 2015, BGBl. I S. 2161) *(die Änderung in Abs. 2 ist aufgrund der Änd. durch G v. 23.11.2007, BGBl. I S. 2590, nicht ausführbar)*; Abs. 2 Satz 1 Nr. 3 und Satz 2 geänd. sowie Satz 1 Nr. 4 angef. mWv 1.12. 2007 durch G v. 23.11.2007 (BGBl. I S. 2590); Abs. 2 Satz 1 Nr. 4 geänd., Nr. 5 sowie Sätze 3 und 4 angef. mWv 21.6.2017 durch G v. 16.6.2017 (BGBl. I S. 1634).

[2]Die Befugnisse des Bundesamtes für Verfassungsschutz bei der Mitwirkung nach Satz 1 Nr. 1, 2 und 4 sind im Sicherheitsüberprüfungsgesetz[1)] vom 20. April 1994 (BGBl. I S. 867) geregelt. [3]Bei der Mitwirkung nach Satz 1 Nummer 5 ist das Bundesamt für Verfassungsschutz zur sicherheitsmäßigen Bewertung der Angaben der nichtöffentlichen Stelle unter Berücksichtigung der Erkenntnisse der Verfassungsschutzbehörden des Bundes und der Länder befugt. [4]Sofern es im Einzelfall erforderlich erscheint, können bei der Mitwirkung nach Satz 1 Nummer 5 zusätzlich die Nachrichtendienste des Bundes sowie ausländische öffentliche Stellen um Übermittlung und Bewertung vorhandener Erkenntnisse und um Bewertung übermittelter Erkenntnisse ersucht werden.

(3) Die Verfassungsschutzbehörden sind an die allgemeinen Rechtsvorschriften gebunden (Artikel 20 des Grundgesetzes[2)]).

§ 4 Begriffsbestimmungen. (1) [1]Im Sinne dieses Gesetzes sind

a) Bestrebungen gegen den Bestand des Bundes oder eines Landes solche politisch bestimmten, ziel- und zweckgerichteten Verhaltensweisen in einem oder für einen Personenzusammenschluß, der darauf gerichtet ist, die Freiheit des Bundes oder eines Landes von fremder Herrschaft aufzuheben, ihre staatliche Einheit zu beseitigen oder ein zu ihm gehörendes Gebiet abzutrennen;
b) Bestrebungen gegen die Sicherheit des Bundes oder eines Landes solche politisch bestimmten, ziel- und zweckgerichteten Verhaltensweisen in einem oder für einen Personenzusammenschluß, der darauf gerichtet ist, den Bund, Länder oder deren Einrichtungen in ihrer Funktionsfähigkeit erheblich zu beeinträchtigen;
c) Bestrebungen gegen die freiheitliche demokratische Grundordnung solche politisch bestimmten, ziel- und zweckgerichteten Verhaltensweisen in einem oder für einen Personenzusammenschluß, der darauf gerichtet ist, einen der in Absatz 2 genannten Verfassungsgrundsätze zu beseitigen oder außer Geltung zu setzen.

[2]Für einen Personenzusammenschluß handelt, wer ihn in seinen Bestrebungen nachdrücklich unterstützt. [3]Voraussetzung für die Sammlung und Auswertung von Informationen im Sinne des § 3 Abs. 1 ist das Vorliegen tatsächlicher Anhaltspunkte. [4]Verhaltensweisen von Einzelpersonen, die nicht in einem oder für einen Personenzusammenschluß handeln, sind Bestrebungen im Sinne dieses Gesetzes, wenn sie auf Anwendung von Gewalt gerichtet sind oder aufgrund ihrer Wirkungsweise geeignet sind, ein Schutzgut dieses Gesetzes erheblich zu beschädigen.

(2) Zur freiheitlichen demokratischen Grundordnung im Sinne dieses Gesetzes zählen:

a) das Recht des Volkes, die Staatsgewalt in Wahlen und Abstimmungen und durch besondere Organe der Gesetzgebung, der vollziehenden Gewalt und der Rechtsprechung auszuüben und die Volksvertretung in allgemeiner, unmittelbarer, freier, gleicher und geheimer Wahl zu wählen,

---

[1)] **Wehrrecht Nr. 807.**
[2)] Nr. **1**.

b) die Bindung der Gesetzgebung an die verfassungsmäßige Ordnung und die Bindung der vollziehenden Gewalt und der Rechtsprechung an Gesetz und Recht,
c) das Recht auf Bildung und Ausübung einer parlamentarischen Opposition,
d) die Ablösbarkeit der Regierung und ihre Verantwortlichkeit gegenüber der Volksvertretung,
e) die Unabhängigkeit der Gerichte,
f) der Ausschluß jeder Gewalt- und Willkürherrschaft und
g) die im Grundgesetz[1)] konkretisierten Menschenrechte.

§ 5[2)] Zuständigkeiten des Bundesamtes für Verfassungsschutz.

(1) [1] Das Bundesamt für Verfassungsschutz darf in einem Lande im Benehmen mit der Landesbehörde für Verfassungsschutz Informationen, Auskünfte, Nachrichten und Unterlagen im Sinne des § 3 sammeln. [2] Bei Bestrebungen und Tätigkeiten im Sinne des § 3 Abs. 1 Nr. 1 bis 3 ist Voraussetzung, daß

1. sie sich ganz oder teilweise gegen den Bund richten,
2. sie darauf gerichtet sind, Gewalt anzuwenden, Gewaltanwendung vorzubereiten, zu unterstützen oder zu befürworten,
3. sie sich über den Bereich eines Landes hinaus erstrecken,
4. sie auswärtige Belange der Bundesrepublik Deutschland berühren oder
5. eine Landesbehörde für Verfassungsschutz das Bundesamt für Verfassungsschutz um ein Tätigwerden ersucht.

[3] Das Benehmen kann für eine Reihe gleichgelagerter Fälle hergestellt werden.

(2) [1] Das Bundesamt für Verfassungsschutz wertet unbeschadet der Auswertungsverpflichtungen der Landesbehörden für Verfassungsschutz zentral alle Erkenntnisse über Bestrebungen und Tätigkeiten im Sinne des § 3 Absatz 1 aus. [2] Es unterrichtet die Landesbehörden für Verfassungsschutz nach § 6 Absatz 1, insbesondere durch Querschnittsauswertungen in Form von Struktur- und Methodikberichten sowie regelmäßig durch bundesweite Lageberichte zu den wesentlichen Phänomenbereichen unter Berücksichtigung der entsprechenden Landeslageberichte.

(3) [1] Das Bundesamt für Verfassungsschutz koordiniert die Zusammenarbeit der Verfassungsschutzbehörden. [2] Die Koordinierung schließt insbesondere die Vereinbarung von

1. einheitlichen Vorschriften zur Gewährleistung der Zusammenarbeitsfähigkeit,
2. allgemeinen Arbeitsschwerpunkten und arbeitsteiliger Durchführung der Aufgaben sowie
3. Relevanzkriterien für Übermittlungen nach § 6 Absatz 1

ein.

---

1) Nr. 1.

2) § 5 Abs. 2 Satz 2 geänd. mWv 1.1.2002 durch G v. 9.1.2002 (BGBl. I S. 361); Abs. 1 (früherer Abs. 2) Satz 2 einl. Satzteil geänd. mWv 10.1.2021 durch G v. 5.1.2007 (BGBl. I S. 2, geänd. durch Art. 6 G v. 7.12.2011, BGBl. I S. 2576, und Art. 1 G v. 3.12.2015, BGBl. I S. 2161); Überschrift neu gef., Abs. 1 aufgeh., bish. Abs. 2 wird Abs. 1 und Satz 2 Nr. 2 eingef., bish. Nr. 2–4 werden Nr. 3–5, Abs. 2 eingef., Abs. 3 neu gef., Abs. 4 und 5 angef. mWv 21.11.2015 durch G v. 17.11.2015 (BGBl. I S. 1938).

(4) Das Bundesamt für Verfassungsschutz unterstützt als Zentralstelle die Landesbehörden für Verfassungsschutz bei der Erfüllung ihrer Aufgaben nach § 3 insbesondere durch

1. Bereitstellung des nachrichtendienstlichen Informationssystems (§ 6 Absatz 2),
2. zentrale Einrichtungen im Bereich besonderer technischer und fachlicher Fähigkeiten,
3. Erforschung und Entwicklung von Methoden und Arbeitsweisen im Verfassungsschutz und
4. Fortbildung in speziellen Arbeitsbereichen.

(5) [1]Dem Bundesamt für Verfassungsschutz obliegt der für Aufgaben nach § 3 erforderliche Dienstverkehr mit zuständigen öffentlichen Stellen anderer Staaten. [2]Die Landesbehörden für Verfassungsschutz können solchen Dienstverkehr führen

1. mit den Dienststellen der in der Bundesrepublik Deutschland stationierten Streitkräfte,
2. mit den Nachrichtendiensten angrenzender Nachbarstaaten in regionalen Angelegenheiten oder
3. im Einvernehmen mit dem Bundesamt für Verfassungsschutz.

§ 6[1)] Gegenseitige Unterrichtung der Verfassungsschutzbehörden.

(1) [1]Die Landesbehörden für Verfassungsschutz und das Bundesamt für Verfassungsschutz übermitteln sich unverzüglich die für ihre Aufgaben relevanten Informationen, einschließlich der Erkenntnisse ihrer Auswertungen. [2]Wenn eine übermittelnde Behörde sich dies vorbehält, dürfen die übermittelten Daten nur mit ihrer Zustimmung an Stellen außerhalb der Behörden für Verfassungsschutz übermittelt werden.

(2) [1]Die Verfassungsschutzbehörden sind verpflichtet, beim Bundesamt für Verfassungsschutz zur Erfüllung der Unterrichtungspflichten nach Absatz 1 gemeinsame Dateien zu führen, die sie im automatisierten Verfahren nutzen. [2]Die Speicherung personenbezogener Daten ist nur unter den Voraussetzungen der §§ 10 und 11 zulässig. [3]Der Abruf im automatisierten Verfahren durch andere Stellen ist nicht zulässig; § 3 Absatz 3 Satz 2 des MAD-Gesetzes[2)] bleibt unberührt. [4]Die Verantwortung einer speichernden Stelle im Sinne der allgemeinen Vorschriften des Datenschutzrechts trägt jede Verfassungsschutzbehörde nur für die von ihr eingegebenen Daten; nur sie darf diese Daten verändern, die Verarbeitung einschränken oder löschen. [5]Die eingebende Stelle muss feststellbar sein. [6]Eine Abfrage von Daten ist nur zulässig, soweit dies zur Erfüllung von Aufgaben, mit denen der Abfragende unmittelbar betraut ist, erforderlich ist. [7]Die Zugriffsberechtigung auf Daten, die nicht zum Auffinden von Akten und der dazu notwendigen Identifizierung von Personen erforderlich sind, ist auf Personen zu beschränken, die mit der Erfassung von Daten oder Analysen betraut sind. [8]Die Zugriffsberechtigung auf Unterlagen, die gespeicherte Angaben belegen, ist zudem auf Personen zu beschränken, die unmittelbar mit Arbeiten in diesem Anwendungsgebiet betraut sind.

[1)] § 6 neu gef. mWv 21.11.2015 durch G v. 17.11.2015 (BGBl. I S. 1938); Abs. 2 Satz 4, Abs. 3 Satz 1 geänd. mWv 25.5.2018 durch G v. 30.6.2017 (BGBl. I S. 2097).

[2)] **Wehrrecht Nr. 805.**

(3) [1] Das Bundesamt für Verfassungsschutz trifft für die gemeinsamen Dateien die technischen und organisatorischen Maßnahmen entsprechend § 64 des Bundesdatenschutzgesetzes[1)]. [2] Es hat bei jedem Zugriff für Zwecke der Datenschutzkontrolle den Zeitpunkt, die Angaben, die die Feststellung der abgefragten Datensätze ermöglichen, sowie die abfragende Stelle zu protokollieren. [3] Die Auswertung der Protokolldaten ist nach dem Stand der Technik zu gewährleisten. [4] Die protokollierten Daten dürfen nur für Zwecke der Datenschutzkontrolle, der Datensicherung oder zur Sicherstellung eines ordnungsgemäßen Betriebs der Datenverarbeitungsanlage verwendet werden. [5] Die Protokolldaten sind am Ende des Kalenderjahres, das dem Jahr der Protokollierung folgt, zu löschen.

§ 7 Weisungsrechte des Bundes. Die Bundesregierung kann, wenn ein Angriff auf die verfassungsmäßige Ordnung des Bundes erfolgt, den obersten Landesbehörden die für die Zusammenarbeit der Länder mit dem Bund auf dem Gebiete des Verfassungsschutzes erforderlichen Weisungen erteilen.

Zweiter Abschnitt. Bundesamt für Verfassungsschutz

§ 8[2)] Befugnisse des Bundesamtes für Verfassungsschutz. (1) [1] Das Bundesamt für Verfassungsschutz darf die zur Erfüllung seiner Aufgaben erforderlichen Informationen einschließlich personenbezogener Daten verarbeiten, soweit nicht die anzuwendenden Bestimmungen des Bundesdatenschutzgesetzes[1)] oder besondere Regelungen in diesem Gesetz entgegenstehen; die Verarbeitung ist auch zulässig, wenn der Betroffene eingewilligt hat. [2] Ein Ersuchen des Bundesamtes für Verfassungsschutz um Übermittlung personenbezogener Daten darf nur diejenigen personenbezogenen Daten enthalten, die für die Erteilung der Auskunft unerlässlich sind. [3] Schutzwürdige Interessen des Betroffenen dürfen nur in unvermeidbarem Umfang beeinträchtigt werden.

(2) [1] Das Bundesamt für Verfassungsschutz darf Methoden, Gegenstände und Instrumente zur heimlichen Informationsbeschaffung, wie den Einsatz von Vertrauensleuten und Gewährspersonen, Observationen, Bild- und Tonaufzeichnungen, Tarnpapiere und Tarnkennzeichen anwenden. [2] In Individualrechte darf nur nach Maßgabe besonderer Befugnisse eingegriffen werden. [3] Im Übrigen darf die Anwendung eines Mittels gemäß Satz 1 keinen Nachteil herbeiführen, der erkennbar außer Verhältnis zur Bedeutung des aufzuklärenden Sachverhalts steht. [4] Die Mittel nach Satz 1 sind in einer Dienstvorschrift zu benennen, die auch die Zuständigkeit für die Anordnung solcher Informationsbeschaffungen und das Nähere zu Satz 3 regelt. [5] Die Dienstvorschrift bedarf der Zustimmung des Bundesministeriums des Innern, für Bau und Heimat, das das Parlamentarische Kontrollgremium unterrichtet.

[1)] Nr. **245**.

[2)] § 8 Abs. 4 Satz 2 neu gef. durch G v. 20.4.1994 (BGBl. I S. 867); Abs. 2 Satz 3 geänd. durch G v. 17.6.1999 (BGBl. I S. 1334); Abs. 1 Sätze 2 und 3 angef., bish. Wortlaut wird Satz 1 sowie Abs. 5–12 angef., bish. Abs. 5 wird Abs. 13 mWv 1.1.2002 durch G v. 9.1.2002 (BGBl. I S. 361); Abs. 2 Satz 3 geänd. und Abs. 5–12 aufgeh., bish. Abs. 13 wird Abs. 5 mWv 11.1.2007 durch G v. 5.1.2007 (BGBl. I S. 2); Abs. 2 Sätze 2 und 3 eingef., bish. Sätze 2 und 3 werden Sätze 4 und 5 und neuer Satz 4 neu gef., neuer Satz 5 geänd. mWv 21.11.2015 durch G v. 17.11.2015 (BGBl. I S. 1938); Abs. 1 Satz 1 neu gef. mWv 25.5.2018 durch G v. 30.6.2017 (BGBl. I S. 2097); Abs. 2 Satz 5 geänd. mWv 27.6. 2020 durch VO v. 19.6.2020 (BGBl. I S. 1328).

(3) Polizeiliche Befugnisse oder Weisungsbefugnisse stehen dem Bundesamt für Verfassungsschutz nicht zu; es darf die Polizei auch nicht im Wege der Amtshilfe um Maßnahmen ersuchen, zu denen es selbst nicht befugt ist.

(4) 1 Werden personenbezogene Daten beim Betroffenen mit seiner Kenntnis erhoben, so ist der Erhebungszweck anzugeben. 2 Der Betroffene ist auf die Freiwilligkeit seiner Angaben hinzuweisen.

(5) 1 Von mehreren geeigneten Maßnahmen hat das Bundesamt für Verfassungsschutz diejenige zu wählen, die den Betroffenen voraussichtlich am wenigsten beeinträchtigt. 2 Eine Maßnahme darf keinen Nachteil herbeiführen, der erkennbar außer Verhältnis zu dem beabsichtigten Erfolg steht.

§§ 8a–8c[1] *(aufgehoben)*

§ 8c *(aufgehoben)*

§ 8d[2] **Weitere Auskunftsverlangen.** (1) *1 Soweit dies zur Erfüllung der Aufgaben des Bundesamts für Verfassungsschutz erforderlich ist, darf von demjenigen, der geschäftsmäßig Telekommunikationsdienste erbringt oder daran mitwirkt, Auskunft über die nach den §§ 95 und 111 des Telekommunikationsgesetzes*[3] *erhobenen Daten verlangt werden (§ 113 Absatz 1 Satz 1 des Telekommunikationsgesetzes).*[4] 2 Bezieht sich das Auskunftsverlangen nach Satz 1 auf Daten, mittels derer der Zugriff auf Endgeräte oder auf Speichereinrichtungen, die in diesen Endgeräten oder hiervon räumlich getrennt eingesetzt werden, geschützt wird (§ 113 Absatz 1 Satz 2 des Telekommunikationsgesetzes), darf die Auskunft nur verlangt werden, wenn die gesetzlichen Voraussetzungen für die Nutzung der Daten vorliegen.

(2) *1 Die Auskunft nach Absatz 1 darf auch anhand einer zu einem bestimmten Zeitpunkt zugewiesenen Internetprotokoll-Adresse verlangt werden (§ 113 Absatz 1 Satz 3 des Telekommunikationsgesetzes).*[5] 2 Für Auskunftsverlangen nach Absatz 1 Satz 2 gilt § 8b Absatz 1 Satz 1 und 2 und Absatz 2 entsprechend.

(3) 1 Die betroffene Person ist in den Fällen des Absatzes 1 Satz 2 und des Absatzes 2 Satz 1 über die Beauskunftung zu benachrichtigen. 2 Die Benachrichtigung erfolgt, soweit und sobald eine Gefährdung des Zwecks der Auskunft und der Eintritt übergreifender Nachteile für das Wohl des Bundes oder eines Landes ausgeschlossen werden können. 3 Sie unterbleibt, wenn ihr überwiegende schutzwürdige Belange Dritter oder der betroffenen Person selbst entgegenstehen. 4 Wird die Benachrichtigung nach Satz 2 zurückgestellt oder nach Satz 3 von ihr abgesehen, sind die Gründe aktenkundig zu machen.

(4) Auf Grund eines Auskunftsverlangens nach Absatz 1 oder 2 hat derjenige, der geschäftsmäßig Telekommunikationsdienste erbringt oder daran mitwirkt,

---

[1] § 8a eingef. mWv 11.1.2007, §§ 8b und 8c eingef. mWv 10.1.2012 durch G v. 7.12.2011 (BGBl. I S. 2576); §§ 8a–8c aufgeh. mWv 10.1.2021 durch G v. 5.1.2007 (BGBl. I S. 2, geänd. durch Art. 6 G v. 7.12.2011, BGBl. I S. 2576, und Art. 1 G v. 3.12.2015, BGBl. I S. 2161).

[2] § 8d eingef. mWv 1.7.2013 durch G v. 20.6.2013 (BGBl. I S. 1602).

[3] **Sartorius ErgBd. Nr. 920.**

[4] § 8d Abs. 1 Satz 1 ist gem. Beschluss des BVerfG v. 27.5.2020 (BGBl. I S. 1931) mit Art. 2 Abs. 1 iVm Art. 1 Abs. 1 und Art. 10 Abs. 1 GG (Nr. **1**) unvereinbar. Bis zur Neuregelung, längstens jedoch bis 31.12.2021, bleibt die für mit dem GG unvereinbar erklärte Vorschrift weiter anwendbar.

[5] § 8d Abs. 2 Satz 1 ist gem. Beschluss des BVerfG v. 27.5.2020 (BGBl. I S. 1931) mit Art. 2 Abs. 1 iVm Art. 1 Abs. 1 und Art. 10 Abs. 1 GG (Nr. **1**) unvereinbar. Bis zur Neuregelung, längstens jedoch bis 31.12.2021, bleibt die für mit dem GG unvereinbar erklärte Vorschrift weiter anwendbar.

die zur Auskunftserteilung erforderlichen Daten unverzüglich, vollständig und richtig zu übermitteln.

(5) Das Bundesamt für Verfassungsschutz hat für ihm erteilte Auskünfte eine Entschädigung zu gewähren, deren Umfang sich nach § 23 und Anlage 3 des Justizvergütungs- und -entschädigungsgesetzes[1)] bemisst; die Vorschriften über die Verjährung in § 2 Absatz 1 und 4 des Justizvergütungs- und -entschädigungsgesetzes finden entsprechend Anwendung

(6) Das Grundrecht des Fernmeldegeheimnisses (Artikel 10 des Grundgesetzes[2)]) wird nach Maßgabe des Absatzes 2 eingeschränkt.

§ 9[3)] Besondere Formen der Datenerhebung. (1) [1]Das Bundesamt für Verfassungsschutz darf Informationen, insbesondere personenbezogene Daten, mit den Mitteln gemäß § 8 Abs. 2 erheben, wenn Tatsachen die Annahme rechtfertigen, daß

1. auf diese Weise Erkenntnisse über Bestrebungen oder Tätigkeiten nach § 3 Abs. 1 oder die zur Erforschung solcher Erkenntnisse erforderlichen Quellen gewonnen werden können oder
2. dies zum Schutz der Mitarbeiter, Einrichtungen, Gegenstände und Quellen des Bundesamtes für Verfassungsschutz gegen sicherheitsgefährdende oder geheimdienstliche Tätigkeiten erforderlich ist.

[2]Die Erhebung nach Satz 1 ist unzulässig, wenn die Erforschung des Sachverhalts auf andere, den Betroffenen weniger beeinträchtigende Weise möglich ist; eine geringere Beeinträchtigung ist in der Regel anzunehmen, wenn die Information aus allgemein zugänglichen Quellen oder durch eine Auskunft nach § 18 Abs. 3 gewonnen werden kann. [3]Die Anwendung eines Mittels gemäß § 8 Abs. 2 darf nicht erkennbar außer Verhältnis zur Bedeutung des aufzuklärenden Sachverhaltes stehen. [4]Die Maßnahme ist unverzüglich zu beenden, wenn ihr Zweck erreicht ist oder sich Anhaltspunkte dafür ergeben, daß er nicht oder nicht auf diese Weise erreicht werden kann.

(2) [1]Das in einer Wohnung nicht öffentlich gesprochene Wort darf mit technischen Mitteln nur heimlich mitgehört oder aufgezeichnet werden, wenn es im Einzelfall zur Abwehr einer gegenwärtigen gemeinen Gefahr oder einer gegenwärtigen Lebensgefahr für einzelne Personen unerläßlich ist und geeignete polizeiliche Hilfe für das bedrohte Rechtsgut nicht rechtzeitig erlangt werden kann. [2]Satz 1 gilt entsprechend für einen verdeckten Einsatz technischer Mittel zur Anfertigung von Bildaufnahmen und Bildaufzeichnungen. [3]Maßnahmen nach den Sätzen 1 und 2 werden durch den Präsidenten des Bundesamtes für Verfassungsschutz oder seinen Vertreter angeordnet, wenn eine richterliche Entscheidung nicht rechtzeitig herbeigeführt werden kann.

[1)] **Schönfelder Nr. 116.**

[2)] Nr. **1**.

[3)] § 9 Abs. 3 Satz 1 Nr. 2 geänd. durch G v. 17.6.1999 (BGBl. I S. 1334); Abs. 2 Sätze 3–6 angef. mWv 1.11.2000 durch G v. 2.8.2000 (BGBl. I S. 1253); Abs. 3 Satz 2 geänd. mWv 29.6.2001 durch G v. 26.6.2001 (BGBl. I S. 1254); Abs. 2 Sätze 7–13 angef., Abs. 3 Satz 2 aufgeh. und Abs. 4 eingef. mWv 1.1.2002 durch G v. 9.1.2002 (BGBl. I S. 361); Abs. 4 neu gef. mWv 11.1.2007, Abs. 3 Satz 2 angef., Abs. 4 aufgeh. mWv 10.1.2021 durch G v. 5.1.2007 (BGBl. I S. 2, geänd. durch Art. 6 G v. 7.12.2011, BGBl. I S. 2576, und Art. 1 G v. 3.12.2015, BGBl. I S. 2161); Abs. 2 Satz 6 geänd. mWv 1.9.2009 durch G v. 17.12.2008 (BGBl. I S. 2586); Abs. 2 Sätze 8–11 aufgeh., bish. Sätze 12 und 13 werden Sätze 8 und 9, Abs. 4 Satz 7 neu gef., Satz 8 aufgeh. mWv 10.1.2012 durch G v. 7.12.2011 (BGBl. I S. 2576).

[4]Die richterliche Entscheidung ist unverzüglich nachzuholen. [5]Zuständig ist das Amtsgericht, in dessen Bezirk das Bundesamt für Verfassungsschutz seinen Sitz hat. [6]Für das Verfahren gelten die Vorschriften des Gesetzes über das Verfahren in Familiensachen und in den Angelegenheiten der freiwilligen Gerichtsbarkeit[1)] entsprechend. [7]Die erhobenen Informationen dürfen nur nach Maßgabe des § 4 Abs. 4 des Artikel 10-Gesetzes[2)] verwendet werden. [8]§ 4 Abs. 6 des Artikel 10-Gesetzes gilt entsprechend. [9]Das Grundrecht der Unverletzlichkeit der Wohnung (Artikel 13 des Grundgesetzes[3)]) wird insoweit eingeschränkt.

(3) [1]Bei Erhebungen nach Absatz 2 und solchen nach Absatz 1, die in ihrer Art und Schwere einer Beschränkung des Brief-, Post- und Fernmeldegeheimnisses gleichkommen, wozu insbesondere das Abhören und Aufzeichnen des nicht öffentlich gesprochenen Wortes mit dem verdeckten Einsatz technischer Mittel gehören, ist

1. der Eingriff nach seiner Beendigung dem Betroffenen mitzuteilen, sobald eine Gefährdung des Zweckes des Eingriffs ausgeschlossen werden kann, und
2. das Parlamentarische Kontrollgremium zu unterrichten.

[2]Die durch solche Maßnahmen erhobenen Informationen dürfen nur nach Maßgabe des § 4 Abs. 4 des Artikel 10-Gesetzes verwendet werden.

§ 9a[4)] Verdeckte Mitarbeiter. (1) [1]Das Bundesamt für Verfassungsschutz darf eigene Mitarbeiter unter einer ihnen verliehenen und auf Dauer angelegten Legende (Verdeckte Mitarbeiter) zur Aufklärung von Bestrebungen unter den Voraussetzungen des § 9 Absatz 1 einsetzen. [2]Ein dauerhafter Einsatz zur Aufklärung von Bestrebungen nach § 3 Absatz 1 Nummer 1 und 4 ist nur bei Bestrebungen von erheblicher Bedeutung zulässig, insbesondere wenn sie darauf gerichtet sind, Gewalt anzuwenden oder Gewaltanwendung vorzubereiten.

(2) [1]Verdeckte Mitarbeiter dürfen weder zur Gründung von Bestrebungen nach § 3 Absatz 1 Nummer 1, 3 oder 4 noch zur steuernden Einflussnahme auf derartige Bestrebungen eingesetzt werden. [2]Sie dürfen in solchen Personenzusammenschlüssen oder für solche Personenzusammenschlüsse, einschließlich strafbare Vereinigungen, tätig werden, um deren Bestrebungen aufzuklären. [3]Im Übrigen ist im Einsatz eine Beteiligung an Bestrebungen zulässig, wenn sie

1. nicht in Individualrechte eingreift,
2. von den an den Bestrebungen Beteiligten derart erwartet wird, dass sie zur Gewinnung und Sicherung der Informationszugänge unumgänglich ist und
3. nicht außer Verhältnis zur Bedeutung des aufzuklärenden Sachverhalts steht.

[4]Sofern zureichende tatsächliche Anhaltspunkte dafür bestehen, dass Verdeckte Mitarbeiter rechtswidrig einen Straftatbestand von erheblicher Bedeutung verwirklicht haben, soll der Einsatz unverzüglich beendet und die Strafverfolgungsbehörde unterrichtet werden. [5]Über Ausnahmen nach Satz 4 entscheidet der Behördenleiter oder sein Vertreter.

[1)] **Schönfelder Nr. 112.**
[2)] Nr. **7.**
[3)] Nr. **1.**
[4)] § 9a eingef. mWv 21.11.2015 durch G v. 17.11.2015 (BGBl. I S. 1938).

(3) [1]Die Staatsanwaltschaft kann von der Verfolgung von im Einsatz begangenen Vergehen absehen oder eine bereits erhobene Klage in jeder Lage des Verfahrens zurücknehmen und das Verfahren einstellen, wenn

1. der Einsatz zur Aufklärung von Bestrebungen erfolgte, die auf die Begehung von in § 3 Absatz 1 des Artikel 10-Gesetzes[1)] bezeichneten Straftaten gerichtet sind, und
2. die Tat von an den Bestrebungen Beteiligten derart erwartet wurde, dass sie zur Gewinnung und Sicherung der Informationszugänge unumgänglich war.

[2]Dabei ist das Verhältnis der Bedeutung der Aufklärung der Bestrebungen zur Schwere der begangenen Straftat und Schuld des Täters zu berücksichtigen. [3]Ein Absehen von der Verfolgung ist ausgeschlossen, wenn eine höhere Strafe als ein Jahr Freiheitsstrafe zu erwarten ist. [4]Ein Absehen von der Verfolgung ist darüber hinaus stets ausgeschlossen, wenn zu erwarten ist, dass die Strafe nicht zur Bewährung ausgesetzt werden würde. [5]Die Sätze 1 bis 4 gelten auch in Fällen der Landesbehörden für Verfassungsschutz.

§ 9b[2)] Vertrauensleute. (1) [1]Für den Einsatz von Privatpersonen, deren planmäßige, dauerhafte Zusammenarbeit mit dem Bundesamt für Verfassungsschutz Dritten nicht bekannt ist (Vertrauensleute), ist § 9a entsprechend anzuwenden. [2]Die Bundesregierung trägt dem Parlamentarischen Kontrollgremium mindestens einmal im Jahr einen Lagebericht zum Einsatz von Vertrauensleuten vor.

(2) [1]Über die Verpflichtung von Vertrauensleuten entscheidet der Behördenleiter oder sein Vertreter. [2]Als Vertrauensleute dürfen Personen nicht angeworben und eingesetzt werden, die

1. nicht voll geschäftsfähig, insbesondere minderjährig sind,
2. von den Geld- oder Sachzuwendungen für die Tätigkeit auf Dauer als alleinige Lebensgrundlage abhängen würden,
3. an einem Aussteigerprogramm teilnehmen,
4. Mitglied des Europäischen Parlaments, des Deutschen Bundestages, eines Landesparlaments oder Mitarbeiter eines solchen Mitglieds sind oder
5. im Bundeszentralregister mit einer Verurteilung wegen eines Verbrechens oder zu einer Freiheitsstrafe, deren Vollstreckung nicht zur Bewährung ausgesetzt worden ist, eingetragen sind.

[3]Der Behördenleiter kann eine Ausnahme von Nummer 5 zulassen, wenn die Verurteilung nicht als Täter eines Totschlags (§§ 212, 213 des Strafgesetzbuches[3)]) oder einer allein mit lebenslanger Haft bedrohten Straftat erfolgt ist und der Einsatz zur Aufklärung von Bestrebungen, die auf die Begehung von in § 3 Absatz 1 des Artikel 10-Gesetzes[1)] bezeichneten Straftaten gerichtet sind, unerlässlich ist. [4]Im Falle einer Ausnahme nach Satz 3 ist der Einsatz nach höchstens sechs Monaten zu beenden, wenn er zur Erforschung der in Satz 3 genannten Bestrebungen nicht zureichend gewichtig beigetragen hat. [5]Auch im Weiteren ist die Qualität der gelieferten Informationen fortlaufend zu bewerten.

[1)] Nr. **7**.
[2)] § 9b eingef. mWv 21.11.2015 durch G v. 17.11.2015 (BGBl. I S. 1938).
[3)] **Schönfelder Nr. 85.**

§ 10[1] Speicherung, Veränderung und Nutzung personenbezogener Daten. (1) Das Bundesamt für Verfassungsschutz darf zur Erfüllung seiner Aufgaben personenbezogene Daten in Dateien speichern, verändern und nutzen, wenn

1. tatsächliche Anhaltspunkte für Bestrebungen oder Tätigkeiten nach § 3 Abs. 1 vorliegen,
2. dies für die Erforschung und Bewertung von Bestrebungen oder Tätigkeiten nach § 3 Abs. 1 erforderlich ist oder
3. das Bundesamt für Verfassungsschutz nach § 3 Abs. 2 tätig wird.

(2) [1]Unterlagen, die nach Absatz 1 gespeicherte Angaben belegen, dürfen auch gespeichert werden, wenn in ihnen weitere personenbezogene Daten Dritter enthalten sind. [2]Eine Abfrage von Daten Dritter ist unzulässig.

(3) Das Bundesamt für Verfassungsschutz hat die Speicherungsdauer auf das für seine Aufgabenerfüllung erforderliche Maß zu beschränken.

§ 11[2] Speicherung, Veränderung und Nutzung personenbezogener Daten von Minderjährigen. (1) [1]Das Bundesamt für Verfassungsschutz darf unter den Voraussetzungen des § 10 Daten über Minderjährige vor Vollendung des 14. Lebensjahres in zu ihrer Person geführten Akten nur speichern, verändern und nutzen, wenn tatsächliche Anhaltspunkte dafür bestehen, dass der Minderjährige eine der in § 3 Abs. 1 des Artikel 10-Gesetzes[3] genannten Straftaten plant, begeht oder begangen hat. [2]In Dateien ist eine Speicherung von Daten oder über das Verhalten Minderjähriger vor Vollendung des 14. Lebensjahres nicht zulässig.

(2) [1]In Dateien oder zu ihrer Person geführten Akten gespeicherte Daten über Minderjährige vor Vollendung des 16. Lebensjahres sind spätestens nach zwei Jahren zu löschen, es sei denn, dass weitere Erkenntnisse nach § 3 Absatz 1 angefallen sind. [2]In Dateien oder zu ihrer Person geführten Akten gespeicherte Daten über Minderjährige ab Vollendung des 16. Lebensjahres sind nach zwei Jahren auf die Erforderlichkeit der Speicherung zu überprüfen und spätestens nach fünf Jahren zu löschen, es sei denn, dass nach Eintritt der Volljährigkeit weitere Erkenntnisse nach § 3 Absatz 1 angefallen sind.

§ 12[4] Berichtigung, Löschung und Verarbeitungseinschränkung personenbezogener Daten in Dateien. (1) Das Bundesamt für Verfassungsschutz hat die in Dateien gespeicherten personenbezogenen Daten zu berichtigen, wenn sie unrichtig sind.

(2) [1]Das Bundesamt für Verfassungsschutz hat die in Dateien gespeicherten personenbezogenen Daten zu löschen, wenn ihre Speicherung unzulässig war oder ihre Kenntnis für die Aufgabenerfüllung nicht mehr erforderlich ist. [2]Die

---

[1] § 10 Abs. 2 aufgeh. durch G v. 20.4.1994 (BGBl. I S. 867); Abs. 2 neu gef. mWv 21.11.2015 durch G v. 17.11.2015 (BGBl. I S. 1938).

[2] § 11 Abs. 1 Satz 1 geänd. mWv 29.6.2001 durch G v. 26.6.2001 (BGBl. I S. 1254, ber. S. 2298); Abs. 1 neu gef. mWv 5.8.2009 durch G v. 31.7.2009 (BGBl. I S. 2499); Abs. 1 Sätze 1 und 2 geänd., Satz 3 aufgeh., Abs. 2 neu gef. mWv 30.7.2016 durch G v. 26.7.2016 (BGBl. I S. 1818).

[3] Nr. 7.

[4] § 12 Abs. 3 Satz 2 neu gef. mWv 1.1.2002 durch G v. 9.1.2002 (BGBl. I S. 361); Abs. 3 Satz 2 geänd. mWv 10.1.2012 durch G v. 7.12.2011 (BGBl. I S. 2576); Abs. 3 Satz 2 geänd. mWv 21.11.2015 durch G v. 17.11.2015 (BGBl. I S. 1938); Überschrift geänd., Abs. 2 Satz 3 neu gef. mWv 25.5.2018 durch G v. 30.6.2017 (BGBl. I S. 2097).

Löschung unterbleibt, wenn Grund zu der Annahme besteht, daß durch sie schutzwürdige Interessen des Betroffenen beeinträchtigt würden. [3]In diesem Falle ist die Verarbeitung einzuschränken. [4]Sie dürfen nur noch mit Einwilligung des Betroffenen übermittelt werden.

(3) [1]Das Bundesamt für Verfassungsschutz prüft bei der Einzelfallbearbeitung und nach festgesetzten Fristen, spätestens nach fünf Jahren, ob gespeicherte personenbezogene Daten zu berichtigen oder zu löschen sind. [2]Gespeicherte personenbezogene Daten über Bestrebungen nach § 3 Absatz 1 Nummer 1, 3 und 4 sind spätestens zehn Jahre nach dem Zeitpunkt der letzten gespeicherten relevanten Information zu löschen, es sei denn, die zuständige Abteilungsleitung oder deren Vertretung trifft im Einzelfall ausnahmsweise eine andere Entscheidung.

(4) Personenbezogene Daten, die ausschließlich zu Zwecken der Datenschutzkontrolle, der Datensicherung oder zur Sicherstellung eines ordnungsgemäßen Betriebes einer Datenverarbeitungsanlage gespeichert werden, dürfen nur für diese Zwecke verwendet werden.

§ 13[1)] Verwendung und Berichtigung personenbezogener Daten in Akten. (1) Stellt das Bundesamt für Verfassungsschutz fest, daß in Akten gespeicherte personenbezogene Daten unrichtig sind oder wird ihre Richtigkeit von dem Betroffenen bestritten, so ist dies in der Akte zu vermerken oder auf sonstige Weise festzuhalten.

(2) [1]Das Bundesamt für Verfassungsschutz hat die Verarbeitung personenbezogener Daten einzuschränken, wenn es im Einzelfall feststellt, dass ohne die Einschränkung schutzwürdige Interessen des Betroffenen beeinträchtigt würden und die Daten für seine künftige Aufgabenerfüllung nicht mehr erforderlich sind. [2]Verarbeitungseingeschränkte Daten sind mit einem entsprechenden Vermerk zu versehen; sie dürfen nicht mehr genutzt oder übermittelt werden. [3]Eine Aufhebung der Einschränkung ist möglich, wenn ihre Voraussetzungen nachträglich entfallen.

(3) [1]Eine Akte ist zu vernichten, wenn sie insgesamt zur Erfüllung der Aufgaben des Bundesamtes für Verfassungsschutz nicht oder nicht mehr erforderlich ist. [2]Die Erforderlichkeit ist bei der Einzelfallbearbeitung und nach festgesetzten Fristen, spätestens nach fünf Jahren, zu prüfen. [3]Für die Vernichtung einer Akte, die zu einer Person im Sinne des § 10 Absatz 1 Nummer 1 geführt wird, gilt § 12 Absatz 3 Satz 2 entsprechend. [4]Eine Vernichtung unterbleibt, wenn Grund zu der Annahme besteht, dass durch sie schutzwürdige Interessen des Betroffenen beeinträchtigt würden. [5]In diesem Fall ist die Verarbeitung der in der Akte gespeicherten personenbezogenen Daten einzuschränken und mit einem entsprechenden Vermerk zu versehen. [6]Sie dürfen nur für die Interessen nach Satz 4 verarbeitet werden oder wenn es zur Abwehr einer erheblichen Gefahr unerlässlich ist. [7]Eine Vernichtung der Akte erfolgt nicht, wenn sie nach den Vorschriften des Bundesarchivgesetzes[2)] dem Bundesarchiv zur Übernahme anzubieten und zu übergeben ist.

[1)] § 13 Überschrift neu gef., Abs. 3 und 4 angef. mWv 21.11.2015 durch G v. 17.11.2015 (BGBl. I S. 1938); Abs. 2 und Abs. 3 Sätze 5 und 6 neu gef. mWv 25.5.2018 durch G v. 30.6.2017 (BGBl. I S. 2097).

[2)] **Sartorius III Nr. 834.**

(4) [1]Akten oder Auszüge aus Akten dürfen auch in elektronischer Form geführt werden. [2]Insoweit kommen die Regelungen über die Verwendung und Berichtigung personenbezogener Daten in Akten zur Anwendung. [3]Eine Abfrage personenbezogener Daten ist insoweit nur zulässig, wenn die Voraussetzungen des § 10 Absatz 1 Nummer 1 und 2 oder § 11 Absatz 1 Satz 3 vorliegen. [4]Der automatisierte Abgleich dieser personenbezogenen Daten ist nur beschränkt auf Akten eng umgrenzter Anwendungsgebiete zulässig. [5]Bei jeder Abfrage sind für Zwecke der Datenschutzkontrolle der Zeitpunkt, die Angaben, die die Feststellung der abgefragten Daten ermöglichen, sowie Angaben zur Feststellung des Abfragenden zu protokollieren. [6]Die protokollierten Daten dürfen nur für Zwecke der Datenschutzkontrolle, der Datensicherung oder zur Sicherstellung eines ordnungsgemäßen Betriebs der Datenverarbeitungsanlage verwendet werden. [7]Die Protokolldaten sind am Ende des Kalenderjahres, das dem Jahr der Protokollierung folgt, zu löschen.

§ 14[1)] Dateianordnungen. (1) [1]Für jede automatisierte Datei beim Bundesamt für Verfassungsschutz nach § 6 oder § 10 sind in einer Dateianordnung, die der Zustimmung des Bundesministeriums des Innern, für Bau und Heimat bedarf, festzulegen:

1. Bezeichnung der Datei,
2. Zweck der Datei,
3. Voraussetzung der Speicherung, Übermittlung und Nutzung (betroffener Personenkreis, Arten der Daten),
4. Anlieferung oder Eingabe,
5. Zugangsberechtigung,
6. Überprüfungsfristen, Speicherungsdauer,
7. Protokollierung.

[2]Der Bundesbeauftragte für den Datenschutz und die Informationsfreiheit ist vor Erlaß einer Dateianordnung anzuhören. [3]Das Bundesamt für Verfassungsschutz führt ein Verzeichnis der geltenden Dateianordnungen.

(2) [1]Die Speicherung personenbezogener Daten ist auf das erforderliche Maß zu beschränken. [2]In angemessenen Abständen ist die Notwendigkeit der Weiterführung oder Änderung der Dateien zu überprüfen.

(3) [1]Ist im Hinblick auf die Dringlichkeit der Aufgabenerfüllung die vorherige Mitwirkung der in Absatz 1 genannten Stellen nicht möglich, so kann das Bundesamt für Verfassungsschutz eine Sofortanordnung treffen. [2]Das Verfahren nach Absatz 1 ist unverzüglich nachzuholen.

§ 15[2)] Auskunft an den Betroffenen. (1) [1]Das Bundesamt für Verfassungsschutz erteilt dem Betroffenen über zu seiner Person gespeicherte Daten auf Antrag unentgeltlich Auskunft, soweit er hierzu auf einen konkreten Sachver-

---

[1)] § 14 Abs. 1 Satz 1 einl. Satzteil geänd. mWv 11.1.2007 durch G v. 5.1.2007 (BGBl. I S. 2); Abs. 1 Satz 2 geänd. mWv 5.8.2009 durch G v. 31.7.2009 (BGBl. I S. 2499); Abs. 3 neu gef. mWv 21.11. 2015 durch G v. 17.11.2015 (BGBl. I S. 1938); Abs. 1 Satz 3 angef. mWv 25.5.2018 durch G v. 30.6. 2017 (BGBl. I S. 2097); Abs. 1 Satz 1 einl. Satzteil geänd. mWv 27.6.2020 durch VO v. 19.6.2020 (BGBl. I S. 1328).

[2)] § 15 Abs. 4 Satz 4 geänd. mWv 11.1.2007 durch G v. 5.1.2007 (BGBl. I S. 2); Abs. 1 Satz 2 angef. mWv 21.11.2015 durch G v. 17.11.2015 (BGBl. I S. 1938); Abs. 4 Satz 4 geänd. mWv 27.6. 2020 durch VO v. 19.6.2020 (BGBl. I S. 1328).

halt hinweist und ein besonderes Interesse an einer Auskunft darlegt. [2] Zu personenbezogenen Daten in Akten erstreckt sich die Auskunft auf alle Daten, die über eine Speicherung gemäß § 10 Absatz 1 auffindbar sind.

(2) [1] Die Auskunftserteilung unterbleibt, soweit

1. eine Gefährdung der Aufgabenerfüllung durch die Auskunftserteilung zu besorgen ist,
2. durch die Auskunftserteilung Quellen gefährdet sein können oder die Ausforschung des Erkenntnisstandes oder der Arbeitsweise des Bundesamtes für Verfassungsschutz zu befürchten ist,
3. die Auskunft die öffentliche Sicherheit gefährden oder sonst dem Wohl des Bundes oder eines Landes Nachteile bereiten würde oder
4. die Daten oder die Tatsache der Speicherung nach einer Rechtsvorschrift oder ihrem Wesen nach, insbesondere wegen der überwiegenden berechtigten Interessen eines Dritten, geheimgehalten werden müssen.

[2] Die Entscheidung trifft der Behördenleiter oder ein von ihm besonders beauftragter Mitarbeiter.

(3) Die Auskunftsverpflichtung erstreckt sich nicht auf die Herkunft der Daten und die Empfänger von Übermittlungen.

(4) [1] Die Ablehnung der Auskunftserteilung bedarf keiner Begründung, soweit dadurch der Zweck der Auskunftsverweigerung gefährdet würde. [2] Die Gründe der Auskunftsverweigerung sind aktenkundig zu machen. [3] Wird die Auskunftserteilung abgelehnt, ist der Betroffene auf die Rechtsgrundlage für das Fehlen der Begründung und darauf hinzuweisen, daß er sich an den Bundesbeauftragten für den Datenschutz wenden kann. [4] Dem Bundesbeauftragten für den Datenschutz ist auf sein Verlangen Auskunft zu erteilen, soweit nicht das Bundesministerium des Innern, für Bau und Heimat im Einzelfall feststellt, daß dadurch die Sicherheit des Bundes oder eines Landes gefährdet würde. [5] Mitteilungen des Bundesbeauftragten an den Betroffenen dürfen keine Rückschlüsse auf den Erkenntnisstand des Bundesamtes für Verfassungsschutz zulassen, sofern es nicht einer weitergehenden Auskunft zustimmt.

§ 16[1)] Verfassungsschutz durch Aufklärung der Öffentlichkeit.

(1) Das Bundesamt für Verfassungsschutz informiert die Öffentlichkeit über Bestrebungen und Tätigkeiten nach § 3 Absatz 1, soweit hinreichend gewichtige tatsächliche Anhaltspunkte hierfür vorliegen, sowie über präventiven Wirtschaftsschutz.

(2) [1] Das Bundesministerium des Innern, für Bau und Heimat informiert die Öffentlichkeit über Bestrebungen und Tätigkeiten nach § 3 Absatz 1, soweit hinreichend gewichtige tatsächliche Anhaltspunkte hierfür vorliegen, mindestens einmal jährlich in einem zusammenfassenden Bericht insbesondere zu aktuellen Entwicklungen. [2] In dem Bericht sind die Zuschüsse des Bundeshaushaltes an das Bundesamt für Verfassungsschutz und den Militärischen Abschirmdienst sowie die jeweilige Gesamtzahl ihrer Bediensteten anzugeben.

---

1) § 16 Abs. 1 und 2 Satz 1 geänd. mWv 11.1.2007 durch G v. 5.1.2007 (BGBl. I S. 2); Überschrift, Abs. 1 und Abs. 2 Satz 1 neu gef., Satz 2 aufgeh., bish. Satz 3 wird Satz 2, Abs. 3 angef. mWv 21.11.2015 durch G v. 17.11.2015 (BGBl. I S. 1938); Abs. 2 Satz 1 geänd. mWv 27.6.2020 durch VO v. 19.6.2020 (BGBl. I S. 1328).

(3) Bei der Information nach den Absätzen 1 und 2 dürfen auch personenbezogene Daten bekanntgegeben werden, wenn die Bekanntgabe für das Verständnis des Zusammenhanges oder der Darstellung von Organisationen oder unorganisierten Gruppierungen erforderlich ist und die Interessen der Allgemeinheit das schutzwürdige Interesse des Betroffenen überwiegen.

Dritter Abschnitt. Übermittlungsvorschriften

§ 17[1] **Zulässigkeit von Ersuchen.** (1) Wird nach den Bestimmungen dieses Abschnittes um Übermittlung von personenbezogenen Daten ersucht, dürfen nur die Daten übermittelt werden, die bei der ersuchten Behörde bekannt sind oder aus allgemein zugänglichen Quellen entnommen werden können.

(2) [1] Absatz 1 gilt nicht für besondere Ersuchen der Verfassungsschutzbehörden, des Militärischen Abschirmdienstes und des Bundesnachrichtendienstes um solche Daten, die bei der Wahrnehmung grenzpolizeilicher Aufgaben bekannt werden. [2] Die Zulässigkeit dieser besonderen Ersuchen und ihre Erledigung regelt das Bundesministerium des Innern, für Bau und Heimat im Benehmen mit dem Bundeskanzleramt und dem Bundesministerium der Verteidigung in einer Dienstanweisung. [3] Es unterrichtet das Parlamentarische Kontrollgremium über ihren Erlaß und erforderliche Änderungen. [4] Satz 2 und 3 gilt nicht für die besonderen Ersuchen zwischen Behörden desselben Bundeslandes.

§ 18[2] **Übermittlung von Informationen an die Verfassungsschutzbehörden.** (1) [1] Die Behörden des Bundes und der bundesunmittelbaren juristischen Personen des öffentlichen Rechts unterrichten von sich aus das Bundesamt für Verfassungsschutz oder die Verfassungsschutzbehörde des Landes über die ihnen bekanntgewordenen Tatsachen, die sicherheitsgefährdende oder geheimdienstliche Tätigkeiten für eine fremde Macht oder Bestrebungen im Geltungsbereich dieses Gesetzes erkennen lassen, die durch Anwendung von Gewalt oder darauf gerichtete Vorbereitungshandlungen gegen die in § 3 Abs. 1 Nr. 1 und 3 genannten Schutzgüter gerichtet sind. [2] Über Satz 1 hinausgehende

---

[1] § 17 Abs. 2 Satz 3 geänd. durch G v. 17.6.1999 (BGBl. I S. 1334); Abs. 2 Sätze 2 und 3 geänd. sowie Abs. 3 angef. mWv 11.1.2007und aufgeh. mWv 10.1.2021 durch G v. 5.1.2007 (BGBl. I S. 2, geänd. durch Art. 6 G v. 7.12.2011, BGBl. I S. 2576, und Art. 1 G v. 3.12.2015, BGBl. I S. 2161); Abs. 3 Sätze 1 und 2 geänd. mWv 9.4.2013 durch G v. 6.6.2009 (BGBl. I S. 1226); Abs. 3 Satz 6 geänd. mWv 21.11.2015 durch G v. 17.11.2015 (BGBl. I S. 1938); Abs. 2 Satz 2 und Abs. 3 Satz 6 geänd. mWv 27.6.2020 durch VO v. 19.6.2020 (BGBl. I S. 1328).

[2] § 18 Abs. 6 Sätze 1 und 2 geänd. mWv 29.6.2001 durch G v. 26.6.2001 (BGBl. I S. 1254, ber. S. 2298); Abs. 1 Satz 1, Abs. 2 Satz 1 und Abs. 4 geänd. sowie Abs. 1a eingef. mWv 1.1.2002 durch G v. 9.1.2002 (BGBl. I S. 361); Abs. 1 Satz 1 und Abs. 2 Satz 1 geänd. mWv 24.8.2002 durch G v. 16.8. 2002 (BGBl. I S. 3202); Abs. 1 Satz 1 und Abs. 2 Satz 1 geänd. mWv 1.7.2005 durch G v. 21.6.2005 (BGBl. I S. 1818); Abs. 1a Satz 2 neu gef. sowie Sätze 3 und 4 angef. mWv 11.1.2007, Abs. 1 Satz 1, Abs. 2 Satz 1 und Abs. 4 geänd., Abs. 1a aufgeh. mWv 10.1.2021 durch G v. 5.1.2007 (BGBl. I S. 2, geänd. durch Art. 5 G v. 7.12.2011, BGBl. I S. 2576, und Art. 1 G v. 3.12.2015, BGBl. I S. 2161) *(die Änderung in Abs. 2 ist aufgrund der Änd. durch G v. 17.11.2015, BGBl. I S. 1938, nicht ausführbar)*; Abs. 1a Satz 1 geänd. mWv 28.8.2007 durch G v. 19.8.2007 (BGBl. I S. 1970); Abs. 3a eingef., Abs. 6 Satz 1 geänd. mWv 5.8.2009 durch G v. 31.7.2009 (BGBl. I S. 2499); Abs. 1a Satz 5 angef. mWv 10.1.2012 durch G v. 7.12.2011 (BGBl. I S. 2576); Abs. 1 Satz 1 geänd., Satz 3 aufgeh., Abs. 1a Satz 4 geänd., Abs. 1b eingef., Abs. 2 Satz 1 neu gef., Satz 2 aufgeh., Abs. 6 Satz 1 geänd. mWv 21.11.2015 durch G v. 17.11.2015 (BGBl. I S. 1938); Abs. 1a Satz 5 geänd. mWv 27.6.2020 durch VO v. 19.6. 2020 (BGBl. I S. 1328).

Unterrichtungspflichten nach dem Gesetz über den Militärischen Abschirmdienst oder dem Gesetz über den Bundesnachrichtendienst[1)] bleiben unberührt.

(1a) *(aufgehoben)*

(1b) [1]Die Staatsanwaltschaften und, vorbehaltlich der staatsanwaltschaftlichen Sachleitungsbefugnis, die Polizeien, die Behörden des Zollfahndungsdienstes sowie andere Zolldienststellen, soweit diese Aufgaben nach dem Bundespolizeigesetz[2)] wahrnehmen, unterrichten von sich aus das Bundesamt für Verfassungsschutz oder die Verfassungsschutzbehörde des Landes über alle ihnen bekanntgewordenen Informationen einschließlich personenbezogener Daten über Bestrebungen und Tätigkeiten nach § 3 Absatz 1, wenn tatsächliche Anhaltspunkte dafür bestehen, dass die Übermittlung für die Erfüllung der Aufgaben der Verfassungsschutzbehörde erforderlich ist. [2]Auf die Übermittlung von Informationen zwischen Behörden desselben Bundeslandes findet Satz 1 keine Anwendung.

(2) Der Bundesnachrichtendienst darf von sich aus dem Bundesamt für Verfassungsschutz oder der Verfassungsschutzbehörde des Landes auch alle anderen ihm bekanntgewordenen Informationen einschließlich personenbezogener Daten über Bestrebungen nach § 3 Absatz 1 übermitteln, wenn tatsächliche Anhaltspunkte dafür bestehen, dass die Übermittlung für die Erfüllung der Aufgaben der Verfassungsschutzbehörde erforderlich ist.

(3) [1]Das Bundesamt für Verfassungsschutz darf zur Erfüllung seiner Aufgaben die Staatsanwaltschaften und, vorbehaltlich der staatsanwaltschaftlichen Sachleitungsbefugnis, die Polizeien sowie andere Behörden um Übermittlung der zur Erfüllung seiner Aufgaben erforderlichen Informationen einschließlich personenbezogener Daten ersuchen, wenn sie nicht aus allgemein zugänglichen Quellen oder nur mit übermäßigem Aufwand oder nur durch eine den Betroffenen stärker belastende Maßnahme erhoben werden können. [2]Unter den gleichen Voraussetzungen dürfen Verfassungsschutzbehörden der Länder

1. Behörden des Bundes und der bundesunmittelbaren juristischen Personen des öffentlichen Rechts,
2. Staatsanwaltschaften und, vorbehaltlich der staatsanwaltschaftlichen Sachleitungsbefugnis, Polizeien des Bundes und anderer Länder um die Übermittlung solcher Informationen ersuchen.

(3a) [1]Das Bundesamt für Verfassungsschutz und die Verfassungsschutzbehörden der Länder dürfen zur Erfüllung ihrer Aufgaben die Finanzbehörden um Auskunft ersuchen, ob eine Körperschaft, Personenvereinigung oder Vermögensmasse die Voraussetzungen des § 5 Abs. 1 Nr. 9 des Körperschaftsteuergesetzes erfüllt. [2]Die Finanzbehörden haben der ersuchenden Behörde die Auskunft nach Satz 1 zu erteilen.

(4) Würde durch die Übermittlung nach Absatz 3 Satz 1 der Zweck der Maßnahme gefährdet oder der Betroffene unverhältnismäßig beeinträchtigt, darf das Bundesamt für Verfassungsschutz bei der Wahrnehmung der Aufgaben nach § 3 Abs. 1 Nr. 2 und 3 sowie bei der Beobachtung terroristischer Bestrebungen amtliche Register einsehen.

[1)] **Sartorius III Nr. 805.**

[2)] Nr. **90**.

(5) [1]Die Ersuchen nach Absatz 3 sind aktenkundig zu machen. [2]Über die Einsichtnahme nach Absatz 4 hat das Bundesamt für Verfassungsschutz einen Nachweis zu führen, aus dem der Zweck und die Veranlassung, die ersuchte Behörde und die Aktenfundstelle hervorgehen; die Nachweise sind gesondert aufzubewahren, gegen unberechtigten Zugriff zu sichern und am Ende des Kalenderjahres, das dem Jahr ihrer Erstellung folgt, zu vernichten.

(6) [1]Die Übermittlung personenbezogener Daten, die auf Grund einer Maßnahme nach § 100a der Strafprozeßordnung[1)] bekanntgeworden sind, ist nach den Vorschriften der Absätze 1b und 3 nur zulässig, wenn tatsächliche Anhaltspunkte dafür bestehen, daß jemand eine der in § 3 Abs. 1 des Artikel 10-Gesetzes[2)] genannten Straftaten plant, begeht oder begangen hat. [2]Auf die einer Verfassungsschutzbehörde nach Satz 1 übermittelten Kenntnisse und Unterlagen findet § 4 Abs. 1 und 4 des Artikel 10-Gesetzes entsprechende Anwendung.

§ 19[3)] Übermittlung personenbezogener Daten durch das Bundesamt für Verfassungsschutz. (1) [1]Das Bundesamt für Verfassungsschutz darf personenbezogene Daten, die mit den Mitteln nach § 8 Absatz 2 erhoben worden sind, an die Staatsanwaltschaften, die Finanzbehörden nach § 386 Absatz 1 der Abgabenordnung, die Polizeien, die mit der Steuerfahndung betrauten Dienststellen der Landesfinanzbehörden, die Behörden des Zollfahndungsdienstes sowie andere Zolldienststellen, soweit diese Aufgaben nach dem Bundespolizeigesetz[4)] wahrnehmen, übermitteln, soweit dies erforderlich ist zur

1. Erfüllung eigener Aufgaben der Informationsgewinnung (§ 8 Absatz 1 Satz 2 und 3),
2. Abwehr einer im Einzelfall bestehenden Gefahr für den Bestand oder die Sicherheit des Bundes oder eines Landes oder für Leib, Leben, Gesundheit oder Freiheit einer Person oder für Sachen von erheblichem Wert, deren Erhaltung im öffentlichen Interesse geboten ist,
3. Verhinderung oder sonstigen Verhütung von Straftaten von erheblicher Bedeutung oder
4. Verfolgung von Straftaten von erheblicher Bedeutung;

§ 20 bleibt unberührt. [2]Im Übrigen darf es an inländische öffentliche Stellen personenbezogene Daten übermitteln, wenn dies zur Erfüllung seiner Aufgaben erforderlich ist oder der Empfänger die Daten zum Schutz der freiheitlichen demokratischen Grundordnung oder sonst für erhebliche Zwecke der öffentlichen Sicherheit benötigt. [3]Der Empfänger darf die übermittelten Daten, soweit gesetzlich nichts anderes bestimmt ist, nur zu dem Zweck verwenden, zu dem sie ihm übermittelt wurden.

[1)] **Schönfelder Nr. 90.**

[2)] Nr. **7**.

[3)] § 19 Abs. 4 neu gef. mWv 1.1.2002 durch G v. 9.1.2002 (BGBl. I S. 361); Abs. 1 Satz 1 geänd., Abs. 4 Satz 8 aufgeh. und Abs. 5 angef. mWv 11.1.2007, Abs. 4 neu gef. und Abs. 5 aufgeh. mWv 10.1.2021 durch G v. 5.1.2007 (BGBl. I S. 2, geänd. durch Art. 6 G v. 7.12.2011, BGBl. I S. 2576, und G v. 3.12.2015, BGBl. I S. 2161); Abs. 5 neu gef. mWv 10.1.2012 durch G v. 7.12.2011 (BGBl. I S. 2576); Abs. 1 Satz 1 neu gef., Satz 2 eingef., bish. Satz 2 wird Satz 3 mWv 21.11.2015 durch G v. 17.11.2015 (BGBl. I S. 1938); Abs. 4 Satz 2 geänd. mWv 27.6.2020 durch VO v. 19.6.2020 (BGBl. I S. 1328).

[4)] Nr. **90**.

(2) Das Bundesamt für Verfassungsschutz darf personenbezogene Daten an Dienststellen der Stationierungsstreitkräfte übermitteln, soweit die Bundesrepublik Deutschland dazu im Rahmen von Artikel 3 des Zusatzabkommens zu dem Abkommen zwischen den Parteien des Nordatlantikvertrages über die Rechtsstellung ihrer Truppen hinsichtlich der in der Bundesrepublik Deutschland stationierten ausländischen Truppen vom 3. August 1959 (BGBl. 1961 II S. 1183, 1218) verpflichtet ist.

(3) [1] Das Bundesamt für Verfassungsschutz darf personenbezogene Daten an ausländische öffentliche Stellen sowie an über- und zwischenstaatliche Stellen übermitteln, wenn die Übermittlung zur Erfüllung seiner Aufgaben oder zur Wahrung erheblicher Sicherheitsinteressen des Empfängers erforderlich ist. [2] Die Übermittlung unterbleibt, wenn auswärtige Belange der Bundesrepublik Deutschland oder überwiegende schutzwürdige Interessen des Betroffenen entgegenstehen. [3] Die Übermittlung ist aktenkundig zu machen. [4] Der Empfänger ist darauf hinzuweisen, daß die übermittelten Daten nur zu dem Zweck verwendet werden dürfen, zu dem sie ihm übermittelt wurden, und das Bundesamt für Verfassungsschutz sich vorbehält, um Auskunft über die vorgenommene Verwendung der Daten zu bitten.

(4) [1] Personenbezogene Daten dürfen an andere Stellen nicht übermittelt werden, es sei denn, dass dies zum Schutz der freiheitlichen demokratischen Grundordnung, des Bestandes oder der Sicherheit des Bundes oder eines Landes erforderlich ist und *der Bundesminister des Innern*[1)] seine Zustimmung erteilt hat. [2] Das Bundesamt für Verfassungsschutz führt über die Auskunft nach Satz 1 einen Nachweis, aus dem der Zweck der Übermittlung, ihre Veranlassung, die Aktenfundstelle und der Empfänger hervorgehen; die Nachweise sind gesondert aufzubewahren, gegen unberechtigten Zugriff zu sichern und am Ende des Kalenderjahres, das dem Jahr ihrer Erstellung folgt, zu vernichten. [3] Der Empfänger darf die übermittelten Daten nur für den Zweck verwenden, zu dem sie ihm übermittelt wurden. [4] Der Empfänger ist auf die Verwendungsbeschränkung und darauf hinzuweisen, dass das Bundesamt für Verfassungsschutz sich vorbehält, um Auskunft über die vorgenommene Verwendung der Daten zu bitten.

§ 20 Übermittlung von Informationen durch das Bundesamt für Verfassungsschutz an Strafverfolgungs- und Sicherheitsbehörden in Angelegenheiten des Staats- und Verfassungsschutzes. (1) [1] Das Bundesamt für Verfassungsschutz übermittelt den Staatsanwaltschaften und, vorbehaltlich der staatsanwaltschaftlichen Sachleitungsbefugnis, den Polizeien von sich aus die ihm bekanntgewordenen Informationen einschließlich personenbezogener Daten, wenn tatsächliche Anhaltspunkte dafür bestehen, daß die Übermittlung zur Verhinderung oder Verfolgung von Staatsschutzdelikten erforderlich ist. [2] Delikte nach Satz 1 sind die in §§ 74a und 120 des Gerichtsverfassungsgesetzes[2)] genannten Straftaten sowie sonstige Straftaten, bei denen auf Grund ihrer Zielsetzung, des Motivs des Täters oder dessen Verbindung zu einer Organisation tatsächliche Anhaltspunkte dafür vorliegen, daß sie gegen die in Artikel 73 Nr. 10 Buchstabe b oder c des Grundgesetzes[3)] genannten Schutzgüter gerichtet sind. [3] Das Bundesamt für Verfassungsschutz übermittelt dem Bundesnach-

---

[1)] Richtig wohl: „der Bundesminister des Innern, für Bau und Heimat".
[2)] **Schönfelder Nr. 95.**
[3)] Nr. **1**.

richtendienst von sich aus die ihm bekanntgewordenen Informationen einschließlich personenbezogener Daten, wenn tatsächliche Anhaltspunkte dafür bestehen, daß die Übermittlung für die Erfüllung der gesetzlichen Aufgaben des Empfängers erforderlich ist.

(2) [1] Die Polizeien dürfen zur Verhinderung von Staatsschutzdelikten nach Absatz 1 Satz 2 das Bundesamt für Verfassungsschutz um Übermittlung der erforderlichen Informationen einschließlich personenbezogener Daten ersuchen. [2] Der Bundesnachrichtendienst darf zur Erfüllung seiner Aufgaben das Bundesamt für Verfassungsschutz um die Übermittlung der erforderlichen Informationen einschließlich personenbezogener Daten ersuchen.

§ 21 Übermittlung von Informationen durch die Verfassungsschutzbehörden der Länder an Strafverfolgungs- und Sicherheitsbehörden in Angelegenheiten des Staats- und Verfassungsschutzes. (1) [1] Die Verfassungsschutzbehörden der Länder übermitteln den Staatsanwaltschaften und, vorbehaltlich der staatsanwaltschaftlichen Sachleitungsbefugnis, den Polizeien Informationen einschließlich personenbezogener Daten unter den Voraussetzungen des § 20 Abs. 1 Satz 1 und 2 sowie Abs. 2 Satz 1. [2] Auf die Übermittlung von Informationen zwischen Behörden desselben Bundeslandes findet Satz 1 keine Anwendung.

(2) Die Verfassungsschutzbehörden der Länder übermitteln dem Bundesnachrichtendienst und dem Militärischen Abschirmdienst Informationen einschließlich personenbezogener Daten unter den Voraussetzungen des § 20 Abs. 1 Satz 3 sowie Abs. 2 Satz 2.

§ 22[1)] Übermittlung von Informationen durch die Staatsanwaltschaften und Polizeien an den Militärischen Abschirmdienst. Für die Übermittlung von Informationen einschließlich personenbezogener Daten durch die Staatsanwaltschaften und, vorbehaltlich der staatsanwaltschaftlichen Sachleitungsbefugnis, die Polizeien, die Behörden des Zollfahndungsdienstes sowie andere Zolldienststellen, soweit diese Aufgaben nach dem Bundespolizeigesetz[2)] wahrnehmen, an den Militärischen Abschirmdienst findet § 18 entsprechende Anwendung.

§ 22a[3)] Projektbezogene gemeinsame Dateien. (1) [1] Das Bundesamt für Verfassungsschutz kann für die Dauer einer befristeten projektbezogenen Zusammenarbeit mit den Landesbehörden für Verfassungsschutz, dem Militärischen Abschirmdienst, dem Bundesnachrichtendienst, den Polizeibehörden des Bundes und der Länder und dem Zollkriminalamt eine gemeinsame Datei errichten. [2] Die projektbezogene Zusammenarbeit bezweckt nach Maßgabe der Aufgaben und Befugnisse der in Satz 1 genannten Behörden den Austausch und die gemeinsame Auswertung von Erkenntnissen zu Bestrebungen, die durch Anwendung von Gewalt oder darauf gerichtete Vorbereitungshandlun-

---

[1)] § 22 geänd. mWv 24.8.2002 durch G v. 16.8.2002 (BGBl. I S. 3202); geänd. mWv 1.7.2005 durch G v. 21.6.2005 (BGBl. I S. 1818).

[2)] Nr. **90**.

[3)] § 22a eingef. mWv 31.12.2006 durch G v. 22.12.2006 (BGBl. I S. 3409); Abs. 3 Satz 1 und Abs. 6 Satz 4 geänd. mWv 21.11.2015 durch G v. 17.11.2015 (BGBl. I S. 1938); Abs. 4 Satz 2 neu gef. mWv 30.7.2016 durch G v. 26.7.2016 (BGBl. I S. 1818); Abs. 5, Abs. 6 Satz 1 Nr. 9 geänd. mWv 25.5.2018 durch G v. 30.6.2017 (BGBl. I S. 2097); Abs. 6 Satz 2 geänd. mWv 27.6.2020 durch VO v. 19.6.2020 (BGBl. I S. 1328).

gen gegen die in § 3 Abs. 1 Nr. 1 bis 4 genannten Schutzgüter gerichtet sind. [3] Personenbezogene Daten zu Bestrebungen nach Satz 2 dürfen unter Einsatz der gemeinsamen Datei durch die an der projektbezogenen Zusammenarbeit beteiligten Behörden im Rahmen ihrer Befugnisse verwendet werden, soweit dies in diesem Zusammenhang zur Erfüllung ihrer Aufgaben erforderlich ist. [4] Bei der weiteren Verwendung der personenbezogenen Daten finden für die beteiligten Behörden die jeweils für sie geltenden Vorschriften über die Verwendung von Daten Anwendung.

(2) [1] Für die Eingabe personenbezogener Daten in die gemeinsame Datei gelten die jeweiligen Übermittlungsvorschriften zugunsten der an der Zusammenarbeit beteiligten Behörden entsprechend mit der Maßgabe, dass die Eingabe nur zulässig ist, wenn die Daten allen an der projektbezogenen Zusammenarbeit teilnehmenden Behörden übermittelt werden dürfen. [2] Eine Eingabe ist ferner nur zulässig, wenn die Behörde, die die Daten eingegeben hat, die Daten auch in eigene Dateien speichern darf. [3] Die Behörde, die die Daten eingegeben hat, hat die Daten zu kennzeichnen.

(3) [1] Für die Führung einer projektbezogenen gemeinsamen Datei gelten § 6 Absatz 2 Satz 4 und 5 und Absatz 3 Satz 1 und § 14 Abs. 2 entsprechend. [2] § 15 ist mit der Maßgabe anzuwenden, dass das Bundesamt für Verfassungsschutz die Auskunft im Einvernehmen mit der Behörde erteilt, die die datenschutzrecht-

(Fortsetzung nächstes Blatt)

100. Verwaltungsverfahrensgesetz (VwVfG)[1)]

In der Fassung der Bekanntmachung vom 23. Januar 2003[2)]
(BGBl. I S. 102)

FNA 201-6

geänd. durch Art. 4 Abs. 8 KostenrechtsmodernisierungsG v. 5.5.2004 (BGBl. I S. 718), Art. 1 Viertes G zur Änd. verwaltungsverfahrensrechtlicher Vorschriften v. 11.12.2008 (BGBl. I S. 2418), Art. 10 FGG-ReformG v. 17.12.2008 (BGBl. I S. 2586), Art. 4a G zur Umsetzung der DienstleistungsRL im Gewerberecht und in weiteren Rechtsvorschriften v. 17.7.2009 (BGBl. I S. 2091), Art. 4 G zur Modernisierung von Verfahren im anwaltlichen und notariellen Berufsrecht, zur Errichtung einer Schlichtungsstelle der Rechtsanwaltschaft sowie zur Änd. sonstiger Vorschriften v. 30.7.2009 (BGBl. I S. 2449), Art. 2 Abs. 1 G zur Modernisierung von Verfahren im patentanwaltlichen Berufsrecht v. 14.8.2009 (BGBl. I S. 2827), Art. 1 Planfeststellungsverfahren-VereinheitlichungsG v. 31.5.2013 (BGBl. I S. 1388), Art. 3 G zur Förderung der elektronischen Verwaltung sowie zur Änd. weiterer Vorschriften v. 25.7.2013 (BGBl. I S. 2749), Art. 1 G zur Bereinigung des Rechts der Lebenspartner v. 20.11.2015 (BGBl. I S. 2010), Art. 20 G zur Modernisierung des Besteuerungsverfahrens v. 18.7. 2016 (BGBl. I S. 1679), Art. 5 G zum Abbau verzichtbarer Anordnungen der Schriftform im Verwaltungsrecht des Bundes v. 29.3.2017 (BGBl. I S. 626), Art. 11 Abs. 2 eIDAS-DurchführungsG v. 18.7.2017 (BGBl. I S. 2745), Art. 7 G zur Umsetzung des G zur Einführung des Rechts auf Eheschließung für Personen gleichen Geschlechts v. 18.12.2018 (BGBl. I S. 2639) und Art. 5 Abs. 25

[1)] Siehe zum Verwaltungsverfahren auch die folgenden Vorschriften der Länder:
- **Baden-Württemberg:** LandesverwaltungsverfahrensG – LVwVfG idF der Bek. v. 12.4.2005 (GBl. S. 350), zuletzt geänd. durch G v. 15.10.2020 (GBl. S. 913)
- **Bayern:** Bayerisches VerwaltungsverfahrensG – BayVwVfG v. 23.12.1976 (BayRS II S. 213), zuletzt geänd. durch G v. 25.3.2020 (GVBl. S. 174)
- **Berlin:** G über das Verfahren der Berliner Verwaltung v. 21.4.2016 (GVBl. S. 218), zuletzt geänd. durch G v. 12.10.2020 (GVBl. S. 807)
- **Brandenburg:** VerwaltungsverfahrensG für das Land Brandenburg – VwVfGBbg v. 7.7.2009 (GVBl. I S. 262, 264), zuletzt geänd. durch G v. 8.5.2018 (GVBl. I Nr. 8)
- **Bremen:** Bremisches VerwaltungsverfahrensG – BremVwVfG idF der Bek. v. 9.5.2003 (Brem.GBl. S. 219), zuletzt geänd. durch G v. 27.1.2015 (Brem.GBl. S. 15)
- **Hamburg:** Hamburgisches VerwaltungsverfahrensG – HmbVwVfG v. 9.11.1977 (HmbGVBl. S. 333, ber. 1977 S. 402), zuletzt geänd. durch G v. 18.3.2020 (HmbGVBl. S. 171)
- **Hessen:** Hessisches VerwaltungsverfahrensG – HVwVfG idF der Bek. v. 15.1.2010 (GVBl. I S. 18), zuletzt geänd. durch G v. 12.9.2018 (GVBl. S. 570)
- **Mecklenburg-Vorpommern:** LandesverwaltungsverfahrensG – VwVfG M-V idF der Bek. v. 6.5. 2020 (GVOBl. M-V S. 410)
- **Niedersachsen:** Niedersächsisches VerwaltungsverfahrensG – NVwVfG v. 3.12.1976 (Nds. GVBl. S. 311), zuletzt geänd. durch G v. 24.9.2009 (Nds. GVBl. S. 361)
- **Nordrhein-Westfalen:** VerwaltungsverfahrensG für das Land Nordrhein-Westfalen – VwVfG. NRW. idF der Bek. v. 12.11.1999 (GV. NRW. S. 602), zuletzt geänd. durch G v. 17.5.2018 (GV. NRW. S. 244)
- **Rheinland-Pfalz:** LandesverwaltungsverfahrensG – LVwVfG v. 23.12.1976 (GVBl. S. 308), zuletzt geänd. durch G v. 22.12.2015 (GVBl. S. 487)
- **Saarland:** Saarländisches VerwaltungsverfahrensG – SVwVfG v. 15.12.1976 (Amtsbl. S. 1151), zuletzt geänd. durch G v. 25.6.2014 (Amtsbl. I S. 306)
- **Sachsen:** Gesetz zur Regelung des Verwaltungsverfahrens- und des Verwaltungszustellungsrechts für den Freistaat Sachsen – SächsVwVfZG v. 19.5.2010 (SächsGVBl. S. 142), geänd. durch G v. 12.7.2013 (SächsGVBl. S. 503)
- **Sachsen-Anhalt:** VerwaltungsverfahrensG Sachsen-Anhalt – VwVfG LSA v. 18.11.2005 (GVBl. LSA S. 698), zuletzt geänd. durch G v. 8.4.2020 (GVBl. LSA S. 134)
- **Schleswig-Holstein:** Allgemeines VerwaltungsG für das Land Schleswig-Holstein – LVwG idF der Bek. v. 2.6.1992 (GVOBl. Schl.-H. S. 243, ber. S. 534), zuletzt geänd. durch G v. 1.9.2020 (GVOBl. Schl.-H. S. 508)
- **Thüringen:** Thüringer VerwaltungsverfahrensG – ThürVwVfG idF der Bek. v. 1.12.2014 (GVBl. S. 685), zuletzt geänd. durch G v. 10.5.2018 (GVBl. S. 212).

[2)] Neubekanntmachung des VwVfG idF der Bek. v. 21.9.1998 (BGBl. I S. 3050) in der ab 1.2.2003 geltenden Fassung.

G zur Einführung einer Karte für Unionsbürger und Angehörige des Europäischen Wirtschaftsraums mit Funktion zum elektronischen Identitätsnachweis sowie zur Änd. des PersonalausweisG und weiterer Vorschriften[1] v. 21.6.2019 (BGBl. I S. 846, geänd. durch G v. 20.11.2019, BGBl. I S. 1626)

Inhaltsübersicht[2]

[1] Die Änd. des Inkrafttretens dieses G durch Art. 154a G v. 20.11.2019 (BGBl. I S. 1626) ist unbeachtlich, da das G bei Erlass des ÄndG bereits in Kraft getreten war.

[2] Inhaltsübersicht geänd. mWv 18.12.2008 durch G v. 11.12.2008 (BGBl. I S. 2418); geänd. mWv 28.12.2009 durch G v. 17.7.2009 (BGBl. I S. 2091); geänd. mWv 7.6.2013 durch G v. 31.5.2013 (BGBl. I S. 1388); geänd. mWv 1.1.2017 durch G v. 18.7.2016 (BGBl. I S. 1679).

Teil I.[1] Anwendungsbereich, örtliche Zuständigkeit, elektronische Kommunikation, Amtshilfe, europäische Verwaltungszusammenarbeit

Abschnitt 1.[2] Anwendungsbereich, örtliche Zuständigkeit, elektronische Kommunikation

§ 1 Anwendungsbereich. (1) Dieses Gesetz gilt für die öffentlich-rechtliche Verwaltungstätigkeit der Behörden

1. des Bundes, der bundesunmittelbaren Körperschaften, Anstalten und Stiftungen des öffentlichen Rechts,
2. der Länder, der Gemeinden und Gemeindeverbände, der sonstigen der Aufsicht des Landes unterstehenden juristischen Personen des öffentlichen Rechts, wenn sie Bundesrecht im Auftrag des Bundes ausführen,

---

[1] Teil I Überschr. geänd. mWv 28.12.2009 durch G v. 17.7.2009 (BGBl. I S. 2091).
[2] Überschrift Abschnitt 1 eingef. mWv 28.12.2009 durch G v. 17.7.2009 (BGBl. I S. 2091).

soweit nicht Rechtsvorschriften des Bundes inhaltsgleiche oder entgegenstehende Bestimmungen enthalten.

(2) [1] Dieses Gesetz gilt auch für die öffentlich-rechtliche Verwaltungstätigkeit der in Absatz 1 Nr. 2 bezeichneten Behörden, wenn die Länder Bundesrecht, das Gegenstände der ausschließlichen oder konkurrierenden Gesetzgebung des Bundes betrifft, als eigene Angelegenheit ausführen, soweit nicht Rechtsvorschriften des Bundes inhaltsgleiche oder entgegenstehende Bestimmungen enthalten. [2] Für die Ausführung von Bundesgesetzen, die nach Inkrafttreten dieses Gesetzes erlassen werden, gilt dies nur, soweit die Bundesgesetze mit Zustimmung des Bundesrates dieses Gesetz für anwendbar erklären.

(3) Für die Ausführung von Bundesrecht durch die Länder gilt dieses Gesetz nicht, soweit die öffentlich-rechtliche Verwaltungstätigkeit der Behörden landesrechtlich durch ein Verwaltungsverfahrensgesetz geregelt ist.

(4) Behörde im Sinne dieses Gesetzes ist jede Stelle, die Aufgaben der öffentlichen Verwaltung wahrnimmt.

§ 2[1)] Ausnahmen vom Anwendungsbereich. (1) Dieses Gesetz gilt nicht für die Tätigkeit der Kirchen, der Religionsgesellschaften und Weltanschauungsgemeinschaften sowie ihrer Verbände und Einrichtungen.

(2) Dieses Gesetz gilt ferner nicht für

1. Verfahren der Bundes- oder Landesfinanzbehörden nach der Abgabenordnung,
2. die Strafverfolgung, die Verfolgung und Ahndung von Ordnungswidrigkeiten, die Rechtshilfe für das Ausland in Straf- und Zivilsachen und, unbeschadet des § 80 Abs. 4, für Maßnahmen des Richterdienstrechts,
3. Verfahren vor dem Deutschen Patent- und Markenamt und den bei diesem errichteten Schiedsstellen,
4. Verfahren nach dem Sozialgesetzbuch,
5. das Recht des Lastenausgleichs,
6. das Recht der Wiedergutmachung.

(3) Für die Tätigkeit

1. der Gerichtsverwaltungen und der Behörden der Justizverwaltung einschließlich der ihrer Aufsicht unterliegenden Körperschaften des öffentlichen Rechts gilt dieses Gesetz nur, soweit die Tätigkeit der Nachprüfung durch die Gerichte der Verwaltungsgerichtsbarkeit oder durch die in verwaltungsrechtlichen Anwalts-, Patentanwalts- und Notarsachen zuständigen Gerichte unterliegt;
2. der Behörden bei Leistungs-, Eignungs- und ähnlichen Prüfungen von Personen gelten nur die §§ 3a bis 13, 20 bis 27, 29 bis 38, 40 bis 52, 79, 80 und 96;
3. der Vertretungen des Bundes im Ausland gilt dieses Gesetz nicht.

§ 3 Örtliche Zuständigkeit. (1) Örtlich zuständig ist

[1)] § 2 Abs. 3 Nr. 1 geänd. mWv 1.9.2009 durch G v. 30.7.2009 (BGBl. I S. 2449) und durch G v. 14.8.2009 (BGBl. I S. 2827).

1. in Angelegenheiten, die sich auf unbewegliches Vermögen oder ein ortsgebundenes Recht oder Rechtsverhältnis beziehen, die Behörde, in deren Bezirk das Vermögen oder der Ort liegt;
2. in Angelegenheiten, die sich auf den Betrieb eines Unternehmens oder einer seiner Betriebsstätten, auf die Ausübung eines Berufs oder auf eine andere dauernde Tätigkeit beziehen, die Behörde, in deren Bezirk das Unternehmen oder die Betriebsstätte betrieben oder der Beruf oder die Tätigkeit ausgeübt wird oder werden soll;
3. in anderen Angelegenheiten, die
   a) eine natürliche Person betreffen, die Behörde, in deren Bezirk die natürliche Person ihren gewöhnlichen Aufenthalt hat oder zuletzt hatte,
   b) eine juristische Person oder eine Vereinigung betreffen, die Behörde, in deren Bezirk die juristische Person oder die Vereinigung ihren Sitz hat oder zuletzt hatte;
4. in Angelegenheiten, bei denen sich die Zuständigkeit nicht aus den Nummern 1 bis 3 ergibt, die Behörde, in deren Bezirk der Anlass für die Amtshandlung hervortritt.

(2) [1] Sind nach Absatz 1 mehrere Behörden zuständig, so entscheidet die Behörde, die zuerst mit der Sache befasst worden ist, es sei denn, die gemeinsame fachlich zuständige Aufsichtsbehörde bestimmt, dass eine andere örtlich zuständige Behörde zu entscheiden hat. [2] Sie kann in den Fällen, in denen eine gleiche Angelegenheit sich auf mehrere Betriebsstätten eines Betriebs oder Unternehmens bezieht, eine der nach Absatz 1 Nr. 2 zuständigen Behörden als gemeinsame zuständige Behörde bestimmen, wenn dies unter Wahrung der Interessen der Beteiligten zur einheitlichen Entscheidung geboten ist. [3] Diese Aufsichtsbehörde entscheidet ferner über die örtliche Zuständigkeit, wenn sich mehrere Behörden für zuständig oder für unzuständig halten oder wenn die Zuständigkeit aus anderen Gründen zweifelhaft ist. [4] Fehlt eine gemeinsame Aufsichtsbehörde, so treffen die fachlich zuständigen Aufsichtsbehörden die Entscheidung gemeinsam.

(3) Ändern sich im Lauf des Verwaltungsverfahrens die die Zuständigkeit begründenden Umstände, so kann die bisher zuständige Behörde das Verwaltungsverfahren fortführen, wenn dies unter Wahrung der Interessen der Beteiligten der einfachen und zweckmäßigen Durchführung des Verfahrens dient und die nunmehr zuständige Behörde zustimmt.

(4) [1] Bei Gefahr im Verzug ist für unaufschiebbare Maßnahmen jede Behörde örtlich zuständig, in deren Bezirk der Anlass für die Amtshandlung hervortritt. [2] Die nach Absatz 1 Nr. 1 bis 3 örtlich zuständige Behörde ist unverzüglich zu unterrichten.

§ 3a[1)] Elektronische Kommunikation. (1) Die Übermittlung elektronischer Dokumente ist zulässig, soweit der Empfänger hierfür einen Zugang eröffnet.

(2) [1] Eine durch Rechtsvorschrift angeordnete Schriftform kann, soweit nicht durch Rechtsvorschrift etwas anderes bestimmt ist, durch die elektronische Form ersetzt werden. [2] Der elektronischen Form genügt ein elektro-

---

[1)] § 3a Abs. 2 neu gef. mWv 1.8.2013, Abs. 2 Satz 4 Nr. 2 und 3 mWv 1.7.2014 durch G v. 25.7.2013 (BGBl. I S. 2749); Abs. 2 Satz 2 geänd. mWv 29.7.2017 durch G v. 18.7.2017 (BGBl. I S. 2745); Abs. 2 Satz 5 neu gef. mWv 1.11.2019 durch G v. 21.6.2019 (BGBl. I S. 846).

nisches Dokument, das mit einer qualifizierten elektronischen Signatur versehen ist. [3]Die Signierung mit einem Pseudonym, das die Identifizierung der Person des Signaturschlüsselinhabers nicht unmittelbar durch die Behörde ermöglicht, ist nicht zulässig. [4]Die Schriftform kann auch ersetzt werden

1. durch unmittelbare Abgabe der Erklärung in einem elektronischen Formular, das von der Behörde in einem Eingabegerät oder über öffentlich zugängliche Netze zur Verfügung gestellt wird;
2.[1] bei Anträgen und Anzeigen durch Versendung eines elektronischen Dokuments an die Behörde mit der Versandart nach § 5 Absatz 5 des De-Mail-Gesetzes[2];
3.[1] bei elektronischen Verwaltungsakten oder sonstigen elektronischen Dokumenten der Behörden durch Versendung einer De-Mail-Nachricht nach § 5 Absatz 5 des De-Mail-Gesetzes, bei der die Bestätigung des akkreditierten Diensteanbieters die erlassende Behörde als Nutzer des De-Mail-Kontos erkennen lässt;
4. durch sonstige sichere Verfahren, die durch Rechtsverordnung der Bundesregierung mit Zustimmung des Bundesrates festgelegt werden, welche den Datenübermittler (Absender der Daten) authentifizieren und die Integrität des elektronisch übermittelten Datensatzes sowie die Barrierefreiheit gewährleisten; der IT-Planungsrat gibt Empfehlungen zu geeigneten Verfahren ab.

[5]In den Fällen des Satzes 4 Nummer 1 muss bei einer Eingabe über öffentlich zugängliche Netze ein elektronischer Identitätsnachweis nach § 18 des Personalausweisgesetzes[3], nach § 12 des eID-Karte-Gesetzes oder nach § 78 Absatz 5 des Aufenthaltsgesetzes[4] erfolgen.

(3) [1]Ist ein der Behörde übermitteltes elektronisches Dokument für sie zur Bearbeitung nicht geeignet, teilt sie dies dem Absender unter Angabe der für sie geltenden technischen Rahmenbedingungen unverzüglich mit. [2]Macht ein Empfänger geltend, er könne das von der Behörde übermittelte elektronische Dokument nicht bearbeiten, hat sie es ihm erneut in einem geeigneten elektronischen Format oder als Schriftstück zu übermitteln.

Abschnitt 2.[5] Amtshilfe

§ 4 Amtshilfepflicht. (1) Jede Behörde leistet anderen Behörden auf Ersuchen ergänzende Hilfe (Amtshilfe).

(2) Amtshilfe liegt nicht vor, wenn

1. Behörden einander innerhalb eines bestehenden Weisungsverhältnisses Hilfe leisten;
2. die Hilfeleistung in Handlungen besteht, die der ersuchten Behörde als eigene Aufgabe obliegen.

---

[1] § 3a Abs. 2 Satz 4 Nr. 2 und 3 sind mWv 1.7.2014 gem. Art. 31 Abs. 2 des G v. 25.7.2013 (BGBl. I S. 2749) in Kraft getreten.

[2] **Sartorius III Nr. 730.**

[3] Nr. **255**.

[4] Nr. **565**.

[5] Überschrift Abschnitt 2 eingef. mWv 28.12.2009 durch G v. 17.7.2009 (BGBl. I S. 2091).

§ 5 Voraussetzungen und Grenzen der Amtshilfe. (1) Eine Behörde kann um Amtshilfe insbesondere dann ersuchen, wenn sie

1. aus rechtlichen Gründen die Amtshandlung nicht selbst vornehmen kann;
2. aus tatsächlichen Gründen, besonders weil die zur Vornahme der Amtshandlung erforderlichen Dienstkräfte oder Einrichtungen fehlen, die Amtshandlung nicht selbst vornehmen kann;
3. zur Durchführung ihrer Aufgaben auf die Kenntnis von Tatsachen angewiesen ist, die ihr unbekannt sind und die sie selbst nicht ermitteln kann;
4. zur Durchführung ihrer Aufgaben Urkunden oder sonstige Beweismittel benötigt, die sich im Besitz der ersuchten Behörde befinden;
5. die Amtshandlung nur mit wesentlich größerem Aufwand vornehmen könnte als die ersuchte Behörde.

(2) [1] Die ersuchte Behörde darf Hilfe nicht leisten, wenn

1. sie hierzu aus rechtlichen Gründen nicht in der Lage ist;
2. durch die Hilfeleistung dem Wohl des Bundes oder eines Landes erhebliche Nachteile bereitet würden.

[2] Die ersuchte Behörde ist insbesondere zur Vorlage von Urkunden oder Akten sowie zur Erteilung von Auskünften nicht verpflichtet, wenn die Vorgänge nach einem Gesetz oder ihrem Wesen nach geheim gehalten werden müssen.

(3) Die ersuchte Behörde braucht Hilfe nicht zu leisten, wenn

1. eine andere Behörde die Hilfe wesentlich einfacher oder mit wesentlich geringerem Aufwand leisten kann;
2. sie die Hilfe nur mit unverhältnismäßig großem Aufwand leisten könnte;
3. sie unter Berücksichtigung der Aufgaben der ersuchenden Behörde durch die Hilfeleistung die Erfüllung ihrer eigenen Aufgaben ernstlich gefährden würde.

(4) Die ersuchte Behörde darf die Hilfe nicht deshalb verweigern, weil sie das Ersuchen aus anderen als den in Absatz 3 genannten Gründen oder weil sie die mit der Amtshilfe zu verwirklichende Maßnahme für unzweckmäßig hält.

(Fortsetzung nächstes Blatt)

110. Verwaltungszustellungsgesetz (VwZG) [1][2]

Vom 12. August 2005
(BGBl. I S. 2354)

FNA 201-9

geänd. durch Art. 6b G zur Modernisierung des GmbH-Rechts und zur Bekämpfung von Missbräuchen v. 23.10.2008 (BGBl. I S. 2026), Art. 9a Viertes G zur Änd. verwaltungsverfahrensrechtl. Vorschriften v. 11.12.2008 (BGBl. I S. 2418), Art. 3 G zur Regelung von De-Mail-Diensten und zur Änd. weiterer Vorschriften v. 28.4 2011 (BGBl. I S. 666), Art. 2 Abs. 2 G zur Änd. von Vorschriften über Verkündung und Bekanntmachungen sowie der ZPO, des EGZPO und der AO v. 22.12.2011 (BGBl. I S. 3044), Art. 17 G zur Förderung des elektronischen Rechtsverkehrs mit den Gerichten v. 10.10.2013 (BGBl. I S. 3786) und Art. 11 Abs. 3 eIDAS-Durchführungsgesetz v. 18.7.2017 (BGBl. I S. 2745)

§ 1 Anwendungsbereich. (1) Die Vorschriften dieses Gesetzes gelten für das Zustellungsverfahren der Bundesbehörden, der bundesunmittelbaren Körperschaften, Anstalten und Stiftungen des öffentlichen Rechts und der Landesfinanzbehörden.

(2) Zugestellt wird, soweit dies durch Rechtsvorschrift oder behördliche Anordnung bestimmt ist.

---

[1] Verkündet als Art. 1 G zur Novellierung des Verwaltungszustellungsrechts v. 12.8.2005 (BGBl. I S. 2354); Inkrafttreten gem. Art. 4 Abs. 1 Satz 2 dieses G am 1.2.2006.

[2] Siehe zur Verwaltungszustellung u.a. auch die folgenden Vorschriften der Länder:
- **Baden-Württemberg:** Verwaltungszustellungsgesetz für Baden-Württemberg – LVwZG v. 3.7.2007 (GBl. S. 293), zuletzt geänd. durch G v. 17.12.2015 (GBl. S. 1191)
- **Bayern:** Bayerisches Verwaltungszustellungs- und Vollstreckungsgesetz (VwZVG) v. 11.11.1970 (BayRS II S. 232), zuletzt geänd. durch V v. 26.3.2019 (GVBl. S. 98)
- **Berlin:** Gesetz über das Verfahren der Berliner Verwaltung v. 21.4.2016 (GVBl. S. 218), zuletzt geänd. durch G v. 12.10.2020 (GVBl. S. 807)
- **Brandenburg:** Verwaltungszustellungsgesetz für das Land Brandenburg (BbgVwZG) v. 18.10.1991 (GVBl. S. 457), zuletzt geänd. durch G v. 28.6.2006 (GVBl. I S. 74)
- **Bremen:** Bremisches Verwaltungszustellungsgesetz (BremVwZG) v. 26.1.2006 (Brem.GBl. S. 49)
- **Hamburg:** Hamburgisches Verwaltungszustellungsgesetz (HmbVwZG) v. 21.6.1954 (BS Hbg I), zuletzt geänd. durch G v. 25.11.2010 (HmbGVBl. S. 614)
- **Hessen:** Hessisches Verwaltungszustellungsgesetz (HessVwZG) v. 14.2.1957 (GVBl. I S. 9), zuletzt geänd. durch G v. 13.12.2012 (GVBl. S. 622)
- **Mecklenburg-Vorpommern:** Verwaltungsverfahrens-, Zustellungs- und Vollstreckungsgesetz des Landes Mecklenburg-Vorpommern (Landesverwaltungsverfahrensgesetz – VwVfG M-V) idF der Bek. v. 6.5.2020 (GVOBl. M-V S. 410)
- **Niedersachsen:** Niedersächsisches Verwaltungszustellungsgesetz (NVwZG) v. 23.2.2006 (Nds. GVBl. S. 72)
- **Nordrhein-Westfalen:** Verwaltungszustellungsgesetz für das Land Nordrhein-Westfalen (Landeszustellungsgesetz – LZG NRW) v. 7.3.2006 (GV. NRW. S. 94), zuletzt geänd. durch G v. 22.3.2018 (GV. NRW. S. 172)
- **Rheinland-Pfalz:** Landesverwaltungszustellungsgesetz (LVwZG) v. 2.3.2006 (GVBl. S. 56), geänd. durch G v. 3.4.2014 (GVBl. S. 34)
- **Saarland:** Saarländisches Verwaltungszustellungsgesetz (SVwZG) v. 13.12.2005 (Amtsbl. 2006 S. 214)
- **Sachsen:** Gesetz zur Regelung des Verwaltungsverfahrens- und des Verwaltungszustellungsrechts für den Freistaat Sachsen (SächsVwVfZG) v. 19.5.2010 (SächsGVBl. S. 142), geänd. durch G v. 12.7.2013 (SächsGVBl. S. 503)
- **Sachsen-Anhalt:** Verwaltungszustellungsgesetz des Landes Sachsen-Anhalt (VwZG-LSA) v. 9.10. 1992 (GVBl. LSA S. 715), zuletzt geänd. durch G v. 17.1.2008 (GVBl. LSA S. 2)
- **Schleswig-Holstein:** Allgemeines Verwaltungsgesetz für das Land Schleswig-Holstein (LVwG) idF der Bek. v. 2.6.1992 (GVOBl. Schl.-H. S. 243, ber. S. 534), zuletzt geänd. durch G v. 1.9.2020 (GVOBl. Schl.-H. S. 508)
- **Thüringen:** Thüringer Verwaltungszustellungs- und Vollstreckungsgesetz (ThürVwZVG) idF der Bek. v. 5.2.2009 (GVBl. S. 24), zuletzt geänd. durch G v. 23.9.2015 (GVBl. S. 131)

§ 2[1] **Allgemeines.** (1) Zustellung ist die Bekanntgabe eines schriftlichen oder elektronischen Dokuments in der in diesem Gesetz bestimmten Form.

(2) [1] Die Zustellung wird durch einen Erbringer von Postdienstleistungen (Post), einen nach § 17 des De-Mail-Gesetzes[2] akkreditierten Diensteanbieter oder durch die Behörde ausgeführt. [2] Daneben gelten die in den §§ 9 und 10 geregelten Sonderarten der Zustellung.

(3) [1] Die Behörde hat die Wahl zwischen den einzelnen Zustellungsarten. [2] § 5 Absatz 5 Satz 2 bleibt unberührt.

§ 3 Zustellung durch die Post mit Zustellungsurkunde. (1) Soll durch die Post mit Zustellungsurkunde zugestellt werden, übergibt die Behörde der Post den Zustellungsauftrag, das zuzustellende Dokument in einem verschlossenen Umschlag und einen vorbereiteten Vordruck einer Zustellungsurkunde.

(2) [1] Für die Ausführung der Zustellung gelten die §§ 177 bis 182 der Zivilprozessordnung[3] entsprechend. [2] Im Fall des § 181 Abs. 1 der Zivilprozessordnung kann das zuzustellende Dokument bei einer von der Post dafür bestimmten Stelle am Ort der Zustellung oder am Ort des Amtsgerichts, in dessen Bezirk der Ort der Zustellung liegt, niedergelegt werden oder bei der Behörde, die den Zustellungsauftrag erteilt hat, wenn sie ihren Sitz an einem der vorbezeichneten Orte hat. [3] Für die Zustellungsurkunde, den Zustellungsauftrag, den verschlossenen Umschlag nach Absatz 1 und die schriftliche Mitteilung nach § 181 Abs. 1 Satz 3 der Zivilprozessordnung sind die Vordrucke nach der Zustellungsvordruckverordnung zu verwenden.

§ 4 Zustellung durch die Post mittels Einschreiben. (1) Ein Dokument kann durch die Post mittels Einschreiben durch Übergabe oder mittels Einschreiben mit Rückschein zugestellt werden.

(2) [1] Zum Nachweis der Zustellung genügt der Rückschein. [2] Im Übrigen gilt das Dokument am dritten Tag nach der Aufgabe zur Post als zugestellt, es sei denn, dass es nicht oder zu einem späteren Zeitpunkt zugegangen ist. [3] Im Zweifel hat die Behörde den Zugang und dessen Zeitpunkt nachzuweisen. [4] Der Tag der Aufgabe zur Post ist in den Akten zu vermerken.

§ 5[4] **Zustellung durch die Behörde gegen Empfangsbekenntnis; elektronische Zustellung.** (1) [1] Bei der Zustellung durch die Behörde händigt der zustellende Bedienstete das Dokument dem Empfänger in einem verschlossenen Umschlag aus. [2] Das Dokument kann auch offen ausgehändigt werden, wenn keine schutzwürdigen Interessen des Empfängers entgegenstehen. [3] Der Empfänger hat ein mit dem Datum der Aushändigung versehenes Empfangsbekenntnis zu unterschreiben. [4] Der Bedienstete vermerkt das Datum der Zustellung auf dem Umschlag des auszuhändigenden Dokuments oder bei offener Aushändigung auf dem Dokument selbst.

(Fortsetzung nächstes Blatt)

[1] § 2 Abs. 3 Satz 2 angef. mWv 18.12.2008 durch G v. 11.12.2008 (BGBl. I S. 2418); Abs. 2 Satz 1 geänd., Abs. 3 Satz 2 neu gef. mWv 3.5.2011 durch G v. 28.4.2011 (BGBl. I S. 666).

[2] **Sartorius III Nr. 730.**

[3] **Schönfelder Nr. 100.**

[4] § 5 Abs. 4 Satz 2 aufgeh., Abs. 5 neu gef., Abs. 6 und 7 angef. mWv 18.12.2008 durch G v. 11.12. 2008 (BGBl. I S. 2418); Überschrift, Abs. 5 und 7 Satz 2 und 4 neu gef., Abs. 7 Satz 3 geänd. mWv 3.5. 2011 durch G v. 28.4.2011 (BGBl. I S. 666); Abs. 5 Satz 3 geänd. mWv 29.7.2017 durch G v. 18.7.2017 (BGBl. I S. 2745).

112. Verwaltungs-Vollstreckungsgesetz (VwVG) [1)2)]

Vom 27. April 1953
(BGBl. I S. 157)

FNA 201-4

geänd. durch § 13 Nr. 3 G über die Kosten der Zwangsvollstreckung nach der ReichsabgabenO v. 12.4.1961 (BGBl. I S. 429), Art. 4 Kostenermächtigungs-ÄndG v. 23.6.1970 (BGBl. I S. 805), Art. 36 EinführungsG zum Strafgesetzbuch v. 2.3.1974 (BGBl. I S. 469), Art. 40 EinführungsG zur AbgabenO v. 14.12.1976 (BGBl. I S. 3341), Art. 2 Abs. 1 Zweite Zwangsvollstreckungsnovelle v. 17.12.1997 (BGBl. I S. 3039), Art. 4 Abs. 1 G zur Reform der Sachaufklärung in der Zwangsvollstreckung v. 29.7.2009 (BGBl. I S. 2258), Art. 1 Sechstes ÄndG v. 25.11.2014 (BGBl. I S. 1770), Art. 15 Abs. 1 EU-Kontopfändungsverordnung-DurchführungsG v. 21.11.2016 (BGBl. I S. 2591), Art. 3 G zur Einbeziehung der Bundespolizei in den Anwendungsbereich des BundesgebührenG v. 10.3.2017 (BGBl. I S. 417), Art. 1 G zur Verbesserung der Sachaufklärung in der Verwaltungsvollstreckung v. 30.6.2017 (BGBl. I S. 2094) und Art. 42 Elfte ZuständigkeitsanpassungsVO v. 19.6.2020 (BGBl. I S. 1328)

Der Bundestag hat mit Zustimmung des Bundesrates das folgende Gesetz beschlossen:

[1)] Zur Anwendbarkeit des VwVG im Rahmen des verwaltungsgerichtl. Verfahrens siehe § 169 VwGO (Nr. **600**).

[2)] Siehe zur Verwaltungsvollstreckung u.a. auch die folgenden Vorschriften der Länder:

- **Baden-Württemberg:** Verwaltungsvollstreckungsgesetz für Baden-Württemberg (LVwVG) v. 12.3.1974 (GBl. S. 93), zuletzt geänd. durch VO v. 23.2.2017 (GBl. S. 99)
- **Bayern:** Bayerisches Verwaltungszustellungs- und Vollstreckungsgesetz (VwZVG) v. 11.11.1970 (BayRS II S. 232), zuletzt geänd. durch V v. 26.3.2019 (GVBl. S. 98)
- **Berlin:** Gesetz über das Verfahren der Berliner Verwaltung v. 21.4.2016 (GVBl. S. 218), geänd. durch G v. 5.7.2018 (GVBl. S. 462)
- **Brandenburg:** Verwaltungsvollstreckungsgesetz für das Land Brandenburg (VwVGBbg) v. 16.5. 2013 (GVBl. I Nr. 18), zuletzt geänd. durch G v. 15.10.2018 (GVBl. I Nr. 22)
- **Bremen:** Bremisches Verwaltungsvollstreckungsgesetz – BremVwVG – idF der Bek. v. 1.4.1960 (Brem.GBl. S. 37), zuletzt geänd. durch G v. 2.4.2019 (Brem.GBl. S. 159)
- **Hamburg:** Verwaltungsvollstreckungsgesetz (VwVG) v. 4.12.2012 (HmbGVBl. S. 510), geänd. durch G v. 21.5.2013 (HmbGVBl. S. 210)
- **Hessen:** Hessisches Verwaltungsvollstreckungsgesetz (HessVwVG) idF der Bek. v. 12.12.2008 (GVBl. 2009 I S. 2), zuletzt geänd. durch G v. 12.9.2018 (GVBl. S. 570)
- **Mecklenburg-Vorpommern:** Verwaltungsverfahrens-, Zustellungs- und Vollstreckungsgesetz des Landes Mecklenburg-Vorpommern (Landesverwaltungsverfahrensgesetz – VwVfG M-V) idF der Bek. v. 6.5.2020 (GVOBl. M-V S. 410)
- **Niedersachsen:** Niedersächsisches Verwaltungsvollstreckungsgesetz (NVwVG) idF der Bek. v. 14.11.2019 (Nds. GVBl. S. 316)
- **Nordrhein-Westfalen:** Verwaltungsvollstreckungsgesetz NRW (VwVG NW) idF der Bek. v. 19.2. 2003 (GV. NRW. S. 156, ber. S. 570, 2005 S. 818), zuletzt geänd. durch G v. 8.7.2016 (GV. NRW. S. 557)
- **Rheinland-Pfalz:** Landesverwaltungsvollstreckungsgesetz (LVwVG) v. 8.7.1957 (GVBl. S. 101), zuletzt geänd. durch G v. 3.6.2020 (GVBl. S. 209)
- **Saarland:** Saarländisches Verwaltungsvollstreckungsgesetz (SVwVG) v. 27.3.1974 (Amtsbl. S. 430), zuletzt geänd. durch G v. 1.12.2015 (Amtsbl. I S. 913)
- **Sachsen:** Verwaltungsvollstreckungsgesetz für den Freistaat Sachsen (SächsVwVG) idF der Bek. v. 10.9.2003 (SächsGVBl. S. 614, ber. S. 913), zuletzt geänd. durch G v. 5.4.2019 (SächsGVBl. S. 245)
- **Sachsen-Anhalt:** Verwaltungsvollstreckungsgesetz des Landes Sachsen-Anhalt (VwVG LSA) idF der Bek. v. 20.2.2015 (GVBl. LSA S. 50)
- **Schleswig-Holstein:** Allgemeines Verwaltungsgesetz für das Land Schleswig-Holstein (LVwG) idF der Bek. v. 2.6.1992 (GVOBl. Schl.-H. S. 243, ber. S. 534), zuletzt geänd. durch G v. 1.9.2020 (GVOBl. Schl.-H. S. 508)
- **Thüringen:** Thüringer Verwaltungszustellungs- und Vollstreckungsgesetz (ThürVwZVG) idF der Bek. v. 5.2.2009 (GVBl. S. 24), zuletzt geänd. durch G v. 23.9.2015 (GVBl. S. 131)

Erster Abschnitt. Vollstreckung wegen Geldforderungen

§ 1[1] Vollstreckbare Geldforderungen. (1) Die öffentlich-rechtlichen Geldforderungen des Bundes und der bundesunmittelbaren juristischen Personen des öffentlichen Rechts werden nach den Bestimmungen dieses Gesetzes im Verwaltungswege vollstreckt.

(2) Ausgenommen sind solche öffentlich-rechtlichen Geldforderungen, die im Wege des Parteistreites vor den Verwaltungsgerichten verfolgt werden oder für die ein anderer Rechtsweg als der Verwaltungsrechtsweg begründet ist.

(3) Die Vorschriften der Abgabenordnung, des Sozialversicherungsrechts einschließlich der Arbeitslosenversicherung und des Justizbeitreibungsgesetzes[2] bleiben unberührt.

§ 2 Vollstreckungsschuldner. (1) Als Vollstreckungsschuldner kann in Anspruch genommen werden,

a) wer eine Leistung als Selbstschuldner schuldet;

b) wer für die Leistung, die ein anderer schuldet, persönlich haftet.

(2) Wer zur Duldung der Zwangsvollstreckung verpflichtet ist, wird dem Vollstreckungsschuldner gleichgestellt, soweit die Duldungspflicht reicht.

§ 3 Vollstreckungsanordnung. (1) Die Vollstreckung wird gegen den Vollstreckungsschuldner durch Vollstreckungsanordnung eingeleitet; eines vollstreckbaren Titels bedarf es nicht.

(2) Voraussetzungen für die Einleitung der Vollstreckung sind:

a) der Leistungsbescheid, durch den der Schuldner zur Leistung aufgefordert worden ist;

b) die Fälligkeit der Leistung;

c) der Ablauf einer Frist von einer Woche seit Bekanntgabe des Leistungsbescheides oder, wenn die Leistung erst danach fällig wird, der Ablauf einer Frist von einer Woche nach Eintritt der Fälligkeit.

(3) Vor Anordnung der Vollstreckung soll der Schuldner ferner mit einer Zahlungsfrist von einer weiteren Woche besonders gemahnt werden.

(4) Die Vollstreckungsanordnung wird von der Behörde erlassen, die den Anspruch geltend machen darf.

§ 4[3] Vollstreckungsbehörden. Vollstreckungsbehörden sind:

a) die von einer obersten Bundesbehörde im Einvernehmen mit dem Bundesminister des Innern, für Bau und Heimat bestimmten Behörden des betreffenden Verwaltungszweiges;

(Fortsetzung nächstes Blatt)

---

[1] § 1 Abs. 3 geänd. durch G v. 14.12.1976 (BGBl. I S. 3341); Abs. 3 geänd. mWv 1.7.2017 durch G v. 21.11.2016 (BGBl. I S. 2591).

[2] **Schönfelder Nr. 122.**

[3] § 4 Buchst. a geänd. mWv 27.6.2020 durch VO v. 19.6.2020 (BGBl. I S. 1328).

113. Gesetz zur Regelung des Zugangs zu Informationen des Bundes (Informationsfreiheitsgesetz – IFG)[1)]

Vom 5. September 2005

(BGBl. I S. 2722)

FNA 201-10

geänd. durch Art. 2 Abs. 6 G zur Strukturreform des Gebührenrechts des Bundes v. 7.8.2013 (BGBl. I S. 3154), Art. 9 Zweites Datenschutz-Anpassungs- und UmsetzungsG EU v. 20.11.2019 (BGBl. I S. 1626) und Art. 44 Elfte ZuständigkeitsanpassungsVO v. 19.6.2020 (BGBl. I S. 1328)

Der Bundestag hat das folgende Gesetz beschlossen:

§ 1 Grundsatz. (1) [1]Jeder hat nach Maßgabe dieses Gesetzes gegenüber den Behörden des Bundes einen Anspruch auf Zugang zu amtlichen Informationen. [2]Für sonstige Bundesorgane und -einrichtungen gilt dieses Gesetz, soweit sie öffentlich-rechtliche Verwaltungsaufgaben wahrnehmen. [3]Einer Behörde im Sinne dieser Vorschrift steht eine natürliche Person oder juristische Person des Privatrechts gleich, soweit eine Behörde sich dieser Person zur Erfüllung ihrer öffentlich-rechtlichen Aufgaben bedient.

(2) [1]Die Behörde kann Auskunft erteilen, Akteneinsicht gewähren oder Informationen in sonstiger Weise zur Verfügung stellen. [2]Begehrt der Antragsteller eine bestimmte Art des Informationszugangs, so darf dieser nur aus

---

[1)] Bislang haben folgende **Länder** Vorschriften zum IFG erlassen:
- **Baden-Württemberg:** Gesetz zur Regelung des Zugangs zu Informationen in Baden-Württemberg (Landesinformationsfreiheitsgesetz – LIFG) v. 17.12.2015 (GBl. S. 1201), geänd. durch G v. 12.6.2018 (GBl. S. 173);
- **Berlin:** Gesetz zur Förderung der Informationsfreiheit im Land Berlin (Berliner Informationsfreiheitsgesetz – IFG) v. 15.10.1999 (GVBl. S. 561), zuletzt geänd. durch G v. 2.2.2018 (GVBl. S. 160);
- **Brandenburg:** Akteneinsichts- und Informationszugangsgesetz (AIG) v. 10.3.1998 (GVBl. I S. 46), zuletzt geänd. durch G v. 8.5.2018 (GVBl. I Nr. 7);
- **Bremen:** Gesetz über die Freiheit des Zugangs zu Informationen für das Land Bremen (Bremer Informationsfreiheitsgesetz – BremIFG) v. 16.5.2006 (Brem.GBl. S. 263), zuletzt geänd. durch G v. 5.3.2019 (Brem.GBl. S. 55);
- **Hamburg:** Hamburgisches Transparenzgesetz (HmbTG) v. 19.6.2012 (HmbGVBl. S. 271), zuletzt geänd. durch G v. 19.12.2019 (HmbGVBl. 2020 S. 19);
- **Hessen:** Hessisches Datenschutz- und Informationsfreiheitsgesetz (HDSIG) v. 3.5.2018 (GVBl. S. 82), geänd. durch G v. 12.9.2018 (GVBl. S. 570);
- **Mecklenburg-Vorpommern:** Gesetz zur Regelung des Zugangs zu Informationen für das Land Mecklenburg-Vorpommern (Informationsfreiheitsgesetz – IFG M-V) v. 10.7.2006 (GVOBl. M-V S. 556), zuletzt geänd. durch G v. 22.5.2018 (GVOBl. M-V S. 193);
- **Nordrhein-Westfalen:** Gesetz über die Freiheit des Zugangs zu Informationen für das Land Nordrhein-Westfalen (Informationsfreiheitsgesetz Nordrhein-Westfalen – IFG NRW) v. 27.11.2001 (GV. NRW. S. 806), zuletzt geänd. durch G v. 17.5.2018 (GV. NRW. S. 244);
- **Rheinland-Pfalz:** Landestransparenzgesetz (LTranspG) v. 27.11.2015 (GVBl. S. 383), zuletzt geänd. durch G v. 23.9.2020 (GVBl. S. 461);
- **Saarland:** Saarländisches Informationsfreiheitsgesetz (SIFG) v. 12.7.2006 (Amtsbl. S. 1624), zuletzt geänd. durch G v. 22.8.2018 (Amtsbl. I S. 674);
- **Sachsen-Anhalt:** Informationszugangsgesetz Sachsen-Anhalt (IZG LSA) v. 19.6.2008 (GVBl. LSA S. 242), zuletzt geänd. durch G v. 18.2.2020 (GVBl. LSA S. 25);
- **Schleswig-Holstein** Informationszugangsgesetz für das Land Schleswig-Holstein (IZG-SH) v. 19.1.2012 (GVOBl. Schl.-H. S. 89), zuletzt geänd. durch G v. 19.7.2019 (GVOBl. Schl.-H. S. 310);
- **Thüringen:** Thüringer Informationsfreiheitsgesetz (ThürIFG) v. 14.12.2012 (GVBl. S. 464), aufgeh. durch G v. 10.10.2019 (GVBl. S. 373).

wichtigem Grund auf andere Art gewährt werden. [3] Als wichtiger Grund gilt insbesondere ein deutlich höherer Verwaltungsaufwand.

(3) Regelungen in anderen Rechtsvorschriften über den Zugang zu amtlichen Informationen gehen mit Ausnahme des § 29 des Verwaltungsverfahrensgesetzes [1)] und des § 25 des Zehnten Buches Sozialgesetzbuch[2)] vor.

§ 2 Begriffsbestimmungen. Im Sinne dieses Gesetzes ist

1. amtliche Information: jede amtlichen Zwecken dienende Aufzeichnung, unabhängig von der Art ihrer Speicherung. Entwürfe und Notizen, die nicht Bestandteil eines Vorgangs werden sollen, gehören nicht dazu;
2. Dritter: jeder, über den personenbezogene Daten oder sonstige Informationen vorliegen.

§ 3 Schutz von besonderen öffentlichen Belangen. Der Anspruch auf Informationszugang besteht nicht,

1. wenn das Bekanntwerden der Information nachteilige Auswirkungen haben kann auf
   a) internationale Beziehungen,
   b) militärische und sonstige sicherheitsempfindliche Belange der Bundeswehr,
   c) Belange der inneren oder äußeren Sicherheit,
   d) Kontroll- oder Aufsichtsaufgaben der Finanz-, Wettbewerbs- und Regulierungsbehörden,
   e) Angelegenheiten der externen Finanzkontrolle,
   f) Maßnahmen zum Schutz vor unerlaubtem Außenwirtschaftsverkehr,
   g) die Durchführung eines laufenden Gerichtsverfahrens, den Anspruch einer Person auf ein faires Verfahren oder die Durchführung strafrechtlicher, ordnungswidrigkeitsrechtlicher oder disziplinarischer Ermittlungen,
2. wenn das Bekanntwerden der Information die öffentliche Sicherheit gefährden kann,
3. wenn und solange
   a) die notwendige Vertraulichkeit internationaler Verhandlungen oder
   b) die Beratungen von Behörden beeinträchtigt werden,
4. wenn die Information einer durch Rechtsvorschrift oder durch die Allgemeine Verwaltungsvorschrift zum materiellen und organisatorischen Schutz von Verschlussachen geregelten Geheimhaltungs- oder Vertraulichkeitspflicht oder einem Berufs- oder besonderen Amtsgeheimnis unterliegt,
5. hinsichtlich vorübergehend beigezogener Information einer anderen öffentlichen Stelle, die nicht Bestandteil der eigenen Vorgänge werden soll,
6. wenn das Bekanntwerden der Information geeignet wäre, fiskalische Interessen des Bundes im Wirtschaftsverkehr oder wirtschaftliche Interessen der Sozialversicherungen zu beeinträchtigen,
7. bei vertraulich erhobener oder übermittelter Information, soweit das Interesse des Dritten an einer vertraulichen Behandlung im Zeitpunkt des Antrags auf Informationszugang noch fortbesteht,

---

[1)] Nr. **100**.
[2)] **Sartorius ErgBd. Nr. 410.**

9. die in § 31b Absatz 1 des Luftverkehrsgesetzes[1)] genannte Flugsicherungsorganisation sowie das Bundesaufsichtsamt für Flugsicherung im Aufgabenbereich der Flugsicherung,
10. Paul-Ehrlich-Institut, mit Ausnahme von individuell zurechenbaren öffentlichen Leistungen, die für die Länder, Gemeinden oder Gemeindeverbände erbracht werden,
11. Bundesinstitut für Arzneimittel und Medizinprodukte, mit Ausnahme von individuell zurechenbaren öffentlichen Leistungen, die für die Länder, Gemeinden oder Gemeindeverbände erbracht werden,
12. Bundesarchiv für die Nutzung von Archivgut im Sinne der Bundesarchiv-Benutzungsverordnung[2)].

§ 9 Grundlagen der Gebührenbemessung. (1) [1] Die Gebühr soll die mit der individuell zurechenbaren öffentlichen Leistung verbundenen Kosten aller an der Leistung Beteiligten decken, soweit die Kosten nicht als Auslagen nach § 12 Absatz 1 oder 2 abzurechnen sind. [2] In die Gebühr sind die mit der Leistung regelmäßig verbundenen Auslagen einzubeziehen. [3] Zur Ermittlung der Gebühr nach Satz 1 sind die Kosten im Sinne des § 3 Absatz 3 zu Grunde zu legen.

(2) Kommt der individuell zurechenbaren öffentlichen Leistung ein in Geld berechenbarer wirtschaftlicher Wert oder ein in Geld berechenbarer wirtschaftlicher Nutzen für den von der Leistung Betroffenen zu, kann dieser Wert oder Nutzen zusätzlich zu den Kosten angemessen berücksichtigt werden.

(3) Die nach Absatz 1 oder 2 bestimmte Gebührenhöhe darf zu der individuell zurechenbaren öffentlichen Leistung nicht außer Verhältnis stehen und insbesondere kein wesentliches Hindernis für die Inanspruchnahme der Leistung durch den Gebührenschuldner darstellen.

(4) Aus Gründen des öffentlichen Interesses oder der Billigkeit kann eine niedrigere Gebühr als die in den Absätzen 1 bis 3 vorgesehene Gebühr oder eine Gebührenbefreiung bestimmt werden.

(5) Die Behörde kann Gebührenbefreiungen oder -ermäßigungen gewähren, wenn die Festsetzung der nach den Absätzen 1 bis 4 bestimmten Gebühr im Einzelfall unbillig wäre.

(6) Unterliegt die individuell zurechenbare öffentliche Leistung der Umsatzsteuer, kann diese der Gebühr hinzugerechnet werden.

§ 10 Gebühren in besonderen Fällen. (1) [1] Die Gebühren sind nach Maßgabe der Absätze 2 bis 7 festzusetzen, wenn
1. ein Antrag abgelehnt oder ein Widerspruch zurückgewiesen wird,
2. ein Verwaltungsakt zurückgenommen oder widerrufen wird,
3. ein Antrag oder ein Widerspruch zurückgenommen wird oder sich auf sonstige Weise erledigt,
4. eine individuell zurechenbare öffentliche Leistung aus Gründen, die der Betroffene zu vertreten hat, nicht zum festgesetzten Termin erbracht werden kann oder aus diesen Gründen abgebrochen werden muss und

---

[1)] **Sartorius ErgBd. Nr. 975.**
[2)] **Sartorius III Nr. 834b.**

5. ein Verwaltungsakt nach Ablauf einer bestimmten Frist auf Grund einer Rechtsvorschrift als erlassen gilt.

[2] Bemessungsgrundlage sind die Kosten nach § 9 Absatz 1. [3] Aus Gründen des öffentlichen Interesses oder der Billigkeit kann eine niedrigere Gebühr oder eine Gebührenbefreiung bestimmt werden.

(2) [1] Wird ein Antrag ganz oder teilweise abgelehnt, ist eine Gebühr bis zu der Höhe zu erheben, die für die beantragte individuell zurechenbare öffentliche Leistung vorgesehen ist. [2] Wird der Antrag allein wegen Unzuständigkeit der Behörde abgelehnt, wird keine Gebühr erhoben.

(3) [1] Für die Entscheidung über einen Widerspruch ist, soweit dieser erfolglos geblieben ist, eine Gebühr bis zu der Höhe zu erheben, die für die angefochtene Leistung vorgesehen ist. [2] Bei einem Widerspruch, der sich allein gegen die Festsetzung von Gebühren und Auslagen richtet, beträgt die Gebühr bis zu 25 Prozent des Betrags, hinsichtlich dessen dem Widerspruch nicht abgeholfen wurde. [3] Hat der Widerspruch nur deshalb keinen Erfolg, weil die Verletzung einer Verfahrens- oder Formvorschrift nach § 45 des Verwaltungsverfahrensgesetzes[1)] unbeachtlich ist, wird keine Gebühr erhoben.

(4) Für die Rücknahme oder den Widerruf eines Verwaltungsaktes ist, soweit der Adressat dies zu vertreten hat, eine Gebühr bis zu der Höhe der für den Erlass des Verwaltungsaktes im Zeitpunkt der Rücknahme oder des Widerrufs vorgesehenen Gebühr zu erheben.

(5) [1] Wird ein Antrag zurückgenommen oder erledigt er sich auf sonstige Weise, bevor die individuell zurechenbare öffentliche Leistung vollständig erbracht ist, sind bis zu 75 Prozent der für die Leistung vorgesehenen Gebühr zu erheben. [2] Wird ein Widerspruch zurückgenommen oder erledigt er sich auf sonstige Weise, bevor der Widerspruchsbescheid erlassen ist, beträgt die Gebühr bis zu 75 Prozent des Betrags, der für die angefochtene Leistung festgesetzt wurde. [3] Keine Gebühr ist zu erheben, wenn die Behörde mit der sachlichen Bearbeitung noch nicht begonnen hat, soweit sich aus Absatz 6 nichts anderes ergibt.

(6) Kann eine individuell zurechenbare öffentliche Leistung aus Gründen, die der Betroffene zu vertreten hat, nicht zum festgesetzten Termin erbracht werden oder muss sie aus diesen Gründen abgebrochen werden, ist eine Gebühr bis zur Höhe des für die vollständige Leistung vorgesehenen Betrags zu erheben.

(7) Für einen Verwaltungsakt, der nach Ablauf einer bestimmten Frist auf Grund einer Rechtsvorschrift als erlassen gilt, beträgt die Gebühr bis zu 75 Prozent des Betrags, der für den durch den Ablauf der Frist ersetzten Verwaltungsakt vorgesehen ist.

§ 11 Gebührenarten. Die Gebühren sind wie folgt zu bestimmen:

1. durch feste Sätze (Festgebühren),
2. nach dem Zeitaufwand für die individuell zurechenbare öffentliche Leistung (Zeitgebühren) oder
3. durch Rahmensätze (Rahmengebühren).

---

1) Nr. **100**.

155. Gesetz über die Versorgung der Beamten und Richter des Bundes (Beamtenversorgungsgesetz – BeamtVG)[1] [2][3]

In der Fassung der Bekanntmachung vom 24. Februar 2010[4]
(BGBl. I S. 150)

FNA 2030-25

geänd. durch Art. 4, 4a DienstrechtsneuordnungsG v. 5.2.2009 (BGBl. I S. 160, Art. 4a geänd. durch G v. 19.11.2010, BGBl. I S. 1552, aufgeh. durch G v. 20.12.2011, BGBl. I S. 2842), Art. 2 G zum Versorgungslastenteilungs-Staatsvertrag v. 5.9.2010 (BGBl. I S. 1288 iVm Bek. v. 8.10.2010, BGBl. I S. 1404), Art. 8–10 Bundesbesoldungs- und -versorgungsanpassungsG 2010/2011 v. 19.11.2010 (BGBl. I S. 1552), Art. 14 G zur Einführung eines Bundesfreiwilligendienstes v. 28.4.2011 (BGBl. I S. 687), Art. 2 G zur Übertragung ehebezogener Regelungen im öffentl. Dienstrecht auf Lebenspartnerschaften v. 14.11.2011 (BGBl. I S. 2219), Art. 2 Einsatzversorgungs-VerbesserungsG v. 5.12.2011 (BGBl. I S. 2458), Art. 3, 5 G zur Wiedergewährung der Sonderzahlung v. 20.12.2011 (BGBl. I S. 2842), Art. 4 G zur Unterstützung der Fachkräftegewinnung im Bund und zur Änd. weiterer dienstrechtl. Vorschriften v. 15.3.2012 (BGBl. I S. 462), Art. 5 Bundeswehrreform-BegleitG v. 21.7. 2012 (BGBl. I S. 1583), Art. 7–9 Bundesbesoldungs- und -versorgungsanpassungsG 2012/2013 v. 15.8.2012 (BGBl. I S. 1670), Art. 2 Abs. 5 G zur Modernisierung des Außenwirtschaftsrechts v. 6.6.2013 (BGBl. I S. 1482), Art. 2 G zur Neuregelung der Professorenbesoldung und zur Änd. weiterer dienstrechtlicher Vorschriften v. 11.6.2013 (BGBl. I S. 1514), Art. 3 G über die Gewährung eines Altersgelds für freiwillig aus dem Bundesdienst ausscheidende Beamte, Richter und Soldaten v. 28.8.2013 (BGBl. I S. 3386), Art. 4, 5 Bundesbesoldungs- und -versorgungsanpassungsG 2014/2015 v. 25.11.2014 (BGBl. I S. 1772), Art. 1 Bundeswehr-AttraktivitätssteigerungsG v. 13.5.2015 (BGBl. I S. 706), Art. 3a Siebtes BesoldungsänderungsG v. 3.12.2015 (BGBl. I S. 2163), Art. 3, 4 Bundesbesoldungs- und -versorgungsanpassungsG 2016/2017 v. 21.11.2016 (BGBl. I S. 2570), Art. 3 G zur Änd. des VersorgungsrücklageG und weiterer dienstrechtlicher Vorschriften v. 5.1.2017 (BGBl. I S. 17), Art. 11 G zu bereichsspezifischen Regelungen der Gesichtsverhüllung und zur Änd. weiterer dienstrechtlicher Vorschriften v. 8.6.2017 (BGBl. I S. 1570), Art. 5–7 Bundesbesoldungs- und -versorgungsanpassungsG 2018/2019/2020 v. 8.11.2018 (BGBl. I S. 1810), Art. 3 G zur Änd. des BeamtenstatusG und des BundesbeamtenG sowie weiterer dienstrechtlicher Vorschriften v. 29.11. 2018 (BGBl. I S. 2232), Art. 2 Bundeswehr-EinsatzbereitschaftsstärkungsG v. 4.8.2019 (BGBl. I S. 1147), Art. 9 BesoldungsstrukturenmodernisierungsG v. 9.12.2019 (BGBl. I S. 2053), Art. 43 G zur Regelung des Sozialen Entschädigungsrechts v. 12.12.2019 (BGBl. I S. 2652) und Art. 3, 4 Zweites G zur Änd. des BundespersonalvertretungsG und weiterer dienstrechtl. Vorschriften aus Anlass der COVID-19-Pandemie v. 25.5.2020 (BGBl. I S. 1063)

[1] Die in der Neubekanntmachung v. 24.2.2010 als Fußnoten wiedergegebenen, zum 1.9.2009 in Kraft getretenen Änderungen durch das G v. 3.4.2009 (BGBl. I S. 700) wurden in den laufenden Text übernommen.

[2] Zur Anwendung in den Ländern siehe § 108.

[3] Die Änderungen durch das G v. 12.12.2019 (BGBl. I S. 2652) treten erst **mWv 1.1.2024** in Kraft und sind noch nicht im Text berücksichtigt.

[4] Neubekanntmachung des Beamtenversorgungsgesetzes idF der Bek. v. 16.3.1999 (BGBl. I S. 322) in der ab 1.7.2009 geltenden Fassung.

Inhaltsübersicht[1)]

Abschnitt 1. Allgemeine Vorschriften

Abschnitt 2. Ruhegehalt, Unterhaltsbeitrag

Abschnitt 3. Hinterbliebenenversorgung

Abschnitt 4. Bezüge bei Verschollenheit

Abschnitt 5. Unfallfürsorge

[1)] Inhaltsübersicht geänd. mWv 1.1.2010 durch G v. 19.11.2010 (BGBl. I S. 1552); mWv 1.1.2011 durch G v. 5.2.2009 (BGBl. I S. 160); mWv 1.1.2009 durch G v. 14.11.2011 (BGBl. I S. 2219); mWv 25.3.2010 durch G v. 15.3.2012 (BGBl. I S. 462); mWv 26.7.2012 durch G v. 21.7.2012 (BGBl. I S. 1583); mWv 1.1.2013 durch G v. 11.6.2013 (BGBl. I S. 1514); mWv 4.9.2013 durch G v. 28.8.2013 (BGBl. I S. 3386); mWv 23.5.2015 durch G v. 13.5.2015 (BGBl. I S. 706); mWv 1.1.2016 durch G v. 3.12.2015 (BGBl. I S. 2163); mWv 11.1.2017 durch G v. 5.1.2017 (BGBl. I S. 17); mWv 15.6.2017 durch G v. 8.6.2017 (BGBl. I S. 1570); geänd. mWv 1.1.2020 und mWv 1.7.2020 durch G v. 9.12.2019 (BGBl. I S. 2053); geänd. mWv 1.1.2020 und mWv 1.1.2021 durch G v. 25.5.2020 (BGBl. I S. 1063).

Ablauf des Monats, in dem sie die Regelaltersgrenze nach § 51 Absatz 1 und 2 des Bundesbeamtengesetzes erreicht haben.

§ 107e[1] *(aufgehoben)*

§ 108 Anwendungsbereich in den Ländern. (1) Für die Beamten der Länder, der Gemeinden, der Gemeindeverbände sowie der sonstigen der Aufsicht eines Landes unterstehenden Körperschaften, Anstalten und Stiftungen des öffentlichen Rechts gilt das Beamtenversorgungsgesetz in der bis zum 31. August 2006 geltenden Fassung, soweit es nicht durch Landesrecht ersetzt wurde.[2]

(2) Nach Maßgabe des Deutschen Richtergesetzes[3] ist auf die Versorgung der Richter der Länder das Beamtenversorgungsgesetz in der bis zum 31. August 2006 geltenden Fassung entsprechend anzuwenden, soweit nichts anderes bestimmt ist.

§ 109 (Inkrafttreten)

---

[1] § 107e aufgeh. mWv 1.1.2021 durch G v. 25.5.2020 (BGBl. I S. 1063).

[2] Siehe die versorgungsrechtlichen Regelungen der Länder:
- **Baden-Württemberg:** LandesbeamtenversorgungsG v. 9.11.2010 (GBl. S. 793, 911), zuletzt geänd. durch G v. 15.10.2020 (GBl. S. 914)
- **Bayern:** Bayerisches BeamtenversorgungsG v. 5.8.2010 (GVBl. S. 410, 528, 764), zuletzt geänd. durch G v. 19.3.2020 (GVBl. S. 153)
- **Berlin:** Beamtenversorgungs-ÜberleitungsG v. 21.6.2011 (GVBl. S. 266)
- **Brandenburg:** Brandenburgisches BeamtenversorgungsG v. 20.11.2013 (GVBl. I Nr. 32, 77), zuletzt geänd. durch G v. 19.6.2019 (GVBl. I Nr. 39)
- **Bremen:** Bremisches BeamtenversorgungsG v. 4.11.2014 (Brem.GBl. S. 458), zuletzt geänd. durch G v. 14.7.2020 (Brem.GBl. S. 671)
- **Hamburg:** Hamburgisches BeamtenversorgungsG v. 26.1.2010 (HmbGVBl. S. 23, 72), zuletzt geänd. durch G v. 19.12.2019 (HmbGVBl. S. 527)
- **Hessen:** Hessisches BeamtenversorgungsG v. 27.5.2013 (GVBl. S. 218, 312), zuletzt geänd. durch G v. 23.6.2020 (GVBl. S. 430)
- **Mecklenburg-Vorpommern:** LandesbeamtenversorgungsG idF der Bek. v. 8.3.2012 (GVOBl. M-V S. 26), zuletzt geänd. durch G v. 19.11.2019 (GVOBl. M-V S. 678)
- **Niedersachsen:** Niedersächsisches BeamtenversorgungsG idF der Bek. v. 2.4.2013 (Nds. GVBl. S. 73), zuletzt geänd. durch G v. 19.12.2019 (Nds. GVBl. S. 451)
- **Nordrhein-Westfalen:** Beamtenversorgungs-ÜberleitungsG v. 16.5.2013 (GV. NRW. S. 234, 238), geänd. durch G v. 16.5.2013 (GV. NRW. S. 234)
- **Rheinland-Pfalz:** LandesbeamtenversorgungsG v. 18.6.2013 (GVBl. S. 157, 208), zuletzt geänd. durch G v. 23.9.2020 (GVBl. S. 516)
- **Saarland:** vgl. § 2 Saarländisches BeamtenversorgungsG v. 14.5.2008 (Amtsbl. S. 1062), zuletzt geänd. durch durch G v. 1.7.2009 (Amtsbl. S. 1138)
- **Sachsen:** Sächsisches BeamtenversorgungsG v. 18.12.2013 (SächsGVBl. S. 970, 1045), zuletzt geänd. durch G v. 25.6.2019 (SächsGVBl. S. 496)
- **Sachsen-Anhalt:** LandesbeamtenversorgungsG v. 13.6.2018 (GVBl. LSA S. 72, 78), zuletzt geänd. durch G v. 11.10.2019 (GVBl. LSA S. 290)
- **Schleswig-Holstein:** BeamtenversorgungsG Schleswig-Holstein v. 26.1.2012 (GVOBl. Schl.-H. S. 153), zuletzt geänd. durch G v. 8.9.2020 (GVOBl. Schl.-H. S. 516)
- **Thüringen:** Thüringer BeamtenversorgungsG v. 22.6.2011 (GVBl. S. 99), zuletzt geänd. durch G v. 30.7.2019 (GVBl. S. 298)

[3] **Schönfelder ErgBd. Nr. 97.**

180. Verordnung über die Laufbahnen der Bundesbeamtinnen und Bundesbeamten (Bundeslaufbahnverordnung – BLV)[1]

Vom 12. Februar 2009
(BGBl. I S. 284)

FNA 2030-7-3-1

geänd. durch Art. 1 Erste ÄndVO v. 20.2.2013 (BGBl. I S. 316), Art. 16 Abs. 16 Bundesunfallkassen-NeuorganisationsG v. 19.10.2013 (BGBl. I S. 3836), Art. 3 HaushaltsbegleitG 2014 v. 11.8.2014 (BGBl. I S. 1346), Art. 38 Zehnte ZuständigkeitsanpassungsVO v. 31.8.2015 (BGBl. I S. 1474), Art. 1 WSV-ZuständigkeitsanpassungsVO v. 2.6.2016 (BGBl. I S. 1257), Art. 1 Zweite ÄndVO v. 15.8.2016 (BGBl. I S. 1981), Art. 7 G zur besseren Vereinbarkeit von Familie, Pflege und Beruf für Beamtinnen und Beamte des Bundes und Soldatinnen und Soldaten sowie zur Änd. weiterer dienstrechtlicher Vorschriften v. 19.10.2016 (BGBl. I S. 2362), Art. 1 VO zur Änd. der BundeslaufbahnVO und anderer laufbahnrechtlicher Vorschriften v. 18.1.2017 (BGBl. I S. 89, ber. S. 406), Art. 2 VO zur Änd. dienstrechtl. Verordnungen aus Anlass des BesoldungsstrukturenmodernisierungsG v. 8.1.2020 (BGBl. I S. 27), Art. 56 Elfte ZuständigkeitsanpassungsVO v. 19.6.2020 (BGBl. I S. 1328) und Art. 1 Dritte ÄndVO v. 15.9.2020 (BGBl. I S. 1990)

Auf Grund des § 8 Absatz 1 Satz 5, § 11 Absatz 1 Satz 5, § 17 Absatz 7, § 20 Satz 2, § 21 Satz 2, § 22 Absatz 5 Satz 2 und des § 26 des Bundesbeamtengesetzes[2] vom 5. Februar 2009 (BGBl. I S. 160) verordnet die Bundesregierung:

Inhaltsübersicht[3]

---

[1] Siehe hierzu auch die Allgemeine Verwaltungsvorschrift des BMI **(Bundesbeamtengesetze Nr. 12.1)**.

[2] Nr. **160**.

[3] Inhaltsübersicht geänd. mWv 23.8.2016 durch VO v. 15.8.2016 (BGBl. I S. 1981); geänd. mWv 27.1.2017 durch VO v. 18.1.2017 (BGBl. I S. 89).

200. Bundespolizeibeamtengesetz (BPolBG)[1)]

In der Fassung der Bekanntmachung vom 3. Juni 1976[2)]
(BGBl. I S. 1357)

FNA 2030-6

geänd. durch § 94 BeamtenversorgungsG v. 24.8.1976 (BGBl. I S. 2485), Art. 3 Bundesbesoldungs- und -versorgungsanpassungsG 1988 v. 20.12.1988 (BGBl. I S. 2363), Art. 8 ReformG v. 24.2.1997 (BGBl. I S. 322), Art. 3 VersorgungsreformG 1998 v. 29.6.1998 (BGBl. I S. 1666), Art. 7 G zur Umbenennung des Bundesgrenzschutzes in Bundespolizei v. 21.6.2005 (BGBl. I S. 1818), Art. 24 Erstes G über die Bereinigung von Bundesrecht im Zuständigkeitsbereich des BMI v. 19.2.2006 (BGBl. I S. 334), Art. 6 DienstrechtsneuordnungsG v. 5.2.2009 (BGBl. I S. 160), Art. 3 G zur Unterstützung der Fachkräftegewinnung im Bund und zur Änd. weiterer dienstrechtl. Vorschriften v. 15.3.2012 (BGBl. I S. 462), Art. 4 G zur besseren Vereinbarkeit von Familie, Pflege und Beruf für Beamtinnen und Beamte des Bundes und Soldatinnen und Soldaten sowie zur Änd. weiterer dienstrechtlicher Vorschriften v. 19.10.2016 (BGBl I S. 2362), Art. 12 G zu bereichsspezifischen Regelungen der Gesichtsverhüllung und zur Änd. weiterer dienstrechtlicher Vorschriften v. 8.6.2017 (BGBl. I S. 1570) und Art. 52 Elfte ZuständigkeitsanpassungsVO v. 19.6.2020 (BGBl. I S. 1328)

Abschnitt I. Gemeinsame Vorschriften

§ 1[3)] Anwendungsbereich. (1) [1]Dieses Gesetz gilt für die Polizeivollzugsbeamten in der Bundespolizei, im kriminalpolizeilichen Vollzugsdienst des Bundes und für den Inspekteur der Bereitschaftspolizeien der Länder. [2]Polizeivollzugsbeamte im Sinne des Satzes 1 sind die mit polizeilichen Aufgaben betrauten und zur Anwendung unmittelbaren Zwanges befugten Beamten; welche dieser Beamtengruppen im einzelnen dazu gehören, bestimmt das Bundesministerium des Innern, für Bau und Heimat durch Rechtsverordnung[4)].

(2) Dieses Gesetz gilt auch für die Polizeivollzugsbeamten beim Deutschen Bundestag.

§ 2 Anwendung beamtenrechtlicher Vorschriften. Auf die Polizeivollzugsbeamten finden die für Bundesbeamte allgemein geltenden Vorschriften Anwendung, soweit in diesem Gesetz nichts anderes bestimmt ist.

§ 3[5)] Laufbahnen. (1) Für die in § 1 bezeichneten Polizeivollzugsbeamten bestehen folgende Laufbahnen:

1. in der Bundespolizei:
   a) die Laufbahn des mittleren Polizeivollzugsdienstes,
   b) die Laufbahn des gehobenen Polizeivollzugsdienstes,

[1)] Verkündet als Art. 1 G über die Personalstruktur des Bundesgrenzschutzes v. 3.6.1976 (BGBl. I S. 1357); Inkrafttreten gem. Art. 5 dieses G am 1.7.1976.

[2)] Neubekanntmachung des BPolBG idF der Bek. v. 12.2.1972 (BGBl. I S. 165) in der ab 1.7.1976 geltenden Fassung.

[3)] § 1 Abs. 1 Satz 1 geänd. mWv 1.7.2005 durch G v. 21.6.2005 (BGBl. I S. 1818); Abs. 1 Satz 2 geänd. mWv 27.6 2020 durch VO v. 19.6.2020 (BGBl. I S. 1328).

[4)] Siehe die VO zu § 1 Abs. 1 des BPolBG **(Bundesbeamtengesetze Nr. 121)**.

[5)] § 3 Abs. 1 Nr. 3 Buchst. b geänd. und Buchst. c angef. sowie Abs. 2 neu gef. durch G v. 29.6. 1998 (BGBl. I S. 1666); Abs. 1 Nr. 1 einl. Satzteil geänd. mWv 1.7.2005 durch G v. 21.6.2005 (BGBl. I S. 1818) Abs. 2 Satz 2 eingef., bish. Satz 2 wird Satz 3 mWv 28.10.2016 durch G v. 19.10. 2016 (BGBl. I S. 2362); Abs. 2 Satz 3 geänd. mWv 27.6.2020 durch VO v. 19.6.2020 (BGBl. I S. 1328).

c) die Laufbahn des höheren Polizeivollzugsdienstes;

2. im kriminalpolizeilichen Vollzugsdienst des Bundes:
   a) die Laufbahn des gehobenen Kriminaldienstes,
   b) die Laufbahn des höheren Kriminaldienstes;
3. beim Deutschen Bundestag:
   a) die Laufbahn des mittleren Polizeivollzugsdienstes,
   b) die Laufbahn des gehobenen Polizeivollzugsdienstes,
   c) die Laufbahn des höheren Polizeivollzugsdienstes.

(2) [1] Die Bundesregierung wird ermächtigt, die allgemeinen Vorschriften über die Laufbahnen durch Rechtsverordnung[1)] ohne Zustimmung des Bundesrates zu erlassen. [2] Insbesondere soll Folgendes geregelt werden:

1. die Gestaltung der Laufbahnen, einschließlich der regelmäßig zu durchlaufenden Ämter,
2. der Erwerb der Laufbahnbefähigung,
3. Altersgrenzen für die Einstellung in einen Vorbereitungsdienst,
4. die Voraussetzungen und das Verfahren für den Aufstieg,
5. die Voraussetzungen für den Laufbahnwechsel,
6. Grundsätze der Fortbildung.

[3] Das Bundesministerium des Innern, für Bau und Heimat wird ermächtigt, durch Rechtsverordnung[2)] ohne Zustimmung des Bundesrates die besonderen Vorschriften für die in Absatz 1 Nr. 1 und 2 genannten Laufbahnen (Laufbahn-, Ausbildungs- und Prüfungsordnungen) zu erlassen.

§ 4[3)] Polizeidienstunfähigkeit. (1) Der Polizeivollzugsbeamte ist dienstunfähig, wenn er den besonderen gesundheitlichen Anforderungen für den Polizeivollzugsdienst nicht mehr genügt und nicht zu erwarten ist, daß er seine volle Verwendungsfähigkeit innerhalb zweier Jahre wiedererlangt (Polizeidienstunfähigkeit), es sei denn, die auszuübende Funktion erfordert bei Beamten auf Lebenszeit diese besonderen gesundheitlichen Anforderungen auf Dauer nicht mehr uneingeschränkt.

(2) Die Polizeidienstunfähigkeit wird durch den Dienstvorgesetzten auf Grund des Gutachtens eines Amtsarztes oder eines beamteten Arztes, in der Bundespolizei eines beamteten Bundespolizeiarztes, festgestellt.

(3) Die Bundesregierung kann jährlich bestimmen, in welchem Umfang für die nach § 44 Abs. 2 bis 5 des Bundesbeamtengesetzes[4)] anderweitig zu verwendenden Polizeivollzugsbeamten freie, frei werdende und neu geschaffene Planstellen für Beamte des mittleren, des gehobenen und des höheren Dienstes beim Bund und bei den bundesunmittelbaren Körperschaften, Anstalten und Stiftungen des öffentlichen Rechts vorbehalten werden.

[1)] Siehe die Bundespolizei-LaufbahnVO **(Bundesbeamtengesetze Nr. 12b)**, die KriminallaufbahnVO **(Bundesbeamtengesetze Nr. 12a)** und die VO über die Laufbahnen des Polizeivollzugsdienstes beim Deutschen Bundestag v. 20.8.2013 (BGBl. I S. 3282).

[2)] Siehe die Höherer Kriminaldienst-AusbildungsVO v. 15.1.2011 (BGBl. I S. 43).

[3)] § 4 Abs. 1 geänd. und Abs. 3 angef. durch G v. 24.2.1997 (BGBl. I S. 322); Abs. 2 geänd. mWv 1.7.2005 durch G v. 21.6.2005 (BGBl. I S. 1818); Abs. 3 geänd. mWv 12.2.2009 durch G v. 5.2.2009 (BGBl. I S. 160).

[4)] Nr. **160**.

§ 5[1)] Altersgrenze. (1) Polizeivollzugsbeamte auf Lebenszeit treten mit dem Ende des Monats in den Ruhestand, in dem sie das 62. Lebensjahr vollenden.

(2) [1] Polizeivollzugsbeamte auf Lebenszeit, die vor dem 1. Januar 1952 geboren sind, treten mit dem Ende des Monats in den Ruhestand, in dem sie das 60. Lebensjahr vollenden. [2] Für Polizeivollzugsbeamte, die nach dem 31. Dezember 1951 geboren sind, wird die Altersgrenze wie folgt angehoben:

Geburtsjahr Geburtsmonat	Anhebung um Monate	Altersgrenze	
		Jahr	Monat
1952			
Januar	1	60	1
Februar	2	60	2
März	3	60	3
April	4	60	4
Mai	5	60	5
Juni–Dezember	6	60	6
1953	7	60	7
1954	8	60	8
1955	9	60	9
1956	10	60	10
1957	11	60	11
1958	12	61	0
1959	14	61	2
1960	16	61	4
1961	18	61	6
1962	20	61	8
1963	22	61	10

(3) § 147 Absatz 2 des Bundesbeamtengesetzes[2)] gilt entsprechend.

§ 6[3)] *(aufgehoben)*

Abschnitt II.[4)] Polizeivollzugsbeamte in der Bundespolizei

§ 7[5)] Ausbildung. Die Polizeivollzugsbeamten erhalten eine Ausbildung, die sie für eine Verwendung im Polizeivollzugsdienst in der Bundespolizei und in den entsprechenden Laufbahnen des Polizeivollzugsdienstes der Länder befähigen soll.

[1)] § 5 neu gef. mWv 12.2.2009 durch G v. 5.2.2009 (BGBl. I S. 160); Abs. 3 geänd. mWv 15.6. 2017 durch G v. 8.6.2017 (BGBl. I S. 1570)

[2)] Nr. **160**.

[3)] § 6 aufgeh. durch G v. 24.8.1976 (BGBl. I S. 2485).

[4)] Abschn. II Überschr. geänd. mWv 1.7.2005 durch G v. 21.6.2005 (BGBl. I S. 1818).

[5)] § 7 geänd. mWv 1.7.2005 durch G v. 21.6.2005 (BGBl. I S. 1818).

§ 8[1] Versetzung. (1) Die Versetzung eines Beamten, der noch nicht zehn Dienstjahre seit seiner Einstellung in der Bundespolizei vollendet hat, in den Polizeivollzugsdienst eines Landes bedarf nicht der Zustimmung des Beamten, wenn ein dienstliches Bedürfnis an der Versetzung besteht und das neue Amt einer gleichwertigen Laufbahn angehört wie das bisherige Amt und mit mindestens demselben Endgrundgehalt verbunden ist; zum Endgrundgehalt gehören auch Amtszulagen und ruhegehaltfähige Stellenzulagen.

(2) [1] Der Polizeivollzugsbeamte kann auch in ein Amt einer Laufbahn außerhalb des Polizeivollzugsdienstes im öffentlichen Dienst des Bundes oder einer bundesunmittelbaren Körperschaft, Anstalt oder Stiftung des öffentlichen Rechts versetzt werden, wenn er es beantragt oder ein dienstliches Bedürfnis besteht und wenn er die Befähigung für diese Laufbahn besitzt. [2] Besitzt er die Befähigung nicht, hat er die ihm gebotene Gelegenheit wahrzunehmen, während seiner Zugehörigkeit zur Bundespolizei die ergänzenden Kenntnisse und Fähigkeiten zu erwerben und die Befähigung durch erfolgreiche Unterweisung in den Aufgaben der neuen Laufbahn nachzuweisen. [3] Die für die Gestaltung der neuen Laufbahn zuständige oberste Dienstbehörde trifft im Einvernehmen mit dem Bundesministerium des Innern, für Bau und Heimat Regelungen für die Unterweisung und für die Feststellung ihres erfolgreichen Abschlusses. [4] § 28 Abs. 3 Satz 3 des Bundesbeamtengesetzes[2] bleibt unberührt.

(3) Der Beamte ist vor einer Versetzung nach Absatz 1 oder 2 zu hören.

§ 9 Stellenvorbehalt. Die Bundesregierung kann jährlich bestimmen, in welchem Umfange Beamten der Laufbahn des mittleren Polizeivollzugsdienstes in der Regel bis zur Besoldungsgruppe A 7 der Bundesbesoldungsordnung[3] freie, frei werdende und neu geschaffene Planstellen für Beamte des mittleren Dienstes beim Bund und bei den bundesunmittelbaren Körperschaften, Anstalten und Stiftungen des öffentlichen Rechts vorbehalten werden.

§ 10 Wohnen in Gemeinschaftsunterkunft und Teilnahme an der Gemeinschaftsverpflegung. (1) Die Polizeivollzugsbeamten, die noch nicht fünf Dienstjahre abgeleistet oder noch nicht das fünfundzwanzigste Lebensjahr vollendet haben, sind auf Anordnung des Dienstvorgesetzten verpflichtet, in einer Gemeinschaftsunterkunft zu wohnen und an einer Gemeinschaftsverpflegung teilzunehmen.

(2) Andere als in Absatz 1 bezeichnete Polizeivollzugsbeamte können aus Anlaß besonderer Einsätze sowie bei der Teilnahme an Lehrgängen und Übungen zum Wohnen in einer Gemeinschaftsunterkunft und zur Teilnahme an einer Gemeinschaftsverpflegung vorübergehend verpflichtet werden.

§ 11[4] Freizeitausgleich bei Einsätzen und Übungen. [1] Bei Einsätzen und bei Übungen von Verbänden, Einheiten oder Teileinheiten der Bundespolizei von einer Dauer von mehr als einem Tag wird anstelle einer Dienstbefreiung

---

[1] § 8 Abs. 1 und Abs. 2 Satz 2 geänd. mWv 1.7.2005 durch G v. 21.6.2005 (BGBl. I S. 1818); Abs. 2 Satz 4 geänd. mWv 12.2.2009 durch G v. 5.2.2009 (BGBl. 2008 I S. 160); Abs. 2 Satz 3 geänd. mWv 27.6.2020 durch VO v. 19.6.2020 (BGBl. I S. 1328).

[2] Nr. **160**.

[3] Siehe Anl. I BBesG (Nr. **230**).

[4] § 11 neu gef. durch G v. 20.12.1988 (BGBl. I S. 2363); Satz 1 geänd. mWv 1.7.2005 durch G v. 21.6.2005 (BGBl. I S. 1818); Satz 1 geänd. mWv 12.2.2009 durch G v. 5.2.2009 (BGBl. I S. 160); Satz 2 geänd. mWv 27.6.2020 durch VO v. 19.6.2020 (BGBl. I S. 1328).

nach den §§ 87 und 88 des Bundesbeamtengesetzes[1] ein einheitlicher Freizeitausgleich festgesetzt, der die Dauer des Einsatzes oder der Übung und die damit verbundene dienstliche Beanspruchung angemessen berücksichtigen muß. [2] Die Entscheidung trifft das Bundesministerium des Innern, für Bau und Heimat oder die von ihm bestimmte Dienststelle. [3] Der Freizeitausgleich soll gewährt werden, sobald die dienstlichen Verhältnisse es zulassen, möglichst innerhalb von drei Monaten.

§ 12[2] Erstattung der Kosten eines Studiums. [1] Hat ein Polizeivollzugsbeamter, der sich zum Eintritt in die Bundespolizei verpflichtet hat, auf Grund dieser Verpflichtung vor oder nach seiner Einstellung einen Studienplatz an einer Hochschule erlangt, so muß er die vom Dienstherrn getragenen Kosten des Studiums erstatten, wenn er entlassen wird, bevor er eine Dienstzeit von der dreifachen Dauer des Studiums abgeleistet hat; dies gilt nicht, wenn er wegen Polizeidienstunfähigkeit entlassen wird, die nicht auf eigenes grobes Verschulden zurückzuführen ist. [2] Auf die Erstattung kann ganz oder teilweise verzichtet werden, wenn sie für den Beamten eine besondere Härte bedeuten würde.

§ 12a[3] Erstattung der Kosten einer Fortbildung. (1) Endet das Beamtenverhältnis innerhalb von vier Jahren nach Abschluss einer Fortbildungsmaßnahme, so hat die ehemalige Beamtin oder der ehemalige Beamte die Kosten einer Fortbildung nach Maßgabe der folgenden Absätze zu erstatten, wenn die Fortbildungsmaßnahme insgesamt vier Wochen überschritten hat, die Kosten je Fortbildungstag 500 Euro überstiegen haben und das durch die Fortbildung erworbene Fachwissen außerhalb des bisherigen Tätigkeitsbereichs einsetzbar ist.

(2) [1] Zu erstatten sind die für die Fortbildungsmaßnahme angefallenen Kosten mit Ausnahme der Reisekosten und des Trennungsgeldes. [2] Der Erstattungsbetrag mindert sich für jedes volle Jahr, das die ehemalige Beamtin oder der ehemalige Beamte seit Abschluss der Fortbildungsmaßnahme bei ihrem oder seinem bisherigen Dienstherrn Dienst geleistet hat, um ein Viertel. [3] Der Erstattungsbetrag wird vom bisherigen Dienstherrn durch schriftlichen Bescheid zur Erstattung festgesetzt und einen Monat nach Bekanntgabe des Bescheids fällig.

(3) [1] Auf die Erstattung kann ganz oder teilweise verzichtet werden, wenn sie eine besondere Härte für die ehemalige Beamtin oder den ehemaligen Beamten bedeuten würde. [2] Dies ist insbesondere anzunehmen bei einer Beendigung des Beamtenverhältnisses wegen Dienstunfähigkeit der ehemaligen Beamtin oder des ehemaligen Beamten, die nicht auf eigenes grobes Verschulden zurückzuführen ist.

(4) Die Entscheidung trifft die oberste Dienstbehörde der ehemaligen Beamtin oder des ehemaligen Beamten.

---

[1] Nr. **160**.
[2] § 12 Satz 1 geänd. mWv 1.7.2005 durch G v. 21.6.2005 (BGBl. I S. 1818).
[3] § 12a eingef. mWv 22.3.2012 durch G v. 15.3.2012 (BGBl. I S. 462).

Abschnitt III. Übergangs- und Schlußvorschriften

§ 13[1] *(aufgehoben)*

§ 14 Verweisungen und Bezeichnungen in anderen Vorschriften.

Wird in anderen Vorschriften auf Vorschriften und Bezeichnungen verwiesen, die durch dieses Gesetz geändert worden oder weggefallen sind, treten an ihre Stelle die Vorschriften und Bezeichnungen nach den geänderten Vorschriften.

§ 15[2] **Verwaltungsvorschriften.** Das Bundesministerium des Innern, für Bau und Heimat erläßt die zur Durchführung dieses Gesetzes erforderlichen allgemeinen Verwaltungsvorschriften.

[1] § 13 aufgeh. mWv 12.2.2009 durch G v. 5.2.2009 (BGBl. I S. 160).
[2] § 15 geänd. mWv 27.6.2020 durch VO v. 19.6.2020 (BGBl. I S. 1328).

220. Bundesdisziplinargesetz (BDG)[1)]

Vom 9. Juli 2001
(BGBl. I S. 1510)

FNA 2031-4

geänd. durch Art. 33 Nr. 1 G zur Einführung des Euro in RechtspflegeG und in Gesetzen des Straf- und Ordnungswidrigkeitenrechts v. 13.12.2001 (BGBl. I S. 3574), Art. 7 VersorgungsÄndG 2001 v. 20.12.2001 (BGBl. I S. 3926), Art. 5 Abs. 7 G zur Überarbeitung des Lebenspartnerschaftsrechts v. 15.12.2004 (BGBl. I S. 3396), Art. 11 StreitkräftereserveNeuordnungsG v. 22.4.2005 (BGBl. I S. 1106), Art. 15 Abs. 1 WehrrechtsänderungsG 2008 v. 31.7.2008 (BGBl. I S. 1629), Art. 12b DienstrechtsneuordnungsG v. 5.2.2009 (BGBl. I S. 160), Art. 3 G zur Übertragung ehebezogener Regelungen im öffentl. Dienstrecht auf Lebenspartnerschaften v. 14.11.2011 (BGBl. I S. 2219), Art. 4 G über die Besetzung der großen Straf- und Jugendkammern in der Hauptverhandlung und zur Änd. weiterer gerichtsverfassungsrechtl. Vorschriften sowie des BundesdisziplinarG v. 6.12.2011 (BGBl. I S. 2554), Art. 3 Abs. 6 G zur Strukturreform des Gebührenrechts des Bundes v. 7.8.2013 (BGBl. I S. 3154, geänd. durch G v. 18.7.2016 BGBl. I S. 1666), Art. 4 G über die Gewährung eines Altersgelds für freiwillig aus dem Bundesdienst ausscheidende Beamte, Richter und Soldaten v. 28.8.2013 (BGBl. I S. 3386), Art. 8 G zur Änderung des BundesbeamtenG und weiterer dienstrechtlicher Vorschriften v. 6.3 2015 (BGBl. I S. 250), Art. 3 Abs. 5 G zur Aktualisierung der Strukturreform des Gebührenrechts des Bundes v. 18.7.2016 (BGBl. I S. 1666), Art. 3 G zur besseren Vereinbarkeit von Familie, Pflege und Beruf für Beamtinnen und Beamte des Bundes und Soldatinnen und Soldaten sowie zur Änd. weiterer dienstrechtlicher Vorschriften v. 19.10.2016 (BGBl. I S. 2362) und Art. 62 Elfte ZuständigkeitsanpassungsVO v. 19.6.2020 (BGBl. I S. 1328)

Inhaltsübersicht[2)]

Teil 1. Allgemeine Bestimmungen

Teil 2. Disziplinarmaßnahmen

Teil 3. Behördliches Disziplinarverfahren

Kapitel 1. Einleitung, Ausdehnung und Beschränkung

---

1) Verkündet als Art. 1 G zur Neuordnung des Bundesdisziplinarrechts v. 9.7.2001 (BGBl. I S. 1510); Inkrafttreten gem. Art. 27 Abs. 1 Satz 3 dieses G am 1.1.2002.

2) Inhaltsübersicht geänd. mWv 12.2.2009 durch G v. 5.2.2009 (BGBl. I S. 160); geänd. mWv 28.10.2016 durch G v. 19.10.2016 (BGBl. I S. 2362).

§ 80[1)] Unterhaltsleistung bei Mithilfe zur Aufdeckung von Straftaten.

(1) [1] Im Falle der Entfernung aus dem Beamtenverhältnis oder der Aberkennung des Ruhegehalts kann die zuletzt zuständige oberste Dienstbehörde dem ehemaligen Beamten oder ehemaligen Ruhestandsbeamten, der gegen das Verbot der Annahme von Belohnungen oder Geschenken verstoßen hat, die Gewährung einer monatlichen Unterhaltsleistung zusagen, wenn er sein Wissen über Tatsachen offenbart hat, deren Kenntnis dazu beigetragen hat, Straftaten, insbesondere nach den §§ 331 bis 335 des Strafgesetzbuches[2)], zu verhindern oder über seinen eigenen Tatbeitrag hinaus aufzuklären. [2] Die Nachversicherung ist durchzuführen.

(2) [1] Die Unterhaltsleistung ist als Prozentsatz der Anwartschaft auf eine Altersrente, die sich aus der Nachversicherung ergibt, oder einer entsprechenden Leistung aus der berufsständischen Alterssicherung mit folgenden Maßgaben festzusetzen:

1. Die Unterhaltsleistung darf die Höhe der Rentenanwartschaft aus der Nachversicherung nicht erreichen;
2. Unterhaltsleistung und Rentenanwartschaft aus der Nachversicherung dürfen zusammen den Betrag nicht übersteigen, der sich als Ruhegehalt nach § 14 Abs. 1 des Beamtenversorgungsgesetzes[3)] ergäbe.

[2] Die Höchstgrenzen nach Satz 1 gelten auch für die Zeit des Bezugs der Unterhaltsleistung; an die Stelle der Rentenanwartschaft aus der Nachversicherung tritt die anteilige Rente.

(3) Die Zahlung der Unterhaltsleistung an den früheren Beamten kann erst erfolgen, wenn dieser das 65. Lebensjahr vollendet hat oder eine Rente wegen Erwerbs- oder Berufsunfähigkeit aus der gesetzlichen Rentenversicherung oder eine entsprechende Leistung aus der berufsständischen Versorgung erhält.

(4) [1] Der Anspruch auf die Unterhaltsleistung erlischt bei erneutem Eintritt in den öffentlichen Dienst sowie in den Fällen, die bei einem Ruhestandsbeamten das Erlöschen der Versorgungsbezüge nach § 59 des Beamtenversorgungsgesetzes zur Folge hätten. [2] Der hinterbliebene Ehegatte oder Lebenspartner erhält 55 Prozent der Unterhaltsleistung, wenn zum Zeitpunkt der Entfernung aus dem Beamtenverhältnis oder der Aberkennung des Ruhegehalts die Ehe oder Lebenspartnerschaft bereits bestanden hatte.

§ 81[4)] Begnadigung. (1) [1] Dem Bundespräsidenten steht das Begnadigungsrecht in Disziplinarsachen nach diesem Gesetz zu. [2] Er kann es anderen Stellen übertragen.

(2) Wird die Entfernung aus dem Beamtenverhältnis oder die Aberkennung des Ruhegehalts im Gnadenweg aufgehoben, gilt § 43 Satz 2 des Bundesbeamtengesetzes[5)] entsprechend.

[1)] § 80 Abs. 4 Satz 2 geänd. mWv 2.1.2002 durch G v. 20.12.2001 (BGBl. I S. 3926); Abs. 4 Satz 2 geänd. mWv 12.2.2009 durch G v. 5.2.2009 (BGBl. I S. 160); Abs. 4 Satz 2 geänd. mWv 1.1.2009 durch G v. 14.11.2011 (BGBl. I S. 2219).

[2)] **Schönfelder Nr. 85.**

[3)] Nr. **155**.

[4)] § 81 Abs. 2 geänd. mWv 12.2.2009 durch G v. 5.2.2009 (BGBl. I S. 160).

[5)] Nr. **160**.

Teil 6. Besondere Bestimmungen für einzelne Beamtengruppen und für Ruhestandsbeamte

§ 82[1)] Polizeivollzugsbeamte des Bundes. Das Bundesministerium des Innern, für Bau und Heimat bestimmt durch Rechtsverordnung[2)], welche Vorgesetzten der Polizeivollzugsbeamten des Bundes als Dienstvorgesetzte im Sinne des § 33 Abs. 2, Abs. 3 Nr. 2 und Abs. 5 gelten.

§ 83[3)] Beamte der bundesunmittelbaren Körperschaften, Anstalten und Stiftungen des öffentlichen Rechts. (1) [1] Das für die Aufsicht zuständige Bundesministerium gilt im Sinne dieses Gesetzes als oberste Dienstbehörde der Beamten der bundesunmittelbaren Körperschaften, Anstalten und Stiftungen des öffentlichen Rechts. [2] Es kann durch Rechtsverordnung im Einvernehmen mit dem Bundesministerium des Innern, für Bau und Heimat seine Befugnisse auf nachgeordnete Behörden übertragen und bestimmen, wer als nachgeordnete Behörde, Dienstvorgesetzter und höherer Dienstvorgesetzter im Sinne dieses Gesetzes anzusehen ist. [3] Es kann durch Rechtsverordnung im Einvernehmen mit dem Bundesministerium des Innern, für Bau und Heimat darüber hinaus die Zuständigkeit für Verweise, Geldbußen und Kürzungen der Dienstbezüge abweichend von § 33 regeln.

(2) Für die in Absatz 1 bezeichneten Körperschaften, Anstalten und Stiftungen des öffentlichen Rechts gilt § 144 Abs. 2 des Bundesbeamtengesetzes[4)] entsprechend.

§ 84[5)] Ausübung der Disziplinarbefugnisse bei Ruhestandsbeamten. [1] Bei Ruhestandsbeamten werden die Disziplinarbefugnisse durch die zum Zeitpunkt des Eintritts in den Ruhestand zuständige oberste Dienstbehörde ausgeübt. [2] Diese kann ihre Befugnisse durch allgemeine Anordnung ganz oder teilweise auf nachgeordnete Dienstvorgesetzte übertragen; die Anordnung ist im Bundesgesetzblatt zu veröffentlichen. [3] Besteht die zuständige oberste Dienstbehörde nicht mehr, bestimmt das Bundesministerium des Innern, für Bau und Heimat, welche Behörde zuständig ist.

Teil 7. Übergangs- und Schlussbestimmungen

§ 85[6)] Übergangsbestimmungen. (1) [1] Die nach bisherigem Recht eingeleiteten Disziplinarverfahren werden in der Lage, in der sie sich bei Inkrafttreten dieses Gesetzes befinden, nach diesem Gesetz fortgeführt, soweit in den Absätzen 2 bis 7 nichts Abweichendes bestimmt ist. [2] Maßnahmen, die nach bisherigem Recht getroffen worden sind, bleiben rechtswirksam.

---

1) § 82 geänd. mWv 27.6.2020 durch VO v. 19.6.2020 (BGBl. I S. 1328).

2) Siehe die VO zu § 82 BDG v. 24.6.2020 (BGBl. I S. 1517).

3) § 83 Abs. 2 geänd. mWv 12.2.2009 durch G v. 5.2.2009 (BGBl. I S. 160); Abs. 1 Sätze 2 und 3 geänd. mWv 27.6.2020 durch VO v. 19.6.2020 (BGBl. I S. 1328).

4) Nr. **160**.

5) § 84 Satz 3 geänd. mWv 27.6.2020 durch VO v. 19.6.2020 (BGBl. I S. 1328).

6) § 85 Abs. 9 geänd., Abs. 11 angef. mWv 12.2.2009 durch G v. 5.2.2009 (BGBl. I S. 160); Abs. 1 Satz 1 geänd., Abs. 11 eingef., bish. Abs. 11 wird Abs. 12 mWv 1.1.2012 durch G v. 6.12.2011 (BGBl. I S. 2554); Abs. 1 Satz 1 geänd., Abs. 3 Satz 2, Abs. 5–7 und Abs. 11 aufgeh., bish. Abs. 8–10 werden Abs. 5–7, bish. Abs. 12 wird Abs. 8 mWv 1.5.2015 durch G v. 6.3.2015 (BGBl. I S. 250).

(2) Die folgenden Disziplinarmaßnahmen nach bisherigem Recht stehen folgenden Disziplinarmaßnahmen nach diesem Gesetz gleich:

1. die Gehaltskürzung der Kürzung der Dienstbezüge,
2. die Versetzung in ein Amt derselben Laufbahn mit geringerem Endgrundgehalt der Zurückstufung und
3. die Entfernung aus dem Dienst der Entfernung aus dem Beamtenverhältnis.

(3) Vor dem Inkrafttreten dieses Gesetzes eingeleitete förmliche Disziplinarverfahren werden nach bisherigem Recht fortgeführt.

(4) [1] Die Behörde des Bundesdisziplinaranwalts wird mit Ablauf des 31. Dezember 2003 aufgelöst. [2] Ab diesem Zeitpunkt fertigt die Einleitungsbehörde in den Fällen von Absatz 3 die Anschuldigungsschrift; die Vorschriften der Bundesdisziplinarordnung sind nicht anzuwenden, soweit sie den Bundesdisziplinaranwalt betreffen.

(5) [1] Für die Wiederaufnahme von Disziplinarverfahren, die vor dem Inkrafttreten dieses Gesetzes rechtskräftig abgeschlossen worden sind, gilt bis zum Ablauf des 31. Dezember 2003 Abschnitt IV der Bundesdisziplinarordnung. [2] Ab diesem Zeitpunkt gelten die Bestimmungen dieses Gesetzes.

(6) Die nach bisherigem Recht in einem Disziplinarverfahren ergangenen Entscheidungen sind nach bisherigem Recht zu vollstrecken, wenn sie unanfechtbar geworden sind.

(7) [1] Die Frist für das Verwertungsverbot und ihre Berechnung für die Disziplinarmaßnahmen, die vor dem Inkrafttreten dieses Gesetzes verhängt worden sind, bestimmen sich nach diesem Gesetz. [2] Dies gilt nicht, wenn die Frist und ihre Berechnung nach bisherigem Recht für den Beamten günstiger ist.

(8) [1] Gebühren nach § 78 Satz 1 werden nur für die nach dem 31. Dezember 2009 anhängig werdenden gerichtlichen Verfahren erhoben. [2] Dies gilt nicht im Verfahren über ein Rechtsmittel, das nach dem 31. Dezember 2009 eingelegt worden ist.

§ 86[1)] Verwaltungsvorschriften. Die zur Durchführung dieses Gesetzes erforderlichen Verwaltungsvorschriften erlässt das Bundesministerium des Innern, für Bau und Heimat; die Verwaltungsvorschriften sind im Gemeinsamen Ministerialblatt zu veröffentlichen.

(Fortsetzung nächstes Blatt)

[1)] § 86 geänd. mWv 27.6.2020 durch VO v. 19.6.2020 (BGBl. I S. 1328).

(2) Die folgenden Disziplinarmaßnahmen nach bisherigem Recht stehen folgenden Disziplinarmaßnahmen nach diesem Gesetz gleich:

1. die Gehaltskürzung der Kürzung der Dienstbezüge,
2. die Versetzung in ein Amt derselben Laufbahn mit geringerem Endgrundgehalt der Zurückstufung und
3. die Entfernung aus dem Dienst der Entfernung aus dem Beamtenverhältnis.

(3) Vor dem Inkrafttreten dieses Gesetzes eingeleitete förmliche Disziplinarverfahren werden nach bisherigem Recht fortgeführt.

(4) [1] Die Behörde des Bundesdisziplinaranwalts wird mit Ablauf des 31. Dezember 2003 aufgelöst. [2] Ab diesem Zeitpunkt fertigt die Einleitungsbehörde in den Fällen von Absatz 3 die Anschuldigungsschrift; die Vorschriften der Bundesdisziplinarordnung sind nicht anzuwenden, soweit sie den Bundesdisziplinaranwalt betreffen.

(5) [1] Für die Wiederaufnahme von Disziplinarverfahren, die vor dem Inkrafttreten dieses Gesetzes rechtskräftig abgeschlossen worden sind, gilt bis zum Ablauf des 31. Dezember 2003 Abschnitt IV der Bundesdisziplinarordnung. [2] Ab diesem Zeitpunkt gelten die Bestimmungen dieses Gesetzes.

(6) Die nach bisherigem Recht in einem Disziplinarverfahren ergangenen Entscheidungen sind nach bisherigem Recht zu vollstrecken, wenn sie unanfechtbar geworden sind.

(7) [1] Die Frist für das Verwertungsverbot und ihre Berechnung für die Disziplinarmaßnahmen, die vor dem Inkrafttreten dieses Gesetzes verhängt worden sind, bestimmen sich nach diesem Gesetz. [2] Dies gilt nicht, wenn die Frist und ihre Berechnung nach bisherigem Recht für den Beamten günstiger ist.

(8) [1] Gebühren nach § 78 Satz 1 werden nur für die nach dem 31. Dezember 2009 anhängig werdenden gerichtlichen Verfahren erhoben. [2] Dies gilt nicht im Verfahren über ein Rechtsmittel, das nach dem 31. Dezember 2009 eingelegt worden ist.

§ 86[1] **Verwaltungsvorschriften.** Die zur Durchführung dieses Gesetzes erforderlichen Verwaltungsvorschriften erlässt das Bundesministerium des Innern, für Bau und Heimat. Die Verwaltungsvorschriften sind im Gemeinsamen Ministerialblatt zu veröffentlichen.

(Fortsetzung nächstes Blatt)

[1] § 86 geänd. mWv 27.6.2020 durch VO v. 19.6.2020 (BGBl. I S. 1328).

§ 85[1] Anwendungsbereich in den Ländern. Für die Beamten und Richter der Länder, der Gemeinden, der Gemeindeverbände sowie der sonstigen der Aufsicht eines Landes unterstehenden Körperschaften, Anstalten und Stiftungen des öffentlichen Rechts gilt das Bundesbesoldungsgesetz in der bis zum 31. August 2006 geltenden Fassung, soweit nichts Anderes bestimmt ist.[2]

---

[1] § 85 aufgeh., bish. § 86 wird § 85 mWv 1.8.2013 durch G v. 11.6.2013 (BGBl. I S. 1514).

[2] Siehe die besoldungsrechtlichen Regelungen der Länder:
- **Baden-Württemberg:** LandesbesoldungsG v. 9.11.2010 (GBl. S. 793, 826), zuletzt geänd. durch G v. 17.6.2020 (GBl. S. 401)
- **Bayern:** Bayerisches BesoldungsG v. 5.8.2010 (GVBl. S. 410, 764), zuletzt geänd. durch G v. 19.3.2020 (GVBl. S. 153)
- **Berlin:** vgl. § 1b LandesbesoldungsG v. 9.4.1996 (GVBl. S. 160, ber. S. 463), zuletzt geänd. durch G v. 4.3.2020 (GVBl. S. 205)
- **Brandenburg:** Brandenburgisches BesoldungsG v. 20.11.2013 (GVBl. I Nr. 32, 2, ber. Nr. 34), zuletzt geänd. durch Bek. v. 25.6.2019 (GVBl. I Nr. 46, ber. Nr 47, Nr. 48)
- **Bremen:** Bremisches BesoldungsG v. 20.12.2016 (Brem.GBl. S. 924), zuletzt geänd. durch G v. 14.7.2020 (Brem.GBl. S. 789)
- **Hamburg:** Hamburgisches BesoldungsG v. 26.1.2010 (HmbGVBl. S. 23), zuletzt geänd. durch G v. 19.12.2019 (HmbGVBl. S. 527)
- **Hessen:** Hessisches BesoldungsG v. 27.5.2013 (GVBl. S. 218, 256, ber. S. 508), zuletzt geänd. durch G v. 23.6.2020 (GVBl. S. 430)
- **Mecklenburg-Vorpommern:** BesoldungsüberleitungsG v. 4.7.2011 (GVOBl. M-V S. 376) iVm Bek. v. 12.3.2013 (GVOBl. M-V S. 182)
- **Niedersachsen:** Niedersächsisches BesoldungsG v. 20.12.2016 (Nds. GVBl. S. 308, ber. 2017 S. 64), zuletzt geänd. durch G v. 12.5.2020 (Nds. GVBl. S. 116)
- **Nordrhein-Westfalen:** LandesbesoldungsG v. 14.6.2016 (GV. NRW. S. 310, 339), zuletzt geänd. durch G v. 3.4.2020 (GV. NRW. S. 284)
- **Rheinland-Pfalz:** LandesbesoldungsG v. 18.6.2013 (GVBl. S. 157, 158), zuletzt geänd. durch G v. 23.9.2020 (GVBl. S. 535)
- **Saarland:** vgl. § 1 Abs. 2 Saarländisches BesoldungsG idF der Bek. v. 10.1.1989 (Amtsbl. S. 301), zuletzt geänd. durch G v. 20.11.2019 (Amtsbl. I S. 1055)
- **Sachsen:** Sächsisches BesoldungsG v. 18.12.2013 (SächsGVBl. S. 970, 1005), zuletzt geänd. durch G v. 20.8.2019 (SächsGVBl. S. 662)
- **Sachsen-Anhalt:** LandesbesoldungsG v. 8.2.2011 (GVBl. LSA S. 68), zuletzt geänd. durch G v. 2.7.2020 (GVBl. LSA S. 334)
- **Schleswig-Holstein:** BesoldungsG Schleswig-Holstein v. 26.1.2012 (GVOBl. Schl.-H. S. 153), zuletzt geänd. durch G v. 8.9.2020 (GVOBl. Schl.-H. S. 516)
- **Thüringen:** Thüringer BesoldungsG idF der Bek. v. 18.1.2016 (GVBl. S. 1, ber. S. 166, 202), zuletzt geänd. durch G v. 9.7.2019 (GVBl. S. 286)

Anlage I[1)]
(zu § 20 Absatz 2 Satz 1)

Bundesbesoldungsordnungen A und B

Vorbemerkungen[2)]

I. Allgemeine Vorbemerkungen

1.[3)] Amtsbezeichnungen

(1) Weibliche Beamte führen die Amtsbezeichnung soweit möglich in der weiblichen Form.

(2) [1]Die in den Bundesbesoldungsordnungen A und B gesperrt gedruckten Amtsbezeichnungen sind Grundamtsbezeichnungen. [2]Den Grundamtsbezeichnungen können Zusätze beigefügt werden, die hinweisen auf

1. den Dienstherrn oder den Verwaltungsbereich,
2. die Laufbahn,
3. die Fachrichtung.

[3]Die Grundamtsbezeichnungen „Rat", „Oberrat", „Direktor", „Leitender Direktor", „Direktor und Professor", „Erster Direktor", „Oberdirektor", „Präsident" und „Präsident und Professor" dürfen nur in Verbindung mit einem Zusatz nach Satz 2 verliehen werden.

(3) [1]Über die Beifügung der Zusätze zu den Grundamtsbezeichnungen entscheidet das Bundesministerium des Innern, für Bau und Heimat im Einvernehmen mit dem Bundesministerium der Finanzen. [2]Das Bundesministerium des Innern, für Bau und Heimat macht die Zusätze zu den Grundamtsbezeichnungen jährlich zum 1. März im Gemeinsamen Ministerialblatt bekannt.

(4) [1]Die Regelungen in der Bundesbesoldungsordnung A für Ämter des mittleren, gehobenen und höheren Polizeivollzugsdienstes – mit Ausnahme des kriminalpolizeilichen Vollzugsdienstes – gelten auch für die Polizeivollzugsbeamten beim Deutschen Bundestag. [2]Diese führen die Amtsbezeichnungen des Polizeivollzugsdienstes mit dem Zusatz „beim Deutschen Bundestag".

2. „Direktor und Professor" in den Besoldungsgruppen B 1, B 2 und B 3

[1]Die Ämter „Direktor und Professor" in den Besoldungsgruppen B 1, B 2 und B 3 dürfen nur an Beamte verliehen werden, denen in wissenschaftlichen Forschungseinrichtungen oder in Dienststellen und Einrichtungen mit eigenen wissenschaftlichen Forschungsbereichen überwiegend wissenschaftliche Forschungsaufgaben obliegen. [2]Dienststellen und Einrichtungen mit eigenen wissenschaftlichen Forschungsbereichen sind:

---

1) Anl. I neu gef. mWv 1.8.2013 durch G v. 11.6.2013 (BGBl. I S. 1514).

2) Vorbemerkung Nr. 6 und Nr. 11 geänd. mWv 1.1.2015, Nr. 4 neu gef. mWv 1.6.2015 durch G v. 13.5.2015 (BGBl. I S. 706); Nr. 5, 6, 6a, 8a, 9, 9a und 11 geänd., Nr. 8c eingef. mWv 1.1.2016 durch G v. 3.12.2015 (BGBl. I S. 2163); Nr. 6a geänd. mWv 11.1.2017 durch G v. 5.1.2017 (BGBl. I S. 17); Nr. 13 geänd. mWv 26.6.2017 durch G v. 23.6.2017 (BGBl. I S. 1822); Nr. 8c geänd. mWv 1.1.2019 durch G v. 29.11.2018 (BGBl. I S. 2232); Nr. 1, 2, 2a, 5a, 6, 6a, 7, 8, 8a, 8b, 9, 10, 13 geänd., Nr. 4, 9a, 11, 15–17 neu gef., Nr. 18 und 19 angef., Nr. 3a aufgeh. mWv 1.1.2020 durch G v. 9.12.2019 (BGBl. I S. 2053).

3) Siehe hierzu auch das BMI-Rundschreiben – D3 – 30200/101#6 – v. 14.9.2020 (GMBl S. 798).

Beträge für die weggefallene Besoldungsgruppe A 2

Die Beträge für die weggefallene Besoldungsgruppe A 2 macht das Bundesministerium des Innern, für Bau und Heimat im Bundesgesetzblatt bekannt.[1)]

2. Bundesbesoldungsordnung B

Besoldungsgruppe	Grundgehalt (Monatsbetrag in Euro)
B 1	7 038,72
B 2	8 176,63
B 3	8 658,13
B 4	9 161,83
B 5	9 739,93
B 6	10 289,32
B 7	10 819,10
B 8	11 373,67
B 9	12 061,37
B 10	14 197,53
B 11	14 808,25

3. Bundesbesoldungsordnung W

Besoldungsgruppe	Grundgehalt (Monatsbetrag in Euro)		
W 1	4 898,68		
	Stufe 1	Stufe 2	Stufe 3
W 2	6 085,88	6 443,88	6 801,88
W 3	6 801,88	7 279,20	7 756,53

4. Bundesbesoldungsordnung R

Besoldungsgruppe	Grundgehalt (Monatsbetrag in Euro)							
	Stufe 1	Stufe 2	Stufe 3	Stufe 4	Stufe 5	Stufe 6	Stufe 7	Stufe 8
R 2	5 416,70	5 694,68	5 971,33	6 349,75	6 730,76	7 110,51	7 491,56	7 872,60
R 3	8 658,13							
R 5	9 739,93							
R 6	10 289,32							
R 7	10 819,10							
R 8	11 373,67							
R 9	12 061,37							
R 10	14 808,25							

Beträge für die weggefallenen Besoldungsgruppen R 1 und R 4

Die Beträge für die weggefallenen Besoldungsgruppen R 1 und R 4 macht das Bundesministerium des Innern, für Bau und Heimat im Bundesgesetzblatt bekannt.[1)]

[1)] Siehe die Bekanntmachung **(Bundesbeamtengesetze Nr. 52d.2)** des BMI.

Anlage V [1)2)]
(zu § 39 Absatz 1 Satz 1)
gültig ab 1. März 2020

Familienzuschlag

(Monatsbetrag in Euro)

Stufe 1 (§ 40 Absatz 1)	Stufe 2 (§ 40 Absatz 2)
149,36	277,02

Der Familienzuschlag der Stufe 2 erhöht sich für das zweite zu berücksichtigende Kind um 127,66 Euro, für das dritte und jedes weitere zu berücksichtigende Kind um 397,74 Euro.

Erhöhungsbeträge für die Besoldungsgruppen A 3 bis A 5

Der Familienzuschlag der Stufe 2 erhöht sich für das erste zu berücksichtigende Kind in den Besoldungsgruppen A 3 bis A 5 um 5,37 Euro, ab Stufe 3 für jedes weitere zu berücksichtigende Kind

– in der Besoldungsgruppe A 3 um 26,84 Euro,
– in der Besoldungsgruppe A 4 um 21,47 Euro und
– in der Besoldungsgruppe A 5 um 16,10 Euro.

Soweit dadurch im Einzelfall die Besoldung hinter derjenigen aus einer niedrigeren Besoldungsgruppe zurückbleibt, wird der Unterschiedsbetrag zusätzlich gewährt.

Anrechnungsbetrag nach § 39 Absatz 2 Satz 1

– Besoldungsgruppen A 3 bis A 8: 125,82 Euro
– Besoldungsgruppen A 9 bis A 12: 133,56 Euro

(Fortsetzung nächstes Blatt)

---

1) Anl. V neu gef. mWv 1.3.2020 durch G v. 9.12.2019 (BGBl. I S. 2053).

2) Zu den Beträgen des Familienzuschlags für Beamtinnen und Beamte bei den Postnachfolgeunternehmen siehe die Bek. nach § 78 BBesG **(Bundesbeamtengesetze Nr. 52d)**.

235. Bundesreisekostengesetz (BRKG)[1]

Vom 26. Mai 2005
(BGBl. I S. 1418)

FNA 2032-28

geänd. durch § 62 Abs. 7 BeamtenstatusG v. 17.6.2008 (BGBl. I S. 1010), Art. 15 Abs. 51 DienstrechtsneuordnungsG v. 5.2.2009 (BGBl. I S. 160), Art. 3 G zur Änd. und Vereinfachung der Unternehmensbesteuerung und des steuerlichen Reisekostenrechts v. 20.2.2013 (BGBl. I S. 285) und Art. 68 Elfte ZuständigkeitsanpassungsVO v. 19.6.2020 (BGBl. I S. 1328)

§ 1 Geltungsbereich. (1) Dieses Gesetz regelt Art und Umfang der Reisekostenvergütung der Beamtinnen, Beamten, Richterinnen und Richter des Bundes sowie der Soldatinnen und Soldaten und der in den Bundesdienst abgeordneten Beamtinnen, Beamten, Richterinnen und Richter.

(2) Die Reisekostenvergütung umfasst

1. die Fahrt- und Flugkostenerstattung (§ 4),
2. die Wegstreckenentschädigung (§ 5),
3. das Tagegeld (§ 6),
4. das Übernachtungsgeld (§ 7),
5. die Auslagenerstattung bei längerem Aufenthalt am Geschäftsort (§ 8),
6. die Aufwands- und Pauschvergütung (§ 9) sowie
7. die Erstattung sonstiger Kosten (§ 10).

§ 2 Dienstreisen. (1) [1]Dienstreisen sind Reisen zur Erledigung von Dienstgeschäften außerhalb der Dienststätte. [2]Sie müssen, mit Ausnahme von Dienstreisen am Dienst- oder Wohnort, schriftlich oder elektronisch angeordnet oder genehmigt worden sein, es sei denn, dass eine Anordnung oder Genehmigung nach dem Amt der Dienstreisenden oder dem Wesen des Dienstgeschäfts nicht in Betracht kommt. [3]Dienstreisen sollen nur durchgeführt werden, wenn sie aus dienstlichen Gründen notwendig sind. [4]Dienstreisen sind auch Reisen aus Anlass der Versetzung, Abordnung oder Kommandierung.

(2) Die Dauer der Dienstreise bestimmt sich nach der Abreise und Ankunft an der Wohnung, es sei denn, die Dienstreise beginnt oder endet an der Dienststätte.

§ 3 Anspruch auf Reisekostenvergütung. (1) [1]Dienstreisende erhalten auf Antrag eine Vergütung der dienstlich veranlassten notwendigen Reisekosten. [2]Der Anspruch auf Reisekostenvergütung erlischt, wenn sie nicht innerhalb einer Ausschlussfrist von sechs Monaten nach Beendigung der Dienstreise schriftlich oder elektronisch beantragt wird. [3]Die zuständigen Stellen können bis zum Ablauf von sechs Monaten nach Antragstellung die Vorlage der maßgeblichen Kostenbelege verlangen. [4]Werden diese Belege auf Anforderung nicht innerhalb von drei Monaten vorgelegt, kann der Vergütungsantrag insoweit abgelehnt werden.

---

[1] Verkündet als Art. 1 G zur Reform des Reisekostenrechts v. 26.5.2005 (BGBl. I S. 1418) v. 26.5. 2005 (BGBl. I S. 1418); Inkrafttreten gem. Art. 18 Abs. 1 Satz 1 dieses G v. 26.5.2005 (BGBl. I S. 1418) am 1.9.2005.

(2) Leistungen, die Dienstreisende ihres Amtes wegen von dritter Seite aus Anlass einer Dienstreise erhalten, sind auf die Reisekostenvergütung anzurechnen.

(3) [1] Bei Dienstreisen für eine auf Veranlassung der zuständigen Behörde ausgeübte Nebentätigkeit haben Dienstreisende nur Anspruch auf Reisekostenvergütung, die nicht von anderer Stelle zu übernehmen ist. [2] Das gilt auch dann, wenn Dienstreisende auf ihren Anspruch gegen diese Stelle verzichtet haben.

§ 4 Fahrt- und Flugkostenerstattung. (1) [1] Entstandene Kosten für Fahrten auf dem Land- oder Wasserweg mit regelmäßig verkehrenden Beförderungsmitteln werden bis zur Höhe der niedrigsten Beförderungsklasse erstattet. [2] Für Bahnfahrten von mindestens zwei Stunden können die entstandenen Fahrtkosten der nächsthöheren Klasse erstattet werden. [3] Wurde aus dienstlichen oder wirtschaftlichen Gründen ein Flugzeug benutzt, werden die Kosten der niedrigsten Flugklasse erstattet. [4] Kosten einer höheren Klasse regelmäßig verkehrender Beförderungsmittel können erstattet werden, wenn dienstliche Gründe dies im Einzelfall oder allgemein erfordern.

(2) [1] Mögliche Fahrpreisermäßigungen sind zu berücksichtigen. [2] Fahrtkosten werden nicht erstattet, wenn eine unentgeltliche Beförderungsmöglichkeit genutzt werden kann.

(3) Dienstreisenden, denen für Bahnfahrten die Kosten der niedrigsten Beförderungsklasse zu erstatten wären, werden bei einem Grad der Behinderung von mindestens 50 die Kosten der nächsthöheren Klasse erstattet.

(4) Wurde aus triftigem Grund ein Mietwagen oder ein Taxi benutzt, werden die entstandenen notwendigen Kosten erstattet.

§ 5 Wegstreckenentschädigung. (1) [1] Für Fahrten mit anderen als den in § 4 genannten Beförderungsmitteln wird eine Wegstreckenentschädigung gewährt. [2] Sie beträgt bei Benutzung eines Kraftfahrzeuges oder eines anderen motorbetriebenen Fahrzeuges 20 Cent je Kilometer zurückgelegter Strecke, höchstens jedoch 130 Euro. [3] Die oberste Bundesbehörde kann den Höchstbetrag auf 150 Euro festsetzen, wenn dienstliche Gründe dies im Einzelfall oder allgemein erfordern.

(2) [1] Besteht an der Benutzung eines Kraftwagens ein erhebliches dienstliches Interesse, beträgt die Wegstreckenentschädigung 30 Cent je Kilometer zurückgelegter Strecke. [2] Das erhebliche dienstliche Interesse muss vor Antritt der Dienstreise in der Anordnung oder Genehmigung schriftlich oder elektronisch festgestellt werden.

(3) Benutzen Dienstreisende zur Erledigung von Dienstgeschäften regelmäßig ein Fahrrad, wird Wegstreckenentschädigung nach Maßgabe einer allgemeinen Verwaltungsvorschrift gemäß § 16 gewährt.

(4) Eine Wegstreckenentschädigung wird Dienstreisenden nicht gewährt, wenn sie

1. eine vom Dienstherrn unentgeltlich zur Verfügung gestellte Beförderungsmöglichkeit nutzen konnten oder
2. von anderen Dienstreisenden des Bundes oder eines anderen Dienstherrn in einem Kraftwagen mitgenommen wurden.

§ 6[1)] Tagegeld. (1) [1] Als Ersatz von Mehraufwendungen für Verpflegung erhalten Dienstreisende ein Tagegeld. [2] Die Höhe des Tagegeldes bemisst sich nach der Verpflegungspauschale zur Abgeltung tatsächlich entstandener, beruflich veranlasster Mehraufwendungen im Inland nach dem Einkommensteuergesetz. [3] Besteht zwischen der Dienststätte oder der Wohnung und der Stelle, an der das Dienstgeschäft erledigt wird, nur eine geringe Entfernung, wird Tagegeld nicht gewährt.

(2) [1] Erhalten Dienstreisende ihres Amtes wegen unentgeltlich Verpflegung, werden von dem zustehenden Tagegeld für das Frühstück 20 Prozent und für das Mittag- und Abendessen je 40 Prozent des Tagegeldes für einen vollen Kalendertag einbehalten. [2] Gleiches gilt, wenn das Entgelt für Verpflegung in den erstattungsfähigen Fahrt-, Übernachtungs- oder Nebenkosten enthalten ist. [3] Die Sätze 1 und 2 sind auch dann anzuwenden, wenn Dienstreisende ihres Amtes wegen unentgeltlich bereitgestellte Verpflegung ohne triftigen Grund nicht in Anspruch nehmen. [4] Die oberste Dienstbehörde kann in besonderen Fällen niedrigere Einbehaltungssätze zulassen.

§ 7 Übernachtungsgeld. (1) [1] Für eine notwendige Übernachtung erhalten Dienstreisende pauschal 20 Euro. [2] Höhere Übernachtungskosten werden erstattet, soweit sie notwendig sind.

(2) Übernachtungsgeld wird nicht gewährt

1. für die Dauer der Benutzung von Beförderungsmitteln,
2. bei Dienstreisen am oder zum Wohnort für die Dauer des Aufenthalts an diesem Ort,
3. bei unentgeltlicher Bereitstellung einer Unterkunft des Amtes wegen, auch wenn diese Unterkunft ohne triftigen Grund nicht genutzt wird, und
4. in den Fällen, in denen das Entgelt für die Unterkunft in den erstattungsfähigen Fahrt- oder sonstigen Kosten enthalten ist, es sei denn, dass eine Übernachtung aufgrund einer zu frühen Ankunft am Geschäftsort oder einer zu späten Abfahrt von diesem zusätzlich erforderlich wird.

§ 8 Auslagenerstattung bei längerem Aufenthalt am Geschäftsort. [1] Dauert der dienstlich veranlasste Aufenthalt an demselben auswärtigen Geschäftsort länger als 14 Tage, wird vom 15. Tag an ein um 50 Prozent ermäßigtes Tagegeld gewährt; in besonderen Fällen kann die oberste Dienstbehörde oder die von ihr ermächtigte Behörde auf eine Ermäßigung des Tagegeldes verzichten. [2] Notwendige Übernachtungskosten werden erstattet; ein pauschales Übernachtungsgeld nach § 7 Abs. 1 wird nicht gewährt. [3] Als Reisebeihilfe für Heimfahrten werden für jeweils 14 Tage des Aufenthalts am Geschäftsort je nach benutztem Beförderungsmittel Fahrt- oder Flugkosten bis zur Höhe des in § 4 Abs. 1 Satz 1 oder 3 oder in § 5 Abs. 1 genannten Betrages gewährt. [4] Wird der Geschäftsort aufgrund von Heimfahrten verlassen, wird für die Zeit des Aufenthalts in der Wohnung Tagegeld nicht gewährt.

§ 9 Aufwands- und Pauschvergütung. (1) [1] Dienstreisende, denen erfahrungsgemäß geringerer Aufwand für Verpflegung oder Unterkunft als allgemein üblich entsteht, erhalten nach näherer Bestimmung der obersten Dienstbehörde oder der von ihr ermächtigten Behörde anstelle von Tagegeld,

[1)] § 6 Abs. 1 Satz 2 neu gef. mWv 1.1.2014 durch G v. 20.2.2013 (BGBl. I S. 285).

Übernachtungsgeld und Auslagenerstattung nach § 8 Satz 1 und 2 eine entsprechende Aufwandsvergütung. [2]Diese kann auch nach Stundensätzen bemessen werden.

(2) Die oberste Dienstbehörde oder die von ihr ermächtigte Behörde kann für regelmäßige oder gleichartige Dienstreisen anstelle der Reisekostenvergütung oder einzelner ihrer Bestandteile eine Pauschvergütung gewähren, die nach dem Durchschnitt der in einem bestimmten Zeitraum sonst anfallenden Reisekostenvergütungen zu bemessen ist.

§ 10 Erstattung sonstiger Kosten. (1) Zur Erledigung des Dienstgeschäfts notwendige Auslagen, die nicht nach den §§ 4 bis 9 zu erstatten sind, werden als Nebenkosten erstattet.

(2) Entfällt eine Dienstreise aus einem von der oder dem Bediensteten nicht zu vertretenden Grund, werden durch die Vorbereitung entstandene, nach diesem Gesetz abzugeltende Auslagen erstattet.

§ 11 Bemessung der Reisekostenvergütung in besonderen Fällen.

(1) [1]Für Dienstreisen aus Anlass der Versetzung, Abordnung oder Kommandierung wird das Tagegeld für die Zeit bis zur Ankunft am neuen Dienstort gewährt; im Übrigen gilt § 2 Abs. 2. [2]Das Tagegeld wird für die Zeit bis zum Ablauf des Ankunftstages gewährt, wenn den Dienstreisenden vom nächsten Tag an Trennungsreise- oder Trennungstagegeld zusteht; daneben wird Übernachtungsgeld (§ 7) gewährt. [3]Für Dienstreisen im Sinne des Satzes 1 wird das Tagegeld vom Beginn des Abfahrtstages an gewährt, wenn für den vorhergehenden Tag Trennungsreise- oder Trennungstagegeld gewährt wird. [4]Für ein- und zweitägige Abordnungen oder Kommandierungen ist bei der Festsetzung der Reisekostenvergütung abweichend von den Sätzen 1 bis 3 die gesamte Dauer der Abwesenheit von der Wohnung oder bisherigen Dienststätte zugrunde zu legen.

(2) [1]Für Reisen aus Anlass der Einstellung kann Reisekostenvergütung wie für Dienstreisen gewährt werden; Absatz 1 ist entsprechend anzuwenden. [2]Die Reisekostenvergütung darf dabei nicht höher sein als der Betrag, der für eine Dienstreise von der Wohnung zur Dienststätte zu erstatten wäre.

(3) [1]Reisekostenvergütung kann ferner gewährt werden

1. für Einstellungsreisen vor dem Wirksamwerden der Ernennung zur Beamtin, zum Beamten, zur Richterin, zum Richter, zur Soldatin oder zum Soldaten und
2. für Reisen aus Anlass des Ausscheidens aus dem Dienst wegen Ablaufs der Dienstzeit oder wegen Dienstunfähigkeit von Beamtinnen und Beamten auf Widerruf, von Soldatinnen und Soldaten auf Zeit oder von Soldaten, die aufgrund der Wehrpflicht Wehrdienst leisten; dies gilt für Reisen in das Ausland nur bis zum inländischen Grenzort oder dem inländischen Flughafen, von dem die Flugreise angetreten wird.

[2]Die Absätze 1 und 2 Satz 2 gelten entsprechend.

(4) Für Reisen zum Zwecke der Ausbildung oder Fortbildung, die teilweise im dienstlichen Interesse liegen, können mit Zustimmung der obersten Dienstbehörde oder der von ihr ermächtigten Behörde entstandene Kosten bis zur Höhe der für Dienstreisen zustehenden Reisekostenvergütung erstattet werden.

(5) Übernachten Dienstreisende in ihrer außerhalb des Geschäftsorts gelegenen Wohnung, wird für jede Hin- und Rückfahrt aus Anlass einer Übernachtung als Ersatz der Fahrtauslagen ein Betrag in Höhe der Übernachtungspauschale nach § 7 gewährt.

§ 12 Erkrankung während einer Dienstreise. [1] Erkranken Dienstreisende und werden sie in ein Krankenhaus aufgenommen, werden für jeden vollen Kalendertag des Krankenhausaufenthalts die notwendigen Auslagen für die Unterkunft am Geschäftsort erstattet. [2] Für eine Besuchsreise einer oder eines Angehörigen aus Anlass einer durch ärztliche Bescheinigung nachgewiesenen lebensgefährlichen Erkrankung der oder des Dienstreisenden werden Fahrtauslagen gemäß § 4 Abs. 1 Satz 1 und 3 oder § 5 Abs. 1 erstattet.

§ 13 Verbindung von Dienstreisen mit privaten Reisen. (1) [1] Werden Dienstreisen mit privaten Reisen verbunden, wird die Reisekostenvergütung so bemessen, als ob nur die Dienstreise durchgeführt worden wäre. [2] Die Reisekostenvergütung nach Satz 1 darf die sich nach dem tatsächlichen Reiseverlauf ergebende nicht übersteigen. [3] Werden Dienstreisen mit einem Urlaub von mehr als fünf Arbeitstagen verbunden, werden nur die zusätzlich für die Erledigung des Dienstgeschäfts entstehenden Kosten als Fahrtauslagen entsprechend den §§ 4 und 5 erstattet; Tage- und Übernachtungsgeld wird für die Dauer des Dienstgeschäfts sowie für die zusätzliche Reisezeit gewährt.

(2) [1] Wird in besonderen Fällen angeordnet oder genehmigt, dass die Dienstreise an einem vorübergehenden Aufenthaltsort anzutreten oder zu beenden ist, wird die Reisekostenvergütung abweichend von Absatz 1 nach der Abreise von oder der Ankunft an diesem Ort bemessen. [2] Entsprechendes gilt, wenn in diesen Fällen die Dienstreise an der Wohnung oder Dienststätte beginnt oder endet. [3] Absatz 1 Satz 2 ist entsprechend anzuwenden.

(3) [1] Wird aus dienstlichen Gründen die vorzeitige Beendigung einer Urlaubsreise angeordnet, gilt die Rückreise vom Urlaubsort unmittelbar oder über den Geschäftsort zur Dienststätte als Dienstreise, für die Reisekostenvergütung gewährt wird. [2] Außerdem werden die Fahrtauslagen für die kürzeste Reisestrecke von der Wohnung zum Urlaubsort, an dem die Bediensteten die Anordnung erreicht, im Verhältnis des nicht ausgenutzten Teils der Urlaubsreise zur vorgesehenen Dauer der Urlaubsreise erstattet.

(4) [1] Aufwendungen der Dienstreisenden und der sie begleitenden Personen, die durch die Unterbrechung oder vorzeitige Beendigung einer Urlaubsreise verursacht worden sind, werden in angemessenem Umfang erstattet. [2] Dies gilt auch für Aufwendungen, die aus diesen Gründen nicht ausgenutzt werden konnten; hinsichtlich der Erstattung von Aufwendungen für die Hin- und Rückfahrt ist Absatz 3 Satz 2 sinngemäß anzuwenden.

§ 14[1] Auslandsdienstreisen. (1) Auslandsdienstreisen sind Dienstreisen im oder ins Ausland sowie vom Ausland ins Inland.

(2) Nicht als Auslandsdienstreisen gelten Dienstreisen der im Grenzverkehr tätigen Beamtinnen und Beamten im Bereich ausländischer Lokalgrenzbehörden, zwischen solchen Bereichen und zwischen diesen und dem Inland.

---

[1] § 14 Abs. 3 geänd. mWv 27.6.2020 durch VO v. 19.6.2020 (BGBl. I S. 1328).

(3) Das Bundesministerium des Innern, für Bau und Heimat wird ermächtigt, durch Rechtsverordnung wegen der besonderen Verhältnisse abweichende Vorschriften über die Reisekostenvergütung für Auslandsdienstreisen bezüglich der Anordnung und Genehmigung von Dienstreisen, der Fahrt- und Flugkosten, des Auslandstage- und Auslandsübernachtungsgeldes, der Reisebeihilfen, der Kriterien der Erstattung klimabedingter Bekleidung und anderer Nebenkosten zu erlassen.

§ 15[1)] Trennungsgeld. (1) [1] Beamtinnen, Beamte, Richterinnen und Richter, die an einen Ort außerhalb des Dienst- und Wohnortes ohne Zusage der Umzugskostenvergütung abgeordnet werden, erhalten für die ihnen dadurch entstehenden notwendigen Aufwendungen unter Berücksichtigung der häuslichen Ersparnis ein Trennungsgeld nach einer Rechtsverordnung, die für Abordnungen im Inland das Bundesministerium des Innern, für Bau und Heimat erlässt. [2] Diese Verordnung ist auch anzuwenden für Abordnungen im oder ins Ausland sowie vom Ausland ins Inland, soweit aufgrund der Ermächtigung des Absatzes 2 keine Sonderregelungen ergangen sind. [3] Dasselbe gilt für Kommandierungen von Soldatinnen und Soldaten und die vorübergehende dienstliche Tätigkeit bei einer anderen Stelle als einer Dienststelle. [4] Der Abordnung stehen die Zuweisung nach § 29 des Bundesbeamtengesetzes[2)] oder nach § 20 des Beamtenstatusgesetzes[3)] gleich.

(2) Absatz 1 Satz 1 und 3 gilt entsprechend für Abordnungen ohne Zusage der Umzugskostenvergütung im oder ins Ausland sowie vom Ausland ins Inland, soweit die besonderen Bedürfnisse des Auslandsdienstes und die besonderen Verhältnisse im Ausland es erfordern mit der Maßgabe, dass das Auswärtige Amt die Rechtsverordnung im Einvernehmen mit dem Bundesministerium des Innern, für Bau und Heimat, dem Bundesministerium der Verteidigung und dem Bundesministerium der Finanzen erlässt.

(3) Werden Beamtinnen oder Beamte auf Widerruf im Vorbereitungsdienst zum Zwecke ihrer Ausbildung einer Ausbildungsstelle an einem anderen Ort als dem bisherigen Dienst- und Wohnort zugewiesen, können ihnen die dadurch entstehenden notwendigen Mehrauslagen ganz oder teilweise erstattet werden.

§ 16[4)5)] Verwaltungsvorschriften. [1] Allgemeine Verwaltungsvorschriften[6)] zu diesem Gesetz erlässt das Bundesministerium des Innern, für Bau und Heimat. [2] Verwaltungsvorschriften zu den Sondervorschriften für die Reisekostenvergütung für Auslandsdienstreisen erlässt das Bundesministerium des Innern, für Bau und Heimat im Einvernehmen mit dem Auswärtigen Amt.

---

1) § 15 Abs. 1 Satz 4 geänd. mWv 12.2.2009 durch G v. 5.2.2009 (BGBl. I S. 160); Abs. 1 Satz 4 geänd. mWv 1.4.2009 durch G v. 17.6.2008 (BGBl. I S. 1010); Abs. 1 Satz 1 und Abs. 2 geänd. mWv 27.6.2020 durch VO v. 19.6.2020 (BGBl. I S. 1328).

2) Nr. **160**.

3) Nr. **150**.

4) § 16 Sätze 1 und 2 geänd. mWv 27.6.2020 durch VO v. 19.6.2020 (BGBl. I S. 1328).

5) § 16 ist gem. Art. 18 Abs. 2 G v. 26.5.2005 (BGBl. I S. 1418) am 1.6.2005 in Kraft getreten.

6) Siehe die AVwV zum BRKG **(Bundesbeamtengesetze Nr. 56.1)**.

246. Verordnung (EU) 2016/679 des Europäischen Parlaments und des Rates vom 27. April 2016 zum Schutz natürlicher Personen bei der Verarbeitung personenbezogener Daten, zum freien Datenverkehr und zur Aufhebung der Richtlinie 95/46/EG (Datenschutz-Grundverordnung)[1)]

(Text von Bedeutung für den EWR)

(ABl. L 119 S. 1, ber. ABl. L 314 S. 72 und ABl. 2018 L 127 S. 2)

Celex-Nr. 3 2016 R 0679

DAS EUROPÄISCHE PARLAMENT UND DER RAT DER EUROPÄISCHEN UNION –

gestützt auf den Vertrag über die Arbeitsweise der Europäischen Union, insbesondere auf Artikel 16,

auf Vorschlag der Europäischen Kommission,

nach Zuleitung des Entwurfs des Gesetzgebungsakts an die nationalen Parlamente,

nach Stellungnahme des Europäischen Wirtschafts- und Sozialausschusses[2)],

nach Stellungnahme des Ausschusses der Regionen[3)],

[1)] Zur Datenschutz-Grundverordnung haben der Bund und die Länder u.a. folgende Vorschriften erlassen:
- **Bund:** Bundesdatenschutzgesetz – BDSG (Nr. **245**);
- **Bayern:** Bayerisches Datenschutzgesetz – BayDSG v. 15.5.2018 (GVBl. S. 230), geänd. durch G v. 18.5.2018 (GVBl. S. 301);
- **Baden-Württemberg:** Landesdatenschutzgesetz – LDSG v. 12.6.2018 (GBl. S. 173), geänd. durch G v. 18.12.2018 (GBl. S. 1549);
- **Berlin:** Berliner Datenschutzgesetz – BlnDSG v. 13.6.2018 (GVBl. S. 418);
- **Brandenburg:** Brandenburgisches Datenschutzgesetz – BbgDSG v. 8.5.2018 (GVBl. I Nr. 7), geänd. durch G v. 19.6.2019 (GVBl. I Nr. 43);
- **Bremen:** Bremisches Ausführungsgesetz zur EU-Datenschutz-Grundverordnung – BremDSGVOAG v. 8.5.2018 (Brem.GBl. S. 131);
- **Hamburg:** Hamburgisches Datenschutzgesetz – HmbDSG v. 18.5.2018 (HmbGVBl. S. 145); Hamburgisches Justizvollzugsdatenschutzgesetz – HmbJVollzDSG v. 18.5.2018 (HmbGVBl. S. 158);
- **Hessen:** Hessisches Datenschutz- und Informationsfreiheitsgesetz – HDSIG v. 3.5.2018 (GVBl. S. 82), geänd. durch G v. 12.9.2018 (GVBl. S. 570);
- **Mecklenburg-Vorpommern:** Landesdatenschutzgesetz – DSG M-V v. 22.5.2018 (GVOBl. M-V S. 193, 194);
- **Niedersachsen:** Niedersächsisches Datenschutzgesetz – NDSG v. 16.5.2018 (Nds. GVBl. S. 66, 67);
- **Nordrhein-Westfalen:** Datenschutzgesetz Nordrhein-Westfalen – DSG NRW v. 17.5.2018 (GV. NRW. S. 244, ber. S. 404);
- **Rheinland-Pfalz:** Landesdatenschutzgesetz – LDSG v. 8.5.2018 (GVBl. S. 93);
- **Saarland:** Saarländisches Datenschutzgesetz v. 16.5.2018 (Amtsbl. I S. 254);
- **Sachsen:** Sächsisches Datenschutzdurchführungsgesetz – SächsDSDG v. 26.4.2018 (SächsGVBl. S. 198, 199), geänd. durch G v. 5.4.2019 (SächsGVBl. S. 245);
- **Sachsen-Anhalt:** Datenschutz-Grundverordnungs-AusfüllungsgG Sachsen-Anhalt - DSAG LSA v. 18.2.2020 (GVBl. LSA S. 25), geänd. durch G v. 20.3.2020 (GVBl. LSA S. 64);
- **Schleswig-Holstein:** Landesdatenschutzgesetz – LDSG v. 2.5.2018 (GVOBl. Schl.-H. S. 162);
- **Thüringen:** Thüringer Datenschutzgesetz – ThürDSG v. 6.6.2018 (GVBl. S. 229).

[2)] **Amtl. Anm.:** ABl. C 229 vom 31.7.2012, S. 90.

[3)] **Amtl. Anm.:** ABl. C 391 vom 18.12.2012, S. 127.

gemäß dem ordentlichen Gesetzgebungsverfahren[1)],

in Erwägung nachstehender Gründe:

(1) Der Schutz natürlicher Personen bei der Verarbeitung personenbezogener Daten ist ein Grundrecht. Gemäß Artikel 8 Absatz 1 der Charta der Grundrechte der Europäischen Union[2)] (im Folgenden „Charta") sowie Artikel 16 Absatz 1 des Vertrags über die Arbeitsweise der Europäischen Union[3)] (AEUV) hat jede Person das Recht auf Schutz der sie betreffenden personenbezogenen Daten.

(2) Die Grundsätze und Vorschriften zum Schutz natürlicher Personen bei der Verarbeitung ihrer personenbezogenen Daten sollten gewährleisten, dass ihre Grundrechte und Grundfreiheiten und insbesondere ihr Recht auf Schutz personenbezogener Daten ungeachtet ihrer Staatsangehörigkeit oder ihres Aufenthaltsorts gewahrt bleiben. Diese Verordnung soll zur Vollendung eines Raums der Freiheit, der Sicherheit und des Rechts und einer Wirtschaftsunion, zum wirtschaftlichen und sozialen Fortschritt, zur Stärkung und zum Zusammenwachsen der Volkswirtschaften innerhalb des Binnenmarkts sowie zum Wohlergehen natürlicher Personen beitragen.

(3) Zweck der Richtlinie 95/46/EG des Europäischen Parlaments und des Rates[4)] ist die Harmonisierung der Vorschriften zum Schutz der Grundrechte und Grundfreiheiten natürlicher Personen bei der Datenverarbeitung sowie die Gewährleistung des freien Verkehrs personenbezogener Daten zwischen den Mitgliedstaaten.

(4) Die Verarbeitung personenbezogener Daten sollte im Dienste der Menschheit stehen. Das Recht auf Schutz der personenbezogenen Daten ist kein uneingeschränktes Recht; es muss im Hinblick auf seine gesellschaftliche Funktion gesehen und unter Wahrung des Verhältnismäßigkeitsprinzips gegen andere Grundrechte abgewogen werden. Diese Verordnung steht im Einklang mit allen Grundrechten und achtet alle Freiheiten und Grundsätze, die mit der Charta anerkannt wurden und in den Europäischen Verträgen verankert sind, insbesondere Achtung des Privat- und Familienlebens, der Wohnung und der Kommunikation, Schutz personenbezogener Daten, Gedanken-, Gewissens- und Religionsfreiheit, Freiheit der Meinungsäußerung und Informationsfreiheit, unternehmerische Freiheit, Recht auf einen wirksamen Rechtsbehelf und ein faires Verfahren und Vielfalt der Kulturen, Religionen und Sprachen.

(5) Die wirtschaftliche und soziale Integration als Folge eines funktionierenden Binnenmarkts hat zu einem deutlichen Anstieg des grenzüberschreitenden Verkehrs personenbezogener Daten geführt. Der unionsweite Austausch personenbezogener Daten zwischen öffentlichen und privaten Akteuren einschließlich natürlichen Personen, Vereinigungen

---

[1)] **Amtl. Anm.:** Standpunkt des Europäischen Parlaments vom 12. März 2014 (noch nicht im Amtsblatt veröffentlicht) und Standpunkt des Rates in erster Lesung vom 8. April 2016 (noch nicht im Amtsblatt veröffentlicht). Standpunkt des Europäischen Parlaments vom 14. April 2016.

[2)] Nr. **1002**.

[3)] Nr. **1001**.

[4)] **Amtl. Anm.:** Richtlinie 95/46/EG des Europäischen Parlaments und des Rates vom 24. Oktober 1995 zum Schutz natürlicher Personen bei der Verarbeitung personenbezogener Daten und zum freien Datenverkehr (ABl. L 281 vom 23.11.1995, S. 31).

und Unternehmen hat zugenommen. Das Unionsrecht verpflichtet die Verwaltungen der Mitgliedstaaten, zusammenzuarbeiten und personenbezogene Daten auszutauschen, damit sie ihren Pflichten nachkommen oder für eine Behörde eines anderen Mitgliedstaats Aufgaben durchführen können.

(6) Rasche technologische Entwicklungen und die Globalisierung haben den Datenschutz vor neue Herausforderungen gestellt. Das Ausmaß der Erhebung und des Austauschs personenbezogener Daten hat eindrucksvoll zugenommen. Die Technik macht es möglich, dass private Unternehmen und Behörden im Rahmen ihrer Tätigkeiten in einem noch nie dagewesenen Umfang auf personenbezogene Daten zurückgreifen. Zunehmend machen auch natürliche Personen Informationen öffentlich weltweit zugänglich. Die Technik hat das wirtschaftliche und gesellschaftliche Leben verändert und dürfte den Verkehr personenbezogener Daten innerhalb der Union sowie die Datenübermittlung an Drittländer und internationale Organisationen noch weiter erleichtern, wobei ein hohes Datenschutzniveau zu gewährleisten ist.

(7) Diese Entwicklungen erfordern einen soliden, kohärenteren und klar durchsetzbaren Rechtsrahmen im Bereich des Datenschutzes in der Union, da es von großer Wichtigkeit ist, eine Vertrauensbasis zu schaffen, die die digitale Wirtschaft dringend benötigt, um im Binnenmarkt weiter wachsen zu können. Natürliche Personen sollten die Kontrolle über ihre eigenen Daten besitzen. Natürliche Personen, Wirtschaft und Staat sollten in rechtlicher und praktischer Hinsicht über mehr Sicherheit verfügen.

(8) Wenn in dieser Verordnung Präzisierungen oder Einschränkungen ihrer Vorschriften durch das Recht der Mitgliedstaaten vorgesehen sind, können die Mitgliedstaaten Teile dieser Verordnung in ihr nationales Recht aufnehmen, soweit dies erforderlich ist, um die Kohärenz zu wahren und die nationalen Rechtsvorschriften für die Personen, für die sie gelten, verständlicher zu machen.

(9) Die Ziele und Grundsätze der Richtlinie 95/46/EG besitzen nach wie vor Gültigkeit, doch hat die Richtlinie nicht verhindern können, dass der Datenschutz in der Union unterschiedlich gehandhabt wird, Rechtsunsicherheit besteht oder in der Öffentlichkeit die Meinung weit verbreitet ist, dass erhebliche Risiken für den Schutz natürlicher Personen bestehen, insbesondere im Zusammenhang mit der Benutzung des Internets. Unterschiede beim Schutzniveau für die Rechte und Freiheiten von natürlichen Personen im Zusammenhang mit der Verarbeitung personenbezogener Daten in den Mitgliedstaaten, vor allem beim Recht auf Schutz dieser Daten, können den unionsweiten freien Verkehr solcher Daten behindern. Diese Unterschiede im Schutzniveau können daher ein Hemmnis für die unionsweite Ausübung von Wirtschaftstätigkeiten darstellen, den Wettbewerb verzerren und die Behörden an der Erfüllung der ihnen nach dem Unionsrecht obliegenden Pflichten hindern. Sie erklären sich aus den Unterschieden bei der Umsetzung und Anwendung der Richtlinie 95/46/EG.

(10) Um ein gleichmäßiges und hohes Datenschutzniveau für natürliche Personen zu gewährleisten und die Hemmnisse für den Verkehr personenbezogener Daten in der Union zu beseitigen, sollte das Schutz-

niveau für die Rechte und Freiheiten von natürlichen Personen bei der Verarbeitung dieser Daten in allen Mitgliedstaaten gleichwertig sein. Die Vorschriften zum Schutz der Grundrechte und Grundfreiheiten von natürlichen Personen bei der Verarbeitung personenbezogener Daten sollten unionsweit gleichmäßig und einheitlich angewandt werden. Hinsichtlich der Verarbeitung personenbezogener Daten zur Erfüllung einer rechtlichen Verpflichtung oder zur Wahrnehmung einer Aufgabe, die im öffentlichen Interesse liegt oder in Ausübung öffentlicher Gewalt erfolgt, die dem Verantwortlichen übertragen wurde, sollten die Mitgliedstaaten die Möglichkeit haben, nationale Bestimmungen, mit denen die Anwendung der Vorschriften dieser Verordnung genauer festgelegt wird, beizubehalten oder einzuführen. In Verbindung mit den allgemeinen und horizontalen Rechtsvorschriften über den Datenschutz zur Umsetzung der Richtlinie 95/46/EG gibt es in den Mitgliedstaaten mehrere sektorspezifische Rechtsvorschriften in Bereichen, die spezifischere Bestimmungen erfordern. Diese Verordnung bietet den Mitgliedstaaten zudem einen Spielraum für die Spezifizierung ihrer Vorschriften, auch für die Verarbeitung besonderer Kategorien von personenbezogenen Daten (im Folgenden „sensible Daten"). Diesbezüglich schließt diese Verordnung nicht Rechtsvorschriften der Mitgliedstaaten aus, in denen die Umstände besonderer Verarbeitungssituationen festgelegt werden, einschließlich einer genaueren Bestimmung der Voraussetzungen, unter denen die Verarbeitung personenbezogener Daten rechtmäßig ist.

(11) Ein unionsweiter wirksamer Schutz personenbezogener Daten erfordert die Stärkung und präzise Festlegung der Rechte der betroffenen Personen sowie eine Verschärfung der Verpflichtungen für diejenigen, die personenbezogene Daten verarbeiten und darüber entscheiden, ebenso wie – in den Mitgliedstaaten – gleiche Befugnisse bei der Überwachung und Gewährleistung der Einhaltung der Vorschriften zum Schutz personenbezogener Daten sowie gleiche Sanktionen im Falle ihrer Verletzung.

(12) Artikel 16 Absatz 2 AEUV[1] ermächtigt das Europäische Parlament und den Rat, Vorschriften über den Schutz natürlicher Personen bei der Verarbeitung personenbezogener Daten und zum freien Verkehr solcher Daten zu erlassen.

(13) Damit in der Union ein gleichmäßiges Datenschutzniveau für natürliche Personen gewährleistet ist und Unterschiede, die den freien Verkehr personenbezogener Daten im Binnenmarkt behindern könnten, beseitigt werden, ist eine Verordnung erforderlich, die für die Wirtschaftsteilnehmer einschließlich Kleinstunternehmen sowie kleiner und mittlerer Unternehmen Rechtssicherheit und Transparenz schafft, natürliche Personen in allen Mitgliedstaaten mit demselben Niveau an durchsetzbaren Rechten ausstattet, dieselben Pflichten und Zuständigkeiten für die Verantwortlichen und Auftragsverarbeiter vorsieht und eine gleichmäßige Kontrolle der Verarbeitung personenbezogener Daten und gleichwertige Sanktionen in allen Mitgliedstaaten sowie eine wirksame Zusammenarbeit zwischen den Aufsichtsbehörden der ein-

[1] Nr. **1001**.

zelnen Mitgliedstaaten gewährleistet. Das reibungslose Funktionieren des Binnenmarkts erfordert, dass der freie Verkehr personenbezogener Daten in der Union nicht aus Gründen des Schutzes natürlicher Personen bei der Verarbeitung personenbezogener Daten eingeschränkt oder verboten wird. Um der besonderen Situation der Kleinstunternehmen sowie der kleinen und mittleren Unternehmen Rechnung zu tragen, enthält diese Verordnung eine abweichende Regelung hinsichtlich des Führens eines Verzeichnisses für Einrichtungen, die weniger als 250 Mitarbeiter beschäftigen. Außerdem werden die Organe und Einrichtungen der Union sowie die Mitgliedstaaten und deren Aufsichtsbehörden dazu angehalten, bei der Anwendung dieser Verordnung die besonderen Bedürfnisse von Kleinstunternehmen sowie von kleinen und mittleren Unternehmen zu berücksichtigen. Für die Definition des Begriffs „Kleinstunternehmen sowie kleine und mittlere Unternehmen" sollte Artikel 2 des Anhangs zur Empfehlung 2003/361/EG der Kommission[1)] maßgebend sein.

(14) Der durch diese Verordnung gewährte Schutz sollte für die Verarbeitung der personenbezogenen Daten natürlicher Personen ungeachtet ihrer Staatsangehörigkeit oder ihres Aufenthaltsorts gelten. Diese Verordnung gilt nicht für die Verarbeitung personenbezogener Daten juristischer Personen und insbesondere als juristische Person gegründeter Unternehmen, einschließlich Name, Rechtsform oder Kontaktdaten der juristischen Person.

(15) Um ein ernsthaftes Risiko einer Umgehung der Vorschriften zu vermeiden, sollte der Schutz natürlicher Personen technologieneutral sein und nicht von den verwendeten Techniken abhängen. Der Schutz natürlicher Personen sollte für die automatisierte Verarbeitung personenbezogener Daten ebenso gelten wie für die manuelle Verarbeitung von personenbezogenen Daten, wenn die personenbezogenen Daten in einem Dateisystem gespeichert sind oder gespeichert werden sollen. Akten oder Aktensammlungen sowie ihre Deckblätter, die nicht nach bestimmten Kriterien geordnet sind, sollten nicht in den Anwendungsbereich dieser Verordnung fallen.

(16) Diese Verordnung gilt nicht für Fragen des Schutzes von Grundrechten und Grundfreiheiten und des freien Verkehrs personenbezogener Daten im Zusammenhang mit Tätigkeiten, die nicht in den Anwendungsbereich des Unionsrechts fallen, wie etwa die nationale Sicherheit betreffende Tätigkeiten. Diese Verordnung gilt nicht für die von den Mitgliedstaaten im Rahmen der Gemeinsamen Außen- und Sicherheitspolitik der Union durchgeführte Verarbeitung personenbezogener Daten.

(17) Die Verordnung (EG) Nr. 45/2001 des Europäischen Parlaments und des Rates[2)] gilt für die Verarbeitung personenbezogener Daten durch

[1)] **Amtl. Anm.:** Empfehlung der Kommission vom 6. Mai 2003 betreffend die Definition der Kleinstunternehmen sowie der kleinen und mittleren Unternehmen (C (2003) 1422) (ABl. L 124 vom 20.5.2003, S. 36).

[2)] **Amtl. Anm.:** Verordnung (EG) Nr. 45/2001 des Europäischen Parlaments und des Rates vom 18. Dezember 2000 zum Schutz natürlicher Personen bei der Verarbeitung personenbezogener Daten durch die Organe und Einrichtungen der Gemeinschaft und zum freien Datenverkehr (ABl. L 8 vom 12.1.2001, S. 1).

die Organe, Einrichtungen, Ämter und Agenturen der Union. Die Verordnung (EG) Nr. 45/2001 und sonstige Rechtsakte der Union, die diese Verarbeitung personenbezogener Daten regeln, sollten an die Grundsätze und Vorschriften der vorliegenden Verordnung angepasst und im Lichte der vorliegenden Verordnung angewandt werden. Um einen soliden und kohärenten Rechtsrahmen im Bereich des Datenschutzes in der Union zu gewährleisten, sollten die erforderlichen Anpassungen der Verordnung (EG) Nr. 45/2001 im Anschluss an den Erlass der vorliegenden Verordnung vorgenommen werden, damit sie gleichzeitig mit der vorliegenden Verordnung angewandt werden können.

(18) Diese Verordnung gilt nicht für die Verarbeitung von personenbezogenen Daten, die von einer natürlichen Person zur Ausübung ausschließlich persönlicher oder familiärer Tätigkeiten und somit ohne Bezug zu einer beruflichen oder wirtschaftlichen Tätigkeit vorgenommen wird. Als persönliche oder familiäre Tätigkeiten könnte auch das Führen eines Schriftverkehrs oder von Anschriftenverzeichnissen oder die Nutzung sozialer Netze und Online-Tätigkeiten im Rahmen solcher Tätigkeiten gelten. Diese Verordnung gilt jedoch für die Verantwortlichen oder Auftragsverarbeiter, die die Instrumente für die Verarbeitung personenbezogener Daten für solche persönlichen oder familiären Tätigkeiten bereitstellen.

(19) Der Schutz natürlicher Personen bei der Verarbeitung personenbezogener Daten durch die zuständigen Behörden zum Zwecke der Verhütung, Ermittlung, Aufdeckung oder Verfolgung von Straftaten oder der Strafvollstreckung, einschließlich des Schutzes vor und der Abwehr von Gefahren für die öffentliche Sicherheit, sowie der freie Verkehr dieser Daten sind in einem eigenen Unionsrechtsakt geregelt. Deshalb sollte diese Verordnung auf Verarbeitungstätigkeiten dieser Art keine Anwendung finden. Personenbezogene Daten, die von Behörden nach dieser Verordnung verarbeitet werden, sollten jedoch, wenn sie zu den vorstehenden Zwecken verwendet werden, einem spezifischeren Unionsrechtsakt, nämlich der Richtlinie (EU) 2016/680 des Europäischen Parlaments und des Rates[1)] unterliegen. Die Mitgliedstaaten können die zuständigen Behörden im Sinne der Richtlinie (EU) 2016/680 mit Aufgaben betrauen, die nicht zwangsläufig für die Zwecke der Verhütung, Ermittlung, Aufdeckung oder Verfolgung von Straftaten oder der Strafvollstreckung, einschließlich des Schutzes vor und der Abwehr von Gefahren für die öffentliche Sicherheit, ausgeführt werden, so dass die Verarbeitung von personenbezogenen Daten für diese anderen Zwecke insoweit in den Anwendungsbereich dieser Verordnung fällt, als sie in den Anwendungsbereich des Unionsrechts fällt. In Bezug auf die Verarbeitung personenbezogener Daten durch diese Behörden für Zwecke, die in den Anwendungsbereich dieser Verordnung fallen, sollten die Mitgliedstaaten spezifischere Bestimmungen beibehalten

---

[1)] **Amtl. Anm.:** Richtlinie (EU) 2016/680 des Europäischen Parlaments und des Rates vom 27. April 2016 zum Schutz natürlicher Personen bei der Verarbeitung personenbezogener Daten durch die zuständigen Behörden zum Zwecke der Verhütung, Aufdeckung, Untersuchung oder Verfolgung von Straftaten oder der Strafvollstreckung sowie zum freien Datenverkehr und zur Aufhebung des Rahmenbeschlusses 2000/383/JI des Rates (siehe Seite 89 dieses Amtsblatts).

oder einführen können, um die Anwendung der Vorschriften dieser Verordnung anzupassen. In den betreffenden Bestimmungen können die Auflagen für die Verarbeitung personenbezogener Daten durch diese zuständigen Behörden für jene anderen Zwecke präziser festgelegt werden, wobei der verfassungsmäßigen, organisatorischen und administrativen Struktur des betreffenden Mitgliedstaats Rechnung zu tragen ist. Soweit diese Verordnung für die Verarbeitung personenbezogener Daten durch private Stellen gilt, sollte sie vorsehen, dass die Mitgliedstaaten einige Pflichten und Rechte unter bestimmten Voraussetzungen mittels Rechtsvorschriften beschränken können, wenn diese Beschränkung in einer demokratischen Gesellschaft eine notwendige und verhältnismäßige Maßnahme zum Schutz bestimmter wichtiger Interessen darstellt, wozu auch die öffentliche Sicherheit und die Verhütung, Ermittlung, Aufdeckung und Verfolgung von Straftaten oder die Strafvollstreckung zählen, einschließlich des Schutzes vor und der Abwehr von Gefahren für die öffentliche Sicherheit. Dies ist beispielsweise im Rahmen der Bekämpfung der Geldwäsche oder der Arbeit kriminaltechnischer Labors von Bedeutung.

(20) Diese Verordnung gilt zwar unter anderem für die Tätigkeiten der Gerichte und anderer Justizbehörden, doch könnte im Unionsrecht oder im Recht der Mitgliedstaaten festgelegt werden, wie die Verarbeitungsvorgänge und Verarbeitungsverfahren bei der Verarbeitung personenbezogener Daten durch Gerichte und andere Justizbehörden im Einzelnen auszusehen haben. Damit die Unabhängigkeit der Justiz bei der Ausübung ihrer gerichtlichen Aufgaben einschließlich ihrer Beschlussfassung unangetastet bleibt, sollten die Aufsichtsbehörden nicht für die Verarbeitung personenbezogener Daten durch Gerichte im Rahmen ihrer justiziellen Tätigkeit zuständig sein. Mit der Aufsicht über diese Datenverarbeitungsvorgänge sollten besondere Stellen im Justizsystem des Mitgliedstaats betraut werden können, die insbesondere die Einhaltung der Vorschriften dieser Verordnung sicherstellen, Richter und Staatsanwälte besser für ihre Pflichten aus dieser Verordnung sensibilisieren und Beschwerden in Bezug auf derartige Datenverarbeitungsvorgänge bearbeiten sollten.

(21) Die vorliegende Verordnung berührt nicht die Anwendung der Richtlinie 2000/31/EG des Europäischen Parlaments und des Rates[1)] und insbesondere die der Vorschriften der Artikel 12 bis 15 jener Richtlinie zur Verantwortlichkeit von Anbietern reiner Vermittlungsdienste. Die genannte Richtlinie soll dazu beitragen, dass der Binnenmarkt einwandfrei funktioniert, indem sie den freien Verkehr von Diensten der Informationsgesellschaft zwischen den Mitgliedstaaten sicherstellt.

(22) Jede Verarbeitung personenbezogener Daten im Rahmen der Tätigkeiten einer Niederlassung eines Verantwortlichen oder eines Auftragsverarbeiters in der Union sollte gemäß dieser Verordnung erfolgen, gleich, ob die Verarbeitung in oder außerhalb der Union stattfindet. Eine Niederlassung setzt die effektive und tatsächliche Ausübung einer

---

[1)] **Amtl. Anm.:** Richtlinie 2000/31/EG des Europäischen Parlaments und des Rates vom 8. Juni 2000 über bestimmte rechtliche Aspekte der Dienste der Informationsgesellschaft, insbesondere des elektronischen Geschäftsverkehrs, im Binnenmarkt („Richtlinie über den elektronischen Geschäftsverkehr") (ABl. L 178 vom 17.7.2000, S. 1).

Tätigkeit durch eine feste Einrichtung voraus. Die Rechtsform einer solchen Einrichtung, gleich, ob es sich um eine Zweigstelle oder eine Tochtergesellschaft mit eigener Rechtspersönlichkeit handelt, ist dabei nicht ausschlaggebend.

(23) Damit einer natürlichen Person der gemäß dieser Verordnung gewährleistete Schutz nicht vorenthalten wird, sollte die Verarbeitung personenbezogener Daten von betroffenen Personen, die sich in der Union befinden, durch einen nicht in der Union niedergelassenen Verantwortlichen oder Auftragsverarbeiter dieser Verordnung unterliegen, wenn die Verarbeitung dazu dient, diesen betroffenen Personen gegen Entgelt oder unentgeltlich Waren oder Dienstleistungen anzubieten. Um festzustellen, ob dieser Verantwortliche oder Auftragsverarbeiter betroffenen Personen, die sich in der Union befinden, Waren oder Dienstleistungen anbietet, sollte festgestellt werden, ob der Verantwortliche oder Auftragsverarbeiter offensichtlich beabsichtigt, betroffenen Personen in einem oder mehreren Mitgliedstaaten der Union Dienstleistungen anzubieten. Während die bloße Zugänglichkeit der Website des Verantwortlichen, des Auftragsverarbeiters oder eines Vermittlers in der Union, einer E-Mail-Adresse oder anderer Kontaktdaten oder die Verwendung einer Sprache, die in dem Drittland, in dem der Verantwortliche niedergelassen ist, allgemein gebräuchlich ist, hierfür kein ausreichender Anhaltspunkt ist, können andere Faktoren wie die Verwendung einer Sprache oder Währung, die in einem oder mehreren Mitgliedstaaten gebräuchlich ist, in Verbindung mit der Möglichkeit, Waren und Dienstleistungen in dieser anderen Sprache zu bestellen, oder die Erwähnung von Kunden oder Nutzern, die sich in der Union befinden, darauf hindeuten, dass der Verantwortliche beabsichtigt, den Personen in der Union Waren oder Dienstleistungen anzubieten.

(24) Die Verarbeitung personenbezogener Daten von betroffenen Personen, die sich in der Union befinden, durch einen nicht in der Union niedergelassenen Verantwortlichen oder Auftragsverarbeiter sollte auch dann dieser Verordnung unterliegen, wenn sie dazu dient, das Verhalten dieser betroffenen Personen zu beobachten, soweit ihr Verhalten in der Union erfolgt. Ob eine Verarbeitungstätigkeit der Beobachtung des Verhaltens von betroffenen Personen gilt, sollte daran festgemacht werden, ob ihre Internetaktivitäten nachvollzogen werden, einschließlich der möglichen nachfolgenden Verwendung von Techniken zur Verarbeitung personenbezogener Daten, durch die von einer natürlichen Person ein Profil erstellt wird, das insbesondere die Grundlage für sie betreffende Entscheidungen bildet oder anhand dessen ihre persönlichen Vorlieben, Verhaltensweisen oder Gepflogenheiten analysiert oder vorausgesagt werden sollen.

(25) Ist nach Völkerrecht das Recht eines Mitgliedstaats anwendbar, z.B. in einer diplomatischen oder konsularischen Vertretung eines Mitgliedstaats, so sollte die Verordnung auch auf einen nicht in der Union niedergelassenen Verantwortlichen Anwendung finden.

(26) Die Grundsätze des Datenschutzes sollten für alle Informationen gelten, die sich auf eine identifizierte oder identifizierbare natürliche Person beziehen. Einer Pseudonymisierung unterzogene personenbezogene Daten, die durch Heranziehung zusätzlicher Informationen einer na-

türlichen Person zugeordnet werden könnten, sollten als Informationen über eine identifizierbare natürliche Person betrachtet werden. Um festzustellen, ob eine natürliche Person identifizierbar ist, sollten alle Mittel berücksichtigt werden, die von dem Verantwortlichen oder einer anderen Person nach allgemeinem Ermessen wahrscheinlich genutzt werden, um die natürliche Person direkt oder indirekt zu identifizieren, wie beispielsweise das Aussondern. Bei der Feststellung, ob Mittel nach allgemeinem Ermessen wahrscheinlich zur Identifizierung der natürlichen Person genutzt werden, sollten alle objektiven Faktoren, wie die Kosten der Identifizierung und der dafür erforderliche Zeitaufwand, herangezogen werden, wobei die zum Zeitpunkt der Verarbeitung verfügbare Technologie und technologische Entwicklungen zu berücksichtigen sind. Die Grundsätze des Datenschutzes sollten daher nicht für anonyme Informationen gelten, d.h. für Informationen, die sich nicht auf eine identifizierte oder identifizierbare natürliche Person beziehen, oder personenbezogene Daten, die in einer Weise anonymisiert worden sind, dass die betroffene Person nicht oder nicht mehr identifiziert werden kann. Diese Verordnung betrifft somit nicht die Verarbeitung solcher anonymer Daten, auch für statistische oder für Forschungszwecke.

(27) Diese Verordnung gilt nicht für die personenbezogenen Daten Verstorbener. Die Mitgliedstaaten können Vorschriften für die Verarbeitung der personenbezogenen Daten Verstorbener vorsehen.

(28) Die Anwendung der Pseudonymisierung auf personenbezogene Daten kann die Risiken für die betroffenen Personen senken und die Verantwortlichen und die Auftragsverarbeiter bei der Einhaltung ihrer Datenschutzpflichten unterstützen. Durch die ausdrückliche Einführung der „Pseudonymisierung" in dieser Verordnung ist nicht beabsichtigt, andere Datenschutzmaßnahmen auszuschließen.

(29) Um Anreize für die Anwendung der Pseudonymisierung bei der Verarbeitung personenbezogener Daten zu schaffen, sollten Pseudonymisierungsmaßnahmen, die jedoch eine allgemeine Analyse zulassen, bei demselben Verantwortlichen möglich sein, wenn dieser die erforderlichen technischen und organisatorischen Maßnahmen getroffen hat, um – für die jeweilige Verarbeitung – die Umsetzung dieser Verordnung zu gewährleisten, wobei sicherzustellen ist, dass zusätzliche Informationen, mit denen die personenbezogenen Daten einer speziellen betroffenen Person zugeordnet werden können, gesondert aufbewahrt werden. Der für die Verarbeitung der personenbezogenen Daten Verantwortliche,[1] sollte die befugten Personen bei diesem Verantwortlichen angeben.

(30) Natürlichen Personen werden unter Umständen Online-Kennungen wie IP-Adressen und Cookie-Kennungen, die sein Gerät oder Software-Anwendungen und -Tools oder Protokolle liefern, oder sonstige Kennungen wie Funkfrequenzkennzeichnungen zugeordnet. Dies kann Spuren hinterlassen, die insbesondere in Kombination mit eindeutigen Kennungen und anderen beim Server eingehenden Informationen dazu benutzt werden können, um Profile der natürlichen Personen zu erstellen und sie zu identifizieren.

[1] Zeichensetzung amtlich.

(31) Behörden, gegenüber denen personenbezogene Daten aufgrund einer rechtlichen Verpflichtung für die Ausübung ihres offiziellen Auftrags offengelegt werden, wie Steuer- und Zollbehörden, Finanzermittlungsstellen, unabhängige Verwaltungsbehörden oder Finanzmarktbehörden, die für die Regulierung und Aufsicht von Wertpapiermärkten zuständig sind, sollten nicht als Empfänger gelten, wenn sie personenbezogene Daten erhalten, die für die Durchführung – gemäß dem Unionsrecht oder dem Recht der Mitgliedstaaten – eines einzelnen Untersuchungsauftrags im Interesse der Allgemeinheit erforderlich sind. Anträge auf Offenlegung, die von Behörden ausgehen, sollten immer schriftlich erfolgen, mit Gründen versehen sein und gelegentlichen Charakter haben, und sie sollten nicht vollständige Dateisysteme betreffen oder zur Verknüpfung von Dateisystemen führen. Die Verarbeitung personenbezogener Daten durch die genannten Behörden sollte den für die Zwecke der Verarbeitung geltenden Datenschutzvorschriften entsprechen.

(32) Die Einwilligung sollte durch eine eindeutige bestätigende Handlung erfolgen, mit der freiwillig, für den konkreten Fall, in informierter Weise und unmissverständlich bekundet wird, dass die betroffene Person mit der Verarbeitung der sie betreffenden personenbezogenen Daten einverstanden ist, etwa in Form einer schriftlichen Erklärung, die auch elektronisch erfolgen kann, oder einer mündlichen Erklärung. Dies könnte etwa durch Anklicken eines Kästchens beim Besuch einer Internetseite, durch die Auswahl technischer Einstellungen für Dienste der Informationsgesellschaft oder durch eine andere Erklärung oder Verhaltensweise geschehen, mit der die betroffene Person in dem jeweiligen Kontext eindeutig ihr Einverständnis mit der beabsichtigten Verarbeitung ihrer personenbezogenen Daten signalisiert. Stillschweigen, bereits angekreuzte Kästchen oder Untätigkeit der betroffenen Person sollten daher keine Einwilligung darstellen. Die Einwilligung sollte sich auf alle zu demselben Zweck oder denselben Zwecken vorgenommenen Verarbeitungsvorgänge beziehen. Wenn die Verarbeitung mehreren Zwecken dient, sollte für alle diese Verarbeitungszwecke eine Einwilligung gegeben werden. Wird die betroffene Person auf elektronischem Weg zur Einwilligung aufgefordert, so muss die Aufforderung in klarer und knapper Form und ohne unnötige Unterbrechung des Dienstes, für den die Einwilligung gegeben wird, erfolgen.

(33) Oftmals kann der Zweck der Verarbeitung personenbezogener Daten für Zwecke der wissenschaftlichen Forschung zum Zeitpunkt der Erhebung der personenbezogenen Daten nicht vollständig angegeben werden. Daher sollte es betroffenen Personen erlaubt sein, ihre Einwilligung für bestimmte Bereiche wissenschaftlicher Forschung zu geben, wenn dies unter Einhaltung der anerkannten ethischen Standards der wissenschaftlichen Forschung geschieht. Die betroffenen Personen sollten Gelegenheit erhalten, ihre Einwilligung nur für bestimme Forschungsbereiche oder Teile von Forschungsprojekten in dem vom verfolgten Zweck zugelassenen Maße zu erteilen.

(34) Genetische Daten sollten als personenbezogene Daten über die ererbten oder erworbenen genetischen Eigenschaften einer natürlichen Per-

son definiert werden, die aus der Analyse einer biologischen Probe der betreffenden natürlichen Person, insbesondere durch eine *Chromosomen*[1], Desoxyribonukleinsäure (DNS)- oder Ribonukleinsäure (RNS)-Analyse oder der Analyse eines anderen Elements, durch die gleichwertige Informationen erlangt werden können, gewonnen werden.

(35) Zu den personenbezogenen Gesundheitsdaten sollten alle Daten zählen, die sich auf den Gesundheitszustand einer betroffenen Person beziehen und aus denen Informationen über den früheren, gegenwärtigen und künftigen körperlichen oder geistigen Gesundheitszustand der betroffenen Person hervorgehen. Dazu gehören auch Informationen über die natürliche Person, die im Zuge der Anmeldung für sowie der Erbringung von Gesundheitsdienstleistungen im Sinne der Richtlinie 2011/24/EU des Europäischen Parlaments und des Rates[2] für die natürliche Person erhoben werden, Nummern, Symbole oder Kennzeichen, die einer natürlichen Person zugeteilt wurden, um diese natürliche Person für gesundheitliche Zwecke eindeutig zu identifizieren, Informationen, die von der Prüfung oder Untersuchung eines Körperteils oder einer körpereigenen Substanz, auch aus genetischen Daten und biologischen Proben, abgeleitet wurden, und Informationen etwa über Krankheiten, Behinderungen, Krankheitsrisiken, Vorerkrankungen, klinische Behandlungen oder den physiologischen oder biomedizinischen Zustand der betroffenen Person unabhängig von der Herkunft der Daten, ob sie nun von einem Arzt oder sonstigem Angehörigen eines Gesundheitsberufes, einem Krankenhaus, einem Medizinprodukt oder einem In-Vitro-Diagnostikum stammen.

(36) Die Hauptniederlassung des Verantwortlichen in der Union sollte der Ort seiner Hauptverwaltung in der Union sein, es sei denn, dass Entscheidungen über die Zwecke und Mittel der Verarbeitung personenbezogener Daten in einer anderen Niederlassung des Verantwortlichen in der Union getroffen werden; in diesem Fall sollte die letztgenannte als Hauptniederlassung gelten. Zur Bestimmung der Hauptniederlassung eines Verantwortlichen in der Union sollten objektive Kriterien herangezogen werden; ein Kriterium sollte dabei die effektive und tatsächliche Ausübung von Managementtätigkeiten durch eine feste Einrichtung sein, in deren Rahmen die Grundsatzentscheidungen zur Festlegung der Zwecke und Mittel der Verarbeitung getroffen werden. Dabei sollte nicht ausschlaggebend sein, ob die Verarbeitung der personenbezogenen Daten tatsächlich an diesem Ort ausgeführt wird. Das Vorhandensein und die Verwendung technischer Mittel und Verfahren zur Verarbeitung personenbezogener Daten oder Verarbeitungstätigkeiten begründen an sich noch keine Hauptniederlassung und sind daher kein ausschlaggebender Faktor für das Bestehen einer Hauptniederlassung. Die Hauptniederlassung des Auftragsverarbeiters sollte der Ort sein, an dem der Auftragsverarbeiter seine Hauptverwaltung in der Union hat, oder – wenn er keine Hauptverwaltung in der Union hat –

---

[1] Richtig wohl: „Chromosomen-Analyse".

[2] **Amtl. Anm.:** Richtlinie 2011/24/EU des Europäischen Parlaments und des Rates vom 9. März 2011 über die Ausübung der Patientenrechte in der grenzüberschreitenden Gesundheitsversorgung (ABl. L 88 vom 4.4.2011, S. 45).

der Ort, an dem die wesentlichen Verarbeitungstätigkeiten in der Union stattfinden. Sind sowohl der Verantwortliche als auch der Auftragsverarbeiter betroffen, so sollte die Aufsichtsbehörde des Mitgliedstaats, in dem der Verantwortliche seine Hauptniederlassung hat, die zuständige federführende Aufsichtsbehörde bleiben, doch sollte die Aufsichtsbehörde des Auftragsverarbeiters als betroffene Aufsichtsbehörde betrachtet werden und diese Aufsichtsbehörde sollte sich an dem in dieser Verordnung vorgesehenen Verfahren der Zusammenarbeit beteiligen. Auf jeden Fall sollten die Aufsichtsbehörden des Mitgliedstaats oder der Mitgliedstaaten, in dem bzw. denen der Auftragsverarbeiter eine oder mehrere Niederlassungen hat, nicht als betroffene Aufsichtsbehörden betrachtet werden, wenn sich der Beschlussentwurf nur auf den Verantwortlichen bezieht. Wird die Verarbeitung durch eine Unternehmensgruppe vorgenommen, so sollte die Hauptniederlassung des herrschenden Unternehmens als Hauptniederlassung der Unternehmensgruppe gelten, es sei denn, die Zwecke und Mittel der Verarbeitung werden von einem anderen Unternehmen festgelegt.

(37) Eine Unternehmensgruppe sollte aus einem herrschenden Unternehmen und den von diesem abhängigen Unternehmen bestehen, wobei das herrschende Unternehmen dasjenige sein sollte, das zum Beispiel aufgrund der Eigentumsverhältnisse, der finanziellen Beteiligung oder der für das Unternehmen geltenden Vorschriften oder der Befugnis, Datenschutzvorschriften umsetzen zu lassen, einen beherrschenden Einfluss auf die übrigen Unternehmen ausüben kann. Ein Unternehmen, das die Verarbeitung personenbezogener Daten in ihm angeschlossenen Unternehmen kontrolliert, sollte zusammen mit diesen als eine „Unternehmensgruppe" betrachtet werden.

(38) Kinder verdienen bei ihren personenbezogenen Daten besonderen Schutz, da Kinder sich der betreffenden Risiken, Folgen und Garantien und ihrer Rechte bei der Verarbeitung personenbezogener Daten möglicherweise weniger bewusst sind. Ein solcher besonderer Schutz sollte insbesondere die Verwendung personenbezogener Daten von Kindern für Werbezwecke oder für die Erstellung von Persönlichkeits- oder Nutzerprofilen und die Erhebung von personenbezogenen Daten von Kindern bei der Nutzung von Diensten, die Kindern direkt angeboten werden, betreffen. Die Einwilligung des Trägers der elterlichen Verantwortung sollte im Zusammenhang mit Präventions- oder Beratungsdiensten, die unmittelbar einem Kind angeboten werden, nicht erforderlich sein.

(39) Jede Verarbeitung personenbezogener Daten sollte rechtmäßig und nach Treu und Glauben erfolgen. Für natürliche Personen sollte Transparenz dahingehend bestehen, dass sie betreffende personenbezogene Daten erhoben, verwendet, eingesehen oder anderweitig verarbeitet werden und in welchem Umfang die personenbezogenen Daten verarbeitet werden und künftig noch verarbeitet werden. Der Grundsatz der Transparenz setzt voraus, dass alle Informationen und Mitteilungen zur Verarbeitung dieser personenbezogenen Daten leicht zugänglich und verständlich und in klarer und einfacher Sprache abgefasst sind. Dieser Grundsatz betrifft insbesondere die Informationen über die Identität des Verantwortlichen und die Zwecke der Verarbeitung und

sonstige Informationen, die eine faire und transparente Verarbeitung im Hinblick auf die betroffenen natürlichen Personen gewährleisten, sowie deren Recht, eine Bestätigung und Auskunft darüber zu erhalten, welche sie betreffende personenbezogene Daten verarbeitet werden. Natürliche Personen sollten über die Risiken, Vorschriften, Garantien und Rechte im Zusammenhang mit der Verarbeitung personenbezogener Daten informiert und darüber aufgeklärt werden, wie sie ihre diesbezüglichen Rechte geltend machen können. Insbesondere sollten die bestimmten Zwecke, zu denen die personenbezogenen Daten verarbeitet werden, eindeutig und rechtmäßig sein und zum Zeitpunkt der Erhebung der personenbezogenen Daten feststehen. Die personenbezogenen Daten sollten für die Zwecke, zu denen sie verarbeitet werden, angemessen und erheblich sowie auf das für die Zwecke ihrer Verarbeitung notwendige Maß beschränkt sein. Dies erfordert insbesondere, dass die Speicherfrist für personenbezogene Daten auf das unbedingt erforderliche Mindestmaß beschränkt bleibt. Personenbezogene Daten sollten nur verarbeitet werden dürfen, wenn der Zweck der Verarbeitung nicht in zumutbarer Weise durch andere Mittel erreicht werden kann. Um sicherzustellen, dass die personenbezogenen Daten nicht länger als nötig gespeichert werden, sollte der Verantwortliche Fristen für ihre Löschung oder regelmäßige Überprüfung vorsehen. Es sollten alle vertretbaren Schritte unternommen werden, damit unrichtige personenbezogene Daten gelöscht oder berichtigt werden. Personenbezogene Daten sollten so verarbeitet werden, dass ihre Sicherheit und Vertraulichkeit hinreichend gewährleistet ist, wozu auch gehört, dass Unbefugte keinen Zugang zu den Daten haben und weder die Daten noch die Geräte, mit denen diese verarbeitet werden, benutzen können.

(40) Damit die Verarbeitung rechtmäßig ist, müssen personenbezogene Daten mit Einwilligung der betroffenen Person oder auf einer sonstigen zulässigen Rechtsgrundlage verarbeitet werden, die sich aus dieser Verordnung oder – wann immer in dieser Verordnung darauf Bezug genommen wird – aus dem sonstigen Unionsrecht oder dem Recht der Mitgliedstaaten ergibt, so unter anderem auf der Grundlage, dass sie zur Erfüllung der rechtlichen Verpflichtung, der der Verantwortliche unterliegt, oder zur Erfüllung eines Vertrags, dessen Vertragspartei die betroffene Person ist, oder für die Durchführung vorvertraglicher Maßnahmen, die auf Anfrage der betroffenen Person erfolgen, erforderlich ist.

(41) Wenn in dieser Verordnung auf eine Rechtsgrundlage oder eine Gesetzgebungsmaßnahme Bezug genommen wird, erfordert dies nicht notwendigerweise einen von einem Parlament angenommenen Gesetzgebungsakt; davon unberührt bleiben Anforderungen gemäß der Verfassungsordnung des betreffenden Mitgliedstaats. Die entsprechende Rechtsgrundlage oder Gesetzgebungsmaßnahme sollte jedoch klar und präzise sein und ihre Anwendung sollte für die Rechtsunterworfenen gemäß der Rechtsprechung des Gerichtshofs der Europäischen Union (im Folgenden „Gerichtshof") und des Europäischen Gerichtshofs für Menschenrechte vorhersehbar sein.

(42) Erfolgt die Verarbeitung mit Einwilligung der betroffenen Person, sollte der Verantwortliche nachweisen können, dass die betroffene Person

ihre Einwilligung zu dem Verarbeitungsvorgang gegeben hat. Insbesondere bei Abgabe einer schriftlichen Erklärung in anderer Sache sollten Garantien sicherstellen, dass die betroffene Person weiß, dass und in welchem Umfang sie ihre Einwilligung erteilt. Gemäß der Richtlinie 93/13/EWG des Rates[1)] sollte eine vom Verantwortlichen vorformulierte Einwilligungserklärung in verständlicher und leicht zugänglicher Form in einer klaren und einfachen Sprache zur Verfügung gestellt werden, und sie sollte keine missbräuchlichen Klauseln beinhalten. Damit sie in Kenntnis der Sachlage ihre Einwilligung geben kann, sollte die betroffene Person mindestens wissen, wer der Verantwortliche ist und für welche Zwecke ihre personenbezogenen Daten verarbeitet werden sollen. Es sollte nur dann davon ausgegangen werden, dass sie ihre Einwilligung freiwillig gegeben hat, wenn sie eine echte oder freie Wahl hat und somit in der Lage ist, die Einwilligung zu verweigern oder zurückzuziehen, ohne Nachteile zu erleiden.

(43) Um sicherzustellen, dass die Einwilligung freiwillig erfolgt ist, sollte diese in besonderen Fällen, wenn zwischen der betroffenen Person und dem Verantwortlichen ein klares Ungleichgewicht besteht, insbesondere wenn es sich bei dem Verantwortlichen um eine Behörde handelt, und es deshalb in Anbetracht aller Umstände in dem speziellen Fall unwahrscheinlich ist, dass die Einwilligung freiwillig gegeben wurde, keine gültige Rechtsgrundlage liefern. Die Einwilligung gilt nicht als freiwillig erteilt, wenn zu verschiedenen Verarbeitungsvorgängen von personenbezogenen Daten nicht gesondert eine Einwilligung erteilt werden kann, obwohl dies im Einzelfall angebracht ist, oder wenn die Erfüllung eines Vertrags, einschließlich der Erbringung einer Dienstleistung, von der Einwilligung abhängig ist, obwohl diese Einwilligung für die Erfüllung nicht erforderlich ist.

(44) Die Verarbeitung von Daten sollte als rechtmäßig gelten, wenn sie für die Erfüllung oder den geplanten Abschluss eines Vertrags erforderlich ist.

(45) Erfolgt die Verarbeitung durch den Verantwortlichen aufgrund einer ihm obliegenden rechtlichen Verpflichtung oder ist die Verarbeitung zur Wahrnehmung einer Aufgabe im öffentlichen Interesse oder in Ausübung öffentlicher Gewalt erforderlich, muss hierfür eine Grundlage im Unionsrecht oder im Recht eines Mitgliedstaats bestehen. Mit dieser Verordnung wird nicht für jede einzelne Verarbeitung ein spezifisches Gesetz verlangt. Ein Gesetz als Grundlage für mehrere Verarbeitungsvorgänge kann ausreichend sein, wenn die Verarbeitung aufgrund einer dem Verantwortlichen obliegenden rechtlichen Verpflichtung erfolgt oder wenn die Verarbeitung zur Wahrnehmung einer Aufgabe im öffentlichen Interesse oder in Ausübung öffentlicher Gewalt erforderlich ist. Desgleichen sollte im Unionsrecht oder im Recht der Mitgliedstaaten geregelt werden, für welche Zwecke die Daten verarbeitet werden dürfen. Ferner könnten in diesem Recht die allgemeinen Bedingungen dieser Verordnung zur Regelung der Rechtmäßigkeit der Verarbeitung personenbezogener Daten präzisiert und es

[1)] **Amtl. Anm.:** Richtlinie 93/13/EWG des Rates vom 5. April 1993 über missbräuchliche Klauseln in Verbraucherverträgen (ABl. L 95 vom 21.4.1993, S. 29).

könnte darin festgelegt werden, wie der Verantwortliche zu bestimmen ist, welche Art von personenbezogenen Daten verarbeitet werden, welche Personen betroffen sind, welchen Einrichtungen die personenbezogenen Daten offengelegt, für welche Zwecke und wie lange sie gespeichert werden dürfen und welche anderen Maßnahmen ergriffen werden, um zu gewährleisten, dass die Verarbeitung rechtmäßig und nach Treu und Glauben erfolgt. Desgleichen sollte im Unionsrecht oder im Recht der Mitgliedstaaten geregelt werden, ob es sich bei dem Verantwortlichen, der eine Aufgabe wahrnimmt, die im öffentlichen Interesse liegt oder in Ausübung öffentlicher Gewalt erfolgt, um eine Behörde oder um eine andere unter das öffentliche Recht fallende natürliche oder juristische Person oder, sofern dies durch das öffentliche Interesse einschließlich gesundheitlicher Zwecke, wie die öffentliche Gesundheit oder die soziale Sicherheit oder die Verwaltung von Leistungen der Gesundheitsfürsorge, gerechtfertigt ist, eine natürliche oder juristische Person des Privatrechts, wie beispielsweise eine Berufsvereinigung, handeln sollte.

(46) Die Verarbeitung personenbezogener Daten sollte ebenfalls als rechtmäßig angesehen werden, wenn sie erforderlich ist, um ein lebenswichtiges Interesse der betroffenen Person oder einer anderen natürlichen Person zu schützen. Personenbezogene Daten sollten grundsätzlich nur dann aufgrund eines lebenswichtigen Interesses einer anderen natürlichen Person verarbeitet werden, wenn die Verarbeitung offensichtlich nicht auf eine andere Rechtsgrundlage gestützt werden kann. Einige Arten der Verarbeitung können sowohl wichtigen Gründen des öffentlichen Interesses als auch lebenswichtigen Interessen der betroffenen Person dienen; so kann beispielsweise die Verarbeitung für humanitäre Zwecke einschließlich der Überwachung von Epidemien und deren Ausbreitung oder in humanitären Notfällen insbesondere bei Naturkatastrophen oder vom Menschen verursachten Katastrophen erforderlich sein.

(47)[1] Die Rechtmäßigkeit der Verarbeitung kann durch die berechtigten Interessen eines Verantwortlichen, auch eines Verantwortlichen, dem die personenbezogenen Daten offengelegt werden dürfen, oder eines Dritten begründet sein, sofern die Interessen oder die Grundrechte und Grundfreiheiten der betroffenen Person nicht überwiegen; dabei sind die vernünftigen Erwartungen der betroffenen Personen, die auf ihrer Beziehung zu dem Verantwortlichen beruhen, zu berücksichtigen. Ein berechtigtes Interesse könnte beispielsweise vorliegen, wenn eine maßgebliche und angemessene Beziehung zwischen der betroffenen Person und dem Verantwortlichen besteht, z.B. wenn die betroffene Person ein Kunde des Verantwortlichen ist oder in seinen Diensten steht. Auf jeden Fall wäre das Bestehen eines berechtigten Interesses besonders sorgfältig abzuwägen, wobei auch zu prüfen ist, ob eine betroffene Person zum Zeitpunkt der Erhebung der personenbezogenen Daten und angesichts der Umstände, unter denen sie erfolgt, vernünftigerweise absehen kann, dass möglicherweise eine Verarbeitung für diesen Zweck erfolgen wird. Insbesondere dann, wenn personenbezogene

---

[1] Erwägungsgrund 47 ber. ABl. 2018 L 127 S. 2.

Daten in Situationen verarbeitet werden, in denen eine betroffene Person vernünftigerweise nicht mit einer weiteren Verarbeitung rechnen muss, könnten die Interessen und Grundrechte der betroffenen Person das Interesse des Verantwortlichen überwiegen. Da es dem Gesetzgeber obliegt, per Rechtsvorschrift die Rechtsgrundlage für die Verarbeitung personenbezogener Daten durch die Behörden zu schaffen, sollte diese Rechtsgrundlage nicht für Verarbeitungen durch Behörden gelten, die diese in Erfüllung ihrer Aufgaben vornehmen. Die Verarbeitung personenbezogener Daten im für die Verhinderung von Betrug unbedingt erforderlichen Umfang stellt ebenfalls ein berechtigtes Interesse des jeweiligen Verantwortlichen dar. Die Verarbeitung personenbezogener Daten zum Zwecke der Direktwerbung kann als eine einem berechtigten Interesse dienende Verarbeitung betrachtet werden.

(48) Verantwortliche, die Teil einer Unternehmensgruppe oder einer Gruppe von Einrichtungen sind, die einer zentralen Stelle zugeordnet sind können ein berechtigtes Interesse haben, personenbezogene Daten innerhalb der Unternehmensgruppe für interne Verwaltungszwecke, einschließlich der Verarbeitung personenbezogener Daten von Kunden und Beschäftigten, zu übermitteln. Die Grundprinzipien für die Übermittlung personenbezogener Daten innerhalb von Unternehmensgruppen an ein Unternehmen in einem Drittland bleiben unberührt.

(49) Die Verarbeitung von personenbezogenen Daten durch Behörden, Computer-Notdienste (Computer Emergency Response Teams – CERT, beziehungsweise Computer Security Incident Response Teams – CSIRT), Betreiber von elektronischen Kommunikationsnetzen und -diensten sowie durch Anbieter von Sicherheitstechnologien und -diensten stellt in dem Maße ein berechtigtes Interesse des jeweiligen Verantwortlichen dar, wie dies für die Gewährleistung der Netz- und Informationssicherheit unbedingt notwendig und verhältnismäßig ist, d.h. soweit dadurch die Fähigkeit eines Netzes oder Informationssystems gewährleistet wird, mit einem vorgegebenen Grad der Zuverlässigkeit Störungen oder widerrechtliche oder mutwillige Eingriffe abzuwehren, die die Verfügbarkeit, Authentizität, Vollständigkeit und Vertraulichkeit von gespeicherten oder übermittelten personenbezogenen Daten sowie die Sicherheit damit zusammenhängender Dienste, die über diese Netze oder Informationssysteme angeboten werden bzw. zugänglich sind, beeinträchtigen. Ein solches berechtigtes Interesse könnte beispielsweise darin bestehen, den Zugang Unbefugter zu elektronischen Kommunikationsnetzen und die Verbreitung schädlicher Programmcodes zu verhindern sowie Angriffe in Form der gezielten Überlastung von Servern („Denial of service"-Angriffe) und Schädigungen von Computer- und elektronischen Kommunikationssystemen abzuwehren.

(50)[1] Die Verarbeitung personenbezogener Daten für andere Zwecke als die, für die die personenbezogenen Daten ursprünglich erhoben wurden, sollte nur zulässig sein, wenn die Verarbeitung mit den Zwecken, für die die personenbezogenen Daten ursprünglich erhoben wurden, ver-

---

[1] Erwägungsgrund 50 ber. ABl. 2018 L 127 S. 2.

einbar ist. In diesem Fall ist keine andere gesonderte Rechtsgrundlage erforderlich als diejenige für die Erhebung der personenbezogenen Daten. Ist die Verarbeitung für die Wahrnehmung einer Aufgabe erforderlich, die im öffentlichen Interesse liegt oder in Ausübung öffentlicher Gewalt erfolgt, die dem Verantwortlichen übertragen wurde, so können im Unionsrecht oder im Recht der Mitgliedstaaten die Aufgaben und Zwecke bestimmt und konkretisiert werden, für die eine Weiterverarbeitung als vereinbar und rechtmäßig erachtet wird. Die Weiterverarbeitung für im öffentlichen Interesse liegende Archivzwecke, für wissenschaftliche oder historische Forschungszwecke oder für statistische Zwecke sollte als vereinbarer und rechtmäßiger Verarbeitungsvorgang gelten. Die im Unionsrecht oder im Recht der Mitgliedstaaten vorgesehene Rechtsgrundlage für die Verarbeitung personenbezogener Daten kann auch als Rechtsgrundlage für eine Weiterverarbeitung dienen. Um festzustellen, ob ein Zweck der Weiterverarbeitung mit dem Zweck, für den die personenbezogenen Daten ursprünglich erhoben wurden, vereinbar ist, sollte der Verantwortliche nach Einhaltung aller Anforderungen für die Rechtmäßigkeit der ursprünglichen Verarbeitung unter anderem prüfen, ob ein Zusammenhang zwischen den Zwecken, für die die personenbezogenen Daten erhoben wurden, und den Zwecken der beabsichtigten Weiterverarbeitung besteht, in welchem Kontext die Daten erhoben wurden, insbesondere die vernünftigen Erwartungen der betroffenen Personen, die auf ihrer Beziehung zu dem Verantwortlichen beruhen, in Bezug auf die weitere Verwendung dieser Daten, um welche Art von personenbezogenen Daten es sich handelt, welche Folgen die beabsichtigte Weiterverarbeitung für die betroffenen Personen hat und ob sowohl beim ursprünglichen als auch beim beabsichtigten Weiterverarbeitungsvorgang geeignete Garantien bestehen.

Hat die betroffene Person ihre Einwilligung erteilt oder beruht die Verarbeitung auf Unionsrecht oder dem Recht der Mitgliedstaaten, was in einer demokratischen Gesellschaft eine notwendige und verhältnismäßige Maßnahme zum Schutz insbesondere wichtiger Ziele des allgemeinen öffentlichen Interesses darstellt, so sollte der Verantwortliche die personenbezogenen Daten ungeachtet der Vereinbarkeit der Zwecke weiterverarbeiten dürfen. In jedem Fall sollte gewährleistet sein, dass die in dieser Verordnung niedergelegten Grundsätze angewandt werden und insbesondere die betroffene Person über diese anderen Zwecke und über ihre Rechte einschließlich des Widerspruchsrechts unterrichtet wird. Der Hinweis des Verantwortlichen auf mögliche Straftaten oder Bedrohungen der öffentlichen Sicherheit und die Übermittlung der maßgeblichen personenbezogenen Daten in Einzelfällen oder in mehreren Fällen, die im Zusammenhang mit derselben Straftat oder derselben Bedrohung der öffentlichen Sicherheit stehen, an eine zuständige Behörde sollten als berechtigtes Interesse des Verantwortlichen gelten. Eine derartige Übermittlung personenbezogener Daten im berechtigten Interesse des Verantwortlichen oder deren Weiterverarbeitung sollte jedoch unzulässig sein, wenn die Verarbeitung mit einer rechtlichen, beruflichen oder sonstigen verbindlichen Pflicht zur Geheimhaltung unvereinbar ist.

(51) Personenbezogene Daten, die ihrem Wesen nach hinsichtlich der Grundrechte und Grundfreiheiten besonders sensibel sind, verdienen einen besonderen Schutz, da im Zusammenhang mit ihrer Verarbeitung erhebliche Risiken für die Grundrechte und Grundfreiheiten auftreten können. Diese personenbezogenen Daten sollten personenbezogene Daten umfassen, aus denen die rassische oder ethnische Herkunft hervorgeht, wobei die Verwendung des Begriffs „rassische Herkunft" in dieser Verordnung nicht bedeutet, dass die Union Theorien, mit denen versucht wird, die Existenz verschiedener menschlicher Rassen zu belegen, gutheißt. Die Verarbeitung von Lichtbildern sollte nicht grundsätzlich als Verarbeitung besonderer Kategorien von personenbezogenen Daten angesehen werden, da Lichtbilder nur dann von der Definition des Begriffs „biometrische Daten" erfasst werden, wenn sie mit speziellen technischen Mitteln verarbeitet werden, die die eindeutige Identifizierung oder Authentifizierung einer natürlichen Person ermöglichen. Derartige personenbezogene Daten sollten nicht verarbeitet werden, es sei denn, die Verarbeitung ist in den in dieser Verordnung dargelegten besonderen Fällen zulässig, wobei zu berücksichtigen ist, dass im Recht der Mitgliedstaaten besondere Datenschutzbestimmungen festgelegt sein können, um die Anwendung der Bestimmungen dieser Verordnung anzupassen, damit die Einhaltung einer rechtlichen Verpflichtung oder die Wahrnehmung einer Aufgabe im öffentlichen Interesse oder die Ausübung öffentlicher Gewalt, die dem Verantwortlichen übertragen wurde, möglich ist. Zusätzlich zu den speziellen Anforderungen an eine derartige Verarbeitung sollten die allgemeinen Grundsätze und andere Bestimmungen dieser Verordnung, insbesondere hinsichtlich der Bedingungen für eine rechtmäßige Verarbeitung, gelten. Ausnahmen von dem allgemeinen Verbot der Verarbeitung dieser besonderen Kategorien personenbezogener Daten sollten ausdrücklich vorgesehen werden, unter anderem bei ausdrücklicher Einwilligung der betroffenen Person oder bei bestimmten Notwendigkeiten, insbesondere wenn die Verarbeitung im Rahmen rechtmäßiger Tätigkeiten bestimmter Vereinigungen oder Stiftungen vorgenommen wird, die sich für die Ausübung von Grundfreiheiten einsetzen.

(52) Ausnahmen vom Verbot der Verarbeitung besonderer Kategorien von personenbezogenen Daten sollten auch erlaubt sein, wenn sie im Unionsrecht oder dem Recht der Mitgliedstaaten vorgesehen sind, und – vorbehaltlich angemessener Garantien zum Schutz der personenbezogenen Daten und anderer Grundrechte – wenn dies durch das öffentliche Interesse gerechtfertigt ist, insbesondere für die Verarbeitung von personenbezogenen Daten auf dem Gebiet des Arbeitsrechts und des Rechts der sozialen Sicherheit einschließlich Renten und zwecks Sicherstellung und Überwachung der Gesundheit und Gesundheitswarnungen, Prävention oder Kontrolle ansteckender Krankheiten und anderer schwerwiegender Gesundheitsgefahren. Eine solche Ausnahme kann zu gesundheitlichen Zwecken gemacht werden, wie der Gewährleistung der öffentlichen Gesundheit und der Verwaltung von Leistungen der Gesundheitsversorgung, insbesondere wenn dadurch die Qualität und Wirtschaftlichkeit der Verfahren zur Abrechnung von Leistungen in den sozialen Krankenversicherungssystemen sichergestellt werden soll, oder wenn die Verarbeitung im öffentlichen Interesse

liegenden Archivzwecken, wissenschaftlichen oder historischen Forschungszwecken oder statistischen Zwecken dient. Die Verarbeitung solcher personenbezogener Daten sollte zudem ausnahmsweise erlaubt sein, wenn sie erforderlich ist, um rechtliche Ansprüche, sei es in einem Gerichtsverfahren oder in einem Verwaltungsverfahren oder einem außergerichtlichen Verfahren, geltend zu machen, auszuüben oder zu verteidigen.

(53) Besondere Kategorien personenbezogener Daten, die *eines höheren Schutzes*[1] verdienen, sollten nur dann für gesundheitsbezogene Zwecke verarbeitet werden, wenn dies für das Erreichen dieser Zwecke im Interesse einzelner natürlicher Personen und der Gesellschaft insgesamt erforderlich ist, insbesondere im Zusammenhang mit der Verwaltung der Dienste und Systeme des Gesundheits- oder Sozialbereichs, einschließlich der Verarbeitung dieser Daten durch die Verwaltung und die zentralen nationalen Gesundheitsbehörden zwecks Qualitätskontrolle, Verwaltungsinformationen und der allgemeinen nationalen und lokalen Überwachung des Gesundheitssystems oder des Sozialsystems und zwecks Gewährleistung der Kontinuität der Gesundheits- und Sozialfürsorge und der grenzüberschreitenden Gesundheitsversorgung oder Sicherstellung und Überwachung der Gesundheit und Gesundheitswarnungen oder für im öffentlichen Interesse liegende Archivzwecke, zu wissenschaftlichen oder historischen Forschungszwecken oder statistischen Zwecken, die auf Rechtsvorschriften der Union oder der Mitgliedstaaten beruhen, die einem im öffentlichen Interesse liegenden Ziel dienen müssen, sowie für Studien, die im öffentlichen Interesse im Bereich der öffentlichen Gesundheit durchgeführt werden. Diese Verordnung sollte daher harmonisierte Bedingungen für die Verarbeitung besonderer Kategorien personenbezogener Gesundheitsdaten im Hinblick auf bestimmte Erfordernisse harmonisieren, insbesondere wenn die Verarbeitung dieser Daten für gesundheitsbezogene Zwecke von Personen durchgeführt wird, die gemäß einer rechtlichen Verpflichtung dem Berufsgeheimnis unterliegen. Im Recht der Union oder der Mitgliedstaaten sollten besondere und angemessene Maßnahmen zum Schutz der Grundrechte und der personenbezogenen Daten natürlicher Personen vorgesehen werden. Den Mitgliedstaaten sollte gestattet werden, weitere Bedingungen einschließlich Beschränkungen – in Bezug auf die Verarbeitung von genetischen Daten, biometrischen Daten oder Gesundheitsdaten beizubehalten oder einzuführen. Dies sollte jedoch den freien Verkehr personenbezogener Daten innerhalb der Union nicht beeinträchtigen, falls die betreffenden Bedingungen für die grenzüberschreitende Verarbeitung solcher Daten gelten.

(54) Aus Gründen des öffentlichen Interesses in Bereichen der öffentlichen Gesundheit kann es notwendig sein, besondere Kategorien personenbezogener Daten auch ohne Einwilligung der betroffenen Person zu verarbeiten. Diese Verarbeitung sollte angemessenen und besonderen Maßnahmen zum Schutz der Rechte und Freiheiten natürlicher Personen unterliegen. In diesem Zusammenhang sollte der Begriff „öffentliche Gesundheit" im Sinne der Verordnung (EG) Nr. 1338/2008 des

[1] Richtig wohl: „einen höheren Schutz".

Europäischen Parlaments und des Rates[1] ausgelegt werden und alle Elemente im Zusammenhang mit der Gesundheit wie den Gesundheitszustand einschließlich Morbidität und Behinderung, die sich auf diesen Gesundheitszustand auswirkenden Determinanten, den Bedarf an Gesundheitsversorgung, die der Gesundheitsversorgung zugewiesenen Mittel, die Bereitstellung von Gesundheitsversorgungsleistungen und den allgemeinen Zugang zu diesen Leistungen sowie die entsprechenden Ausgaben und die Finanzierung und schließlich die Ursachen der Mortalität einschließen. Eine solche Verarbeitung von Gesundheitsdaten aus Gründen des öffentlichen Interesses darf nicht dazu führen, dass Dritte, unter anderem Arbeitgeber oder Versicherungs- und Finanzunternehmen, solche *personenbezogene*[2] Daten zu anderen Zwecken verarbeiten.

(55) Auch die Verarbeitung personenbezogener Daten durch staatliche Stellen zu verfassungsrechtlich oder völkerrechtlich verankerten Zielen von staatlich anerkannten Religionsgemeinschaften erfolgt aus Gründen des öffentlichen Interesses.

(56) Wenn es in einem Mitgliedstaat das Funktionieren des demokratischen Systems erfordert, dass die politischen Parteien im Zusammenhang mit Wahlen personenbezogene Daten über die politische Einstellung von Personen sammeln, kann die Verarbeitung derartiger Daten aus Gründen des öffentlichen Interesses zugelassen werden, sofern geeignete Garantien vorgesehen werden.

(57) Kann der Verantwortliche anhand der von ihm verarbeiteten personenbezogenen Daten eine natürliche Person nicht identifizieren, so sollte er nicht verpflichtet sein, zur bloßen Einhaltung einer Vorschrift dieser Verordnung zusätzliche Daten einzuholen, um die betroffene Person zu identifizieren. Allerdings sollte er sich nicht weigern, zusätzliche Informationen entgegenzunehmen, die von der betroffenen Person beigebracht werden, um ihre Rechte geltend zu machen. Die Identifizierung sollte die digitale Identifizierung einer betroffenen Person beispielsweise durch Authentifizierungsverfahren etwa mit denselben Berechtigungsnachweisen, wie sie die betroffene Person verwendet, um sich bei dem von dem Verantwortlichen bereitgestellten Online-Dienst anzumelden – einschließen.

(58) Der Grundsatz der Transparenz setzt voraus, dass eine für die Öffentlichkeit oder die betroffene Person bestimmte Information präzise, leicht zugänglich und verständlich sowie in klarer und einfacher Sprache abgefasst ist und gegebenenfalls zusätzlich visuelle Elemente verwendet werden. Diese Information könnte in elektronischer Form bereitgestellt werden, beispielsweise auf einer Website, wenn sie für die Öffentlichkeit bestimmt ist. Dies gilt insbesondere für Situationen, wo die große Zahl der Beteiligten und die Komplexität der dazu benötigten Technik es der betroffenen Person schwer machen, zu erkennen und nachzuvollziehen, ob, von wem und zu welchem Zweck sie betreffende personenbezogene Daten erfasst werden, wie etwa bei der

---

[1] **Amtl. Anm.:** Verordnung (EG) Nr. 1338/2008 des Europäischen Parlaments und des Rates vom 16. Dezember 2008 zu Gemeinschaftsstatistiken über öffentliche Gesundheit und über Gesundheitsschutz und Sicherheit am Arbeitsplatz (ABl. L 354 vom 31.12.2008, S. 70).

[2] Richtig wohl: „personenbezogenen".

Werbung im Internet. Wenn sich die Verarbeitung an Kinder richtet, sollten aufgrund der besonderen Schutzwürdigkeit von Kindern Informationen und Hinweise in einer dergestalt klaren und einfachen Sprache erfolgen, dass ein Kind sie verstehen kann.

(59) Es sollten Modalitäten festgelegt werden, die einer betroffenen Person die Ausübung der Rechte, die ihr nach dieser Verordnung zustehen, erleichtern, darunter auch Mechanismen, die dafür sorgen, dass sie unentgeltlich insbesondere Zugang zu personenbezogenen Daten und deren Berichtigung oder Löschung beantragen und gegebenenfalls erhalten oder von ihrem Widerspruchsrecht Gebrauch machen kann. So sollte der Verantwortliche auch dafür sorgen, dass Anträge elektronisch gestellt werden können, insbesondere wenn die personenbezogenen Daten elektronisch verarbeitet werden. Der Verantwortliche sollte verpflichtet werden, den Antrag der betroffenen Person unverzüglich, spätestens aber innerhalb eines Monats zu beantworten und gegebenenfalls zu begründen, warum er den Antrag ablehnt.

(60) Die Grundsätze einer fairen und transparenten Verarbeitung machen es erforderlich, dass die betroffene Person über die Existenz des Verarbeitungsvorgangs und seine Zwecke unterrichtet wird. Der Verantwortliche sollte der betroffenen Person alle weiteren Informationen zur Verfügung stellen, die unter Berücksichtigung der besonderen Umstände und Rahmenbedingungen, unter denen die personenbezogenen Daten verarbeitet werden, notwendig sind, um eine faire und transparente Verarbeitung zu gewährleisten. Darüber hinaus sollte er die betroffene Person darauf hinweisen, dass Profiling stattfindet und welche Folgen dies hat. Werden die personenbezogenen Daten bei der betroffenen Person erhoben, so sollte dieser darüber hinaus mitgeteilt werden, ob sie verpflichtet ist, die personenbezogenen Daten bereitzustellen, und welche Folgen eine Zurückhaltung der Daten nach sich ziehen würde. Die betreffenden Informationen können in Kombination mit standardisierten Bildsymbolen bereitgestellt werden, um in leicht wahrnehmbarer, verständlicher und klar nachvollziehbarer Form einen aussagekräftigen Überblick über die beabsichtigte Verarbeitung zu vermitteln. Werden die Bildsymbole in elektronischer Form dargestellt, so sollten sie maschinenlesbar sein.

(61) Dass sie betreffende personenbezogene Daten verarbeitet werden, sollte der betroffenen Person zum Zeitpunkt der Erhebung mitgeteilt werden oder, falls die Daten nicht von ihr, sondern aus einer anderen Quelle erlangt werden, innerhalb einer angemessenen Frist, die sich nach dem konkreten Einzelfall richtet. Wenn die personenbezogenen Daten rechtmäßig einem anderen Empfänger offengelegt werden dürfen, sollte die betroffene Person bei der erstmaligen Offenlegung der personenbezogenen Daten für diesen Empfänger darüber aufgeklärt werden. Beabsichtigt der Verantwortliche, die personenbezogenen Daten für einen anderen Zweck zu verarbeiten als den, für den die Daten erhoben wurden, so sollte er der betroffenen Person vor dieser Weiterverarbeitung Informationen über diesen anderen Zweck und andere erforderliche Informationen zur Verfügung stellen. Konnte der betroffenen Person nicht mitgeteilt werden, woher die personenbezogenen

Daten stammen, weil verschiedene Quellen benutzt wurden, so sollte die Unterrichtung allgemein gehalten werden.

(62) Die Pflicht, Informationen zur Verfügung zu stellen, erübrigt sich jedoch, wenn die betroffene Person die Information bereits hat, wenn die Speicherung oder Offenlegung der personenbezogenen Daten ausdrücklich durch Rechtsvorschriften geregelt ist oder wenn sich die Unterrichtung der betroffenen Person als unmöglich erweist oder mit unverhältnismäßig hohem Aufwand verbunden ist. Letzteres könnte insbesondere bei Verarbeitungen für im öffentlichen Interesse liegende Archivzwecke, zu wissenschaftlichen oder historischen Forschungszwecken oder zu statistischen Zwecken der Fall sein. Als Anhaltspunkte sollten dabei die Zahl der betroffenen Personen, das Alter der Daten oder etwaige geeignete Garantien in Betracht gezogen werden.

(63) Eine betroffene Person sollte ein Auskunftsrecht hinsichtlich der sie betreffenden personenbezogenen Daten, die erhoben worden sind, besitzen und dieses Recht problemlos und in angemessenen Abständen wahrnehmen können, um sich der Verarbeitung bewusst zu sein und deren Rechtmäßigkeit überprüfen zu können. Dies schließt das Recht betroffene Personen auf Auskunft über ihre eigenen gesundheitsbezogenen Daten ein, etwa Daten in ihren Patientenakten, die Informationen wie beispielsweise Diagnosen, Untersuchungsergebnisse, Befunde der behandelnden Ärzte und Angaben zu Behandlungen oder Eingriffen enthalten. Jede betroffene Person sollte daher ein Anrecht darauf haben zu wissen und zu erfahren, insbesondere zu welchen Zwecken die personenbezogenen Daten verarbeitet werden und, wenn möglich, wie lange sie gespeichert werden, wer die Empfänger der personenbezogenen Daten sind, nach welcher Logik die automatische Verarbeitung personenbezogener Daten erfolgt und welche Folgen eine solche Verarbeitung haben kann, zumindest in Fällen, in denen die Verarbeitung auf Profiling beruht. Nach Möglichkeit sollte der Verantwortliche den Fernzugang zu einem sicheren System bereitstellen können, der der betroffenen Person direkten Zugang zu ihren personenbezogenen Daten ermöglichen würde. Dieses Recht sollte die Rechte und Freiheiten anderer Personen, etwa Geschäftsgeheimnisse oder Rechte des geistigen Eigentums und insbesondere das Urheberrecht an Software, nicht beeinträchtigen. Dies darf jedoch nicht dazu führen, dass der betroffenen Person jegliche Auskunft verweigert wird. Verarbeitet der Verantwortliche eine große Menge von Informationen über die betroffene Person, so sollte er verlangen können, dass die betroffene Person präzisiert, auf welche Information oder welche Verarbeitungsvorgänge sich ihr Auskunftsersuchen bezieht, bevor er ihr Auskunft erteilt.

(64) Der Verantwortliche sollte alle vertretbaren Mittel nutzen, um die Identität einer Auskunft suchenden betroffenen Person zu überprüfen, insbesondere im Rahmen von Online-Diensten und im Fall von Online-Kennungen. Ein Verantwortlicher sollte personenbezogene Daten nicht allein zu dem Zweck speichern, auf mögliche Auskunftsersuchen reagieren zu können.

(65) Eine betroffene Person sollte ein Recht auf Berichtigung der sie betreffenden personenbezogenen Daten besitzen sowie ein „Recht auf Vergessenwerden“, wenn die Speicherung ihrer Daten gegen diese Ver-

ordnung oder gegen das Unionsrecht oder das Recht der Mitgliedstaaten, dem der Verantwortliche unterliegt, verstößt. Insbesondere sollten betroffene Personen Anspruch darauf haben, dass ihre personenbezogenen Daten gelöscht und nicht mehr verarbeitet werden, wenn die personenbezogenen Daten hinsichtlich der Zwecke, für die sie erhoben bzw. anderweitig verarbeitet wurden, nicht mehr benötigt werden, wenn die betroffenen Personen ihre Einwilligung in die Verarbeitung widerrufen oder Widerspruch gegen die Verarbeitung der sie betreffenden personenbezogenen Daten eingelegt haben oder wenn die Verarbeitung ihrer personenbezogenen Daten aus anderen Gründen gegen diese Verordnung verstößt. Dieses Recht ist insbesondere wichtig in Fällen, in denen die betroffene Person ihre Einwilligung noch im Kindesalter gegeben hat und insofern die mit der Verarbeitung verbundenen Gefahren nicht in vollem Umfang absehen konnte und die personenbezogenen Daten – insbesondere die im Internet gespeicherten – später löschen möchte. Die betroffene Person sollte dieses Recht auch dann ausüben können, wenn sie kein Kind mehr ist. Die weitere Speicherung der personenbezogenen Daten sollte jedoch rechtmäßig sein, wenn dies für die Ausübung des Rechts auf freie Meinungsäußerung und Information, zur Erfüllung einer rechtlichen Verpflichtung, für die Wahrnehmung einer Aufgabe, die im öffentlichen Interesse liegt oder in Ausübung öffentlicher Gewalt erfolgt, die dem Verantwortlichen übertragen wurde, aus Gründen des öffentlichen Interesses im Bereich der öffentlichen Gesundheit, für im öffentlichen Interesse liegende Archivzwecke, zu wissenschaftlichen oder historischen Forschungszwecken oder zu statistischen Zwecken oder zur Geltendmachung, Ausübung oder Verteidigung von Rechtsansprüchen erforderlich ist.

(66) Um dem „Recht auf Vergessenwerden" im Netz mehr Geltung zu verschaffen, sollte das Recht auf Löschung ausgeweitet werden, indem ein Verantwortlicher, der die personenbezogenen Daten öffentlich gemacht hat, verpflichtet wird, den Verantwortlichen, die diese personenbezogenen Daten verarbeiten, mitzuteilen, alle Links zu diesen personenbezogenen Daten oder Kopien oder Replikationen der personenbezogenen Daten zu löschen. Dabei sollte der Verantwortliche, unter Berücksichtigung der verfügbaren Technologien und der ihm zur Verfügung stehenden Mittel, angemessene Maßnahmen – auch technischer Art – treffen, um die Verantwortlichen, die diese personenbezogenen Daten verarbeiten, über den Antrag der betroffenen Person zu informieren.

(67) Methoden zur Beschränkung der Verarbeitung personenbezogener Daten könnten unter anderem darin bestehen, dass ausgewählte personenbezogenen Daten vorübergehend auf ein anderes Verarbeitungssystem übertragen werden, dass sie für Nutzer gesperrt werden oder dass *veröffentliche*[1] Daten vorübergehend von einer Website entfernt werden. In automatisierten Dateisystemen sollte die Einschränkung der Verarbeitung grundsätzlich durch technische Mittel so erfolgen, dass die personenbezogenen Daten in keiner Weise weiterverarbeitet werden

[1] Richtig wohl: „veröffentlichte".

und nicht verändert werden können. Auf die Tatsache, dass die Verarbeitung der personenbezogenen Daten beschränkt wurde, sollte in dem System unmissverständlich hingewiesen werden.

(68) Um im Fall der Verarbeitung personenbezogener Daten mit automatischen Mitteln eine bessere Kontrolle über die eigenen Daten zu haben, sollte die betroffene Person außerdem berechtigt sein, die sie betreffenden personenbezogenen Daten, die sie einem Verantwortlichen bereitgestellt hat, in einem strukturierten, gängigen, maschinenlesbaren und interoperablen Format zu erhalten und sie einem anderen Verantwortlichen zu übermitteln. Die Verantwortlichen sollten dazu aufgefordert werden, interoperable Formate zu entwickeln, die die Datenübertragbarkeit ermöglichen. Dieses Recht sollte dann gelten, wenn die betroffene Person die personenbezogenen Daten mit ihrer Einwilligung zur Verfügung gestellt hat oder die Verarbeitung zur Erfüllung eines Vertrags erforderlich ist. Es sollte nicht gelten, wenn die Verarbeitung auf einer anderen Rechtsgrundlage als ihrer Einwilligung oder eines Vertrags erfolgt. Dieses Recht sollte naturgemäß nicht gegen Verantwortliche ausgeübt werden, die personenbezogenen Daten in Erfüllung ihrer öffentlichen Aufgaben verarbeiten. Es sollte daher nicht gelten, wenn die Verarbeitung der personenbezogenen Daten zur Erfüllung einer rechtlichen Verpflichtung, der der Verantwortliche unterliegt, oder für die Wahrnehmung einer ihm übertragenen Aufgabe, die im öffentlichen Interesse liegt oder in Ausübung einer ihm übertragenen öffentlichen Gewalt erfolgt, erforderlich ist. Das Recht der betroffenen Person, sie betreffende personenbezogene Daten zu übermitteln oder zu empfangen, sollte für den Verantwortlichen nicht die Pflicht begründen, technisch kompatible Datenverarbeitungssysteme zu übernehmen oder beizubehalten. Ist im Fall eines bestimmten Satzes personenbezogener Daten mehr als eine betroffene Person tangiert, so sollte das Recht auf Empfang der Daten die Grundrechte und Grundfreiheiten anderer betroffener Personen nach dieser Verordnung unberührt lassen. Dieses Recht sollte zudem das Recht der betroffenen Person auf Löschung ihrer personenbezogenen Daten und die Beschränkungen dieses Rechts gemäß dieser Verordnung nicht berühren und insbesondere nicht bedeuten, dass die Daten, die sich auf die betroffene Person beziehen und von ihr zur Erfüllung eines Vertrags zur Verfügung gestellt worden sind, gelöscht werden, soweit und solange diese personenbezogenen Daten für die Erfüllung des Vertrags notwendig sind. Soweit technisch machbar, sollte die betroffene Person das Recht haben, zu erwirken, dass die personenbezogenen Daten direkt von einem Verantwortlichen einem anderen Verantwortlichen übermittelt werden.

(69) Dürfen die personenbezogenen Daten möglicherweise rechtmäßig verarbeitet werden, weil die Verarbeitung für die Wahrnehmung einer Aufgabe, die im öffentlichen Interesse liegt oder in Ausübung öffentlicher Gewalt – die dem Verantwortlichen übertragen wurde, – oder aufgrund des berechtigten Interesses des Verantwortlichen oder eines Dritten erforderlich ist, sollte jede betroffene Person trotzdem das Recht haben, Widerspruch gegen die Verarbeitung der sich aus ihrer besonderen Situation ergebenden personenbezogenen Daten einzulegen. Der für die Verarbeitung Verantwortliche sollte darlegen müssen,

dass seine zwingenden berechtigten Interessen Vorrang vor den Interessen oder Grundrechten und Grundfreiheiten der betroffenen Person haben.

(70) Werden personenbezogene Daten verarbeitet, um Direktwerbung zu betreiben, so sollte die betroffene Person jederzeit unentgeltlich insoweit Widerspruch gegen eine solche – ursprüngliche oder spätere – Verarbeitung einschließlich des Profilings einlegen können, als sie mit dieser Direktwerbung zusammenhängt. Die betroffene Person sollte ausdrücklich auf dieses Recht hingewiesen werden; dieser Hinweis sollte in einer verständlichen und von anderen Informationen getrennten Form erfolgen.

(71)[1] Die betroffene Person sollte das Recht haben, keiner Entscheidung – was eine Maßnahme einschließen kann – zur Bewertung von sie betreffenden persönlichen Aspekten unterworfen zu werden, die ausschließlich auf einer automatisierten Verarbeitung beruht und die rechtliche Wirkung für die betroffene Person entfaltet oder sie in ähnlicher Weise erheblich beeinträchtigt, wie die automatische Ablehnung eines Online-Kreditantrags oder Online-Einstellungsverfahren ohne jegliches menschliche Eingreifen. Zu einer derartigen Verarbeitung zählt auch das „Profiling", das in jeglicher Form automatisierter Verarbeitung personenbezogener Daten unter Bewertung der persönlichen Aspekte in Bezug auf eine natürliche Person besteht, insbesondere zur Analyse oder Prognose von Aspekten bezüglich Arbeitsleistung, wirtschaftliche Lage, Gesundheit, persönliche Vorlieben oder Interessen, Zuverlässigkeit oder Verhalten, Aufenthaltsort oder Ortswechsel der betroffenen Person, soweit dies rechtliche Wirkung für die betroffene Person entfaltet oder sie in ähnlicher Weise erheblich beeinträchtigt. Eine auf einer derartigen Verarbeitung, einschließlich des Profilings, beruhende Entscheidungsfindung sollte allerdings erlaubt sein, wenn dies nach dem Unionsrecht oder dem Recht der Mitgliedstaaten, dem der für die Verarbeitung Verantwortliche unterliegt, ausdrücklich zulässig ist, auch um im Einklang mit den Vorschriften, Standards und Empfehlungen der Institutionen der Union oder der nationalen Aufsichtsgremien Betrug und Steuerhinterziehung zu überwachen und zu verhindern und die Sicherheit und Zuverlässigkeit eines von dem Verantwortlichen bereitgestellten Dienstes zu gewährleisten, oder wenn dies für den Abschluss oder die Erfüllung eines Vertrags zwischen der betroffenen Person und einem Verantwortlichen erforderlich ist oder wenn die betroffene Person ihre ausdrückliche Einwilligung hierzu erteilt hat. In jedem Fall sollte eine solche Verarbeitung mit angemessenen Garantien verbunden sein, einschließlich der spezifischen Unterrichtung der betroffenen Person und des Anspruchs auf direktes Eingreifen einer Person, auf Darlegung des eigenen Standpunkts, auf Erläuterung der nach einer entsprechenden Bewertung getroffenen Entscheidung sowie des Rechts auf Anfechtung der Entscheidung. Diese Maßnahme sollte kein Kind betreffen.

Um unter Berücksichtigung der besonderen Umstände und Rahmenbedingungen, unter denen die personenbezogenen Daten verarbeitet

---

[1] Erwägungsgrund 71 ber. ABl. 2018 L 127 S. 2.

werden, der betroffenen Person gegenüber eine faire und transparente Verarbeitung zu gewährleisten, sollte der für die Verarbeitung Verantwortliche geeignete mathematische oder statistische Verfahren für das Profiling verwenden, technische und organisatorische Maßnahmen treffen, mit denen in geeigneter Weise insbesondere sichergestellt wird, dass Faktoren, die zu unrichtigen personenbezogenen Daten führen, korrigiert werden und das Risiko von Fehlern minimiert wird, und personenbezogene Daten in einer Weise sichern, dass den potenziellen Bedrohungen für die Interessen und Rechte der betroffenen Person Rechnung getragen wird und unter anderem verhindern, dass es gegenüber natürlichen Personen aufgrund von Rasse, ethnischer Herkunft, politischer Meinung, Religion oder Weltanschauung, Gewerkschaftszugehörigkeit, genetischer Anlagen oder Gesundheitszustand sowie sexueller Orientierung zu diskriminierenden Wirkungen oder zu einer Verarbeitung kommt, die eine solche Wirkung hat.
Automatisierte Entscheidungsfindung und Profiling auf der Grundlage besonderer Kategorien von personenbezogenen Daten sollten nur unter bestimmten Bedingungen erlaubt sein.

(72) Das Profiling unterliegt den Vorschriften dieser Verordnung für die Verarbeitung personenbezogener Daten, wie etwa die Rechtsgrundlage für die Verarbeitung oder die Datenschutzgrundsätze. Der durch diese Verordnung eingerichtete Europäische Datenschutzausschuss (im Folgenden „Ausschuss") sollte,[1] diesbezüglich Leitlinien herausgeben können.

(73) Im Recht der Union oder der Mitgliedstaaten können Beschränkungen hinsichtlich bestimmter Grundsätze und hinsichtlich des Rechts auf Unterrichtung, Auskunft zu und Berichtigung oder Löschung personenbezogener Daten, des Rechts auf Datenübertragbarkeit und Widerspruch, Entscheidungen, die auf der Erstellung von Profilen beruhen, sowie Mitteilungen über eine Verletzung des Schutzes personenbezogener Daten an eine betroffene Person und bestimmten damit zusammenhängenden Pflichten der Verantwortlichen vorgesehen werden, soweit dies in einer demokratischen Gesellschaft notwendig und verhältnismäßig ist, um die öffentliche Sicherheit aufrechtzuerhalten, wozu unter anderem der Schutz von Menschenleben insbesondere bei Naturkatastrophen oder vom Menschen verursachten Katastrophen, die Verhütung, Aufdeckung und Verfolgung von Straftaten oder die Strafvollstreckung – was auch den Schutz vor und die Abwehr von Gefahren für die öffentliche Sicherheit einschließt – oder die Verhütung, Aufdeckung und Verfolgung von Verstößen gegen Berufsstandsregeln bei reglementierten Berufen, das Führen öffentlicher Register aus Gründen des allgemeinen öffentlichen Interesses sowie die Weiterverarbeitung von archivierten personenbezogenen Daten zur Bereitstellung spezifischer Informationen im Zusammenhang mit dem politischen Verhalten unter ehemaligen totalitären Regimen gehört, und zum Schutz sonstiger wichtiger Ziele des allgemeinen öffentlichen Interesses der Union oder eines Mitgliedstaats, etwa wichtige wirtschaftliche oder finanzielle Interessen, oder die betroffene Person und

[1] Zeichensetzung amtlich.

die Rechte und Freiheiten anderer Personen, einschließlich in den Bereichen soziale Sicherheit, öffentliche Gesundheit und humanitäre Hilfe, zu schützen. Diese Beschränkungen sollten mit der Charta und mit der Europäischen Konvention zum Schutz der Menschenrechte und Grundfreiheiten im Einklang stehen.

(74) Die Verantwortung und Haftung des Verantwortlichen für jedwede Verarbeitung personenbezogener Daten, die durch ihn oder in seinem Namen erfolgt, sollte geregelt werden. Insbesondere sollte der Verantwortliche geeignete und wirksame Maßnahmen treffen müssen und nachweisen können, dass die Verarbeitungstätigkeiten im Einklang mit dieser Verordnung stehen und die Maßnahmen auch wirksam sind. Dabei sollte er die Art, den Umfang, die Umstände und die Zwecke der Verarbeitung und das Risiko für die Rechte und Freiheiten natürlicher Personen berücksichtigen.

(75) Die Risiken für die Rechte und Freiheiten natürlicher Personen – mit unterschiedlicher Eintrittswahrscheinlichkeit und Schwere – können aus einer Verarbeitung personenbezogener Daten hervorgehen, die zu einem physischen, materiellen oder immateriellen Schaden führen könnte, insbesondere wenn die Verarbeitung zu einer Diskriminierung, einem Identitätsdiebstahl oder -betrug, einem finanziellen Verlust, einer Rufschädigung, einem Verlust der Vertraulichkeit von dem Berufsgeheimnis unterliegenden personenbezogenen Daten, der unbefugten Aufhebung der Pseudonymisierung oder anderen erheblichen wirtschaftlichen oder gesellschaftlichen Nachteilen führen kann, wenn die betroffenen Personen um ihre Rechte und Freiheiten gebracht oder daran gehindert werden, die sie betreffenden personenbezogenen Daten zu kontrollieren, wenn personenbezogene Daten, aus denen die rassische oder ethnische Herkunft, politische Meinungen, religiöse oder weltanschauliche Überzeugungen oder die Zugehörigkeit zu einer Gewerkschaft hervorgehen, und genetische Daten, Gesundheitsdaten oder das Sexualleben oder strafrechtliche Verurteilungen und Straftaten oder damit zusammenhängende Sicherungsmaßregeln betreffende Daten verarbeitet werden, wenn persönliche Aspekte bewertet werden, insbesondere wenn Aspekte, die die Arbeitsleistung, wirtschaftliche Lage, Gesundheit, persönliche Vorlieben oder Interessen, die Zuverlässigkeit oder das Verhalten, den Aufenthaltsort oder Ortswechsel betreffen, analysiert oder prognostiziert werden, um persönliche Profile zu erstellen oder zu nutzen, wenn personenbezogene Daten schutzbedürftiger natürlicher Personen, insbesondere Daten von Kindern, verarbeitet werden oder wenn die Verarbeitung eine große Menge personenbezogener Daten und eine große Anzahl von betroffenen Personen betrifft.

(76) Eintrittswahrscheinlichkeit und Schwere des Risikos für die Rechte und Freiheiten der betroffenen Person sollten in Bezug auf die Art, den Umfang, die Umstände und die Zwecke der Verarbeitung bestimmt werden. Das Risiko sollte anhand einer objektiven Bewertung beurteilt werden, bei der festgestellt wird, ob die Datenverarbeitung ein Risiko oder ein hohes Risiko birgt.

(77) Anleitungen, wie der Verantwortliche oder Auftragsverarbeiter geeignete Maßnahmen durchzuführen hat und wie die Einhaltung der Anforderungen nachzuweisen ist, insbesondere was die Ermittlung des mit

der Verarbeitung verbundenen Risikos, dessen Abschätzung in Bezug auf Ursache, Art, Eintrittswahrscheinlichkeit und Schwere und die Festlegung bewährter Verfahren für dessen Eindämmung betrifft, könnten insbesondere in Form von genehmigten Verhaltensregeln, genehmigten Zertifizierungsverfahren, Leitlinien des Ausschusses oder Hinweisen eines Datenschutzbeauftragten gegeben werden. Der Ausschuss kann ferner Leitlinien für Verarbeitungsvorgänge ausgeben, bei denen davon auszugehen ist, dass sie kein hohes Risiko für die Rechte und Freiheiten natürlicher Personen mit sich bringen, und angeben, welche Abhilfemaßnahmen in diesen Fällen ausreichend sein können.

(78) Zum Schutz der in Bezug auf die Verarbeitung personenbezogener Daten bestehenden Rechte und Freiheiten natürlicher Personen ist es erforderlich, dass geeignete technische und organisatorische Maßnahmen getroffen werden, damit die Anforderungen dieser Verordnung erfüllt werden. Um die Einhaltung dieser Verordnung nachweisen zu können, sollte der Verantwortliche interne Strategien festlegen und Maßnahmen ergreifen, die insbesondere den Grundsätzen des Datenschutzes durch Technik (data protection by design) und durch datenschutzfreundliche Voreinstellungen (data protection by default) Genüge tun. Solche Maßnahmen könnten unter anderem darin bestehen, dass die Verarbeitung personenbezogener Daten minimiert wird, personenbezogene Daten so schnell wie möglich pseudonymisiert werden, Transparenz in Bezug auf die Funktionen und die Verarbeitung personenbezogener Daten hergestellt wird, der betroffenen Person ermöglicht wird, die Verarbeitung personenbezogener Daten zu überwachen, und der Verantwortliche in die Lage versetzt wird, Sicherheitsfunktionen zu schaffen und zu verbessern. In Bezug auf Entwicklung, Gestaltung, Auswahl und Nutzung von Anwendungen, Diensten und Produkten, die entweder auf der Verarbeitung von personenbezogenen Daten beruhen oder zur Erfüllung ihrer Aufgaben personenbezogene Daten verarbeiten, sollten die Hersteller der Produkte, Dienste und Anwendungen ermutigt werden, das Recht auf Datenschutz bei der Entwicklung und Gestaltung der Produkte, Dienste und Anwendungen zu berücksichtigen und unter gebührender Berücksichtigung des Stands der Technik sicherzustellen, dass die Verantwortlichen und die Verarbeiter in der Lage sind, ihren Datenschutzpflichten nachzukommen. Den Grundsätzen des Datenschutzes durch Technik und durch datenschutzfreundliche Voreinstellungen sollte auch bei öffentlichen Ausschreibungen Rechnung getragen werden.

(79) Zum Schutz der Rechte und Freiheiten der betroffenen Personen sowie bezüglich der Verantwortung und Haftung der Verantwortlichen und der Auftragsverarbeiter bedarf es – auch mit Blick auf die Überwachungs- und sonstigen Maßnahmen von Aufsichtsbehörden – einer klaren Zuteilung der Verantwortlichkeiten durch diese Verordnung, einschließlich der Fälle, in denen ein Verantwortlicher die Verarbeitungszwecke und -mittel gemeinsam mit anderen Verantwortlichen festlegt oder ein Verarbeitungsvorgang im Auftrag eines Verantwortlichen durchgeführt wird.

(80) Jeder Verantwortliche oder Auftragsverarbeiter ohne Niederlassung in der Union, dessen Verarbeitungstätigkeiten sich auf betroffene Per-

sonen beziehen, die sich in der Union aufhalten, und dazu dienen, diesen Personen in der Union Waren oder Dienstleistungen anzubieten – unabhängig davon, ob von der betroffenen Person eine Zahlung verlangt wird – oder deren Verhalten, soweit dieses innerhalb der Union erfolgt, zu beobachten, sollte einen Vertreter benennen müssen, es sei denn, die Verarbeitung erfolgt gelegentlich, schließt nicht die umfangreiche Verarbeitung besonderer Kategorien personenbezogener Daten oder die Verarbeitung von personenbezogenen Daten über strafrechtliche Verurteilungen und Straftaten ein und bringt unter Berücksichtigung ihrer Art, ihrer Umstände, ihres Umfangs und ihrer Zwecke wahrscheinlich kein Risiko für die Rechte und Freiheiten natürlicher Personen mit sich oder bei dem Verantwortlichen handelt es sich um eine Behörde oder öffentliche Stelle. Der Vertreter sollte im Namen des Verantwortlichen oder des Auftragsverarbeiters tätig werden und den Aufsichtsbehörden als Anlaufstelle dienen. Der Verantwortliche oder der Auftragsverarbeiter sollte den Vertreter ausdrücklich bestellen und schriftlich beauftragen, in Bezug auf die ihm nach dieser Verordnung obliegenden Verpflichtungen an seiner Stelle zu handeln. Die Benennung eines solchen Vertreters berührt nicht die Verantwortung oder Haftung des Verantwortlichen oder des Auftragsverarbeiters nach Maßgabe dieser Verordnung. Ein solcher Vertreter sollte seine Aufgaben entsprechend dem Mandat des Verantwortlichen oder Auftragsverarbeiters ausführen und insbesondere mit den zuständigen Aufsichtsbehörden in Bezug auf Maßnahmen, die die Einhaltung dieser Verordnung sicherstellen sollen, zusammenarbeiten. Bei Verstößen des Verantwortlichen oder Auftragsverarbeiters sollte der bestellte Vertreter Durchsetzungsverfahren unterworfen werden.

(81) Damit die Anforderungen dieser Verordnung in Bezug auf die vom Auftragsverarbeiter im Namen des Verantwortlichen vorzunehmende Verarbeitung eingehalten werden, sollte ein Verantwortlicher, der einen Auftragsverarbeiter mit Verarbeitungstätigkeiten betrauen will, nur Auftragsverarbeiter heranziehen, die – insbesondere im Hinblick auf Fachwissen, Zuverlässigkeit und Ressourcen – hinreichende Garantien dafür bieten, dass technische und organisatorische Maßnahmen – auch für die Sicherheit der Verarbeitung – getroffen werden, die den Anforderungen dieser Verordnung genügen. Die Einhaltung genehmigter Verhaltensregeln oder eines genehmigten Zertifizierungsverfahrens durch einen Auftragsverarbeiter kann als Faktor herangezogen werden, um die Erfüllung der Pflichten des Verantwortlichen nachzuweisen. Die Durchführung einer Verarbeitung durch einen Auftragsverarbeiter sollte auf Grundlage eines Vertrags oder eines anderen Rechtsinstruments nach dem Recht der Union oder der Mitgliedstaaten erfolgen, der bzw. das den Auftragsverarbeiter an den Verantwortlichen bindet und in dem Gegenstand und Dauer der Verarbeitung, Art und Zwecke der Verarbeitung, die Art der personenbezogenen Daten und die Kategorien von betroffenen Personen festgelegt sind, wobei die besonderen Aufgaben und Pflichten des Auftragsverarbeiters bei der geplanten Verarbeitung und das Risiko für die Rechte und Freiheiten der betroffenen Person zu berücksichtigen sind. Der Verantwortliche und der Auftragsverarbeiter können entscheiden, ob sie einen individuellen Vertrag oder Standardvertragsklauseln verwenden, die entweder unmittelbar von der

Kommission erlassen oder aber nach dem Kohärenzverfahren von einer Aufsichtsbehörde angenommen und dann von der Kommission erlassen wurden. Nach Beendigung der Verarbeitung im Namen des Verantwortlichen sollte der Auftragsverarbeiter die personenbezogenen Daten nach Wahl des Verantwortlichen entweder zurückgeben oder löschen, sofern nicht nach dem Recht der Union oder der Mitgliedstaaten, dem der Auftragsverarbeiter unterliegt, eine Verpflichtung zur Speicherung der personenbezogenen Daten besteht.

(82) Zum Nachweis der Einhaltung dieser Verordnung sollte der Verantwortliche oder der Auftragsverarbeiter ein Verzeichnis der Verarbeitungstätigkeiten, die seiner Zuständigkeit unterliegen, führen. Jeder Verantwortliche und jeder Auftragsverarbeiter sollte verpflichtet sein, mit der Aufsichtsbehörde zusammenzuarbeiten und dieser auf Anfrage das entsprechende Verzeichnis vorzulegen, damit die betreffenden Verarbeitungsvorgänge anhand dieser Verzeichnisse kontrolliert werden können.

(83) Zur Aufrechterhaltung der Sicherheit und zur Vorbeugung gegen eine gegen diese Verordnung verstoßende Verarbeitung sollte der Verantwortliche oder der Auftragsverarbeiter die mit der Verarbeitung verbundenen Risiken ermitteln und Maßnahmen zu ihrer Eindämmung, wie etwa eine Verschlüsselung, treffen. Diese Maßnahmen sollten unter Berücksichtigung des Stands der Technik und der Implementierungskosten ein Schutzniveau – auch hinsichtlich der Vertraulichkeit – gewährleisten, das den von der Verarbeitung ausgehenden Risiken und der Art der zu schützenden personenbezogenen Daten angemessen ist. Bei der Bewertung der Datensicherheitsrisiken sollten die mit der Verarbeitung personenbezogener Daten verbundenen Risiken berücksichtigt werden, wie etwa – ob unbeabsichtigt oder unrechtmäßig – Vernichtung, Verlust, Veränderung oder unbefugte Offenlegung von oder unbefugter Zugang zu personenbezogenen Daten, die übermittelt, gespeichert oder auf sonstige Weise verarbeitet wurden, insbesondere wenn dies zu einem physischen, materiellen oder immateriellen Schaden führen könnte.

(84) Damit diese Verordnung in Fällen, in denen die Verarbeitungsvorgänge wahrscheinlich ein hohes Risiko für die Rechte und Freiheiten natürlicher Personen mit sich bringen, besser eingehalten wird, sollte der Verantwortliche für die Durchführung einer Datenschutz-Folgenabschätzung, mit der insbesondere die Ursache, Art, Besonderheit und Schwere dieses Risikos evaluiert werden, verantwortlich sein. Die Ergebnisse der Abschätzung sollten berücksichtigt werden, wenn darüber entschieden wird, welche geeigneten Maßnahmen ergriffen werden müssen, um nachzuweisen, dass die Verarbeitung der personenbezogenen Daten mit dieser Verordnung in Einklang steht. Geht aus einer Datenschutz-Folgenabschätzung hervor, dass Verarbeitungsvorgänge ein hohes Risiko bergen, das der Verantwortliche nicht durch geeignete Maßnahmen in Bezug auf verfügbare Technik und Implementierungskosten eindämmen kann, so sollte die Aufsichtsbehörde vor der Verarbeitung konsultiert werden.

(85) Eine Verletzung des Schutzes personenbezogener Daten kann – wenn nicht rechtzeitig und angemessen reagiert wird – einen physischen,

materiellen oder immateriellen Schaden für natürliche Personen nach sich ziehen, wie etwa Verlust der Kontrolle über ihre personenbezogenen Daten oder Einschränkung ihrer Rechte, Diskriminierung, Identitätsdiebstahl oder -betrug, finanzielle Verluste, unbefugte Aufhebung der Pseudonymisierung, Rufschädigung, Verlust der Vertraulichkeit von dem Berufsgeheimnis unterliegenden Daten oder andere erhebliche wirtschaftliche oder gesellschaftliche Nachteile für die betroffene natürliche Person. Deshalb sollte der Verantwortliche, sobald ihm eine Verletzung des Schutzes personenbezogener Daten bekannt wird, die Aufsichtsbehörde von der Verletzung des Schutzes personenbezogener Daten unverzüglich und, falls möglich, binnen höchstens 72 Stunden, nachdem ihm die Verletzung bekannt wurde, unterrichten, es sei denn, der Verantwortliche kann im Einklang mit dem Grundsatz der Rechenschaftspflicht nachweisen, dass die Verletzung des Schutzes personenbezogener Daten voraussichtlich nicht zu einem Risiko für die persönlichen Rechte und Freiheiten natürlicher Personen führt. Falls diese Benachrichtigung nicht binnen 72 Stunden erfolgen kann, sollten in ihr die Gründe für die Verzögerung angegeben werden müssen, und die Informationen können schrittweise ohne unangemessene weitere Verzögerung bereitgestellt werden.

(86) Der für die Verarbeitung Verantwortliche sollte die betroffene Person unverzüglich von der Verletzung des Schutzes personenbezogener Daten benachrichtigen, wenn diese Verletzung des Schutzes personenbezogener Daten voraussichtlich zu einem hohen Risiko für die persönlichen Rechte und Freiheiten natürlicher Personen führt, damit diese die erforderlichen Vorkehrungen treffen können. Die Benachrichtigung sollte eine Beschreibung der Art der Verletzung des Schutzes personenbezogener Daten sowie an die betroffene natürliche Person gerichtete Empfehlungen zur Minderung etwaiger nachteiliger Auswirkungen dieser Verletzung enthalten. Solche Benachrichtigungen der betroffenen Person sollten stets so rasch wie nach allgemeinem Ermessen möglich, in enger Absprache mit der Aufsichtsbehörde und nach Maßgabe der von dieser oder von anderen zuständigen Behörden wie beispielsweise Strafverfolgungsbehörden erteilten Weisungen erfolgen. Um beispielsweise das Risiko eines unmittelbaren Schadens mindern zu können, müssten betroffene Personen sofort benachrichtigt werden, wohingegen eine längere Benachrichtigungsfrist gerechtfertigt sein kann, wenn es darum geht, geeignete Maßnahmen gegen fortlaufende oder vergleichbare Verletzungen des Schutzes personenbezogener Daten zu treffen.

(87) Es sollte festgestellt werden, ob alle geeigneten technischen Schutz- sowie organisatorischen Maßnahmen getroffen wurden, um sofort feststellen zu können, ob eine Verletzung des Schutzes personenbezogener Daten aufgetreten ist, und um die Aufsichtsbehörde und die betroffene Person umgehend unterrichten zu können. Bei der Feststellung, ob die Meldung unverzüglich erfolgt ist, sollten die Art und Schwere der Verletzung des Schutzes personenbezogener Daten sowie deren Folgen und nachteilige Auswirkungen für die betroffene Person berücksichtigt werden. Die entsprechende Meldung kann zu einem Tätigwerden der Aufsichtsbehörde im Einklang mit ihren in dieser Verordnung festgelegten Aufgaben und Befugnissen führen.

(88) Bei der detaillierten Regelung des Formats und der Verfahren für die Meldung von Verletzungen des Schutzes personenbezogener Daten sollten die Umstände der Verletzung hinreichend berücksichtigt werden, beispielsweise ob personenbezogene Daten durch geeignete technische Sicherheitsvorkehrungen geschützt waren, die die Wahrscheinlichkeit eines Identitätsbetrugs oder anderer Formen des Datenmissbrauchs wirksam verringern. Überdies sollten solche Regeln und Verfahren den berechtigten Interessen der Strafverfolgungsbehörden in Fällen Rechnung tragen, in denen die Untersuchung der Umstände einer Verletzung des Schutzes personenbezogener Daten durch eine frühzeitige Offenlegung in unnötiger Weise behindert würde.

(89) Gemäß der Richtlinie 95/46/EG waren Verarbeitungen personenbezogener Daten bei den Aufsichtsbehörden generell meldepflichtig. Diese Meldepflicht ist mit einem bürokratischen und finanziellen Aufwand verbunden und hat dennoch nicht in allen Fällen zu einem besseren Schutz personenbezogener Daten geführt. Diese unterschiedslosen allgemeinen Meldepflichten sollten daher abgeschafft und durch wirksame Verfahren und Mechanismen ersetzt werden, die sich stattdessen vorrangig mit denjenigen Arten von Verarbeitungsvorgängen befassen, die aufgrund ihrer Art, ihres Umfangs, ihrer Umstände und ihrer Zwecke wahrscheinlich ein hohes Risiko für die Rechte und Freiheiten natürlicher Personen mit sich bringen. Zu solchen Arten von Verarbeitungsvorgängen gehören insbesondere solche, bei denen neue Technologien eingesetzt werden oder die neuartig sind und bei denen der Verantwortliche noch keine Datenschutz-Folgenabschätzung durchgeführt hat bzw. bei denen aufgrund der seit der ursprünglichen Verarbeitung vergangenen Zeit eine Datenschutz-Folgenabschätzung notwendig geworden ist.

(90) In derartigen Fällen sollte der Verantwortliche vor der Verarbeitung eine Datenschutz-Folgenabschätzung durchführen, mit der die spezifische Eintrittswahrscheinlichkeit und die Schwere dieses hohen Risikos unter Berücksichtigung der Art, des Umfangs, der Umstände und der Zwecke der Verarbeitung und der Ursachen des Risikos bewertet werden. Diese Folgenabschätzung sollte sich insbesondere mit den Maßnahmen, Garantien und Verfahren befassen, durch die dieses Risiko eingedämmt, der Schutz personenbezogener Daten sichergestellt und die Einhaltung der Bestimmungen dieser Verordnung nachgewiesen werden soll.

(91) Dies sollte insbesondere für umfangreiche Verarbeitungsvorgänge gelten, die dazu dienen, große Mengen personenbezogener Daten auf regionaler, nationaler oder supranationaler Ebene zu verarbeiten, eine große Zahl von Personen betreffen könnten und – beispielsweise aufgrund ihrer Sensibilität – wahrscheinlich ein hohes Risiko mit sich bringen und bei denen entsprechend dem jeweils aktuellen Stand der Technik in großem Umfang eine neue Technologie eingesetzt wird, sowie für andere Verarbeitungsvorgänge, die ein hohes Risiko für die Rechte und Freiheiten der betroffenen Personen mit sich bringen, insbesondere dann, wenn diese Verarbeitungsvorgänge den betroffenen Personen die Ausübung ihrer Rechte erschweren. Eine Datenschutz-Folgenabschätzung sollte auch durchgeführt werden, wenn die per-

sonenbezogenen Daten für das Treffen von Entscheidungen in Bezug auf bestimmte natürliche Personen im Anschluss an eine systematische und eingehende Bewertung persönlicher Aspekte natürlicher Personen auf der Grundlage eines Profilings dieser Daten oder im Anschluss an die Verarbeitung besonderer Kategorien von personenbezogenen Daten, biometrischen Daten oder von Daten über strafrechtliche Verurteilungen und Straftaten sowie damit zusammenhängende Sicherungsmaßregeln verarbeitet werden. Gleichermaßen erforderlich ist eine Datenschutz-Folgenabschätzung für die weiträumige Überwachung öffentlich zugänglicher Bereiche, insbesondere mittels optoelektronischer Vorrichtungen, oder für alle anderen Vorgänge, bei denen nach Auffassung der zuständigen Aufsichtsbehörde die Verarbeitung wahrscheinlich ein hohes Risiko für die Rechte und Freiheiten der betroffenen Personen mit sich bringt, insbesondere weil sie die betroffenen Personen an der Ausübung eines Rechts oder der Nutzung einer Dienstleistung bzw. Durchführung eines Vertrags hindern oder weil sie systematisch in großem Umfang erfolgen. Die Verarbeitung personenbezogener Daten sollte nicht als umfangreich gelten, wenn die Verarbeitung personenbezogene Daten von Patienten oder von Mandanten betrifft und durch einen einzelnen Arzt, sonstigen Angehörigen eines Gesundheitsberufes oder Rechtsanwalt erfolgt. In diesen Fällen sollte eine Datenschutz-Folgenabschätzung nicht zwingend vorgeschrieben sein.

(92) Unter bestimmten Umständen kann es vernünftig und unter ökonomischen Gesichtspunkten zweckmäßig sein, eine Datenschutz-Folgenabschätzung nicht lediglich auf ein bestimmtes Projekt zu beziehen, sondern sie thematisch breiter anzulegen – beispielsweise wenn Behörden oder öffentliche Stellen eine gemeinsame Anwendung oder Verarbeitungsplattform schaffen möchten oder wenn mehrere Verantwortliche eine gemeinsame Anwendung oder Verarbeitungsumgebung für einen gesamten Wirtschaftssektor, für ein bestimmtes Marktsegment oder für eine weit verbreitete horizontale Tätigkeit einführen möchten.

(93) Anlässlich des Erlasses des Gesetzes des Mitgliedstaats, auf dessen Grundlage die Behörde oder öffentliche Stelle ihre Aufgaben wahrnimmt und das den fraglichen Verarbeitungsvorgang oder die fraglichen Arten von Verarbeitungsvorgängen regelt, können die Mitgliedstaaten es für erforderlich erachten, solche Folgeabschätzungen vor den Verarbeitungsvorgängen durchzuführen.

(94) Geht aus einer Datenschutz-Folgenabschätzung hervor, dass die Verarbeitung bei Fehlen von Garantien, Sicherheitsvorkehrungen und Mechanismen zur Minderung des Risikos ein hohes Risiko für die Rechte und Freiheiten natürlicher Personen mit sich bringen würde, und ist der Verantwortliche der Auffassung, dass das Risiko nicht durch in Bezug auf verfügbare Technologien und Implementierungskosten vertretbare Mittel eingedämmt werden kann, so sollte die Aufsichtsbehörde vor Beginn der Verarbeitungstätigkeiten konsultiert werden. Ein solches hohes Risiko ist wahrscheinlich mit bestimmten Arten der Verarbeitung und dem Umfang und der Häufigkeit der Verarbeitung verbunden, die für natürliche Personen auch eine Schädigung oder eine Beeinträchtigung der persönlichen Rechte und Freiheiten mit sich bringen können. Die Aufsichtsbehörde sollte das Beratungsersuchen

innerhalb einer bestimmten Frist beantworten. Allerdings kann sie, auch wenn sie nicht innerhalb dieser Frist reagiert hat, entsprechend ihren in dieser Verordnung festgelegten Aufgaben und Befugnissen eingreifen, was die Befugnis einschließt, Verarbeitungsvorgänge zu untersagen. Im Rahmen dieses Konsultationsprozesses kann das Ergebnis einer im Hinblick auf die betreffende Verarbeitung personenbezogener Daten durchgeführten Datenschutz-Folgenabschätzung der Aufsichtsbehörde unterbreitet werden; dies gilt insbesondere für die zur Eindämmung des Risikos für die Rechte und Freiheiten natürlicher Personen geplanten Maßnahmen.

(95) Der Auftragsverarbeiter sollte erforderlichenfalls den Verantwortlichen auf Anfrage bei der Gewährleistung der Einhaltung der sich aus der Durchführung der Datenschutz-Folgenabschätzung und der vorherigen Konsultation der Aufsichtsbehörde ergebenden Auflagen unterstützen.

(96) Eine Konsultation der Aufsichtsbehörde sollte auch während der Ausarbeitung von Gesetzes- oder Regelungsvorschriften, in denen eine Verarbeitung personenbezogener Daten vorgesehen ist, erfolgen, um die Vereinbarkeit der geplanten Verarbeitung mit dieser Verordnung sicherzustellen und insbesondere das mit ihr für die betroffene Person verbundene Risiko einzudämmen.

(97) In Fällen, in denen die Verarbeitung durch eine Behörde – mit Ausnahmen von Gerichten oder unabhängigen Justizbehörden, die im Rahmen ihrer justiziellen Tätigkeit handeln –, im privaten Sektor durch einen Verantwortlichen erfolgt, dessen Kerntätigkeit in Verarbeitungsvorgängen besteht, die eine regelmäßige und systematische Überwachung der betroffenen Personen in großem Umfang erfordern, oder wenn die Kerntätigkeit des Verantwortlichen oder des Auftragsverarbeiters in der umfangreichen Verarbeitung besonderer Kategorien von personenbezogenen Daten oder von Daten über strafrechtliche Verurteilungen und Straftaten besteht, sollte der Verantwortliche oder der Auftragsverarbeiter bei der Überwachung der internen Einhaltung der Bestimmungen dieser Verordnung von einer weiteren Person, die über Fachwissen auf dem Gebiet des Datenschutzrechts und der Datenschutzverfahren verfügt, unterstützt werden. Im privaten Sektor bezieht sich die Kerntätigkeit eines Verantwortlichen auf seine Haupttätigkeiten und nicht auf die Verarbeitung personenbezogener Daten als Nebentätigkeit. Das erforderliche Niveau des Fachwissens sollte sich insbesondere nach den durchgeführten Datenverarbeitungsvorgängen und dem erforderlichen Schutz für die von dem Verantwortlichen oder dem Auftragsverarbeiter verarbeiteten personenbezogenen Daten richten. Derartige Datenschutzbeauftragte sollten unabhängig davon, ob es sich bei ihnen um Beschäftigte des Verantwortlichen handelt oder nicht, ihre Pflichten und Aufgaben in vollständiger Unabhängigkeit ausüben können.

(98) Verbände oder andere Vereinigungen, die bestimmte Kategorien von Verantwortlichen oder Auftragsverarbeitern vertreten, sollten ermutigt werden, in den Grenzen dieser Verordnung Verhaltensregeln auszuarbeiten, um eine wirksame Anwendung dieser Verordnung zu erleichtern, wobei den Besonderheiten der in bestimmten Sektoren erfolgenden Verarbeitungen und den besonderen Bedürfnissen der Kleinst-

unternehmen sowie der kleinen und mittleren Unternehmen Rechnung zu tragen ist. Insbesondere könnten in diesen Verhaltensregeln – unter Berücksichtigung des mit der Verarbeitung wahrscheinlich einhergehenden Risikos für die Rechte und Freiheiten natürlicher Personen – die Pflichten der Verantwortlichen und der Auftragsverarbeiter bestimmt werden.

(99) Bei der Ausarbeitung oder bei der Änderung oder Erweiterung solcher Verhaltensregeln sollten Verbände und/oder andere Vereinigungen, die bestimmte Kategorien von Verantwortlichen oder Auftragsverarbeitern vertreten, die maßgeblichen Interessenträger, möglichst auch die betroffenen Personen, konsultieren und die Eingaben und Stellungnahmen, die sie dabei erhalten, berücksichtigen.

(100) Um die Transparenz zu erhöhen und die Einhaltung dieser Verordnung zu verbessern, sollte angeregt werden, dass Zertifizierungsverfahren sowie Datenschutzsiegel und -prüfzeichen eingeführt werden, die den betroffenen Personen einen raschen Überblick über das Datenschutzniveau einschlägiger Produkte und Dienstleistungen ermöglichen.

(101) Der Fluss personenbezogener Daten aus Drittländern und internationalen Organisationen und in Drittländer und internationale Organisationen ist für die Ausweitung des internationalen Handels und der internationalen Zusammenarbeit notwendig. Durch die Zunahme dieser Datenströme sind neue Herausforderungen und Anforderungen in Bezug auf den Schutz personenbezogener Daten entstanden. Das durch diese Verordnung unionsweit gewährleistete Schutzniveau für natürliche Personen sollte jedoch bei der Übermittlung personenbezogener Daten aus der Union an Verantwortliche, Auftragsverarbeiter oder andere Empfänger in Drittländern oder an internationale Organisationen nicht untergraben werden, und zwar auch dann nicht, wenn aus einem Drittland oder von einer internationalen Organisation personenbezogene Daten an Verantwortliche oder Auftragsverarbeiter in demselben oder einem anderen Drittland oder an dieselbe oder eine andere internationale Organisation weiterübermittelt werden. In jedem Fall sind derartige Datenübermittlungen an Drittländer und internationale Organisationen nur unter strikter Einhaltung dieser Verordnung zulässig. Eine Datenübermittlung könnte nur stattfinden, wenn die in dieser Verordnung festgelegten Bedingungen zur Übermittlung personenbezogener Daten an Drittländer oder internationale Organisationen vorbehaltlich der übrigen Bestimmungen dieser Verordnung von dem Verantwortlichen oder dem Auftragsverarbeiter erfüllt werden.

(102) Internationale Abkommen zwischen der Union und Drittländern über die Übermittlung von personenbezogenen Daten einschließlich geeigneter Garantien für die betroffenen Personen werden von dieser Verordnung nicht berührt. Die Mitgliedstaaten können völkerrechtliche Übereinkünfte schließen, die die Übermittlung personenbezogener Daten an Drittländer oder internationale Organisationen beinhalten, sofern sich diese Übereinkünfte weder auf diese Verordnung noch auf andere Bestimmungen des Unionsrechts auswirken und ein angemessenes Schutzniveau für die Grundrechte der betroffenen Personen umfassen.

(103) Die Kommission darf mit Wirkung für die gesamte Union beschließen, dass ein bestimmtes Drittland, ein Gebiet oder ein bestimmter Sektor eines Drittlands oder eine internationale Organisation ein angemessenes Datenschutzniveau bietet, und auf diese Weise in Bezug auf das Drittland oder die internationale Organisation, das bzw. die für fähig gehalten wird, ein solches Schutzniveau zu bieten, in der gesamten Union Rechtssicherheit schaffen und eine einheitliche Rechtsanwendung sicherstellen. In derartigen Fällen dürfen personenbezogene Daten ohne weitere Genehmigung an dieses Land oder diese internationale Organisation übermittelt werden. Die Kommission kann, nach Abgabe einer ausführlichen Erklärung, in der dem Drittland oder der internationalen Organisation eine Begründung gegeben wird, auch entscheiden, eine solche Feststellung zu widerrufen.

(104) In Übereinstimmung mit den Grundwerten der Union, zu denen insbesondere der Schutz der Menschenrechte zählt, sollte die Kommission bei der Bewertung des Drittlands oder eines Gebiets oder eines bestimmten Sektors eines Drittlands berücksichtigen, inwieweit dort die Rechtsstaatlichkeit gewahrt ist, der Rechtsweg gewährleistet ist und die internationalen Menschenrechtsnormen und -Standards eingehalten werden und welche allgemeinen und sektorspezifischen Vorschriften, wozu auch die Vorschriften über die öffentliche Sicherheit, die Landesverteidigung und die nationale Sicherheit sowie die öffentliche Ordnung und das Strafrecht zählen, dort gelten. Die Annahme eines Angemessenheitsbeschlusses in Bezug auf ein Gebiet oder einen bestimmten Sektor eines Drittlands sollte unter Berücksichtigung eindeutiger und objektiver Kriterien wie bestimmter Verarbeitungsvorgänge und des Anwendungsbereichs anwendbarer Rechtsnormen und geltender Rechtsvorschriften in dem Drittland erfolgen. Das Drittland sollte Garantien für ein angemessenes Schutzniveau bieten, das dem innerhalb der Union gewährleisteten Schutzniveau der Sache nach gleichwertig ist, insbesondere in Fällen, in denen personenbezogene Daten in einem oder mehreren spezifischen Sektoren verarbeitet werden. Das Drittland sollte insbesondere eine wirksame unabhängige Überwachung des Datenschutzes gewährleisten und Mechanismen für eine Zusammenarbeit mit den Datenschutzbehörden der Mitgliedstaaten vorsehen, und den betroffenen Personen sollten wirksame und durchsetzbare Rechte sowie wirksame verwaltungsrechtliche und gerichtliche Rechtsbehelfe eingeräumt werden.

(105) Die Kommission sollte neben den internationalen Verpflichtungen, die das Drittland oder die internationale Organisation eingegangen ist, die Verpflichtungen, die sich aus der Teilnahme des Drittlands oder der internationalen Organisation an multilateralen oder regionalen Systemen insbesondere im Hinblick auf den Schutz personenbezogener Daten ergeben, sowie die Umsetzung dieser Verpflichtungen berücksichtigen. Insbesondere sollte der Beitritt des Drittlands zum Übereinkommen des Europarates vom 28. Januar 1981 zum Schutz des Menschen bei der automatischen Verarbeitung personenbezogener Daten und dem dazugehörigen Zusatzprotokoll berücksichtigt werden. Die Kommission sollte den Ausschuss konsultieren, wenn sie das Schutzniveau in Drittländern oder internationalen Organisationen bewertet.

(106) Die Kommission sollte die Wirkungsweise von Feststellungen zum Schutzniveau in einem Drittland, einem Gebiet oder einem bestimmten Sektor eines Drittlands oder einer internationalen Organisation überwachen; sie sollte auch die Wirkungsweise der Feststellungen, die auf der Grundlage des Artikels 25 Absatz 6 oder des Artikels 26 Absatz 4 der Richtlinie 95/46/EG erlassen werden, überwachen. In ihren Angemessenheitsbeschlüssen sollte die Kommission einen Mechanismus für die regelmäßige Überprüfung von deren Wirkungsweise vorsehen. Diese regelmäßige Überprüfung sollte in Konsultation mit dem betreffenden Drittland oder der betreffenden internationalen Organisation erfolgen und allen maßgeblichen Entwicklungen in dem Drittland oder der internationalen Organisation Rechnung tragen. Für die Zwecke der Überwachung und der Durchführung der regelmäßigen Überprüfungen sollte die Kommission die Standpunkte und Feststellungen des Europäischen Parlaments und des Rates sowie der anderen einschlägigen Stellen und Quellen berücksichtigen. Die Kommission sollte innerhalb einer angemessenen Frist die Wirkungsweise der letztgenannten Beschlüsse bewerten und dem durch diese Verordnung eingesetzten Ausschuss im Sinne der Verordnung (EU) Nr. 182/2011 des Europäischen Parlaments und des Rates[1] sowie dem Europäischen Parlament und dem Rat über alle maßgeblichen Feststellungen Bericht erstatten.

(107) Die Kommission kann feststellen, dass ein Drittland, ein Gebiet oder ein bestimmter Sektor eines Drittlands oder eine internationale Organisation kein angemessenes Datenschutzniveau mehr bietet. Die Übermittlung personenbezogener Daten an dieses Drittland oder an diese internationale Organisation sollte daraufhin verboten werden, es sei denn, die Anforderungen dieser Verordnung in Bezug auf die Datenübermittlung vorbehaltlich geeigneter Garantien, einschließlich verbindlicher interner Datenschutzvorschriften und auf Ausnahmen für bestimmte Fälle werden erfüllt. In diesem Falle sollten Konsultationen zwischen der Kommission und den betreffenden Drittländern oder internationalen Organisationen vorgesehen werden. Die Kommission sollte dem Drittland oder der internationalen Organisation frühzeitig die Gründe mitteilen und Konsultationen aufnehmen, um Abhilfe für die Situation zu schaffen.

(108) Bei Fehlen eines Angemessenheitsbeschlusses sollte der Verantwortliche oder der Auftragsverarbeiter als Ausgleich für den in einem Drittland bestehenden Mangel an Datenschutz geeignete Garantien für den Schutz der betroffenen Person vorsehen. Diese geeigneten Garantien können darin bestehen, dass auf verbindliche interne Datenschutzvorschriften, von der Kommission oder von einer Aufsichtsbehörde angenommene Standarddatenschutzklauseln oder von einer Aufsichtsbehörde genehmigte Vertragsklauseln zurückgegriffen wird. Diese Garantien sollten sicherstellen, dass die Datenschutzvorschriften und die Rechte der betroffenen Personen auf eine der Verarbeitung innerhalb der Union angemessene Art und Weise beachtet werden; dies gilt auch

[1] **Amtl. Anm.:** Verordnung (EU) Nr. 182/2011 des Europäischen Parlaments und des Rates vom 16. Februar 2011 zur Festlegung der allgemeinen Regeln und Grundsätze, nach denen die Mitgliedstaaten die Wahrnehmung der Durchführungsbefugnisse durch die Kommission kontrollieren (ABl. L 55 vom 28.2.2011, S. 13).

hinsichtlich der Verfügbarkeit von durchsetzbaren Rechten der betroffenen Person und von wirksamen Rechtsbehelfen einschließlich des Rechts auf wirksame verwaltungsrechtliche oder gerichtliche Rechtsbehelfe sowie des Rechts auf Geltendmachung von Schadenersatzansprüchen in der Union oder in einem Drittland. Sie sollten sich insbesondere auf die Einhaltung der allgemeinen Grundsätze für die Verarbeitung personenbezogener Daten, die Grundsätze des Datenschutzes durch Technik und durch datenschutzfreundliche Voreinstellungen beziehen. Datenübermittlungen dürfen auch von Behörden oder öffentlichen Stellen an Behörden oder öffentliche Stellen in Drittländern oder an internationale Organisationen mit entsprechenden Pflichten oder Aufgaben vorgenommen werden, auch auf der Grundlage von Bestimmungen, die in Verwaltungsvereinbarungen – wie beispielsweise einer gemeinsamen Absichtserklärung –, mit denen den betroffenen Personen durchsetzbare und wirksame Rechte eingeräumt werden, aufzunehmen sind. Die Genehmigung der zuständigen Aufsichtsbehörde sollte erlangt werden, wenn die Garantien in nicht rechtsverbindlichen Verwaltungsvereinbarungen vorgesehen sind.

(109) Die dem Verantwortlichen oder dem Auftragsverarbeiter offenstehende Möglichkeit, auf die von der Kommission oder einer Aufsichtsbehörde festgelegten Standard-Datenschutzklauseln zurückzugreifen, sollte den Verantwortlichen oder den Auftragsverarbeiter weder daran hindern, die Standard-Datenschutzklauseln auch in umfangreicheren Verträgen, wie zum Beispiel Verträgen zwischen dem Auftragsverarbeiter und einem anderen Auftragsverarbeiter, zu verwenden, noch ihn daran hindern, ihnen weitere Klauseln oder zusätzliche Garantien hinzuzufügen, solange diese weder mittelbar noch unmittelbar im Widerspruch zu den von der Kommission oder einer Aufsichtsbehörde erlassenen Standard-Datenschutzklauseln stehen oder die Grundrechte und Grundfreiheiten der betroffenen Personen beschneiden. Die Verantwortlichen und die Auftragsverarbeiter sollten ermutigt werden, mit vertraglichen Verpflichtungen, die die Standard-Schutzklauseln ergänzen, zusätzliche Garantien zu bieten.

(110) Jede Unternehmensgruppe oder jede Gruppe von Unternehmen, die eine gemeinsame Wirtschaftstätigkeit ausüben, sollte für ihre internationalen Datenübermittlungen aus der Union an Organisationen derselben Unternehmensgruppe oder derselben Gruppe von Unternehmen, die eine gemeinsame Wirtschaftstätigkeit ausüben, genehmigte verbindliche interne Datenschutzvorschriften anwenden dürfen, sofern diese sämtliche Grundprinzipien und durchsetzbaren Rechte enthalten, die geeignete Garantien für die Übermittlungen beziehungsweise Kategorien von Übermittlungen personenbezogener Daten bieten.

(111) Datenübermittlungen sollten unter bestimmten Voraussetzungen zulässig sein, nämlich wenn die betroffene Person ihre ausdrückliche Einwilligung erteilt hat, wenn die Übermittlung gelegentlich erfolgt und im Rahmen eines Vertrags oder zur Geltendmachung von Rechtsansprüchen, sei es vor Gericht oder auf dem Verwaltungswege oder in außergerichtlichen Verfahren, wozu auch Verfahren vor Regulierungsbehörden zählen, erforderlich ist. Die Übermittlung sollte zudem möglich sein, wenn sie zur Wahrung eines im Unionsrecht oder im Recht

eines Mitgliedstaats festgelegten wichtigen öffentlichen Interesses erforderlich ist oder wenn sie aus einem durch Rechtsvorschriften vorgesehenen Register erfolgt, das von der Öffentlichkeit oder Personen mit berechtigtem Interesse eingesehen werden kann. In letzterem Fall sollte sich eine solche Übermittlung nicht auf die Gesamtheit oder ganze Kategorien der im Register enthaltenen personenbezogenen Daten erstrecken dürfen. Ist das betreffende Register zur Einsichtnahme durch Personen mit berechtigtem Interesse bestimmt, sollte die Übermittlung nur auf Anfrage dieser Personen oder nur dann erfolgen, wenn diese Personen die Adressaten der Übermittlung sind, wobei den Interessen und Grundrechten der betroffenen Person in vollem Umfang Rechnung zu tragen ist.

(112) Diese Ausnahmen sollten insbesondere für Datenübermittlungen gelten, die aus wichtigen Gründen des öffentlichen Interesses erforderlich sind, beispielsweise für den internationalen Datenaustausch zwischen Wettbewerbs-, Steuer- oder Zollbehörden, zwischen Finanzaufsichtsbehörden oder zwischen für Angelegenheiten der sozialen Sicherheit oder für die öffentliche Gesundheit zuständigen Diensten, beispielsweise im Falle der Umgebungsuntersuchung bei ansteckenden Krankheiten oder zur Verringerung und/oder Beseitigung des Dopings im Sport. Die Übermittlung personenbezogener Daten sollte ebenfalls als rechtmäßig angesehen werden, wenn sie erforderlich ist, um ein Interesse, das für die lebenswichtigen Interessen – einschließlich der körperlichen Unversehrtheit oder des Lebens – der betroffenen Person oder einer anderen Person wesentlich ist, zu schützen und die betroffene Person außerstande ist, ihre Einwilligung zu geben. Liegt kein Angemessenheitsbeschluss vor, so können im Unionsrecht oder im Recht der Mitgliedstaaten aus wichtigen Gründen des öffentlichen Interesses ausdrücklich Beschränkungen der Übermittlung bestimmter Kategorien von Daten an Drittländer oder internationale Organisationen vorgesehen werden. Die Mitgliedstaaten sollten solche Bestimmungen der Kommission mitteilen. Jede Übermittlung personenbezogener Daten einer betroffenen Person, die aus physischen oder rechtlichen Gründen außerstande ist, ihre Einwilligung zu erteilen, an eine internationale humanitäre Organisation, die erfolgt, um eine nach den Genfer Konventionen obliegende Aufgabe auszuführen oder um dem in bewaffneten Konflikten anwendbaren humanitären Völkerrecht nachzukommen, könnte als aus einem wichtigen Grund im öffentlichen Interesse notwendig oder als im lebenswichtigen Interesse der betroffenen Person liegend erachtet werden.

(113) Übermittlungen, die als nicht wiederholt erfolgend gelten können und nur eine begrenzte Zahl von betroffenen Personen betreffen, könnten auch zur Wahrung der zwingenden berechtigten Interessen des Verantwortlichen möglich sein, sofern die Interessen oder Rechte und Freiheiten der betroffenen Person nicht überwiegen und der Verantwortliche sämtliche Umstände der Datenübermittlung geprüft hat. Der Verantwortliche sollte insbesondere die Art der personenbezogenen Daten, den Zweck und die Dauer der vorgesehenen Verarbeitung, die Situation im Herkunftsland, in dem betreffenden Drittland und im Endbestimmungsland berücksichtigen und angemessene Garantien zum Schutz der Grundrechte und Grundfreiheiten natürlicher Personen in

Bezug auf die Verarbeitung ihrer personenbezogener Daten vorsehen. Diese Übermittlungen sollten nur in den verbleibenden Fällen möglich sein, in denen keiner der anderen Gründe für die Übermittlung anwendbar ist. Bei wissenschaftlichen oder historischen Forschungszwecken oder bei statistischen Zwecken sollten die legitimen gesellschaftlichen Erwartungen in Bezug auf einen Wissenszuwachs berücksichtigt werden. Der Verantwortliche sollte die Aufsichtsbehörde und die betroffene Person von der Übermittlung in Kenntnis setzen.

(114) In allen Fällen, in denen kein Kommissionsbeschluss zur Angemessenheit des in einem Drittland bestehenden Datenschutzniveaus vorliegt, sollte der Verantwortliche oder der Auftragsverarbeiter auf Lösungen zurückgreifen, mit denen den betroffenen Personen durchsetzbare und wirksame Rechte in Bezug auf die Verarbeitung ihrer personenbezogenen Daten in der Union nach der Übermittlung dieser Daten eingeräumt werden, damit sie weiterhin die Grundrechte und Garantien genießen können.

(115) Manche Drittländer erlassen Gesetze, Vorschriften und sonstige Rechtsakte, die vorgeben, die Verarbeitungstätigkeiten natürlicher und juristischer Personen, die der Rechtsprechung der Mitgliedstaaten unterliegen, unmittelbar zu regeln. Dies kann Urteile von Gerichten und Entscheidungen von Verwaltungsbehörden in Drittländern umfassen, mit denen von einem Verantwortlichen oder einem Auftragsverarbeiter die Übermittlung oder Offenlegung personenbezogener Daten verlangt wird und die nicht auf eine in Kraft befindliche internationale Übereinkunft wie etwa ein Rechtshilfeabkommen zwischen dem ersuchenden Drittland und der Union oder einem Mitgliedstaat gestützt sind. Die Anwendung dieser Gesetze, Verordnungen und sonstigen Rechtsakte außerhalb des Hoheitsgebiets der betreffenden Drittländer kann gegen internationales Recht verstoßen und dem durch diese Verordnung in der Union gewährleisteten Schutz natürlicher Personen zuwiderlaufen. Datenübermittlungen sollten daher nur zulässig sein, wenn die Bedingungen dieser Verordnung für Datenübermittlungen an Drittländer eingehalten werden. Dies kann unter anderem der Fall sein, wenn die Offenlegung aus einem wichtigen öffentlichen Interesse erforderlich ist, das im Unionsrecht oder im Recht des Mitgliedstaats, dem der Verantwortliche unterliegt, anerkannt ist.

(116) Wenn personenbezogene Daten in ein anderes Land außerhalb der Union übermittelt werden, besteht eine erhöhte Gefahr, dass natürliche Personen ihre Datenschutzrechte nicht wahrnehmen können und sich insbesondere gegen die unrechtmäßige Nutzung oder Offenlegung dieser Informationen zu schützen. Ebenso kann es vorkommen, dass Aufsichtsbehörden Beschwerden nicht nachgehen oder Untersuchungen nicht durchführen können, die einen Bezug zu Tätigkeiten außerhalb der Grenzen ihres Mitgliedstaats haben. Ihre Bemühungen um grenzüberschreitende Zusammenarbeit können auch durch unzureichende Präventiv- und Abhilfebefugnisse, widersprüchliche Rechtsordnungen und praktische Hindernisse wie Ressourcenknappheit behindert werden. Die Zusammenarbeit zwischen den Datenschutzaufsichtsbehörden muss daher gefördert werden, damit sie Informationen austauschen und mit den Aufsichtsbehörden in anderen Ländern Un-

tersuchungen durchführen können. Um Mechanismen der internationalen Zusammenarbeit zu entwickeln, die die internationale Amtshilfe bei der Durchsetzung von Rechtsvorschriften zum Schutz personenbezogener Daten erleichtern und sicherstellen, sollten die Kommission und die Aufsichtsbehörden Informationen austauschen und bei Tätigkeiten, die mit der Ausübung ihrer Befugnisse in Zusammenhang stehen, mit den zuständigen Behörden der Drittländer nach dem Grundsatz der Gegenseitigkeit und gemäß dieser Verordnung zusammenarbeiten.

(117) Die Errichtung von Aufsichtsbehörden in den Mitgliedstaaten, die befugt sind, ihre Aufgaben und Befugnisse völlig unabhängig wahrzunehmen, ist ein wesentlicher Bestandteil des Schutzes natürlicher Personen bei der Verarbeitung personenbezogener Daten. Die Mitgliedstaaten sollten mehr als eine Aufsichtsbehörde errichten können, wenn dies ihrer verfassungsmäßigen, organisatorischen und administrativen Struktur entspricht.

(118) Die Tatsache, dass die Aufsichtsbehörden unabhängig sind, sollte nicht bedeuten, dass sie hinsichtlich ihrer Ausgaben keinem Kontroll- oder Überwachungsmechanismus unterworfen werden bzw. sie keiner gerichtlichen Überprüfung unterzogen werden können.

(119) Errichtet ein Mitgliedstaat mehrere Aufsichtsbehörden, so sollte er mittels Rechtsvorschriften sicherstellen, dass diese Aufsichtsbehörden am Kohärenzverfahren wirksam beteiligt werden. Insbesondere sollte dieser Mitgliedstaat eine Aufsichtsbehörde bestimmen, die als zentrale Anlaufstelle für eine wirksame Beteiligung dieser Behörden an dem Verfahren fungiert und eine rasche und reibungslose Zusammenarbeit mit anderen Aufsichtsbehörden, dem Ausschuss und der Kommission gewährleistet.

(120) Jede Aufsichtsbehörde sollte mit Finanzmitteln, Personal, Räumlichkeiten und einer Infrastruktur ausgestattet werden, wie sie für die wirksame Wahrnehmung ihrer Aufgaben, einschließlich derer im Zusammenhang mit der Amtshilfe und Zusammenarbeit mit anderen Aufsichtsbehörden in der gesamten Union, notwendig sind. Jede Aufsichtsbehörde sollte über einen eigenen, öffentlichen, jährlichen Haushaltsplan verfügen, der Teil des gesamten Staatshaushalts oder nationalen Haushalts sein kann.

(121) Die allgemeinen Anforderungen an das Mitglied oder die Mitglieder der Aufsichtsbehörde sollten durch Rechtsvorschriften von jedem Mitgliedstaat geregelt werden und insbesondere vorsehen, dass diese Mitglieder im Wege eines transparenten Verfahrens entweder – auf Vorschlag der Regierung, eines Mitglieds der Regierung, des Parlaments oder einer Parlamentskammer – vom Parlament, der Regierung oder dem Staatsoberhaupt des Mitgliedstaats oder von einer unabhängigen Stelle ernannt werden, die nach dem Recht des Mitgliedstaats mit der Ernennung betraut wird. Um die Unabhängigkeit der Aufsichtsbehörde zu gewährleisten, sollten ihre Mitglieder ihr Amt integer ausüben, von allen mit den Aufgaben ihres Amts nicht zu vereinbarenden Handlungen absehen und während ihrer Amtszeit keine andere mit ihrem Amt nicht zu vereinbarende entgeltliche oder unentgeltliche Tätigkeit ausüben. Die Aufsichtsbehörde sollte über eigenes Personal verfügen,

das sie selbst oder eine nach dem Recht des Mitgliedstaats eingerichtete unabhängige Stelle auswählt und das ausschließlich der Leitung des Mitglieds oder der Mitglieder der Aufsichtsbehörde unterstehen sollte.

(122) Jede Aufsichtsbehörde sollte dafür zuständig sein, im Hoheitsgebiet ihres Mitgliedstaats die Befugnisse auszuüben und die Aufgaben zu erfüllen, die ihr mit dieser Verordnung übertragen wurden. Dies sollte insbesondere für Folgendes gelten: die Verarbeitung im Rahmen der Tätigkeiten einer Niederlassung des Verantwortlichen oder Auftragsverarbeiters im Hoheitsgebiet ihres Mitgliedstaats, die Verarbeitung personenbezogener Daten durch Behörden oder private Stellen, die im öffentlichen Interesse handeln, Verarbeitungstätigkeiten, die Auswirkungen auf betroffene Personen in ihrem Hoheitsgebiet haben, oder Verarbeitungstätigkeiten eines Verantwortlichen oder Auftragsverarbeiters ohne Niederlassung in der Union, sofern sie auf betroffene Personen mit Wohnsitz in ihrem Hoheitsgebiet ausgerichtet sind. Dies sollte auch die Bearbeitung von Beschwerden einer betroffenen Person, die Durchführung von Untersuchungen über die Anwendung dieser Verordnung sowie die Förderung der Information der Öffentlichkeit über Risiken, Vorschriften, Garantien und Rechte im Zusammenhang mit der Verarbeitung personenbezogener Daten einschließen.

(123) Die Aufsichtsbehörden sollten die Anwendung der Bestimmungen dieser Verordnung überwachen und zu ihrer einheitlichen Anwendung in der gesamten Union beitragen, um natürliche Personen im Hinblick auf die Verarbeitung ihrer Daten zu schützen und den freien Verkehr personenbezogener Daten im Binnenmarkt zu erleichtern. Zu diesem Zweck sollten die Aufsichtsbehörden untereinander und mit der Kommission zusammenarbeiten, ohne dass eine Vereinbarung zwischen den Mitgliedstaaten über die Leistung von Amtshilfe oder über eine derartige Zusammenarbeit erforderlich wäre.

(124) Findet die Verarbeitung personenbezogener Daten im Zusammenhang mit der Tätigkeit einer Niederlassung eines Verantwortlichen oder eines Auftragsverarbeiters in der Union statt und hat der Verantwortliche oder der Auftragsverarbeiter Niederlassungen in mehr als einem Mitgliedstaat oder hat die Verarbeitungstätigkeit im Zusammenhang mit der Tätigkeit einer einzigen Niederlassung eines Verantwortlichen oder Auftragsverarbeiters in der Union erhebliche Auswirkungen auf betroffene Personen in mehr als einem Mitgliedstaat bzw. wird sie voraussichtlich solche Auswirkungen haben, so sollte die Aufsichtsbehörde für die Hauptniederlassung des Verantwortlichen oder Auftragsverarbeiters oder für die einzige Niederlassung des Verantwortlichen oder Auftragsverarbeiters als federführende Behörde fungieren. Sie sollte mit den anderen Behörden zusammenarbeiten, die betroffen sind, weil der Verantwortliche oder Auftragsverarbeiter eine Niederlassung im Hoheitsgebiet ihres Mitgliedstaats hat, weil die Verarbeitung erhebliche Auswirkungen auf betroffene Personen mit Wohnsitz in ihrem Hoheitsgebiet hat oder weil bei ihnen eine Beschwerde eingelegt wurde. Auch wenn eine betroffene Person ohne Wohnsitz in dem betreffenden Mitgliedstaat eine Beschwerde eingelegt hat, sollte die Aufsichtsbehörde, bei der Beschwerde eingelegt wurde, auch eine betroffene Aufsichtsbehörde sein. Der Ausschuss sollte – im Rahmen

seiner Aufgaben in Bezug auf die Herausgabe von Leitlinien zu allen Fragen im Zusammenhang mit der Anwendung dieser Verordnung – insbesondere Leitlinien zu den Kriterien ausgeben können, die bei der Feststellung zu berücksichtigen sind, ob die fragliche Verarbeitung erhebliche Auswirkungen auf betroffene Personen in mehr als einem Mitgliedstaat hat und was einen maßgeblichen und begründeten Einspruch darstellt.

(125) Die federführende Behörde sollte berechtigt sein, verbindliche Beschlüsse über Maßnahmen zu erlassen, mit denen die ihr gemäß dieser Verordnung übertragenen Befugnisse ausgeübt werden. In ihrer Eigenschaft als federführende Behörde sollte diese Aufsichtsbehörde für die enge Einbindung und Koordinierung der betroffenen Aufsichtsbehörden im Entscheidungsprozess sorgen. Wird beschlossen, die Beschwerde der betroffenen Person vollständig oder teilweise abzuweisen, so sollte dieser Beschluss von der Aufsichtsbehörde angenommen werden, bei der die Beschwerde eingelegt wurde.

(126) Der Beschluss sollte von der federführenden Aufsichtsbehörde und den betroffenen Aufsichtsbehörden gemeinsam vereinbart werden und an die Hauptniederlassung oder die einzige Niederlassung des Verantwortlichen oder Auftragsverarbeiters gerichtet sein und für den Verantwortlichen und den Auftragsverarbeiter verbindlich sein. Der Verantwortliche oder Auftragsverarbeiter sollte die erforderlichen Maßnahmen treffen, um die Einhaltung dieser Verordnung und die Umsetzung des Beschlusses zu gewährleisten, der der Hauptniederlassung des Verantwortlichen oder Auftragsverarbeiters im Hinblick auf die Verarbeitungstätigkeiten in der Union von der federführenden Aufsichtsbehörde mitgeteilt wurde.

(127) Jede Aufsichtsbehörde, die nicht als federführende Aufsichtsbehörde fungiert, sollte in örtlichen Fällen zuständig sein, wenn der Verantwortliche oder Auftragsverarbeiter Niederlassungen in mehr als einem Mitgliedstaat hat, der Gegenstand der spezifischen Verarbeitung aber nur die Verarbeitungstätigkeiten in einem einzigen Mitgliedstaat und nur betroffene Personen in diesem einen Mitgliedstaat betrifft, beispielsweise wenn es um die Verarbeitung von personenbezogenen Daten von Arbeitnehmern im spezifischen Beschäftigungskontext eines Mitgliedstaats geht. In solchen Fällen sollte die Aufsichtsbehörde unverzüglich die federführende Aufsichtsbehörde über diese Angelegenheit unterrichten. Nach ihrer Unterrichtung sollte die federführende Aufsichtsbehörde entscheiden, ob sie den Fall nach den Bestimmungen zur Zusammenarbeit zwischen der federführenden Aufsichtsbehörde und anderen betroffenen Aufsichtsbehörden gemäß der Vorschrift zur Zusammenarbeit zwischen der federführenden Aufsichtsbehörde und anderen betroffenen Aufsichtsbehörden (im Folgenden „Verfahren der Zusammenarbeit und Kohärenz") regelt oder ob die Aufsichtsbehörde, die sie unterrichtet hat, den Fall auf örtlicher Ebene regeln sollte. Dabei sollte die federführende Aufsichtsbehörde berücksichtigen, ob der Verantwortliche oder der Auftragsverarbeiter in dem Mitgliedstaat, dessen Aufsichtsbehörde sie unterrichtet hat, eine Niederlassung hat, damit Beschlüsse gegenüber dem Verantwortlichen oder dem Auftragsverarbeiter wirksam durchgesetzt werden. Entscheidet die federführende

Aufsichtsbehörde, den Fall selbst zu regeln, sollte die Aufsichtsbehörde, die sie unterrichtet hat, die Möglichkeit haben, einen Beschlussentwurf vorzulegen, dem die federführende Aufsichtsbehörde bei der Ausarbeitung ihres Beschlussentwurfs im Rahmen dieses Verfahrens der Zusammenarbeit und Kohärenz weitestgehend Rechnung tragen sollte.

(128) Die Vorschriften über die federführende Behörde und das Verfahren der Zusammenarbeit und Kohärenz sollten keine Anwendung finden, wenn die Verarbeitung durch Behörden oder private Stellen im öffentlichen Interesse erfolgt. In diesen Fällen sollte die Aufsichtsbehörde des Mitgliedstaats, in dem die Behörde oder private Einrichtung ihren Sitz hat, die einzige Aufsichtsbehörde sein, die dafür zuständig ist, die Befugnisse auszuüben, die ihr mit dieser Verordnung übertragen wurden.

(129) Um die einheitliche Überwachung und Durchsetzung dieser Verordnung in der gesamten Union sicherzustellen, sollten die Aufsichtsbehörden in jedem Mitgliedstaat dieselben Aufgaben und wirksamen Befugnisse haben, darunter, insbesondere im Fall von Beschwerden natürlicher Personen, Untersuchungsbefugnisse, Abhilfebefugnisse und Sanktionsbefugnisse und Genehmigungsbefugnisse und beratende Befugnisse, sowie – unbeschadet der Befugnisse der Strafverfolgungsbehörden nach dem Recht der Mitgliedstaaten – die Befugnis, Verstöße gegen diese Verordnung den Justizbehörden zur Kenntnis zu bringen und Gerichtsverfahren anzustrengen. Dazu sollte auch die Befugnis zählen, eine vorübergehende oder endgültige Beschränkung der Verarbeitung, einschließlich eines Verbots, zu verhängen. Die Mitgliedstaaten können andere Aufgaben im Zusammenhang mit dem Schutz personenbezogener Daten im Rahmen dieser Verordnung festlegen. Die Befugnisse der Aufsichtsbehörden sollten in Übereinstimmung mit den geeigneten Verfahrensgarantien nach dem Unionsrecht und dem Recht der Mitgliedstaaten unparteiisch, gerecht und innerhalb einer angemessenen Frist ausgeübt werden. Insbesondere sollte jede Maßnahme im Hinblick auf die Gewährleistung der Einhaltung dieser Verordnung geeignet, erforderlich und verhältnismäßig sein, wobei die Umstände des jeweiligen Einzelfalls zu berücksichtigen sind, das Recht einer jeden Person, gehört zu werden, bevor eine individuelle Maßnahme getroffen wird, die nachteilige Auswirkungen auf diese Person hätte, zu achten ist und überflüssige Kosten und übermäßige Unannehmlichkeiten für die Betroffenen zu vermeiden sind. Untersuchungsbefugnisse im Hinblick auf den Zugang zu Räumlichkeiten sollten im Einklang mit besonderen Anforderungen im Verfahrensrecht der Mitgliedstaaten ausgeübt werden, wie etwa dem Erfordernis einer vorherigen richterlichen Genehmigung. Jede rechtsverbindliche Maßnahme der Aufsichtsbehörde sollte schriftlich erlassen werden und sie sollte klar und eindeutig sein; die Aufsichtsbehörde, die die Maßnahme erlassen hat, und das Datum, an dem die Maßnahme erlassen wurde, sollten angegeben werden und die Maßnahme sollte vom Leiter oder von einem von ihm bevollmächtigten Mitglied der Aufsichtsbehörde unterschrieben sein und eine Begründung für die Maßnahme sowie einen Hinweis auf das Recht auf einen wirksamen Rechtsbehelf enthalten. Dies sollte zusätzliche Anforderungen nach dem Verfahrensrecht der Mitgliedstaaten nicht ausschließen. Der Erlass eines rechts-

verbindlichen Beschlusses setzt voraus, dass er in dem Mitgliedstaat der Aufsichtsbehörde, die den Beschluss erlassen hat, gerichtlich überprüft werden kann.

(130) Ist die Aufsichtsbehörde, bei der die Beschwerde eingereicht wurde, nicht die federführende Aufsichtsbehörde, so sollte die federführende Aufsichtsbehörde gemäß den Bestimmungen dieser Verordnung über Zusammenarbeit und Kohärenz eng mit der Aufsichtsbehörde zusammenarbeiten, bei der die Beschwerde eingereicht wurde. In solchen Fällen sollte die federführende Aufsichtsbehörde bei Maßnahmen, die rechtliche Wirkungen entfalten sollen, unter anderem bei der Verhängung von Geldbußen, den Standpunkt der Aufsichtsbehörde, bei der die Beschwerde eingereicht wurde und die weiterhin befugt sein sollte, in Abstimmung mit der zuständigen Aufsichtsbehörde Untersuchungen im Hoheitsgebiet ihres eigenen Mitgliedstaats durchzuführen, weitestgehend berücksichtigen.

(131) Wenn eine andere Aufsichtsbehörde als federführende Aufsichtsbehörde für die Verarbeitungstätigkeiten des Verantwortlichen oder des Auftragsverarbeiters fungieren sollte, der konkrete Gegenstand einer Beschwerde oder der mögliche Verstoß jedoch nur die Verarbeitungstätigkeiten des Verantwortlichen oder des Auftragsverarbeiters in dem Mitgliedstaat betrifft, in dem die Beschwerde eingereicht wurde oder der mögliche Verstoß aufgedeckt wurde, und die Angelegenheit keine erheblichen Auswirkungen auf betroffene Personen in anderen Mitgliedstaaten hat oder haben dürfte, sollte die Aufsichtsbehörde, bei der eine Beschwerde eingereicht wurde oder die Situationen, die mögliche Verstöße gegen diese Verordnung darstellen, aufgedeckt hat bzw. auf andere Weise darüber informiert wurde, versuchen, eine gütliche Einigung mit dem Verantwortlichen zu erzielen; falls sich dies als nicht erfolgreich erweist, sollte sie die gesamte Bandbreite ihrer Befugnisse wahrnehmen. Dies sollte auch Folgendes umfassen: die spezifische Verarbeitung im Hoheitsgebiet des Mitgliedstaats der Aufsichtsbehörde oder im Hinblick auf betroffene Personen im Hoheitsgebiet dieses Mitgliedstaats; die Verarbeitung im Rahmen eines Angebots von Waren oder Dienstleistungen, das speziell auf betroffene Personen im Hoheitsgebiet des Mitgliedstaats der Aufsichtsbehörde ausgerichtet ist; oder eine Verarbeitung, die unter Berücksichtigung der einschlägigen rechtlichen Verpflichtungen nach dem Recht der Mitgliedstaaten bewertet werden muss.

(132) Auf die Öffentlichkeit ausgerichtete Sensibilisierungsmaßnahmen der Aufsichtsbehörden sollten spezifische Maßnahmen einschließen, die sich an die Verantwortlichen und die Auftragsverarbeiter, einschließlich Kleinstunternehmen sowie kleiner und mittlerer Unternehmen, und an natürliche Personen, insbesondere im Bildungsbereich, richten.

(133) Die Aufsichtsbehörden sollten sich gegenseitig bei der Erfüllung ihrer Aufgaben unterstützen und Amtshilfe leisten, damit eine einheitliche Anwendung und Durchsetzung dieser Verordnung im Binnenmarkt gewährleistet ist. Eine Aufsichtsbehörde, die um Amtshilfe ersucht hat, kann eine einstweilige Maßnahme erlassen, wenn sie nicht binnen eines Monats nach Eingang des Amtshilfeersuchens bei der ersuchten Aufsichtsbehörde eine Antwort von dieser erhalten hat.

(134) Jede Aufsichtsbehörde sollte gegebenenfalls an gemeinsamen Maßnahmen von anderen Aufsichtsbehörden teilnehmen. Die ersuchte Aufsichtsbehörde sollte auf das Ersuchen binnen einer bestimmten Frist antworten müssen.

(135) Um die einheitliche Anwendung dieser Verordnung in der gesamten Union sicherzustellen, sollte ein Verfahren zur Gewährleistung einer einheitlichen Rechtsanwendung (Kohärenzverfahren) für die Zusammenarbeit zwischen den Aufsichtsbehörden eingeführt werden. Dieses Verfahren sollte insbesondere dann angewendet werden, wenn eine Aufsichtsbehörde beabsichtigt, eine Maßnahme zu erlassen, die rechtliche Wirkungen in Bezug auf Verarbeitungsvorgänge entfalten soll, die für eine bedeutende Zahl betroffener Personen in mehreren Mitgliedstaaten erhebliche Auswirkungen haben. Ferner sollte es zur Anwendung kommen, wenn eine betroffene Aufsichtsbehörde oder die Kommission beantragt, dass die Angelegenheit im Rahmen des Kohärenzverfahrens behandelt wird. Dieses Verfahren sollte andere Maßnahmen, die die Kommission möglicherweise in Ausübung ihrer Befugnisse nach den Verträgen trifft, unberührt lassen.

(136) Bei Anwendung des Kohärenzverfahrens sollte der Ausschuss, falls von der Mehrheit seiner Mitglieder so entschieden wird oder falls eine andere betroffene Aufsichtsbehörde oder die Kommission darum ersuchen, binnen einer festgelegten Frist eine Stellungnahme abgeben. Dem Ausschuss sollte auch die Befugnis übertragen werden, bei Streitigkeiten zwischen Aufsichtsbehörden rechtsverbindliche Beschlüsse zu erlassen. Zu diesem Zweck sollte er in klar bestimmten Fällen, in denen die Aufsichtsbehörden insbesondere im Rahmen des Verfahrens der Zusammenarbeit zwischen der federführenden Aufsichtsbehörde und den betroffenen Aufsichtsbehörden widersprüchliche Standpunkte zu dem Sachverhalt, vor allem in der Frage, ob ein Verstoß gegen diese Verordnung vorliegt, vertreten, grundsätzlich mit einer Mehrheit von zwei Dritteln seiner Mitglieder rechtsverbindliche Beschlüsse erlassen.

(137) Es kann dringender Handlungsbedarf zum Schutz der Rechte und Freiheiten von betroffenen Personen bestehen, insbesondere wenn eine erhebliche Behinderung der Durchsetzung des Rechts einer betroffenen Person droht. Eine Aufsichtsbehörde sollte daher hinreichend begründete einstweilige Maßnahmen in ihrem Hoheitsgebiet mit einer festgelegten Geltungsdauer von höchstens drei Monaten erlassen können.

(138) Die Anwendung dieses Verfahrens sollte in den Fällen, in denen sie verbindlich vorgeschrieben ist, eine Bedingung für die Rechtmäßigkeit einer Maßnahme einer Aufsichtsbehörde sein, die rechtliche Wirkungen entfalten soll. In anderen Fällen von grenzüberschreitender Relevanz sollte das Verfahren der Zusammenarbeit zwischen der federführenden Aufsichtsbehörde und den betroffenen Aufsichtsbehörden zur Anwendung gelangen, und die betroffenen Aufsichtsbehörden können auf bilateraler oder multilateraler Ebene Amtshilfe leisten und gemeinsame Maßnahmen durchführen, ohne auf das Kohärenzverfahren zurückzugreifen.

(139) Zur Förderung der einheitlichen Anwendung dieser Verordnung sollte der Ausschuss als unabhängige Einrichtung der Union eingesetzt wer-

den. Damit der Ausschuss seine Ziele erreichen kann, sollte er Rechtspersönlichkeit besitzen. Der Ausschuss sollte von seinem Vorsitz vertreten werden. Er sollte die mit der Richtlinie 95/46/EG eingesetzte Arbeitsgruppe für den Schutz der Rechte von Personen bei der Verarbeitung personenbezogener Daten ersetzen. Er sollte aus dem Leiter einer Aufsichtsbehörde jedes Mitgliedstaats und dem Europäischen Datenschutzbeauftragten oder deren jeweiligen Vertretern gebildet werden. An den Beratungen des Ausschusses sollte die Kommission ohne Stimmrecht teilnehmen und der Europäische Datenschutzbeauftragte sollte spezifische Stimmrechte haben. Der Ausschuss sollte zur einheitlichen Anwendung der Verordnung in der gesamten Union beitragen, die Kommission insbesondere im Hinblick auf das Schutzniveau in Drittländern oder internationalen Organisationen beraten und die Zusammenarbeit der Aufsichtsbehörden in der Union fördern. Der Ausschuss sollte bei der Erfüllung seiner Aufgaben unabhängig handeln.

(140)[1] Der Ausschuss sollte von einem Sekretariat unterstützt werden, das von dem Europäischen Datenschutzbeauftragten bereitgestellt wird. Das Personal des Europäischen Datenschutzbeauftragten, das an der Wahrnehmung der dem Ausschuss gemäß dieser Verordnung übertragenen Aufgaben beteiligt ist, sollte diese Aufgaben ausschließlich gemäß den Anweisungen des Vorsitzes des Ausschusses durchführen und diesem Bericht erstatten.

(141) Jede betroffene Person sollte das Recht haben, bei einer einzigen Aufsichtsbehörde insbesondere in dem Mitgliedstaat ihres gewöhnlichen Aufenthalts eine Beschwerde einzureichen und gemäß Artikel 47 der Charta einen wirksamen gerichtlichen Rechtsbehelf einzulegen, wenn sie sich in ihren Rechten gemäß dieser Verordnung verletzt sieht oder wenn die Aufsichtsbehörde auf eine Beschwerde hin nicht tätig wird, eine Beschwerde teilweise oder ganz abweist oder ablehnt oder nicht tätig wird, obwohl dies zum Schutz der Rechte der betroffenen Person notwendig ist. Die auf eine Beschwerde folgende Untersuchung sollte vorbehaltlich gerichtlicher Überprüfung so weit gehen, wie dies im Einzelfall angemessen ist. Die Aufsichtsbehörde sollte die betroffene Person innerhalb eines angemessenen Zeitraums über den Fortgang und die Ergebnisse der Beschwerde unterrichten. Sollten weitere Untersuchungen oder die Abstimmung mit einer anderen Aufsichtsbehörde erforderlich sein, sollte die betroffene Person über den Zwischenstand informiert werden. Jede Aufsichtsbehörde sollte Maßnahmen zur Erleichterung der Einreichung von Beschwerden treffen, wie etwa die Bereitstellung eines Beschwerdeformulars, das auch elektronisch ausgefüllt werden kann, ohne dass andere Kommunikationsmittel ausgeschlossen werden.

(142) Betroffene Personen, die sich in ihren Rechten gemäß dieser Verordnung verletzt sehen, sollten das Recht haben, nach dem Recht eines Mitgliedstaats gegründete Einrichtungen, Organisationen oder Verbände ohne Gewinnerzielungsabsicht, deren satzungsmäßige Ziele im öffentlichem Interesse liegen und die im Bereich des Schutzes personen-

[1] Erwägungsgrund 140 ber. ABl. 2018 L 127 S. 2.

bezogener Daten tätig sind, zu beauftragen, in ihrem Namen Beschwerde bei einer Aufsichtsbehörde oder einen gerichtlichen Rechtsbehelf einzulegen oder das Recht auf Schadensersatz in Anspruch zu nehmen, sofern dieses im Recht der Mitgliedstaaten vorgesehen ist. Die Mitgliedstaaten können vorsehen, dass diese Einrichtungen, Organisationen oder Verbände das Recht haben, unabhängig vom Auftrag einer betroffenen Person in dem betreffenden Mitgliedstaat eine eigene Beschwerde einzulegen, und das Recht auf einen wirksamen gerichtlichen Rechtsbehelf haben sollten, wenn sie Grund zu der Annahme haben, dass die Rechte der betroffenen Person infolge einer nicht im Einklang mit dieser Verordnung stehenden Verarbeitung verletzt worden sind. Diesen Einrichtungen, Organisationen oder Verbänden kann unabhängig vom Auftrag einer betroffenen Person nicht gestattet werden, im Namen einer betroffenen Person Schadenersatz zu verlangen.

(143) Jede natürliche oder juristische Person hat das Recht, unter den in Artikel 263 AEUV[1)] genannten Voraussetzungen beim Gerichtshof eine Klage auf Nichtigerklärung eines Beschlusses des Ausschusses zu erheben. Als Adressaten solcher Beschlüsse müssen die betroffenen Aufsichtsbehörden, die diese Beschlüsse anfechten möchten, binnen zwei Monaten nach deren Übermittlung gemäß Artikel 263 AEUV[1)] Klage erheben. Sofern Beschlüsse des Ausschusses einen Verantwortlichen, einen Auftragsverarbeiter oder den Beschwerdeführer unmittelbar und individuell betreffen, so können diese Personen binnen zwei Monaten nach Veröffentlichung der betreffenden Beschlüsse auf der Website des Ausschusses im Einklang mit Artikel 263 AEUV[1)] eine Klage auf Nichtigerklärung erheben. Unbeschadet dieses Rechts nach Artikel 263 AEUV[1)] sollte jede natürliche oder juristische Person das Recht auf einen wirksamen gerichtlichen Rechtsbehelf bei dem zuständigen einzelstaatlichen Gericht gegen einen Beschluss einer Aufsichtsbehörde haben, der gegenüber dieser Person Rechtswirkungen entfaltet. Ein derartiger Beschluss betrifft insbesondere die Ausübung von Untersuchungs-, Abhilfe- und Genehmigungsbefugnissen durch die Aufsichtsbehörde oder die Ablehnung oder Abweisung von Beschwerden. Das Recht auf einen wirksamen gerichtlichen Rechtsbehelf umfasst jedoch nicht rechtlich nicht bindende Maßnahmen der Aufsichtsbehörden wie von ihr abgegebene Stellungnahmen oder Empfehlungen. Verfahren gegen eine Aufsichtsbehörde sollten bei den Gerichten des Mitgliedstaats angestrengt werden, in dem die Aufsichtsbehörde ihren Sitz hat, und sollten im Einklang mit dem Verfahrensrecht dieses Mitgliedstaats durchgeführt werden. Diese Gerichte sollten eine uneingeschränkte Zuständigkeit besitzen, was die Zuständigkeit, sämtliche für den bei ihnen anhängigen Rechtsstreit maßgebliche Sach- und Rechtsfragen zu prüfen, einschließt. Wurde eine Beschwerde von einer Aufsichtsbehörde abgelehnt oder abgewiesen, kann der Beschwerdeführer Klage bei den Gerichten desselben Mitgliedstaats erheben.

Im Zusammenhang mit gerichtlichen Rechtsbehelfen in Bezug auf die Anwendung dieser Verordnung können einzelstaatliche Gerichte, die eine Entscheidung über diese Frage für erforderlich halten, um ihr

[1)] Nr. **1001**.

Urteil erlassen zu können, bzw. müssen einzelstaatliche Gerichte in den Fällen nach Artikel 267 AEUV[1] den Gerichtshof um eine Vorabentscheidung zur Auslegung des Unionsrechts – das auch diese Verordnung einschließt – ersuchen. Wird darüber hinaus der Beschluss einer Aufsichtsbehörde zur Umsetzung eines Beschlusses des Ausschusses vor einem einzelstaatlichen Gericht angefochten und wird die Gültigkeit des Beschlusses des Ausschusses in Frage gestellt, so hat dieses einzelstaatliche Gericht nicht die Befugnis, den Beschluss des Ausschusses für nichtig zu erklären, sondern es muss im Einklang mit Artikel 267 AEUV[1] in der Auslegung des Gerichtshofs den Gerichtshof mit der Frage der Gültigkeit befassen, wenn es den Beschluss für nichtig hält. Allerdings darf ein einzelstaatliches Gericht den Gerichtshof nicht auf Anfrage einer natürlichen oder juristischen Person mit Fragen der Gültigkeit des Beschlusses des Ausschusses befassen, wenn diese Person Gelegenheit hatte, eine Klage auf Nichtigerklärung dieses Beschlusses zu erheben – insbesondere wenn sie unmittelbar und individuell von dem Beschluss betroffen war –, diese Gelegenheit jedoch nicht innerhalb der Frist gemäß Artikel 263 AEUV[1] genutzt hat.

(144) Hat ein mit einem Verfahren gegen die Entscheidung einer Aufsichtsbehörde befasstes Gericht Anlass zu der Vermutung, dass ein dieselbe Verarbeitung betreffendes Verfahren – etwa zu demselben Gegenstand in Bezug auf die Verarbeitung durch denselben Verantwortlichen oder Auftragsverarbeiter oder wegen desselben Anspruchs – vor einem zuständigen Gericht in einem anderen Mitgliedstaat anhängig ist, so sollte es mit diesem Gericht Kontakt aufnehmen, um sich zu vergewissern, dass ein solches verwandtes Verfahren existiert. Sind verwandte Verfahren vor einem Gericht in einem anderen Mitgliedstaat anhängig, so kann jedes später angerufene Gericht das Verfahren aussetzen oder sich auf Anfrage einer Partei auch zugunsten des zuerst angerufenen Gerichts für unzuständig erklären, wenn dieses später angerufene Gericht für die betreffenden Verfahren zuständig ist und die Verbindung von solchen verwandten Verfahren nach seinem Recht zulässig ist. Verfahren gelten als miteinander verwandt, wenn zwischen ihnen eine so enge Beziehung gegeben ist, dass eine gemeinsame Verhandlung und Entscheidung geboten erscheint, um zu vermeiden, dass in getrennten Verfahren einander widersprechende Entscheidungen ergehen.

(145)[2] Bei Verfahren gegen Verantwortliche oder Auftragsverarbeiter sollte es dem Kläger überlassen bleiben, ob er die Gerichte des Mitgliedstaats anruft, in dem der Verantwortliche oder der Auftragsverarbeiter eine Niederlassung hat, oder des Mitgliedstaats, in dem die betroffene Person wohnt; dies gilt nicht, wenn es sich bei dem Verantwortlichen um eine Behörde eines Mitgliedstaats handelt, die in Ausübung ihrer hoheitlichen Befugnisse tätig geworden ist.

(146) Der Verantwortliche oder der Auftragsverarbeiter sollte Schäden, die einer Person aufgrund einer Verarbeitung entstehen, die mit dieser Verordnung nicht im Einklang steht, ersetzen. Der Verantwortliche oder der Auftragsverarbeiter sollte von seiner Haftung befreit werden,

---

[1] Nr. **1001**.
[2] Erwägungsgrund 145 ber. ABl. 2018 L 127 S. 2.

wenn er nachweist, dass er in keiner Weise für den Schaden verantwortlich ist. Der Begriff des Schadens sollte im Lichte der Rechtsprechung des Gerichtshofs weit auf eine Art und Weise ausgelegt werden, die den Zielen dieser Verordnung in vollem Umfang entspricht. Dies gilt unbeschadet von Schadenersatzforderungen aufgrund von Verstößen gegen andere Vorschriften des Unionsrechts oder des Rechts der Mitgliedstaaten. Zu einer Verarbeitung, die mit der vorliegenden Verordnung nicht im Einklang steht, zählt auch eine Verarbeitung, die nicht mit den nach Maßgabe der vorliegenden Verordnung erlassenen delegierten Rechtsakten und Durchführungsrechtsakten und Rechtsvorschriften der Mitgliedstaaten zur Präzisierung von Bestimmungen der vorliegenden Verordnung im Einklang steht. Die betroffenen Personen sollten einen vollständigen und wirksamen Schadenersatz für den erlittenen Schaden erhalten. Sind Verantwortliche oder Auftragsverarbeiter an derselben Verarbeitung beteiligt, so sollte jeder Verantwortliche oder Auftragsverarbeiter für den gesamten Schaden haftbar gemacht werden. Werden sie jedoch nach Maßgabe des Rechts der Mitgliedstaaten zu demselben Verfahren hinzugezogen, so können sie im Verhältnis zu der Verantwortung anteilmäßig haftbar gemacht werden, die jeder Verantwortliche oder Auftragsverarbeiter für den durch die Verarbeitung entstandenen Schaden zu tragen hat, sofern sichergestellt ist, dass die betroffene Person einen vollständigen und wirksamen Schadenersatz für den erlittenen Schaden erhält. Jeder Verantwortliche oder Auftragsverarbeiter, der den vollen Schadenersatz geleistet hat, kann anschließend ein Rückgriffsverfahren gegen andere an derselben Verarbeitung beteiligte Verantwortliche oder Auftragsverarbeiter anstrengen.

(147) Soweit in dieser Verordnung spezifische Vorschriften über die Gerichtsbarkeit – insbesondere in Bezug auf Verfahren im Hinblick auf einen gerichtlichen Rechtsbehelf einschließlich Schadenersatz gegen einen Verantwortlichen oder Auftragsverarbeiter – enthalten sind, sollten die allgemeinen Vorschriften über die Gerichtsbarkeit, wie sie etwa in der Verordnung (EU) Nr. 1215/2012[1)] des Europäischen Parlaments und des Rates[2)] enthalten sind, der Anwendung dieser spezifischen Vorschriften nicht entgegenstehen.

(148) Im Interesse einer konsequenteren Durchsetzung der Vorschriften dieser Verordnung sollten bei Verstößen gegen diese Verordnung zusätzlich zu den geeigneten Maßnahmen, die die Aufsichtsbehörde gemäß dieser Verordnung verhängt, oder an Stelle solcher Maßnahmen Sanktionen einschließlich Geldbußen verhängt werden. Im Falle eines geringfügigeren Verstoßes oder falls voraussichtlich zu verhängende Geldbuße eine unverhältnismäßige Belastung für eine natürliche Person bewirken würde, kann anstelle einer Geldbuße eine Verwarnung erteilt werden. Folgendem sollte jedoch gebührend Rechnung getragen werden: der Art, Schwere und Dauer des Verstoßes, dem vorsätzlichen Charakter des Verstoßes, den Maßnahmen zur Minderung des entstandenen Scha-

---

[1)] **Schönfelder ErgBd. Nr. 103.**

[2)] **Amtl. Anm.:** Verordnung (EU) Nr. 1215/2012 des Europäischen Parlaments und des Rates vom 12. Dezember 2012 über die gerichtliche Zuständigkeit und die Anerkennung und Vollstreckung von Entscheidungen in Zivil- und Handelssachen (ABl. L 351 vom 20.12.2012, S. 1).

dens, dem Grad der Verantwortlichkeit oder jeglichem früheren Verstoß, der Art und Weise, wie der Verstoß der Aufsichtsbehörde bekannt wurde der Einhaltung der gegen den Verantwortlichen oder Auftragsverarbeiter angeordneten Maßnahmen, der Einhaltung von Verhaltensregeln und jedem anderen erschwerenden oder mildernden Umstand. Für die Verhängung von Sanktionen einschließlich Geldbußen sollte es angemessene Verfahrensgarantien geben, die den allgemeinen Grundsätzen des Unionsrechts und der Charta, einschließlich des Rechts auf wirksamen Rechtsschutz und ein faires Verfahren, entsprechen.

(149) Die Mitgliedstaaten sollten die strafrechtlichen Sanktionen für Verstöße gegen diese Verordnung, auch für Verstöße gegen auf der Grundlage und in den Grenzen dieser Verordnung erlassene nationale Vorschriften, festlegen können. Diese strafrechtlichen Sanktionen können auch die Einziehung der durch die Verstöße gegen diese Verordnung erzielten Gewinne ermöglichen. Die Verhängung von strafrechtlichen Sanktionen für Verstöße gegen solche nationalen Vorschriften und von verwaltungsrechtlichen Sanktionen sollte jedoch nicht zu einer Verletzung des Grundsatzes „ne bis in idem“, wie er vom Gerichtshof ausgelegt worden ist, führen.

(150) Um die verwaltungsrechtlichen Sanktionen bei Verstößen gegen diese Verordnung zu vereinheitlichen und ihnen mehr Wirkung zu verleihen, sollte jede Aufsichtsbehörde befugt sein, Geldbußen zu verhängen. In dieser Verordnung sollten die Verstöße sowie die Obergrenze der entsprechenden Geldbußen und die Kriterien für ihre Festsetzung genannt werden, wobei diese Geldbußen von der zuständigen Aufsichtsbehörde in jedem Einzelfall unter Berücksichtigung aller besonderen Umstände und insbesondere der Art, Schwere und Dauer des Verstoßes und seiner Folgen sowie der Maßnahmen, die ergriffen worden sind, um die Einhaltung der aus dieser Verordnung erwachsenden Verpflichtungen zu gewährleisten und die Folgen des Verstoßes abzuwenden oder abzumildern, festzusetzen sind. Werden Geldbußen Unternehmen auferlegt, sollte zu diesem Zweck der Begriff „Unternehmen“ im Sinne der Artikel 101 und 102 AEUV[1)] verstanden werden. Werden Geldbußen Personen auferlegt, bei denen es sich nicht um Unternehmen handelt, so sollte die Aufsichtsbehörde bei der Erwägung des angemessenen Betrags für die Geldbuße dem allgemeinen Einkommensniveau in dem betreffenden Mitgliedstaat und der wirtschaftlichen Lage der Personen Rechnung tragen. Das Kohärenzverfahren kann auch genutzt werden, um eine kohärente Anwendung von Geldbußen zu fördern. Die Mitgliedstaaten sollten bestimmen können, ob und inwieweit gegen Behörden Geldbußen verhängt werden können. Auch wenn die Aufsichtsbehörden bereits Geldbußen verhängt oder eine Verwarnung erteilt haben, können sie ihre anderen Befugnisse ausüben oder andere Sanktionen nach Maßgabe dieser Verordnung verhängen.

(151) Nach den Rechtsordnungen Dänemarks und Estlands sind die in dieser Verordnung vorgesehenen Geldbußen nicht zulässig. Die Vorschriften über die Geldbußen können so angewandt werden, dass die Geldbuße

1) Nr. **1001**.

in Dänemark durch die zuständigen nationalen Gerichte als Strafe und in Estland durch die Aufsichtsbehörde im Rahmen eines Verfahrens bei Vergehen verhängt wird, sofern eine solche Anwendung der Vorschriften in diesen Mitgliedstaaten die gleiche Wirkung wie die von den Aufsichtsbehörden verhängten Geldbußen hat. Daher sollten die zuständigen nationalen Gerichte die Empfehlung der Aufsichtsbehörde, die die Geldbuße in die Wege geleitet hat, berücksichtigen. In *jeden*[1] Fall sollten die verhängten Geldbußen wirksam, verhältnismäßig und abschreckend sein.

(152) Soweit diese Verordnung verwaltungsrechtliche Sanktionen nicht harmonisiert oder wenn es in anderen Fällen – beispielsweise bei schweren Verstößen gegen diese Verordnung – erforderlich ist, sollten die Mitgliedstaaten eine Regelung anwenden, die wirksame, verhältnismäßige und abschreckende Sanktionen vorsieht. Es sollte im Recht der Mitgliedstaaten geregelt werden, ob diese Sanktionen strafrechtlicher oder verwaltungsrechtlicher Art sind.

(153) Im Recht der Mitgliedstaaten sollten die Vorschriften über die freie Meinungsäußerung und Informationsfreiheit, auch von Journalisten, Wissenschaftlern, Künstlern und/oder Schriftstellern, mit dem Recht auf Schutz der personenbezogenen Daten gemäß dieser Verordnung in Einklang gebracht werden. Für die Verarbeitung personenbezogener Daten ausschließlich zu journalistischen Zwecken oder zu wissenschaftlichen, künstlerischen oder literarischen Zwecken sollten Abweichungen und Ausnahmen von bestimmten Vorschriften dieser Verordnung gelten, wenn dies erforderlich ist, um das Recht auf Schutz der personenbezogenen Daten mit dem Recht auf Freiheit der Meinungsäußerung und Informationsfreiheit, wie es in Artikel 11 der Charta garantiert ist, in Einklang zu bringen. Dies sollte insbesondere für die Verarbeitung personenbezogener Daten im audiovisuellen Bereich sowie in Nachrichten- und Pressearchiven gelten. Die Mitgliedstaaten sollten daher Gesetzgebungsmaßnahmen zur Regelung der Abweichungen und Ausnahmen erlassen, die zum Zwecke der Abwägung zwischen diesen Grundrechten notwendig sind. Die Mitgliedstaaten sollten solche Abweichungen und Ausnahmen in Bezug auf die allgemeinen Grundsätze, die Rechte der betroffenen Person, den Verantwortlichen und den Auftragsverarbeiter, die Übermittlung von personenbezogenen Daten an Drittländer oder an internationale Organisationen, die unabhängigen Aufsichtsbehörden, die Zusammenarbeit und Kohärenz und besondere Datenverarbeitungssituationen erlassen. Sollten diese Abweichungen oder Ausnahmen von Mitgliedstaat zu Mitgliedstaat unterschiedlich sein, sollte das Recht des Mitgliedstaats angewendet werden, dem der Verantwortliche unterliegt. Um der Bedeutung des Rechts auf freie Meinungsäußerung in einer demokratischen Gesellschaft Rechnung zu tragen, müssen Begriffe wie Journalismus, die sich auf diese Freiheit beziehen, weit ausgelegt werden.

(154) Diese Verordnung ermöglicht es, dass bei ihrer Anwendung der Grundsatz des Zugangs der Öffentlichkeit zu amtlichen Dokumenten berücksichtigt wird. Der Zugang der Öffentlichkeit zu amtlichen Dokumen-

[1] Richtig wohl: „jedem".

ten kann als öffentliches Interesse betrachtet werden. Personenbezogene Daten in Dokumenten, die sich im Besitz einer Behörde oder einer öffentlichen Stelle befinden, sollten von dieser Behörde oder Stelle öffentlich offengelegt werden können, sofern dies im Unionsrecht oder im Recht der Mitgliedstaaten, denen sie unterliegt, vorgesehen ist. Diese Rechtsvorschriften sollten den Zugang der Öffentlichkeit zu amtlichen Dokumenten und die Weiterverwendung von Informationen des öffentlichen Sektors mit dem Recht auf Schutz personenbezogener Daten in Einklang bringen und können daher die notwendige Übereinstimmung mit dem Recht auf Schutz personenbezogener Daten gemäß dieser Verordnung regeln. Die Bezugnahme auf Behörden und öffentliche Stellen sollte in diesem Kontext sämtliche Behörden oder sonstigen Stellen beinhalten, die vom Recht des jeweiligen Mitgliedstaats über den Zugang der Öffentlichkeit zu Dokumenten erfasst werden. Die Richtlinie 2003/98/EG des Europäischen Parlaments und des Rates[1] lässt das Schutzniveau für natürliche Personen in Bezug auf die Verarbeitung personenbezogener Daten gemäß den Bestimmungen des Unionsrechts und des Rechts der Mitgliedstaaten unberührt und beeinträchtigt diesen in keiner Weise, und sie bewirkt insbesondere keine Änderung der in dieser Verordnung dargelegten Rechte und Pflichten. Insbesondere sollte die genannte Richtlinie nicht für Dokumente gelten, die nach den Zugangsregelungen der Mitgliedstaaten aus Gründen des Schutzes personenbezogener Daten nicht oder nur eingeschränkt zugänglich sind, oder für Teile von Dokumenten, die nach diesen Regelungen zugänglich sind, wenn sie personenbezogene Daten enthalten, bei denen Rechtsvorschriften vorsehen, dass ihre Weiterverwendung nicht mit dem Recht über den Schutz natürlicher Personen in Bezug auf die Verarbeitung personenbezogener Daten vereinbar ist.

(155) Im Recht der Mitgliedstaaten oder in Kollektivvereinbarungen (einschließlich „Betriebsvereinbarungen") können spezifische Vorschriften für die Verarbeitung personenbezogener Beschäftigtendaten im Beschäftigungskontext vorgesehen werden, und zwar insbesondere Vorschriften über die Bedingungen, unter denen personenbezogene Daten im Beschäftigungskontext auf der Grundlage der Einwilligung des Beschäftigten verarbeitet werden dürfen, über die Verarbeitung dieser Daten für Zwecke der Einstellung, der Erfüllung des Arbeitsvertrags einschließlich der Erfüllung von durch Rechtsvorschriften oder durch Kollektivvereinbarungen festgelegten Pflichten, des Managements, der Planung und der Organisation der Arbeit, der Gleichheit und Diversität am Arbeitsplatz, der Gesundheit und Sicherheit am Arbeitsplatz sowie für Zwecke der Inanspruchnahme der mit der Beschäftigung zusammenhängenden individuellen oder kollektiven Rechte und Leistungen und für Zwecke der Beendigung des Beschäftigungsverhältnisses.

(156) Die Verarbeitung personenbezogener Daten für im öffentlichen Interesse liegende Archivzwecke, zu wissenschaftlichen oder historischen Forschungszwecken oder zu statistischen Zwecken sollte geeigneten Garantien für die Rechte und Freiheiten der betroffenen Person gemäß

[1] **Amtl. Anm.:** Richtlinie 2003/98/EG des Europäischen Parlaments und des Rates vom 17. November 2003 über die Weiterverwendung von Informationen des öffentlichen Sektors (ABl. L 345 vom 31.12.2003, S. 90).

dieser Verordnung unterliegen. Mit diesen Garantien sollte sichergestellt werden, dass technische und organisatorische Maßnahmen bestehen, mit denen insbesondere der Grundsatz der Datenminimierung gewährleistet wird. Die Weiterverarbeitung personenbezogener Daten zu im öffentlichen Interesse liegende Archivzwecken, zu wissenschaftlichen oder historischen Forschungszwecken oder zu statistischen Zwecken erfolgt erst dann, wenn der Verantwortliche geprüft hat, ob es möglich ist, diese Zwecke durch die Verarbeitung von personenbezogenen Daten, bei der die Identifizierung von betroffenen Personen nicht oder nicht mehr möglich ist, zu erfüllen, sofern geeignete Garantien bestehen (wie z.B. die Pseudonymisierung von personenbezogenen Daten). Die Mitgliedstaaten sollten geeignete Garantien in Bezug auf die Verarbeitung personenbezogener Daten für im öffentlichen Interesse liegende Archivzwecke, zu wissenschaftlichen oder historischen Forschungszwecken oder zu statistischen Zwecken vorsehen. Es sollte den Mitgliedstaaten erlaubt sein, unter bestimmten Bedingungen und vorbehaltlich geeigneter Garantien für die betroffenen Personen Präzisierungen und Ausnahmen in Bezug auf die Informationsanforderungen sowie der Rechte auf Berichtigung, Löschung, Vergessenwerden, zur Einschränkung der Verarbeitung, auf Datenübertragbarkeit sowie auf Widerspruch bei der Verarbeitung personenbezogener Daten zu im öffentlichen Interesse liegende Archivzwecken, zu wissenschaftlichen oder historischen Forschungszwecken oder zu statistischen Zwecken vorzusehen. Im Rahmen der betreffenden Bedingungen und Garantien können spezifische Verfahren für die Ausübung dieser Rechte durch die betroffenen Personen vorgesehen sein – sofern dies angesichts der mit der spezifischen Verarbeitung verfolgten Zwecke angemessen ist – sowie technische und organisatorische Maßnahmen zur Minimierung der Verarbeitung personenbezogener Daten im Hinblick auf die Grundsätze der Verhältnismäßigkeit und der Notwendigkeit. Die Verarbeitung personenbezogener Daten zu wissenschaftlichen Zwecken sollte auch anderen einschlägigen Rechtsvorschriften, beispielsweise für klinische Prüfungen, genügen.

(157) Durch die Verknüpfung von Informationen aus Registern können Forscher neue Erkenntnisse von großem Wert in Bezug auf weit verbreiteten Krankheiten wie Herz-Kreislauferkrankungen, Krebs und Depression erhalten. Durch die Verwendung von Registern können bessere Forschungsergebnisse erzielt werden, da sie auf einen größeren Bevölkerungsanteil gestützt sind. Im Bereich der Sozialwissenschaften ermöglicht die Forschung anhand von Registern es den Forschern, entscheidende Erkenntnisse über den langfristigen Zusammenhang einer Reihe sozialer Umstände zu erlangen, wie Arbeitslosigkeit und Bildung mit anderen Lebensumständen. Durch Register erhaltene Forschungsergebnisse bieten solide, hochwertige Erkenntnisse, die die Basis für die Erarbeitung und Umsetzung wissensgestützter politischer Maßnahmen darstellen, die Lebensqualität zahlreicher Menschen verbessern und die Effizienz der Sozialdienste verbessern können. Zur Erleichterung der wissenschaftlichen Forschung können daher personenbezogene Daten zu wissenschaftlichen Forschungszwecken verarbeitet werden, wobei sie angemessenen Bedingungen und Garantien

unterliegen, die im Unionsrecht oder im Recht der Mitgliedstaaten festgelegt sind.

(158) Diese Verordnung sollte auch für die Verarbeitung personenbezogener Daten zu Archivzwecken gelten, wobei darauf hinzuweisen ist, dass die Verordnung nicht für verstorbene Personen gelten sollte. Behörden oder öffentliche oder private Stellen, die Aufzeichnungen von öffentlichem Interesse führen, sollten gemäß dem Unionsrecht oder dem Recht der Mitgliedstaaten rechtlich verpflichtet sein, Aufzeichnungen von bleibendem Wert für das allgemeine öffentliche Interesse zu erwerben, zu erhalten, zu bewerten, aufzubereiten, zu beschreiben, mitzuteilen, zu fördern, zu verbreiten sowie Zugang dazu bereitzustellen. Es sollte den Mitgliedstaaten ferner erlaubt sein vorzusehen, dass personenbezogene Daten zu Archivzwecken weiterverarbeitet werden, beispielsweise im Hinblick auf die Bereitstellung spezifischer Informationen im Zusammenhang mit dem politischen Verhalten unter ehemaligen totalitären Regimen, Völkermord, Verbrechen gegen die Menschlichkeit, insbesondere dem Holocaust, und Kriegsverbrechen.

(159) Diese Verordnung sollte auch für die Verarbeitung personenbezogener Daten zu wissenschaftlichen Forschungszwecken gelten. Die Verarbeitung personenbezogener Daten zu wissenschaftlichen Forschungszwecken im Sinne dieser Verordnung sollte weit ausgelegt werden und die Verarbeitung für beispielsweise die technologische Entwicklung und die Demonstration, die Grundlagenforschung, die angewandte Forschung und die privat finanzierte Forschung einschließen. Darüber hinaus sollte sie dem in Artikel 179 Absatz 1 AEUV[1)] festgeschriebenen Ziel, einen europäischen Raum der Forschung zu schaffen, Rechnung tragen. Die wissenschaftlichen Forschungszwecke sollten auch Studien umfassen, die im öffentlichen Interesse im Bereich der öffentlichen Gesundheit durchgeführt werden. Um den Besonderheiten der Verarbeitung personenbezogener Daten zu wissenschaftlichen Forschungszwecken zu genügen, sollten spezifische Bedingungen insbesondere hinsichtlich der Veröffentlichung oder sonstigen Offenlegung personenbezogener Daten im Kontext wissenschaftlicher Zwecke gelten. Geben die Ergebnisse wissenschaftlicher Forschung insbesondere im Gesundheitsbereich Anlass zu weiteren Maßnahmen im Interesse der betroffenen Person, sollten die allgemeinen Vorschriften dieser Verordnung für diese Maßnahmen gelten.

(160) Diese Verordnung sollte auch für die Verarbeitung personenbezogener Daten zu historischen Forschungszwecken gelten. Dazu sollte auch historische Forschung und Forschung im Bereich der Genealogie zählen, wobei darauf hinzuweisen ist, dass diese Verordnung nicht für verstorbene Personen gelten sollte.

(161) Für die Zwecke der Einwilligung in die Teilnahme an wissenschaftlichen Forschungstätigkeiten im Rahmen klinischer Prüfungen sollten die einschlägigen Bestimmungen der Verordnung (EU) Nr. 536/2014 des Europäischen Parlaments und des Rates[2)] gelten.

[1)] Nr. **1001**.

[2)] **Amtl. Anm.:** Verordnung (EU) Nr. 536/2014 des Europäischen Parlaments und des Rates vom 16. April 2014 über klinische Prüfungen mit Humanarzneimitteln und zur Aufhebung der Richtlinie 2001/20/EG Text von Bedeutung für den EWR (ABl. L 158 vom 27.5.2014, S. 1).

(162) Diese Verordnung sollte auch für die Verarbeitung personenbezogener Daten zu statistischen Zwecken gelten. Das Unionsrecht oder das Recht der Mitgliedstaaten sollte in den Grenzen dieser Verordnung den statistischen Inhalt, die Zugangskontrolle, die Spezifikationen für die Verarbeitung personenbezogener Daten zu statistischen Zwecken und geeignete Maßnahmen zur Sicherung der Rechte und Freiheiten der betroffenen Personen und zur Sicherstellung der statistischen Geheimhaltung bestimmen. Unter dem Begriff „statistische Zwecke" ist jeder für die Durchführung statistischer Untersuchungen und die Erstellung statistischer Ergebnisse erforderliche Vorgang der Erhebung und Verarbeitung personenbezogener Daten zu verstehen. Diese statistischen Ergebnisse können für verschiedene Zwecke, so auch für wissenschaftliche Forschungszwecke, weiterverwendet werden. Im Zusammenhang mit den statistischen Zwecken wird vorausgesetzt, dass die Ergebnisse der Verarbeitung zu statistischen Zwecken keine personenbezogenen Daten, sondern aggregierte Daten sind und diese Ergebnisse oder personenbezogenen Daten nicht für Maßnahmen oder Entscheidungen gegenüber einzelnen natürlichen Personen verwendet werden.

(163) Die vertraulichen Informationen, die die statistischen Behörden der Union und der Mitgliedstaaten zur Erstellung der amtlichen europäischen und der amtlichen nationalen Statistiken erheben, sollten geschützt werden. Die europäischen Statistiken sollten im Einklang mit den in Artikel 338 Absatz 2 AEUV[1)] dargelegten statistischen Grundsätzen entwickelt, erstellt und verbreitet werden, wobei die nationalen Statistiken auch mit dem Recht der Mitgliedstaaten übereinstimmen müssen. Die Verordnung (EG) Nr. 223/2009 des Europäischen Parlaments und des Rates[2)] enthält genauere Bestimmungen zur Vertraulichkeit europäischer Statistiken.

(164) Hinsichtlich der Befugnisse der Aufsichtsbehörden, von dem Verantwortlichen oder vom Auftragsverarbeiter Zugang zu personenbezogenen Daten oder zu seinen Räumlichkeiten zu erlangen, können die Mitgliedstaaten in den Grenzen dieser Verordnung den Schutz des Berufsgeheimnisses oder anderer gleichwertiger Geheimhaltungspflichten durch Rechtsvorschriften regeln, soweit dies notwendig ist, um das Recht auf Schutz der personenbezogenen Daten mit einer Pflicht zur Wahrung des Berufsgeheimnisses in Einklang zu bringen. Dies berührt nicht die bestehenden Verpflichtungen der Mitgliedstaaten zum Erlass von Vorschriften über das Berufsgeheimnis, wenn dies aufgrund des Unionsrechts erforderlich ist.

(165) Im Einklang mit Artikel 17 AEUV[1)] achtet diese Verordnung den Status, den Kirchen und religiöse Vereinigungen oder Gemeinschaften

---

[1)] Nr. **1001**.

[2)] **Amtl. Anm.:** Verordnung (EG) Nr. 223/2009 des Europäischen Parlaments und des Rates vom 11. März 2009 über europäische Statistiken und zur Aufhebung der Verordnung (EG, Euratom) Nr. 1101/2008 des Europäischen Parlaments und des Rates über die Übermittlung von unter die Geheimhaltungspflicht fallenden Informationen an das Statistische Amt der Europäischen Gemeinschaften, der Verordnung (EG) Nr. 322/97 des Rates über die Gemeinschaftsstatistiken und des Beschlusses 89/382/EWG, Euratom des Rates zur Einsetzung eines Ausschusses für das Statistische Programm der Europäischen Gemeinschaften (ABl. L 87 vom 31.3.2009, S. 164).

in den Mitgliedstaaten nach deren bestehenden verfassungsrechtlichen Vorschriften genießen, und beeinträchtigt ihn nicht.

(166) Um die Zielvorgaben dieser Verordnung zu erfüllen, d.h. die Grundrechte und Grundfreiheiten natürlicher Personen und insbesondere ihr Recht auf Schutz ihrer personenbezogenen Daten zu schützen und den freien Verkehr personenbezogener Daten innerhalb der Union zu gewährleisten, sollte der Kommission die Befugnis übertragen werden, gemäß Artikel 290 AEUV[1] Rechtsakte zu erlassen. Delegierte Rechtsakte sollten insbesondere in Bezug auf die für Zertifizierungsverfahren geltenden Kriterien und Anforderungen, die durch standardisierte Bildsymbole darzustellenden Informationen und die Verfahren für die Bereitstellung dieser Bildsymbole erlassen werden. Es ist von besonderer Bedeutung, dass die Kommission im Zuge ihrer Vorbereitungsarbeit angemessene Konsultationen, auch auf der Ebene von Sachverständigen, durchführt. Bei der Vorbereitung und Ausarbeitung delegierter Rechtsakte sollte die Kommission gewährleisten, dass die einschlägigen Dokumente dem Europäischen Parlament und dem Rat gleichzeitig, rechtzeitig und auf angemessene Weise übermittelt werden.

(167) Zur Gewährleistung einheitlicher Bedingungen für die Durchführung dieser Verordnung sollten der Kommission Durchführungsbefugnisse übertragen werden, wenn dies in dieser Verordnung vorgesehen ist. Diese Befugnisse sollten nach Maßgabe der Verordnung (EU) Nr. 182/2011 des Europäischen Parlaments und des Rates ausgeübt werden. In diesem Zusammenhang sollte die Kommission besondere Maßnahmen für Kleinstunternehmen sowie kleine und mittlere Unternehmen erwägen.

(168) Für den Erlass von Durchführungsrechtsakten bezüglich Standardvertragsklauseln für Verträge zwischen Verantwortlichen und Auftragsverarbeitern sowie zwischen Auftragsverarbeitern; Verhaltensregeln; technische Standards und Verfahren für die Zertifizierung; Anforderungen an die Angemessenheit des Datenschutzniveaus in einem Drittland, einem Gebiet oder bestimmten Sektor dieses Drittlands oder in einer internationalen Organisation; Standardschutzklauseln; Formate und Verfahren für den Informationsaustausch zwischen Verantwortlichen, Auftragsverarbeitern und Aufsichtsbehörden im Hinblick auf verbindliche interne Datenschutzvorschriften; Amtshilfe; sowie Vorkehrungen für den elektronischen Informationsaustausch zwischen Aufsichtsbehörden und zwischen Aufsichtsbehörden und dem Ausschuss sollte das Prüfverfahren angewandt werden.

(169) Die Kommission sollte sofort geltende Durchführungsrechtsakte erlassen, wenn anhand vorliegender Beweise festgestellt wird, dass ein Drittland, ein Gebiet oder ein bestimmter Sektor in diesem Drittland oder eine internationale Organisation kein angemessenes Schutzniveau gewährleistet, und dies aus Gründen äußerster Dringlichkeit erforderlich ist.

(170) Da das Ziel dieser Verordnung, nämlich die Gewährleistung eines gleichwertigen Datenschutzniveaus für natürliche Personen und des freien Verkehrs personenbezogener Daten in der Union, von den Mit-

[1] Nr. **1001**.

gliedstaaten nicht ausreichend verwirklicht werden kann, sondern vielmehr wegen des Umfangs oder der Wirkungen der Maßnahme auf Unionsebene besser zu verwirklichen ist, kann die Union im Einklang mit dem in Artikel 5 des Vertrags über die Europäische Union (EUV)[1] verankerten Subsidiaritätsprinzip tätig werden. Entsprechend dem in demselben Artikel genannten Grundsatz der Verhältnismäßigkeit geht diese Verordnung nicht über das für die Verwirklichung dieses Ziels erforderliche Maß hinaus.

(171) Die Richtlinie 95/46/EG sollte durch diese Verordnung aufgehoben werden. Verarbeitungen, die zum Zeitpunkt der Anwendung dieser Verordnung bereits begonnen haben, sollten innerhalb von zwei Jahren nach dem Inkrafttreten dieser Verordnung mit ihr in Einklang gebracht werden. Beruhen die Verarbeitungen auf einer Einwilligung gemäß der Richtlinie 95/46/EG, so ist es nicht erforderlich, dass die betroffene Person erneut ihre Einwilligung dazu erteilt, wenn die Art der bereits erteilten Einwilligung den Bedingungen dieser Verordnung entspricht, so dass der Verantwortliche die Verarbeitung nach dem Zeitpunkt der Anwendung der vorliegenden Verordnung fortsetzen kann. Auf der Richtlinie 95/46/EG beruhende Entscheidungen bzw. Beschlüsse der Kommission und Genehmigungen der Aufsichtsbehörden bleiben in Kraft, bis sie geändert, ersetzt oder aufgehoben werden.

(172) Der Europäische Datenschutzbeauftragte wurde gemäß Artikel 28 Absatz 2 der Verordnung (EG) Nr. 45/2001 konsultiert und hat am 7. März 2012[2] eine Stellungnahme abgegeben.

(173) Diese Verordnung sollte auf alle Fragen des Schutzes der Grundrechte und Grundfreiheiten bei der Verarbeitung personenbezogener Daten Anwendung finden, die nicht den in der Richtlinie 2002/58/EG des Europäischen Parlaments und des Rates[3] bestimmte Pflichten, die dasselbe Ziel verfolgen, unterliegen, einschließlich der Pflichten des Verantwortlichen und der Rechte natürlicher Personen. Um das Verhältnis zwischen der vorliegenden Verordnung und der Richtlinie 2002/58/EG klarzustellen, sollte die Richtlinie entsprechend geändert werden. Sobald diese Verordnung angenommen ist, sollte die Richtlinie 2002/58/EG einer Überprüfung unterzogen werden, um insbesondere die Kohärenz mit dieser Verordnung zu gewährleisten –

HABEN FOLGENDE VERORDNUNG ERLASSEN:

Kapitel I. Allgemeine Bestimmungen

Art. 1 Gegenstand und Ziele. (1) Diese Verordnung enthält Vorschriften zum Schutz natürlicher Personen bei der Verarbeitung personenbezogener Daten und zum freien Verkehr solcher Daten.

---

[1] Nr. **1000**.

[2] **Amtl. Anm.:** ABl. C 192 vom 30.6.2012, S. 7.

[3] **Amtl. Anm.:** Richtlinie 2002/58/EG des Europäischen Parlaments und des Rates vom 12. Juli 2002 über die Verarbeitung personenbezogener Daten und den Schutz der Privatsphäre in der elektronischen Kommunikation (Datenschutzrichtlinie für elektronische Kommunikation) (ABl. L 201 vom 31.7.2002, S. 37).

(2) Diese Verordnung schützt die Grundrechte und Grundfreiheiten natürlicher Personen und insbesondere deren Recht auf Schutz personenbezogener Daten.

(3) Der freie Verkehr personenbezogener Daten in der Union darf aus Gründen des Schutzes natürlicher Personen bei der Verarbeitung personenbezogener Daten weder eingeschränkt noch verboten werden.

Art. 2 Sachlicher Anwendungsbereich. (1) Diese Verordnung gilt für die ganz oder teilweise automatisierte Verarbeitung personenbezogener Daten sowie für die nichtautomatisierte Verarbeitung personenbezogener Daten, die in einem Dateisystem gespeichert sind oder gespeichert werden sollen.

(2) Diese Verordnung findet keine Anwendung auf die Verarbeitung personenbezogener Daten

a) im Rahmen einer Tätigkeit, die nicht in den Anwendungsbereich des Unionsrechts fällt,
b) durch die Mitgliedstaaten im Rahmen von Tätigkeiten, die in den Anwendungsbereich von Titel V Kapitel 2 EUV[1] fallen,
c) durch natürliche Personen zur Ausübung ausschließlich persönlicher oder familiärer Tätigkeiten,
d) durch die zuständigen Behörden zum Zwecke der Verhütung, Ermittlung, Aufdeckung oder Verfolgung von Straftaten oder der Strafvollstreckung, einschließlich des Schutzes vor und der Abwehr von Gefahren für die öffentliche Sicherheit.

(3) [1] Für die Verarbeitung personenbezogener Daten durch die Organe, Einrichtungen, Ämter und Agenturen der Union gilt die Verordnung (EG) Nr. 45/2001. [2] Die Verordnung (EG) Nr. 45/2001 und sonstige Rechtsakte der Union, die diese Verarbeitung personenbezogener Daten regeln, werden im Einklang mit Artikel 98 an die Grundsätze und Vorschriften der vorliegenden Verordnung angepasst.

(4) Die vorliegende Verordnung lässt die Anwendung der Richtlinie 2000/31/EG und speziell die Vorschriften der Artikel 12 bis 15 dieser Richtlinie zur Verantwortlichkeit der Vermittler unberührt.

Art. 3 Räumlicher Anwendungsbereich. (1) Diese Verordnung findet Anwendung auf die Verarbeitung personenbezogener Daten, soweit diese im Rahmen der Tätigkeiten einer Niederlassung eines Verantwortlichen oder eines Auftragsverarbeiters in der Union erfolgt, unabhängig davon, ob die Verarbeitung in der Union stattfindet.

(2) Diese Verordnung findet Anwendung auf die Verarbeitung personenbezogener Daten von betroffenen Personen, die sich in der Union befinden, durch einen nicht in der Union niedergelassenen Verantwortlichen oder Auftragsverarbeiter, wenn die Datenverarbeitung im Zusammenhang damit steht

a) betroffenen Personen in der Union Waren oder Dienstleistungen anzubieten, unabhängig davon, ob von diesen betroffenen Personen eine Zahlung zu leisten ist;
b) das Verhalten betroffener Personen zu beobachten, soweit ihr Verhalten in der Union erfolgt.

---

[1] Nr. **1000**.

(3) Diese Verordnung findet Anwendung auf die Verarbeitung personenbezogener Daten durch einen nicht in der Union niedergelassenen Verantwortlichen an einem Ort, der aufgrund Völkerrechts dem Recht eines Mitgliedstaats unterliegt.

Art. 4[1)] Begriffsbestimmungen. Im Sinne dieser Verordnung bezeichnet der Ausdruck:

1. „personenbezogene Daten" alle Informationen, die sich auf eine identifizierte oder identifizierbare natürliche Person (im Folgenden „betroffene Person") beziehen; als identifizierbar wird eine natürliche Person angesehen, die direkt oder indirekt, insbesondere mittels Zuordnung zu einer Kennung wie einem Namen, zu einer Kennnummer, zu Standortdaten, zu einer Online-Kennung oder zu einem oder mehreren besonderen Merkmalen, die Ausdruck der physischen, physiologischen, genetischen, psychischen, wirtschaftlichen, kulturellen oder sozialen Identität dieser natürlichen Person sind, identifiziert werden kann;
2. „Verarbeitung" jeden mit oder ohne Hilfe automatisierter Verfahren ausgeführten Vorgang oder jede solche Vorgangsreihe im Zusammenhang mit personenbezogenen Daten wie das Erheben, das Erfassen, die Organisation, das Ordnen, die Speicherung, die Anpassung oder Veränderung, das Auslesen, das Abfragen, die Verwendung, die Offenlegung durch Übermittlung, Verbreitung oder eine andere Form der Bereitstellung, den Abgleich oder die Verknüpfung, die Einschränkung, das Löschen oder die Vernichtung;
3. „Einschränkung der Verarbeitung" die Markierung gespeicherter personenbezogener Daten mit dem Ziel, ihre künftige Verarbeitung einzuschränken;
4. „Profiling" jede Art der automatisierten Verarbeitung personenbezogener Daten, die darin besteht, dass diese personenbezogenen Daten verwendet werden, um bestimmte persönliche Aspekte, die sich auf eine natürliche Person beziehen, zu bewerten, insbesondere um Aspekte bezüglich Arbeitsleistung, wirtschaftliche Lage, Gesundheit, persönliche Vorlieben, Interessen, Zuverlässigkeit, Verhalten, Aufenthaltsort oder Ortswechsel dieser natürlichen Person zu analysieren oder vorherzusagen;
5. „Pseudonymisierung" die Verarbeitung personenbezogener Daten in einer Weise, dass die personenbezogenen Daten ohne Hinzuziehung zusätzlicher Informationen nicht mehr einer spezifischen betroffenen Person zugeordnet werden können, sofern diese zusätzlichen Informationen gesondert aufbewahrt werden und technischen und organisatorischen Maßnahmen unterliegen, die gewährleisten, dass die personenbezogenen Daten nicht einer identifizierten oder identifizierbaren natürlichen Person zugewiesen werden;
6. „Dateisystem" jede strukturierte Sammlung personenbezogener Daten, die nach bestimmten Kriterien zugänglich sind, unabhängig davon, ob diese Sammlung zentral, dezentral oder nach funktionalen oder geografischen Gesichtspunkten geordnet geführt wird;
7. „Verantwortlicher" die natürliche oder juristische Person, Behörde, Einrichtung oder andere Stelle, die allein oder gemeinsam mit anderen über die Zwecke und Mittel der Verarbeitung von personenbezogenen Daten

---

[1)] Art. 4 Nr. 18 ber. ABl. 2018 L 127 S. 2.

entscheidet; sind die Zwecke und Mittel dieser Verarbeitung durch das Unionsrecht oder das Recht der Mitgliedstaaten vorgegeben, so kann der Verantwortliche beziehungsweise können die bestimmten Kriterien seiner Benennung nach dem Unionsrecht oder dem Recht der Mitgliedstaaten vorgesehen werden;

8. „Auftragsverarbeiter" eine natürliche oder juristische Person, Behörde, Einrichtung oder andere Stelle, die personenbezogene Daten im Auftrag des Verantwortlichen verarbeitet;

9. „Empfänger" eine natürliche oder juristische Person, Behörde, Einrichtung oder andere Stelle, der personenbezogene Daten offengelegt werden, unabhängig davon, ob es sich bei ihr um einen Dritten handelt oder nicht. Behörden, die im Rahmen eines bestimmten Untersuchungsauftrags nach dem Unionsrecht oder dem Recht der Mitgliedstaaten möglicherweise personenbezogene Daten erhalten, gelten jedoch nicht als Empfänger; die Verarbeitung dieser Daten durch die genannten Behörden erfolgt im Einklang mit den geltenden Datenschutzvorschriften gemäß den Zwecken der Verarbeitung;

10. „Dritter" eine natürliche oder juristische Person, Behörde, Einrichtung oder andere Stelle, außer der betroffenen Person, dem Verantwortlichen, dem Auftragsverarbeiter und den Personen, die unter der unmittelbaren Verantwortung des Verantwortlichen oder des Auftragsverarbeiters befugt sind, die personenbezogenen Daten zu verarbeiten;

11. „Einwilligung" der betroffenen Person jede freiwillig für den bestimmten Fall, in informierter Weise und unmissverständlich abgegebene Willensbekundung in Form einer Erklärung oder einer sonstigen eindeutigen bestätigenden Handlung, mit der die betroffene Person zu verstehen gibt, dass sie mit der Verarbeitung der sie betreffenden personenbezogenen Daten einverstanden ist;

12. „Verletzung des Schutzes personenbezogener Daten" eine Verletzung der Sicherheit, die, ob unbeabsichtigt oder unrechtmäßig, zur Vernichtung, zum Verlust, zur Veränderung, oder zur unbefugten Offenlegung von beziehungsweise zum unbefugten Zugang zu personenbezogenen Daten führt, die übermittelt, gespeichert oder auf sonstige Weise verarbeitet wurden;

13. „genetische Daten" personenbezogene Daten zu den ererbten oder erworbenen genetischen Eigenschaften einer natürlichen Person, die eindeutige Informationen über die Physiologie oder die Gesundheit dieser natürlichen Person liefern und insbesondere aus der Analyse einer biologischen Probe der betreffenden natürlichen Person gewonnen wurden;

14. „biometrische Daten" mit speziellen technischen Verfahren gewonnene personenbezogene Daten zu den physischen, physiologischen oder verhaltenstypischen Merkmalen einer natürlichen Person, die die eindeutige Identifizierung dieser natürlichen Person ermöglichen oder bestätigen, wie Gesichtsbilder oder daktyloskopische Daten;

15. „Gesundheitsdaten" personenbezogene Daten, die sich auf die körperliche oder geistige Gesundheit einer natürlichen Person, einschließlich der Erbringung von Gesundheitsdienstleistungen, beziehen und aus denen Informationen über deren Gesundheitszustand hervorgehen;

16. „Hauptniederlassung"

a) im Falle eines Verantwortlichen mit Niederlassungen in mehr als einem Mitgliedstaat den Ort seiner Hauptverwaltung in der Union, es sei denn, die Entscheidungen hinsichtlich der Zwecke und Mittel der Verarbeitung personenbezogener Daten werden in einer anderen Niederlassung des Verantwortlichen in der Union getroffen und diese Niederlassung ist befugt, diese Entscheidungen umsetzen zu lassen; in diesem Fall gilt die Niederlassung, die derartige Entscheidungen trifft, als Hauptniederlassung;

b) im Falle eines Auftragsverarbeiters mit Niederlassungen in mehr als einem Mitgliedstaat den Ort seiner Hauptverwaltung in der Union oder, sofern der Auftragsverarbeiter keine Hauptverwaltung in der Union hat, die Niederlassung des Auftragsverarbeiters in der Union, in der die Verarbeitungstätigkeiten im Rahmen der Tätigkeiten einer Niederlassung eines Auftragsverarbeiters hauptsächlich stattfinden, soweit der Auftragsverarbeiter spezifischen Pflichten aus dieser Verordnung unterliegt;

17. „Vertreter" eine in der Union niedergelassene natürliche oder juristische Person, die von dem Verantwortlichen oder Auftragsverarbeiter schriftlich gemäß Artikel 27 bestellt wurde und den Verantwortlichen oder Auftragsverarbeiter in Bezug auf die ihnen jeweils nach dieser Verordnung obliegenden Pflichten vertritt;

18. „Unternehmen" eine natürliche oder juristische Person, die eine wirtschaftliche Tätigkeit ausübt, unabhängig von ihrer Rechtsform, einschließlich Personengesellschaften oder Vereinigungen, die regelmäßig einer wirtschaftlichen Tätigkeit nachgehen;

19. „Unternehmensgruppe" eine Gruppe, die aus einem herrschenden Unternehmen und den von diesem abhängigen Unternehmen besteht;

20. „verbindliche interne Datenschutzvorschriften" Maßnahmen zum Schutz personenbezogener Daten, zu deren Einhaltung sich ein im Hoheitsgebiet eines Mitgliedstaats niedergelassener Verantwortlicher oder Auftragsverarbeiter verpflichtet im Hinblick auf Datenübermittlungen oder eine Kategorie von Datenübermittlungen personenbezogener Daten an einen Verantwortlichen oder Auftragsverarbeiter derselben Unternehmensgruppe oder derselben Gruppe von Unternehmen, die eine gemeinsame Wirtschaftstätigkeit ausüben, in einem oder mehreren Drittländern;

21. „Aufsichtsbehörde" eine von einem Mitgliedstaat gemäß Artikel 51 eingerichtete unabhängige staatliche Stelle;

22. „betroffene Aufsichtsbehörde" eine Aufsichtsbehörde, die von der Verarbeitung personenbezogener Daten betroffen ist, weil

a) der Verantwortliche oder der Auftragsverarbeiter im Hoheitsgebiet des Mitgliedstaats dieser Aufsichtsbehörde niedergelassen ist,

b) diese Verarbeitung erhebliche Auswirkungen auf betroffene Personen mit Wohnsitz im Mitgliedstaat dieser Aufsichtsbehörde hat oder haben kann oder

c) eine Beschwerde bei dieser Aufsichtsbehörde eingereicht wurde;

23. „grenzüberschreitende Verarbeitung" entweder

a) eine Verarbeitung personenbezogener Daten, die im Rahmen der Tätigkeiten von Niederlassungen eines Verantwortlichen oder eines Auftragsverarbeiters in der Union in mehr als einem Mitgliedstaat erfolgt, wenn der Verantwortliche oder Auftragsverarbeiter in mehr als einem Mitgliedstaat niedergelassen ist, oder

b) eine Verarbeitung personenbezogener Daten, die im Rahmen der Tätigkeiten einer einzelnen Niederlassung eines Verantwortlichen oder eines Auftragsverarbeiters in der Union erfolgt, die jedoch erhebliche Auswirkungen auf betroffene Personen in mehr als einem Mitgliedstaat hat oder haben kann;

24. „maßgeblicher und begründeter Einspruch" einen Einspruch gegen einen Beschlussentwurf im Hinblick darauf, ob ein Verstoß gegen diese Verordnung vorliegt oder ob beabsichtigte Maßnahmen gegen den Verantwortlichen oder den Auftragsverarbeiter im Einklang mit dieser Verordnung steht, wobei aus diesem Einspruch die Tragweite der Risiken klar hervorgeht, die von dem Beschlussentwurf in Bezug auf die Grundrechte und Grundfreiheiten der betroffenen Personen und gegebenenfalls den freien Verkehr personenbezogener Daten in der Union ausgehen;

25. „Dienst der Informationsgesellschaft" eine Dienstleistung im Sinne des Artikels 1 Nummer 1 Buchstabe b der Richtlinie (EU) 2015/1535 des Europäischen Parlaments und des Rates[1];

26. „internationale Organisation" eine völkerrechtliche Organisation und ihre nachgeordneten Stellen oder jede sonstige Einrichtung, die durch eine zwischen zwei oder mehr Ländern geschlossene Übereinkunft oder auf der Grundlage einer solchen Übereinkunft geschaffen wurde.

Kapitel II. Grundsätze

Art. 5 Grundsätze für die Verarbeitung personenbezogener Daten.

(1) Personenbezogene Daten müssen

a) auf rechtmäßige Weise, nach Treu und Glauben und in einer für die betroffene Person nachvollziehbaren Weise verarbeitet werden („Rechtmäßigkeit, Verarbeitung nach Treu und Glauben, Transparenz");

b) für festgelegte, eindeutige und legitime Zwecke erhoben werden und dürfen nicht in einer mit diesen Zwecken nicht zu vereinbarenden Weise weiterverarbeitet werden; eine Weiterverarbeitung für im öffentlichen Interesse liegende Archivzwecke, für wissenschaftliche oder historische Forschungszwecke oder für statistische Zwecke gilt gemäß Artikel 89 Absatz 1 nicht als unvereinbar mit den ursprünglichen Zwecken („Zweckbindung");

c) dem Zweck angemessen und erheblich sowie auf das für die Zwecke der Verarbeitung notwendige Maß beschränkt sein („Datenminimierung");

d) sachlich richtig und erforderlichenfalls auf dem neuesten Stand sein; es sind alle angemessenen Maßnahmen zu treffen, damit personenbezogene Daten, die im Hinblick auf die Zwecke ihrer Verarbeitung unrichtig sind, unverzüglich gelöscht oder berichtigt werden („Richtigkeit");

e) in einer Form gespeichert werden, die die Identifizierung der betroffenen Personen nur so lange ermöglicht, wie es für die Zwecke, für die sie verarbeitet werden, erforderlich ist; personenbezogene Daten dürfen länger

---

[1] **Amtl. Anm.:** Richtlinie (EU) 2015/1535 des Europäischen Parlaments und des Rates vom 9. September 2015 über ein Informationsverfahren auf dem Gebiet der technischen Vorschriften und der Vorschriften für die Dienste der Informationsgesellschaft (ABl. L 241 vom 17.9.2015, S. 1).

gespeichert werden, soweit die personenbezogenen Daten vorbehaltlich der Durchführung geeigneter technischer und organisatorischer Maßnahmen, die von dieser Verordnung zum Schutz der Rechte und Freiheiten der betroffenen Person gefordert werden, ausschließlich für im öffentlichen Interesse liegende Archivzwecke oder für wissenschaftliche und historische Forschungszwecke oder für statistische Zwecke gemäß Artikel 89 Absatz 1 verarbeitet werden („Speicherbegrenzung");

f) in einer Weise verarbeitet werden, die eine angemessene Sicherheit der personenbezogenen Daten gewährleistet, einschließlich Schutz vor unbefugter oder unrechtmäßiger Verarbeitung und vor unbeabsichtigtem Verlust, unbeabsichtigter Zerstörung oder unbeabsichtigter Schädigung durch geeignete technische und organisatorische Maßnahmen („Integrität und Vertraulichkeit");[1)]

(2) Der Verantwortliche ist für die Einhaltung des Absatzes 1 verantwortlich und muss dessen Einhaltung nachweisen können („Rechenschaftspflicht").

Art. 6 Rechtmäßigkeit der Verarbeitung. (1) *[1]* Die Verarbeitung ist nur rechtmäßig, wenn mindestens eine der nachstehenden Bedingungen erfüllt ist:

a) Die betroffene Person hat ihre Einwilligung zu der Verarbeitung der sie betreffenden personenbezogenen Daten für einen oder mehrere bestimmte Zwecke gegeben;

b) die Verarbeitung ist für die Erfüllung eines Vertrags, dessen Vertragspartei die betroffene Person ist, oder zur Durchführung vorvertraglicher Maßnahmen erforderlich, die auf Anfrage der betroffenen Person erfolgen;

c) die Verarbeitung ist zur Erfüllung einer rechtlichen Verpflichtung erforderlich, der der Verantwortliche unterliegt;

d) die Verarbeitung ist erforderlich, um lebenswichtige Interessen der betroffenen Person oder einer anderen natürlichen Person zu schützen;

e) die Verarbeitung ist für die Wahrnehmung einer Aufgabe erforderlich, die im öffentlichen Interesse liegt oder in Ausübung öffentlicher Gewalt erfolgt, die dem Verantwortlichen übertragen wurde;

f) die Verarbeitung ist zur Wahrung der berechtigten Interessen des Verantwortlichen oder eines Dritten erforderlich, sofern nicht die Interessen oder Grundrechte und Grundfreiheiten der betroffenen Person, die den Schutz personenbezogener Daten erfordern, überwiegen, insbesondere dann, wenn es sich bei der betroffenen Person um ein Kind handelt.

[2] Unterabsatz 1 Buchstabe f gilt nicht für die von Behörden in Erfüllung ihrer Aufgaben vorgenommene Verarbeitung.

(2) Die Mitgliedstaaten können spezifischere Bestimmungen zur Anpassung der Anwendung der Vorschriften dieser Verordnung in Bezug auf die Verarbeitung zur Erfüllung von Absatz 1 Buchstaben c und e beibehalten oder einführen, indem sie spezifische Anforderungen für die Verarbeitung sowie sonstige Maßnahmen präziser bestimmen, um eine rechtmäßig und nach Treu und Glauben erfolgende Verarbeitung zu gewährleisten, einschließlich für andere besondere Verarbeitungssituationen gemäß Kapitel IX.

(3) [1] Die Rechtsgrundlage für die Verarbeitungen gemäß Absatz 1 Buchstaben c und e wird festgelegt durch

---

[1)] Zeichensetzung amtlich.

a) Unionsrecht oder

b) das Recht der Mitgliedstaaten, dem der Verantwortliche unterliegt.

[2] Der Zweck der Verarbeitung muss in dieser Rechtsgrundlage festgelegt oder hinsichtlich der Verarbeitung gemäß Absatz 1 Buchstabe e für die Erfüllung einer Aufgabe erforderlich sein, die im öffentlichen Interesse liegt oder in Ausübung öffentlicher Gewalt erfolgt, die dem Verantwortlichen übertragen wurde. [3] Diese Rechtsgrundlage kann spezifische Bestimmungen zur Anpassung der Anwendung der Vorschriften dieser Verordnung enthalten, unter anderem Bestimmungen darüber, welche allgemeinen Bedingungen für die Regelung der Rechtmäßigkeit der Verarbeitung durch den Verantwortlichen gelten, welche Arten von Daten verarbeitet werden, welche Personen betroffen sind, an welche Einrichtungen und für welche Zwecke die personenbezogenen Daten offengelegt werden dürfen, welcher Zweckbindung sie unterliegen, wie lange sie gespeichert werden dürfen und welche Verarbeitungsvorgänge und -verfahren angewandt werden dürfen, einschließlich Maßnahmen zur Gewährleistung einer rechtmäßig und nach Treu und Glauben erfolgenden Verarbeitung, wie solche für sonstige besondere Verarbeitungssituationen gemäß Kapitel IX. [4] Das Unionsrecht oder das Recht der Mitgliedstaaten müssen ein im öffentlichen Interesse liegendes Ziel verfolgen und in einem angemessenen Verhältnis zu dem verfolgten legitimen Zweck stehen.

(4) Beruht die Verarbeitung zu einem anderen Zweck als zu demjenigen, zu dem die personenbezogenen Daten erhoben wurden, nicht auf der Einwilligung der betroffenen Person oder auf einer Rechtsvorschrift der Union oder der Mitgliedstaaten, die in einer demokratischen Gesellschaft eine notwendige und verhältnismäßige Maßnahme zum Schutz der in Artikel 23 Absatz 1 genannten Ziele darstellt, so berücksichtigt der Verantwortliche – um festzustellen, ob die Verarbeitung zu einem anderen Zweck mit demjenigen, zu dem die personenbezogenen Daten ursprünglich erhoben wurden, vereinbar ist – unter anderem

a) jede Verbindung zwischen den Zwecken, für die die personenbezogenen Daten erhoben wurden, und den Zwecken der beabsichtigten Weiterverarbeitung,

b) den Zusammenhang, in dem die personenbezogenen Daten erhoben wurden, insbesondere hinsichtlich des Verhältnisses zwischen den betroffenen Personen und dem Verantwortlichen,

c) die Art der personenbezogenen Daten, insbesondere ob besondere Kategorien personenbezogener Daten gemäß Artikel 9 verarbeitet werden oder ob

(Fortsetzung nächstes Blatt)

a) Unionsrecht oder

b) das Recht der Mitgliedstaaten, dem der Verantwortliche unterliegt.

[2]Der Zweck der Verarbeitung muss in dieser Rechtsgrundlage festgelegt oder hinsichtlich der Verarbeitung gemäß Absatz 1 Buchstabe e für die Erfüllung einer Aufgabe erforderlich sein, die im öffentlichen Interesse liegt oder in Ausübung öffentlicher Gewalt erfolgt, die dem Verantwortlichen übertragen wurde. [3]Diese Rechtsgrundlage kann spezifische Bestimmungen zur Anpassung der Anwendung der Vorschriften dieser Verordnung enthalten, unter anderem Bestimmungen darüber, welche allgemeinen Bedingungen für die Regelung der Rechtmäßigkeit der Verarbeitung durch den Verantwortlichen gelten, welche Arten von Daten verarbeitet werden, welche Personen betroffen sind, an welche Einrichtungen und für welche Zwecke die personenbezogenen Daten offengelegt werden dürfen, welcher Zweckbindung sie unterliegen, wie lange sie gespeichert werden dürfen und welche Verarbeitungsvorgänge und -verfahren angewandt werden dürfen, einschließlich Maßnahmen zur Gewährleistung einer rechtmäßig und nach Treu und Glauben erfolgenden Verarbeitung, wie solche für sonstige besondere Verarbeitungssituationen gemäß Kapitel IX. [4]Das Unionsrecht oder das Recht der Mitgliedstaaten müssen ein im öffentlichen Interesse liegendes Ziel verfolgen und in einem angemessenen Verhältnis zu dem verfolgten legitimen Zweck stehen.

(4) Beruht die Verarbeitung zu einem anderen Zweck als zu demjenigen, zu dem die personenbezogenen Daten erhoben wurden, nicht auf der Einwilligung der betroffenen Person oder auf einer Rechtsvorschrift der Union oder der Mitgliedstaaten, die in einer demokratischen Gesellschaft eine notwendige und verhältnismäßige Maßnahme zum Schutz der in Artikel 23 Absatz 1 genannten Ziele darstellt, so berücksichtigt der Verantwortliche – um festzustellen, ob die Verarbeitung zu einem anderen Zweck mit demjenigen, zu dem die personenbezogenen Daten ursprünglich erhoben wurden, vereinbar ist – unter anderem

a) jede Verbindung zwischen den Zwecken, für die die personenbezogenen Daten erhoben wurden, und den Zwecken der beabsichtigten Weiterverarbeitung,

b) den Zusammenhang, in dem die personenbezogenen Daten erhoben wurden, insbesondere hinsichtlich des Verhältnisses zwischen den betroffenen Personen und dem Verantwortlichen,

c) die Art der personenbezogenen Daten, insbesondere ob besondere Kategorien personenbezogener Daten gemäß Artikel 9 verarbeitet werden oder ob

(Fortsetzung nächstes Blatt)

250. Paßgesetz (PaßG) [1)2)]

Vom 19. April 1986
(BGBl. I S. 537)

FNA 210-5

geänd. durch Art. 7 BetreuungsG v. 12.9.1990 (BGBl. I S. 2002), Art. 2 G zur Änd. des G über Personalausweise und des PaßG v. 30.7.1996 (BGBl. I S. 1182), Art. 2 G zur Reform des Staatsangehörigkeitsrechts v. 15.7.1999 (BGBl. I S. 1618), Art. 1 G zur Änd. des Pass- und Personalausweisrechts v. 1.5.2000 (BGBl. I S. 626), Art. 25 Sechstes Euro-EinführungsG v. 3.12.2001 (BGBl. I S. 3306), Art. 7 TerrorismusbekämpfungsG v. 9.1.2002 (BGBl. I S. 361), Art. 4 MelderechtsrahmenG-ÄndG v. 25.3.2002 (BGBl. I S. 1186), Art. 13 Drittes VerwaltungsverfahrensrechtsÄndG v. 21.8.2002 (BGBl. I S. 3322), Art. 13 G zur Umbenennung des Bundesgrenzschutzes in Bundespolizei v. 21.6.2005 (BGBl. I S. 1818), Art. 7b TerrorismusbekämpfungsergänzungsG v. 5.1.2007 (BGBl. I S. 2), Art. 1 ÄndG v. 20.7.2007 (BGBl. I S. 1566, ber. S. 2317), Art. 11 G zur Änd. des BundespolizeiG und anderer Gesetze v. 26.2.2008 (BGBl. I S. 215), Art. 2 G über Personalausweise und den elektronischen Identitätsnachweis sowie zur Änd. weiterer Vorschriften v. 18.6.2009 (BGBl. I S. 1346), Art. 4 Abs. 2 G zur Verfolgung der Vorbereitung von schweren staatsgefährdenden Gewalttaten v. 30.7.2009 (BGBl. I S. 2437), Art. 2 Abs. 4 G zur Fortentwicklung des Meldewesens v. 3.5.2013 (BGBl. I S. 1084, geänd. durch G v. 20.11.2014, BGBl. I S. 1738), Art. 8 G zur Förderung der elektronischen Verwaltung sowie zur Änd. weiterer Vorschriften v. 25.7.2013 (BGBl. I S. 2749), Art. 2 G zur Änd. des PersonalausweisG zur Einführung eines Ersatz-Personalausweises und zur Änd. des PassG v. 20.6.2015 (BGBl. I S. 970), Art. 3 G zur Förderung des elektronischen Identitätsnachweises v. 7.7.2017 (BGBl. I S. 2310), Art. 4 G zur Einführung einer Karte für Unionsbürger und Angehörige des Europäischen Wirtschaftsraums mit Funktion zum elektronischen Identitätsnachweis sowie zur Änd. des PersonalausweisG und weiterer Vorschriften v. 21.6.2019 (BGBl. I S. 846) und Art. 78 Elfte ZuständigkeitsanpassungsVO v. 19.6.2020 (BGBl. I S. 1328)

Der Bundestag hat mit Zustimmung des Bundesrates das folgende Gesetz beschlossen:

Erster Abschnitt. Paßvorschriften

§ 1[3)] Passpflicht. (1) [1]Deutsche im Sinne des Artikels 116 Abs. 1 des Grundgesetzes[4)], die aus dem Geltungsbereich dieses Gesetzes aus- oder in ihn einreisen, sind verpflichtet, einen gültigen Pass mitzuführen und sich damit über ihre Person auszuweisen. [2]Der Passpflicht wird durch Vorlage eines Passes der Bundesrepublik Deutschland im Sinne des Absatzes 2 genügt.

(2) Als Pass im Sinne dieses Gesetzes gelten:

1. Reisepass,
2. Kinderreisepass,
3. vorläufiger Reisepass,
4. amtlicher Pass
   a) Dienstpass,
   b) Diplomatenpass,
   c) vorläufiger Dienstpass,
   d) vorläufiger Diplomatenpass.

[1)] Verkündet als Art. 1 PassG und G zur Änd. der StrafprozessO v. 19.4.1986 (BGBl. I S. 537); Inkrafttreten gem. Art. 4 Abs. 1 Satz 1 dieses G am 1.1.1988.

[2)] Für Ausländer siehe das AufenthaltsG (Nr. **565**) und die AufenthaltsVO (Nr. **566**).

[3)] § 1 neu gef. mWv 1.11.2007 durch G v. 20.7.2007 (BGBl. I S. 1566); Abs. 5 geänd. mWv 27.6.2020 durch VO v. 19.6.2020 (BGBl. I S. 1328).

[4)] Nr. **1**.

(3) Niemand darf mehrere Pässe der Bundesrepublik Deutschland besitzen, sofern nicht ein berechtigtes Interesse an der Ausstellung mehrerer Pässe nachgewiesen wird.

(4) [1]Der Pass darf nur Deutschen im Sinne des Artikels 116 Abs. 1 des Grundgesetzes ausgestellt werden; er ist Eigentum der Bundesrepublik Deutschland. [2]Der amtliche Pass kann auch

1. Diplomaten im Sinne des Wiener Übereinkommens über diplomatische Beziehungen vom 18. April 1961 (BGBl. 1964 II S. 959) und Konsularbeamten im Sinne des Wiener Übereinkommens über konsularische Beziehungen vom 24. April 1963 (BGBl. 1969 II S. 1587) und deren Familienangehörigen sowie
2. sonstigen Personen, die im amtlichen Auftrag der Bundesrepublik Deutschland im Ausland tätig sind und deren Familienangehörigen, ausgestellt werden,

wenn diese nicht Deutsche im Sinne des Artikels 116 Abs. 1 des Grundgesetzes sind.

(5) Das Bundesministerium des Innern, für Bau und Heimat bestimmt den Passhersteller und macht seinen Namen im Bundesanzeiger bekannt.

§ 2[1] **Befreiung von der Paßpflicht.** (1) Das Bundesministerium des Innern, für Bau und Heimat kann durch Rechtsverordnung[2] mit Zustimmung des Bundesrates

1. Deutsche zur Erleichterung des Grenzübertritts in besonderen Fällen sowie im Verkehr mit einzelnen ausländischen Staaten von der Paßpflicht befreien,
2. andere amtliche Ausweise als Paßersatz einführen oder zulassen.

(2) Die für die polizeiliche Kontrolle des grenzüberschreitenden Verkehrs zuständigen Behörden können in Einzelfällen, insbesondere aus humanitären Gründen, Ausnahmen von der Paßpflicht zulassen.

§ 3 Grenzübertritt. Das Überschreiten der Auslandsgrenze ist nur an zugelassenen Grenzübergangsstellen und innerhalb der festgesetzten Verkehrsstunden zulässig, sofern nicht auf Grund anderer Rechtsvorschriften oder zwischenstaatlicher Vereinbarungen Ausnahmen zugelassen sind.

§ 4[3] **Paßmuster.** (1) [1]Pässe sind nach einheitlichen Mustern auszustellen; sie erhalten eine Seriennummer. [2]Der Pass enthält neben dem Lichtbild des Passinhabers, seiner Unterschrift, der Angabe der ausstellenden Behörde, dem Tag der Ausstellung und dem letzten Tag der Gültigkeitsdauer ausschließlich folgende Angaben über seine Person:

---

[1] § 2 Abs. 1 einl. Satzteil geänd. mWv 1.11.2007 durch G v. 20.7.2007 (BGBl. I S. 1566); Abs. 1 einl. Satzteil geänd. mWv 27.6.2020 durch VO v. 19.6.2020 (BGBl. I S. 1328).

[2] Siehe die PassVO (Nr. **251**).

[3] § 4 Abs. 2 Nr. 5 aufgeh., bish. Nrn. 6–12 werden Nrn. 5–11, Abs. 4 aufgeh., bish. Abs. 5 wird Abs. 4, neuer Abs. 4 Satz 1 geänd. mWv 11.5.2000 durch G v. 1.5.2000 (BGBl. I S. 626), Abs. 1 Satz 4 angef., Abs. 3 und 4 eingef., bish. Abs. 3 und 4 werden Abs. 5 und 6 mWv 1.1.2002 durch G v. 9.1. 2002 (BGBl. I S. 361); Abs. 1 Sätze 3 und 4 neu gef. mWv 28.7.2007, Abs. 1 Satz 1, Abs. 2 Satz 2 Nrn. 1, 5 und 6 und Abs. 3–6 neu gef., Abs. 1 Satz 2 Nr. 4 aufgeh. sowie Abs. 2 Satz 1 und Satz 2 Nr. 9 geänd. mWv 1.11.2007 durch G v. 20.7.2007 (BGBl. I S. 1566, ber. S. 2317); Abs. 1 Satz 2 neu gef. mWv 1.11.2010 durch G v. 18.6.2009 (BGBl. I S. 1346); Abs. 5 Satz 1, Abs. 6 Satz 1 geänd. mWv 27.6.2020 durch VO v. 19.6.2020 (BGBl. I S. 1328).

1. Familienname und Geburtsname,
2. Vornamen,
3. Doktorgrad,
4. Ordensname, Künstlername,
5. Tag und Ort der Geburt,
6. Geschlecht,
7. Größe,
8. Farbe der Augen,
9. Wohnort,
10. Staatsangehörigkeit und
11. Seriennummer.

[3]Die Angabe des Geschlechts richtet sich nach der Eintragung im Melderegister. [4]Abweichend von Satz 3 ist einem Passbewerber, dessen Vornamen auf Grund gerichtlicher Entscheidung gemäß § 1 des Transsexuellengesetzes geändert wurden, auf Antrag ein Pass mit der Angabe des anderen, von dem Geburtseintrag abweichenden Geschlechts auszustellen.

(2) [1]Der Pass enthält eine Zone für das automatische Lesen. [2]Diese darf lediglich enthalten:
1. Folgende Abkürzungen:
   a) „P" für Reisepass,
   b) „PC" für Kinderreisepass,
   c) „PP" für vorläufigen Reisepass,
   d) „PO" für Dienstpass und vorläufigen Dienstpass und
   e) „PD" für Diplomatenpass und vorläufigen Diplomatenpass,
2. die Abkürzung „D" für Bundesrepublik Deutschland,
3. den Familiennamen,
4. den oder die Vornamen,
5. die Seriennummer des Passes, die sich beim Reisepass, beim Dienstpass und beim Diplomatenpass aus der Behördenkennzahl der Passbehörde und einer zufällig zu vergebenden Passnummer zusammensetzt, die neben Ziffern auch Buchstaben enthalten kann und beim Kinderreisepass, vorläufigen Reisepass, vorläufigen Dienstpass und vorläufigen Diplomatenpass aus einem Serienbuchstaben und sieben Ziffern besteht,
6. die Abkürzung „D" für die Eigenschaft als Deutscher oder im Fall amtlicher Pässe bei abweichender Staatsangehörigkeit die entsprechende Abkürzung hierfür,
7. den Tag der Geburt,
8. die Abkürzung „F" für Paßinhaber weiblichen Geschlechts und „M" für Paßinhaber männlichen Geschlechts,
9. die Gültigkeitsdauer des Passes,
10. die Prüfziffern und
11. Leerstellen.

(3) [1]Auf Grund der Verordnung (EG) Nr. 2252/2004 des Rates vom 13. Dezember 2004 über Normen für Sicherheitsmerkmale und biometrische Daten in von den Mitgliedstaaten ausgestellten Pässen und Reisedokumenten (ABl. EU Nr. L 385 S. 1) sind der Reisepass, der Dienstpass und der Diploma-

tenpass mit einem elektronischen Speichermedium zu versehen, auf dem das Lichtbild, Fingerabdrücke, die Bezeichnung der erfassten Finger, die Angaben zur Qualität der Abdrücke und die in Absatz 2 Satz 2 genannten Angaben gespeichert werden. [2]Die gespeicherten Daten sind gegen unbefugtes Auslesen, Verändern und Löschen zu sichern. [3]Eine bundesweite Datenbank der biometrischen Daten nach Satz 1 wird nicht errichtet.

(4) [1]Die Fingerabdrücke werden in Form des flachen Abdrucks des linken und rechten Zeigefingers des Passbewerbers im elektronischen Speichermedium des Passes gespeichert. [2]Bei Fehlen eines Zeigefingers, ungenügender Qualität des Fingerabdrucks oder Verletzungen der Fingerkuppe wird ersatzweise der flache Abdruck entweder des Daumens, des Mittelfingers oder des Ringfingers gespeichert. [3]Fingerabdrücke sind nicht zu speichern, wenn die Abnahme der Fingerabdrücke aus medizinischen Gründen, die nicht nur vorübergehender Art sind, unmöglich ist.

(4a) [1]Kinder bis zum vollendeten zwölften Lebensjahr erhalten auf Antrag einen Kinderreisepass ohne elektronisches Speichermedium; die Ausstellung eines Reisepasses ist zulässig. [2]Abweichend von Absatz 3 Satz 1 werden in Reisepässen bei Antragstellern bis zum vollendeten sechsten Lebensjahr keine Fingerabdrücke gespeichert. [3]Die Unterschrift durch das Kind ist zu leisten, wenn es zum Zeitpunkt der Beantragung des Passes das zehnte Lebensjahr vollendet hat.

(5) [1]Die Muster des Reisepasses, des vorläufigen Reisepasses und des Kinderreisepasses sowie die Anforderungen an das Lichtbild bestimmt das Bundesministerium des Innern, für Bau und Heimat im Benehmen mit dem Auswärtigen Amt durch Rechtsverordnung, die der Zustimmung des Bundesrates bedarf. [2]Dies gilt auch für einen Passersatz, sofern sein Muster nicht in anderen Rechtsvorschriften oder in zwischenstaatlichen Vereinbarungen festgelegt ist.

(6) [1]Die Muster der amtlichen Pässe, die Anforderungen an das Lichtbild sowie die nähere Bestimmung der in § 1 Abs. 4 Satz 2 genannten Personen bestimmt das Bundesministerium des Innern, für Bau und Heimat im Benehmen mit dem Auswärtigen Amt durch Rechtsverordnung, die nicht der Zustimmung des Bundesrates bedarf. [2]In die amtlichen Pässe können Angaben über das Dienstverhältnis des Passinhabers aufgenommen werden. [3]Die Rechtsverordnung kann auch von diesem Gesetz abweichende Bestimmungen über Gültigkeitsdauer, Ausstellung, Einziehung, Sicherstellung und Pflichten des Inhabers enthalten.

§ 5[1)] Gültigkeitsdauer. (1) [1]Der Reisepass, der Dienstpass und der Diplomatenpass sind zehn Jahre gültig. [2]Bei Personen, die das 24. Lebensjahr noch nicht vollendet haben, sowie im Fall des § 1 Abs. 3 sind sie sechs Jahre gültig.

(2) Der Kinderreisepass ist sechs Jahre gültig, längstens jedoch bis zur Vollendung des zwölften Lebensjahres.

(3) Der vorläufige Reisepass, der vorläufige Dienstpass und der vorläufige Diplomatenpass sind höchstens ein Jahr gültig.

(4) [1]Eine Verlängerung der Gültigkeitsdauer des Passes ist nicht zulässig. [2]Abweichend von Satz 1 kann der Kinderreisepass bis zur Vollendung des

[1)] § 5 neu gef. mWv 1.11.2007 durch G v. 20.7.2007 (BGBl. I S. 1566).

in den Geltungsbereich dieses Gesetzes oder eines hierfür bestimmten Passersatzes bedarf es dieser Ermächtigung nicht.

(5) Paßbehörde für amtliche Pässe ist das Auswärtige Amt.

(6) Für die Sicherstellung sind die Paßbehörden und die zur Feststellung von Personalien ermächtigten Behörden und Beamten zuständig.

§ 20[1)] Gebühren und Auslagen, Verordnungsermächtigung. (1) Für individuell zurechenbare öffentliche Leistungen nach diesem Gesetz und den auf diesem Gesetz beruhenden Rechtsverordnungen erheben die Passbehörden Gebühren und Auslagen nach den Absätzen 2 und 3.

(2) [1] Die Gebühr soll die mit der individuell zurechenbaren öffentlichen Leistung verbundenen Kosten aller an der Leistung Beteiligten decken. [2] In die Gebühr sind die mit der Leistung regelmäßig verbundenen Auslagen einzubeziehen. [3] Zur Ermittlung der Gebühr sind die Kosten, die nach betriebswirtschaftlichen Grundsätzen als Einzel- und Gemeinkosten zurechenbar und ansatzfähig sind, insbesondere Personal- und Sachkosten sowie kalkulatorische Kosten, zu Grunde zu legen. [4] Zu den Gemeinkosten zählen auch die Kosten der Rechts- und Fachaufsicht. [5] Grundlage der Gebührenermittlung nach den Sätzen 1 bis 4 sind die in der Gesamtheit der Länder mit der jeweiligen Leistung verbundenen Kosten. [6] § 3 Absatz 1 und 2, die §§ 5 bis 7, 9 Absatz 3 bis 6 und die §§ 10 bis 12 des Bundesgebührengesetzes[2)] gelten entsprechend.

(3) [1] Das Bundesministerium des Innern, für Bau und Heimat wird ermächtigt, für den Bereich der Landesverwaltung durch Rechtsverordnung mit Zustimmung des Bundesrates die gebührenpflichtigen Tatbestände, die Gebührenhöhe und die Auslagenerstattung näher zu bestimmen. [2] Wird die individuell zurechenbare öffentliche Leistung nach Absatz 1 auf Wunsch des Antragstellers außerhalb der Dienstzeit einer Passbehörde vorgenommen, kann eine Gebühr bis zur doppelten Höhe der nach der Rechtsverordnung nach Satz 1 bestimmten Gebühr erhoben werden.

(4) [1] Durch Besondere Gebührenverordnung des Auswärtigen Amts nach § 22 Absatz 4 des Bundesgebührengesetzes kann bestimmt werden, dass von den Auslandsvertretungen der Bundesrepublik Deutschland für individuell zurechenbare öffentliche Leistungen nach diesem Gesetz und den auf diesem Gesetz beruhenden Rechtsverordnungen zum Ausgleich von Kaufkraftunterschieden ein Zuschlag erhoben wird. [2] Der Zuschlag kann bis zu 300 Prozent der Gebühren betragen.

§ 21[3)] Paßregister. (1) Die Paßbehörden führen Paßregister.

(2) Das Paßregister darf neben dem Lichtbild und der Unterschrift des Paßinhabers sowie verfahrensbedingten Bearbeitungsvermerken ausschließlich folgende Daten enthalten:

1. Familienname und ggf. Geburtsname,
2. Vornamen,

---

1) § 20 neu gef. mWv 15.7.2017 durch G v. 7.7.2017 (BGBl. I S. 2310); Abs. 3 Satz 1 geänd. mWv 27.6.2020 durch VO v. 19.6.2020 (BGBl. I S. 1328).

2) Nr. **120**.

3) § 21 Abs. 2 Nr. 15 geänd. und Nr. 16 angef. mWv 1.1.2000 durch G v. 15.7.1999 (BGBl. I S. 1618); Abs. 2 Nrn. 4 und 12 aufgeh. mWv 1.11.2007 durch G v. 20.7.2007 (BGBl. I S. 1566); Abs. 2 Nr. 4 und Nr. 12 neu gef., Abs. 4 Satz 2 geänd., Abs. 5 angef. mWv 1.11.2010 durch G v. 18.6.2009 (BGBl. I S. 1346).

3. Doktorgrad,
4. Ordensname, Künstlername,
5. Tag und Ort der Geburt,
6. Geschlecht,
7. Größe, Farbe der Augen,
8. gegenwärtige Anschrift,
9. Staatsangehörigkeit,
10. Seriennummer,
11. Gültigkeitsdatum,
12. Nachweise über erteilte Ermächtigungen nach § 19 Abs. 4 Satz 2,
13. Familienname, Vornamen, Tag der Geburt und Unterschrift von gesetzlichen Vertretern,
14. ausstellende Behörde,
15. Vermerke über Anordnungen nach den §§ 7, 8 und 10,
16. Angaben zur Erklärungspflicht des Ausweisinhabers nach § 29 des Staatsangehörigkeitsgesetzes.

(3) Das Paßregister dient

1. der Ausstellung der Pässe und der Feststellung ihrer Echtheit,
2. der Identitätsfeststellung der Person, die den Paß besitzt oder für die er ausgestellt ist,
3. der Durchführung dieses Gesetzes.

(4) [1] Personenbezogene Daten im Paßregister sind mindestens bis zur Ausstellung eines neuen Passes, höchstens jedoch bis zu fünf Jahren nach dem Ablauf der Gültigkeit des Passes, auf den sie sich beziehen, zu speichern und dann zu löschen. [2] Für die Paßbehörden nach § 19 Abs. 2 bei der Wahrnehmung konsularischer Aufgaben beträgt die Frist 30 Jahre.

(5) Die zuständige Passbehörde führt den Nachweis über Pässe, für die sie eine Ermächtigung gemäß § 19 Abs. 4 Satz 2 erteilt hat.

§ 22[1)] Verarbeitung und Nutzung der Daten im Paßregister. (1) Die Paßbehörden dürfen personenbezogene Daten nur nach Maßgabe dieses Gesetzes, anderer Gesetze oder Rechtsverordnungen erheben, verarbeiten oder nutzen.

(2) [1] Die Paßbehörden dürfen anderen Behörden auf deren Ersuchen Daten aus dem Paßregister übermitteln. [2] Voraussetzung ist, daß

1. die ersuchende Behörde auf Grund von Gesetzen oder Rechtsverordnungen berechtigt ist, solche Daten zu erhalten,
2. die ersuchende Behörde ohne Kenntnis der Daten nicht in der Lage wäre, eine ihr obliegende Aufgabe zu erfüllen und
3. die Daten bei dem Betroffenen nicht oder nur mit unverhältnismäßig hohem Aufwand erhoben werden können oder nach der Art der Aufgabe, zu deren Erfüllung die Daten erforderlich sind, von einer solchen Datenerhebung abgesehen werden muß.

[1)] § 22 Abs. 1 geänd., Abs. 3 Satz 4 neu gef., Abs. 5 und 6 angef. mWv 1.11.2010 durch G v. 18.6. 2009 (BGBl. I S. 1346); Abs. 2 Satz 3 geänd. mWv 1.11.2015 durch G v. 3.5.2013 (BGBl. I S. 1084, geänd. durch G v. 20.11.2014, BGBl. I S. 1738).

[3]Hinsichtlich der Daten, die auch im Melderegister enthalten sind, finden außerdem die im Bundesmeldegesetz[1)] enthaltenen Beschränkungen Anwendung.

(3) [1]Die ersuchende Behörde trägt die Verantwortung dafür, daß die Voraussetzungen des Absatzes 2 vorliegen. [2]Ein Ersuchen nach Absatz 2 darf nur von Bediensteten gestellt werden, die vom Behördenleiter dafür besonders ermächtigt sind. [3]Die ersuchende Behörde hat den Anlaß des Ersuchens und die Herkunft der übermittelten Daten und Unterlagen aktenkundig zu machen. [4]Wird die Passbehörde von dem Bundesamt für Verfassungsschutz, den Landesbehörden für Verfassungsschutz, dem Militärischen Abschirmdienst, dem Bundesnachrichtendienst, dem Bundeskriminalamt oder dem Generalbundesanwalt oder der Generalbundesanwältin um die Übermittlung von Daten ersucht, so hat die ersuchende Behörde den Familiennamen, die Vornamen und die Anschrift des Betroffenen unter Hinweis auf den Anlass der Übermittlung aufzuzeichnen. [5]Die Aufzeichnungen sind gesondert aufzubewahren, durch technische und organisatorische Maßnahmen zu sichern und am Ende des Kalenderjahres, das dem Jahr der Übermittlung folgt, zu vernichten.

(4) Die Daten des Paßregisters und des Melderegisters dürfen zur Berichtigung des jeweils anderen Registers verwandt werden.

(5) [1]Passbehörden, die Kenntnis von dem Abhandenkommen eines Passes erlangen, haben die zuständige Passbehörde, die ausstellende Passbehörde und eine Polizeibehörde unverzüglich in Kenntnis zu setzen; eine Polizeibehörde, die anderweitig Kenntnis vom Abhandenkommen eines Passes erlangt, hat die zuständige und die ausstellende Passbehörde unverzüglich zu unterrichten. [2]Dabei sollen Angaben zum Familiennamen und den Vornamen des Inhabers, zur Seriennummer, zur ausstellenden Behörde, zum Ausstellungsdatum und zur Gültigkeitsdauer des Passes übermittelt werden. [3]Die Polizeibehörde hat die Einstellung in die polizeiliche Sachfahndung vorzunehmen.

(6) Stellt eine nicht zuständige Passbehörde nach § 19 Abs. 4 einen Pass aus, so hat sie der zuständigen Passbehörde den Familiennamen, die Vornamen, den Tag und Ort der Geburt, die ausstellende Passbehörde, das Ausstellungsdatum, die Gültigkeitsdauer und die Seriennummer des Passes zu übermitteln.

§ 22a[2)] Datenübertragung und automatisierter Abruf von Lichtbildern. (1) [1]In den Fällen des § 22 Abs. 2 kann die Übermittlung auch durch Datenübertragung erfolgen. [2]§ 6a Abs. 1 Satz 3 gilt entsprechend.

(2) [1]Im Fall der Übermittlung von Lichtbildern durch Passbehörden nach § 19 Absatz 1 Satz 1 an die Ordnungsbehörden im Rahmen der Verfolgung von Verkehrsordnungswidrigkeiten kann der Abruf des Lichtbildes im automatisierten Verfahren erfolgen. [2]Der Abruf ist nur zulässig, wenn die Passbehörde nicht erreichbar ist und ein weiteres Abwarten den Ermittlungszweck gefährden würde. [3]Zuständig für den Abruf sind die Polizeivollzugsbehörden auf Ebene der Landkreise und kreisfreien Städte, die durch Landesrecht bestimmt werden. [4]Die abrufende Behörde trägt die Verantwortung dafür, dass die Voraussetzungen der Absätze 1 und 2 Satz 2 vorliegen. [5]Die Polizeibehör-

---

[1)] Nr. **256**.

[2)] § 22a eingef. mWv 1.11.2007 durch G v. 20.7.2007 (BGBl. I S. 1566); Abs. 2 Satz 1 geänd. mWv 1.11.2010 durch G v. 18.6.2009 (BGBl. I S. 1346); Abs. 2 Satz 1 neu gef., Sätze 5 und 6 eingef., bish. Satz 5 wird Satz 7, Satz 8 eingef., bish. Sätze 6 und 7 werden Sätze 9 und 10 mWv 15.7.2017 durch G v. 7.7.2017 (BGBl. I S. 2310).

den des Bundes und der Länder, der Militärische Abschirmdienst, der Bundesnachrichtendienst, die Verfassungsschutzbehörden des Bundes und der Länder, Steuerfahndungsdienststellen der Länder, der Zollfahndungsdienst und die Hauptzollämter dürfen das Lichtbild zur Erfüllung ihrer Aufgaben im automatisierten Verfahren abrufen. [6]Die abrufende Behörde trägt die Verantwortung dafür, dass die Voraussetzungen des Absatzes 1 vorliegen. [7]Über alle Abrufe sind von den beteiligten Behörden Aufzeichnungen zu fertigen, die eine Kontrolle der Zulässigkeit der Abrufe ermöglichen. [8]Abrufe nach Satz 5 werden nur von der abrufenden Behörde protokolliert. [9]Die Aufzeichnungen enthalten:

1. Vor- und Familiennamen sowie Tag und Ort der Geburt der Person, deren Lichtbild abgerufen wurde,
2. Tag und Uhrzeit des Abrufs,
3. die Bezeichnung der am Abruf beteiligten Stellen,
4. die Angabe der abrufenden und verantwortlichen Person sowie
5. das Aktenzeichen.

[10]§ 22 Abs. 3 Satz 5 gilt entsprechend.

§ 23[1)] Weisungsbefugnis. (1) Die Bundesregierung kann Einzelweisungen zur Ausführung dieses Gesetzes und der hierzu erlassenen Rechtsverordnungen erteilen, wenn die innere oder äußere Sicherheit oder sonstige erhebliche Belange der Bundesrepublik Deutschland es erfordern.

Zweiter Abschnitt. Straf- und Bußgeldvorschriften

§ 24[2)] Straftaten. (1) Mit Freiheitsstrafe bis zu einem Jahr oder mit Geldstrafe wird bestraft, wer als Deutscher im Sinne des Artikels 116 Abs. 1 des Grundgesetzes[3)]

1. aus dem Geltungsbereich dieses Gesetzes über eine Auslandsgrenze ausreist, obwohl ihm ein Paß versagt oder vollziehbar entzogen worden ist oder gegen ihn eine vollziehbare Anordnung nach § 7 Abs. 2 dieses Gesetzes oder nach § 6 Abs. 7 des Personalausweisgesetzes[4)] ergangen ist oder
2. aus dem Geltungsbereich dieses Gesetzes über eine Auslandsgrenze ausreist, obwohl ihm von einer für die polizeiliche Kontrolle des grenzüberschreitenden Verkehrs zuständigen Behörde nach § 10 Abs. 1 Satz 2 oder 3 die Ausreise untersagt worden ist.

(2) Der Versuch ist strafbar.

[1)] § 23 Abs. 2 aufgeh. mWv 11.5.2000 durch G v. 1.5.2000 (BGBl. I S. 626).

[2)] § 24 Abs. 1 Nr. 1 geänd. mWv 11.5.2000 durch G v. 1.5.2000 (BGBl. I S. 626); Abs. 1 Nr. 1 geänd. mWv 1.11.2010 durch G v. 18.6.2009 (BGBl. I S. 1346).

[3)] Nr. **1**.

[4)] Nr. **255**.

§ 25[1] Ordnungswidrigkeiten. (1) Ordnungswidrig handelt, wer fahrlässig eine der in § 24 Abs. 1 Nr. 1 bezeichneten Handlungen begeht.

(2) Ordnungswidrig handelt auch, wer

1. entgegen § 6 Abs. 2 Satz 1 eine Angabe nicht richtig macht,
2. durch unrichtige Angaben die Ausstellung eines weiteren Passes bewirkt,
3. sich der polizeilichen Kontrolle des grenzüberschreitenden Verkehrs über eine Auslandsgrenze entzieht,
4. entgegen § 15 Nr. 3, 4 oder 5 eine Anzeige nicht oder nicht rechtzeitig erstattet oder
5. entgegen § 18 Absatz 3 Satz 2 eine Kopie weitergibt.

(3) Ordnungswidrig handelt auch, wer vorsätzlich oder fahrlässig

1. entgegen § 1 Abs. 1 Satz 1, auch in Verbindung mit einer Rechtsverordnung nach § 2 Abs. 1 Nr. 2, einen Pass oder Passersatz nicht mitführt oder sich nicht oder nicht rechtzeitig ausweist oder
2. entgegen § 3 eine Auslandsgrenze außerhalb der zugelassenen Grenzübergangsstellen oder der festgesetzten Verkehrsstunden überschreitet.

(4) Die Ordnungswidrigkeit kann in den Fällen des Absatzes 1 und des Absatzes 2 Nummer 5 mit einer Geldbuße bis zu dreißigtausend Euro und in den übrigen Fällen mit einer Geldbuße bis zu fünftausend Euro geahndet werden.

(5) In den Fällen der Absätze 2 und 3 kann der Versuch der Ordnungswidrigkeit geahndet werden.

(6) In den Fällen des Absatzes 2 Nummer 2 und 4 kann die Tat auch dann geahndet werden, wenn sie im Ausland begangen wird.

§ 26[2] Bußgeldbehörden. Verwaltungsbehörden im Sinne des § 36 Abs. 1 Nr. 1 des Gesetzes über Ordnungswidrigkeiten[3] sind

1. für die Auslandsvertretungen der Bundesrepublik Deutschland das Auswärtige Amt oder die vom Auswärtigen Amt im Benehmen mit dem Bundesministerium des Innern, für Bau und Heimat durch Rechtsverordnung bestimmte Behörde des Bundes; die Rechtsverordnung bedarf nicht der Zustimmung des Bundesrates;
2. die in der Rechtsverordnung nach § 58 Abs. 1 des Bundespolizeigesetzes[4] bestimmten Bundespolizeibehörden, soweit nicht die Länder im Einvernehmen mit dem Bund Aufgaben des grenzpolizeilichen Einzeldienstes mit eigenen Kräften wahrnehmen.

---

[1] § 25 Abs. 4 geänd. mWv 1.1.2002 durch G v. 3.12.2001 (BGBl. I S. 3306); Abs. 2 Nr. 3 und Abs. 3 Nr. 1 neu gef., Abs. 2 Nr. 4 und Abs. 4 geänd. sowie Abs. 2 Nr. 5 angef. mWv 1.11.2007 durch G v. 20.7.2007 (BGBl. I S. 1566); Abs. 2 Nr.1 eingef., bish. Nr. 1–5 werden Nr. 2–6 und Abs. 4 neu gef. mWv 1.11.2010 durch G v. 18.6.2009 (BGBl. I S. 1346); Abs. 4 und 6 geänd. mWv 1.8.2013 durch G v. 25.7.2013 (BGBl. I S. 2749); Abs. 2 Nr. 5 neu gef., Nr. 5a und 5b eingef., Abs. 4 geänd. mWv 15.7.2017 durch G v. 7.7.2017 (BGBl. I S. 2310); Abs. 2 Nr. 4 geänd., Nr. 5, 5b und 6 aufgeh., bish. Nr. 5a wird Nr. 5 und geänd., Abs. 4 neu gef. mWv 5.8.2019 durch G v. 21.6.2019 (BGBl. I S. 846).

[2] § 26 Nr. 2 geänd. mWv 1.7.2005 durch G v. 21.6.2005 (BGBl. I S. 1818); Nr. 1 geänd. mWv 1.11.2007 durch G v. 20.7.2007 (BGBl. I S. 1566); Nr. 2 geänd. mWv 1.3.2008 durch G v. 26.2.2008 (BGBl. I S. 215); Nr. 1 geänd. mWv 27.6.2020 durch VO v. 19.6.2020 (BGBl. I S. 1328).

[3] **Schönfelder Nr. 94.**

[4] Nr. **90**.

Dritter Abschnitt. Schlußvorschriften

§ 27[1] Allgemeine Verwaltungsvorschriften. Das Auswärtige Amt erlässt im Benehmen mit dem Bundesministerium des Innern, für Bau und Heimat allgemeine Verwaltungsvorschriften über das Ausstellen amtlicher Pässe.

§ 28[2] Übergangsregelungen. (1) [1] Als Pass im Sinne dieses Gesetzes gelten auch Kinderreisepässe, die vor dem 1. November 2007 auf Grund einer Rechtsverordnung nach § 2 Abs. 1 Nr. 2 als Passersatz ausgestellt worden sind, wenn diese maschinenlesbar und mit einem digitalen Lichtbild versehen sind. [2] Abweichend von § 1 Abs. 3 ist der Besitz eines Kinderreisepasses im Sinne des Satzes 1 neben einem Reisepass zulässig, soweit der Reisepass vor Inkrafttreten dieses Gesetzes ausgestellt wurde.

(2) [1] Liegen bei der Passbehörde die technischen Voraussetzungen für die Datenübertragung noch nicht vor, ist bis zum 30. Juni 2008 abweichend von § 6a Abs. 1 Satz 1 und 2 die Datenübermittlung zwischen Passbehörden und Vermittlungsstellen statt durch Datenübertragung auch auf automatisiert verarbeitbaren Datenträgern zulässig. [2] § 6a Abs. 1 Satz 3 erster Halbsatz gilt entsprechend.

---

[1] § 27 neu gef. mWv 11.5.2000 durch G v. 1.5.2000 (BGBl. I S. 626); geänd. mWv 1.11.2007 durch G v. 20.7.2007 (BGBl. I S. 1566); geänd. mWv 27.6.2020 durch VO v. 19.6.2020 (BGBl. I S. 1328).

[2] § 28 angef. mWv 1.11.2007 durch G v. 20.7.2007 (BGBl. I S. 1566).

251. Verordnung zur Durchführung des Passgesetzes (Passverordnung – PassV)

Vom 19. Oktober 2007
(BGBl. I S. 2386)

FNA 210-5-12

geänd. durch Art. 1 VO zur Änd. der PassVO und der Passdatenerfassungs- und ÜbermittlungsVO v. 13.11.2008 (BGBl. I S. 2201), Art. 1 VO zur Änd. der PassVO, der Passdatenerfassungs- und ÜbermittlungsVO sowie weiterer Vorschriften v. 25.10.2010 (BGBl. I S. 1440), Art. 1 VO zur Änd. der PassVO, der PersonalausweisVO sowie der PersonalausweisgebührenVO v. 20.2.2013 (BGBl. I S. 330), Art. 2 Abs. 12 G zur Strukturreform des Gebührenrechts des Bundes v. 7.8.2013 (BGBl. I S. 3154), Art. 1 VO zur Änd. der PassVO sowie zur Änd. der AufenthaltsVO v. 3.3.2015 (BGBl. I S. 218), Art. 1 Zweite VO zur Änd. der PassVO sowie zur Änd. der AufenthaltsVO v. 15.2.2017 (BGBl. I S. 162) und Art. 1 Zweite VO zur Änd. der PassVO, der PersonalausweisVO und der PersonalausweisgebührenVO v. 15.10.2020 (BGBl. I S. 2199)

Inhaltsübersicht[1)]

Kapitel 1. Passmuster

§ 1[2)] **Muster für den Reisepass.** [1]Der Reisepass der Bundesrepublik Deutschland ist nach dem in der Anlage 1 oder Anlage 1a abgedruckten Muster auszustellen. [2]Für die einzutragenden Daten gelten die formalen Anforderungen der Anlage 11.

[1)] Die Inhaltsübersicht wurde nichtamtlich an die nachträglichen Änderungen angepasst.
[2)] § 1 Satz 2 angef. mWv 1.11.2010 durch VO v. 25.10.2010 (BGBl. I S. 1440).

§ 2[1] Muster für den Kinderreisepass. [1]Der Kinderreisepass der Bundesrepublik Deutschland ist nach dem in der Anlage 2 abgedruckten Muster auszustellen. [2]Für die einzutragenden Daten gelten die formalen Anforderungen der Anlage 11.

§ 3[2] Muster für den vorläufigen Reisepass. [1]Der vorläufige Reisepass der Bundesrepublik Deutschland ist nach dem in der Anlage 3 abgedruckten Muster auszustellen. [2]Für die einzutragenden Daten gelten die formalen Anforderungen der Anlage 11.

§ 4[3] Muster für den amtlichen Pass. (1) Der Dienstpass der Bundesrepublik Deutschland ist nach dem in der Anlage 4 abgedruckten Muster auszustellen.

(2) Der Diplomatenpass der Bundesrepublik Deutschland ist nach dem in der Anlage 5 abgedruckten Muster auszustellen.

(3) Der vorläufige Dienstpass der Bundesrepublik Deutschland ist nach dem in der Anlage 6 abgedruckten Muster auszustellen.

(4) Der vorläufige Diplomatenpass der Bundesrepublik Deutschland ist nach dem in der Anlage 7 abgedruckten Muster auszustellen.

(5) [1]Für die einzutragenden Daten gelten die formalen Anforderungen der Anlage 11. [2]Für die Änderung des Dienstortes und der Dienstbezeichnung kann ein Änderungsaufkleber nach dem in der Anlage 7a abgedruckten Muster verwendet werden.

§ 5 Lichtbild. [1]Bei der Beantragung eines Passes ist vom Passbewerber ein aktuelles Lichtbild in der Größe von 45 Millimeter × 35 Millimeter im Hochformat und ohne Rand vorzulegen. [2]Das Lichtbild muss die Person in einer Frontalaufnahme, ohne Kopfbedeckung und ohne Bedeckung der Augen zeigen. [3]Im Übrigen muss das Lichtbild den Anforderungen der Anlage 8 entsprechen. [4]Die Passbehörde kann vom Gebot der fehlenden Kopfbedeckung insbesondere aus religiösen Gründen, von den übrigen Anforderungen aus medizinischen Gründen, die nicht nur vorübergehender Art sind, Ausnahmen zulassen. [5]Weitere zulässige Abweichungen bei Lichtbildern von Kindern regelt Anlage 8.

Kapitel 2. Befreiung von der Passpflicht und Passersatzpapiere

§ 6 Befreiung von der Passpflicht. Von der Passpflicht sind befreit:

1. Deutsche als Besatzungsmitglieder und Reisende auf Schiffen der See- und Küstenschifffahrt, auf Fischerei-, Sport- und anderen Wasserfahrzeugen, wenn weder ein ausländischer Hafen angelaufen noch auf andere Weise Landverbindung mit dem Ausland aufgenommen wird;
2. deutsche Seelotsen im Sinne des § 1 des Seelotsengesetzes in Ausübung ihres Berufes, die sich durch amtliche Papiere über ihre Person und ihre Eigenschaft als Seelotse ausweisen;

---

[1] § 2 Satz 2 angef. mWv 1.11.2010 durch VO v. 25.10.2010 (BGBl. I S. 1440).
[2] § 3 Satz 2 angef. mWv 1.11.2010 durch VO v. 25.10.2010 (BGBl. I S. 1440).
[3] § 4 Absatz 5 angef. mWv 1.11.2010 durch VO v. 25.10.2010 (BGBl. I S. 1440).

3. Deutsche, die auf Grund zwischenstaatlicher Vereinbarungen von der Passpflicht befreit sind;
4. Deutsche, die bei Unglücks- oder Katastrophenfällen Hilfe leisten oder in Anspruch nehmen wollen;
5. Deutsche, die zum Flug- oder Begleitpersonal von Rettungsflügen gehören.

§ 7[1)] Passersatz. (1) Als Passersatz für Deutsche sind zugelassen:

1. Personalausweise und vorläufige Personalausweise;
2. Ausweise für Binnenschiffer und deren Familienangehörige für die Flussschifffahrt auf der Donau;
3. *(aufgehoben)*
4. Ausweise, die auf Grund des Europäischen Übereinkommens über die Regelung des Personenverkehrs zwischen den Mitgliedstaaten des Europarates vom 13. Dezember 1957 (BGBl 1959 II S. 389) in der Fassung der Bekanntmachung vom 5. Dezember 2000 (BGBl. 2000 II S. 1571) zum Grenzübertritt berechtigen;
5. Ausweise für Abgeordnete der Parlamentarischen Versammlung des Europarates und Ausweise für Mitglieder und Bedienstete der Organe der Europäischen Gemeinschaften;
6. Ausweise, die auf Grund zwischenstaatlicher Vereinbarungen zum Grenzübertritt berechtigen;
7. Ausweise, die von den Behörden und Dienststellen ausgestellt werden, die für die polizeiliche Kontrolle des grenzüberschreitenden Verkehrs zuständig sind;
8. Ausweise, die ausschließlich zur Einreise in die Bundesrepublik Deutschland berechtigen;
9. Rückkehrausweise, die im Falle des Verlustes von Pässen zum Zwecke der Wiedereinreise in das Gebiet der Europäischen Union von einer Auslandsvertretung eines anderen Mitgliedstaates der Europäischen Union ausgestellt werden, wenn keine deutsche Auslandsvertretung vor Ort existiert.

(2) Ein nach Absatz 1 zugelassener Passersatz gilt für alle Länder, sofern sich aus dem Passersatz, aus Rechtsvorschriften oder aus zwischenstaatlichen Vereinbarungen keine Beschränkung des Geltungsbereichs ergibt.

(3) Wer mit einem nach Absatz 1 zugelassenen Passersatz über eine Auslandsgrenze aus dem Geltungsbereich dieser Verordnung ausreist oder in ihn einreist, ist verpflichtet, den Passersatz mitzuführen und sich damit auszuweisen.

(4) Für Deutsche, die aus dem Ausland in das Gebiet der Bundesrepublik Deutschland ausgewiesen, abgeschoben, zurückgewiesen oder übernommen werden, gelten – sofern dies nach den bestehenden zwischenstaatlichen Vereinbarungen nicht formlos zu geschehen hat – die für diesen Zweck ausgestellten Bescheinigungen als Passersatz.

§ 8 Muster der amtlichen Ausweise als Passersatz. (1) Der Ausweis, der von den für die polizeiliche Kontrolle des grenzüberschreitenden Verkehrs zuständigen Behörden und Dienststellen ausgestellt wird (§ 7 Abs. 1 Nr. 7), ist nach dem in der Anlage 9 abgedruckten Muster auszustellen.

---

1) § 7 Abs. 1 Nr. 3 aufgeh. mWv 1.1.2021 durch VO v. 15.10.2020 (BGBl. I S. 2199).

(2) Der Ausweis, der ausschließlich zur Einreise in die Bundesrepublik Deutschland berechtigt (§ 7 Abs. 1 Nr. 8), ist nach dem in der Anlage 10 abgedruckten Muster auszustellen.

§ 9 Lichtbilder für den Passersatz. Sofern auf einem Passersatz die Anbringung eines Lichtbildes vorgesehen ist, gilt § 5 entsprechend.

§ 10 Gültigkeitsdauer des Passersatzes. [1] Die Gültigkeitsdauer

1. eines Ausweises, der von den für die polizeiliche Kontrolle des grenzüberschreitenden Verkehrs zuständigen Behörden und Dienststellen ausgestellt wird (§ 7 Abs. 1 Nr. 7), oder
2. eines Ausweises, der ausschließlich zur Einreise in die Bundesrepublik Deutschland berechtigt (§ 7 Abs. 1 Nr. 8),

ist nach der Dauer der beabsichtigten Reise zu bemessen. [2] Ein Ausweis nach Nummer 1 darf nicht länger als drei Monate, ein Ausweis nach Nummer 2 nicht länger als einen Monat gültig sein.

§ 11 Andere Regelungen für einen Passersatz. Die in anderen Rechtsvorschriften oder in zwischenstaatlichen Vereinbarungen festgelegten Muster amtlicher Ausweise als Passersatz sowie die dort getroffenen Regelungen über Lichtbilder und Gültigkeitsdauer bleiben von dieser Rechtsverordnung unberührt.

(Fortsetzung nächstes Blatt)

255. Gesetz über Personalausweise und den elektronischen Identitätsnachweis (Personalausweisgesetz – PAuswG)[1)]

Vom 18. Juni 2009
(BGBl. I S. 1346)

FNA 210-6

geänd. durch Art. 4 G zur Optimierung der Geldwäscheprävention v. 22.12.2011 (BGBl. I S. 2959), Art. 2 Abs. 5 G zur Fortentwicklung des Meldewesens v. 3.5.2013 (BGBl. I S. 1084, geänd. durch G v. 20.11.2014, BGBl. I S. 1738), Art. 9 G zur Förderung der elektronischen Verwaltung sowie zur Änd. weiterer Vorschriften v. 25.7.2013 (BGBl. I S. 2749), Art. 2 Abs. 13, Art. 4 Abs. 1 G zur Strukturreform des Gebührenrechts des Bundes v. 7.8.2013 (BGBl. I S. 3154, Art. 4 Abs. 1 dieses G aufgeh. durch Art. 2 G v. 18.7.2016, BGBl. I S. 1666), Art. 1 G zur Änd. des PersonalausweisG zur Einführung eines Ersatz-Personalausweises und zur Änd. des PassG v. 20.6.2015 (BGBl. I S. 970), Art. 4 Abs. 1 G zur Aktualisierung der Strukturreform des Gebührenrechts des Bundes v. 18.7.2016 (BGBl. I S. 1666), Art. 6 G zu bereichsspezifischen Regelungen der Gesichtsverhüllung und zur Änd. weiterer dienstrechtlicher Vorschriften v. 8.6.2017 (BGBl. I S. 1570), Art. 1, 2 G zur Förderung des elektronischen Identitätsnachweises v. 7.7.2017 (BGBl. I S. 2310), Art. 4 eIDAS-DurchführungsG v. 18.7.2017 (BGBl. I S. 2745), Art. 2, 3 G zur Einführung einer Karte für Unionsbürger und Angehörige des Europäischen Wirtschaftsraums mit Funktion zum elektronischen Identitätsnachweis sowie zur Änd. des PersonalausweisG und weiterer Vorschriften v. 21.6.2019 (BGBl. I S. 846) und Art. 80 Elfte ZuständigkeitsanpassungsVO v. 19.6.2020 (BGBl. I S. 1328)

Inhaltsübersicht[2)]

[1)] Verkündet als Art. 1 G über Personalausweise und den elektronischen Identitätsnachweis sowie zur Änderung weiterer Vorschriften v. 18.6.2009 (GVBl. S. 1346); Inkrafttreten gem. Art. 7 dieses G am 1.11.2010

[2)] Inhaltsübersicht geänd. mWv 30.6.2015 durch G v. 20.6.2015 (BGBl. I S. 970); geänd. mWv 15.7. 2017 durch G v 7.7.2017 (BGBl. I S. 2310).

Abschnitt 1. Allgemeine Vorschriften

§ 1[1)] Ausweispflicht; Ausweisrecht. (1) [1] Deutsche im Sinne des Artikels 116 Abs. 1 des Grundgesetzes[2)] sind verpflichtet, einen gültigen Ausweis zu besitzen, sobald sie 16 Jahre alt sind und der allgemeinen Meldepflicht unterliegen oder, ohne ihr zu unterliegen, sich überwiegend in Deutschland aufhalten. [2] Sie müssen ihn auf Verlangen einer zur Feststellung der Identität berechtigten Behörde vorlegen und es ihr ermöglichen, ihr Gesicht mit dem Lichtbild des Ausweises abzugleichen. [3] Vom Ausweisinhaber darf nicht verlangt werden, den Personalausweis zu hinterlegen oder in sonstiger Weise den Gewahrsam aufzugeben. [4] Dies gilt nicht für zur Identitätsfeststellung berechtigte Behörden sowie in den Fällen der Einziehung und Sicherstellung.

(2) [1] Die Ausweispflicht gilt auch für Personen, die als Binnenschiffer oder Seeleute nach dem Bundesmeldegesetz[3)] einer besonderen Meldepflicht unterliegen. [2] Sie gilt nicht für Personen, gegen die eine Freiheitsstrafe vollzogen wird. [3] Die Ausweispflicht nach Absatz 1 Satz 1 und 2 erfüllt auch, wer einen gültigen Pass im Sinne des § 1 Absatz 2 des Passgesetzes[4)] besitzt, ihn auf Verlangen vorlegt und den Lichtbildabgleich ermöglicht.

[1)] § 1 Abs. 2 Satz 1 geänd. mWv 1.11.2015 durch G v. 3.5.2013 (BGBl. I S. 1084, geänd. durch G v. 20.11.2014, BGBl. I S. 1738); Abs. 1 Satz 2 geänd., Abs. 2 Satz 3 neu gef. mWv 15.6.2017 durch G v. 8.6.2017 (BGBl. I S. 1570); Abs. 1 Satz 1 geänd. mWv 15.7.2017 durch G v. 7.7.2017 (BGBl. I S. 2310).

[2)] Nr. **1**.

[3)] Nr. **256**.

[4)] Nr. **250**.

(3) Die zuständige Personalausweisbehörde nach § 7 Abs. 1 und 2 kann Personen von der Ausweispflicht befreien,

1. für die ein Betreuer oder eine Betreuerin nicht nur durch einstweilige Anordnung bestellt ist oder die handlungs- oder einwilligungsunfähig sind und von einem oder von einer mit öffentlich beglaubigter Vollmacht Bevollmächtigten vertreten werden,
2. die voraussichtlich dauerhaft in einem Krankenhaus, einem Pflegeheim oder einer ähnlichen Einrichtung untergebracht sind oder
3. die sich wegen einer dauerhaften Behinderung nicht allein in der Öffentlichkeit bewegen können.

(4) Auf Antrag ist ein Ausweis auch auszustellen, wenn Personen

1. noch nicht 16 Jahre alt sind oder
2. Deutsche im Sinne des Artikels 116 Abs. 1 des Grundgesetzes sind, die der Meldepflicht deswegen nicht unterliegen, weil sie keine Wohnung in Deutschland haben.

§ 2[1)] Begriffsbestimmungen. (1) Ausweise im Sinne dieses Gesetzes sind der Personalausweis, der vorläufige Personalausweis und der Ersatz-Personalausweis.

(2) Zur Identitätsfeststellung berechtigte Behörden im Sinne dieses Gesetzes sind öffentliche Stellen, die befugt sind, zur Erfüllung ihrer gesetzlichen Aufgaben als hoheitliche Maßnahme die Identität von Personen festzustellen.

(3) Diensteanbieter sind natürliche und juristische Personen, die zur Wahrnehmung von Aufgaben der öffentlichen Verwaltung oder zur Erfüllung eigener Geschäftszwecke den Nachweis der Identität oder einzelner Identitätsmerkmale des Ausweisinhabers benötigen und ihren Wohn-, Geschäfts- oder Dienstsitz innerhalb der Europäischen Union sowie in Staaten, in denen ein vergleichbarer Datenschutzstandard besteht, haben.

(3a) Identifizierungsdiensteanbieter sind Diensteanbieter, deren Dienst darin besteht, für einen Dritten eine einzelfallbezogene Identifizierungsdienstleistung mittels des elektronischen Identitätsnachweises nach § 18 zu erbringen.

(4) [1] Ein Berechtigungszertifikat ist eine elektronische Bescheinigung, die es einem Diensteanbieter ermöglicht,

1. seine Identität dem Personalausweisinhaber nachzuweisen und
2. die Übermittlung personen- und ausweisbezogener Daten aus dem Personalausweis anzufragen.

[2] Berechtigte Diensteanbieter erhalten Berechtigungszertifikate. [3] Zur Identitätsfeststellung berechtigte Behörden erhalten hoheitliche Berechtigungszertifikate, die ausschließlich für die hoheitliche Tätigkeit der Identitätsfeststellung zu verwenden sind. [4] Das Bundesamt für Sicherheit in der Informationstechnik erhält hoheitliche Berechtigungszertifikate zur Qualitätssicherung anhand von Testausweisen.

(5) [1] Ein dienste- und kartenspezifisches Kennzeichen ist eine Zeichenfolge, die im Speicher- und Verarbeitungsmedium des Personalausweises berechnet

---

[1)] § 2 Abs. 6a eingef. mWv 1.8.2013 durch G v. 25.7.2013 (BGBl. I S. 2749); Abs. 1 und 8 Satz 3 geänd. mWv 30.6.2015 durch G v. 20.6.2015 (BGBl. I S. 970); Abs. 3a eingef., Abs. 6 neu gef. mWv 15.7.2017 durch G v. 7.7.2017 (BGBl. I S. 2310); Abs. 3 geänd., Abs. 4 Satz 4 angef. mWv 5.8.2019 durch G v. 21.6.2019 (BGBl. I S. 846).

wird. [2] Es dient der eindeutigen elektronischen Wiedererkennung eines Personalausweises durch den Diensteanbieter, für den es errechnet wurde, ohne dass weitere personenbezogene Daten übermittelt werden müssen.

(6) Das Sperrkennwort ist eine Zeichenfolge, die ausschließlich der Sperrung von Personalausweisen mit elektronischem Identitätsnachweis dient.

(6a) [1] Die Sperrsumme ist ein eindeutiges Merkmal, das aus dem Sperrkennwort, dem Familiennamen, den Vornamen und dem Tag der Geburt eines Ausweisinhabers errechnet wird. [2] Es dient der Übermittlung einer Sperrung vom Sperrnotruf oder einer Personalausweisbehörde an den Sperrlistenbetreiber. [3] Mithilfe der Sperrsumme ermittelt der Sperrlistenbetreiber anhand der Referenzliste den Sperrschlüssel eines zu sperrenden elektronischen Identitätsnachweises.

(7) Sperrmerkmale eines Personalausweises sind dienste- und kartenspezifische Zeichenfolgen, die ausschließlich der Erkennung abhandengekommener Personalausweise durch den Diensteanbieter dienen, für den sie errechnet wurden.

(8) [1] Jeder Ausweis erhält eine neue Seriennummer. [2] Die Seriennummer eines Personalausweises setzt sich aus einer vierstelligen Behördenkennzahl und einer fünfstelligen, zufällig vergebenen Nummer zusammen und kann Ziffern und Buchstaben enthalten. [3] Die Seriennummer des vorläufigen Personalausweises und des Ersatz-Personalausweises besteht aus einem Buchstaben und sieben Ziffern.

(9) Die Prüfziffern werden aus den Daten des maschinenlesbaren Bereichs errechnet und dienen zur Feststellung seiner Unversehrtheit.

(10) Die Geheimnummer besteht aus einer sechsstelligen Ziffernfolge und dient der Freigabe der Datenübermittlung aus dem Personalausweis im Rahmen des elektronischen Identitätsnachweises.

(11) Die Zugangsnummer ist eine zufällig erzeugte, ausschließlich auf der Karte sichtbar aufgebrachte sechsstellige Ziffernfolge, die zur Absicherung gegen unberechtigten Zugriff auf die Kommunikation zwischen Personalausweis und Lesegeräten dient.

(12) Die Entsperrnummer ist eine zufällig erzeugte Ziffernfolge, die die Freischaltung der Geheimnummer ermöglicht, wenn diese nach dreimaliger Fehleingabe gesperrt worden ist.

§ 3 Vorläufiger Personalausweis. (1) Macht die antragstellende Person glaubhaft, dass sie sofort einen Ausweis benötigt, ist ihr ein vorläufiger Personalausweis auszustellen.

(2) Hierfür sind ausschließlich die in § 7 Abs. 1 genannten Behörden zuständig.

§ 4[1)] Eigentum am Ausweis; Ausweishersteller; Vergabestelle für Berechtigungszertifikate. (1) Niemand darf mehr als einen auf seine Person ausgestellten gültigen Ausweis der Bundesrepublik Deutschland besitzen.

(2) Ausweise sind Eigentum der Bundesrepublik Deutschland.

(3) Das Bundesministerium des Innern, für Bau und Heimat bestimmt den Ausweishersteller, die Vergabestelle für Berechtigungszertifikate und den Sperrlistenbetreiber und macht deren Namen im Bundesanzeiger bekannt.

---

1) § 4 Abs. 3 geänd. mWv 27.6.2020 durch VO v. 19.6.2020 (BGBl. I S. 1328).

technischen Systeme und Bestandteile einsetzen, die vom Bundesamt für Sicherheit in der Informationstechnik als für diesen Einsatzzweck sicher bewertet werden.

§ 28[1)] **Ungültigkeit.** (1) Ein Ausweis ist ungültig, wenn

1. er eine einwandfreie Feststellung der Identität des Ausweisinhabers nicht zulässt oder verändert worden ist,
2. Eintragungen nach diesem Gesetz fehlen oder – mit Ausnahme der Angaben über die Anschrift oder Größe – unzutreffend sind,
3. die Gültigkeitsdauer abgelaufen ist oder
4. gegen den Ausweisinhaber eine Anordnung im Sinne des § 6a Absatz 2 ergangen ist und er den Geltungsbereich dieses Gesetzes verlassen hat.

(2) Eine Personalausweisbehörde hat einen Ausweis für ungültig zu erklären, wenn die Voraussetzungen für seine Erteilung nicht vorgelegen haben oder nachträglich weggefallen sind.

(3) Störungen der Funktionsfähigkeit des elektronischen Speicher- und Verarbeitungsmediums berühren nicht die Gültigkeit des Personalausweises.

§ 29[2)] **Sicherstellung und Einziehung.** (1) Ein nach § 28 Abs. 1 oder Abs. 2 ungültiger Ausweis kann eingezogen werden.

(2) Ein Ausweis kann sichergestellt werden, wenn

1. eine Person ihn unberechtigt besitzt oder
2. Tatsachen die Annahme rechtfertigen, dass die Voraussetzungen für eine Einziehung nach Absatz 1 vorliegen, oder
3. eine Entziehung im Sinne des § 6a Absatz 2 ergangen ist oder Tatsachen die Annahme rechtfertigen, dass ein Entziehungsgrund im Sinne des § 6a Absatz 2 vorliegt.

(3) Eine Sicherstellung oder Einziehung ist schriftlich zu bestätigen.

§ 30[3)] **Sofortige Vollziehung.** Widerspruch und Anfechtungsklage gegen die Anordnung, dass der Ausweis nicht zum Verlassen Deutschlands berechtigt (§ 6 Abs. 7), gegen die Entziehung des Ausweises und die Ausstellung eines Ersatz-Personalausweises (§ 6a), gegen die Aufhebung der Berechtigung (§ 21 Abs. 5), gegen die Einziehung (§ 29 Abs. 1) und gegen die Sicherstellung des Ausweises (§ 29 Abs. 2) haben keine aufschiebende Wirkung.

Abschnitt 7. Gebühren und Auslagen; Bußgeldvorschriften

§ 31[4)] **Gebühren und Auslagen; Verordnungsermächtigung.** (1) Für individuell zurechenbare öffentliche Leistungen nach diesem Gesetz und den auf diesem Gesetz beruhenden Rechtsverordnungen erheben die Personalausweisbehörden Gebühren und Auslagen nach den Absätzen 2 und 3.

[1)] § 28 Abs. 1 Nr. 2 und 3 geänd., Nr. 4 angef. mWv 30.6.2015 durch G v. 20.6.2015 (BGBl. I S. 970).

[2)] § 29 Abs. 2 Nr. 2 geänd., Nr. 3 angef. mWv 30.6.2015 durch G v. 20.6.2015 (BGBl. I S. 970).

[3)] § 30 geänd. mWv 30.6.2015 durch G v. 20.6.2015 (BGBl. I S. 970).

[4)] § 31 neu gef. mWv 15.7.2017 durch G v. 7.7.2017 (BGBl. I S. 2310); Abs. 3 geänd. mWv 27.6. 2020 durch VO v. 19.6.2020 (BGBl. I S. 1328).

(2) [1]Die Gebühr soll die mit der individuell zurechenbaren öffentlichen Leistung verbundenen Kosten aller an der Leistung Beteiligten decken. [2]In die Gebühr sind die mit der Leistung regelmäßig verbundenen Auslagen einzubeziehen. [3]Zur Ermittlung der Gebühr sind die Kosten, die nach betriebswirtschaftlichen Grundsätzen als Einzel- und Gemeinkosten zurechenbar und ansatzfähig sind, insbesondere Personal- und Sachkosten sowie kalkulatorische Kosten, zu Grunde zu legen. [4]Zu den Gemeinkosten zählen auch die Kosten der Rechts- und Fachaufsicht. [5]Grundlage der Gebührenermittlung nach den Sätzen 1 bis 4 sind Kosten, die in der Gesamtheit der Länder mit der jeweiligen Leistung verbundenen sind. [6]§ 3 Absatz 1 und 2, die §§ 5 bis 7, 9 Absatz 3 bis 6 und die §§ 10 bis 12 des Bundesgebührengesetzes[1)] gelten entsprechend.

(3) Das Bundesministerium des Innern, für Bau und Heimat wird ermächtigt, für den Bereich der Landesverwaltung durch Rechtsverordnung mit Zustimmung des Bundesrates die gebührenpflichtigen Tatbestände, die Gebührenhöhe und die Auslagenerstattung näher zu bestimmen.

(4) [1]Durch Besondere Gebührenverordnung des Auswärtigen Amts nach § 22 Absatz 4 des Bundesgebührengesetzes kann bestimmt werden, dass von den Auslandsvertretungen der Bundesrepublik Deutschland für individuell zurechenbare öffentliche Leistungen nach diesem Gesetz und den auf diesem Gesetz beruhenden Rechtsverordnungen zum Ausgleich von Kaufkraftunterschieden ein Zuschlag erhoben wird. [2]Der Zuschlag kann bis zu 300 Prozent der Gebühren betragen.

§ 32[2)] Bußgeldvorschriften. (1) Ordnungswidrig handelt, wer

1. entgegen § 1 Abs. 1 Satz 1, auch in Verbindung mit Abs. 2 Satz 1, einen Ausweis nicht besitzt,
2. entgegen § 1 Abs. 1 Satz 2, auch in Verbindung mit Abs. 2 Satz 1, einen Ausweis nicht oder nicht rechtzeitig vorlegt oder einen Abgleich mit dem Lichtbild nicht oder nicht rechtzeitig ermöglicht,
3. entgegen § 9 Abs. 2 Satz 2 einen dort genannten Antrag nicht oder nicht rechtzeitig stellt,
4. entgegen § 9 Abs. 3 Satz 1, auch in Verbindung mit Absatz 6 Satz 2, eine Angabe nicht richtig macht,
5. entgegen § 18 Abs. 2 Satz 4 einen elektronischen Identitätsnachweis nutzt,
6. entgegen § 20 Absatz 2 Satz 2 eine Kopie weitergibt oder
7. entgegen § 27 Abs. 1 Nr. 3, 4 oder Nr. 5 eine Anzeige nicht oder nicht rechtzeitig erstattet.

(2) Ordnungswidrig handelt, wer vorsätzlich oder fahrlässig

1. ohne Berechtigung nach § 21 Absatz 1 Satz 1 Daten anfragt,

---

[1)] Nr. **120**.

[2)] § 32 Abs. 3 geänd. mWv 1.8.2013 durch G v. 25.7.2013 (BGBl. I S. 2749); Abs. 1 Nr. 4 und 8 geänd., Nr. 9 und 10 eingef., bish. Nr. 9 wird Nr. 11, Abs. 3 geänd. mWv 30.6.2015 durch G v. 20.6. 2015 (BGBl. I S. 970); Abs. 1 Nr. 2, Abs. 3 geänd. mWv 15.6.2017 durch G v. 8.6.2017 (BGBl. I S. 1570); Abs. 1 Nr. 6a und 6b eingef., Nr. 7 neu gef., Nr 7a eingef., Abs. 2 Nr. 1 neu gef., bish. Nr. 1–3 werden Nr. 2–4 und neu gef., Nr. 5 und 6 angef., Abs. 3 neu gef. mWv 15.7.2017 durch G v. 7.7.2017 (BGBl. I S. 2310); Abs. 1 Nr. 6–6b aufgeh., bish. Nr. 7 wird Nr. 6 und geänd., Nr. 7a–10 aufgeh., bish. Nr. 11 wird Nr. 7, Abs. 2 Nr. 4 geänd., Nr. 5 aufgeh., bish. Nr. 6 wird Nr. 5, Abs. 3 neu gef. mWv 5.8.2019 durch G v. 21.6.2019 (BGBl. I S. 846).

2. entgegen § 21 Absatz 2 Satz 2, auch in Verbindung mit § 21a Satz 2 oder § 21b Absatz 2 Satz 2, eine Angabe nicht richtig macht,
3. entgegen § 21 Absatz 3 Satz 3 oder Absatz 5 Satz 1, jeweils auch in Verbindung mit § 21a Satz 2 oder § 21b Absatz 2 Satz 2, eine Berechtigung oder ein Berechtigungszertifikat verwendet,
4. entgegen § 21 Absatz 6, auch in Verbindung mit § 21a Satz 2 oder § 21b Absatz 2 Satz 2, eine Mitteilung nicht, nicht richtig, nicht vollständig oder nicht rechtzeitig macht oder
5. ohne Berechtigung nach § 21b Absatz 1 eine dort genannte Funktion nutzt.

(3) Die Ordnungswidrigkeit kann in den Fällen des Absatzes 1 Nummer 5 sowie des Absatzes 2 Nummer 1, 2, 3 und 5 mit einer Geldbuße bis zu dreißigtausend Euro und in den übrigen Fällen mit einer Geldbuße bis zu dreitausend Euro geahndet werden.

§ 33[1] Bußgeldbehörden. Verwaltungsbehörden im Sinne des § 36 Abs. 1 Nr. 1 des Gesetzes über Ordnungswidrigkeiten[2]§ 36 Abs. 1 Nr. 1 des Gesetzes über Ordnungswidrigkeiten sind, soweit dieses Gesetz von Bundesbehörden ausgeführt wird,

1. in den Fällen des § 32 Absatz 1 Nummer 2 und 5 die Bundespolizeibehörden jeweils für ihren Geschäftsbereich,
2. in den Fällen des § 32 Abs. 1 Nr. 4 das Auswärtige Amt für Ausweisangelegenheiten im Ausland,
3. in den Fällen des § 32 Abs. 2 Nr. 1 bis 4 die Vergabestelle für Berechtigungszertifikate nach § 7 Abs. 4 Satz 1.

Abschnitt 8. Verordnungsermächtigung; Übergangsvorschrift

§ 34[3] Verordnungsermächtigung. Das Bundesministerium des Innern, für Bau und Heimat wird ermächtigt, im Benehmen mit dem Auswärtigen Amt und mit Zustimmung des Bundesrates durch Rechtsverordnung[4]

1. die Muster der Ausweise zu bestimmen,
2. die Einzelheiten der technischen Anforderungen an die Speicherung des Lichtbildes und der Fingerabdrücke sowie den Zugriffsschutz auf die im elektronischen Speicher- und Verarbeitungsmedium abgelegten Daten zu regeln,
3. die Einzelheiten zu regeln über das Verfahren und die technischen Anforderungen für die Erfassung, Echtheitsbewertung und Qualitätssicherung des Lichtbildes und der Fingerabdrücke, die Reihenfolge der zu speichernden Fingerabdrücke bei Fehlen eines Zeigefingers, ungenügender Qualität des Fingerabdrucks oder Verletzungen der Fingerkuppe sowie die Form und die Einzelheiten über das Verfahren der Übermittlung sämtlicher Ausweisantragsdaten von den Personalausweisbehörden an den Ausweishersteller,

---

[1] § 33 Nr. 1 geänd., Nr. 2 aufgeh., bish. Nr. 3 wird Nr. 2 und geänd., bish. Nr. 4 wird Nr. 3 mWv 5.8.2019 durch G v. 21.6.2019 (BGBl. I S. 846).

[2] **Schönfelder Nr. 94.**

[3] § 34 neu gef. mWv 5.8.2019 durch G v. 21.6.2019 (BGBl. I S. 846).

[4] Siehe die Personalausweisverordnung (PAuswV) v. 1.11.2010 (BGBl. I S. 1460), zuletzt geänd. durch VO v. 15.10.2020 (BGBl. I S. 2199).

4. die Einzelheiten des Prüfverfahrens nach § 12 Absatz 2 Satz 2 zu regeln,
5. die Herstellung des Personalausweises und die Übermittlung von Geheimnummer, Entsperrnummer und Sperrkennwort zu regeln,
6. die Einzelheiten der Aushändigung und den Versand des Personalausweises zu regeln,
7. die Änderung von Daten des Personalausweises wie den Namen oder die Anschrift zu regeln,
8. die Einzelheiten zur Nutzung des elektronischen Identitätsnachweises und des Vor-Ort-Auslesens zu regeln,
9. die Einzelheiten
   a) der Geheimnummer,
   b) der Sperrung und Entsperrung des elektronischen Identitätsnachweises durch den Ausweisinhaber sowie
   c) der Speicherung und Löschung der Sperrmerkmale und des Sperrkennworts

   festzulegen,
10. die sicherheitstechnischen Rahmenbedingungen festzulegen, die vorliegen müssen, damit öffentliche und private Stellen ein Benutzerkonto nach § 19 Absatz 5 anlegen und betreiben dürfen, und
11. die Einzelheiten der Vergabe der Berechtigungen und Berechtigungszertifikate festzulegen.

§ 35 Übergangsvorschrift. Abweichend von § 7 Abs. 2, § 8 Abs. 2, § 10 Abs. 1 Satz 4 und Abs. 2 Satz 2, § 23 Abs. 4 Satz 2 sowie § 31 Abs. 2 ist bis zum 31. Dezember 2012 für Deutsche mit Hauptwohnung im Ausland die Personalausweisbehörde nach § 7 Abs. 1 zuständig, in deren Bezirk er oder sie sich vorübergehend aufhält.

256. Bundesmeldegesetz (BMG)[1][2][3]

Vom 3. Mai 2013

(BGBl. I S. 1084)

FNA 210-7

geänd. durch Art. 1 Nr. 1 G zur Änd. des G zur Fortentwicklung des Meldewesens v. 20.11.2014 (BGBl. I S. 1738), Art. 3a Bundeswehr-AttraktivitätssteigerungsG v. 13.5.2015 (BGBl. I S. 706), Art. 2a G zur Änd. des PersonalausweisG zur Einführung eines Ersatz-Personalausweises und zur Änd. des PassG v. 20.6.2015 (BGBl. I S. 970), Art. 4 AsylverfahrensbeschleunigungsG v. 20.10.2015 (BGBl. I S. 1722), Art. 8, 9 DatenaustauschverbesserungsG v. 2.2.2016 (BGBl. I S. 130), Art. 1, 2 Erstes G zur Änd. des BundesmeldeG und weiterer Vorschriften v. 11.10.2016 (BGBl. I S. 2218), Art. 11 Abs. 4 eIDAS-DurchführungsG v. 18.7.2017 (BGBl. I S. 2745), Art. 5 Abs. 2 G zur Einführung einer Karte für Unionsbürger und Angehörige des Europäischen Wirtschaftsraums mit Funktion zum elektronischen Identitätsnachweis sowie zur Änd. des PersonalausweisG und weiterer Vorschriften[4] v. 21.6.2019 (BGBl. I S. 846), Art. 8 Zweites DatenaustauschverbesserungsG v. 4.8.2019 (BGBl. I S. 1131), Art. 16 Zweites Datenschutz-Anpassungs- und UmsetzungsG EU v. 20.11.2019 (BGBl. I S. 1626), Art. 1 Drittes BürokratieentlastungsG v. 22.11.2019 (BGBl. I S. 1746), Art. 4 Drittes WaffenrechtsänderungsG v. 17.2.2020 (BGBl. I S. 166) und Art. 82 Elfte ZuständigkeitsanpassungsVO v. 19.6.2020 (BGBl. I S. 1328)

Inhaltsübersicht[5]

Abschnitt 1. Allgemeine Bestimmungen

[1] Verkündet als Art. 1 G v. 3.5.2013 (BGBl. I S. 1084, geänd. durch G v. 20.11.2014, BGBl. I S. 1738); Inkrafttreten gem. Art. 4 Satz 1 dieses G am 1.11.2015, mit Ausnahme der §§ 55–57, die gem. Art. 4 Satz 2 dieses G bereits am 26.11.2014 in Kraft getreten sind.

[2] Zu abweichendem Landesrecht siehe ua:
- **Hessen:** Abweichungen in der Verwaltungskostenordnung für den Geschäftsbereich des Ministeriums des Innern und für Sport (VwKostO-MdIS) mWv 1.11.2015; vgl. Hinweis v. 22.12.2017 (BGBl. I S. 4016).

[3] Zur Ausführung und Durchführung des BMG haben die Länder ua folgende Vorschriften erlassen:
- **Baden-Württemberg:** Bundesmeldegesetz-AusführungsG v. 12.5.2015 (GBl. S. 320), geänd. durch G v. 12.6.2018 (GBl. S. 173)
- **Bayern:** Bundesmeldegesetz-AusführungsG v. 23.6.2015 (GVBl. S. 178), zuletzt geänd. durch V v. 26.3.2019 (GVBl. S. 98)
- **Berlin:** Bundesmeldegesetz-AusführungsG v. 7.7.2016 (GVBl. S. 430)
- **Bremen:** Bundesmeldegesetz-AusführungsG v. 24.3.2015 (Brem.GBl. S. 135), zuletzt geänd. durch G v. 8.5.2018 (Brem.GBl. S. 149)
- **Hamburg:** Bundesmeldegesetz-AusführungsG v. 15.7.2015 (HmbGVBl. S. 193), geänd. durch G v. 18.5.2018 (HmbGVBl. S. 145)
- **Hessen:** Bundesmeldegesetz-AusführungsG v. 28.9.2015 (GVBl. S. 346)
- **Niedersachsen:** Bundesmeldegesetz-AusführungsG v. 17.9.2015 (Nds. GVBl. S. 186), geänd. durch G v. 16.5.2018 (Nds. GVBl. S. 66)
- **Rheinland-Pfalz:** Bundesmeldegesetz-AusführungsG v. 21.10.2015 (GVBl. S. 365), geänd. durch G v. 19.12.2018 (GVBl. S. 448)
- **Saarland:** Bundesmeldegesetz-AusführungsG v. 13.10.2015 (Amtsbl. I S. 712), geänd. durch G v. 22.8. 2018 (Amtsbl. I S. 674)
- **Sachsen:** Bundesmeldegesetz-AusführungsG v. 9.7.2014 (SächsGVBl. S. 376), zuletzt geänd. durch G v. 5.4.2019 (SächsGVBl. S. 245)
- **Sachsen-Anhalt:** Bundesmeldegesetz-AusführungsG v. 21.7.2015 (GVBl. LSA S. 369), zuletzt geänd. durch G v. 18.2.2020 (GVBl. LSA S. 25)
- **Schleswig-Holstein:** LandesmeldeG v. 20.10.2015 (GVOBl. Schl.-H. S. 344), geänd. durch G v. 17.5. 2016 (GVOBl. Schl.-H. S. 127)
- **Thüringen:** Bundesmeldegesetz-AusführungsG v. 23.9.2015 (GVBl. S. 131)

[4] Die Änd. des Inkrafttretens dieses G durch Art. 154a G v. 20.11.2019 (BGBl. I S. 1626) ist unbeachtlich, da das G bei Erlass des ÄndG bereits in Kraft getreten war.

[5] Inhaltsübersicht geänd. mWv 26.11.2019 durch G v. 20.11.2019 (BGBl. I S. 1626).

§ 21 Mehrere Wohnungen. (1) Hat ein Einwohner mehrere Wohnungen im Inland, so ist eine dieser Wohnungen seine Hauptwohnung.

(2) Hauptwohnung ist die vorwiegend benutzte Wohnung des Einwohners.

(3) Nebenwohnung ist jede weitere Wohnung des Einwohners im Inland.

(4) [1] Die meldepflichtige Person hat der Meldebehörde bei jeder An- oder Abmeldung mitzuteilen, welche weiteren Wohnungen im Inland sie hat und welche Wohnung ihre Hauptwohnung ist. [2] Sie hat jede Änderung der Hauptwohnung innerhalb von zwei Wochen der Meldebehörde mitzuteilen, die für die neue Hauptwohnung zuständig ist. [3] Zieht die meldepflichtige Person aus einer ihrer Nebenwohnungen im Inland aus und bezieht keine neue Wohnung, so hat sie dies der Meldebehörde mitzuteilen, die für die alleinige Wohnung oder die Hauptwohnung zuständig ist.

§ 22 Bestimmung der Hauptwohnung. (1) Hauptwohnung eines verheirateten oder eine Lebenspartnerschaft führenden Einwohners, der nicht dauernd getrennt von seiner Familie oder seinem Lebenspartner lebt, ist die vorwiegend benutzte Wohnung der Familie oder der Lebenspartner.

(2) Hauptwohnung eines minderjährigen Einwohners ist die vorwiegend benutzte Wohnung der Personensorgeberechtigten; leben diese getrennt, ist Hauptwohnung die Wohnung des Sorgeberechtigten, die von dem minderjährigen Einwohner vorwiegend benutzt wird.

(3) In Zweifelsfällen ist die vorwiegend benutzte Wohnung dort, wo der Schwerpunkt der Lebensbeziehungen des Einwohners liegt.

(4) Kann der Wohnungsstatus eines verheirateten oder eine Lebenspartnerschaft führenden Einwohners nach den Absätzen 1 und 3 nicht zweifelsfrei bestimmt werden, ist die Hauptwohnung die Wohnung nach § 21 Absatz 2.

(5) Auf Antrag eines Einwohners, der in einer Einrichtung für behinderte Menschen wohnt, bleibt die Wohnung nach Absatz 2, bis er 25 Jahre alt ist, seine Hauptwohnung.

§ 23 [1)2)] Erfüllung der allgemeinen Meldepflicht. (1) [1] Soweit nachstehend nicht etwas anderes bestimmt ist, hat die meldepflichtige Person einen Meldeschein auszufüllen, zu unterschreiben und der Meldebehörde zusammen mit dem Personalausweis, dem vorläufigen Personalausweis, dem Ersatz-Personalausweis, dem anerkannten und gültigen Pass oder Passersatzpapier sowie der Bestätigung des Wohnungsgebers oder dem entsprechenden Zuordnungsmerkmal nach § 19 Absatz 4 Satz 1 vorzulegen. [2] Wird das Melderegister automatisiert geführt, kann von dem Ausfüllen des Meldescheins abgesehen werden, wenn die meldepflichtige Person persönlich bei der Meldebehörde erscheint und auf einem Ausdruck die Richtigkeit und Vollständigkeit der bei ihr erhobenen Daten durch ihre Unterschrift bestätigt.

(2) Für die elektronische Anmeldung gilt § 10 Absatz 2 und 3 entsprechend.

(3) [1] Die Meldebehörde des neuen Wohnortes (Zuzugsmeldebehörde) ist berechtigt, die bei der Meldebehörde des letzten früheren Wohnortes (Weg-

---

[1)] Siehe hierzu ua die Erste BundesmeldedatenübermittlungsVO – 1. BMeldDÜV v. 1.12.2014 (BGBl. I S. 1945), zuletzt geänd. durch VO v. 1.9.2020 (BGBl. I S. 1977).

[2)] § 23 Abs. 6 angef. mWv 1.11.2016 durch G v. 2.2.2016 (BGBl. I S. 130); Abs. 1 Satz 1 geänd., Abs. 7 angef. mWv 1.11.2016 durch G v. 11.10.2016 (BGBl. I S. 2218); Abs. 6 geänd. mWv 1.11. 2019 durch G v. 4.8.2019 (BGBl. I S. 1131).

zugsmeldebehörde) nach § 3 Absatz 1 Nummer 1 bis 18 gespeicherten Daten anzufordern und der meldepflichtigen Person diese Daten schriftlich oder in elektronischer Form zu übermitteln (vorausgefüllter Meldeschein). [2] Die meldepflichtige Person hat die übermittelten Angaben auf ihre Richtigkeit zu prüfen, unzutreffende Angaben zu berichtigen und fehlende Angaben zu ergänzen. [3] Sie hat den aktualisierten vorausgefüllten Meldeschein bei der Zuzugsmeldebehörde unterschrieben einzureichen. [4] Für die elektronische Übermittlung gilt § 10 Absatz 2 und 3 entsprechend.

(4) [1] Für den vorausgefüllten Meldeschein gibt die meldepflichtige Person Familienname, Vornamen, Geburtsdatum sowie die letzte Wohnanschrift an. [2] Diese Daten übermittelt die Zuzugsmeldebehörde der Wegzugsmeldebehörde, um die Daten nach § 3 Absatz 1 Nummer 1 bis 18 anzufordern. [3] Die Wegzugsmeldebehörde übermittelt der Zuzugsmeldebehörde unverzüglich die angeforderten Daten.

(5) [1] Ehegatten, Lebenspartner und Familienangehörige mit denselben Zuzugsdaten (Zuzugsdatum sowie frühere und derzeitige Wohnungen) sollen gemeinsam einen Meldeschein verwenden. [2] Es genügt die Anmeldung nach den Absätzen 1 und 2 durch eine der meldepflichtigen Personen. [3] Die Absätze 3 und 4 gelten entsprechend, wenn die meldepflichtige Person versichert, dass sie berechtigt ist, die Daten der übrigen meldepflichtigen Personen entgegenzunehmen. [4] Sie ist darüber zu belehren, dass der unberechtigte Empfang unter Vorspiegelung einer Berechtigung nach § 202a des Strafgesetzbuchs[1] unter Strafe steht.

(6) Abweichend von den Absätzen 1 und 2 kann die Anmeldung von Personen, die in eine Aufnahmeeinrichtung zugezogen sind, automatisiert durch Übernahme der Daten aus dem Ausländerzentralregister nach § 18e des AZR-Gesetzes[2] erfolgen.

(7) [1] Die Abmeldung von in das Ausland verzogenen Personen kann schriftlich oder in entsprechender Anwendung des § 10 Absatz 2 und 3 elektronisch erfolgen. [2] Der Nachweis der Identität der abmeldepflichtigen Person kann bei der elektronischen Abmeldung auch durch die Angabe des Familiennamens, des Vornamens, des Geburtsdatums und der Seriennummer des zuletzt im Melderegister gespeicherten Ausweises oder Passes nach § 3 Absatz 1 Nummer 17 erfolgen.

§ 24[3] Datenerhebung, Meldebestätigung. (1) [1] Bei der An- oder Abmeldung oder der Änderung der Hauptwohnung dürfen bei der meldepflichtigen Person die in § 3 Absatz 1 Nummer 1 bis 18 und in Absatz 2 Nummer 2 Buchstabe a bis c, Nummer 5, 6 und 10 genannten Daten erhoben werden. [2] Dies gilt auch für die Hinweise, die zum Nachweis der Richtigkeit dieser Daten erforderlich sind.

(2) [1] Die meldepflichtige Person erhält unentgeltlich eine schriftliche Bestätigung über die An- oder Abmeldung (amtliche Meldebestätigung). [2] Diese darf nur folgende Daten enthalten:

[1] **Schönfelder Nr. 85.**
[2] **Sartorius ErgBd. Nr. 569.**
[3] § 24 Abs. 2 Satz 2 Nr. 2 geänd. mWv 1.11.2016 durch G v. 11.10.2016 (BGBl. I S. 2218).

kein oder kein gültiges Identitätsdokument vor, ist dies auf dem Meldeschein zu vermerken. [5] Im Fall des § 29 Absatz 5 Nummer 1 ist die zweckgebundene Zuordnungsnummer des eingesetzten Zahlungsmittels zusammen mit den Daten nach Satz 1 zu speichern.

(3) Durch Landesrecht kann bestimmt werden, dass für die Erhebung von Fremdenverkehrs- und Kurbeiträgen weitere Daten auf dem Meldeschein erhoben werden dürfen.

(4) [1] Die nach Absatz 1 verpflichteten Personen haben die ausgefüllten Meldescheine vom Tag der Abreise der beherbergten Person an ein Jahr aufzubewahren und innerhalb von drei Monaten nach Ablauf der Aufbewahrungsfrist zu vernichten. [2] Wird die Meldepflicht elektronisch erfüllt, gelten für die Speicherung und Löschung der nach § 29 Absatz 5 erhobenen Daten die Fristen nach Satz 1. [3] Den nach Landesrecht bestimmten Behörden und den in § 34 Absatz 4 Satz 1 Nummer 1 bis 5 und 9 bis 11 genannten Behörden sind zur Erfüllung ihrer Aufgaben auf Verlangen

1. die nach § 29 Absatz 2 Satz 1 handschriftlich unterschriebenen Meldescheine zur Einsichtnahme vorzulegen und
2. die nach § 29 Absatz 5 elektronisch erhobenen Daten maschinenlesbar zur Verfügung zu stellen.

(5) Sofern das Meldeverfahren elektronisch durchgeführt wird, haben die nach Absatz 1 verpflichteten Personen durch geeignete technische und organisatorische Maßnahmen nach den Artikeln 24, 25 und 32 der Verordnung (EU) 2016/679[1)] sicherzustellen, dass die in Absatz 2 bezeichneten Daten nur nach Maßgabe von Absatz 4 und § 29 Absatz 5 verarbeitet werden.

§ 31[2)] **Verarbeitungsbeschränkungen.** [1] Die nach § 30 Absatz 2 erhobenen Daten dürfen von den in § 34 Absatz 4 Satz 1 Nummer 1 bis 5 und 9 bis 11 genannten Behörden verarbeitet werden, sofern dies zur Erfüllung ihrer Aufgaben erforderlich ist. [2] Sie dürfen außerdem zur Aufklärung des Schicksals von Vermissten und Unfallopfern, für die Erhebung von Fremdenverkehrs- und Kurbeiträgen, zur Ausstellung kommunaler Gästekarten sowie für die Beherbergungs- und die Fremdenverkehrsstatistik verarbeitet werden.

§ 32 Besondere Meldepflicht in Krankenhäusern, Heimen und ähnlichen Einrichtungen. (1) [1] Wer in Krankenhäusern, Pflegeheimen oder sonstigen Einrichtungen, die der Betreuung pflegebedürftiger oder behinderter Menschen oder der Heimerziehung dienen, aufgenommen wird oder dort einzieht, muss sich nicht anmelden, solange er für eine Wohnung im Inland gemeldet ist. [2] Wer nicht für eine Wohnung im Inland gemeldet ist, hat sich, sobald sein Aufenthalt die Dauer von drei Monaten überschreitet, innerhalb von zwei Wochen anzumelden. [3] Für Personen, die ihrer Meldepflicht nicht persönlich nachkommen können, haben die Leiter der Einrichtungen die Aufnahme innerhalb von zwei Wochen der Meldebehörde mitzuteilen, die für den Sitz der Einrichtung zuständig ist; die betroffenen Personen sind zu unterrichten. [4] § 17 Absatz 3 Satz 3 bleibt unberührt.

---

1) Nr. **246**.

2) § 31 Überschrift neu gef., Sätze 1, 2 geänd. mWv 26.11.2019 durch G v. 20.11.2019 (BGBl. I S. 1626).

(2) [1] Der zuständigen Behörde ist Auskunft aus den Unterlagen der genannten Einrichtungen zu erteilen, wenn dies nach Feststellung der Behörde zur Abwehr einer erheblichen und gegenwärtigen Gefahr, zur Verfolgung von Straftaten oder zur Aufklärung des Schicksals von Vermissten und Unfallopfern im Einzelfall erforderlich ist. [2] Die Auskunft umfasst folgende Daten:

1. Familienname,
2. Vornamen,
3. Geburtsdatum und Geburtsort sowie bei Geburt im Ausland auch den Staat,
4. Staatsangehörigkeiten,
5. Anschriften,
6. Datum der Aufnahme und Datum der Entlassung.

Abschnitt 5. Datenübermittlungen

Unterabschnitt 1. Datenübermittlungen zwischen öffentlichen Stellen[1)]

§ 33[2)] Datenübermittlungen zwischen den Meldebehörden. (1) [1] Hat sich eine Person bei einer Meldebehörde angemeldet, so hat diese die Wegzugsmeldebehörde und die für weitere Wohnungen zuständigen Meldebehörden darüber durch Übermittlung der in § 3 Absatz 1 Nummer 1 bis 18 genannten Daten der betroffenen Person zu unterrichten (Rückmeldung). [2] Bei einem Zuzug aus dem Ausland ist die für den letzten Wohnort im Inland zuständige Meldebehörde als Wegzugsmeldebehörde zu unterrichten. [3] Die Daten sind unverzüglich, spätestens jedoch drei Werktage nach der Anmeldung, durch Datenübertragung zu übermitteln; § 10 Absatz 2 gilt entsprechend.

(2) [1] Die übermittelten Daten sind unverzüglich von der Wegzugsmeldebehörde zu verarbeiten. [2] Die Wegzugsmeldebehörde hat die Zuzugsmeldebehörde unverzüglich, spätestens jedoch drei Werktage nach Eingang der Rückmeldung, über die in § 3 Absatz 2 Nummer 1, 2 Buchstabe d, Nummer 3, 4, 5, 7, 8 und 11 genannten Tatsachen sowie dann zu unterrichten, wenn die in Satz 1 bezeichneten Daten von den bisherigen Angaben abweichen (Auswertung der Rückmeldung). [3] Soweit Meldebehörden desselben Landes beteiligt sind, können für die Datenübermittlung weitergehende Regelungen durch Landesrecht getroffen werden.

(3) [1] Werden die in § 3 Absatz 1 und 2 Nummer 7 und 8 bezeichneten Daten fortgeschrieben, so sind unverzüglich die für weitere Wohnungen der betroffenen Person zuständigen Meldebehörden zu unterrichten, soweit die Daten zur Erfüllung ihrer Aufgaben erforderlich sind. [2] Verstirbt oder verzieht eine meldepflichtige Person, zu der Daten der in § 3 Absatz 1 Nummer 9, 15 und 16 genannten Personen außerhalb der Zuständigkeit der Meldebehörde gespeichert sind, ist unverzüglich die für diese Personen zuständige Meldebehörde über die Fortschreibung zu unterrichten.

(4) [1] Speichert die Meldebehörde eine Auskunftssperre nach § 51 im Melderegister oder hebt die Meldebehörde eine Auskunftssperre auf, so hat sie

[1)] Siehe hierzu ua die Erste BundesmeldedatenübermittlungsVO – 1. BMeldDÜV v. 1.12.2014 (BGBl. I S. 1945), zuletzt geänd. durch VO v. 1.9.2020 (BGBl. I S. 1977).

[2)] § 33 Abs. 4 Satz 3 angef. mWv 1.11.2016 durch G v. 11.10.2016 (BGBl. I S. 2218); Abs. 1 Satz 3 geänd. mWv 26.11.2019 durch G v. 20.11.2019 (BGBl. I S. 1626).

§ 42[1)] Datenübermittlungen an öffentlich-rechtliche Religionsgesellschaften. (1) Die Meldebehörde darf einer öffentlich-rechtlichen Religionsgesellschaft unter den in § 34 Absatz 1 Satz 1 genannten Voraussetzungen zur Erfüllung ihrer Aufgaben, nicht jedoch zu arbeitsrechtlichen Zwecken folgende Daten ihrer Mitglieder auch regelmäßig übermitteln:

1. Familienname,
2. frühere Namen,
3. Vornamen unter Kennzeichnung des gebräuchlichen Vornamens,
4. Doktorgrad,
5. Ordensname, Künstlername,
6. Geburtsdatum und Geburtsort sowie bei Geburt im Ausland auch den Staat,
7. zum gesetzlichen Vertreter
   a) Familienname,
   b) Vornamen,
   c) Doktorgrad,
   d) Anschrift,
   e) Geburtsdatum,
   f) Geschlecht,
   g) Sterbedatum sowie
   h) Auskunftssperren nach § 51 und bedingte Sperrvermerke nach § 52,
8. Geschlecht,
9. derzeitige Staatsangehörigkeiten,
10. rechtliche Zugehörigkeit zu der öffentlich-rechtlichen Religionsgesellschaft,
11. derzeitige Anschriften, gekennzeichnet nach Haupt- und Nebenwohnung, die letzte frühere Anschrift, bei Zuzug aus dem Ausland auch die letzte Anschrift im Inland, bei Wegzug in das Ausland auch die Zuzugsanschrift im Ausland und den Staat,
12. Einzugsdatum und Auszugsdatum,
13. Familienstand beschränkt auf die Angabe, ob verheiratet oder eine Lebenspartnerschaft führend oder nicht; zusätzlich bei Verheirateten oder Lebenspartnern: Datum, Ort und Staat der Eheschließung oder der Begründung der Lebenspartnerschaft,
14. Zahl der minderjährigen Kinder,
15. Auskunftssperren nach § 51 und bedingte Sperrvermerke nach § 52 sowie
16. Sterbedatum und Sterbeort sowie bei Versterben im Ausland auch den Staat.

(2) Haben Mitglieder einer öffentlich-rechtlichen Religionsgesellschaft Familienangehörige, die nicht derselben oder keiner öffentlich-rechtlichen Religionsgesellschaft angehören, darf die Meldebehörde von diesen Familienangehörigen folgende Daten übermitteln:

1. Vor- und Familiennamen,
2. Geburtsdatum und Geburtsort,

[1)] § 42 Abs. 1 einl. Satzteil, Nr. 11 und 13, Abs. 2 Nr. 5 und Abs. 3 Satz 1 geänd., Abs. 4a eingef. durch G v. 20.11.2014 (BGBl. I S. 1738); Abs. 1 Nr. 3, 7 Buchst. h, Nr. 15 und Abs. 2 Nr. 6 geänd. mWv 1.11.2016 durch G v. 11.10.2016 (BGBl. I S. 2218); Abs. 3 Satz 3 eingef., bish. Satz 3 wird Satz 4, Abs. 5 Satz 1 geänd. mWv 26.11.2019 durch G v. 20.11.2019 (BGBl. I S. 1626); Abs. 4a Satz 3 geänd. mWv 27.6.2020 durch VO v. 19.6.2020 (BGBl. I S. 1328).

3. Geschlecht,
4. Zugehörigkeit zu einer öffentlich-rechtlichen Religionsgesellschaft,
5. derzeitige Anschriften und letzte frühere Anschrift,
6. Auskunftssperren nach § 51 und bedingte Sperrvermerke nach § 52 sowie
7. Sterbedatum.

(3) [1] Familienangehörige im Sinne des Absatzes 2 sind der Ehegatte oder Lebenspartner, minderjährige Kinder und die Eltern von minderjährigen Kindern. [2] Die betroffenen Personen haben das Recht, der Übermittlung ihrer Daten zu widersprechen; sie sind auf dieses Recht bei der Anmeldung nach § 17 Absatz 1 sowie einmal jährlich durch ortsübliche Bekanntmachung hinzuweisen. [3] § 36 Absatz 2 Satz 2 gilt entsprechend. [4] Satz 2 gilt nicht, soweit Daten für Zwecke des Steuererhebungsrechts der jeweiligen öffentlich-rechtlichen Religionsgesellschaft übermittelt werden.

(4) Für Datenübermittlungen nach den Absätzen 1 und 2 gilt § 34 Absatz 5 entsprechend.

(4a) [1] Die Meldebehörden dürfen den öffentlich-rechtlichen Religionsgesellschaften jeweils zu Beginn einer standardisierten Datenübermittlung zu einem bundesweit einheitlichen Stichtag die in den Absätzen 1 und 2 genannten sowie die gemäß § 55 Absatz 2 durch Landesrecht bestimmten Daten innerhalb von längstens zwölf Monaten automatisiert übermitteln, um einen einmaligen Abgleich zum Zwecke der Bestands- und Ersterfassung und darauf aufbauende Folgedatenübermittlungen zu ermöglichen. [2] Dabei sind auch Widersprüche nach § 42 Absatz 3 Satz 2 zu übermitteln. [3] Der jeweilige Stichtag wird vom Bundesministerium des Innern, für Bau und Heimat im Bundesanzeiger bekannt gegeben.

(5) [1] Eine Datenübermittlung nach den Absätzen 1 und 2 ist nur zulässig, wenn sichergestellt ist, dass beim Empfänger ausreichende Maßnahmen zum Datenschutz getroffen sind. [2] Die Feststellung hierüber trifft eine durch Landesrecht zu bestimmende Behörde.

§ 43[1)] Datenübermittlungen an die Suchdienste. (1) Die Meldebehörde darf den Suchdiensten zur Erfüllung ihrer öffentlich-rechtlichen Aufgaben regelmäßig folgende Daten von den Personen, die aus den in § 1 Absatz 2 Nummer 3 des Bundesvertriebenengesetzes[2)] bezeichneten Gebieten stammen, übermitteln:

1. Familienname,
2. frühere Namen,
3. Vornamen unter Kennzeichnung des gebräuchlichen Vornamens,
4. Geburtsdatum und Geburtsort sowie bei Geburt im Ausland auch den Staat,
5. derzeitige und frühere Anschriften,

(Fortsetzung nächstes Blatt)

[1)] § 43 Abs. 1 Nr. 3, Abs. 2 Satz 1 einl. Satzteil geänd., Nr. 3 aufgeh., bish. Nr. 4 wird Nr. 3, Satz 2 Nr. 1 geänd. mWv 1.11.2016 durch G v. 11.10.2016 (BGBl. I S. 2218).

[2)] **Aichberger, SGB Nr. 6/51.**

§ 56[1)2)] Verordnungsermächtigungen. (1) Das Bundesministerium des Innern, für Bau und Heimat wird ermächtigt, durch Rechtsverordnung[3)] mit Zustimmung des Bundesrates

1. zur Durchführung von Datenübermittlungen nach § 23 Absatz 3 und 4 sowie § 33 Absatz 1 bis 3, die zur Fortschreibung der Melderegister erforderlich sind, die zu übermittelnden Daten, ihre Form sowie das Nähere über das Verfahren der Übermittlung festzulegen,
2. zur Durchführung von regelmäßigen Datenübermittlungen nach § 36 Absatz 1, die zur Aufgabenerfüllung der datenempfangenden öffentlichen Stelle erforderlich sind, die zu übermittelnden Daten, ihre Form sowie das Nähere über das Verfahren der Übermittlung festzulegen,
3. zur Durchführung von automatisierten Abrufen nach den §§ 38 und 39 die Voraussetzungen, unter denen ein Datenabruf erfolgen darf, festzulegen und
4. zur Durchführung von Melderegisterauskünften über Portale nach § 49 Absatz 3 die Voraussetzungen und das Verfahren zur Zulassung von Portalen zu regeln.

(2) [1]Das Bundesministerium des Innern, für Bau und Heimat wird ermächtigt, durch Rechtsverordnung, die nicht der Zustimmung des Bundesrates bedarf, die Einzelheiten der elektronischen Speicherung nach § 29 Absatz 5 und § 30 Absatz 4, insbesondere die bei der Speicherung der Daten einzuhaltenden Datenformate, zu regeln. [2]Es hat dabei die technischen und wirtschaftlichen Belange der nach § 30 Absatz 1 Satz 1 verpflichteten Beherbergungsstätten und Einrichtungen zu berücksichtigen.

(3) [1]Soweit in Rechtsverordnungen auf Grund dieses Gesetzes Form und Verfahren von Datenübermittlungen zu bestimmen sind, kann insoweit auf jedermann zugängliche Bekanntmachungen sachverständiger Stellen verwiesen werden. [2]In der Rechtsverordnung sind das Datum der Bekanntmachung, die Fundstelle und die Bezugsquelle der Bekanntmachung anzugeben. [3]Die Bekanntmachung ist beim Bundesarchiv niederzulegen; in der Rechtsverordnung ist darauf hinzuweisen.

§ 57[4)] Verwaltungsvorschriften. Die Bundesregierung kann mit Zustimmung des Bundesrates allgemeine Verwaltungsvorschriften zur Durchführung dieses Gesetzes und der auf Grund dieses Gesetzes erlassenen Rechtsverordnungen erlassen.

§ 58[5)] *(aufgehoben)*

[1)] § 56 ist bereits am 26.11.2014 in Kraft getreten; vgl. Fußnote am Titel.

[2)] § 56 Abs. 1 Nr. 1, 3 geänd., Nr. 4 aufgeh., bish. Nr. 5 wird Nr. 4 mWv 26.11.2019 durch G v. 20.11.2019 (BGBl. I S. 1626); Abs. 2 eingef., bish. Abs. 2 wird Abs. 3 mWv 1.1.2020 durch G v. 22.11.2019 (BGBl. I S. 1746); Abs. 1 einl. Satzteil geänd. mWv 27.6.2020 durch VO v. 19.6.2020 (BGBl. I S. 1328).

[3)] Siehe hierzu ua die Erste BundesmeldedatenübermittlungsVO – 1. BMeldDÜV v. 1.12.2014 (BGBl. I S. 1945), zuletzt geänd. durch VO v. 1.9.2020 (BGBl. I S. 1977).

[4)] § 57 ist bereits am 26.11.2014 in Kraft getreten; vgl. Fußnote am Titel.

[5)] § 58 aufgeh. mWv 26.11.2019 durch G v. 20.11.2019 (BGBl. I S. 1626).

§ 56[1)] **Verordnungsermächtigungen.** (1) Das Bundesministerium des Innern, für Bau und Heimat wird ermächtigt, durch Rechtsverordnung[2)] mit Zustimmung des Bundesrates

1. zur Durchführung von Datenübermittlungen nach § 23 Absatz 3 und 4 sowie § 33 Absatz 1 bis 3, die zur Fortschreibung der Melderegister erforderlich sind, die zu übermittelnden Daten, ihre Form sowie das Nähere über das Verfahren der Übermittlung festzulegen,
2. zur Durchführung von regelmäßigen Datenübermittlungen nach § 36 Absatz 1, die zur Aufgabenerfüllung der datenempfangenden öffentlichen Stelle erforderlich sind, die zu übermittelnden Daten, ihre Form sowie das Nähere über das Verfahren der Übermittlung festzulegen,
3. zur Durchführung von automatisierten Abrufen nach den §§ 38 und 39 die Voraussetzungen, unter denen ein Datenabruf erfolgen darf, festzulegen und
4. zur Durchführung von Melderegisterauskünften über Portale nach § 49 Absatz 3 die Voraussetzungen und das Verfahren zur Zulassung von Portalen zu regeln.

(2) [1]Das Bundesministerium des Innern, für Bau und Heimat wird ermächtigt, durch Rechtsverordnung, die nicht der Zustimmung des Bundesrates bedarf, die Einzelheiten der elektronischen Speicherung nach § 29 Absatz 5 und § 30 Absatz 4, insbesondere die bei der Speicherung der Daten einzuhaltenden Datenformate, zu regeln. [2]Es hat dabei die technischen und wirtschaftlichen Belange der nach § 30 Absatz 1 Satz 1 verpflichteten Beherbergungsstätten und Einrichtungen zu berücksichtigen.

(3) [1]Soweit in Rechtsverordnungen auf Grund dieses Gesetzes Form und Verfahren von Datenübermittlungen zu bestimmen sind, kann insoweit auf jedermann zugängliche Bekanntmachungen sachverständiger Stellen verwiesen werden. [2]In der Rechtsverordnung sind das Datum der Bekanntmachung, die Fundstelle und die Bezugsquelle der Bekanntmachung anzugeben. [3]Die Bekanntmachung ist beim Bundesarchiv niederzulegen; in der Rechtsverordnung ist darauf hinzuweisen.

§ 57[3)] **Verwaltungsvorschriften.** Die Bundesregierung kann mit Zustimmung des Bundesrates allgemeine Verwaltungsvorschriften zur Durchführung dieses Gesetzes und der auf Grund dieses Gesetzes erlassenen Rechtsverordnungen erlassen.

§ 58[4)] *(aufgehoben)*

[1)] § 56 ist bereits am 28.11.2014 in Kraft getreten; vgl. Fußnote zum Titel.
§ 56 Abs. 1 Nr. 1 u. 3 geänd., Nr. 4 angef., bish. Nr. 3 wird Nr. 4 mWv 26.11.2019 durch G v. 20.11.2019 (BGBl. I S. 1626); Abs. 2 eingef., bish. Abs. 2 wird Abs. 3 mWv 1.1.2020 durch G v. 22.11.2019 (BGBl. I S. 1746); Abs. 1 einl. Satz geänd. mWv 27.6.2020 durch VO v. 19.6.2020 (BGBl. I S. 1328).

[2)] Siehe hierzu ua die Erste Bundesmeldedatenübermittlungsverordnung – 1. BMeldDÜV v. 1.12.2014 (BGBl. I S. 1945), zuletzt geänd. durch VO v. 14.2.2020 (BGBl. I S. 1057).

[3)] § 57 ist bereits am 28.11.2014 in Kraft getreten; vgl. Fußnote zum Titel.

[4)] § 58 aufgeh. mWv 26.11.2019 durch G v. 20.11.2019 (BGBl. I S. 1626).

260. Personenstandsgesetz (PStG) [1)2)]

Vom 19. Februar 2007

(BGBl. I S. 122)

FNA 211-9

geänd. durch Art. 2 Abs. 2 G zur Ergänzung des Rechts zur Anfechtung der Vaterschaft v. 13.3.2008 (BGBl. I S. 313), Art. 3 Viertes G zur Änd. verwaltungsverfahrensrechtlicher Vorschriften v. 11.12. 2008 (BGBl. I S. 2418), Art. 12 FGG-ReformG v. 17.12.2008 (BGBl. I S. 2586), Art. 4 G zur Modernisierung des Benachrichtigungswesens in Nachlasssachen durch Schaffung des Zentralen Testamentsregisters bei der Bundesnotarkammer und zur Fristverlängerung nach der HofraumVO v. 22.12.2010 (BGBl. I S. 2255), Art. 2 G zur Anpassung der Vorschriften des Internationalen Privatrechts an die Verordnung (EU) Nr. 1259/2010 und zur Änd. anderer Vorschriften des Internationalen Privatrechts v. 23.1.2013 (BGBl. I S. 101), Art. 1 Personenstandsrechts-ÄnderungsG v. 7.5. 2013 (BGBl. I S. 1122), Art. 2 Abs. 14 G zur Strukturreform des Gebührenrechts des Bundes v. 7.8. 2013 (BGBl. I S. 3154), Art. 3 G zum Ausbau der Hilfen für Schwangere und zur Regelung der vertraulichen Geburt v. 28.8.2013 (BGBl. I S. 3458), Art. 49 Zehnte ZuständigkeitsanpassungsVO v. 31.8.2015 (BGBl. I S. 1474), Art. 2 G zur Bereinigung des Rechts der Lebenspartner v. 20.11.2015 (BGBl. I S. 2010), Art. 3 G zur Bekämpfung von Kinderehen v. 17.7.2017 (BGBl. I S. 2429), Art. 1 2. Personenstandsrechts-ÄnderungsG v. 17.7.2017 (BGBl. I S. 2522), Art. 2 Abs. 2 G zur Einführung des Rechts auf Eheschließung für Personen gleichen Geschlechts v. 20.7.2017 (BGBl. I S. 2787), Beschl. des BVerfG – 1 BvR 2019/16 – v. 10.10.2017 (BGBl. I S. 3783), Art. 3 Abs. 1 G zum Erlass und zur Änd. bundesrechtlicher Vorschriften in Bezug auf die Übernahme der Angehörigenbenachrichtigungs-Aufgabenübertragung[3)] v. 4.12.2018 (BGBl. I S. 2257 iVm Bek. v. 12.4.2019, BGBl. I S. 496), Art. 3 G zum Internationalen Güterrecht und zur Änd. von Vorschriften des Internationalen

---

[1)] Verkündet als Art. 1 PersonenstandsrechtsreformG v. 19.2.2007 (BGBl. I S. 122); Inkrafttreten gem. Art. 5 Abs. 2 Satz 1 dieses G am 1.1.2009 mit Ausnahme von § 67 Abs. 4, §§ 73, 74 und § 77 Abs. 1, die gem. Art. 5 Abs. 1 bereits am 24.2.2007 in Kraft getreten sind.

[2)] Zur Ausführung und Durchführung des PStG haben die Länder ua folgende Vorschriften erlassen:
- **Baden-Württemberg:** PersonenstandsG-AusführungsG v. 3.12.2008 (GBl. S. 434), zuletzt geänd. durch G v. 15.12.2015 (GBl. S. 1147); PersonenstandsG-DurchführungsVO v. 10.6.2013 (GBl. S. 209), zuletzt geänd. durch VO v. 17.10.2018 (GBl. S. 371)
- **Bayern:** PersonenstandsausführungsG v. 8.7.2008 (GVBl. S. 344), zuletzt geänd. durch V v. 26.3. 2019 (GVBl. S. 98)
- **Berlin:** Personenstands-AusführungsVO v. 2.7.2019 (GVBl. S. 454)
- **Brandenburg:** PersonenstandsausführungsG v. 9.10.2003 (GVBl. I S. 270), zuletzt geänd. durch G v. 10.7.2014 (GVBl. I Nr. 32)
- **Bremen:** Bremisches AusführungsG zum PersonenstandsG v. 16.12.2008 (Brem.GBl. S. 418), zuletzt geänd. durch G v. 27.9.2016 (Brem.GBl. S. 590)
- **Hessen:** PersonenstandsG-AusführungsG v. 19.11.2008 (GVBl. I S. 964), zuletzt geänd. durch G v. 22.3.2018 (GVBl. S. 31)
- **Mecklenburg-Vorpommern:** LandespersonenstandsausführungsG v. 1.12.2008 (GVOBl. M-V S. 461), zuletzt geänd. durch G v. 9.4.2020 (GVOBl. M-V S. 166)
- **Niedersachsen:** PersonenstandsG-AusführungsG v. 11.12.2008 (Nds. GVBl. S. 413)
- **Nordrhein-Westfalen:** PersonenstandsVO NRW v. 16.12.2008 (GV. NRW. S. 859, ber. S. 879), zuletzt geänd. durch VO v. 13.11.2018 (GV. NRW. S. 587)
- **Rheinland-Pfalz:** PersonenstandsVO v. 10.12.2008 (GVBl. S. 321), zuletzt geänd. durch VO v. 29.4.2014 (GVBl. S. 51)
- **Sachsen:** Personenstands-AusführungsG v. 11.12.2008 (SächsGVBl. S. 938), zuletzt geänd. durch G v. 5.4.2019 (SächsGVBl. S. 245)
- **Sachsen-Anhalt:** Personenstands-AusführungsG v. 5.12.2008 (GVBl. LSA S. 406), geänd. durch G v. 14.2.2019 (GVBl. LSA S. 32)
- **Schleswig-Holstein:** PersonenstandsG-DurchführungsVO v. 8.12.2008 (GVOBl. Schl.-H. S. 752), zuletzt geänd. durch VO v. 11.5.2015 (GVOBl. Schl.-H. S. 126)
- **Thüringen:** PersonenstandsG-AusführungsG v. 18.9.2008 (GVBl. S. 313), geänd. durch G v. 9.9. 2010 (GVBl. S. 291)

[3)] In Kraft getreten am 1.1.2019, vgl. Art. 4 Abs. 2 G v. 4.12.2018 (BGBl. I S. 2257) iVm Bek. v. 12.4.2019 (BGBl. I S. 496).

Privatrechts v. 17.12.2018 (BGBl. I S. 2573), Art. 1 G zur Änd. der in das Geburtenregister einzutragenden Angaben v. 18.12.2018 (BGBl. I S. 2635), Art. 4 G zur Umsetzung des G zur Einführung des Rechts auf Eheschließung für Personen gleichen Geschlechts v. 18.12.2018 (BGBl. I S. 2639), Art. 17 Zweites Datenschutz-Anpassungs- und UmsetzungsG EU v. 20.11.2019 (BGBl. I S. 1626) und Art. 88 Elfte ZuständigkeitsanpassungsVO v. 19.6.2020 (BGBl. I S. 1328)

Inhaltsübersicht[1)]

---

1) Inhaltsübersicht geänd. mWv 1.9.2009 durch G v. 17.12.2008 (BGBl. I S. 2586); mWv 1.11.2013 durch G v. 7.5.2013 (BGBl. I S. 1122); mWv 15.8.2013 durch G v. 7.8.2013 (BGBl. I S. 3154); geänd. mWv 26.11.2015 durch G v. 20.11.2015 (BGBl. I S. 2010); geänd. mWv 22.7.2017 durch G v. 17.7.2017 (BGBl. I S. 2429); geänd. mWv 1.11.2017 durch G v. 17.7.2017 (BGBl. I S. 2522); geänd. mWv 1.10.2017 durch G v. 20.7.2017 (BGBl. I S. 2787); geänd. mWv 22.12.2018 durch G v. 18.12.2018 (BGBl. I S. 2635); geänd. mWv 22.12.2018 durch G v. 18.12.2018 (BGBl. I S. 2639); geänd. mWv 26.11.2019 durch G v. 20.11.2019 (BGBl. I S. 1626).

(2) [1]Das Ehefähigkeitszeugnis darf nur ausgestellt werden, wenn der beabsichtigten Eheschließung ein Ehehindernis nach deutschem Recht nicht entgegensteht; § 13 Abs. 1 bis 3 gilt entsprechend. [2]Die Beibringung eines Ehefähigkeitszeugnisses für den anderen Eheschließenden ist nicht erforderlich. [3]Das Ehefähigkeitszeugnis gilt für die Dauer von sechs Monaten.

(3) Absatz 1 Satz 1 und Absatz 2 gelten entsprechend für die Ausstellung eines Ehefähigkeitszeugnisses, dessen ein Staatenloser, heimatloser Ausländer oder ausländischer Flüchtling im Sinne des Abkommens über die Rechtsstellung der Flüchtlinge mit gewöhnlichem Aufenthalt im Inland zur Eheschließung im Ausland bedarf.

(4) Ein Ehefähigkeitszeugnis kann auch erteilt werden, wenn das Zeugnis zur Begründung einer Lebenspartnerschaft im Ausland benötigt wird; die Absätze 1 bis 3 gelten entsprechend.

§ 39a[1)] *(aufgehoben)*

§ 40[2)] Zweifel über örtliche Zuständigkeit für Beurkundung. (1) Bei Zweifeln über die örtliche Zuständigkeit mehrerer Standesämter entscheidet die gemeinsame Aufsichtsbehörde oder, falls eine solche fehlt, das Bundesministerium des Innern, für Bau und Heimat.

(2) Bestehen Zweifel darüber, ob ein Personenstandsfall sich im Inland oder im Ausland ereignet hat, so entscheidet das Bundesministerium des Innern, für Bau und Heimat, ob und bei welchem Standesamt der Personenstandsfall zu beurkunden ist.

(3) [1]Entscheidet die gemeinsame Aufsichtsbehörde, so ordnet sie die Eintragung an. [2]Entscheidet das Bundesministerium des Innern, für Bau und Heimat, so teilt es seine Entscheidung der obersten Landesbehörde mit; diese ordnet die Eintragung an.

Abschnitt 2. Familienrechtliche Beurkundungen

§ 41[3)] Erklärungen zur Namensführung von Ehegatten. (1) [1]Die Erklärung, durch die

1. Ehegatten nach der Eheschließung einen Ehenamen bestimmen,
2. ein Ehegatte seinen Geburtsnamen oder den zur Zeit der Erklärung über die Bestimmung des Ehenamens geführten Namen dem Ehenamen voranstellt oder anfügt oder durch die er diese Erklärung widerruft,
3. ein Ehegatte seinen Geburtsnamen oder den bis zur Bestimmung des Ehenamens geführten Namen wieder annimmt,
4. Ehegatten nach der Eheschließung ihren künftig zu führenden Namen gemäß Artikel 10 Abs. 2 Satz 1 und 2 des Einführungsgesetzes zum Bürgerlichen Gesetzbuche[4)] wählen,

kann auch von den Standesbeamten beglaubigt oder beurkundet werden. [2]Gleiches gilt für die Erklärung, durch die ein Kind und sein Ehegatte die Namensänderung des Kindes oder der Eltern des Kindes auf ihren Ehenamen erstrecken.

[1)] § 39a aufgeh. mWv 22.12.2018 durch G v. 18.12.2018 (BGBl. I S. 2639).

[2)] § 40 Abs. 1, 2, 3 Satz 2 geänd. mWv 27.6.2020 durch VO v. 19.6.2020 (BGBl. I S. 1328).

[3)] § 41 Abs. 2 Satz 1 neu gef. mWv 1.11.2013 durch G v. 7.5.2013 (BGBl. I S. 1122); Abs. 1 Satz 1 Nr. 4, Satz 2 und Abs. 2 Satz 2 geänd. mWv 1.11.2017 durch G v. 17.7.2017 (BGBl. I S. 2522).

[4)] **Schönfelder Nr. 21.**

(2) [1] Zur Entgegennahme der Erklärungen ist das Standesamt zuständig, das die Eheschließung zu beurkunden hat oder das Eheregister führt, in dem die Eheschließung beurkundet ist. [2] Ist die Eheschließung nicht in einem deutschen Eheregister beurkundet, so ist das Standesamt zuständig, in dessen Zuständigkeitsbereich einer der Erklärenden seinen Wohnsitz hat oder zuletzt hatte oder seinen gewöhnlichen Aufenthalt hat. [3] Ergibt sich danach keine Zuständigkeit, so ist das Standesamt I in Berlin zuständig. [4] Das Standesamt I in Berlin führt ein Verzeichnis der nach den Sätzen 2 und 3 entgegengenommenen Erklärungen.

§ 42[1)] Erklärungen zur Namensführung von Lebenspartnern. (1) Die Erklärung, durch die

1. Lebenspartner nach der Begründung der Lebenspartnerschaft einen Lebenspartnerschaftsnamen bestimmen,
2. ein Lebenspartner seinen Geburtsnamen oder den zur Zeit der Erklärung über die Bestimmung des Lebenspartnerschaftsnamens geführten Namen dem Lebenspartnerschaftsnamen voranstellt oder anfügt oder durch die er diese Erklärung widerruft,
3. ein Lebenspartner seinen Geburtsnamen oder den bis zur Bestimmung des Lebenspartnerschaftsnamens geführten Namen wieder annimmt,
4. Lebenspartner nach der Begründung der Lebenspartnerschaft ihren künftig zu führenden Namen gemäß Artikel 17b Abs. 2 des Einführungsgesetzes zum Bürgerlichen Gesetzbuche[2)] wählen,

kann auch von den Standesbeamten beglaubigt oder beurkundet werden.

(2) [1] Zur Entgegennahme der Erklärungen ist das Standesamt zuständig, das die Begründung der Lebenspartnerschaft zu beurkunden hat oder das Lebenspartnerschaftsregister führt, in dem die Lebenspartnerschaft beurkundet ist. [2] Ist die Lebenspartnerschaft nicht in einem deutschen Lebenspartnerschaftsregister beurkundet, so ist das Standesamt zuständig, in dessen Zuständigkeitsbereich einer der Erklärenden seinen Wohnsitz hat oder zuletzt hatte oder seinen gewöhnlichen Aufenthalt hat. [3] Ergibt sich danach keine Zuständigkeit, so ist das Standesamt I in Berlin zuständig. [4] Das Standesamt I in Berlin führt ein Verzeichnis der nach den Sätzen 2 und 3 entgegengenommenen Erklärungen.

(3) § 23 des Lebenspartnerschaftsgesetzes[3)] bleibt unberührt.

§ 43[4)] Erklärungen zur Namensangleichung. (1) Die Erklärungen über die Namenswahl nach Artikel 48 des Einführungsgesetzes zum Bürgerlichen Gesetzbuche[2)] oder über die Angleichung von Familiennamen und Vornamen nach Artikel 47 des Einführungsgesetzes zum Bürgerlichen

(Fortsetzung nächstes Blatt)

[1)] § 42 Abs. 2 Satz 1 neu gef. mWv 1.11.2013 durch G v. 7.5.2013 (BGBl. I S. 1122); Abs. 1 Nr. 4, Abs. 2 Satz 2 geänd. mWv 1.11.2017 durch G v. 17.7.2017 (BGBl. I S. 2522); Abs. 1 Nr. 4 geänd. mWv 29.1.2019 durch G v. 17.12.2018 (BGBl. I S. 2573).

[2)] **Schönfelder Nr. 21.**

[3)] **Schönfelder ErgBd. Nr. 43.**

[4)] § 43 Abs. 2 neu gef. mWv 1.1.2009 durch G v. 11.12.2008 (BGBl. I S. 2418); Abs. 1 Satz 1 geänd. mWv 29.1.2013 durch G v. 23.1.2013 (BGBl. I S. 101); Abs. 1 Satz 2 aufgeh., Abs. 2 neu gef. mWv 1.11.2013 durch G v. 7.5.2013 (BGBl. I S. 1122); Abs. 2 Satz 3 geänd. mWv 1.11.2017 durch G v. 17.7.2017 (BGBl. I S. 2522).

(3) Die Ordnungswidrigkeit kann in den Fällen des Absatzes 1 mit einer Geldbuße bis zu fünftausend Euro und in den übrigen Fällen mit einer Geldbuße bis zu eintausend Euro geahndet werden.

§ 71 Personenstandsbücher aus Grenzgebieten. [1] Die aus Anlass des deutsch-belgischen Vertrags vom 24. September 1956 (BGBl. 1958 II S. 262, 353) und auf Grund des deutsch-niederländischen Ausgleichsvertrags vom 8. April 1960 (BGBl. 1963 II S. 458, 1078) übergebenen Personenstandsbücher stehen Personenstandsregistern im Sinne dieses Gesetzes gleich. [2] Soweit lediglich beglaubigte Abschriften übergeben worden sind, stehen diese einem Eintrag in einem Personenstandsregister gleich.

§ 72[1] *(aufgehoben)*

Kapitel 11. Verordnungsermächtigungen

§ 73[2)3)] **Ermächtigungen zum Erlass von Rechtsverordnungen.** Das Bundesministerium des Innern, für Bau und Heimat wird ermächtigt, im Benehmen mit dem Bundesministerium der Justiz und für Verbraucherschutz und mit Zustimmung des Bundesrates zur Durchführung dieses Gesetzes Rechtsverordnungen[4] zu erlassen über

1. die Führung, Fortführung, Benutzung und Aufbewahrung der von deutschen Standesbeamten errichteten Personenstandsregister, Personenstandsbücher und Standesregister sowie die Führung und Fortführung der Sicherungsregister, Zweitbücher und standesamtlichen Nebenregister,
2. die Führung, Fortführung, Benutzung und Aufbewahrung der von deutschen Konsularbeamten errichteten Personenstandseinträge,
3. die Anforderungen an elektronische Verfahren
   a) zur Führung der Personenstandsregister und Sicherungsregister sowie die Aufbewahrung dieser Register einschließlich der Anforderungen an Anlagen und Programme sowie deren Sicherung (§§ 3, 4),
   b) mittels derer die Identität der Person, die die Eintragung vorgenommen hat, erkennbar ist (§ 3 Abs. 2 Satz 3),
4. den Aufbau und die Darstellung der elektronischen Register am Bildschirm und die Formulare für die Personenstandsurkunden (§§ 3 bis 5, 55),
5. die Ausstellung von Personenstandsurkunden durch ein anderes als das registerführende Standesamt (§ 55 Abs. 2, § 56 Abs. 4),
6. die technischen Verfahren zur Neubeurkundung nach Verlust eines Registers (§ 8),

---

[1] § 72 aufgeh. mWv 15.8.2013 durch G v. 7.8.2013 (BGBl. I S. 3154).

[2] § 73 Nr. 25 und 26 geänd. mWv 1.6.2008 durch G v. 13.3.2008 (BGBl. I S. 313); Nr. 24 neu gef. mWv 15.5.2013, Nr. 16 neu gef. mWv 1.11.2013 durch G v. 7.5.2013 (BGBl. I S. 1122); einl. Satzteil geänd. mWv 8.9.2015 durch VO v. 31.8.2015 (BGBl. I S. 1474); Nr. 23 aufgeh., bish. Nr. 24 wird Nr. 23 und neu gef., Nr. 25 aufgeh., bish. Nr. 26 wird Nr. 24 und neu gef. mWv 1.11.2017 durch G v. 17.7.2017 (BGBl. I S. 2522); Nr. 10 neu gef. mWv 22.12.2018 durch G v. 18.12.2018 (BGBl. I S. 2639); einl. Satzteil geänd. mWv 27.6.2020 durch VO v. 19.6.2020 (BGBl. I S. 1328).

[3] § 73 ist gem. Art. 5 Abs. 1 G v. 19.2.2007 (BGBl. I S. 122) bereits am 24.2.2007 in Kraft getreten.

[4] Verordnung zur Ausführung des Personenstandsgesetzes (Personenstandsverordnung – PStV) (Nr. **261**).

7. die Führung der Sammelakten (§ 6),
8. die Mitteilungen an Behörden und sonstige öffentliche Stellen auf Grund von Rechtsvorschriften, insbesondere die Bezeichnung der empfangenden Stelle sowie die im Einzelnen zu übermittelnden Angaben und das Verfahren der Übermittlung,
9. die Übertragung von besonderen Aufgaben auf das Standesamt I in Berlin, die sich daraus ergeben, dass diesem im Rahmen der ihm durch dieses Gesetz übertragenen Zuständigkeiten Mitteilungen oder Erklärungen über Vorgänge zugehen, die in einem Personenstandsregister zu beurkunden wären, sowie die Organisation und Nutzung der nach diesem Gesetz beim Standesamt I in Berlin zu führenden Verzeichnisse, insbesondere im Rahmen der Zusammenarbeit mit den Standesämtern,
10. die Anmeldung der Eheschließung, die Eheschließung und die Umwandlung der Lebenspartnerschaft in eine Ehe sowie die Erteilung einer Bescheinigung hierüber,
11. die Anzeige einer Geburt oder eines Sterbefalls,
12. die Erteilung von Personenstandsurkunden sowie einer Bescheinigung über die Entgegennahme einer namensrechtlichen Erklärung,
13. die Beurkundung von Personenstandsfällen, bei denen besondere Umstände zu berücksichtigen sind, weil sie sich in der Luft, auf Binnenschiffen, in Landfahrzeugen oder in Bergwerken ereignet haben oder einzelne Angaben für die Beurkundung fehlen oder urkundlich nicht belegt werden können,
14. die Beurkundung von Personenstandsfällen, falls eine Person beteiligt ist, die taub oder stumm oder sonst am Sprechen gehindert ist, die die deutsche Sprache nicht versteht oder nicht schreiben kann,
15. die Beurkundung der Sterbefälle von Angehörigen der ehemaligen deutschen Wehrmacht sowie das Verfahren zur Beurkundung von Sterbefällen in ehemaligen deutschen Konzentrationslagern (§ 38),
16. weitere Angaben zum Familienstand des Verstorbenen sowie zum Ort und Zeitpunkt des Todes im Sterbeeintrag (§ 31 Absatz 1 Nummer 2 und 4) und in der Sterbeurkunde (§ 60 Nummer 2 und 4),
17. die Eintragung der Staatsangehörigkeit in die Personenstandsregister,
18. die Begriffsbestimmungen für tot geborene Kinder und Fehlgeburten,
19. die Angabe von Namen, wenn Vor- und Familiennamen nicht geführt werden,
20. die Bezeichnung der Behörden und sonstigen öffentlichen Stellen, die nach gesetzlichen Vorschriften dem Standesamt eine Mitteilung zur Fortführung der Personenstandsregister zu machen haben, sowie die jeweils zu übermittelnden Angaben,
21. die Besonderheiten für die in § 71 genannten Personenstandsbücher und beglaubigten Abschriften, die darauf beruhen, dass Zweitbücher nicht vorhanden sind oder Einträge von den im inländischen Recht vorgesehenen Einträgen abweichen,
22. die Führung der Sammlung der Todeserklärungen, die damit zusammenhängenden Mitteilungspflichten und die Benutzung dieser Sammlung (§ 33),
23. die elektronische Erfassung und Fortführung der Übergangsbeurkundungen (§ 75) und Altregister (§ 76),

24. die Benutzung der als Heiratseinträge fortgeführten Familienbücher (§ 77).

§ 74 [1)2)] **Rechtsverordnungen der Landesregierungen.** (1) Die Landesregierungen werden ermächtigt, durch Rechtsverordnung

1. die Bestellung der Standesbeamten und die fachlichen Anforderungen an diese Personen zu regeln,
2. die Aufbewahrung der Zweitbücher und Sicherungsregister zu regeln,
3. ein zentrales elektronisches Personenstandsregister einzurichten und nähere Bestimmungen zu dessen Führung zu treffen,
4. die Aufbewahrung der Sammelakten zu regeln,
5. die elektronische Erfassung und Fortführung der Übergangsbeurkundungen (§ 75) und Altregister (§ 76) zu regeln,
6. das zuständige Amtsgericht zu bestimmen, wenn im Falle des § 50 Abs. 1 am Ort des Landgerichts mehrere Amtsgerichte ihren Sitz haben,
7. zu bestimmen, dass auch anderen als den auf Grund des § 73 Nr. 8 bezeichneten öffentlichen Stellen Angaben mitzuteilen sind, die diese zur Erfüllung ihrer Aufgaben benötigen.

(2) Die Landesregierungen können durch Rechtsverordnung die Ermächtigungen nach Absatz 1 auf oberste Landesbehörden übertragen.

Kapitel 12. Übergangsvorschriften

§ 75 [3)] **Übergangsbeurkundung.** Die zwischen dem 1. Januar 2009 und dem 31. Dezember 2013 in einem Papierregister beurkundeten Personenstandseinträge (Übergangsbeurkundungen) können in elektronische Register übernommen werden; in diesem Fall gelten die §§ 3 bis 5 entsprechend.

§ 76 [3)] **Fortführung, Benutzung und Aufbewahrung der Altregister.**

(1) [1] Altregister sind die bis zum 31. Dezember 2008 angelegten Personenstandsbücher sowie die seit dem 1. Januar 1876 geführten Standesregister und standesamtlichen Nebenregister und die davor geführten Zivilstandsregister (Standesbücher). [2] Für ihre Fortführung und Beweiskraft gelten die §§ 5, 16, 17, 27, 32 und 54 entsprechend, die Folgebeurkundungen sind von dem Standesbeamten zu unterschreiben.

(2) Für die Fortführung der Zweitbücher gilt § 4 Absatz 2 entsprechend mit der Maßgabe, dass Hinweise nicht einzutragen sind.

(3) Für die Benutzung der Altregister und der dazu geführten Sammelakten gelten die §§ 61 bis 66 entsprechend.

(4) Für die Aufbewahrung und das Anbieten der Altregister, der Zweitbücher und der Sammelakten gegenüber den Archiven gilt § 7 Absatz 1 und 3 entsprechend

---

[1)] § 74 ist gem. Art. 5 Abs. 1 G v. 19.2.2007 (BGBl. I S. 122) bereits am 24.2.2007 in Kraft getreten.

[2)] § 74 Abs. 1 Nr. 5 neu gef. mWv 15.5.2013 durch G v. 7.5.2013 (BGBl. I S. 1122); Abs. 1 Nr. 5 neu gef., Abs. 2 geänd. mWv 1.11.2017 durch G v. 17.7.2017 (BGBl. I S. 2522).

[3)] §§ 75 und 76 neu gef. mWv 1.11.2017 durch G v. 17.7.2017 (BGBl. I S. 2522).

(5) Die Altregister können innerhalb der in § 5 Absatz 5 genannten Fristen elektronisch erfasst und fortgeführt werden; in diesem Fall gelten die §§ 3 bis 5 entsprechend.

§ 77[1] Fortführung, Aufbewahrung und Benutzung der Familienbücher. (1) [1] Die Familienbücher werden als Heiratseinträge fortgeführt; die bisherigen Heiratseinträge in den Heiratsbüchern werden nicht fortgeführt. [2] § 16 gilt entsprechend.

(2) [1] Zuständig für die Fortführung des Familienbuchs ist das Standesamt, das den Heiratseintrag für die Ehe führt. [2] Ist die Ehe nicht in einem deutschen Heiratsbuch beurkundet, so ist das Standesamt zuständig, das am 24. Februar 2007 das Familienbuch führte.

(3) Aus den Familienbüchern, die als Heiratseinträge fortgeführt werden, werden als Personenstandsurkunden nur Eheurkunden (§ 57) ausgestellt.

§ 78[2] *(aufgehoben)*

§ 79[3] Altfallregelung. Für die Bearbeitung von Anträgen auf Beurkundung von Auslandspersonenstandsfällen und von namensrechtlichen Erklärungen, die vor dem 1. November 2017 beim Standesamt I in Berlin gestellt oder dort eingegangen sind, bleibt abweichend von der in § 34 Absatz 4 Satz 1, § 35 Absatz 3 Satz 1, § 36 Absatz 2, § 41 Absatz 2 Satz 2, § 42 Absatz 2 Satz 2, § 43 Absatz 2 Satz 3 und § 45 Absatz 2 Satz 2 getroffenen Zuständigkeitsreglung bei lediglich früherem Wohnsitz im Inland das Standesamt I in Berlin zuständig.

---

[1] § 77 neu gef. mWv 1.11.2017 durch G v. 17.7.2017 (BGBl. I S. 2522).
[2] § 78 aufgeh. mWv 1.11.2017 durch G v. 17.7.2017 (BGBl. I S. 2522).
[3] § 79 angef. mWv 1.11.2017 durch G v. 17.7.2017 (BGBl. I S. 2522).

261. Verordnung zur Ausführung des Personenstandsgesetzes (Personenstandsverordnung – PStV)

Vom 22. November 2008

(BGBl. I S. 2263)

FNA 211-9-1

geänd. durch Art. 5 G zur Modernisierung des Benachrichtigungswesens in Nachlasssachen durch Schaffung des Zentralen Testamentsregisters bei der Bundesnotarkammer und zur Fristverlängerung nach der HofraumVO v. 22.12.2010 (BGBl. I S. 2255), Art. 2 Abs. 8 G zur Änd. von Vorschriften über Verkündung und Bekanntmachungen sowie der ZPO, des EGZPO und der AO v. 22.12.2011 (BGBl. I S. 3044), Art. 2 Personenstandsrechts-ÄnderungsG v. 7.5.2013 (BGBl. I S. 1122, ber. S. 2440), Art. 4 G zum Ausbau der Hilfen für Schwangere und zur Regelung der vertraulichen Geburt v. 28.8.2013 (BGBl. I S. 3458), Art. 6 G zur Umsetzung der Richtlinie 2011/95/EU v. 28.8.2013 (BGBl. I S. 3474), Art. 14 Nr. 6 AsylverfahrensbeschleunigungsG v. 20.10.2015 (BGBl. I S. 1722), Art. 2 2. Personenstandsrechts-ÄnderungsG v. 17.7.2017 (BGBl. I S. 2522), Art. 1 Erste ÄndVO v. 24.10.2018 (BGBl. I S. 1768), Art. 3 Abs. 5 G zum Erlass und zur Änd. bundesrechtlicher Vorschriften in Bezug auf die Übernahme der Angehörigenbenachrichtigungs-Aufgabenübertragung[1] v. 4.12.2018 (BGBl. I S. 2257 iVm Bek. v. 12.4.2019, BGBl. I S. 496), Art. 5 G zur Umsetzung des G zur Einführung des Rechts auf Eheschließung für Personen gleichen Geschlechts v. 18.12.2018 (BGBl. I S. 2639) und Art. 89 Elfte ZuständigkeitsanpassungsVO v. 19.6.2020 (BGBl. I S. 1328)

Auf Grund des § 73 des Personenstandsgesetzes[2] vom 19. Februar 2007 (BGBl. I S. 122), der durch Artikel 2 Abs. 2 Nr. 2 des Gesetzes vom 13. März 2008 (BGBl. I S. 313) geändert worden ist, des § 4 Abs. 3 Satz 3 des Staatsangehörigkeitsgesetzes[3], der zuletzt durch Artikel 5 des Gesetzes vom 19. August 2007 (BGBl. I S. 1970) geändert worden ist, Artikel 2 Abs. 1 des Gesetzes zu dem Übereinkommen vom 8. September 1976 über die Ausstellung mehrsprachiger Auszüge aus Personenstandsbüchern vom 16. April 1997 (BGBl. 1997 II S. 774) und des Artikels 2 Abs. 1 des Gesetzes zu dem Übereinkommen vom 5. September 1980 über die Ausstellung von Ehefähigkeitszeugnissen vom 5. Juni 1997 (BGBl. 1997 II S. 1086) verordnet das Bundesministerium des Innern im Benehmen mit dem Bundesministerium der Justiz:

Inhaltsübersicht[4]

Kapitel 1. Allgemeine Bestimmungen

---

[1] In Kraft getreten am 1.1.2019, vgl. Art. 4 Abs. 2 G v. 4.12.2018 (BGBl. I S. 2257) iVm Bek. v. 12.4.2019 (BGBl. I S. 496).

[2] Nr. **260**.

[3] Nr. **15**.

[4] Inhaltsübersicht geänd. mWv 15.5.2013 und mWv 1.11.2013 durch G v. 7.5.2013 (BGBl. I S. 1122); geänd. mWv 1.11.2017 durch G v. 17.7.2017 (BGBl. I S. 2522); geänd. mWv 1.11.2018 durch VO v. 24.10.2018 (BGBl. I S. 1768); geänd. mWv 22.12.2018 durch G v. 18.12.2018 (BGBl. I S. 2639).

§ 11[1] Anforderungen an Datenverarbeitungsverfahren. (1) Datenverarbeitungsverfahren für die Personenstandsregister (Registerverfahren) müssen gewährleisten, dass

1. die Beurkundungsdaten und Hinweise in den dafür vorgesehenen Datenfeldern (Anlage 1) gespeichert werden,
2. eine Zusammenstellung aller Beurkundungsdaten als Personenstandseintrag nach den Mustern der Anlagen 2 bis 5 auf Dauer unveränderbar gespeichert wird,
3. der Personenstandseintrag mit den Registrierungsdaten nach § 16 Abs. 2 Satz 1 versehen wird,
4. die erforderliche dauerhaft überprüfbare qualifizierte elektronische Signatur und die Daten, die zur Sicherung der dauerhaften Überprüfbarkeit erforderlich sind, beim Personenstandseintrag gespeichert werden,
5. jede Änderung oder Ergänzung eines bestehenden Registereintrags (Folgebeurkundung) gespeichert und mit dem Eintrag der Erstbeurkundung (Haupteintrag) und hierzu bereits vorhandener Folgebeurkundungen elektronisch verknüpft wird, ohne die bereits im Personenstandsregister gespeicherten Eintragsdaten zu überschreiben oder zu löschen,
6. die Beurkundungsdaten, gegliedert in Erstbeurkundung und Folgebeurkundungen für eine weitere Folgebeurkundung unter automatischer Vergabe der nach § 17 Satz 1 vorgesehenen Folgenummer bereitgestellt werden und der entsprechende Eintrag für die Dauer der Bearbeitung im Personenstandsregister gesperrt wird,
7. die Authentizität des Eintrags sichergestellt und eine systemunabhängige Prüfung möglich ist,
8. Registereinträge, die nach Ablauf der Aufbewahrungsfristen von den zuständigen öffentlichen Archiven übernommen werden, auf externe Datenträger übertragen und aus dem Personenstandsregister gelöscht werden können.

(2) Datenverarbeitungsverfahren für die Erstellung, Fortführung, Suche und Anzeige der Personenstandseinträge (Fachverfahren) müssen gewährleisten, dass die nach dieser Verordnung erforderliche dauerhaft überprüfbare qualifizierte elektronische Signatur vor einer Speicherung im Personenstandsregister angebracht wird und bei jeder Bereitstellung eines Registereintrags zur Bearbeitung im Fachverfahren die Signatur überprüft wird.

(3) [1] Fachverfahren dürfen mit einem Registerverfahren nur über eine Schnittstelle verbunden sein, die eine direkte Änderung der im Personenstandsregister gespeicherten Daten ausschließt. [2] Diese Schnittstelle muss gewährleisten, dass

1. eine system- und programmiersprachenunabhängige Zusammenarbeit von Fach- und Registerverfahren möglich ist,
2. die in einem Fachverfahren bearbeiteten Daten in das Personenstandsregister übernommen werden und die zugehörige dauerhaft überprüfbare qualifizierte elektronische Signatur übergeben wird,
3. die im Personenstandsregister vorhandenen Daten für eine Bearbeitung in das Fachverfahren übernommen werden,

---

[1] § 11 Abs. 4 angef. mWv 1.11.2013 durch G v. 7.5.2013 (BGBl. I S. 1122); Abs. 4 geänd. mWv 27.6.2020 durch VO v. 19.6.2020 (BGBl. I S. 1328).

4. die in einem Fachverfahren für eine Übernahme in das Personenstandsregister bearbeiteten Daten den festgelegten Strukturen und Formatbeschreibungen der Daten im Personenstandsregister angepasst werden,
5. die zur systemunabhängigen Prüfung der Authentizität des Personenstandseintrags notwendigen Informationen bereitgestellt werden können.

(4) Das Bundesministerium des Innern, für Bau und Heimat kann eine den Voraussetzungen des Absatzes 3 genügende Schnittstellenbeschreibung durch Veröffentlichung im Bundesanzeiger für verbindlich anwendbar erklären.

§ 12[1)] Herstellererklärung. Für die Verarbeitung der nach dem Gesetz und dieser Verordnung zu registrierenden Daten dürfen nur Programme eingesetzt werden, für die die Hersteller gegenüber dem Verwender bestätigen, dass die für die Registerführung maßgebenden Vorgaben des Gesetzes und dieser Verordnung erfüllt werden.

§ 13 Betriebs- und Sicherheitskonzept, Datenverarbeitungssysteme.

(1) Für den Betrieb der Personenstandsregister ist ein Betriebs- und Sicherheitskonzept zu erstellen, das festlegt, mit welchen technischen und organisatorischen Maßnahmen die Vorgaben des Gesetzes und dieser Verordnung unter Beachtung der Fortführungsfristen nach § 5 Abs. 5 des Gesetzes[2)] gewährleistet werden.

(2) [1]Die für die Register verwendeten Datenverarbeitungssysteme sind regelmäßig auf Funktionalität zu überprüfen. [2]Die Registereinträge sind bei Bedarf auf Datenträger und Anlagen zu übertragen, die dem Stand der Technik entsprechen. [3]Bei dieser Übertragung muss die Integrität der übertragenen Einträge überprüft und die Überprüfung dokumentiert werden. [4]Es ist sicherzustellen, dass die in ausgesonderten Datenverarbeitungssystemen gespeicherten Daten spurenlos gelöscht werden.

§ 14[3)] Berechtigungskonzept. (1) [1]Der Zugriff auf die Daten im Personenstandsregister erfolgt innerhalb eines Standesamts mit folgenden Berechtigungsstufen:
1. Stufe A erlaubt, einen Eintrag abzuschließen und in das Personenstandsregister einzufügen, Einträge durch Folgebeurkundungen fortzuführen und Sperrvermerke sowie Hinweise aufzunehmen,
2. Stufe B erlaubt, Hinweise aufzunehmen oder zu ändern,
3. Stufe C erlaubt, einen Eintrag einzusehen,
4. Stufe D erlaubt die Einsicht in das Suchverzeichnis, um festzustellen, ob der Eintrag bei dem betreffenden Standesamt geführt wird.

[2]Eine höhere Berechtigung schließt eine niedrigere ein.

(2) [1]Der Leiter des Standesamts legt die Berechtigung und die jeweilige Berechtigungsstufe fest. [2]Die Zugriffsberechtigung für ein nach § 67 des Gesetzes[2)] eingerichtetes zentrales Personenstandsregister wird durch Rechts-

---

1) § 12 geänd. mWv 1.11.2018 durch VO v. 24.10.2018 (BGBl. I S. 1768).
2) Nr. **260**.
3) § 14 Abs. 2 Satz 3 angef. mWv 1.11.2017 durch G v. 17.7.2017 (BGBl. I S. 2522).

7. Staat der Geburt, wenn der Verstorbene im Ausland geboren worden ist,
8. Todestag oder Todeszeitraum,
9. Sterbeort sowie den Staat, wenn der Sterbefall im Ausland eingetreten ist,
10. Familienstand des Verstorbenen,
11. Staatsangehörigkeit des Verstorbenen,
12. Familiennamen, Geburtsnamen und Vornamen eines Ehegatten oder Lebenspartners des Verstorbenen,
13. Tag, Ort und Registrierungsdaten der Geburt eines Ehegatten oder Lebenspartners des Verstorbenen,
14. Familienname, Vornamen und Anschrift eines nahen Angehörigen des Verstorbenen,
15. Angaben darüber, dass der Verstorbene zuvor für tot erklärt worden war oder seine Todeszeit gerichtlich festgestellt worden ist,
16. Familiennamen und Vornamen eines minderjährigen Kindes des Verstorbenen,
17. Tag der Geburt eines minderjährigen Kindes des Verstorbenen,
18. Angaben darüber, dass der Verstorbene Vollwaise war,
19. Angaben darüber, dass ein Kind des Verstorbenen durch den Sterbefall Vollwaise geworden ist,
20. Anschrift des Verstorbenen.

§ 61[1)] **Mitteilungen für statistische Zwecke.** Den Statistischen Landesämtern werden aus Anlass der Beurkundung einer Geburt, Eheschließung, Begründung der Lebenspartnerschaft und eines Sterbefalls die Daten mitgeteilt, die nach § 2 des Bevölkerungsstatistikgesetzes zu übermitteln sind.

§ 62[2)] **Besonderheiten bei Mitteilungen.** (1) Die Mitteilungspflichten des Standesamts nach den §§ 57 bis 61 gelten entsprechend für ein Standesamt, das

1. für die Entgegennahme einer Namenserklärung zuständig ist oder eine familienrechtliche Erklärung beurkundet oder aufbewahrt, wenn der Personenstandsfall nicht im Inland beurkundet worden ist;
2. einen Hinweis über einen im Ausland beurkundeten Personenstandsfall in ein deutsches Personenstandsregister einträgt.

(2) [1] Erhält das Standesamt I in Berlin eine Mitteilung über die Aufhebung, Scheidung oder das Nichtbestehen einer im Ausland geschlossenen Ehe oder die Aufhebung einer solchen Entscheidung, bestehen die Mitteilungspflichten nach § 58 Absatz 3 auch dann, wenn auf Grund des Fehlens eines Eheeintrags im Standesamt I in Berlin keine Folgebeurkundung erfolgt. [2] Entsprechendes gilt für die Mitteilungspflicht nach § 59 Absatz 3 bei Aufhebung einer im Ausland begründeten Lebenspartnerschaft. [3] Erhält das Standesamt I in Berlin eine Mitteilung über einen im Ausland beurkundeten Sterbefall, gelten die Mitteilungspflichten nach § 60 Absatz 1 entsprechend.

(3) [1] Ist zu einem Personenstandseintrag ein Sperrvermerk eingetragen, hat das Standesamt Mitteilungen gegenüber anderen Stellen, die ihm aus Anlass

---

[1)] § 61 geänd. mWv 1.11.2013 durch G v 7.5.2013 (BGBl. I S. 1122).

[2)] § 62 Abs. 1 neu gef., Abs. 2 eingef., bish. Abs. 2 wird Abs. 3, bish. Abs. 3 aufgeh. mWv 1.11. 2013 durch G v. 7.5.2013 (BGBl. I S. 1122); Abs. 2 Satz 3 angef. mWv 1.11.2018 durch G v. 17.7. 2017 (BGBl. I S. 2522).

einer standesamtlichen Beurkundung obliegen, für die Zeit der Sperre auszusetzen, wenn der mit dem Sperrvermerk verfolgte Zweck dies erfordert. [2] Die Mitteilung ist nach Wegfall des Sperrvermerks nachzuholen.

(4) [1] Übermittelt werden dürfen nur die im Einzelfall zur Erfüllung der gesetzlichen Aufgaben der empfangenden Stelle erforderlichen Daten. [2] Neben den aufgeführten Daten darf das Standesamt weitere beurkundete oder im Zusammenhang mit der Beurkundung erhobene Daten mitteilen, soweit diese zur gesetzmäßigen Aufgabenerfüllung der empfangenden Stelle erforderlich sind. [3] Mitteilungen an ausländische Behörden auf Grund internationaler Übereinkommen und Mitteilungspflichten nach landesrechtlichen Vorschriften bleiben unberührt.

§ 63[1)] Datenübermittlung. (1) [1] Die elektronische Übermittlung von Daten zwischen den Standesämtern und zwischen Standesämtern und anderen Behörden, Gerichten und sonstigen öffentlichen Stellen erfolgt unmittelbar oder über Vermittlungsstellen in gesicherten Verfahren, die Verschlüsselungen nach dem Stand der Technik beinhalten. [2] Bei der Übermittlung von Daten über Vermittlungsstellen bedarf es keiner weitergehenden Signatur des absendenden Standesamts.

(2) [1] Die elektronische Übermittlung von Daten zwischen den Standesämtern erfolgt durch strukturierte Datensätze. [2] Hierfür sind das Datenaustauschformat XPersonenstand und das Übertragungsprotokoll OSCI-Transport in der vom Bundesministerium des Innern, für Bau und Heimat im Bundesanzeiger bekannt gemachten jeweils gültigen Fassung zugrunde zu legen.

(3) [1] Zur Erfüllung gesetzlicher Mitteilungspflichten erfolgt die elektronische Datenübermittlung zwischen Standesämtern und anderen Behörden, Gerichten und sonstigen öffentlichen Stellen durch strukturierte Datensätze in standardisierten Datenaustauschformaten. [2] Soweit die technischen Voraussetzungen vorliegen, sind hierfür das Datenaustauschformat XPersonenstand und das Übertragungsprotokoll OSCI-Transport in der vom Bundesministerium des Innern, für Bau und Heimat im Bundesanzeiger bekannt gemachten jeweils gültigen Fassung zu verwenden.

(4) [1] Innerhalb von Rechenzentren und in besonders gesicherten verwaltungseigenen Netzen kann auf die Verwendung von OSCI-Transport verzichtet werden, wenn durch technische und organisatorische Maßnahmen sichergestellt wird, dass die durch die Verwendung von OSCI-Transport erzielten Sicherheitseigenschaften anderweitig in gleicher Qualität gewährleistet werden. [2] Die getroffenen Maßnahmen sind im Betriebs- und Sicherheitskonzept (§ 13) zu dokumentieren.

§ 64 Abrufverfahren. (1) [1] Für Datenübermittlungen im automatisierten Abrufverfahren nach § 68 Abs. 2 des Gesetzes[2)] gilt § 63. [2] Die eingesetzten Verfahren müssen sicherstellen, dass nur die zur Aufgabenerfüllung erforderlichen Daten abgerufen werden können.

---

1) § 63 Abs. 2 Satz 2 geänd. mWv 1.4.2012 durch G v. 22.12.2011 (BGBl. I S. 3044); Abs. 1 Satz 2 angef. mWv 1.11.2013 durch G v. 7.5.2013 (BGBl. I S. 1122); Abs. 2 Satz 3 aufgeh., Abs. 3 neu gef. mWv 1.11.2017 durch G v. 17.7.2017 (BGBl. I S. 2522); Abs. 2 Satz 2, Abs. 3 Satz 2 geänd. mWv 27.6.2020 durch VO v. 19.6.2020 (BGBl. I S. 1328).

2) Nr. **260**.

(2) [1] Zur Sicherung der ordnungsgemäßen Datenverarbeitung und für die Abrechnung der Kosten des Abrufs werden alle Abrufe durch das registerführende Standesamt protokolliert. [2] Im Protokoll sind das registerführende Standesamt, die Registrierungsdaten nach § 16 Abs. 2 Satz 1, die abrufende Person oder Stelle, ein Aktenzeichen oder eine sonstige Kennung des Abrufs, der Zeitpunkt des Abrufs sowie die für die Durchführung des Abrufs verwendeten Daten zu speichern. [3] Die Verantwortung für die Zulässigkeit des einzelnen Abrufs trägt der Empfänger der Daten.

(3) Die nach Absatz 2 gefertigten Protokolle werden vier Jahre nach Ablauf des Kalenderjahres vernichtet, in dem der Abruf erfolgt ist.

Kapitel 10. Übergangs- und Schlussvorschriften

§ 65 Übergangsbeurkundungen. (1) [1] Standesämter, die am 1. Januar 2009 noch nicht über eine Ausstattung zur elektronischen Personenstandsregisterführung verfügen, beurkunden die Personenstandsfälle auf Formularen nach den Mustern der Anlagen 2 bis 5 im Format DIN A4. [2] Die Formulare sind dem Beurkundungssachverhalt anzupassen und können programmgerecht eingerichtet werden, soweit dies im Einzelfall notwendig ist; § 48 Abs. 4 gilt entsprechend. [3] Für die Sicherungsregister gilt Satz 1 mit der Maßgabe, dass die Formulare mit der zusätzlichen Angabe „Sicherungsregister“ zu versehen sind; die Übereinstimmung mit dem jeweiligen Personenstandsregister ist vom Standesbeamten zu beglaubigen.

(2) [1] Folgebeurkundungen und Hinweise können auf der Rückseite des Formulars vorgenommen werden. [2] Folgebeurkundungen können auch am Rande des Haupteintrags vorgenommen werden. [3] Hinweise können auch unterhalb des Haupteintrags eingetragen werden.

(3) Für die Übergangsbeurkundungen gelten die §§ 15 bis 19, 21 und 25 entsprechend.

§ 66 Fortführung von Altregistern. (1) [1] Eine Folgebeurkundung zu einem Personenstandseintrag in einem bis zum 31. Dezember 2008 angelegten Personenstandsbuch oder Standesregister (Altregister) ist am Rand des Eintrags vorzunehmen. [2] Hinweise sind unterhalb des Eintrags einzutragen; eine Nacherhebung fehlender Daten ist nicht erforderlich.

(2) [1] Folgebeurkundungen zu Personenstandseinträgen, die vor dem 3. Oktober 1990 in dem in Artikel 3 des Einigungsvertrages[1)] genannten Gebiet im Format DIN A5 quer angelegt worden sind, werden auf der Rückseite des Eintrags aufgenommen. [2] Hinweise zu diesen Einträgen werden auf der Vorderseite unterhalb der Beurkundung eingetragen oder in die Folgebeurkundung einbezogen.

(3) [1] Reicht der in den amtlichen Vordrucken der Papierregister vorgesehene Raum für die Folgebeurkundungen und Hinweise nicht aus, so erfolgt die Fortführung auf Allongen. [2] Diese sind fest mit dem jeweiligen Eintrag zu verbinden; die Verbindungsstelle ist mit dem Siegel des Standesamts zu sichern.

[1)] **Sartorius III Nr. 2.**

§ 67[1] Fortführung des Familienbuchs als Heiratseintrag. (1) In das als Heiratseintrag fortzuführende Familienbuch sind Folgebeurkundungen einzutragen

1. in Spalte 8 über den Tod der Ehegatten, die Todeserklärung oder die gerichtliche Feststellung der Todeszeit und die Aufhebung solcher Beschlüsse, die Aufhebung oder Scheidung der Ehe sowie die Feststellung des Nichtbestehens der Ehe (§ 16 Absatz 1 Nummer 1 bis 4 des Gesetzes[2]),
2. in Spalte 10 jede Änderung des Namens der Ehegatten und jede sonstige Änderung des Personenstands oder der Religionszugehörigkeit, die in das Eheregister einzutragen wäre, sowie Berichtigungen (§ 16 Absatz 1 Nummer 5 bis 8 des Gesetzes) ersetzt.

(2) [1] In Spalte 10 ist auf die Wiederverheiratung oder die Begründung einer Lebenspartnerschaft hinzuweisen. [2] Im Übrigen gilt § 16 Abs. 2 des Gesetzes entsprechend.

(3) Für das als Heiratseintrag fortzuführende Familienbuch wird kein Sicherungsregister geführt.

(Fortsetzung nächstes Blatt)

[1] § 67 Abs. 1 Nr. 1 und 2 geänd. mWv 1.11.2017 durch G v. 17.7.2017 (BGBl. I S. 2522).
[2] Nr. **260**.

270. Gesetz zur Regelung der Gentechnik (Gentechnikgesetz – GenTG) [1)2)]

In der Fassung der Bekanntmachung vom 16. Dezember 1993[3)]
(BGBl. I S. 2066)

FNA 2121-60-1

geänd. durch Art. 5 § 1 Gesundheitseinrichtungen-NeuordnungsG v. 24.6.1994 (BGBl. I S. 1416), Art. 4 Sechste ZuständigkeitsanpassungsVO v. 21.9.1997 (BGBl. I S. 2390, ber. S. 2756), Art. 2 G zur Änd. produkthaftungsrechtlicher Vorschriften v. 2.11.2000 (BGBl. I S. 1478), Art. 24 Achtes Euro-EinführungsG v. 23.10.2001 (BGBl. I S. 2702), Art. 31 Siebente ZuständigkeitsanpassungsVO v. 29.10.2001 (BGBl. I S. 2785, ber. 2002 S. 2972), Art. 9 Zweites Schadensersatzrechts-ÄndG v. 19.7.2002 (BGBl. I S. 2674), Art. 1 Zweites ÄndG v. 16.8.2002 (BGBl. I S. 3220), Art. 1 § 1 Gentechnik-ZuständigkeitsanpassungsG v. 22.3.2004 (BGBl. I S. 454), Art. 3 § 2 Drittes TierseuchenG-ÄndG v. 22.6.2004 (BGBl. I S. 1248), Art. 1 G zur Neuordnung des Gentechnikrechts v. 21.12.2004 (BGBl. 2005 I S. 186), Art. 1 Drittes ÄndG v. 17.3.2006 (BGBl. I S. 534), Art. 3 § 1 G zur NeuO der Ressortforschung im Geschäftsbereich des BMELV v. 13.12.2007 (BGBl. I S. 2930), Art. 1 G zur Änd. des GentechnikG, des EG-Gentechnik-DurchführungsG und der Neuartige Lebensmittel- und Lebensmittelzutaten-VO v. 1.4.2008 (BGBl. I S. 499), Art. 12 G zur Neuregelung des Rechts des Naturschutzes und der Landschaftspflege v. 29.7.2009 (BGBl. I S. 2542), Art. 1 Bundesrecht-AnpassungsG im Zuständigkeitsbereich des BMELV v. 9.12.2010 (BGBl. I S. 1934), Art. 2 Abs. 27 und Art. 4 Abs. 14 G zur Strukturreform des Gebührenrechts des Bundes v. 7.8.2013 (BGBl. I S. 3154, geänd. durch G v. 18.7.2016, BGBl. I S. 1666), Art. 55 Zehnte ZuständigkeitsanpassungsVO v. 31.8.2015 (BGBl. I S. 1474), Art. 4 Abs. 13 G zur Aktualisierung der Strukturreform des Gebührenrechts des Bundes v. 18.7.2016 (BGBl. I S. 1666), Art. 3 G zur Einführung eines Anspruchs auf Hinterbliebenengeld v. 17.7.2017 (BGBl. I S. 2421), Art. 21 Zweites Datenschutz-Anpassungs- und UmsetzungsG EU v. 20.11.2019 (BGBl. I S. 1626) und Art. 95 Elfte ZuständigkeitsanpassungsVO v. 19.6.2020 (BGBl. I S. 1328)

Zum GenTG wurden ua folgende Vorschriften erlassen:

- BundeskostenVO zum GenTG – BGenTGKostV v. 9.10.1991 (BGBl. I S. 1972), **aufgeh. mit Ablauf des 30.9.2021** durch G v. 18.7.2016 (BGBl. I S. 1666),
- EG-Gentechnik-DurchführungsG v. 22.6.2004 (BGBl. I S. 1244), zuletzt geänd. durch VO v. 31.8.2015 (BGBl. I S. 1474).
- Gentechnik-AnhörungsVO – GenTAnhV idF der Bek. v. 4.11.1996 (BGBl. I S. 1649), geänd. durch VO v. 28.4.2008 (BGBl. I S. 766),
- Gentechnik-AufzeichnungsVO – GenTAufzV idF der Bek. v. 4.11.1996 (BGBl. I S. 1644), zuletzt geänd. durch VO v. 28.4.2008 (BGBl. I S. 766),
- Gentechnik-BeteiligungsVO – GenTBetV v. 17.5.1995 (BGBl. I S. 734), zuletzt geänd. durch VO v. 23.3.2006 (BGBl. I S. 565),
- Gentechnik-NotfallVO – GenTNotfV v. 10.12.1997 (BGBl. I S. 2882), zuletzt geänd. durch VO v. 28.4.2008 (BGBl. I S. 766),
- Gentechnik-PflanzenerzeugungsVO – GenTPflEV v. 7.4.2008 (BGBl. I S. 655),
- Gentechnik-SicherheitsVO – GenTSV idF der Bek. v. 14.3.1995 (BGBl. I S. 297), **aufgeh. mit Ablauf des 28.2.2021**,
- Gentechnik-VerfahrensVO – GenTVfV v. 4.11.1996 (BGBl. I S. 1657), zuletzt geänd. durch VO v. 12.8.2019 (BGBl. I S. 1235),
- Lärm- und Vibrations-ArbeitsschutzVO – LärmVibrationsArbSchV v. 6.3.2007 (BGBl. I S. 261), zuletzt geänd. durch VO v. 18.10.2017 (BGBl. I S. 3584),
- ZKBS-Verordnung – ZKBSV idF der Bek. v. 5.8.1996 (BGBl. I S. 1232), zuletzt geänd. durch VO v. 12.8.2019 (BGBl. I S. 1235).

---

1) Die Änderungen durch G v. 18.7.2016 (BGBl. I S. 1666) treten erst **mWv 1.10.2021** in Kraft und sind im Text noch nicht berücksichtigt.

2) Zur Sicherstellung ordnungsgemäßer Planungs-und Genehmigungsverfahren während der COVID-19-Pandemie siehe das PlanungssicherstellungsG v. 20.5.2020 (BGBl. I S. 1041).

3) Neubekanntmachung des GenTG v. 20.6.1990 (BGBl. I S. 1080) in der ab 22.12.1993 geltenden Fassung.

Inhaltsübersicht[1]

---

[1] Inhaltsübersicht neu gef. mWv 24.8.2002 durch G v. 16.8.2002 (BGBl. I S. 3220); geänd. mWv 4.2.2005 durch G v. 21.12.2004 (BGBl. I 2005 S. 186); geänd. mWv 23.3.2006 durch G v. 17.3.2006 (BGBl. I S. 534); geänd. mWv 5.4.2008 durch G v. 1.4.2008 (BGBl. I S. 499); geänd. mWv 15.8.2013 durch G v. 7.8.2013 (BGBl. I S. 3154).

8. Projektleiter
eine Person, die im Rahmen ihrer beruflichen Obliegenheiten die unmittelbare Planung, Leitung oder Beaufsichtigung einer gentechnischen Arbeit oder einer Freisetzung durchführt,
9. Beauftragter für die Biologische Sicherheit
eine Person oder eine Mehrheit von Personen (Ausschuß für Biologische Sicherheit), die die Erfüllung der Aufgaben des Projektleiters überprüft und den Betreiber berät,
10. Sicherheitsstufen
Gruppen gentechnischer Arbeiten nach ihrem Gefährdungspotential,
11. Laborsicherheitsmaßnahmen oder Produktionssicherheitsmaßnahmen
festgelegte Arbeitstechniken und eine festgelegte Ausstattung von gentechnischen Anlagen,
12. biologische Sicherheitsmaßnahme
die Verwendung von Empfängerorganismen und Vektoren mit bestimmten gefahrenmindernden Eigenschaften,
13. Vektor
ein biologischer Träger, der Nukleinsäure-Segmente in eine neue Zelle einführt.[1]

13a. Bewirtschafter
eine juristische oder natürliche Person oder eine nichtrechtsfähige Personenvereinigung, die die Verfügungsgewalt und tatsächliche Sachherrschaft über eine Fläche zum Anbau von gentechnisch veränderten Organismen besitzt.[1)]
14. Den Beschäftigten gemäß § 2 Abs. 2 des Arbeitsschutzgesetzes[2)] stehen Schüler, Studenten und sonstige Personen, die gentechnische Arbeiten durchführen, gleich.

§ 4[3)] Kommission für die Biologische Sicherheit. (1) [1] Unter der Bezeichnung „Zentrale Kommission für die Biologische Sicherheit" (Kommission) wird bei der zuständigen Bundesoberbehörde eine Sachverständigenkommission eingerichtet. [2] Die Kommission setzt sich zusammen aus:

1. zwölf Sachverständigen, die über besondere und möglichst auch internationale Erfahrungen in den Bereichen der Mikrobiologie, Zellbiologie, Virologie, Genetik, Pflanzenzucht, Hygiene, Ökologie, Toxikologie und Sicherheitstechnik verfügen; von diesen müssen mindestens sieben auf dem Gebiet der Neukombination von Nukleinsäuren arbeiten; jeder der genannten Bereiche muss durch mindestens einen Sachverständigen, der Bereich der Ökologie durch mindestens zwei Sachverständige vertreten sein;

---

1) Zeichensetzung amtlich.

2) **Sartorius ErgBd. Nr. 801.**

3) § 4 Abs. 1 Satz 1 geänd. durch G v. 24.6.1994 (BGBl. I S. 1416); Abs. 2 Satz 1 geänd. durch G v. 21.9.1997 (BGBl. I S. 2390); Abs. 2 Satz 1 geänd. mWv 7.11.2001 durch VO v. 29.10.2001 (BGBl. I S. 2785); Abs. 1 Nr. 2 geänd. mWv 24.8.2002 durch G v. 16.8.2002 (BGBl. I S. 3220); Abs. 1 geänd. und Abs. 2 Satz 1 neu gef. mWv 1.4.2004 durch G v. 22.3.2004 (BGBl. I S. 454); Überschr. geänd., Abs. 1 bis 3 neu gef., Abs. 4 eingef., bish. Abs. 4 wird Abs. 5 und Satz 1 geänd. mWv 4.2.2005 durch G v. 21.12.2004 (BGBl. I 2005 S. 186); Abs. 2 Satz 1 geänd. mWv 23.3.2006 durch G v. 17.3.2006 (BGBl. I S. 534); Abs. 1 neu gef., Abs. 2 Satz 1, Abs. 5 Satz 1 geänd. mWv 5.4.2008 durch G v. 1.4. 2008 (BGBl. I S. 499); Abs. 2 Satz 1 geänd. mWv 8.9.2015 durch VO v. 31.8.2015 (BGBl. I S. 1474); Abs. 2 Satz 1 geänd. mWv 27.6.2020 durch VO v. 19.6.2020 (BGBl. I S. 1328).

2. je einer sachkundigen Person aus den Bereichen der Gewerkschaften, des Arbeitsschutzes, der Wirtschaft, der Landwirtschaft, des Umweltschutzes, des Naturschutzes, des Verbraucherschutzes und der forschungsfördernden Organisationen.

[3] Für jedes Mitglied der Kommission ist aus demselben Bereich ein stellvertretendes Mitglied zu bestellen. [4] Soweit es zur sachgerechten Erledigung der Aufgaben erforderlich ist, können nach Anhörung der Kommission in einzelnen Bereichen bis zu zwei Sachverständige als zusätzliche stellvertretende Mitglieder berufen werden.

(2) [1] Die Mitglieder der Kommission werden vom Bundesministerium für Ernährung und Landwirtschaft im Einvernehmen mit den Bundesministerien für Bildung und Forschung, für Wirtschaft und Energie, für Arbeit und Soziales, für Gesundheit sowie für Umwelt, Naturschutz und nukleare Sicherheit für die Dauer von drei Jahren berufen. [2] Wiederberufung ist zulässig.

(3) [1] Die Mitglieder und die stellvertretenden Mitglieder sind in ihrer Tätigkeit unabhängig und nicht an Weisungen gebunden. [2] Sie sind zur Verschwiegenheit verpflichtet.

(4) Die Kommission berichtet jährlich der Öffentlichkeit in allgemeiner Weise über ihre Arbeit.

(5) [1] Die Bundesregierung wird ermächtigt, durch Rechtsverordnung[1)] mit Zustimmung des Bundesrates das Nähere über die Berufung und das Verfahren der Kommission, die Heranziehung externer Sachverständiger sowie die Zusammenarbeit der Kommission mit den für den Vollzug des Gesetzes zuständigen Behörden zu regeln. [2] Durch Rechtsverordnung mit Zustimmung des Bundesrates kann auch bestimmt werden, daß die Berufungsentscheidung gemäß Absatz 2 im Benehmen mit den Landesregierungen zu treffen ist.

§ 5[2)] Aufgaben der Kommission. [1] Die Kommission prüft und bewertet sicherheitsrelevante Fragen nach den Vorschriften dieses Gesetzes, gibt hierzu Empfehlungen und berät die Bundesregierung und die Länder in sicherheitsrelevanten Fragen zur Gentechnik. [2] Bei ihren Empfehlungen soll die Kommission auch den Stand der internationalen Entwicklung auf dem Gebiet der gentechnischen Sicherheit angemessen berücksichtigen. [3] Die Kommission veröffentlicht allgemeine Stellungnahmen zu häufig durchgeführten gentechnischen Arbeiten mit den jeweils zugrunde liegenden Kriterien der Vergleichbarkeit im Bundesanzeiger. [4] Soweit die allgemeinen Stellungnahmen Fragen des Arbeitsschutzes zum Gegenstand haben, ist zuvor der Ausschuss für biologische Arbeitsstoffe nach § 19 der Biostoffverordnung anzuhören.

§ 5a[3)] *(aufgehoben)*

[1)] Siehe die VO über die Zentrale Kommission für die Biologische Sicherheit idF der Bek. v. 5.8. 1996 (BGBl. I S. 1232), zuletzt geänd. durch VO v. 12.8.2019 (BGBl. I S. 1235).

[2)] § 5 neu gef. mWv 5.4.2008 durch G v. 1.4.2008 (BGBl. I S. 499); Satz 4 geänd. mWv 26.11. 2019 durch G v. 20.11.2019 (BGBl. I S. 1626).

[3)] § 5a aufgeh. mWv 5.4.2008 durch G v. 1.4.2008 (BGBl. I S. 499).

Auswirkungen auf die Beurteilung der Voraussetzungen nach § 16 Abs. 1 haben kann, mitzuteilen.

(3) [1] Der Betreiber hat der für die Anzeige, die Anmeldung, die Genehmigungserteilung und der für die Überwachung zuständigen Behörde unverzüglich jedes Vorkommnis mitzuteilen, das nicht dem erwarteten Verlauf der gentechnischen Arbeit oder der Freisetzung oder des Inverkehrbringens entspricht und bei dem der Verdacht einer Gefährdung der in § 1 Nr. 1 bezeichneten Rechtsgüter besteht. [2] Dabei sind alle für die Sicherheitsbewertung notwendigen Informationen sowie geplante oder getroffene Notfallmaßnahmen mitzuteilen.

(4) [1] Der Betreiber hat nach Abschluss einer Freisetzung der zuständigen Bundesoberbehörde die Ergebnisse der Freisetzung mitzuteilen, soweit diesen Erkenntnisse über eine Gefährdung der in § 1 Nr. 1 genannten Rechtsgüter entnommen werden können. [2] Dies gilt auch für Gefährdungen, die sich aus einem Inverkehrbringen ergeben, wenn dieses beabsichtigt ist. [3] Über die Dauer der Mitteilungspflicht ist in der Genehmigung zu entscheiden. [4] Entscheidungen oder *der*[1)] Beschlüsse der Europäischen Gemeinschaften oder der Europäischen Union nach Artikel 10 in Verbindung mit Artikel 30 Abs. 2 der Richtlinie 2001/18/EG, die die Form der Mitteilungen nach Absatz 4 festlegen und vom Bundesministerium für Ernährung und Landwirtschaft im Bundesanzeiger bekannt gemacht sind, sind bei der Erstellung der Mitteilungen zu beachten.

(4a) Der Betreiber hat der zuständigen Bundesoberbehörde über die Beobachtung des Inverkehrbringens nach Maßgabe der Genehmigung für das Inverkehrbringen zu berichten.

(5) Erhält der Betreiber neue Informationen über Risiken für die menschliche Gesundheit oder die Umwelt, hat er diese der zuständigen Behörde unverzüglich mitzuteilen.

(5a) [1] Erhält der Betreiber neue Informationen über Risiken für die in § 1 Nr. 1 und 2 genannten Rechtsgüter und Belange, hat er diese, soweit die Freisetzung und das Inverkehrbringen betroffen sind, der zuständigen Bundesoberbehörde unverzüglich mitzuteilen. [2] Satz 1 gilt entsprechend für die übrigen am Inverkehrbringen des Produkts oder am Umgang damit Beteiligten.

(6) Eine Mitteilung nach den Absätzen 5 und 5a darf nicht zur strafrechtlichen Verfolgung des Mitteilenden oder für ein Verfahren nach dem Gesetz über Ordnungswidrigkeiten[2)] gegen den Mitteilenden verwendet werden.

§ 22[3)] Andere behördliche Entscheidungen. (1) Die Anlagengenehmigung schließt andere die gentechnische Anlage betreffende behördliche Entscheidungen ein, insbesondere öffentlich-rechtliche Genehmigungen, Zulassungen, Verleihungen, Erlaubnisse und Bewilligungen, mit Ausnahme von behördlichen Entscheidungen auf Grund atomrechtlicher Vorschriften.

(2) Vorschriften, nach denen öffentlich-rechtliche Genehmigungen, Zulassungen, Verleihungen, Erlaubnisse und Bewilligungen erteilt werden, finden auf gentechnische Anlagen, für die ein Anmeldeverfahren nach diesem Gesetz

---

[1)] Wortlaut amtlich.

[2)] **Schönfelder Nr. 94.**

[3)] § 22 Abs. 2 geänd. mWv 24.8.2002 durch G v. 16.8.2002 (BGBl. I S. 3220); Abs. 2 zweiter Halbs. geänd., Abs. 3 angef. mWv 4.2.2005 durch G v. 21.12.2004 (BGBl. I 2005 S. 186); Abs. 3 neu gef. mWv 1.3.2010 durch G v. 29.7.2009 (BGBl. I S. 2542).

durchzuführen ist, sowie auf gentechnische Arbeiten, Freisetzungen oder das Inverkehrbringen, die nach diesem Gesetz anmelde- oder genehmigungspflichtig sind, insoweit keine Anwendung, als es sich um den Schutz vor den spezifischen Gefahren der Gentechnik handelt; Vorschriften über das Inverkehrbringen nach § 14 Abs. 2 bleiben unberührt.

(3) § 35 des Bundesnaturschutzgesetzes[1)] bleibt unberührt.

§ 23 Ausschluß von privatrechtlichen Abwehransprüchen. [1] Auf Grund privatrechtlicher, nicht auf besonderen Titeln beruhender Ansprüche zur Abwehr benachteiligender Einwirkungen von einem Grundstück auf ein benachbartes Grundstück kann nicht die Einstellung des Betriebs der gentechnischen Anlage, der gentechnischen Arbeiten oder die Beendigung einer Freisetzung verlangt werden, deren Genehmigung unanfechtbar ist und für die ein Anhörungsverfahren nach § 18 durchgeführt wurde; es können nur Vorkehrungen verlangt werden, die die benachteiligenden Wirkungen ausschließen. [2] Soweit solche Vorkehrungen nach dem Stand der Technik nicht durchführbar oder wirtschaftlich nicht vertretbar sind, kann lediglich Schadensersatz verlangt werden.

§ 24[2)] Gebühren, Auslagen und Aufwendungen. (1) [1] Für individuell zurechenbare öffentliche Leistungen nach diesem Gesetz und den zur Durchführung dieses Gesetzes erlassenen Rechtsvorschriften sind Gebühren und Auslagen zu erheben. [2] Von der Zahlung von Gebühren und Auslagen sind außer den in § 8 Absatz 1 und 2 des Bundesgebührengesetzes[3)] bezeichneten Rechtsträgern die als gemeinnützig anerkannten Forschungseinrichtungen befreit.

(2) Das Bundesministerium für Ernährung und Landwirtschaft wird ermächtigt, im Einvernehmen mit dem Bundesministerium für Gesundheit und dem Bundesministerium für Umwelt, Naturschutz und nukleare Sicherheit durch Rechtsverordnung[4)] ohne Zustimmung des Bundesrates die gebührenpflichtigen Tatbestände und die Gebühren durch feste Sätze, Rahmensätze oder nach dem Wert des Gegenstandes näher zu bestimmen.

(3) [1] Für die durch die Länder zu erhebenden Kosten gilt Landesrecht; Absatz 1 Satz 2 gilt entsprechend. [2] Die Länder haben die bei der Kommission im Rahmen des Anzeige-, Anmelde- und Genehmigungsverfahrens entstehenden Aufwendungen zu erstatten. [3] Die Aufwendungen werden im Einzelfall festgesetzt; dabei können nach dem durchschnittlichen Personal- und Sachaufwand ermittelte feste Sätze oder Rahmensätze zugrunde gelegt werden.

(4) Die bei der Erfüllung von Auskunfts- und Duldungspflichten im Rahmen von Anmelde- und Genehmigungsverfahren und Überwachung entstehenden eigenen Aufwendungen des Betreibers sind nicht zu erstatten.

[1)] Nr. **880**.

[2)] § 24 Abs. 2 geänd. mWv 7.11.2001 durch VO v. 29.10.2001 (BGBl. I S. 2785); Abs. 2 geänd. mWv 1.4.2004 durch G v. 22.3.2004 (BGBl. I S. 454); Abs. 2 geänd. mWv 23.3.2006 durch G v. 17.3.2006 (BGBl. I S. 534); Abs. 3 Satz 2 geänd. mWv 5.4.2008 durch G v. 1.4.2008 (BGBl. I S. 499); Überschr. und Abs. 1 neu gef. mWv 15.8.2013 durch G v. 7.8.2013 (BGBl. I S. 3154); Abs. 2 geänd. mWv 8.9.2015 durch VO v. 31.8.2015 (BGBl. I S. 1474); Abs. 2 geänd. mWv 27.6.2020 durch VO v. 19.6.2020 (BGBl. I S. 1328).

[3)] Nr. **120**.

[4)] Siehe die BundeskostenVO zum GentechnikG v. 9.10.1991 (BGBl. I S. 1972), aufgeh. mit Ablauf des 30.9.2021 durch G v. 18.7.2016 (BGBl. I S. 1666).

(2) Ein Auskunftsanspruch besteht unter den Voraussetzungen des Absatzes 1 Satz 1 auch gegenüber den Behörden, die für die Anmeldung, die Erteilung einer Genehmigung oder die Überwachung zuständig sind.

(3) Die Ansprüche nach den Absätzen 1 und 2 bestehen insoweit nicht, als die Vorgänge auf Grund gesetzlicher Vorschriften geheimzuhalten sind oder die Geheimhaltung einem überwiegenden Interesse des Betreibers oder eines Dritten entspricht.

§ 36[1)] Deckungsvorsorge. (1) [1] Die Bundesregierung bestimmt in einer Rechtsverordnung mit Zustimmung des Bundesrates, dass derjenige, der eine gentechnische Anlage betreibt, in der gentechnische Arbeiten der Sicherheitsstufen 2 bis 4 durchgeführt werden sollen, oder der Freisetzungen vornimmt, verpflichtet ist, zur Deckung der Schäden Vorsorge zu treffen, die durch Eigenschaften eines Organismus, die auf gentechnischen Arbeiten beruhen, verursacht werden (Deckungsvorsorge). [2] Der Umfang der Deckungsvorsorge für eine gentechnische Anlage hat Art und Umfang der in der Anlage durchgeführten Arbeiten zu berücksichtigen; dies gilt für Freisetzungen entsprechend. [3] Die Rechtsverordnung muss auch nähere Vorschriften über die Befugnisse bei der Überwachung der Deckungsvorsorge enthalten. [4] Nach Erlass der Rechtsverordnung gemäß Satz 1 kann das Bundesministerium der Justiz und für Verbraucherschutz durch Rechtsverordnung im Einvernehmen mit dem Bundesministerium für Wirtschaft und Energie, dem Bundesministerium für Ernährung und Landwirtschaft, dem Bundesministerium für Bildung und Forschung, dem Bundesministerium für Umwelt, Naturschutz und nukleare Sicherheit sowie dem Bundesministerium für Gesundheit die Höhe der Deckungsvorsorge unter Beachtung der auf dem Versicherungsmarkt angebotenen Höchstbeträge neu festsetzen.

(2) [1] Die Deckungsvorsorge kann insbesondere erbracht werden

1. durch eine Haftpflichtversicherung bei einem im Geltungsbereich dieses Gesetzes zum Geschäftsbetrieb befugten Versicherungsunternehmen oder
2. durch eine Freistellungs- oder Gewährleistungsverpflichtung des Bundes oder eines Landes.

[2] In der Rechtsverordnung nach Absatz 1 können auch andere Arten der Deckungsvorsorge zugelassen werden, insbesondere Freistellungs- oder Gewährleistungsverpflichtungen von Kreditinstituten, sofern sie vergleichbare Sicherheiten wie eine Deckungsvorsorge nach Satz 1 bieten.

(3) Von der Pflicht zur Deckungsvorsorge sind befreit

1. die Bundesrepublik Deutschland,
2. die Länder und
3. juristische Personen des öffentlichen Rechts.

§ 36a[2)] Ansprüche bei Nutzungsbeeinträchtigungen. (1) Die Übertragung von Eigenschaften eines Organismus, die auf gentechnischen Arbeiten beruhen, oder sonstige Einträge von gentechnisch veränderten Organismen

---

[1)] § 36 Abs. 1 neu gef. mWv 24.8.2002 durch G v. 16.8.2002 (BGBl. I S. 3220); Abs. 1 Satz 4 geänd. mWv 1.4.2004 durch G v. 22.3.2004 (BGBl. I S. 454); Abs. 1 Satz 4 geänd. mWv 23.3.2006 durch G v. 17.3.2006 (BGBl. I S. 534); Abs. 1 Satz 4 neu gef. mWv 8.9.2015 durch VO v. 31.8.2015 (BGBl. I S. 1474); Abs. 1 Satz 4 geänd. mWv 27.6.2020 durch VO v. 19.6.2020 (BGBl. I S. 1328).

[2)] § 36a eingef. mWv 4.2.2005 durch G v. 21.12.2004 (BGBl. I 2005 S. 186).

stellen eine wesentliche Beeinträchtigung im Sinne von § 906 des Bürgerlichen Gesetzbuchs[1] dar, wenn entgegen der Absicht des Nutzungsberechtigten wegen der Übertragung oder des sonstigen Eintrags Erzeugnisse insbesondere

1. nicht in Verkehr gebracht werden dürfen oder
2. nach den Vorschriften dieses Gesetzes oder nach anderen Vorschriften nur unter Hinweis auf die gentechnische Veränderung gekennzeichnet in den Verkehr gebracht werden dürfen oder
3. nicht mit einer Kennzeichnung in den Verkehr gebracht werden dürfen, die nach den für die Produktionsweise jeweils geltenden Rechtsvorschriften möglich gewesen wäre.

(2) Die Einhaltung der guten fachlichen Praxis nach § 16b Abs. 2 und 3 gilt als wirtschaftlich zumutbar im Sinne von § 906 des Bürgerlichen Gesetzbuchs.

(3) Für die Beurteilung der Ortsüblichkeit im Sinne von § 906 des Bürgerlichen Gesetzbuchs kommt es nicht darauf an, ob die Gewinnung von Erzeugnissen mit oder ohne gentechnisch veränderte Organismen erfolgt.

(4) [1] Kommen nach den tatsächlichen Umständen des Einzelfalls mehrere Nachbarn als Verursacher in Betracht und lässt es sich nicht ermitteln, wer von ihnen die Beeinträchtigung durch seine Handlung verursacht hat, so ist jeder für die Beeinträchtigung verantwortlich. [2] Dies gilt nicht, wenn jeder nur einen Teil der Beeinträchtigung verursacht hat und eine Aufteilung des Ausgleichs auf die Verursacher gemäß § 287 der Zivilprozessordnung[2] möglich ist.

§ 37[3] Haftung nach anderen Rechtsvorschriften. (1) Wird infolge der Anwendung eines zum Gebrauch bei Menschen bestimmten Arzneimittels, das im Geltungsbereich des Arzneimittelgesetzes[4] an den Verbraucher abgegeben wurde und der Pflicht zur Zulassung unterliegt oder durch Rechtsverordnung von der Zulassung befreit worden ist, jemand getötet oder an Körper oder Gesundheit verletzt, so sind die §§ 32 bis 36 nicht anzuwenden.

(2) [1] Das gleiche gilt, wenn Produkte, die gentechnisch veränderte Organismen enthalten oder aus solchen bestehen, auf Grund einer Genehmigung nach § 16 Abs. 2 oder einer Zulassung oder Genehmigung nach sonstigen Rechtsvorschriften im Sinne des § 14 Abs. 2 in den Verkehr gebracht werden. [2] In diesem Fall findet für die Haftung desjenigen Herstellers, dem die Zulassung oder Genehmigung für das In-

(Fortsetzung nächstes Blatt)

---

[1] **Schönfelder Nr. 20.**
[2] **Schönfelder Nr. 100.**
[3] § 37 Abs. 2 Satz 2 geänd. mWv 1.12.2000 durch G v. 2.11.2000 (BGBl. I S. 1478); Abs. 2 Satz 1 geänd. mWv 23.3.2006 durch G v. 17.3.2006 (BGBl. I S. 534).
[4] **Sartorius ErgBd. Nr. 272.**

275. Gesetz über den Verkehr mit Betäubungsmitteln (Betäubungsmittelgesetz – BtMG) [1)2)]

In der Fassung der Bekanntmachung vom 1. März 1994[3)]
(BGBl. I S. 358)

FNA 2121-6-24

geänd. durch Art. 3 § 1 Gesundheitseinrichtungen-NeuordnungsG v. 24.6.1994 (BGBl. I S. 1416), § 34 GrundstoffüberwachungsG v. 7.10.1994 (BGBl. I S. 2835), Art. 2 § 4 Bundesgrenzschutzneuregelungs G v. 19.10.1994 (BGBl. I S. 2978), Art. 9 VerbrechensbekämpfungsG v. 28.10.1994 (BGBl. I S. 3186), Art. 1 Sechste Betäubungsmittelrechts-ÄndVO v. 14.9.1995 (BGBl. I S. 1161), Art. 1 Siebte Betäubungsmittelrechts-ÄndVO v. 29.3.1996 (BGBl. I S. 562), Art. 1 Zweites ÄndG v. 4.4.1996 (BGBl. I S. 582), Art. 1 Achte Betäubungsmittelrechts-ÄndVO v. 14.11.1996 (BGBl. I S. 1728), Art. 1 Neunte Betäubungsmittelrechts-ÄndVO v. 28.1.1997 (BGBl. I S. 65), Art. 7 JustizmitteilungsG und G zur Änd. kostenrechtlicher Vorschriften und anderer Gesetze v. 18.6.1997 (BGBl. I S. 1430), Art. 1 Zehnte Betäubungsmittelrechts-ÄndVO v. 20.1.1998 (BGBl. I S. 74), Art. 4 G zur Bekämpfung von Sexualdelikten und anderen gefährlichen Straftaten v. 26.1.1998 (BGBl. I S. 160), Art. 1 Zwölfte Betäubungsmittelrechts-ÄndVO v. 7.10.1998 (BGBl. I S. 3126), Art. 1 13. Betäubungsmittelrechts-ÄndVO v. 27.9.1999 (BGBl. I S. 1935), Art. 1 Drittes BtMG-ÄndG v. 28.3.2000 (BGBl. I S. 302), Art. 1 14. Betäubungsmittelrechts-ÄndVO v. 27.9.2000 (BGBl. I S. 1414), Art. 1 15. Betäubungsmittelrechts-ÄndVO v. 19.6.2001 (BGBl. I S. 1180), Art. 1 16. Betäubungsmittelrechts-ÄndVO v. 28.11.2001 (BGBl. I S. 3338), Art. 1 17. Betäubungsmittelrechts-ÄndVO v. 12.2.2002 (BGBl. I S. 612), Art. 2 GrundstoffüberwachungsG-ÄndG v. 26.6.2002 (BGBl. I S. 2261), Art. 18 Achte ZuständigkeitsanpassungsVO v. 25.11.2003 (BGBl. I S. 2304), Art. 1 18. Betäubungsmittelrechts-ÄndVO v. 22.12.2003 (BGBl. 2004 I S. 28), Art. 1 19. Betäubungsmittelrechts-ÄndVO v. 10.3.2005 (BGBl. I S. 757), Art. 15 G zur Umbenennung des Bundesgrenzschutzes in Bundespolizei v. 21.6.2005 (BGBl. I S. 1818), Art. 35 Neunte Zuständigkeitsanpassungs-VO v. 31.10.2006 (BGBl. I S. 2407), Art. 1 Zweites JustizmodernisierungsG v. 22.12.2006 (BGBl. I S. 3416), Art. 1 20. Betäubungsmittelrechts-ÄndVO v. 14.2.2007 (BGBl. I S. 154), Art. 1 21. Betäubungsmittelrechts-ÄndVO v. 18.2.2008 (BGBl. I S. 246), Art. 1, 2 22. Betäubungsmittelrechts-ÄndVO v. 19.1.2009 (BGBl. I S. 49), Art. 1 G zur diamorphingestützten Substitutionsbehandlung v. 15.7.2009 (BGBl. I S. 1801), Art. 5 G zur Änd. arzneimittelrechtlicher und anderer Vorschriften v. 17.7.2009 (BGBl. I S. 1990), Art. 2 43. ÄndG v. 29.7.2009 (BGBl. I S. 2288), Art. 1, 2 24. Betäubungsmittelrechts-ÄndVO v. 18.12.2009 (BGBl. I S. 3944), Art. 6 ArzneimittelmarktneuordnungsG v. 22.12.2010 (BGBl. I S. 2262), Art. 1 25. VO zur Änd. betäubungsmittelrechtlicher Vorschriften v. 11.5.2011 (BGBl. I S. 821), Art. 1 26. VO zur Änd. betäubungsmittelrechtlicher Vorschriften v. 20.7.2012 (BGBl. I S. 1639), Art. 4 Zweites G zur Änd. arzneimittelrechtlicher und anderer Vorschriften v. 19.10.2012 (BGBl. I S. 2192), Art. 2 46. StrafrechtsänderungsG v. 10.6.2013 (BGBl. I S. 1497), Art. 1 27. VO zur Änd. betäubungsmittelrechtlicher Vorschriften v. 9.7.2013 (BGBl. I S. 2274), Art. 2 Abs. 20, Art. 4 Abs. 7 G zur Strukturreform des Gebührenrechts des Bundes v. 7.8. 2013 (BGBl. I S. 3154, Art. 4 Abs. 7 dieses G aufgeh. durch Art. 2 G v. 18.7.2016, BGBl. I S. 1666), Art. 1 28. VO zur Änd. betäubungsmittelrechtlicher Vorschriften v. 5.12.2014 (BGBl. I S. 1999), Art. 1 29. VO zur Änd. betäubungsmittelrechtlicher Vorschriften v. 18.5.2015 (BGBl. I S. 723), Art. 2 G zur Änd. des Agrar- und Fischereifonds-Informationen-G und des BetäubungsmittelG v. 20.5.2015 (BGBl. I S. 725), Art. 1 30. VO zur Änd. betäubungsmittelrechtlicher Vorschriften v. 11.11.2015 (BGBl. I S. 1992), Art. 1 31. VO zur Änd. betäubungsmittelrechtlicher Vorschriften v. 31.5.2016 (BGBl. I S. 1282), Art. 4 Abs. 7 G zur Aktualisierung der Strukturreform des Gebührenrechts des Bundes v. 18.7.2016 (BGBl. I S. 1666), Art. 1 G zur Änd. betäubungsmittelrechtlicher und anderer Vorschriften v. 6.3.2017 (BGBl. I S. 403), Art. 6 Abs. 6 G zur Reform der strafrechtlichen Vermögensabschöpfung v. 13.4.2017 (BGBl. I S. 872), Art. 1 18. ÄndVO v. 16.6.2017 (BGBl. I S. 1670), Art. 1 VO zur Änd. betäubungsmittelrechtlicher und anderer Vorschriften v. 2.7.2018 (BGBl. I

[1)] Zu Ausnahmen vom Betäubungsmittelgesetz siehe ua § 5 SARS-CoV-2-Arzneimittelversorgungsverordnung v. 20.4.2020 (BAnz AT 21.04.2020 V1).

[2)] Die Änderungen durch Art. 4 Abs. 7 G v. 18.7.2016 (BGBl. I S. 1666) treten erst **mWv 1.10. 2021** in Kraft und sind im Text noch nicht berücksichtigt.

[3)] Neubekanntmachung des BetäubungsmittelG v. 28.7.1981 (BGBl. I S. 681) in der ab 28.2.1994 geltenden Fassung.

S. 1078), Art. 2 VO zur Änd. der Anl. des Neue-psychoaktive-Stoffe-G und von Anl. des BetäubungsmittelG v. 12.7.2019 (BGBl. I S. 1083), Art. 8 G für mehr Sicherheit in der Arzneimittelversorgung v. 9.8.2019 (BGBl. I S. 1202), Art. 1 19. ÄndVO v. 17.12.2019 (BGBl. I S. 2850), Art. 91 Elfte ZuständigkeitsanpassungsVO v. 19.6.2020 (BGBl. I S. 1328) und Art. 1 20. VO zur Änd. von Anlagen des BetäubungsmittelG v. 10.7.2020 (BGBl. I S. 1691)

Inhaltsübersicht[1)]

[1)] Inhaltsübersicht geänd. mWv 23.7.2009 durch G v. 17.7.2009 (BGBl. I S. 1990); geänd. mWv 15.8.2013 durch G v. 7.8.2013 (BGBl. I S. 3154); geänd. mWv 1.7.2017 durch G v. 13.4.2017 (BGBl. I S. 872); sie wurde nichtamtlich um Anl. I–III ergänzt.

den Fassung gelten entsprechend. [3] Im Übrigen gelten die Vorschriften des Integrierten Verwaltungs- und Kontrollsystems über den Anbau von Hanf entsprechend. [4] Die Bundesanstalt für Landwirtschaft und Ernährung darf die ihr nach den Vorschriften des Integrierten Verwaltungs- und Kontrollsystems über den Anbau von Hanf von den zuständigen Landesstellen übermittelten Daten sowie die Ergebnisse von im Rahmen der Regelungen über die Basisprämie durchgeführten THC-Kontrollen zum Zweck der Überwachung nach diesem Gesetz verwenden.

§ 20[1)] Besondere Ermächtigung für den Spannungs- oder Verteidigungsfall. (1) [1] Die Bundesregierung wird ermächtigt, durch Rechtsverordnung ohne Zustimmung des Bundesrates dieses Gesetz oder die auf Grund dieses Gesetzes erlassenen Rechtsverordnungen für Verteidigungszwecke zu ändern, um die medizinische Versorgung der Bevölkerung mit Betäubungsmitteln sicherzustellen, wenn die Sicherheit und Kontrolle des Betäubungsmittelverkehrs oder der Herstellung ausgenommener Zubereitungen gewährleistet bleiben. [2] Insbesondere können

1. Aufgaben des Bundesinstitutes für Arzneimittel und Medizinprodukte nach diesem Gesetz und auf Grund dieses Gesetzes erlassenen Rechtsverordnungen auf das Bundesministerium übertragen,
2. der Betäubungsmittelverkehr und die Herstellung ausgenommener Zubereitungen an die in Satz 1 bezeichneten besonderen Anforderungen angepaßt und
3. Meldungen über Bestände an
   a) Betäubungsmitteln,
   b) ausgenommenen Zubereitungen und
   c) zur Herstellung von Betäubungsmitteln erforderlichen Ausgangsstoffen oder Zubereitungen, auch wenn diese keine Betäubungsmittel sind,

angeordnet werden. [3] In der Rechtsverordnung kann ferner der über die in Satz 2 Nr. 3 bezeichneten Bestände Verfügungsberechtigte zu deren Abgabe an bestimmte Personen oder Stellen verpflichtet werden.

(2) Die Rechtsverordnung nach Absatz 1 darf nur nach Maßgabe des Artikels 80a Abs. 1 des Grundgesetzes[2)] angewandt werden.

(3) (weggefallen)

§ 21[3)] Mitwirkung anderer Behörden. (1) Das Bundesministerium der Finanzen und die von ihm bestimmten Zollstellen wirken bei der Überwachung der Einfuhr, Ausfuhr und Durchfuhr von Betäubungsmitteln mit.

(2) [1] Das Bundesministerium der Finanzen kann im Einvernehmen mit dem Bundesministerium des Innern, für Bau und Heimat die Beamten der Bundespolizei, die mit Aufgaben des Grenzschutzes nach § 2 des Bundespolizeigeset-

---

[1)] § 20 Abs. 1 Satz 1 Nr. 1 geänd. durch G v. 24.6.1994 (BGBl. I S. 1416); Abs. 1 Satz 2 Nr. 1 geänd. mWv 28.11.2003 durch VO v. 25.11.2003 (BGBl. I S. 2304).

[2)] Nr. **1**.

[3)] § 21 Abs. 3 geänd. durch G v. 24.6.1994 (BGBl. I S. 1416); Abs. 1 geänd. durch G v. 7.10.1994 (BGBl. I S. 2835); Abs. 2 Sätze 1 und 2 geänd. durch G v. 19.10.1994 (BGBl. I S. 2978); Abs. 2 Satz 1 geänd. mWv 28.11.2003 durch VO v. 25.11.2003 (BGBl. I S. 2304); Abs. 2 geänd. mWv 1.7.2005 durch G v. 21.6.2005 (BGBl. I S. 1818); Abs. 2 Satz 1 geänd. mWv 27.6.2020 durch VO v. 19.6.2020 (BGBl. I S. 1328).

zes[1] betraut sind, und im Einvernehmen mit dem Bayerischen Staatsminister des Innern die Beamten der Bayerischen Grenzpolizei mit der Wahrnehmung von Aufgaben betrauen, die den Zolldienststellen nach Absatz 1 obliegen. [2]Nehmen die im Satz 1 bezeichneten Beamten diese Aufgaben wahr, gilt § 67 Abs. 2 des Bundespolizeigesetzes entsprechend.

(3) Bei Verdacht von Verstößen gegen Verbote und Beschränkungen dieses Gesetzes, die sich bei der Abfertigung ergeben, unterrichten die mitwirkenden Behörden das Bundesinstitut für Arzneimittel und Medizinprodukte unverzüglich.

§ 22 Überwachungsmaßnahmen. (1) Die mit der Überwachung beauftragten Personen sind befugt,

1. Unterlagen über den Betäubungsmittelverkehr oder die Herstellung oder das der Herstellung folgende Inverkehrbringen ausgenommener Zubereitungen einzusehen und hieraus Abschriften oder Ablichtungen anzufertigen, soweit sie für die Sicherheit oder Kontrolle des Betäubungsmittelverkehrs oder der Herstellung ausgenommener Zubereitungen von Bedeutung sein können,
2. von natürlichen und juristischen Personen und nicht rechtsfähigen Personenvereinigungen alle erforderlichen Auskünfte zu verlangen,
3. Grundstücke, Gebäude, Gebäudeteile, Einrichtungen und Beförderungsmittel, in denen der Betäubungsmittelverkehr oder die Herstellung ausgenommener Zubereitungen durchgeführt wird, zu betreten und zu besichtigen, wobei sich die beauftragten Personen davon zu überzeugen haben, daß die Vorschriften über den Betäubungsmittelverkehr oder die Herstellung ausgenommener Zubereitungen beachtet werden. Zur Verhütung dringender Gefahren für die öffentliche Sicherheit und Ordnung, insbesondere wenn eine Vereitelung der Kontrolle des Betäubungsmittelverkehrs oder der Herstellung ausgenommener Zubereitungen zu besorgen ist, dürfen diese Räumlichkeiten auch außerhalb der Betriebs- und Geschäftszeit sowie Wohnzwecken dienende Räume betreten werden; insoweit wird das Grundrecht auf Unverletzlichkeit der Wohnung (Artikel 13 des Grundgesetzes[2]) eingeschränkt. Soweit es sich um industrielle Herstellungsbetriebe und Großhandelsbetriebe handelt, sind die Besichtigungen in der Regel alle zwei Jahre durchzuführen,
4. vorläufige Anordnungen zu treffen, soweit es zur Verhütung dringender Gefahren für die Sicherheit oder Kontrolle des Betäubungsmittelverkehrs oder der Herstellung ausgenommener Zubereitungen geboten ist. Zum gleichen Zweck dürfen sie auch die weitere Teilnahme am Betäubungsmittelverkehr oder die weitere Herstellung ausgenommener Zubereitungen ganz oder teilweise untersagen und die Betäubungsmittelbestände oder die Bestände ausgenommener Zubereitungen unter amtlichen Verschluß nehmen. Die zuständige Behörde (§ 19 Abs. 1) hat innerhalb von einem Monat nach Erlaß der vorläufigen Anordnungen über diese endgültig zu entscheiden.

---

[1] Nr. **90**.
[2] Nr. **1**.

299a. Bundes-Bodenschutz- und Altlastenverordnung (BBodSchV)

Vom 12. Juli 1999
(BGBl. I S. 1554)

FNA 2129-32-1

geänd. durch Art. 2 GefahrstoffVO-AnpassungsVO v. 23.12.2004 (BGBl. I S. 3758), Art. 18 G zur Neuregelung des Rechts des Naturschutzes und der Landschaftspflege v. 29.7.2009 (BGBl. I S. 2542), Art. 16 G zur Neuregelung des Wasserrechts v. 31.7.2009 (BGBl. I S. 2585), Art. 5 Abs. 31 G zur Neuordnung des Kreislaufwirtschafts- und Abfallrechts v. 24.2.2012 (BGBl. I S. 212), Art. 102 Zehnte ZuständigkeitsanpassungsVO v. 31.8.2015 (BGBl. I S. 1474), Art. 3 Abs. 4 VO zur Neuordnung der Klärschlammverwertung v. 27.9.2017 (BGBl. I S. 3465) und Art. 126 Elfte ZuständigkeitsanpassungsVO v. 19.6.2020 (BGBl. I S. 1328)

Auf Grund der §§ 6, 8 Abs. 1 und 2 und des § 13 Abs. 1 Satz 2 des Bundes-Bodenschutzgesetzes[1] vom 17. März 1998 (BGBl. I S. 502) verordnet die Bundesregierung nach Anhörung der beteiligten Kreise:

Inhaltsübersicht

[1] Nr. **299**.

(12) Absatz 3 gilt nicht für das Auf- und Einbringen von Bodenmaterial auf die landwirtschaftliche Nutzfläche nach lokal begrenzten Erosionsereignissen oder zur Rückführung von Bodenmaterial aus der Reinigung landwirtschaftlicher Ernteprodukte.

Achter Teil. Schlußbestimmungen

§ 13 Zugänglichkeit von technischen Regeln und Normblättern.

(1) [1] Technische Regeln und Normblätter, auf die in dieser Verordnung verwiesen wird, sind beim Deutschen Patentamt archivmäßig gesichert hinterlegt. [2] Die Bezugsquellen sind in Anhang 1 Nr. 6.2 aufgeführt.

(2) Verweisungen auf Entwürfe von technischen Normen in den Anhängen beziehen sich jeweils auf die Fassung, die zu dem in der Verweisung angegebenen Zeitpunkt veröffentlicht ist.

§ 14 Inkrafttreten. Diese Verordnung tritt am Tage nach der Verkündung[1)] in Kraft.

Anhang 1[2)]

Anforderungen an die Probennahme, Analytik und Qualitätssicherung bei der Untersuchung

Dieser Anhang findet Anwendung bei der Untersuchung von Böden, Bodenmaterialien und sonstigen Materialien, die im Boden oder auf den Böden von Verdachtsflächen oder altlastverdächtigen Flächen vorkommen, oder zum Auf- und Einbringen vorgesehen sind, sowie von Bodenluft.

Bei altlastverdächtigen Altablagerungen richten sich der Untersuchungsumfang und die Probennahme, insbesondere hinsichtlich der Untersuchungen auf Deponiegas, leichtflüchtige Schadstoffe, abgelagerte Abfälle und des Übergangs von Schadstoffen in das Grundwasser, nach den Erfordernissen des Einzelfalles.

Im Sinne dieses Anhangs ist der Stand von Verfahren und Methoden der Entwicklungsstand fortschrittlicher Verfahren und Methoden, der ihre praktische Eignung zu den vorstehend genannten Untersuchungen gesichert erscheinen läßt. Erkenntnisse über solche Verfahren und Methoden und über ihre Anwendung werden durch einen ausgewählten Kreis von Fachleuten aus Bund und Ländern sowie der Betroffenen im Benehmen mit den Ländern zusammengestellt, der vom Bundesministerium für Umwelt, Naturschutz und nukleare Sicherheit einberufen wird.

1. Untersuchungsumfang und erforderlicher Kenntnisstand

Die Untersuchungen nach § 3 dieser Verordnung beziehen sich auf die Wirkungspfade, für die sich auf Grund der im Einzelfall vorliegenden Informationen der Verdacht einer Gefahr ergibt. Bei der Festlegung des Untersuchungsumfangs sind die Ergebnisse der Erfassung, insbesondere die Kenntnisse oder begründeten Vermutungen über das Vorkommen bestimmter Schadstoffe und

---

1) Verkündet am 16.7.1999.

2) Anh. 1 geänd. mWv 8.9.2015 durch VO v. 31.8.2015 (BGBl. I S. 1474); geänd. mWv 3.10.2017 durch VO v. 27.9.2017 (BGBl. I S. 3465); geänd. mWv 27.6.2020 durch VO v. 19.6.2020 (BGBl. I S. 1328).

deren Verteilung, die gegenwärtige Nutzung und die Nutzung gemäß § 4 Abs. 4 des Bundes-Bodenschutzgesetzes und die sich daraus ergebenden Schutzbedürfnisse sowie die sonstigen beurteilungserheblichen örtlichen Gegebenheiten zu berücksichtigen. Die E DIN ISO 10381-3: 02.96 ist zu beachten. Zum Arbeitsschutz wird auf die ZH 1/183: 04.97 hingewiesen.

Bei der Untersuchung zum Wirkungspfad Boden – Mensch sind als Nutzungen

– Kinderspielflächen
– Wohngebiete
– Park- und Freizeitanlagen
– Industrie- und Gewerbegrundstücke

und bei der Untersuchung zum Wirkungspfad Boden – Nutzpflanze die Nutzungen

– Ackerbau, Nutzgarten
– Grünland

zu unterscheiden.

Bei Untersuchungen zum Wirkungspfad Boden – Grundwasser ist nicht nach der Art der Bodennutzung zu unterscheiden.

1.1. Orientierende Untersuchung

Orientierende Untersuchungen von Verdachtsflächen und altlastverdächtigen Altstandorten sollen insbesondere auch auf die Feststellung und die Einschätzung des Umfangs von Teilbereichen mit unterschiedlich hohen Schadstoffgehalten ausgerichtet werden.

Bei altlastverdächtigen Altablagerungen sind in der Regel Untersuchungen von Deponiegas und auf leichtflüchtige Schadstoffe sowie Untersuchungen insbesondere auch hinsichtlich des Übergangs von Schadstoffen in das Grundwasser durchzuführen.

Sind bei Verdachtsflächen oder altlastverdächtigen Flächen auf Verlangen der dafür zuständigen Behörde Untersuchungen des Grund- oder Oberflächenwassers durchzuführen, ist dies bei der Festlegung von Umfang und Ablauf der orientierenden Untersuchung für Boden- oder Sickerwasseruntersuchungen zu berücksichtigen.

Kann bei Verdachtsflächen nicht auf vorhandene Bodenkartierungen zurückgegriffen werden oder liegen keine geeigneten bodenbezogenen Informationen vor, soll im Rahmen der orientierenden Untersuchung eine bodenkundliche Kartierung oder Bodenansprache am Ort der Probennahme auf der Grundlage der Bodenkundlichen Kartieranlei-

(Fortsetzung nächstes Blatt)

300. Baugesetzbuch (BauGB) [1)2)]

In der Fassung der Bekanntmachung vom 3. November 2017[3)]
(BGBl. I S. 3634)

FNA 213-1

geänd. durch Art. 2 HochwasserschutzG II v. 30.6.2017 (BGBl. I S. 2193), Art. 6 G zum Schutz der Bevölkerung bei einer epidemischen Lage von nationaler Tragweite v. 27.3.2020 (BGBl. I S. 587) und Art. 2 G zur Vereinheitlichung des Energieeinsparrechts für Gebäude und zur Änd. weiterer Gesetze v. 8.8.2020 (BGBl. I S. 1728)

Zum BauGB haben die **Länder** ua folgende Vorschriften erlassen:

– **Baden-Württemberg:** AusführungsG zum BauGB v. 23.6.2009 (GBl. S. 251); Gutachterausschuß-VO v. 11.12.1989 (GBl. S. 541), zuletzt geänd. durch VO v. 7.5.2020 (GBl. S. 261); DurchführungsVO zum BauGB v. 2.3.1998 (GBl. S. 185), zuletzt geänd. durch VO v. 23.2.2017 (GBl. S. 99);

– **Bayern:** AusführungsG zum Bau- und RaumordnungsG 1998 v. 9.5.1998 (GVBl. S. 242); UmlegungsausschussVO v. 18.1.1961 (BayRS III S. 483), zuletzt geänd. durch V v. 30.9.2014 (GVBl S. 411); Gerichtliche ZuständigkeitsVO Justiz v. 11.6.2012 (GVBl. S. 295), zuletzt geänd. durch V v. 5.8.2020 (GVBl. S. 513); GutachterausschussVO v. 5.4.2005 (GVBl. S. 88), zuletzt geänd. durch V v. 26.3.2019 (GVBl. S. 98); Bauwesen-ZuständigkeitsVO v. 5.7.1994 (GVBl. S. 573), zuletzt geänd. durch V v. 16.6.2020 (GVBl. S. 310);

– **Berlin:** BauGB-AusführungsG idF der Bek. v. 7.11.1999 (GVBl. S. 578), zuletzt geänd. durch G v. 6.12.2017 (GVBl. S. 664); BauGB-DurchführungsVO v. 5.6.2018 (GVBl. S. 407); ErschließungsbeitragsG v. 12.7.1995 (GVBl. S. 444), zuletzt geänd. durch G v. 19.6.2006 (GVBl. S. 573);

– **Brandenburg:** UmlegungsausschussVO v. 23.2.2009 (GVBl. II S. 101); GutachterausschussVO v. 12.5.2010 (GVBl. II Nr. 27), geänd. durch VO v. 21.9.2017 (GVBl. II Nr. 52); Gutachterausschuss-GebührenO v. 30.7.2010 (GVBl. II Nr. 51), zuletzt geänd. durch VO v. 21.1.2019 (GVBl. II Nr. 7);

– **Bremen:** BauGB-DurchführungsVO v. 22.6.1993 (Brem.GBl. S. 234), zuletzt geänd. durch G v. 27.5.2014 (Brem.GBl. S. 263); Erschließungsanlagen-BeitragserhebungsG v. 12.6.1973 (Brem.GBl. S. 127), zuletzt geänd. durch G v. 25.5.2010 (Brem.GBl. S. 365); ErschließungsbeitragsG v. 20.12. 1982 (Brem.GBl. S. 405), zuletzt geänd. durch G v. 25.5.2010 (Brem.GBl. S. 365); GutachterausschussVO v. 2.9.2008 (Brem.GBl. S. 321), geänd. durch VO v. 17.6.2014 (Brem.GBl. S. 314); BauGB-GenehmigungswegfallG idF der Bek. v. 7.7.1987 (Brem.GBl. S. 215), zuletzt geänd. durch G v. 26.5.1998 (Brem. GBl. S. 134);

– **Hamburg:** BauleitplanfeststellungsG idF der Bek. v. 30.11.1999 (HmbGVBl. S. 271), zuletzt geänd. durch G v. 26.6.2020 (HmbGVBl. S. 380); GutachterausschussVO v. 12.5.2009 (HmbGVBl. S. 124); Enteignungsverfahren-DurchführungsVO v. 18.2.2004 (HmbGVBl. S. 107); BodenordnungskommissionsG v. 29.4.1997 (HmbGVBl. S. 131), zuletzt geänd. durch G v. 26.6.2020 (HmbGVBl. S. 380);

[1)] **Amtl. Anm.:** Dieses Gesetz dient der Umsetzung folgender Richtlinien:

1. Richtlinie 92/43/EWG des Rates vom 21. Mai 1992 zur Erhaltung der natürlichen Lebensräume sowie der wild lebenden Tiere und Pflanzen (ABl. L 206 vom 22.7.1992, S. 7), die zuletzt durch die Richtlinie 2013/17/EU (ABl. L 158 vom 10.6.2013, S. 193) geändert worden ist,
2. Richtlinie 2001/42/EG des Europäischen Parlaments und des Rates vom 27. Juni 2001 über die Prüfung der Umweltauswirkungen bestimmter Pläne und Programme (ABl. L 197 vom 21.7.2001, S. 30),
3. Richtlinie 2009/147/EG des Europäischen Parlaments und des Rates vom 30. November 2009 über die Erhaltung der wildlebenden Vogelarten (ABl. L 20 vom 26.1.2010, S. 7), die zuletzt durch die Richtlinie 2013/17/EU (ABl. L 158 vom 10.6.2013, S. 193) geändert worden ist,
4. Richtlinie 2011/92/EU des Europäischen Parlaments und des Rates vom 13. Dezember 2011 über die Umweltverträglichkeitsprüfung bei bestimmten öffentlichen und privaten Projekten (ABl. L 26 vom 28.1.2012 S. 1), die zuletzt durch die Richtlinie 2014/52/EU (ABl. L 124 vom 25.4.2014, S. 1) geändert worden ist.

[2)] Zur Sicherstellung ordnungsgemäßer Planungs-und Genehmigungsverfahren während der COVID-19-Pandemie siehe das PlanungssicherstellungsG v. 20.5.2020 (BGBl. I S. 1041).

[3)] Neubekanntmachung des BauGB idF der Bek. v. 23.9.2004 (BGBl. I S. 2414) in der ab 1.10.2017 geltenden Fassung.

- **Hessen:** Baugesetzbuch-AusführungsG v. 28.5.2018 (GVBl. S. 198), zuletzt geänd. durch G v. 3.6. 2020 (GVBl. S. 378); AusführungsVO zum BauGB v. 15.6.2018 (GVBl. S. 258);
- **Mecklenburg-Vorpommern:** BaugesetzbuchausführungsG v. 30.1.1998 (GVOBl. M-V S. 110), zuletzt geänd. durch G v. 28.10.2010 (GVOBl. M-V S. 615); GutachterausschusslandesVO v. 29.6. 2011 (GVOBl. M-V S. 441); Enteignungsverfahren-DurchführungsVO v. 4.5.1993 (GVOBl. M-V S. 515); AnzeigepflichtVO v. 5.2.1998 (GVOBl. M-V S. 124), geänd. durch VO v. 10.10.2000 (GVOBl. M-V S. 530);
- **Niedersachsen:** NBauGB-DurchführungsG v. 13.5.2009 (Nds. GVBl. S. 169); Baugesetzbuch-DVO idF der Bek. v. 24.5.2005 (Nds. GVBl. S. 183), zuletzt geänd. durch G v. 15.7.2020 (Nds. GVBl. S. 244); Gutachterausschuss-GebührenO v. 25.6.2019 (Nds. GVBl. S. 156);
- **Nordrhein-Westfalen:** Baugesetzbuch-AusführungsG v. 3.2.2015 (GV. NRW. S. 211), geänd. durch G v. 21.7.2018 (GV. NRW. S. 408); BauGB-DurchführungsVO v. 7.7.1987 (GV. NRW. S. 220), zuletzt geänd. durch VO v. 28.8.2018 (GV. NRW. S. 468); GutachterausschussVO v. 23.3. 2004 (GV. NRW. S. 146), zuletzt geänd. durch VO v. 25.9.2019 (GV. NRW. S. 758); Baulandsachen-zusammenfassungsVO v. 21.10.1994 (GV. NRW. S. 961), zuletzt geänd. durch VO v. 24.9.2014 (GV. NRW. S. 647);
- **Rheinland-Pfalz:** BauGB-ZuständigkeitsVO v. 21.12.2007 (GVBl. 2008 S. 22); Umlegungsaus-schussVO v. 27.6.2007 (GVBl. S. 102); GutachterausschussVO v. 20.4.2005 (GVBl. S. 139), zuletzt geänd. durch G v. 19.12.2018 (GVBl. S. 448);
- **Saarland:** BauGB-ZuständigkeitsVO v. 13.12.2012 (Amtsbl. 2013 I S. 3), zuletzt geänd. durch VO v. 7.4.2020 (Amtsbl. I S. 249); GutachterausschußVO v. 21.8.1990 (Amtsbl. S. 957), zuletzt geänd. durch VO v. 12.11.2015 (Amtsbl. I S. 888); UmlegungsausschußV v. 11.9.1998 (Amtsbl. S. 950), zuletzt geänd. durch G v. 4.12.2019 (Amtsbl. 2020 I S. 211);
- **Sachsen:** GutachterausschussVO v. 15.11.2011 (SächsGVBl. S. 598), zuletzt geänd. durch VO v. 10.8.2014 (SächsGVBl. S. 455);
- **Sachsen-Anhalt:** Durchführung des Baugesetzbuchs LSA v. 1.12.1999 (MBl. LSA 2000 S. 227); GutachterausschussVO v. 18.12.2013 (GVBl. LSA S. 555), geänd. durch G v. 7.7.2020 (GVBl. LSA S. 372); Bodenordnung-VO v. 31.10.1991 (GVBl. LSA S. 430), zuletzt geänd. durch G v. 19.3.2002 (GVBl. LSA S. 130); UntersagungsVO zur Bebauungsteilgenehmigung v. 2.1.1998 (GVBl. LSA S. 2);
- **Schleswig-Holstein:** Baugesetzbuch-AusführungsG v. 21.10.1998 (GVOBl. Schl.-H. S. 303), zuletzt geänd. durch G v. 8.10.2009 (GVOBl. Schl.-H. S. 640); Vierte BundesbauG-Durchführungs-VO v. 30.3.1961 (GVOBl. Schl.-H. S. 45), zuletzt geänd. durch VO v. 17.10.1980 (GVOBl. Schl.-H. S. 315); Sechste BundesbauG-DurchführungsVO v. 14.6.1961 (GVOBl. Schl.-H. S. 108); GutachterausschussVO v. 16.7.2014 (GVOBl. Schl.-H. S. 158), zuletzt geänd. durch VO v. 16.1.2019 (GVOBl. Schl.-H. S. 30); BauGB-ZuständigkeitsVO v. 21.8.1987 (GVOBl. Schl.-H. S. 319), zuletzt geänd. durch VO v. 16.1.2019 (GVOBl. Schl.-H. S. 30);
- **Thüringen:** Vorläufige BauGB-ZuständigkeitsVO v. 25.3.1991 (GVBl. S. 67); Umlegungsaus-schussVO v. 22.3.2005 (GVBl. S. 155), zuletzt geänd. durch G v. 18.12.2018 (GVBl. S. 731); GutachterausschussVO v. 23.9.2013 (GVBl. S. 302), geänd. durch G v. 18.12.2018 (GVBl. S. 731).

Außerdem haben die Länder **Bauordnungen** und ua folgende zugehörige Vorschriften erlassen:

- **Baden-Württemberg:** LandesbauO idF der Bek. v. 5.3.2010 (GBl. S. 357, ber. S. 416), zuletzt geänd. durch G v. 18.7.2019 (GBl. S. 313); Allgemeine LBO-AusführungsVO v. 5.2.2010 (GBl. S. 24), zuletzt geänd. durch VO v. 23.2.2017 (GBl. S. 99); VersammlungsstättenVO v. 28.4.2004 (GBl. S. 311, ber. S. 653), zuletzt geänd. durch VO v. 23.2.2017 (GBl. S. 99); Elektrische Betriebsräume-VO v. 28.10.1975 (GBl. S. 788, ber. 1976 S. 256), zuletzt geänd. durch VO v. 23.2.2017 (GBl. S. 99); CampingplatzVO v. 15.7.1984 (GBl. S. 545, ber. 1985 S. 20), zuletzt geänd. durch VO v. 23.2.2017 (GBl. S. 99); BauprüfVO v. 10.5.2010 (GBl. S. 446), zuletzt geänd. durch VO v. 8.10. 2019 (GBl. S. 422); Verfahrensverordnung zur LBO v. 13.11.1995 (GBl. S. 794), zuletzt geänd. durch VO v. 28.7.2020 (GBl. S. 662); VerkaufsstättenVO v. 11.2.1997 (GBl. S. 84), zuletzt geänd. durch VO v. 23.2.2017 (GBl. S. 99); GaragenVO v. 7.7.1997 (GBl. S. 332), zuletzt geänd. durch VO v. 23.2.2017 (GBl. S. 99);
- **Bayern:** BauO idF der Bek. v. 14.8.2007 (GVBl. S. 588), zuletzt geänd. durch G v. 24.7.2020 (GVBl. S. 381); Elektrische Anlagen-BetriebsräumebauVO v. 13.4.1977 (BayRS III S. 575), zuletzt geänd. durch V v. 8.12.1997 (GVBl. S. 827); VersammlungsstättenVO v. 2.11.2007 (GVBl. S. 736), zuletzt geänd. durch V v. 7.8.2018 (GVBl. S. 694); Garagen- und Stellplatzverordnung v. 30.11.1993 (GVBl. S. 910), zuletzt geänd. durch V v. 7.8.2018 (GVBl. S. 694); BauvorlagenVO v. 10.11.2007 (GVBl. S. 792), zuletzt geänd. durch V v. 26.3.2019 (GVBl. S. 98); FeuerungsVO v. 11.11.2007 (GVBl. S. 800), zuletzt geänd. durch V v. 7.8.2018 (GVBl. S. 694); FeuerbeschauVO v. 5.6.1999 (GVBl. S. 270), zuletzt geänd. durch V v. 16.5.2019 (GVBl. S. 315); PrüfsachverständigenVO v. 29.11.2007 (GVBl. S. 829), zuletzt geänd. durch V v. 6.3.2020 (GVBl. S. 187);

– **Berlin:** BauO v. 29.9.2005 (GVBl. S. 495), zuletzt geänd. durch G v. 14.5.2020 (GVBl. S. 322); Bautechnische PrüfungsVO v. 12.2.2010 (GVBl. S. 62), zuletzt geänd. durch VO v. 17.9.2020 (GVBl. S. 746); BauverfahrensVO v. 15.11.2017 (GVBl. S. 636, ber. 2018 S. 147), zuletzt geänd. durch VO v. 20.9.2020 (GVBl. S. 742);
– **Brandenburg:** BauO idF der Bek. v. 15.11.2018 (GVBl. I Nr. 39); Garagen- und StellplatzVO v. 8.11.2017 (GVBl. II Nr. 61); Bautechnische PrüfungsVO v. 10.9.2008 (GVBl. II S. 374), zuletzt geänd. durch VO v. 24.6.2020 (GVBl. II Nr. 55); BauvorlagenVO v. 7.11.2016 (GVBl. II Nr. 60), geänd. durch G v. 15.10.2018 (GVBl. I Nr. 22); FeuerungsVO v. 13.1.2006 (GVBl. II S. 58), geänd. durch VO v. 13.9.2010 (GVBl. II Nr. 61 S. 1); Verkaufsstätten-BauVO v. 8.11.2017 (GVBl. II Nr. 60); BaugebührenO v. 20.8.2009 (GVBl. II S. 562), zuletzt geänd. durch VO v. 5.10.2016 (GVBl. II Nr. 53);
– **Bremen:** Landesbauordnung v. 4.9.2018 (Brem.GBl. S. 320), zuletzt geänd. durch G v. 22.9.2020 (Brem.GBl. S. 953); VO über die Prüfingenieure und Prüfsachverständigen (BremPPV) v. 7.1.2016 (Brem.GBl. S. 41); BauvorlagenVO v. 2.5.2019 (Brem.GBl. S. 368);
– **Hamburg:** BauO v. 14.12.2005 (HmbGVBl. S. 525, ber. S. 563), zuletzt geänd. durch G v. 20.2. 2020 (HmbGVBl. S. 148); FeuerungsVO v. 25.9.2007 (HmbGVBl. S. 338), geänd. durch VO v. 2.11.2010 (HmbGVBl. S. 582); BauvorlagenVO v. 30.6.2020 (HmbGVBl. S. 391); BaugebührenO v. 23.5.2006 (HmbGVBl. S. 261), zuletzt geänd. durch VO v. 3.12.2019 (HmbGVBl. S. 438); GaragenVO v. 17.1.2012 (HmbGVBl. S. 8);
– **Hessen:** BauO v. 28.5.2018 (GVBl. S. 198), zuletzt geänd. durch G v. 3.6.2020 (GVBl. S. 378); Bauprodukte- und Bauartenverordnung v. 20.1.2004 (GVBl. I S. 56), zuletzt geänd. durch VO v. 4.12.2017 (GVBl. S. 396);FeuerungsVO v. 3.2.2009 (GVBl. I S. 30), geänd. durch VO v. 3.11.2014 (GVBl. S. 269); Prüfberechtigten- und PrüfsachverständigenVO v. 18.12.2006 (GVBl. I S. 745), zuletzt geänd. durch VO v. 24.11.2015 (GVBl. S. 546); GaragenVO v. 17.11.2014 (GVBl. S. 286);
– **Mecklenburg-Vorpommern:** LandesbauO idF der Bek. v. 15.10.2015 (GVOBl. M-V S. 334, ber. 2016 S. 28), zuletzt geänd. durch G v. 19.11.2019 (GVOBl. M-V S. 682); BauvorlagenVO v. 10.7. 2006 (GVOBl. M-V S. 612), geänd. durch VO v. 28.6.2016 (GVOBl. M-V S. 519); Bauprodukte- und BauartenVO v. 10.7.2006 (GVOBl. M-V S. 610), zuletzt geänd. durch VO v. 14.7.2015 (GVOBl. M-V S. 190); CampingplatzVO v. 9.1.1996 (GVOBl. M-V S. 84), zuletzt geänd. durch VO v. 7.12.2010 (GVOBl. M-V S. 771); BauprüfVO v. 14.4.2016 (GVOBl. M-V S. 171);
– **Niedersachsen:** NBauO v. 3.4.2012 (Nds. GVBl. S. 46), zuletzt geänd. durch G v. 15.7.2020 (Nds. GVBl. S. 244); NBauO-DurchführungsVO v. 26.9.2012 (Nds. GVBl. S. 382), zuletzt geänd. durch VO v. 19.9.2019 (Nds. GVBl. S. 277); Elektrische Anlagen-BetriebsräumebauVO v. 25.1.2011 (Nds. GVBl. S. 19); VersammlungsstättenVO v. 8.11.2004 (Nds. GVBl. S. 426), zuletzt geänd. durch VO v. 13.11.2012 (Nds. GVBl. S. 438); CampingplatzVO v. 12.4.1984 (Nds. GVBl. S. 109), zuletzt geänd. durch VO v. 13.11.2012 (Nds. GVBl. S. 438); Bautechnische PrüfungsVO v. 24.7.1987 (Nds. GVBl. S. 129), zuletzt geänd. durch VO v. 12.11.2019 (Nds. GVBl. S. 350); BauvorlagenVO v. 7.11.2012 (Nds. GVBl. S. 419); Garagen- und StellplatzVO v. 4.9.1989 (Nds. GVBl. S. 327), zuletzt geänd. durch VO v. 11.10.2012 (Nds. GVBl. S. 401); VerkaufsstättenVO v. 17.1.1997 (Nds. GVBl. S. 31), zuletzt geänd. durch VO v. 13.11.2012 (Nds. GVBl. S. 438); BaugebührenO v. 13.1.1998 (Nds. GVBl. S. 3), zuletzt geänd. durch VO v. 17.9.2019 (Nds. GVBl. S. 268); FeuerungsVO v. 27.3.2008 (Nds. GVBl. S. 96), zuletzt geänd. durch VO v. 30.6.2020 (Nds. GVBl. S. 199);
– **Nordrhein-Westfalen:** Landesbauordnung 2018 v. 21.7.2018 (GV. NRW. S. 421), zuletzt geänd. durch G v. 14.4.2020 (GV. NRW. S. 218b); SonderbauvO v. 2.12.2016 (GV. NRW. 2017 S. 2, ber. 2020 S. 148, 2020 148); Camping- und WochenendplatzVO v. 24.3.2011 (GV. NRW. S. 197), zuletzt geänd. durch VO v. 10.12.2018 (GV. NRW. S. 680); Bautechnische PrüfungsVO v. 6.12.1995 (GV. NRW. S. 1241), zuletzt geänd. durch VO v. 10.12.2018 (GV. NRW. S. 670); FeuerungsVO v. 10.12.2018 (GV. NRW. S. 675);
– **Rheinland-Pfalz:** LandesbauO v. 24.11.1998 (GVBl. S. 365), zuletzt geänd. durch G v. 18.6.2019 (GVBl. S. 112); VersammlungsstättenVO v. 13.3.2018 (GVBl. S. 29), geänd. durch VO v. 15.11. 2018 (GVBl. S. 388); LandesVO über Betriebsräume für elektrische Anlagen v. 6.7.1977 (GVBl. S. 254), geänd. durch G v. 16.12.2002 (GVBl. S. 481); Camping- und WochenendplatzVO v. 18.9. 1984 (GVBl. S. 195), zuletzt geänd. durch VO v. 8.8.2017 (GVBl. S. 184); GaragenVO v. 13.7.1990 (GVBl. S. 243), geänd. durch G v. 16.12.2002 (GVBl. S. 481); VerkaufsstättenVO v. 8.7.1998 (GVBl. S. 229), zuletzt geänd. durch G v. 16.12.2002 (GVBl. S. 481); VO über die Gebühren für Amtshandlungen der Bauaufsichtsbehörden und über die Vergütung der Leistungen der Prüfingenieurinnen und Prüfingenieure für Baustatik v. 9.1.2007 (GVBl. S. 22), zuletzt geänd. durch VO v. 13.7.2020 (GVBl. S. 331);
– **Saarland:** LandesbauO v. 18.2.2004 (Amtsbl. S. 822), zuletzt geänd. durch G v. 4.12.2019 (Amtsbl. 2020 I S. 211, ber. S. 760); BauvorlagenVO v. 15.6.2011 (Amtsbl. I S. 254), zuletzt geänd. durch G v. 4.12.2019 (Amtsbl. 2020 I S. 211); GaragenVO idF der Bek. v. 30.8.1976 (Amtsbl. S. 951), geänd.

durch VO v. 25.8.2008 (Amtsbl. S. 1470); Prüfberechtigten- und PrüfsachverständigenVO v. 26.1. 2011 (Amtsbl. I S. 30), zuletzt geänd. durch VO v. 29.7.2020 (Amtsbl. I S. 748); Technische PrüfVO v. 26.1.2011 (Amtsbl. I S. 30, 48), zuletzt geänd. durch VO v. 12.11.2015 (Amtsbl. I S. 888); VersammlungsstättenVO v. 25.8.2008 (Amtsbl. S. 1489), geänd. durch VO v. 16.11.2012 (Amtsbl. I S. 450); Elektrische Anlagen-BetriebsräumebauVO v. 27.1.2014 (Amtsbl. I S. 17); Camping- und WochenendplatzVO v. 22.6.1999 (Amtsbl. S. 1158), zuletzt geänd. durch G v. 15.7.2015 (Amtsbl. I S. 632); VerkaufsstättenVO v. 25.9.2000 (Amtsbl. S. 1934), zuletzt geänd. durch G v. 15.7.2015 (Amtsbl. I S. 632);

– **Sachsen:** BauO idF der Bek. v. 11.5.2016 (SächsGVBl. S. 186), zuletzt geänd. durch G v. 11.12. 2018 (SächsGVBl. S. 706); BauO-DurchführungsVO v. 2.9.2004 (SächsGVBl. S. 427), zuletzt geänd. durch VO v. 30.3.2020 (SächsGVBl. S. 180); VwV zur BauO v. 18.3.2005 (SächsABl. SDr. S. 59, ber. S. 363), zuletzt geänd. durch VwV v. 9.5.2019 (SächsABl. S. 782); RLn für die Durchführung von Bauaufgaben des Freistaates Sachsen im Zuständigkeitsbereich des Staatshochbauverwaltung; VO über Bauvorlagen und bautechnische Prüfungen v. 2.9.1997 (SächsABl. S. 533);
– **Sachsen-Anhalt:** BauO idF der Bek. v. 10.9.2013 (GVBl. LSA S. 440), zuletzt geänd. durch G v. 26.6.2018 (GVBl. LSA S. 187); BaugebührenO v. 4.5.2006 (GVBl. LSA S. 315), zuletzt geänd. durch VO v. 17.8.2018 (GVBl. LSA S. 284); FeuerungsVO v. 27.3.2006 (GVBl. LSA S. 177), geänd. durch VO v. 20.10.2008 (GVBl. LSA S. 374);
– **Schleswig-Holstein:** LandesbauO v. 22.1.2009 (GVOBl. Schl.-H. S. 6), zuletzt geänd. durch G v. 1.10.2019 (GVOBl. Schl.-H. S. 398); Allg. LandesVO zur Durchführung der LBO v. 25.4.1968 (GVOBl. Schl.-H. S. 105), zuletzt geänd. durch VO v. 10.7.1980 (GVOBl. Schl.-H. S. 263); VersammlungsstättenVO v. 11.9.2014 (GVOBl. Schl.-H. S. 245), geänd. durch VO v. 16.9.2019 (GVOBl. Schl.-H. S. 395); Landesverordnung über den Bau von Betriebsräumen für elektrische Anlagen v. 25.2.2020 (GVOBl. Schl.-H. S. 140); BauvorlagenVO v. 3.4.2019 (GVOBl. Schl.-H. S. 87); LandesVO über die Zuständigkeiten der Landesbauämter v. 19.5.1995 (GVOBl. Schl.-H. S. 227); LandesVO über die Prüfingenieurinnen oder Prüfingenieure für Baustatik, sowie Prüfsachverständigen v. 12.11.2018 (GVOBl. Schl.-H. S. 703, 705); GaragenVO v. 22.4.2020 (GVOBl. Schl.-H. S. 203); FeuerungsVO v. 25.2.2020 (GVOBl. Schl.-H. S. 142); BaugebührenVO v. 12.11. 2018 (GVOBl. Schl.-H. S. 703), geänd. durch VO v. 14.7.2020 (GVOBl. Schl.-H. S. 445); VerkaufsstättenVO v. 15.11.2019 (GVOBl. Schl.-H. S. 536); Camping- und WochenendplatzVO v. 15.7.2020 (GVOBl. Schl.-H. S. 448);
– **Thüringen:** BauO v. 13.3.2014 (GVBl. S. 49), zuletzt geänd. durch G v. 30.7.2019 (GVBl. S. 323); BauvorlagenVO v. 23.3.2010 (GVBl. S. 129), geänd. durch VO v. 2.12.2015 (GVBl. S. 212); FeuerungsVO v. 10.8.2009 (GVBl. S. 745), geänd. durch VO v. 25.11.2014 (GVBl. S. 712).

Inhaltsübersicht[1]

Erstes Kapitel. Allgemeines Städtebaurecht

Erster Teil. Bauleitplanung

Erster Abschnitt. Allgemeine Vorschriften

Zweiter Abschnitt. Vorbereitender Bauleitplan (Flächennutzungsplan)

---

[1] Inhaltsübersicht geänd. mWv 28.3.2020 durch G v. 27.3.2020 (BGBl. I S. 587).

diesem Gesetzbuch Gebiete festgelegt werden, in denen in privater Verantwortung standortbezogene Maßnahmen durchgeführt werden, die auf der Grundlage eines mit den städtebaulichen Zielen der Gemeinde abgestimmten Konzepts der Stärkung oder Entwicklung von Bereichen der Innenstädte, Stadtteilzentren, Wohnquartiere und Gewerbezentren sowie von sonstigen für die städtebauliche Entwicklung bedeutsamen Bereichen dienen. [2] Zur Finanzierung der Maßnahmen und gerechten Verteilung des damit verbundenen Aufwands können durch Landesrecht Regelungen getroffen werden.

Sechster Teil. Erhaltungssatzung und städtebauliche Gebote

Erster Abschnitt. Erhaltungssatzung

§ 172[1)] Erhaltung baulicher Anlagen und der Eigenart von Gebieten (Erhaltungssatzung) (1) [1] Die Gemeinde kann in einem Bebauungsplan oder durch eine sonstige Satzung Gebiete bezeichnen, in denen

1. zur Erhaltung der städtebaulichen Eigenart des Gebiets auf Grund seiner städtebaulichen Gestalt (Absatz 3),
2. zur Erhaltung der Zusammensetzung der Wohnbevölkerung (Absatz 4) oder
3. bei städtebaulichen Umstrukturierungen (Absatz 5)

der Rückbau, die Änderung oder die Nutzungsänderung baulicher Anlagen der Genehmigung bedürfen. [2] In den Fällen des Satzes 1 Nummer 1 bedarf auch die Errichtung baulicher Anlagen der Genehmigung. [3] Auf die Satzung ist § 16 Absatz 2 entsprechend anzuwenden. [4] Die Landesregierungen werden ermächtigt, für die Grundstücke in Gebieten einer Satzung nach Satz 1 Nummer 2 durch Rechtsverordnung mit einer Geltungsdauer von höchstens fünf Jahren zu bestimmen, dass die Begründung von Wohnungseigentum oder Teileigentum (§ 1 des Wohnungseigentumsgesetzes[2)]) an Gebäuden, die ganz oder teilweise Wohnzwecken zu dienen bestimmt sind, nicht ohne Genehmigung erfolgen darf. [5] Ein solches Verbot gilt als Verbot im Sinne des § 135 des Bürgerlichen Gesetzbuchs[3)]. [6] In den Fällen des Satzes 4 ist § 22 Absatz 2 Satz 3 und 4, Absatz 6 und 8 entsprechend anzuwenden.

(2) Ist der Beschluss über die Aufstellung einer Erhaltungssatzung gefasst und ortsüblich bekannt gemacht, ist § 15 Absatz 1 auf die Durchführung eines Vorhabens im Sinne des Absatzes 1 entsprechend anzuwenden.

(3) [1] In den Fällen des Absatzes 1 Satz 1 Nummer 1 darf die Genehmigung nur versagt werden, wenn die bauliche Anlage allein oder im Zusammenhang mit anderen baulichen Anlagen das Ortsbild, die Stadtgestalt oder das Landschaftsbild prägt oder sonst von städtebaulicher, insbesondere geschichtlicher oder künstlerischer Bedeutung ist. [2] Die Genehmigung zur Errichtung der baulichen Anlage darf nur versagt werden, wenn die städtebauliche Gestalt des Gebiets durch die beabsichtigte bauliche Anlage beeinträchtigt wird.

(4) [1] In den Fällen des Absatzes 1 Satz 1 Nummer 2 und Satz 4 darf die Genehmigung nur versagt werden, wenn die Zusammensetzung der Wohnbevölkerung aus besonderen städtebaulichen Gründen erhalten werden soll. [2] Sie ist zu erteilen, wenn auch unter Berücksichtigung des Allgemeinwohls die Erhaltung der baulichen Anlage oder ein Absehen von der Begründung von

[1)] § 172 Abs. 4 Satz 3 Nr. 1a geänd. mWv 1.11.2020 durch G v. 8.8.2020 (BGBl. I S. 1728).
[2)] **Schönfelder Nr. 37.**
[3)] **Schönfelder Nr. 20.**

Wohnungseigentum oder Teileigentum wirtschaftlich nicht mehr zumutbar ist. [3] Die Genehmigung ist ferner zu erteilen, wenn

1. die Änderung einer baulichen Anlage der Herstellung des zeitgemäßen Ausstattungszustands einer durchschnittlichen Wohnung unter Berücksichtigung der bauordnungsrechtlichen Mindestanforderungen dient,

1a. die Änderung einer baulichen Anlage der Anpassung an die baulichen oder anlagentechnischen Mindestanforderungen des Gebäudeenergiegesetzes oder der Energieeinsparverordnung[1)] vom 24. Juli 2007 (BGBl. I S. 1519), die zuletzt durch Artikel 257 der Verordnung vom 19. Juni 2020 (BGBl. I S. 1328) geändert worden ist, wenn diese nach § 111 Absatz 1 des Gebäudeenergiegesetzes weiter anzuwenden ist, dient,

2. das Grundstück zu einem Nachlass gehört und Wohnungseigentum oder Teileigentum zugunsten von Miterben oder Vermächtnisnehmern begründet werden soll,

3. das Wohnungseigentum oder Teileigentum zur eigenen Nutzung an Familienangehörige des Eigentümers veräußert werden soll,

4. ohne die Genehmigung Ansprüche Dritter auf Übertragung von Wohnungseigentum oder Teileigentum nicht erfüllt werden können, zu deren Sicherung vor dem Wirksamwerden des Genehmigungsvorbehalts eine Vormerkung im Grundbuch eingetragen ist,

5. das Gebäude im Zeitpunkt der Antragstellung zur Begründung von Wohnungseigentum oder Teileigentum nicht zu Wohnzwecken genutzt wird oder

6. sich der Eigentümer verpflichtet, innerhalb von sieben Jahren ab der Begründung von Wohnungseigentum Wohnungen nur an die Mieter zu veräußern; eine Frist nach § 577a Absatz 2 Satz 1 des Bürgerlichen Gesetzbuchs verkürzt sich um fünf Jahre; die Frist nach § 577a Absatz 1 des Bürgerlichen Gesetzbuchs entfällt.

[4] In den Fällen des Satzes 3 Nummer 6 kann in der Genehmigung bestimmt werden, dass auch die Veräußerung von Wohnungseigentum an dem Gebäude während der Dauer der Verpflichtung der Genehmigung der Gemeinde bedarf. [5] Diese Genehmigungspflicht kann auf Ersuchen der Gemeinde in das Wohnungsgrundbuch eingetragen werden; sie erlischt nach Ablauf der Verpflichtung.

(5) [1] In den Fällen des Absatzes 1 Satz 1 Nummer 3 darf die Genehmigung nur versagt werden, um einen den sozialen Belangen Rechnung tragenden Ablauf auf der Grundlage eines Sozialplans (§ 180) zu sichern. [2] Ist ein Sozialplan nicht aufgestellt worden, hat ihn die Gemeinde in entsprechender Anwendung des § 180 aufzustellen. [3] Absatz 4 Satz 2 ist entsprechend anzuwenden.

§ 173 Genehmigung, Übernahmeanspruch. (1) [1] Die Genehmigung wird durch die Gemeinde erteilt; § 22 Absatz 5 Satz 2 bis 5 ist entsprechend anzuwenden. [2] Ist eine baurechtliche Genehmigung oder an ihrer Stelle eine baurechtliche Zustimmung erforderlich, wird die Genehmigung durch die Baugenehmigungsbehörde im Einvernehmen mit der Gemeinde erteilt; im

[1)] **Sartorius ErgBd. Nr. 832a.**

flächen. [3] In den im Zusammenhang bebauten Ortsteilen gelten die Sätze 1 und 2 entsprechend für Abweichungen vom Erfordernis des Einfügens in die Eigenart der näheren Umgebung (§ 34 Absatz 1 Satz 1).

§ 249[1)] Sonderregelungen zur Windenergie. (1) [1] Werden in einem Flächennutzungsplan zusätzliche Flächen für die Nutzung von Windenergie dargestellt, folgt daraus nicht, dass die vorhandenen Darstellungen des Flächennutzungsplans zur Erzielung der Rechtswirkungen des § 35 Absatz 3 Satz 3 nicht ausreichend sind. [2] Satz 1 gilt entsprechend bei der Änderung oder Aufhebung von Darstellungen zum Maß der baulichen Nutzung. [3] Die Sätze 1 und 2 gelten für Bebauungspläne, die aus den Darstellungen des Flächennutzungsplans entwickelt werden, entsprechend.

(2) [1] Nach § 9 Absatz 2 Satz 1 Nummer 2 kann auch festgesetzt werden, dass die im Bebauungsplan festgesetzten Windenergieanlagen nur zulässig sind, wenn sichergestellt ist, dass nach der Errichtung der im Bebauungsplan festgesetzten Windenergieanlagen andere im Bebauungsplan bezeichnete Windenergieanlagen innerhalb einer im Bebauungsplan zu bestimmenden angemessenen Frist zurückgebaut werden. [2] Die Standorte der zurückzubauenden Windenergieanlagen können auch außerhalb des Bebauungsplangebiets oder außerhalb des Gemeindegebiets liegen. [3] Darstellungen im Flächennutzungsplan, die die Rechtswirkungen des § 35 Absatz 3 Satz 3 haben, können mit Bestimmungen entsprechend den Sätzen 1 und 2 mit Wirkung für die Zulässigkeit der Windenergieanlagen nach § 35 Absatz 1 Nummer 5 verbunden sein.

(3) [1] Die Länder können durch Landesgesetze bestimmen, dass § 35 Absatz 1 Nummer 5 auf Vorhaben, die der Erforschung, Entwicklung oder Nutzung der Windenergie dienen, nur Anwendung findet, wenn sie bestimmte Mindestabstände zu den im Landesgesetz bezeichneten zulässigen baulichen Nutzungen zu Wohnzwecken einhalten. [2] Ein Mindestabstand nach Satz 1 darf höchstens 1 000 Meter von der Mitte des Mastfußes der Windenergieanlage bis zur nächstgelegenen im Landesgesetz bezeichneten baulichen Nutzung zu Wohnzwecken betragen. [3] Die weiteren Einzelheiten, insbesondere zur Abstandsfestlegung und zu den Auswirkungen der festgelegten Abstände auf Ausweisungen in geltenden Flächennutzungsplänen und Raumordnungsplänen, sind in den Landesgesetzen nach Satz 1 zu regeln. [4] Auf der Grundlage von § 249 Absatz 3 in der bis zum 14. August 2020 geltenden Fassung erlassene Landesgesetze gelten fort; sie können geändert werden, sofern die wesentlichen Elemente der in dem fortgeltenden Landesgesetz enthaltenen Regelung beibehalten werden.

Anlage 1
(zu § 2 Absatz 4 und den §§ 2a und 4c)

[Umweltbericht]

Der Umweltbericht nach § 2 Absatz 4 und § 2a Satz 2 Nummer 2 hat folgende Bestandteile:

1. Eine Einleitung mit folgenden Angaben:
   a) Kurzdarstellung des Inhalts und der wichtigsten Ziele des Bauleitplans, einschließlich einer Beschreibung der Festsetzungen des Plans mit Angaben

[1)] § 249 Abs. 3 neu gef. mWv 14.8.2020 durch G v. 8.8.2020 (BGBl. I S. 1728).

über Standorte, Art und Umfang sowie Bedarf an Grund und Boden der geplanten Vorhaben;

b) Darstellung der in einschlägigen Fachgesetzen und Fachplänen festgelegten Ziele des Umweltschutzes, die für den Bauleitplan von Bedeutung sind, und der Art, wie diese Ziele und die Umweltbelange bei der Aufstellung des Bauleitplans berücksichtigt wurden;

2. eine Beschreibung und Bewertung der erheblichen Umweltauswirkungen, die in der Umweltprüfung nach § 2 Absatz 4 Satz 1 ermittelt wurden; hierzu gehören folgende Angaben:

a) eine Bestandsaufnahme der einschlägigen Aspekte des derzeitigen Umweltzustands (Basisszenario), einschließlich der Umweltmerkmale der Gebiete, die voraussichtlich erheblich beeinflusst werden, und eine Übersicht über die voraussichtliche Entwicklung des Umweltzustands bei Nichtdurchführung der Planung, soweit diese Entwicklung gegenüber dem Basisszenario mit zumutbarem Aufwand auf der Grundlage der verfügbaren Umweltinformationen und wissenschaftlichen Erkenntnisse abgeschätzt werden kann;

b) eine Prognose über die Entwicklung des Umweltzustands bei Durchführung der Planung; hierzu sind, soweit möglich, insbesondere die möglichen erheblichen Auswirkungen während der Bau- und Betriebsphase der geplanten Vorhaben auf die Belange nach § 1 Absatz 6 Nummer 7 Buchstabe a bis i zu beschreiben, unter anderem infolge

aa) des Baus und des Vorhandenseins der geplanten Vorhaben, soweit relevant einschließlich Abrissarbeiten,

bb) der Nutzung natürlicher Ressourcen, insbesondere Fläche, Boden, Wasser, Tiere, Pflanzen und biologische Vielfalt, wobei soweit möglich die nachhaltige Verfügbarkeit dieser Ressourcen zu berücksichtigen ist,

cc) der Art und Menge an Emissionen von Schadstoffen, Lärm, Erschütterungen, Licht, Wärme und Strahlung sowie der Verursachung von Belästigungen,

dd) der Art und Menge der erzeugten Abfälle und ihrer Beseitigung und Verwertung,

ee) der Risiken für die menschliche Gesundheit, das kulturelle Erbe oder die Umwelt (zum Beispiel durch Unfälle oder Katastrophen),

ff) der Kumulierung mit den Auswirkungen von Vorhaben benachbarter Plangebiete unter Berücksichtigung etwaiger bestehender Umweltprobleme in Bezug auf möglicherweise betroffene Gebiete mit spezieller Umweltrelevanz oder auf die Nutzung von natürlichen Ressourcen,

gg) der Auswirkungen der geplanten Vorhaben auf das Klima (zum Beispiel Art und Ausmaß der Treibhausgasemissionen) und der Anfälligkeit der geplanten Vorhaben gegenüber den Folgen des Klimawandels,

hh) der eingesetzten Techniken und Stoffe;

die Beschreibung nach Halbsatz 2 soll sich auf die direkten und die etwaigen indirekten, sekundären, kumulativen, grenzüberschreitenden, kurzfristigen, mittelfristigen und langfristigen, ständigen und vorübergehenden sowie positiven und negativen Auswirkungen der geplanten Vorhaben erstrecken; die Beschreibung nach Halbsatz 2 soll zudem den auf Ebene der Europäischen Union oder auf Bundes-, Landes- oder kommunaler Ebene festgelegten Umweltschutzzielen Rechnung tragen;

340. Raumordnungsgesetz (ROG)[1) 2) 3) 4)]

Vom 22. Dezember 2008

(BGBl. I S. 2986)

FNA 2301-2

geänd. durch Art. 4 Drittes G zur Änd. des EnergieeinsparungsG v. 28.3.2009 (BGBl. I S. 643), Art. 9 G zur Neuregelung des Rechts des Naturschutzes und der Landschaftspflege v. 29.7.2009 (BGBl. I S. 2542), Art. 9 G zur Neuregelung des Wasserrechts v. 31.7.2009 (BGBl. I S. 2585), Art. 124 Zehnte ZuständigkeitsanpassungsVO v. 31.8.2015 (BGBl. I S. 1474), Art. 1, 5 Satz 2 G zur Änderung raumordnungsrechtlicher Vorschriften v. 23.5.2017 (BGBl. I S. 1245), Art. 2 Abs. 14a, 15 G zur Modernisierung des Rechts der Umweltverträglichkeitsprüfung v. 20.7.2017 (BGBl. I S. 2808) und Art. 159 Elfte ZuständigkeitsanpassungsVO v. 19.6.2020 (BGBl. I S. 1328)

Inhaltsübersicht[5)]

---

1) **Amtl. Anm.:** Das Gesetz dient der Umsetzung folgender Rechtsakte des Gemeinschaftsrechts:
Richtlinie 79/409/EWG des Rates vom 2. April 1979 über die Erhaltung der wild lebenden Vogelarten (ABl. EG Nr. L 103 S. 1), zuletzt geändert durch Art. 1 der Änderungsrichtlinie 2006/105/EG vom 20. November 2006 (ABl. EU Nr. L 363 S. 368),
Richtlinie 92/43/EWG des Rates vom 21. Mai 1992 zur Erhaltung der natürlichen Lebensräume sowie der wild lebenden Tiere und Pflanzen (ABl. EG Nr. L 206 S. 7), zuletzt geändert durch Art. 1 der Änderungsrichtlinie 2006/105/EG vom 20. November 2006 (ABl. EU Nr. L 363 S. 368),
Richtlinie 2001/42/EG des europäischen Parlaments und des Rates vom 27. Juni 2001 über die Prüfung der Umweltauswirkungen bestimmter Pläne und Programme (ABl. EG Nr. L 197 S. 30).

2) Verkündet als Art. 1 G v. 22.12.2008 (BGBl. I S. 2986); Inkrafttreten von Abschnitt 3 (§§ 17–25) und § 29 gem. Art. 9 Nr. 1 Satz 1 dieses G am 31.12.2008; die übrigen Abschnitte und Paragraphen treten gem. Art. 9 Nr. 1 Satz 2 dieses G am 30.6.2009 in Kraft.

3) Zur Sicherstellung ordnungsgemäßer Planungs-und Genehmigungsverfahren während der COVID-19-Pandemie siehe das PlanungssicherstellungsG v. 20.5.2020 (BGBl. I S. 1041).

4) Die Änderungen durch G v. 23.5.2017 (BGBl. I S. 1245) treten teilweise erst **mWv 1.10.2021** in Kraft und sind insoweit im Text noch nicht berücksichtigt.

5) Inhaltsübersicht neu gef. mWv 29.11.2017 durch G v. 23.5.2017 (BGBl. I S. 1245).

Abschnitt 1. Allgemeine Vorschriften

§ 1[1)] Aufgabe und Leitvorstellung der Raumordnung. (1) [1]Der Gesamtraum der Bundesrepublik Deutschland und seine Teilräume sind durch Raumordnungspläne, durch raumordnerische Zusammenarbeit und durch Abstimmung raumbedeutsamer Planungen und Maßnahmen zu entwickeln, zu ordnen und zu sichern. [2]Dabei sind

1. unterschiedliche Anforderungen an den Raum aufeinander abzustimmen und die auf der jeweiligen Planungsebene auftretenden Konflikte auszugleichen,
2. Vorsorge für einzelne Nutzungen und Funktionen des Raums zu treffen.

(2) Leitvorstellung bei der Erfüllung der Aufgabe nach Absatz 1 ist eine nachhaltige Raumentwicklung, die die sozialen und wirtschaftlichen Ansprüche an den Raum mit seinen ökologischen Funktionen in Einklang bringt und zu einer dauerhaften, großräumig ausgewogenen Ordnung mit gleichwertigen Lebensverhältnissen in den Teilräumen führt.

(3) Die Entwicklung, Ordnung und Sicherung der Teilräume soll sich in die Gegebenheiten und Erfordernisse des Gesamtraums einfügen; die Entwicklung, Ordnung und Sicherung des Gesamtraums soll die Gegebenheiten und Erfordernisse seiner Teilräume berücksichtigen (Gegenstromprinzip).

(4) Raumordnung findet im Rahmen der Vorgaben des Seerechtsübereinkommens der Vereinten Nationen vom 10. Dezember 1982 (BGBl. 1994 II S. 1798) auch in der deutschen ausschließlichen Wirtschaftszone statt.

§ 2[2)] Grundsätze der Raumordnung. (1) Die Grundsätze der Raumordnung sind im Sinne der Leitvorstellung einer nachhaltigen Raumentwicklung nach § 1 Abs. 2 anzuwenden und durch Festlegungen in Raumordnungsplänen zu konkretisieren, soweit dies erforderlich ist.

---

1) § 1 Abs. 1 Satz 1 geänd. mWv 29.11.2017 durch G v. 23.5.2017 (BGBl. I S. 1245).

2) § 2 Abs. 2 Nr. 1 Satz 4, Nr. 3 Satz 6, Nr. 5 Satz 2 geänd., Nr. 6 Satz 2 neu gef., Satz 3 geänd., Satz 9 angef. mWv 29.11.2017 durch G v. 23.5.2017 (BGBl. I S. 1245).

Abschnitt 3.[1] Raumordnung im Bund

§ 17[2] Raumordnungspläne für die deutsche ausschließliche Wirtschaftszone und für den Gesamtraum. (1) [1]Das Bundesministerium des Innern, für Bau und Heimat stellt im Einvernehmen mit den fachlich betroffenen Bundesministerien für die deutsche ausschließliche Wirtschaftszone einen Raumordnungsplan als Rechtsverordnung auf. [2]Der Raumordnungsplan soll unter Berücksichtigung etwaiger Wechselwirkungen zwischen Land und Meer sowie unter Berücksichtigung von Sicherheitsaspekten Festlegungen treffen

1. zur Gewährleistung der Sicherheit und Leichtigkeit des Schiffsverkehrs,
2. zu weiteren wirtschaftlichen Nutzungen,
3. zu wissenschaftlichen Nutzungen sowie
4. zum Schutz und zur Verbesserung der Meeresumwelt.

[3]Das Bundesamt für Seeschifffahrt und Hydrographie führt mit Zustimmung des Bundesministeriums des Innern, für Bau und Heimat die vorbereitenden Verfahrensschritte zur Aufstellung des Raumordnungsplans durch. [4]Das Bundesministerium des Innern, für Bau und Heimat arbeitet mit den angrenzenden Staaten und Ländern zusammen, um die Abstimmung und Kohärenz des Raumordnungsplans mit den Raumplanungen der angrenzenden Staaten und Länder sicherzustellen.

(2) [1]Das Bundesministerium des Innern, für Bau und Heimat kann im Einvernehmen mit den fachlich betroffenen Bundesministerien länderübergreifende Raumordnungspläne für den Hochwasserschutz sowie zu Standortkonzepten für Häfen und Flughäfen als Grundlage für ihre verkehrliche Anbindung im Rahmen der Bundesverkehrswegeplanung als Rechtsverordnung aufstellen. [2]Voraussetzung ist, dass dies für die räumliche Entwicklung und Ordnung des Bundesgebietes unter nationalen oder europäischen Gesichtspunkten erforderlich ist. [3]Die Beratungs- und Unterrichtungspflicht nach § 24 Absatz 1 und 4 ist zu beachten. [4]Das Bundesamt für Bauwesen und Raumordnung führt mit Zustimmung des Bundesministeriums des Innern, für Bau und Heimat die vorbereitenden Verfahrensschritte zur Aufstellung der Raumordnungspläne durch. [5]Das Bundesministerium des Innern, für Bau und Heimat beteiligt bei der Planaufstellung die Bundesministerien und stellt das Benehmen mit den Ländern und den angrenzenden Staaten her.

(3) [1]Das Bundesministerium des Innern, für Bau und Heimat kann im Einvernehmen mit den fachlich betroffenen Bundesministerien für die räumliche Entwicklung des Bundesgebietes einzelne Grundsätze der Raumordnung nach § 2 Absatz 2 durch Grundsätze in einem Raumordnungsplan konkretisieren. [2]Die Beratungs- und Unterrichtungspflicht nach § 24 Absatz 1 und 4 ist zu beachten. [3]Das Bundesamt für Bauwesen und Raumordnung führt mit Zustimmung des Bundesministeriums des Innern, für Bau und Heimat die vorbereitenden Verfahrensschritte zur Aufstellung des Raumordnungsplans durch. [4]Das Bundesministerium des Innern, für Bau und Heimat beteiligt bei der

---

[1] Abschnitt 3 (§§ 17–25) tritt gem. Art. 9 Nr. 1 Satz 1 G v. 22.12.2008 (BGBl. I S. 2986) am 31.12. 2008 in Kraft.

[2] § 17 neu gef. mWv 29.11.2017 durch G v. 23.5.2017 (BGBl. I S. 1245); Abs. 1 Sätze 1, 3, 4, Abs. 2 Sätze 1, 4, 5, Abs. 3 Sätze 1, 3, 4 geänd. mWv 27.6.2020 durch VO v. 19.6.2020 (BGBl. I S. 1328).

Planaufstellung die Bundesministerien und stellt das Benehmen mit den Ländern und den angrenzenden Staaten her.

(4) Zur Vorbereitung oder Verwirklichung von Raumordnungsplänen nach den Absätzen 1 und 2 kann der Träger der Bundesraumordnung entsprechend § 14 Absatz 1 und Absatz 2 Satz 1 Nummer 1 vertragliche Vereinbarungen treffen; Gegenstand dieser Vereinbarungen kann auch die Übernahme von Kosten sein, die dem Träger der Bundesraumordnung bei der im Interesse des Vertragspartners liegenden Vorbereitung oder Verwirklichung von Raumordnungsplänen entstehen.

(5) [1] Auf den Raumordnungsplan nach Absatz 3 finden die §§ 8 und 10 keine Anwendung. [2] Der Raumordnungsplan nach Absatz 3 ist im Bundesanzeiger bekannt zu machen; mit der Bekanntmachung tritt er in Kraft. [3] Die Bekanntmachung kann auch dadurch bewirkt werden, dass der Raumordnungsplan bei der Bundesverwaltung zu jedermanns Einsicht ausgelegt und im Bundesanzeiger darauf hingewiesen wird, wo der Raumordnungsplan eingesehen werden kann. [4] Elektronische Informationstechnologien sollen ergänzend genutzt werden; § 9 Absatz 2 Satz 6 gilt entsprechend.

§ 18[1)] Beteiligung bei der Aufstellung von Raumordnungsplänen des Bundes. Hinsichtlich der Beteiligung bei der Aufstellung von Raumordnungsplänen des Bundes gilt § 9 mit den folgenden Maßgaben:

1. Ort und Dauer der Auslegung nach § 9 Absatz 2 sind mindestens eine Woche vor Beginn der Auslegung im Verkündungsblatt der auslegenden Behörde und in zwei überregionalen Tageszeitungen amtlich bekannt zu machen.
2. Die Regelungen des § 9 Absatz 2 und 3 gelten für die in ihren Belangen berührten öffentlichen Stellen mit der Maßgabe, dass ihnen der Planentwurf und die Begründung und im Falle einer Umweltprüfung auch der Umweltbericht sowie weitere, nach Einschätzung der für den Raumordnungsplan zuständigen Stelle zweckdienliche Unterlagen zur Verfügung zu stellen sind.

§ 19[2)] Zielabweichung bei Raumordnungsplänen des Bundes. [1] Hinsichtlich der Zielabweichung bei Raumordnungsplänen des Bundes gilt § 6 Abs. 2 mit der Maßgabe, dass über den Antrag auf Zielabweichung bei Raumordnungsplänen nach § 17 Absatz 1 das Bundesamt für Seeschifffahrt und Hydrographie und bei Raumordnungsplänen nach § 17 Absatz 2 das Bundesministerium des Innern, für Bau und Heimat entscheidet. [2] Wird über den Antrag auf Zielabweichung im Zulassungsverfahren über eine raumbedeutsame Planung oder Maßnahme oder in einem anderen Verfahren entschieden, ist das Benehmen mit dem Bundesministerium des Innern, für Bau und Heimat erforderlich.

§ 20[3)] Untersagung raumbedeutsamer Planungen und Maßnahmen bei Raumordnungsplänen des Bundes. Für die Untersagung raumbedeut-

---

[1)] § 18 einl. Satzteil geänd., Nr. 1 neu gef., Nr. 2 Satz 1 geänd., Sätze 2, 3 und Nr. 3, 4 aufgeh. mWv 29.11.2017 durch G v. 23.5.2017 (BGBl. I S. 1245).

[2)] Früherer § 21 Sätze 1 und 2 geänd. mWv 8.9.2015 durch VO v. 31.8.2015 (BGBl. I S. 1474); § 19 aufgeh., bish. § 21 wird § 19 und Satz 1 geänd. mWv 29.11.2017 durch G v. 23.5.2017 (BGBl. I S. 1245); Sätze 1, 2 geänd. mWv 27.6.2020 durch VO v. 19.6.2020 (BGBl. I S. 1328).

[3)] Früherer § 22 geänd. mWv 8.9.2015 durch VO v. 31.8.2015 (BGBl. I S. 1474); § 20 aufgeh., bish. § 22 wird § 20 und geänd. mWv 29.11.2017 durch G v. 23.5.2017 (BGBl. I S. 1245); geänd. mWv 27.6.2020 durch VO v. 19.6.2020 (BGBl. I S. 1328).

samer Planungen und Maßnahmen bei Raumordnungsplänen des Bundes gilt § 12 Abs. 2 und 3 mit der Maßgabe, dass für die Untersagung das Bundesministerium des Innern, für Bau und Heimat zuständig ist.

§ 21[1] **Ermächtigung zum Erlass von Rechtsverordnungen.** (1) Die Bundesregierung wird ermächtigt durch Rechtsverordnung mit Zustimmung des Bundesrates Planungen und Maßnahmen zu bestimmen, für die ein Raumordnungsverfahren durchgeführt werden soll, wenn sie im Einzelfall raumbedeutsam sind und überörtliche Bedeutung haben.

(2) [1] Das Bundesministerium des Innern, für Bau und Heimat wird ermächtigt, durch Rechtsverordnung die Bedeutung und Form der Planzeichen zu bestimmen, die für die Festlegungen in Raumordnungsplänen notwendig sind. [2] Die Rechtsverordnung nach Satz 1 bedarf der Zustimmung des Bundesrates, wenn sie die Bedeutung und Form der Planzeichen bestimmt, die für Festlegungen in Raumordnungsplänen der Länder notwendig sind.

§ 22[2] **Zuständigkeiten des Bundesamtes für Bauwesen und Raumordnung.** (1) [1] Das Bundesamt für Bauwesen und Raumordnung führt ein Informationssystem zur räumlichen Entwicklung im Bundesgebiet und in den angrenzenden Gebieten. [2] Das Bundesministerium des Innern, für Bau und Heimat stellt den Ländern die Ergebnisse des Informationssystems zur Verfügung.

(2) [1] Das Bundesamt für Bauwesen und Raumordnung erstattet dem Bundesministerium des Innern, für Bau und Heimat zur Vorlage an den Deutschen Bundestag in regelmäßigen Abständen Berichte, insbesondere über

1. die bei der räumlichen Entwicklung des Bundesgebietes zugrunde zu legenden Tatsachen (Bestandsaufnahme, Entwicklungstendenzen),
2. die im Rahmen der angestrebten räumlichen Entwicklung durchgeführten und beabsichtigten raumbedeutsamen Planungen und Maßnahmen,
3. die räumliche Verteilung der raumbedeutsamen Planungen und Maßnahmen des Bundes und der Europäischen Union im Bundesgebiet und deren Wirkung,
4. die Auswirkungen der europäischen Integration auf die räumliche Entwicklung des Bundesgebietes.

[2] Die Berichte können sich auf fachliche und teilräumliche Aspekte beschränken.

§ 23[3] **Beirat für Raumentwicklung.** (1) Der Beirat für Raumentwicklung hat die Aufgabe, das Bundesministerium des Innern, für Bau und Heimat in Grundsatzfragen der räumlichen Entwicklung zu beraten.

(2) Das Bundesministerium des Innern, für Bau und Heimat beruft im Benehmen mit den zuständigen Spitzenverbänden in den Beirat Vertreter aus

---

[1] Früherer § 23 Abs. 2 Satz 1 geänd. mWv 8.9.2015 durch VO v. 31.8.2015 (BGBl. I S. 1474); bish. § 23 wird § 21 und Abs. 2 Sätze 1, 2 geänd. mWv 29.11.2017 durch G v. 23.5.2017 (BGBl. I S. 1245); Abs. 2 Satz 1 geänd. mWv 27.6.2020 durch VO v. 19.6.2020 (BGBl. I S. 1328).

[2] § 22 eingef. mWv 29.11.2017 durch G v. 23.5.2017 (BGBl. I S. 1245); Abs. 1 Satz 2, Abs. 2 Satz 1 einl. Satzteil geänd. mWv 27.6.2020 durch VO v. 19.6.2020 (BGBl. I S. 1328).

[3] Früherer § 24 Abs. 1 und 2 geänd. mWv 8.9.2015 durch VO v. 31.8.2015 (BGBl. I S. 1474); bish. § 24 wird § 23 und Abs. 2 geänd. mWv 29.11.2017 durch G v. 23.5.2017 (BGBl. I S. 1245); Abs. 1, 2 geänd. mWv 27.6.2020 durch VO v. 19.6.2020 (BGBl. I S. 1328).

der Wissenschaft und der Praxis aus Bereichen mit relevanten Bezügen zur räumlichen Entwicklung des Bundesgebietes.

Abschnitt 4. Ergänzende Vorschriften und Schlussvorschriften

§ 24[1)] Zusammenarbeit von Bund und Ländern. (1) Grundsätzliche Angelegenheiten der Raumordnung sollen vom Bundesministerium des Innern, für Bau und Heimat und den für Raumordnung zuständigen obersten Landesbehörden in der Ministerkonferenz für Raumordnung gemeinsam beraten werden.

(2) Bund und Länder können im Rahmen der Ministerkonferenz für Raumordnung Leitbilder für die räumlichen Entwicklung des Bundesgebietes oder von über die Länder hinausgreifenden Zusammenhängen entwickeln.

(3) [1]Der Bund beteiligt sich in Zusammenarbeit mit den Ländern an einer Politik des räumlichen Zusammenhalts in der Europäischen Union und im größeren europäischen Raum. [2]Bund und Länder wirken bei der grenzüberschreitenden Zusammenarbeit mit den Nachbarstaaten im Bereich der Raumordnung eng zusammen.

(4) Bund und Länder sind verpflichtet, sich gegenseitig alle Auskünfte zu erteilen, die zur Durchführung der Aufgaben der Raumordnung notwendig sind.

§ 25[2)] Beteiligung bei der Aufstellung von Raumordnungsplänen der Nachbarstaaten. (1) Wird die Durchführung eines in einem Nachbarstaat vorgesehenen Raumordnungsplans voraussichtlich erhebliche Auswirkungen auf das angrenzende Plangebiet in der Bundesrepublik Deutschland haben, so ersucht diejenige deutsche Stelle, an deren Plangebiet der ausländische Raumordnungsplan angrenzt und die für einen gleichartigen Raumordnungsplan in Deutschland zuständig wäre, die zuständige Behörde des Nachbarstaates um Unterlagen über den Raumordnungsplan, insbesondere um eine Beschreibung des Planinhalts und um Angaben über grenzüberschreitende Auswirkungen des Plans.

(2) [1]Hält die deutsche Stelle nach Absatz 1 eine Beteiligung für erforderlich, so teilt sie dies der zuständigen Behörde des Nachbarstaates mit und ersucht, soweit erforderlich, um weitere Angaben zum Raumordnungsplan. [2]Sodann unterrichtet sie die in ihren Belangen berührten öffentlichen Stellen und die Öffentlichkeit, gibt ihnen Gelegenheit zur Einsichtnahme in die Unterlagen und weist, sofern sie nicht die Abgabe einer einheitlichen Stellungnahme für angezeigt hält, darauf hin, welcher Behörde des Nachbarstaates innerhalb welcher Frist eine Stellungnahme zugeleitet werden kann. [3]Die deutsche Stelle nach Absatz 1 gibt der zuständigen Behörde des Nachbarstaates zudem alle ihr vorliegenden Informationen, die für die Aufstellung des Raumordnungsplans bedeutsam sein können.

(3) Grenzt das Plangebiet eines ausländischen Raumordnungsplans an die deutsche ausschließliche Wirtschaftszone an, so ist im Hinblick auf die dortigen

---

[1)] Früherer § 26 Abs. 1 geänd. mWv 8.9.2015 durch VO v. 31.8.2015 (BGBl. I S. 1474); bish. § 26 wird § 24 mWv 29.11.2017 durch G v. 23.5.2017 (BGBl. I S. 1245); Abs. 1 geänd. mWv 27.6.2020 durch VO v. 19.6.2020 (BGBl. I S. 1328).

[2)] § 25 eingef. mWv 29.11.2017 durch G v. 23.5.2017 (BGBl. I S. 1245); Abs. 3 geänd. mWv 27.6.2020 durch VO v. 19.6.2020 (BGBl. I S. 1328).

Auswirkungen die für das Beteiligungsverfahren zuständige deutsche Stelle das Bundesministerium des Innern, für Bau und Heimat.

§ 26[1)] Gebühren und Auslagen. [1]Für individuell zurechenbare öffentliche Leistungen nach § 19, die das Bundesamt für Seeschifffahrt und Hydrographie durchführt, werden Gebühren erhoben. [2]Das Bundesministerium des Innern, für Bau und Heimat wird ermächtigt, im Einvernehmen mit dem Bundesministerium der Finanzen durch Rechtsverordnung die Gebühren für die einzelnen individuell zurechenbaren öffentlichen Leistungen im Sinne des Satzes 1 zu bestimmen und dabei feste Sätze oder Rahmensätze vorzusehen. [3]Die Gebührensätze sind so zu bemessen, dass der mit den individuell zurechenbaren öffentlichen Leistungen verbundene Personal- und Sachaufwand gedeckt wird; bei begünstigenden individuell zurechenbaren öffentlichen Leistungen kann daneben die Bedeutung, der wirtschaftliche Wert oder der sonstige Nutzen für die Gebührenschuldner angemessen berücksichtigt werden.

§ 27[2)] Anwendungsvorschrift für die Raumordnung in den Ländern.

(1) [1]Verfahren zur Aufstellung von Raumordnungsplänen nach § 13 sowie Raumordnungsverfahren nach § 15, die vor dem 29. November 2017 förmlich eingeleitet wurden, werden nach den bis zum 28. November 2017 geltenden Raumordnungsgesetzen von Bund und Ländern abgeschlossen. [2]Ist mit gesetzlich vorgeschriebenen einzelnen Schritten des Verfahrens noch nicht begonnen worden, können diese auch nach den Vorschriften dieses Gesetzes durchgeführt werden.

(2) [1]§ 11 ist auch auf Raumordnungspläne der Länder anzuwenden, die vor dem 29. November 2017 in Kraft getreten sind. [2]Weiter gehende landesrechtliche Regelungen zur Unbeachtlichkeit von Fehlern bei der Planaufstellung oder durch Fristablauf bleiben unberührt.

(3) Am 29. November 2017 geltendes Landesrecht, das § 2 Absatz 2, die §§ 6 bis 12 oder die Vorschriften des Abschnitts 2 dieses Gesetzes ergänzt, sowie landesrechtliche Gebührenregelungen und weiter gehendes Landesrecht zur Beschleunigung des Verfahrens bei Änderung eines ausgelegten Raumordnungsplanentwurfs bleiben unberührt.

Anlage 1[3)]
(zu § 8 Abs. 1)

Der Umweltbericht nach § 8 Abs. 1 besteht aus

1. einer Einleitung mit folgenden Angaben:
   a) Kurzdarstellung des Inhalts und der wichtigsten Ziele des Raumordnungsplans,
   b) Darstellung der in den einschlägigen Gesetzen und Plänen festgelegten Ziele des Umweltschutzes, die für den Raumordnungsplan von Bedeutung

---

[1)] Früherer § 27 Satz 2 geänd. mWv 8.9.2015 durch VO v. 31.8.2015 (BGBl. I S. 1474); bish. § 27 wird § 26 und Überschrift neu gef., Sätze 1–3 geänd. mWv 29.11.2017 durch G v. 23.5.2017 (BGBl. I S. 1245); Satz 2 geänd. mWv 27.6.2020 durch VO v. 19.6.2020 (BGBl. I S. 1328).

[2)] § 29 aufgeh., bish. § 28 wird § 27 und Abs. 1 Satz 1 geänd., Abs. 2 neu gef., Abs. 3 geänd. mWv 29.11.2017 durch G v. 23.5.2017 (BGBl. I S. 1245).

[3)] Anl. 1 geänd. mWv 29.11.2017 durch G v. 23.5.2017 (BGBl. I S. 1245).

sind, und der Art, wie diese Ziele und die Umweltbelange bei der Aufstellung berücksichtigt wurden;

2. einer Beschreibung und Bewertung der Umweltauswirkungen, die in der Umweltprüfung nach § 8 Abs. 1 ermittelt wurden, mit Angaben der
   a) Bestandsaufnahme der einschlägigen Aspekte des derzeitigen Umweltzustands, einschließlich der Umweltmerkmale der Gebiete, die voraussichtlich erheblich beeinflusst werden, einschließlich der Gebiete von gemeinschaftlicher Bedeutung und der Europäischen Vogelschutzgebiete im Sinne des Bundesnaturschutzgesetzes[1],
   b) Prognose über die Entwicklung des Umweltzustands bei Durchführung der Planung und bei Nichtdurchführung der Planung,
   c) geplanten Maßnahmen zur Vermeidung, Verringerung und zum Ausgleich der nachteiligen Auswirkungen und
   d) in Betracht kommenden anderweitigen Planungsmöglichkeiten, wobei die Ziele und der räumliche Geltungsbereich des Raumordnungsplans zu berücksichtigen sind;
3. folgenden zusätzlichen Angaben:
   a) Beschreibung der wichtigsten Merkmale der verwendeten technischen Verfahren bei der Umweltprüfung sowie Hinweise auf Schwierigkeiten, die bei der Zusammenstellung der Angaben aufgetreten sind, zum Beispiel technische Lücken oder fehlende Kenntnisse,
   b) Beschreibung der geplanten Maßnahmen zur Überwachung der erheblichen Auswirkungen der Durchführung des Raumordnungsplans auf die Umwelt und
   c) allgemein verständliche Zusammenfassung der erforderlichen Angaben nach dieser Anlage.

[1] Nr. **880**.

385. Wohngeldgesetz (WoGG)[1)2)]

Vom 24. September 2008
(BGBl. I S. 1856)

FNA 8601-3

geänd. durch Art. 1 Erstes ÄndG v. 22.12.2008 (BGBl. I S. 2963), Art. 9 ELENA-VerfahrensG v. 28.3.2009 (BGBl. I S. 634, geänd. durch G v. 23.11.2011, BGBl. I S. 2298), Art. 7 Abs. 8 G zur Reform des Kontopfändungsschutzes v. 7.7 2009 (BGBl. I S. 1707), Art. 22 HaushaltsbegleitG 2011 v. 9.12.2010 (BGBl. I S. 1885), Art. 12 Abs. 2 G zur Ermittlung von Regelbedarfen und zur Änd. des Zweiten und Zwölften Buches Sozialgesetzbuch v. 24.3.2011 (BGBl. I S. 453), Art. 9 G zur Änd. des BeherbergungsstatistikG und des HandelsstatistikG sowie zur Aufhebung von Vorschriften zum Verfahren des elektronischen Entgeltnachweises v. 23.11.2011 (BGBl. I S. 2298), Art. 35 G zur Verbesserung der Eingliederungschancen am Arbeitsmarkt v. 20.12.2011 (BGBl. I S. 2854), Art. 1 Drittes G zur Änd. wohnungsrechtl. Vorschriften v. 9.11.2012 (BGBl. I S. 2291), Art. 9 Abs. 5 SEPA-BegleitG v. 3.4.2013 (BGBl. I S. 610), Art. 1 WohngeldreformG v. 2.10.2015 (BGBl. I S. 1610), Art. 14 Nr. 12 AsylverfahrensbeschleunigungsG v. 20.10.2015 (BGBl. I S. 1722), Art. 3 Abs. 4 Neuntes G zur Änd. des SGB II – Rechtsvereinfachung – sowie zur vorübergehenden Aussetzung der Insolvenzantragspflicht v. 26.7.2016 (BGBl. I S. 1824), Art. 22 Abs. 4 6. SGB IV-ÄndG v. 11.11.2016 (BGBl. I S. 2500), Art. 43 FachkräfteeinwanderungsG v. 15.8.2019 (BGBl. I S. 1307), Art. 134 Zweites Datenschutz-Anpassungs- und UmsetzungsG EU v. 20.11.2019 (BGBl. I S. 1626), Art. 1 WohngeldstärkungsG v. 30.11.2019 (BGBl. I S. 1877), Art. 55 G zur Regelung des Sozialen Entschädigungsrechts v. 12.12.2019 (BGBl. I S 2652, geänd. 2020, S. 1015), Art. 1 und 1b Wohngeld-CO2-BepreisungsentlastungsG v. 15.5.2020 (BGBl. I S. 1015) und Art. 5 GrundrentenG v. 12.8.2020 (BGBl. I S. 1879).

Inhaltsübersicht[3)]

---

1) Verkündet als Art. 1 G zur Neuregelung des Wohngeldrechts und zur Änd. des Sozialgesetzbuches v. 24.9.2008 (BGBl. I S. 1856); Inkrafttreten gem. Art. 6 Abs. 1 Satz 1 dieses G am 1.1.2009 mit Ausnahme des § 12 Abs. 2 bis 5 und des § 38, die gem. Art. 6 Abs. 2 Satz 1 am 1.10.2008 in Kraft getreten sind.

2) Die Änderungen durch G v. 12.12.2019 (BGBl. I S. 2652) treten erst **mWv 1.1.2024**, die Änderungen durch G v. 15.5.2020 (BGBl. I S. 1015) treten teilweise erst **mWv 1.1.2024** in Kraft und sind insoweit im Text noch nicht berücksichtigt.

3) Inhaltsübers. geänd. mWv 30.12.2008 durch G v. 22.12.2008 (BGBl. I S. 2963); geänd. mWv 1.1.2011 durch G v. 9.12.2010 (BGBl. I S. 1885); geänd. mWv 1.1.2016 durch G v. 2.10.2015 (BGBl. I S. 1610); geänd. mWv 1.8.2016 durch G v. 26.7.2016 (BGBl. I S. 1824); geänd. mWv 1.1.2020 durch G v. 30.11.2019 (BGBl. I S. 1877); geänd. mWv 1.1.2021 durch G v. 15.5.2020 (BGBl. I S. 1015); geänd. mWv 1.1.2021 durch G v. 12.8.2020 (BGBl. I S. 1879).

Teil 1. Zweck des Wohngeldes und Wohngeldberechtigung

§ 1 Zweck des Wohngeldes. (1) Das Wohngeld dient der wirtschaftlichen Sicherung angemessenen und familiengerechten Wohnens.

(2) Das Wohngeld wird als Zuschuss zur Miete (Mietzuschuss) oder zur Belastung (Lastenzuschuss) für den selbst genutzten Wohnraum geleistet.

§ 2 Wohnraum. Wohnraum sind Räume, die vom Verfügungsberechtigten zum Wohnen bestimmt und hierfür nach ihrer baulichen Anlage und Ausstattung tatsächlich geeignet sind.

§ 3[1] Wohngeldberechtigung. (1) [1] Wohngeldberechtigte Person ist für den Mietzuschuss jede natürliche Person, die Wohnraum gemietet hat und diesen selbst nutzt. [2] Ihr gleichgestellt sind

1. die nutzungsberechtigte Person des Wohnraums bei einem dem Mietverhältnis ähnlichen Nutzungsverhältnis (zur mietähnlichen Nutzung berechtigte Person), insbesondere die Person, die ein mietähnliches Dauerwohnrecht hat,
2. die Person, die Wohnraum im eigenen Haus, das mehr als zwei Wohnungen hat, bewohnt, und
3. die Person, die in einem Heim im Sinne des Heimgesetzes[2] oder entsprechender Gesetze der Länder nicht nur vorübergehend aufgenommen ist.

(2) [1] Wohngeldberechtigte Person ist für den Lastenzuschuss jede natürliche Person, die Eigentum an selbst genutztem Wohnraum hat. [2] Ihr gleichgestellt sind

1. die erbbauberechtigte Person,
2. die Person, die ein eigentumsähnliches Dauerwohnrecht, ein Wohnungsrecht oder einen Nießbrauch innehat, und
3. die Person, die einen Anspruch auf Bestellung oder Übertragung des Eigentums, des Erbbaurechts, des eigentumsähnlichen Dauerwohnrechts, des Wohnungsrechts oder des Nießbrauchs hat.

[3] Die Sätze 1 und 2 gelten nicht im Fall des Absatzes 1 Satz 2 Nr. 2.

(3) [1] Erfüllen mehrere Personen für denselben Wohnraum die Voraussetzungen des Absatzes 1 oder des Absatzes 2 und sind sie zugleich Haushaltsmitglieder (§ 5), ist nur eine dieser Personen wohngeldberechtigt. [2] In diesem Fall bestimmen diese Personen die wohngeldberechtigte Person.

(4) Wohngeldberechtigt ist nach Maßgabe der Absätze 1 bis 3 auch, wer zwar nach den §§ 7 und 8 Abs. 1 vom Wohngeld ausgeschlossen ist, aber mit mindestens einem zu berücksichtigenden Haushaltsmitglied (§ 6) Wohnraum gemeinsam bewohnt.

---

[1] § 3 Abs. 4 geänd. mWv 1.1.2016 durch G v. 2.10.2015 (BGBl. I S. 1610); Abs. 5 Satz 1 Nr. 4 geänd. mWv 24.10.2015 durch G v. 20.10.2015 (BGBl. I S. 1722); Abs. 5 Satz 3 angef. mWv 1.3. 2020 durch G v. 15.8.2019 (BGBl. I S. 1307).

[2] **Sartorius ErgBd. Nr. 419.**

(5) [1]Ausländer im Sinne des § 2 Abs. 1 des Aufenthaltsgesetzes[1)] (ausländische Personen) sind nach Maßgabe der Absätze 1 bis 4 nur wohngeldberechtigt, wenn sie sich im Bundesgebiet tatsächlich aufhalten und

1. ein Aufenthaltsrecht nach dem Freizügigkeitsgesetz/EU[2)] haben,
2. einen Aufenthaltstitel oder eine Duldung nach dem Aufenthaltsgesetz haben,
3. ein Recht auf Aufenthalt nach einem völkerrechtlichen Abkommen haben,
4. eine Aufenthaltsgestattung nach dem Asylgesetz[3)] haben,
5. die Rechtsstellung eines heimatlosen Ausländers im Sinne des Gesetzes über die Rechtsstellung heimatloser Ausländer im Bundesgebiet[4)] haben oder
6. auf Grund einer Rechtsverordnung vom Erfordernis eines Aufenthaltstitels befreit sind.

[2]Nicht wohngeldberechtigt sind ausländische Personen, die durch eine völkerrechtliche Vereinbarung von der Anwendung deutscher Vorschriften auf dem Gebiet der sozialen Sicherheit befreit sind. [3]In der Regel nicht wohngeldberechtigt sind Ausländer, die im Besitz eines Aufenthaltstitels zur Ausbildungsplatzsuche nach § 17 Absatz 1 des Aufenthaltsgesetzes, zur Arbeitsplatzsuche nach § 20 des Aufenthaltsgesetzes, für ein studienbezogenes Praktikum nach § 16e des Aufenthaltsgesetzes oder zur Teilnahme am europäischen Freiwilligendienst nach § 19e des Aufenthaltsgesetzes sind.

Teil 2. Berechnung und Höhe des Wohngeldes

Kapitel 1. Berechnungsgrößen des Wohngeldes

§ 4 Berechnungsgrößen des Wohngeldes. Das Wohngeld richtet sich nach

1. der Anzahl der zu berücksichtigenden Haushaltsmitglieder (§§ 5 bis 8),
2. der zu berücksichtigenden Miete oder Belastung (§§ 9 bis 12) und
3. dem Gesamteinkommen (§§ 13 bis 18) und ist nach § 19 zu berechnen.

Kapitel 2. Haushaltsmitglieder

§ 5[5)] Haushaltsmitglieder. (1) [1]Haushaltsmitglied ist die wohngeldberechtigte Person, wenn der Wohnraum, für den sie Wohngeld beantragt, der Mittelpunkt ihrer Lebensbeziehungen ist. [2]Haushaltsmitglied ist auch, wer

1. als Ehegatte eines Haushaltsmitgliedes von diesem nicht dauernd getrennt lebt,
2. als Lebenspartner oder Lebenspartnerin eines Haushaltsmitgliedes von diesem nicht dauernd getrennt lebt,
3. mit einem Haushaltsmitglied so zusammenlebt, dass nach verständiger Würdigung der wechselseitige Wille anzunehmen ist, Verantwortung füreinander zu tragen und füreinander einzustehen,
4. mit einem Haushaltsmitglied in gerader Linie oder zweiten oder dritten Grades in der Seitenlinie verwandt oder verschwägert ist,

---

[1)] Nr. **565**.
[2)] Nr. **560**.
[3)] Nr. **567**.
[4)] Nr. **563**.
[5)] § 5 Abs. 1 Satz 2 abschl. Satzteil geänd., Abs. 3 und 4 aufgeh., bish. Abs. 5 wird Abs. 3, bish. Abs. 6 wird Abs. 4 und neu gef. mWv 1.1.2016 durch G v. 2.10.2015 (BGBl. I S. 1610).

5. ohne Rücksicht auf das Alter Pflegekind eines Haushaltsmitgliedes ist,
6. Pflegemutter oder Pflegevater eines Haushaltsmitgliedes ist

und mit der wohngeldberechtigten Person den Wohnraum, für den Wohngeld beantragt wird, gemeinsam bewohnt, wenn dieser Wohnraum der jeweilige Mittelpunkt der Lebensbeziehungen ist.

(2) Ein wechselseitiger Wille, Verantwortung füreinander zu tragen und füreinander einzustehen, wird vermutet, wenn mindestens eine der Voraussetzungen nach den Nummern 1 bis 4 des § 7 Abs. 3a des Zweiten Buches Sozialgesetzbuch[1)] erfüllt ist.

(3) Ausländische Personen sind nur Haushaltsmitglieder nach Absatz 1 Satz 2, wenn sie die Voraussetzungen der Wohngeldberechtigung nach § 3 Abs. 5 erfüllen.

(4) [1] Betreuen nicht nur vorübergehend getrennt lebende Eltern ein Kind oder mehrere Kinder zu annähernd gleichen Teilen, ist jedes dieser Kinder bei beiden Elternteilen Haushaltsmitglied. [2] Gleiches gilt bei einer Aufteilung der Betreuung bis zu einem Verhältnis von mindestens einem Drittel zu zwei Dritteln je Kind. [3] Betreuen die Eltern mindestens zwei dieser Kinder nicht in einem Verhältnis nach Satz 1 oder 2, ist bei dem Elternteil mit dem geringeren Betreuungsanteil nur das jüngste dieser Kinder Haushaltsmitglied. [4] Für Pflegekinder und Pflegeeltern gelten die Sätze 1 bis 3 entsprechend.

§ 6 Zu berücksichtigende Haushaltsmitglieder. (1) Bei der Berechnung des Wohngeldes sind vorbehaltlich des Absatzes 2 und der §§ 7 und 8 sämtliche Haushaltsmitglieder zu berücksichtigen (zu berücksichtigende Haushaltsmitglieder).

(2) [1] Stirbt ein zu berücksichtigendes Haushaltsmitglied, ist dies für die Dauer von zwölf Monaten nach dem Sterbemonat ohne Einfluss auf die bisher maßgebende Anzahl der zu berücksichtigenden Haushaltsmitglieder. [2] Satz 1 ist nicht mehr anzuwenden, wenn nach dem Todesfall

1. die Wohnung aufgegeben wird,
2. die Zahl der zu berücksichtigenden Haushaltsmitglieder sich mindestens auf den Stand vor dem Todesfall erhöht oder
3. der auf den Verstorbenen entfallende Anteil der Kosten der Unterkunft in einer Leistung nach § 7 Abs. 1 mindestens teilweise berücksichtigt wird.

§ 7[2)] Ausschluss vom Wohngeld. (1) [1] Vom Wohngeld ausgeschlossen sind Empfänger und Empfängerinnen von

1. Arbeitslosengeld II und Sozialgeld nach dem Zweiten Buch Sozialgesetzbuch[1)], auch in den Fällen des § 25 des Zweiten Buches Sozialgesetzbuch,
2. Leistungen für Auszubildende nach § 27 Absatz 3 des Zweiten Buches Sozialgesetzbuch, die als Zuschuss erbracht werden,

---

[1)] **Sartorius ErgBd. Nr. 402.**

[2)] § 7 Abs. 1 Satz 3, Abs. 2 Satz 2 neu gef. mWv 30.12.2008 durch G v. 22.12.2008 (BGBl. I S. 2963); Abs. 1 Satz 1 Nr. 2 geänd. mWv 1.4.2011 durch G v. 24.3.2011 (BGBl. I S. 453); Abs. 1 Satz 1 Nr. 2 aufgeh. mWv 1.8.2016 durch G v. 26.7.2016 (BGBl. I S. 1824); Abs. 1 Satz 1 Nr. 2 neu gef. mWv 1.1.2020 durch G v. 30.11.2019 (BGBl. I S. 1877); Abs. 2 Satz 1 neu gef. mWv 23.5.2020 durch G v. 15.5.2020 (BGBl. I S. 1015).

3. Übergangsgeld in Höhe des Betrages des Arbeitslosengeldes II nach § 21 Abs. 4 Satz 1 des Sechsten Buches Sozialgesetzbuch[1)],
4. Verletztengeld in Höhe des Betrages des Arbeitslosengeldes II nach § 47 Abs. 2 des Siebten Buches Sozialgesetzbuch[2)],
5. Grundsicherung im Alter und bei Erwerbsminderung nach dem Zwölften Buch Sozialgesetzbuch[3)],
6. Hilfe zum Lebensunterhalt nach dem Zwölften Buch Sozialgesetzbuch,
7. a) ergänzender Hilfe zum Lebensunterhalt oder
   b) anderen Hilfen in einer stationären Einrichtung, die den Lebensunterhalt umfassen,

   nach dem Bundesversorgungsgesetz[4)] oder nach einem Gesetz, das dieses für anwendbar erklärt,
8. Leistungen in besonderen Fällen und Grundleistungen nach dem Asylbewerberleistungsgesetz[5)] oder
9. Leistungen nach dem Achten Buch Sozialgesetzbuch in Haushalten, zu denen ausschließlich Personen gehören, die diese Leistungen empfangen,

wenn bei deren Berechnung Kosten der Unterkunft berücksichtigt worden sind (Leistungen). [2]Der Ausschluss besteht in den Fällen des Satzes 1 Nr. 3 und 4, wenn bei der Berechnung des Arbeitslosengeldes II Kosten der Unterkunft berücksichtigt worden sind. [3]Der Ausschluss besteht nicht, wenn

1. die Leistungen nach den Sätzen 1 und 2 ausschließlich als Darlehen gewährt werden oder
2. durch Wohngeld die Hilfebedürftigkeit im Sinne des § 9 des Zweiten Buches Sozialgesetzbuch, des § 19 Abs. 1 und 2 des Zwölften Buches Sozialgesetzbuch oder des § 27a des Bundesversorgungsgesetzes vermieden oder beseitigt werden kann und
   a) die Leistungen nach Satz 1 Nr. 1 bis 7 während der Dauer des Verwaltungsverfahrens zur Feststellung von Grund und Höhe dieser Leistungen noch nicht erbracht worden sind oder
   b) der zuständige Träger eine der in Satz 1 Nr. 1 bis 7 genannten Leistungen als nachrangig verpflichteter Leistungsträger nach § 104 des Zehnten Buches Sozialgesetzbuch[6)] erbringt.

(2) [1]Ausgeschlossen sind auch Haushaltsmitglieder, die keine Empfänger der in Absatz 1 Satz 1 genannten Leistungen sind und

1. die in § 7 Absatz 3 des Zweiten Buches Sozialgesetzbuch, auch in den Fällen des Übergangs- oder Verletztengeldes nach Absatz 1 Satz 1 Nummer 3 und 4 genannt und deren Einkommen und Vermögen bei der Ermittlung der Leistungen eines anderen Haushaltsmitglieds nach Absatz 1 Satz 1 Nummer 1, 3 oder 4 berücksichtigt worden sind,
2. deren Einkommen und Vermögen nach § 43 Absatz 1 Satz 2 des Zwölften Buches Sozialgesetzbuch bei der Ermittlung der Leistung eines anderen

---

[1)] **Aichberger, SGB Nr. 6.**
[2)] **Aichberger, SGB Nr. 7.**
[3)] **Sartorius ErgBd. Nr. 412.**
[4)] **Wehrrecht Nr. 710.**
[5)] **Sartorius ErgBd. Nr. 418.**
[6)] **Sartorius ErgBd. Nr. 410.**

Haushaltsmitglieds nach Absatz 1 Satz 1 Nummer 5 berücksichtigt worden sind,

3. deren Einkommen und Vermögen nach § 27 Absatz 2 Satz 2 oder 3 des Zwölften Buches Sozialgesetzbuch bei der Ermittlung der Leistung eines anderen Haushaltsmitglieds nach Absatz 1 Satz 1 Nummer 6 berücksichtigt worden sind,
4. deren Einkommen und Vermögen nach § 27a Satz 2 des Bundesversorgungsgesetzes in Verbindung mit § 27 Absatz 2 Satz 2 oder 3 des Zwölften Buches Sozialgesetzbuch bei der Ermittlung der Leistung eines anderen Haushaltsmitglieds nach Absatz 1 Satz 1 Nummer 7 berücksichtigt worden sind, oder
5. deren Einkommen und Vermögen nach § 7 Absatz 1 des Asylbewerberleistungsgesetzes bei der Ermittlung der Leistung eines anderen Haushaltsmitglieds nach Absatz 1 Satz 1 Nummer 8 berücksichtigt worden sind.

[2] Der Ausschluss besteht nicht, wenn

1. die Leistungen nach Absatz 1 Satz 1 und 2 ausschließlich als Darlehen gewährt werden oder
2. die Voraussetzungen des Absatzes 1 Satz 3 Nr. 2 vorliegen.

(3) Ausgeschlossen sind auch Haushaltsmitglieder, deren Leistungen nach Absatz 1 auf Grund einer Sanktion vollständig weggefallen sind.

§ 8[1)] Dauer des Ausschlusses vom Wohngeld und Verzicht auf Leistungen. (1) [1] Der Ausschluss vom Wohngeld besteht vorbehaltlich des § 7 Abs. 1 Satz 3 Nr. 2 und Abs. 2 Satz 2 Nr. 2 für die Dauer des Verwaltungsverfahrens zur Feststellung von Grund und Höhe der Leistungen nach § 7 Abs. 1. [2] Der Ausschluss besteht vorbehaltlich des § 7 Abs. 1 Satz 3 Nr. 2 und Abs. 2 Satz 2 Nr. 2

1. nach der Antragstellung auf eine Leistung nach § 7 Abs. 1 ab dem Ersten
   a) des Monats, für den der Antrag gestellt worden ist, oder
   b) des nächsten Monats, wenn die Leistung nach § 7 Abs. 1 nicht vom Ersten eines Monats an beantragt wird,
2. nach der Bewilligung einer Leistung nach § 7 Abs. 1 ab dem Ersten
   a) des Monats, für den die Leistung nach § 7 Abs. 1 bewilligt wird, oder
   b) des nächsten Monats, wenn die Leistung nach § 7 Abs. 1 nicht vom Ersten eines Monats an bewilligt wird,
3. bis zum Letzten
   a) des Monats, wenn die Leistung nach § 7 Abs. 1 bis zum Letzten eines Monats bewilligt wird, oder
   b) des Vormonats, wenn die Leistung nach § 7 Abs. 1 nicht bis zum Letzten eines Monats bewilligt wird.

[3] Der Ausschluss gilt für den Zeitraum als nicht erfolgt, für den

1. der Antrag auf eine Leistung nach § 7 Absatz 1 zurückgenommen wird,
2. die Leistung nach § 7 Absatz 1 abgelehnt, versagt, entzogen oder ausschließlich als Darlehen gewährt wird,

---

[1)] § 8 Abs. 1 Satz 1, Satz 2 einl. Satzteil geänd. mWv 30.12.2008 durch G v. 22.12.2008 (BGBl. I S. 2963); Abs. 1 Satz 3 neu gef. mWv 1.1.2016 durch G v. 2.10.2015 (BGBl. I S. 1610).

3. der Bewilligungsbescheid über eine Leistung nach § 7 Absatz 1 zurückgenommen oder aufgehoben wird,
4. der Anspruch auf eine Leistung nach § 7 Absatz 1 nachträglich im Sinne des § 103 Absatz 1 des Zehnten Buches Sozialgesetzbuch[1] ganz entfallen ist oder nach § 104 Absatz 1 oder 2 des Zehnten Buches Sozialgesetzbuch oder nach § 40a des Zweiten Buches Sozialgesetzbuch[2] nachrangig ist oder
5. die Leistung nach § 7 Absatz 1 nachträglich durch den Übergang eines Anspruchs in vollem Umfang erstattet wird.

(2) Verzichten Haushaltsmitglieder auf die Leistungen nach § 7 Abs. 1, um Wohngeld zu beantragen, gilt ihr Ausschluss vom Zeitpunkt der Wirkung des Verzichts an als nicht erfolgt; § 46 Abs. 2 des Ersten Buches Sozialgesetzbuch[3] ist in diesem Fall nicht anzuwenden.

Kapitel 3. Miete und Belastung

§ 9[4] Miete. (1) Miete ist das vereinbarte Entgelt für die Gebrauchsüberlassung von Wohnraum auf Grund von Mietverträgen oder ähnlichen Nutzungsverhältnissen einschließlich Umlagen, Zuschlägen und Vergütungen.

(2) [1] Bei der Ermittlung der Miete nach Absatz 1 bleiben folgende Kosten und Vergütungen außer Betracht:
1. Heizkosten und Kosten für die Erwärmung von Wasser,
2. Kosten der eigenständig gewerblichen Lieferung von Wärme und Warmwasser, soweit sie den in Nummer 1 bezeichneten Kosten entsprechen,
3. die Kosten der Haushaltsenergie, soweit sie nicht von den Nummern 1 und 2 erfasst sind,
4. Vergütungen für die Überlassung einer Garage sowie eines Stellplatzes für Kraftfahrzeuge,
5. Vergütungen für Leistungen, die über die Gebrauchsüberlassung von Wohnraum hinausgehen, insbesondere für allgemeine Unterstützungsleistungen wie die Vermittlung von Pflege- oder Betreuungsleistungen, Leistungen der hauswirtschaftlichen Versorgung oder Notrufdienste.

[2] Ergeben sich diese Beträge nicht aus dem Mietvertrag oder entsprechenden Unterlagen, sind Pauschbeträge abzusetzen.

(3) [1] Im Fall des § 3 Abs. 1 Satz 2 Nr. 2 ist als Miete der Mietwert des Wohnraums zu Grunde zu legen. [2] Im Fall des § 3 Abs. 1 Satz 2 Nr. 3 ist als Miete der Höchstbetrag nach § 12 Abs. 1 zu Grunde zu legen.

§ 10 Belastung. (1) Belastung sind die Kosten für den Kapitaldienst und die Bewirtschaftung von Wohnraum in vereinbarter oder festgesetzter Höhe.

(2) [1] Die Belastung ist von der Wohngeldbehörde (§ 24 Abs. 1 Satz 1) in einer Wohngeld-Lastenberechnung zu ermitteln. [2] Von einer vollständigen Wohngeld-Lastenberechnung kann abgesehen werden, wenn die auf den

---

[1] **Sartorius ErgBd. Nr. 410.**
[2] **Sartorius ErgBd. Nr. 402.**
[3] **Sartorius ErgBd. Nr. 401.**
[4] § 9 Abs. 2 neu gef. mWv 1.1.2016 durch G v. 2.10.2015 (BGBl. I S. 1610); Abs. 2 Satz 1 Nr. 4 geänd., Nr. 5 angef. mWv 1.1.2020 durch G v. 30.11.2019 (BGBl. I S. 1877).

Wohnraum entfallende Belastung aus Zinsen und Tilgungen den nach § 12 Abs. 1 maßgebenden Höchstbetrag erreicht oder übersteigt.

§ 11[1)] Zu berücksichtigende Miete und Belastung. (1) [1] Die bei der Berechnung des Wohngeldes zu berücksichtigende Miete oder Belastung ist die Summe aus

1. der Miete oder Belastung, die sich nach § 9 oder § 10 ergibt, soweit sie nicht nach den Absätzen 2 und 3 in dieser Berechnungsreihenfolge außer Betracht bleibt, jedoch nur bis zum Höchstbetrag nach § 12 Absatz 1, und
2. dem Betrag zur Entlastung bei den Heizkosten nach § 12 Absatz 6.

[2] Im Fall des § 3 Absatz 1 Satz 2 Nummer 3 ist die Summe aus dem Höchstbetrag nach § 12 Absatz 1 und dem Betrag zur Entlastung bei den Heizkosten nach § 12 Absatz 6 zu berücksichtigen.

(2) Die Miete oder Belastung, die sich nach § 9 oder § 10 ergibt, bleibt in folgender Berechnungsreihenfolge und zu dem Anteil außer Betracht,

1. der auf den Teil des Wohnraums entfällt, der ausschließlich gewerblich oder beruflich genutzt wird;
2. der auf den Teil des Wohnraums entfällt, der einer Person, die kein Haushaltsmitglied ist, entgeltlich oder unentgeltlich zum Gebrauch überlassen ist; übersteigt das Entgelt für die Gebrauchsüberlassung die auf diesen Teil des Wohnraums entfallende Miete oder Belastung, ist das Entgelt in voller Höhe abzuziehen;
3. der dem Anteil einer entgeltlich oder unentgeltlich mitbewohnenden Person, die kein Haushaltsmitglied ist, aber deren Mittelpunkt der Lebensbeziehungen der Wohnraum ist und die nicht selbst die Voraussetzungen des § 3 Abs. 1 oder Abs. 2 erfüllt, an der Gesamtzahl der Bewohner und Bewohnerinnen entspricht; übersteigt das Entgelt der mitbewohnenden Person die auf diese entfallende Miete oder Belastung, ist das Entgelt in voller Höhe abzuziehen;
4. der durch Leistungen aus öffentlichen Haushalten oder Zweckvermögen, insbesondere Leistungen zur Wohnkostenentlastung nach dem Zweiten Wohnungsbaugesetz, dem Wohnraumförderungsgesetz[2)] oder entsprechenden Gesetzen der Länder, an den Mieter oder den selbst nutzenden Eigentümer zur Senkung der Miete oder Belastung gedeckt wird, soweit die Leistungen nicht von § 14 Abs. 2 Nr. 30 erfasst sind;
5. der durch Leistungen einer nach § 68 des Aufenthaltsgesetzes[3)] verpflichteten Person gedeckt wird, die ein zu berücksichtigendes Haushaltsmitglied zur Bezahlung der Miete oder Aufbringung der Belastung erhält.

(3) [1] Ist mindestens ein Haushaltsmitglied vom Wohngeld ausgeschlossen, ist nur der Anteil der Miete oder Belastung zu berücksichtigen, der dem Anteil der zu berücksichtigenden Haushaltsmitglieder an der Gesamtzahl der Haushaltsmitglieder entspricht. [2] In diesem Fall sind nur der Anteil des Höchstbetrages nach § 12 Absatz 1 und der Anteil des Betrages zur Entlastung bei den Heizkosten nach § 12 Absatz 6 zu berücksichtigen, der dem Anteil der zu berücksichtigenden Haushaltsmitglieder an der Gesamtzahl der Haushaltsmit-

---

[1)] § 11 Abs. 1 und Abs. 3 Satz 2 neu gef. mWv 1.1.2011 durch G v. 9.12.2010 (BGBl. I S. 1885); Abs. 1, Abs. 3 Satz 2 neu gef., Satz 3 angef. mWv 1.1.2021 durch G v. 15.5.2020 (BGBl. I S. 1015).

[2)] Nr. **355**.

[3)] Nr. **565**.

glieder entspricht. [3]Für die Ermittlung des Höchstbetrages und des Betrages zur Entlastung bei den Heizkosten ist die Gesamtzahl der Haushaltsmitglieder maßgebend.

§ 12 [1)2)] **Höchstbeträge für Miete und Belastung, Beträge zur Entlastung bei den Heizkosten.** (1) [1]Die monatlichen Höchstbeträge für Miete und Belastung sind vorbehaltlich des § 11 Absatz 3 nach der Anzahl der zu berücksichtigenden Haushaltsmitglieder und nach der Mietenstufe zu berücksichtigen. [2]Sie ergeben sich aus Anlage 1.

(2) [1]Die Zugehörigkeit einer Gemeinde zu einer Mietenstufe richtet sich nach dem Mietenniveau von Wohnraum der Hauptmieter und Hauptmieterinnen sowie der gleichzustellenden zur mietähnlichen Nutzung berechtigten Personen, für den Mietzuschuss geleistet wird. [2]Das Mietenniveau ist die durchschnittliche prozentuale Abweichung der Quadratmetermieten von Wohnraum in Gemeinden vom Durchschnitt der Quadratmetermieten des Wohnraums im Bundesgebiet. [3]Zu berücksichtigen sind nur Quadratmetermieten von Wohnraum im Sinne des Satzes 1.

(3) [1]Das Mietenniveau ist vom Statistischen Bundesamt festzustellen für Gemeinden mit

1. einer Einwohnerzahl von 10 000 und mehr gesondert,
2. einer Einwohnerzahl von weniger als 10 000 und gemeindefreie Gebiete nach Kreisen zusammengefasst.

[2]Maßgebend für die Zuordnung nach Satz 1 ist die Einwohnerzahl, die auf der Grundlage von § 5 des Bevölkerungsstatistikgesetzes[3)] fortgeschrieben wurde.

(4) [1]Das Mietenniveau wird vom Statistischen Bundesamt bei einer Anpassung der Höchstbeträge nach Absatz 1 auf der Grundlage von zwei aufeinanderfolgenden Ergebnissen der jährlichen Wohngeldstatistik für Dezember (§ 36 Absatz 1 Satz 2 Nummer 2) festgestellt. [2]Es ist ein bundesweit einheitlicher Stichtag für die Ergebnisse der Bevölkerungsstatistik zu Grunde zu legen.

(4a) [1]Für die Gemeinden Baltrum, Borkum (Stadt), Juist, Langeoog, Norderney (Stadt), Spiekeroog, Wangerooge (Nordseebad), Nebel, Norddorf auf Amrum, Wittdün auf Amrum, Alkersum, Borgsum, Dunsum, Midlum, Nieblum, Oevenum, Oldsum, Süderende, Utersum, Witsum, Wrixum, Wyk auf Föhr (Stadt), Helgoland, Gröde, Hallig Hooge, Langeneß, Pellworm und Insel Hiddensee, die auf Inseln ohne Festlandanschluss liegen, wird ein gemeinsames Mietenniveau festgestellt. [2]Sie erhalten eine eigene gemeinsame Mietenstufenzuordnung und für die Anlage zu § 1 Absatz 3 der Wohngeldverordnung die Bezeichnung Inseln ohne Festlandanschluss. [3]Abweichend von Absatz 4 wird das Statistische Bundesamt nach den Absätzen 2 und 3 einmalig ausschließlich das gemeinsame Mietenniveau dieser Gemeinden und das jeweilige Mietenniveau der von dieser Änderung betroffenen Kreise vor der nächsten Anpassung

---

[1)] § 12 Überschr. geänd., Abs. 6 aufgeh. mWv 1.1.2011 durch G v. 9.12.2010 (BGBl. I S. 1885); Abs. 1 geänd., Abs. 2 Sätze 2 und 3 angef., Abs. 3 und 4 neu gef.mWv 1.1.2016 durch G v. 2.10.2015 (BGBl. I S. 1610); Abs. 1 neu gef., Abs. 4a eingef., Abs. 5 geänd. mWv 1.1.2020 durch G v. 30.11. 2019 (BGBl. I S. 1877); Abs. 4a Satz 1 geänd. mWv 1.1.2020, Überschrift geänd., Abs. 6 neu gef. mWv 1.1.2021 durch G v. 15.5.2020 (BGBl. I S. 1015).

[2)] § 12 Abs. 2 bis 5 sind gem. Art. 6 Abs. 2 Satz 1 G v. 24.9.2008 (BGBl. I S. 1856) am 1.10.2008 in Kraft getreten.

[3)] **Sartorius III Nr. 935.**

der Höchstbeträge nach Absatz 1 feststellen. [4] Diese Feststellung erfolgt auf der Grundlage der Ergebnisse der Wohngeldstatistiken für Dezember 2016 und Dezember 2017 (§ 36 Absatz 1 Satz 2 Nummer 2). [5] Die Anlage zu § 1 Absatz 3 der Wohngeldverordnung[1)] kann vor der nächsten Anpassung der Höchstbeträge entsprechend angepasst werden.

(5) Den Mietenstufen nach Absatz 1 sind folgende Mietenniveaus zugeordnet:

Mietenstufe	Mietenniveau
I	niedriger als minus 15 Prozent
II	minus 15 Prozent bis niedriger als minus 5 Prozent
III	minus 5 Prozent bis niedriger als 5 Prozent
IV	5 Prozent bis niedriger als 15 Prozent
V	15 Prozent bis niedriger als 25 Prozent
VI	25 Prozent bis niedriger als 35 Prozent
VII	35 Prozent und höher

(6) Die folgenden monatlichen Beträge zur Entlastung bei den Heizkosten sind vorbehaltlich des § 11 Absatz 3 nach der Anzahl der zu berücksichtigenden Haushaltsmitglieder zu berücksichtigen:

Anzahl der zu berücksichtigenden Haushaltsmitglieder	Betrag zur Entlastung bei den Heizkosten in Euro
1	14,40
2	18,60
3	22,20
4	25,80
5	29,40
Mehrbetrag für jedes weitere zu berücksichtigende Haushaltsmitglied	3,60.

Kapitel 4. Einkommen

§ 13[2)] Gesamteinkommen. (1) Das Gesamteinkommen ist die Summe der Jahreseinkommen (§ 14) der zu berücksichtigenden Haushaltsmitglieder abzüglich der Freibeträge (die §§ 17 und 17a) und der Abzugsbeträge für Unterhaltsleistungen (§ 18).

(2) Das monatliche Gesamteinkommen ist ein Zwölftel des Gesamteinkommens.

[1)] Nr. **386**.
[2)] § 13 Abs. 1 geänd. mWv 1.1.2021 durch G v. 12.8.2020 (BGBl. I S. 1879).

§ 14[1)] Jahreseinkommen. (1) [1] Das Jahreseinkommen eines zu berücksichtigenden Haushaltsmitgliedes ist vorbehaltlich des Absatzes 3 die Summe der positiven Einkünfte im Sinne des § 2 Abs. 1 und 2 des Einkommensteuergesetzes zuzüglich der Einnahmen nach Absatz 2 abzüglich der Abzugsbeträge für Steuern und Sozialversicherungsbeiträge (§ 16). [2] Bei den Einkünften im Sinne des § 2 Abs. 1 Satz 1 Nr. 1 bis 3 des Einkommensteuergesetzes ist § 7g Abs. 1 bis 4 und 7 des Einkommensteuergesetzes nicht anzuwenden. [3] Von den Einkünften aus nichtselbständiger Arbeit, die nach dem Einkommensteuergesetz vom Arbeitgeber pauschal besteuert werden, zählen zum Jahreseinkommen nur

1. die nach § 37b des Einkommensteuergesetzes pauschal besteuerten Sachzuwendungen und
2. der nach § 40a des Einkommensteuergesetzes pauschal besteuerte Arbeitslohn und das pauschal besteuerte Arbeitsentgelt, jeweils abzüglich der Aufwendungen zu dessen Erwerbung, Sicherung oder Erhaltung, höchstens jedoch bis zur Höhe dieser Einnahmen.

[4] Ein Ausgleich mit negativen Einkünften aus anderen Einkunftsarten oder mit negativen Einkünften des zusammenveranlagten Ehegatten ist nicht zulässig.

(2) Zum Jahreseinkommen gehören:

1. der nach § 19 Abs. 2 und § 22 Nr. 4 Satz 4 Buchstabe b des Einkommensteuergesetzes steuerfreie Betrag von Versorgungsbezügen;
2. die einkommensabhängigen, nach § 3 Nr. 6 des Einkommensteuergesetzes steuerfreien Bezüge, die auf Grund gesetzlicher Vorschriften aus öffentlichen Mitteln versorgungshalber an Wehrdienstbeschädigte, im freiwilligen Wehrdienst Beschädigte, Zivildienstbeschädigte und im Bundesfreiwilligendienst Beschädigte oder ihre Hinterbliebenen, Kriegsbeschädigte und Kriegshinterbliebene sowie ihnen gleichgestellte Personen gezahlt werden;
3. die den Ertragsanteil oder den der Besteuerung unterliegenden Anteil nach § 22 Nr. 1 Satz 3 Buchstabe a des Einkommensteuergesetzes übersteigenden Teile von Leibrenten;
4. die nach § 3 Nr. 3 des Einkommensteuergesetzes steuerfreien
   a) Rentenabfindungen,
   b) Beitragserstattungen,
   c) Leistungen aus berufsständischen Versorgungseinrichtungen,
   d) Kapitalabfindungen,
   e) Ausgleichszahlungen;
5. die nach § 3 Nr. 1 Buchstabe a des Einkommensteuergesetzes steuerfreien
   a) Renten wegen Minderung der Erwerbsfähigkeit nach den §§ 56 bis 62 des Siebten Buches Sozialgesetzbuch[2)],

---

[1)] § 14 Abs. 1 Satz 2, Abs. 2 Nr. 30 geänd. mWv 30.12.2008 durch G v. 22.12.2008 (BGBl. I S. 2963); Abs. 2 Nr. 6 und 7 geänd. mWv 1.1.2011 durch G v. 9.12.2010 (BGBl. I S. 1885); Abs. 2 Nr. 26 geänd. mWv 16.11.2012 durch G v. 9.11.2012 (BGBl. I S. 2291); Abs. 2 Nr. 23 aufgeh. mWv 1.11.2015, Abs. 1 Satz 3 eingef., bish. Satz 3 wird Satz 4, Abs. 2 Nr. 2 geänd., Nr. 12 und 13 aufgeh., Nr. 19 geänd., Nr. 20 Buchst. b neu gef. und abschl. Satzteil, Nr. 27 Buchst. a und e geänd., Buchst f angef., Nr. 30 neu gef. mWv 1.1.2016 durch G v. 2.10.2015 (BGBl. I S. 1610); Abs. 2 Nr. 30 Buchst. d geänd. mWv 1.8.2016 durch G v. 26.7.2016 (BGBl. I S. 1824); Abs. 2 Nr. 19 neu gef., Nr. 20 Buchst. a, Nr. 22 und 26 geänd. mWv 1.1.2020 durch G v. 30.11.2019 (BGBl. I S. 1877).

[2)] **Aichberger, SGB Nr. 7.**

b) Renten und Beihilfen an Hinterbliebene nach den §§ 63 bis 71 des Siebten Buches Sozialgesetzbuch,

c) Abfindungen nach den §§ 75 bis 80 des Siebten Buches Sozialgesetzbuch;

6. die Lohn- und Einkommensersatzleistungen nach § 32b Absatz 1 Satz 1 Nummer 1 des Einkommensteuergesetzes; § 10 des Bundeselterngeld- und Elternzeitgesetzes[1)] bleibt unberührt;
7. die ausländischen Einkünfte nach § 32b Absatz 1 Satz 1 Nummer 2 bis 5 sowie Satz 2 und 3 des Einkommensteuergesetzes;
8. die Hälfte der nach § 3 Nr. 7 des Einkommensteuergesetzes steuerfreien

   a) Unterhaltshilfe nach den §§ 261 bis 278a des Lastenausgleichsgesetzes[2)],

   b) Beihilfe zum Lebensunterhalt nach den §§ 301 bis 301b des Lastenausgleichsgesetzes,

   c) Unterhaltshilfe nach § 44 und Unterhaltsbeihilfe nach § 45 des *Reparationsschädengesetzes*[3)],

   d) Beihilfe zum Lebensunterhalt nach den §§ 10 bis 15 des Flüchtlingshilfegesetzes,

   mit Ausnahme der Pflegezulage nach § 269 Abs. 2 des Lastenausgleichsgesetzes;
9. die nach § 3 Nr. 1 Buchstabe a des Einkommensteuergesetzes steuerfreien Krankentagegelder;
10. die Hälfte der nach § 3 Nr. 68 des Einkommensteuergesetzes steuerfreien Renten nach § 3 Abs. 2 des Anti-D-Hilfegesetzes;
11. die nach § 3b des Einkommensteuergesetzes steuerfreien Zuschläge für Sonntags-, Feiertags- oder Nachtarbeit;
12. *(aufgehoben)*
13. *(aufgehoben)*
14. die nach § 3 Nr. 56 des Einkommensteuergesetzes steuerfreien Zuwendungen des Arbeitgebers an eine Pensionskasse und die nach § 3 Nr. 63 des Einkommensteuergesetzes steuerfreien Beiträge des Arbeitgebers an einen Pensionsfonds, eine Pensionskasse oder für eine Direktversicherung zum Aufbau einer kapitalgedeckten betrieblichen Altersversorgung;
15. der nach § 20 Abs. 9 des Einkommensteuergesetzes steuerfreie Betrag (Sparer-Pauschbetrag), soweit die Kapitalerträge 100 Euro übersteigen;
16. die auf erhöhte Absetzungen entfallenden Beträge, soweit sie die höchstmöglichen Absetzungen für Abnutzung nach § 7 des Einkommensteuergesetzes übersteigen, und die auf Sonderabschreibungen entfallenden Beträge;
17. der nach § 3 Nr. 27 des Einkommensteuergesetzes steuerfreie Grundbetrag der Produktionsaufgaberente und das Ausgleichsgeld nach dem Gesetz zur Förderung der Einstellung der landwirtschaftlichen Erwerbstätigkeit[4)];
18. die nach § 3 Nr. 60 des Einkommensteuergesetzes steuerfreien Leistungen aus öffentlichen Mitteln an Arbeitnehmer des Steinkohlen-, Pechkohlen- und Erzbergbaues, des Braunkohlentiefbaues und der Eisen- und Stahl-

---

[1)] **Schönfelder ErgBd. Nr. 45e.**

[2)] **Sartorius III Nr. 960.**

[3)] **Aufgeh. mWv 30.6.2006** durch G v. 21.6.2006 (BGBl. I S. 1323).

[4)] **Aichberger, SGB Nr. 30/40.**

industrie aus Anlass von Stilllegungs-, Einschränkungs-, Umstellungs- oder Rationalisierungsmaßnahmen;

19. die nach § 22 Nummer 1 Satz 2 des Einkommensteuergesetzes der Empfängerin oder dem Empfänger nicht zuzurechnenden Bezüge, die ihr oder ihm von einer natürlichen Person, die kein Haushaltsmitglied ist, oder von einer juristischen Person gewährt werden, mit Ausnahme der Bezüge
   a) bis zu einer Höhe von 6 540 Euro jährlich, die für eine Pflegeperson oder Pflegekraft aufgewendet werden, die die Empfängerin oder den Empfänger wegen ihrer oder seiner Pflegebedürftigkeit im Sinne des § 14 des Elften Buches Sozialgesetzbuch[1] pflegt, oder
   b) bis zu einer Höhe von insgesamt 480 Euro jährlich von einer natürlichen Person, die gegenüber der Empfängerin oder dem Empfänger nicht vorrangig gesetzlich unterhaltsverpflichtet ist oder war, oder von einer juristischen Person;

   dies gilt entsprechend, wenn anstelle von wiederkehrenden Unterhaltsleistungen Unterhaltsleistungen als Einmalbetrag gewährt werden;
20. a) die Unterhaltsleistungen des geschiedenen oder dauernd getrennt lebenden Ehegatten, mit Ausnahme der Unterhaltsleistungen bis zu einer Höhe von 6 540 Euro jährlich, die für eine Pflegeperson oder Pflegekraft geleistet werden, die den Empfänger oder die Empfängerin wegen eigener Pflegebedürftigkeit im Sinne des § 14 des Elften Buches Sozialgesetzbuch pflegt,
   b) die Versorgungsleistungen, die Leistungen auf Grund eines schuldrechtlichen Versorgungsausgleichs und Ausgleichsleistungen zur Vermeidung eines Versorgungsausgleichs,

   soweit diese Leistungen nicht von § 22 Nummer 1a des Einkommensteuergesetzes erfasst sind;
21. die Leistungen nach dem Unterhaltsvorschussgesetz[2];
22. die Leistungen von natürlichen Personen, die keine Haushaltsmitglieder sind, zur Bezahlung der Miete oder Aufbringung der Belastung, soweit die Leistungen nicht von Absatz 1 Satz 1 oder Satz 3, von Nummer 19 oder Nummer 20 erfasst sind;
23. *(aufgehoben)*
24. die Hälfte der Pauschale für die laufenden Leistungen für den notwendigen Unterhalt ohne die Kosten der Erziehung von Kindern, Jugendlichen oder jungen Volljährigen nach § 39 Abs. 1 in Verbindung mit § 33 oder mit § 35a Abs. 2 Nr. 3, auch in Verbindung mit § 41 Abs. 2 des Achten Buches Sozialgesetzbuch, als Einkommen des Kindes, Jugendlichen oder jungen Volljährigen;
25. die Hälfte der Pauschale für die laufenden Leistungen für die Kosten der Erziehung von Kindern, Jugendlichen oder jungen Volljährigen nach § 39 Abs. 1 in Verbindung mit § 33 oder mit § 35a Abs. 2 Nr. 3, auch in Verbindung mit § 41 Abs. 2 des Achten Buches Sozialgesetzbuch, als Einkommen der Pflegeperson;
26. die Hälfte der nach § 3 Nr. 36 des Einkommensteuergesetzes steuerfreien Einnahmen für Leistungen zu körperbezogenen Pflegemaßnahmen, pflege-

[1] **Aichberger, SGB Nr. 11.**
[2] **Schönfelder ErgBd. Nr. 45d.**

rischen Betreuungsmaßnahmen oder Hilfen bei der Haushaltsführung einer Person, die kein Haushaltsmitglied ist;

27. die Hälfte der als Zuschüsse erbrachten
    a) Leistungen zur Förderung der Ausbildung nach dem Bundesausbildungsförderungsgesetz[1], mit Ausnahme der Leistungen nach § 14a des Bundesausbildungsförderungsgesetzes in Verbindung mit den §§ 6 und 7 der Verordnung über Zusatzleistungen in Härtefällen nach dem Bundesausbildungsförderungsgesetz und mit Ausnahme des Kinderbetreuungszuschlages nach Maßgabe des § 14b des Bundesausbildungsförderungsgesetzes,
    b) Leistungen der Begabtenförderungswerke, soweit sie nicht von Nummer 28 erfasst sind,
    c) Stipendien, soweit sie nicht von Buchstabe b, Nummer 28 oder Nummer 29 erfasst sind,
    d) Berufsausbildungsbeihilfen und des Ausbildungsgeldes nach dem Dritten Buch Sozialgesetzbuch[2],
    e) Beiträge zur Deckung des Unterhaltsbedarfs nach dem Aufstiegsfortbildungsförderungsgesetz[3],
    f) Leistungen zur Sicherung des Lebensunterhaltes während des ausbildungsbegleitenden Praktikums oder der betrieblichen Berufsausbildung bei Teilnahme am Sonderprogramm Förderung der beruflichen Mobilität von ausbildungsinteressierten Jugendlichen und arbeitslosen jungen Fachkräften aus Europa;
28. die als Zuschuss gewährte Graduiertenförderung;
29. die Hälfte der nach § 3 Nr. 42 des Einkommensteuergesetzes steuerfreien Zuwendungen, die auf Grund des Fulbright-Abkommens gezahlt werden;
30. die wiederkehrenden Leistungen nach § 7 Absatz 1 Satz 1 Nummer 1 bis 9, auch wenn bei deren Berechnung die Kosten der Unterkunft nicht berücksichtigt worden sind, mit Ausnahme
    a) der darin enthaltenen Kosten der Unterkunft, wenn diese nicht für den Wohnraum gewährt werden, für den Wohngeld beantragt wurde,
    b) der von Nummer 24 oder Nummer 25 erfassten Leistungen,
    c) des Sozialgeldes, das ein zu berücksichtigendes Kind als Mitglied der Bedarfsgemeinschaft im Haushalt des getrennt lebenden anderen Elternteils anteilig erhält,
    d) der Hilfe zum Lebensunterhalt, die ein nach dem Dritten Kapitel des Zwölften Buches Sozialgesetzbuch[4] leistungsberechtigtes Kind im Haushalt des getrennt lebenden Elternteils anteilig erhält, oder
    e) der Leistungen, die in den Fällen des § 7 Absatz 1 Satz 3 oder Absatz 2 Satz 2 erbracht werden, in denen kein Ausschluss vom Wohngeld besteht;
31. der Mietwert des von den in § 3 Abs. 1 Satz 2 Nr. 2 genannten Personen selbst genutzten Wohnraums.

---

[1] Nr. **420.**
[2] **Gewerberecht Nr. 790.**
[3] **Nipperdey I, Arbeitsrecht Nr. 418.**
[4] **Sartorius ErgBd. Nr. 412.**

(3) Zum Jahreseinkommen gehören nicht:

1. Einkünfte aus Vermietung oder Verpachtung eines Teils des Wohnraums, für den Wohngeld beantragt wird;
2. das Entgelt, das eine den Wohnraum mitbewohnende Person im Sinne des § 11 Abs. 2 Nr. 3 hierfür zahlt;
3. Leistungen einer nach § 68 des Aufenthaltsgesetzes[1] verpflichteten Person, soweit sie von § 11 Abs. 2 Nr. 5 erfasst sind.

§ 15[2] Ermittlung des Jahreseinkommens. (1) [1] Bei der Ermittlung des Jahreseinkommens ist das Einkommen zu Grunde zu legen, das im Zeitpunkt der Antragstellung im Bewilligungszeitraum zu erwarten ist. [2] Hierzu können die Verhältnisse vor dem Zeitpunkt der Antragstellung herangezogen werden; § 24 Abs. 2 bleibt unberührt.

(2) [1] Einmaliges Einkommen, das für einen bestimmten Zeitraum bezogen wird, ist diesem Zeitraum zuzurechnen. [2] Ist kein Zurechnungszeitraum festgelegt oder vereinbart, so ist das einmalige Einkommen jeweils zu einem Drittel in den drei Jahren nach dem Zuflussmonat zuzurechnen. [3] Ist das einmalige Einkommen vor der Antragstellung zugeflossen, ist es nur dann nach Satz 1 oder Satz 2 zuzurechnen, wenn es innerhalb von drei Jahren vor der Antragstellung zugeflossen ist.

(3) Sonderzuwendungen, Gratifikationen und gleichartige Bezüge und Vorteile, die in größeren als monatlichen Abständen gewährt werden, sind den im Bewilligungszeitraum liegenden Monaten zu je einem Zwölftel zuzurechnen, wenn sie in den nächsten zwölf Monaten nach Beginn des Bewilligungszeitraums zufließen.

(4) Beträgt der Bewilligungszeitraum nicht zwölf Monate, ist als Einkommen das Zwölffache des im Sinne der Absätze 1 bis 3 und des § 24 Abs. 2 im Bewilligungszeitraum zu erwartenden durchschnittlichen monatlichen Einkommens zu Grunde zu legen.

§ 16[3] Abzugsbeträge für Steuern und Sozialversicherungsbeiträge.
[1] Bei der Ermittlung des Jahreseinkommens sind von dem Betrag, der sich nach den §§ 14 und 15 ergibt, jeweils 10 Prozent abzuziehen, wenn zu erwarten ist, dass im Bewilligungszeitraum die folgenden Steuern und Pflichtbeiträge zu leisten sind:

1. Steuern vom Einkommen,
2. Pflichtbeiträge zur gesetzlichen Kranken- und Pflegeversicherung,
3. Pflichtbeiträge zur gesetzlichen Rentenversicherung.

[2] Satz 1 Nummer 2 und 3 gilt entsprechend, wenn keine Pflichtbeiträge, aber laufende Beiträge zu öffentlichen oder privaten Versicherungen oder ähnlichen Einrichtungen zu leisten sind, die dem Zweck der Pflichtbeiträge nach Satz 1 Nummer 2 oder Nummer 3 entsprechen. [3] Satz 2 gilt auch, wenn die Beiträge zu Gunsten eines zu berücksichtigenden Haushaltsmitgliedes zu leisten sind. [4] Die Sätze 2 und 3 gelten nicht, wenn eine im Wesentlichen beitragsfreie Sicherung oder eine Sicherung besteht, für die Beiträge von Dritten zu leisten

---

1) Nr. **565**.
2) § 15 Abs. 2 Sätze 2 und 3 neu gef. mWv 1.1.2016 durch G v. 2.10.2015 (BGBl. I S. 1610).
3) § 16 neu gef. mWv 1.1.2016 durch G v. 2.10.2015 (BGBl. I S. 1610).

sind. [5]Die Sätze 1 und 2 gelten bei einmaligem Einkommen im Sinne des § 15 Absatz 2 in jedem Jahr der Zurechnung entsprechend.

§ 17[1)] Freibeträge. Bei der Ermittlung des Gesamteinkommens sind die folgenden jährlichen Freibeträge abzuziehen:

1. 1 800 Euro für jedes schwerbehinderte zu berücksichtigende Haushaltsmitglied mit einem Grad der Behinderung
   a) von 100 oder
   b) von unter 100 bei Pflegebedürftigkeit im Sinne des § 14 des Elften Buches Sozialgesetzbuch[2)] und gleichzeitiger häuslicher oder teilstationärer Pflege oder Kurzzeitpflege;
2. 750 Euro für jedes zu berücksichtigende Haushaltsmitglied, das Opfer der nationalsozialistischen Verfolgung oder ihm im Sinne des Bundesentschädigungsgesetzes[3)] gleichgestellt ist;
3. 1 320 Euro, wenn
   a) ein zu berücksichtigendes Haushaltsmitglied ausschließlich mit einem Kind oder mehreren Kindern Wohnraum gemeinsam bewohnt und
   b) mindestens eines dieser Kinder noch nicht 18 Jahre alt ist und für dieses Kindergeld nach dem Einkommensteuergesetz oder dem Bundeskindergeldgesetz[4)] oder eine in § 65 Absatz 1 Satz 1 des Einkommensteuergesetzes genannte Leistung gewährt wird;
4. ein Betrag in Höhe der eigenen Einnahmen aus Erwerbstätigkeit jedes Kindes eines Haushaltsmitgliedes, höchstens jedoch 1 200 Euro, wenn das Kind ein zu berücksichtigendes Haushaltsmitglied und noch nicht 25 Jahre alt ist.

§ 17a[5)] Freibetrag für zu berücksichtigende Haushaltsmitglieder mit Grundrentenzeiten oder entsprechenden Zeiten aus anderweitigen Alterssicherungssystemen. (1) [1]Für jedes zu berücksichtigende Haushaltsmitglied, das mindestens 33 Jahre an Grundrentenzeiten nach § 76g Absatz 2 des Sechsten Buches Sozialgesetzbuch[6)] erreicht hat, ist bei der Ermittlung des Gesamteinkommens ein jährlicher Freibetrag abzuziehen. [2]Dieser beträgt 1 200 Euro vom jährlichen Einkommen aus der gesetzlichen Rente zuzüglich 30 Prozent des diesen Betrag übersteigenden jährlichen Einkommens aus der gesetzlichen Rente, höchstens jedoch ein mit zwölf zu multiplizierender Betrag in Höhe von 50 Prozent der Regelbedarfsstufe 1 nach der Anlage zu § 28 des Zwölften Buches Sozialgesetzbuch[7)].

(2) [1]Absatz 1 gilt entsprechend für zu berücksichtigende Haushaltsmitglieder, die mindestens 33 Jahre an Grundrentenzeiten vergleichbaren Zeiten in

---

[1)] § 17 Nr. 1 neu gef., Nr. 2 aufgeh., bish. Nr. 3 wird Nr. 2, bish. Nr. 4 und 5 werden Nr. 3 und 4 und neu gef. mWv 1.1.2016 durch G v. 2.10.2015 (BGBl. I S. 1610); Nr. 1 einl. Satzteil geänd. mWv 1.1.2020 durch G v. 30.11.2019 (BGBl. I S. 1377).
[2)] **Aichberger, SGB Nr. 11.**
[3)] **Sartorius III Nr. 981.**
[4)] **Schönfelder ErgBd. Nr. 45b.**
[5)] § 17a eingef. mWv 1.1.2021 durch G v. 12.8.2020 (BGBl. I S. 1879).
[6)] **Aichberger, SGB Nr. 6.**
[7)] **Sartorius ErgBd. Nr. 412.**

1. einer Versicherungspflicht nach § 1 des Gesetzes über die Alterssicherung der Landwirte[1)],
2. einer Beschäftigung, in der Versicherungsfreiheit nach § 5 Absatz 1 oder Befreiung von der Versicherungspflicht nach § 6 Absatz 1 Satz 1 Nummer 2 des Sechsten Buches Sozialgesetzbuch bestand, oder
3. einer Versicherungspflicht in einer Versicherungs- oder Versorgungseinrichtung, die für Angehörige bestimmter Berufe errichtet ist,

erreicht haben. [2] Absatz 1 gilt auch, wenn die 33 Jahre durch die Zusammenrechnung der Zeiten nach Satz 1 Nummer 1 bis 3 und der Grundrentenzeiten nach § 76g Absatz 2 des Sechsten Buches Sozialgesetzbuch erfüllt werden. [3] Je Kalendermonat wird eine Grundrentenzeit oder eine nach Satz 1 vergleichbare Zeit angerechnet.

(3) [1] Ist Wohngeld vor dem 1. Januar 2021 bewilligt worden und liegt mindestens ein Teil des Bewilligungszeitraums nach dem 31. Dezember 2020, so ist abweichend von § 41 Absatz 2 von Amts wegen über die Leistung des Wohngeldes für den Zeitraum vom 1. Januar 2021 neu zu entscheiden, wenn die Wohngeldbehörde erstmals davon Kenntnis erlangt, dass die Voraussetzungen nach Absatz 1 oder 2 im Zeitraum ab dem 1. Januar 2021 vorliegen. [2] Der Zeitpunkt der Kenntnis der Wohngeldbehörde nach Satz 1 gilt als Zeitpunkt der Antragstellung im Sinne des § 24 Absatz 2. [3] Die Entscheidung nach Satz 1 folgt der Entscheidung nach § 42c Absatz 1 nach.

(4) Wurde der Freibetrag bei der Wohngeldbewilligung bereits berücksichtigt, so werden im laufenden Bewilligungszeitraum Änderungen der Höhe des Freibetrages nach Absatz 1 oder 2 nur unter den Voraussetzungen des § 27 berücksichtigt.

§ 18[2)] Abzugsbeträge für Unterhaltsleistungen. [1] Bei der Ermittlung des Gesamteinkommens sind die folgenden zu erwartenden Aufwendungen zur Erfüllung gesetzlicher Unterhaltsverpflichtungen abzuziehen:

1. bis zu 3 000 Euro jährlich für ein zu berücksichtigendes Haushaltsmitglied, das wegen Berufsausbildung auswärts wohnt, soweit es nicht von Nummer 2 erfasst ist;
2. bis zu 3 000 Euro jährlich für ein Kind, das Haushaltsmitglied nach § 5 Absatz 4 ist; dies gilt nur für Aufwendungen, die an das Kind als Haushaltsmitglied bei dem anderen Elternteil geleistet werden;
3. bis zu 6 000 Euro jährlich für einen früheren oder dauernd getrennt lebenden Ehegatten oder Lebenspartner oder eine frühere oder dauernd getrennt lebende Lebenspartnerin, der oder die kein Haushaltsmitglied ist;
4. bis zu 3 000 Euro jährlich für eine sonstige Person, die kein Haushaltsmitglied ist.

[2] Liegt in den Fällen des Satzes 1 eine notariell beurkundete Unterhaltsvereinbarung, ein Unterhaltstitel oder ein Bescheid vor, sind die jährlichen Aufwendungen bis zu dem darin festgelegten Betrag abzuziehen.

[1)] **Aichberger, SGB Nr. 30/10.**

[2)] § 18 Satz 1 Nr. 3 geänd. mWv 30.12.2008 durch G v. 22.12.2008 (BGBl. I S. 2963); Satz 1 Nr. 2 geänd. mWv 1.1.2016 durch G v. 2.10.2015 (BGBl. I S. 1610).

Kapitel 5. Höhe des Wohngeldes

§ 19[1] **Höhe des Wohngeldes.** (1) [1]Das ungerundete monatliche Wohngeld für bis zu zwölf zu berücksichtigende Haushaltsmitglieder beträgt

$$1{,}15 \cdot (M - (a + b \cdot M + c \cdot Y) \cdot Y) \text{ Euro.}$$

[2]„M" ist die zu berücksichtigende monatliche Miete oder Belastung in Euro. [3]„Y" ist das monatliche Gesamteinkommen in Euro. [4]„a", „b" und „c" sind nach der Anzahl der zu berücksichtigenden Haushaltsmitglieder unterschiedene Werte und ergeben sich aus der Anlage 2.

(2) Die zur Berechnung des Wohngeldes erforderlichen Rechenschritte und Rundungen sind in der Reihenfolge auszuführen, die sich aus der Anlage 3 ergibt.

(3) Sind mehr als zwölf Haushaltsmitglieder zu berücksichtigen, erhöht sich für das 13. und jedes weitere zu berücksichtigende Haushaltsmitglied das nach den Absätzen 1 und 2 berechnete monatliche Wohngeld um jeweils 51 Euro, höchstens jedoch bis zur Höhe der zu berücksichtigenden Miete oder Belastung.

Teil 3. Nichtbestehen des Wohngeldanspruchs

§ 20[2] **Gesetzeskonkurrenz.** (1) *(aufgehoben)*

(2) [1]Es besteht kein Wohngeldanspruch, wenn allen Haushaltsmitgliedern eine der folgenden Leistungen dem Grunde nach zusteht oder im Fall ihres Antrages dem Grunde nach zustünde:

1. Leistungen zur Förderung der Ausbildung nach dem Bundesausbildungsförderungsgesetz[3],
2. Leistungen nach den §§ 56, 116 Absatz 3 oder 4 oder § 122 des Dritten Buches Sozialgesetzbuch[4] oder
3. Leistungen zur Sicherung des Lebensunterhaltes während des ausbildungsbegleitenden Praktikums oder der betrieblichen Berufsausbildung bei Teilnahme am Sonderprogramm Förderung der beruflichen Mobilität von ausbildungsinteressierten Jugendlichen und arbeitslosen jungen Fachkräften aus Europa.

[2]Satz 1 gilt auch, wenn dem Grunde nach Förderungsberechtigte der Höhe nach keinen Anspruch auf Förderung haben. [3]Satz 1 gilt nicht, wenn die Leistungen ausschließlich als Darlehen gewährt werden. [4]Ist Wohngeld für einen Zeitraum bewilligt, in den der Beginn der Ausbildung fällt, ist das Wohngeld bis zum Ablauf des Bewilligungszeitraums in gleicher Höhe weiterzuleisten; § 27 Abs. 2 und § 28 bleiben unberührt.

§ 21 **Sonstige Gründe.** Ein Wohngeldanspruch besteht nicht,

---

[1] § 19 Abs. 1 Sätze 1–3 und Abs. 3 geänd. mWv 1.1.2016 durch G v. 2.10.2015 (BGBl. I S. 1610); Abs. 1 Satz 4, Abs. 2 und 3 geänd. mWv 1.1.2020 durch G v. 30.11.2019 (BGBl. I S. 1877).

[2] § 20 Abs. 2 Satz 1 geänd. mWv 1.4.2012 durch G v. 20.12.2011 (BGBl. I S. 2854); Abs. 1 neu gef. mWv 1.11.2015, Abs. 2 Sätze 1–3 neu gef. mWv 1.1.2016 durch G v. 2.10.2015 (BGBl. I S. 1610); Abs. 1 aufgeh., Abs. 2 Satz 1 Nr. 2 geänd. mWv 1.1.2020 durch G v. 30.11.2019 (BGBl. I S. 1877).

[3] Nr. **420.**

[4] **Gewerberecht Nr. 790.**

1. wenn das Wohngeld weniger als 10 Euro monatlich betragen würde,
2. wenn alle Haushaltsmitglieder nach den §§ 7 und 8 Abs. 1 vom Wohngeld ausgeschlossen sind oder
3. soweit die Inanspruchnahme missbräuchlich wäre, insbesondere wegen erheblichen Vermögens.

Teil 4. Bewilligung, Zahlung und Änderung des Wohngeldes

§ 22 Wohngeldantrag. (1) Wohngeld wird nur auf Antrag der wohngeldberechtigten Person geleistet.

(2) Im Fall des § 3 Abs. 3 wird vermutet, dass die antragstellende Person von den anderen Haushaltsmitgliedern als wohngeldberechtigte Person bestimmt ist.

(3) [1] Zieht die wohngeldberechtigte Person aus oder stirbt sie, kann der Antrag nach § 27 Abs. 1 auch von einem anderen Haushaltsmitglied gestellt werden, das die Voraussetzungen des § 3 Abs. 1 oder Abs. 2 erfüllt. [2] § 3 Abs. 3 bis 5 gilt entsprechend.

(4) Wird ein Wohngeldantrag für die Zeit nach dem laufenden Bewilligungszeitraum früher als zwei Monate vor Ablauf dieses Zeitraums gestellt, gilt der Erste des zweiten Monats vor Ablauf dieses Zeitraums als Zeitpunkt der Antragstellung im Sinne des § 24 Abs. 2.

(5) § 65a des Ersten[1)] und § 115 des Zehnten Buches Sozialgesetzbuch[2)] sind nicht anzuwenden.

§ 23[3)] Auskunftspflicht. (1) [1] Soweit die Durchführung dieses Gesetzes es erfordert, sind folgende Personen verpflichtet, auf Verlangen der Wohngeldbehörde Auskunft über ihre für das Wohngeld maßgebenden Verhältnisse zu geben:

1. die Haushaltsmitglieder,
2. die sonstigen Personen, die mit der wohngeldberechtigten Person den Wohnraum gemeinsam bewohnen, und
3. bei einer Prüfung nach § 21 Nr. 3 zur Feststellung eines Unterhaltsanspruchs auch
   a) der Ehegatte, der Lebenspartner oder die Lebenspartnerin,
   b) der frühere Ehegatte, der frühere Lebenspartner oder die frühere Lebenspartnerin,
   c) die Kinder der zu berücksichtigenden Haushaltsmitglieder und
   d) die Eltern der zu berücksichtigenden Haushaltsmitglieder,

   die keine Haushaltsmitglieder sind.

[2] Die Haushaltsmitglieder sind verpflichtet, ihr Geschlecht anzugeben (§ 33 Abs. 3 Satz 1 Nr. 6 und § 35 Abs. 1 Nr. 5). [3] Die wohngeldberechtigte Person

---

[1)] **Sartorius ErgBd. Nr. 401.**

[2)] **Sartorius ErgBd. Nr. 410.**

[3)] § 23 Abs. 1 Satz 1 Nr. 3 Buchst. a und b neu gef. mWv 30.12.2008 durch G v. 22.12.2008 (BGBl. I S. 2963); Abs. 4 neu gef. mWv 16.11.2012 durch G v. 9.11.2012 (BGBl. I S. 2291); Abs. 1 Satz 1 geänd., Satz 3 angef., Abs. 2 und 3 geänd. mWv 1.1.2016 durch G v. 2.10.2015 (BGBl. I S. 1610).

hat im Wohngeldantrag nach § 22 und im Antrag nach § 27 Absatz 1 alle Tatsachen anzugeben, die für die Leistung erheblich sind.

(2) Soweit die Durchführung dieses Gesetzes es erfordert, sind die Arbeitgeber der zu berücksichtigenden Haushaltsmitglieder verpflichtet, auf Verlangen der Wohngeldbehörde über Art und Dauer des Arbeitsverhältnisses sowie über Arbeitsstätte und Arbeitsverdienst Auskunft zu geben.

(3) Der Empfänger oder die Empfängerin der Miete ist verpflichtet, auf Verlangen der Wohngeldbehörde über die Höhe und Zusammensetzung der Miete sowie über andere das Miet- oder Nutzungsverhältnis betreffende Umstände Auskunft zu geben, soweit die Durchführung dieses Gesetzes es erfordert.

(4) [1] Zur Aufdeckung rechtswidriger Inanspruchnahme von Wohngeld sind die Kapitalerträge auszahlenden Stellen, denen ein zu berücksichtigendes Haushaltsmitglied einen Freistellungsauftrag für Kapitalerträge erteilt hat, verpflichtet, der Wohngeldbehörde Auskunft über die Höhe der zugeflossenen Kapitalerträge zu erteilen. [2] § 21 Absatz 3 Satz 4 des Zehnten Buches Sozialgesetzbuch[1)] gilt entsprechend. [3] Ein Auskunftsersuchen der Wohngeldbehörde ist nur zulässig, wenn auf Grund eines Datenabgleichs nach § 33 der Verdacht besteht oder feststeht, dass Wohngeld rechtswidrig in Anspruch genommen wurde oder wird und dass das zu berücksichtigende Haushaltsmitglied, auch soweit es dazu berechtigt ist, nicht oder nicht vollständig bei der Ermittlung der Kapitalerträge mitwirkt. [4] Die Auslagen für Auskünfte von Kapitalerträge auszahlenden Stellen, die durch die Ermittlung der rechtswidrigen Inanspruchnahme von Wohngeld entstanden sind, sollen abweichend von § 64 Absatz 1 des Zehnten Buches Sozialgesetzbuch von der Person, die Wohngeld zu erstatten hat, erhoben werden.

(5) Auf die nach den Absätzen 1 bis 3 Auskunftspflichtigen sind die §§ 60 und 65 Abs. 1 und 3 des Ersten Buches Sozialgesetzbuch[2)] entsprechend anzuwenden.

§ 24[3)] Wohngeldbehörde und Entscheidung. (1) [1] Über den Wohngeldantrag muss die nach Landesrecht zuständige oder von der Landesregierung durch Rechtsverordnung oder auf sonstige Weise bestimmte Behörde (Wohngeldbehörde) schriftlich entscheiden. [2] Die Landesregierung kann ihre Befugnis nach Satz 1, die Zuständigkeit der Wohngeldbehörden zu bestimmen, auf die für die Ausführung des Wohngeldgesetzes zuständige oberste Landesbehörde übertragen. [3] § 69 des Ersten Buches Sozialgesetzbuch[2)] bleibt unberührt.

(2) [1] Der Entscheidung sind die Verhältnisse im Bewilligungszeitraum, die im Zeitpunkt der Antragstellung zu erwarten sind, zu Grunde zu legen. [2] Treten nach dem Zeitpunkt der Antragstellung bis zur Bekanntgabe des Wohngeldbescheides Änderungen der Verhältnisse im Bewilligungszeitraum ein, sind sie grundsätzlich nicht zu berücksichtigen; Änderungen im Sinne des § 27 Absatz 1 und 2 oder § 28 Absatz 1 bis 3 sollen berücksichtigt werden. [3] Satz 2 gilt für nach dem Zeitpunkt der Antragstellung bis zur Bekanntgabe des Wohngeldbescheides zu erwartende Änderungen entsprechend.

---

1) **Sartorius ErgBd. Nr. 410.**
2) **Sartorius ErgBd. Nr. 401.**
3) § 24 Abs. 3 Satz 2 geänd., Abs. 4 eingef., bish. Abs. 4 wird Abs. 5 und neu gef. mWv 1.1.2016 durch G v. 2.10.2015 (BGBl. I S. 1610); Abs. 2 Satz 2 geänd. mWv 1.1.2020 durch G v. 30.11.2019 (BGBl. I S. 1877).

(3) [1]Der Bewilligungsbescheid muss die in § 27 Abs. 3 Satz 1 Nr. 2 und 3 genannten Beträge ausweisen und einen Hinweis über die Mitteilungspflichten nach § 27 Abs. 3 und 4 sowie § 28 Abs. 1 Satz 2 und Abs. 4 Satz 1 enthalten. [2]Er soll einen Hinweis enthalten, dass der Wohngeldantrag für die Zeit nach Ablauf des Bewilligungszeitraums wiederholt werden kann und dass eine Neuentscheidung von Amts wegen mit der Folge des Wohngeldwegfalles oder eines verringerten Wohngeldes auch dann möglich ist, wenn keine Mitteilungspflicht besteht.

(4) Erzielt mindestens eines der zu berücksichtigenden Haushaltsmitglieder Einkünfte aus selbständiger Arbeit, aus Gewerbebetrieb oder aus Land- und Forstwirtschaft, so kann der Wohngeldbewilligungsbescheid mit der Auflage verbunden werden, dass die Einkommensteuerbescheide, die den Zeitraum der Wohngeldbewilligung betreffen, unverzüglich der Wohngeldbehörde zur Prüfung, ob ein Fall des § 27 Absatz 2 Satz 1 Nummer 3 vorliegt, vorzulegen sind.

(5) Wenn infolge des Umzugs der wohngeldberechtigten Person eine andere Wohngeldbehörde zuständig wird, bleibt abweichend von § 44 Absatz 3 des Zehnten Buches Sozialgesetzbuch[1)] die Wohngeldbehörde, die den Wohngeldbescheid erlassen hat, zuständig für

1. die Aufhebung eines Wohngeldbescheides,
2. die Rückforderung des zu erstattenden Wohngeldes sowie
3. die Unterrichtung und den Hinweis nach § 28 Absatz 5.

§ 25[2)] Bewilligungszeitraum. (1) [1]Das Wohngeld soll für zwölf Monate bewilligt werden. [2]Ist zu erwarten, dass sich die maßgeblichen Verhältnisse vor Ablauf von zwölf Monaten erheblich ändern, soll der Bewilligungszeitraum entsprechend verkürzt werden; im Einzelfall kann der Bewilligungszeitraum geteilt werden.

(2) [1]Der Bewilligungszeitraum beginnt am Ersten des Monats, in dem der Wohngeldantrag gestellt worden ist. [2]Treten die Voraussetzungen für die Bewilligung des Wohngeldes erst in einem späteren Monat ein, beginnt der Bewilligungszeitraum am Ersten dieses Monats.

(3) [1]Der Bewilligungszeitraum beginnt am Ersten des Monats, von dem ab Leistungen im Sinne des § 7 Abs. 1 abgelehnt worden sind, wenn der Wohngeldantrag vor Ablauf des Kalendermonats gestellt wird, der auf die Kenntnis der Ablehnung folgt. [2]Dies gilt entsprechend, wenn der Ausschluss nach § 8 Abs. 1 Satz 3 oder Abs. 2 als nicht erfolgt gilt.

(4) [1]Ist ein Wohngeldbewilligungsbescheid nach § 28 Absatz 3 unwirksam geworden, beginnt der Wohngeldbewilligungszeitraum abweichend von § 25 Absatz 3 Satz 1 frühestens am Ersten des Monats, von dem an die Unwirksamkeit des Wohngeldbewilligungsbescheides eingetreten ist; dies gilt nur unter der Voraussetzung, dass der Wohngeldantrag vor Ablauf des Kalendermonats gestellt wird, der

1. auf die Kenntnis der Ablehnung einer Leistung nach § 7 Absatz 1 folgt oder

---

[1)] **Sartorius ErgBd. Nr. 410.**

[2)] § 25 Abs. 3 Satz 3 aufgeh., bish. Abs. 4 wird Abs. 5, bish. Abs. 5 wird Abs. 4 und neu gef. mWv 1.1.2016 durch G v. 2.10.2015 (BGBl. I S. 1610).

2. auf die Kenntnis von der Unwirksamkeit des Wohngeldbewilligungsbescheides folgt, wenn nur ein Teil der zu berücksichtigenden Haushaltsmitglieder nach § 7 vom Wohngeld ausgeschlossen ist.

²Der Ablehnung einer Leistung nach § 7 Absatz 1 im Sinne des § 25 Absatz 4 Satz 1 Nummer 1 stehen die Fälle des § 8 Absatz 1 Satz 3 und Absatz 2 gleich. ³Wird eine Leistung nach § 7 Absatz 1 rückwirkend für alle zu berücksichtigenden Haushaltsmitglieder und nur für einen Teil des bisherigen Wohngeldbewilligungszeitraums gewährt, beginnt der neue Wohngeldbewilligungszeitraum am Ersten des Monats, von dem an die Leistung nach § 7 Absatz 1 nicht mehr gewährt wird; dies gilt nur unter der Voraussetzung, dass der Wohngeldantrag vor Ablauf des Kalendermonats gestellt wird, der auf die Kenntnis von dem Ende des Bewilligungszeitraums einer Leistung nach § 7 Absatz 1 folgt.

(5) Der neue Bewilligungszeitraum im Fall des § 27 Abs. 1 Satz 2 beginnt am Ersten des Monats, von dem an die erhöhte Miete oder Belastung rückwirkend berücksichtigt wird, wenn der Antrag vor Ablauf des Kalendermonats gestellt wird, der auf die Kenntnis von der Erhöhung der Miete oder Belastung folgt.

§ 26[1)] Zahlung des Wohngeldes. (1) ¹Das Wohngeld ist an die wohngeldberechtigte Person zu zahlen. ²Es kann mit schriftlicher Einwilligung der wohngeldberechtigten Person oder, wenn dies im Einzelfall geboten ist, auch ohne deren Einwilligung, an ein anderes Haushaltsmitglied, an den Empfänger oder die Empfängerin der Miete oder in den Fällen des § 3 Abs. 1 Satz 2 Nr. 3 an den Leistungsträger im Sinne des § 12 des Ersten Buches Sozialgesetzbuch[2)] gezahlt werden. ³Wird das Wohngeld nach Satz 2 gezahlt, ist die wohngeldberechtigte Person hiervon zu unterrichten.

(2) ¹Das Wohngeld ist monatlich im Voraus auf ein Konto eines Haushaltsmitgliedes bei einem Geldinstitut, für das die Verordnung (EU) Nr. 260/2012 des Europäischen Parlaments und des Rates vom 14. März 2012 zur Festlegung der technischen Vorschriften und der Geschäftsanforderungen für Überweisungen und Lastschriften in Euro und zur Änderung der Verordnung (EG) Nr. 924/2009 (ABl. L 94 vom 30.3.2012, S. 22) gilt (Geldinstitut), zu zahlen. ²Ist ein solches Konto nicht vorhanden, kann das Wohngeld an den Wohnsitz der wohngeldberechtigten Person übermittelt werden; die dadurch veranlassten Kosten sollen vom Wohngeld abgezogen werden.

§ 27[3)] Änderung des Wohngeldes. (1) ¹Das Wohngeld ist auf Antrag neu zu bewilligen, wenn sich im laufenden Bewilligungszeitraum

1. die Anzahl der zu berücksichtigenden Haushaltsmitglieder erhöht,
2. die zu berücksichtigende Miete oder Belastung abzüglich der Beträge zur Entlastung bei den Heizkosten um mehr als 15 Prozent erhöht oder
3. das Gesamteinkommen um mehr als 15 Prozent verringert

[1)] § 26 Abs. 2 Satz 1 geänd. mWv 9.4.2013 durch G v. 3.4.2013 (BGBl. I S. 610); Abs. 1 Satz 4 aufgeh. mWv 1.1.2016 durch G v. 2.10.2015 (BGBl. I S. 1610).

[2)] **Sartorius ErgBd. Nr. 401.**

[3)] § 27 Abs. 1 Satz 1 Nr. 2 und Satz 2, Abs. 2 Satz 1 Nr. 2 und Satz 2 geänd. mWv 1.1.2011 durch G v. 9.12.2010 (BGBl. I S. 1885); Abs. 2 Satz 1 einl. Satzteil geänd., Sätze 6 und 7 angef., Abs. 3 Satz 1 einl. Satzteil und Satz 2 geänd., Abs. 4 neu gef. mWv 1.1.2016 durch G v. 2.10.2015 (BGBl. I S. 1610); Abs. 1 Satz 1 Nr. 2, Satz 2, Abs. 2 Satz 1 Nr. 2 und Satz 2 geänd. mWv 1.1.2021 durch G v. 15.5.2020 (BGBl. I S. 1015).

und sich dadurch das Wohngeld erhöht. [2] Im Fall des Satzes 1 Nr. 2 ist das Wohngeld auch rückwirkend zu bewilligen, frühestens jedoch ab Beginn des laufenden Bewilligungszeitraums, wenn sich die zu berücksichtigende Miete oder Belastung abzüglich der Beträge zur Entlastung bei den Heizkosten rückwirkend um mehr als 15 Prozent erhöht hat. [3] Satz 1 Nr. 3 ist auch anzuwenden, wenn sich das Gesamteinkommen um mehr als 15 Prozent verringert, weil sich die Anzahl der zu berücksichtigenden Haushaltsmitglieder verringert hat.

(2) [1] Über die Leistung des Wohngeldes ist von Amts wegen mit Wirkung ab dem Zeitpunkt der Änderung der Verhältnisse unter Aufhebung des Bewilligungsbescheides neu zu entscheiden, wenn sich im laufenden Bewilligungszeitraum nicht nur vorübergehend

1. die Anzahl der zu berücksichtigenden Haushaltsmitglieder auf mindestens ein zu berücksichtigendes Haushaltsmitglied verringert; § 6 Abs. 2 bleibt unberührt,
2. die zu berücksichtigende Miete oder Belastung abzüglich der Beträge zur Entlastung bei den Heizkosten um mehr als 15 Prozent verringert; § 6 Abs. 2 bleibt unberührt, oder
3. das Gesamteinkommen um mehr als 15 Prozent erhöht

und dadurch das Wohngeld wegfällt oder sich verringert. [2] Als Zeitpunkt der Änderung der Verhältnisse gilt im Fall des Satzes 1 Nr. 1 der Tag nach dem Auszug, im Fall des Satzes 1 Nr. 2 der Beginn des Zeitraums, für den sich die zu berücksichtigende Miete oder Belastung abzüglich der Beträge zur Entlastung bei den Heizkosten um mehr als 15 Prozent verringert, und im Fall des Satzes 1 Nr. 3 der Beginn des Zeitraums, für den das erhöhte Einkommen bezogen wird, das zu einer Erhöhung des Gesamteinkommens um mehr als 15 Prozent führt. [3] Tritt die Änderung der Verhältnisse nicht zum Ersten eines Monats ein, ist mit Wirkung vom Ersten des nächsten Monats an zu entscheiden. [4] Satz 1 Nr. 3 ist auch anzuwenden, wenn sich das Gesamteinkommen um mehr als 15 Prozent erhöht, weil sich die Anzahl der zu berücksichtigenden Haushaltsmitglieder erhöht hat. [5] Als Zeitpunkt der Antragstellung im Sinne des § 24 Abs. 2 gilt der Zeitpunkt der Kenntnis der Wohngeldbehörde von den geänderten Verhältnissen. [6] Eine Neuentscheidung von Amts wegen muss innerhalb eines Jahres, nachdem die Wohngeldbehörde von der Änderung der Verhältnisse Kenntnis erlangt hat, erfolgen. [7] Die Neuentscheidung ist unabhängig vom Bestehen einer Mitteilungspflicht.

(3) [1] Die wohngeldberechtigte Person muss der Wohngeldbehörde unverzüglich mitteilen, wenn sich im laufenden Bewilligungszeitraum nicht nur vorübergehend

1. die Anzahl der zu berücksichtigenden Haushaltsmitglieder (§ 6 Abs. 1) auf mindestens ein zu berücksichtigendes Haushaltsmitglied verringert oder die Anzahl der vom Wohngeld ausgeschlossenen Haushaltsmitglieder (§§ 7 und 8 Abs. 1) erhöht,
2. die monatliche Miete (§ 9) oder die monatliche Belastung (§ 10) um mehr als 15 Prozent gegenüber der im Bewilligungsbescheid genannten Miete oder Belastung verringert oder
3. die Summe aus den monatlichen positiven Einkünften nach § 14 Abs. 1 und den monatlichen Einnahmen nach § 14 Abs. 2 aller zu berücksichtigenden Haushaltsmitglieder um mehr als 15 Prozent gegenüber dem im Bewilligungsbescheid genannten Betrag erhöht; dies gilt auch, wenn sich der

Betrag um mehr als 15 Prozent erhöht, weil sich die Anzahl der zu berücksichtigenden Haushaltsmitglieder erhöht hat.

[2] Die zu berücksichtigenden Haushaltsmitglieder sind verpflichtet, der wohngeldberechtigten Person Änderungen ihrer monatlichen positiven Einkünfte nach § 14 Abs. 1 und ihrer monatlichen Einnahmen nach § 14 Abs. 2 mitzuteilen.

(4) [1] Die Absätze 2 und 3 gelten entsprechend, wenn sich die Änderungen nach Absatz 2 Satz 1 und 4 und Absatz 3 Satz 1 auf einen abgelaufenen Bewilligungszeitraum beziehen. [2] Werden die Änderungen erst nach Ablauf des Bewilligungszeitraums bekannt und wirken sie auf einen oder mehrere abgelaufene Bewilligungszeiträume zurück, so ist eine Entscheidung nach Absatz 2 längstens für die drei Jahre, bevor die wohngeldberechtigte Person oder die zu berücksichtigenden Haushaltsmitglieder von der Änderung der Verhältnisse Kenntnis erlangt haben, zulässig; der Kenntnis steht die Nichtkenntnis infolge grober Fahrlässigkeit gleich. [3] Hat die wohngeldberechtigte Person eine Änderung nach Absatz 2 Satz 1 und 4 im laufenden Bewilligungszeitraum nicht mitgeteilt und erhält die Wohngeldbehörde daher erst nach Ablauf des Bewilligungszeitraums von der Änderung Kenntnis, so ist eine Entscheidung nach Absatz 2 längstens für zehn Jahre seit Änderung der Verhältnisse zulässig.

§ 28[1)] Unwirksamkeit des Bewilligungsbescheides und Wegfall des Wohngeldanspruchs. (1) [1] Der Bewilligungsbescheid wird vom Ersten des Monats an unwirksam, in dem der Wohnraum, für den Wohngeld bewilligt ist, von keinem zu berücksichtigenden Haushaltsmitglied mehr genutzt wird; erfolgt die Nutzungsaufgabe nicht zum Ersten eines Monats, wird der Bewilligungsbescheid vom Ersten des nächsten Monats an unwirksam. [2] Die wohngeldberechtigte Person muss der Wohngeldbehörde unverzüglich mitteilen, dass der Wohnraum nicht mehr genutzt wird. [3] Der Wechsel des Wohnraums innerhalb desselben Heimes im Sinne des Heimgesetzes[2)] oder entsprechender Gesetze der Länder gilt nicht als Nutzungsaufgabe.

(2) [1] Der Wohngeldanspruch fällt für den Monat weg, in dem das Wohngeld vollständig oder überwiegend nicht zur Bezahlung der Miete oder zur Aufbringung der Belastung verwendet wird (zweckwidrige Verwendung). [2] Der Bewilligungsbescheid ist mit Wirkung vom Ersten des Monats der zweckwidrigen Verwendung an aufzuheben, wenn seine Bekanntgabe nicht länger als zehn Jahre und die Kenntnis der Wohngeldbehörde von der zweckwidrigen Verwendung nicht länger als ein Jahr zurückliegt. [3] Die Sätze 1 und 2 gelten nicht, soweit der Wohngeldanspruch Gegenstand einer Aufrechnung, Verrechnung oder Pfändung nach den §§ 51, 52 und 54 des Ersten Buches Sozialgesetzbuch[3)] ist oder auf einen Leistungsträger im Sinne des § 12 des Ersten Buches Sozialgesetzbuch übergegangen ist.

(3) [1] Der Bewilligungsbescheid wird von dem Zeitpunkt an unwirksam, ab dem ein zu berücksichtigendes Haushaltsmitglied nach den §§ 7 und 8 Abs. 1

[1)] § 28 Abs. 2 Satz 3 geänd. mWv 1.1.2012 durch G v. 7.7.2009 (BGBl. I S. 1707); Abs. 1 Satz 2 geänd., Satz 3 angef., Abs. 2 Satz 2 neu gef., Abs. 4 Sätze 1 und 2, Abs. 5 und Abs. 6 geänd. mWv 1.1. 2016 durch G v. 2.10.2015 (BGBl. I S. 1610); Abs. 5 geänd. mWv 1.8.2016 durch G v. 26.7.2016 (BGBl. I S. 1824); Abs. 6 geänd. mWv 1.1.2020 durch G v. 30.11.2019 (BGBl. I S. 1877); Abs. 6 geänd. mWv 1.1.2021 durch G v. 12.8.2020 (BGBl. I S. 1879).

[2)] **Sartorius ErgBd. Nr. 419.**

[3)] **Sartorius ErgBd. Nr. 401.**

vom Wohngeld ausgeschlossen ist. [2]Im Fall des § 8 Abs. 1 Satz 3 bleibt der Bewilligungsbescheid unwirksam.

(4) [1]Die wohngeldberechtigte Person muss der Wohngeldbehörde unverzüglich mitteilen, wenn für ein zu berücksichtigendes Haushaltsmitglied ein Verwaltungsverfahren zur Feststellung von Grund und Höhe einer Leistung nach § 7 Abs. 1 oder Abs. 2 begonnen hat oder ein zu berücksichtigendes Haushaltsmitglied eine Leistung nach § 7 Abs. 1 empfängt. [2]Die zu berücksichtigenden Haushaltsmitglieder sind verpflichtet, der wohngeldberechtigten Person die in Satz 1 genannten Tatsachen mitzuteilen.

(5) Die wohngeldberechtigte Person ist von der Unwirksamkeit des Bewilligungsbescheides zu unterrichten und im Fall des Absatzes 3 auf die Antragsfrist nach § 25 Absatz 4 hinzuweisen.

(6) Der Wohngeldanspruch ändert sich nur wegen der in § 17a Absatz 3, § 27, den vorstehenden Absätzen 1 bis 3, § 42a oder der in den §§ 42b bis 44 genannten Umstände.

§ 29[1)] Haftung, Aufrechnung, Verrechnung und vorläufige Zahlungseinstellung. (1) Ist Wohngeld nach § 50 des Zehnten Buches Sozialgesetzbuch[2)] zu erstatten, haften neben der wohngeldberechtigten Person die volljährigen und bei der Berechnung des Wohngeldes berücksichtigten Haushaltsmitglieder als Gesamtschuldner.

(2) Die Wohngeldbehörde kann mit Ansprüchen auf Erstattung zu Unrecht erbrachten Wohngeldes abweichend von § 51 Abs. 2 des Ersten Buches Sozialgesetzbuch[3)] gegen Wohngeldansprüche statt bis zu deren Hälfte in voller Höhe aufrechnen.

(3) Die Wohngeldbehörde kann Ansprüche eines anderen Leistungsträgers abweichend von § 52 des Ersten Buches Sozialgesetzbuch mit der ihr obliegenden Wohngeldleistung verrechnen, soweit nach Absatz 2 die Aufrechnung zulässig ist.

(4) [1]Die Wohngeldbehörde kann die Zahlung des Wohngeldes ohne Erlass eines Bescheides vorläufig ganz oder teilweise einstellen, wenn sie Kenntnis von Tatsachen erhält, die die Annahme rechtfertigen, dass

1. der Bewilligungsbescheid bei Erlass rechtswidrig war und die wohngeldberechtigte Person sich nach § 45 Absatz 2 Satz 3 des Zehnten Buches Sozialgesetzbuch nicht auf Vertrauensschutz berufen kann oder
2. die Voraussetzungen des § 27 Absatz 2, auch in Verbindung mit Absatz 4 oder § 28 Absatz 1 bis 3, vorliegen.

[2]Soweit die Kenntnis nicht auf Angaben der wohngeldberechtigten Person beruht, sind dieser unverzüglich die vorläufige Einstellung der Wohngeldzahlung sowie die dafür maßgeblichen Gründe mitzuteilen und ist ihr Gelegenheit zu geben, sich zu äußern. [3]Die Wohngeldbehörde hat eine vorläufig eingestellte Wohngeldleistung unverzüglich nachzuzahlen, wenn nicht entweder der Bewilligungsbescheid, aus dem sich der Anspruch ergibt, zwei Monate nach der Einstellung der Zahlung mit Wirkung für die Vergangenheit aufgehoben oder nachträglich die Unwirksamkeit des Bewilligungsbescheides festgestellt

[1)] § 29 Überschrift neu gef., Abs. 4 angef. mWv 1.1.2016 durch G v. 2.10.2015 (BGBl. I S. 1610).
[2)] **Sartorius ErgBd. Nr. 410.**
[3)] **Sartorius ErgBd. Nr. 401.**

worden ist. [4]Satz 3 gilt nicht, wenn die Wohngeldleistung zwischenzeitlich nach Maßgabe des § 66 des Ersten Buches Sozialgesetzbuch entzogen wurde.

§ 30[1)] Rücküberweisung und Erstattung im Todesfall. (1) [1]Wird der Bewilligungsbescheid nach § 28 Abs. 1 Satz 1 auf Grund eines Todesfalles unwirksam, gilt Wohngeld, das für die Zeit nach dem Tod des zu berücksichtigenden Haushaltsmitgliedes auf ein Konto bei einem Geldinstitut überwiesen wurde, als unter Vorbehalt geleistet. [2]Das Geldinstitut muss es der überweisenden Behörde oder der Wohngeldbehörde zurücküberweisen, wenn diese es als zu Unrecht geleistet zurückfordert. [3]Eine Verpflichtung zur Rücküberweisung besteht nicht, soweit

1. über den entsprechenden Betrag bei Eingang der Rückforderung bereits anderweitig verfügt worden ist, es sei denn, die Rücküberweisung kann aus einem Guthaben erfolgen, oder
2. die Wohngeldbehörde das Wohngeld an den Empfänger oder die Empfängerin der Miete überwiesen hat.

[4]Das Geldinstitut darf den nach Satz 1 überwiesenen Betrag nicht zur Befriedigung eigener Forderungen verwenden.

(2) [1]Wird der Bewilligungsbescheid nach § 28 Abs. 1 Satz 1 auf Grund eines Todesfalles unwirksam und ist Wohngeld weiterhin geleistet worden, sind mit Ausnahme des Empfängers oder der Empfängerin der Miete folgende Personen verpflichtet, der Wohngeldbehörde den entsprechenden Betrag zu erstatten:

1. Personen, die das Wohngeld unmittelbar in Empfang genommen haben,
2. Personen, auf deren Konto der entsprechende Betrag durch ein bankübliches Zahlungsgeschäft weitergeleitet wurde, und
3. Personen, die über den entsprechenden Betrag verfügungsberechtigt sind und ein bankübliches Zahlungsgeschäft zu Lasten des Kontos vorgenommen oder zugelassen haben.

[2]Der Erstattungsanspruch ist durch Verwaltungsakt geltend zu machen. [3]Ein Geldinstitut, das eine Rücküberweisung mit dem Hinweis abgelehnt hat, dass über den entsprechenden Betrag bereits anderweitig verfügt wurde, muss der überweisenden Behörde oder der Wohngeldbehörde auf Verlangen Name und Anschrift der in Satz 1 Nr. 2 und 3 genannten Personen und etwaiger neuer Kontoinhaber oder Kontoinhaberinnen benennen. [4]Ein Anspruch nach § 50 des Zehnten Buches Sozialgesetzbuch[2)] bleibt unberührt.

(3) Der Rücküberweisungs- und der Erstattungsanspruch verjähren in vier Jahren nach Ablauf des Kalenderjahres, in dem die Wohngeldbehörde Kenntnis von der Überzahlung erlangt hat.

§ 31 Rücknahme eines rechtswidrigen nicht begünstigenden Wohngeldbescheides. [1]Wird ein rechtswidriger nicht begünstigender Wohngeldbescheid mit Wirkung für die Vergangenheit zurückgenommen, muss die Wohngeldbehörde längstens für zwei Jahre vor der Rücknahme Wohngeld leisten. [2]Im Übrigen bleibt § 44 des Zehnten Buches Sozialgesetzbuch[2)] unberührt.

[1)] § 30 Abs. 1 Satz 1 geänd. mWv 9.4.2013 durch G v. 3.4.2013 (BGBl. I S. 610).
[2)] **Sartorius ErgBd. Nr. 410.**

Teil 5. Kostentragung und Datenabgleich

§ 32 Erstattung des Wohngeldes durch den Bund. Wohngeld nach diesem Gesetz, das von einem Land gezahlt worden ist, ist diesem zur Hälfte vom Bund zu erstatten.

§ 33[1)] Datenabgleich. (1) [1] Die Wohngeldbehörde ist verpflichtet, auf Verlangen

1. der zuständigen Behörde für die Erhebung der Ausgleichszahlung nach dem Gesetz über den Abbau der Fehlsubventionierung im Wohnungswesen und den hierzu erlassenen landesrechtlichen Vorschriften und
2. der jeweils zuständigen Behörde nach entsprechenden Gesetzen der Länder

diesen Behörden mitzuteilen, ob der betroffene Wohnungsinhaber Wohngeld erhält. [2] Maßgebend hierfür ist der Zeitraum, der zwischen dem Zeitpunkt nach § 3 Abs. 2 des Gesetzes über den Abbau der Fehlsubventionierung im Wohnungswesen und den hierzu erlassenen landesrechtlichen Vorschriften oder nach entsprechenden Gesetzen der Länder und der Erteilung des Bescheides über die Ausgleichszahlung liegt.

(2) [1] Die Wohngeldbehörde darf, um die rechtswidrige Inanspruchnahme von Wohngeld zu vermeiden oder aufzudecken, die Haushaltsmitglieder regelmäßig durch einen Datenabgleich daraufhin überprüfen,

1. ob und für welche Zeiträume Leistungen nach § 7 Abs. 1 beantragt oder empfangen werden oder wurden oder ein Ausschlussgrund nach § 7 Abs. 2, Abs. 3 oder § 8 Abs. 1 vorliegt oder vorlag,
2. ob und welche Daten nach § 45d Abs. 1 und § 45e des Einkommensteuergesetzes, insbesondere zu der Höhe von Kapitalerträgen, für die ein Freistellungsauftrag erteilt worden ist, dem Bundeszentralamt für Steuern übermittelt worden sind,
3. ob und für welche Zeiträume bereits Wohngeld beantragt oder empfangen wird oder wurde,
4. ob und von welchem Zeitpunkt an die Bundesagentur für Arbeit die Leistung von Arbeitslosengeld eingestellt hat,
5. ob, mit welchem Wohnungsstatus und von welchem Zeitpunkt an ein Haushaltsmitglied unter der Anschrift der Wohnung, für die Wohngeld beantragt wird oder geleistet wird oder wurde, bei der Meldebehörde gemeldet ist oder nicht mehr gemeldet ist und unter welcher neuen Anschrift es gemeldet ist,
6. ob, für welche Zeiträume und bei welchem Arbeitgeber eine Versicherungspflicht im Sinne des § 2 Abs. 1 des Vierten Buches Sozialgesetzbuch[2)] oder eine geringfügige Beschäftigung besteht oder bestand und entsprechende Daten an die Datenstelle der Rentenversicherung (Datenstelle) und die

---

[1)] § 33 Abs. 1a eingef. mWv 2.4.2009 durch G v. 28.3.2009 (BGBl. I S. 634); Abs. 1a aufgeh. mWv 3.12.2011 durch G v. 23.11.2011 (BGBl. I S. 2298); Abs. 2 Satz 1 Nr. 5 neu gef., Nr. 6, Abs. 3 Satz 1 Nr. 3 und ausl. Satzteil, Satz 2 geänd., Abs. 4 Satz 1 neu gef., Abs. 5 Sätze 4 und 5, Abs. 6 Satz 1 geänd. mWv 16.11.2012 durch G v. 9.11.2012 (BGBl. I S. 2291); Abs. 2 Satz 1 Nr. 2, Abs. 3 Satz 1 abschl. Satzteil geänd. mWv 1.1.2016 durch G v. 2.10.2015 (BGBl. I S. 1610); Abs. 2 Nr. 6 geänd. mWv 1.1.2017 durch G v. 11.11.2016 (BGBl. I S. 2500); Abs. 3 Satz 4, Abs. 5 Satz 4 geänd. mWv 26.11.2019 durch G v. 20.11.2019 (BGBl. I S. 1626); Abs. 3 Satz 1 Nr. 1 neu gef. mWv 1.1.2020 durch G v. 30.11.2019 (BGBl. I S. 1877).

[2)] **Aichberger, SGB Nr. 4.**

Minijob-Zentrale der Deutschen Rentenversicherung Knappschaft-Bahn-See übermittelt worden sind,

7. ob, in welcher Höhe und für welche Zeiträume Leistungen der Renten- und Unfallversicherungen durch die Deutsche Post AG oder die Deutsche Rentenversicherung Knappschaft-Bahn-See gezahlt worden sind.

[2] Richtet sich eine Überprüfung auf einen abgelaufenen Bewilligungszeitraum, ist diese bis zum Ablauf von zehn Jahren nach Bekanntgabe des zugehörigen Bewilligungsbescheides zulässig.

(3) [1] Zur Durchführung des Datenabgleichs dürfen nur

1. Familienname, Vornamen unter Kennzeichnung des gebräuchlichen Vornamens, Geburtsname,
2. Geburtsdatum, Geburtsort,
3. Anschrift der Wohnung, für die Wohngeld beantragt oder bewilligt wurde,
4. Tatsache des Wohngeldantrages und des Wohngeldempfangs,
5. Zeitraum des Wohngeldempfangs und
6. Geschlecht

an die in Absatz 1 Satz 1 und Absatz 2 Satz 1 Nr. 2, 4, 6 und 7 genannten und die für die Leistungen nach Absatz 2 Satz 1 Nummer 1 und 3 zuständigen Stellen sowie an die Meldebehörden übermittelt werden. [2] Die Daten, die der Wohngeldbehörde oder der sonst nach Landesrecht für den Datenabgleich zuständigen oder von der Landesregierung durch Rechtsverordnung oder auf sonstige Weise für den Datenabgleich bestimmten Stelle (zentralen Landesstelle) übermittelt werden, dürfen nur für den Zweck der Überprüfung nach den Absätzen 1 und 2 genutzt werden. [3] Die übermittelten Daten, bei denen die Überprüfung zu keinen abweichenden Feststellungen führt, sind unverzüglich zu löschen oder zu vernichten. [4] Die betroffenen Personen sind von der Wohngeldbehörde auf die Datenübermittlung hinzuweisen.

(4) [1] Die in Absatz 2 Satz 1 Nummer 2, 4, 6 und 7 genannten und die für die Leistungen nach Absatz 2 Satz 1 Nummer 1 und 3 zuständigen Stellen sowie die Meldebehörden führen den Datenabgleich durch und übermitteln die Daten über Feststellungen im Sinne des Absatzes 2 an die Wohngeldbehörde oder die zentrale Landesstelle oder über die zentrale Landesstelle an die Wohngeldbehörde. [2] Die jenen Stellen überlassenen Daten und Datenträger sind nach Durchführung des Datenabgleichs unverzüglich zurückzugeben, zu löschen oder zu vernichten.

(5) [1] Der Datenabgleich nach den Absätzen 1 und 2 ist auch in automatisierter Form zulässig. [2] Hierzu dürfen die erforderlichen Daten nach den Absätzen 1 bis 3 auch der Datenstelle als Vermittlungsstelle übermittelt werden. [3] Die Datenstelle darf die nach den Absätzen 1 bis 3 übermittelten Daten speichern, nutzen und an die in Absatz 2 Satz 1 Nr. 2, 4, 6 und 7 genannten Stellen weiter übermitteln, soweit dies für den Datenabgleich nach den Absätzen 1 und 2 erforderlich ist. [4] Die Datenstelle darf die nach § 52 Absatz 1 und 2 des Zweiten Buches Sozialgesetzbuch[1)] und nach § 118 Absatz 2 des Zwölften Buches Sozialgesetzbuch[2)] übermittelten Daten sowie die Daten der Stammsatzdatei im Sinne des § 150 des Sechsten Buches Sozialgesetzbuch[3)] und des bei ihr für

[1)] **Sartorius ErgBd. Nr. 402.**
[2)] **Sartorius ErgBd. Nr. 412.**
[3)] **Aichberger, SGB Nr. 6.**

die Prüfung bei den Arbeitgebern geführten Dateisystems im Sinne des § 28p Absatz 8 Satz 3 des Vierten Buches Sozialgesetzbuch nutzen, soweit dies für den Datenabgleich nach den Absätzen 1 und 2 erforderlich ist. [5]Die Datenstelle gleicht die übermittelten Daten ab und leitet Feststellungen im Sinne des Absatzes 2 an die übermittelnde Wohngeldbehörde oder die zentrale Landesstelle oder über die zentrale Landesstelle an die übermittelnde Wohngeldbehörde zurück. [6]Die nach Satz 3 bei der Datenstelle gespeicherten Daten sind unverzüglich nach Abschluss der Datenabgleiche zu löschen. [7]Bei einer Weiterübermittlung der Daten nach Satz 3 gilt Absatz 4 für die in Absatz 2 Satz 1 Nr. 2, 4, 6 und 7 genannten Stellen entsprechend.

(6) [1]Die Landesregierung kann ihre Befugnis, eine zentrale Landesstelle für den Datenabgleich zu bestimmen (Absatz 3 Satz 2, Absatz 4 Satz 1 und Absatz 5 Satz 5), auf die für die Ausführung des Wohngeldgesetzes zuständige oberste Landesbehörde übertragen. [2]§ 69 des Ersten Buches Sozialgesetzbuch[1)] bleibt unberührt.

(7) Die Landesregierungen werden ermächtigt, durch Rechtsverordnung die Einzelheiten des Verfahrens des automatisierten Datenabgleichs und die Kosten des Verfahrens zu regeln, solange und soweit nicht die Bundesregierung von der Ermächtigung nach § 38 Nr. 3 Gebrauch gemacht hat.

Teil 6. Wohngeldstatistik

§ 34[2)] Zweck der Wohngeldstatistik, Auskunfts- und Hinweispflicht.

(1) Über die Anträge und Entscheidungen nach diesem Gesetz sowie über die persönlichen und sachlichen Verhältnisse der zu berücksichtigenden Haushaltsmitglieder, die für die Berechnung des regionalen Mietenniveaus (§ 12 Abs. 3 und 4), den Wohngeld- und Mietenbericht (§ 39), die Beurteilung der Auswirkungen dieses Gesetzes und dessen Fortentwicklung erforderlich sind, ist eine Bundesstatistik zu führen.

(2) [1]Für die Erhebung sind die Wohngeldbehörden auskunftspflichtig. [2]Die Angaben der in § 23 Abs. 1 bis 3 bezeichneten Personen dienen zur Ermittlung der statistischen Daten im Rahmen der Erhebungsmerkmale (§ 35).

(3) Die wohngeldberechtigte Person ist auf die Verwendung der auf Grund der Bearbeitung bekannten Daten für die Wohngeldstatistik und auf die Möglichkeit der Übermittlung nach § 36 Abs. 2 Satz 2 hinzuweisen.

§ 35[3)] Erhebungs- und Hilfsmerkmale. (1) Erhebungsmerkmale sind

1. die Art des Wohngeldantrages und der Entscheidung;
2. der Betrag des im Erhebungszeitraum gezahlten Wohngeldes;
3. der Beginn und das Ende des Bewilligungszeitraums nach Monat und Jahr; die Art und die Höhe des monatlichen Wohngeldes;

[1)] **Sartorius ErgBd. Nr. 401.**

[2)] § 34 Abs. 1 geänd. mWv 1.1.2013 durch G v. 9.11.2012 (BGBl. I S. 2291).

[3)] § 35 Abs. 1 Nr. 9 geänd., Nr. 10 angef. mWv 30.12.2008 durch G v. 22.12.2008 (BGBl. I S. 2963); Abs. 1 Nr. 2 geänd., Nr. 4, 5 und 8 neu gef., mWv 1.1.2013 durch G v. 9.11.2012 (BGBl. I S. 2291); Überschrift und Abs. 2 neu gef., Abs. 1 Nr. 9 geänd., Abs. 3 aufgeh. mWv 1.1.2016 durch G v. 2.10.2015 (BGBl. I S. 1610); Abs. 1 Nr. 9 geänd., Nr. 10 aufgeh. mWv 1.1.2020 durch G v. 30.11.2019 (BGBl. I S. 1877); Abs. 1 Nr. 8 Buchst. a geänd. mWv 1.1.2021 durch G v. 12.8.2020 (BGBl. I S. 1879).

4. die Anzahl der zu berücksichtigenden Haushaltsmitglieder, ihre jeweilige Beteiligung am Erwerbsleben und Stellung im Beruf sowie jeweils die Anzahl derjenigen zu berücksichtigenden Haushaltsmitglieder, die
   a) noch nicht 18 Jahre alt sind oder
   b) mindestens 18 Jahre, aber noch nicht 25 Jahre alt sind;

   ist mindestens ein Haushaltsmitglied vom Wohngeld ausgeschlossen, sind auch die Gesamtzahl der Haushaltsmitglieder und die Zahl der vom Wohngeld ausgeschlossenen Haushaltsmitglieder Erhebungsmerkmale;
5. das jeweilige Geschlecht der zu berücksichtigenden Haushaltsmitglieder;
6. der bei der Berechnung des Wohngeldes berücksichtigte Höchstbetrag für Miete und Belastung (§ 12 Abs. 1), im Fall des § 11 Abs. 3 der Anteil des Höchstbetrages, der dem Anteil der zu berücksichtigenden Haushaltsmitglieder an der Gesamtzahl der Haushaltsmitglieder entspricht;
7. die Wohnverhältnisse der zu berücksichtigenden Haushaltsmitglieder nach Größe der Wohnung, nach Höhe der monatlichen Miete oder Belastung, im Fall des § 10 Abs. 2 Satz 2 die Belastung aus Zinsen und Tilgung, nach öffentlicher Förderung der Wohnung oder Förderung nach dem Wohnraumförderungsgesetz[1)] oder entsprechenden Gesetzen der Länder, der Grund der Wohngeldberechtigung (§ 3 Abs. 1 bis 3) sowie die Gemeinde und deren Mietenstufe (§ 12); ist mindestens ein Haushaltsmitglied vom Wohngeld ausgeschlossen, sind die Größe der Wohnung und die Höhe der monatlichen Miete oder Belastung kopfteilig zu erheben;
8. a) das monatliche Gesamteinkommen, die Freibeträge nach den §§ 17, 17a und die Abzugsbeträge für Unterhaltsleistungen nach § 18;
   b) die Summe der positiven Einkünfte und der Einnahmen nach § 14 sowie die Abzugsbeträge für Steuern und Sozialversicherungsbeiträge nach § 16 für jedes einzelne zu berücksichtigende Haushaltsmitglied;

   im Fall einer nach den §§ 7 und 8 Absatz 1 vom Wohngeld ausgeschlossenen wohngeldberechtigten Person ist die Art der beantragten oder empfangenen Leistung nach § 7 Absatz 1 Erhebungsmerkmal;
9. das Datum der Berechnung des Wohngeldes und die angewandte Gesetzesfassung.

(2) [1] Hilfsmerkmale sind:

1. Name und Anschrift der auskunftspflichtigen Wohngeldbehörde;
2. Wohngeldnummern; diese dürfen keine Angaben über persönliche oder sachliche Verhältnisse der wohngeldberechtigten Personen sowie der in § 23 Absatz 1 bis 3 bezeichneten Personen enthalten oder einen Rückschluss auf diese Verhältnisse zulassen.

[2] Die Wohngeldnummern sind zu löschen, sobald bei den statistischen Landesämtern die Überprüfung der Erhebungs- und Hilfsmerkmale auf ihre Schlüssigkeit und Vollständigkeit sowie die Erstellung und Prüfung von Ergebnissen aus der Bestandsfortschreibung abgeschlossen sind, spätestens jedoch nach Ablauf von fünf Jahren seit dem Zeitpunkt, zu dem die Erhebung durchgeführt worden ist (§ 36 Absatz 1).

---

1) Nr. **355**.

§ 36[1)] Erhebungszeitraum und Zusatzaufbereitungen. (1) [1] Die Erhebung der Angaben nach § 35 Abs. 1 ist vierteljährlich für das jeweils abgelaufene Kalendervierteljahr durchzuführen. [2] Die statistischen Landesämter stellen dem Statistischen Bundesamt unverzüglich nach Ablauf des Erhebungszeitraums oder zu dem in der Rechtsverordnung nach § 38 angegebenen Zeitpunkt folgende Angaben zur Verfügung:

1. vierteljährlich
   a) für den Erhebungszeitraum die Angaben nach § 35 Abs. 1 Nr. 1 bis 3;
   b) für den vergleichbaren Erhebungszeitraum des vorausgehenden Kalenderjahres die Angaben nach § 35 Abs. 1 Nr. 1 und 3 unter Berücksichtigung der rückwirkenden Entscheidungen aus den folgenden zwölf Monaten;
2. jährlich die Angaben nach § 35 Abs. 1 Nr. 3 bis 9 für den Monat Dezember unter Berücksichtigung der rückwirkenden Entscheidungen aus dem folgenden Kalendervierteljahr.

(2) [1] Einzelangaben nach § 35 Abs. 1 aus einer Zufallsstichprobe mit einem Auswahlsatz von 25 Prozent der wohngeldberechtigten Personen sind dem Statistischen Bundesamt jährlich unverzüglich nach Ablauf des Erhebungszeitraums für Zusatzaufbereitungen zur Verfügung zu stellen. [2] Zu diesem Zweck dürfen die Einzelangaben auch dem Bundesministerium des Innern, für Bau und Heimat oder, wenn die Aufgabe der Zusatzaufbereitung an das Bundesamt für Bauwesen und Raumordnung übertragen worden ist, an dieses übermittelt werden. [3] Dabei sind mehr als fünf zu berücksichtigende Haushaltsmitglieder, die Wohnraum gemeinsam bewohnen, in einer Gruppe zusammenzufassen. [4] Bei der empfangenden Stelle ist eine Organisationseinheit einzurichten, die räumlich, organisatorisch und personell von anderen Aufgabenbereichen zu trennen ist. [5] Die in dieser Organisationseinheit tätigen Personen müssen Amtsträger oder für den öffentlichen Dienst besonders Verpflichtete sein. [6] Sie dürfen aus ihrer Tätigkeit gewonnene Erkenntnisse nur für Zwecke des § 34 Abs. 1 verwenden. [7] Die nach Satz 2 übermittelten Einzelangaben dürfen nicht mit anderen Daten zusammengeführt werden.

Teil 7. Schlussvorschriften

§ 37[2)] Bußgeld. (1) Ordnungswidrig handelt, wer vorsätzlich oder leichtfertig

1. entgegen § 23 Absatz 1 Satz 1, Absatz 2 oder Absatz 3 eine Auskunft nicht, nicht richtig, nicht vollständig oder nicht rechtzeitig gibt,
2. entgegen § 23 Absatz 1 Satz 3 eine Angabe nicht richtig macht oder
3. entgegen § 27 Abs. 3 Satz 1, auch in Verbindung mit Abs. 4, oder § 28 Abs. 1 Satz 2 oder Abs. 4 Satz 1 eine Änderung in den Verhältnissen, die für den Wohngeldanspruch erheblich ist, nicht, nicht richtig, nicht vollständig oder nicht rechtzeitig mitteilt.

---

1) § 36 Abs. 1 Satz 2 einl. Satzteil, Nr. 1 Buchst a und b, Abs. 2 Satz 1 geänd. mWv 1.1.2013 durch G v. 9.11.2012 (BGBl. I S. 2291); Abs. 2 Satz 2 neu gef., Satz 3 eingef., bish. Sätze 3–6 werden Sätze 4–7, Abs. 3 aufgeh. mWv 1.1.2016 durch G v. 2.10.2015 (BGBl. I S. 1610); Überschrift neu gef. mWv 1.8.2016 durch G v. 26.7.2016 (BGBl. I S. 1824); Abs. 2 Satz 2 geänd. mWv 1.1.2020 durch G v. 30.11.2019 (BGBl. I S. 1877).

2) § 37 Abs. 1 Nr. 1 geänd., Nr. 2 eingef., bish. Nr. 2 wird Nr. 3 mWv 1.1.2016 durch G v. 2.10. 2015 (BGBl. I S. 1610).

(2) Die Ordnungswidrigkeit kann mit einer Geldbuße bis zu zweitausend Euro geahndet werden.

(3) Verwaltungsbehörden im Sinne des § 36 Abs. 1 Nr. 1 des Gesetzes über Ordnungswidrigkeiten[1] sind die Wohngeldbehörden.

§ 38[2][3] **Verordnungsermächtigung.** Die Bundesregierung wird ermächtigt, durch Rechtsverordnung mit Zustimmung des Bundesrates

1. nähere Vorschriften zur Durchführung dieses Gesetzes über die Ermittlung
   a) der zu berücksichtigenden Miete oder Belastung (§§ 9 bis 12) und
   b) des Einkommens (§§ 13 bis 18)

   zu erlassen, wobei pauschalierende Regelungen getroffen werden dürfen, soweit die Ermittlung im Einzelnen nicht oder nur mit unverhältnismäßig großen Schwierigkeiten möglich ist;
2. die Mietenstufen für Gemeinden festzulegen (§ 12);
3. die Einzelheiten des Verfahrens des automatisierten Datenabgleichs und die Kosten des Verfahrens (§ 33) zu regeln; dabei kann auch geregelt werden, dass die Länder der Datenstelle die Kosten für die Durchführung des Datenabgleichs zu erstatten haben;
4. die Höchstbeträge für Miete und Belastung (Anlage 1) und die Werte für „b" und „c" (Anlage 2) nach einer gesetzlichen Änderung nach § 43 zum 1. Januar jedes zweiten Jahres fortzuschreiben und die bisherigen Höchstbeträge in Anlage 1 und Werte in Anlage 2 zu ersetzen. Soweit der Deutsche Bundestag beschließt, die Höchstbeträge für Miete und Belastung (§ 12 Absatz 1), die Mietenstufen (§ 12 Absatz 2) oder die Höhe des Wohngeldes (§ 19) für ein solches Jahr neu festzusetzen, hat dieser Beschluss Vorrang gegenüber der Verordnungsermächtigung.

§ 39[4] **Wohngeld- und Mietenbericht; Bericht über die Lage und Entwicklung der Wohnungs- und Immobilienwirtschaft in Deutschland.**

(1) [1]Die Höchstbeträge für Miete und Belastung (§ 12 Absatz 1), die Mietenstufen (§ 12 Absatz 2) und die Höhe des Wohngeldes (§ 19) sind alle zwei Jahre zu überprüfen. [2]Dabei ist der bundesdurchschnittlichen und regionalen Entwicklung der Wohnkosten sowie der Veränderung der Einkommensverhältnisse und der Lebenshaltungskosten Rechnung zu tragen. [3]Die Bundesregierung berichtet dem Deutschen Bundestag über die Überprüfung nach den Sätzen 1 und 2, über die Durchführung dieses Gesetzes und über die Entwicklung der Mieten für Wohnraum alle zwei Jahre bis zum 30. Juni. [4]Dabei fließen auch miet- und wohnungsmarktrelevante Daten der Länder ein. [5]Der erste erweiterte Bericht erfolgt bis zum 30. Juni 2017.

(2) [1]Die Bundesregierung berichtet dem Deutschen Bundestag über die Lage und Entwicklung der Wohnungs- und Immobilienwirtschaft in Deutschland alle vier Jahre bis zum 30. Juni. [2]Der nächste Bericht erfolgt bis zum

---

[1] **Schönfelder Nr. 94.**

[2] § 38 ist gem. Art. 6 Abs. 2 Satz 1 G v. 24.9.2008 (BGBl. I S. 1856) am 1.10.2008 in Kraft getreten.

[3] § 38 Nr. 3 zweiter Halbs. angef. mWv 16.11.2012 durch G v. 9.11.2012 (BGBl. I S. 2291); Nr. 3 geänd., Nr. 4 angef. mWv 1.1.2020 durch G v. 30.11.2019 (BGBl. I S. 1877).

[4] § 39 neu gef. mWv 1.1.2016 durch G v. 2.10.2015 (BGBl. I S. 1610).

30. Juni 2017. [3] Eine im gleichen Jahr vorzulegende Berichterstattung nach Absatz 1 ist jeweils zu integrieren.

§ 40 Einkommen bei anderen Sozialleistungen. Das einer vom Wohngeld ausgeschlossenen wohngeldberechtigten Person bewilligte Wohngeld ist bei Sozialleistungen nicht als deren Einkommen zu berücksichtigen.

§ 41[1)] Auswirkung von Rechtsänderungen auf die Wohngeldentscheidung. (1) [1] Ist im Zeitpunkt des Inkrafttretens von Änderungen dieses Gesetzes oder der Wohngeldverordnung[2)] über einen Wohngeldantrag noch nicht entschieden, ist für die Zeit bis zum Inkrafttreten der Änderungen nach dem bis dahin geltenden Recht, für die darauf folgende Zeit nach dem neuen Recht zu entscheiden. [2] Ist über einen nach dem Zeitpunkt des Inkrafttretens von Änderungen dieses Gesetzes oder der Wohngeldverordnung gestellten Wohngeldantrag, einen Antrag nach § 27 Absatz 1 oder in einem Verfahren nach § 27 Absatz 2 zu entscheiden und beginnt der Bewilligungszeitraum vor dem Zeitpunkt des Inkrafttretens von Änderungen dieses Gesetzes oder der Wohngeldverordnung, ist Satz 1 entsprechend anzuwenden.

(2) Ist vor dem Inkrafttreten von Änderungen dieses Gesetzes oder der Wohngeldverordnung über einen Wohngeldantrag entschieden worden, verbleibt es für die Leistung des Wohngeldes auf Grund dieses Antrages bei der Anwendung des jeweils bis zu der Entscheidung geltenden Rechts.

Teil 8. Überleitungsvorschriften

§ 42 Gesetz zur Neuregelung des Wohngeldrechts und zur Änderung des Sozialgesetzbuches. (1) [1] Ist bis zum 31. Dezember 2008 über einen Wohngeldantrag, einen Antrag nach § 29 Abs. 1 oder Abs. 2 des Wohngeldgesetzes in der bis zum 31. Dezember 2008 geltenden Fassung oder in einem Verfahren nach § 29 Abs. 3 des Wohngeldgesetzes in der bis zum 31. Dezember 2008 geltenden Fassung noch nicht entschieden worden, ist für die Zeit bis zum 31. Dezember 2008 nach dem bis dahin geltenden Recht, für die darauf folgende Zeit nach dem neuen Recht zu entscheiden. [2] Ist in den Fällen des Satzes 1 das ab dem 1. Januar 2009 zu bewilligende Wohngeld geringer als das für Dezember 2008 zu bewilligende Wohngeld, verbleibt es auch für den Teil des Bewilligungszeitraums ab dem 1. Januar 2009 bei diesem Wohngeld; § 24 Abs. 2 und § 27 Abs. 2 bleiben unberührt.

(2) [1] Ist Wohngeld vor dem 1. Januar 2009 bewilligt worden und liegt mindestens ein Teil des Bewilligungszeitraums im Jahr 2009, ist von Amts wegen über die Leistung des Wohngeldes für den nach dem 31. Dezember 2008 liegenden Teil des Bewilligungszeitraums unter Anwendung des ab dem 1. Januar 2009 geltenden Rechts nach Ablauf des Bewilligungszeitraums schriftlich neu zu entscheiden; ergibt sich kein höheres Wohngeld, verbleibt es bei dem bereits bewilligten Wohngeld. [2] In den Fällen des Satzes 1 sind bei der Entscheidung abweichend von § 24 Abs. 2 die tatsächlichen Verhältnisse im Zeitraum, für den über die Leistung des Wohngeldes rückwirkend neu zu entscheiden ist, zu Grunde zu legen. [3] Die §§ 29 und 30 des Wohngeldgesetzes in der bis zum 31. Dezember 2008 geltenden Fassung und die §§ 27 und 28

[1)] § 41 Abs. 1 Satz 2 angef. mWv 16.11.2012 durch G v. 9.11.2012 (BGBl. I S. 2291).
[2)] Nr. **386**.

bleiben unberührt. [4] Liegt das Ende des Bewilligungszeitraums, über den nach Satz 1 neu zu entscheiden ist, nach dem 31. März 2009, kann eine angemessene vorläufige Zahlung geleistet werden.

(3) Ist über einen nach dem 31. Dezember 2008 gestellten Wohngeldantrag, einen Antrag nach § 27 Abs. 1 oder in einem Verfahren nach § 27 Abs. 2 zu entscheiden und beginnt der Bewilligungszeitraum vor dem 1. Januar 2009, ist Absatz 1 entsprechend anzuwenden.

(4) [1] Wären bei einer Entscheidung nach den Absätzen 1 und 3 Haushaltsmitglieder nach § 6 zu berücksichtigen, die in einem anderen Bescheid für denselben Wohnraum bereits als zum Haushalt rechnende Familienmitglieder berücksichtigt worden sind, bleibt dieser andere Bescheid von der Entscheidung nach den Absätzen 1 und 3 unberührt. [2] Bei der Entscheidung nach den Absätzen 1 und 3 ist das Wohngeld ohne die Haushaltsmitglieder nach Satz 1 und unter entsprechender Anwendung des § 11 Abs. 3 zu berechnen. [3] Die Fälle der Sätze 1 und 2 gelten als erhebliche Änderung der maßgeblichen Verhältnisse nach § 25 Abs. 1 Satz 2

(5) [1] Bei Wohn- und Wirtschaftsgemeinschaften von Personen, welche die Voraussetzungen nach § 4 des Wohngeldgesetzes in der bis zum 31. Dezember 2008 geltenden Fassung nicht erfüllen und keinen gemeinsamen Wohngeldbescheid erhalten haben, ist bei der Entscheidung nach Absatz 2 rückwirkend das Wohngeld gemeinsam zu berechnen, wenn die Voraussetzungen nach den §§ 5 und 6 Abs. 1 erfüllt werden. [2] Enden die Bewilligungszeiträume in den Fällen des Satzes 1 nicht gleichzeitig, ist abweichend von Absatz 2 Satz 1 Halbsatz 1 nach dem Ende des zuletzt ablaufenden Bewilligungszeitraums für alle zu berücksichtigenden Haushaltsmitglieder nach § 6 einheitlich neu zu entscheiden. [3] Beträgt der Zeitraum zwischen dem Ende des zuerst ablaufenden Bewilligungszeitraums und dem Ende des zuletzt ablaufenden Bewilligungszeitraums mehr als drei Monate, ist auf Antrag eine angemessene vorläufige Zahlung zu leisten.

§ 42a[1)] Übergangsregelung aus Anlass des Gesetzes zur Reform des Wohngeldrechts und zur Änderung des Wohnraumförderungsgesetzes.

(1) [1] Ist Wohngeld vor dem 1. Januar 2016 bewilligt worden und liegt mindestens ein Teil des Bewilligungszeitraums nach dem 31. Dezember 2015, so ist abweichend von § 41 Absatz 2 von Amts wegen über die Leistung des Wohngeldes für den Zeitraum vom 1. Januar 2016 bis zum Ende des bisherigen Bewilligungszeitraums neu zu entscheiden. [2] Bei der Entscheidung nach Satz 1 sind die §§ 12 und 16 Satz 1 bis 4 und § 19 dieses Gesetzes sowie die Anlage zu § 1 Absatz 3 der Wohngeldverordnung[2)] in der ab dem 1. Januar 2016 geltenden Fassung anzuwenden, alle anderen Vorschriften in der bis zum 31. Dezember 2015 geltenden Fassung. [3] Ergibt sich bei der Entscheidung nach Satz 1 kein höheres Wohngeld, verbleibt es bis zum Ende des bisherigen Bewilligungszeitraums bei dem bereits bewilligten Wohngeld. [4] Ist bei der Entscheidung nach Satz 1 nicht berücksichtigt worden, dass sich die Anzahl der zu berücksichtigenden Haushaltsmitglieder, die zu berücksichtigende Miete oder Belastung oder das Gesamteinkommen verändert hat oder das Wohngeld zweck-

---

[1)] § 42a eingef. mWv 1.1.2016 durch G v. 2.10.2015 (BGBl. I S. 1610) mit Ausnahme des Abs. 3 Satz 1, der bereits am 1.11.2015 in Kraft getreten ist.

[2)] Nr. **386**.

widrig verwendet wird, so ist abweichend von § 45 des Zehnten Buches Sozialgesetzbuch[1)] die Entscheidung nach Satz 1 nur rechtswidrig, wenn gleichzeitig die Voraussetzungen des § 27 oder § 28 Absatz 2 dieses Gesetzes vorliegen; im Übrigen bleibt § 45 des Zehnten Buches Sozialgesetzbuch unberührt. 5 Wird die Entscheidung nach Satz 1 unter den Voraussetzungen des § 45 des Zehnten Buches Sozialgesetzbuch zurückgenommen, wird der bisherige Bewilligungsbescheid wieder wirksam; die §§ 27 und 28 bleiben unberührt. 6 Ist Wohngeld vor dem 1. Januar 2016 bewilligt worden und liegt mindestens ein Teil des Bewilligungszeitraums nach dem 31. Dezember 2015 und ist über einen Antrag nach § 27 Absatz 1 oder in einem Verfahren nach § 27 Absatz 2 neu zu entscheiden, so ist für die Zeit bis zum 31. Dezember 2015 nach dem bis dahin geltenden Recht, ab dem 1. Januar 2016 bis zum Ende des bisherigen Bewilligungszeitraums nach neuem Recht nach Maßgabe des Satzes 2 und danach vollständig nach neuem Recht zu entscheiden. 7 Der Bewilligungsbescheid nach Satz 1 muss auf die besonderen Entscheidungsgrundlagen der Sätze 1 bis 5 hinweisen, insbesondere darauf, dass eine Entscheidung nach § 27 oder § 28 Absatz 2 dem Bewilligungsbescheid nach Satz 1 noch nachfolgen kann und bezogen auf den Zeitpunkt der Änderung, der auch vor dem 1. Januar 2016 liegen kann, das Wohngeld wegfallen oder sich verringern kann.

(2) 1 Ist bis zum 31. Dezember 2015 über einen Wohngeldantrag nach § 22 noch nicht entschieden, so ist für die Zeit bis zum 31. Dezember 2015 nach dem bis dahin geltenden Recht und für die darauffolgende Zeit nach dem neuen Recht zu entscheiden. 2 Ist in den Fällen des Satzes 1 das ab dem 1. Januar 2016 zu bewilligende Wohngeld geringer als das für Dezember 2015 zu bewilligende Wohngeld, verbleibt es auch für den Teil des Bewilligungszeitraums ab dem 1. Januar 2016 bei diesem Wohngeld. 3 Ist über einen nach dem 31. Dezember 2015 gestellten Wohngeldantrag nach § 22 zu entscheiden und beginnt der Bewilligungszeitraum vor dem 1. Januar 2016, so sind die Sätze 1 und 2 entsprechend anzuwenden. 4 § 24 Absatz 2 und § 27 bleiben unberührt.

(3) 1 In Fällen des § 31 Absatz 1 Satz 1 des Unterhaltssicherungsgesetzes sind § 14 Absatz 2 Nummer 23 und § 20 Absatz 1 dieses Gesetzes in der bis zum 31. Oktober 2015 geltenden Fassung anzuwenden. 2 Im Übrigen gelten die Absätze 1 und 2.

§ 42b[2)] Übergangsregelung aus Anlass des Gesetzes zur Stärkung des Wohngeldes. (1) 1 Ist Wohngeld vor dem 1. Januar 2020 bewilligt worden und liegt mindestens ein Teil des Bewilligungszeitraums nach dem 31. Dezember 2019, so ist abweichend von § 41 Absatz 2 von Amts wegen über die Leistung des Wohngeldes für den Zeitraum vom 1. Januar 2020 bis zum Ende des bisherigen Bewilligungszeitraums neu zu entscheiden. 2 Bei der Entscheidung nach Satz 1 sind die §§ 12, 17 und 19 dieses Gesetzes und die Anlage zu § 1 Absatz 3 der Wohngeldverordnung[3)] in der ab dem 1. Januar 2020 geltenden Fassung anzuwenden. 3 Ergibt sich aus der Entscheidung nach Satz 1 kein höheres Wohngeld, verbleibt es bis zum Ende des bisherigen Bewilligungszeitraums bei dem bereits bewilligten Wohngeld.

(2) 1 Ist bei der Entscheidung nach Absatz 1 Satz 1 nicht berücksichtigt worden, dass

---

1) **Sartorius ErgBd. Nr. 410.**
2) § 42b eingef. mWv 1.1.2020 durch G v. 30.11.2019 (BGBl. I S. 1877).
3) Nr. **386**.

1. sich die Anzahl der zu berücksichtigenden Haushaltsmitglieder, die zu berücksichtigende Miete oder Belastung oder das Gesamteinkommen geändert hat,
2. das Wohngeld zweckwidrig verwendet wird oder
3. die Voraussetzungen für den erhöhten anrechnungsfreien Betrag nach § 14 Absatz 2 Nummer 19 Buchstabe a oder Nummer 20 Buchstabe a oder einen anrechnungsfreien Betrag nach § 14 Absatz 2 Nummer 19 Buchstabe b vorliegen,

so ist diese Entscheidung nur rechtswidrig, wenn gleichzeitig die Voraussetzungen der §§ 27 oder 28 Absatz 2 dieses Gesetzes vorliegen; im Übrigen bleibt § 45 des Zehnten Buches Sozialgesetzbuch[1)] unberührt. [2] Wird die Entscheidung nach Absatz 1 Satz 1 unter den Voraussetzungen des § 45 des Zehnten Buches Sozialgesetzbuch zurückgenommen, so wird der bisherige Bewilligungsbescheid wieder wirksam; die §§ 27 und 28 bleiben unberührt.

(3) Ist Wohngeld vor dem 1. Januar 2020 bewilligt worden und liegt mindestens ein Teil des Bewilligungszeitraums nach dem 31. Dezember 2019 und ist über einen Antrag nach § 27 Absatz 1 oder in einem Verfahren nach § 27 Absatz 2 neu zu entscheiden, so ist für die Zeit bis zum 31. Dezember 2019 nach dem bis dahin geltenden Recht, ab dem 1. Januar 2020 nach neuem Recht zu entscheiden.

(4) Der Bewilligungsbescheid nach Absatz 1 Satz 1 muss auf die besonderen Entscheidungsgrundlagen der Absätze 1 und 2 hinweisen, insbesondere darauf, dass eine Entscheidung nach den §§ 27 oder 28 Absatz 2 oder die Mitteilung über die Unwirksamkeit nach § 28 Absatz 1 oder 3 dem Bewilligungsbescheid noch folgen kann und bezogen auf den Zeitpunkt der Änderung der Verhältnisse, der auch vor dem 1. Januar 2020 liegen kann, das Wohngeld wegfallen oder sich verringern kann.

(5) [1] Ist bis zum 31. Dezember 2019 über einen Wohngeldantrag nach § 22 noch nicht entschieden, so ist für die Zeit bis zum 31. Dezember 2019 nach dem bis dahin geltenden Recht und für die darauffolgende Zeit nach dem neuen Recht zu entscheiden. [2] Ist in den Fällen des Satzes 1 das ab dem 1. Januar 2020 zu bewilligende Wohngeld geringer als das für Dezember 2019 zu bewilligende Wohngeld, so verbleibt es auch für den Teil des Bewilligungszeitraums ab dem 1. Januar 2020 bei diesem Wohngeld.

(6) [1] Ist über einen nach dem 31. Dezember 2019 gestellten Wohngeldantrag nach § 22 zu entscheiden und beginnt der Bewilligungszeitraum vor dem 1. Januar 2020, so ist Absatz 5 entsprechend anzuwenden. [2] § 24 Absatz 2 und § 27 bleiben unberührt.

§ 42c[2)] Übergangsregelung aus Anlass des Gesetzes zur Entlastung bei den Heizkosten im Wohngeld im Kontext der CO2-Bepreisung.

(1) [1] Ist Wohngeld vor dem 1. Januar 2021 bewilligt worden und liegt mindestens ein Teil des Bewilligungszeitraums nach dem 31. Dezember 2020, so ist abweichend von § 41 Absatz 2 von Amts wegen über die Leistung des Wohngeldes für den Zeitraum vom 1. Januar 2021 bis zum Ende des bisherigen Bewilligungszeitraums neu zu entscheiden. [2] Bei der Entscheidung nach Satz 1

[1)] **Sartorius ErgBd. Nr. 410.**
[2)] § 42c eingef. mWv 1.1.2021 durch G v. 15.5.2020 (BGBl. I S. 1015).

sind die §§ 11 und 12 dieses Gesetzes in der ab dem 1. Januar 2021 geltenden Fassung anzuwenden.

(2) [1]Ist bei der Entscheidung nach Absatz 1 Satz 1 nicht berücksichtigt worden, dass sich die Anzahl der zu berücksichtigenden Haushaltsmitglieder, die zu berücksichtigende Miete oder Belastung oder das Gesamteinkommen geändert hat, so ist diese Entscheidung nur rechtswidrig, wenn gleichzeitig die Voraussetzungen des § 27 Absatz 1 oder 2 vorliegen. [2]Im Übrigen bleibt § 45 des Zehnten Buches Sozialgesetzbuch[1)] unberührt. [3]Wird die Entscheidung nach Absatz 1 Satz 1 unter den Voraussetzungen des § 45 des Zehnten Buches Sozialgesetzbuch zurückgenommen, so wird der bisherige Bewilligungsbescheid wieder wirksam. [4]Die §§ 27 und 28 bleiben unberührt.

(3) Ist Wohngeld vor dem 1. Januar 2021 bewilligt worden und liegt mindestens ein Teil des Bewilligungszeitraums nach dem 31. Dezember 2020 und ist über einen Antrag nach § 27 Absatz 1 oder in einem Verfahren nach § 27 Absatz 2 neu zu entscheiden, so ist für die Zeit bis zum 31. Dezember 2020 nach dem bis dahin geltenden Recht und ab dem 1. Januar 2021 nach neuem Recht zu entscheiden.

(4) Der Bewilligungsbescheid nach Absatz 1 Satz 1 muss auf die besonderen Entscheidungsgrundlagen der Absätze 1 und 2 hinweisen, insbesondere darauf, dass eine Entscheidung nach den §§ 27 oder 28 Absatz 2 oder die Mitteilung über die Unwirksamkeit nach § 28 Absatz 1 oder 3 dem Bewilligungsbescheid noch folgen kann und dass ab dem Zeitpunkt der Änderung der Verhältnisse, der auch vor dem 1. Januar 2021 liegen kann, das Wohngeld wegfallen oder sich verringern kann.

(5) Ist bis zum 31. Dezember 2020 über einen Wohngeldantrag nach § 22 noch nicht entschieden, so ist für die Zeit bis zum 31. Dezember 2020 nach dem bis dahin geltenden Recht und für die darauf folgende Zeit nach dem neuen Recht zu entscheiden.

(6) [1]Ist über einen nach dem 31. Dezember 2020 gestellten Wohngeldantrag nach § 22 zu entscheiden und beginnt der Bewilligungszeitraum vor dem 1. Januar 2021, so ist Absatz 5 entsprechend anzuwenden. [2]§ 24 Absatz 2 und § 27 bleiben unberührt.

§ 43[2)] Fortschreibung des Wohngeldes. (1) [1]Wurden durch die Änderung dieses Gesetzes die Höchstbeträge für Miete und Belastung (§ 12 Absatz 1), die Mietenstufen (§ 12 Absatz 2) oder die Höhe des Wohngeldes (§ 19) neu ermittelt und festgesetzt, so werden danach zum 1. Januar jedes zweiten Jahres die folgenden Berechnungsgrößen des Wohngeldes durch Rechtsverordnung mit Zustimmung des Bundesrates (§ 38 Nummer 4) fortgeschrieben:

1. die Höchstbeträge für Miete und Belastung (Anlage 1) auf Grund der Entwicklung der bundesweiten Bruttokaltmieten, gemessen durch den Teilindex für Nettokaltmiete und Wohnungsnebenkosten des Verbraucherpreisindex für Deutschland des Statistischen Bundesamtes;
2. die Werte für „b" (Anlage 2) auf Grund der Entwicklung der bundesweiten Bruttokaltmieten, gemessen durch den Teilindex für Nettokaltmiete und Wohnungsnebenkosten des Verbraucherpreisindex für Deutschland des Statistischen Bundesamtes;

[1)] **Sartorius ErgBd. Nr. 410.**
[2)] § 43 neu gef. mWv 1.1.2020 durch G v. 30.11.2019 (BGBl. I S. 1877).

3. die Werte für „c" (Anlage 2) auf Grund der bundesweiten Entwicklung der Verbraucherpreise, gemessen durch den Verbraucherpreisindex für Deutschland des Statistischen Bundesamtes.

[2] Die erste Fortschreibung des Wohngeldes erfolgt zum 1. Januar 2022.

(2) § 12 Absatz 4 Satz 1 findet bei der Fortschreibung des Wohngeldes keine Anwendung.

(3) Für die Fortschreibung der Berechnungsgrößen maßgeblich ist die prozentuale Veränderung der Jahresdurchschnittswerte der in Absatz 1 genannten Indizes des zweiten Jahres vor Inkrafttreten der Fortschreibung des Wohngeldes gegenüber den jeweiligen Jahresdurchschnittswerten des vierten Jahres vor Inkrafttreten der Fortschreibung.

(4) [1] Die Höchstbeträge für Miete und Belastung (Anlage 1) werden am 1. Januar 2022 und dann alle zwei Jahre zum 1. Januar um den Prozentsatz erhöht oder verringert, um den sich der vom Statistischen Bundesamt festgestellte Teilindex nach Absatz 1 Nummer 1 verändert hat. [2] Für die Veränderung am 1. Januar 2022 ist die Erhöhung oder Verringerung des Jahresdurchschnitts des Teilindex nach Absatz 1 Nummer 1 maßgeblich, die im Jahr 2020 gegenüber dem Jahr 2018 eingetreten ist. [3] Die sich danach ergebenden Beträge sind jeweils bis unter 0,50 Euro auf den nächsten vollen Euro-Betrag abzurunden sowie ab 0,50 Euro auf den nächsten vollen Euro-Betrag aufzurunden und ergeben die fortgeschriebenen Höchstbeträge für Miete und Belastung (Anlage 1).

(5) [1] Die Werte für „b" (Anlage 2) werden am 1. Januar 2022 und dann alle zwei Jahre zum 1. Januar mit einhundert multipliziert und anschließend durch die Summe aus einhundert und dem Prozentsatz dividiert, um den sich der vom Statistischen Bundesamt festgestellte Teilindex nach Absatz 1 Nummer 2 verändert hat. [2] Für die prozentuale Veränderung am 1. Januar 2022 ist die Erhöhung oder Verringerung des Jahresdurchschnitts des Teilindex nach Absatz 1 Nummer 2 maßgeblich, die im Jahr 2020 gegenüber dem Jahr 2018 eingetreten ist. [3] Die sich danach ergebenden Werte sind jeweils auf die sechste Nachkommastelle abzurunden und ergeben die fortgeschriebenen Werte für „b" (Anlage 2).

(6) [1] Die Werte für „c" (Anlage 2) werden am 1. Januar 2022 und dann alle zwei Jahre zum 1. Januar mit einhundert multipliziert und anschließend durch die Summe aus einhundert und dem Prozentsatz dividiert, um den sich der vom Statistischen Bundesamt festgestellte Verbraucherpreisindex nach Absatz 1 Nummer 3 verändert hat. [2] Für die prozentuale Veränderung am 1. Januar 2022 ist die Erhöhung oder Verringerung des Jahresdurchschnitts des Verbraucherpreisindex nach Absatz 1 Nummer 3 maßgeblich, die im Jahr 2020 gegenüber dem Jahr 2018 eingetreten ist. [3] Die sich danach ergebenden Werte sind jeweils auf die siebte Nachkommastelle abzurunden und ergeben die fortgeschriebenen Werte für „c" (Anlage 2).

(7) Für die Fortschreibungen nach dem 1. Januar 2022 gelten die Absätze 4 bis 6 entsprechend.

§ 44[1] Übergangsregelung bei Fortschreibung des Wohngeldes.

(1) [1] Ist Wohngeld vor dem Inkrafttreten der Fortschreibung des Wohngeldes (§ 43) bewilligt worden und dauert mindestens ein Teil des Bewilligungszeitraums nach dem Inkrafttreten der Fortschreibung noch an, so ist abweichend von § 41 Absatz 2 von Amts wegen über die Leistung des Wohngeldes für den Zeitraum vom Inkrafttreten der Fortschreibung bis zum Ende des bisherigen Bewilligungszeitraums neu zu entscheiden. [2] Bei der Entscheidung sind die Höchstbeträge für Miete und Belastung (Anlage 1) und die Werte für „b" und „c" (Anlage 2) in der ab dem Inkrafttreten der aktuellen Fortschreibung geltenden Fassung anzuwenden.

(2) [1] Ist bei der Entscheidung nach Absatz 1 Satz 1 nicht berücksichtigt worden, dass sich die Anzahl der zu berücksichtigenden Haushaltsmitglieder, die zu berücksichtigende Miete oder Belastung oder das Gesamteinkommen geändert hat, so ist diese Entscheidung nur rechtswidrig, wenn gleichzeitig die Voraussetzungen des § 27 Absatz 1 oder 2 vorliegen. [2] Im Übrigen bleibt § 45 des Zehnten Buches Sozialgesetzbuch[2] unberührt. [3] Wird die Entscheidung nach Absatz 1 Satz 1 unter den Voraussetzungen des § 45 des Zehnten Buches Sozialgesetzbuch zurückgenommen, so wird der bisherige Bewilligungsbescheid wieder wirksam. [4] Die §§ 27 und 28 bleiben unberührt.

(3) Ist Wohngeld vor dem Inkrafttreten der aktuellen Fortschreibung bewilligt worden und dauert mindestens ein Teil des Bewilligungszeitraums nach dem Inkrafttreten der Fortschreibung noch an und ist über einen Antrag nach § 27 Absatz 1 oder in einem Verfahren nach § 27 Absatz 2 neu zu entscheiden, so ist für die Zeit bis zum Inkrafttreten der Fortschreibung nach dem bis dahin geltenden Recht, ab dem Inkrafttreten der Fortschreibung nach neuem Recht zu entscheiden.

(4) Der Bewilligungsbescheid nach Absatz 1 Satz 1 muss auf die besonderen Entscheidungsgrundlagen der Absätze 1 und 2 hinweisen, insbesondere darauf, dass eine Entscheidung nach den §§ 27 oder 28 Absatz 2 oder die Mitteilung über die Unwirksamkeit nach § 28 Absatz 1 oder 3 dem Bewilligungsbescheid noch folgen kann und bezogen auf den Zeitpunkt der Änderung der Verhältnisse, der auch vor dem Inkrafttreten der aktuellen Fortschreibung liegen kann, das Wohngeld wegfallen oder sich verringern kann.

(5) [1] Ist bis zum Inkrafttreten der Fortschreibung über einen Wohngeldantrag nach § 22 noch nicht entschieden, so ist für die Zeit bis zum Inkrafttreten der Fortschreibung nach dem bis dahin geltenden Recht und für die darauf folgende Zeit nach dem neuen Recht zu entscheiden. [2] Ist über einen vor dem Inkrafttreten der Fortschreibung gestellten Wohngeldantrag nach § 22 zu entscheiden und beginnt der Bewilligungszeitraum vor dem Inkrafttreten der Fortschreibung, so ist Satz 1 entsprechend anzuwenden. [3] § 24 Absatz 2 und § 27 bleiben unberührt.

---

[1] § 44 neu gef. mWv 1.1.2020 durch G v. 30.11.2019 (BGBl. I S. 1877); Abs. 2 neu gef. mWv 1.1. 2021 durch G v. 15.5.2020 (BGBl. I S. 1015).

[2] **Sartorius ErgBd. Nr. 410.**

387. Gesetz zur Sicherung der Zweckbestimmung von Sozialwohnungen (Wohnungsbindungsgesetz – WoBindG)[1)]

In der Fassung der Bekanntmachung vom 13. September 2001[2)]
(BGBl. I S. 2404)

FNA 2330-14

geänd. durch Art. 7 Föderalismusreform-BegleitG v. 5.9.2006 (BGBl. I S. 2098), Art. 87 Neunte ZuständigkeitsanpassungsVO v. 31.10.2006 (BGBl. I S. 2407), Art. 2 Drittes G zur Änd. wohnungsrechtlicher Vorschriften v. 9.11.2012 (BGBl. I S. 2291), Art. 126 Zehnte ZuständigkeitsanpassungsVO v. 31.8.2015 (BGBl. I S. 1474) und Art. 161 Elfte ZuständigkeitsanpassungsVO v. 19.6.2020 (BGBl. I S. 1328)

Erster Abschnitt. Allgemeine Vorschriften

§ 1[3)] Anwendungsbereich. Dieses Gesetz gilt nach Maßgabe des § 50 des Wohnraumförderungsgesetzes[4)] für den in dessen Absatz 1 und nach Maßgabe des § 2 des Wohnraumförderung-Überleitungsgesetzes vom 5. September 2006 (BGBl. I S. 2098, 2100) für den in dessen Absatz 2 genannten Wohnraum, der öffentlich gefördert ist oder als öffentlich gefördert gilt.

§ 2 Sicherung der Zweckbestimmung. Auf die Erhebung, Verarbeitung und Nutzung von Daten, die Erteilung von Auskünften, die Gewährung von Einsicht in Unterlagen, die Besichtigung von Grundstücken, Gebäuden und Wohnungen, die Erteilung von Auskünften durch Finanzbehörden und Arbeitgeber sowie die Mitteilungspflichten und die Einschränkung der Rechte zur Beendigung von Mietverhältnissen bei der Veräußerung und Umwandlung von öffentlich geförderten Wohnungen ist § 32 Abs. 2 bis 4 des Wohnraumförderungsgesetzes[4)] entsprechend anzuwenden.

[1)] Nach der Neuregelung der Art. 72 ff. GG (Nr. **1**) durch das FöderalismusreformG v. 28.8.2006 (BGBl. I S. 2034) fallen Teilbereiche des Wohnungswesens in die Gesetzgebungskompetenz der Länder.

Das WohnungsbindungsG gilt gem. Art. 125a Abs. 1 GG (Nr. **1**) seit dem 1.9.2006 als Bundesrecht fort, kann aber durch Landesrecht ersetzt werden. Der Bundesgesetzgeber besitzt nach dem 31.8.2006 für Änderungen des WohnungsbindungsG keine Gesetzgebungskompetenz mehr.

Bislang haben die Länder auf dem Gebiet des Wohnungswesens ua folgende Vorschriften erlassen:
- **Bayern:** Bayerisches WohnungsbindungsG idF der Bek. v. 23.7.2007 (GVBl. S. 562, 781; 2011 S. 115), zuletzt geänd. durch V v. 26.3.2019 (GVBl. S. 98);
- **Berlin:** Wohnraumförderung-EinkommensgrenzenVO v. 10.3.2020 (GVBl. S. 306), geänd. durch VO v. 11.8.2020 (GVBl. S. 682);
- **Bremen:** Bremisches WohnungsbindungsG v. 18.11.2008 (Brem.GBl. S. 392), geänd. durch Bek. v. 24.1.2012 (Brem.GBl. S. 24), wobei die bundesrechtliche Vorschrift gem. § 28 BremWoBindG v. 18.11.2008 (Brem.GBl. S. 392), geänd. durch Bek. v. 24.1.2012 (Brem.GBl. S. 24) übergangsweise weitergilt;
- **Hamburg:** Hamburgisches WohnungsbindungsG v. 19.2.2008 (HmbGVBl. S. 74), zuletzt geänd. durch G v. 21.5.2013 (HmbGVBl. S. 244);
- **Hessen:** Hessisches WohnungsbindungsG idF der Bek. v. 3.4.2013 (GVBl. S. 142), zuletzt geänd. durch G v. 23.6.2020 (GVBl. S. 430);

[2)] Neubekanntmachung des WoBindG v. 19.8.1994 (BGBl. I S. 2166, ber. S. 2319) in der ab 1.1. 2002 geltenden Fassung.

[3)] § 1 geänd. mWv 1.1.2007 durch G v. 5.9.2006 (BGBl. I S. 2098).

[4)] Nr. **355**.

§§ 2a und 2b (weggefallen)

§ 3 Zuständige Stelle. Zuständige Stelle im Sinne dieses Gesetzes ist die Stelle, die von der Landesregierung bestimmt wird oder die nach Landesrecht zuständig ist.

Zweiter Abschnitt. Bindungen des Verfügungsberechtigten

§ 4 Überlassung an Wohnberechtigte. (1) Sobald voraussehbar ist, dass eine Wohnung bezugsfertig oder frei wird, hat der Verfügungsberechtigte dies der zuständigen Stelle unverzüglich schriftlich anzuzeigen und den voraussichtlichen Zeitpunkt der Bezugsfertigkeit oder des Freiwerdens mitzuteilen.

(2) [1] Der Verfügungsberechtigte darf die Wohnung einem Wohnungssuchenden nur zum Gebrauch überlassen, wenn dieser ihm vor der Überlassung eine Bescheinigung über die Wohnberechtigung im öffentlich geförderten sozialen Wohnungsbau (§ 5) übergibt, und wenn die in der Bescheinigung angegebene Wohnungsgröße nicht überschritten wird. [2] Auf Antrag des Verfügungsberechtigten kann die zuständige Stelle die Überlassung einer Wohnung, die die angegebene Wohnungsgröße geringfügig überschreitet, genehmigen, wenn dies nach den wohnungswirtschaftlichen Verhältnissen vertretbar erscheint.

(3) Ist die Wohnung bei der Bewilligung der öffentlichen Mittel für Angehörige eines bestimmten Personenkreises vorbehalten worden, so darf der Verfügungsberechtigte sie für die Dauer des Vorbehalts einem Wohnberechtigten nur zum Gebrauch überlassen, wenn sich aus der Bescheinigung außerdem ergibt, dass er diesem Personenkreis angehört.

(4) [1] Sind für den Bau der Wohnung Mittel einer Gemeinde oder eines Gemeindeverbandes mit der Auflage gewährt, dass die Wohnung einem von der zuständigen Stelle benannten Wohnungsuchenden zu überlassen ist, so hat die zuständige Stelle dem Verfügungsberechtigten bis zur Bezugsfertigkeit oder bis zum Freiwerden der Wohnung mindestens drei Wohnungsuchende zur Auswahl zu benennen, bei denen die Voraussetzungen erfüllt sind, die zur Erlangung einer Bescheinigung nach § 5 erforderlich wären. [2] Der Verfügungsberechtigte darf die Wohnung nur einem der benannten Wohnungsuchenden überlassen; der Vorlage einer Bescheinigung nach § 5 bedarf es insoweit nicht. [3] Bei der Benennung sind die Maßstäbe des § 5a Satz 3 zu beachten. [4] Dies gilt entsprechend, wenn zugunsten der zuständigen Stelle ein vertragliches Besetzungsrecht besteht.

(5) [1] Besteht ein Besetzungsrecht zugunsten einer Stelle, die für den Bau der Wohnung Wohnungsfürsorgemittel für Angehörige des öffentlichen Dienstes gewährt hat, so bedarf es der Vorlage einer Bescheini-

(Fortsetzung nächstes Blatt)

§ 18e[1)] Entsprechende Anwendung für öffentliche Mittel im Bereich des Bergarbeiterwohnungsbaus. [1]Die Vorschriften der §§ 18a bis 18d gelten entsprechend für öffentliche Baudarlehen und Zins- und Tilgungshilfen, die nach dem Gesetz zur Förderung des Bergarbeiterwohnungsbaus im Kohlenbergbau aus Mitteln des Treuhandvermögens des Bundes bewilligt worden sind. [2]Die in § 18b Abs. 1 bezeichneten Aufgaben obliegen dem Bundesministerium des Innern, für Bau und Heimat im Benehmen mit den für das Wohnungs- und Siedlungswesen zuständigen obersten Landesbehörden. [3]Das Bundesministerium des Innern, für Bau und Heimat wird ermächtigt, die Bestimmungen nach § 18a Abs. 1 bis 3 und 5 sowie nach § 18d durch Rechtsverordnung[2)] mit Zustimmung des Bundesrates zu treffen.

§ 18f Mieterhöhung. (1) [1]Für die Durchführung einer Mieterhöhung auf Grund der höheren Verzinsung oder der Herabsetzung der Zins- und Tilgungshilfen oder der Zuschüsse zur Deckung der laufenden Aufwendungen nach den §§ 18a bis 18e finden die Vorschriften des § 10 Abs. 1, 2 und 4 Anwendung. [2]Soweit sich eine Mieterhöhung nur auf Grund der §§ 18a bis 18e ergibt, braucht der Vermieter jedoch abweichend von § 10 Abs. 1 der Erklärung eine Wirtschaftlichkeitsberechnung oder einen Auszug daraus oder eine Zusatzberechnung nicht beizufügen; er hat dem Mieter auf Verlangen Einsicht in die Mitteilung der darlehnsverwaltenden Stelle nach § 18b Abs. 3 und, soweit eine Wirtschaftlichkeitsberechnung aufzustellen ist, auch in diese zu gewähren.

(2) Für Mieterhöhungen auf Grund der §§ 18a bis 18e ist eine vertragliche Vereinbarung, wonach eine höhere Miete für eine zurückliegende Zeit verlangt werden kann, unwirksam.

Fünfter Abschnitt. Schlussvorschriften

§ 19 Gleichstellungen. (1) Die Vorschriften dieses Gesetzes für Wohnungen gelten für einzelne öffentlich geförderte Wohnräume entsprechend, soweit sich nicht aus Inhalt oder Zweck der Vorschriften etwas anderes ergibt.

(2) [1]Dem Vermieter einer öffentlich geförderten Wohnung steht derjenige gleich, der die Wohnung einem Wohnungsuchenden auf Grund eines anderen Schuldverhältnisses, insbesondere eines genossenschaftlichen Nutzungsverhältnisses, zum Gebrauch überlässt. [2]Dem Mieter einer öffentlich geförderten Wohnung steht derjenige gleich, der die Wohnung auf Grund eines anderen Schuldverhältnisses, insbesondere eines genossenschaftlichen Nutzungsverhältnisses, bewohnt.

(3) Dem Verfügungsberechtigten steht ein von ihm Beauftragter gleich.

(4) Dem Bauherrn eines Kaufeigenheimes oder einer Kaufeigentumswohnung steht der Bewerber gleich, wenn diesem die öffentlichen Mittel nach den Vorschriften des Zweiten Wohnungsbaugesetzes bewilligt worden sind.

§ 20 Wohnheime. Die Vorschriften dieses Gesetzes gelten nicht für öffentlich geförderte Wohnheime.

---

1) § 18e Sätze 2 und 3 geänd. mWv 8.11.2006 durch VO v. 31.10.2006 (BGBl. I S. 2407); Sätze 2 und 3 geänd. mWv 8.9.2015 durch VO v. 31.8.2015 (BGBl. I S. 1474); Sätze 2, 3 geänd. mWv 27.6. 2020 durch VO v. 19.6.2020 (BGBl. I S. 1328).

2) Siehe VO über die Erhebung der Zinsen für Darlehen des Bundes zum Bergarbeiterwohnungsbau (BergWoZErhV) v. 11.10.1982 (BGBl. I S. 1400).

§ 21 Untermietverhältnisse. (1) [1]Die Vorschriften dieses Gesetzes gelten sinngemäß für den Inhaber einer öffentlich geförderten Wohnung, wenn dieser die Wohnung ganz oder mit mehr als der Hälfte der Wohnfläche untervermietet. [2]Wird nur ein Teil der Wohnung untervermietet, finden jedoch die Vorschriften des § 4 Abs. 1, 4 und 5 sowie der §§ 5a und 7 Abs. 3 in Verbindung mit § 27 Abs. 7 Satz 1 Nr. 1 und 2 des Wohnraumförderungsgesetzes[1)] keine Anwendung.

(2) Vermietet der Verfügungsberechtigte einen Teil der von ihm genutzten Wohnung, sind die Vorschriften dieses Gesetzes nur anzuwenden, wenn mehr als die Hälfte der Wohnfläche vermietet wird; die Vorschriften des § 4 Abs. 1, 4 und 5 sowie der §§ 5a und 7Abs. 3 in Verbindung mit § 27 Abs. 7 Satz 1 Nr. 1 und 2 des Wohnraumförderungsgesetzes finden jedoch keine Anwendung.

§ 22[2)] Bergarbeiterwohnungen. (1) Für die in § 2 Abs. 2 Nr. 2 des Wohnraumförderung-Überleitungsgesetzes bezeichneten Wohnungen sind die Vorschriften dieses Gesetzes nach Maßgabe der Absätze 2 bis 4 anzuwenden.

(2) An die Stelle der Wohnberechtigung im öffentlich geförderten sozialen Wohnungsbau im Sinne des § 5 dieses Gesetzes in Verbindung mit § 27 Abs. 2 und 3 des Wohnraumförderungsgesetzes[1)] tritt die Wohnberechtigung nach § 4 Abs. 1 Buchstabe a, b oder c des Gesetzes zur Förderung des Bergarbeiterwohnungsbaus im Kohlenbergbau.

(3) Der Verfügungsberechtigte darf eine Bergarbeiterwohnung einem Wohnungsberechtigten im Sinne des § 4 Abs. 1 Buchstabe d des Gesetzes zur Förderung des Bergarbeiterwohnungsbaus im Kohlenbergbau oder einem Nichtwohnungsberechtigten vermieten oder überlassen,

a) wenn die zuständige Stelle diesem eine Bescheinigung über die Wohnberechtigung im Kohlenbergbau unter den Voraussetzungen des § 6 Abs. 2 des Gesetzes zur Förderung des Bergarbeiterwohnungsbaus im Kohlenbergbau erteilt hat oder

b) wenn die zuständige Stelle eine Freistellung von der Zweckbindung der Bergarbeiterwohnung unter den Voraussetzungen des § 6 Abs. 3 oder 4 des Gesetzes zur Förderung des Bergarbeiterwohnungsbaus im Kohlenbergbau zugunsten von Wohnberechtigten im Sinne des Wohnungsbindungsgesetzes oder entsprechender landesrechtlicher Vorschriften ausgesprochen hat.

(4) Ist bei den in § 5 Abs. 2 des Gesetzes zur Förderung des Bergarbeiterwohnungsbaus im Kohlenbergbau bezeichneten Wohnungen die Zweckbindung zugunsten von Wohnungsberechtigten im Kohlenbergbau beendet, so sind hinsichtlich der Zweckbindung die Vorschriften der §§ 4 bis 7 dieses Gesetzes oder entsprechende landesrechtliche Vorschriften anzuwenden; der

(Fortsetzung nächstes Blatt)

[1)] Nr. **355**.

[2)] § 22 Abs. 1 geänd. mWv 1.1.2007 durch G v. 5.9.2006 (BGBl. I S. 2098); Abs. 3 Buchst. b und Abs. 4 erster Halbs. geänd. mWv 16.11.2012 durch G v. 9.11.2012 (BGBl. I S. 2291).

400. Jugendschutzgesetz (JuSchG)[1]

Vom 23. Juli 2002
(BGBl. I S. 2730)

FNA 2161-6

geänd. durch Art. 7 Abs. 2 G zur Änd. der Vorschriften über die Straftaten gegen die sexuelle Selbstbestimmung und zur Änd. anderer Vorschriften v. 27.12.2003 (BGBl. I S. 3007), Art. 3 HaushaltsbegleitG 2004 v. 29.12.2003 (BGBl. I S. 3076), Art. 2 G zur Verbesserung des Schutzes junger Menschen vor Gefahren des Alkohol- und Tabakkonsums v. 23.7.2004 (BGBl. I S. 1857), Art. 2 Elektronischer-Geschäftsverkehr-VereinheitlichungsG v. 26.2.2007 (BGBl. I S. 179), Art. 3 Passivrauchen-SchutzG v. 20.7.2007 (BGBl. I S. 1595), Art. 1 Erstes ÄndG v. 24.6.2008 (BGBl. I S. 1075), Art. 3 Abs. 1 G zur Umsetzung des Rahmenbeschlusses des Rates der Europäischen Union zur Bekämpfung der sexuellen Ausbeutung von Kindern und der Kinderpornographie v. 31.10.2008 (BGBl. I S. 2149), Art. 2 Abs. 55, Art. 4 Abs. 36 G zur Strukturreform des Gebührenrechts des Bundes v. 7.8.2013 (BGBl. I S. 3154, Art. 4 Abs. 36 dieses G aufgeh. durch Art. 2 G v. 18.7.2016, BGBl. I S. 1666), Art. 1 G zum Schutz von Kindern und Jugendlichen vor den Gefahren des Konsums von elektronischen Zigaretten und elektronischen Shishas v. 3.3.2016 (BGBl. I S. 369), Art. 4 Abs. 33 G zur Aktualisierung der Strukturreform des Gebührenrechts des Bundes v. 18.7.2016 (BGBl. I S. 1666), Art. 11 Branntweinmonopolverwaltung-AuflösungsG v. 10.3.2017 (BGBl. I S. 420) und Art. 2 Zweites G zur Änd. des TabakerzeugnisG v. 23.10.2020 (BGBl. I S. 2229)

Der Bundestag hat mit Zustimmung des Bundesrates das folgende Gesetz beschlossen:

Abschnitt 1. Allgemeines

§ 1[2] Begriffsbestimmungen. (1) Im Sinne dieses Gesetzes

1. sind Kinder Personen, die noch nicht 14 Jahre alt sind,
2. sind Jugendliche Personen, die 14, aber noch nicht 18 Jahre alt sind,
3. ist personensorgeberechtigte Person, wem allein oder gemeinsam mit einer anderen Person nach den Vorschriften des Bürgerlichen Gesetzbuchs[3] die Personensorge zusteht,
4. ist erziehungsbeauftragte Person, jede Person über 18 Jahren, soweit sie auf Dauer oder zeitweise aufgrund einer Vereinbarung mit der personensorgeberechtigten Person Erziehungsaufgaben wahrnimmt oder soweit sie ein Kind oder eine jugendliche Person im Rahmen der Ausbildung oder der Jugendhilfe betreut.

(2) [1]Trägermedien im Sinne dieses Gesetzes sind Medien mit Texten, Bildern oder Tönen auf gegenständlichen Trägern, die zur Weitergabe geeignet, zur unmittelbaren Wahrnehmung bestimmt oder in einem Vorführ- oder Spielgerät eingebaut sind. [2]Dem gegenständlichen Verbreiten, Überlassen, Anbieten oder Zugänglichmachen von Trägermedien steht das elektronische Verbreiten, Überlassen, Anbieten oder Zugänglichmachen gleich, soweit es sich nicht um Rundfunk im Sinne des § 2 des Rundfunkstaatsvertrages[4] handelt.

---

[1] Die Änderung durch Art. 4 Abs. 33 G v. 18.7.2016 (BGBl. I S. 1666) tritt erst **mWv 1.10.2021** in Kraft und ist im Text noch nicht berücksichtigt.

[2] § 1 Abs. 3 neu gef. mWv 1.3.2007 durch G v. 26.2.2007 (BGBl. I S. 179) iVm der Bek. v. 1.3. 2006 (BGBl. I S. 251).

[3] **Schönfelder Nr. 20.**

[4] **Sartorius III Nr. 791.**

(3) [1] Telemedien im Sinne dieses Gesetzes sind Medien, die nach dem Telemediengesetz[1)] übermittelt oder zugänglich gemacht werden. [2] Als Übermitteln oder Zugänglichmachen im Sinne von Satz 1 gilt das Bereithalten eigener oder fremder Inhalte.

(4) Versandhandel im Sinne dieses Gesetzes ist jedes entgeltliche Geschäft, das im Wege der Bestellung und Übersendung einer Ware durch Postversand oder elektronischen Versand ohne persönlichen Kontakt zwischen Lieferant und Besteller oder ohne dass durch technische oder sonstige Vorkehrungen sichergestellt ist, dass kein Versand an Kinder und Jugendliche erfolgt, vollzogen wird.

(5) Die Vorschriften der §§ 2 bis 14 dieses Gesetzes gelten nicht für verheiratete Jugendliche.

§ 2 Prüfungs- und Nachweispflicht. (1) [1] Soweit es nach diesem Gesetz auf die Begleitung durch eine erziehungsbeauftragte Person ankommt, haben die in § 1 Abs. 1 Nr. 4 genannten Personen ihre Berechtigung auf Verlangen darzulegen. [2] Veranstalter und Gewerbetreibende haben in Zweifelsfällen die Berechtigung zu überprüfen.

(2) [1] Personen, bei denen nach diesem Gesetz Altersgrenzen zu beachten sind, haben ihr Lebensalter auf Verlangen in geeigneter Weise nachzuweisen. [2] Veranstalter und Gewerbetreibende haben in Zweifelsfällen das Lebensalter zu überprüfen.

§ 3 Bekanntmachung der Vorschriften. (1) Veranstalter und Gewerbetreibende haben die nach den §§ 4 bis 13 für ihre Betriebseinrichtungen und Veranstaltungen geltenden Vorschriften sowie bei öffentlichen Filmveranstaltungen die Alterseinstufung von Filmen oder die Anbieterkennzeichnung nach § 14 Abs. 7 durch deutlich sichtbaren und gut lesbaren Aushang bekannt zu machen.

(2) [1] Zur Bekanntmachung der Alterseinstufung von Filmen und von Film- und Spielprogrammen dürfen Veranstalter und Gewerbetreibende nur die in § 14 Abs. 2 genannten Kennzeichnungen verwenden. [2] Wer einen Film für öffentliche Filmveranstaltungen weitergibt, ist verpflichtet, den Veranstalter bei der Weitergabe auf die Alterseinstufung oder die Anbieterkennzeichnung nach § 14 Abs. 7 hinzuweisen. [3] Für Filme, Film- und Spielprogramme, die nach § 14 Abs. 2 von der obersten Landesbehörde oder einer Organisation der freiwilligen Selbstkontrolle im Rahmen des Verfahrens nach § 14 Abs. 6 gekennzeichnet sind, darf bei der Ankündigung oder Werbung weder auf jugendbeeinträchtigende Inhalte hingewiesen werden noch darf die Ankündigung oder Werbung in jugendbeeinträchtigender Weise erfolgen.

Abschnitt 2. Jugendschutz in der Öffentlichkeit

§ 4 Gaststätten. (1) [1] Der Aufenthalt in Gaststätten darf Kindern und Jugendlichen unter 16 Jahren nur gestattet werden, wenn eine personensorgeberechtigte oder erziehungsbeauftragte Person sie begleitet oder wenn sie in der Zeit zwischen 5 Uhr und 23 Uhr eine Mahlzeit oder ein Getränk einnehmen. [2] Jugendlichen ab 16 Jahren darf der Aufenthalt in Gaststätten ohne Begleitung

[1)] **Sartorius ErgBd. Nr. 922.**

einer personensorgeberechtigten oder erziehungsbeauftragten Person in der Zeit von 24 Uhr und 5 Uhr morgens nicht gestattet werden.

(2) Absatz 1 gilt nicht, wenn Kinder oder Jugendliche an einer Veranstaltung eines anerkannten Trägers der Jugendhilfe teilnehmen oder sich auf Reisen befinden.

(3) Der Aufenthalt in Gaststätten, die als Nachtbar oder Nachtclub geführt werden, und in vergleichbaren Vergnügungsbetrieben darf Kindern und Jugendlichen nicht gestattet werden

(4) Die zuständige Behörde kann Ausnahmen von Absatz 1 genehmigen.

§ 5 Tanzveranstaltungen. (1) Die Anwesenheit bei öffentlichen Tanzveranstaltungen ohne Begleitung einer personensorgeberechtigten oder erziehungsbeauftragten Person darf Kindern und Jugendlichen unter 16 Jahren nicht und Jugendlichen ab 16 Jahren längstens bis 24 Uhr gestattet werden.

(2) Abweichend von Absatz 1 darf die Anwesenheit Kindern bis 22 Uhr und Jugendlichen unter 16 Jahren bis 24 Uhr gestattet werden, wenn die Tanzveranstaltung von einem anerkannten Träger der Jugendhilfe durchgeführt wird oder der künstlerischen Betätigung oder der Brauchtumspflege dient.

(3) Die zuständige Behörde kann Ausnahmen genehmigen.

§ 6 Spielhallen, Glücksspiele. (1) Die Anwesenheit in öffentlichen Spielhallen oder ähnlichen vorwiegend dem Spielbetrieb dienenden Räumen darf Kindern und Jugendlichen nicht gestattet werden.

(2) Die Teilnahme an Spielen mit Gewinnmöglichkeit in der Öffentlichkeit darf Kindern und Jugendlichen nur auf Volksfesten, Schützenfesten, Jahrmärkten, Spezialmärkten oder ähnlichen Veranstaltungen und nur unter der Voraussetzung gestattet werden, dass der Gewinn in Waren von geringem Wert besteht.

§ 7 Jugendgefährdende Veranstaltungen und Betriebe. [1] Geht von einer öffentlichen Veranstaltung oder einem Gewerbebetrieb eine Gefährdung für das körperliche, geistige oder seelische Wohl von Kindern oder Jugendlichen aus, so kann die zuständige Behörde anordnen, dass der Veranstalter oder Gewerbetreibende Kindern und Jugendlichen die Anwesenheit nicht gestatten darf. [2] Die Anordnung kann Altersbegrenzungen, Zeitbegrenzungen oder andere Auflagen enthalten, wenn dadurch die Gefährdung ausgeschlossen oder wesentlich gemindert wird.

§ 8 Jugendgefährdende Orte. [1] Hält sich ein Kind oder eine jugendliche Person an einem Ort auf, an dem ihm oder ihr eine unmittelbare Gefahr für das körperliche, geistige oder seelische Wohl droht, so hat die zuständige Behörde oder Stelle die zur Abwendung der Gefahr erforderlichen Maßnahmen zu treffen [2] Wenn nötig, hat sie das Kind oder die jugendliche Person

1. zum Verlassen des Ortes anzuhalten,
2. der erziehungsberechtigten Person im Sinne des § 7 Abs. 1 Nr. 6 des Achten Buches Sozialgesetzbuch zuzuführen oder, wenn keine erziehungsberechtigte Person erreichbar ist, in die Obhut des Jugendamtes zu bringen.

[3] In schwierigen Fällen hat die zuständige Behörde oder Stelle das Jugendamt über den jugendgefährdenden Ort zu unterrichten.

§ 9[1)] Alkoholische Getränke. (1) In Gaststätten, Verkaufsstellen oder sonst in der Öffentlichkeit dürfen

1. Bier, Wein, weinähnliche Getränke oder Schaumwein oder Mischungen von Bier, Wein, weinähnlichen Getränken oder Schaumwein mit nichtalkoholischen Getränken an Kinder und Jugendliche unter 16 Jahren,
2. andere alkoholische Getränke oder Lebensmittel, die andere alkoholische Getränke in nicht nur geringfügiger Menge enthalten, an Kinder und Jugendliche

weder abgegeben noch darf ihnen der Verzehr gestattet werden.

(2) [1] Absatz 1 Nummer 1 gilt nicht, wenn Jugendliche von einer personensorgeberechtigten Person begleitet werden.

(3) [1] In der Öffentlichkeit dürfen alkoholische Getränke nicht in Automaten angeboten werden. [2] Dies gilt nicht, wenn ein Automat

1. an einem für Kinder und Jugendliche unzugänglichen Ort aufgestellt ist oder
2. in einem gewerblich genutzten Raum aufgestellt und durch technische Vorrichtungen oder durch ständige Aufsicht sichergestellt ist, dass Kinder und Jugendliche alkoholische Getränke nicht entnehmen können.

[3] § 20 Nr. 1 des Gaststättengesetzes[2)] bleibt unberührt.

(4) [1] Alkoholhaltige Süßgetränke im Sinne des § 1 Abs. 2 und 3 des Alkopopsteuergesetzes dürfen gewerbsmäßig nur mit dem Hinweis „Abgabe an Personen unter 18 Jahren verboten, § 9 Jugendschutzgesetz" in den Verkehr gebracht werden. [2] Dieser Hinweis ist auf der Fertigpackung in der gleichen Schriftart und in der gleichen Größe und Farbe wie die Marken- oder Phantasienamen oder, soweit nicht vorhanden, wie die Verkehrsbezeichnung zu halten und bei Flaschen auf dem Frontetikett anzubringen.

§ 10[3)] Rauchen in der Öffentlichkeit, Tabakwaren. (1) In Gaststätten, Verkaufsstellen oder sonst in der Öffentlichkeit dürfen Tabakwaren und andere nikotinhaltige Erzeugnisse und deren Behältnisse an Kinder oder Jugendliche weder abgegeben noch darf ihnen das Rauchen oder der Konsum nikotinhaltiger Produkte gestattet werden.

(2) [1] In der Öffentlichkeit dürfen Tabakwaren und andere nikotinhaltige Erzeugnisse und deren Behältnisse nicht in Automaten angeboten werden. [2] Dies gilt nicht, wenn ein Automat

1. an einem Kindern und Jugendlichen unzugänglichen Ort aufgestellt ist oder
2. durch technische Vorrichtungen oder durch ständige Aufsicht sichergestellt ist, dass Kinder und Jugendliche Tabakwaren und andere nikotinhaltige Erzeugnisse und deren Behältnisse nicht entnehmen können.

(3) Tabakwaren und andere nikotinhaltige Erzeugnisse und deren Behältnisse dürfen Kindern und Jugendlichen weder im Versandhandel angeboten noch an Kinder und Jugendliche im Wege des Versandhandels abgegeben werden.

[1)] § 9 Abs. 4 angef. mWv 30.9.2004 durch G v. 23.7.2004 (BGBl. I S. 1857) iVm der Bek. v. 13.10. 2004 (BGBl. I S. 2600); Abs. 1 Nr. 1 und 2 neu gef., Abs. 2 geänd. mWv 1.1.2018 durch G v. 10.3. 2017 (BGBl. I S. 420).

[2)] Nr. **810**.

[3)] § 10 ; Abs. 1 geänd. mWv 1.9.2007, Abs. 2 Satz 2 Nrn. 1 und 2 geänd. mWv 1.1.2009 durch G v. 20.7.2007 (BGBl. I S. 1595); Abs. 1 und Abs. 2 Satz 1 und Satz 2 Nr. 2 geänd., Abs. 3 und 4 angef. mWv 1.4.2016 durch G v. 3.3.2016 (BGBl. I S. 369).

(4) Die Absätze 1 bis 3 gelten auch für nikotinfreie Erzeugnisse, wie elektronische Zigaretten oder elektronische Shishas, in denen Flüssigkeit durch ein elektronisches Heizelement verdampft und die entstehenden Aerosole mit dem Mund eingeatmet werden, sowie für deren Behältnisse.

Abschnitt 3. Jugendschutz im Bereich der Medien

Unterabschnitt 1. Trägermedien

§ 11[1)] Filmveranstaltungen. (1) Die Anwesenheit bei öffentlichen Filmveranstaltungen darf Kindern und Jugendlichen nur gestattet werden, wenn die Filme von der obersten Landesbehörde oder einer Organisation der freiwilligen Selbstkontrolle im Rahmen des Verfahrens nach § 14 Abs. 6 zur Vorführung vor ihnen freigegeben worden sind oder wenn es sich um Informations-, Instruktions- und Lehrfilme handelt, die vom Anbieter mit „Infoprogramm" oder „Lehrprogramm" gekennzeichnet sind.

(2) Abweichend von Absatz 1 darf die Anwesenheit bei öffentlichen Filmveranstaltungen mit Filmen, die für Kinder und Jugendliche ab zwölf Jahren freigegeben und gekennzeichnet sind, auch Kindern ab sechs Jahren gestattet werden, wenn sie von einer personensorgeberechtigten Person begleitet sind.

(3) Unbeschadet der Voraussetzungen des Absatzes 1 darf die Anwesenheit bei öffentlichen Filmveranstaltungen nur mit Begleitung einer personensorgeberechtigten oder erziehungsbeauftragten Person gestattet werden

1. Kindern unter sechs Jahren,
2. Kindern ab sechs Jahren, wenn die Vorführung nach 20 Uhr beendet ist,
3. Jugendlichen unter 16 Jahren, wenn die Vorführung nach 22 Uhr beendet ist,
4. Jugendlichen ab 16 Jahren, wenn die Vorführung nach 24 Uhr beendet ist.

(4) [1]Die Absätze 1 bis 3 gelten für die öffentliche Vorführung von Filmen unabhängig von der Art der Aufzeichnung und Wiedergabe. [2]Sie gelten auch für Werbevorspanne und Beiprogramme. [3]Sie gelten nicht für Filme, die zu nichtgewerblichen Zwecken hergestellt werden, solange die Filme nicht gewerblich genutzt werden.

(5) Werbefilme oder Werbeprogramme, die für alkoholische Getränke werben, dürfen unbeschadet der Voraussetzungen der Absätze 1 bis 4 nur nach 18 Uhr vorgeführt werden.

(6) Werbefilme oder Werbeprogramme, die für Tabakerzeugnisse, elektronische Zigaretten oder Nachfüllbehälter im Sinne des § 1 Absatz 1 Nummer 1 des Tabakerzeugnisgesetzes[2)] werben, dürfen nur im Zusammenhang mit Filmen vorgeführt werden, die

1. von der obersten Landesbehörde oder einer Organisation der freiwilligen Selbstkontrolle im Rahmen des Verfahrens nach § 14 Absatz 6 mit „Keine Jugendfreigabe" nach § 14 Absatz 2 gekennzeichnet sind oder
2. nicht nach den Vorschriften dieses Gesetzes gekennzeichnet sind.

[1)] § 11 Abs. 5 geänd., Abs. 6 angef. mWv 1.1.2021 durch G v. 23.10.2020 (BGBl. I S. 2229).
[2)] **Sartorius ErgBd. Nr. 861.**

§ 12[1]) Bildträger mit Filmen oder Spielen. (1) Bespielte Videokassetten und andere zur Weitergabe geeignete, für die Wiedergabe auf oder das Spiel an Bildschirmgeräten mit Filmen oder Spielen programmierte Datenträger (Bildträger) dürfen einem Kind oder einer jugendlichen Person in der Öffentlichkeit nur zugänglich gemacht werden, wenn die Programme von der obersten Landesbehörde oder einer Organisation der freiwilligen Selbstkontrolle im Rahmen des Verfahrens nach § 14 Abs. 6 für ihre Altersstufe freigegeben und gekennzeichnet worden sind oder wenn es sich um Informations-, Instruktions- und Lehrprogramme handelt, die vom Anbieter mit „Infoprogramm" oder „Lehrprogramm" gekennzeichnet sind.

(2) [1] Auf die Kennzeichnungen nach Absatz 1 ist auf dem Bildträger und der Hülle mit einem deutlich sichtbaren Zeichen hinzuweisen. [2] Das Zeichen ist auf der Frontseite der Hülle links unten auf einer Fläche von mindestens 1 200 Quadratmillimetern und dem Bildträger auf einer Fläche von mindestens 250 Quadratmillimetern anzubringen. [3] Die oberste Landesbehörde kann

1. Näheres über Inhalt, Größe, Form, Farbe und Anbringung der Zeichen anordnen und
2. Ausnahmen für die Anbringung auf dem Bildträger oder der Hülle genehmigen.

[4] Anbieter von Telemedien, die Filme, Film- und Spielprogramme verbreiten, müssen auf eine vorhandene Kennzeichnung in ihrem Angebot deutlich hinweisen.

(3) Bildträger, die nicht oder mit „Keine Jugendfreigabe" nach § 14 Abs. 2 von der obersten Landesbehörde oder einer Organisation der freiwilligen Selbstkontrolle im Rahmen des Verfahrens nach § 14 Abs. 6 oder nach § 14 Abs. 7 vom Anbieter gekennzeichnet sind, dürfen

1. einem Kind oder einer jugendlichen Person nicht angeboten, überlassen oder sonst zugänglich gemacht werden,
2. nicht im Einzelhandel außerhalb von Geschäftsräumen, in Kiosken oder anderen Verkaufsstellen, die Kunden nicht zu betreten pflegen, oder im Versandhandel angeboten oder überlassen werden.

(4) Automaten zur Abgabe bespielter Bildträger dürfen

1. auf Kindern oder Jugendlichen zugänglichen öffentlichen Verkehrsflächen,
2. außerhalb von gewerblich oder in sonstiger Weise beruflich oder geschäftlich genutzten Räumen oder
3. in deren unbeaufsichtigten Zugängen, Vorräumen oder Fluren

nur aufgestellt werden, wenn ausschließlich nach § 14 Abs. 2 Nr. 1 bis 4 gekennzeichnete Bildträger angeboten werden und durch technische Vorkehrungen gesichert ist, dass sie von Kindern und Jugendlichen, für deren Altersgruppe ihre Programme nicht nach § 14 Abs. 2 Nr. 1 bis 4 freigegeben sind, nicht bedient werden können.

(5) [1] Bildträger, die Auszüge von Film- und Spielprogrammen enthalten, dürfen abweichend von den Absätzen 1 und 3 im Verbund mit periodischen Druckschriften nur vertrieben werden, wenn sie mit einem Hinweis des Anbieters versehen sind, der deutlich macht, dass eine Organisation der freiwil-

[1]) § 12 Abs. 2 Satz 2 eingef., bish. Sätze 2 und 3 werden Sätze 3 und 4, Abs. 5 Satz 3 geänd. mWv 1.7.2008 durch G v. 24.6.2008 (BGBl. I S. 1075).

ligen Selbstkontrolle festgestellt hat, dass diese Auszüge keine Jugendbeeinträchtigungen enthalten. [2] Der Hinweis ist sowohl auf der periodischen Druckschrift als auch auf dem Bildträger vor dem Vertrieb mit einem deutlich sichtbaren Zeichen anzubringen. [3] Absatz 2 Satz 1 bis 3 gilt entsprechend. [4] Die Berechtigung nach Satz 1 kann die oberste Landesbehörde für einzelne Anbieter ausschließen.

§ 13[1)] Bildschirmspielgeräte. (1) Das Spielen an elektronischen Bildschirmspielgeräten ohne Gewinnmöglichkeit, die öffentlich aufgestellt sind, darf Kindern und Jugendlichen ohne Begleitung einer personensorgeberechtigten oder erziehungsbeauftragten Person nur gestattet werden, wenn die Programme von der obersten Landesbehörde oder einer Organisation der

(Fortsetzung nächstes Blatt)

[1)] § 13 Abs. 3 geänd. mWv 1.7.2008 durch G v. 24.6.2008 (BGBl. I S. 1075).

Bundesprüfstelle für jugendgefährdende Medien herbei, wenn in Betracht kommt, dass das Medium aus der Liste zu streichen ist.

(5) [1] Wird ein Telemedium in die Liste jugendgefährdender Medien aufgenommen und ist die Tat im Ausland begangen worden, so soll die oder der Vorsitzende dies den im Bereich der Telemedien anerkannten Einrichtungen der Selbstkontrolle zum Zweck der Aufnahme in nutzerautonome Filterprogramme mitteilen. [2] Die Mitteilung darf nur zum Zweck der Aufnahme in nutzerautonome Filterprogramme verwandt werden.

§ 25 Rechtsweg. (1) Für Klagen gegen eine Entscheidung der Bundesprüfstelle für jugendgefährdende Medien, ein Medium in die Liste jugendgefährdender Medien aufzunehmen oder einen Antrag auf Streichung aus der Liste abzulehnen, ist der Verwaltungsrechtsweg gegeben.

(2) Gegen eine Entscheidung der Bundesprüfstelle für jugendgefährdende Medien, ein Medium nicht in die Liste jugendgefährdender Medien aufzunehmen, sowie gegen eine Einstellung des Verfahrens kann die antragstellende Behörde im Verwaltungsrechtsweg Klage erheben.

(3) Die Klage ist gegen den Bund, vertreten durch die Bundesprüfstelle für jugendgefährdende Medien, zu richten.

(4) [1] Die Klage hat keine aufschiebende Wirkung. [2] Vor Erhebung der Klage bedarf es keiner Nachprüfung in einem Vorverfahren, bei einer Entscheidung im vereinfachten Verfahren nach § 23 ist jedoch zunächst eine Entscheidung der Bundesprüfstelle für jugendgefährdende Medien in der Besetzung nach § 19 Abs. 5 herbeizuführen.

Abschnitt 5. Verordnungsermächtigung

§ 26 Verordnungsermächtigung. Die Bundesregierung wird ermächtigt, durch Rechtsverordnung mit Zustimmung des Bundesrates Näheres über den Sitz und das Verfahren der Bundesprüfstelle für jugendgefährdende Medien und die Führung der Liste jugendgefährdender Medien zu regeln.

Abschnitt 6. Ahndung von Verstößen

§ 27 Strafvorschriften. (1) Mit Freiheitsstrafe bis zu einem Jahr oder mit Geldstrafe wird bestraft, wer

1. entgegen § 15 Abs. 1 Nr. 1 bis 5 oder 6, jeweils auch in Verbindung mit Abs. 2, ein Trägermedium anbietet, überlässt, zugänglich macht, ausstellt, anschlägt, vorführt, einführt, ankündigt oder anpreist,
2. entgegen § 15 Abs. 1 Nr. 7, auch in Verbindung mit Abs. 2, ein Trägermedium herstellt, bezieht, liefert, vorrätig hält oder einführt,
3. entgegen § 15 Abs. 4 die Liste der jugendgefährdenden Medien abdruckt oder veröffentlicht,
4. entgegen § 15 Abs. 5 bei geschäftlicher Werbung einen dort genannten Hinweis gibt oder
5. einer vollziehbaren Entscheidung nach § 21 Abs. 8 Satz 1 Nr. 1 zuwiderhandelt.

(2) Ebenso wird bestraft, wer als Veranstalter oder Gewerbetreibender

1. eine in § 28 Abs. 1 Nr. 4 bis 18 oder 19 bezeichnete vorsätzliche Handlung begeht und dadurch wenigstens leichtfertig ein Kind oder eine jugendliche Person in der körperlichen, geistigen oder sittlichen Entwicklung schwer gefährdet oder
2. eine in § 28 Abs. 1 Nr. 4 bis 18 oder 19 bezeichnete vorsätzliche Handlung aus Gewinnsucht begeht oder beharrlich wiederholt.

(3) Wird die Tat in den Fällen

1. des Absatzes 1 Nr. 1 oder
2. des Absatzes 1 Nr. 3, 4 oder 5

fahrlässig begangen, so ist die Strafe Freiheitsstrafe bis zu sechs Monaten oder Geldstrafe bis zu hundertachtzig Tagessätzen.

(4) [1] Absatz 1 Nr. 1 und 2 und Absatz 3 Nr. 1 sind nicht anzuwenden, wenn eine personensorgeberechtigte Person das Medium einem Kind oder einer jugendlichen Person anbietet, überlässt oder zugänglich macht. [2] Dies gilt nicht, wenn die personensorgeberechtigte Person durch das Anbieten, Überlassen oder Zugänglichmachen ihre Erziehungspflicht gröblich verletzt.

§ 28[1)] Bußgeldvorschriften. (1) Ordnungswidrig handelt, wer als Veranstalter oder Gewerbetreibender vorsätzlich oder fahrlässig

1. entgegen § 3 Abs. 1 die für seine Betriebseinrichtung oder Veranstaltung geltenden Vorschriften nicht, nicht richtig oder nicht in der vorgeschriebenen Weise bekannt macht,
2. entgegen § 3 Abs. 2 Satz 1 eine Kennzeichnung verwendet,
3. entgegen § 3 Abs. 2 Satz 2 einen Hinweis nicht, nicht richtig oder nicht rechtzeitig gibt,
4. entgegen § 3 Abs. 2 Satz 3 einen Hinweis gibt, einen Film oder ein Film- oder Spielprogramm ankündigt oder für einen Film oder ein Film- oder Spielprogramm wirbt,
5. entgegen § 4 Abs. 1 oder 3 einem Kind oder einer jugendlichen Person den Aufenthalt in einer Gaststätte gestattet,
6. entgegen § 5 Abs. 1 einem Kind oder einer jugendlichen Person die Anwesenheit bei einer öffentlichen Tanzveranstaltung gestattet,
7. entgegen § 6 Abs. 1 einem Kind oder einer jugendlichen Person die Anwesenheit in einer öffentlichen Spielhalle oder einem dort genannten Raum gestattet,
8. entgegen § 6 Abs. 2 einem Kind oder einer jugendlichen Person die Teilnahme an einem Spiel mit Gewinnmöglichkeit gestattet,
9. einer vollziehbaren Anordnung nach § 7 Satz 1 zuwiderhandelt,
10. entgegen § 9 Abs. 1 ein alkoholisches Getränk an ein Kind oder eine jugendliche Person abgibt oder ihm oder ihr den Verzehr gestattet,

---

1) § 28 Abs. 1 Nr. 11a eingef. mWv 30.9.2004 durch G v. 23.7.2004 (BGBl. I S. 1857) iVm der Bek. v. 13.10.2004 (BGBl. I S. 2600); Abs. 2 Nrn. 1 und 2 geänd. mWv 1.3.2007 durch G v. 26.2. 2007 (BGBl. I S. 179) iVm der Bek. v. 1.3.2006 (BGBl. I S. 251); Abs. 1 Nr. 12 geänd. mWv 1.9. 2007 durch G v. 20.7.2007 (BGBl. I S. 1595); Abs. 2 Nr. 1, 2 und Abs. 3 Nr. 1 geänd. mWv 1.7.2008 durch G v. 24.6.2008 (BGBl. I S. 1075); Abs. 1 Nr. 12 und 13 neu gef. mWv 1.4.2016 durch G v. 3.3. 2016 (BGBl. I S. 369); Abs. 1 Nr. 14a geänd. mWv 1.1.2021 durch G v. 23.10.2020 (BGBl. I S. 2229).

11. entgegen § 9 Abs. 3 Satz 1 ein alkoholisches Getränk in einem Automaten anbietet,
11a. entgegen § 9 Abs. 4 alkoholhaltige Süßgetränke in den Verkehr bringt,
12. entgegen § 10 Absatz 1, auch in Verbindung mit Absatz 4, ein dort genanntes Produkt an ein Kind oder eine jugendliche Person abgibt oder einem Kind oder einer jugendlichen Person das Rauchen oder den Konsum gestattet,
13. entgegen § 10 Absatz 2 Satz 1 oder Absatz 3, jeweils auch in Verbindung mit Absatz 4, ein dort genanntes Produkt anbietet oder abgibt,
14. entgegen § 11 Abs. 1 oder 3, jeweils auch in Verbindung mit Abs. 4 Satz 2, einem Kind oder einer jugendlichen Person die Anwesenheit bei einer öffentlichen Filmveranstaltung, einem Werbevorspann oder einem Beiprogramm gestattet,
14a. entgegen § 11 Absatz 5 oder 6 einen Werbefilm oder ein Werbeprogramm vorführt,
15. entgegen § 12 Abs. 1 einem Kind oder einer jugendlichen Person einen Bildträger zugänglich macht,
16. entgegen § 12 Abs. 3 Nr. 2 einen Bildträger anbietet oder überlässt,
17. entgegen § 12 Abs. 4 oder § 13 Abs. 2 einen Automaten oder ein Bildschirmspielgerät aufstellt,
18. entgegen § 12 Abs. 5 Satz 1 einen Bildträger vertreibt,
19. entgegen § 13 Abs. 1 einem Kind oder einer jugendlichen Person das Spielen an Bildschirmspielgeräten gestattet oder
20. entgegen § 15 Abs. 6 einen Hinweis nicht, nicht richtig oder nicht rechtzeitig gibt.

(2) Ordnungswidrig handelt, wer als Anbieter vorsätzlich oder fahrlässig

1. entgegen § 12 Abs. 2 Satz 1 und 2, auch in Verbindung mit Abs. 5 Satz 3 oder § 13 Abs. 3, einen Hinweis nicht, nicht richtig oder nicht in der vorgeschriebenen Weise gibt,
2. einer vollziehbaren Anordnung nach § 12 Abs. 2 Satz 3 Nr. 1, auch in Verbindung mit Abs. 5 Satz 3 oder § 13 Abs. 3, oder nach § 14 Abs. 7 Satz 3 zuwiderhandelt,
3. entgegen § 12 Abs. 5 Satz 2 einen Hinweis nicht, nicht richtig, nicht in der vorgeschriebenen Weise oder nicht rechtzeitig anbringt oder
4. entgegen § 14 Abs. 7 Satz 1 einen Film oder ein Film- oder Spielprogramm mit „Infoprogramm" oder „Lehrprogramm" kennzeichnet.

(3) Ordnungswidrig handelt, wer vorsätzlich oder fahrlässig

1. entgegen § 12 Abs. 2 Satz 4 einen Hinweis nicht, nicht richtig oder nicht in der vorgeschriebenen Weise gibt oder
2. entgegen § 24 Abs. 5 Satz 2 eine Mitteilung verwendet.

(4) [1] Ordnungswidrig handelt, wer als Person über 18 Jahren ein Verhalten eines Kindes oder einer jugendlichen Person herbeiführt oder fördert, das durch ein in Absatz 1 Nr. 5 bis 8, 10, 12, 14 bis 16 oder 19 oder in § 27 Abs. 1 Nr. 1 oder 2 bezeichnetes oder in § 12 Abs. 3 Nr. 1 enthaltenes Verbot oder durch eine vollziehbare Anordnung nach § 7 Satz 1 verhindert werden soll. [2] Hinsichtlich des Verbots in § 12 Abs. 3 Nr. 1 gilt dies nicht für die personen-

sorgeberechtigte Person und für eine Person, die im Einverständnis mit der personensorgeberechtigten Person handelt.

(5) Die Ordnungswidrigkeit kann mit einer Geldbuße bis zu fünfzigtausend Euro geahndet werden.

Abschnitt 7. Schlussvorschriften

§ 29 Übergangsvorschriften. Auf die nach bisherigem Recht mit „Nicht freigegeben unter achtzehn Jahren" gekennzeichneten Filmprogramme für Bildträger findet § 18 Abs. 8 Satz 1 mit der Maßgabe Anwendung, dass an die Stelle der Angabe „§ 14 Abs. 2 Nr. 1 bis 5" die Angabe „§ 14 Abs. 2 Nr. 1 bis 4" tritt.

§ 29a[1] Weitere Übergangsregelung. Bildträger mit Kennzeichnungen nach § 12 Abs. 1, deren Zeichen den Anforderungen des § 12 Abs. 2 Satz 1, aber nicht den Anforderungen des § 12 Abs. 2 Satz 2 entsprechen, dürfen bis zum 31. August 2008 in den Verkehr gebracht werden.

§ 30 Inkrafttreten, Außerkrafttreten. (1) [1]Dieses Gesetz tritt an dem Tag in Kraft, an dem der Staatsvertrag der Länder über den Schutz der Menschenwürde und den Jugendschutz in Rundfunk und Telemedien[2] in Kraft[3] tritt. [2]Gleichzeitig treten das Gesetz zum Schutze der Jugend in der Öffentlichkeit vom 25. Februar 1985 (BGBl. I S. 425), zuletzt geändert durch Artikel 8a des Gesetzes vom 15. Dezember 2001 (BGBl. I S. 3762) und das Gesetz über die Verbreitung jugendgefährdender Schriften und Medieninhalte in der Fassung der Bekanntmachung vom 12. Juli 1985 (BGBl. I S. 1502), zuletzt geändert durch Artikel 8b des Gesetzes vom 15. Dezember 2001 (BGBl. I S. 3762) außer Kraft. [3]Das Bundesministerium für Familie, Senioren, Frauen und Jugend gibt das Datum des Inkrafttretens dieses Gesetzes im Bundesgesetzblatt bekannt[4].

(2) Abweichend von Absatz 1 Satz 1 treten § 10 Abs. 2 und § 28 Abs. 1 Nr. 13 am 1. Januar 2007 in Kraft.

(Fortsetzung nächstes Blatt)

---

[1] § 29a eingef. mWv 1.7.2008 durch G v. 24.6.2008 (BGBl. I S. 1075).

[2] **Sartorius III Nr. 796.**

[3] Inkrafttreten des Jugendmedienschutz-StaatsV **(Sartorius III Nr. 796)** gem. seinem § 28 Abs. 1 am 1.4.2003.

[4] Siehe die Bek. v. 1.4.2003 (BGBl. I S. 476) v. 1.4.2003 (BGBl. I S. 476), wonach das JugendschutzG am 1.4.2003 in Kraft getreten ist.

425. Gesetz zur Regelung des öffentlichen Vereinsrechts (Vereinsgesetz)

Vom 5. August 1964
(BGBl. I S. 593)

FNA 2180-1

geänd. durch Art. 31 EinführungsG zum OWiG v. 24.5.1968 (BGBl. I S. 503), Art. 6 Nr. 1 Achtes StrafrechtsänderungsG v. 25.6.1968 (BGBl. I S. 741), Art. 80 EinführungsG zum StGB v. 2.3.1974 (BGBl. I S. 469), Art. 2 Drittes RechtsbereinigungsG v. 28.6.1990 (BGBl. I S. 1221), Art. 19 G zur Neuregelung des verwaltungsgerichtlichen Verfahrens v. 17.12.1990 (BGBl. I S. 2809), Art. 7 EinführungsG zur InsO v. 5.10.1994 (BGBl. I S. 2911), Art. 14 VerbrechensbekämpfungsG v. 28.10.1994 (BGBl. I S. 3186), Art. 4 Abs. 1 Sechstes StrafrechtsreformG v. 26.1.1998 (BGBl. I S. 164), Art. 13 Zweites ZuständigkeitslockerungsG v. 3.5.2000 (BGBl. I S. 632), Art. 1 Erstes ÄndG v. 4.12.2001 (BGBl. I S. 3319) Art. 9 TerrorismusbekämpfungsG v. 9.1.2002 (BGBl. I S. 361), Art. 15 Drittes VerwaltungsverfahrensrechtsÄndG v. 21.8.2002 (BGBl. I S. 3322), Art. 5 Abs. 2 Vierunddreißigstes StrafrechtsänderungsG v. 22.8.2002 (BGBl. I S. 3390), Art. 7a TerrorismusbekämpfungsergänzungsG v. 5.1.2007 (BGBl. I S. 2), Art. 6 G zur Neuregelung der Telekommunikationsüberwachung und anderer verdeckter Ermittlungsmaßnahmen sowie zur Umsetzung der RL 2006/24/EG v. 21.12.2007 (BGBl. I S. 3198), Art. 2 Abs. 29 G zur Modernisierung der Finanzaufsicht über Versicherungen v. 1.4.2015 (BGBl. I S. 434), Art. 6 G zum besseren Informationsaustausch bei der Bekämpfung des internationalen Terrorismus v. 26.7.2016 (BGBl. I S. 1818), Art. 1 Zweites ÄndG v. 10.3.2017 (BGBl. I S. 419) und Art. 149 Elfte ZuständigkeitsanpassungsVO v. 19.6.2020 (BGBl. I S. 1328)

Der Bundestag hat mit Zustimmung des Bundesrates das folgende Gesetz beschlossen:

Erster Abschnitt. Allgemeine Vorschriften

§ 1 Vereinsfreiheit. (1) Die Bildung von Vereinen ist frei (Vereinsfreiheit).

(2) Gegen Vereine, die die Vereinsfreiheit mißbrauchen, kann zur Wahrung der öffentlichen Sicherheit oder Ordnung nur nach Maßgabe dieses Gesetzes eingeschritten werden.

§ 2[1)] Begriff des Vereins. (1) Verein im Sinne dieses Gesetzes ist ohne Rücksicht auf die Rechtsform jede Vereinigung, zu der sich eine Mehrheit natürlicher oder juristischer Personen für längere Zeit zu einem gemeinsamen Zweck freiwillig zusammengeschlossen und einer organisierten Willensbildung unterworfen hat.

(2) Vereine im Sinne dieses Gesetzes sind nicht

1. politische Parteien im Sinne des Artikels 21 des Grundgesetzes[2)],
2. Fraktionen des Deutschen Bundestages und der Parlamente der Länder.

[1)] § 2 Abs. 2 Nr. 2 geänd. und Nr. 3 aufgeh. mWv 8.12.2001 durch G v. 4.12.2001 (BGBl. I S. 3319).

[2)] Nr. **1**.

Zweiter Abschnitt. Verbot von Vereinen

§ 3[1)] Verbot. (1) [1]Ein Verein darf erst dann als verboten (Artikel 9 Abs. 2 des Grundgesetzes[2)]) behandelt werden, wenn durch Verfügung der Verbotsbehörde festgestellt ist, daß seine Zwecke oder seine Tätigkeit den Strafgesetzen zuwiderlaufen oder daß er sich gegen die verfassungsmäßige Ordnung oder den Gedanken der Völkerverständigung richtet; in der Verfügung ist die Auflösung des Vereins anzuordnen (Verbot). [2]Mit dem Verbot ist in der Regel die Beschlagnahme und die Einziehung

1. des Vereinsvermögens,
2. von Forderungen Dritter, soweit die Einziehung in § 12 Abs. 1 vorgesehen ist, und
3. von Sachen Dritter, soweit der Berechtigte durch die Überlassung der Sachen an den Verein dessen verfassungswidrige Bestrebungen vorsätzlich gefördert hat oder die Sachen zur Förderung dieser Bestrebungen bestimmt sind,

zu verbinden.

(2) [1]Verbotsbehörde ist

1. die oberste Landesbehörde oder die nach Landesrecht zuständige Behörde für Vereine und Teilvereine, deren erkennbare Organisation und Tätigkeit sich auf das Gebiet eines Landes beschränken;
2. das Bundesministerium des Innern, für Bau und Heimat für Vereine und Teilvereine, deren Organisation oder Tätigkeit sich über das Gebiet eines Landes hinaus erstreckt.

[2]Die oberste Landesbehörde oder die nach Landesrecht zuständige Behörde entscheidet im Benehmen mit dem Bundesministerium des Innern, für Bau und Heimat, wenn sich das Verbot gegen den Teilverein eines Vereins richtet, für dessen Verbot nach Satz 1 Nr. 2 das Bundesministerium des Innern, für Bau und Heimat zuständig ist. [3]Das Bundesministerium des Innern, für Bau und Heimat entscheidet im Benehmen mit den Behörden, die nach Satz 1 Nr. 1 für das Verbot von Teilvereinen zuständig gewesen wären.

(3) [1]Das Verbot erstreckt sich, wenn es nicht ausdrücklich beschränkt wird, auf alle Organisationen, die dem Verein derart eingegliedert sind, daß sie nach dem Gesamtbild der tatsächlichen Verhältnisse als Gliederung dieses Vereins erscheinen (Teilorganisationen). [2]Auf nichtgebietliche Teilorganisationen mit eigener Rechtspersönlichkeit erstreckt sich das Verbot nur, wenn sie in der Verbotsverfügung ausdrücklich benannt sind.

(4) [1]Das Verbot ist schriftlich oder elektronisch mit einer dauerhaft überprüfbaren Signatur nach § 37 Abs. 4 des Verwaltungsverfahrensgesetzes[3)] abzufassen, zu begründen und dem Verein, im Falle des Absatzes 3 Satz 2 auch den Teilorganisationen, zuzustellen. [2]Der verfügende Teil des Verbots ist im Bundesanzeiger und danach im amtlichen Mitteilungsblatt des Landes bekannt-

---

[1)] § 3 Abs. 4 Satz 2 neu gef. durch G v. 28.6.1990 (BGBl. I S. 1221); Abs. 1 Satz 2 neu gef. und Abs. 5 angef. durch G v. 28.10.1994 (BGBl. I S. 3186); Abs. 2 Satz 1 Nr. 1 sowie Sätze 2 und 3 geänd. mWv 11.5.2000 durch G v. 3.5.2000 (BGBl. I S. 632); Abs. 4 Satz 1 geänd. mWv 1.2.2003 durch G v. 21.8.2002 (BGBl. I S. 3322); Abs. 2 Satz 1 Nr. 2 (im BGBl. I wohl irrtümlich: „Nr. 1“), Sätze 2, 3 geänd. mWv 27.6.2020 durch VO v. 19.6.2020 (BGBl. I S. 1328).

[2)] Nr. **1**.

[3)] Nr. **100**.

zumachen, in dem der Verein oder, sofern sich das Verbot hierauf beschränkt, der Teilverein seinen Sitz hat; Verbote nach § 15 werden nur im Bundesanzeiger bekanntgemacht. [3]Das Verbot wird mit der Zustellung, spätestens mit der Bekanntmachung im Bundesanzeiger, wirksam und vollziehbar; § 80 der Verwaltungsgerichtsordnung[1)] bleibt unberührt.

(5) Die Verbotsbehörde kann das Verbot auch auf Handlungen von Mitgliedern des Vereins stützen, wenn

1. ein Zusammenhang zur Tätigkeit im Verein oder zu seiner Zielsetzung besteht,
2. die Handlungen auf einer organisierten Willensbildung beruhen und
3. nach den Umständen anzunehmen ist, daß sie vom Verein geduldet werden.

§ 4[2)] Ermittlungen. (1) [1]Die Verbotsbehörde kann für ihre Ermittlungen die Hilfe der für die Wahrung der öffentlichen Sicherheit oder Ordnung zuständigen Behörden und Dienststellen in Anspruch nehmen. [2]Ermittlungsersuchen des Bundesministeriums des Innern, für Bau und Heimat sind an die zuständige oberste Landesbehörde zu richten.

(2) [1]Hält die Verbotsbehörde oder eine gemäß Absatz 1 Satz 1 ersuchte Stelle eine richterliche Vernehmung von Zeugen, eine Beschlagnahme von Beweismitteln oder eine Durchsuchung für erforderlich, so stellt sie ihre Anträge bei dem Verwaltungsgericht, in dessen Bezirk die Handlung vorzunehmen ist. [2]Die richterlichen Anordnungen oder Maßnahmen trifft der Vorsitzende oder ein von ihm bestimmtes Mitglied des Gerichts.

(3) Für die richterliche Vernehmung von Zeugen gilt § 98 der Verwaltungsgerichsordnung[1)] entsprechend.

(4) [1]Für die Beschlagnahme von Gegenständen, die als Beweismittel von Bedeutung sein können, gelten die §§ 94 bis 97, 98 Abs. 4 sowie die §§ 99 bis 101 der Strafprozeßordnung[3)] entsprechend. [2]Bestehen hinreichende Anhaltspunkte dafür, daß eine Durchsuchung zur Auffindung solcher Beweismittel führen werde, so kann die Durchsuchung der Räume des Vereins sowie der Räume, der Sachen und der Person eines Mitglieds oder Hintermannes des Vereins angeordnet werden. [3]Bei anderen Personen ist die Durchsuchung nur zur Beschlagnahme bestimmter Beweismittel und nur dann zulässig, wenn Tatsachen darauf schließen lassen, daß sich die gesuchte Sache in ihrem Gewahrsam befindet. [4]Die §§ 104, 105 Abs. 2 bis 4, §§ 106 bis 110 der Strafprozeßordnung gelten entsprechend.

(5) [1]Bei Gefahr im Verzug kann auch die Verbotsbehörde oder eine gemäß Absatz 1 Satz 1 ersuchte Stelle eine Beschlagnahme, mit Ausnahme der Beschlagnahme nach § 99 der Strafprozeßordnung, oder eine Durchsuchung anordnen. [2]Die Vorschriften des Absatzes 4 sowie § 98 Abs. 2 Satz 1 und 2 der Strafprozeßordnung gelten entsprechend.

§ 5[4)] Vollzug des Verbots. (1) Soweit das Verbot nach diesem Gesetz nicht von der Verbotsbehörde selbst oder den von ihr gemäß § 10 Abs. 3 und § 11

[1)] Nr. **600**.

[2)] § 4 Abs. 5 Satz 3 aufgeh. durch G v. 28.10.1994 (BGBl. I S. 3186); Abs. 1 Satz 2 geänd. mWv 27.6.2020 durch VO v. 19.6.2020 (BGBl. I S. 1328).

[3)] **Schönfelder Nr. 90.**

[4)] § 5 Abs. 2 aufgeh., bish. Abs. 3 wird Abs. 2 durch G v. 28.10.1994 (BGBl. I S. 3186).

Abs. 3 beauftragten Stellen zu vollziehen ist, wird es von den von der Landesregierung bestimmten Behörden vollzogen.

(2) Folgt dem Verbot eines Teilvereins, bevor es unanfechtbar geworden ist, ein den Teilverein einschließendes Verbot des Gesamtvereins, so ist von diesem Zeitpunkt an nur noch das Verbot des Gesamtvereins zu vollziehen.

§ 6 Anfechtung des Verbotsvollzugs. (1) Wird eine Maßnahme zum Vollzug des Verbots angefochten und kommt es für die Entscheidung darauf an, ob das Verbot rechtmäßig ist, so hat das Verwaltungsgericht, wenn es die Rechtmäßigkeit des Verbots bezweifelt, das Verfahren auszusetzen, bis über das Verbot unanfechtbar entschieden ist, und dieses Ergebnis seiner Entscheidung zugrunde zu legen.

(2) Widerspruch und Anfechtungsklage gegen Maßnahmen zum Vollzug des Verbots haben keine aufschiebende Wirkung.

§ 7[1] Unanfechtbarkeit des Verbots, Eintragung in öffentliche Register. (1) Ist das Verbot unanfechtbar geworden, so ist sein verfügender Teil nochmals unter Hinweis auf die Unanfechtbarkeit im Bundesanzeiger und in dem in § 3 Abs. 4 Satz 2 genannten Mitteilungsblatt zu veröffentlichen.

(2) Ist der Verein oder eine Teilorganisation in ein öffentliches Register eingetragen, so sind auf Anzeige der Verbotsbehörde einzutragen

die Beschlagnahme des Vereinsvermögens und ihre Aufhebung,

die Bestellung und Abberufung von Verwaltern (§ 10 Abs. 3),

die Auflösung des Vereins, nachdem das Verbot unanfechtbar geworden ist, und

das Erlöschen des Vereins.

§ 8 Verbot der Bildung von Ersatzorganisationen. (1) Es ist verboten, Organisationen zu bilden, die verfassungswidrige Bestrebungen (Artikel 9 Abs. 2 des Grundgesetzes[2]) eines nach § 3 dieses Gesetzes verbotenen Vereins an dessen Stelle weiterverfolgen (Ersatzorganisationen) oder bestehende Organisationen als Ersatzorganisationen fortzuführen.

(2) [1] Gegen eine Ersatzorganisation, die Verein im Sinne dieses Gesetzes ist, kann zur verwaltungsmäßigen Durchführung des in Absatz 1 enthaltenen Verbots nur auf Grund einer besonderen Verfügung vorgegangen werden, in der festgestellt wird, daß sie Ersatzorganisation des verbotenen Vereins ist. [2] Die §§ 3 bis 7 und 10 bis 13 gelten entsprechend. [3] Widerspruch und Anfechtungsklage gegen die Verfügung haben keine aufschiebende Wirkung. [4] Die für die Wahrung der öffentlichen Sicherheit oder Ordnung zuständigen Behörden und Dienststellen sind bei Gefahr im Verzug zu vorläufigen Maßnahmen berechtigt, die außer Kraft treten, wenn die Verbotsbehörde nicht binnen zweier Wochen die in Satz 1 bestimmte Verfügung trifft.

---

[1] § 7 Abs. 1 neu gef. durch G v. 28.6.1990 (BGBl. I S. 1221).
[2] Nr. 1.

§ 9[1)] Kennzeichenverbot. (1) [1]Kennzeichen des verbotenen Vereins dürfen für die Dauer der Vollziehbarkeit des Verbots nicht mehr

1. öffentlich, in einer Versammlung oder
2. in Schriften, Ton- oder Bildträgern, Abbildungen oder Darstellungen, die verbreitet werden oder zur Verbreitung bestimmt sind,

verwendet werden. [2]Ausgenommen ist eine Verwendung von Kennzeichen im Rahmen der staatsbürgerlichen Aufklärung, der Abwehr verfassungswidriger Bestrebungen und ähnlicher Zwecke.

(2) [1]Kennzeichen im Sinne des Absatzes 1 sind insbesondere Fahnen, Abzeichen, Uniformstücke, Parolen und Grußformen. [2]Den in Satz 1 genannten Kennzeichen stehen solche gleich, die ihnen zum Verwechseln ähnlich sind.

(3) [1]Absatz 1 gilt entsprechend für Kennzeichen eines verbotenen Vereins, die in im Wesentlichen gleicher Form von anderen nicht verbotenen Teilorganisationen oder von selbständigen Vereinen verwendet werden. [2]Ein Kennzeichen eines verbotenen Vereins wird insbesondere dann in im Wesentlichen gleicher Form verwendet, wenn bei ähnlichem äußerem Gesamterscheinungsbild das Kennzeichen des verbotenen Vereins oder Teile desselben mit einer anderen Orts- oder Regionalbezeichnung versehen wird.

(4) Diese Vorschriften gelten auch für die Verwendung von Kennzeichen einer Ersatzorganisation für die Dauer der Vollziehbarkeit einer Verfügung nach § 8 Abs. 2 Satz 1.

Dritter Abschnitt. Beschlagnahme und Einziehung des Vermögens verbotener Vereine

§ 10[2)] Vermögensbeschlagnahme. (1) [1]Die Beschlagnahme (§ 3 Abs. 1 Satz 2) hat die Wirkung eines Veräußerungsverbots. [2]Rechtsgeschäfte, die gegen das Veräußerungsverbot verstoßen, sind nichtig, es sei denn, daß der andere Teil weder wußte noch wissen mußte, daß der Gegenstand, auf den sich das Rechtsgeschäft bezieht, der Beschlagnahme unterliegt. [3]Die Beschlagnahme erfaßt auch die Gegenstände, die der Verein einem Dritten zu treuen Händen übertragen hat oder die ein Dritter als Treuhänder für den Verein erworben hat. [4]In den Fällen des Satzes 3 sind die Vorschriften zugunsten derjenigen, welche Rechte von einem Nichtberechtigten herleiten, entsprechend anzuwenden.

(2) [1]Auf Grund der Beschlagnahme können Sachen im Gewahrsam des Vereins und auf Grund besonderer Anordnung Sachen im Gewahrsam Dritter sichergestellt werden. [2]Soweit es der Zweck der Sicherstellung erfordert, dürfen auch Räume betreten sowie verschlossene Türen und Behältnisse geöffnet werden. [3]Die Anwendung unmittelbaren Zwanges ist ohne vorherige Androhung oder Fristsetzung zulässig, wenn sonst die Sicherstellung gefährdet wäre. [4]Werden von der Beschlagnahme Gegenstände im Sinne des § 99 der Strafprozeßordnung[3)] erfaßt, gelten für die Sicherstellung die §§ 99, 100 und 101

[1)] § 9 Abs. 1 Nr. 2 geänd. durch G v. 2.3.1974 (BGBl. I S. 469); Abs. 2 Satz 2 angef., bish. Wortlaut wird Satz 1 sowie Abs. 3 eingef., bish. Abs. 3 wird Abs. 4 mWv 1.1.2002 durch G v. 9.1.2002 (BGBl. I S. 361); Abs. 3 neu gef. mWv 16.3.2017 durch G v. 10.3.2017 (BGBl. I S. 419).

[2)] § 10 Abs. 2 Satz 1 geänd. und Sätze 4–6 angef. durch G v. 28.10.1994 (BGBl. I S. 3186); Abs. 2 Satz 4 geänd. mWv 1.1.2008 durch G v. 9.11.2007 (BGBl. I S. 3198).

[3)] **Schönfelder Nr. 90.**

Abs. 3 bis 8 der Strafprozeßordnung entsprechend. [5]Maßnahmen nach Satz 4 und die Durchsuchung von Wohnungen ordnet nur das Verwaltungsgericht an, in dessen Bezirk die Handlungen vorzunehmen sind. [6]Anordnungen nach Satz 5 trifft der Vorsitzende oder ein von ihm bestimmtes Mitglied des Gerichts.

(3) [1]Die Verbotsbehörde kann für das beschlagnahmte Vermögen Verwalter bestellen und abberufen. [2]Die Verwalter unterliegen den Weisungen der Verbotsbehörde.

(4) [1]Die Vorstandsmitglieder sind verpflichtet, Auskunft über den Bestand und Verbleib des Vereinsvermögens zu geben. [2]Auf Verlangen der Verbotsbehörde haben sie ein Verzeichnis des Bestandes vorzulegen und zu beeiden. [3]Der Eid ist mit dem in § 260 Abs. 2 des Bürgerlichen Gesetzbuchs[1)] bezeichneten Inhalt auf Ersuchen der Verbotsbehörde vor dem für den Wohnsitz des Eidespflichtigen zuständigen Amtsgericht zu leisten.

(5) Die Aufhebung der Beschlagnahme sowie der Aufschub und die Wiederherstellung ihrer Vollziehbarkeit haben keine rückwirkende Kraft.

§ 11[2)] Vermögenseinziehung. (1) [1]Die Einziehung (§ 3 Abs. 1 Satz 2) wird im Fall des § 3 Abs. 2 Nr. 1 zugunsten des Landes, im Fall des § 3 Abs. 2 Nr. 2 zugunsten des Bundes angeordnet. [2]Die Einziehung erfaßt auch die Gegenstände, auf die sich nach § 10 Abs. 1 Satz 3 die Beschlagnahme erstreckt, mit Ausnahme der vom Verein einem Dritten zur Sicherung übertragenen Gegenstände.

(2) [1]Mit Eintritt der Unanfechtbarkeit des Verbots und der Einziehungsanordnung erwirbt der Einziehungsbegünstigte das Vereinsvermögen und die nach Absatz 1 Satz 2 eingezogenen Gegenstände als besondere Vermögensmasse. [2]Gegenstände, die einer Teilorganisation in der Rechtsform eines Vereins, einer Gesellschaft oder einer Stiftung gehört haben, bilden eine eigene Vermögensmasse. [3]Der Verein und die von der Einziehung betroffenen Teilorganisationen erlöschen. [4]Ihre Rechtsverhältnisse sind im Einziehungsverfahren abzuwickeln.

(3) [1]Das Bundesministerium des Innern, für Bau und Heimat als Verbotsbehörde kann mit der Durchführung der Einziehung und mit der Abwicklung (§ 13) das Bundesverwaltungsamt oder eine andere Bundesbehörde beauftragen (Einziehungsbehörde). [2]§ 10 Abs. 3 gilt entsprechend. [3]Die Beauftragung ist im Bundesanzeiger und in dem in § 3 Abs. 4 Satz 2 genannten Mitteilungsblatt zu veröffentlichen.

(4) [1]Die Verbotsbehörde kann von der Einziehung absehen, wenn keine Gefahr besteht, daß Vermögenswerte des Vereins von neuem zur Förderung von Handlungen oder Bestrebungen der in Artikel 9 Abs. 2 des Grundgesetzes[3)] genannten Art verwendet werden oder daß die Vermögensauseinandersetzung dazu mißbraucht wird, den organisatorischen Zusammenhalt des Vereins aufrechtzuerhalten, ferner, soweit es sich um Gegenstände von unerheblichem Wert handelt. [2]Die Verbotsbehörde kann die Liquidatoren bestellen. [3]§ 12 Abs. 1 Satz 1 gilt sinngemäß für den Anspruch auf den Liquidationserlös.

[1)] **Schönfelder Nr. 20.**

[2)] § 11 Abs. 3 Satz 3 neu gef. durch G v. 28.6.1990 (BGBl. I S. 1221); Abs. 3 Satz 1 geänd. mWv 27.6.2020 durch VO v. 19.6.2020 (BGBl. I S. 1328).

[3)] Nr. **1**.

§ 12[1] Einziehung von Gegenständen Dritter. (1) [1]Die Verbotsbehörde oder die Einziehungsbehörde zieht Forderungen Dritter gegen den Verein ein, wenn

1. sie aus Beziehungen entstanden sind, die sich nach Art, Umfang oder Zweck als eine vorsätzliche Förderung der verfassungswidrigen Bestrebungen des Vereins darstellen, oder
2. sie begründet wurden, um Vermögenswerte des Vereins dem behördlichen Zugriff zu entziehen oder den Wert des Vereinsvermögens zu mindern.

[2]Hat der Gläubiger eine solche Forderung durch Abtretung erworben, so kann sie nur eingezogen werden, wenn der Gläubiger die in Satz 1 bezeichneten Tatsachen bei dem Erwerb kannte.

(2) Sachen Dritter werden eingezogen, wenn der Berechtigte durch die Überlassung der Sachen an den Verein dessen verfassungswidrige Bestrebungen vorsätzlich gefördert hat oder die Sachen zur Förderung dieser Bestrebungen bestimmt sind.

(3) [1]Rechte Dritter an den nach § 11 Abs. 1 oder nach § 12 Abs. 1 oder 2 eingezogenen Gegenständen bleiben bestehen. [2]Sie werden eingezogen, wenn sie unter den in Absatz 1 bezeichneten Voraussetzungen begründet oder erworben worden sind.

(4) [1]Die nach den Absätzen 1 bis 3 eingezogenen Gegenstände gehen mit Eintritt der Unanfechtbarkeit des Verbots und der Einziehungsverfügung auf den Einziehungsbegünstigten über. [2]Nicht vererbliche Rechte erlöschen.

(5) [1]Verfügungen des Vereins, die in den letzten sechs Monaten vor Erlaß des Verbots in der dem anderen Teil bekannten Absicht vorgenommen wurden, Gegenstände des Vereinsvermögens beiseite zu schaffen, sind dem Einziehungsbegünstigten gegenüber unwirksam. [2]Ist zugunsten eines Vereinsmitglieds oder einer Person, die ihm im Sinne des § 138 Abs. 1 der Insolvenzordnung[2] nahesteht, verfügt worden, so wird vermutet, daß diesen die in Satz 1 bezeichnete Absicht bekannt war.

§ 13[3] Abwicklung. (1) [1]Die Gläubiger, die ihre Forderungen innerhalb der von der Verbotsbehörde oder Einziehungsbehörde gesetzten Ausschlußfrist angemeldet haben, sind aus der besonderen Vermögensmasse zu befriedigen. [2]Die Befriedigung von Gläubigern, die im Falle des Insolvenzverfahrens Insolvenzgläubiger wären, ist, soweit nicht eine Rechtsverordnung etwas anderes bestimmt, erst zulässig, wenn die Verwertung des eingezogenen Vermögens (§ 11 Abs. 1) eine zur Befriedigung aller Gläubiger ausreichende bare Masse ergeben hat. [3]Forderungen, die innerhalb der Ausschlußfrist nicht angemeldet werden, erlöschen.

(2) Zur Vermeidung unbilliger Härten kann die Verbotsbehörde oder die Einziehungsbehörde anordnen, daß ein nach § 11 Abs. 1 Satz 2 eintretender Rechtsverlust unterbleibt, oder von der Einziehung nach § 12 absehen.

(3) [1]Reicht das Vermögen nicht zur Befriedigung aller Ansprüche gegen die besondere Vermögensmasse aus, so findet auf Antrag der Verbotsbehörde oder

---

[1] § 12 Abs. 5 Satz 2 geänd. durch G v. 5.10.1994 (BGBl. I S. 2911); Abs. 2 neu gef. durch G v. 28.10.1994 (BGBl. I S. 3186).

[2] **Schönfelder Nr. 110.**

[3] § 13 Abs. 1 Satz 2, Abs. 3 Sätze 1, 3 und 4 geänd. und Satz 5 neu gef. durch G v. 5.10.1994 (BGBl. I S. 2911).

der Einziehungsbehörde ein Insolvenzverfahren über die besondere Vermögensmasse statt. [2] § 12 bleibt unberührt. [3] Die von der Beschlagnahme (§ 3 Abs. 1 Satz 2) ab entstandenen Verwaltungsaufwendungen und die dem Verein nach dem Verbot durch die Inanspruchnahme von Rechtsbehelfen entstandenen Prozeßkosten sowie die Verwaltungsschulden gelten als Masseverbindlichkeiten. [4] Der Insolvenzverwalter wird auf Vorschlag der Verbotsbehörde oder der Einziehungsbehörde vom Insolvenzgericht bestellt und entlassen. [5] Die §§ 57, 67 bis 73, 101 der Insolvenzordnung[1)] sind nicht anzuwenden.

(4) Das nach Befriedigung der gegen die besondere Vermögensmasse gerichteten Ansprüche verbleibende Vermögen und die nach § 12 eingezogenen Gegenstände sind vom Einziehungsbegünstigten für gemeinnützige Zwecke zu verwenden.

Vierter Abschnitt. Sondervorschriften

§ 14[2)] Ausländervereine. (1) [1] Vereine, deren Mitglieder oder Leiter sämtlich oder überwiegend Ausländer sind (Ausländervereine), können über die in Artikel 9 Abs. 2 des Grundgesetzes[3)] genannten Gründe hinaus unter den Voraussetzungen des Absatzes 2 verboten werden. [2] Vereine, deren Mitglieder oder Leiter sämtlich oder überwiegend ausländische Staatsangehörige eines Mitgliedstaates der Europäischen Union sind, gelten nicht als Ausländervereine. [3] § 3 Abs. 1 Satz 2 und § 12 Abs. 1 und 2 sind mit der Maßgabe anzuwenden, dass die Beschlagnahme und die Einziehung von Forderungen und Sachen Dritter auch im Falle des Absatzes 2 zulässig sind.

(2) Ausländervereine können verboten werden, soweit ihr Zweck oder ihre Tätigkeit

1. die politische Willensbildung in der Bundesrepublik Deutschland oder das friedliche Zusammenleben von Deutschen und Ausländern oder von verschiedenen Ausländergruppen im Bundesgebiet, die öffentliche Sicherheit oder Ordnung oder sonstige erhebliche Interessen der Bundesrepublik Deutschland beeinträchtigt oder gefährdet,
2. den völkerrechtlichen Verpflichtungen der Bundesrepublik Deutschland zuwiderläuft,
3. Bestrebungen außerhalb des Bundesgebiets fördert, deren Ziele oder Mittel mit den Grundwerten einer die Würde des Menschen achtenden staatlichen Ordnung unvereinbar sind,
4. Gewaltanwendung als Mittel zur Durchsetzung politischer, religiöser oder sonstiger Belange unterstützt, befürwortet oder hervorrufen soll oder
5. Vereinigungen innerhalb oder außerhalb des Bundesgebiets unterstützt, die Anschläge gegen Personen oder Sachen veranlassen, befürworten oder androhen.

(3) [1] Anstelle des Vereinsverbots kann die Verbotsbehörde gegenüber Ausländervereinen Betätigungsverbote erlassen, die sie auch auf bestimmte Handlungen oder bestimmte Personen beschränken kann. [2] Im übrigen bleiben

---

[1)] **Schönfelder Nr. 110.**

[2)] § 14 Abs. 2 neu gef. durch G v. 28.10.1994 (BGBl. I S. 3186); Abs. 1 neu gef. und Abs. 2 eingef., bish. Abs. 2 wird Abs. 3 mWv 1.1.2002 durch G v. 9.1.2002 (BGBl. I S. 361).

[3)] Nr. 1.

Ausländervereinen gegenüber die gesetzlichen Vorschriften zur Wahrung der öffentlichen Sicherheit oder Ordnung unberührt.

§ 15[1)] Ausländische Vereine. (1) [1] Für Vereine mit Sitz im Ausland (ausländische Vereine), deren Organisation oder Tätigkeit sich auf den räumlichen Geltungsbereich dieses Gesetzes erstreckt, gilt § 14 entsprechend. [2] Zuständig für das Verbot ist das Bundesministerium des Innern, für Bau und Heimat.

(2) Ausländische Vereine und die einem ausländischen Verein eingegliederten Teilvereine, deren Mitglieder und Leiter sämtlich oder überwiegend Deutsche oder ausländische Unionsbürger sind, können nur aus den in Artikel 9 Abs. 2 des Grundgesetzes[2)] genannten Gründen verboten oder in ein Verbot einbezogen werden.

§ 16[3)] Arbeitnehmer- und Arbeitgebervereinigungen. (1) [1] Verbote nach § 3 Abs. 1 oder Verfügungen nach § 8 Abs. 2 Satz 1 gegen Vereinigungen, die den Schutz des Übereinkommens Nr. 87 der Internationalen Arbeitsorganisation vom 9. Juli 1948 über die Vereinigungsfreiheit und den Schutz des Vereinigungsrechts (Bundesgesetzbl. 1956 II S. 2072) genießen, werden erst wirksam, wenn das Gericht ihre Rechtmäßigkeit bestätigt hat. [2] § 3 Abs. 4 und § 8 Abs. 2 Satz 3 und 4 sind nicht anzuwenden.

(2) [1] Die Verbotsbehörde legt dem nach § 48 Abs. 2 und 3, § 50 Abs. 1 Nr. 2 der Verwaltungsgerichtsordnung[4)] zuständigen Gericht ihre schriftlich oder elektronisch mit einer dauerhaft überprüfbaren Signatur nach § 37 Abs. 4 des Verwaltungsverfahrensgesetzes[5)] abgefaßte und begründete Entscheidung vor. [2] Das Gericht stellt sie der Vereinigung und ihren darin benannten nichtgebietlichen Teilorganisationen mit eigener Rechtspersönlichkeit (§ 3 Abs. 3 Satz 2) zu. [3] Beteiligt am Verfahren sind die Verbotsbehörde, die Vereinigung und ihre in der Entscheidung benannten nichtgebietlichen Teilorganisationen mit eigener Rechtspersönlichkeit sowie die nach § 63 Nr. 3 und 4 der Verwaltungsgerichtsordnung Beteiligten.

(3) Versagt das Gericht die Bestätigung, so hebt es in dem Urteil zugleich das Verbot oder die Verfügung auf.

(4) [1] Auf Antrag der Verbotsbehörde kann das Gericht die nötigen einstweiligen Anordnungen treffen, insbesondere die Beschlagnahme des Vereinsvermögens verfügen. [2] Betätigungsverbote und Beschlagnahmeanordnungen hat das Gericht entsprechend § 3 Abs. 4 Satz 2 bekanntzumachen.

§ 17[6)] Wirtschaftsvereinigungen. Die Vorschriften dieses Gesetzes sind auf Aktiengesellschaften, Kommanditgesellschaften auf Aktien, Gesellschaften mit beschränkter Haftung, konzessionierte Wirtschaftsvereine nach § 22 des Bürgerlichen Gesetzbuches[7)], Europäische Gesellschaften, Genossenschaften, Euro-

---

1) § 15 Abs. 2 geänd. mWv 1.1.2002 durch G v. 9.1.2002 (BGBl. I S. 361); Abs. 1 Satz 2 geänd. mWv 27.6.2020 durch VO v. 19.6.2020 (BGBl. I S. 1328).

2) Nr. **1**.

3) § 16 Abs. 2 Satz 1 geänd. durch G v. 17.12.1990 (BGBl. I S. 2809); Abs. 2 Satz 1 geänd. mWv 1.2.2003 durch G v. 21.8.2002 (BGBl. I S. 3322).

4) Nr. **600**.

5) Nr. **100**.

6) § 17 Überschr. neu gef., einl. Satzteil und Nr. 1 geänd. sowie Nr. 2 eingef., bish. Nr. 2 und 3 werden Nr. 3 und 4 und geänd. mWv 11.1.2007 durch G v. 5.1.2007 (BGBl. I S. 2).

7) **Schönfelder Nr. 20.**

päische Genossenschaften und Versicherungsvereine auf Gegenseitigkeit nur anzuwenden,

1. wenn sie sich gegen die verfassungsmäßige Ordnung oder gegen den Gedanken der Völkerverständigung richten oder
2. wenn ihre Zwecke oder ihre Tätigkeit den in § 74a Abs. 1 oder § 120 Abs. 1 und 2 des Gerichtsverfassungsgesetzes[1] genannten Strafgesetzen oder dem § 130 des Strafgesetzbuches[2] zuwiderlaufen oder
3. wenn sie von einem Verbot, das aus einem der in Nummer 1 oder 2 genannten Gründe erlassen wurde, nach § 3 Abs. 3 als Teilorganisation erfaßt werden, oder
4. wenn sie Ersatzorganisation eines Vereins sind, der aus einem der in Nummer 1 oder 2 genannten Gründe verboten wurde.

§ 18 Räumlicher Geltungsbereich von Vereinsverboten. [1] Verbote von Vereinen, die ihren Sitz außerhalb des räumlichen Geltungsbereichs dieses Gesetzes, aber Teilorganisationen innerhalb dieses Bereichs haben, erstrecken sich nur auf die Teilorganisationen innerhalb dieses Bereichs. [2] Hat der Verein im räumlichen Geltungsbereich dieses Gesetzes keine Organisation, so richtet sich das Verbot (§ 3 Abs. 1) gegen seine Tätigkeit in diesem Bereich.

Fünfter Abschnitt. Schlußbestimmungen

§ 19[3] Rechtsverordnungen. Die Bundesregierung kann durch Rechtsverordnung[4] mit Zustimmung des Bundesrates

1. Bestimmungen über den Vollzug des Verbotes, insbesondere die Durchführung der Auflösung eines Vereins, die Durchführung und Aufhebung der Beschlagnahme sowie die Verwaltung des Vereinsvermögens während der Beschlagnahme erlassen,
2. Bestimmungen über das Verfahren der Einziehung, die Ausschlußfrist (§ 13 Abs. 1 Satz 1), die vorzeitige Befriedigung von Gläubigern (§ 13 Abs. 1 Satz 2), die Anwendung des § 13 Abs. 2 oder die Berichtigung des Grundbuchs treffen und das Insolvenzverfahren über die besondere Vermögensmasse in Anpassung an die besonderen Gegebenheiten bei der Einziehung näher regeln,
3. nähere Vorschriften über die Verwendung des eingezogenen Vermögens treffen,
4. Ausländervereine und ausländische Vereine einer Anmelde- und Auskunftspflicht unterwerfen, Vorschriften über Inhalt, Form und Verfahren der Anmeldung erlassen und die Auskunftspflicht näher regeln.

§ 20[5] Zuwiderhandlungen gegen Verbote. (1) [1] Wer im räumlichen Geltungsbereich dieses Gesetzes durch eine darin ausgeübte Tätigkeit

---

[1] **Schönfelder Nr. 95.**

[2] **Schönfelder Nr. 85.**

[3] § 19 Nr. 2 geänd. durch G v. 5.10.1994 (BGBl. I S. 2911).

[4] Siehe die VereinsG-DurchführungsVO (Nr. **426**).

[5] § 20 neu gef. durch G v. 25.6.1968 (BGBl. I S. 741); Abs. 2 neu gef. und Abs. 1 Satz 1 geänd. durch G v. 2.3.1974 (BGBl. I S. 469); Abs. 1 Satz 1 Nr. 4 geänd. durch G v. 28.10.1994 (BGBl. I S. 3186); Abs. 1 Satz 1 Nr. 5 geänd. durch G v. 26.1.1998 (BGBl. I S. 164); Abs. 1 Satz 1 Nr. 4 und 5

1. den organisatorischen Zusammenhalt eines Vereins entgegen einem vollziehbaren Verbot oder entgegen einer vollziehbaren Feststellung, daß er Ersatzorganisation eines verbotenen Vereins ist, aufrechterhält oder sich in einem solchen Verein als Mitglied betätigt,
2. den organisatorischen Zusammenhalt einer Partei oder eines Vereins entgegen einer vollziehbaren Feststellung, daß sie Ersatzorganisation einer verbotenen Partei sind (§ 33 Abs. 3 des Parteiengesetzes[1]), aufrechterhält, oder sich in einer solchen Partei oder in einem solchen Verein als Mitglied betätigt,
3. den organisatorischen Zusammenhalt eines Vereins oder einer Partei der in den Nummern 1 und 2 bezeichneten Art oder deren weitere Betätigung unterstützt,
4. einem vollziehbaren Verbot nach § 14 Abs. 3 Satz 1 oder § 18 Satz 2 zuwiderhandelt oder
5. Kennzeichen einer der in den Nummern 1 und 2 bezeichneten Vereine oder Parteien oder eines von einem Betätigungsverbot nach § 15 Abs. 1 in Verbindung mit § 14 Abs. 3 Satz 1 betroffenen Vereins während der Vollziehbarkeit des Verbots oder der Feststellung verbreitet oder öffentlich oder in einer Versammlung verwendet,

wird mit Freiheitsstrafe bis zu einem Jahr oder mit Geldstrafe bestraft, wenn die Tat nicht in den §§ 84, 85, 86a oder den §§ 129 bis 129b des Strafgesetzbuches[2] mit Strafe bedroht ist. [2] In den Fällen der Nummer 5 gilt § 9 Absatz 1 Satz 2, Absatz 2 oder 3 entsprechend.

(2) Das Gericht kann von einer Bestrafung nach Absatz 1 absehen, wenn

1. bei Beteiligten die Schuld gering oder deren Mitwirkung von untergeordneter Bedeutung ist oder
2. der Täter sich freiwillig und ernsthaft bemüht, das Fortbestehen der Partei oder des Vereins zu verhindern; erreicht er dieses Ziel oder wird es ohne sein Bemühen erreicht, so wird der Täter nicht bestraft.

(3) Kennzeichen, auf die sich eine Straftat nach Absatz 1 Nr. 5 bezieht, können eingezogen werden.

§ 21[3] Zuwiderhandlungen gegen Rechtsverordnungen. (1) Ordnungswidrig handelt, wer vorsätzlich oder fahrlässig einer Vorschrift einer nach § 19 Nr. 4 erlassenen Rechtsverordnung zuwiderhandelt, wenn die Rechtsverordnung für einen bestimmten Tatbestand auf diese Bußgeldvorschrift verweist.

(2) Die Ordnungswidrigkeit kann mit einer Geldbuße bis zu zweitausend Deutsche Mark[4] geahndet werden.

§§ 22–29 *(nicht wiedergegebene Änderungsvorschriften)*

(Fortsetzung der Anm von voriger Seite)
geänd. mWv 1.1.2002 durch G v. 9.1.2002 (BGBl. I S. 361); Abs. 1 Satz 1 geänd. mWv 30.8.2002 durch G v. 22.8.2002 (BGBl. I S. 3390); Abs. 1 Satz 1 Nr. 3 und abschl. Satzteil geänd. mWv 30.7. 2016 durch G v. 26.7.2016 (BGBl. I S. 1818); Abs. 1 Satz 2 geänd. mWv 16.3.2017 durch G v. 10.3. 2017 (BGBl. I S. 419).

[1] Nr. **58**.

[2] **Schönfelder Nr. 85.**

[3] § 21 Abs. 2 neu gef. durch G v. 24.5.1968 (BGBl. I S. 503).

[4] Der Betrag wurde amtlich noch nicht auf Euro umgestellt; 1 Euro = 1,95583 DM.

§ 30[1] Aufhebung und Fortgeltung von Rechtsvorschriften. (1) Es werden aufgehoben

1. das Vereinsgesetz vom 19. April 1908 (Reichsgesetzbl. S. 151)[2] in der Fassung des Gesetzes vom 26. Juni 1916 (Reichsgesetzbl. S. 635),
2. das Gesetz betreffend das Vereinswesen vom 11. Dezember 1899 (Reichsgesetzbl. S. 699)[3],
3. die Verordnung des Reichspräsidenten zur Erhaltung des inneren Friedens vom 19. Dezember 1932 (Reichsgesetzbl. I S. 548)[4],
4. Artikel 10 des Einführungsgesetzes zum Bürgerlichen Gesetzbuch[5)6)],
5. die Abschnitte I und III des saarländischen Gesetzes Nr. 458 über das Vereinswesen (Vereinsgesetz) vom 8. Juli 1955 (Amtsblatt des Saarlandes S. 1030), soweit sie sich nicht auf politische Parteien im Sinne des Artikels 21 des Grundgesetzes[7] beziehen.

(2) Unberührt bleiben

1. § 39 Abs. 2 des Gesetzes über das Bundesverfassungsgericht[8],
2. die §§ 43 und 44 des Bürgerlichen Gesetzbuches[9],
3. § 62 des Gesetzes betreffend die Gesellschaften mit beschränkter Haftung[10], §§ 288 bis 293 des Aktiengesetzes[11], § 81 des Gesetzes betreffend die Erwerbs- und Wirtschaftsgenossenschaften[12], § 304 des Versicherungsaufsichtsgesetzes und § 38 Abs. 1 des Gesetzes über das Kreditwesen[13],
4. § 13 des Gesetzes über die Rechtsstellung heimatloser Ausländer im Bundesgebiet[14] vom 25. April 1951 (Bundesgesetzbl. I S. 269) und
5. die in zwischenstaatlichen Vereinbarungen getroffenen Sonderregelungen über Ausländervereine und ausländische Vereine.

§ 30a[15] Zuständige Stelle zur Ausführung der Verordnung (EU, Euratom) Nr. 1141/2014. Zuständige Stelle im Sinne der Artikel 16 Absatz 3, Artikel 23 Absatz 1 und Absatz 5 sowie des Artikels 28 Absatz 1 der Verordnung (EU, Euratom) Nr. 1141/2014 des Europäischen Parlaments und des Rates vom 22. Oktober 2014 über das Statut und die Finanzierung europäischer politischer Parteien und europäischer politischer Stiftungen (ABl. L 317 vom 4.11.2014, S. 1, L 131 vom 20.5.2016, S. 91) ist das Bundesministerium des Innern, für Bau und Heimat.

---

[1] § 30 Abs. 2 Nr. 3 geänd. mWv 1.1.2016 durch G v. 1.4.2015 (BGBl. I S. 434).
[2] **Amtl. Anm.:** Bundesgesetzbl. III 2180-2
[3] **Amtl. Anm.:** Bundesgesetzbl. III 2180-1
[4] **Amtl. Anm.:** Bundesgesetzbl. III 2180-3
[5] **Schönfelder Nr. 21.**
[6] **Amtl. Anm.:** Bundesgesetzbl. III 400-1
[7] Nr. **1.**
[8] Nr. **40.**
[9] **Schönfelder Nr. 20.**
[10] **Schönfelder Nr. 52.**
[11] **Schönfelder Nr. 51.**
[12] **Schönfelder Nr. 53.**
[13] **Sartorius ErgBd. Nr. 856.**
[14] Nr. **563.**
[15] § 30a eingef. mWv 16.3.2017 durch G v. 10.3.2017 (BGBl. I S. 419); geänd. mWv 27.6.2020 durch VO v. 19.6.2020 (BGBl. I S. 1328).

§ 31 Übergangsregelungen. (1) Auf vereinsrechtliche Entscheidungen, die vor Inkrafttreten dieses Gesetzes ergangen sind, sind die bisher geltenden Vorschriften anzuwenden.

(2) Die §§ 3, 9 und 20 dieses Gesetzes sowie § 90b des Strafgesetzbuches[1] in der Fassung des § 22 Nr. 3 dieses Gesetzes sind auch anzuwenden, wenn ein Verein vor Inkrafttreten dieses Gesetzes verboten worden ist.

(3) Unanfechtbar verboten im Sinne des § 90b des Strafgesetzbuches in der Fassung des § 22 Nr. 3 dieses Gesetzes ist ein Verein auch dann, wenn das Bundesverwaltungsgericht oder das oberste Verwaltungsgericht eines Landes unanfechtbar festgestellt hat, daß er nach Artikel 9 Abs. 2 des Grundgesetzes[2] verboten ist.

(4) [1] Rechtshängige Verfahren nach § 129a Abs. 3 des Strafgesetzbuches in der Fassung des Strafrechtsänderungsgesetzes vom 30. August 1951 (Bundesgesetzbl. I S. 739) sind mit Inkrafttreten dieses Gesetzes beendet. [2] Gerichtskosten werden nicht erhoben; jede Partei trägt ihre außergerichtlichen Kosten.

§ 32 Einschränkung von Grundrechten. Die Grundrechte des Brief- und Postgeheimnisses (Artikel 10 des Grundgesetzes[2]) und der Unverletzlichkeit der Wohnung (Artikel 13 des Grundgesetzes) werden nach Maßgabe dieses Gesetzes eingeschränkt.

§ 33[3] Inkrafttreten. Dieses Gesetz tritt einen Monat nach seiner Verkündung[4] in Kraft.

[1] **Schönfelder Nr. 85.**
[2] Nr. **1**.
[3] § 33 aufgeh., bish. § 34 wird § 33 durch G v. 28.10.1994 (BGBl. I S. 3186).
[4] Verkündet am 12.8.1964.

§ 31 Übergangsregelungen. (1) Auf vereinsrechtliche Entscheidungen, die vor Inkrafttreten dieses Gesetzes ergangen sind, sind die bisher geltenden Vorschriften anzuwenden.

(2) Die §§ 8, 9 und 20 dieses Gesetzes sowie § 90b des Strafgesetzbuches[1] in der Fassung des § 22 Nr. 3 dieses Gesetzes sind auch anzuwenden, wenn ein Verein vor Inkrafttreten dieses Gesetzes verboten worden ist.

(3) Unanfechtbar verboten im Sinne des § 90b des Strafgesetzbuches in der Fassung des § 22 Nr. 3 dieses Gesetzes ist ein Verein auch dann, wenn das Bundesverwaltungsgericht oder das oberste Verwaltungsgericht eines Landes unanfechtbar festgestellt hat, daß er nach Artikel 9 Abs. 2 des Grundgesetzes[2] verboten ist.

(4) Rechtshängige Verfahren nach § 129a Abs. 3 des Strafgesetzbuches in der Fassung des Strafrechtsänderungsgesetzes vom 30. August 1951 (Bundesgesetzbl. I S. 739) sind mit Inkrafttreten dieses Gesetzes beendet. Gerichtskosten werden nicht erhoben; jede Partei trägt ihre außergerichtlichen Kosten.

§ 32 Einschränkung von Grundrechten. Die Grundrechte des Brief- und Postgeheimnisses (Artikel 10 des Grundgesetzes[2]) und der Unverletzlichkeit der Wohnung (Artikel 13 des Grundgesetzes) werden nach Maßgabe dieses Gesetzes eingeschränkt.

§ 33[3] **Inkrafttreten.** Dieses Gesetz tritt einen Monat nach seiner Verkündung[4] in Kraft.

---

[1] **Schönfelder** Nr. 85.
[2] Nr. 1.
[3] § 33 aufgeh., bish. § 34 wird § 33 durch G v. 28.10.1994 (BGBl. I S. 3186).
[4] Verkündet am 12.8.1964.

434. Gesetz über befriedete Bezirke für Verfassungsorgane des Bundes[1)]

Vom 8. Dezember 2008
(BGBl. I S. 2366)

FNA 2180-7

geänd. durch Art. 151 Elfte ZuständigkeitsanpassungsVO v. 19.6.2020 (BGBl. I S. 1328)

§ 1 Befriedete Bezirke. [1] Für den Deutschen Bundestag, den Bundesrat und das Bundesverfassungsgericht werden befriedete Bezirke gebildet. [2] Die Abgrenzung der befriedeten Bezirke ergibt sich aus der Anlage zu diesem Gesetz.

§ 2 Schutz von Verfassungsorganen. [1] Öffentliche Versammlungen unter freiem Himmel und Aufzüge sind innerhalb der befriedeten Bezirke nach § 1 verboten. [2] Ebenso ist es verboten, zu Versammlungen oder Aufzügen nach Satz 1 aufzufordern.

§ 3[2)] Zulassung von Versammlungen unter freiem Himmel und Aufzügen. (1) [1] Öffentliche Versammlungen unter freiem Himmel und Aufzüge innerhalb der nach § 1 gebildeten befriedeten Bezirke sind zuzulassen, wenn eine Beeinträchtigung der Tätigkeit des Deutschen Bundestages und seiner Fraktionen, des Bundesrates oder des Bundesverfassungsgerichts sowie ihrer Organe und Gremien und eine Behinderung des freien Zugangs zu ihren in dem befriedeten Bezirk gelegenen Gebäuden nicht zu besorgen ist. [2] Davon ist im Falle des Deutschen Bundestages und des Bundesrates in der Regel dann auszugehen, wenn die Versammlung oder der Aufzug an einem Tag durchgeführt werden soll, an dem Sitzungen der in Satz 1 genannten Stellen nicht stattfinden. [3] Die Zulassung kann mit Auflagen verbunden werden.

(2) [1] Anträge auf Zulassung von Versammlungen nach Absatz 1 sollen spätestens sieben Tage vor der beabsichtigten Versammlung oder dem Aufzug schriftlich, elektronisch oder zur Niederschrift beim Bundesministerium des Innern, für Bau und Heimat gestellt werden. [2] Das Bundesministerium des Innern, für Bau und Heimat entscheidet jeweils im Einvernehmen mit dem Präsidenten oder der Präsidentin der in § 1 Satz 1 genannten Verfassungsorgane. [3] Die Entscheidung nach Satz 2 ergeht schriftlich oder elektronisch.

(3) Durch die Zulassung werden die in den Ländern Berlin und Baden-Württemberg jeweils geltenden versammlungsrechtlichen Vorschriften nicht berührt.

§ 4 Bußgeldvorschriften. (1) Ordnungswidrig handelt, wer entgegen § 2 an einer öffentlichen Versammlung unter freiem Himmel oder einem Aufzug teilnimmt oder zu einer solchen Versammlung oder zu einem Aufzug auffordert.

(2) Die Ordnungswidrigkeit kann mit einer Geldbuße bis zu zwanzigtausend Euro geahndet werden.

[1)] Verkündet als Art. 1 des G v. 8.12.2008 (BGBl. I S. 2366); Inkrafttreten gem. Art. 3 dieses G am 11.12.2008.

[2)] § 3 Abs. 2 Sätze 1 und 2 geänd. mWv 27.6.2020 durch VO v. 19.6.2020 (BGBl. I S. 1328).

§ 5 Einschränkung des Grundrechts der Versammlungsfreiheit. Das Grundrecht der Versammlungsfreiheit (Artikel 8 des Grundgesetzes[1]) wird durch dieses Gesetz eingeschränkt.

Anlage
(zu § 1 Satz 2)

1. Deutscher Bundestag

Die Abgrenzung des befriedeten Bezirks für den Deutschen Bundestag umfasst das Gebiet der Bundeshauptstadt Berlin, das umgrenzt wird durch die Wilhelmstraße bis zur Straße Unter den Linden, die Straße Unter den Linden bis zum Pariser Platz, den Pariser Platz, den Platz des 18. März bis zur Straße des 17. Juni, die Straße des 17. Juni bis zur Yitzhak-Rabin-Straße, die Yitzhak-Rabin-Straße, die Heinrich-von-Gagern-Straße, die öffentliche Grünanlage zwischen dem Bundeskanzleramt und dem Paul-Löbe-Haus, die Willy-Brandt-Straße, die Moltkebrücke, das nördliche Spreeufer bis zur Reinhardtstraße, die Reinhardtstraße bis zur Stadtbahntrasse, die Stadtbahntrasse bis zur Luisenstraße, die Luisenstraße und die Marschallbrücke. Soweit die genannten Straßen, Plätze und Brücken den befriedeten Bezirk umgrenzen, gehören sie nicht zu dem befriedeten Bezirk. Dies gilt nicht für die Wilhelmstraße, die öffentliche Grünanlage zwischen dem Bundeskanzleramt und dem Paul-Löbe-Haus und die Willy-Brandt-Straße.

2. Bundesrat

Die Abgrenzung des befriedeten Bezirks für den Bundesrat umfasst das Gebiet der Bundeshauptstadt Berlin, das umgrenzt wird durch den Potsdamer Platz, den Leipziger Platz und die Leipziger Straße vom Potsdamer Platz bis zur Wilhelmstraße, die Wilhelmstraße von der Leipziger Straße bis zur Niederkirchnerstraße, die Niederkirchnerstraße von der Wilhelmstraße bis zur Stresemannstraße und die Stresemannstraße von der Niederkirchnerstraße bis zum Potsdamer Platz. Soweit die genannten Straßen und Plätze den befriedeten Bezirk umgrenzen, gehören sie nicht zu dem befriedeten Bezirk. Dies gilt nicht für den Leipziger Platz, die Leipziger Straße und die Niederkirchnerstraße.

3. Bundesverfassungsgericht

Die Abgrenzung des befriedeten Bezirks für das Bundesverfassungsgericht umfasst das Gebiet der Stadt Karlsruhe, das umgrenzt wird durch den Zirkel von der Herrenstraße bis zur Hans-Thoma-Straße, die Hans-Thoma-Straße bis zur Bismarckstraße, die Gebäudenordseiten der Gebäude der Orangerie, der Schauhäuser des Botanischen Gartens, des Torbogengebäudes, der Badischen Weinstuben, die Schloßgartenmauer mit dem Mühlburger Tor von den Badischen Weinstuben zum Durmflügel des Schlosses, die Nordostseite des Durmflügels des Schlosses bis zum Südwestflügel des Schlosses, den Weg parallel zur verlängerten Waldstraße vom Südwestflügel des Schlosses bis zur Straße Unterführung Schloßplatz, die Straße Unterführung Schloßplatz bis zur Herrenstraße, die Herrenstraße bis zum Zirkel. Die genannten Straßen und Wege gehören zum befriedeten Bezirk, soweit sie ihn umgrenzen.

[1] Nr. 1.

435. Gesetz über Versammlungen und Aufzüge (Versammlungsgesetz)[1]

In der Fassung der Bekanntmachung vom 15. November 1978[2]
(BGBl. I S. 1789)

FNA 2180-4

geänd. durch Art. 2 ÄndG v. 18.7.1985 (BGBl. I S. 1511), Art. 3 ÄndG v. 9.6.1989 (BGBl. I S. 1059), Art. 4 G zur Neuregelung des Schutzes von Verfassungsorganen des Bundes v. 11.8.1999 (BGBl. I S. 1818), Art. 1 ÄndG v. 24.3.2005 (BGBl. I S. 969), Art. 2 G zur Zusammenführung der Regelungen über befriedete Bezirke für Verfassungsorgane des Bundes v. 8.12.2008 (BGBl. I S. 2366) und Art. 150 Elfte ZuständigkeitsanpassungsVO v. 19.6.2020 (BGBl. I S. 1328)

Abschnitt I. Allgemeines

§ 1 [Versammlungsrecht] (1) Jedermann hat das Recht, öffentliche Versammlungen und Aufzüge zu veranstalten und an solchen Veranstaltungen teilzunehmen.

(2) Dieses Recht hat nicht,

1. wer das Grundrecht der Versammlungsfreiheit gemäß Artikel 18 des Grundgesetzes[3] verwirkt hat,
2. wer mit der Durchführung oder Teilnahme an einer solchen Veranstaltung die Ziele einer nach Artikel 21 Abs. 2 des Grundgesetzes durch das Bundesverfassungsgericht für verfassungswidrig erklärten Partei oder Teil- oder Ersatzorganisation einer Partei fördern will,
3. eine Partei, die nach Artikel 21 Abs. 2 des Grundgesetzes durch das Bundesverfassungsgericht für verfassungswidrig erklärt worden ist, oder
4. eine Vereinigung, die nach Artikel 9 Abs. 2 des Grundgesetzes verboten ist.

§ 2 [Namensangabe des Veranstalters, Störungs- und Waffentragungsverbot] (1) Wer zu einer öffentlichen Versammlung oder zu einem Aufzug öffentlich einlädt, muß als Veranstalter in der Einladung seinen Namen angeben.

(2) Bei öffentlichen Versammlungen und Aufzügen hat jedermann Störungen zu unterlassen, die bezwecken, die ordnungsmäßige Durchführung zu verhindern.

---

[1] Das Gesetz wurde ua in folgenden Ländern in Landesrecht überführt:
– **Bayern:** Bayerisches VersammlungsG v. 22.7.2008 (GVBl. S. 421), zuletzt geänd. durch V v. 26.3. 2019 (GVBl. S. 98)
– **Berlin:** Berliner VersammlungsG v. 23.4.2013 (GVBl. S. 103)
– **Niedersachsen:** Niedersächsisches VersammlungsG v. 7.10.2010 (Nds. GVBl. S. 465, ber. S. 532), zuletzt geänd. durch G v. 20.5.2019 (Nds. GVBl. S. 88)
– **Sachsen:** Sächsisches VersammlungsG v. 25.1.2012 (SächsGVBl. S. 54), zuletzt geänd. durch G v. 11.5.2019 (SächsGVBl. S. 358)
– **Sachsen-Anhalt:** LandesversammlungsG v. 3.12.2009 (GVBl. LSA S. 558)

[2] Neubekanntmachung des VersammlungsG v. 24.7.1953 (BGBl. I S. 684) in der ab 1.10.1978 geltenden Fassung.

[3] Nr. **1**.

(3) [1] Niemand darf bei öffentlichen Versammlungen oder Aufzügen Waffen oder sonstige Gegenstände, die ihrer Art nach zur Verletzung von Personen oder zur Beschädigung von Sachen geeignet und bestimmt sind, mit sich führen, ohne dazu behördlich ermächtigt zu sein. [2] Ebenso ist es verboten, ohne behördliche Ermächtigung Waffen oder die in Satz 1 genannten Gegenstände auf dem Weg zu öffentlichen Versammlungen oder Aufzügen mit sich zu führen, zu derartigen Veranstaltungen hinzuschaffen oder sie zur Verwendung bei derartigen Veranstaltungen bereitzuhalten oder zu verteilen.

§ 3[1)] [Uniformverbot] (1) Es ist verboten, öffentlich oder in einer Versammlung Uniformen, Uniformteile oder gleichartige Kleidungsstücke als Ausdruck einer gemeinsamen politischen Gesinnung zu tragen.

(2) [1] Jugendverbänden, die sich vorwiegend der Jugendpflege widmen, ist auf Antrag für ihre Mitglieder eine Ausnahmegenehmigung von dem Verbot des Absatzes 1 zu erteilen. [2] Zuständig ist bei Jugendverbänden, deren erkennbare Organisation oder Tätigkeit sich über das Gebiet eines Landes hinaus erstreckt, das Bundesministerium des Innern, für Bau und Heimat, sonst die oberste Landesbehörde. [3] Die Entscheidung des Bundesministeriums des Innern, für Bau und Heimat ist im Bundesanzeiger und im Gemeinsamen Ministerialblatt, die der obersten Landesbehörden in ihren amtlichen Mitteilungsblättern bekanntzumachen.

§ 4 (weggefallen)

Abschnitt II. Öffentliche Versammlungen in geschlossenen Räumen

§ 5 [Verbot von Versammlungen in geschlossenen Räumen] Die Abhaltung einer Versammlung kann nur im Einzelfall und nur dann verboten werden, wenn

1. der Veranstalter unter die Vorschriften des § 1 Abs. 2 Nr. 1 bis 4 fällt, und im Falle der Nummer 4 das Verbot durch die zuständige Verwaltungsbehörde festgestellt worden ist,
2. der Veranstalter oder Leiter der Versammlung Teilnehmern Zutritt gewährt, die Waffen oder sonstige Gegenstände im Sinne von § 2 Abs. 3 mit sich führen,
3. Tatsachen festgestellt sind, aus denen sich ergibt, daß der Veranstalter oder sein Anhang einen gewalttätigen oder aufrührerischen Verlauf der Versammlung anstreben,
4. Tatsachen festgestellt sind, aus denen sich ergibt, daß der Veranstalter oder sein Anhang Ansichten vertreten oder Äußerungen dulden werden, die ein Verbrechen oder ein von Amts wegen zu verfolgendes Vergehen zum Gegenstand haben.

---

1) § 3 Abs. 2 Sätze 2, 3 geänd. mWv 27.6.2020 durch VO v. 19.6.2020 (BGBl. I S. 1328).

450. Gesetz über das Bundeskriminalamt und die Zusammenarbeit des Bundes und der Länder in kriminalpolizeilichen Angelegenheiten (Bundeskriminalamtgesetz BKAG) [1)2)]

Vom 1. Juni 2017

(BGBl. I S. 1354, ber. 2019 S. 400)

FNA 2190-3

geänd. durch Art. 152 Elfte ZuständigkeitsanpassungsVO v. 19.6.2020 (BGBl. I S. 1328) und Nr. 1 Buchst. g Beschl. des BVerfG – 1 BvR 1873/13, 1 BvR 2618/13 - v. 27.5.2020 (BGBl. I S. 1931)

Inhaltsübersicht

---

1) Verkündet als Art. 1 G v. 1.6.2017 (BGBl. I S. 1354, ber. 2019 S. 400); Inkrafttreten gem. Art. 13 Abs. 1 dieses G am 25.5.2018, mit Ausnahme des § 20, der am 9.6.2017 in Kraft tritt, vgl. Art. 13 Abs. 2 dieses G.

2) **Amtl. Anm. zum ArtikelG:** Dieses Gesetz dient der Umsetzung der Richtlinie (EU) 2016/680 des Europäischen Parlaments und des Rates vom 27. April 2016 zum Schutz natürlicher Personen bei der Verarbeitung personenbezogener Daten durch die zuständigen Behörden zum Zwecke der Verhütung, Ermittlung, Aufdeckung oder Verfolgung von Straftaten oder der Strafvollstreckung sowie zum freien Datenverkehr und zur Aufhebung des Rahmenbeschlusses 2008/977/JI des Rates (ABl. L 119 vom 4.5.2016, S. 89).

Abschnitt 1. Zentrale Einrichtungen zur Zusammenarbeit in kriminalpolizeilichen Angelegenheiten, Aufgaben des Bundeskriminalamtes

§ 1 Zentrale Einrichtungen zur Zusammenarbeit in kriminalpolizeilichen Angelegenheiten. (1) Der Bund unterhält ein Bundeskriminalamt zur Zusammenarbeit des Bundes und der Länder in kriminalpolizeilichen Angelegenheiten.

(2) [1] Die Länder unterhalten für ihr Gebiet zentrale Dienststellen der Kriminalpolizei (Landeskriminalämter) zur Sicherung der Zusammenarbeit des Bundes und der Länder. [2] Mehrere Länder können ein gemeinsames Landeskriminalamt unterhalten.

(3) Die Verfolgung sowie die Verhütung von Straftaten und die Aufgaben der sonstigen Gefahrenabwehr bleiben Sache der Länder, soweit gesetzlich nichts anderes bestimmt ist.

§ 2 Zentralstelle. (1) Das Bundeskriminalamt unterstützt als Zentralstelle für das polizeiliche Auskunfts- und Nachrichtenwesen und für die Kriminalpolizei die Polizeien des Bundes und der Länder bei der Verhütung und Verfolgung von Straftaten mit länderübergreifender, internationaler oder erheblicher Bedeutung.

(2) Das Bundeskriminalamt hat zur Wahrnehmung dieser Aufgabe

1. alle hierfür erforderlichen Informationen zu sammeln und auszuwerten,
2. die Strafverfolgungsbehörden des Bundes und der Länder unverzüglich über die sie betreffenden Informationen und die in Erfahrung gebrachten Zusammenhänge von Straftaten zu unterrichten.

(3) Das Bundeskriminalamt unterhält als Zentralstelle einen einheitlichen polizeilichen Informationsverbund nach Maßgabe dieses Gesetzes.

(4) [1]Das Bundeskriminalamt unterhält als Zentralstelle zur Unterstützung und Koordinierung der Polizeien des Bundes und der Länder bei der Verhütung und Verfolgung von Straftaten und der Gefahrenabwehr zentrale Einrichtungen und Sammlungen, insbesondere

1. zentrale erkennungsdienstliche und kriminaltechnische Einrichtungen und Sammlungen sowie
2. zentrale Einrichtungen für die Fahndung nach Personen und Sachen.

[2]Die zentralen Einrichtungen und Sammlungen können auch elektronisch geführt werden.

(5) [1]Das Bundeskriminalamt kann als Zentralstelle zur Unterstützung der Polizeien des Bundes und der Länder

1. Aus- und Fortbildungsveranstaltungen auf kriminalpolizeilichen Spezialgebieten durchführen,
2. Kompetenzzentren für informationstechnische Systeme und Infrastrukturen sowie Einsatztechnik, technische Einsatzmittel und kriminaltechnische Untersuchungsmethoden im kriminalpolizeilichen Bereich aufbauen, unterhalten und deren Entwicklungen und Ergebnisse den Polizeien des Bundes und der Länder zur Verfügung stellen,
3. auf Ersuchen bei der Durchführung von kriminaltechnischen Untersuchungen unterstützen sowie
4. auf Ersuchen bei der Datenverarbeitung unterstützen.

[2]Die Verarbeitung von personenbezogenen Daten in den Fällen von Satz 1 Nummer 3 und 4 erfolgt nach den Weisungen der Polizeien des Bundes und der Länder und nach deren Vorschriften über die Auftragsverarbeitung. [3]Die Behörden der Länder haben dem Bundeskriminalamt die durch die Inanspruchnahme der Leistungen nach Satz 1 Nummer 2, 3 und 4 entstehenden Kosten zu erstatten. [4]Im Einzelfall kann das Bundeskriminalamt aus Gründen des öffentlichen Interesses von der Erhebung der Kosten absehen.

(6) Das Bundeskriminalamt hat als Zentralstelle ferner zur Unterstützung der Polizeien des Bundes und der Länder bei der Verhütung und Verfolgung von Straftaten

1. strategische und operative kriminalpolizeiliche Analysen, Statistiken, einschließlich der Kriminalstatistik, und Lageberichte zu erstellen und hierfür die Entwicklung der Kriminalität zu beobachten und auszuwerten,

2. die erforderlichen Einrichtungen für alle Bereiche kriminaltechnischer Untersuchungen und für kriminaltechnische Forschung zu unterhalten und die Zusammenarbeit der Polizei auf diesen Gebieten zu koordinieren,
3. polizeiliche Methoden und Arbeitsweisen der Kriminalitätsbekämpfung zu erforschen und zu entwickeln sowie
4. angemessene organisatorische und technische Vorkehrungen sowie Verfahren zur Umsetzung von Datenschutzgrundsätzen, insbesondere der Grundsätze der Datenvermeidung und Datensparsamkeit, einschließlich der Pseudonymisierung, zu entwickeln.

(7) Das Bundeskriminalamt erstattet erkennungsdienstliche und kriminaltechnische Gutachten für Strafverfahren auf Anforderungen von Polizeidienststellen, Staatsanwaltschaften und Gerichten.

§ 3 Internationale Zusammenarbeit. (1) Das Bundeskriminalamt ist Nationales Zentralbüro der Bundesrepublik Deutschland für die Internationale Kriminalpolizeiliche Organisation und nationale Stelle für Europol nach § 1 des Europol-Gesetzes[1)].

(2) Das Bundeskriminalamt ist die zentrale nationale Stelle für den Informationsaustausch nach Artikel 39 Absatz 3 und Artikel 46 Absatz 2 des Schengener Durchführungsübereinkommens, für den Betrieb des nationalen Teils des Schengener Informationssystems und das SIRENE-Büro für den Austausch von Zusatzinformationen.

(3) [1] Der zur Verhütung oder Verfolgung von Straftaten erforderliche Dienstverkehr der Polizeien des Bundes und der Länder mit den Polizei- und Justizbehörden sowie sonstigen insoweit zuständigen öffentlichen Stellen anderer Staaten und mit für die Verhütung oder Verfolgung von Straftaten zuständigen zwischen- und überstaatlichen Stellen obliegt dem Bundeskriminalamt. [2] Unberührt hiervon bleiben
1. besondere bundesgesetzliche Vorschriften, insbesondere die Vorschriften über die internationale Rechtshilfe in Strafsachen,
2. die internationale Zusammenarbeit der Zollbehörden,
3. Vereinbarungen der zuständigen obersten Landesbehörden mit den zuständigen ausländischen Stellen im Rahmen der vom Bund abgeschlossenen völkerrechtlichen Abkommen sowie
4. abweichende Regelungen durch Vereinbarungen des Bundeskriminalamtes mit den zuständigen Bundes- oder Landesbehörden, welche der Zustimmung der jeweils zuständigen obersten Bundes- oder Landesbehörden bedürfen.

[3] Die abweichenden Vereinbarungen nach Satz 2 Nummer 4 sollen vorsehen, dass das Bundeskriminalamt von dem Dienstverkehr automatisiert unterrichtet wird.

(4) [1] Absatz 3 Satz 1 gilt nicht für den Dienstverkehr mit den zuständigen Behörden der Nachbarstaaten und der Mitgliedstaaten der Europäischen Union, soweit dieser sich auf Kriminalität von regionaler Bedeutung im Grenzgebiet bezieht oder soweit Gefahr im Verzug ist. [2] Die übermittelnden Polizeien

---

[1)] **Sartorius III Nr. 807.**

unterrichten das Bundeskriminalamt unverzüglich über den Dienstverkehr nach Satz 1.

(5) Bei regional abgrenzbaren Fallgestaltungen können die Polizeien des Bundes und der Länder zur Wahrnehmung ihrer Aufgaben abweichend von Absatz 3 Satz 1 im Einvernehmen mit dem Bundeskriminalamt den erforderlichen Dienstverkehr mit den zuständigen Behörden anderer Staaten und für die Verhütung oder Verfolgung von Straftaten zuständigen zwischen- und überstaatlichen Stellen führen.

§ 4[1)] Strafverfolgung. (1) [1] Das Bundeskriminalamt nimmt die polizeilichen Aufgaben auf dem Gebiet der Strafverfolgung wahr

1. in Fällen des international organisierten ungesetzlichen Handels mit Waffen, Munition, Sprengstoffen, Betäubungsmitteln, neuen psychoaktiven Stoffen oder Arzneimitteln und der international organisierten Herstellung oder Verbreitung von Falschgeld, die eine Sachaufklärung im Ausland erfordern, sowie damit im Zusammenhang begangener Straftaten einschließlich der international organisierten Geldwäsche,
2. in Fällen von Straftaten, die sich gegen das Leben (§§ 211, 212 des Strafgesetzbuchs[2)]) oder die Freiheit (§§ 234, 234a, 239, 239b des Strafgesetzbuchs) des Bundespräsidenten, von Mitgliedern der Bundesregierung, des Deutschen Bundestages und des Bundesverfassungsgerichts oder der Gäste der Verfassungsorgane des Bundes aus anderen Staaten oder der Leitungen und Mitglieder der bei der Bundesrepublik Deutschland beglaubigten diplomatischen Vertretungen richten, wenn anzunehmen ist, dass der Täter aus politischen Motiven gehandelt hat und die Tat bundes- oder außenpolitische Belange berührt,
3. in den Fällen international organisierter Straftaten
   a) nach § 129a, auch in Verbindung mit § 129b Absatz 1, des Strafgesetzbuchs,
   b) nach den §§ 105 und 106 des Strafgesetzbuchs zum Nachteil des Bundespräsidenten, eines Verfassungsorgans des Bundes oder des Mitgliedes eines Verfassungsorgans des Bundes und damit im Zusammenhang stehender Straftaten,
4. in den Fällen der in § 129a Absatz 1 Nummer 1 und 2 des Strafgesetzbuchs genannten Straftaten und damit im Zusammenhang stehender Straftaten, soweit es sich um eine Auslandstat handelt und ein Gerichtsstand noch nicht feststeht,
5. in den Fällen von Straftaten nach den §§ 202a, 202b, 202c, 263a, 303a und 303b des Strafgesetzbuchs, soweit tatsächliche Anhaltspunkte dafür vorliegen, dass die Tat sich richtet gegen
   a) die innere oder äußere Sicherheit der Bundesrepublik Deutschland oder
   b) Behörden oder Einrichtungen des Bundes oder sicherheitsempfindliche Stellen von lebenswichtigen Einrichtungen, bei deren Ausfall oder Zerstörung eine erhebliche Bedrohung für die Gesundheit oder das Leben von Menschen zu befürchten ist oder die für das Funktionieren des Gemeinwesens unverzichtbar sind,

---

1) § 4 Abs. 1 Satz 3, Abs. 2 Satz 1 Nr. 2 geänd. mWv 27.6.2020 durch VO v. 19.6.2020 (BGBl. I S. 1328).

2) **Schönfelder Nr. 85.**

6. in den Fällen von
   a) Straftaten nach den §§ 81, 83 Absatz 1, §§ 87, 88 und 94 bis 100a des Strafgesetzbuchs und nach § 13 des Völkerstrafgesetzbuchs[1)] sowie
   b) Straftaten nach den §§ 211, 212, 234, 234a, 239, 239a, 239b des Strafgesetzbuchs, wenn anzunehmen ist, dass die Tat durch Angehörige des Geheimdienstes einer fremden Macht oder im Auftrag einer fremden Macht oder den Geheimdienst einer fremden Macht begangen worden ist.

[2] Die Staatsanwaltschaft kann im Benehmen mit dem Bundeskriminalamt die Ermittlungen einer anderen sonst zuständigen Polizeibehörde übertragen. [3] Die Wahrnehmung der Aufgaben nach Satz 1 Nummer 2 und 3 Buchstabe b bedarf der Zustimmung des Bundesministeriums des Innern, für Bau und Heimat; bei Gefahr im Verzug kann das Bundeskriminalamt vor Erteilung der Zustimmung tätig werden.

(2) [1] Das Bundeskriminalamt nimmt darüber hinaus die polizeilichen Aufgaben auf dem Gebiet der Strafverfolgung wahr, wenn
1. eine zuständige Landesbehörde darum ersucht,
2. das Bundesministerium des Innern, für Bau und Heimat es nach Unterrichtung der obersten Landesbehörde aus schwerwiegenden Gründen anordnet oder
3. der Generalbundesanwalt darum ersucht oder einen Auftrag erteilt.

[2] Satz 1 Nummer 1 und 3 gilt entsprechend für die Fahndung nach Verurteilten zum Zwecke der Vollstreckung.

(3) [1] Die für die Strafrechtspflege und die Polizei zuständigen obersten Landesbehörden sind unverzüglich zu benachrichtigen, wenn das Bundeskriminalamt polizeiliche Aufgaben auf dem Gebiet der Strafverfolgung wahrnimmt; außerdem sind unverzüglich zu benachrichtigen die zuständigen Landeskriminalämter, der Generalbundesanwalt in den Fällen, in denen er für die Führung der Ermittlungen zuständig ist, und in den übrigen Fällen die Generalstaatsanwaltschaften, in deren Bezirken ein Gerichtsstand begründet ist. [2] Die Verpflichtung anderer Polizeibehörden zur Durchführung der notwendigen unaufschiebbaren Maßnahmen sowie die Befugnisse der Staatsanwaltschaft nach § 161 der Strafprozessordnung[2)] bleiben unberührt.

(4) [1] In den Fällen der Absätze 1 und 2 kann das Bundeskriminalamt den zuständigen Landeskriminalämtern Weisungen für die Zusammenarbeit geben. [2] Die oberste Landesbehörde ist unverzüglich zu benachrichtigen.

§ 5 Abwehr von Gefahren des internationalen Terrorismus. (1) [1] Das Bundeskriminalamt kann die Aufgabe der Abwehr von Gefahren des internationalen Terrorismus in Fällen wahrnehmen, in denen
1. eine länderübergreifende Gefahr vorliegt,
2. die Zuständigkeit einer Landespolizeibehörde nicht erkennbar ist oder
3. die oberste Landesbehörde um eine Übernahme ersucht.

---

1) Schönfelder ErgBd. Nr. 85g.
2) Schönfelder Nr. 90.

[2] Gefahren des internationalen Terrorismus sind Gefahren der Verwirklichung von Straftaten, die in § 129a Absatz 1 und 2 des Strafgesetzbuchs[1)] bezeichnet und dazu bestimmt sind,

1. die Bevölkerung auf erhebliche Weise einzuschüchtern,
2. eine Behörde oder eine internationale Organisation rechtswidrig mit Gewalt oder durch Drohung mit Gewalt zu nötigen oder
3. die politischen, verfassungsrechtlichen, wirtschaftlichen oder sozialen Grundstrukturen eines Staates oder einer internationalen Organisation zu beseitigen oder erheblich zu beeinträchtigen,

und durch die Art ihrer Begehung oder ihre Auswirkungen einen Staat oder eine internationale Organisation erheblich schädigen können. [3] Das Bundeskriminalamt kann in den in Satz 1 bezeichneten Fällen auch zur Verhütung von Straftaten nach Satz 2 tätig werden.

(2) [1] Die Befugnisse der Länder und anderer Polizeibehörden des Bundes bleiben unberührt. [2] Die zuständigen obersten Landesbehörden und, soweit zuständig, anderen Polizeibehörden des Bundes sind unverzüglich zu benachrichtigen, wenn das Bundeskriminalamt die Aufgabe nach Absatz 1 wahrnimmt. [3] Die Aufgabenwahrnehmung erfolgt in gegenseitigem Benehmen. [4] Stellt das Bundeskriminalamt bei der Aufgabenwahrnehmung nach Absatz 1 Satz 1 Nummer 2 die Zuständigkeit einer Landespolizeibehörde fest, so gibt es diese Aufgabe an diese Polizeibehörde ab, wenn nicht ein Fall des Absatzes 1 Satz 1 Nummer 1 oder Nummer 3 vorliegt.

§ 6[2)] Schutz von Mitgliedern der Verfassungsorgane und der Leitung des Bundeskriminalamtes. (1) [1] Unbeschadet der Rechte des Präsidenten des Deutschen Bundestages und der Zuständigkeit der Bundespolizei und der Polizeien der Länder obliegt dem Bundeskriminalamt

1. der erforderliche Personenschutz
   a) für die Mitglieder der Verfassungsorgane des Bundes,
   b) in besonders festzulegenden Fällen der Gäste dieser Verfassungsorgane aus anderen Staaten,
   c) auf Ersuchen des Präsidenten des Deutschen Bundestages für Hilfsorgane des Deutschen Bundestages und
   d) für die Leitung des Bundeskriminalamtes;
2. der innere Schutz der Dienst- und der Wohnsitze sowie der jeweiligen Aufenthaltsräume des Bundespräsidenten, der Mitglieder der Bundesregierung und in besonders festzulegenden Fällen ihrer Gäste aus anderen Staaten.

[2] In den Fällen des Satzes 1 Nummer 1 Buchstabe a, c und d kann der erforderliche Schutz insbesondere auch über die Amtsdauer hinaus erstreckt werden und Familienangehörige einbeziehen.

(2) Sollen Beamtinnen und Beamte des Bundeskriminalamtes und der Polizei eines Landes in den Fällen des Absatzes 1 zugleich eingesetzt werden, so entscheidet darüber das Bundesministerium des Innern, für Bau und Heimat im Einvernehmen mit der obersten Landesbehörde.

[1)] **Schönfelder Nr. 85.**
[2)] § 6 Abs. 2 geänd. mWv 27.6.2020 durch VO v. 19.6.2020 (BGBl. I S. 1328).

§ 7 Zeugenschutz. (1) [1]In den Fällen des § 4 Absatz 1 und 2 Satz 1 obliegt dem Bundeskriminalamt der Schutz von Personen, deren Aussage zur Erforschung der Wahrheit von Bedeutung ist oder war. [2]Entsprechendes gilt für deren Angehörige und sonstige ihnen nahestehende Personen. [3]Das Bundeskriminalamt unterrichtet die zuständigen Landeskriminalämter unverzüglich von der Übernahme des Zeugenschutzes.

(2) [1]Das Bundeskriminalamt kann Zeugenschutzmaßnahmen aufgrund eines Ersuchens eines anderen Staates oder einer für die Verfolgung von Straftaten zuständigen zwischen- und überstaatlichen Stelle durchführen, soweit es sich um einen Fall von besonderer Bedeutung handelt. [2]Absatz 1 Satz 2 und 3 gilt entsprechend.

(3) [1]In Einzelfällen können Zeugenschutzmaßnahmen im Einvernehmen zwischen dem Bundeskriminalamt und einem Landeskriminalamt durch Polizeibeamtinnen und Polizeibeamte dieses Landes durchgeführt werden. [2]Die Verpflichtung anderer Polizeibehörden, die zur Abwehr von Gefahren erforderlichen unaufschiebbaren Maßnahmen zu treffen, bleibt unberührt.

§ 8 Sicherung des Bundeskriminalamtes, behördlicher Eigenschutz.

(1) [1]Dem Bundeskriminalamt obliegt die Sicherung seiner behördlichen Liegenschaften, sonstigen Einrichtungen und eigenen Veranstaltungen gegen Gefahren, welche die Erfüllung seiner Aufgaben beeinträchtigen. [2]Die Sicherung beschränkt sich auf die in Satz 1 bezeichneten Liegenschaften und Einrichtungen sowie auf die Grundstücke, auf denen diese Liegenschaften und Einrichtungen untergebracht sind oder Veranstaltungen stattfinden.

(2) Dem Bundeskriminalamt obliegt die Sicherung seines Dienstbetriebs gegen Gefahren, die von Personen ausgehen, die für das Bundeskriminalamt tätig werden sollen.

Abschnitt 2. Allgemeine Befugnisse zur Datenverarbeitung

Unterabschnitt 1. Datenerhebung

§ 9 Allgemeine Datenerhebung durch und Datenübermittlung an das Bundeskriminalamt. (1) [1]Das Bundeskriminalamt kann, soweit dies zur Erfüllung seiner Aufgabe als Zentralstelle nach § 2 Absatz 2 Nummer 1 und Absatz 6 erforderlich ist, personenbezogene Daten zur Ergänzung vorhandener Sachverhalte oder sonst zu Zwecken der Auswertung mittels Auskünften oder Anfragen bei öffentlichen oder nichtöffentlichen Stellen erheben. [2]Das Bundeskriminalamt kann unter den Voraussetzungen des Satzes 1 auch Daten erheben

1. bei den in den §§ 26 und 27 genannten Behörden und Stellen anderer Staaten,
2. bei zwischen- und überstaatlichen Stellen, die mit der Verfolgung und Verhütung von Straftaten befasst sind sowie
3. unter den Voraussetzungen des § 81 des Bundesdatenschutzgesetzes[1)] auch bei sonstigen öffentlichen und nichtöffentlichen Stellen im Ausland.

[3]In anhängigen Strafverfahren steht dem Bundeskriminalamt diese Befugnis nur im Einvernehmen mit der zuständigen Strafverfolgungsbehörde zu.

[1)] Nr. **245**.

(2) [1] Das Bundeskriminalamt kann, soweit dies zur Erfüllung seiner Aufgaben nach den §§ 6 bis 8 erforderlich ist, personenbezogene Daten erheben. [2] Die personenbezogenen Daten sind offen und bei der betroffenen Person zu erheben. [3] Sie können bei anderen öffentlichen oder bei nichtöffentlichen Stellen erhoben werden, wenn die Erhebung bei der betroffenen Person nicht möglich ist oder durch sie die Erfüllung der dem Bundeskriminalamt obliegenden Aufgaben nach Satz 1 gefährdet oder erheblich erschwert würde. [4] Eine Datenerhebung, die nicht als Maßnahme des Bundeskriminalamtes erkennbar sein soll, ist nur zulässig, wenn auf andere Weise die Erfüllung der dem Bundeskriminalamt obliegenden Aufgaben nach Satz 1 erheblich gefährdet wird oder wenn anzunehmen ist, dass dies dem überwiegenden Interesse der betroffenen Person entspricht.

(3) [1] Soweit das Bundeskriminalamt für seine Aufgaben nach den §§ 6 bis 8 personenbezogene Daten bei der betroffenen Person oder bei nichtöffentlichen Stellen erhebt, sind diese auf Verlangen auf den Umfang ihrer Auskunftspflicht und auf die Rechtsgrundlage der Datenerhebung hinzuweisen. [2] Der Hinweis kann unterbleiben, wenn durch ihn die Erfüllung der jeweiligen Aufgabe des Bundeskriminalamtes nach Absatz 2 gefährdet oder erheblich erschwert würde. [3] Sofern eine Auskunftspflicht nicht besteht, ist auf die Freiwilligkeit der Auskunft hinzuweisen.

(4) [1] Öffentliche Stellen können von sich aus dem Bundeskriminalamt Informationen einschließlich personenbezogener Daten übermitteln, wenn tatsächliche Anhaltspunkte dafür bestehen, dass die Übermittlung für die Erfüllung der Aufgaben des Bundeskriminalamtes erforderlich ist. [2] Die Vorschriften der Strafprozessordnung[1)], des Artikel 10-Gesetzes[2)], des Bundesverfassungsschutzgesetzes[3)], des BND-Gesetzes[4)] und des MAD-Gesetzes[5)] bleiben unberührt. [3] Die Verantwortung für die Zulässigkeit der Übermittlung trägt die übermittelnde Stelle. [4] Erfolgt die Übermittlung auf Ersuchen des Bundeskriminalamtes, trägt dieses die Verantwortung.

(5) Eine Übermittlungspflicht besteht, wenn die Informationen zur Abwehr einer Gefahr für den Bestand oder die Sicherheit des Bundes oder eines Landes oder Leib, Leben oder Freiheit einer Person oder einer Sache von bedeutendem Wert, deren Erhaltung im öffentlichen Interesse liegt, erforderlich sind.

§ 10 Bestandsdatenauskunft. (1) [1] *Soweit dies zur Erfüllung der Aufgabe des Bundeskriminalamtes*

1. *als Zentralstelle nach § 2 Absatz 2 Nummer 1 und Absatz 6 zur Ergänzung vorhandener Sachverhalte oder sonst zu Zwecken der Auswertung,*
2. *zum Schutz von Mitgliedern der Verfassungsorgane und der Leitung des Bundeskriminalamtes nach § 6 sowie*
3. *zum Zeugenschutz nach § 7*

erforderlich ist, darf von demjenigen, der geschäftsmäßig Telekommunikationsdienste erbringt oder daran mitwirkt, Auskunft über die nach den §§ 95 und 111 des Tele-

---

1) **Schönfelder Nr. 90.**
2) Nr. 7.
3) Nr. 80.
4) **Sartorius III Nr. 805.**
5) **Wehrrecht Nr. 805.**

kommunikationsgesetzes[1] *erhobenen Daten verlangt werden (§ 113 Absatz 1 Satz 1 des Telekommunikationsgesetzes).*[2] [2]Bezieht sich das Auskunftsverlangen nach Satz 1 auf Daten, mittels derer der Zugriff auf Endgeräte oder auf Speichereinrichtungen, die in diesen Endgeräten oder hiervon räumlich getrennt eingesetzt werden, geschützt wird (§ 113 Absatz 1 Satz 2 des Telekommunikationsgesetzes), darf die Auskunft nur verlangt werden, wenn die gesetzlichen Voraussetzungen für die Nutzung der Daten vorliegen.

(2) Die Auskunft nach Absatz 1 darf auch anhand einer zu einem bestimmten Zeitpunkt zugewiesenen Internetprotokoll-Adresse verlangt werden (§ 113 Absatz 1 Satz 3 des Telekommunikationsgesetzes).[2]

(3) [1]Auskunftsverlangen nach Absatz 1 Satz 2 dürfen nur auf Antrag der Präsidentin oder des Präsidenten des Bundeskriminalamtes oder ihrer oder seiner Vertretung durch das Gericht angeordnet werden. [2]Bei Gefahr im Verzug kann die Anordnung durch die Präsidentin oder den Präsidenten des Bundeskriminalamtes oder ihre oder seine Vertretung getroffen werden. [3]In diesem Fall ist die gerichtliche Entscheidung unverzüglich nachzuholen. [4]Die Sätze 1 bis 3 finden keine Anwendung, wenn die betroffene Person vom Auskunftsverlangen bereits Kenntnis hat oder haben muss oder wenn die Nutzung der Daten bereits durch eine gerichtliche Entscheidung gestattet wird. [5]Das Vorliegen der Voraussetzungen nach Satz 4 ist aktenkundig zu machen.

(4) [1]Die betroffene Person ist in den Fällen des Absatzes 1 Satz 2 und des Absatzes 2 über die Beauskunftung zu benachrichtigen. [2]Die Benachrichtigung erfolgt, soweit und sobald hierdurch der Zweck der Auskunft nicht vereitelt wird. [3]Sie unterbleibt, wenn ihr überwiegende schutzwürdige Belange Dritter oder der betroffenen Person selbst entgegenstehen. [4]Wird die Benachrichtigung nach Satz 2 zurückgestellt oder nach Satz 3 von ihr abgesehen, sind die Gründe aktenkundig zu machen.

(5) [1]Aufgrund eines Auskunftsverlangens nach Absatz 1 oder Absatz 2 hat derjenige, der geschäftsmäßig Telekommunikationsdienste erbringt oder daran mitwirkt, die zur Auskunftserteilung erforderlichen Daten unverzüglich zu übermitteln. [2]Für die Entschädigung der Diensteanbieter ist § 23 des Justizvergütungs- und -entschädigungsgesetzes[3] entsprechend anzuwenden.

§ 11 Aufzeichnung eingehender Telefonanrufe. [1]Das Bundeskriminalamt kann Telefonanrufe aufzeichnen, die über Rufnummern eingehen, die der Öffentlichkeit bekannt gegeben wurden

1. für die Entgegennahme sachdienlicher Hinweise im Zusammenhang mit der Erfüllung der Aufgaben nach den §§ 4 bis 8 oder
2. im Hinblick auf ein bestimmtes Ereignis,

soweit dies zur Erfüllung seiner Aufgaben erforderlich ist. [2]Die Aufzeichnungen sind sofort und spurenlos zu löschen, sobald sie nicht mehr zur Aufgabenerfüllung erforderlich sind, spätestens jedoch nach 30 Tagen, es sei denn, sie werden im Einzelfall zur Erfüllung der Aufgaben nach den §§ 4 bis 6 benötigt.

---

[1] **Sartorius ErgBd. Nr. 920.**

[2] § 10 Abs. 1 Satz 1 und Abs. 2 sind gem. Beschl. des BVerfG – 1 BvR 1873/13, 1 BvR 2618/13 – v. 27.5.2020 (BGBl. I S. 1931) mit Art. 2 Abs. 1 iVm Art. 1 Abs. 1 und Art. 10 Abs. 1 GG (Nr. **1**) unvereinbar. Bis zur Neuregelung, längstens jedoch bis 31.12.2021, bleiben die für mit dem GG unvereinbar erklärten Vorschriften nach Maßgabe der Gründe weiter anwendbar.

[3] **Schönfelder Nr. 116.**

Unterabschnitt 2. Weiterverarbeitung von Daten

§ 12 Zweckbindung, Grundsatz der hypothetischen Datenneuerhebung. (1) [1]Das Bundeskriminalamt kann personenbezogene Daten, die es selbst erhoben hat, weiterverarbeiten

1. zur Erfüllung derselben Aufgabe und
2. zum Schutz derselben Rechtsgüter oder zur Verfolgung oder Verhütung derselben Straftaten.

[2]Für die Weiterverarbeitung von personenbezogenen Daten, die aus Maßnahmen nach § 46 erlangt wurden, muss im Einzelfall eine dringende Gefahr im Sinne des § 46 Absatz 1 vorliegen, und für die Weiterverarbeitung von personenbezogenen Daten, die aus Maßnahmen nach § 49 erlangt wurden, muss im Einzelfall eine Gefahrenlage im Sinne des § 49 Absatz 1 vorliegen.

(2) [1]Das Bundeskriminalamt kann zur Erfüllung seiner Aufgaben personenbezogene Daten zu anderen Zwecken, als denjenigen, zu denen sie erhoben worden sind, weiterverarbeiten, wenn

1. mindestens
   a) vergleichbar schwerwiegende Straftaten verhütet, aufgedeckt oder verfolgt oder
   b) vergleichbar bedeutsame Rechtsgüter geschützt

   werden sollen und
2. sich im Einzelfall konkrete Ermittlungsansätze
   a) zur Verhütung, Aufdeckung oder Verfolgung solcher Straftaten ergeben oder
   b) zur Abwehr von in einem übersehbaren Zeitraum drohenden Gefahren für mindestens vergleichbar bedeutsame Rechtsgüter erkennen lassen.

[2]Die §§ 21 und 22 bleiben unberührt.

(3) [1]Für die Weiterverarbeitung von personenbezogenen Daten, die durch einen verdeckten Einsatz technischer Mittel in oder aus Wohnungen oder verdeckten Eingriff in informationstechnische Systeme erlangt wurden, gilt Absatz 2 Satz 1 Nummer 2 Buchstabe b mit der Maßgabe entsprechend, dass

1. bei personenbezogenen Daten, die durch einen verdeckten Einsatz technischer Mittel in oder aus Wohnungen erlangt wurden, im Einzelfall eine dringende Gefahr im Sinne des § 46 Absatz 1 vorliegen muss und
2. bei personenbezogenen Daten, die durch einen verdeckten Eingriff in informationstechnische Systeme erlangt wurden, im Einzelfall eine Gefahrenlage im Sinne des § 49 Absatz 1 vorliegen muss.

[2]Personenbezogene Daten, die durch Herstellung von Lichtbildern oder Bildaufzeichnungen über eine Person im Wege eines verdeckten Einsatzes technischer Mittel in oder aus Wohnungen erlangt wurden, dürfen nicht zu Strafverfolgungszwecken weiterverarbeitet werden.

(4) Abweichend von Absatz 2 kann das Bundeskriminalamt die vorhandenen Grunddaten (§ 18 Absatz 2 Nummer 1 Buchstabe a) einer Person auch weiterverarbeiten, um diese Person zu identifizieren.

(5) Bei der Weiterverarbeitung von personenbezogenen Daten stellt das Bundeskriminalamt durch organisatorische und technische Vorkehrungen sicher, dass die Absätze 1 bis 4 beachtet werden.

§ 13 Informationssystem des Bundeskriminalamtes. (1) Das Bundeskriminalamt betreibt ein Informationssystem zur Erfüllung seiner Aufgaben nach den §§ 2 bis 8.

(2) Im Zusammenhang mit den Aufgaben des Bundeskriminalamtes als Zentralstelle, bei der Strafverfolgung und bei der Gefahrenabwehr erfüllt das Informationssystem insbesondere folgende Grundfunktionen:

1. Unterstützung bei polizeilichen Ermittlungen,
2. Unterstützung bei Ausschreibungen von sowie Fahndungen nach Personen und Sachen,
3. Unterstützung bei der polizeilichen Informationsverdichtung durch Abklärung von Hinweisen und Spurenansätzen,
4. Durchführung von Abgleichen von personenbezogenen Daten,
5. Unterstützung bei der Erstellung von strategischen Analysen und Statistiken.

(3) Mit seinem Informationssystem nimmt das Bundeskriminalamt nach Maßgabe der §§ 29 und 30 am polizeilichen Informationsverbund nach § 29 teil.

§ 14 Kennzeichnung. (1) [1] Bei der Speicherung im Informationssystem sind personenbezogene Daten wie folgt zu kennzeichnen:

1. Angabe des Mittels der Erhebung der Daten einschließlich der Angabe, ob die Daten offen oder verdeckt erhoben wurden,
2. Angabe der Kategorie nach den §§ 18 und 19 bei Personen, zu denen Grunddaten angelegt wurden,
3. Angabe der
   a) Rechtsgüter, deren Schutz die Erhebung dient oder
   b) Straftaten, deren Verfolgung oder Verhütung die Erhebung dient,
4. Angabe der Stelle, die sie erhoben hat, sofern nicht das Bundeskriminalamt die Daten erhoben hat.

[2] Die Kennzeichnung nach Satz 1 Nummer 1 kann auch durch Angabe der Rechtsgrundlage der jeweiligen Mittel der Datenerhebung ergänzt werden.

(2) Personenbezogene Daten, die nicht entsprechend den Anforderungen des Absatzes 1 gekennzeichnet sind, dürfen so lange nicht weiterverarbeitet oder übermittelt werden, bis eine Kennzeichnung entsprechend den Anforderungen des Absatzes 1 erfolgt ist.

(3) Nach einer Übermittlung an eine andere Stelle ist die Kennzeichnung nach Absatz 1 durch diese Stelle aufrechtzuerhalten.

§ 15 Regelung von Zugriffsberechtigungen. (1) Das Bundeskriminalamt hat bei der Erteilung von Zugriffsberechtigungen der Nutzer des Informationssystems sicherzustellen, dass

1. auf Grundlage der nach § 14 Absatz 1 vorzunehmenden Kennzeichnungen die Vorgaben des § 12 bei der Nutzung des Informationssystems beachtet werden und
2. der Zugriff nur auf diejenigen personenbezogenen Daten und Erkenntnisse möglich ist, deren Kenntnis für die Erfüllung der jeweiligen dienstlichen Pflichten erforderlich ist.

(2) Das Bundeskriminalamt hat darüber hinaus sicherzustellen, dass Änderungen, Berichtigungen und Löschungen von personenbezogenen Daten im Informationssystem nur durch eine hierzu befugte Person erfolgen können.

(3) [1] Das Bundeskriminalamt trifft hierzu alle erforderlichen organisatorischen und technischen Vorkehrungen und Maßnahmen, die dem Stand der Technik entsprechen. [2] Die Vergabe von Zugriffsberechtigungen auf die im Informationssystem gespeicherten Daten erfolgt auf der Grundlage eines abgestuften Rechte- und Rollenkonzeptes, das die Umsetzung der Maßgaben der Absätze 1 und 2 technisch und organisatorisch sicherstellt. [3] Die Erstellung und Fortschreibung des abgestuften Rechte- und Rollenkonzeptes erfolgt im Benehmen mit der oder dem Bundesbeauftragten für den Datenschutz und die Informationsfreiheit.

(4) Das Informationssystem ist so zu gestalten, dass eine weitgehende Standardisierung der nach § 76 Absatz 1 des Bundesdatenschutzgesetzes[1)] zu protokollierenden Abfragegründe im Rahmen der Aufgaben des Bundeskriminalamtes erfolgt.

§ 16 Datenweiterverarbeitung im Informationssystem. (1) Das Bundeskriminalamt kann personenbezogene Daten nach Maßgabe des § 12 im Informationssystem weiterverarbeiten, soweit dies zur Erfüllung seiner Aufgaben erforderlich ist und soweit dieses Gesetz keine zusätzlichen besonderen Voraussetzungen vorsieht.

(2) [1] Das Bundeskriminalamt kann personenbezogene Daten im Informationssystem weiterverarbeiten, soweit dies erforderlich ist zur Fahndung und polizeilichen Beobachtung oder gezielten Kontrolle, wenn das Bundeskriminalamt oder die die Ausschreibung veranlassende Stelle nach dem für sie geltenden Recht befugt ist, die mit der Ausschreibung für Zwecke der Strafverfolgung, des Strafvollzugs, der Strafvollstreckung oder der Abwehr erheblicher Gefahren vorgesehene Maßnahme vorzunehmen oder durch eine Polizeibehörde vornehmen zu lassen. [2] Satz 1 gilt entsprechend für Ausschreibungen zur Durchführung aufenthaltsbeendender oder einreiseverhindernder Maßnahmen. [3] Die veranlassende Stelle trägt die Verantwortung für die Zulässigkeit der Maßnahme. [4] Sie hat in ihrem Ersuchen die bezweckte Maßnahme sowie Umfang und Dauer der Ausschreibung zu bezeichnen. [5] Nach Beendigung einer Ausschreibung nach Satz 1 oder Satz 2 sind die zu diesem Zweck gespeicherten Daten unverzüglich zu löschen.

(3) Das Bundeskriminalamt kann personenbezogene Daten, die es bei der Wahrnehmung seiner Aufgaben auf dem Gebiet der Strafverfolgung erlangt hat, unter den Voraussetzungen der §§ 18 und 19 im Informationssystem für Zwecke künftiger Strafverfahren weiterverarbeiten.

(4) [1] Das Bundeskriminalamt kann im Informationssystem personenbezogene Daten mit Daten, auf die es zur Erfüllung seiner Aufgaben zugreifen darf, abgleichen, wenn Grund zu der Annahme besteht, dass dies zur Erfüllung einer Aufgabe erforderlich ist. [2] Rechtsvorschriften über den Datenabgleich in anderen Fällen bleiben unberührt.

(5) [1] Das Bundeskriminalamt kann zur Erfüllung seiner Aufgaben nach § 2 Absatz 4 im Informationssystem personenbezogene Daten, die bei der Durch-

---

[1)] Nr. **245**.

führung erkennungsdienstlicher Maßnahmen erhoben worden sind, weiterverarbeiten,

1. wenn eine andere Rechtsvorschrift dies erlaubt oder
2. wenn dies erforderlich ist,
   a) weil bei Beschuldigten und Personen, die einer Straftat verdächtig sind, wegen der Art oder Ausführung der Tat, der Persönlichkeit der betroffenen Person oder sonstiger Erkenntnisse Grund zu der Annahme besteht, dass gegen sie Strafverfahren zu führen sind, oder
   b) um eine erhebliche Gefahr abzuwehren.

[2] § 18 Absatz 5 gilt entsprechend.

(6) Das Bundeskriminalamt kann in den Fällen, in denen bereits Daten zu einer Person vorhanden sind, zu dieser Person auch weiterverarbeiten:

1. personengebundene Hinweise, die zum Schutz dieser Person oder zur Eigensicherung von Beamten erforderlich sind, oder
2. weitere Hinweise, die geeignet sind, dem Schutz Dritter oder der Gewinnung von Ermittlungsansätzen zu dienen.

§ 17[1)] Projektbezogene gemeinsame Dateien. (1) [1] Das Bundeskriminalamt kann für die Dauer einer befristeten projektbezogenen Zusammenarbeit mit den Verfassungsschutzbehörden des Bundes und der Länder, dem Militärischen Abschirmdienst, dem Bundesnachrichtendienst, Polizeibehörden des Bundes und der Länder und dem Zollkriminalamt eine gemeinsame Datei errichten. [2] Die projektbezogene Zusammenarbeit bezweckt nach Maßgabe der Aufgaben und Befugnisse der in Satz 1 genannten Behörden den Austausch und die gemeinsame Auswertung von polizeilichen oder nachrichtendienstlichen Erkenntnissen zu

1. Straftaten nach den §§ 94 bis 96 und den §§ 97a bis 100a des Strafgesetzbuchs[2)],
2. Straftaten nach § 129a, auch in Verbindung mit § 129b Absatz 1, den §§ 89a bis 89c und 91 des Strafgesetzbuchs,
3. vorsätzlichen Straftaten nach den §§ 17 und 18 des Außenwirtschaftsgesetzes, soweit es sich um einen Fall von besonderer Bedeutung handelt, oder
4. Straftaten, die mit Straftaten nach den Nummern 1 bis 3 in einem unmittelbaren Zusammenhang stehen.

[3] Personenbezogene Daten zu Straftaten nach Satz 2 dürfen unter Einsatz der gemeinsamen Datei durch die an der projektbezogenen Zusammenarbeit beteiligten Behörden im Rahmen ihrer Befugnisse weiterverarbeitet werden, soweit dies in diesem Zusammenhang zur Erfüllung ihrer Aufgaben erforderlich ist. [4] Bei der Weiterverarbeitung der personenbezogenen Daten finden für die beteiligten Behörden die jeweils für sie geltenden Vorschriften über die Weiterverarbeitung von Daten Anwendung.

(2) [1] Für die Eingabe personenbezogener Daten in die gemeinsame Datei gelten die jeweiligen Übermittlungsvorschriften zugunsten der an der Zusammenarbeit beteiligten Behörden entsprechend mit der Maßgabe, dass die Ein-

---

[1)] § 17 Abs. 6 Satz 1 einl. Satzeil, Satz 5 geänd. mWv 27.6.2020 durch VO v. 19.6.2020 (BGBl. I S. 1328).

[2)] **Schönfelder Nr. 85.**

gabe nur zulässig ist, wenn die Daten allen an der projektbezogenen Zusammenarbeit teilnehmenden Behörden übermittelt werden dürfen. [2] Eine Eingabe ist ferner nur zulässig, wenn die Behörde, die die Daten eingegeben hat, die Daten auch in eigenen Dateien weiterverarbeiten darf. [3] Die Daten sind zu kennzeichnen.

(3) [1] Für die Führung einer projektbezogenen gemeinsamen Datei gelten § 29 Absatz 5, die §§ 31 und 86 entsprechend. [2] § 81 Absatz 2 findet mit der Maßgabe Anwendung, dass die Protokollierung bei jedem Datenabruf erfolgt. [3] § 84 Absatz 1 Satz 1 und 2 ist mit der Maßgabe anzuwenden, dass das Bundeskriminalamt die Auskunft im Einvernehmen mit der nach § 84 Absatz 1 Satz 1 zu beteiligenden Behörde erteilt und diese die Zulässigkeit der Auskunftserteilung nach den für sie geltenden Bestimmungen prüft.

(4) [1] Eine gemeinsame Datei nach Absatz 1 ist auf höchstens zwei Jahre zu befristen. [2] Die Frist kann um zwei Jahre und danach um ein weiteres Jahr verlängert werden, wenn das Ziel der projektbezogenen Zusammenarbeit bei Projektende noch nicht erreicht worden ist und die Datei weiterhin für die Erreichung des Ziels erforderlich ist.

(5) [1] Für die Berichtigung, Verarbeitungseinschränkung und Löschung personenbezogener Daten durch die Behörde, die die Daten eingegeben hat, gelten die jeweiligen für sie anwendbaren Vorschriften über die Berichtigung, Verarbeitungseinschränkung und Löschung von Daten entsprechend. [2] Für Daten, die das Bundeskriminalamt eingegeben hat, finden § 75 Absatz 1, 2 und 4 des Bundesdatenschutzgesetzes[1)] sowie § 77 mit Ausnahme von § 77 Absatz 2 Satz 5 und Absatz 3 Anwendung.

(6) [1] Das Bundeskriminalamt hat mit Zustimmung des Bundesministeriums des Innern, für Bau und Heimat sowie der für die Fachaufsicht der zusammenarbeitenden Behörden zuständigen obersten Bundes- und Landesbehörden für die projektbezogene gemeinsame Datei folgende Festlegungen zu treffen:

1. Bezeichnung der Datei,
2. Rechtsgrundlage und Zweck der Datei,
3. Personenkreis, über den Daten gespeichert werden,
4. Art der zu speichernden personenbezogenen Daten,
5. Arten der personenbezogenen Daten, die der Erschließung der Datei dienen,
6. Anlieferung oder Eingabe der zu speichernden Daten,
7. Voraussetzungen, unter denen in der Datei gespeicherte personenbezogene Daten an welche Empfänger und in welchem Verfahren übermittelt werden,
8. Prüffristen und Speicherungsdauer,
9. Protokollierung.

[2] Das Bundeskriminalamt hat im Einvernehmen mit den an der projektbezogenen Zusammenarbeit teilnehmenden Behörden deren jeweilige Organisationseinheiten zu bestimmen, die zur Eingabe und zum Abruf befugt sind. [3] Die oder der Bundesbeauftragte für den Datenschutz und die Informationsfreiheit ist vor den Festlegungen anzuhören. [4] Ist im Hinblick auf die Dringlichkeit der Aufgabenerfüllung eine Mitwirkung der in den Sätzen 1 und 3 genannten Stellen nicht möglich, so kann das Bundeskriminalamt eine Sofortanordnung treffen. [5] Das Bundeskriminalamt unterrichtet gleichzeitig unter Vorlage der

1) Nr. **245**.

Sofortanordnung das Bundesministerium des Innern, für Bau und Heimat. [6] Das Verfahren nach den Sätzen 1 und 3 ist unverzüglich nachzuholen.

§ 18 Daten zu Verurteilten, Beschuldigten, Tatverdächtigen und sonstigen Anlasspersonen. (1) Das Bundeskriminalamt kann zur Erfüllung seiner Aufgaben nach § 2 Absatz 1 bis 3 personenbezogene Daten weiterverarbeiten von

1. Verurteilten,
2. Beschuldigten,
3. Personen, die einer Straftat verdächtig sind, sofern die Weiterverarbeitung der Daten erforderlich ist, weil wegen der Art oder Ausführung der Tat, der Persönlichkeit der betroffenen Person oder sonstiger Erkenntnisse Grund zu der Annahme besteht, dass zukünftig Strafverfahren gegen sie zu führen sind, und
4. Personen, bei denen Anlass zur Weiterverarbeitung der Daten besteht, weil tatsächliche Anhaltspunkte dafür vorliegen, dass die betroffenen Personen in naher Zukunft Straftaten von erheblicher Bedeutung begehen werden (Anlasspersonen).

(2) Das Bundeskriminalamt kann weiterverarbeiten:

1. von Personen nach Absatz 1 Nummer 1 bis 4
   a) die Grunddaten und
   b) soweit erforderlich, andere zur Identifizierung geeignete Merkmale,
   c) die kriminalaktenführende Polizeidienststelle und die Kriminalaktennummer,
   d) die Tatzeiten und Tatorte,
   e) die Tatvorwürfe durch Angabe der gesetzlichen Vorschriften und die nähere Bezeichnung der Straftaten;
2. von Personen nach Absatz 1 Nummer 1 und 2 weitere personenbezogene Daten, soweit die Weiterverarbeitung der Daten erforderlich ist, weil wegen der Art oder Ausführung der Tat, der Persönlichkeit der betroffenen Person oder sonstiger Erkenntnisse Grund zu der Annahme besteht, dass zukünftig Strafverfahren gegen sie zu führen sind;
3. von Personen nach Absatz 1 Nummer 3 und 4 weitere personenbezogene Daten.

(3) [1] Das Bundeskriminalamt kann personenbezogene Daten weiterverarbeiten, um festzustellen, ob die betreffenden Personen die Voraussetzungen nach Absatz 1 erfüllen. [2] Die Daten dürfen ausschließlich zu diesem Zweck weiterverarbeitet werden und sind im Informationssystem gesondert zu speichern. [3] Die Daten sind nach Abschluss der Prüfung, spätestens jedoch nach zwölf Monaten zu löschen, soweit nicht festgestellt wurde, dass die betreffende Person die Voraussetzungen nach Absatz 1 erfüllt.

(4) [1] Das Bundeskriminalamt kann personenbezogene Daten weiterverarbeiten, soweit dies erforderlich ist zum Zweck des Nachweises von Personen, die wegen des Verdachts oder des Nachweises einer rechtswidrigen Tat einer richterlich angeordneten Freiheitsentziehung unterliegen. [2] Die Löschung von Daten, die allein zu diesem Zweck weiterverarbeitet werden, erfolgt nach zwei Jahren.

(5) Wird der Beschuldigte rechtskräftig freigesprochen, die Eröffnung des Hauptverfahrens gegen ihn unanfechtbar abgelehnt oder das Verfahren nicht nur vorläufig eingestellt, so ist die Weiterverarbeitung unzulässig, wenn sich aus den Gründen der Entscheidung ergibt, dass die betroffene Person die Tat nicht oder nicht rechtswidrig begangen hat.

§ 19 Daten zu anderen Personen. (1) [1] Soweit dies zur Verhütung oder zur Vorsorge für die künftige Verfolgung einer Straftat mit erheblicher Bedeutung erforderlich ist, kann das Bundeskriminalamt zur Erfüllung seiner Aufgaben nach § 2 Absatz 1 bis 3 personenbezogene Daten von Personen weiterverarbeiten, bei denen tatsächliche Anhaltspunkte dafür vorliegen, dass

1. sie bei einer künftigen Strafverfolgung als Zeugen in Betracht kommen,
2. sie als Opfer einer künftigen Straftat in Betracht kommen,
3. sie mit in § 18 Absatz 1 Nummer 1 bis 3 bezeichneten Personen nicht nur flüchtig oder in zufälligem Kontakt und in einer Weise in Verbindung stehen, die erwarten lässt, dass Hinweise für die Verfolgung oder vorbeugende Bekämpfung dieser Straftaten gewonnen werden können, weil Tatsachen die Annahme rechtfertigen, dass die Personen von der Planung oder der Vorbereitung der Straftaten oder der Verwertung der Tatvorteile Kenntnis haben oder daran mitwirken, oder
4. es sich um Hinweisgeber und sonstige Auskunftspersonen handelt.

[2] Die Weiterverarbeitung nach Satz 1 ist zu beschränken auf die in § 18 Absatz 2 Nummer 1 Buchstabe a bis c bezeichneten Daten sowie auf die Angabe, in welcher Eigenschaft der Person und in Bezug auf welchen Sachverhalt die Speicherung der Daten erfolgt. [3] Personenbezogene Daten über Personen nach Satz 1 Nummer 1, 2 und 4 dürfen nur mit Einwilligung der betroffenen Person gespeichert werden. [4] Die Einwilligung ist nicht erforderlich, wenn das Bekanntwerden der Speicherungsabsicht den mit der Speicherung verfolgten Zweck gefährden würde.

(2) [1] Das Bundeskriminalamt kann personenbezogene Daten weiterverarbeiten von Vermissten, unbekannten Personen und unbekannten Toten

1. zu Zwecken der Identifizierung,
2. zur Abwehr einer erheblichen Gefahr für die genannten Personen.

[2] Entsprechendes gilt, soweit es sonst zur Erfüllung seiner Aufgaben erforderlich ist, weil tatsächliche Anhaltspunkte dafür vorliegen, dass es sich um Täter, Opfer oder Zeugen im Zusammenhang mit einer Straftat handelt.

(3) [1] Das Bundeskriminalamt kann personenbezogene Daten weiterverarbeiten, um festzustellen, ob die betreffenden Personen die Voraussetzungen nach Absatz 1 oder Absatz 2 erfüllen. [2] Die Daten dürfen ausschließlich zu diesem Zweck weiterverarbeitet werden und sind im Informationssystem gesondert zu speichern. [3] Die Daten sind nach Abschluss der Prüfung, spätestens jedoch nach zwölf Monaten zu löschen, soweit nicht festgestellt wurde, dass die betreffende Person die Voraussetzungen nach Absatz 1 oder Absatz 2 erfüllt.

§ 20 [1)2)] **Verordnungsermächtigung.** [1] Das Bundesministerium des Innern, für Bau und Heimat bestimmt durch Rechtsverordnung mit Zustimmung des

[1)] § 20 tritt am 9.6.2017 in Kraft; vgl. Art. 13 Abs. 2 G v. 1.6.2017 (BGBl. I S. 1354).
[2)] § 20 Satz 1 geänd. mWv 27.6.2020 durch VO v. 19.6.2020 (BGBl. I S. 1328).

Bundesrates das Nähere über die Art und den Umfang der Daten, die nach den §§ 16, 18 und 19 weiterverarbeitet werden dürfen. [2]In der Rechtsverordnung nach Satz 1 bestimmt es insbesondere

1. die Grunddaten nach § 18 Absatz 2 Nummer 1 Buchstabe a, die der Identifizierung dienen, wie insbesondere Namen, Geschlecht, Geburtsdatum, Geburtsort, Staatsangehörigkeit und Anschrift,
2. andere zur Identifizierung geeignete Merkmale nach § 18 Absatz 2 Nummer 1 Buchstabe b, wie insbesondere Lichtbilder und Personenbeschreibungen,
3. weitere personenbezogene Daten nach § 18 Absatz 2 Nummer 2 und 3,
4. bei der Durchführung erkennungsdienstlicher Maßnahmen erhobene personenbezogene Daten, die nach § 16 Absatz 5 weiterverarbeitet werden können,
5. personenbezogene Daten zur Fahndung und polizeilichen Beobachtung sowie gezielten Kontrolle,
6. personenbezogene Daten zum Zwecke des Nachweises von Personen, die einer richterlich angeordneten Freiheitsentziehung unterliegen und
7. personenbezogene Daten von Vermissten, unbekannten Personen und unbekannten Toten.

§ 21 Weiterverarbeitung für die wissenschaftliche Forschung.

(1) [1]Das Bundeskriminalamt kann im Rahmen seiner Aufgaben bei ihm vorhandene personenbezogene Daten, wenn dies für bestimmte wissenschaftliche Forschungsarbeiten erforderlich ist, weiterverarbeiten, soweit eine Verwendung anonymisierter Daten zu diesem Zweck nicht möglich ist und das öffentliche Interesse an der Forschungsarbeit das schutzwürdige Interesse der betroffenen Person erheblich überwiegt. [2]Eine solche Weiterverarbeitung von personenbezogenen Daten, die aus in § 12 Absatz 3 genannten Maßnahmen erlangt wurden, ist ausgeschlossen.

(2) [1]Das Bundeskriminalamt kann personenbezogene Daten an Hochschulen, andere Einrichtungen, die wissenschaftliche Forschung betreiben, und öffentliche Stellen übermitteln, soweit

1. dies für die Durchführung bestimmter wissenschaftlicher Forschungsarbeiten erforderlich ist,
2. eine Weiterverarbeitung anonymisierter Daten zu diesem Zweck nicht möglich ist und
3. das öffentliche Interesse an der Forschungsarbeit das schutzwürdige Interesse der betroffenen Person an dem Ausschluss der Übermittlung erheblich überwiegt.

[2]Eine Übermittlung von personenbezogenen Daten im Sinne des Absatzes 1 Satz 2 ist ausgeschlossen.

(3) [1]Die Übermittlung der Daten erfolgt durch Erteilung von Auskünften, wenn hierdurch der Zweck der Forschungsarbeit erreicht werden kann und die Erteilung keinen unverhältnismäßigen Aufwand erfordert. [2]Andernfalls kann auch Akteneinsicht gewährt werden. [3]Einsicht in elektronische Akten wird durch Bereitstellen des Inhalts der Akte zum Abruf gewährt. [4]Ein Aktenausdruck oder ein Datenträger mit dem Inhalt der elektronischen Akten wird auf besonders zu begründenden Antrag nur übermittelt, wenn die antragstellende

Person hieran ein berechtigtes Interesse hat. [5] Einsicht in Akten, die in Papierform vorliegen, wird durch Bereitstellen des Inhalts der Akte zur Einsichtnahme in Diensträumen gewährt. [6] Auf besonderen Antrag wird die Einsicht in Akten, die in Papierform vorliegen, durch Übersendung von Kopien, durch Übergabe zur Mitnahme oder durch Übersendung der Akten gewährt.

(4) [1] Personenbezogene Daten werden nur an solche Personen übermittelt, die Amtsträger oder für den öffentlichen Dienst besonders Verpflichtete sind oder die zur Geheimhaltung verpflichtet worden sind. [2] § 1 Absatz 2, 3 und 4 Nummer 2 des Verpflichtungsgesetzes findet auf die Verpflichtung zur Geheimhaltung entsprechende Anwendung.

(5) [1] Die personenbezogenen Daten dürfen nur für die Forschungsarbeit weiterverarbeitet werden, für die sie übermittelt worden sind. [2] Die Weiterverarbeitung für andere Forschungsarbeiten oder die Weitergabe richtet sich nach den Absätzen 2 bis 4 und bedarf der Zustimmung der Stelle, die die Daten übermittelt hat.

(6) Durch organisatorische und technische Maßnahmen hat die wissenschaftliche Forschung betreibende Stelle zu gewährleisten, dass die Daten gegen unbefugte Kenntnisnahme geschützt sind.

(7) [1] Sobald der Forschungszweck es erlaubt, sind die personenbezogenen Daten zu anonymisieren. [2] Solange dies noch nicht möglich ist, sind die Merkmale gesondert aufzubewahren, mit denen Einzelangaben über persönliche oder sachliche Verhältnisse einer bestimmten oder bestimmbaren Person zugeordnet werden können. [3] Sie dürfen mit den Einzelangaben nur zusammengeführt werden, soweit der Forschungszweck dies erfordert.

(8) Wer nach den Absätzen 2 bis 4 personenbezogene Daten erhalten hat, darf diese nur veröffentlichen, wenn dies für die Darstellung von Forschungsergebnissen über Ereignisse der Zeitgeschichte unerlässlich ist und das Bundeskriminalamt zugestimmt hat.

§ 22 Weiterverarbeitung von Daten zur Aus- und Fortbildung, zu statistischen Zwecken und zur Vorgangsverwaltung. (1) [1] Das Bundeskriminalamt kann bei ihm vorhandene personenbezogene Daten zur polizeilichen Aus- und Fortbildung oder zu statistischen Zwecken weiterverarbeiten, soweit eine Weiterverarbeitung anonymisierter Daten zu diesem Zweck nicht möglich ist. [2] Entsprechendes gilt für die Übermittlung an die Landeskriminalämter zu kriminalstatistischen Zwecken. [3] Die Daten sind zum frühestmöglichen Zeitpunkt zu anonymisieren. [4] § 21 Absatz 1 Satz 2 und Absatz 2 Satz 2 gilt entsprechend.

(2) Das Bundeskriminalamt kann, wenn dies zur Vorgangsverwaltung oder zur befristeten Dokumentation polizeilichen Handelns erforderlich ist, personenbezogene Daten ausschließlich zu diesem Zweck weiterverarbeiten.

§ 23[1] Elektronische Aktenführung. (1) Die Akten des Bundeskriminalamtes sollen elektronisch geführt werden.

(2) Das Bundesministerium des Innern, für Bau und Heimat regelt die für die elektronische Aktenführung geltenden organisatorischen und technischen Rahmenbedingungen einschließlich der einzuhaltenden Anforderungen des Datenschutzes, der Datensicherheit und der Barrierefreiheit, die die Grundsätze

---

[1] § 23 Abs. 2 geänd. mWv 27.6.2020 durch VO v. 19.6.2020 (BGBl. I S. 1328).

ordnungsgemäßer Aktenführung und den Stand der Technik beachten, in Verwaltungsvorschriften.

(3) Die Vorschriften über die elektronische Aktenführung im Strafverfahren bleiben unberührt.

§ 24 Speicherung von DNA-Identifizierungsmustern zur Erkennung von DNA-Trugspuren. (1) [1]Das Bundeskriminalamt kann von seinen Mitarbeiterinnen und Mitarbeitern, die Umgang mit Spurenmaterial haben oder die Bereiche in seinen Liegenschaften und Einrichtungen betreten müssen, in denen mit Spurenmaterial umgegangen oder dieses gelagert wird,

1. mittels eines Mundschleimhautabstrichs oder einer hinsichtlich ihrer Eingriffsintensität vergleichbaren Methode Körperzellen entnehmen,
2. diese zur Feststellung des DNA-Identifizierungsmusters molekulargenetisch untersuchen und
3. die festgestellten DNA-Identifizierungsmuster mit den an Spurenmaterial festgestellten DNA-Identifizierungsmustern automatisiert abgleichen,

um zur Erkennung von DNA-Trugspuren festzustellen, ob an Spurenmaterial festgestellte DNA-Identifizierungsmuster von diesen Personen stammen. [2]Die Entnahme der Körperzellen darf nicht erzwungen werden. [3]Die entnommenen Körperzellen dürfen nur für die in Satz 1 genannte molekulargenetische Untersuchung verwendet werden; sie sind unverzüglich zu vernichten, sobald sie hierfür nicht mehr erforderlich sind. [4]Bei der Untersuchung dürfen andere Feststellungen als diejenigen, die zur Ermittlung des DNA-Identifizierungsmusters erforderlich sind, nicht getroffen werden; hierauf gerichtete Untersuchungen sind unzulässig.

(2) Untersuchungen und Abgleiche nach Absatz 1 bei Personen, die nicht Mitarbeiterinnen und Mitarbeiter des Bundeskriminalamtes sind, dürfen nur mit deren schriftlicher Einwilligung erfolgen.

(3) [1]Die nach den Absätzen 1 und 2 erhobenen Daten sind zu pseudonymisieren und darüber hinaus im Informationssystem des Bundeskriminalamtes gesondert zu speichern. [2]Eine Verwendung dieser Daten zu anderen als den in den Absätzen 1 und 2 genannten Zwecken ist unzulässig. [3]Die DNA-Identifizierungsmuster sind zu löschen, wenn sie für die genannten Zwecke nicht mehr erforderlich sind. [4]Die Löschung hat spätestens drei Jahre nach dem letzten Umgang der betreffenden Person mit Spurenmaterial oder dem letzten Zutritt zu einem in Absatz 1 Satz 1 genannten Bereich zu erfolgen. [5]Betroffene Personen sind schriftlich über den Zweck und die Weiterverarbeitung sowie die Löschung der erhobenen Daten zu informieren.

Unterabschnitt 3. Datenübermittlung

§ 25[1)] Datenübermittlung im innerstaatlichen Bereich. (1) Das Bundeskriminalamt kann unter Beachtung des § 12 Absatz 2 bis 4 an andere Polizeien des Bundes und an Polizeien der Länder personenbezogene Daten übermitteln, soweit dies zur Erfüllung seiner Aufgaben oder der des Empfängers erforderlich ist.

[1)] § 25 Abs. 7 Satz 1 geänd. mWv 27.6.2020 durch VO v. 19.6.2020 (BGBl. I S. 1328).

(2) Das Bundeskriminalamt kann an andere als die in Absatz 1 genannten Behörden und sonstige öffentliche Stellen personenbezogene Daten übermitteln, soweit dies

1. in anderen Rechtsvorschriften vorgesehen ist oder
2. unter Beachtung des § 12 Absatz 2 bis 4 zulässig und erforderlich ist
   a) zur Erfüllung seiner Aufgaben nach diesem Gesetz,
   b) für Zwecke der Strafverfolgung, der Strafvollstreckung, des Strafvollzugs und der Gnadenverfahren,
   c) für Zwecke der Gefahrenabwehr oder
   d) zur Abwehr einer schwerwiegenden Beeinträchtigung der Rechte Einzelner

und Zwecke des Strafverfahrens nicht entgegenstehen.

(3) [1] Unter den Voraussetzungen des Absatzes 2 kann das Bundeskriminalamt personenbezogene Daten auch an nichtöffentliche Stellen übermitteln. [2] Das Bundeskriminalamt hat einen Nachweis zu führen, aus dem Anlass, Inhalt, Empfänger und Tag der Übermittlung sowie die Aktenfundstelle ersichtlich sind; die Nachweise sind gesondert aufzubewahren, gegen unberechtigten Zugriff zu sichern und am Ende des Kalenderjahres, das dem Jahr ihrer Erstellung folgt, zu löschen. [3] Die Löschung unterbleibt, solange der Nachweis für Zwecke eines bereits eingeleiteten Datenschutzkontrollverfahrens oder zur Verhinderung oder Verfolgung einer schwerwiegenden Straftat gegen Leib, Leben oder Freiheit einer Person benötigt wird oder Grund zu der Annahme besteht, dass im Falle einer Löschung schutzwürdige Interessen der betroffenen Person beeinträchtigt würden.

(4) [1] Besteht Grund zu der Annahme, dass durch die Übermittlung von Daten nach Absatz 3 der der Erhebung dieser Daten zugrunde liegende Zweck gefährdet würde, holt das Bundeskriminalamt vor der Übermittlung die Zustimmung der Stelle ein, von der die Daten dem Bundeskriminalamt übermittelt wurden. [2] Unter den Voraussetzungen des Satzes 1 kann die übermittelnde Stelle bestimmte von ihr übermittelte Daten so kennzeichnen oder mit einem Hinweis versehen, dass vor einer Übermittlung nach Absatz 3 ihre Zustimmung einzuholen ist.

(5) [1] Daten, die den §§ 41 und 61 des Bundeszentralregistergesetzes[1)] unterfallen würden, können nach den Absätzen 2 und 3 nur den in den §§ 41 und 61 des Bundeszentralregistergesetzes genannten Stellen zu den dort genannten Zwecken übermittelt werden. [2] Die Verwertungsverbote nach den §§ 51, 52 und 63 des Bundeszentralregistergesetzes sind zu beachten.

(6) [1] Der Empfänger darf die übermittelten personenbezogenen Daten nur zu dem Zweck verarbeiten, für den sie ihm übermittelt worden sind. [2] Eine Verarbeitung für andere Zwecke ist unter Beachtung des § 12 Absatz 2 bis 4 zulässig; im Falle des Absatzes 3 gilt dies nur, soweit zusätzlich das Bundeskriminalamt zustimmt. [3] Bei Übermittlungen an nichtöffentliche Stellen hat das Bundeskriminalamt die empfangende Stelle darauf hinzuweisen.

(7) [1] Die Einrichtung eines automatisierten Verfahrens für die Übermittlung von personenbezogenen Daten durch Abruf aus dem Informationssystem ist unter Beachtung des § 12 Absatz 2 bis 4 nur zur Erfüllung vollzugspolizeilicher

---

1) **Schönfelder Nr. 92.**

Aufgaben mit Zustimmung des Bundesministeriums des Innern, für Bau und Heimat und der Innenministerien und Senatsinnenverwaltungen der Länder zulässig, soweit diese Form der Datenübermittlung unter Berücksichtigung der schutzwürdigen Interessen der betroffenen Personen wegen der Vielzahl der Übermittlungen oder wegen ihrer besonderen Eilbedürftigkeit angemessen ist. [2] § 81 Absatz 2 gilt entsprechend.

(8) [1] Die Verantwortung für die Zulässigkeit der Übermittlung trägt das Bundeskriminalamt. [2] Erfolgt die Übermittlung in den Fällen der Absätze 1 und 2 Nummer 2 auf Ersuchen der empfangenden Stelle, trägt diese die Verantwortung. [3] In diesen Fällen prüft das Bundeskriminalamt nur, ob das Übermittlungsersuchen im Rahmen der Aufgaben des Empfängers liegt, es sei denn, dass besonderer Anlass zur Prüfung der Zulässigkeit der Übermittlung besteht.

(9) Sind mit personenbezogenen Daten, die nach den Absätzen 1 und 2 übermittelt werden dürfen, weitere personenbezogene Daten der betroffenen Person oder eines Dritten in Akten so verbunden, dass eine Trennung nicht oder nur mit unvertretbarem Aufwand möglich ist, so ist die Übermittlung auch dieser Daten zulässig, soweit nicht berechtigte Interessen der betroffenen Person oder eines Dritten an der Geheimhaltung offensichtlich überwiegen; eine Verwendung dieser Daten ist unzulässig.

§ 26 Datenübermittlung an Mitgliedstaaten der Europäischen Union.

(1) [1] § 25 gilt entsprechend für die Übermittlung von personenbezogenen Daten an

1. öffentliche und nichtöffentliche Stellen in Mitgliedstaaten der Europäischen Union und
2. zwischen- und überstaatliche Stellen der Europäischen Union oder deren Mitgliedstaaten, die mit Aufgaben der Verhütung und Verfolgung von Straftaten befasst sind.

[2] Die Verantwortung für die Zulässigkeit der Datenübermittlung trägt das Bundeskriminalamt. [3] Für die Übermittlung an Polizei- und Justizbehörden sowie an sonstige für die Verhütung oder Verfolgung von Straftaten zuständige öffentliche Stellen zum Zwecke der Verfolgung von Straftaten und zur Strafvollstreckung bleiben die Vorschriften über die internationale Rechtshilfe in strafrechtlichen Angelegenheiten unberührt. [4] Die Zulässigkeit der Übermittlung personenbezogener Daten durch das Bundeskriminalamt an eine Polizeibehörde oder eine sonstige für die Verhütung und Verfolgung von Straftaten zuständige öffentliche Stelle eines Mitgliedstaates der Europäischen Union auf der Grundlage besonderer völkerrechtlicher Vereinbarungen bleibt unberührt.

(2) Absatz 1 findet auch Anwendung auf die Übermittlung von personenbezogenen Daten an Polizeibehörden oder sonstige für die Verhütung und Verfolgung von Straftaten zuständige öffentliche Stellen von Staaten, welche die Bestimmungen des Schengen-Besitzstandes aufgrund eines Assoziierungsübereinkommens mit der Europäischen Union über die Umsetzung, Anwendung und Entwicklung des Schengen-Besitzstandes anwenden.

§ 27[1)] Datenübermittlung im internationalen Bereich. (1) [1]Das Bundeskriminalamt kann unter Beachtung des § 12 Absatz 2 bis 4 und unter Beachtung der §§ 78 bis 80 des Bundesdatenschutzgesetzes[2)] an Polizei- und Justizbehörden sowie an sonstige für die Verhütung oder Verfolgung von Straftaten zuständige öffentliche Stellen in anderen als den in § 26 Absatz 1 genannten Staaten (Drittstaaten) und an andere als die in § 26 Absatz 1 genannten zwischen- und überstaatlichen Stellen, die mit Aufgaben der Verhütung oder Verfolgung von Straftaten befasst sind, personenbezogene Daten übermitteln, soweit dies erforderlich ist

1. zur Erfüllung einer ihm obliegenden Aufgabe,
2. zur Verfolgung von Straftaten und zur Strafvollstreckung nach Maßgabe der Vorschriften über die internationale Rechtshilfe in strafrechtlichen Angelegenheiten oder der Vorschriften über die Zusammenarbeit mit dem Internationalen Strafgerichtshof oder
3. zur Abwehr einer im Einzelfall bestehenden erheblichen Gefahr für die öffentliche Sicherheit.

[2]Entsprechendes gilt, wenn Anhaltspunkte dafür vorliegen, dass Straftaten von erheblicher Bedeutung begangen werden sollen.

(2) Mit Zustimmung des Bundesministeriums des Innern, für Bau und Heimat kann das Bundeskriminalamt gespeicherte nicht personenbezogene Daten, die der Suche nach Sachen dienen (Sachfahndung), für zentrale Polizeibehörden anderer Staaten nach Maßgabe zwischenstaatlicher Vereinbarungen zum Abruf im automatisierten Verfahren zur Sicherstellung von gestohlenen, unterschlagenen oder sonst abhanden gekommenen Sachen bereithalten.

(3) [1]Für Daten, die zu Zwecken der Fahndung nach Personen oder der polizeilichen Beobachtung oder gezielten Kontrolle gespeichert sind, ist die Einrichtung eines automatisierten Abrufverfahrens nach Absatz 2 mit Zustimmung des Bundesministeriums des Innern, für Bau und Heimat im Benehmen mit den Innenministerien und Senatsinnenverwaltungen der Länder unter Beachtung des § 12 Absatz 2 bis 4 zulässig, soweit

1. tatsächliche Anhaltspunkte dafür vorliegen, dass die Abrufe zur Verhinderung und Verfolgung von Straftaten von erheblicher Bedeutung sowie zur Abwehr von Gefahren für die öffentliche Sicherheit erforderlich sind,
2. diese Form der Datenübermittlung unter Berücksichtigung der schutzwürdigen Interessen der betroffenen Personen wegen der Vielzahl der Übermittlungen oder wegen ihrer besonderen Eilbedürftigkeit angemessen ist und
3. der Empfängerstaat das Übereinkommen des Europarates über den Schutz des Menschen bei der automatisierten Verarbeitung personenbezogener Daten vom 28. Januar 1981 (BGBl. 1985 II S. 538) ratifiziert hat oder ein gleichwertiger Schutz gewährleistet ist und eine Kontrollinstanz besteht, die die Gewährleistung des Datenschutzes unabhängig überwacht.

[2]Wird das Abrufverfahren für einen längeren Zeitraum als drei Monate eingerichtet, bedarf die Vereinbarung der Mitwirkung der gesetzgebenden Körperschaften nach Artikel 59 Absatz 2 des Grundgesetzes[3)]. [3]Die empfangende

---

[1)] § 27 Abs. 2, 3 Satz 1 einl. Satzteil, Abs. 4 Satz 2 geänd. mWv 27.6.2020 durch VO v. 19.6.2020 (BGBl. I S. 1328).

[2)] Nr. **245**.

[3)] Nr. **1**.

Stelle ist darauf hinzuweisen, dass sie die Daten für Ausschreibungen zur Fahndung nur nach Vorliegen eines Rechtshilfeersuchens nutzen darf.

(4) [1]Die regelmäßige, im Rahmen einer systematischen Zusammenarbeit erfolgende Übermittlung personenbezogener Daten an internationale Datenbestände ist zulässig nach Maßgabe von Rechtsakten der Europäischen Union und völkerrechtlicher Verträge, die der Mitwirkung der gesetzgebenden Körperschaften nach Artikel 59 Absatz 2 des Grundgesetzes bedürfen. [2]Entsprechendes gilt, wenn durch das Bundesministerium des Innern, für Bau und Heimat im Einzelfall im Benehmen mit der oder dem Bundesbeauftragten für den Datenschutz und die Informationsfreiheit festgestellt wird, dass durch die Nutzung datenschutzfreundlicher und datenminimierender Vorkehrungen die schutzwürdigen Belange der betroffenen Personen nicht überwiegen.

(5) Das Bundeskriminalamt kann als Nationales Zentralbüro der Bundesrepublik Deutschland für die Internationale Kriminalpolizeiliche Organisation personenbezogene Daten an das Generalsekretariat der Organisation unter den Voraussetzungen des Absatzes 1 übermitteln, soweit dies zur weiteren Übermittlung der Daten an andere Nationale Zentralbüros oder an die in Absatz 1 genannten Stellen geboten oder zu Zwecken der Informationssammlung und Auswertung durch das Generalsekretariat erforderlich ist.

(6) [1]Das Bundeskriminalamt kann unter Beachtung des § 12 Absatz 2 bis 4 personenbezogene Daten an Dienststellen der Stationierungsstreitkräfte im Rahmen des Artikels 3 des Zusatzabkommens zu dem Abkommen zwischen den Parteien des Nordatlantikvertrages über die Rechtsstellung ihrer Truppen hinsichtlich der in der Bundesrepublik Deutschland stationierten ausländischen Streitkräfte[1)] vom 3. August 1959 (BGBl. 1961 II S. 1183) übermitteln, wenn dies zur rechtmäßigen Erfüllung der in deren Zuständigkeit liegenden Aufgaben erforderlich ist. [2]§ 78 Absatz 2 des Bundesdatenschutzgesetzes gilt entsprechend.

(7) [1]Die Verantwortung für die Zulässigkeit der Übermittlung trägt das Bundeskriminalamt. [2]§ 25 Absatz 4 Satz 2 gilt entsprechend. [3]Das Bundeskriminalamt hat die Übermittlung und ihren Anlass aufzuzeichnen. [4]Die empfangende Stelle personenbezogener Daten ist darauf hinzuweisen, dass sie nur zu dem Zweck genutzt werden dürfen, zu dem sie übermittelt worden sind. [5]Ferner ist ihr der beim Bundeskriminalamt vorgesehene Löschungszeitpunkt mitzuteilen.

(8) [1]Das Bundeskriminalamt kann unter den Voraussetzungen des § 81 des Bundesdatenschutzgesetzes und unter Beachtung des § 12 Absatz 2 bis 4 Daten an die in § 81 des Bundesdatenschutzgesetzes genannten Stellen übermitteln. [2]Zusätzlich kann es unter den Voraussetzungen des Satzes 1 an andere als die in Absatz 1 genannten zwischen- und überstaatlichen Stellen personenbezogene Daten übermitteln, soweit dies erforderlich ist

1. zur Erfüllung einer ihm obliegenden Aufgabe oder
2. zur Abwehr einer im Einzelfall bestehenden erheblichen Gefahr für die öffentliche Sicherheit.

[3]Entsprechendes gilt, wenn tatsächliche Anhaltspunkte dafür vorliegen, dass Straftaten von erheblicher Bedeutung begangen werden sollen.

[1)] **Wehrrecht Nr. 41.**

§ 28 Übermittlungsverbote und Verweigerungsgründe. (1) [1]Die Übermittlung nach den Vorschriften dieses Gesetzes unterbleibt, wenn

1. für die übermittelnde Stelle erkennbar ist, dass unter Berücksichtigung der Art der Daten und ihrer Erhebung die schutzwürdigen Interessen der betroffenen Person das Allgemeininteresse an der Übermittlung überwiegen, oder
2. besondere bundesgesetzliche Verwendungsregelungen entgegenstehen; die Verpflichtung zur Wahrung gesetzlicher Geheimhaltungspflichten oder von Berufs- oder besonderen Amtsgeheimnissen, die nicht auf gesetzlichen Vorschriften beruhen, bleibt unberührt.

[2]Satz 1 Nummer 1 gilt nicht für Übermittlungen an die Staatsanwaltschaften.

(2) Die Datenübermittlung nach den §§ 26 und 27 unterbleibt darüber hinaus,

1. wenn hierdurch wesentliche Sicherheitsinteressen des Bundes oder der Länder beeinträchtigt würden,
2. wenn hierdurch der Erfolg laufender Ermittlungen oder Leib, Leben oder Freiheit einer Person gefährdet würde,
3. soweit Grund zu der Annahme besteht, dass durch sie gegen den Zweck eines deutschen Gesetzes verstoßen würde, oder
4. wenn tatsächliche Anhaltspunkte dafür vorliegen, dass die Übermittlung der Daten zu den in der Charta der Grundrechte der Europäischen Union enthaltenen Grundsätzen, insbesondere dadurch, dass durch die Nutzung der übermittelten Daten im Empfängerstaat Verletzungen von elementaren rechtsstaatlichen Grundsätzen oder Menschenrechtsverletzungen drohen, in Widerspruch stünde.

(3) [1]Das Bundeskriminalamt führt für den polizeilichen Informationsaustausch und Rechtshilfeverkehr eine fortlaufend aktualisierte Aufstellung über die Einhaltung der elementaren rechtsstaatlichen Grundsätze und Menschenrechtsstandards sowie das Datenschutzniveau in den jeweiligen Drittstaaten, die die speziellen Erfordernisse des polizeilichen Informationsaustauschs berücksichtigt. [2]Hierbei berücksichtigt es insbesondere die jeweils aktuellen Erkenntnisse der Bundesregierung und maßgeblich, ob ein Angemessenheitsbeschluss der Europäischen Kommission nach Artikel 36 der Richtlinie (EU) 2016/680 des Europäischen Parlaments und des Rates vom 27. April 2016 zum Schutz natürlicher Personen bei der Verarbeitung personenbezogener Daten durch die zuständigen Behörden zum Zwecke der Verhütung, Ermittlung, Aufdeckung oder Verfolgung von Straftaten oder der Strafvollstreckung sowie zum freien Datenverkehr und zur Aufhebung des Rahmenbeschlusses 2008/977/JI des Rates (ABl. L 119 vom 4.5.2016, S. 89) vorliegt.

Abschnitt 3. Zentralstelle

§ 29[1)] Polizeilicher Informationsverbund, Verordnungsermächtigung.

(1) [1]Das Bundeskriminalamt ist im Rahmen seiner Aufgabe nach § 2 Absatz 3 Zentralstelle für den polizeilichen Informationsverbund zwischen Bund und Ländern. [2]Es stellt zu diesem Zweck ein einheitliches Verbundsystem zur Verfügung.

[1)] § 29 Abs. 2 Satz 4, Abs. 7, 8 geänd. mWv 27.6.2020 durch VO v. 19.6.2020 (BGBl. I S. 1328).

(2) [1] Das Verbundsystem erfüllt die Grundfunktionen nach § 13 Absatz 2. [2] Innerhalb des Verbundsystems stellen die daran teilnehmenden Behörden einander Daten zum Abruf und zur Verarbeitung zur Verfügung. [3] Ausschreibungen im Schengener Informationssystem erfolgen im polizeilichen Informationsverbund. [4] Das Bundesministerium des Innern, für Bau und Heimat bestimmt im Einvernehmen mit den Innenministerien und Senatsinnenverwaltungen der Länder sowie im Benehmen mit der oder dem Bundesbeauftragten für den Datenschutz und die Informationsfreiheit die in den polizeilichen Informationsverbund einzubeziehenden Daten.

(3) [1] Außer dem Bundeskriminalamt und den Landeskriminalämtern sind zur Teilnahme am polizeilichen Informationsverbund berechtigt:

1. sonstige Polizeibehörden der Länder,
2. die Bundespolizei,
3. die Polizei beim Deutschen Bundestag,
4. mit der Wahrnehmung grenzpolizeilicher Aufgaben betraute Behörden der Zollverwaltung,
5. die Zollfahndungsämter und
6. das Zollkriminalamt.

[2] Die am polizeilichen Informationsverbund teilnehmenden Stellen haben das Recht, Daten zur Erfüllung der Verpflichtung nach § 32 im automatisierten Verfahren einzugeben und, soweit dies zur jeweiligen Aufgabenerfüllung erforderlich ist, abzurufen.

(4) [1] Durch organisatorische und technische Maßnahmen hat das Bundeskriminalamt sicherzustellen, dass Eingaben von und Zugriffe auf Daten im polizeilichen Informationsverbund nur möglich sind, soweit die jeweiligen Behörden hierzu berechtigt sind. [2] § 12 Absatz 2 bis 5, die §§ 14, 15 und 16 Absatz 1, 2, 5 und 6, § 18 Absatz 1, 2, 4 und 5, § 19 Absatz 1 und 2 sowie die §§ 20 und 91 gelten entsprechend.

(5) [1] Nur die Behörde, die Daten zu einer Person eingegeben hat, ist befugt, diese zu ändern, zu berichtigen oder zu löschen. [2] Hat eine teilnehmende Stelle des polizeilichen Informationsverbundes Anhaltspunkte dafür, dass Daten unrichtig oder zu löschen sind, teilt sie dies umgehend der eingebenden Behörde mit, die verpflichtet ist, diese Mitteilung unverzüglich zu prüfen und erforderlichenfalls die Daten unverzüglich zu berichtigen oder zu löschen oder in ihrer Verarbeitung einzuschränken. [3] Sind Daten zu einer Person gespeichert, kann jede teilnehmende Stelle des polizeilichen Informationsverbundes weitere Daten ergänzend eingeben.

(6) [1] Das Auswärtige Amt ist zum Abruf im automatisierten Verfahren der Fahndungsausschreibungen zur Festnahme und Aufenthaltsermittlung berechtigt, soweit dies für die Auslandsvertretungen in ihrer Eigenschaft als Pass- und Personalausweisbehörden erforderlich ist. [2] Die Staatsanwaltschaften sind befugt, für Zwecke der Strafrechtspflege im automatisierten Verfahren abzurufen:

1. Fahndungsausschreibungen zur Festnahme und Aufenthaltsermittlung und, nach Maßgabe des Beschlusses 2007/533/JI des Rates vom 12. Juni 2007 über die Einrichtung, den Betrieb und die Nutzung des Schengener Informationssystems der zweiten Generation (SIS II) (ABl. L 205 vom 7.8.2007, S. 63) sowie der Verordnung (EG) Nr. 1987/2006 des Europäischen Parlaments und des Rates vom 20. Dezember 2006 über die Einrichtung, den

Betrieb und die Nutzung des Schengener Informationssystems der zweiten Generation (SIS II) (ABl. L 381 vom 28.12.2006, S. 4), auch die Ausschreibungen, die im Schengener Informationssystem gespeichert sind,

2. Daten über Freiheitsentziehungen und
3. Daten aus dem DNA-Analyse-System.

(7) Das Bundesministerium des Innern, für Bau und Heimat wird ermächtigt, im Einvernehmen mit dem Bundesministerium der Justiz und für Verbraucherschutz durch Rechtsverordnung, die der Zustimmung des Bundesrates bedarf, weitere im polizeilichen Informationsverbund gespeicherte Daten, die von den Staatsanwaltschaften zur Erfüllung ihrer Aufgaben benötigt werden, zum automatisierten Abruf freizugeben, soweit diese Form der Datenübermittlung unter Berücksichtigung der schutzwürdigen Interessen der betroffenen Personen wegen der Vielzahl der Übermittlungen oder wegen ihrer besonderen Eilbedürftigkeit angemessen ist.

(8) Die Einrichtung eines automatisierten Abrufverfahrens ist für andere Behörden zur Erfüllung vollzugspolizeilicher Aufgaben mit Zustimmung des Bundesministeriums des Innern, für Bau und Heimat und der Innenministerien und Senatsinnenverwaltungen der Länder zulässig, soweit diese Form der Datenübermittlung unter Berücksichtigung der schutzwürdigen Interessen der betroffenen Personen wegen der Vielzahl der Übermittlungen oder wegen ihrer besonderen Eilbedürftigkeit angemessen ist.

§ 30 Verbundrelevanz. (1) Die am polizeilichen Informationsverbund teilnehmenden Stellen verarbeiten im polizeilichen Informationsverbund ausschließlich

1. personenbezogene Daten, deren Verarbeitung für die Verhütung und Verfolgung von Straftaten mit länderübergreifender, internationaler oder erheblicher Bedeutung erforderlich ist;
2. personenbezogene Daten, deren Verarbeitung im Informationsverbund erforderlich ist
   a) zu erkennungsdienstlichen Zwecken, soweit das Bundeskriminalamt diese Daten nach § 16 Absatz 5 auch im Informationssystem weiterverarbeiten dürfte oder
   b) zu Zwecken der Fahndung nach Personen und Sachen, soweit das Bundeskriminalamt diese Daten nach § 16 Absatz 2 auch im Informationssystem weiterverarbeiten dürfte

(Verbundrelevanz).

(2) [1] Die am polizeilichen Informationsverbund teilnehmenden Stellen legen unter Beteiligung der jeweils zuständigen obersten Bundes- oder Landesbehörden Kriterien fest, die bestimmen, welche Straftaten nach allgemeiner kriminalistischer Erfahrung die Voraussetzungen nach Absatz 1 Nummer 1 erfüllen. [2] Die Kriterien können sich an den unterschiedlichen kriminalistischen Phänomenbereichen orientieren. [3] Die Kriterien sind in angemessenen Abständen und, soweit erforderlich, zu aktualisieren. [4] Die Festlegung und Aktualisierung dieser Kriterien erfolgen im Benehmen mit der oder dem Bundesbeauftragten für den Datenschutz und die Informationsfreiheit.

§ 31 Datenschutzrechtliche Verantwortung im polizeilichen Informationsverbund. (1) Das Bundeskriminalamt hat als Zentralstelle für den polizeilichen Informationsverbund die Einhaltung der Regelungen zur Zusammenarbeit und zur Führung des Verbundsystems zu überwachen.

(2) [1] Im Rahmen des polizeilichen Informationsverbundes obliegt die datenschutzrechtliche Verantwortung für die bei der Zentralstelle gespeicherten Daten, namentlich für die Rechtmäßigkeit der Erhebung, die Zulässigkeit der Eingabe sowie die Richtigkeit oder Aktualität der Daten, den Stellen, die die Daten unmittelbar eingeben. [2] Die verantwortliche Stelle muss feststellbar sein. [3] Die Verantwortung für die Zulässigkeit des Abrufs im automatisierten Verfahren trägt die empfangende Stelle.

(3) [1] Die Datenschutzkontrolle obliegt der oder dem Bundesbeauftragten für den Datenschutz und die Informationsfreiheit. [2] Die von den Ländern in den polizeilichen Informationsverbund eingegebenen Datensätze können auch von den jeweiligen im Landesrecht bestimmten öffentlichen Stellen, die für die Kontrolle der Einhaltung der Vorschriften über den Datenschutz zuständig sind, im Zusammenhang mit der Wahrnehmung ihrer Prüfungsaufgaben in den Ländern kontrolliert werden, soweit die Länder nach Absatz 2 verantwortlich sind. [3] Die oder der Bundesbeauftragte für den Datenschutz und die Informationsfreiheit arbeitet insoweit mit den im Landesrecht bestimmten öffentlichen Stellen, die für die Kontrolle der Einhaltung der Vorschriften über den Datenschutz zuständig sind, zusammen.

§ 32 Unterrichtung der Zentralstelle. (1) [1] Die Landeskriminalämter übermitteln dem Bundeskriminalamt nach Maßgabe der Rechtsverordnung nach § 20 die zur Erfüllung seiner Aufgaben als Zentralstelle erforderlichen Informationen. [2] Die Verpflichtung der Landeskriminalämter nach Satz 1 kann im Benehmen mit dem Bundeskriminalamt auch von anderen Polizeibehörden des Landes erfüllt werden. [3] Das Bundeskriminalamt legt im Benehmen mit den Landeskriminalämtern Einzelheiten der Informationsübermittlung fest.

(2) [1] Die Justiz- und Verwaltungsbehörden der Länder teilen dem jeweils zuständigen Landeskriminalamt unverzüglich den Beginn, die Unterbrechung und die Beendigung von Freiheitsentziehungen mit, die wegen des Verdachts oder des Nachweises einer rechtswidrigen Tat von einem Gericht angeordnet worden sind. [2] Die Justizbehörden des Bundes und der Länder teilen dem jeweils zuständigen Landeskriminalamt unverzüglich und, soweit technisch möglich, automatisiert mit:

1. die Entscheidung, dass
   a) die beschuldigte Person rechtskräftig freigesprochen wurde,
   b) die Eröffnung des Hauptverfahrens gegen die beschuldigte Person unanfechtbar abgelehnt wurde oder
   c) das Verfahren nicht nur vorläufig eingestellt wurde

   sowie
2. die tragenden Gründe der Entscheidung nach Nummer 1.

(3) [1] Absatz 1 Satz 1 gilt entsprechend für die Polizeien des Bundes, soweit die Informationen Vorgänge betreffen, die sie in eigener Zuständigkeit bearbeiten. [2] Satz 1 gilt im Bereich der Zollverwaltung nur für den Grenzzolldienst, soweit dieser aufgrund einer Rechtsverordnung nach § 68 des Bundespolizeigesetzes[1)] grenzpolizeiliche Aufgaben wahrnimmt. [3] Im Übrigen richtet sich die

---

[1)] Nr. 90.

Informationsübermittlung der Zollbehörden an das Bundeskriminalamt nach den Vorschriften der Abgabenordnung, des Zollverwaltungsgesetzes und des Zollfahndungsdienstgesetzes.

(4) Für die im Rahmen seiner Aufgaben nach den §§ 3 bis 8 gewonnenen Informationen gelten für das Bundeskriminalamt die Unterrichtungspflichten nach Absatz 1 Satz 1 entsprechend.

(5) Die Verantwortlichkeit für die Zulässigkeit der Übermittlung nach den Absätzen 1 bis 3 trägt die übermittelnde Stelle.

§ 33 Ausschreibungen bei der Zusammenarbeit im internationalen Bereich. (1) Das Bundeskriminalamt kann auf ein der Verfolgung von Straftaten oder der Strafvollstreckung dienendes Ersuchen einer zuständigen Behörde eines ausländischen Staates oder eines internationalen Strafgerichtshofes, der durch einen für die Bundesrepublik Deutschland verbindlichen Rechtsakt errichtet wurde,

1. eine Person, hinsichtlich derer die Anordnung von Auslieferungshaft oder Überstellungshaft zulässig erscheint, zur Festnahme oder Aufenthaltsermittlung ausschreiben,
2. andere Personen zur Aufenthaltsermittlung ausschreiben,
3. eine Person oder eine Sache ausschreiben zur polizeilichen Beobachtung (§ 47 Absatz 1 Nummer 1) oder zur gezielten Kontrolle (§ 47 Absatz 1 Nummer 2) und
4. Verfahren zur Feststellung der Identität von Personen durchführen.

(2) Maßnahmen nach Absatz 1 Nummer 2, 3 und 4 sind nur zulässig, wenn sie bei dem zugrunde liegenden Sachverhalt auch nach deutschem Recht zulässig wären.

(3) Das Bundeskriminalamt holt in Fällen des Absatzes 1, denen besondere Bedeutung in politischer, tatsächlicher oder rechtlicher Beziehung zukommt, zuvor die Bewilligung des Bundesministeriums der Justiz und für Verbraucherschutz ein.

(4) Das Bundeskriminalamt kann auf Ersuchen der in § 26 Absatz 1 und § 27 Absatz 1 genannten Behörden

1. vermisste Minderjährige, die der Obhut der oder des Sorgeberechtigten entzogen worden sind oder sich dieser entzogen haben, und Personen, bei denen eine Ingewahrsamnahme zum Schutz gegen eine Gefahr für ihren Leib oder ihr Leben erforderlich ist, insbesondere, weil die Person sich erkennbar in einem die freie Willensbestimmung ausschließenden Zustand oder sonst in hilfloser Lage befindet, zur Ingewahrsamnahme ausschreiben,
2. Vermisste, soweit sie nicht in Gewahrsam genommen werden sollen, zur Aufenthaltsermittlung ausschreiben,
3. eine Person ausschreiben zur polizeilichen Beobachtung (§ 47 Absatz 1 Nummer 1) oder gezielten Kontrolle (§ 47 Absatz 1 Nummer 2), wenn Tatsachen die Annahme rechtfertigen, dass die Person Straftaten von erheblicher Bedeutung begehen wird und dies zur Verhütung solcher Straftaten erforderlich ist,
4. das amtliche Kennzeichen und sonstige Merkmale eines Kraftfahrzeugs oder die Identifizierungsnummer oder äußere Kennzeichnung eines Wasserfahrzeugs, Luftfahrzeugs oder eines Containers ausschreiben zur polizeilichen

Beobachtung (§ 47 Absatz 1 Nummer 1) oder gezielten Kontrolle (§ 47 Absatz 1 Nummer 2), wenn Tatsachen die Annahme rechtfertigen, dass dies zur Ingewahrsamnahme nach Nummer 1, zur Aufenthaltsermittlung nach Nummer 2 oder zur Straftatenverhütung nach Nummer 3 erforderlich ist.

(5) [1] Ausschreibungen nach Absatz 1 Nummer 2 und 3 und Absatz 4 Nummer 3, soweit sie aufgrund des Ersuchens eines Staates erfolgen, der nicht Mitgliedstaat der Europäischen Union ist, bedürfen der Anordnung durch das Gericht. [2] Soweit Maßnahmen nach Absatz 1 Nummer 3 und Absatz 4 keiner gerichtlichen Anordnung bedürfen, werden sie durch die zuständige Abteilungsleitung des Bundeskriminalamtes oder deren Vertretung angeordnet. [3] Die Anordnung ist aktenkundig zu machen.

(6) [1] Anordnungen nach Absatz 1 Nummer 3 und Absatz 4 Nummer 3 sind auf höchstens ein Jahr zu befristen. [2] Spätestens nach Ablauf von sechs Monaten ist zu prüfen, ob die Voraussetzungen für die Anordnung noch bestehen. [3] Das Ergebnis dieser Prüfung ist aktenkundig zu machen. [4] Die Verlängerung der Laufzeit über insgesamt ein Jahr hinaus bedarf der erneuten Anordnung.

(7) Besondere Regelungen aufgrund von Rechtsakten der Europäischen Union und völkerrechtlicher Verträge bleiben unberührt.

(8) [1] Das Bundeskriminalamt kann für den Fall, dass die Zuständigkeit eines Landes nicht festgestellt werden kann, bei Warnmeldungen von Sicherheitsbehörden anderer Staaten

1. eine Person zur Ingewahrsamnahme ausschreiben, wenn und solange die Ingewahrsamnahme unerlässlich ist, um eine unmittelbar bevorstehende Gefahr für Leib, Leben, Freiheit oder wesentliche Vermögenswerte abzuwehren,
2. eine Person zur Aufenthaltsermittlung ausschreiben, wenn Tatsachen die Annahme rechtfertigen, dass von ihr eine Gefahr für Leib, Leben, Gesundheit oder wesentliche Vermögenswerte ausgeht, oder
3. eine Person sowie das amtliche Kennzeichen und sonstige Merkmale des von ihr genutzten oder eingesetzten Kraftfahrzeugs oder die Identifizierungsnummer oder äußere Kennzeichnung eines von ihr genutzten Wasserfahrzeugs, Luftfahrzeugs oder eines Containers ausschreiben zur polizeilichen Beobachtung (§ 47 Absatz 1 Nummer 1) oder gezielten Kontrolle (§ 47 Absatz 1 Nummer 2), wenn Tatsachen die Annahme rechtfertigen, dass die Person eine Straftat von erheblicher Bedeutung begehen wird und dies zur Verhütung dieser Straftat erforderlich ist.

[2] Die Absätze 5 und 6 gelten entsprechend. [3] Die Innenministerien und Senatsinnenverwaltungen der Länder sind unverzüglich zu unterrichten.

Abschnitt 4. Befugnisse im Rahmen der Strafverfolgung

§ 34 Einsatz technischer Mittel zur Eigensicherung. (1) Werden vom Bundeskriminalamt beauftragte Personen im Rahmen der Befugnisse des Bundeskriminalamtes aus Gründen der Strafverfolgung tätig, dürfen, soweit dies zur Abwehr von Gefahren für deren Leib, Leben oder Freiheit unerlässlich ist, ohne Wissen der betroffenen Personen im Beisein oder in unmittelbarem zeitlichen Zusammenhang mit dem Einsatz der vom Bundeskriminalamt beauftragten Person das innerhalb oder außerhalb einer Wohnung nicht öffentlich gesprochene Wort mit technischen Mitteln abgehört und aufgezeichnet und Lichtbilder und Bildaufzeichnungen hergestellt werden.

(2) [1] Ergeben sich bei der Maßnahme während der Durchführung tatsächliche Anhaltspunkte dafür, dass der Kernbereich privater Lebensgestaltung betroffen ist, ist die Maßnahme zu unterbrechen, sobald dies ohne Gefährdung der beauftragten Person möglich ist. [2] Wenn tatsächliche Anhaltspunkte für die Annahme vorliegen, dass durch eine Maßnahme allein Kenntnisse aus dem Kernbereich privater Lebensgestaltung erlangt würden, ist die Maßnahme unzulässig. [3] Aufzeichnungen über Vorgänge, die den Kernbereich privater Lebensgestaltung betreffen, sind unverzüglich zu löschen. [4] Erkenntnisse über solche Vorgänge dürfen nicht verwertet werden. [5] Die Tatsache der Erfassung der Daten und ihrer Löschung sind zu dokumentieren. [6] Die Dokumentation darf ausschließlich für Zwecke der Datenschutzkontrolle verwendet werden. [7] Sie ist sechs Monate nach der Benachrichtigung nach § 74 oder sechs Monate nach Erteilung der gerichtlichen Zustimmung über das endgültige Absehen von der Benachrichtigung zu löschen. [8] Ist die Datenschutzkontrolle nach § 69 Absatz 1 noch nicht beendet, ist die Dokumentation bis zu ihrem Abschluss aufzubewahren.

(3) [1] Maßnahmen nach Absatz 1 werden durch die Präsidentin oder den Präsidenten des Bundeskriminalamtes oder ihre oder seine Vertretung angeordnet. [2] Bei Gefahr im Verzug dürfen Maßnahmen nach Absatz 1 auch durch die Leitung einer Abteilung des Bundeskriminalamtes oder ihre Vertretung angeordnet werden.

(4) [1] Personenbezogene Daten, die durch den Einsatz technischer Mittel zur Eigensicherung erlangt werden, dürfen außer für den in Absatz 1 genannten Zweck nur zur Gefahrenabwehr verwendet werden. [2] Wurden die personenbezogenen Daten in oder aus einer Wohnung erlangt, so ist die Verwendung für die in Satz 1 genannten Zwecke nur zulässig nach Feststellung der Rechtmäßigkeit der Maßnahme durch das Gericht; bei Gefahr im Verzug ist die gerichtliche Entscheidung unverzüglich nachzuholen (Artikel 13 Absatz 5 des Grundgesetzes[1)]). [3] Die Zulässigkeit der Verwendung dieser Daten für Zwecke der Strafverfolgung richtet sich nach der Strafprozessordnung[2)].

(5) Nach Abschluss der Maßnahmen sind die nach Absatz 1 hergestellten Aufzeichnungen unverzüglich zu löschen, es sei denn, sie werden für die in Absatz 4 genannten Zwecke noch benötigt.

§ 35 Unterstützung der Polizeibehörden der Länder bei der Strafverfolgung. (1) [1] Zur Unterstützung von Strafverfolgungsmaßnahmen kann das Bundeskriminalamt Bedienstete zu den Polizeibehörden in den Ländern entsenden, wenn die zuständige Landesbehörde darum ersucht oder wenn dies den Ermittlungen dienlich sein kann. [2] Die Zuständigkeit der Polizeibehörden in den Ländern bleibt unberührt.

(2) Die oberste Landesbehörde ist unverzüglich zu benachrichtigen.

§ 36 Koordinierung bei der Strafverfolgung. (1) [1] Berührt eine Straftat den Bereich mehrerer Länder oder besteht ein Zusammenhang mit einer anderen Straftat in einem anderen Land und ist angezeigt, dass die polizeilichen

---

[1)] Nr. 1.
[2)] **Schönfelder Nr. 90.**

Aufgaben auf dem Gebiet der Strafverfolgung einheitlich wahrgenommen werden, so unterrichtet das Bundeskriminalamt die obersten Landesbehörden und die Generalstaatsanwaltschaften, in deren Bezirken ein Gerichtsstand begründet ist. [2]Das Bundeskriminalamt weist im Einvernehmen mit einer Generalstaatsanwaltschaft und einer obersten Landesbehörde eines Landes diesem Land die polizeilichen Aufgaben auf dem Gebiet der Strafverfolgung mit der Maßgabe zu, diese Aufgaben insgesamt wahrzunehmen.

(2) [1]Zuständig für die Durchführung der einem Land nach Absatz 1 übertragenen Aufgaben ist das Landeskriminalamt. [2]Die oberste Landesbehörde kann an Stelle des Landeskriminalamtes eine andere Polizeibehörde im Land für zuständig erklären.

§ 37 Amtshandlungen, Unterstützungspflichten der Länder. (1) [1]Vollzugsbeamtinnen und Vollzugsbeamte des Bundes und der Länder können in den Fällen des § 4 Absatz 1 und 2 und des § 36 Absatz 1 im Geltungsbereich dieses Gesetzes Amtshandlungen vornehmen. [2]Sie sind insoweit Ermittlungspersonen der zuständigen Staatsanwaltschaft, wenn sie mindestens vier Jahre dem Polizeivollzugsdienst angehören. [3]Sie unterrichten die örtlichen Polizeidienststellen rechtzeitig über Ermittlungen in deren Zuständigkeitsbereich, sofern nicht schwerwiegende Gründe entgegenstehen. [4]Zu den Ermittlungshandlungen sollen, soweit es zweckmäßig ist, Beamtinnen und Beamte der örtlich zuständigen Polizeidienststellen hinzugezogen werden.

(2) [1]Die polizeilichen Dienststellen des Bundes und der Länder geben dem Bundeskriminalamt in Fällen, in denen es im Rahmen seiner Zuständigkeit ermittelt, sowie den von ihm nach § 35 Absatz 1 entsandten Beamtinnen und Beamten Auskunft und gewähren Akteneinsicht. [2]Das Gleiche gilt für die nach § 36 Absatz 1 tätig werdenden Polizeibeamtinnen und Polizeibeamten der Länder.

(3) Die örtlich zuständigen Polizeidienststellen gewähren Beamtinnen und Beamten des Bundeskriminalamtes oder, im Falle einer Zuweisung nach § 36 Absatz 1, eines anderen Landes, die Ermittlungen durchführen, personelle und sachliche Unterstützung.

(4) Polizeivollzugsbeamtinnen und Polizeivollzugsbeamte des Bundeskriminalamtes können im Zuständigkeitsbereich eines Landes tätig werden, wenn das jeweilige Landesrecht es vorsieht.

Abschnitt 5. Befugnisse zur Abwehr von Gefahren des internationalen Terrorismus

§ 38 Allgemeine Befugnisse. (1) [1]Das Bundeskriminalamt kann zur Erfüllung seiner Aufgabe nach § 5 Absatz 1 Satz 1 die notwendigen Maßnahmen treffen, um eine Gefahr abzuwehren, soweit nicht dieses Gesetz die Befugnisse des Bundeskriminalamtes besonders regelt. [2]Die §§ 15 bis 20 des Bundespolizeigesetzes[1)] gelten entsprechend.

(2) Gefahr im Sinne dieses Abschnitts ist eine im Einzelfall bestehende Gefahr für die öffentliche Sicherheit im Zusammenhang mit Straftaten nach § 5 Absatz 1 Satz 2.

[1)] Nr. **90**.

§ 39 Erhebung personenbezogener Daten. (1) Das Bundeskriminalamt kann, sofern in diesem Abschnitt nichts anderes bestimmt ist, personenbezogene Daten erheben, soweit dies zur Erfüllung der ihm nach § 5 Absatz 1 obliegenden Aufgabe erforderlich ist.

(2) Zur Verhütung von Straftaten nach § 5 Absatz 1 Satz 2 ist eine Erhebung personenbezogener Daten nur zulässig, soweit Tatsachen die Annahme rechtfertigen, dass

1. die Person eine Straftat nach § 5 Absatz 1 Satz 2 begehen will und die erhobenen Daten zur Verhütung dieser Straftat erforderlich sind oder
2. die Person mit einer Person nach Nummer 1 nicht nur flüchtig oder in zufälligem Kontakt in Verbindung steht und
   a) von der Vorbereitung einer Straftat nach § 5 Absatz 1 Satz 2 Kenntnis hat,
   b) aus der Verwertung der Tat Vorteile ziehen könnte oder
   c) die Person nach Nummer 1 sich ihrer zur Begehung der Straftat bedienen könnte

und die Verhütung dieser Straftaten auf andere Weise aussichtslos oder wesentlich erschwert wäre.

(3) § 9 Absatz 2 und 3 gilt entsprechend.

§ 40 Bestandsdatenauskunft. (1) 1 *Soweit dies für die Erforschung des Sachverhalts oder die Ermittlung des Aufenthaltsortes einer Person nach Maßgabe des § 39 Absatz 1 und 2 erforderlich ist, darf von demjenigen, der geschäftsmäßig Telekommunikationsdienste erbringt oder daran mitwirkt, Auskunft über die nach den §§ 95 und 111 des Telekommunikationsgesetzes*[1] *erhobenen Daten verlangt werden (§ 113 Absatz 1 Satz 1 des Telekommunikationsgesetzes).*[2] 2 Bezieht sich das Auskunftsverlangen nach Satz 1 auf Daten, mittels derer der Zugriff auf Endgeräte oder auf Speichereinrichtungen, die in diesen Endgeräten oder hiervon räumlich getrennt eingesetzt werden, geschützt wird (§ 113 Absatz 1 Satz 2 des Telekommunikationsgesetzes), darf die Auskunft nur verlangt werden, wenn die gesetzlichen Voraussetzungen für die Nutzung der Daten vorliegen.

(2) Die Auskunft nach Absatz 1 darf auch anhand einer zu einem bestimmten Zeitpunkt zugewiesenen Internetprotokoll-Adresse verlangt werden (§ 113 Absatz 1 Satz 3 des Telekommunikationsgesetzes).[2]

(3) 1 Auskunftsverlangen nach Absatz 1 Satz 2 dürfen nur auf Antrag der Präsidentin oder des Präsidenten des Bundeskriminalamtes oder ihrer oder seiner Vertretung durch das Gericht angeordnet werden. 2 Bei Gefahr im Verzug kann die Anordnung durch die Präsidentin oder den Präsidenten des Bundeskriminalamtes oder ihre oder seine Vertretung getroffen werden. 3 In diesem Fall ist die gerichtliche Entscheidung unverzüglich nachzuholen. 4 Die Sätze 1 bis 3 finden keine Anwendung, wenn die betroffene Person vom Auskunftsverlangen bereits Kenntnis hat oder haben muss oder wenn die Nutzung der Daten bereits durch eine gerichtliche Entscheidung gestattet wird. 5 Das Vorliegen der Voraussetzungen nach Satz 4 ist aktenkundig zu machen.

---

[1] **Sartorius ErgBd. Nr. 920.**

[2] § 40 Abs. 1 Satz 1, soweit er nicht auf § 39 Abs. 2 Nr. 2 verweist, und Abs. 2 sind gem. Beschl. des BVerfG – 1 BvR 1873/13, 1 BvR 2618/13 – v. 27.5.2020 (BGBl. I S. 1931) mit Art. 2 Abs. 1 iVm Art. 1 Abs. 1 und Art. 10 Abs. 1 GG (Nr. **1**) unvereinbar. Bis zur Neuregelung, längstens jedoch bis 31.12.2021, bleiben die für mit dem GG unvereinbar erklärten Vorschriften nach Maßgabe der Gründe weiter anwendbar.

(4) [1] Die betroffene Person ist in den Fällen des Absatzes 1 Satz 2 und des Absatzes 2 über die Beauskunftung zu benachrichtigen. [2] Die Benachrichtigung erfolgt, soweit und sobald hierdurch der Zweck der Auskunft nicht vereitelt wird. [3] Sie unterbleibt, wenn ihr überwiegende schutzwürdige Belange Dritter oder der betroffenen Person selbst entgegenstehen. [4] Wird die Benachrichtigung nach Satz 2 zurückgestellt oder nach Satz 3 von ihr abgesehen, sind die Gründe aktenkundig zu machen.

(5) [1] Aufgrund eines Auskunftsverlangens nach Absatz 1 oder Absatz 2 hat derjenige, der geschäftsmäßig Telekommunikationsdienste erbringt oder daran mitwirkt, die zur Auskunftserteilung erforderlichen Daten unverzüglich zu übermitteln. [2] Für die Entschädigung der Diensteanbieter ist § 23 des Justizvergütungs- und -entschädigungsgesetzes[1)] entsprechend anzuwenden.

§ 41 Befragung und Auskunftspflicht. (1) [1] Das Bundeskriminalamt kann eine Person befragen, wenn Tatsachen die Annahme rechtfertigen, dass die Person sachdienliche Angaben für die Erfüllung der dem Bundeskriminalamt nach § 5 Absatz 1 Satz 1 obliegenden Aufgabe machen kann. [2] Zum Zwecke der Befragung kann die Person angehalten werden. [3] Auf Verlangen hat die Person mitgeführte Ausweispapiere zur Prüfung auszuhändigen.

(2) [1] Die befragte Person ist verpflichtet, Namen, Vornamen, Tag und Ort der Geburt, Wohnanschrift und Staatsangehörigkeit anzugeben, soweit dies zur Erfüllung der dem Bundeskriminalamt nach § 5 Absatz 1 Satz 1 obliegenden Aufgabe erforderlich ist. [2] Eine weitergehende Auskunftspflicht besteht nur für die entsprechend den §§ 17 und 18 des Bundespolizeigesetzes[2)] Verantwortlichen und entsprechend den Voraussetzungen des § 20 Absatz 1 des Bundespolizeigesetzes für die dort bezeichneten Personen sowie für die Personen, für die gesetzliche Handlungspflichten bestehen, soweit die Auskunft zur Abwehr einer Gefahr erforderlich ist.

(3) [1] Unter den in den §§ 52 bis 55 der Strafprozessordnung[3)] bezeichneten Voraussetzungen ist die betroffene Person zur Verweigerung der Auskunft berechtigt. [2] Dies gilt nicht, soweit die Auskunft zur Abwehr einer Gefahr für den Bestand oder die Sicherheit des Bundes oder eines Landes oder Leib, Leben oder Freiheit einer Person erforderlich ist. [3] Eine in § 53 Absatz 1 Satz 1 Nummer 1, 2, 3 oder Nummer 4 der Strafprozessordnung genannte Person ist auch in den Fällen des Satzes 2 zur Verweigerung der Auskunft berechtigt. [4] Die betroffene Person ist über ihr Recht zur Verweigerung der Auskunft zu belehren. [5] Auskünfte, die nach Satz 2 erlangt wurden, dürfen nur für den dort bezeichneten Zweck verwendet werden. [6] Für Personen nach § 53 Absatz 1 Satz 1 Nummer 3 der Strafprozessordnung gilt Satz 3 nur, soweit es sich um Rechtsanwälte und Kammerrechtsbeistände handelt.

(4) [1] § 136a der Strafprozessordnung gilt entsprechend. [2] § 12 des Verwaltungsvollstreckungsgesetzes[4)] findet keine Anwendung.

(Fortsetzung nächstes Blatt)

[1)] **Schönfelder Nr. 116.**
[2)] Nr. **90**.
[3)] **Schönfelder Nr. 90.**
[4)] Nr. **112**.

Absatz 2 und 4 bis 8 und § 64 sowie die §§ 15 bis 20 des Bundespolizeigesetzes[1)] gelten entsprechend.

(2) [1] Von Maßnahmen des Bundeskriminalamtes, die nach Absatz 1 getroffen werden, sind die zuständigen Landeskriminalämter und die für die Strafverfolgung zuständige Staatsanwaltschaft unverzüglich zu unterrichten. [2] Nach Erhebung der öffentlichen Klage ist das Gericht unverzüglich zu unterrichten, ob das Bundeskriminalamt Maßnahmen nach Absatz 1 durchführt. [3] Sollen die Maßnahmen eingestellt werden, ist die Staatsanwaltschaft zu unterrichten.

Abschnitt 8. Befugnisse zur Sicherung des Bundeskriminalamtes und zum behördlichen Eigenschutz

§ 67 Befugnisse zur Sicherung des Bundeskriminalamtes. [1] Das Bundeskriminalamt kann zur Erfüllung seiner Aufgabe nach § 8 Absatz 1 die erforderlichen Maßnahmen treffen, um Gefahren für seine behördlichen Liegenschaften, sonstigen Einrichtungen und Veranstaltungen abzuwehren. [2] § 63 Absatz 2, 4 bis 6 und 8 sowie die §§ 15 bis 20 des Bundespolizeigesetzes[1)] gelten entsprechend.

§ 68 Sicherheitsüberprüfung. [1] Für Personen, die für das Bundeskriminalamt tätig werden sollen, ist eine einfache Sicherheitsüberprüfung nach dem Sicherheitsüberprüfungsgesetz[2)] durchzuführen. [2] § 8 Absatz 2 Nummer 2 des Sicherheitsüberprüfungsgesetzes gilt entsprechend.

Abschnitt 9. Datenschutz und Datensicherheit, Rechte der betroffenen Person

Unterabschnitt 1. Datenschutzaufsicht

§ 69 Aufgaben und Befugnisse der oder des Bundesbeauftragten für den Datenschutz und die Informationsfreiheit. (1) [1] Die oder der Bundesbeauftragte für den Datenschutz und die Informationsfreiheit führt, unbeschadet ihrer oder seiner in § 14 des Bundesdatenschutzgesetzes[3)] genannten Aufgaben, auch im Hinblick auf die Datenverarbeitung im Informationssystem nach § 13 und im Informationsverbund nach § 29 Kontrollen bezüglich der Datenverarbeitung bei Maßnahmen nach Abschnitt 5, nach § 34 oder nach § 64 und von Übermittlungen nach § 27 mindestens alle zwei Jahre durch. [2] Sie oder er kontrolliert darüber hinaus mindestens alle zwei Jahre, dass Zugriffe auf personenbezogene Daten im Informationssystem und, im Rahmen ihrer oder seiner Zuständigkeit, im Informationsverbund nur innerhalb der Zugriffsberechtigungen nach § 15 Absatz 1 erfolgen.

(2) Sofern die oder der Bundesbeauftragte für den Datenschutz und die Informationsfreiheit Verstöße nach § 16 Absatz 2 des Bundesdatenschutzgesetzes beanstandet hat, kann sie oder er geeignete Maßnahmen anordnen, wenn dies zur Beseitigung eines erheblichen Verstoßes gegen datenschutzrechtliche Vorschriften erforderlich ist.

[1)] Nr. **90**.
[2)] **Wehrrecht Nr. 807.**
[3)] Nr. **245**.

Unterabschnitt 2. Datenschutzbeauftragte oder Datenschutzbeauftragter

§ 70[1] Benennung der oder des Datenschutzbeauftragten des Bundeskriminalamtes. [1]Unbeschadet des § 5 Absatz 1 des Bundesdatenschutzgesetzes[2] benennt das Bundeskriminalamt im Einvernehmen mit dem Bundesministerium des Innern, für Bau und Heimat schriftlich eine oder einen Beauftragten für den Datenschutz (Datenschutzbeauftragte oder Datenschutzbeauftragter des Bundeskriminalamtes). [2]Die Abberufung kann nur in entsprechender Anwendung des § 626 des Bürgerlichen Gesetzbuchs[3] erfolgen. [3]Über die Abberufung ist ferner das Einvernehmen mit dem Bundesministerium des Innern, für Bau und Heimat herzustellen.

§ 71 Aufgaben der oder des Datenschutzbeauftragten des Bundeskriminalamtes. (1) [1]Unbeschadet seiner in § 7 des Bundesdatenschutzgesetzes[2] genannten Aufgaben arbeitet die oder der Datenschutzbeauftragte des Bundeskriminalamtes mit den Datenschutzbeauftragten der Landeskriminalämter, der Bundespolizei und des Zollkriminalamts zusammen. [2]Diese Zusammenarbeit umfasst insbesondere den Informations- und Erfahrungsaustausch über Fragen zur Datenverarbeitung grundsätzlicher Art.

(2) Die Tätigkeit der oder des Datenschutzbeauftragten des Bundeskriminalamtes erstreckt sich auch auf personenbezogene Daten, die einem Berufs- oder besonderen Amtsgeheimnis, insbesondere dem Steuergeheimnis nach § 30 der Abgabenordnung, unterliegen.

§ 72[4] Stellung der oder des Datenschutzbeauftragten des Bundeskriminalamtes und Zusammenarbeit mit der oder dem Bundesbeauftragten für den Datenschutz und die Informationsfreiheit. (1) Die oder der Datenschutzbeauftragte des Bundeskriminalamtes ist der Leitung des Bundeskriminalamtes unmittelbar zu unterstellen.

(2) Zur Erfüllung ihrer oder seiner Aufgabe kann sich die oder der Datenschutzbeauftragte des Bundeskriminalamtes in Zweifelsfällen an die Bundesbeauftragte oder den Bundesbeauftragten für den Datenschutz und die Informationsfreiheit wenden, nachdem sie oder er das Benehmen mit der Leitung des Bundeskriminalamtes hergestellt hat; bei Unstimmigkeiten zwischen der oder dem Datenschutzbeauftragten des Bundeskriminalamtes und der Leitung des Bundeskriminalamtes entscheidet das Bundesministerium des Innern, für Bau und Heimat.

(Fortsetzung nächstes Blatt)

---

[1] § 70 Sätze 1, 3 geänd. mWv 27.6.2020 durch VO v. 19.6.2020 (BGBl. I S. 1328).
[2] Nr. **245**.
[3] **Schönfelder Nr. 20.**
[4] § 72 Abs. 2 geänd. mWv 27.6.2020 durch VO v. 19.6.2020 (BGBl. I S. 1328).

§ 83 Benachrichtigung der oder des Bundesbeauftragten für den Datenschutz und die Informationsfreiheit bei Verletzungen des Schutzes personenbezogener Daten. Bei einer Verletzung des Schutzes personenbezogener Daten sind die teilnehmenden Behörden im Rahmen des polizeilichen Informationsverbunds entsprechend § 65 Absatz 6 des Bundesdatenschutzgesetzes[1)] zu benachrichtigen, wenn von ihnen eingegebene Daten betroffen sind.

Unterabschnitt 5. Rechte der betroffenen Person

§ 84 Rechte der betroffenen Person. (1) [1] Über die in den §§ 57 und 58 des Bundesdatenschutzgesetzes[1)] enthaltenen Rechte der betroffenen Person hinaus gilt für die Verarbeitung im polizeilichen Informationsverbund die Besonderheit, dass bei Daten, die im polizeilichen Informationsverbund verarbeitet werden, das Bundeskriminalamt die Auskunft nach § 57 des Bundesdatenschutzgesetzes im Einvernehmen mit der Stelle, die die datenschutzrechtliche Verantwortung nach § 31 Absatz 2 trägt, erteilt. [2] Erteilt ein Landeskriminalamt Auskunft aus seinem Landessystem, kann es hiermit einen Hinweis auf einen vom Land in den polizeilichen Informationsverbund eingegebenen Datensatz verbinden. [3] Bei der Berichtigung, Löschung und Verarbeitungseinschränkung personenbezogener Daten findet Satz 1 entsprechende Anwendung bei Daten, die im polizeilichen Informationsverbund verarbeitet werden.

(2) [1] Bei Ausschreibungen zur polizeilichen Beobachtung durch ausländische Stellen nach Artikel 36 Absatz 1 des Beschlusses 2007/533/JI des Rates vom 12. Juni 2007 über die Einrichtung, den Betrieb und die Nutzung des Schengener Informationssystems der zweiten Generation (SIS II) hat das Bundeskriminalamt eine Auskunft, die nach Artikel 58 Absatz 3 und 4 des Beschlusses 2007/533/JI unterblieben ist, nachträglich zu erteilen, wenn die der Auskunftserteilung entgegenstehenden Umstände entfallen sind. [2] Es hat dies im Zusammenwirken mit der Stelle, die die Ausschreibung veranlasst hat, spätestens zum vorgesehenen Zeitpunkt der Löschung im nationalen Teil des Schengener Informationssystems zu prüfen.

§ 85 Ausübung der Betroffenenrechte im polizeilichen Informationsverbund sowie bei projektbezogenen gemeinsamen Dateien. [1] Sind die Daten der betroffenen Person beim Bundeskriminalamt automatisiert in der Weise gespeichert, dass mehrere Stellen speicherungsberechtigt sind, und ist die betroffene Person nicht in der Lage festzustellen, welche Stelle die Daten gespeichert hat, so kann sie sich zur Geltendmachung ihrer Rechte an jede dieser Stellen wenden. [2] Diese ist verpflichtet, das Vorbringen der betroffenen Person an die Stelle, die die Daten gespeichert hat, weiterzuleiten. [3] Die betroffene Person ist über die Weiterleitung und jene Stelle zu unterrichten. [4] Das Bundeskriminalamt kann statt der betroffenen Person die oder den Bundesbeauftragten für den Datenschutz und die Informationsfreiheit unterrichten. [5] Das weitere Verfahren richtet sich nach § 57 Absatz 7 Satz 3 und 6 des Bundesdatenschutzgesetzes[1)].

[1)] Nr. **245**.

Unterabschnitt 6. Schadensersatz

§ 86 Schadensersatz im polizeilichen Informationsverbund. (1) [1]Bei der Datenverarbeitung im polizeilichen Informationsverbund gilt das Bundeskriminalamt gegenüber einer betroffenen Person als allein Verantwortlicher im Sinne von § 83 Absatz 1 des Bundesdatenschutzgesetzes[1)]. [2]§ 83 Absatz 3 des Bundesdatenschutzgesetzes ist nicht anzuwenden.

(2) In den Fällen des Absatzes 1 ist der Schaden im Innenverhältnis auszugleichen, soweit er der datenschutzrechtlichen Verantwortung einer anderen Stelle zuzurechnen ist.

Abschnitt 10. Schlussvorschriften

§ 87 Strafvorschriften. (1) Mit Freiheitsstrafe bis zu drei Jahren oder mit Geldstrafe wird bestraft, wer

1. einer vollstreckbaren gerichtlichen Anordnung nach § 55 Absatz 3 Satz 1 oder einer vollziehbaren Anordnung nach § 55 Absatz 3 Satz 2 zuwiderhandelt und dadurch den Zweck der Anordnung gefährdet oder
2. einer vollstreckbaren gerichtlichen Anordnung nach § 56 Absatz 5 Satz 1 oder einer vollziehbaren Anordnung nach § 56 Absatz 5 Satz 2 zuwiderhandelt und dadurch die kontinuierliche Feststellung seines Aufenthaltsortes durch das Bundeskriminalamt verhindert.

(2) Die Tat wird nur auf Antrag des Bundeskriminalamtes verfolgt.

§ 88[2)] Berichtspflicht gegenüber dem Deutschen Bundestag. [1]Das Bundeskriminalamt berichtet dem Bundesministerium des Innern, für Bau und Heimat alle zwei Jahre, erstmals bis zum 1. Oktober 2019, über die Ausübung seiner in Abschnitt 5 und in den §§ 34 und 64 genannten Befugnisse sowie über Übermittlungen nach § 27. [2]In dieser Unterrichtung wird insbesondere dargestellt, in welchem Umfang von welchen Befugnissen aus Anlass welcher Art von Verdachtslagen Gebrauch gemacht wurde und inwieweit die betroffenen Personen hierüber benachrichtigt wurden. [3]Das Bundesministerium des Innern, für Bau und Heimat leitet diese Unterrichtung der Bundesregierung und dem Deutschen Bundestag innerhalb von zwei Monaten zu. [4]Der Deutsche Bundestag macht die Unterrichtung öffentlich zugänglich.

§ 89 Einschränkung von Grundrechten. Die Grundrechte der körperlichen Unversehrtheit (Artikel 2 Absatz 2 Satz 1 des Grundgesetzes[3)]), der Freiheit der Person (Artikel 2 Absatz 2 Satz 2 des Grundgesetzes), des Brief-, Post- und Fernmeldegeheimnisses (Artikel 10 des Grundgesetzes), der Freizügigkeit (Artikel 11 Absatz 1 des Grundgesetzes) und der Unverletzlichkeit der Wohnung (Artikel 13 des Grundgesetzes) werden nach Maßgabe dieses Gesetzes eingeschränkt.

§ 90 Gerichtliche Zuständigkeit, Verfahren. (1) Für Maßnahmen nach den §§ 10, 33, 34, Abschnitt 5 und § 64 sowie für gerichtliche Entscheidungen

---

[1)] Nr. **245**.
[2)] § 88 Sätze 1, 3 geänd. mWv 27.6.2020 durch VO v. 19.6.2020 (BGBl. I S. 1328).
[3)] Nr. **1**.

nach § 74 gelten, soweit nichts anderes bestimmt ist, die nachstehenden Regelungen.

(2) [1] Für gerichtliche Entscheidungen ist das Amtsgericht zuständig, in dessen Bezirk das Bundeskriminalamt seinen Sitz hat. [2] Für das Verfahren gelten die Bestimmungen des Gesetzes über das Verfahren in Familiensachen und in den Angelegenheiten der freiwilligen Gerichtsbarkeit[1)] entsprechend.

(3) [1] Bei Entscheidungen über die Verwertbarkeit oder Löschung von Erkenntnissen, die bei Maßnahmen nach den §§ 34, 45, 46, 49, 51 und 64 erhoben worden sind, kann das Gericht sachkundige Bedienstete des Bundeskriminalamtes zur Berücksichtigung von ermittlungsspezifischem Fachverstand anhören. [2] Bei der Sichtung der erhobenen Daten kann sich das Gericht der technischen Unterstützung des Bundeskriminalamtes bedienen. [3] Die Bediensteten des Bundeskriminalamtes sind zur Verschwiegenheit über ihnen bekannt werdende Erkenntnisse, deren Löschung das Gericht anordnet, verpflichtet.

§ 91 Übergangsvorschrift. Abweichend von § 14 Absatz 2 ist eine Weiterverarbeitung oder Übermittlung personenbezogener Daten auch zulässig nach den Bestimmungen der für die Daten am 24. Mai 2018 jeweils geltenden Errichtungsanordnung nach § 34 des Bundeskriminalamtgesetzes in der bis zum 24. Mai 2018 geltenden Fassung.

[1)] **Schönfelder Nr. 112.**

560. Gesetz über die allgemeine Freizügigkeit von Unionsbürgern (Freizügigkeitsgesetz/EU – FreizügG/EU)[1)]

Vom 30. Juli 2004
(BGBl. I S. 1950, 1986)

FNA 26-13

geänd. durch Art. 25 G zur Umbenennung des Bundesgrenzschutzes in Bundespolizei v. 21.6.2005 (BGBl. I S. 1818), Art. 3 RechtsanpassungsG EU-Beitritt Bulgarien und Rumänien v. 7.12.2006 (BGBl. I S. 2814), Art. 7 G zur Änd. des PassG und weiterer Vorschriften v. 20.7.2007 (BGBl. I S. 1566), Art. 2 EU-Aufenthalts- und AsylrechtsRL-UmsetzungsG v. 19.8.2007 (BGBl. I S. 1970), Art. 7 G zur Änd. des BundespolizeiG und anderer Gesetze v. 26.2.2008 (BGBl. I S. 215), Art. 2 G zur Anpassung des deutschen Rechts an die VO (EG) Nr. 380/2008 v. 12.4.2011 (BGBl. I S. 610), Art. 2 G zur Bekämpfung der Zwangsheirat und zum besseren Schutz der Opfer von Zwangsheirat sowie zur Änd. weiterer aufenthalts- und asylrechtlicher Vorschriften v. 23.6.2011 (BGBl. I S. 1266), Art. 6 G zur Umsetzung aufenthaltsrechtlicher RL der EU und zur Anpassung nationaler Rechtsvorschriften an den EU-Visakodex v. 22.11.2011 (BGBl. I S. 2258), Art. 14 G zur Verbesserung der Eingliederungschancen am Arbeitsmarkt v. 20.12.2011 (BGBl. I S. 2854), Art. 1 G zur Änd. des FreizügigkeitsG/EU und weiterer aufenthaltsrechtlicher Vorschriften v. 21.1.2013 (BGBl. I S. 86), Art. 2 und Art. 8 G zur Anpassung von Rechtsvorschriften des Bundes infolge des Beitritts der Republik Kroatien zur EU v. 17.6.2013 (BGBl. I S. 1555 iVm Bek. v. 21.6.2013, BGBl. II S. 680), Art. 1 G zur Änd. des FreizügigkeitsG/EU und weiterer Vorschriften v. 2.12.2014 (BGBl. I S. 1922), Art. 4 G zur Neubestimmung des Bleiberechts und der Aufenthaltsbeendigung v. 27.7.2015 (BGBl. I S. 1386), Art. 14 Nr. 2 AsylverfahrensbeschleunigungsG v. 20.10.2015 (BGBl. I S. 1722), Art. 6 G zur Änd. des Zwölften Buches Sozialgesetzbuch und weiterer Vorschriften v. 21.12.2015 (BGBl. I S. 2557), Art. 8 G zu bereichsspezifischen Regelungen der Gesichtsverhüllung und zur Änd. weiterer dienstrechtlicher Vorschriften v. 8.6.2017 (BGBl. I S. 1570), Art. 6 G zur besseren Durchsetzung der Ausreisepflicht v. 20.7.2017 (BGBl. I S. 2780) und Art. 172 Elfte ZuständigkeitsanpassungsVO v. 19.6.2020 (BGBl. I S. 1328)

§ 1 Anwendungsbereich. Dieses Gesetz regelt die Einreise und den Aufenthalt von Staatsangehörigen anderer Mitgliedstaaten der Europäischen Union (Unionsbürger) und ihrer Familienangehörigen.

§ 2[2)] Recht auf Einreise und Aufenthalt. (1) Freizügigkeitsberechtigte Unionsbürger und ihre Familienangehörigen haben das Recht auf Einreise und Aufenthalt nach Maßgabe dieses Gesetzes.

(2) Unionsrechtlich freizügigkeitsberechtigt sind:

1. Unionsbürger, die sich als Arbeitnehmer oder zur Berufsausbildung aufhalten wollen,

1a. Unionsbürger, die sich zur Arbeitsuche aufhalten, für bis zu sechs Monate und darüber hinaus nur, solange sie nachweisen können, dass sie weiterhin Arbeit suchen und begründete Aussicht haben, eingestellt zu werden,

2. Unionsbürger, wenn sie zur Ausübung einer selbständigen Erwerbstätigkeit berechtigt sind (niedergelassene selbständige Erwerbstätige),

---

[1)] Verkündet als Art. 2 ZuwanderungsG v. 30.7.2004 (BGBl. I S. 1950); Inkrafttreten gem. Art. 15 Abs. 3 erster Halbs. dieses G am 1.1.2005 mit Ausnahme des § 11 Satz 1 der, soweit er auf die §§ 69 und 99 AufenthaltsG (Nr. **565**) verweist, gem. Art. 15 Abs. 1 Satz 1 am 6.8.2004 in Kraft getreten ist.

[2)] § 2 Abs. 2 Nr. 5 aufgeh., bish. Nr. 6 und 7 werden Nr. 5 und 6, neue Nr. 6 geänd., Nr. 7, Abs. 4 Satz 3 angef., Abs. 3 und 5 neu gef., Abs. 4 Satz 2, Abs. 6 geänd. mWv 28.8.2007 durch G v. 19.8.2007 (BGBl. I S. 1970); Abs. 2 einl. Satzteil, Nr. 3, Abs. 4 Satz 3 und Abs. 6 geänd., Abs. 7 angef. mWv 29.1.2013 durch G v. 21.1.2013 (BGBl. I S. 86); Abs. 2 Nr. 1 geänd., Nr. 1a eingef. mWv 9.12.2014 durch G v. 2.12.2014 (BGBl. I S. 1922).

3. Unionsbürger, die, ohne sich niederzulassen, als selbständige Erwerbstätige Dienstleistungen im Sinne des Artikels 57 des Vertrages über die Arbeitsweise der Europäischen Union[1] erbringen wollen (Erbringer von Dienstleistungen), wenn sie zur Erbringung der Dienstleistung berechtigt sind,
4. Unionsbürger als Empfänger von Dienstleistungen,
5. nicht erwerbstätige Unionsbürger unter den Voraussetzungen des § 4,
6. Familienangehörige unter den Voraussetzungen der §§ 3 und 4,
7. Unionsbürger und ihre Familienangehörigen, die ein Daueraufenthaltsrecht erworben haben.

(3) [1]Das Recht nach Absatz 1 bleibt für Arbeitnehmer und selbständig Erwerbstätige unberührt bei

1. vorübergehender Erwerbsminderung infolge Krankheit oder Unfall,
2. unfreiwilliger durch die zuständige Agentur für Arbeit bestätigter Arbeitslosigkeit oder Einstellung einer selbständigen Tätigkeit infolge von Umständen, auf die der Selbständige keinen Einfluss hatte, nach mehr als einem Jahr Tätigkeit,
3. Aufnahme einer Berufsausbildung, wenn zwischen der Ausbildung und der früheren Erwerbstätigkeit ein Zusammenhang besteht; der Zusammenhang ist nicht erforderlich, wenn der Unionsbürger seinen Arbeitsplatz unfreiwillig verloren hat.

[2]Bei unfreiwilliger durch die zuständige Agentur für Arbeit bestätigter Arbeitslosigkeit nach weniger als einem Jahr Beschäftigung bleibt das Recht aus Absatz 1 während der Dauer von sechs Monaten unberührt.

(4) [1]Unionsbürger bedürfen für die Einreise keines Visums und für den Aufenthalt keines Aufenthaltstitels. [2]Familienangehörige, die nicht Unionsbürger sind, bedürfen für die Einreise eines Visums nach den Bestimmungen für Ausländer, für die das Aufenthaltsgesetz[2] gilt. [3]Der Besitz einer gültigen Aufenthaltskarte, auch der eines anderen Mitgliedstaates der Europäischen Union, entbindet nach Artikel 5 Abs. 2 der Richtlinie 2004/38/EG des Europäischen Parlaments und des Rates vom 29. April 2004 über das Recht der Unionsbürger und ihrer Familienangehörigen, sich im Hoheitsgebiet der Mitgliedstaaten frei zu bewegen und aufzuhalten und zur Änderung der Verordnung (EWG) Nr. 1612/68 und zur Aufhebung der Richtlinien 64/221/EWG, 68/360/EWG, 73/148/EWG, 75/34/EWG, 75/35/EWG, 90/364/EWG, 90/365/EWG und 93/96/EWG (ABl. EU Nr. L 229 S. 35) von der Visumpflicht.

(5) [1]Für einen Aufenthalt von Unionsbürgern von bis zu drei Monaten ist der Besitz eines gültigen Personalausweises oder Reisepasses ausreichend. [2]Familienangehörige, die nicht Unionsbürger sind, haben das gleiche Recht, wenn sie im Besitz eines anerkannten oder sonst zugelassenen Passes oder Passersatzes sind und sie den Unionsbürger begleiten oder ihm nachziehen.

(6) Für die Ausstellung des Visums werden keine Gebühren erhoben.

(7) [1]Das Nichtbestehen des Rechts nach Absatz 1 kann festgestellt werden, wenn feststeht, dass die betreffende Person das Vorliegen einer Voraussetzung für dieses Recht durch die Verwendung von gefälschten oder verfälschten Dokumenten oder durch Vorspiegelung falscher Tatsachen vorgetäuscht hat. [2]Das

---

[1] Nr. **1001**.
[2] Nr. **565**.

sprechend anzuwenden. [4] Aufenthaltskarten nach § 5 Absatz 1 Satz 1 tragen die Bezeichnung „Aufenthaltskarte (Familienangehöriger EU)" und Daueraufenthaltskarten nach § 5 Absatz 5 Satz 2 die Bezeichnung „Daueraufenthaltskarte (Familienangehöriger EU)". [5] Für Aufenthaltskarten nach § 5 Absatz 1 Satz 1 und Daueraufenthaltskarten nach § 5 Absatz 5 Satz 2 wird in der Zone für das automatische Lesen anstelle der Abkürzungen nach § 78 Absatz 2 Satz 2 Nummer 1 des Aufenthaltsgesetzes die Abkürzung „AF" verwandt. [6] Unter den Voraussetzungen des § 78a Absatz 1 Satz 1 des Aufenthaltsgesetzes können Aufenthaltskarten nach § 5 Absatz 1 Satz 1 und Daueraufenthaltskarten nach § 5 Absatz 5 Satz 2 auf einem einheitlichen Vordruck ausgestellt werden. [7] Für Aufenthaltskarten nach § 5 Absatz 1 Satz 1 und Daueraufenthaltskarten nach § 5 Absatz 5 Satz 2 gilt § 105b des Aufenthaltsgesetzes entsprechend. [8] Die Verpflichtungen aus § 82 Abs. 5 Satz 1 Nr. 1 des Aufenthaltsgesetzes gelten entsprechend für Unionsbürger, deren Lichtbilder zur Führung der Ausländerdateien benötigt werden. [9] Die Mitteilungspflichten nach § 87 Absatz 2 Satz 1 Nummer 1 bis 3 des Aufenthaltsgesetzes bestehen insoweit, als die dort genannten Umstände auch für die Feststellung nach § 2 Absatz 7, § 5 Absatz 4 und § 6 Absatz 1 entscheidungserheblich sein können. [10] § 88a Absatz 1 Satz 1, 3 und 4 des Aufenthaltsgesetzes findet entsprechende Anwendung, soweit die Übermittlung von teilnehmerbezogenen Daten im Rahmen der Durchführung von Integrationskursen nach § 44 Absatz 4 des Aufenthaltsgesetzes, zur Überwachung einer Eingliederungsvereinbarung nach dem Zweiten Buch Sozialgesetzbuch[1)] oder zur Durchführung des Einbürgerungsverfahrens erforderlich ist. [11] Das Aufenthaltsgesetz findet auch dann Anwendung, wenn es eine günstigere Rechtsstellung vermittelt als dieses Gesetz.

(2) Hat die Ausländerbehörde das Nichtbestehen oder den Verlust des Rechts nach § 2 Abs. 1 festgestellt, findet das Aufenthaltsgesetz Anwendung, sofern dieses Gesetz keine besonderen Regelungen trifft.

(3) Zeiten des rechtmäßigen Aufenthalts nach diesem Gesetz unter fünf Jahren entsprechen den Zeiten des Besitzes einer Aufenthaltserlaubnis, Zeiten über fünf Jahren dem Besitz einer Niederlassungserlaubnis.

§ 11a[2)] Verordnungsermächtigung. Das Bundesministerium des Innern, für Bau und Heimat wird ermächtigt, durch Rechtsverordnung mit Zustimmung des Bundesrates die Einzelheiten der Ausstellung von Aufenthaltskarten nach § 5 Absatz 2 Satz 1 und Daueraufenthaltskarten nach § 5 Absatz 6 Satz 2 entsprechend § 99 Absatz 1 Nummer 13a Satz 1 des Aufenthaltsgesetzes[3)] sowie Einzelheiten des Prüfverfahrens entsprechend § 34 Nummer 4 des Personalausweisgesetzes[4)] und Einzelheiten zum elektronischen Identitätsnachweis entsprechend § 34 Nummer 5 bis 7 des Personalausweisgesetzes festzulegen.

§ 12 Staatsangehörige der EWR-Staaten. Dieses Gesetz gilt auch für Staatsangehörige der EWR-Staaten und ihre Familienangehörigen im Sinne dieses Gesetzes.

[1)] **Sartorius ErgBd. Nr. 402.**

[2)] § 11a eingef. mWv 16.4.2011 durch G v. 12.4.2011 (BGBl. I S. 610); geänd. mWv 27.6.2020 durch VO v. 19.6.2020 (BGBl. I S. 1328).

[3)] Nr. **565**.

[4)] Nr. **255**.

§ 13[1] **Staatsangehörige der Beitrittsstaaten.** Soweit nach Maßgabe des Beitrittsvertrages eines Mitgliedstaates zur Europäischen Union abweichende Regelungen anzuwenden sind, findet dieses Gesetz Anwendung, wenn die Beschäftigung durch die Bundesagentur für Arbeit nach § 284 Absatz 1 des Dritten Buches Sozialgesetzbuch[2] genehmigt wurde.

§ 14[3] **Bestimmungen zum Verwaltungsverfahren.** Von den in § 11 Abs. 1 in Verbindung mit § 87 Absatz 1, 2 Satz 1 und 2, Abs. 4 Satz 1, 2 und 4, §§ 90, 91 Abs. 1 und 2, § 99 Abs. 1 und 2 des Aufenthaltsgesetzes[4] getroffenen Regelungen des Verwaltungsverfahrens kann durch Landesrecht nicht abgewichen werden.

§ 15[5] **Übergangsregelung.** Eine vor dem 28. August 2007 ausgestellte Aufenthaltserlaubnis-EU gilt als Aufenthaltskarte für Familienangehörige eines Unionsbürgers fort.

---

[1] § 13 neu gef. mWv 1.7.2015 durch G v. 21.12.2015 (BGBl. I S. 2557).

[2] **Gewerberecht Nr. 790.**

[3] § 14 angef. mWv 28.8.2007 durch G v. 19.8.2007 (BGBl. I S. 1970); geänd. mWv 29.7.2017 durch G v. 20.7.2017 (BGBl. I S. 2780).

[4] Nr. **565**.

[5] § 15 angef. mWv 28.8.2007 durch G v. 19.8.2007 (BGBl. I S. 1970).

565. Gesetz über den Aufenthalt, die Erwerbstätigkeit und die Integration von Ausländern im Bundesgebiet (Aufenthaltsgesetz – AufenthG) [1] [2][3]

In der Fassung der Bekanntmachung vom 25. Februar 2008[4]
(BGBl. I S. 162)

FNA 26-12

geänd. durch Art. 5 G zur Änd. des PassG und weiterer Vorschriften v. 20.7.2007 (BGBl. I S. 1566), Art. 1 G zur Umsetzung aufenthalts- und asylrechtlicher RL der EU v. 19.8.2007 (BGBl. I S. 1970), Art. 3 G zur Änd. des BundespolizeiG und anderer Gesetze v. 26.2.2008 (BGBl. I S. 215), Art. 2 Abs. 3 G zur Ergänzung des Rechts zur Anfechtung der Vaterschaft v. 13.3.2008 (BGBl. I S. 313),

---

[1] **Amtl. Anm.:** Dieses Gesetz dient der Umsetzung folgender Richtlinien:
1. Richtlinie 2001/40/EG des Rates vom 28. Mai 2001 über die gegenseitige Anerkennung von Entscheidungen über die Rückführung von Drittstaatsangehörigen (ABl. EG Nr. L 149 S. 34),
2. Richtlinie 2001/51/EG des Rates vom 28. Juni 2001 zur Ergänzung der Regelungen nach Artikel 26 des Übereinkommens zur Durchführung des Übereinkommens von Schengen vom 14. Juni 1985 (ABl. EG Nr. L 187 S. 45),
3. Richtlinie 2001/55/EG des Rates vom 20. Juli 2001 über Mindestnormen für die Gewährung vorübergehenden Schutzes im Falle eines Massenzustroms von Vertriebenen und Maßnahmen zur Förderung einer ausgewogenen Verteilung der Belastungen, die mit der Aufnahme dieser Personen und den Folgen dieser Aufnahme verbunden sind, auf die Mitgliedstaaten (ABl. EG Nr. L 212 S. 12),
4. Richtlinie 2002/90/EG des Rates vom 28. November 2002 zur Definition der Beihilfe zur unerlaubten Ein- und Durchreise und zum unerlaubten Aufenthalt (ABl. EG Nr. L 328 S. 17),
5. Richtlinie 2003/86/EG des Rates vom 22. September 2003 betreffend das Recht auf Familienzusammenführung (ABl. EU Nr. L 251 S. 12),
6. Richtlinie 2003/110/EG des Rates vom 25. November 2003 über die Unterstützung bei der Durchbeförderung im Rahmen von Rückführungsmaßnahmen auf dem Luftweg (ABl. EU Nr. L 321 S. 26),
7. Richtlinie 2003/109/EG des Rates vom 25. November 2003 betreffend die Rechtsstellung der langfristig aufenthaltsberechtigten Drittstaatsangehörigen (ABl. EU 2004 Nr. L 16 S. 44),
8. Richtlinie 2004/81/EG vom 29. April 2004 über die Erteilung von Aufenthaltstiteln für Drittstaatsangehörige, die Opfer des Menschenhandels sind oder denen Beihilfe zur illegalen Einwanderung geleistet wurde und die mit den zuständigen Behörden kooperieren (ABl. EU Nr. L 261 S. 19),
9. Richtlinie 2004/83/EG des Rates vom 29. April 2004 über Mindestnormen für die Anerkennung und den Status von Drittstaatsangehörigen oder Staatenlosen als Flüchtlinge oder als Personen, die anderweitig internationalen Schutz benötigen, und über den Inhalt des zu gewährenden Schutzes (ABl. EU Nr. L 304 S. 12),
10. Richtlinie 2004/114/EG des Rates vom 13. Dezember 2004 über die Bedingungen für die Zulassung von Drittstaatsangehörigen zwecks Absolvierung eines Studiums oder Teilnahme an einem Schüleraustausch, einer unbezahlten Ausbildungsmaßnahme oder einem Freiwilligendienst (ABl. EU Nr. L 375 S. 12),
11. Richtlinie 2005/71/EG des Rates vom 12. Oktober 2005 über ein besonderes Zulassungsverfahren für Drittstaatsangehörige zum Zwecke der wissenschaftlichen Forschung (ABl. EU Nr. L 289 S. 15)

[2] Die Änderungen durch G v. 8.7.2019 (BGBl. I S. 1021) treten teilweise erst **mWv 1.1.2024**, die Änderungen durch G v. 4.8.2019 (BGBl. I S. 1131) treten teilweise erst **mWv 1.4.2021**, die Änderungen durch G v. 15.8.2019 (BGBl. I S. 1294) treten teilweise erst **mWv 1.7.2022**, die Änderungen durch G v. 15.8.2019 (BGBl. I S. 1307) treten teilweise erst **mWv 2.3.2025** in Kraft und sind insoweit im Text noch nicht berücksichtigt.

[3] Siehe hierzu die AufenthaltsVO (Nr. **566**), das AusländerzentralregisterG **(Sartorius ErgBd. Nr. 569)** und die AZRG-DurchführungsVO v. 17.5.1995 (BGBl. I S. 695), zuletzt geänd. durch VO v. 19.6.2020 (BGBl. I S. 1328).

[4] Neubekanntmachung des AufenthaltsG v. 30.7.2004 (BGBl. I S. 1950) in der ab 28.8.2007 geltenden Fassung.

Art. 19 FGG-ReformG v. 17.12.2008 (BGBl. I S. 2586), Art. 1 ArbeitsmigrationssteuerungsG v. 20.12.2008 (BGBl. I S. 2846), Art. 1a Viertes G zur Änd. des StraßenverkehrsG v. 22.12.2008 (BGBl. I S. 2965), Art. 4 Abs. 22 G zur Reform der Sachaufklärung in der Zwangsvollstreckung v. 29.7.2009 (BGBl. I S. 2258), Art. 4 Abs. 5 G zur Verfolgung der Vorbereitung von schweren staatsgefährdenden Gewalttaten v. 30.7.2009 (BGBl. I S. 2437), Art. 1 G zur Anpassung des deutschen Rechts an die VO (EG) Nr. 380/2008 v. 12.4.2011 (BGBl. I S. 610), Art. 1 G zur Bekämpfung der Zwangsheirat und zum besseren Schutz der Opfer von Zwangsheirat sowie zur Änd. weiterer aufenthalts- und asylrechtlicher Vorschriften v. 23.6.2011 (BGBl. I S. 1266), Art. 1 G zur Umsetzung aufenthaltsrechtlicher RL der EU und zur Anpassung nationaler Rechtsvorschriften an den EU-Visakodex v. 22.11.2011 (BGBl. I S. 2258), Art. 13 G zur Verbesserung der Eingliederungschancen am Arbeitsmarkt v. 20.12.2011 (BGBl. I S. 2854), Art. 2 G zur Errichtung einer Visa-Warndatei und zur Änd. des AufenthaltsG v. 22.12.2011 (BGBl. I S. 3037), Art. 2 Abs. 25 G zur Änd. von Vorschriften über Verkündung und Bekanntmachungen sowie der ZPO, des EGZPO und der AO v. 22.12.2011 (BGBl. I S. 3044), Art. 1 G zur Umsetzung der HochqualifiziertenRL der EU v. 1.6. 2012 (BGBl. I S. 1224, geänd. durch G v. 27.7.2015, BGBl. I S. 1386), Art. 2 G zur Änd. des FreizügigkeitsG/EU und weiterer aufenthaltsrechtlicher Vorschriften v. 21.1.2013 (BGBl. I S. 86), Art. 2 Abs. 5 BetreuungsgeldG v. 15.2.2013 (BGBl. I S. 254), Art. 1, 7 G zur Anpassung von Rechtsvorschriften des Bundes infolge des Beitritts der Republik Kroatien zur EU v. 17.6.2013 (BGBl. I S. 1555 iVm Bek. v. 21.6.2013, BGBl. II S. 680), Art. 12 G zur Förderung der elektronischen Verwaltung sowie zur Änd. weiterer Vorschriften v. 25.7.2013 (BGBl. I S. 2749), Art. 2 Abs. 59 G zur Strukturreform des Gebührenrechts des Bundes v. 7.8.2013 (BGBl. I S. 3154), Art. 2 G zur Umsetzung der RL 2011/95/EU v. 28.8.2013 (BGBl. I S. 3474), Art. 1 G zur Verbesserung der Rechte von international Schutzberechtigten und ausländischen Arbeitnehmern v. 29.8.2013 (BGBl. I S. 3484, ber. S. 3899), Art. 3 G zur Änd. des BundeszentralregisterG und anderer registerrechtlicher Vorschriften v. 6.9.2013 (BGBl. I S. 3556), Art. 3 G zur Änd. des AntiterrordateiG und anderer Gesetze v. 18.12.2014 (BGBl. I S. 2318), Art. 1 G zur Verbesserung der Rechtsstellung von asylsuchenden und geduldeten Ausländern v. 23.12.2014 (BGBl. I S. 2439), Art. 1 G zur Neubestimmung des Bleiberechts und der Aufenthaltsbeendigung v. 27.7.2015 (BGBl. I S. 1386), Art. 128 Zehnte ZuständigkeitsanpassungsVO v. 31.8.2015 (BGBl. I S. 1474), Art. 3, 13 AsylverfahrensbeschleunigungsG v. 20.10.2015 (BGBl. I S. 1722), Art. 2 G zur Verbesserung der Unterbringung, Versorgung und Betreuung ausländischer Kinder und Jugendlicher v. 28.10.2015 (BGBl. I S. 1802), Art. 5 G zur Änd. des Zwölften Buches Sozialgesetzbuch und weiterer Vorschriften v. 21.12.2015 (BGBl. I S. 2557), Art. 6 DatenaustauschverbesserungsG v. 2.2.2016 (BGBl. I S. 130), Art. 2 Abs. 1 VergaberechtsmodernisierungsG v. 17.2.2016 (BGBl. I S. 203), Art. 2 G zur Einführung beschleunigter Asylverfahren v. 11.3.2016 (BGBl. I S. 390), Art. 1 G zur erleichterten Ausweisung von straffälligen Ausländern und zum erweiterten Ausschluss der Flüchtlingsanerkennung bei straffälligen Asylbewerbern v. 11.3.2016 (BGBl. I S. 394), Art. 50 Zweites G über die weitere Bereinigung von Bundesrecht v. 8.7.2016 (BGBl. I S. 1594), Art. 5, 8 Abs. 5, 6 IntegrationsG v. 31.7.2016 (BGBl. I S. 1939, Art. 8 Abs. 5, 6 dieses G aufgeh. durch Art. 2 G v. 4.7.2019, BGBl. I S. 914), Art. 4 Abs. 2 G zur Verbesserung der Bekämpfung des Menschenhandels und zur Änd. des BundeszentralregisterG sowie des Achten Buches Sozialgesetzbuch v. 11.10.2016 (BGBl. I S. 2226), Art. 2 Abs. 3 50. G zur Änd des StGB v. 4.11.2016 (BGBl. I S. 2460), Art. 4 G zur Regelung von Ansprüchen ausländischer Personen in der Grundsicherung für Arbeitsuchende nach dem SGB II und in der Sozialhilfe nach dem SGB XII v. 22.12.2016 (BGBl. I S. 3155), Art. 6 Abs. 15 G zur Reform der strafrechtlichen Vermögensabschöpfung v. 13.4.2017 (BGBl. I S. 872), Art. 1 G zur Umsetzung aufenthaltsrechtlicher Richtlinien der EU zur Arbeitsmigration v. 12.5.2017 (BGBl. I S. 1106), Art. 7 G zu bereichsspezifischen Regelungen der Gesichtsverhüllung und zur Änd. weiterer dienstrechtlicher Vorschriften v. 8.6.2017 (BGBl. I S. 1570), Art. 2 G zur Verbesserung der Sachaufklärung in der Verwaltungsvollstreckung v. 30.6.2017 (BGBl. I S. 2094), Art. 4 G zur Förderung des elektronischen Identitätsnachweises v. 7.7.2017 (BGBl. I S. 2310), Art. 1 G zur Änd. gebührenrechtlicher Regelungen im Aufenthaltsrecht v. 13.7.2017 (BGBl. I S. 2350), Art. 5 G zur Bekämpfung von Kinderehen v. 17.7.2017 (BGBl. I S. 2429), Art. 11 Abs. 13 eIDAS-DurchführungsG v. 18.7.2017 (BGBl. I S. 2745), Art. 1 G zur besseren Durchsetzung der Ausreisepflicht v. 20.7.2017 (BGBl. I S. 2780), Art. 10 Abs. 4 G zur Neuregelung des Schutzes von Geheimnissen bei der Mitwirkung Dritter an der Berufsausübung schweigepflichtiger Personen v. 30.10.2017 (BGBl.I S.3618), Art. 1 G zur Verlängerung der Aussetzung des Familiennachzugs zu subsidiär Schutzberechtigten v. 8.3.2018 (BGBl. I S. 342), Art. 1 FamiliennachzugsneuregelungsG v. 12.7.2018 (BGBl. I S. 1147), Art. 1 G zur Entfristung des IntegrationsG v. 4.7.2019 (BGBl. I S. 914), Art. 1, 3 G über Duldung bei Ausbildung und Beschäftigung v. 8.7.2019 (BGBl. I S. 1021), Art. 3 AusländerbeschäftigungsförderungsG v. 8.7.2019 (BGBl. I S. 1029), Art. 4 G gegen illegale Beschäftigung und Sozialleistungsmissbrauch v. 11.7.2019 (BGBl. I S. 1066), Art. 3 Zweites DatenaustauschverbesserungsG v. 4.8.2019 (BGBl. I S. 1131), Art. 1, 6 Zweites G zur besseren Durchsetzung der Ausreisepflicht v. 15.8.2019 (BGBl. I S. 1294), Art. 1, 54

Abschluss des Verfahrens, im Falle einer gerichtlichen Entscheidung bis zu deren Rechtskraft auszusetzen, es sei denn, über den Aufenthaltstitel kann ohne Rücksicht auf den Ausgang des Verfahrens entschieden werden.

(3) [1] Wird ein Aufenthaltstitel gemäß § 36a Absatz 1 zum Zwecke des Familiennachzugs zu einem Ausländer beantragt,

1. gegen den ein Strafverfahren oder behördliches Verfahren wegen einer der in § 27 Absatz 3a genannten Tatbestände eingeleitet wurde,
2. gegen den ein Strafverfahren wegen einer oder mehrerer der in § 36a Absatz 3 Nummer 2 genannten Straftaten eingeleitet wurde, oder
3. bei dem ein Widerrufsverfahren nach § 73b Absatz 1 Satz 1 des Asylgesetzes[1)] oder ein Rücknahmeverfahren nach § 73b Absatz 3 des Asylgesetzes eingeleitet wurde,

ist die Entscheidung über die Erteilung des Aufenthaltstitels gemäß § 36a Absatz 1 bis zum Abschluss des jeweiligen Verfahrens, im Falle einer gerichtlichen Entscheidung bis zu ihrer Rechtskraft, auszusetzen, es sei denn, über den Aufenthaltstitel gemäß § 36a Absatz 1 kann ohne Rücksicht auf den Ausgang des Verfahrens entschieden werden. [2] Im Fall von Satz 1 Nummer 3 ist bei einem Widerruf oder einer Rücknahme der Zuerkennung des subsidiären Schutzes auf das Verfahren zur Entscheidung über den Widerruf des Aufenthaltstitels des Ausländers nach § 52 Absatz 1 Satz 1 Nummer 4 abzustellen.

(4) Beantragt ein Ausländer, gegen den wegen des Verdachts einer Straftat ermittelt wird, die Erteilung oder Verlängerung einer Beschäftigungsduldung, ist die Entscheidung über die Beschäftigungsduldung bis zum Abschluss des Verfahrens, im Falle einer gerichtlichen Entscheidung bis zu deren Rechtskraft, auszusetzen, es sei denn, über die Beschäftigungsduldung kann ohne Rücksicht auf den Ausgang des Verfahrens entschieden werden.

(5) Beantragt ein Ausländer, gegen den wegen einer Straftat öffentliche Klage erhoben wurde, die Erteilung einer Ausbildungsduldung, ist die Entscheidung über die Ausbildungsduldung bis zum Abschluss des Verfahrens, im Falle einer gerichtlichen Entscheidung bis zu deren Rechtskraft, auszusetzen, es sei denn, über die Ausbildungsduldung kann ohne Rücksicht auf den Ausgang des Verfahrens entschieden werden.

§ 80[2)] Handlungsfähigkeit. (1) Fähig zur Vornahme von Verfahrenshandlungen nach diesem Gesetz ist ein Ausländer, der volljährig ist, sofern er nicht nach Maßgabe des Bürgerlichen Gesetzbuchs[3)] geschäftsunfähig oder in dieser Angelegenheit zu betreuen und einem Einwilligungsvorbehalt zu unterstellen wäre.

(2) [1] Die mangelnde Handlungsfähigkeit eines Minderjährigen steht seiner Zurückweisung und Zurückschiebung nicht entgegen. [2] Das Gleiche gilt für die Androhung und Durchführung der Abschiebung in den Herkunftsstaat, wenn sich sein gesetzlicher Vertreter nicht im Bundesgebiet aufhält oder dessen Aufenthaltsort im Bundesgebiet unbekannt ist.

(3) [1] Bei der Anwendung dieses Gesetzes sind die Vorschriften des Bürgerlichen Gesetzbuchs dafür maßgebend, ob ein Ausländer als minderjährig oder

---

[1)] Nr. **567**.

[2)] § 80 Überschrift, Abs. 1 und 4 geänd. mWv 1.11.2015 durch G v. 28.10.2015 (BGBl. I S. 1802); Abs. 5 angef. mWv 1.3.2020 durch G v. 15.8.2019 (BGBl. I S. 1307).

[3)] **Schönfelder Nr. 20.**

volljährig anzusehen ist. [2]Die Geschäftsfähigkeit und die sonstige rechtliche Handlungsfähigkeit eines nach dem Recht seines Heimatstaates volljährigen Ausländers bleiben davon unberührt.

(4) Die gesetzlichen Vertreter eines Ausländers, der minderjährig ist, und sonstige Personen, die an Stelle der gesetzlichen Vertreter den Ausländer im Bundesgebiet betreuen, sind verpflichtet, für den Ausländer die erforderlichen Anträge auf Erteilung und Verlängerung des Aufenthaltstitels und auf Erteilung und Verlängerung des Passes, des Passersatzes und des Ausweisersatzes zu stellen.

(5) Sofern der Ausländer das 18. Lebensjahr noch nicht vollendet hat, müssen die zur Personensorge berechtigten Personen einem geplanten Aufenthalt nach Kapitel 2 Abschnitt 3 und 4 zustimmen.

§ 81[1)] Beantragung des Aufenthaltstitels. (1) Ein Aufenthaltstitel wird einem Ausländer nur auf seinen Antrag erteilt, soweit nichts anderes bestimmt ist.

(2) [1]Ein Aufenthaltstitel, der nach Maßgabe der Rechtsverordnung nach § 99 Abs. 1 Nr. 2 nach der Einreise eingeholt werden kann, ist unverzüglich nach der Einreise oder innerhalb der in der Rechtsverordnung bestimmten Frist zu beantragen. [2]Für ein im Bundesgebiet geborenes Kind, dem nicht von Amts wegen ein Aufenthaltstitel zu erteilen ist, ist der Antrag innerhalb von sechs Monaten nach der Geburt zu stellen.

(3) [1]Beantragt ein Ausländer, der sich rechtmäßig im Bundesgebiet aufhält, ohne einen Aufenthaltstitel zu besitzen, die Erteilung eines Aufenthaltstitels, gilt sein Aufenthalt bis zur Entscheidung der Ausländerbehörde als erlaubt. [2]Wird der Antrag verspätet gestellt, gilt ab dem Zeitpunkt der Antragstellung bis zur Entscheidung der Ausländerbehörde die Abschiebung als ausgesetzt.

(4) [1]Beantragt ein Ausländer vor Ablauf seines Aufenthaltstitels dessen Verlängerung oder die Erteilung eines anderen Aufenthaltstitels, gilt der bisherige Aufenthaltstitel vom Zeitpunkt seines Ablaufs bis zur Entscheidung der Ausländerbehörde als fortbestehend. [2]Dies gilt nicht für ein Visum nach § 6 Absatz 1. [3]Wurde der Antrag auf Erteilung oder Verlängerung eines Aufenthaltstitels verspätet gestellt, kann die Ausländerbehörde zur Vermeidung einer unbilligen Härte die Fortgeltungswirkung anordnen.

(5) Dem Ausländer ist eine Bescheinigung über die Wirkung seiner Antragstellung (Fiktionsbescheinigung) auszustellen.

(6) Wenn der Antrag auf Erteilung einer Aufenthaltserlaubnis zum Familiennachzug zu einem Inhaber einer ICT-Karte oder einer Mobiler-ICT-Karte gleichzeitig mit dem Antrag auf Erteilung einer ICT-Karte oder einer Mobiler-ICT-Karte gestellt wird, so wird über den Antrag auf Erteilung einer Aufenthaltserlaubnis zum Zweck des Familiennachzugs gleichzeitig mit dem Antrag auf Erteilung einer ICT-Karte oder einer Mobiler-ICT-Karte entschieden.

[1)] § 81 Abs. 4 neu gef. mWv 1.8.2012 durch G v. 1.6.2012 (BGBl. I S. 1224); Abs. 4 Satz 2 eingef., bish. Satz 2 wird Satz 3 mWv 6.9.2013 durch G v. 29.8.2013 (BGBl. I S. 3484); Abs. 6 angef. mWv 1.8.2017 durch G v. 12.5.2017 (BGBl. I S. 1106).

§ 88a[1] **Verarbeitung von Daten im Zusammenhang mit Integrationsmaßnahmen.** (1) [1]Bei der Durchführung von Integrationskursen ist eine Übermittlung von teilnehmerbezogenen Daten, insbesondere von Daten der Bestätigung der Teilnahmeberechtigung, der Zulassung zur Teilnahme nach § 44 Absatz 4 sowie der Anmeldung zu und der Teilnahme an einem Integrationskurs, durch die Ausländerbehörde, die Bundesagentur für Arbeit, den Träger der Grundsicherung für Arbeitsuchende, die Träger der Leistungen nach dem Asylbewerberleistungsgesetz[2], das Bundesverwaltungsamt und die für die Durchführung der Integrationskurse zugelassenen privaten und öffentlichen Träger an das Bundesamt für Migration und Flüchtlinge zulässig, soweit sie für die Erteilung einer Zulassung oder Berechtigung zum Integrationskurs, die Feststellung der ordnungsgemäßen Teilnahme, die Feststellung der Erfüllung der Teilnahmeverpflichtung nach § 44a Absatz 1 Satz 1, die Bescheinigung der erfolgreichen Teilnahme oder die Abrechnung und Durchführung der Integrationskurse erforderlich ist. [2]Die für die Durchführung der Integrationskurse zugelassenen privaten und öffentlichen Träger dürfen die zuständige Ausländerbehörde, die Bundesagentur für Arbeit, den zuständigen Träger der Grundsicherung für Arbeitsuchende oder den zuständigen Träger der Leistungen nach dem Asylbewerberleistungsgesetz über eine nicht ordnungsgemäße Teilnahme eines nach § 44a Absatz 1 Satz 1 zur Teilnahme verpflichteten Ausländers informieren. [3]Das Bundesamt für Migration und Flüchtlinge darf die nach Satz 1 übermittelten Daten auf Ersuchen den Ausländerbehörden, der Bundesagentur für Arbeit, den Trägern der Grundsicherung für Arbeitsuchende oder den Trägern der Leistungen nach dem Asylbewerberleistungsgesetz und den Staatsangehörigkeitsbehörden übermitteln, soweit dies für die Erteilung einer Zulassung oder Berechtigung zum Integrationskurs, zur Kontrolle der Erfüllung der Teilnahmeverpflichtung, für die Verlängerung einer Aufenthaltserlaubnis, für die Erteilung einer Niederlassungserlaubnis oder einer Erlaubnis zum Daueraufenthalt – EU, zur Überwachung der Eingliederungsvereinbarung, zur Integration in den Arbeitsmarkt oder zur Durchführung des Einbürgerungsverfahrens erforderlich ist. [4]Darüber hinaus ist eine Verarbeitung dieser Daten durch das Bundesamt für Migration und Flüchtlinge nur für die Durchführung und Abrechnung der Integrationskurse sowie für die Durchführung eines wissenschaftlichen Forschungsvorhabens nach § 75 Nummer 4a unter den Voraussetzungen des § 8 Absatz 7 und 8 der Integrationskursverordnung zulässig.

(1a) [1]Absatz 1 gilt entsprechend für die Verarbeitung von Daten aus dem Asylverfahren beim Bundesamt für Migration und Flüchtlinge, soweit die Verarbeitung für die Entscheidung über die Zulassung zum Integrationskurs erforderlich ist. [2]Zur Feststellung der Voraussetzungen des § 44 Absatz 4 Satz 2 im Rahmen der Entscheidung über die Zulassung zum Integrationskurs gilt dies entsprechend auch für die Verarbeitung von Daten aus dem Ausländerzentralregister.

(2) Bedient sich das Bundesamt für Migration und Flüchtlinge gemäß § 75 Nummer 9 privater oder öffentlicher Träger, um ein migrationsspezifisches

---

[1] § 88a eingef. mWv 1.7.2011 durch G v. 23.6.2011 (BGBl. I S. 1266); Abs. 1 Satz 3 geänd. mWv 2.12.2013 durch G v. 29.8.2013 (BGBl. I S. 3484); Abs. 1 Sätze 1–3 geänd., Abs. 1a eingef., Abs. 3 angef. mWv 24.10.2015 durch G v. 20.10.2015 (BGBl. I S. 1722); Abs. 1 Sätze 1–3 geänd., Satz 4 neu gef., Abs. 1a Satz 2 geänd. mWv 6.8.2016 durch G v. 31.7.2016 (BGBl. I S. 1939); Abs. 1 Sätze 3, 4, Abs. 1a Sätze 1, 2, Abs. 3 Satz 2 geänd. mWv 26.11.2019 durch G v. 20.11.2019 (BGBl. I S. 1626).

[2] **Sartorius ErgBd. Nr. 418.**

Beratungsangebot durchzuführen, ist eine Übermittlung von aggregierten Daten über das Beratungsgeschehen von den Trägern an das Bundesamt für Migration und Flüchtlinge zulässig.

(3) [1] Bei der Durchführung von Maßnahmen der berufsbezogenen Deutschsprachförderung nach § 45a ist eine Übermittlung teilnehmerbezogener Daten über die Anmeldung, die Dauer der Teilnahme und die Art des Abschlusses der Maßnahme durch die Ausländerbehörde, die Bundesagentur für Arbeit, den Träger der Grundsicherung für Arbeitsuchende, das Bundesverwaltungsamt und die mit der Durchführung der Maßnahmen betrauten privaten und öffentlichen Träger an das Bundesamt für Migration und Flüchtlinge zulässig, soweit dies für die Erteilung einer Zulassung zur Maßnahme, die Feststellung und Bescheinigung der ordnungsgemäßen Teilnahme oder die Durchführung und Abrechnung der Maßnahme erforderlich ist. [2] Das Bundesamt für Migration und Flüchtlinge darf die nach Satz 1 übermittelten Daten auf Ersuchen den Ausländerbehörden, der Bundesagentur für Arbeit, den Trägern der Grundsicherung für Arbeitsuchende und den Staatsangehörigkeitsbehörden übermitteln, soweit dies für die Erteilung einer Zulassung oder Berechtigung zur Maßnahme, zur Kontrolle der ordnungsgemäßen Teilnahme, für die Erteilung einer Niederlassungserlaubnis oder einer Erlaubnis zum Daueraufenthalt-EU, zur Überwachung der Eingliederungsvereinbarung, zur Integration in den Arbeitsmarkt oder zur Durchführung des Einbürgerungsverfahrens erforderlich ist. [3] Die mit der Durchführung der berufsbezogenen Deutschsprachförderung betrauten privaten und öffentlichen Träger dürfen die zuständige Ausländerbehörde, die Bundesagentur für Arbeit oder den zuständigen Träger der Grundsicherung für Arbeitsuchende über eine nicht ordnungsgemäße Teilnahme informieren.

§ 89[1)] Verfahren bei identitätsüberprüfenden, -feststellenden und -sichernden Maßnahmen. (1) [1] Das Bundeskriminalamt leistet Amtshilfe bei der Auswertung der nach § 49 von den mit der Ausführung dieses Gesetzes betrauten Behörden erhobenen und nach § 73 übermittelten Daten. [2] Es darf hierfür auch von ihm zur Erfüllung seiner Aufgaben gespeicherte erkennungsdienstliche Daten verwenden. [3] Die nach § 49 Abs. 3 bis 5 sowie 8 und 9 erhobenen Daten werden getrennt von anderen erkennungsdienstlichen Daten gespeichert. [4] Die Daten nach § 49 Abs. 7 werden bei der aufzeichnenden Behörde gespeichert.

(1a) [1] Im Rahmen seiner Amtshilfe nach Absatz 1 Satz 1 darf das Bundeskriminalamt die erkennungsdienstlichen Daten nach Absatz 1 Satz 1 zum Zwecke der Identitätsfeststellung auch an die für die Überprüfung der Identität von Personen zuständigen öffentlichen Stellen von Drittstaaten mit Ausnahme des Herkunftsstaates der betroffenen Person sowie von Drittstaaten, in denen die betroffene Person eine Verfolgung oder einen ernsthaften Schaden zu befürchten hat, übermitteln. [2] Die Verantwortung für die Zulässigkeit der Übermittlung trägt das Bundeskriminalamt. [3] Das Bundeskriminalamt hat die Übermittlung und ihren Anlass aufzuzeichnen. [4] Die empfangende Stelle personenbezogener Daten ist darauf hinzuweisen, dass sie nur zu dem Zweck verarbeitet werden

---

[1)] § 89 neu gef. mWv 1.11.2007 durch G v. 20.7.2007 (BGBl. I S. 1566); Abs. 1 Satz 2 eingef., bish. Satz 2 wird Satz 3 und geänd., bish. Satz 3 wird Satz 4, Abs. 2 Satz 1 geänd., Abs. 3 Satz 2 einl. Satzteil geänd. und Nr. 2 neu gef. mWv 24.10.2015 durch G v. 20.10.2015 (BGBl. I S. 1722); Abs. 2 neu gef. mWv 5.2.2016 durch G v. 2.2.2016 (BGBl. I S. 130); Abs. 1a eingef. mWv 29.7.2017 durch G v. 20.7. 2017 (BGBl. I S. 2780); Abs. 1a Sätze 4, 6 Nr. 2, Abs. 2 Sätze 1, 2 geänd. mWv 26.11.2019 durch G v. 20.11.2019 (BGBl. I S. 1626).

dürfen, zu dem sie übermittelt worden sind. [5]Ferner ist ihr der beim Bundeskriminalamt vorgesehene Löschungszeitpunkt mitzuteilen. [6]Die Übermittlung unterbleibt, wenn tatsächliche Anhaltspunkte dafür vorliegen, dass

1. unter Berücksichtigung der Art der Daten und ihrer Erhebung die schutzwürdigen Interessen der betroffenen Person, insbesondere ihr Interesse, Schutz vor Verfolgung zu erhalten, das Allgemeininteresse an der Übermittlung überwiegen oder
2. die Übermittlung der Daten zu den Grundrechten, dem Abkommen vom 28. Juli 1951 über die Rechtsstellung der Flüchtlinge[1)] sowie der Konvention zum Schutz der Menschenrechte[2)] und Grundfreiheiten in Widerspruch stünde, insbesondere dadurch, dass durch die Verarbeitung der übermittelten Daten im Empfängerstaat Verletzungen von elementaren rechtsstaatlichen Grundsätzen oder Menschenrechtsverletzungen drohen.

(2) [1]Die Verarbeitung der nach § 49 Absatz 3 bis 5 oder Absatz 7 bis 9 erhobenen Daten ist auch zulässig zur Feststellung der Identität oder der Zuordnung von Beweismitteln im Rahmen der Strafverfolgung oder zur polizeilichen Gefahrenabwehr. [2]Sie dürfen, soweit und solange es erforderlich ist, den für diese Maßnahmen zuständigen Behörden übermittelt oder bereitgestellt werden.

(3) [1]Die nach § 49 Abs. 1 erhobenen Daten sind von allen Behörden unmittelbar nach Beendigung der Prüfung der Echtheit des Dokuments oder der Identität des Inhabers zu löschen. [2]Die nach § 49 Abs. 3 bis 5, 7, 8 oder 9 erhobenen Daten sind von allen Behörden, die sie speichern, zu löschen, wenn

1. dem Ausländer ein gültiger Pass oder Passersatz ausgestellt und von der Ausländerbehörde ein Aufenthaltstitel erteilt worden ist,
2. seit der letzten Ausreise, der versuchten unerlaubten Einreise oder der Beendigung des unerlaubten Aufenthalts zehn Jahre vergangen sind,
3. in den Fällen des § 49 Abs. 5 Nr. 3 und 4 seit der Zurückweisung oder Zurückschiebung drei Jahre vergangen sind oder
4. im Falle des § 49 Abs. 5 Nr. 5 seit der Beantragung des Visums sowie im Falle des § 49 Abs. 7 seit der Sprachaufzeichnung zehn Jahre vergangen sind.

[3]Die Löschung ist zu protokollieren.

(4) Absatz 3 gilt nicht, soweit und solange die Daten im Rahmen eines Strafverfahrens oder zur Abwehr einer Gefahr für die öffentliche Sicherheit oder Ordnung benötigt werden.

§ 89a[3)] *(aufgehoben)*

§ 90[4)] **Übermittlungen durch Ausländerbehörden.** (1) Ergeben sich im Einzelfall konkrete Anhaltspunkte für

1. eine Beschäftigung oder Tätigkeit von Ausländern ohne erforderlichen Aufenthaltstitel nach § 4,

---

[1)] Nr. **568**.

[2)] Nr. **1003**.

[3)] § 89a aufgeh. mWv 9.8.2019 durch G v. 4.8.2019 (BGBl. I S. 1131).

[4)] § 90 Abs. 5 angef. mWv 1.6.2008 durch G v. 13.3.2008 (BGBl. I S. 313); Abs. 6 angef. mWv 1.1.2013 durch G v. 29.7.2009 (BGBl. I S. 2258); Abs. 4 Nr. 1, 2 geänd. mWv 26.11.2011 durch G v. 22.11.2011 (BGBl. I S. 2258); Abs. 7 angef. mWv 6.7.2017 durch G v. 30.6.2017 (BGBl. I S. 2094); Abs. 5 aufgeh., bish. Abs. 6 wird Abs. 5 mWv 29.7.2017 durch G v. 20.7.2017 (BGBl. I S. 2780); Abs. 1 Nr. 3, Abs. 2 geänd. mWv 18.7.2019 durch G v. 11.7.2019 (BGBl. I S. 1066).

2. Verstöße gegen die Mitwirkungspflicht nach § 60 Abs. 1 Satz 1 Nr. 2 des Ersten Buches Sozialgesetzbuch[1] gegenüber einer Dienststelle der Bundesagentur für Arbeit, einem Träger der gesetzlichen Kranken-, Pflege-, Unfall- oder Rentenversicherung, einem Träger der Grundsicherung für Arbeitsuchende oder der Sozialhilfe oder Verstöße gegen die Meldepflicht nach § 8a des Asylbewerberleistungsgesetzes[2],
3. die in § 6 Absatz 4 Nummer 1 bis 4, 7, 12 und 13 des Schwarzarbeitsbekämpfungsgesetzes[3] bezeichneten Verstöße,

unterrichten die mit der Ausführung dieses Gesetzes betrauten Behörden die für die Verfolgung und Ahndung der Verstöße nach den Nummern 1 bis 3 zuständigen Behörden, die Träger der Grundsicherung für Arbeitsuchende oder der Sozialhilfe sowie die nach § 10 des Asylbewerberleistungsgesetzes zuständigen Behörden.

(2) Bei der Verfolgung und Ahndung von Verstößen gegen dieses Gesetz arbeiten die mit der Ausführung dieses Gesetzes betrauten Behörden insbesondere mit den anderen in § 2 Absatz 4 des Schwarzarbeitsbekämpfungsgesetzes genannten Behörden zusammen.

(3) Die mit der Ausführung dieses Gesetzes betrauten Behörden teilen Umstände und Maßnahmen nach diesem Gesetz, deren Kenntnis für Leistungen nach dem Asylbewerberleistungsgesetz erforderlich ist, sowie die ihnen mitgeteilten Erteilungen von Zustimmungen zur Aufnahme einer Beschäftigung an Leistungsberechtigte nach dem Asylbewerberleistungsgesetz und Angaben über das Erlöschen, den Widerruf oder die Rücknahme von erteilten Zustimmungen zur Aufnahme einer Beschäftigung den nach § 10 des Asylbewerberleistungsgesetzes zuständigen Behörden mit.

(4) Die Ausländerbehörden unterrichten die nach § 72 Abs. 6 zu beteiligenden Stellen unverzüglich über

1. die Erteilung oder Versagung eines Aufenthaltstitels nach § 25 Abs. 4a oder 4b,
2. die Festsetzung, Verkürzung oder Aufhebung einer Ausreisefrist nach § 59 Absatz 7 oder
3. den Übergang der Zuständigkeit der Ausländerbehörde auf eine andere Ausländerbehörde; hierzu ist die Ausländerbehörde verpflichtet, die zuständig geworden ist.

(5) Zu den in § 755 der Zivilprozessordnung[4] genannten Zwecken übermittelt die Ausländerbehörde dem Gerichtsvollzieher auf Ersuchen den Aufenthaltsort einer Person.

(7)[5] [1] Zur Durchführung eines Vollstreckungsverfahrens übermittelt die Ausländerbehörde der Vollstreckungsbehörde auf deren Ersuchen die Angabe über den Aufenthaltsort des Vollstreckungsschuldners. [2] Die Angabe über den Aufenthaltsort darf von der Ausländerbehörde nur übermittelt werden, wenn sich die Vollstreckungsbehörde die Angabe nicht durch Abfrage bei der Meldebehörde beschaffen kann und dies in ihrem Ersuchen gegenüber der Ausländerbehörde bestätigt.

---

[1] **Sartorius ErgBd. Nr. 401.**
[2] **Sartorius ErgBd. Nr. 418.**
[3] **Schönfelder ErgBd. Nr. 94b.**
[4] **Schönfelder Nr. 100.**
[5] Absatzzählung amtlich.

§ 90a[1)] Mitteilungen der Ausländerbehörden an die Meldebehörden.

(1) [1]Die Ausländerbehörden unterrichten unverzüglich die zuständigen Meldebehörden, wenn sie Anhaltspunkte dafür haben, dass die im Melderegister zu meldepflichtigen Ausländern gespeicherten Daten unrichtig oder unvollständig sind. [2]Sie teilen den Meldebehörden insbesondere mit, wenn ein meldepflichtiger Ausländer

1. sich im Bundesgebiet aufhält, der nicht gemeldet ist,
2. dauerhaft aus dem Bundesgebiet ausgereist ist.

[3]Die Ausländerbehörde unterrichtet die zuständige Meldebehörde über die Erteilung einer Niederlassungserlaubnis oder einer Erlaubnis zum Daueraufenthalt-EU.

(2) Die Mitteilungen nach Absatz 1 sollen folgende Angaben zum meldepflichtigen Ausländer enthalten:

1. Familienname, Geburtsname und Vornamen,
2. Tag, Ort und Staat der Geburt,
3. Staatsangehörigkeiten,
4. letzte Anschrift im Inland,
5. Datum und Zielstaat der Ausreise sowie
6. zum Zweck der eindeutigen Zuordnung die AZR-Nummer in den Fällen und nach Maßgabe des § 10 Absatz 4 Satz 2 Nummer 4 des AZR-Gesetzes[2)].

§ 90b Datenabgleich zwischen Ausländer- und Meldebehörden. [1]Die Ausländer- und Meldebehörden übermitteln einander jährlich die in § 90a Abs. 2 genannten Daten zum Zweck der Datenpflege, soweit sie denselben örtlichen Zuständigkeitsbereich haben. [2]Die empfangende Behörde gleicht die übermittelten Daten mit den bei ihr gespeicherten Daten ab, ein automatisierter Abgleich ist zulässig. [3]Die übermittelten Daten dürfen nur für die Durchführung des Abgleichs sowie die Datenpflege verwendet werden und sind sodann unverzüglich zu löschen; überlassene Datenträger sind unverzüglich zurückzugeben oder zu vernichten.

§ 90c[3)] Datenübermittlungen im Visumverfahren über das Auswärtige Amt. (1) [1]Die Übermittlung von Daten im Visumverfahren von den Auslandsvertretungen an die im Visumverfahren beteiligten Behörden und von diesen zurück an die Auslandsvertretungen erfolgt automatisiert über eine vom Auswärtigen Amt betriebene technische Vorrichtung zur Unterstützung des Visumverfahrens. [2]Die technische Vorrichtung stellt die vollständige, korrekte und fristgerechte Übermittlung der Daten nach Satz 1 sicher. [3]Zu diesem Zweck werden die Daten nach Satz 1 in der technischen Vorrichtung gespeichert.

(2) In der technischen Vorrichtung dürfen personenbezogene Daten nur verarbeitet werden, soweit dies für den in Absatz 1 Satz 1 und 2 genannten Zweck erforderlich ist.

[1)] § 90a Abs. 1 Satz 3 angef., Abs. 2 Nr. 4, 5 geänd., Nr. 6 angef. mWv 1.11.2019 durch G v. 4.8.2019 (BGBl. I S. 1131).

[2)] **Sartorius ErgBd. Nr. 569.**

[3)] § 90c eingef. mWv 26.11.2011 durch G v. 22.11.2011 (BGBl. I S. 2258); Abs. 2 geänd. mWv 26.11.2019 durch G v. 20.11.2019 (BGBl. I S. 1626).

(3) Die nach Absatz 1 Satz 3 gespeicherten Daten sind unverzüglich zu löschen, wenn die Daten nicht mehr zu dem in Absatz 1 Satz 1 und 2 genannten Zweck benötigt werden, spätestens nach Erteilung oder Versagung des Visums oder Rücknahme des Visumantrags.

§ 91[1)] Speicherung und Löschung personenbezogener Daten. (1) [1] Die Daten über die Ausweisung, Zurückschiebung und Abschiebung sind zehn Jahre nach Ablauf der in § 11 Absatz 2 bezeichneten Frist zu löschen. [2] Sie sind vor diesem Zeitpunkt zu löschen, soweit sie Erkenntnisse enthalten, die nach anderen gesetzlichen Bestimmungen nicht mehr gegen den Ausländer verwertet werden dürfen.

(2) Mitteilungen nach § 87 Abs. 1, die für eine anstehende ausländerrechtliche Entscheidung unerheblich sind und voraussichtlich auch für eine spätere ausländerrechtliche Entscheidung nicht erheblich werden können, sind unverzüglich zu vernichten.

§ 91a[2)] Register zum vorübergehenden Schutz. (1) Das Bundesamt für Migration und Flüchtlinge führt ein Register über die Ausländer nach § 24 Abs. 1, die ein Visum oder eine Aufenthaltserlaubnis beantragt haben, und über deren Familienangehörige im Sinne des Artikels 15 Abs. 1 der Richtlinie 2001/55/EG zum Zweck der Aufenthaltsgewährung, der Verteilung der aufgenommenen Ausländer im Bundesgebiet, der Wohnsitzverlegung aufgenommener Ausländer in andere Mitgliedstaaten der Europäischen Union, der Familienzusammenführung und der Förderung der freiwilligen Rückkehr.

(2) Folgende Daten werden in dem Register gespeichert:

1. zum Ausländer:

a) die Personalien, mit Ausnahme der früher geführten Namen und der Wohnanschrift im Inland, sowie der letzte Wohnort im Herkunftsland, die Herkunftsregion und freiwillig gemachte Angaben zur Religionszugehörigkeit,

b) Angaben zum Beruf und zur beruflichen Ausbildung,

(Fortsetzung nächstes Blatt)

[1)] § 91 Abs. 1 Satz 1 neu gef., Abs. 3 aufgeh. mWv 26.11.2019 durch G v. 20.11.2019 (BGBl. I S. 1626).

[2)] § 91a Abs. 7 geänd. mWv 1.8.2013 durch G v. 25.7.2013 (BGBl. I S. 2749); Abs. 8 Satz 2 geänd. mWv 26.11.2019 durch G v. 20.11.2019 (BGBl. I S. 1626).

Rahmen humanitärer Hilfsaktionen aufgenommene Flüchtlinge in der bis zum 1. Januar 2005 geltenden Fassung weiter Anwendung. [2] In diesen Fällen gilt § 52 Abs. 1 Satz 1 Nr. 4 entsprechend.

§ 104[1)] Übergangsregelungen. (1) [1] Über vor dem 1. Januar 2005 gestellte Anträge auf Erteilung einer unbefristeten Aufenthaltserlaubnis oder einer Aufenthaltsberechtigung ist nach dem bis zu diesem Zeitpunkt geltenden Recht zu entscheiden. [2] § 101 Abs. 1 gilt entsprechend.

(2) [1] Bei Ausländern, die vor dem 1. Januar 2005 im Besitz einer Aufenthaltserlaubnis oder Aufenthaltsbefugnis sind, ist es bei der Entscheidung über die Erteilung einer Niederlassungserlaubnis oder einer Erlaubnis zum Daueraufenthalt – EU hinsichtlich der sprachlichen Kenntnisse nur erforderlich, dass sie sich auf einfache Art in deutscher Sprache mündlich verständigen können. [2] § 9 Abs. 2 Satz 1 Nr. 3 und 8 findet keine Anwendung.

(3) Bei Ausländern, die sich vor dem 1. Januar 2005 rechtmäßig in Deutschland aufhalten, gilt hinsichtlich der vor diesem Zeitpunkt geborenen Kinder für den Nachzug § 20 des Ausländergesetzes in der zuletzt gültigen Fassung[2)], es sei denn, das Aufenthaltsgesetz gewährt eine günstigere Rechtsstellung.

(4) *(aufgehoben)*

[1)] § 104 Abs. 2 Satz 1 geänd. mWv 26.11.2011 durch G v. 22.11.2011 (BGBl. I S. 2258); Abs. 9 angef. mWv 1.12.2013 durch G v. 28.8.2013 (BGBl. I S. 3474); Abs. 8 angef. mWv 6.9.2013, Abs. 2 Satz 1 geänd. mWv 2.12.2013 durch G v. 29.8.2013 (BGBl. I S. 3484); Abs. 5 neu gef., Abs. 10 und 11 angef. mWv 1.8.2015 durch G v. 27.7.2015 (BGBl. I S. 1386); Abs. 9 Sätze 1 und 3 geänd., Abs. 12 angef. mWv 24.10.2015 durch G v. 20.10.2015 (BGBl. I S. 1722); Abs. 13 angef. mWv 17.3.2016 durch G v. 11.3.2016 (BGBl. I S. 390); Abs. 4 aufgeh. mWv 15.7.2016 durch G v. 8.7.2016 (BGBl. I S. 1594); Abs. 14 angef. mWv 6.8.2016 durch G v. 31.7.2016 (BGBl. I S. 1939); Abs. 13 neu gef. mWv 16.3.2018 durch G v. 8.3.2018 (BGBl. I S. 342); Abs. 13 neu gef. mWv 1.8.2018 durch G v. 12.7.2018 (BGBl. I S. 1147); Abs. 14 aufgeh. mWv 12.7.2019 durch G v. 4.7.2019 (BGBl. I S. 914); Abs. 15–17 angef. mWv 1.1.2020, Abs. 17 aufgeh. mWv 3.10.2020 durch G v. 8.7.2019 (BGBl. I S. 1021); Abs. 12 geänd. mWv 21.8.2019 durch G v. 15.8.2019 (BGBl. I S. 1294); Abs. 15 geänd. mWv 1.3.2020 durch G v. 15.8.2019 (BGBl. I S. 1307).

[2)] § 20 des Ausländergesetzes lautete:

„**§ 20 Kindernachzug.** (1) Dem minderjährigen ledigen Kind eines Asylberechtigten ist nach Maßgabe des § 17 eine Aufenthaltserlaubnis zu erteilen.

(2) Dem ledigen Kind eines sonstigen Ausländers ist nach Maßgabe des § 17 eine Aufenthaltserlaubnis zu erteilen, wenn

1. auch der andere Elternteil eine Aufenthaltserlaubnis oder Aufenthaltsberechtigung besitzt oder gestorben ist und
2. das Kind das 16. Lebensjahr noch nicht vollendet hat.

(3) [1] Von der in Absatz 2 Nr. 1 bezeichneten Voraussetzung kann abgesehen werden, wenn die Eltern nicht oder nicht mehr miteinander verheiratet sind. [2] Einem Kind, das sich seit fünf Jahren rechtmäßig im Bundesgebiet aufhält, kann die Aufenthaltserlaubnis abweichend von Absatz 2 Nr. 1 und § 17 Abs. 2 Nr. 3 erteilt werden.

(4) Im übrigen kann dem minderjährigen ledigen Kind eines Ausländers nach Maßgabe des § 17 eine Aufenthaltserlaubnis erteilt werden, wenn

1. das Kind die deutsche Sprache beherrscht oder gewährleistet erscheint, daß er sich auf Grund seiner bisherigen Ausbildung und Lebensverhältnisse in die Lebensverhältnisse in der Bundesrepublik Deutschland einfügen kann oder
2. es auf Grund der Umstände des Einzelfalles zur Vermeidung einer besonderen Härte erforderlich ist.

(5) [1] Dem minderjährigen ledigen Kind eines Ausländers, der im Bundesgebiet geboren oder als Minderjähriger eingereist ist, kann die Aufenthaltserlaubnis abweichend von § 17 Abs. 2 Nr. 3 erteilt werden, wenn der Lebensunterhalt ohne Inanspruchnahme öffentlicher Mittel gesichert ist. [2] Der Erteilung der Aufenthaltserlaubnis steht nicht die Inanspruchnahme von Stipendien und Ausbildungsbeihilfen sowie von solchen öffentlichen Mitteln entgegen, die auf einer Beitragsleistung beruhen.

(5) Auch für Ausländer, die bis zum Ablauf des 31. Juli 2015 im Rahmen des Programms zur dauerhaften Neuansiedlung von Schutzsuchenden einen Aufenthaltstitel nach § 23 Absatz 2 erhalten haben, sind die Regelungen über den Familiennachzug, das Bleibeinteresse, die Teilnahme an Integrationskursen und die Aufenthaltsverfestigung auf Grund des § 23 Absatz 4 entsprechend anzuwenden.

(6) [1] § 23 Abs. 2 in der bis zum 24. Mai 2007 geltenden Fassung findet in den Fällen weiter Anwendung, in denen die Anordnung der obersten Landesbehörde, die auf Grund der bis zum 24. Mai 2007 geltenden Fassung getroffen wurde, eine Erteilung einer Niederlassungserlaubnis bei besonders gelagerten politischen Interessen der Bundesrepublik Deutschland vorsieht. [2] § 23 Abs. 2 Satz 5 und § 44 Abs. 1 Nr. 2 sind auf die betroffenen Ausländer und die Familienangehörigen, die mit ihnen ihren Wohnsitz in das Bundesgebiet verlegen, entsprechend anzuwenden.

(7) Eine Niederlassungserlaubnis kann auch Ehegatten, Lebenspartnern und minderjährigen ledigen Kindern eines Ausländers erteilt werden, die vor dem 1. Januar 2005 im Besitz einer Aufenthaltsbefugnis nach § 31 Abs. 1 des Ausländergesetzes oder einer Aufenthaltserlaubnis nach § 35 Abs. 2 des Ausländergesetzes waren, wenn die Voraussetzungen des § 26 Abs. 4 erfüllt sind und sie weiterhin die Voraussetzungen erfüllen, wonach eine Aufenthaltsbefugnis nach § 31 des Ausländergesetzes oder eine Aufenthaltserlaubnis nach § 35 Abs. 2 des Ausländergesetzes erteilt werden durfte.

(8) § 28 Absatz 2 in der bis zum 5. September 2013 geltenden Fassung findet weiter Anwendung auf Familienangehörige eines Deutschen, die am 5. September 2013 bereits einen Aufenthaltstitel nach § 28 Absatz 1 innehatten.

(9) [1] Ausländer, die eine Aufenthaltserlaubnis nach § 25 Absatz 3 besitzen, weil das Bundesamt oder die Ausländerbehörde festgestellt hat, dass Abschiebungsverbote nach § 60 Absatz 2, 3 oder 7 Satz 2 in der vor dem 1. Dezember 2013 gültigen Fassung vorliegen, gelten als subsidiär Schutzberechtigte im Sinne des § 4 Absatz 1 des Asylgesetzes[1)] und erhalten von Amts wegen eine Aufenthaltserlaubnis nach § 25 Absatz 2 Satz 1 zweite Alternative, es sei denn, das Bundesamt hat die Ausländerbehörde über das Vorliegen von Ausschlusstatbeständen im Sinne des § 25 Absatz 3 Satz 2 Buchstabe a bis d in der vor dem 1. Dezember 2013 gültigen Fassung unterrichtet. [2] Die Zeiten des Besitzes der Aufenthaltserlaubnis nach § 25 Absatz 3 Satz 1 in der vor dem 1. Dezember 2013 gültigen Fassung stehen Zeiten des Besitzes einer Aufenthaltserlaubnis nach § 25 Absatz 2 Satz 1 zweite Alternative gleich. [3] § 73b des Asylgesetzes[1)] gilt entsprechend.

(10) Für Betroffene nach § 73b Absatz 1, die als nicht entsandte Mitarbeiter des Auswärtigen Amts in einer Auslandsvertretung tätig sind, findet § 73b Absatz 4 ab dem 1. Februar 2016 Anwendung.

(11) Für Ausländer, denen zwischen dem 1. Januar 2011 und dem 31. Juli 2015 subsidiärer Schutz nach der Richtlinie 2011/95/EU oder der Richtlinie 2004/38/EG unanfechtbar zuerkannt wurde, beginnt die Frist nach § 29 Absatz 2 Satz 2 Nummer 1 mit Inkrafttreten dieses Gesetzes zu laufen.

(Fortsetzung der Anm. von voriger Seite)

(6) Die einem Kind erteilte Aufenthaltserlaubnis wird abweichend von § 17 Abs. 2 Nr. 2 und 3 verlängert."

[1)] Nr. **567**.

(12) Im Falle einer Abschiebungsandrohung nach den §§ 34 und 35 des Asylgesetzes[1] oder einer Abschiebungsanordnung nach § 34a des Asylgesetzes[1], die bereits vor dem 1. August 2015 erlassen oder angeordnet worden ist, sind die Ausländerbehörden für die Anordnung eines Einreise- und Aufenthaltsverbots nach § 11 zuständig.

(13) [1] Die Vorschriften von Kapitel 2 Abschnitt 6 in der bis zum 31. Juli 2018 geltenden Fassung finden weiter Anwendung auf den Familiennachzug zu Ausländern, denen bis zum 17. März 2016 eine Aufenthaltserlaubnis nach § 25 Absatz 2 Satz 1 zweite Alternative erteilt worden ist, wenn der Antrag auf erstmalige Erteilung eines Aufenthaltstitels zum Zwecke des Familiennachzugs zu dem Ausländer bis zum 31. Juli 2018 gestellt worden ist. [2] § 27 Absatz 3a findet Anwendung.

(14) *(aufgehoben)*

(15) Wurde eine Duldung nach § 60a Absatz 2 Satz 4 in der bis zum 31. Dezember 2019 geltenden Fassung erteilt, gilt §§[2] 19d Absatz 1 Nummer 4 und 5 nicht, wenn zum Zeitpunkt der Antragstellung auf eine Aufenthaltserlaubnis nach §§[2] 19d Absatz 1a der Ausländer die erforderlichen und ihm zumutbaren Maßnahmen für die Identitätsklärung ergriffen hat.

(16) Für Beschäftigungen, die Inhabern einer Duldung bis zum 31. Dezember 2019 erlaubt wurden, gilt § 60a Absatz 6 in der bis zu diesem Tag geltenden Fassung fort.

§ 104a[3] Altfallregelung. (1) [1] Einem geduldeten Ausländer soll abweichend von § 5 Abs. 1 Nr. 1 und Abs. 2 eine Aufenthaltserlaubnis erteilt werden, wenn er sich am 1. Juli 2007 seit mindestens acht Jahren oder, falls er zusammen mit einem oder mehreren minderjährigen ledigen Kindern in häuslicher Gemeinschaft lebt, seit mindestens sechs Jahren ununterbrochen geduldet, gestattet oder mit einer Aufenthaltserlaubnis aus humanitären Gründen im Bundesgebiet aufgehalten hat und er

1. über ausreichenden Wohnraum verfügt,
2. über hinreichende mündliche Deutschkenntnisse im Sinne des Niveaus A2 des Gemeinsamen Europäischen Referenzrahmens für Sprachen verfügt,
3. bei Kindern im schulpflichtigen Alter den tatsächlichen Schulbesuch nachweist,
4. die Ausländerbehörde nicht vorsätzlich über aufenthaltsrechtlich relevante Umstände getäuscht oder behördliche Maßnahmen zur Aufenthaltsbeendigung nicht vorsätzlich hinausgezögert oder behindert hat,
5. keine Bezüge zu extremistischen oder terroristischen Organisationen hat und diese auch nicht unterstützt und
6. nicht wegen einer im Bundesgebiet begangenen vorsätzlichen Straftat verurteilt wurde, wobei Geldstrafen von insgesamt bis zu 50 Tagessätzen oder bis zu 90 Tagessätzen wegen Straftaten, die nach dem Aufenthaltsgesetz oder

---

[1] Nr. **567**.

[2] Paragraphenzeichen amtlich.

[3] § 104a Abs. 1 Satz 1 Nr. 2 geänd. mWv 26.11.2011 durch G v. 22.11.2011 (BGBl. I S. 2258); Abs. 1 Satz 1 Nr. 6 geänd. mWv 24.10.2015 durch G v. 20.10.2015 (BGBl. I S. 1722); Abs. 4 Satz 2 aufgeh. mWv 1.3.2020 durch G v. 15.8.2019 (BGBl. I S. 1307); Abs. 7 Satz 2 geänd. mWv 27.6.2020 durch VO v. 19.6.2020 (BGBl. I S. 1328).

dem Asylgesetz[1)] nur von Ausländern begangen werden können, grundsätzlich außer Betracht bleiben.

[2] Wenn der Ausländer seinen Lebensunterhalt eigenständig durch Erwerbstätigkeit sichert, wird die Aufenthaltserlaubnis nach § 23 Abs. 1 Satz 1 erteilt. [3] Im Übrigen wird sie nach Satz 1 erteilt; sie gilt als Aufenthaltstitel nach Kapitel 2 Abschnitt 5; die §§ 9 und 26 Abs. 4 finden keine Anwendung. [4] Von der Voraussetzung des Satzes 1 Nr. 2 kann bis zum 1. Juli 2008 abgesehen werden. [5] Von der Voraussetzung des Satzes 1 Nr. 2 wird abgesehen, wenn der Ausländer sie wegen einer körperlichen, geistigen oder seelischen Krankheit oder Behinderung oder aus Altersgründen nicht erfüllen kann.

(2) [1] Dem geduldeten volljährigen ledigen Kind eines geduldeten Ausländers, der sich am 1. Juli 2007 seit mindestens acht Jahren oder, falls er zusammen mit einem oder mehreren minderjährigen ledigen Kindern in häuslicher Gemeinschaft lebt, seit mindestens sechs Jahren ununterbrochen geduldet, gestattet oder mit einer Aufenthaltserlaubnis aus humanitären Gründen im Bundesgebiet aufgehalten hat, kann eine Aufenthaltserlaubnis nach § 23 Abs. 1 Satz 1 erteilt werden, wenn es bei der Einreise minderjährig war und gewährleistet erscheint, dass es sich auf Grund seiner bisherigen Ausbildung und Lebensverhältnisse in die Lebensverhältnisse der Bundesrepublik Deutschland einfügen kann. [2] Das Gleiche gilt für einen Ausländer, der sich als unbegleiteter Minderjähriger seit mindestens sechs Jahren ununterbrochen geduldet, gestattet oder mit einer Aufenthaltserlaubnis aus humanitären Gründen im Bundesgebiet aufgehalten hat und bei dem gewährleistet erscheint, dass er sich auf Grund seiner bisherigen Ausbildung und Lebensverhältnisse in die Lebensverhältnisse der Bundesrepublik Deutschland einfügen kann.

(3) [1] Hat ein in häuslicher Gemeinschaft lebendes Familienmitglied Straftaten im Sinne des Absatzes 1 Satz 1 Nr. 6 begangen, führt dies zur Versagung der Aufenthaltserlaubnis nach dieser Vorschrift für andere Familienmitglieder. [2] Satz 1 gilt nicht für den Ehegatten eines Ausländers, der Straftaten im Sinne des Absatzes 1 Satz 1 Nr. 6 begangen hat, wenn der Ehegatte die Voraussetzungen des Absatzes 1 im Übrigen erfüllt und es zur Vermeidung einer besonderen Härte erforderlich ist, ihm den weiteren Aufenthalt zu ermöglichen. [3] Sofern im Ausnahmefall Kinder von ihren Eltern getrennt werden, muss ihre Betreuung in Deutschland sichergestellt sein.

(Fortsetzung nächstes Blatt)

[1)] Nr. **567**.

567. Asylgesetz (AsylG)[1)][2)][3)]

In der Fassung der Bekanntmachung vom 2. September 2008[4)] (BGBl. I S. 1798)

FNA 26-7

geänd. durch Art. 18 FGG-ReformG v. 17.12.2008 (BGBl. I S. 2586), Art. 3 G zur Anpassung des deutschen Rechts an die VO (EG) Nr. 380/2008 v. 12.4.2011 (BGBl. I S. 610), Art. 3 G zur Bekämpfung der Zwangsheirat und zum besseren Schutz der Opfer von Zwangsheirat sowie zur Änd. weiterer aufenthalts- und asylrechtlicher Vorschriften v. 23.6.2011 (BGBl. I S. 1266), Art. 4 G zur Umsetzung aufenthaltsrechtlicher RL der EU und zur Anpassung nationaler Rechtsvorschriften an den EU-Visakodex v. 22.11.2011 (BGBl. I S. 2258), Art. 1 G zur Umsetzung der RL 2011/95/EU v. 28.8.2013 (BGBl. I S. 3474), Art. 1 G zur Einstufung weiterer Staaten als sichere Herkunftsstaaten und zur Erleichterung des Arbeitsmarktzugangs für Asylbewerber und geduldete Ausländer v. 31.10. 2014 (BGBl. I S. 1649), Art. 2 G zur Verbesserung der Rechtsstellung von asylsuchenden und geduldeten Ausländern v. 23.12.2014 (BGBl. I S. 2439), Art. 1 AsylverfahrensbeschleunigungsG v. 20.10.2015 (BGBl. I S. 1722), Art. 12 G zur Bereinigung des Rechts der Lebenspartner v. 20.11. 2015 (BGBl. I S. 2010), Art. 1 DatenaustauschverbesserungsG v. 2.2.2016 (BGBl. I S. 130), Art. 1 G zur Einführung beschleunigter Asylverfahren v. 11.3.2016 (BGBl. I S. 390), Art. 2 G zur erleichterten Ausweisung von straffälligen Ausländern und zum erweiterten Ausschluss der Flüchtlingsanerkennung bei straffälligen Asylbewerbern v. 11.3.2016 (BGBl. I S. 394), Art. 6 IntegrationsG v. 31.7.2016 (BGBl. I S. 1939), Art. 2 Abs. 2 50. G zur Änd des StGB v. 4.11.2016 (BGBl. I S. 2460), Art. 6 Abs. 14 G zur Reform der strafrechtlichen Vermögensabschöpfung v. 13.4.2017 (BGBl. I S. 872), Art. 4 G zur Bekämpfung von Kinderehen v. 17.7.2017 (BGBl. I S. 2429), Art. 2 G zur besseren Durchsetzung der Ausreisepflicht v. 20.7.2017 (BGBl. I S. 2780), Art. 1 Drittes ÄndG v. 4.12.2018 (BGBl. I S. 2250), Art. 5 Zweites DatenaustauschverbesserungsG v. 4.8.2019 (BGBl. I S. 1131), Art. 3 Zweites G zur besseren Durchsetzung der Ausreisepflicht v. 15.8.2019 (BGBl. I S. 1294), Art. 45 FachkräfteeinwanderungsG v. 15.8.2019 (BGBl. I S. 1307), Art. 48 Zweites Datenschutz-Anpassungs- und UmsetzungsG EU v. 20.11.2019 (BGBl. I S. 1626), Art. 165 Elfte ZuständigkeitsanpassungsVO v. 19.6.2020 (BGBl. I S. 1328) und Art. 3 Abs. 1 59. G zur Änd. des Strafgesetzbuches v. 9.10.2020 (BGBl. I S. 2075)

[1)] **Amtl. Anm.:** Dieses Gesetz dient der Umsetzung folgender Richtlinien:

1. Richtlinie 2003/9/EG des Rates vom 27. Januar 2003 zur Festlegung von Mindestnormen für die Aufnahme von Asylbewerbern in den Mitgliedstaaten der Europäischen Union (ABl. EU Nr. L 31 S. 18),
2. Richtlinie 2004/83/EG des Rates vom 29. April 2004 über Mindestnormen für die Anerkennung und den Status von Drittstaatsangehörigen oder Staatenlosen als Flüchtlinge oder als Personen, die anderweitig internationalen Schutz benötigen, und über den Inhalt des zu gewährenden Schutzes (ABl. EU Nr. L 304 S. 12),
3. Richtlinie 2005/85/EG des Rates vom 1. Dezember 2005 über Mindestnormen für Verfahren in den Mitgliedstaaten zur Zuerkennung und Aberkennung der Flüchtlingseigenschaft (ABl. EU Nr. L 326 S. 13).

[2)] Überschrift neu gef. mWv 24.10.2015 durch G v. 20.10.2015 (BGBl. I S. 1722); bis 23.10.2015: „Asylverfahrensgesetz (AsylVfG)".

[3)] Die Änderungen durch G v. 4.8.2019 (BGBl. I S. 1131) treten teilweise erst **mWv 1.4.2021** in Kraft und sind insoweit im Text noch nicht berücksichtigt.

[4)] Neubekanntmachung des AsylVfG (ab 24.10.2015: AsylG) idF der Bek. v. 27.7.1993 (BGBl. I S. 1361) in der ab 1.1.2007 geltenden Fassung.

Inhaltsübersicht[1)]

[1)] Inhaltsübersicht geänd. mWv 1.12.2013 durch G v. 28.8.2013 (BGBl. I S. 3474); geänd. mWv 1.1.2015 durch G v. 23.12.2014 (BGBl. I S. 2439); geänd. mWv 24.10.2015 durch G v. 20.10.2015 (BGBl. I S. 1722); geänd. mWv 17.3.2016 durch G v. 11.3.2016 (BGBl. I S. 390); geänd. mWv 6.8. 2016 durch G v. 31.7.2016 (BGBl. I S. 1939); geänd. mWv 29.7.2017 durch G v. 20.7.2017 (BGBl. I S. 2780); geänd. mWv 21.8.2019 durch G v. 15.8.2019 (BGBl. I S. 1294).

relevanten Quellen, wie etwa Informationen des Hohen Kommissars der Vereinten Nationen für Flüchtlinge oder des Europäischen Unterstützungsbüros für Asylfragen, einzuholen.

§ 4[1)] Subsidiärer Schutz. (1) [1] Ein Ausländer ist subsidiär Schutzberechtigter, wenn er stichhaltige Gründe für die Annahme vorgebracht hat, dass ihm in seinem Herkunftsland ein ernsthafter Schaden droht. [2] Als ernsthafter Schaden gilt:

1. die Verhängung oder Vollstreckung der Todesstrafe,
2. Folter oder unmenschliche oder erniedrigende Behandlung oder Bestrafung oder
3. eine ernsthafte individuelle Bedrohung des Lebens oder der Unversehrtheit einer Zivilperson infolge willkürlicher Gewalt im Rahmen eines internationalen oder innerstaatlichen bewaffneten Konflikts.

(2) [1] Ein Ausländer ist von der Zuerkennung subsidiären Schutzes nach Absatz 1 ausgeschlossen, wenn schwerwiegende Gründe die Annahme rechtfertigen, dass er

1. ein Verbrechen gegen den Frieden, ein Kriegsverbrechen oder ein Verbrechen gegen die Menschlichkeit im Sinne der internationalen Vertragswerke begangen hat, die ausgearbeitet worden sind, um Bestimmungen bezüglich dieser Verbrechen festzulegen,
2. eine schwere Straftat begangen hat,
3. sich Handlungen zuschulden kommen lassen hat, die den Zielen und Grundsätzen der Vereinten Nationen, wie sie in der Präambel und den Artikeln 1 und 2 der Charta der Vereinten Nationen (BGBl. 1973 II S. 430, 431) verankert sind, zuwiderlaufen oder
4. eine Gefahr für die Allgemeinheit oder für die Sicherheit der Bundesrepublik Deutschland darstellt.

[2] Diese Ausschlussgründe gelten auch für Ausländer, die andere zu den genannten Straftaten oder Handlungen anstiften oder sich in sonstiger Weise daran beteiligen.

(3) [1] Die §§ 3c bis 3e gelten entsprechend. [2] An die Stelle der Verfolgung, des Schutzes vor Verfolgung beziehungsweise der begründeten Furcht vor Verfolgung treten die Gefahr eines ernsthaften Schadens, der Schutz vor einem ernsthaften Schaden beziehungsweise die tatsächliche Gefahr eines ernsthaften Schadens; an die Stelle der Flüchtlingseigenschaft tritt der subsidiäre Schutz.

Abschnitt 3.[2)] Allgemeine Bestimmungen

§ 5[3)] Bundesamt. (1) [1] Über Asylanträge entscheidet das Bundesamt für Migration und Flüchtlinge (Bundesamt). [2] Es ist nach Maßgabe dieses Gesetzes auch für ausländerrechtliche Maßnahmen und Entscheidungen zuständig.

[1)] § 4 neu gef. mWv 1.12.2013 durch G v. 28.8.2013 (BGBl. I S. 3474).

[2)] Abschnitt 3 Überschrift eingef. mWv 1.12.2013 durch G v. 28.8.2013 (BGBl. I S. 3474).

[3)] § 5 Abs. 1 Satz 1 geänd. mWv 1.12.2013 durch G v. 28.8.2013 (BGBl. I S. 3474); Abs. 5 angef. mWv 17.3.2016 durch G v. 11.3.2016 (BGBl. I S. 390); Abs. 3 Satz 1 geänd. mWv 6.8.2016 durch G v. 31.7.2016 (BGBl. I S. 1939); Abs. 2 Satz 1 geänd. mWv 27.6.2020 durch VO v. 19.6.2020 (BGBl. I S. 1328).

(2) [1]Das Bundesministerium des Innern, für Bau und Heimat bestellt den Leiter des Bundesamtes. [2]Dieser sorgt für die ordnungsgemäße Organisation der Asylverfahren.

(3) [1]Der Leiter des Bundesamtes soll bei jeder Zentralen Aufnahmeeinrichtung für Asylbewerber (Aufnahmeeinrichtung) mit mindestens 1 000 dauerhaften Unterbringungsplätzen in Abstimmung mit dem Land eine Außenstelle einrichten. [2]Er kann in Abstimmung mit den Ländern weitere Außenstellen einrichten.

(4) [1]Der Leiter des Bundesamtes kann mit den Ländern vereinbaren, ihm sachliche und personelle Mittel zur notwendigen Erfüllung seiner Aufgaben in den Außenstellen zur Verfügung zu stellen. [2]Die ihm zur Verfügung gestellten Bediensteten unterliegen im gleichen Umfang seinen fachlichen Weisungen wie die Bediensteten des Bundesamtes. [3]Die näheren Einzelheiten sind in einer Verwaltungsvereinbarung zwischen dem Bund und dem Land zu regeln.

(5) [1]Der Leiter des Bundesamtes kann mit den Ländern vereinbaren, dass in einer Aufnahmeeinrichtung Ausländer untergebracht werden, deren Verfahren beschleunigt nach § 30a bearbeitet werden sollen (besondere Aufnahmeeinrichtungen). [2]Das Bundesamt richtet Außenstellen bei den besonderen Aufnahmeeinrichtungen nach Satz 1 ein oder ordnet sie diesen zu. [3]Auf besondere Aufnahmeeinrichtungen finden die für Aufnahmeeinrichtungen geltenden Regelungen Anwendung, soweit nicht in diesem Gesetz oder einer anderen Rechtsvorschrift etwas anderes bestimmt wird.

§ 6[1)] Verbindlichkeit asylrechtlicher Entscheidungen. [1]Die Entscheidung über den Asylantrag ist in allen Angelegenheiten verbindlich, in denen die Anerkennung als Asylberechtigter oder die Zuerkennung des internationalen Schutzes im Sinne des § 1 Absatz 1 Nummer 2 rechtserheblich ist. [2]Dies gilt nicht für das Auslieferungsverfahren sowie das Verfahren nach § 58a des Aufenthaltsgesetzes[2)].

§ 7[3)] Erhebung personenbezogener Daten. (1) [1]Die mit der Ausführung dieses Gesetzes betrauten Behörden dürfen zum Zwecke der Ausführung dieses Gesetzes personenbezogene Daten erheben, soweit dies zur Erfüllung ihrer Aufgaben erforderlich ist. [2]Personenbezogene Daten, deren Verarbeitung nach Artikel 9 Absatz 1 der Verordnung (EU) 2016/679[4)] des Europäischen Parlaments und des Rates vom 27. April 2016 zum Schutz natürlicher Personen bei der Verarbeitung personenbezogener Daten, zum freien Datenverkehr und zur Aufhebung der Richtlinie 95/46/EG (Datenschutz-Grundverordnung) (ABl. L 119 vom 4.5.2016, S. 1; L 314 vom 22.11.2016, S. 72; L 127 vom 23.5.2018, S. 2) in der jeweils geltenden Fassung untersagt ist, dürfen erhoben werden, soweit dies im Einzelfall zur Aufgabenerfüllung erforderlich ist.

(2) [1]Die Daten sind bei der betroffenen Person zu erheben. [2]Sie dürfen auch ohne Mitwirkung der betroffenen Person bei anderen öffentlichen Stellen, ausländischen Behörden und nichtöffentlichen Stellen erhoben werden, wenn

---

[1)] § 6 neu gef. mWv 1.12.2013 durch G v. 28.8.2013 (BGBl. I S. 3474).
[2)] Nr. **565**.
[3)] § 7 Abs. 3 angef. mWv 24.10.2015 durch G v. 20.10.2015 (BGBl. I S. 1722); Abs. 1 Satz 2 neu gef., Abs. 2 Satz 1, Satz 2 Nr. 2, 3 und 5 und Satz 3 geänd. mWv 26.11.2019 durch G v. 20.11.2019 (BGBl. I S. 1626).
[4)] Nr. **246**.

(5) Die Vorschriften über die Ersatzzustellung bleiben unberührt.

(6) [1] Müsste eine Zustellung außerhalb des Bundesgebiets erfolgen, so ist durch öffentliche Bekanntmachung zuzustellen. [2] Die Vorschriften des § 10 Abs. 1 Satz 2 und Abs. 2 des Verwaltungszustellungsgesetzes[1)] finden Anwendung.

(7) Der Ausländer ist bei der Antragstellung schriftlich und gegen Empfangsbestätigung auf diese Zustellungsvorschriften hinzuweisen.

§ 11 Ausschluss des Widerspruchs. Gegen Maßnahmen und Entscheidungen nach diesem Gesetz findet kein Widerspruch statt.

§ 11a[2)] Vorübergehende Aussetzung von Entscheidungen. [1] Das Bundesministerium des Innern, für Bau und Heimat kann Entscheidungen des Bundesamtes nach diesem Gesetz zu bestimmten Herkunftsländern für die Dauer von sechs Monaten vorübergehend aussetzen, wenn die Beurteilung der asyl- und abschiebungsrelevanten Lage besonderer Aufklärung bedarf. [2] Die Aussetzung nach Satz 1 kann verlängert werden.

Abschnitt 4.[3)] Asylverfahren

Unterabschnitt 1.[4)] Allgemeine Verfahrensvorschriften

§ 12[5)] Handlungsfähigkeit. (1) Fähig zur Vornahme von Verfahrenshandlungen nach diesem Gesetz ist ein volljähriger Ausländer, sofern er nicht nach Maßgabe des Bürgerlichen Gesetzbuches[6)] geschäftsunfähig oder in dieser Angelegenheit zu betreuen und einem Einwilligungsvorbehalt zu unterstellen wäre.

(2) [1] Bei der Anwendung dieses Gesetzes sind die Vorschriften des Bürgerlichen Gesetzbuches dafür maßgebend, ob ein Ausländer als minderjährig oder volljährig anzusehen ist. [2] Die Geschäftsfähigkeit und die sonstige rechtliche Handlungsfähigkeit eines nach dem Recht seines Heimatstaates volljährigen Ausländers bleiben davon unberührt.

(3) Im Asylverfahren ist vorbehaltlich einer abweichenden Entscheidung des Familiengerichts jeder Elternteil zur Vertretung eines minderjährigen Kindes befugt, wenn sich der andere Elternteil nicht im Bundesgebiet aufhält oder sein Aufenthaltsort im Bundesgebiet unbekannt ist.

§ 12a[7)] Asylverfahrensberatung. [1] Das Bundesamt führt eine für die Asylsuchenden freiwillige, unabhängige staatliche Asylverfahrensberatung durch. [2] Diese erfolgt in zwei Stufen. [3] Auf der ersten Stufe werden allen Asylsuchenden vor Antragstellung in Gruppengesprächen Informationen zum Ablauf des Asylverfahrens sowie zu Rückkehrmöglichkeiten zur Verfügung gestellt. [4] Auf der zweiten Stufe erhalten alle Asylsuchenden in Einzelgesprächen eine indivi-

---

[1)] Nr. **110**.

[2)] § 11a Satz 1 geänd. mWv 27.6.2020 durch VO v. 19.6.2020 (BGBl. I S. 1328).

[3)] Bish. 2. Abschnitt wird Abschnitt 4 mWv 1.12.2013 durch G v. 28.8.2013 (BGBl. I S. 3474).

[4)] UAbschnitt 1 Überschrift geänd. mWv 1.12.2013 durch G v. 28.8.2013 (BGBl. I S. 3474).

[5)] § 12 Abs. 3 geänd. mWv 1.9.2009 durch G v. 17.12.2008 (BGBl. I S. 2586); Überschrift, Abs. 1 und 3 geänd. mWv 24.10.2015 durch G v. 20.10.2015 (BGBl. I S. 1722).

[6)] **Schönfelder Nr. 20.**

[7)] § 12a eingef. mWv 21.8.2019 durch G v. 15.8.2019 (BGBl. I S. 1294).

duelle Asylverfahrensberatung, die durch das Bundesamt oder durch Wohlfahrtsverbände durchgeführt wird.

§ 13[1)] Asylantrag. (1) Ein Asylantrag liegt vor, wenn sich dem schriftlich, mündlich oder auf andere Weise geäußerten Willen des Ausländers entnehmen lässt, dass er im Bundesgebiet Schutz vor politischer Verfolgung sucht oder dass er Schutz vor Abschiebung oder einer sonstigen Rückführung in einen Staat begehrt, in dem ihm eine Verfolgung im Sinne des § 3 Absatz 1 oder ein ernsthafter Schaden im Sinne des § 4 Absatz 1 droht.

(2) [1] Mit jedem Asylantrag wird die Anerkennung als Asylberechtigter sowie internationaler Schutz im Sinne des § 1 Absatz 1 Nummer 2 beantragt. [2] Der Ausländer kann den Asylantrag auf die Zuerkennung internationalen Schutzes beschränken. [3] Er ist über die Folgen einer Beschränkung des Antrags zu belehren. [4] § 24 Absatz 2 bleibt unberührt.

(3) [1] Ein Ausländer, der nicht im Besitz der erforderlichen Einreisepapiere ist, hat an der Grenze um Asyl nachzusuchen (§ 18). [2] Im Falle der unerlaubten Einreise hat er sich unverzüglich bei einer Aufnahmeeinrichtung zu melden (§ 22) oder bei der Ausländerbehörde oder der Polizei um Asyl nachzusuchen (§ 19). [3] Der nachfolgende Asylantrag ist unverzüglich zu stellen.

§ 14[2)] Antragstellung. (1) [1] Der Asylantrag ist bei der Außenstelle des Bundesamtes zu stellen, die der für die Aufnahme des Ausländers zuständigen Aufnahmeeinrichtung zugeordnet ist. [2] Das Bundesamt kann den Ausländer in Abstimmung mit der von der obersten Landesbehörde bestimmten Stelle verpflichten, seinen Asylantrag bei einer anderen Außenstelle zu stellen. [3] Der Ausländer ist vor der Antragstellung schriftlich und gegen Empfangsbestätigung darauf hinzuweisen, dass nach Rücknahme oder unanfechtbarer Ablehnung seines Asylantrags die Erteilung eines Aufenthaltstitels gemäß § 10 Abs. 3 des Aufenthaltsgesetzes[3)] Beschränkungen unterliegt. [4] In Fällen des Absatzes 2 Satz 1 Nr. 2 ist der Hinweis unverzüglich nachzuholen.

(2) [1] Der Asylantrag ist beim Bundesamt zu stellen, wenn der Ausländer

1. einen Aufenthaltstitel mit einer Gesamtgeltungsdauer von mehr als sechs Monaten besitzt,
2. sich in Haft oder sonstigem öffentlichem Gewahrsam, in einem Krankenhaus, einer Heil- oder Pflegeanstalt oder in einer Jugendhilfeeinrichtung befindet, oder
3. minderjährig ist und sein gesetzlicher Vertreter nicht verpflichtet ist, in einer Aufnahmeeinrichtung zu wohnen.

[2] Die Ausländerbehörde leitet einen bei ihr eingereichten schriftlichen Antrag unverzüglich dem Bundesamt zu. [3] Das Bundesamt bestimmt die für die Bearbeitung des Asylantrags zuständige Außenstelle.

(3) [1] Befindet sich der Ausländer in den Fällen des Absatzes 2 Satz 1 Nr. 2 in

---

[1)] § 13 Abs. 1 geänd., Abs. 2 neu gef. mWv 1.12.2013 durch G v. 28.8.2013 (BGBl. I S. 3474); Abs. 3 Satz 3 angef. mWv 21.8.2019 durch G v. 15.8.2019 (BGBl. I S. 1294).

[2)] § 14 Abs. 3 Nr. 3–5 geänd. mWv 26.11.2011 durch G v. 22.11.2011 (BGBl. I S. 2258); Abs. 2 Satz 1 Nr. 3 geänd., Satz 3 angef. mWv 24.10.2015 durch G v. 20.10.2015 (BGBl. I S. 1722); Abs. 1 Satz 2 eingef., bish. Sätze 2 und 3 werden Sätze 3 und 4, Abs. 3 Satz 3 geänd. mWv 6.8.2016 durch G v. 31.7.2016 (BGBl. I S. 1939); Abs. 3 Satz 1 Nr. 4 und 5 geänd., Nr. 6 und 7 angef. mWv 21.8.2019 durch G v. 15.8.2019 (BGBl. I S. 1294).

[3)] Nr. **565**.

1. Untersuchungshaft,
2. Strafhaft,
3. Vorbereitungshaft nach § 62 Absatz 2 des Aufenthaltsgesetzes,
4. Sicherungshaft nach § 62 Absatz 3 Satz 1 Nummer 2 des Aufenthaltsgesetzes, weil er sich nach der unerlaubten Einreise länger als einen Monat ohne Aufenthaltstitel im Bundesgebiet aufgehalten hat,
5. Sicherungshaft nach § 62 Absatz 3 Satz 1 Nummer 1 und 3 des Aufenthaltsgesetzes,
6. Mitwirkungshaft nach § 62 Absatz 6 des Aufenthaltsgesetzes,
7. Ausreisegewahrsam nach § 62b des Aufenthaltsgesetzes,

steht die Asylantragstellung der Anordnung oder Aufrechterhaltung von Abschiebungshaft nicht entgegen. [2] Dem Ausländer ist unverzüglich Gelegenheit zu geben, mit einem Rechtsbeistand seiner Wahl Verbindung aufzunehmen, es sei denn, er hat sich selbst vorher anwaltlichen Beistands versichert. [3] Die Abschiebungshaft endet mit der Zustellung der Entscheidung des Bundesamtes, spätestens jedoch vier Wochen nach Eingang des Asylantrags beim Bundesamt, es sei denn, es wurde auf Grund von Rechtsvorschriften der Europäischen Gemeinschaft oder eines völkerrechtlichen Vertrages über die Zuständigkeit für die Durchführung von Asylverfahren ein Auf- oder Wiederaufnahmeersuchen an einen anderen Staat gerichtet oder der Asylantrag wurde als unzulässig nach § 29 Absatz 1 Nummer 4 oder als offensichtlich unbegründet abgelehnt.

§ 14a[1)] Familieneinheit. (1) Mit der Asylantragstellung nach § 14 gilt ein Asylantrag auch für jedes minderjährige ledige Kind des Ausländers als gestellt, das sich zu diesem Zeitpunkt im Bundesgebiet aufhält, ohne freizügigkeitsberechtigt oder im Besitz eines Aufenthaltstitels zu sein, wenn es zuvor noch keinen Asylantrag gestellt hatte.

(2) [1] Reist ein minderjähriges lediges Kind des Ausländers nach dessen Asylantragstellung ins Bundesgebiet ein oder wird es hier geboren, so ist dies dem Bundesamt unverzüglich anzuzeigen, wenn ein Elternteil eine Aufenthaltsgestattung besitzt oder sich nach Abschluss seines Asylverfahrens ohne Aufenthaltstitel oder mit einer Aufenthaltserlaubnis nach § 25 Abs. 5 des Aufenthaltsgesetzes[2)] im Bundesgebiet aufhält. [2] Die Anzeigepflicht obliegt neben dem Vertreter des Kindes im Sinne von § 12 Abs. 3 auch der Ausländerbehörde. [3] Mit Zugang der Anzeige beim Bundesamt gilt ein Asylantrag für das Kind als gestellt.

(3) [1] Der Vertreter des Kindes im Sinne von § 12 Abs. 3 kann bis zur Zustellung der Entscheidung des Bundesamtes auf die Durchführung eines Asylverfahrens für das Kind verzichten, indem er erklärt, dass dem Kind keine Verfolgung im Sinne des § 3 Absatz 1 und kein ernsthafter Schaden im Sinne des § 4 Absatz 1 drohen. [2] § 13 Absatz 2 Satz 2 gilt entsprechend.

(4) Die Absätze 1 bis 3 sind auch anzuwenden, wenn der Asylantrag vor dem 1. Januar 2005 gestellt worden ist und das Kind sich zu diesem Zeitpunkt im Bundesgebiet aufgehalten hat, später eingereist ist oder hier geboren wurde.

[1)] § 14a Abs. 3 Satz 1 geänd., Satz 2 angef. mWv 1.12.2013 durch G v. 28.8.2013 (BGBl. I S. 3474); Abs. 1 neu gef., Abs. 2 Satz 1 geänd. mWv 24.10.2015 durch G v. 20.10.2015 (BGBl. I S. 1722).

[2)] Nr. **565**.

§ 15[1)] Allgemeine Mitwirkungspflichten. (1) [1]Der Ausländer ist persönlich verpflichtet, bei der Aufklärung des Sachverhalts mitzuwirken. [2]Dies gilt auch, wenn er sich durch einen Bevollmächtigten vertreten lässt.

(2) Er ist insbesondere verpflichtet,

1. den mit der Ausführung dieses Gesetzes betrauten Behörden die erforderlichen Angaben mündlich und nach Aufforderung auch schriftlich zu machen;
2. das Bundesamt unverzüglich zu unterrichten, wenn ihm ein Aufenthaltstitel erteilt worden ist;
3. den gesetzlichen und behördlichen Anordnungen, sich bei bestimmten Behörden oder Einrichtungen zu melden oder dort persönlich zu erscheinen, Folge zu leisten;
4. seinen Pass oder Passersatz den mit der Ausführung dieses Gesetzes betrauten Behörden vorzulegen, auszuhändigen und zu überlassen;
5. alle erforderlichen Urkunden und sonstigen Unterlagen, die in seinem Besitz sind, den mit der Ausführung dieses Gesetzes betrauten Behörden vorzulegen, auszuhändigen und zu überlassen;
6. im Falle des Nichtbesitzes eines gültigen Passes oder Passersatzes an der Beschaffung eines Identitätspapiers mitzuwirken und auf Verlangen alle Datenträger, die für die Feststellung seiner Identität und Staatsangehörigkeit von Bedeutung sein können und in deren Besitz er ist, den mit der Ausführung dieses Gesetzes betrauten Behörden vorzulegen, auszuhändigen und zu überlassen;
7. die vorgeschriebenen erkennungsdienstlichen Maßnahmen zu dulden.

(3) Erforderliche Urkunden und sonstige Unterlagen nach Absatz 2 Nr. 5 sind insbesondere

1. alle Urkunden und Unterlagen, die neben dem Pass oder Passersatz für die Feststellung der Identität und Staatsangehörigkeit von Bedeutung sein können,
2. von anderen Staaten erteilte Visa, Aufenthaltstitel und sonstige Grenzübertrittspapiere,
3. Flugscheine und sonstige Fahrausweise,
4. Unterlagen über den Reiseweg vom Herkunftsland in das Bundesgebiet, die benutzten Beförderungsmittel und über den Aufenthalt in anderen Staaten nach der Ausreise aus dem Herkunftsland und vor der Einreise in das Bundesgebiet sowie
5. alle sonstigen Urkunden und Unterlagen, auf die der Ausländer sich beruft oder die für die zu treffenden asyl- und ausländerrechtlichen Entscheidungen und Maßnahmen einschließlich der Feststellung und Geltendmachung einer Rückführungsmöglichkeit in einen anderen Staat von Bedeutung sind.

(4) [1]Die mit der Ausführung dieses Gesetzes betrauten Behörden können den Ausländer und Sachen, die von ihm mitgeführt werden, durchsuchen, wenn der Ausländer seinen Verpflichtungen nach Absatz 2 Nr. 4 und 5 nicht nachkommt sowie nicht gemäß Absatz 2 Nummer 6 auf Verlangen die Datenträger vorlegt, aushändigt oder überlässt und Anhaltspunkte bestehen, dass er

---

[1)] § 15 Abs. 2 Nr. 6 neu gef., Abs. 4 Satz 1 geänd. mWv 29.7.2017 durch G v. 20.7.2017 (BGBl. I S. 2780).

im Besitz solcher Unterlagen oder Datenträger ist. [2]Der Ausländer darf nur von einer Person gleichen Geschlechts durchsucht werden.

(5) Durch die Rücknahme des Asylantrags werden die Mitwirkungspflichten des Ausländers nicht beendet.

§ 15a[1)] Auswertung von Datenträgern. (1) [1]Die Auswertung von Datenträgern ist nur zulässig, soweit dies für die Feststellung der Identität und Staatsangehörigkeit des Ausländers nach § 15 Absatz 2 Nummer 6 erforderlich ist und der Zweck der Maßnahme nicht durch mildere Mittel erreicht werden kann. [2]§ 48 Absatz 3a Satz 2 bis 7 und § 48a des Aufenthaltsgesetzes[2)] gelten entsprechend.

(2) Für die in Absatz 1 genannten Maßnahmen ist das Bundesamt zuständig.

§ 16[3)] Sicherung, Feststellung und Überprüfung der Identität.

(1) [1]Die Identität eines Ausländers, der um Asyl nachsucht, ist durch erkennungsdienstliche Maßnahmen zu sichern. [2]Nach Satz 1 dürfen nur Lichtbilder und Abdrucke aller zehn Finger aufgenommen werden; soweit ein Ausländer noch nicht das 14. Lebensjahr vollendet hat, dürfen nach Satz 1 nur Lichtbilder aufgenommen werden. [3]Zur Bestimmung des Herkunftsstaates oder der Herkunftsregion des Ausländers kann das gesprochene Wort außerhalb der förmlichen Anhörung des Ausländers auf Ton- oder Datenträger aufgezeichnet werden. [4]Diese Erhebung darf nur erfolgen, wenn der Ausländer vorher darüber in Kenntnis gesetzt wurde. [5]Die Sprachaufzeichnungen werden beim Bundesamt gespeichert.

(1a) [1]Zur Prüfung der Echtheit des Dokumentes oder der Identität des Ausländers dürfen die auf dem elektronischen Speichermedium eines Passes, anerkannten Passersatzes oder sonstigen Identitätspapiers gespeicherten biometrischen und sonstigen Daten ausgelesen, die benötigten biometrischen Daten erhoben und die biometrischen Daten miteinander verglichen werden. [2]Biometrische Daten nach Satz 1 sind nur die Fingerabdrücke, das Lichtbild und die Irisbilder.

(2) Zuständig für die Maßnahmen nach den Absätzen 1 und 1a sind das Bundesamt und, sofern der Ausländer dort um Asyl nachsucht, auch die in den §§ 18 und 19 bezeichneten Behörden sowie die Aufnahmeeinrichtung, bei der sich der Ausländer meldet.

(3) [1]Das Bundeskriminalamt leistet Amtshilfe bei der Auswertung der nach Absatz 1 Satz 1 erhobenen Daten zum Zwecke der Identitätsfeststellung. [2]Es darf hierfür auch von ihm zur Erfüllung seiner Aufgaben gespeicherte erkennungsdienstliche Daten verarbeiten. [3]Das Bundeskriminalamt darf den in Absatz 2 bezeichneten Behörden den Grund der Speicherung dieser Daten nicht mitteilen, soweit dies nicht nach anderen Rechtsvorschriften zulässig ist.

(3a) [1]Im Rahmen seiner Amtshilfe nach Absatz 3 Satz 1 darf das Bundeskriminalamt die nach Absatz 1 Satz 1 erhobenen Daten auch an die für die

---

[1)] § 15a eingef. mWv 29.7.2017 durch G v. 20.7.2017 (BGBl. I S. 2780); Abs. 1 Satz 2 geänd. mWv 26.11.2019 durch G v. 20.11.2019 (BGBl. I S. 1626).

[2)] Nr. **565**.

[3)] § 16 Abs. 1 Sätze 1 und 2 geänd. mWv 5.2.2016 durch G v. 2.2.2016 (BGBl. I S. 130); Abs. 3a eingef. mWv 29.7.2017 durch G v. 20.7.2017 (BGBl. I S. 2780); Abs. 4a aufgeh. mWv 9.8.2019 durch G v. 4.8.2019 (BGBl. I S. 1131); Abs. 1 Satz 5, Abs. 3 Satz 2, Abs. 3a Sätze 4 und 6 Nr. 2, Abs. 5 Sätze 1 und 2 geänd. mWv 26.11.2019 durch G v. 20.11.2019 (BGBl. I S. 1626).

Überprüfung der Identität von Personen zuständigen öffentlichen Stellen von Drittstaaten mit Ausnahme des Herkunftsstaates der betroffenen Person sowie von Drittstaaten, in denen die betroffene Person eine Verfolgung oder einen ernsthaften Schaden zu befürchten hat, übermitteln. [2] Die Verantwortung für die Zulässigkeit der Übermittlung trägt das Bundeskriminalamt. [3] Das Bundeskriminalamt hat die Übermittlung und ihren Anlass aufzuzeichnen. [4] Die empfangende Stelle personenbezogener Daten ist darauf hinzuweisen, dass sie nur zu dem Zweck verarbeitet werden dürfen, zu dem sie übermittelt worden sind. [5] Ferner ist ihr der beim Bundeskriminalamt vorgesehene Löschungszeitpunkt mitzuteilen. [6] Die Übermittlung unterbleibt, wenn tatsächliche Anhaltspunkte dafür vorliegen, dass

1. unter Berücksichtigung der Art der Daten und ihrer Erhebung die schutzwürdigen Interessen der betroffenen Person, insbesondere ihr Interesse, Schutz vor Verfolgung zu erhalten, das Allgemeininteresse an der Übermittlung überwiegen oder
2. die Übermittlung der Daten zu den Grundrechten, dem Abkommen vom 28. Juli 1951 über die Rechtsstellung der Flüchtlinge [1)] sowie der Konvention zum Schutz der Menschenrechte und Grundfreiheiten[2)] in Widerspruch stünde, insbesondere dadurch, dass durch die Verarbeitung der übermittelten Daten im Empfängerstaat Verletzungen von elementaren rechtsstaatlichen Grundsätzen oder Menschenrechtsverletzungen drohen.

(4) Die nach Absatz 1 Satz 1 erhobenen Daten werden vom Bundeskriminalamt getrennt von anderen erkennungsdienstlichen Daten gespeichert.

(5) [1] Die Verarbeitung der nach Absatz 1 erhobenen Daten ist auch zulässig zur Feststellung der Identität oder Zuordnung von Beweismitteln für Zwecke des Strafverfahrens oder zur Gefahrenabwehr. [2] Die Daten dürfen ferner für die Identifizierung unbekannter oder vermisster Personen verarbeitet werden.

(6) Die nach Absatz 1 erhobenen Daten sind zehn Jahre nach unanfechtbarem Abschluss des Asylverfahrens, die nach Absatz 1a erhobenen Daten unverzüglich nach Beendigung der Prüfung der Echtheit des Dokumentes oder der Identität des Ausländers zu löschen.

§ 17 Sprachmittler. (1) Ist der Ausländer der deutschen Sprache nicht hinreichend kundig, so ist von Amts wegen bei der Anhörung ein Dolmetscher, Übersetzer oder sonstiger Sprachmittler hinzuzuziehen, der in die Muttersprache des Ausländers oder in eine andere Sprache zu übersetzen hat, deren Kenntnis vernünftigerweise vorausgesetzt werden kann und in der er sich verständigen kann.

(2) Der Ausländer ist berechtigt, auf seine Kosten auch einen geeigneten Sprachmittler seiner Wahl hinzuzuziehen.

---

1) Nr. **568**.
2) Nr. **1003**.

Unterabschnitt 2.[1] Einleitung des Asylverfahrens

§ 18[2] Aufgaben der Grenzbehörde. (1) Ein Ausländer, der bei einer mit der polizeilichen Kontrolle des grenzüberschreitenden Verkehrs beauftragten Behörde (Grenzbehörde) um Asyl nachsucht, ist unverzüglich an die zuständige oder, sofern diese nicht bekannt ist, an die nächstgelegene Aufnahmeeinrichtung zur Meldung weiterzuleiten.

(2) Dem Ausländer ist die Einreise zu verweigern, wenn

1. er aus einem sicheren Drittstaat (§ 26a) einreist,
2. Anhaltspunkte dafür vorliegen, dass ein anderer Staat auf Grund von Rechtsvorschriften der Europäischen Gemeinschaft oder eines völkerrechtlichen Vertrages für die Durchführung des Asylverfahrens zuständig ist und ein Auf- oder Wiederaufnahmeverfahren eingeleitet wird, oder
3. er eine Gefahr für die Allgemeinheit bedeutet, weil er in der Bundesrepublik Deutschland wegen einer besonders schweren Straftat zu einer Freiheitsstrafe von mindestens drei Jahren rechtskräftig verurteilt worden ist, und seine Ausreise nicht länger als drei Jahre zurückliegt.

(3) Der Ausländer ist zurückzuschieben, wenn er von der Grenzbehörde im grenznahen Raum in unmittelbarem zeitlichem Zusammenhang mit einer unerlaubten Einreise angetroffen wird und die Voraussetzungen des Absatzes 2 vorliegen.

(4) Von der Einreiseverweigerung oder Zurückschiebung ist im Falle der Einreise aus einem sicheren Drittstaat (§ 26a) abzusehen, soweit

1. die Bundesrepublik Deutschland auf Grund von Rechtsvorschriften der Europäischen Gemeinschaft oder eines völkerrechtlichen Vertrages mit dem sicheren Drittstaat für die Durchführung eines Asylverfahrens zuständig ist oder
2. das Bundesministerium des Innern, für Bau und Heimat es aus völkerrechtlichen oder humanitären Gründen oder zur Wahrung politischer Interessen der Bundesrepublik Deutschland angeordnet hat.

(5) Die Grenzbehörde hat den Ausländer erkennungsdienstlich zu behandeln.

§ 18a Verfahren bei Einreise auf dem Luftwege. (1) [1]Bei Ausländern aus einem sicheren Herkunftsstaat (§ 29a), die über einen Flughafen einreisen wollen und bei der Grenzbehörde um Asyl nachsuchen, ist das Asylverfahren vor der Entscheidung über die Einreise durchzuführen, soweit die Unterbringung auf dem Flughafengelände während des Verfahrens möglich oder lediglich wegen einer erforderlichen stationären Krankenhausbehandlung nicht möglich ist. [2]Das Gleiche gilt für Ausländer, die bei der Grenzbehörde auf einem Flughafen um Asyl nachsuchen und sich dabei nicht mit einem gültigen Pass oder Passersatz ausweisen. [3]Dem Ausländer ist unverzüglich Gelegenheit zur Stellung des Asylantrags bei der Außenstelle des Bundesamtes zu geben, die der Grenzkontrollstelle zugeordnet ist. [4]Die persönliche Anhörung des Ausländers durch das Bundesamt soll unverzüglich stattfinden. [5]Dem Ausländer ist danach unverzüglich Gelegenheit zu geben, mit einem Rechtsbeistand seiner Wahl

[1] UAbschnitt 2 Überschrift geänd. mWv 1.12.2013 durch G v. 28.8.2013 (BGBl. I S. 3474).
[2] § 18 Abs. 4 Nr. 2 geänd. mWv 27.6.2020 durch VO v. 19.6.2020 (BGBl. I S. 1328).

Verbindung aufzunehmen, es sei denn, er hat sich selbst vorher anwaltlichen Beistands versichert. [6] § 18 Abs. 2 bleibt unberührt.

(2) Lehnt das Bundesamt den Asylantrag als offensichtlich unbegründet ab, droht es dem Ausländer nach Maßgabe der §§ 34 und 36 Abs. 1 vorsorglich für den Fall der Einreise die Abschiebung an.

(3) [1] Wird der Asylantrag als offensichtlich unbegründet abgelehnt, ist dem Ausländer die Einreise zu verweigern. [2] Die Entscheidungen des Bundesamtes sind zusammen mit der Einreiseverweigerung von der Grenzbehörde zuzustellen. [3] Diese übermittelt unverzüglich dem zuständigen Verwaltungsgericht eine Kopie ihrer Entscheidung und den Verwaltungsvorgang des Bundesamtes.

(4) [1] Ein Antrag auf Gewährung vorläufigen Rechtsschutzes nach der Verwaltungsgerichtsordnung[1)] ist innerhalb von drei Tagen nach Zustellung der Entscheidungen des Bundesamtes und der Grenzbehörde zu stellen. [2] Der Antrag kann bei der Grenzbehörde gestellt werden. [3] Der Ausländer ist hierauf hinzuweisen. [4] § 58 der Verwaltungsgerichtsordnung ist entsprechend anzuwenden. [5] Die Entscheidung soll im schriftlichen Verfahren ergehen. [6] § 36 Abs. 4 ist anzuwenden. [7] Im Falle der rechtzeitigen Antragstellung darf die Einreiseverweigerung nicht vor der gerichtlichen Entscheidung (§ 36 Abs. 3 Satz 9) vollzogen werden.

(5) [1] Jeder Antrag nach Absatz 4 richtet sich auf Gewährung der Einreise und für den Fall der Einreise gegen die Abschiebungsandrohung. [2] Die Anordnung des Gerichts, dem Ausländer die Einreise zu gestatten, gilt zugleich als Aussetzung der Abschiebung.

(6) Dem Ausländer ist die Einreise zu gestatten, wenn

1. das Bundesamt der Grenzbehörde mitteilt, dass es nicht kurzfristig entscheiden kann,
2. das Bundesamt nicht innerhalb von zwei Tagen nach Stellung des Asylantrags über diesen entschieden hat,
3. das Gericht nicht innerhalb von vierzehn Tagen über einen Antrag nach Absatz 4 entschieden hat oder
4. die Grenzbehörde keinen nach § 15 Abs. 6 des Aufenthaltsgesetzes[2)] erforderlichen Haftantrag stellt oder der Richter die Anordnung oder die Verlängerung der Haft ablehnt.

§ 19[3)] Aufgaben der Ausländerbehörde und der Polizei. (1) Ein Ausländer, der bei einer Ausländerbehörde, bei der Bundespolizei oder bei der Polizei eines Landes um Asyl nachsucht, ist in den Fällen des § 14 Abs. 1 unverzüglich an die zuständige oder, soweit diese nicht bekannt ist, an die nächstgelegene Aufnahmeeinrichtung zur Meldung weiterzuleiten.

(2) In den Fällen des Absatzes 1 hat die Behörde, bei der ein Ausländer um Asyl nachsucht, diesen vor der Weiterleitung an die Aufnahmeeinrichtung erkennungsdienstlich zu behandeln (§ 16 Absatz 1).

(3) [1] Ein Ausländer, der aus einem sicheren Drittstaat (§ 26a) unerlaubt eingereist ist, kann ohne vorherige Weiterleitung an eine Aufnahmeeinrichtung

[1)] Nr. **600**.

[2)] Nr. **565**.

[3)] § 19 Abs. 3 Satz 1 geänd. mWv 26.11.2011 durch G v. 22.11.2011 (BGBl. I S. 2258); Abs. 1 geänd., Abs. 2 neu gef. mWv 9.8.2019 durch G v. 4.8.2019 (BGBl. I S. 1131).

nach Maßgabe des § 57 Abs. 1 und 2 des Aufenthaltsgesetzes[1)] dorthin zurückgeschoben werden. [2]In diesem Falle ordnet die Ausländerbehörde die Zurückschiebung an, sobald feststeht, dass sie durchgeführt werden kann.

(4) Vorschriften über die Festnahme oder Inhaftnahme bleiben unberührt.

§ 20[2)] Weiterleitung an eine Aufnahmeeinrichtung. (1) [1]Der Ausländer ist verpflichtet, der Weiterleitung nach § 18 Abs. 1 oder § 19 Abs. 1 unverzüglich oder bis zu einem ihm von der Behörde genannten Zeitpunkt zu folgen. [2]Kommt der Ausländer der Verpflichtung nach Satz 1 nicht nach, so findet § 33 Absatz 1, 5 und 6 entsprechend Anwendung [3]Dies gilt nicht, wenn der Ausländer unverzüglich nachweist, dass das Versäumnis auf Umstände zurückzuführen war, auf die er keinen Einfluss hatte. [4]Auf die Verpflichtung nach Satz 1 sowie die Rechtsfolgen einer Verletzung dieser Verpflichtung ist der Ausländer von der Behörde, bei der er um Asyl nachsucht, schriftlich und gegen Empfangsbestätigung hinzuweisen. [5]Kann der Hinweis nach Satz 4 nicht erfolgen, ist der Ausländer zu der Aufnahmeeinrichtung zu begleiten.

(2) [1]Die Behörde, die den Ausländer an eine Aufnahmeeinrichtung weiterleitet, teilt dieser unverzüglich die Weiterleitung, die Stellung des Asylgesuchs und den erfolgten Hinweis nach Absatz 1 Satz 4 schriftlich mit. [2]Die Aufnahmeeinrichtung unterrichtet unverzüglich, spätestens nach Ablauf einer Woche nach Eingang der Mitteilung nach Satz 1, die ihr zugeordnete Außenstelle des Bundesamtes darüber, ob der Ausländer in der Aufnahmeeinrichtung aufgenommen worden ist, und leitet ihr die Mitteilung nach Satz 1 zu.

§ 21[3)] Verwahrung und Weitergabe von Unterlagen. (1) Die Behörden, die den Ausländer an eine Aufnahmeeinrichtung weiterleiten, nehmen die in § 15 Abs. 2 Nr. 4 und 5 bezeichneten Unterlagen in Verwahrung und leiten sie unverzüglich der Aufnahmeeinrichtung zu.

(2) Meldet sich der Ausländer unmittelbar bei der für seine Aufnahme zuständigen Aufnahmeeinrichtung, nimmt diese die Unterlagen in Verwahrung.

(3) Die für die Aufnahme des Ausländers zuständige Aufnahmeeinrichtung leitet die Unterlagen unverzüglich der ihr zugeordneten Außenstelle des Bundesamtes zu.

(4) Dem Ausländer sind auf Verlangen Abschriften der in Verwahrung genommenen Unterlagen auszuhändigen.

(5) Die Unterlagen sind dem Ausländer wieder auszuhändigen, wenn sie für die weitere Durchführung des Asylverfahrens oder für aufenthaltsbeendende Maßnahmen nicht mehr benötigt werden.

§ 22[4)] Meldepflicht. (1) [1]Ein Ausländer, der den Asylantrag bei einer Außenstelle des Bundesamtes zu stellen hat (§ 14 Abs. 1), hat sich in einer Aufnahmeeinrichtung persönlich zu melden. [2]Diese nimmt ihn auf oder leitet ihn an die für seine Aufnahme zuständige Aufnahmeeinrichtung weiter; im Falle der Weiterleitung ist der Ausländer, soweit möglich, erkennungsdienstlich zu behandeln.

[1)] Nr. **565**.

[2)] § 20 Abs. 1 Sätze 2–5 angef., Abs. 2 aufgeh., bish. Abs. 3 wird Abs. 2 und Satz 1 geänd. mWv 17.3.2016 durch G v. 11.3.2016 (BGBl. I S. 390).

[3)] § 21 Abs. 1 Satz 2 aufgeh. mWv 5.2.2016 durch G v. 2.2.2016 (BGBl. I S. 130).

[4)] § 22 Abs. 3 neu gef. mWv 17.3.2016 durch G v. 11.3.2016 (BGBl. I S. 390).

(2) [1]Die Landesregierung oder die von ihr bestimmte Stelle kann bestimmen, dass

1. die Meldung nach Absatz 1 bei einer bestimmten Aufnahmeeinrichtung erfolgen muss,
2. ein von einer Aufnahmeeinrichtung eines anderen Landes weitergeleiteter Ausländer zunächst eine bestimmte Aufnahmeeinrichtung aufsuchen muss.

[2]Der Ausländer ist während seines Aufenthaltes in der nach Satz 1 bestimmten Aufnahmeeinrichtung erkennungsdienstlich zu behandeln. [3]In den Fällen des § 18 Abs. 1 und des § 19 Abs. 1 ist der Ausländer an diese Aufnahmeeinrichtung weiterzuleiten.

(3) [1]Der Ausländer ist verpflichtet, der Weiterleitung an die für ihn zuständige Aufnahmeeinrichtung nach Absatz 1 Satz 2 oder Absatz 2 unverzüglich oder bis zu einem ihm von der Aufnahmeeinrichtung genannten Zeitpunkt zu folgen. [2]Kommt der Ausländer der Verpflichtung nach Satz 1 nicht nach, so findet § 33 Absatz 1, 5 und 6 entsprechend Anwendung. [3]Dies gilt nicht, wenn der Ausländer unverzüglich nachweist, dass das Versäumnis auf Umstände zurückzuführen war, auf die er keinen Einfluss hatte. [4]§ 20 Absatz 1 Satz 4 und Absatz 2 findet entsprechend Anwendung.

§ 22a[1)] Übernahme zur Durchführung eines Asylverfahrens. [1]Ein Ausländer, der auf Grund von Rechtsvorschriften der Europäischen Gemeinschaft oder eines völkerrechtlichen Vertrages zur Durchführung eines Asylverfahrens übernommen ist, steht einem Ausländer gleich, der um Asyl nachsucht. [2]Der Ausländer ist verpflichtet, sich bei oder unverzüglich nach der Einreise zu der Stelle zu begeben, die vom Bundesministerium des Innern, für Bau und Heimat oder der von ihm bestimmten Stelle bezeichnet ist.

Unterabschnitt 3.[2)] Verfahren beim Bundesamt

§ 23[3)] Antragstellung bei der Außenstelle. (1) Der Ausländer, der in der Aufnahmeeinrichtung aufgenommen ist, ist verpflichtet, unverzüglich oder zu dem von der Aufnahmeeinrichtung genannten Termin bei der Außenstelle des Bundesamtes zur Stellung des Asylantrags persönlich zu erscheinen.

(2) [1]Kommt der Ausländer der Verpflichtung nach Absatz 1 nicht nach, so findet § 33 Absatz 1, 5 und 6 entsprechend Anwendung. [2]Dies gilt nicht, wenn der Ausländer unverzüglich nachweist, dass das Versäumnis auf Umstände zurückzuführen war, auf die er keinen Einfluss hatte. [3]Auf diese Rechtsfolgen ist der Ausländer von der Aufnahmeeinrichtung schriftlich und gegen Empfangsbestätigung hinzuweisen. [4]Die Aufnahmeeinrichtung unterrichtet unverzüglich die ihr zugeordnete Außenstelle des Bundesamtes über die Aufnahme des Ausländers in der Aufnahmeeinrichtung und den erfolgten Hinweis nach Satz 3.

---

1) § 22a Satz 2 geänd. mWv 27.6.2020 durch VO v. 19.6.2020 (BGBl. I S. 1328).
2) UAbschnitt 3 Überschrift geänd. mWv 1.12.2013 durch G v. 28.8.2013 (BGBl. I S. 3474).
3) § 23 Abs. 2 Sätze 1 und 2 neu gef. mWv 17.3.2016 durch G v. 11.3.2016 (BGBl. I S. 390).

§ 24[1)] Pflichten des Bundesamtes. (1) [1]Das Bundesamt klärt den Sachverhalt und erhebt die erforderlichen Beweise. [2]Nach der Asylantragstellung unterrichtet das Bundesamt den Ausländer in einer Sprache, deren Kenntnis vernünftigerweise vorausgesetzt werden kann, über den Ablauf des Verfahrens und über seine Rechte und Pflichten im Verfahren, insbesondere auch über Fristen und die Folgen einer Fristversäumung. [3]Es hat den Ausländer persönlich anzuhören. [4]Von einer Anhörung kann abgesehen werden, wenn das Bundesamt den Ausländer als asylberechtigt anerkennen will oder wenn der Ausländer nach seinen Angaben aus einem sicheren Drittstaat (§ 26a) eingereist ist. [5]Von einer Anhörung kann auch abgesehen werden, wenn das Bundesamt einem nach § 13 Absatz 2 Satz 2 beschränkten Asylantrag stattgeben will. [6]Von der Anhörung ist abzusehen, wenn der Asylantrag für ein im Bundesgebiet geborenes Kind unter sechs Jahren gestellt und der Sachverhalt auf Grund des Inhalts der Verfahrensakten der Eltern oder eines Elternteils ausreichend geklärt ist.

(1a) [1]Sucht eine große Zahl von Ausländern gleichzeitig um Asyl nach und wird es dem Bundesamt dadurch unmöglich, die Anhörung in zeitlichem Zusammenhang mit der Antragstellung durchzuführen, so kann das Bundesamt die Anhörung vorübergehend von einer anderen Behörde, die Aufgaben nach diesem Gesetz oder dem Aufenthaltsgesetz[2)] wahrnimmt, durchführen lassen. [2]Die Anhörung darf nur von einem dafür geschulten Bediensteten durchgeführt werden. [3]Die Bediensteten dürfen bei der Anhörung keine Uniform tragen. [4]§ 5 Absatz 4 gilt entsprechend.

(2) Nach Stellung eines Asylantrags obliegt dem Bundesamt auch die Entscheidung, ob ein Abschiebungsverbot nach § 60 Absatz 5 oder 7 des Aufenthaltsgesetzes vorliegt.

(3) Das Bundesamt unterrichtet die Ausländerbehörde unverzüglich über

1. die getroffene Entscheidung und
2. von dem Ausländer vorgetragene oder sonst erkennbare Gründe
   a) für eine Aussetzung der Abschiebung, insbesondere über die Notwendigkeit, die für eine Rückführung erforderlichen Dokumente zu beschaffen, oder
   b) die nach § 25 Abs. 3 Satz 2 Nummer 1 bis 4 des Aufenthaltsgesetzes der Erteilung einer Aufenthaltserlaubnis entgegenstehen könnten.

(4) Ergeht eine Entscheidung über den Asylantrag nicht innerhalb von sechs Monaten, hat das Bundesamt dem Ausländer auf Antrag mitzuteilen, bis wann voraussichtlich über seinen Asylantrag entschieden wird.

§ 25[3)] Anhörung. (1) [1]Der Ausländer muss selbst die Tatsachen vortragen, die seine Furcht vor Verfolgung oder die Gefahr eines ihm drohenden ernsthaften Schadens begründen, und die erforderlichen Angaben machen. [2]Zu den erforderlichen Angaben gehören auch solche über Wohnsitze, Reisewege, Aufenthalte in anderen Staaten und darüber, ob bereits in anderen Staaten oder im

---

[1)] § 24 Abs. 1 Satz 5 eingef., bish. Satz 5 wird Satz 6, Abs. 2 und 3 Nr. 2 Buchst. b geänd. mWv 1.12.2013 durch G v. 28.8.2013 (BGBl. I S. 3474); Abs. 1a eingef. mWv 6.8.2016 durch G v. 31.7. 2016 (BGBl. I S. 1939).

[2)] Nr. **565**.

[3)] § 25 Abs. 1 Sätze 1, 2 und Abs. 6 Satz 2 geänd. mWv 1.12.2013 durch G v. 28.8.2013 (BGBl. I S. 3474).

Bundesgebiet ein Verfahren mit dem Ziel der Anerkennung als ausländischer Flüchtling, auf Zuerkennung internationalen Schutzes im Sinne des § 1 Absatz 1 Nummer 2 oder ein Asylverfahren eingeleitet oder durchgeführt ist.

(2) Der Ausländer hat alle sonstigen Tatsachen und Umstände anzugeben, die einer Abschiebung oder einer Abschiebung in einen bestimmten Staat entgegenstehen.

(3) [1] Ein späteres Vorbringen des Ausländers kann unberücksichtigt bleiben, wenn andernfalls die Entscheidung des Bundesamtes verzögert würde. [2] Der Ausländer ist hierauf und auf § 36 Abs. 4 Satz 3 hinzuweisen.

(4) [1] Bei einem Ausländer, der verpflichtet ist, in einer Aufnahmeeinrichtung zu wohnen, soll die Anhörung in zeitlichem Zusammenhang mit der Asylantragstellung erfolgen. [2] Einer besonderen Ladung des Ausländers und seines Bevollmächtigten bedarf es nicht. [3] Entsprechendes gilt, wenn dem Ausländer bei oder innerhalb einer Woche nach der Antragstellung der Termin für die Anhörung mitgeteilt wird. [4] Kann die Anhörung nicht an demselben Tag stattfinden, sind der Ausländer und sein Bevollmächtigter von dem Anhörungstermin unverzüglich zu verständigen. [5] Erscheint der Ausländer ohne genügende Entschuldigung nicht zur Anhörung, entscheidet das Bundesamt nach Aktenlage, wobei auch die Nichtmitwirkung des Ausländers zu berücksichtigen ist.

(5) [1] Bei einem Ausländer, der nicht verpflichtet ist, in einer Aufnahmeeinrichtung zu wohnen, kann von der persönlichen Anhörung abgesehen werden, wenn der Ausländer einer Ladung zur Anhörung ohne genügende Entschuldigung nicht folgt. [2] In diesem Falle ist dem Ausländer Gelegenheit zur schriftlichen Stellungnahme innerhalb eines Monats zu geben. [3] Äußert sich der

(Fortsetzung nächstes Blatt)

Abschnitt 5.[1)] Unterbringung und Verteilung

§ 44[2)] Schaffung und Unterhaltung von Aufnahmeeinrichtungen.

(1) Die Länder sind verpflichtet, für die Unterbringung Asylbegehrender die dazu erforderlichen Aufnahmeeinrichtungen zu schaffen und zu unterhalten sowie entsprechend ihrer Aufnahmequote die im Hinblick auf den monatlichen Zugang Asylbegehrender in den Aufnahmeeinrichtungen notwendige Zahl von Unterbringungsplätzen bereitzustellen.

(2) Das Bundesministerium des Innern, für Bau und Heimat oder die von ihm bestimmte Stelle teilt den Ländern monatlich die Zahl der Zugänge von Asylbegehrenden, die voraussichtliche Entwicklung und den voraussichtlichen Bedarf an Unterbringungsplätzen mit.

(2a) Die Länder sollen geeignete Maßnahmen treffen, um bei der Unterbringung Asylbegehrender nach Absatz 1 den Schutz von Frauen und schutzbedürftigen Personen zu gewährleisten.

(3) [1] § 45 des Achten Buches Sozialgesetzbuch (Artikel 1 des Gesetzes vom 26. Juni 1990, BGBl. I S. 1163) gilt nicht für Aufnahmeeinrichtungen. [2] Träger von Aufnahmeeinrichtungen sollen sich von Personen, die in diesen Einrichtungen mit der Beaufsichtigung, Betreuung, Erziehung oder Ausbildung Minderjähriger oder mit Tätigkeiten, die in vergleichbarer Weise geeignet sind, Kontakt zu Minderjährigen aufzunehmen, betraut sind, zur Prüfung, ob sie für die aufgeführten Tätigkeiten geeignet sind, vor deren Einstellung oder Aufnahme einer dauerhaften ehrenamtlichen Tätigkeit und in regelmäßigen Abständen ein Führungszeugnis nach § 30 Absatz 5 und § 30a Absatz 1 des Bundeszentralregistergesetzes[3)] vorlegen lassen. [3] Träger von Aufnahmeeinrichtungen dürfen für die Tätigkeiten nach Satz 2 keine Personen beschäftigen oder mit diesen Tätigkeiten ehrenamtlich betrauen, die rechtskräftig wegen einer Straftat nach den §§ 171, 174 bis 174c, 176 bis 180a, 181a, 182 bis 184g, 184i bis 184k, 225, 232 bis 233a, 234, 235 oder 236 des Strafgesetzbuchs[4)] verurteilt worden sind. [4] Nimmt der Träger einer Aufnahmeeinrichtung Einsicht in ein Führungszeugnis nach § 30 Absatz 5 und § 30a Absatz 1 des Bundeszentralregistergesetzes, so speichert er nur den Umstand der Einsichtnahme, das Datum des Führungszeugnisses und die Information, ob die das Führungszeugnis betreffende Person wegen einer in Satz 3 genannten Straftat rechtskräftig verurteilt worden ist. [5] Der Träger einer Aufnahmeeinrichtung darf diese Daten nur verarbeiten, soweit dies zur Prüfung der Eignung einer Person für die in Satz 2 genannten Tätigkeiten erforderlich ist. [6] Die Daten sind vor dem Zugriff Unbefugter zu schützen. [7] Sie sind unverzüglich zu löschen, wenn im Anschluss an die Einsichtnahme keine Tätigkeit nach Satz 2 wahrgenommen wird. [8] Sie sind spätestens sechs Monate nach der letztmaligen Ausübung einer in Satz 2 genannten Tätigkeit zu löschen.

[1)] Bish. 3. Abschnitt wird Abschnitt 5 mWv 1.12.2013 durch G v. 28.8.2013 (BGBl. I S. 3474).

[2)] § 44 Abs. 3 Sätze 2–8 angef. mWv 17.3.2016 durch G v. 11.3.2016 (BGBl. I S. 390); Abs. 3 Satz 3 geänd. mWv 10.11.2016 durch G v. 4.11.2016 (BGBl. I S. 2460); Abs. 2a eingef. mWv 21.8.2019 durch G v. 15.8.2019 (BGBl. I S. 1294); Abs. 3 Satz 5 geänd. mWv 26.11.2019 durch G v. 20.11.2019 (BGBl. I S. 1626); Abs. 2 geänd. mWv 27.6.2020 durch VO v. 19.6.2020 (BGBl. I S. 1328); Abs. 3 Satz 3 geänd. mWv 1.1.2021 durch G v. 9.10.2020 (BGBl. I S. 2075).

[3)] **Schönfelder Nr. 92.**

[4)] **Schönfelder Nr. 85.**

§ 45[1)] Aufnahmequoten. (1) [1] Die Länder können durch Vereinbarung einen Schlüssel für die Aufnahme von Asylbegehrenden durch die einzelnen Länder (Aufnahmequote) festlegen. [2] Bis zum Zustandekommen dieser Vereinbarung oder bei deren Wegfall richtet sich die Aufnahmequote für das jeweilige Kalenderjahr nach dem von dem Büro der Gemeinsamen Wissenschaftskonferenz im Bundesanzeiger veröffentlichten Schlüssel[2)], der für das vorangegangene Kalenderjahr entsprechend Steuereinnahmen und Bevölkerungszahl der Länder errechnet worden ist (Königsteiner Schlüssel).

(2) [1] Zwei oder mehr Länder können vereinbaren, dass Asylbegehrende, die von einem Land entsprechend seiner Aufnahmequote aufzunehmen sind, von einem anderen Land aufgenommen werden. [2] Eine Vereinbarung nach Satz 1 sieht mindestens Angaben zum Umfang der von der Vereinbarung betroffenen Personengruppe sowie einen angemessenen Kostenausgleich vor. [3] Die Aufnahmequote nach Absatz 1 wird durch eine solche Vereinbarung nicht berührt.

§ 46[3)] Bestimmung der zuständigen Aufnahmeeinrichtung. (1) [1] Für die Aufnahme eines Ausländers, bei dem die Voraussetzungen des § 30a Absatz 1 vorliegen, ist die besondere Aufnahmeeinrichtung (§ 5 Absatz 5) zuständig, die über einen freien Unterbringungsplatz im Rahmen der Quote nach § 45 verfügt und bei der die ihr zugeordnete Außenstelle des Bundesamtes Asylanträge aus dem Herkunftsland dieses Ausländers bearbeitet. [2] Im Übrigen ist die Aufnahmeeinrichtung zuständig, bei der der Ausländer sich gemeldet hat, wenn sie über einen freien Unterbringungsplatz im Rahmen der Quote nach § 45 verfügt und die ihr zugeordnete Außenstelle des Bundesamtes Asylanträge aus dem Herkunftsland des Ausländers bearbeitet. [3] Liegen die Voraussetzungen der Sätze 1 und 2 nicht vor, ist die nach Absatz 2 bestimmte Aufnahmeeinrichtung für die Aufnahme des Ausländers zuständig. [4] Bei mehreren nach Satz 1 in Betracht kommenden besonderen Aufnahmeeinrichtungen (§ 5 Absatz 5) gilt Absatz 2 für die Bestimmung der zuständigen besonderen Aufnahmeeinrichtung entsprechend.

(2) [1] Eine vom Bundesministerium des Innern, für Bau und Heimat bestimmte zentrale Verteilungsstelle benennt auf Veranlassung einer Aufnahmeeinrichtung dieser die für die Aufnahme des Ausländers zuständige Aufnahmeeinrichtung. [2] Maßgebend dafür sind die Aufnahmequoten nach § 45, in diesem Rahmen die vorhandenen freien Unterbringungsplätze und sodann die Bearbeitungsmöglichkeiten der jeweiligen Außenstelle des Bundesamtes in Bezug auf die Herkunftsländer der Ausländer. [3] Von mehreren danach in Betracht kommenden Aufnahmeeinrichtungen wird die nächstgelegene als zuständig benannt.

(2a) [1] Ergibt sich aus einer Vereinbarung nach § 45 Absatz 2 Satz 1 eine von den Absätzen 1 und 2 abweichende Zuständigkeit, so wird die nach der Vereinbarung zur Aufnahme verpflichtete Aufnahmeeinrichtung mit der tatsächlichen Aufnahme des Ausländers zuständig. [2] Soweit nach den Umständen

(Fortsetzung nächstes Blatt)

[1)] § 45 Satz 2 geänd. mWv 1.12.2013 durch G v. 28.8.2013 (BGBl. I S. 3474); Abs. 2 angef. mWv 24.10.2015 durch G v. 20.10.2015 (BGBl. I S. 1722).

[2)] Siehe hierzu die Anlage zur Bek. des Königsteiner Schlüssels für das Jahr 2018 v. 29.10.2018 (BAnz AT 06.11.2018 B4).

[3)] § 46 Abs. 3 Satz 2 neu gef. mWv 1.12.2013 durch G v. 28.8.2013 (BGBl. I S. 3474); Abs. 2a eingef. mWv 24.10.2015 durch G v. 20.10.2015 (BGBl. I S. 1722); Abs. 1 neu gef. mWv 17.3.2016 durch G v. 11.3.2016 (BGBl. I S. 390); Abs. 2 Satz 1 geänd. mWv 27.6.2020 durch VO v. 19.6.2020 (BGBl. I S. 1328).

schen Gemeinschaften oder aus einem in der Anlage I bezeichneten Staat eingereist sind, finden die §§ 27, 29 Abs. 1 und 2 entsprechende Anwendung.

(2) Für das Verwaltungsverfahren gelten folgende Übergangsvorschriften:

1. § 10 Abs. 2 Satz 2 und 3, Abs. 3 und 4 findet Anwendung, wenn der Ausländer insoweit ergänzend schriftlich belehrt worden ist.
2. § 33 Abs. 2 gilt nur für Ausländer, die nach dem 1. Juli 1993 in ihren Herkunftsstaat ausreisen.
3. Für Folgeanträge, die vor dem 1. Juli 1993 gestellt worden sind, gelten die Vorschriften der §§ 71 und 87 Abs. 1 Nr. 2 in der bis zu diesem Zeitpunkt geltenden Fassung.

(3) Für die Rechtsbehelfe und das gerichtliche Verfahren gelten folgende Übergangsvorschriften:

1. Die Zulässigkeit eines Rechtsbehelfs gegen einen Verwaltungsakt richtet sich nach dem bis zum 1. Juli 1993 geltenden Recht, wenn der Verwaltungsakt vor diesem Zeitpunkt bekannt gegeben worden ist.
2. Die Zulässigkeit eines Rechtsbehelfs gegen eine gerichtliche Entscheidung richtet sich nach dem bis zum 1. Juli 1993 geltenden Recht, wenn die Entscheidung vor diesem Zeitpunkt verkündet oder von Amts wegen anstelle einer Verkündung zugestellt worden ist.
3. § 76 Abs. 4 findet auf Verfahren, die vor dem 1. Juli 1993 anhängig geworden sind, keine Anwendung.
4. Die Wirksamkeit einer vor dem 1. Juli 1993 bereits erfolgten Übertragung auf den Einzelrichter bleibt von § 76 Abs. 5 unberührt.
5. § 83 Abs. 1 ist bis zum 31. Dezember 1993 nicht anzuwenden.

§ 87b Übergangsvorschrift aus Anlass der am 1. September 2004 in Kraft getretenen Änderungen. In gerichtlichen Verfahren nach diesem Gesetz, die vor dem 1. September 2004 anhängig geworden sind, gilt § 6 in der vor diesem Zeitpunkt geltenden Fassung weiter.

§ 87c[1] Übergangsvorschriften aus Anlass der am 6. August 2016 in Kraft getretenen Änderungen. (1) [1] Eine vor dem 6. August 2016 erworbene Aufenthaltsgestattung gilt ab dem Zeitpunkt ihrer Entstehung fort. [2] Sie kann insbesondere durch eine Bescheinigung nach § 63 nachgewiesen werden. [3] § 67 bleibt unberührt.

(2) Der Aufenthalt eines Ausländers, der vor dem 5. Februar 2016 im Bundesgebiet um Asyl nachgesucht hat, gilt ab dem Zeitpunkt der Aufnahme in der für ihn zuständigen Aufnahmeeinrichtung oder, sofern sich dieser Zeitpunkt nicht bestimmen lässt, ab dem 5. Februar 2016 als gestattet.

(3) Der Aufenthalt eines Ausländers, dem bis zum 6. August 2016 ein Ankunftsnachweis ausgestellt worden ist, gilt ab dem Zeitpunkt der Ausstellung als gestattet.

(4) [1] Der Aufenthalt eines Ausländers, der nach dem 4. Februar 2016 und vor dem 1. November 2016 um Asyl nachgesucht hat und dem aus Gründen, die er nicht zu vertreten hat, nicht unverzüglich ein Ankunftsnachweis ausgestellt worden ist, gilt mit Ablauf von zwei Wochen nach dem Zeitpunkt, in

[1] § 87c eingef. mWv 6.8.2016 durch G v. 31.7.2016 (BGBl. I S. 1939).

dem er um Asyl nachgesucht hat, als gestattet. [2]Die fehlende Ausstellung des Ankunftsnachweises nach Satz 1 hat der Ausländer insbesondere dann nicht zu vertreten, wenn in der für die Ausstellung seines Ankunftsnachweises zuständigen Stelle die technischen Voraussetzungen für die Ausstellung von Ankunftsnachweisen nicht vorgelegen haben.

(5) Die Absätze 2 bis 4 finden keine Anwendung, wenn der Ausländer einen vor dem 6. August 2016 liegenden Termin zur Stellung des Asylantrags nach § 23 Absatz 1 aus Gründen, die er zu vertreten hat, nicht wahrgenommen hat.

(6) Ergeben sich aus der Anwendung der Absätze 1 bis 4 unterschiedliche Zeitpunkte, so ist der früheste Zeitpunkt maßgeblich.

§ 88[1]) Verordnungsermächtigungen. (1) Das Bundesministerium des Innern, für Bau und Heimat kann durch Rechtsverordnung[2]) mit Zustimmung des Bundesrates die zuständigen Behörden für die Ausführung von Rechtsvorschriften der Europäischen Gemeinschaft und völkerrechtlichen Verträgen über die Zuständigkeit für die Durchführung von Asylverfahren bestimmen, insbesondere für

1. Auf- und Wiederaufnahmeersuchen an andere Staaten,
2. Entscheidungen über Auf- und Wiederaufnahmeersuchen anderer Staaten,
3. den Informationsaustausch mit anderen Staaten und der Europäischen Gemeinschaft sowie Mitteilungen an die betroffenen Ausländer und
4. die Erfassung, Übermittlung und den Vergleich von Fingerabdrücken der betroffenen Ausländer.

(2) Das Bundesministerium des Innern, für Bau und Heimat wird ermächtigt, durch Rechtsverordnung mit Zustimmung des Bundesrates Vordruckmuster und Ausstellungsmodalitäten sowie die Regelungen für die Qualitätssicherung der erkennungsdienstlichen Behandlung und die Übernahme von Daten aus erkennungsdienstlichen Behandlungen für die Bescheinigungen nach den §§ 63 und 63a festzulegen.

(3) Die Landesregierung kann durch Rechtsverordnung Aufgaben der Aufnahmeeinrichtung auf andere Stellen des Landes übertragen.

§ 88a[3]) Bestimmungen zum Verwaltungsverfahren. Von der in § 60 getroffenen Regelung kann durch Landesrecht nicht abgewichen werden.

§ 89[4]) Einschränkung von Grundrechten. (1) Die Grundrechte der körperlichen Unversehrtheit (Artikel 2 Abs. 2 Satz 1 des Grundgesetzes[5])) und der Freiheit der Person (Artikel 2 Abs. 2 Satz 2 des Grundgesetzes) werden nach Maßgabe dieses Gesetzes eingeschränkt.

---

[1]) § 88 Abs. 2 geänd. mWv 24.10.2015 durch G v. 20.10.2015 (BGBl. I S. 1722); Abs. 2 geänd. mWv 5.2.2016 durch G v. 2.2.2016 (BGBl. I S. 130); Abs. 1 einl. Satzteil, Abs. 2 geänd. mWv 27.6.2020 durch VO v. 19.6.2020 (BGBl. I S. 1328).

[2]) Siehe die VO zur Neufassung der AsylzuständigkeitsbestimmungsVO **(Sartorius ErgBd. Nr. 567a)**.

[3]) § 88a eingef. mWv 1.1.2015 durch G v. 23.12.2014 (BGBl. I S. 2439).

[4]) § 89 Abs. 2 neu gef. mWv 1.9.2009 durch G v. 17.12.2008 (BGBl. I S. 2586).

[5]) Nr. 1.

620. Wehrpflichtgesetz (WPflG)

In der Fassung der Bekanntmachung vom 15. August 2011[1)]
(BGBl. I S. 1730)

FNA 50-1

geänd. durch Art. 8 Bundeswehrreform-Begleitgesetz v. 21.7.2012 (BGBl. I S. 1583), Art. 2 Abs. 3 15. G zur Änd. des SoldatenG v. 8.4.2013 (BGBl. I S. 730), Art. 2 Abs. 8 G zur Fortentwicklung des Meldewesens v. 3.5.2013 (BGBl. I S. 1084, geänd. durch G v. 20.11.2014, BGBl. I S. 1738), Art. 4 Bundeswehr-Einsatzbereitschaftsstärkungsgesetz v. 4.8.2019 (BGBl. I S. 1147) und Art. 187 Elfte ZuständigkeitsanpassungsVO v. 19.6.2020 (BGBl. I S. 1328)

Inhaltsübersicht[2)]

[1)] Neubekanntmachung des WehrpflichtG idF der Bek. v. 16.9.2008 (BGBl. I S. 1886) in der ab 1.7.2011 geltenden Fassung.

[2)] Inhaltsübersicht geänd. mWv 13.4.2013 durch G v. 8.4.2013 (BGBl. I S. 730); geänd. mWv 9.8.2019 durch G v. 4.8.2019 (BGBl. I S. 1147).

Abschnitt 1. Wehrpflicht

Unterabschnitt 1. Umfang der Wehrpflicht

§ 1 Allgemeine Wehrpflicht. (1) Wehrpflichtig sind alle Männer vom vollendeten 18. Lebensjahr an, die Deutsche im Sinne des Grundgesetzes[1] sind und

1. ihren ständigen Aufenthalt in der Bundesrepublik Deutschland haben oder
2. ihren ständigen Aufenthalt außerhalb der Bundesrepublik Deutschland haben und entweder
   a) ihren früheren ständigen Aufenthalt in der Bundesrepublik Deutschland hatten oder
   b) einen Pass oder eine Staatsangehörigkeitsurkunde der Bundesrepublik Deutschland besitzen oder sich auf andere Weise ihrem Schutz unterstellt haben.

---

[1] Nr. 1.

1. der Nachweis eines ordentlichen theologischen Studiums oder einer ordentlichen theologischen Ausbildung und
2. eine Erklärung des zuständigen Landeskirchenamtes, der bischöflichen Behörde, des Ordensoberen oder der entsprechenden Oberbehörde einer anderen Religionsgemeinschaft, dass sich der Wehrpflichtige auf das geistliche Amt vorbereitet.

(3) [1] Hat ein Wehrpflichtiger seiner Aufstellung für die Wahl zum Deutschen Bundestag, zu einem Landtag oder zum Europäischen Parlament zugestimmt, so ist er bis zur Wahl zurückzustellen. [2] Hat er die Wahl angenommen, so kann er für die Dauer des Mandats nur auf seinen Antrag einberufen werden.

(4) [1] Vom Wehrdienst soll ein Wehrpflichtiger auf Antrag zurückgestellt werden, wenn die Heranziehung zum Wehrdienst für ihn wegen persönlicher, insbesondere häuslicher, wirtschaftlicher oder beruflicher Gründe eine besondere Härte bedeuten würde. [2] Eine solche liegt in der Regel vor,

1. wenn im Falle der Einberufung des Wehrpflichtigen
   a) die Versorgung seiner Familie, hilfsbedürftiger Angehöriger oder anderer hilfsbedürftiger Personen, für deren Lebensunterhalt er aus rechtlicher oder sittlicher Verpflichtung aufzukommen hat, gefährdet würde oder
   b) für Verwandte ersten Grades besondere Notstände zu erwarten sind,
2. wenn der Wehrpflichtige für die Erhaltung und Fortführung eines eigenen Betriebes unentbehrlich ist,
3. wenn die Einberufung des Wehrpflichtigen
   a) eine zu einem schulischen Abschluss führende Ausbildung,
   b) ein Hochschulstudium, bei dem zum vorgesehenen Diensteintritt das dritte Semester erreicht ist,
   c) einen zum vorgesehenen Diensteintritt begonnenen dualen Bildungsgang (Studium mit studienbegleitender betrieblicher Ausbildung), dessen Regelstudienzeit acht Semester nicht überschreitet und bei dem das Studium spätestens drei Monate nach Beginn der betrieblichen Ausbildung aufgenommen wird,
   d) einen zum vorgesehenen Diensteintritt zu einem Drittel absolvierten sonstigen Ausbildungsabschnitt oder
   e) eine bereits begonnene Berufsausbildung

   unterbrechen oder die Aufnahme einer rechtsverbindlich zugesagten oder vertraglich gesicherten Berufsausbildung verhindern würde.

(5) Vom Wehrdienst kann ein Wehrpflichtiger ferner zurückgestellt werden, wenn gegen ihn ein Strafverfahren anhängig ist, in dem Freiheitsstrafe, Strafarrest, Jugendstrafe oder eine freiheitsentziehende Maßregel der Besserung und Sicherung zu erwarten ist, oder wenn seine Einberufung die militärische Ordnung oder das Ansehen der Bundeswehr ernstlich gefährden würde.

(6) [1] In den Fällen des Absatzes 4, ausgenommen Satz 2 Nummer 1 Buchstabe b, Nummer 3, sowie des Absatzes 7, darf der Wehrpflichtige vom Grundwehrdienst höchstens so lange zurückgestellt werden, dass er noch vor der für ihn nach § 5 Absatz 1 Satz 2 und 3 maßgebenden Altersgrenze einberufen werden kann. [2] In Ausnahmefällen, in denen die Einberufung eine unzumutbare Härte bedeuten würde, kann er auch darüber hinaus zurückgestellt werden.

(7) [1] Vom Wehrdienst soll ein Wehrpflichtiger auf Antrag auch zurückgestellt werden, wenn er für die Erhaltung und Fortführung des elterlichen Betriebes oder des Betriebes seines Arbeitgebers oder für die ordnungsgemäße Aufgabenerfüllung seiner Dienstbehörde unentbehrlich ist. [2] In diesem Fall sind die Eltern, der Arbeitgeber oder die Dienstbehörde des Wehrpflichtigen antragsberechtigt und verpflichtet, den Wegfall der Voraussetzungen für die Unentbehrlichkeit der zuständigen Wehrersatzbehörde anzuzeigen. [3] Die Zurückstellung bedarf der Zustimmung des Wehrpflichtigen. [4] Die Einberufung des Wehrpflichtigen ist bis zur Entscheidung über den Antrag auszusetzen.

§ 13[1)] Unabkömmlichstellung. (1) Zum Ausgleich des personellen Kräftebedarfs für die Aufgaben der Bundeswehr und andere Aufgaben kann ein Wehrpflichtiger im Spannungs- oder Verteidigungsfall im öffentlichen Interesse für den Wehrdienst unabkömmlich gestellt werden, wenn und solange er für die von ihm ausgeübte Tätigkeit nicht entbehrt werden kann.

(2) [1] Über die Unabkömmlichstellung entscheidet die Wehrersatzbehörde auf Vorschlag der zuständigen Verwaltungsbehörde. [2] Das Vorschlagsrecht steht auch den Kirchen und Religionsgemeinschaften, soweit sie Körperschaften des öffentlichen Rechts sind, für ihre Bediensteten zu. [3] Die Zuständigkeit und das Verfahren regelt eine Rechtsverordnung[2)]. [4] In der Rechtsverordnung kann die Befugnis zur Bestimmung der zuständigen Behörden auf oberste Bundesbehörden oder auf die Landesregierungen mit der Befugnis zur Weiterübertragung auf oberste Landesbehörden übertragen werden; die nach dieser Verordnung vorschlagsberechtigte oberste Bundesbehörde oder die Landesregierung kann, soweit Landesrecht dies zulässt, das Vorschlagsrecht auch durch allgemeine Verwaltungsvorschrift regeln. [5] Die Rechtsverordnung regelt auch, wie Meinungsverschiedenheiten zwischen der Wehrersatzbehörde und der vorschlagenden Verwaltungsbehörde unter Abwägung der verschiedenen Belange auszugleichen sind. [6] Die Rechtsverordnung regelt ferner, für welche Fristen die Unabkömmlichstellung ausgesprochen werden kann und welche sachverständigen Stellen der öffentlichen Verwaltung und Wirtschaft zu hören sind.

(3) [1] Die Dienstbehörde oder der Arbeitgeber des Wehrpflichtigen ist verpflichtet, den Wegfall der Voraussetzungen für die Unabkömmlichstellung der zuständigen Wehrersatzbehörde anzuzeigen. [2] Wehrpflichtige, die in keinem Arbeits- oder Dienstverhältnis stehen, haben den Wegfall der Voraussetzungen selbst anzuzeigen.

§ 13a[3)] Zivilschutz oder Katastrophenschutz. (1) [1] Wehrpflichtige, die sich vor Vollendung des 23. Lebensjahres mit Zustimmung der zuständigen Behörde auf mindestens vier Jahre zum ehrenamtlichen Dienst als Helfer im Zivilschutz oder Katastrophenschutz verpflichtet haben, werden nicht zum Wehrdienst herangezogen, solange sie als Helfer im Zivilschutz oder Katastrophenschutz mitwirken. [2] Dies gilt auch bei von der zuständigen Behörde genehmigten Unterbrechungen der Mitwirkung, wenn die auf der Mindestverpflichtung beruhende vierjährige Mitwirkung noch bis zur Vollendung des 28. Lebensjahres erfüllt werden kann. [3] Auf Verlangen des Bundesministeriums

---

1) § 13 Abs. 1 geänd. mWv 9.8.2019 durch G v. 4.8.2019 (BGBl. I S. 1147).

2) Siehe ua die UnabkömmlichstellungsVO **(Wehrrecht Nr. 455)**.

3) § 13a Abs. 1 Satz 4 geänd. mWv 9.8.2019 durch G v. 4.8.2019 (BGBl. I S. 1147); Abs. 1 Satz 3 geänd. mWv 27.6.2020 durch VO v. 19.6.2020 (BGBl. I S. 1328).

der Verteidigung ist zwischen diesem und dem Bundesministerium des Innern, Bau und Heimat die Zahl, bis zu der Freistellungen möglich sind, unter angemessener Berücksichtigung des Personalbedarfs der Bundeswehr, des Zivilschutzes und des Katastrophenschutzes zu vereinbaren. [4] Dabei kann auch nach Jahrgängen, beruflicher Tätigkeit und Ausbildungsstand unterschieden sowie die Zustimmung des Karrierecenters der Bundeswehr vorgesehen werden.

(2) [1] Haben Wehrpflichtige vier Jahre im Zivilschutz oder Katastrophenschutz mitgewirkt, so erlischt ihre Pflicht, Grundwehrdienst zu leisten. [2] Genehmigte Unterbrechungen der Mitwirkung (Absatz 1 Satz 2) gelten als Mitwirkung, soweit sie insgesamt einen Zeitraum von sechs Monaten nicht übersteigen. [3] Endet die Mitwirkung aus Gründen, die nicht in der Person oder in dem Verhalten des Wehrpflichtigen liegen, vorzeitig, so ist die im Zivilschutz oder Katastrophenschutz zurückgelegte Zeit, soweit sie die Hälfte der Zeit nach Satz 1 übersteigt, anteilmäßig auf den Grundwehrdienst anzurechnen.

(3) Die zuständigen Behörden sind verpflichtet, der zuständigen Wehrersatzbehörde das Vorliegen sowie den Wegfall der Voraussetzungen für die Nichtheranziehung von Wehrpflichtigen zum Wehrdienst anzuzeigen.

§ 13b Entwicklungsdienst. (1) Wehrpflichtige werden bis zur Vollendung des 28. Lebensjahres nicht zum Wehrdienst herangezogen, wenn sie sich gegenüber einem nach § 2 des Entwicklungshelfer-Gesetzes[1)] anerkannten Träger des Entwicklungsdienstes im Rahmen des Bedarfs dieses Trägers vertraglich zur Leistung eines mindestens zweijährigen Entwicklungsdienstes verpflichtet haben, sich in angemessener Weise für die spätere Tätigkeit als Entwicklungshelfer fortbilden und das Bundesministerium für wirtschaftliche Zusammenarbeit und Entwicklung dies bestätigt.

(2) Wehrpflichtige werden ferner nicht zum Wehrdienst herangezogen, wenn und solange sie die Voraussetzungen des § 1 Absatz 1 oder Absatz 2 des Entwicklungshelfer-Gesetzes erfüllen.

(3) [1] Haben Wehrpflichtige Entwicklungsdienst von der in Absatz 1 genannten Mindestdauer geleistet, so erlischt ihre Pflicht, Grundwehrdienst zu leisten. [2] Wird der Entwicklungsdienst aus Gründen, die der Wehrpflichtige nicht zu vertreten hat, vorzeitig beendet, so ist die im Entwicklungsdienst zurückgelegte Zeit, soweit sie die Zeit übersteigt, die der Grundwehrdienst dauert, auf den Wehrdienst anzurechnen.

(4) Die Träger des Entwicklungsdienstes sind verpflichtet, das Vorliegen sowie den Wegfall der Voraussetzungen für die Nichtheranziehung von Wehrpflichtigen der zuständigen Wehrersatzbehörde anzuzeigen.

Abschnitt 2. Wehrersatzwesen

§ 14[2)] Wehrersatzbehörden. (1) Die Aufgaben des Wehrersatzwesens mit Ausnahme der Erfassung werden in bundeseigener Verwaltung durchgeführt und folgenden, dem Bundesministerium der Verteidigung unterstehenden Behörden der Bundeswehrverwaltung übertragen:

1. Bundesamt für das Personalmanagement der Bundeswehr – Bundesoberbehörde –,

---

[1)] **Aichberger, SGB Nr. 40/10.**

[2)] § 14 Abs. 1 neu gef., Abs. 2 Satz 1 geänd. mWv 9.8.2019 durch G v. 4.8.2019 (BGBl. I S. 1147).

2. Karrierecenter der Bundeswehr – Bundesunterbehörden –.

(2) [1]Die örtliche Zuständigkeit der Unterbehörden der Bundeswehrverwaltung ist den Grenzen der Länder anzupassen. [2]Im Einvernehmen mit den davon betroffenen Ländern kann die örtliche Zuständigkeit abweichend von Satz 1 geregelt werden. [3]Das Bundesministerium der Verteidigung oder die von ihm bestimmte Stelle kann durch allgemeine Verwaltungsvorschriften die örtliche Zuständigkeit für Musterungsentscheidungen nach § 16 Absatz 2 Satz 1 und für die Anhörung nach § 29 Absatz 4 Nummer 1 abweichend von den Vorschriften des Verwaltungsverfahrensgesetzes[1)] regeln.

§ 15[2)] Erfassung. (1) [1]Die Erfassungsbehörde darf, soweit zur Feststellung der Wehrpflicht erforderlich, für die Erfassung folgende über den Betroffenen im Melderegister gespeicherte Daten nutzen:

1. Familiennamen,
2. frühere Namen,
3. Vornamen,
4. Doktorgrad,
5. Tag und Ort der Geburt,
6. Geschlecht,
7. Staatsangehörigkeiten,
8. gegenwärtige und frühere Anschriften, Haupt- und Nebenwohnung, bei Zuzug aus dem Ausland auch die letzte frühere Anschrift im Inland,
9. Tag des Ein- und Auszugs,
10. Übermittlungssperren,
11. Sterbetag und -ort sowie
12. Familienstand.

[2]Die Erfassungsbehörde unterrichtet diejenigen, deren Daten an die Wehrersatzbehörde übermittelt werden sollen, von der Erfassung, gibt ihnen die zur Übermittlung vorgesehenen Daten bekannt und fordert sie auf, fehlerhafte Daten richtig zu stellen. [3]Sie sind verpflichtet, die erforderlichen Auskünfte zu erteilen und sich nach Aufforderung persönlich bei der Erfassungsbehörde zu melden.

(2) Die Erfassungsbehörde führt auf Grund der nach Absatz 1 erhobenen Daten Personennachweise über die Wehrpflichtigen.

(3) Die Erfassungsbehörde übermittelt der Wehrersatzbehörde als Erfassungsergebnis folgende Daten:

1. Familiennamen,
2. frühere Namen,

(Fortsetzung nächstes Blatt)

---

1) Nr. **100**.
2) Siehe hierzu ua die Wehrerfassungsvorschr. **(Wehrrecht Nr. 420)**.

680. Gesetz über den Zivilschutz und die Katastrophenhilfe des Bundes (Zivilschutz- und Katastrophenhilfegesetz – ZSKG)[1)2)]

Vom 25. März 1997

(BGBl. I S. 726)

FNA 215-12

geänd. durch Art. 3 HaushaltssanierungsG v. 22.12.1999 (BGBl. I S. 2534), Art. 11 Sechstes Euro-EinführungsG v. 3.12.2001 (BGBl. I S. 3306), Art. 22 Drittes G für moderne Dienstleistungen am Arbeitsmarkt v. 23.12.2003 (BGBl. I S. 2848), Art. 2 G über die Errichtung des Bundesamtes für Bevölkerungsschutz und Katastrophenhilfe v. 27.4.2004 (BGBl. I S. 630), Art. 1 Zivilschutzgesetz-änderungsG v. 2.4.2009 (BGBl. I S. 693), Art. 2 Nr. 1 Erstes G zur Änd. des G zur Regelung der Rechtsverhältnisse der Helfer der Bundesanstalt Technisches Hilfswerk v. 29.7.2009 (BGBl. I S. 2350) und Art. 144 Elfte ZuständigkeitsanpassungsVO v. 19.6.2020 (BGBl. I S. 1328)

Der Bundestag hat mit Zustimmung des Bundesrates das folgende Gesetz beschlossen:

Erster Abschnitt. Allgemeine Bestimmungen

§ 1 Aufgaben des Zivilschutzes. (1) [1]Aufgabe des Zivilschutzes ist es, durch nichtmilitärische Maßnahmen die Bevölkerung, ihre Wohnungen und Arbeitsstätten, lebens- oder verteidigungswichtige zivile Dienststellen, Betriebe, Einrichtungen und Anlagen sowie das Kulturgut vor Kriegseinwirkungen zu schützen und deren Folgen zu beseitigen oder zu mildern. [2]Behördliche Maßnahmen ergänzen die Selbsthilfe der Bevölkerung.

(2) Zum Zivilschutz gehören insbesondere

1. der Selbstschutz,
2. die Warnung der Bevölkerung,
3. der Schutzbau,
4. die Aufenthaltsregelung,
5. der Katastrophenschutz nach Maßgabe des § 11,
6. Maßnahmen zum Schutz der Gesundheit,
7. Maßnahmen zum Schutz von Kulturgut.

§ 2[3)] Auftragsverwaltung. (1) [1]Soweit die Ausführung dieses Gesetzes den Ländern einschließlich der Gemeinden und Gemeindeverbände obliegt, handeln sie im Auftrage des Bundes. [2]Wenn nichts anderes bestimmt ist, richten sich die Zuständigkeit der Behörden und das Verwaltungsverfahren nach den für den Katastrophenschutz geltenden Vorschriften der Länder.

(2) [1]Die Landesregierungen werden ermächtigt, durch Rechtsverordnung zu bestimmen, daß mehrere Gemeinden, kommunale Zusammenschlüsse oder Gemeindeverbände alle oder einzelne Aufgaben des Zivilschutzes gemeinsam

---

[1)] Verkündet als Art. 1 ZivilschutzneuordnungsG v. 25.3.1997 (BGBl. I S. 726); Inkrafttreten gem. Art. 7 Abs. 1 dieses G am 4.4.1997.

[2)] Gesetzesüberschrift neu gef. mWv 9.4.2009 durch G v. 2.4.2009 (BGBl. I S. 693).

[3)] § 2 Abs. 3 aufgeh. mWv 1.1.2001 durch G v. 22.12.1999 (BGBl. I S. 2534).

wahrnehmen und wer für die Leitung zuständig ist. [2]Die Landesregierungen können diese Ermächtigung auf oberste Landesbehörden übertragen.

§ 3 Völkerrechtliche Stellung. (1) Einheiten, Einrichtungen und Anlagen, die für den Zivilschutz eingesetzt werden, haben den Voraussetzungen des Artikels 63 des IV. Genfer Abkommens vom 12. August 1949 zum Schutz von Zivilpersonen in Kriegszeiten (BGBl. 1954 II S. 781) und des Artikels 61 des Zusatzprotokolls zu den Genfer Abkommen vom 12. August 1949 über den Schutz der Opfer internationaler bewaffneter Konflikte (Protokoll I) (BGBl. 1990 II S. 1550) zu entsprechen.

(2) Die Stellung des Deutschen Roten Kreuzes als anerkannte nationale Gesellschaft vom Roten Kreuz sowie die der anderen freiwilligen Hilfsgesellschaften und ihres Personals nach dem humanitären Völkerrecht bleiben unberührt.

§ 4[1)] Zuständigkeit des Bundes für den Schutz der Zivilbevölkerung.

(1) Der Bund unterhält ein Bundesamt für Zivilschutz als Bundesoberbehörde; es untersteht dem Bundesministerium des Innern.

(2) [1]Die Verwaltungsaufgaben des Bundes nach diesem Gesetz werden dem Bundesamt für Bevölkerungsschutz und Katastrophenhilfe zugewiesen. [2]Dem Bundesamt für Bevölkerungsschutz und Katastrophenhilfe obliegen insbesondere

1. die Unterstützung der fachlich zuständigen obersten Bundesbehörden bei einer einheitlichen Zivilverteidigungsplanung,
2. a) die Unterweisung des mit Fragen der zivilen Verteidigung befassten Personals sowie die Ausbildung von Führungskräften und Ausbildern des Katastrophenschutzes im Rahmen ihrer Zivilschutzaufgaben,
   b) die Entwicklung von Ausbildungsinhalten des Zivilschutzes, einschließlich des Selbstschutzes,
   c) die Unterstützung der Gemeinden und Gemeindeverbände bei der Erfüllung der Aufgaben nach § 5 Abs. 1 dieses Gesetzes,
3. die Mitwirkung bei der Warnung der Bevölkerung,
4. die Information der Bevölkerung über den Zivilschutz, insbesondere über Schutz- und Hilfeleistungsmöglichkeiten,
5. die Aufgabenstellung für technisch-wissenschaftliche Forschung im Benehmen mit den Ländern, die Auswertung von Forschungsergebnissen sowie die Sammlung und Auswertung von Veröffentlichungen auf dem Gebiet der zivilen Verteidigung,
6. die Prüfung von ausschließlich oder überwiegend für den Zivilschutz bestimmten Geräten und Mitteln sowie die Mitwirkung bei der Zulassung, Normung und Qualitätssicherung dieser Gegenstände.

(3) Die der Bundesregierung nach Artikel 85 Abs. 4 des Grundgesetzes[2)] auf dem Gebiet des Zivilschutzes zustehenden Befugnisse werden auf das Bundesamt für Bevölkerungsschutz und Katastrophenhilfe übertragen.

[1)] § 4 neu gef. mWv 1.1.2001 durch G v. 22.12.1999 (BGBl. I S. 2534); Abs. 2 Satz 1 und Satz 2 einl. Satzteil sowie Abs. 3 geänd. mWv 1.5.2004 durch G v. 27.4.2004 (BGBl. I S. 630).

[2)] Nr. **1**.

Zweiter Abschnitt. Selbstschutz

§ 5[1)] Selbstschutz. (1) Aufbau, Förderung und Leitung des Selbstschutzes der Bevölkerung sowie Förderung des Selbstschutzes der Behörden und Betriebe gegen die besonderen Gefahren, die im Verteidigungsfall drohen, obliegen den Gemeinden.

(2) Für die Unterrichtung und Ausbildung der Bevölkerung sowie in den sonstigen Angelegenheiten des Selbstschutzes können die Gemeinden sich der nach § 26 mitwirkenden Organisationen bedienen.

(3) Die Maßnahmen der kreisangehörigen Gemeinden werden durch die Behörden der allgemeinen Verwaltung auf der Kreisstufe unterstützt.

(4) [1]Im Verteidigungsfall können die Gemeinden allgemeine Anordnungen über das selbstschutzmäßige Verhalten der Bevölkerung bei Angriffen treffen. [2]Die Anordnungen bedürfen keiner besonderen Form.

Dritter Abschnitt. Warnung der Bevölkerung

§ 6 Warnung der Bevölkerung. (1) Der Bund erfaßt die besonderen Gefahren, die der Bevölkerung in einem Verteidigungsfall drohen.

(2) [1]Die für die Warnung bei Katastrophen zuständigen Behörden der Länder warnen im Auftrage des Bundes auch vor den besonderen Gefahren, die der Bevölkerung in einem Verteidigungsfall drohen. [2]Soweit die für den Katastrophenschutz erforderlichen Warnmittel für Zwecke des Zivilschutzes nicht ausreichen, ergänzt der Bund das Instrumentarium.

(3) Die Bundesregierung wird ermächtigt, zur Ausführung dieses Gesetzes das Verfahren für die Warnung der Bevölkerung in einem Verteidigungsfall, insbesondere den Informationsaustausch zwischen Bund und Ländern sowie die Gefahrendurchsage einschließlich der Anordnung vor Verhaltensmaßregeln durch Rechtsverordnung mit Zustimmung des Bundesrates näher zu regeln.

Vierter Abschnitt. Schutzbau

§ 7[2)] Öffentliche Schutzräume. (1) [1]Öffentliche Schutzräume sind die mit Mitteln des Bundes wiederhergestellten Bunker und Stollen sowie die als Mehrzweckbauten in unterirdischen baulichen Anlage errichteten Schutzräume zum Schutz der Bevölkerung. [2]Sie werden von den Gemeinden verwaltet und unterhalten. [3]Einnahmen aus einer friedensmäßigen Nutzung der Schutzräume stehen den Gemeinden zu. [4]Bildet der öffentliche Schutzraum mit anderen Anlagen eine betriebliche Einheit, so kann dem Grundstückseigentümer die Verwaltung und Unterhaltung des Schutzraumes und seiner Ausstattung übertragen werden. [5]Die Kosten sind ihm von der Gemeinde zu erstatten.

(2) [1]An dem Grundstück und den Baulichkeiten dürfen ohne Zustimmung der nach Landesrecht zuständigen Behörde keine Veränderungen vorgenommen werden, die die Benutzung des öffentlichen Schutzraums beeinträchtigen könnten. [2]Bei Bauten im Eigentum des Bundes erteilt die Zustimmung das Bundesministerium des Innern, für Bau und Heimat.

[1)] § 5 Abs. 2 geänd. mWv 9.4.2009 durch G v. 2.4.2009 (BGBl. I S. 693).
[2)] § 7 Abs. 2 Satz 2, Abs. 3 geänd. mWv 27.6.2020 durch VO v. 19.6.2020 (BGBl. I S. 1328).

(3) Die Absätze 1 und 2 gelten auch für Schutzräume in dem in Artikel 3 des Einigungsvertrages[1] genannten Gebiet, die vom Bundesministerium des Innern, für Bau und Heimat als öffentliche Schutzräume anerkannt worden sind, sowie für die Bestandserhaltung der bisher zum Zwecke der gesundheitlichen Versorgung der Bevölkerung im Verteidigungsfall errichteten Schutzbauwerke.

§ 8 Hausschutzräume. (1) [1] Hausschutzräume, die mit Zuschüssen des Bundes oder steuerlich begünstigt gebaut wurden, sind vom Eigentümer oder Nutzungsberechtigten in einem ihrer Bestimmung entsprechenden Zustand zu erhalten. [2] Veränderungen, die die Benutzung des Schutzraumes beeinträchtigen könnten, dürfen ohne Zustimmung der nach Landesrecht zuständigen Behörde nicht vorgenommen werden.

(2) Der Eigentümer oder Nutzungsberechtigte hat bei Gefahr den Personen, für die der Schutzraum bestimmt ist, die Mitbenutzung zu gestatten.

§ 9 Baulicher Betriebsschutz. Zum Schutz lebens- oder verteidigungswichtiger Anlagen und Einrichtungen können die obersten Bundesbehörden jeweils für ihren Geschäftsbereich Regelungen für bauliche Schutzmaßnahmen treffen.

Fünfter Abschnitt. Aufenthaltsregelung

§ 10 Aufenthaltsregelung. (1) Zum Schutze vor den besonderen Gefahren, die der Bevölkerung im Verteidigungsfall drohen, oder für Zwecke der Verteidigung können die obersten Landesbehörden oder die von ihnen bestimmten oder nach Landesrecht zuständigen Stellen nach Maßgabe des Artikels 80a des Grundgesetzes[2] anordnen, daß

1. der jeweilige Aufenthaltsort nur mit Erlaubnis verlassen oder ein bestimmtes Gebiet nicht betreten werden darf,
2. die Bevölkerung besonders gefährdeter Gebiete vorübergehend evakuiert wird.

(2) [1] Die Länder, Gemeinden und Gemeindeverbände sind verpflichtet, die zur Durchführung der Evakuierung sowie zur Aufnahme und Versorgung der evakuierten Bevölkerung erforderlichen Vorbereitungen und Maßnahmen zu treffen. [2] Die zuständigen Bundesbehörden leisten die erforderliche Unterstützung.

Sechster Abschnitt.[3] Katastrophenschutz im Zivilschutz und Katastrophenhilfe des Bundes

§ 11[4] Einbeziehung des Katastrophenschutzes. (1) [1] Die nach Landesrecht im Katastrophenschutz mitwirkenden Einheiten und Einrichtungen nehmen auch die Aufgaben zum Schutz der Bevölkerung vor den besonderen Gefahren und Schäden, die im Verteidigungsfall drohen, wahr. [2] Sie werden zu

---

[1] **Sartorius III Nr. 2.**
[2] Nr. **1**.
[3] Überschr. 6. Abschnitt geänd. mWv 9.4.2009 durch G v. 2.4.2009 (BGBl. I S. 693).
[4] § 11 Abs. 1 Satz 3 geänd. mWv 27.6.2020 durch VO v. 19.6.2020 (BGBl. I S. 1328).

diesem Zwecke ergänzend ausgestattet und ausgebildet. [3] Das Bundesministerium des Innern, für Bau und Heimat legt Art und Umfang der Ergänzung im Benehmen mit der zuständigen obersten Landesbehörde fest.

(2) Die Einheiten und Einrichtungen der Bundesanstalt Technisches Hilfswerk verstärken im Verteidigungsfall den Katastrophenschutz bei der Wahrnehmung der Aufgaben nach Absatz 1.

§ 12[1)] Grundsatz der Katastrophenhilfe. Die Vorhaltungen und Einrichtungen des Bundes für den Zivilschutz stehen den Ländern auch für ihre Aufgaben im Bereich des Katastrophenschutzes zur Verfügung.

§ 13[2)] Ausstattung. (1) Der Bund ergänzt die Ausstattung des Katastrophenschutzes in den Aufgabenbereichen Brandschutz, ABC-Schutz, Sanitätswesen und Betreuung.

(2) [1] Die ergänzende Ausstattung wird vom Bund zur Verfügung gestellt. [2] Die Länder teilen die Ausstattung auf die für den Katastrophenschutz zuständigen Behörden auf. [3] Diese können die Ausstattung an die Träger der Einheiten und Einrichtungen weitergeben.

(3) Die vom Bund den Ländern für den Zivilschutz zur Verfügung gestellte ergänzende Ausstattung steht den Ländern zusätzlich für Aufgaben im Bereich des Katastrophenschutzes zur Verfügung.

(4) Helferinnen und Helfer in Einheiten und Einrichtungen des Katastrophenschutzes, die für eine Verwendung in den in Absatz 1 genannten Aufgabenbereichen vorgesehen sind, erhalten bei ihrer Ausbildung eine ergänzende Zivilschutzausbildung für die Wahrnehmung der Aufgaben nach § 11.

§ 14[3)] Aus- und Fortbildung. [1] Die Aus- und Fortbildungsmaßnahmen des Bundesamtes für Bevölkerungsschutz und Katastrophenhilfe nach § 4 Abs. 1 Satz 2 Nr. 2 Buchstabe a dienen zugleich den Ländern für die Vorbereitung ihrer Entscheidungsträger, Führungskräfte und sonstigen Fachkräfte auf die Bewältigung von Katastrophen und Unglücksfällen und umfassen insbesondere auch die Planung, Durchführung und Auswertung von ressort- und länderübergreifenden Krisenmanagementübungen. [2] Die Aus- und Fortbildungsmaßnahmen des Bundes bauen auf der Ausbildung der Länder im Bereich des Katastrophenschutzes auf und ergänzen diese.

§ 15[4)] Aufgaben der Katastrophenschutzbehörde. [1] Die für den Katastrophenschutz zuständige Behörde leitet und koordiniert alle Hilfsmaßnahmen in ihrem Bereich. [2] Sie beaufsichtigt die Einheiten und Einrichtungen des Katastrophenschutzes bei der Durchführung der Aufgaben nach diesem Gesetz. [3] Sie kann den Trägern der Einheiten in ihrem Bereich Weisungen zur Durchführung von Veranstaltungen zur ergänzenden Aus- und Fortbildung sowie zur Unterbringung und Pflege der ergänzenden Ausstattung erteilen. [4] Bei Einsätzen und angeordneten Übungen nach diesem Gesetz unterstehen ihr auch die Einheiten und Einrichtungen der Bundesanstalt Technisches Hilfswerk, die

---

[1)] § 12 eingef. mWv 9.4.2009 durch G v. 2.4.2009 (BGBl. I S. 693).

[2)] Bish. § 12 wird § 13, Abs. 3 angef., bish. § 13 wird Abs. 4 und geänd. mWv 9.4.2009 durch G v. 2.4.2009 (BGBl. I S. 693).

[3)] § 14 eingef. mWv 9.4.2009 durch G v. 2.4.2009 (BGBl. I S. 693).

[4)] Bish. § 14 wird § 15 mWv 9.4.2009 durch G v. 2.4.2009 (BGBl. I S. 693); Satz 4 geänd. mWv 1.9.2009 durch G v. 29.7.2009 (BGBl. I S. 2350).

nach § 1 Absatz 2 Nummer 1 des THW-Gesetzes in der jeweils geltenden Fassung beauftragt und ermächtigt ist, technische Hilfe im Zivilschutz zu leisten.

Siebter Abschnitt. Maßnahmen zum Schutz der Gesundheit

§ 16[1] Koordinierungsmaßnahmen; Ressourcenmanagement.

(1) Die Einrichtungen und Vorhaltungen des Bundesamtes für Bevölkerungsschutz und Katastrophenhilfe, insbesondere im Bereich Lageerfassung und -bewertung sowie Nachweis und Vermittlung von Engpassressourcen, können auch im Rahmen der Amtshilfe nach Artikel 35 Abs. 1 des Grundgesetzes[2] zur Unterstützung eines Landes verwendet werden.

(2) [1] Die Unterstützung nach Absatz 1 umfasst auch die Koordinierung von Hilfsmaßnahmen durch den Bund, wenn das betroffene Land oder die betroffenen Länder darum ersuchen. [2] Die Festlegung, welche Maßnahmen vom Bund koordiniert werden, trifft der Bund im Einvernehmen mit dem betroffenen Land oder den betroffenen Ländern.

(3) Die Zuständigkeit der Länder für das operative Krisenmanagement bleibt unberührt.

(4) [1] Der Bund hält Koordinierungsinstrumente vor. [2] Der Aufruf bundeseigener Krisenmanagementstrukturen für die Erfüllung seiner eigenen Aufgaben bleibt unberührt.

§ 17[3] Datenerhebung und -verwendung. (1) [1] Soweit es zur Erfüllung seiner Aufgaben nach § 16 erforderlich ist, darf das Bundesamt für Bevölkerungsschutz und Katastrophenhilfe Angaben, einschließlich personenbezogener Daten, über Hilfeleistungspotenziale und über Objekte und infrastrukturelle Einrichtungen, die für den Zivil- und Katastrophenschutz relevant sind, erheben und verwenden. [2] Hierzu zählen insbesondere Angaben über

1. personelle, materielle und infrastrukturelle Potenziale der allgemeinen Gefahrenabwehr,
2. Betriebe, Einrichtungen und Anlagen, von denen bei einer Schadenslage zusätzliche Gefahren ausgehen können (Risikopotenziale),
3. Infrastrukturen, bei deren Ausfall die Versorgung der Bevölkerung erheblich beeinträchtigt wird (kritische Infrastrukturen), und
4. Objekte, die aufgrund ihrer Symbolkraft oder Dimension als mögliche Ziele von Angriffen in Betracht kommen (gefährdete Objekte).

(2) [1] Die nach Absatz 1 erhobenen personenbezogenen Daten dürfen nur an die im Zivil- und Katastrophenschutz mitwirkenden öffentlichen und nichtöffentlichen Stellen übermittelt werden und nur, soweit die Kenntnis der Daten aus Sicht des Bundesamtes für Bevölkerungsschutz und Katastrophenhilfe für Zwecke der Lageerfassung oder -bewertung oder zum Nachweis oder zur Vermittlung von Engpassressourcen erforderlich ist. [2] Eines Ersuchens dieser Stellen um Übermittlung bedarf es nicht.

---

[1] § 16 eingef. mWv 9.4.2009 durch G v. 2.4.2009 (BGBl. I S. 693).

[2] Nr. 1.

[3] § 17 eingef. mWv 9.4.2009 durch G v. 2.4.2009 (BGBl. I S. 693); Abs. 3 Satz 1 geänd. mWv 27.6.2020 durch VO v. 19.6.2020 (BGBl. I S. 1328).

(3) [1]Das Nähere regelt das Bundesministerium des Innern, für Bau und Heimat durch Rechtsverordnung mit Zustimmung des Bundesrates. [2]Dabei sind insbesondere die Datenarten, die erhoben und verwendet werden dürfen, sowie Fristen für die Löschung der Daten zu bestimmen.

§ 18[1)] Zusammenarbeit von Bund und Ländern. (1) [1]Der Bund erstellt im Zusammenwirken mit den Ländern eine bundesweite Risikoanalyse für den Zivilschutz. [2]Das Bundesministerium des Innern, für Bau und Heimat unterrichtet den Deutschen Bundestag über die Ergebnisse der Risikoanalyse nach Satz 1 ab 2010 jährlich. [3]Im Jahr ihrer Fertigstellung unterrichtet es den Deutschen Bundestag darüber hinaus über die von der Schutzkommission erstellten Gefahrenberichte.

(2) Der Bund berät und unterstützt die Länder im Rahmen seiner Zuständigkeiten beim Schutz kritischer Infrastrukturen.

(3) Im Benehmen mit den Ländern entwickelt der Bund Standards und Rahmenkonzepte für den Zivilschutz, die den Ländern zugleich als Empfehlungen für ihre Aufgaben im Bereich des Katastrophenschutzes dienen, sofern diese für ein effektives gesamtstaatliches Zusammenwirken der für den Katastrophenschutz zuständigen Behörden auch bei Naturkatastrophen und besonders schweren Unglücksfällen erforderlich sind.

§ 19[2)] Schutzkommission. (1) Beim Bundesministerium des Innern, für Bau und Heimat besteht eine Kommission zum Schutz der Zivilbevölkerung.

(2) Sie berät die Bundesregierung ehrenamtlich in wissenschaftlichen und technischen Fragen des Zivilschutzes und der Katastrophenhilfe.

(3) Die organisatorische Betreuung der Kommission obliegt dem Bundesamt für Bevölkerungsschutz und Katastrophenhilfe.

§ 20[3)] Unterstützung des Ehrenamtes. Der Bund unterstützt das Ehrenamt als Grundlage des Zivil- und Katastrophenschutzes.

§ 21[4)] Planung der gesundheitlichen Versorgung. (1) [1]Die nach Landesrecht zuständigen Behörden haben ergänzende Maßnahmen zur gesundheitlichen Versorgung der Bevölkerung im Verteidigungsfall zu planen. [2]Sie ermitteln insbesondere die Nutzungs- und Erweiterungsmöglichkeiten der vorhandenen Einrichtungen sowie den voraussichtlichen personellen und materiellen Bedarf und melden ihn an die für die Bedarfsdeckung zuständigen Behörden. [3]Mit den für das Gesundheits- und Sanitätswesen der Bundeswehr zuständigen Stellen ist eng zusammenzuarbeiten. [4]Soweit die zuständigen Behörden nach Satz 1 nicht die Gesundheitsämter sind, ist deren Mitwirkung bei der Planung sicherzustellen.

(2) Die gesetzlichen Berufsvertretungen der Ärzte, Zahnärzte, Tierärzte und Apotheker, die Kassenärztlichen und Kassenzahnärztlichen Vereinigungen sowie die Träger der Einrichtungen der gesundheitlichen Versorgung und ihre

---

1) § 18 eingef. mWv 9.4.2009 durch G v. 2.4.2009 (BGBl. I S. 693); Abs. 1 Satz 2 geänd. mWv 27.6.2020 durch VO v. 19.6.2020 (BGBl. I S. 1328).

2) § 19 eingef. mWv 9.4.2009 durch G v. 2.4.2009 (BGBl. I S. 693); Abs. 1 geänd. mWv 27.6.2020 durch VO v. 19.6.2020 (BGBl. I S. 1328).

3) § 20 eingef. mWv 9.4.2009 durch G v. 2.4.2009 (BGBl. I S. 693).

4) Bish. § 15 wird § 21 mWv 9.4.2009 durch G v. 2.4.2009 (BGBl. I S. 693).

Verbände wirken bei der Planung und Bedarfsermittlung mit und unterstützen die Behörden.

(3) [1] Für Zwecke der Planung nach Absatz 1 haben die Träger von Einrichtungen der gesundheitlichen Versorgung auf Verlangen Auskünfte zu erteilen und das Betreten ihrer Geschäfts- und Betriebsräume während der üblichen Geschäfts- und Betriebszeiten zu dulden. [2] Die hierbei gewonnenen Informationen dürfen nur insoweit verwertet werden, als dies für Zwecke dieses Gesetzes oder für die Erfüllung von Katastrophenschutzaufgaben erforderlich ist.

(4) Die zuständigen Behörden können anordnen, daß

1. die Träger von Krankenhäusern Einsatz- und Alarmpläne für die gesundheitliche Versorgung,
2. die Veterinärämter Pläne für die Tierseuchenbekämpfung

aufstellen und fortschreiben.

§ 22[1)] Erweiterung der Einsatzbereitschaft. (1) Nach Freigabe durch die Bundesregierung können die nach Landesrecht zuständigen Behörden anordnen, daß

1. Einrichtungen der gesundheitlichen Versorgung ihre Leistungsfähigkeit auf die Anforderungen im Verteidigungsfall umzustellen, zu erweitern und ihre Einsatzbereitschaft herzustellen haben,
2. den für den Katastrophenschutz zuständigen Behörden die Rettungsleitstellen ihres Bereiches unterstellt werden und daß diese die ihnen zugeordneten Dienste in ständiger Einsatzbereitschaft zu halten und unter ärztlicher Leitung die Belegung von stationären Einrichtungen zu regeln haben,
3. jede der stationären Behandlung dienende Einrichtung der zuständigen Rettungsleitstelle anzuschließen ist.

(2) [1] Zur Sicherstellung von Arbeitsleistungen in Einrichtungen der gesundheitlichen Versorgung wird die Bundesregierung ermächtigt, durch Rechtsverordnung zu bestimmen, daß sich Wehrpflichtige und Frauen, die nach § 2 Nr. 2 und 3 des Arbeitssicherstellungsgesetzes[2)] in ein Arbeitsverhältnis verpflichtet werden können, bei der zuständigen Agentur für Arbeit zu melden haben, soweit sie als Angehörige der Heil- und Heilhilfsberufe im Zeitpunkt des Eintritts der Meldepflicht seit weniger als zehn Jahren nicht in ihrem Beruf tätig sind. [2] Die Rechtsverordnung regelt insbesondere den Beginn der Meldepflicht, die meldepflichtigen Berufsgruppen und die für die Verpflichtung erforderlichen meldepflichtigen Angaben sowie den Schutz von personenbezogenen Informationen unter Berücksichtigung des Grundsatzes der Zweckbindung.

(3) [1] Die Rechtsverordnung nach Absatz 2 darf nur erlassen werden, wenn und soweit der Bedarf an Arbeitskräften nicht mehr auf freiwilliger Grundlage gedeckt werden kann. [2] Sie ist aufzuheben, wenn Bundestag und Bundesrat es verlangen. [3] Satz 2 gilt entsprechend für die Anordnungen nach Absatz 1.

§ 23[3)] Sanitätsmaterialbevorratung. (1) [1] Der Bund stellt den Ländern für die gesundheitliche Versorgung der Bevölkerung im Verteidigungsfall ergän-

---

[1)] Bish. § 16 wird § 22 mWv 9.4.2009 durch G v. 2.4.2009 (BGBl. I S. 693).

[2)] **Wehrrecht Nr. 1430.**

[3)] Bish. § 17 wird § 23, Abs. 1 eingef., bish. Wortlaut wird Abs. 2 und neu gef. mWv 9.4.2009 durch G v. 2.4.2009 (BGBl. I S. 693); Abs. 2 Satz 1 geänd. mWv 27.6.2020 durch VO v. 19.6.2020 (BGBl. I S. 1328).

zend Sanitätsmaterial zur Verfügung. ²Dieses steht den Ländern für ihre Aufgaben im Bereich des Katastrophenschutzes zusätzlich zur Verfügung. ³Die Länder können das Sanitätsmaterial in ihre Katastrophenschutzvorsorge einplanen.

(2) ¹Das Bundesministerium des Innern, für Bau und Heimat kann im Einvernehmen mit dem Bundesministerium für Gesundheit durch Rechtsverordnung mit Zustimmung des Bundesrates anordnen, dass nach Maßgabe des Artikels 80a des Grundgesetzes ausreichend Sanitätsmaterial von Herstellungsbetrieben, Großhandlungen sowie öffentlichen und Krankenhausapotheken vorgehalten wird, um die Deckung von zusätzlichem Bedarf im Verteidigungsfall sicherzustellen. ²Die §§ 4, 8 und 13 bis 16 des Wirtschaftssicherstellungsgesetzes[1] in der Fassung vom 31 Oktober 2006 sind entsprechend anzuwenden.

§ 24[2] Erste-Hilfe-Ausbildung und Ausbildung von Pflegehilfskräften.

Der Bund fördert die Ausbildung der Bevölkerung durch die nach § 26 Abs. 1 mitwirkenden privaten Organisationen

1. in Erster Hilfe mit Selbstschutzinhalten und
2. zu Pflegehilfskräften.

Achter Abschnitt. Maßnahmen zum Schutz von Kulturgut

§ 25[3] Kulturgutschutz. Die Maßnahmen zum Schutz von Kulturgut richten sich nach dem Gesetz zu der Konvention vom 14. Mai 1954 zum Schutz von Kulturgut bei bewaffneten Konflikten (BGBl. 1967 II S. 1233), geändert durch Artikel 1 des Gesetzes vom 10. August 1971 (BGBl. II S. 1025).

Neunter Abschnitt. Organisationen, Helferinnen und Helfer

§ 26[4] Mitwirkung der Organisationen. (1) ¹Die Mitwirkung der öffentlichen und privaten Organisationen bei der Erfüllung der Aufgaben nach diesem Gesetz richtet sich nach den landesrechtlichen Vorschriften für den Katastrophenschutz. ²Für die Mitwirkung geeignet sind insbesondere der Arbeiter-Samariter-Bund, die Deutsche Lebensrettungsgesellschaft, das Deutsche Rote Kreuz, die Johanniter-Unfall-Hilfe und der Malteser-Hilfsdienst.

(2) Die mitwirkenden öffentlichen und privaten Organisationen bilden die erforderliche Zahl von Helferinnen und Helfern aus, sorgen für die sachgerechte Unterbringung und Pflege der ergänzenden Ausstattung und stellen die Einsatzbereitschaft ihrer Einheiten und Einrichtungen sicher.

(3) ¹Die mitwirkenden privaten Organisationen erhalten nach Maßgabe des § 29 Mittel zur Wahrnehmung ihrer Aufgaben nach diesem Gesetz. ²Sie können die ihnen zugewiesene ergänzende Ausstattung für eigene Zwecke

---

[1] **Gewerberecht Nr. 955.**

[2] Bish. § 18 wird § 24 und einl. Satzteil geänd. mWv 9.4.2009 durch G v. 2.4.2009 (BGBl. I S. 693).

[3] Bish. § 19 wird § 25 mWv 9.4.2009 durch G v. 2.4.2009 (BGBl. I S. 693).

[4] Bish. § 20 wird § 26 und Abs. 3 Satz 1 geänd. mWv 9.4.2009 durch G v. 2.4.2009 (BGBl. I S. 693).

nutzen, soweit hierdurch die Aufgaben des Katastrophenschutzes und des Zivilschutzes nicht beeinträchtigt werden.

(4) [1] Die Mitwirkung von anderen Behörden, Stellen und Trägern öffentlicher Aufgaben bestimmt sich nach dem Katastrophenschutzrecht des Landes. [2] Die Behörden und Stellen des Bundes sowie die seiner Aufsicht unterstehenden juristischen Personen des öffentlichen Rechts sind zur Mitwirkung verpflichtet.

§ 27[1)] Rechtsverhältnisse der Helferinnen und Helfer. (1) Rechte und Pflichten der im Zivilschutz mitwirkenden Helferinnen und Helfer richten sich nach den landesrechtlichen Vorschriften für den Katastrophenschutz, soweit durch dieses Gesetz oder andere Rechtsvorschriften des Bundes nichts anderes bestimmt ist.

(2) Für den ehrenamtlichen Dienst im Zivil- und Katastrophenschutz vom Wehrdienst oder Zivildienst freigestellte Helfer sind zur Mitwirkung im Zivil- und Katastrophenschutz verpflichtet.

§ 28[2)] Persönliche Hilfeleistung. (1) [1] Die für den Katastrophenschutz zuständige Behörde kann Männer und Frauen vom vollendeten 18. bis zum vollendeten 60. Lebensjahr verpflichten, bei der Bekämpfung der besonderen Gefahren und Schäden, die im Verteidigungsfall drohen, Hilfe zu leisten, wenn die vorhandenen Kräfte im Einsatzfall nicht ausreichen. [2] Die zur Hilfeleistung Herangezogenen oder die freiwillig mit Einverständnis der zuständigen Stellen bei der Hilfeleistung Mitwirkenden haben für die Dauer der Hilfeleistung die Rechtsstellung einer Helferin oder eines Helfers. [3] Bei der Verpflichtung ist auf den Bedarf von Behörden und Betrieben mit lebens- oder verteidigungswichtigen Aufgaben Rücksicht zu nehmen.

(2) [1] Die Verpflichteten können als Helferinnen oder Helfer den nach § 26 Abs. 1 mitwirkenden Organisationen zugewiesen werden. [2] Diese können den Einsatz ablehnen, wenn die Zugewiesenen als Helferinnen oder Helfer für die Fachaufgaben ungeeignet sind oder andere berechtigte Gründe gegen ihren Einsatz in der Organisation sprechen.

(3) Die Verpflichtung darf einen Zeitraum von zehn Werktagen im Vierteljahr nicht überschreiten.

Zehnter Abschnitt. Kosten des Zivilschutzes

§ 29[3)] Kosten. (1) Der Bund trägt die Kosten, die den Ländern, Gemeinden und Gemeindeverbänden durch dieses Gesetz, durch die allgemeinen Verwaltungsvorschriften auf Grund dieses Gesetzes und durch Weisungen der zuständigen Bundesbehörden entstehen; personelle und sächliche Verwaltungskosten werden nicht übernommen.

(2) [1] Die Ausgaben sind für Rechnung des Bundes zu leisten; die damit zusammenhängenden Einnahmen sind an den Bund abzuführen. [2] Auf diese Ausgaben und Einnahmen sind die Vorschriften über das Haushaltsrecht des

---

[1)] Bish. § 27 aufgeh., bish. § 21 wird § 27 mWv 9.4.2009 durch G v. 2.4.2009 (BGBl. I S. 693).

[2)] Bish. § 22 wird § 28 und Abs. 2 Satz 1 geänd. mWv 9.4.2009 durch G v. 2.4.2009 (BGBl. I S. 693).

[3)] Bish. § 23 wird § 29, Abs. 3 neu gef. und Abs. 5 geänd. mWv 9.4.2009 durch G v. 2.4.2009 (BGBl. I S. 693).

Bundes anzuwenden. [3]Die für die Durchführung des Haushaltes verantwortlichen Bundesbehörden können ihre Befugnisse auf die zuständigen obersten Landesbehörden übertragen und zulassen, daß auf diese Ausgaben und Einnahmen die landesrechtlichen Vorschriften über die Kassen- und Buchführung der zuständigen Landes- und Gemeindebehörden angewandt werden.

(3) [1]Der Bund trägt die planmäßigen fahrzeug- und helferbezogenen Kosten nach § 13 ab dem Jahr 2010 nach folgenden Maßgaben: Pauschal erstattet werden die Kosten für

1. die Unterbringung der Fahrzeuge und der persönlichen ABC-Schutzausrüstung,
2. die ärztliche Untersuchung und die Ausbildung der Helferinnen und Helfer und
3. die Gewährleistung der jederzeitigen Einsatzbereitschaft der Analytischen Task Forces zur Unterstützung der örtlichen Einsatzleitung mit Spezialtechnik bei komplexen ABC-Lagen.

[2]Die Kosten der Wartung und Instandsetzung der ergänzenden Ausstattung werden gegen Nachweis erstattet. [3]Im Verhältnis zwischen den für den Katastrophenschutz zuständigen Behörden und den privaten Organisationen richtet sich der Nachweis der Ausgaben und die Belegpflicht nach den Bestimmungen der Bundeshaushaltsordnung und den dazu erlassenen Verwaltungsvorschriften über das Nachweisverfahren bei Zuwendungen.

(4) Die Kosten, die dem Bund durch Verwendung von ihm finanzierter Ausstattung und Anlagen des Zivilschutzes bei Katastrophen und Unglücksfällen entstehen, sind ihm von dem Aufgabenträger zu erstatten, es sei denn, der Einsatz dient gleichzeitig überwiegend zivilschutzbezogenen Ausbildungszwecken.

(5) Kosten, die für Maßnahmen nach § 22 Abs. 1 anfallen, sind dem Pflichtigen zu ersetzen.

Elfter Abschnitt. Bußgeldvorschriften

§ 30[1)] Bußgeldvorschriften. (1) Ordnungswidrig handelt, wer vorsätzlich oder fahrlässig einer vollziehbaren Anordnung nach § 5 Abs. 4 Satz 1, § 10 Abs. 1, § 21 Abs. 4 oder § 22 Abs. 1 zuwiderhandelt.

(2) Ordnungswidrig handelt, wer vorsätzlich oder fahrlässig

1. einer Rechtsverordnung nach § 22 Abs. 2 Satz 1, soweit sie für ein bestimmten Tatbestand auf diese Bußgeldvorschrift verweist,
2. einer Vorschrift des § 27 Abs. 2 über die Mitwirkung oder
3. einer vollziehbaren Anordnung nach § 28 Abs. 1 Satz 1

zuwiderhandelt.

(3) Die Ordnungswidrigkeit kann in den Fällen des Absatzes 1 mit einer Geldbuße bis zu zehntausend Euro, in den Fällen des Absatzes 2 mit einer Geldbuße bis zu tausend Euro geahndet werden.

[1)] Bish. § 24 wird § 30, Abs. 1 und Abs. 2 Nr. 1–3 geänd. mWv 9.4.2009 durch G v. 2.4.2009 (BGBl. I S. 693).

(4) Verwaltungsbehörde im Sinne des § 36 Abs. 1 Nr. 1 des Gesetzes über Ordnungswidrigkeiten[1] ist

1. in den Fällen des Absatzes 1 die Behörde, welche die Anordnung erlassen hat,
2. in den Fällen des Absatzes 2 Nr. 1 die Agentur für Arbeit,
3. in den Fällen des Absatzes 2 Nr. 2 die Bundesanstalt Technisches Hilfswerk für ihre Helfer, im übrigen und in den Fällen des Absatzes 2 Nr. 3 die für den Katastrophenschutz zuständige Behörde.

Zwölfter Abschnitt. Schlußbestimmungen

§ 31[2] Einschränkungen von Grundrechten. Die Grundrechte der körperlichen Unversehrtheit (Artikel 2 Abs. 2 Satz 1 des Grundgesetzes[3]), der Freiheit der Person (Artikel 2 Abs. 2 Satz 2 des Grundgesetzes), der Freizügigkeit (Artikel 11 Abs. 1 des Grundgesetzes) und der Unverletzlichkeit der Wohnung (Artikel 13 des Grundgesetzes) werden nach Maßgabe dieses Gesetzes eingeschränkt.

§ 32[4] Stadtstaatenklausel. Die Senate der Länder Berlin, Bremen und Hamburg werden ermächtigt, entsprechend dem besonderen Verwaltungsaufbau ihrer Länder die Zuständigkeit von Behörden abweichend von den Vorschriften dieses Gesetzes zu regeln und insbesondere zu bestimmen, welche Stellen die Aufgaben der Gemeinden und Gemeindeverbände nach Maßgabe dieses Gesetzes wahrzunehmen haben.

[1] **Schönfelder Nr. 94.**
[2] Bish. § 25 wird § 31 mWv 9.4.2009 durch G v. 2.4.2009 (BGBl. I S. 693).
[3] **Nr. 1.**
[4] Bish. § 26 wird § 32 mWv 9.4.2009 durch G v. 2.4.2009 (BGBl. I S. 693).

700. Bundeshaushaltsordnung (BHO)

Vom 19. August 1969
(BGBl. I S. 1284)

FNA 63-1

geänd. durch G zur Änd. der BundeshaushaltsO v. 23.12.1971 (BGBl. I S. 2133), Zweites G zur Änd. der BundeshaushaltsO v. 14.7.1980 (BGBl. I S. 955), § 5 G über die Feststellung des Bundeshaushaltsplans für das Haushaltsjahr 1981 v. 13.7.1981 (BGBl. I S. 630), § 21 G über den Bundesrechnungshof v. 11.7.1985 (BGBl. I S. 1445), Art. 10 Abs. 30 G zur Durchführung der Vierten, Siebenten und Achten Richtlinie des Rates der Europäischen Gemeinschaften zur Koordinierung des Gesellschaftsrechts v. 19.12.1985 (BGBl. I S. 2355), Drittes G zur Änd. der BundeshaushaltsO v. 6.8.1986 (BGBl. I S. 1275), Viertes G zur Änd. der BundeshaushaltsO v. 18.7.1990 (BGBl. I S. 1447), Art. 11 Erstes G zur Umsetzung des Spar-, Konsolidierungs- und Wachstumsprogramms v. 21.12.1993 (BGBl. I S. 2353), Art. 30 G zur sozialen Absicherung des Risikos der Pflegebedürftigkeit v. 26.5.1994 (BGBl. I S. 1014), Art. 28 G zur Reform der agrarsozialen Sicherung v. 29.7.1994 (BGBl. I S. 1890), Fünftes Gesetz zur Änd der BundeshaushaltsO v. 22.9.1994 (BGBl. I S. 2605), Art. 11 G zur Änd. des Sechsten Buches Sozialgesetzbuch und anderer Gesetze v. 15.12.1995 (BGBl. I S. 1824), Art. 2 G zur Änd. verwaltungsverfahrensrechtlicher Vorschriften v. 2.5.1996 (BGBl. I S. 656), Art. 2 G zur Fortentwicklung des Haushaltsrechts von Bund und Ländern v. 22.12.1997 (BGBl. I S. 3251), Art. 3 G zur Änd. von Vorschriften über parlamentarische Gremien v. 17.6.1999 (BGBl. I S. 1334), Art. 4 G zur Beschleunigung der Umsetzung von Öffentlich Privaten Partnerschaften und zur Verbesserung gesetzlicher Rahmenbedingungen für Öffentlich Private Partnerschaften v. 1.9.2005 (BGBl. I S. 2676), Art. 3 G zur Neuorganisation der Bundesfinanzverwaltung und zur Schaffung eines Refinanzierungsregisters v. 22.9.2005 (BGBl. I S. 2809), Art. 15 SCE-EinführungsG v. 14.8.2006 (BGBl. I S. 1911), Art. 9 Zweites G zur Änd. des FinanzverwaltungsG und anderer Gesetze v. 13.12.2007 (BGBl. I S. 2897), Art. 2 Abs. 3 G zur Fortentwicklung der parlamentarischen Kontrolle der Nachrichtendienste des Bundes v. 29.7.2009 (BGBl. I S. 2346), Art. 4 HaushaltsgrundsätzemodernisierungsG v. 31.7.2009 (BGBl. I S. 2580), Art. 10 HaushaltsbegleitG 2011 v. 9.12.2010 (BGBl. I S. 1885), Art. 2 G zur Änd. des FinanzausgleichsG und der BundeshaushaltsO v. 15.7.2013 (BGBl. I S. 2395), Art. 8 Abs. 10 G zur Neuorganisation der Zollverwaltung v. 3.12.2015 (BGBl. I S. 2178), Art. 11 G zur Neuregelung des bundesstaatlichen Finanzausgleichssystems ab dem Jahr 2020 und zur Änd. haushaltsrechtlicher Vorschriften v. 14.8.2017 (BGBl. I S. 3122), Art. 77 Zweites Datenschutz-Anpassungs- und Umsetzungsgesetz EU v. 20.11.2019 (BGBl. I S. 1626), Art. 3 Besoldungsstrukturenmodernisierungsgesetz v. 9.12.2019 (BGBl. I S. 2053) und Art. 212 Elfte ZuständigkeitsanpassungsVO v. 19.6.2020 (BGBl. I S. 1328)

Der Bundestag hat das folgende Gesetz beschlossen:

Teil I. Allgemeine Vorschriften zum Haushaltsplan

§ 1 Feststellung des Haushaltsplans. [1] Der Haushaltsplan wird für ein oder zwei Rechnungsjahre, nach Jahren getrennt, vor Beginn des ersten Rechnungsjahres durch das Haushaltsgesetz festgestellt. [2] Mit dem Haushaltsgesetz wird nur der Gesamtplan (§ 13 Abs. 4) verkündet.

§ 2 Bedeutung des Haushaltsplans. [1] Der Haushaltsplan dient der Feststellung und Deckung des Finanzbedarfs, der zur Erfüllung der Aufgaben des Bundes im Bewilligungszeitraum voraussichtlich notwendig ist. [2] Der Haushaltsplan ist Grundlage für die Haushalts- und Wirtschaftsführung. [3] Bei seiner Aufstellung und Ausführung ist den Erfordernissen des gesamtwirtschaftlichen Gleichgewichts Rechnung zu tragen.

§ 3 Wirkungen des Haushaltsplans. (1) Der Haushaltsplan ermächtigt die Verwaltung, Ausgaben zu leisten und Verpflichtungen einzugehen.

(2) Durch den Haushaltsplan werden Ansprüche oder Verbindlichkeiten weder begründet noch aufgehoben.

§ 4[1)] Haushaltsjahr. [1]Rechnungsjahr (Haushaltsjahr) ist das Kalenderjahr. [2]Das Bundesministerium der Finanzen kann für einzelne Bereiche etwas anderes bestimmen.

§ 5[2)] Allgemeine Verwaltungsvorschriften, vorläufige und endgültige Haushalts- und Wirtschaftsführung. Die allgemeinen Verwaltungsvorschriften zu diesem Gesetz sowie zur vorläufigen und endgültigen Haushalts- und Wirtschaftsführung erläßt das Bundesministerium der Finanzen.

§ 6 Notwendigkeit der Ausgaben und Verpflichtungsermächtigungen. Bei Aufstellung und Ausführung des Haushaltsplans sind nur die Ausgaben und die Ermächtigungen zum Eingehen von Verpflichtungen zur Leistung von Ausgaben in künftigen Jahren (Verpflichtungsermächtigungen) zu berücksichtigen, die zur Erfüllung der Aufgaben des Bundes notwendig sind.

§ 7[3)] Wirtschaftlichkeit und Sparsamkeit, Kosten- und Leistungsrechnung. (1) [1]Bei Aufstellung und Ausführung des Haushaltsplans sind die Grundsätze der Wirtschaftlichkeit und Sparsamkeit zu beachten. [2]Diese Grundsätze verpflichten zur Prüfung, inwieweit staatliche Aufgaben oder öffentlichen Zwecken dienende wirtschaftliche Tätigkeiten durch Ausgliederung und Entstaatlichung oder Privatisierung erfüllt werden können.

(2) [1]Für alle finanzwirksamen Maßnahmen sind angemessene Wirtschaftlichkeitsuntersuchungen durchzuführen. [2]Dabei ist auch die mit den Maßnahmen verbundene Risikoverteilung zu berücksichtigen. [3]In geeigneten Fällen ist privaten Anbietern die Möglichkeit zu geben darzulegen, ob und inwieweit sie staatliche Aufgaben oder öffentlichen Zwecken dienende wirtschaftliche Tätigkeiten nicht ebenso gut oder besser erbringen können (Interessenbekundungsverfahren).

(3) In geeigneten Bereichen ist eine Kosten- und Leistungsrechnung einzuführen.

(Fortsetzung nächstes Blatt)

[1)] § 4 geänd. durch G v. 22.9.1994 (BGBl. I S. 2605).
[2)] § 5 geänd. durch G v. 22.12.1997 (BGBl. I S. 3252).
[3)] § 7 Abs. 1 Satz 2 und Abs. 2 Satz 2 angef. durch G v. 21.12.1993 (BGBl. I S. 2353); Überschrift und Abs. 2 geänd., Abs. 3 angef. durch G v. 22.12.1997 (BGBl. I S. 3252); Abs. 2 Satz 2 eingef. 2 wird Satz 3 mWv 8.9.2005 durch G v. 1.9.2005 (BGBl. I S. 2676).

recht der zuständigen Dienststelle oder ihrer Beauftragten festzulegen. [4] Verwaltungsvorschriften, welche die Regelung des Verwendungsnachweises und die Prüfung durch den Bundesrechnungshof (§ 91) betreffen, werden im Einvernehmen mit dem Bundesrechnungshof erlassen.

(2) Sollen Bundesmittel oder Vermögensgegenstände des Bundes von Stellen außerhalb der Bundesverwaltung verwaltet werden, ist Absatz 1 entsprechend anzuwenden.

(3) [1] Juristischen Personen des privaten Rechts kann mit ihrem Einverständnis die Befugnis verliehen werden, Verwaltungsaufgaben auf dem Gebiet der Zuwendungen im eigenen Namen und in den Handlungsformen des öffentlichen Rechts wahrzunehmen, wenn sie die Gewähr für eine sachgerechte Erfüllung der ihnen übertragenen Aufgaben bieten und die Beleihung im öffentlichen Interesse liegt. [2] Die Verleihung und die Entziehung der Befugnis obliegen dem zuständigen Bundesministerium; im Falle der Verleihung ist das Bundesministerium der Finanzen zu unterrichten. [3] Die Beliehene unterliegt der Aufsicht des zuständigen Bundesministeriums; dieses kann die Aufsicht auf nachgeordnete Behörden übertragen. [4] Im Falle der Staatshaftung wegen Ansprüchen Dritter kann der Bund gegenüber einer beliehenen juristischen Person des Privatrechts bei Vorliegen von Vorsatz oder grober Fahrlässigkeit Rückgriff nehmen.

§ 44a[1)] *(aufgehoben)*

§ 45[2)] **Sachliche und zeitliche Bindung.** (1) [1] Ausgaben und Verpflichtungsermächtigungen dürfen nur zu dem im Haushaltsplan bezeichneten Zweck, soweit und solange er fortdauert, und nur bis zum Ende des Haushaltsjahres geleistet oder in Anspruch genommen werden. [2] Nicht in Anspruch genommene Verpflichtungsermächtigungen gelten, wenn das Haushaltsgesetz für das nächste Haushaltsjahr nicht rechtzeitig verkündet wird, bis zur Verkündung dieses Haushaltsgesetzes.

(2) [1] Bei übertragbaren Ausgaben können Ausgabereste gebildet werden, die für die jeweilige Zweckbestimmung über das Haushaltsjahr hinaus bis zum Ende des auf die Bewilligung folgenden zweitnächsten Haushaltjahres verfügbar bleiben. [2] Bei Bauten tritt an die Stelle des Haushaltsjahres der Bewilligung das Haushaltsjahr, in dem der Bau in seinen wesentlichen Teilen in Gebrauch genommen ist. [3] Das Bundesministerium der Finanzen kann im Einzelfall Ausnahmen zulassen.

(3) Die Inanspruchnahme von Ausgaberesten bedarf der Einwilligung des Bundesministeriums der Finanzen; die Einwilligung darf nur erteilt werden, wenn in demselben oder einem anderen Einzelplan Ausgaben in gleicher Höhe bis zum Ende des laufenden Haushaltsjahres nicht geleistet werden oder wenn Ausgabemittel zur Deckung der Ausgabereste veranschlagt worden sind (§ 19 Abs. 2).

(4) Das Bundesministerium der Finanzen kann in besonders begründeten Einzelfällen die Übertragbarkeit von Ausgaben zulassen, soweit Ausgaben für bereits bewilligte Maßnahmen noch im nächsten Haushaltsjahr zu leisten sind.

§ 46 Deckungsfähigkeit. Deckungsfähige Ausgaben dürfen, solange sie verfügbar sind, nach Maßgabe des § 20 Abs. 1 oder des Deckungsvermerks zugunsten einer anderen Ausgabe verwendet werden.

---

1) § 44a aufgeh. durch G v. 2.5.1996 (BGBl. I S. 656).

2) § 45 Abs. 2 Satz 3, Abs. 3 und Abs. 4 geänd. durch G v. 22.9.1994 (BGBl. I S. 2605).

§ 47 Wegfall- und Umwandlungsvermerke. (1) Über Ausgaben, die der Haushaltsplan als künftig wegfallend bezeichnet, darf von dem Zeitpunkt an, mit dem die im Haushaltsplan bezeichnete Voraussetzung für den Wegfall erfüllt ist, nicht mehr verfügt werden. Entsprechendes gilt für Planstellen.

(2) Ist eine Planstelle ohne nähere Angabe als künftig wegfallend bezeichnet, darf die nächste freiwerdende Planstelle derselben Besoldungsgruppe für Beamte derselben Fachrichtung nicht wieder besetzt werden.

(3) Ist eine Planstelle ohne Bestimmung der Voraussetzungen als künftig umzuwandeln bezeichnet, gilt die nächste freiwerdende Planstelle derselben Besoldungsgruppe für Beamte derselben Fachrichtung im Zeitpunkt ihres Freiwerdens als in die Stelle umgewandelt, die in dem Umwandlungsvermerk angegeben ist.

(4) Die Absätze 1 bis 3 gelten für Stellen der Angestellten und Arbeiter entsprechend.

§ 48[1)] Höchstaltersgrenze bei der Berufung in ein Beamten- oder Soldatenverhältnis oder Versetzung von Beamtinnen und Beamten in den Bundesdienst. (1) [1] Berufungen in ein Beamtenverhältnis oder Versetzungen in den Bundesdienst dürfen nur erfolgen, wenn

1. die Bewerberin oder der Bewerber das 50. Lebensjahr noch nicht vollendet hat oder
2. ein außerordentlicher Mangel an gleich geeigneten jüngeren Bewerberinnen und Bewerbern besteht und die Berufung oder Versetzung einen erheblichen Vorteil für den Bund bedeutet.

[2] An die Stelle des 50. Lebensjahres tritt

1. das 55. Lebensjahr, wenn die zukünftigen Versorgungslasten nach dem Versorgungslastenteilungs-Staatsvertrag[2)], nach § 107b des Beamtenversorgungsgesetzes[3)], nach § 92b des Soldatenversorgungsgesetzes[4)] oder dem Militärseelsorgevertrag vom 22. Februar 1957 (BGBl. 1957 II S. 702) mit dem abgebenden Dienstherrn geteilt werden, oder
2. das 62. Lebensjahr, wenn bereits Ansprüche auf Versorgung nach beamten- oder soldatenrechtlichen Vorschriften oder Grundsätzen zu Lasten des Bundes erworben wurden und das vorgesehene Amt höchstens der Besoldungsgruppe zugeordnet ist, aus der zuletzt Dienstbezüge gezahlt wurden.

(2) [1] Für die Berufung oder Versetzung in den Polizeivollzugsdienst des Bundes gilt Absatz 1 Satz 1 mit der Maßgabe, dass bei einer Verwendung im Bundesministerium des Innern, für Bau und Heimat, im Bundeskriminalamt oder im Polizeivollzugsdienst beim Deutschen Bundestag an die Stelle des 50. Lebensjahres das 45. Lebensjahr und bei einer Verwendung in anderen Bereichen an die Stelle des 50. Lebensjahres das 40. Lebensjahr tritt. [2] Außerdem gilt in diesen Fällen

(Fortsetzung nächstes Blatt)

[1)] § 48 neu gef. mWv 18.8.2017 durch G v. 14.8.2017 (BGBl. I S. 3122); Abs. 2 Satz 1 geänd. mWv 27.6.2020 durch VO v. 19.6.2020 (BGBl. I S. 1328).

[2)] **Bundesbeamtengesetze Nr. 95.**

[3)] **Wehrrecht Nr. 710.**

[4)] **Wehrrecht Nr. 700.**

ihnen nach Artikel 59 Absatz 2 Satz 1 des Grundgesetzes[1] die gesetzgebenden Körperschaften mitgewirkt haben, von der Registerbehörde ausgeführt und mit Zustimmung des Bundesministeriums der Justiz und für Verbraucherschutz bewilligt. [2]Die Übermittlung personenbezogener Daten muss im Einklang mit Kapitel V der Verordnung (EU) 2016/679[2] und den sonstigen allgemeinen datenschutzrechtlichen Vorschriften stehen.

(2) [1]Ersuchen eines anderen Mitgliedstaates der Europäischen Union um Erteilung einer Auskunft werden von der Registerbehörde ausgeführt und bewilligt. [2]Die Auskunft kann, soweit kein völkerrechtlicher Vertrag im Sinne des Absatzes 1 vorliegt, dem ersuchenden Mitgliedstaat für die gleichen Zwecke und in gleichem Umfang wie gegenüber vergleichbaren deutschen Stellen erteilt werden. [3]Der ausländische Empfänger ist darauf hinzuweisen, dass er die Auskunft nur zu dem Zweck verwenden darf, für den sie erteilt worden ist. [4]Die Auskunftserteilung unterbleibt, wenn sie in Widerspruch zur Charta der Grundrechte der Europäischen Union[3] steht.

(3) [1]Ersuchen eines anderen Mitgliedstaates um Erteilung einer Auskunft aus dem Register für nichtstrafrechtliche Zwecke, deren Art oder Umfang in diesem Gesetz nicht vorgesehen ist, erledigt die Registerbehörde, soweit die Erteilung nach Maßgabe eines Rechtsaktes der Europäischen Union geboten ist, es sei denn, dass eine besondere fachliche Bewertung zur Beschränkung der Auskunft erforderlich ist. [2]Ist eine solche Bewertung erforderlich, erhält die für die internationale Amtshilfe zuständige Behörde eine Auskunft aus dem Register. [3]Absatz 2 Satz 2 und 3 und § 8e des Verwaltungsverfahrensgesetzes[4] gelten entsprechend.

(4) Die Verantwortung für die Zulässigkeit der Übermittlung trägt die übermittelnde Stelle.

§ 150d[5] Protokollierungen. (1) Die Registerbehörde fertigt zu den von ihr erteilten Auskünften Protokolle, die folgende Daten enthalten:

1. die Vorschrift des Gesetzes, auf der die Auskunft beruht,
2. die in der Anfrage und der Auskunft verwendeten Daten der betroffenen Person,
3. die Bezeichnung der Stelle, die um Erteilung der Auskunft ersucht hat, sowie die Bezeichnung der empfangenden Stelle,
4. den Zeitpunkt der Auskunftserteilung,
5. den Namen der Person, die die Auskunft erteilt hat,
6. das Aktenzeichen oder den Zweck, wenn keine Auskunft nach § 150 Absatz 1 vorliegt.

(2) [1]Die Protokolldaten dürfen nur zu internen Prüfzwecken, zur Datenschutzkontrolle und zur Auskunft aus Protokolldaten entsprechend Absatz 3 verarbeitet werden. [2]Sie sind durch geeignete Vorkehrungen gegen Missbrauch zu schützen. [3]Die Protokolldaten sind nach einem Jahr zu löschen, es sei denn, sie

---

[1] Nr. **1**.
[2] Nr. **246**.
[3] Nr. **1002**.
[4] Nr. **100**.
[5] § 150d eingef. mWv 27.4.2012 durch G v. 15.12.2011 (BGBl. I S. 2714); Abs. 3 angef. mWv 31.8.2020 durch G v. 18.7.2017 (BGBl. I S. 2732, aufgeh. mWv 26.11.2019 durch G v. 20.11.2019, BGBl. I S. 1626); Abs. 2 Satz 1 geänd., Abs. 3 angef. mWv 26.11.2019 durch G v. 20.11.2019 (BGBl. I S. 1626).

werden weiterhin für Zwecke nach Satz 1 benötigt. [4]Danach sind sie unverzüglich zu löschen.

(3) [1]Soweit sich das Auskunftsrecht der betroffenen Person nach Artikel 15 der Verordnung (EU) 2016/679[1)] auf Auskünfte bezieht, die einer Stelle nach § 150a Absatz 1 Satz 2 oder Absatz 2 erteilt wurden, entscheidet die Registerbehörde über die Beschränkung des Auskunftsrechts nach Maßgabe des Bundesdatenschutzgesetzes im Einvernehmen mit dieser Stelle. [2]Für die Antragsberechtigung und das Verfahren gilt § 150 Absatz 2 bis 4 entsprechend.

§ 150e[2)] Elektronische Antragstellung. (1) [1]Erfolgt die Antragstellung abweichend von § 150 Absatz 2 oder Absatz 3 elektronisch, ist der Antrag unter Nutzung des im Internet angebotenen Zugangs unmittelbar bei der Registerbehörde zu stellen. [2]Der Antragsteller kann sich bei der Antragstellung nicht durch einen Bevollmächtigten vertreten lassen. [3]Handelt der Antragsteller als gesetzlicher Vertreter, hat er seine Vertretungsmacht nachzuweisen.

(2) [1]Der elektronische Identitätsnachweis nach § 18 des Personalausweisgesetzes[3)], nach § 12 des eID-Karte-Gesetzes oder nach § 78 Absatz 5 des Aufenthaltsgesetzes[4)] ist zu führen. [2]Dabei müssen aus dem elektronischen Speicher- und Verarbeitungsmedium des Personalausweises, der eID-Karte oder des elektronischen Aufenthaltstitels an die Registerbehörde übermittelt werden:

1. die Daten nach § 18 Absatz 3 Satz 1 des Personalausweisgesetzes, nach § 12 Absatz 3 Satz 2 des eID-Karte-Gesetzes in Verbindung mit § 18 Absatz 3 Satz 1 des Personalausweisgesetzes oder nach § 78 Absatz 5 Satz 2 des Aufenthaltsgesetzes in Verbindung mit § 18 Absatz 3 Satz 1 des Personalausweisgesetzes und
2. Familienname, Geburtsname, Vornamen, Geburtsort sowie Geburtsdatum, Staatsangehörigkeit und Anschrift.

[3]Lässt das elektronische Speicher- und Verarbeitungsmedium die Übermittlung des Geburtsnamens nicht zu, ist der Geburtsname im Antrag anzugeben und nachzuweisen. [4]Bei der Datenübermittlung ist ein dem jeweiligen Stand der Technik entsprechendes sicheres Verfahren zu verwenden, das die Vertraulichkeit und Integrität des elektronisch übermittelten Datensatzes gewährleistet.

(3) [1]Vorzulegende Nachweise sind gleichzeitig mit dem Antrag elektronisch einzureichen und ihre Echtheit sowie inhaltliche Richtigkeit sind an Eides statt zu versichern. [2]Bei vorzulegenden Schriftstücken kann die Registerbehörde im Einzelfall die Vorlage des Originals verlangen.

(4) [1]Die näheren Einzelheiten des elektronischen Verfahrens regelt die Registerbehörde. [2]Im Übrigen gilt § 150 entsprechend.

§ 151[5)] Eintragungen in besonderen Fällen. (1) In den Fällen des § 149 Absatz 2 Satz 1 Nr. 1 Buchstabe a und b ist die Eintragung auch bei

---

[1)] Nr. **246**.

[2)] § 150e eingef. mWv 1.9.2014 durch G v. 6.9.2013 (BGBl. I S. 3556); Abs. 2 Satz 1, Satz 2 einl. Satzteil und Nr. 1 geänd. mWv 1.11.2019 durch G v. 21.6.2019 (BGBl. I S. 846).

[3)] Nr. **255**.

[4)] Nr. **565**.

[5)] § 151 Abs. 1 einl. und abschl. Satzteil und Abs. 2 geänd. mWv 29.7.2017 durch G v. 18.7.2017 (BGBl. I S. 2732); Abs. 1 abschl. Satzteil geänd. mWv 26.11.2019 durch G v. 20.11.2019 (BGBl. I S. 1626).

820. Waffengesetz (WaffG) [1) 2) 3) 4)]

Vom 11. Oktober 2002
(BGBl. I S. 3970, ber. S. 4592 und 2003 I S. 1957)

FNA 7133-4

geänd. durch Art. 3 G zur effektiveren Nutzung von Dateien im Bereich der Staatsanwaltschaften v. 10.9.2004 (BGBl. I S. 2318), Art. 34 G zur Umbenennung des Bundesgrenzschutzes in Bundespolizei v. 21.6.2005 (BGBl. I S. 1818), Art. 1 ÄndG v. 5.11.2007 (BGBl. I S. 2557), Art. 1 ÄndG v. 26.3.2008 (BGBl. I S. 426, geänd. durch G v. 17.7.2009, BGBl. I S. 2062), Art. 3 Abs. 5 Viertes G zur Änd. des SprengstoffG v. 17.7.2009 (BGBl. I S. 2062), Art. 1b G zum Vorschlag für eine VO des Rates über die Erweiterung des Geltungsbereichs der VO (EU) Nr. 1214/2011 über den gewerbsmäßigen grenzüberschreitenden Straßentransport von Euro-Bargeld zwischen Mitgliedstaaten des Euroraums v. 25.11.2012 (BGBl. II S. 1381), Art. 2 G zur Einführung eines Zulassungsverfahrens für Bewachungsunternehmen auf Seeschiffen v. 4.3.2013 (BGBl. I S. 362), Art. 2 Abs. 84, Art. 3 Abs. 14 und Art. 4 Abs. 65 G zur Strukturreform des Gebührenrechts des Bundes v. 7.8.2013 (BGBl. I S. 3154, geänd. durch G v. 18.7.2016, BGBl. I S. 1666), Art. 288 Zehnte ZuständigkeitsanpassungsVO v. 31.8.2015 (BGBl. I S. 1474), Art. 2, Art. 3 Abs. 13, Art. 4 Abs. 62, Art. 5 Abs. 4 G zur Aktualisierung der Strukturreform des Gebührenrechts des Bundes v. 18.7.2016 (BGBl. I S. 1666), Art. 107 G zum Abbau verzichtbarer Anordnungen der Schriftform im Verwaltungsrecht des Bundes v. 29.3.2017 (BGBl. I S. 626), Art. 6 Abs. 34 G zur Reform der strafrechtlichen Vermögensabschöpfung v. 13.4.2017 (BGBl. I S. 872), Art. 1 Zweites G zur Änd. des WaffenG und weiterer Vorschriften v. 30.6.2017 (BGBl. I S. 2133), Art. 7 Zweites Datenschutz-Anpassungs- und Umsetzungsgesetz EU v. 20.11.2019 (BGBl. I S. 1626), Art. 1 Drittes Waffenrechtsänderungsgesetz v. 17.2.2020 (BGBl. I S. 166, geänd. durch G v. 22.4.2020, BGBl. I S. 840) und Art. 228 Elfte ZuständigkeitsanpassungsVO v. 19.6 2020 (BGBl. I S. 1328)

Inhaltsübersicht[6)]

Abschnitt 1. Allgemeine Bestimmungen

Abschnitt 2. Umgang mit Waffen oder Munition

Unterabschnitt 1. Allgemeine Voraussetzungen für Waffen- und Munitionserlaubnisse

---

1) Verkündet als Art. 1 Waffenrechts-NeuregelungsG v. 11.10.2002 (BGBl. I S. 3970); Inkrafttreten gem. Art. 19 Nr. 1 Satz 2 dieses G am 1.4.2003 mit Ausnahme der §§ 7 Abs. 2, 22 Abs. 2, 25 Abs. 1, 27 Abs. 7 Satz 2, 34 Abs. 6, 36 Abs. 5, 47, 48 Abs. 1, 50 Abs. 2 und 3, 55 Abs. 5 und 6 sowie des in Anl. 2 Abschnitt 1 Nr. 1.2.1 festgesetzten Verbots von Vorderschaftrepetierflinten, bei denen der Hinterschaft durch einen Pistolengriff ersetzt ist, die gem. Art. 19 Nr. 1 Satz 1 am 17.10.2002 in Kraft getreten sind.

2) Zum WaffG wurden u.a. folgende Durchführungsvorschriften erlassen:
– Allgemeine Waffengesetz-Verordnung (AWaffV) v. 27.10.2003 (BGBl. I S. 2123), zuletzt geänd. durch VO v. 1.9.2020 (BGBl. I S. 1977),
– Fünfte VO zum WaffenG **(Gewerberecht Nr. 125)**,

3) Siehe ferner die WaffVwV v. 5.3.2012 (BAnz. Nr. 47a S. 1) und die WaffVwV-BMJ v. 30.12.1980 (BAnz. 1981 Beil. Nr. 34a) sowie die WaffVwV-BMVg v. 17.12.2004 (VMBl 2005 S. 36).

4) Die Änderungen durch G v. 18.7.2016 (BGBl. I S. 1666) treten teilweise erst **mWv 1.10.2021** in Kraft und sind insoweit im Text noch nicht berücksichtigt.

5) Änderung obsolet, da § 50 seit 1.10.2019 außer Kraft.

6) Inhaltsübersicht geänd. mWv 1.4.2008 und mWv 1.1.2010 durch G v. 26.3.2008 (BGBl. I S. 426); geänd. mWv 25.7.2009 durch G v. 17.7.2009 (BGBl. I S. 2062); geänd. mWv 13.3.2013 durch G v. 4.3.2013 (BGBl. I S. 362); geänd. mWv 15.8.2013 durch G v. 7.8.2013 (BGBl. I S. 3154); geänd. mWv 1.10.2019 durch G v. 18.7.2016 (BGBl. I S. 1666); geänd. mWv 1.7.2017 durch G v. 13.4.2017 (BGBl. I S. 872); geänd. mWv 6.7.2017 durch G v. 30.6.2017 (BGBl. I S. 2133); geänd. mWv 20.2.2020 und mWv 1.9.2020 durch G v. 17.2.2020 (BGBl. I S. 166).

823. Ausführungsgesetz zu Artikel 26 Abs. 2 des Grundgesetzes (Gesetz über die Kontrolle von Kriegswaffen)[1]

In der Fassung der Bekanntmachung vom 22. November 1990[2]
(BGBl. I S. 2506)

FNA 190-1

geänd. durch Art. 1 Siebte Kriegswaffenlisten-ÄndVO v. 19.4.1991 (BGBl. I S. 913), Art. 4 Nr. 1 G über die Errichtung eines Bundesausfuhramtes v. 28.2.1992 (BGBl. I S. 376), Art. 17 Verbrauchsteuer-BinnenmarktG v. 21.12.1992 (BGBl. I S. 2150), Art. 2 Achtes AußenwirtschaftsG-ÄndG v. 9.8.1994 (BGBl. I S. 2068), Art. 12 Abs. 3 PostneuordnungsG v. 14.9.1994 (BGBl. I S. 2325), Art. 3 InsolvenzO-EinführungsG v. 5.10.1994 (BGBl. I S. 2911), Art. 10 VerbrechensbekämpfungsG v. 28.10.1994 (BGBl. I S. 3186), Art. 1 Achte Kriegswaffenlisten-ÄndVO v. 14.5.1997 (BGBl. I S. 1059), Art. 1 Neunte Kriegswaffenlisten-ÄndVO v. 26.2.1998 (BGBl. I S. 385), Art. 2 AusführungsG zum Übereinkommen über das Verbot des Einsatzes, der Lagerung, der Herstellung und der Weitergabe von Antipersonenminen und über deren Vernichtung vom 3. Dezember 1997 v. 6.7.1998 (BGBl. I S. 1778), Art. 6 EingliederungsG für das Bundesamt für Wirtschaft v. 21.12.2000 (BGBl. I S. 1956), Art. 20 Siebente ZuständigkeitsanpassungsVO v. 29.10.2001 (BGBl. I S. 2785, ber. 2002 I S. 2972), Art. 1 Neuntes Euro-EinführungsG v. 10.11.2001 (BGBl. I S. 2992), Art. 3 Waffenrechts-NeuregelungsG v. 11.10.2002 (BGBl. I S. 3970), Art. 10 Achte ZuständigkeitsanpassungsVO v. 25.11.2003 (BGBl. I S. 2304), Art. 24 Neunte ZuständigkeitsanpassungsVO v. 31.10.2006 (BGBl. I S. 2407), Art. 2 G zu dem Übereinkommen vom 30. Mai 2008 über Streumunition v. 6.6.2009 (BGBl. II S. 502), Art. 4 G zur Umsetzung der Richtlinie 2009/43/EG v. 27.7.2011 (BGBl. I S. 1595), Art. 2 Abs. 2 G zur Modernisierung des Außenwirtschaftsrechts v. 6.6.2013 (BGBl. I S. 1482), Art. 30 Zehnte ZuständigkeitsanpassungsVO v. 31.8.2015 (BGBl. I S. 1474), Art. 6 Abs. 2 G zur Reform der strafrechtlichen Vermögensabschöpfung v. 13.4.2017 (BGBl. I S. 872) und Art. 36 Elfte ZuständigkeitsanpassungsVO v. 19.6.2020 (BGBl. I S. 1328)

Inhaltsübersicht[3]

Erster Abschnitt. Genehmigungsvorschriften

---

[1] Zum G über die Kontrolle von Kriegswaffen wurden folgende Durchführungsvorschriften erlassen:
- Erste KriegswaffenkontrollVO v. 1.6.1961 (BGBl. I S. 649), zuletzt geänd. durch VO v. 19.6.2020 (BGBl. I S. 1328)
- Zweite KriegswaffenkontrollVO v. 1.6.1961 (BGBl. I S. 649), zuletzt geänd. durch VO v. 13.3.2020 (BGBl. I S. 521)
- Dritte KriegswaffenkontrollVO v. 11.7.1969 (BGBl. I S. 841), zuletzt geänd. durch VO v. 31.8.2015 (BGBl. I S. 1474)
- KriegswaffenkontrollG-GenehmigungsVO v. 30.7.1961 (BAnz. Nr. 150 S. 1), zuletzt geänd. durch G v. 6.6.2013 (BGBl. I S. 1482)
- Zweite Kriegswaffenkontrollgesetz-GenehmigungsVO v. 29.1.1975 (BGBl. I S. 421)
- KriegswaffenmeldeVO v. 24.1.1995 (BGBl. I S. 92), zuletzt geänd. durch G v. 21.12.2000 (BGBl. I S. 1956)

[2] Neubekanntmachung des G über die Kontrolle von Kriegswaffen v. 20.4.1961 (BGBl. I S. 444) in der ab 11.11.1990 geltenden Fassung.

[3] Inhaltsübersicht geänd. durch G v. 6.7.1998 (BGBl. I S. 1778); geänd. mWv 11.6.2009 durch G v. 6.6.2009 (BGBl. II S. 502); geänd. mWv 1.7.2017 durch G v. 13.4.2017 (BGBl. I S. 872); sie wurde nichtamtlich an die Änderungen durch G v. 9.8.1994 (BGBl. I S. 2068), G v. 28.10.1994 (BGBl. I S. 3186) und G v. 11.10.2002 (BGBl. I S. 3970) angepasst.

Erster Abschnitt. Genehmigungsvorschriften

§ 1[1] Begriffsbestimmung. (1) Zur Kriegsführung bestimmte Waffen im Sinne dieses Gesetzes (Kriegswaffen) sind die in der Anlage zu diesem Gesetz (Kriegswaffenliste) aufgeführten Gegenstände, Stoffe und Organismen.

(2) Die Bundesregierung wird ermächtigt, durch Rechtsverordnung mit Zustimmung des Bundesrates die Kriegswaffenliste entsprechend dem Stand der wissenschaftlichen, technischen und militärischen Erkenntnisse derart zu

---

[1] § 1 Abs. 3 geänd. durch G v. 6.7.1998 (BGBl. I S. 1778); Abs. 3 geänd. mWv 11.6.2009 durch G v. 6.6.2009 (BGBl. II S. 502).

2. die Genehmigung auf Grund des § 7 Abs. 2 in Verbindung mit § 6 Abs. 3 Nr. 3 widerrufen worden ist.

§ 10 Inhalt und Form der Genehmigung. (1) Die Genehmigung kann inhaltlich beschränkt, befristet und mit Auflagen verbunden werden.

(2) [1]Nachträgliche Befristungen und Auflagen sind jederzeit zulässig. [2]§ 9 gilt entsprechend.

(3) [1]Die Genehmigung bedarf der Schriftform; sie muß Angaben über Art und Menge der Kriegswaffen enthalten. [2]Die Genehmigung zur Herstellung der in Teil B der Kriegswaffenliste genannten Kriegswaffen kann ohne Beschränkung auf eine bestimmte Menge, die Genehmigung zur Beförderung von Kriegswaffen kann ohne Beschränkung auf eine bestimmte Art und Menge erteilt werden.

§ 11[1)] Genehmigungsbehörden. (1) Für die Erteilung und den Widerruf einer Genehmigung ist die Bundesregierung zuständig.

(2) Die Bundesregierung wird ermächtigt, durch Rechtsverordnung[2)], die der Zustimmung des Bundesrates nicht bedarf, die Befugnis zur Erteilung und zum Widerruf der Genehmigung in den Fällen der §§ 2, 3 Abs. 1 und 2 und des § 4a

1. für den Bereich der Bundeswehr auf das Bundesministerium der Verteidigung,
2. für den Bereich der Zollverwaltung auf das Bundesministerium der Finanzen,
3. für den Bereich der für die Aufrechterhaltung der öffentlichen Sicherheit zuständigen Behörden oder Dienststellen sowie der Behörden des Strafvollzugs auf das Bundesministerium des Innern, für Bau und Heimat,
4. für alle übrigen Bereiche auf das Bundesministerium für Wirtschaft und Energie

zu übertragen.

(3) Die Befugnis zur Erteilung und zum Widerruf der Genehmigung in den Fällen des § 4 Abs. 1 kann durch Rechtsverordnung[2)], die der Zustimmung des Bundesrates nicht bedarf, auf das Bundesministerium für Verkehr und digitale Infrastruktur übertragen werden, der diese Befugnis im Einvernehmen mit dem Auswärtigen Amt ausübt.

(4) Die Bundesregierung wird ferner ermächtigt, durch Rechtsverordnung[3)] mit Zustimmung des Bundesrates die erforderlichen Vorschriften zur näheren Regelung des Genehmigungsverfahrens zu erlassen.

[1)] § 11 Abs. 2 Nr. 1–4 und Abs. 3 geänd. mWv 7.11.2001 durch VO v. 29.10.2001 (BGBl. I S. 2785); Abs. 2 Nr. 2 geänd. mWv 1.4.2003 durch G v. 11.10.2002 (BGBl. I S. 3970); Abs. 2 Nr. 4 geänd. mWv 28.11.2003 durch VO v. 25.11.2003 (BGBl. I S. 2304); Abs. 2 Nr. 4, Abs. 3 geänd. mWv 8.11.2006 durch VO v. 31.10.2006 (BGBl. I S. 2407); Abs. 2 Nr. 4 und Abs. 3 geänd. mWv 8.9.2015 durch VO v. 31.8.2015 (BGBl. I S. 1474); Abs. 2 Nr. 3 geänd. mWv 27.6.2020 durch VO v. 19.6.2020 (BGBl. I S. 1328).

[2)] Siehe die Erste KriegswaffenkontrollVO v. 1.6.1961 (BGBl. I S. 649), zuletzt geänd. durch VO v. 19.6.2020 (BGBl. I S. 1328).

[3)] Siehe die Zweite KriegswaffenkontrollVO v. 1.6.1961 (BGBl. I S. 649), zuletzt geänd. durch VO v. 13.3.2020 (BGBl. I S. 521).

(5) Das Bundesamt für Verfassungsschutz kann bei der Prüfung der Zuverlässigkeit gemäß § 6 Abs. 3 Nr. 3 herangezogen werden.

Zweiter Abschnitt. Überwachungs- und Ausnahmevorschriften

§ 12[1)] Pflichten im Verkehr mit Kriegswaffen. (1) Wer eine nach diesem Gesetz genehmigungsbedürftige Handlung vornimmt, hat die erforderlichen Maßnahmen zu treffen,

1. um zu verhindern, daß die Kriegswaffen abhanden kommen oder unbefugt verwendet werden,
2. um zu gewährleisten, daß die gesetzlichen Vorschriften und behördlichen Anordnungen zum Schutze von geheimhaltungsbedürftigen Gegenständen, Tatsachen, Erkenntnissen oder Mitteilungen beachtet werden.

(2) [1] Wer Kriegswaffen herstellt, befördern läßt oder selbst befördert oder die tatsächliche Gewalt über Kriegswaffen von einem anderen erwirbt oder einem anderen überläßt, hat ein Kriegswaffenbuch zu führen, um den Verbleib der Kriegswaffen nachzuweisen. [2] Dies gilt nicht in den Fällen des § 5 Abs. 1 und 2 sowie für Beförderungen in den Fällen des § 5 Abs. 3 Nr. 2.

(3) Wer Kriegswaffen befördern lassen will, hat bei der Übergabe zur Beförderung eine Ausfertigung der Genehmigungsurkunde zu übergeben.

(4) Wer eine Beförderung von Kriegswaffen ausführt, hat eine Ausfertigung der Genehmigungsurkunde mitzuführen, den zuständigen Behörden oder Dienststellen, insbesondere den Eingangs- und Ausgangszollstellen, unaufgefordert vorzuzeigen und auf Verlangen zur Prüfung auszuhändigen.

(5) Wer berechtigt ist, über Kriegswaffen zu verfügen, hat der zuständigen Überwachungsbehörde den Bestand an Kriegswaffen sowie dessen Veränderungen unter Angabe der dazu erteilten Genehmigungen innerhalb der durch Rechtsvorschrift oder durch Anordnung der zuständigen Überwachungsbehörde bestimmten Fristen zu melden.

(6) [1] Wer

1. als Erwerber von Todes wegen, Finder oder in ähnlicher Weise die tatsächliche Gewalt über Kriegswaffen erlangt,
2. als Insolvenzverwalter, Zwangsverwalter oder in ähnlicher Weise die tatsächliche Gewalt über Kriegswaffen erlangt,
3. die tatsächliche Gewalt über Kriegswaffen verliert,
4. Kenntnis vom Verbleib einer Kriegswaffe erlangt, über die niemand die tatsächliche Gewalt ausübt,

hat dies der zuständigen Überwachungsbehörde oder einer für die Aufrechterhaltung der öffentlichen Sicherheit zuständigen Behörde oder Dienststelle unverzüglich anzuzeigen. [2] Im Falle der Nummer 1 hat der Erwerber der tatsächlichen Gewalt über die Kriegswaffen innerhalb einer von der Überwachungsbehörde zu bestimmenden Frist die Kriegswaffen unbrauchbar zu machen oder einem zu ihrem Erwerb Berechtigten zu überlassen und dies der Überwachungsbehörde nachzuweisen. [3] Die Überwachungsbehörde kann auf

---

1) § 12 Abs. 4 Satz 1 geänd. durch G v. 21.12.1992 (BGBl. I S. 2150); Abs. 3 Satz 2 und Abs. 4 Satz 2 aufgeh. durch G v. 14.9.1994 (BGBl. I S. 2325); Abs. 6 Satz 1 Nr. 2 geänd. mWv 1.1.1999 durch G v. 5.10.1994 (BGBl. I S. 2911).

830. Gesetz über die Elektrizitäts- und Gasversorgung (Energiewirtschaftsgesetz – EnWG) [1] [2] [3] [4]

Vom 7. Juli 2005

(BGBl. I S. 1970, ber. S. 3621)

FNA 752-6

geänd. durch Art. 7 G zur Beschleunigung von Planungsverfahren für Infrastrukturvorhaben v. 9.12. 2006 (BGBl. I S. 2833), Art. 7 Abs. 14 G zur Stärkung der Selbstverwaltung der Rechtsanwaltschaft v. 26.3.2007 (BGBl. I S. 358), Art. 2 G zur Bekämpfung von Preismissbrauch im Bereich der Energieversorgung und des Lebensmittelhandels v. 18.12.2007 (BGBl. I S. 2966), Art. 1 G zur Öffnung des Messwesens bei Strom und Gas für Wettbewerb v. 29.8.2008 (BGBl. I S. 1790), Art. 3 G zur Neuregelung des Rechts der Erneuerbaren Energien im Strombereich und zur Änd. damit zusammenhängender Vorschriften v. 25.10.2008 (BGBl. I S. 2074), Art. 2 G zur Förderung der Kraft-Wärme-Kopplung v. 25.10.2008 (BGBl. I S. 2101), Art. 10 G zur Neuregelung des Rechts des Naturschutzes und der Landschaftspflege v. 29.7.2009 (BGBl. I S. 2542), Art. 2 G zur Beschleunigung des Ausbaus der Höchstspannungsnetze v. 21.8.2009 (BGBl. I S. 2870), Art. 2 G zur Umsetzung der RL des Europäischen Parlaments und des Rates über Endenergieeffizienz und Energiedienstleistungen v. 4.11.2010 (BGBl. I S. 1483), Art. 4 G zur Umsetzung der DienstleistungsRL im EichG sowie im Geräte- und ProduktsicherheitsG und zur Änd. des VerwaltungskostenG, des EnergiewirtschaftsG und des EnergieleitungsausbauG v. 7.3.2011 (BGBl. I S. 338), Art. 1 G zur Neuregelung energiewirtschaftsrechtlicher Vorschriften v. 26.7.2011 (BGBl. I S. 1554), Art. 8 G zur Neuregelung des Rechtsrahmens für die Förderung der Stromerzeugung aus erneuerbaren Energien v. 28.7.2011 (BGBl. I S. 1634), Art. 2 G über Maßnahmen zur Beschleunigung des Netzausbaus Elektrizitätsnetze v. 28.7.2011 (BGBl. I S. 1690), Art. 22 G über den Rechtsschutz bei überlangen Gerichtsverfahren und strafrechtlichen Ermittlungsverfahren v. 24.11.2011 (BGBl. I S. 2302), Art. 1 Zweites G zur Neuregelung energiewirtschaftsrechtlicher Vorschriften v. 22.12.2011 (BGBl. I S. 3034), Art. 2 Abs. 66 G zur Änd. von Vorschriften über Verkündung und Bekanntmachungen sowie der ZPO, des EGZPO und der AO v. 22.12.2011 (BGBl. I S. 3044), Art. 3 G zur Neufassung des ErdölbevorratungsG, zur Änderung des MineralöldatenG und zur Änderung des EnergiewirtschaftsG v. 16.1.2012 (BGBl. I S. 74), Art. 2 G zur Einrichtung einer Markttransparenzstelle für den Großhandel mit Strom und Gas v. 5.12.2012 (BGBl. I S. 2403), Art. 1, 2 Drittes G zur Neuregelung energiewirtschaftsrechtlicher Vorschriften v. 20.12.2012 (BGBl. I S. 2730, geänd. durch G v. 26.7.2016, BGBl. I S. 1786), Art. 1 ÄndG v. 21.2.2013 (BGBl. I S. 346), Art. 4 Planfeststellungsverfahren-VereinheitlichungsG v. 31.5.2013 (BGBl. I S. 1388, geänd. durch G v. 24.5.2014, BGBl. I S. 538), Art. 5 Abs. 1 Achtes G zur Änd. des GWB v. 26.6.2013 (BGBl. I S. 1738), Art. 2 Zweites G über Maßnahmen zur Beschleunigung des Netzausbaus Elektrizitätsnetze v. 23.7.2013 (BGBl. I S. 2543), Art. 2 Abs. 97 G zur Strukturreform des Gebührenrechts des Bundes v. 7.8.2013 (BGBl. I S. 3154), Art. 3 Abs. 4 G zur Änd. des HGB v. 4.10.2013 (BGBl. I S. 3746), Art. 6 G zur grundlegenden Reform des EEG und zur Änd. weiterer Bestimmungen des Energiewirtschaftsrechts v. 21.7.2014 (BGBl. I S. 1066), Art. 3 IT-SicherheitsG v. 17.7.2015 (BGBl. I S. 1324), Art. 15 BürokratieentlastungsG v. 28.7.2015 (BGBl. I S. 1400), Art. 311 Zehnte ZuständigkeitsanpassungsVO v. 31.8.

---

[1] **Amtl. Anm.:** Dieses Gesetz dient der Umsetzung der Richtlinie 2003/54/EG des Europäischen Parlaments und des Rates vom 26. Juni 2003 über gemeinsame Vorschriften für den Elektrizitätsbinnenmarkt und zur Aufhebung der Richtlinie 96/92/EG (ABl. EU Nr. L 176 S. 37), der Richtlinie 2003/55/EG des Europäischen Parlaments und des Rates vom 26. Juni 2003 über gemeinsame Vorschriften für den Erdgasbinnenmarkt und zur Aufhebung der Richtlinie 98/30/EG (ABl. EU Nr. L 176 S. 57), der Richtlinie 2004/67/EG des Rates vom 26. April 2004 über Maßnahmen zur Gewährleistung der sicheren Erdgasversorgung (ABl. EU Nr. L 127 S. 92) und der Richtlinie 2006/32/EG des Europäischen Parlaments und des Rates vom 5. April 2006 über Endenergieeffizienz und Energiedienstleistungen und zur Aufhebung der Richtlinie 93/76/EWG des Rates (ABl. EU Nr. L 114 S. 64).

[2] Verkündet als Art. 1 Zweites G zur Neuregelung des Energiewirtschaftsrechts v. 7.7.2005 (BGBl. I S. 1970); Inkrafttreten gem. Art. 5 Abs. 1 dieses G am 13.7.2005.

[3] Die Änderungen durch G v. 13.10.2016 (BGBl. I S. 2258) treten teilweise erst **mWv 1.1.2026**, die Änderungen durch G v. 13.5.2019 (BGBl. I S. 706) treten teilweise erst **mWv 1.10.2021** in Kraft und sind insoweit im Text noch nicht berücksichtigt.

[4] Zur Sicherstellung ordnungsgemäßer Planungs-und Genehmigungsverfahren während der COVID-19-Pandemie siehe das PlanungssicherstellungsG v. 20.5.2020 (BGBl. I S. 1041).

2015 (BGBl. I S. 1474), Art. 2 Erstes G zur Änd. des EnergieverbrauchskennzeichnungsG und zur Änd. weiterer Bestimmungen des Energiewirtschaftsrechts v. 10.12.2015 (BGBl. I S. 2194), Art. 1 G zur Änd. von Bestimmungen des Rechts des Energieleitungsbaus v. 21.12.2015 (BGBl. I S. 2490), Art. 2 Abs. 3 G zur Neuregelung des Kraft-Wärme-KopplungsG v. 21.12.2015 (BGBl. I S. 2498), Art. 9 G zur Umsetzung der RL über alternative Streitbeilegung in Verbraucherangelegenheiten und zur Durchführung der VO über Online-Streitbeilegung in Verbraucherangelegenheiten v. 19.2.2016 (BGBl. I S. 254), Art. 78 Zweites G über die weitere Bereinigung von Bundesrecht v. 8.7.2016 (BGBl. I S. 1594), Art. 1, 11 StrommarktG v. 26.7.2016 (BGBl. I S. 1786), Art. 3 G zur Digitalisierung der Energiewende v. 29.8.2016 (BGBl. I S. 2034), Art. 6, 25 Abs. 3 G zur Einführung von Ausschreibungen für Strom aus erneuerbaren Energien und zu weiteren Änd. des Rechts der erneuerbaren Energien v. 13.10.2016 (BGBl. I S. 2258), Art. 3 G zur Änd. von Vorschriften zur Bevorratung von Erdöl, zur Erhebung von Mineralöldaten und zur Umstellung auf hochkalorisches Erdgas v. 14.12.2016 (BGBl. I S. 2874), Art. 3 G zur Änd. der Bestimmungen zur Stromerzeugung aus Kraft-Wärme-Kopplung und zur Eigenversorgung v. 22.12.2016 (BGBl. I S. 3106), Art. 1 G zur Änd. der Vorschriften zur Vergabe von Wegenutzungsrechten zur leitungsgebundenen Energieversorgung v. 27.1.2017 (BGBl. I S. 130), Art. 117 G zum Abbau verzichtbarer Anordnungen der Schriftform im Verwaltungsrecht des Bundes v. 29.3.2017 (BGBl. I S. 626), Art. 6 Abs. 36 G zur Reform der strafrechtlichen Vermögensabschöpfung v. 13.4.2017 (BGBl. I S. 872), Art. 13 G zur Anpassung des Umwelt-RechtsbehelfsG und anderer Vorschriften an europa- und völkerrechtliche Vorgaben v. 29.5.2017 (BGBl. I S. 1298), Art. 24 Abs. 28 Zweites FinanzmarktnovellierungsG v. 23.6.2017 (BGBl. I S. 1693), Art. 3 G zur Umsetzung der RL (EU) 2016/1148 des Europäischen Parlaments und des Rates vom 6. Juli 2016 über Maßnahmen zur Gewährleistung eines hohen gemeinsamen Sicherheitsniveaus von Netz- und Informationssystemen in der Union v. 23.6.2017 (BGBl. I S. 1885), Art. 1 NetzentgeltmodernisierungsG v. 17.7.2017 (BGBl. I S. 2503, ber. S. 3343, geänd. durch G v. 17.12.2018, BGBl. I S. 2549), Art. 2 G zur Förderung von Mieterstrom und zur Änd. weiterer Vorschriften des Erneuerbare-Energien-G v. 17.7.2017 (BGBl. I S. 2532), Art. 2 Abs. 6 G zur Modernisierung des Rechts der Umweltverträglichkeitsprüfung v. 20.7.2017 (BGBl. I S. 2808, ber. 2018 S. 472), Art. 3, 14 G zur Änd. des Erneuerbare-Energien-G, des Kraft-Wärme-KopplungsG, des EnergiewirtschaftsG und weiterer energierechtlicher Vorschriften v. 17.12.2018 (BGBl. I S. 2549), Art. 1 G zur Beschleunigung des Energieleitungsausbaus v. 13.5.2019 (BGBl. I S. 706), Art. 89 Zweites Datenschutz-Anpassungs- und Umsetzungsgesetz EU v. 20.11.2019 (BGBl. I S. 1626), Art. 2 G zur Änd. des G über Energiedienstleistungen und andere Energieeffizienzmaßnahmen v. 20.11.2019 (BGBl. I S. 1719), Art. 5 G zur Änd. von Vorschriften über die außergerichtliche Streitbeilegung in Verbrauchersachen und zur Änd. weiterer Gesetze v. 30.11.2019 (BGBl. I S. 1942), Art. 1 G zur Änd. des EnergiewirtschaftsG zur Umsetzung der RL (EU) 2019/692 des Europäischen Parlamentes und des Rates über gemeinsame Vorschriften für den Erdgasbinnenmarkt v. 5.12.2019 (BGBl. I S. 2002), Art. 5 G zur Änd. des Erneuerbare-Energien-G 2017 und weiterer energierechtl. Bestimmungen v. 25.5.2020 (BGBl. I S. 1070), Art. 249 Elfte Zuständigkeitsanpassungs-VO v. 19.6.2020 (BGBl. I S. 1328), Art. 4 G zur Vereinheitlichung des Energieeinsparrechts für Gebäude und zur Änd. weiterer Gesetze v. 8.8.2020 (BGBl. I S. 1728) und Art. 4 KohleausstiegsG v. 8.8.2020 (BGBl. I S. 1818)

Zum EnWG wurden ua folgende Vorschriften erlassen:

- AnreizregulierungsVO – ARegV v. 29.10.2007 (BGBl. I S. 2529), zuletzt geänd. durch VO v. 23.12.2019 (BGBl. I S. 2935)
- Elektrotechnische-Eigenschaften-Nachweis-Verordnung – NELEV v. 12.6.2017 (BGBl. I S. 1651)
- EnergiewirtschaftskostenVO – EnWGKostV v. 14.3.2006 (BGBl. I S. 540), zuletzt geänd. durch VO v. 29.11.2019 (BGBl. I S. 1867)
- GasnetzentgeltVO – GasNEV v. 25.7.2005 (BGBl. I S. 2197), zuletzt geänd. durch VO v. 23.12.2019 (BGBl. I S. 2935)
- GasnetzzugangsVO – GasNZV v. 3.9.2010 (BGBl. I S. 1261), zuletzt geänd. durch VO v. 13.6.2019 (BGBl. I S. 786)
- KonzessionsabgabenVO – KAV v. 9.1.1992 (BGBl. I S. 12), zuletzt geänd. durch VO v. 1.11.2006 (BGBl. I S. 2477)
- Kraftwerks-NetzanschlussVO – KraftNAV v. 26.6.2007 (BGBl. I S. 1187)
- Marktstammdatenregisterverordnung – MaStRV v. 10.4.2017 (BGBl. I S. 842), zuletzt geänd. durch G v. 8.8.2020 (BGBl. I S. 1728)
- NetzreserveVO – NetzResV v. 27.6.2013 (BGBl. I S. 1947), zuletzt geänd. durch G v. 13.5.2019 (BGBl. I S. 706)
- SINTEG-Verordnung – SINTEG-V v. 14.6.2017 (BGBl. I S. 1653), geänd. durch G v. 13.5.2019 (BGBl. I S. 706)
- StromnetzentgeltVO – StromNEV v. 25.7.2005 (BGBl. I S. 2225), zuletzt geänd. durch VO v. 23.12.2019 (BGBl. I S. 2935)

– StromnetzzugangsVO – StromNZV v. 25.7.2005 (BGBl. I S. 2243), zuletzt geänd. durch G v. 13.5. 2019 (BGBl. I S. 706)
– VO zu abschaltbaren Lasten v. 28.12.2012 (BGBl. I S. 2998), zuletzt geänd. durch VO v. 16.6.2016 (BGBl. I S. 1359)
– VO zum Schutz von Übertragungsnetzen v. 6.1.2012 (BGBl. I S. 69), geänd. durch VO v. 31.8.2015 (BGBl. I S. 1474)

Inhaltsübersicht[1)]

---

1) Inhaltsübersicht geänd. mWv 17.12.2006 durch G v. 9.12.2006 (BGBl. I S. 2833); geänd. mWv 22.12.2007 durch G v. 18.12.2007 (BGBl. I S. 2966); geänd. mWv 26.8.2009 durch G v. 21.8.2009 (BGBl. I S. 2870); geänd. mWv 12.3.2011 durch G v. 7.3.2011 (BGBl. I S. 338); geänd. mWv 4.8.2011 durch G v. 26.7.2011 (BGBl. I S. 1554); geänd. mWv 3.12.2011 durch G v. 24.11.2011 (BGBl. I S. 2302); geänd. mWv 12.12.2012 durch G v. 5.12.2012 (BGBl. I S. 2403); geänd. mWv 28.12.2012 durch G v. 20.12.2012 (BGBl. I S. 2730); geänd. mWv 8.9.2015 durch VO v. 31.8.2015 (BGBl. I S. 1474); geänd. mWv 1.1.2016 durch G v. 10.12.2015 (BGBl. I S. 2194); geänd. mWv 15.7.2016 durch G v. 8.7.2016 (BGBl. I S. 1594); geänd. mWv 30.7.2016 durch G v. 26.7.2016 (BGBl. I S. 1786); geänd. mWv 2.9.2016 durch G v. 29.8.2016 (BGBl. I S. 2034); geänd. mWv 1.1.2017 durch G v. 13.10.2016 (BGBl. I S. 2258); geänd. mWv 1.1.2017 durch G v. 14.12.2016 (BGBl. I S. 2874); geänd. mWv 3.2. 2017 durch G v. 27.1.2017 (BGBl. I S. 130); geänd. mWv 22.7.2017 durch G v. 17.7.2017 (BGBl. I S. 2503); geänd. mWv 25.7.2017 durch G v. 17.7.2017 (BGBl. I S. 2532); geänd. mWv 21.12.2018 durch G v. 17.12.2018 (BGBl. I S. 2549); geänd. mWv 17.5.2019 durch G v. 13.5.2019 (BGBl. I S. 706); geänd. mWv 12.12.2019 durch G v. 5.12.2019 (BGBl. I S. 2002); geänd. mWv 14.8.2020 durch G v. 8.8.2020 (BGBl. I S. 1818); sie wurde nichtamtlich an die Änderungen durch G v. 28.7.2011 (BGBl. I S. 1690), durch G v. 22.12.2016 (BGBl. I S. 3106) und durch G v. 20.7.2017 (BGBl. I S. 2808) angepasst.

1. die Grundsätze der Wirtschaftlichkeit und der Verhältnismäßigkeit zu wahren und
2. alle Teilnehmer des Verfahrens gleich zu behandeln.

[6] Der Teil 4 des Gesetzes gegen Wettbewerbsbeschränkungen[1)] bleibt unberührt. [7] Die Leistung oder die Arbeit besonderer netztechnischer Betriebsmittel darf weder ganz noch teilweise auf den Strommärkten veräußert werden. [8] Die Betreiber von Übertragungsnetzen legen der Bundesnetzagentur rechtzeitig vor einer geplanten Beschaffung besonderer netztechnischer Betriebsmittel vor:
1. Analysen, aus denen sich die Erforderlichkeit besonderer netztechnischer Betriebsmittel unter Berücksichtigung bestehender Energieanlagen ergibt, sowie
2. ein Beschaffungskonzept, welches das Vergabeverfahren nach den Sätzen 2 bis 5 beschreibt.

(4) [1] In Rechtsverordnungen über die Regelung von Vertrags- und sonstigen Rechtsverhältnissen können auch Regelungen zur Haftung der Betreiber von Energieversorgungsnetzen aus Vertrag und unerlaubter Handlung für Sach- und Vermögensschäden, die ein Kunde durch Unterbrechung der Energieversorgung oder durch Unregelmäßigkeiten in der Energieversorgung erleidet, getroffen werden. [2] Dabei kann die Haftung auf vorsätzliche oder grob fahrlässige Verursachung beschränkt und der Höhe nach begrenzt werden. [3] Soweit es zur Vermeidung unzumutbarer wirtschaftlicher Risiken des Netzbetriebs im Zusammenhang mit Verpflichtungen nach § 13 Absatz 2, § 13b Absatz 5 und § 13f Absatz 1, auch in Verbindung mit § 14, und § 16 Absatz 2 und 2a, auch in Verbindung mit § 16a, erforderlich ist, kann die Haftung darüber hinaus vollständig ausgeschlossen werden.

§ 12[2)] Aufgaben der Betreiber von Elektrizitätsversorgungsnetzen, Verordnungsermächtigung. (1) [1] Betreiber von Übertragungsnetzen haben die Energieübertragung durch das Netz unter Berücksichtigung des Austauschs mit anderen Verbundnetzen zu regeln und mit der Bereitstellung und dem Betrieb ihrer Übertragungsnetze im nationalen und internationalen Verbund zu einem sicheren und zuverlässigen Elektrizitätsversorgungssystem in ihrer Regelzone und damit zu einer sicheren Energieversorgung beizutragen. [2] Betreiber von Übertragungsnetzen können vereinbaren, die Regelverantwortung für ihre Netze auf einen Betreiber von Übertragungsnetzen zu übertragen. [3] Mit der Übertragung der Regelverantwortung erhält der verantwortliche Netzbetreiber die Befugnisse der §§ 13 bis 13b. [4] Die Übertragung der Regelverantwortung ist der Regulierungsbehörde spätestens sechs Monate vorher anzuzeigen. [5] Die Regulierungsbehörde kann zur Verringerung des Aufwandes für Regelenergie und zur Förderung von einheitlichen Bedingungen bei der Gewährung des

---

[1)] **Schönfelder Nr. 74.**

[2)] § 12 Abs. 3a Satz 2 eingef., bish. Sätze 2–4 werden Sätze 3–5, neue Sätze 3 und 4 geänd. mWv 26.8.2009 durch G v. 21.8.2009 (BGBl. I S. 2870); Abs. 1 Sätze 2–5, Abs. 3 Satz 2 angef., Abs. 3a, 4 neu gef., Abs. 5 angef. mWv 4.8.2011 durch G v. 26.7.2011 (BGBl. I S. 1554); Überschrift neu gef., Abs. 3a Satz 1, Abs. 4 Satz 1 geänd., Satz 2 eingef., bish. Sätze 2, 3 werden Sätze 3, 4 mWv 28.12. 2012 durch G v. 20.12.2012 (BGBl. I S. 2730); Abs. 3a bish. Satz 1 geänd., Satz 2 aufgeh. mWv 8.9. 2015 durch VO v. 31.8.2015 (BGBl. I S. 1474); Überschrift neu gef., Abs. 1 Satz 3 geänd., Abs. 4 und 5 neu gef., Abs. 6 und 7 angef. mWv 30.7.2016 durch G v. 26.7.2016 (BGBl. I S. 1786); Abs. 3b und 3c eingef. mWv 17.5.2019 durch G v. 13.5.2019 (BGBl. I S. 706); Abs. 5 neu gef., Abs. 5a eingef. mWv 14.8.2020 durch G v. 8.8.2020 (BGBl. I S. 1818).

Netzzugangs durch Festlegung nach § 29 Absatz 1 die Betreiber von Übertragungsnetzen verpflichten, eine einheitliche Regelzone zu bilden.

(2) Betreiber von Übertragungsnetzen haben Betreibern eines anderen Netzes, mit dem die eigenen Übertragungsnetze technisch verbunden sind, die notwendigen Informationen bereitzustellen, um den sicheren und effizienten Betrieb, den koordinierten Ausbau und den Verbund sicherzustellen.

(3) [1] Betreiber von Übertragungsnetzen haben dauerhaft die Fähigkeit des Netzes sicherzustellen, die Nachfrage nach Übertragung von Elektrizität zu befriedigen und insbesondere durch entsprechende Übertragungskapazität und Zuverlässigkeit des Netzes zur Versorgungssicherheit beizutragen. [2] Dafür sollen sie im Rahmen des technisch Möglichen auch geeignete technische Anlagen etwa zur Bereitstellung von Blind- und Kurzschlussleistung nutzen, die keine Anlagen zur Erzeugung elektrischer Energie sind.

(3a) Um die technische Sicherheit und die Systemstabilität zu gewährleisten, wird das Bundesministerium für Wirtschaft und Energie ermächtigt, durch Rechtsverordnung technische Anforderungen an Anlagen zur Erzeugung elektrischer Energie, insbesondere an Anlagen nach dem Erneuerbare-Energien-Gesetz [1)] und dem Kraft-Wärme-Kopplungsgesetz [2)], vorzugeben sowie Netzbetreiber und Anlagenbetreiber zu verpflichten, Anlagen, die bereits vor dem 1. Januar 2012 in Betrieb genommen worden sind, entsprechend nachzurüsten sowie anlagenbezogene Daten, die zur Durchführung und Kontrolle des Nachrüstungsprozesses erforderlich sind, bereitzustellen und auszuwerten und Regelungen zur Kostentragung zu treffen.

(3b) [1] Betreiber von Übertragungsnetzen berichten der Regulierungsbehörde auf deren Anforderung über die Sicherheit, Zuverlässigkeit und Leistungsfähigkeit ihres Energieversorgungsnetzes im Sinne von § 11 sowie über die Sicherheit und Zuverlässigkeit des Elektrizitätsversorgungssystems im Sinne von Absatz 1 Satz 1 und Absatz 3. [2] Bei einer Anforderung nach Satz 1 bestimmt die Regulierungsbehörde,

1. zu welchem Zeitpunkt und für welchen Zeitraum berichtet werden soll,
2. ob die Betreiber von Übertragungsnetzen einzeln oder gemeinsam berichten sollen,
3. ob und in welchem Umfang Betreiber von Verteilernetzen an der Erstellung des Berichts zu beteiligen sind,
4. zu welchen Themen berichtet werden soll und
5. ob und zu welchen Themen die Betreiber von Übertragungsnetzen Maßnahmen einschließlich Alternativen vorschlagen sollen, die sie zur Erfüllung ihrer Aufgaben künftig für erforderlich halten; dies kann auch Vorsorgemaßnahmen und Pilotprojekte umfassen.

(3c) [1] Betreiber von Verteilernetzen berichten der Regulierungsbehörde auf deren Anforderung über die Sicherheit, Zuverlässigkeit und Leistungsfähigkeit ihres Energieversorgungsnetzes im Sinne von § 11. [2] Absatz 3b Satz 2 ist entsprechend anzuwenden.

(4) [1] Die folgenden natürlichen oder juristischen Personen müssen den Betreibern von Elektrizitätsversorgungsnetzen auf deren Verlangen unverzüglich die Informationen einschließlich etwaiger Betriebs- und Geschäftsgeheimnisse

---

1) Sartorius ErgBd. Nr. 833.
2) Sartorius ErgBd. Nr. 834.

bereitstellen, die notwendig sind, damit die Elektrizitätsversorgungsnetze sicher und zuverlässig betrieben, gewartet und ausgebaut werden können:

1. die Betreiber von Erzeugungsanlagen,
2. die Betreiber von Anlagen zur Speicherung von elektrischer Energie,
3. die Betreiber von Elektrizitätsverteilernetzen,
4. die Betreiber von Gasversorgungsnetzen,
5. industrielle und gewerbliche Letztverbraucher,
6. Anbieter von Lastmanagement und
7. Großhändler oder Lieferanten von Elektrizität.

[2] Zu den bereitzustellenden Informationen zählen insbesondere Stammdaten, Planungsdaten und Echtzeitdaten.

(5) Die Betreiber von Elektrizitätsversorgungsnetzen müssen

1. sicherstellen, dass die Betriebs- und Geschäftsgeheimnisse, die ihnen nach Absatz 4 Satz 1 zur Kenntnis gelangen, ausschließlich so zu den dort genannten Zwecken genutzt werden, dass deren unbefugte Offenbarung ausgeschlossen ist,
2. die nach Absatz 4 erhaltenen Informationen in anonymisierter Form an die Bundesnetzagentur jeweils auf deren Verlangen für die Zwecke des Monitorings nach § 51 übermitteln,
3. neben den nach Nummer 2 zu übermittelnden Informationen an die Bundesnetzagentur jeweils auf deren Verlangen weitere verfügbare und für die Zwecke des Monitorings nach § 51 erforderliche Informationen und Analysen übermitteln, insbesondere verfügbare Informationen und eine gemeinsam von den Betreibern von Übertragungsnetzen in einer von der Bundesnetzagentur zu bestimmenden Form zu erstellende Analyse zu den grenzüberschreitenden Verbindungsleitungen sowie zu Angebot und Nachfrage auf den europäischen Strommärkten, zu der Höhe und der Entwicklung der Gesamtlast in den Elektrizitätsversorgungsnetzen in den vergangenen zehn Jahren im Gebiet der Bundesrepublik Deutschland und zur Sicherheit, Zuverlässigkeit und Leistungsfähigkeit der Energieversorgungsnetze einschließlich des Netzbetriebs,
4. der Bundesnetzagentur jeweils auf deren Verlangen in einer von ihr zu bestimmenden Frist und Form für die Zwecke des Berichts nach § 63 Absatz 3a Informationen und Analysen zu der Mindesterzeugung insbesondere aus thermisch betriebenen Erzeugungsanlagen und aus Anlagen zur Speicherung von elektrischer Energie sowie Informationen und geeignete Analysen zur Entwicklung der Mindesterzeugung übermitteln und
5. der Bundesnetzagentur jeweils jährlich auf deren Verlangen in einer von ihr zu bestimmenden Frist und Form für die Zwecke des Monitorings nach § 51a die Unternehmen und Vereinigungen von Unternehmen nennen, die einen Stromverbrauch von mehr als 20 Gigawattstunden jährlich haben.

(5a) Die Bundesnetzagentur übermittelt die nach Absatz 5 zum Zwecke des Monitorings der Versorgungssicherheit nach § 51 und zur Erfüllung der Berichterstattungspflicht nach § 63 Absatz 2 Satz 1 Nummer 2 erhobenen Daten an das Bundesministerium für Wirtschaft und Energie auf dessen Verlangen.

(6) Die Regulierungsbehörde wird ermächtigt, nach § 29 Absatz 1 Festlegungen zu treffen zur näheren Bestimmung des Kreises der nach Absatz 4 Satz 1 Verpflichteten, zum Inhalt und zur Methodik, zu den Details der Daten-

weitergabe und zum Datenformat der Bereitstellung an die Betreiber von Elektrizitätsversorgungsnetzen.

(7) Die Regulierungsbehörde, das Bundesministerium für Wirtschaft und Energie sowie die Betreiber von Elektrizitätsversorgungsnetzen sollen anstelle der Abfrage nach den Absätzen 4 und 5 das Marktstammdatenregister nach § 111e nutzen, sobald und soweit ihnen das Marktstammdatenregister den Zugriff auf Daten im Sinne der Absätze 4 und 5 eröffnet.

§ 12a[1] Szenariorahmen für die Netzentwicklungsplanung. (1) [1]Die Betreiber von Übertragungsnetzen mit Regelzonenverantwortung erarbeiten alle zwei Jahre einen gemeinsamen Szenariorahmen, der Grundlage für die Erarbeitung des Netzentwicklungsplans nach § 12b und des Offshore-Netzentwicklungsplans nach § 17b ist. [2]Der Szenariorahmen umfasst mindestens drei Entwicklungspfade (Szenarien), die für die mindestens nächsten zehn und höchstens 15 Jahre die Bandbreite wahrscheinlicher Entwicklungen im Rahmen der mittel- und langfristigen energiepolitischen Ziele der Bundesregierung abdecken. [3]Eines der Szenarien muss die wahrscheinliche Entwicklung für die mindestens nächsten 15 und höchstens zwanzig Jahre darstellen. [4]Für den Szenariorahmen legen die Betreiber von Übertragungsnetzen mit Regelzonenverantwortung angemessene Annahmen für die jeweiligen Szenarien zu Erzeugung, Versorgung, Verbrauch von Strom sowie dessen Austausch mit anderen Ländern sowie zur Spitzenkappung nach § 11 Absatz 2 zu Grunde und berücksichtigen geplante Investitionsvorhaben der europäischen Netzinfrastruktur.

(2) [1]Die Betreiber von Übertragungsnetzen mit Regelzonenverantwortung legen der Regulierungsbehörde den Entwurf des Szenariorahmens spätestens bis zum 10. Januar eines jeden geraden Kalenderjahres, beginnend mit dem Jahr 2016, vor. [2]Die Regulierungsbehörde macht den Entwurf des Szenariorahmens auf ihrer Internsetseite öffentlich bekannt und gibt der Öffentlichkeit, einschließlich tatsächlicher und potenzieller Netznutzer, den nachgelagerten Netzbetreibern, sowie den Trägern öffentlicher Belange Gelegenheit zur Äußerung.

(3) [1]Die Regulierungsbehörde genehmigt den Szenariorahmen unter Berücksichtigung der Ergebnisse der Öffentlichkeitsbeteiligung. [2]Die Regulierungsbehörde kann durch Festlegung nach § 29 Absatz 1 nähere Bestimmungen zu Inhalt und Verfahren der Erstellung des Szenariorahmens, insbesondere zum Betrachtungszeitraum nach Absatz 1 Satz 2 und 3, treffen.

---

[1] § 12a eingef. mWv 4.8.2011 durch G v. 26.7.2011 (BGBl. I S. 1554); Abs. 1 Satz 1 geänd. mWv 28.12.2012 durch G v. 20.12.2012 (BGBl. I S. 2730); Abs. 1 Sätze 1–3 und Abs. 2 Satz 1 geänd., Abs. 3 Satz 2 angef. mWv 1.1.2016 durch G v. 10.12.2015 (BGBl. I S. 2194); Abs. 1 Satz 4 geänd. mWv 30.7.2016 durch G v. 26.7.2016 (BGBl. I S. 1786); Abs. 1 Sätze 1 und 4, Abs. 2 Satz 1 geänd. mWv 17.5.2019 durch G v. 13.5.2019 (BGBl. I S. 706).

3. die nachgewiesenen entgangenen Erlösmöglichkeiten, wenn und soweit diese die Summe der nach den Nummern 1 und 2 zu erstattenden Kosten übersteigen, und
4. die notwendigen Auslagen für die Herstellung der Betriebsbereitschaft nach Absatz 1 Satz 2 Nummer 1 oder die Verschiebung einer geplanten Revision nach Absatz 1 Satz 2 Nummer 2.

[3] Ersparte Aufwendungen erstattet der Anlagenbetreiber an den zuständigen Betreiber eines Übertragungsnetzes.

(3) Grundlage für die Bestimmung des anteiligen Werteverbrauchs nach Absatz 2 Satz 2 Nummer 2 sind die handelsrechtlichen Restwerte und handelsrechtlichen Restnutzungsdauern in Jahren; für die Bestimmung des anteiligen Werteverbrauchs für die Anlage oder Anlagenteile ist als Schlüssel das Verhältnis aus den anrechenbaren Betriebsstunden im Rahmen von Maßnahmen nach Absatz 1 Satz 1 und den für die Anlage bei der Investitionsentscheidung betriebswirtschaftlich geplanten Betriebsstunden zugrunde zu legen.

(4) Weitergehende Kosten, die dem Anlagenbetreiber auch ohne die Anforderung nach Absatz 1 Satz 1 entstehen, insbesondere Betriebsbereitschaftsauslagen und eine Verzinsung des gebundenen Kapitals, werden nicht erstattet.

(5) Die Absätze 2 bis 4 sind ab dem 1. Januar 2013 anzuwenden, wobei sie in dem Zeitraum vom 1. Januar 2013 bis zum 30. April 2015 nur anzuwenden sind, wenn und soweit die Betreiber von Erzeugungsanlagen dadurch nicht schlechter stehen, als sie durch die tatsächlich von den Betreibern von Übertragungsnetzen in diesem Zeitraum gezahlte jeweilige Vergütung stünden.

§ 13b[1)] Stilllegungen von Anlagen. (1) [1] Betreiber von Anlagen zur Erzeugung oder Speicherung elektrischer Energie mit einer Nennleistung ab 10 Megawatt sind verpflichtet, vorläufige oder endgültige Stilllegungen ihrer Anlage oder von Teilkapazitäten ihrer Anlage dem systemverantwortlichen Betreiber des Übertragungsnetzes und der Bundesnetzagentur möglichst frühzeitig, mindestens aber zwölf Monate vorher anzuzeigen; dabei ist anzugeben, ob und inwieweit die Stilllegung aus rechtlichen, technischen oder betriebswirtschaftlichen Gründen erfolgen soll. [2] Vorläufige und endgültige Stilllegungen ohne vorherige Anzeige und vor Ablauf der Frist nach Satz 1 sind verboten, wenn ein Weiterbetrieb technisch und rechtlich möglich ist. [3] Eine Stilllegung von Anlagen vor Ablauf der Frist nach den Sätzen 1 und 2 ist zulässig, wenn der Betreiber eines Übertragungsnetzes hierdurch keine Gefährdung oder Störung der Sicherheit oder Zuverlässigkeit des Elektrizitätsversorgungssystems erwartet und er dem Anlagenbetreiber dies nach Absatz 2 Satz 1 mitgeteilt hat.

(2) [1] Der systemverantwortliche Betreiber des Übertragungsnetzes prüft nach Eingang der Anzeige einer Stilllegung nach Absatz 1 Satz 1 unverzüglich, ob die Anlage systemrelevant ist, und teilt dem Betreiber der Anlage und der Bundesnetzagentur das Ergebnis seiner Prüfung unverzüglich schriftlich oder elektronisch mit. [2] Eine Anlage ist systemrelevant, wenn ihre Stilllegung mit hinreichender Wahrscheinlichkeit zu einer nicht unerheblichen Gefährdung oder Störung der Sicherheit oder Zuverlässigkeit des Elektrizitätsversorgungssystems führen würde und diese Gefährdung oder Störung nicht durch andere angemessene Maßnahmen beseitigt werden kann. [3] Die Begründung der Not-

---

1) § 13b neu gef. mWv 30.7.2016 durch G v. 26.7.2016 (BGBl. I S. 1786); Abs. 6 Satz 2 angef. mWv 14.8.2020 durch G v. 8.8.2020 (BGBl I S. 1818).

wendigkeit der Ausweisung einer systemrelevanten Anlage im Fall einer geplanten vorläufigen oder endgültigen Stilllegung soll sich aus der Systemanalyse der Betreiber von Übertragungsnetzen oder dem Bericht der Bundesnetzagentur nach § 3 der Netzreserveverordnung ergeben. [4]Die Begründung kann sich auf die Liste systemrelevanter Gaskraftwerke nach § 13f Absatz 1 stützen.

(3) [1]Mit Ausnahme von Revisionen und technisch bedingten Störungen sind vorläufige Stilllegungen Maßnahmen, die bewirken, dass die Anlage nicht mehr anfahrbereit gehalten wird, aber innerhalb eines Jahres nach Anforderung durch den Betreiber eines Übertragungsnetzes nach Absatz 4 Satz 3 wieder betriebsbereit gemacht werden kann, um eine geforderte Anpassung ihrer Einspeisung nach § 13a Absatz 1 umzusetzen. [2]Endgültige Stilllegungen sind Maßnahmen, die den Betrieb der Anlage endgültig ausschließen oder bewirken, dass eine Anpassung der Einspeisung nicht mehr innerhalb eines Jahres nach einer Anforderung nach Absatz 4 erfolgen kann, da die Anlage nicht mehr innerhalb dieses Zeitraums betriebsbereit gemacht werden kann.

(4) [1]Vorläufige Stilllegungen von Anlagen, die nach Absatz 1 Satz 1 zur vorläufigen Stilllegung angezeigt wurden, sind auch nach Ablauf der in der Anzeige genannten Frist nach Absatz 1 Satz 1 verboten, solange und soweit der systemverantwortliche Betreiber des Übertragungsnetzes die Anlage nach Absatz 2 Satz 2 als systemrelevant ausweist. [2]Die Ausweisung erfolgt für eine Dauer von 24 Monaten; zeigt der Betreiber einer Anlage für den Zeitraum nach Ablauf der 24 Monate die geplante vorläufige Stilllegung nach § 13b Absatz 1 Satz 1 erneut an und wird das Fortbestehen der Systemrelevanz der Anlage durch eine Prüfung des regelzonenverantwortlichen Betreibers eines Übertragungsnetzes festgestellt, erfolgt jede erneute Ausweisung der Anlage als systemrelevant jeweils für einen Zeitraum von bis zu 24 Monaten. [3]Der Betreiber einer Anlage, deren vorläufige Stilllegung nach Satz 1 verboten ist, muss die Betriebsbereitschaft der Anlage für Anpassungen der Einspeisung nach § 13a Absatz 1 weiter vorhalten oder wiederherstellen. [4]Der Betreiber einer vorläufig stillgelegten Anlage, die nach Absatz 2 Satz 2 systemrelevant ist, muss für die Durchführung von Maßnahmen nach § 13 Absatz 1 Nummer 2 und 3 und § 13a Absatz 1 auf Anforderung durch den Betreiber des Übertragungsnetzes und erforderlichenfalls in Abstimmung mit dem Betreiber desjenigen Netzes, in das die Anlage eingebunden ist, die Anlage betriebsbereit machen.

(5) [1]Endgültige Stilllegungen von Anlagen zur Erzeugung oder Speicherung elektrischer Energie mit einer Nennleistung ab 50 Megawatt sind auch nach Ablauf der in der Anzeige genannten Frist nach Absatz 1 Satz 1 verboten, solange und soweit

1. der systemverantwortliche Betreiber des Übertragungsnetzes die Anlage als systemrelevant ausweist,
2. die Ausweisung durch die Bundesnetzagentur genehmigt worden ist und
3. ein Weiterbetrieb technisch und rechtlich möglich ist.

[2]Der Betreiber des Übertragungsnetzes hat den Antrag auf Genehmigung der Ausweisung nach Prüfung der Anzeige einer Stilllegung unverzüglich bei der Bundesnetzagentur zu stellen und zu begründen. [3]Er hat dem Anlagenbetreiber unverzüglich eine Kopie von Antrag und Begründung zu übermitteln. [4]Die Bundesnetzagentur hat den Antrag zu genehmigen, wenn die Anlage systemrelevant nach Absatz 2 Satz 2 ist. [5]Die Genehmigung kann unter Bedingungen erteilt und mit Auflagen verbunden werden. [6]Hat die Bundesnetzagentur über

den Antrag nicht innerhalb einer Frist von drei Monaten nach Vorliegen der vollständigen Unterlagen entschieden, gilt die Genehmigung als erteilt, es sei denn,

1. der Antragsteller hat einer Verlängerung der Frist zugestimmt oder
2. die Bundesnetzagentur kann wegen unrichtiger Angaben oder wegen einer nicht rechtzeitig erteilten Auskunft keine Entscheidung treffen und sie hat dies den Betroffenen vor Ablauf der Frist unter Angabe der Gründe mitgeteilt.

[7] Die Vorschriften des Verwaltungsverfahrensgesetzes über die Genehmigungsfiktion sind entsprechend anzuwenden. [8] Die Ausweisung erfolgt in dem Umfang und für den Zeitraum, der erforderlich ist, um die Gefährdung oder Störung abzuwenden. [9] Sie soll eine Dauer von 24 Monaten nicht überschreiten, es sei denn, die Systemrelevanz der Anlage wird durch eine Systemanalyse des regelzonenverantwortlichen Betreibers eines Übertragungsnetzes für einen längeren Zeitraum nachgewiesen und von der Bundesnetzagentur bestätigt. [10] Der Betreiber des Übertragungsnetzes hat dem Betreiber der Anlage die Ausweisung mit der Begründung unverzüglich nach Genehmigung durch die Bundesnetzagentur mitzuteilen. [11] Der Betreiber einer Anlage, deren endgültige Stilllegung nach Satz 1 verboten ist, muss die Anlage zumindest in einem Zustand erhalten, der eine Anforderung zur weiteren Vorhaltung oder Wiederherstellung der Betriebsbereitschaft nach Absatz 4 ermöglicht, sowie auf Anforderung des Betreibers eines Übertragungsnetzes die Betriebsbereitschaft der Anlage für Anpassungen der Einspeisung weiter vorhalten oder wiederherstellen, soweit dies nicht technisch oder rechtlich ausgeschlossen ist.

(6) [1] Die Absätze 1 bis 5 gelten nicht für die stillzulegenden Anlagen nach § 13g. [2] § 42 des Kohleverstromungsbeendigungsgesetzes bleibt unberührt.

§ 13c[1)] Vergütung bei geplanten Stilllegungen von Anlagen. (1) [1] Fordert der Betreiber eines Übertragungsnetzes den Betreiber einer Anlage, die andernfalls auf Grund einer vorläufigen Stilllegung im erforderlichen Zeitraum nicht anfahrbereit wäre, nach § 13b Absatz 4 dazu auf, die Betriebsbereitschaft der Anlage für Anpassungen der Einspeisung weiter vorzuhalten oder wiederherzustellen, kann der Betreiber als angemessene Vergütung geltend machen:

1. die für die Vorhaltung und die Herstellung der Betriebsbereitschaft notwendigen Auslagen (Betriebsbereitschaftsauslagen); im Rahmen der Betriebsbereitschaftsauslagen
   a) werden die einmaligen Kosten für die Herstellung der Betriebsbereitschaft der Anlage berücksichtigt; Kosten in diesem Sinn sind auch die Kosten erforderlicher immissionsschutzrechtlicher Prüfungen sowie die Kosten der Reparatur außergewöhnlicher Schäden, und
   b) wird ein Leistungspreis für die Bereithaltung der betreffenden Anlage gewährt; hierbei werden die Kosten berücksichtigt, die dem Betreiber zusätzlich und fortlaufend auf Grund der Vorhaltung der Anlage für die Netzreserve nach § 13d entstehen; der Leistungspreis kann als pauschalierter Betrag (Euro je Megawatt) zu Vertragsbeginn auf Grundlage von jeweils ermittelten Erfahrungswerten der Anlage festgelegt werden; die Bundesnetzagentur kann die der Anlage zurechenbaren Gemeinkosten

[1)] § 13c neu gef. mWv 30.7.2016 durch G v. 26.7.2016 (BGBl. I S. 1786).

eines Betreibers bis zu einer Höhe von 5 Prozent der übrigen Kosten dieser Nummer pauschal anerkennen; der Nachweis höherer Gemeinkosten durch den Betreiber ist möglich;

2. die Erzeugungsauslagen und
3. den anteiligen Werteverbrauch.

[2] Betriebsbereitschaftsauslagen nach Satz 1 Nummer 1 sind zu erstatten, wenn und soweit diese ab dem Zeitpunkt der Ausweisung der Systemrelevanz der Anlage durch den Betreiber eines Übertragungsnetzes anfallen und der Vorhaltung und dem Einsatz als Netzreserve im Sinne von § 13d Absatz 1 Satz 1 zu dienen bestimmt sind. [3] Grundlage für die Bestimmung des anteiligen Werteverbrauchs nach Satz 1 Nummer 3 sind die handelsrechtlichen Restwerte und handelsrechtlichen Restnutzungsdauern in Jahren; für die Bestimmung des anteiligen Werteverbrauchs für die Anlage oder Anlagenteile ist als Schlüssel das Verhältnis aus den anrechenbaren Betriebsstunden im Rahmen von Maßnahmen nach § 13a Absatz 1 Satz 2 und den für die Anlage bei der Investitionsentscheidung betriebswirtschaftlich geplanten Betriebsstunden zugrunde zu legen. [4] Im Rahmen der Erzeugungsauslagen wird ein Arbeitspreis in Form der notwendigen Auslagen für eine Einspeisung der Anlage gewährt.

(2) [1] Nimmt der Betreiber der Anlage im Sinn von § 13b Absatz 4 Satz 1 den Betreiber des Übertragungsnetzes auf Zahlung der Betriebsbereitschaftsauslagen nach Absatz 1 Satz 1 Nummer 1 in Anspruch, darf ab diesem Zeitpunkt die Anlage für die Dauer der Ausweisung der Anlage als systemrelevant durch den Betreiber eines Übertragungsnetzes ausschließlich nach Maßgabe der von den Betreibern von Übertragungsnetzen angeforderten Systemsicherheitsmaßnahmen betrieben werden. [2] Wird die Anlage nach Ablauf der Dauer der Ausweisung als systemrelevant wieder eigenständig an den Strommärkten eingesetzt, ist der Restwert der investiven Vorteile, die der Betreiber der Anlage erhalten hat, zu erstatten. [3] Maßgeblich ist der Restwert zu dem Zeitpunkt, ab dem die Anlage wieder eigenständig an den Strommärkten eingesetzt wird.

(3) [1] Der Betreiber einer Anlage, deren endgültige Stilllegung nach § 13b Absatz 5 Satz 1 verboten ist, kann als angemessene Vergütung für die Verpflichtung nach § 13b Absatz 5 Satz 11 von dem jeweiligen Betreiber eines Übertragungsnetzes geltend machen:

1. die Kosten für erforderliche Erhaltungsmaßnahmen nach § 13b Absatz 5 Satz 11 (Erhaltungsauslagen),
2. die Betriebsbereitschaftsauslagen im Sinn von Absatz 1 Satz 1 Nummer 1 und Satz 2,
3. Erzeugungsauslagen im Sinne von Absatz 1 Satz 1 Nummer 2 und Satz 4 und
4. Opportunitätskosten in Form einer angemessenen Verzinsung für bestehende Anlagen, wenn und soweit eine verlängerte Kapitalbindung in Form von Grundstücken und weiterverwertbaren technischen Anlagen oder Anlagenteilen auf Grund der Verpflichtung für die Netzreserve besteht.

[2] Erhaltungs- und Betriebsbereitschaftsauslagen nach Satz 1 Nummer 1 und 2 sind zu erstatten, wenn und soweit diese ab dem Zeitpunkt der Ausweisung der Systemrelevanz durch den Betreiber eines Übertragungsnetzes nach § 13b Absatz 5 anfallen und der Vorhaltung und dem Einsatz als Netzreserve zu dienen bestimmt sind. [3] Der Werteverbrauch der weiterverwertbaren technischen Anlagen oder der Anlagenteile ist nur erstattungsfähig, wenn und soweit die technischen Anlagen in der Netzreserve tatsächlich eingesetzt werden; für die

Bestimmung des anteiligen Werteverbrauchs ist Absatz 1 Satz 3 anzuwenden. [4] Weitergehende Kosten, insbesondere Kosten, die auch im Fall einer endgültigen Stilllegung angefallen wären, sind nicht erstattungsfähig.

(4) [1] Nimmt der Betreiber der Anlage, deren endgültige Stilllegung nach § 13b Absatz 5 Satz 1 verboten ist, den Betreiber des Übertragungsnetzes auf Zahlung der Erhaltungsauslagen oder der Betriebsbereitschaftsauslagen nach Absatz 3 Satz 1 Nummer 1 und 2 sowie Satz 2 in Anspruch, darf die Anlage bis zu ihrer endgültigen Stilllegung ausschließlich nach Maßgabe der von den Betreibern von Übertragungsnetzen angeforderten Systemsicherheitsmaßnahmen betrieben werden. [2] Wird die Anlage endgültig stillgelegt, so ist der Restwert der investiven Vorteile bei wiederverwertbaren Anlagenteilen, die der Betreiber der Anlage im Rahmen der Erhaltungsauslagen nach Absatz 3 Satz 1 Nummer 1 und der Betriebsbereitschaftsauslagen im Sinne von Absatz 1 Satz 1 Nummer 1 erhalten hat, zu erstatten. [3] Maßgeblich ist der Restwert zu dem Zeitpunkt, ab dem die Anlage nicht mehr als Netzreserve vorgehalten wird. [4] Der Umfang der Vergütung nach Absatz 3 wird in den jeweiligen Verträgen zwischen den Betreibern der Anlagen und den Betreibern der Übertragungsnetze auf Grundlage der Kostenstruktur der jeweiligen Anlage nach Abstimmung mit der Bundesnetzagentur festgelegt.

(5) Die durch die Absätze 1 bis 4 entstehenden Kosten der Betreiber von Übertragungsnetzen werden durch Festlegung der Bundesnetzagentur zu einer freiwilligen Selbstverpflichtung der Betreiber von Übertragungsnetzen nach § 11 Absatz 2 Satz 4 und § 32 Absatz 1 Nummer 4 der Anreizregulierungsverordnung in der jeweils geltenden Fassung als verfahrensregulierte Kosten nach Maßgabe der hierfür geltenden Vorgaben anerkannt.

(6) Die Absätze 1 bis 5 gelten nicht für die stillzulegenden Anlagen nach § 13g.

§ 13d[1)] Netzreserve. (1) [1] Die Betreiber von Übertragungsnetzen halten nach § 13b Absatz 4 und 5 sowie nach Maßgabe der Netzreserveverordnung Anlagen zum Zweck der Gewährleistung der Sicherheit und Zuverlässigkeit des Elektrizitätsversorgungssystems insbesondere für die Bewirtschaftung von Netzengpässen und für die Spannungshaltung und zur Sicherstellung eines möglichen Versorgungswiederaufbaus vor (Netzreserve). [2] Die Netzreserve wird gebildet aus

1. Anlagen, die derzeit nicht betriebsbereit sind und auf Grund ihrer Systemrelevanz auf Anforderung der Betreiber von Übertragungsnetzen wieder betriebsbereit gemacht werden müssen,
2. systemrelevanten Anlagen, für die die Betreiber eine vorläufige oder endgültige Stilllegung nach § 13b Absatz 1 Satz 1 angezeigt haben, und
3. geeigneten Anlagen im europäischen Ausland.

(2) [1] Betreiber von bestehenden Anlagen, die als Netzreserve zur Gewährleistung der Sicherheit und Zuverlässigkeit des Elektrizitätsversorgungssystems verpflichtet worden sind, können unter den Voraussetzungen des § 13e und den Regelungen der Rechtsverordnung nach § 13h auch an dem Verfahren der Beschaffung der Kapazitätsreserve teilnehmen. [2] Sind bestehende Anlagen der Netzreserve im Rahmen des Beschaffungsverfahrens erfolgreich, erhalten sie

[1)] § 13d eingef. mWv 30.7.2016 durch G v. 26.7.2016 (BGBl. I S. 1786).

ihre Vergütung ausschließlich nach den Bestimmungen zur Kapazitätsreserve. [3] Sie müssen weiterhin auf Anweisung der Betreiber von Übertragungsnetzen ihre Einspeisung nach § 13a Absatz 1 sowie § 7 der Netzreserveverordnung anpassen.

(3) [1] Unbeschadet der gesetzlichen Verpflichtungen erfolgen die Bildung der Netzreserve und der Einsatz der Anlagen der Netzreserve auf Grundlage des Abschlusses von Verträgen zwischen Betreibern von Übertragungsnetzen und Anlagenbetreibern in Abstimmung mit der Bundesnetzagentur nach Maßgabe der Bestimmungen der Netzreserveverordnung. [2] Erzeugungsanlagen im Ausland können nach den Vorgaben der Rechtsverordnung nach § 13i Absatz 3 vertraglich gebunden werden.

§ 13e[1)] Kapazitätsreserve. (1) [1] Die Betreiber von Übertragungsnetzen halten Reserveleistung vor, um im Fall einer Gefährdung oder Störung der Sicherheit oder Zuverlässigkeit des Elektrizitätsversorgungssystems Leistungsbilanzdefizite infolge des nicht vollständigen Ausgleichs von Angebot und Nachfrage an den Strommärkten im deutschen Netzregelverbund auszugleichen (Kapazitätsreserve). [2] Die Kapazitätsreserve wird ab dem Winterhalbjahr 2020/2021 außerhalb der Strommärkte gebildet. [3] Die Anlagen der Kapazitätsreserve speisen ausschließlich auf Anforderung der Betreiber von Übertragungsnetzen ein. [4] Für die Kapazitätsreserve steht die Reduktion des Wirkleistungsbezugs der Einspeisung von Wirkleistung gleich.

(2) [1] Die Bildung der Kapazitätsreserve erfolgt im Rahmen eines wettbewerblichen Ausschreibungsverfahrens oder eines diesem hinsichtlich Transparenz und Nichtdiskriminierung gleichwertigen wettbewerblichen Verfahrens (Beschaffungsverfahren). [2] Die Betreiber der Übertragungsnetze führen das Beschaffungsverfahren ab dem Jahr 2019 in regelmäßigen Abständen durch. [3] In der Kapazitätsreserve werden Anlagen mit folgender Reserveleistung gebunden:

1. für die Leistungserbringung ab dem Winterhalbjahr 2020/2021 eine Reserveleistung von 2 Gigawatt,
2. für die Leistungserbringung ab dem Winterhalbjahr 2022/2023 eine Reserveleistung in Höhe von 2 Gigawatt vorbehaltlich einer Anpassung nach Absatz 5.

[4] Anlagen können wiederholt an dem Beschaffungsverfahren teilnehmen und in der Kapazitätsreserve gebunden werden.

(3) [1] Die Betreiber der Anlagen der Kapazitätsreserve erhalten eine jährliche Vergütung, deren Höhe im Rahmen des Beschaffungsverfahrens nach Absatz 2 ermittelt wird. [2] Die Vergütung umfasst alle Kosten, soweit sie nicht aufgrund einer Verordnung nach § 13h gesondert erstattet werden, einschließlich der Kosten für

1. die Vorhaltung der Anlage, die auch die Kosten für den Stromverbrauch der Anlage selbst, für auf Grund anderer gesetzlicher Vorschriften notwendige Anfahrvorgänge sowie für die Instandhaltung der Anlage und Nachbesserungen umfassen, sowie

---

[1)] § 13e eingef. mWv 30.7.2016 durch G v. 26.7.2016 (BGBl. I S. 1786); Abs. 1 Satz 2 geänd., Satz 4 angef., Abs. 2 Sätze 2, 3 Nr. 1 und 2, Abs. 3 Satz 2 einl. Satzteil geänd., Satz 3 aufgeh., bish. Sätze 4–7 werden Sätze 3–6, neue Sätze 4 und 5 geänd. mWv 21.12.2018 durch G v. 17.12.2018 (BGBl. I S. 2549).

2. den Werteverbrauch durch den Einsatz der Anlage.

[3]Die Betreiber von Übertragungsnetzen dürfen die ihnen auf Grund der Durchführung der Rechtsverordnung nach § 13h entstehenden Kosten nach Abzug der entstehenden Erlöse über die Netzentgelte geltend machen. [4]Die Kosten nach Satz 3 gelten als dauerhaft nicht beeinflussbare Kostenanteile nach § 11 Absatz 2 Satz 1 der Anreizregulierungsverordnung. [5]Die Betreiber von Übertragungsnetzen müssen den unterschiedlichen Umfang der nach Satz 3 bei jedem Betreiber eines Übertragungsnetzes verbleibenden Kosten nach Maßgabe der von ihnen oder anderen Netzbetreibern im Bereich ihres Übertragungsnetzes an Letztverbraucher gelieferten Strommengen über eine finanzielle Verrechnung untereinander ausgleichen. [6]Betreiber von Übertragungsnetzen, die bezogen auf die an Letztverbraucher gelieferten Strommengen im Bereich ihres Netzes höhere Zahlungen zu leisten hatten, als es dem Durchschnitt aller Letztverbraucher entspricht, haben einen finanziellen Anspruch auf Belastungsausgleich, bis alle Betreiber von Übertragungsnetzen eine Belastung tragen, die dem Durchschnitt aller Betreiber von Übertragungsnetzen entspricht.

(4) [1]Die Betreiber von Anlagen, die in der Kapazitätsreserve gebunden sind,

1. dürfen die Leistung oder Arbeit dieser Anlagen weder ganz noch teilweise auf den Strommärkten veräußern (Vermarktungsverbot) und
2. müssen diese Anlagen endgültig stilllegen, sobald die Anlagen nicht mehr in der Kapazitätsreserve gebunden sind (Rückkehrverbot), wobei Absatz 2 Satz 4 sowie die Regelungen zur Stilllegung von Erzeugungsanlagen nach den §§ 13b und 13c sowie zur Netzreserve nach § 13d unberührt bleiben; Betreiber von Lasten müssen diese nicht endgültig stilllegen, dürfen aber mit den Lasten endgültig nicht mehr an den Ausschreibungen auf Grund einer Verordnung nach § 13i Absatz 1 und 2 teilnehmen.

[2]Das Vermarktungsverbot und das Rückkehrverbot gelten auch für Rechtsnachfolger des Betreibers sowie im Fall einer Veräußerung der Anlage für deren Erwerber sowie für die Betreiber von Übertragungsnetzen.

(5) [1]Das Bundesministerium für Wirtschaft und Energie überprüft den Umfang der Kapazitätsreserve bis zum 31. Oktober 2018 und dann mindestens alle zwei Jahre auf Basis des Berichts zum Monitoring der Versorgungssicherheit nach § 63 Absatz 2 Satz 1 Nummer 2 und entscheidet, ob eine Anpassung des Umfangs erforderlich ist. [2]Die Entscheidung ist zu begründen und zu veröffentlichen. [3]Eine eventuell erforderliche Anpassung des Umfangs der Kapazitätsreserve erfolgt durch oder auf Grund der Rechtsverordnung nach § 13h oder durch Festlegung der Bundesnetzagentur nach § 13j Absatz 4. [4]Eine Entscheidung, durch die die gebundene Reserveleistung 5 Prozent der durchschnittlichen Jahreshöchstlast im Gebiet der Bundesrepublik Deutschland übersteigen würde, darf nur durch Rechtsverordnung nach § 13h ergehen; diese Rechtsverordnung bedarf der Zustimmung des Bundestages. [5]Der zugrunde zu legende Wert der durchschnittlichen Jahreshöchstlast errechnet sich als Durchschnittswert aus der für das Gebiet der Bundesrepublik Deutschland für das Jahr, in dem die Erhöhung erstmals stattfinden soll, sowie das Folgejahr prognostizierten Jahreshöchstlast. [6]Die Prognosen sind aus dem jährlichen Bericht der Bundesnetzagentur nach § 3 Absatz 1 der Netzreserveverordnung zu entnehmen. [7]Der Jahreshöchstlastwert umfasst auch Netzverluste.

§ 13f[1)] Systemrelevante Gaskraftwerke. (1) [1] Betreiber von Übertragungsnetzen können eine Anlage zur Erzeugung von elektrischer Energie aus Gas mit einer Nennleistung ab 50 Megawatt ganz oder teilweise als systemrelevantes Gaskraftwerk ausweisen, soweit eine Einschränkung der Gasversorgung dieser Anlage mit hinreichender Wahrscheinlichkeit zu einer nicht unerheblichen Gefährdung oder Störung der Sicherheit oder Zuverlässigkeit des Elektrizitätsversorgungssystems führt. [2] Die Ausweisung erfolgt in dem Umfang und für den Zeitraum, der erforderlich ist, um die Gefährdung oder Störung abzuwenden. [3] Sie soll eine Dauer von 24 Monaten nicht überschreiten, es sei denn, die Systemrelevanz der Anlage wird durch eine Systemanalyse des regelzonenverantwortlichen Betreibers eines Übertragungsnetzes für einen längeren Zeitraum nachgewiesen und von der Bundesnetzagentur bestätigt. [4] Die Ausweisung bedarf der Genehmigung der Bundesnetzagentur. [5] Der Betreiber des Übertragungsnetzes hat den Antrag auf Genehmigung unverzüglich nach der Ausweisung bei der Bundesnetzagentur zu stellen und zu begründen. [6] Er hat dem Anlagenbetreiber unverzüglich eine Kopie von Antrag und Begründung zu übermitteln. [7] Die Bundesnetzagentur hat den Antrag zu genehmigen, wenn die Anlage systemrelevant im Sinne der Sätze 1 und 2 ist. [8] § 13b Absatz 5 Satz 5 bis 7 ist entsprechend anzuwenden. [9] Der Betreiber des Übertragungsnetzes hat die Ausweisung eines systemrelevanten Gaskraftwerks nach Genehmigung durch die Bundesnetzagentur unverzüglich dem Betreiber der Anlage, den betroffenen Betreibern von Gasversorgungsnetzen sowie dem Betreiber des Elektrizitätsversorgungsnetzes, an das die Anlage angeschlossen ist, mitzuteilen und zu begründen. [10] Die Betreiber von Übertragungsnetzen haben eine Liste mit den systemrelevanten Kraftwerken aufzustellen, diese Liste, falls erforderlich, zu aktualisieren und der Bundesnetzagentur unverzüglich vorzulegen.

(2) [1] Soweit die Ausweisung einer Anlage genehmigt worden ist, sind Betreiber der Erzeugungsanlagen verpflichtet, soweit technisch und rechtlich möglich sowie wirtschaftlich zumutbar, eine Absicherung der Leistung im erforderlichen Umfang durch Inanspruchnahme der vorhandenen Möglichkeiten für einen Brennstoffwechsel vorzunehmen. [2] Fallen bei dem Betreiber der Erzeugungsanlage in diesem Zusammenhang Mehrkosten für einen Brennstoffwechsel an, sind diese durch den jeweiligen Betreiber eines Übertragungsnetzes zu erstatten. [3] Soweit ein Brennstoffwechsel nicht möglich ist, ist dies gegenüber der Bundesnetzagentur zu begründen und kurzfristig dazulegen, mit welchen anderen Optimierungs- oder Ausbaumaßnahmen der Kapazitätsbedarf befriedigt werden kann. [4] Die durch den Brennstoffwechsel oder andere Optimierungs- oder Ausbaumaßnahmen entstehenden Kosten des Betreibers von Übertragungsnetzen werden durch Festlegung der Bundesnetzagentur zu einer freiwilligen Selbstverpflichtung der Betreiber von Übertragungsnetzen nach § 11 Absatz 2 Satz 4 und § 32 Absatz 1 Nummer 4 der Anreizregulierungsverordnung in ihrer jeweils geltenden Fassung als verfahrensregulierte Kosten nach Maßgabe der hierfür geltenden Vorgaben anerkannt.

---

1) § 13f eingef. mWv 30.7.2016 durch G v. 26.7.2016 (BGBl. I S. 1786).

§ 13g[1)] Stilllegung von Braunkohlekraftwerken. (1) [1]Als Beitrag zur Erreichung der nationalen und europäischen Klimaschutzziele müssen die folgenden Erzeugungsanlagen bis zu dem genannten Kalendertag vorläufig stillgelegt werden (stillzulegende Anlagen), um die Kohlendioxidemissionen im Bereich der Elektrizitätsversorgung zu verringern:

1. bis zum 1. Oktober 2016: Kraftwerk Buschhaus,
2. bis zum 1. Oktober 2017:
   a) Block P des Kraftwerks Frimmersdorf und
   b) Block Q des Kraftwerks Frimmersdorf,
3. bis zum 1. Oktober 2018:
   a) Block E des Kraftwerks Niederaußem,
   b) Block F des Kraftwerks Niederaußem und
   c) Block F des Kraftwerks Jänschwalde,
4. bis zum 1. Oktober 2019:
   a) Block C des Kraftwerks Neurath und
   b) Block E des Kraftwerks Jänschwalde.

[2]Die stillzulegenden Anlagen dürfen jeweils ab dem in Satz 1 genannten Kalendertag für vier Jahre nicht endgültig stillgelegt werden. [3]Nach Ablauf der vier Jahre müssen sie endgültig stillgelegt werden.

(2) [1]Die stillzulegenden Anlagen stehen jeweils ab dem in Absatz 1 Satz 1 genannten Kalendertag bis zu ihrer endgültigen Stilllegung ausschließlich für Anforderungen der Betreiber von Übertragungsnetzen nach Maßgabe des § 1 Absatz 6 der Elektrizitätssicherungsverordnung zur Verfügung (Sicherheitsbereitschaft). [2]Dabei dürfen die Betreiber von Übertragungsnetzen die stillzulegenden Anlagen nur entsprechend den zeitlichen Vorgaben nach Absatz 3 Satz 1 anfordern.

(3) [1]Während der Sicherheitsbereitschaft müssen die Betreiber der stillzulegenden Anlagen jederzeit sicherstellen, dass die stillzulegenden Anlagen die folgenden Voraussetzungen erfüllen:

1. die stillzulegenden Anlagen müssen bei einer Vorwarnung durch den zuständigen Betreiber eines Übertragungsnetzes innerhalb von 240 Stunden betriebsbereit sein und
2. die stillzulegenden Anlagen müssen nach Herstellung ihrer Betriebsbereitschaft ab Anforderung durch den zuständigen Betreiber eines Übertragungsnetzes innerhalb von 11 Stunden auf Mindestteilleistung und innerhalb von weiteren 13 Stunden auf Nettonennleistung angefahren werden können.

[2]Die Betreiber der stillzulegenden Anlagen müssen dem zuständigen Betreiber eines Übertragungsnetzes vor Beginn der Sicherheitsbereitschaft nachweisen, dass ihre stillzulegenden Anlagen die Voraussetzungen nach Satz 1 Nummer 2 erfüllen.

(4) [1]Während der Sicherheitsbereitschaft darf in den stillzulegenden Anlagen Strom nur im Fall eines Einsatzes nach Absatz 2 Satz 1 oder im Fall eines mit dem zuständigen Betreiber eines Übertragungsnetzes abgestimmten Probestarts

[1)] § 13g eingef. mWv 30.7.2016 durch G v. 26.7.2016 (BGBl. I S. 1786); Abs. 7 Satz 9 geänd. mWv 1.1.2017 durch G v. 22.12.2016 (BGBl. I S. 3106); Abs. 7 Satz 10 geänd. mWv 21.12.2018 durch G v. 17.12.2018 (BGBl. I S. 2549); Abs. 8 Satz 1 geänd. mWv 27.6.2020 durch VO v. 19.6. 2020 (BGBl. I S. 1328); Abs. 9 angef. mWv 14.8.2020 durch G v. 8.8.2020 (BGBl. I S. 1818).

erzeugt werden. [2]Die Betreiber von Übertragungsnetzen müssen die aus den stillzulegenden Anlagen eingespeisten Strommengen in ihren Bilanzkreisen führen, dürfen die Strommengen aber nicht auf den Strommärkten veräußern. [3]Die Betreiber von Übertragungsnetzen informieren die Marktteilnehmer unverzüglich und auf geeignete Art und Weise über die Vorwarnung und die Anforderung zur Einspeisung einer stillzulegenden Anlage.

(5) [1]Die Betreiber der stillzulegenden Anlagen erhalten für die Sicherheitsbereitschaft und die Stilllegung einer Anlage eine Vergütung nach Maßgabe des Absatzes 7 Satz 1 bis 4 in Höhe der Erlöse, die sie mit der stillzulegenden Anlage in den Strommärkten während der Sicherheitsbereitschaft erzielt hätten, abzüglich der kurzfristig variablen Erzeugungskosten. [2]Die Höhe der Vergütung für jede stillzulegende Anlage ergibt sich aus der Formel in der Anlage zu diesem Gesetz. [3]Wenn eine stillzulegende Anlage bei einer Vorwarnung durch den Betreiber eines Übertragungsnetzes nicht innerhalb von 288 Stunden ab der Vorwarnung nach Absatz 3 Satz 1 Nummer 1 betriebsbereit ist oder nicht innerhalb der Anfahrzeiten nach Absatz 3 Satz 1 Nummer 2 die angeforderte Leistung im Bereich der üblichen Schwankungen einspeist, verringert sich die Vergütung für die stillzulegende Anlage

1. auf null ab dem 13. Tag, wenn und solange die Voraussetzungen aus arbeitsschutz- oder immissionsschutzrechtlichen Gründen nicht erfüllt werden, oder
2. um jeweils 10 Prozent in einem Jahr der Sicherheitsbereitschaft, wenn die Voraussetzungen aus anderen Gründen nicht erfüllt werden.

[4]Wenn eine stillzulegende Anlage die Voraussetzungen der Sicherheitsbereitschaft vorübergehend nicht erfüllen kann, verringert sich die Vergütung ebenfalls ab dem 13. Tag solange auf null, bis die Voraussetzungen wieder erfüllt werden können. [5]Dies gilt nicht für mit dem Betreiber eines Übertragungsnetzes abgestimmte Wartungs- und Instandsetzungsarbeiten. [6]Unbeschadet der Sätze 1 bis 5 werden den Betreibern der stillzulegenden Anlagen nach Maßgabe des Absatzes 7 Satz 5 die im Fall einer Vorwarnung oder der Anforderung zur Einspeisung durch den Betreiber eines Übertragungsnetzes oder im Fall eines Probestarts entstehenden Erzeugungsauslagen erstattet.

(6) [1]Eine stillzulegende Anlage kann abweichend von Absatz 1 Satz 2 mit Ablauf des ersten Jahres der Sicherheitsbereitschaft endgültig stillgelegt werden, wenn der Betreiber das dem zuständigen Betreiber eines Übertragungsnetzes spätestens ein halbes Jahr vorher anzeigt. [2]Der Betreiber der vorzeitig endgültig stillgelegten Anlage erhält nach der vorzeitigen endgültigen Stilllegung nur noch eine einmalige Abschlussvergütung nach Maßgabe des Absatzes 7 Satz 1, 2 und 6. [3]Diese Abschlussvergütung wird pauschal festgesetzt und entspricht der Vergütung, die dem Betreiber für die stillzulegende Anlage im ersten Jahr der Sicherheitsbereitschaft erstattet wurde. [4]Unbeschadet des Satzes 1 kann eine stillzulegende Anlage auf Antrag des Betreibers und nach Genehmigung durch die Bundesnetzagentur jederzeit endgültig stillgelegt werden, wenn sie die Voraussetzungen der Sicherheitsbereitschaft dauerhaft nicht oder nur unter unverhältnismäßigem Aufwand erfüllen kann; in diesem Fall entfällt mit Wirkung ab der endgültigen Stilllegung der Vergütungsanspruch nach Absatz 5 für diese stillzulegende Anlage; die Sätze 2 und 3 finden in diesem Fall keine Anwendung.

(7) [1]Die Höhe der Vergütung nach Absatz 5 oder 6 wird durch die Bundesnetzagentur festgesetzt. [2]Der Betreiber einer stillzulegenden Anlage hat gegen den zuständigen Betreiber eines Übertragungsnetzes einen Vergütungsanspruch in der von der Bundesnetzagentur festgesetzten Höhe. [3]Die Vergütung nach Absatz 5 Satz 1 und 2 wird jährlich im Voraus gezahlt, zahlbar monatlich in zwölf gleichen Abschlägen. [4]Die endgültige Abrechnung eines Bereitschaftsjahres erfolgt – soweit erforderlich – spätestens zum 1. Januar des folgenden Kalenderjahres. [5]Die Erzeugungsauslagen nach Absatz 5 Satz 6 werden von den Betreibern der Übertragungsnetze nach Ablauf eines Bereitschaftsjahres spätestens zum 1. Januar des folgenden Kalenderjahres gesondert erstattet. [6]Die Vergütung nach Absatz 6 wird nach Ablauf des ersten Bereitschaftsjahres spätestens zum 1. Januar des folgenden Kalenderjahres abgerechnet. [7]Die Betreiber von Übertragungsnetzen rechnen Bilanzkreisunterspeisungen und Bilanzkreisüberspeisungen für die Fahrplanviertelstunden, in denen eine Anforderung zur Einspeisung erfolgt ist, im Rahmen der Ausgleichsenergieabrechnung nach § 8 Absatz 2 der Stromnetzzugangsverordnung ab. [8]Die Betreiber von Übertragungsnetzen dürfen die ihnen nach den Absätzen 5 und 6 entstehenden Kosten nach Abzug der entstehenden Erlöse über die Netzentgelte geltend machen. [9]Die Kosten mit Ausnahme der Erzeugungsauslagen nach Absatz 5 Satz 6 gelten als dauerhaft nicht beeinflussbare Kostenanteile nach § 11 Absatz 2 Satz 1 der Anreizregulierungsverordnung. [10]Im Übrigen ist § 13e Absatz 3 Satz 5 und 6 entsprechend anzuwenden.

(8) [1]Das Bundesministerium für Wirtschaft und Energie überprüft im Einvernehmen mit dem Bundesministerium für Umwelt, Naturschutz und nukleare Sicherheit bis zum 30. Juni 2018, in welchem Umfang Kohlendioxidemissionen durch die Stilllegung der stillzulegenden Anlagen zusätzlich eingespart werden. [2]Sofern bei der Überprüfung zum 30. Juni 2018 absehbar ist, dass durch die Stilllegung der stillzulegenden Anlagen nicht 12,5 Millionen Tonnen Kohlendioxidemissionen ab dem Jahr 2020 zusätzlich eingespart werden, legt jeder Betreiber von stillzulegenden Anlagen bis zum 31. Dezember 2018 in Abstimmung mit dem Bundesministerium für Wirtschaft und Energie einen Vorschlag vor, mit welchen geeigneten zusätzlichen Maßnahmen er beginnend ab dem Jahr 2019 jährlich zusätzliche Kohlendioxidemissionen einsparen wird. [3]Die zusätzlichen Maßnahmen aller Betreiber von stillzulegenden Anlagen müssen insgesamt dazu führen, dass dadurch zusammen mit der Stilllegung der stillzulegenden Anlagen 12,5 Millionen Tonnen Kohlendioxid im Jahr 2020 zusätzlich eingespart werden, wobei die Betreiber gemeinsam zusätzlich zu den Einsparungen durch die Stilllegung der stillzulegenden Anlagen nicht mehr als insgesamt 1,5 Millionen Tonnen Kohlendioxid einsparen müssen. [4]Sofern keine Einigung zu den zusätzlichen Maßnahmen erreicht wird, kann die Bundesregierung nach Anhörung der Betreiber durch Rechtsverordnung nach § 13i Absatz 5 weitere Maßnahmen zur Kohlendioxideinsparung in der Braunkohlewirtschaft erlassen.

(9) [1]Die Absätze 3, 4, 6 und 7 sind auf Erzeugungsanlagen, die auf Grundlage eines öffentlich-rechtlichen Vertrages auf der Basis von § 49 des Kohleverstromungsbeendigungsgesetzes in eine Sicherheitsbereitschaft überführt werden, entsprechend anzuwenden. [2]Absatz 2 ist auf diese Erzeugungsanlagen mit der Maßgabe anzuwenden, dass sich der Kalendertag für die vorläufige und endgültige Stilllegung aus der Anlage 2 des Kohleverstromungsbeendigungsgesetzes ergibt. [3]Absatz 5 ist auf diese Erzeugungsanlagen mit der Maßgabe

anzuwenden, dass die Höhe der Vergütung abweichend von Absatz 5 Satz 2 entsprechend der Formel in Anlage 2 bestimmt wird. [4] Ergibt die Überprüfung im Jahr 2026 gemäß § 47 Absatz 2 und den §§ 54 und 56 des Kohleverstromungsbeendigungsgesetzes, dass eine Überführung von Braunkohleanlagen in eine Sicherheitsbereitschaft für die Zeit nach dem 31. Dezember 2028 nicht erforderlich ist, dann werden Braunkohleanlagen, die sich noch über diesen Zeitpunkt hinaus in der Sicherheitsbereitschaft befinden, bis zum 31. Dezember 2029 endgültig stillgelegt.

§ 13h[1] Verordnungsermächtigung zur Kapazitätsreserve. (1) Zur näheren Bestimmung der Kapazitätsreserve nach § 13e wird das Bundesministerium für Wirtschaft und Energie ermächtigt, durch Rechtsverordnung, die nicht der Zustimmung des Bundesrates bedarf, insbesondere Regelungen vorzusehen

1. zur Konkretisierung der Anlagen, aus denen Reserveleistung für die Kapazitätsreserve gebunden werden kann,
2. zu der Menge an Reserveleistung, die in der Kapazitätsreserve gebunden wird, und zu den Zeitpunkten der Leistungserbringung, abweichend von § 13e Absatz 2 Satz 3 und bis zur Grenze nach § 13e Absatz 5 Satz 4,
3. zur Anpassung des Umfangs der Kapazitätsreserve in Ergänzung zu den Anforderungen in § 13e Absatz 5,
4. zum Verhältnis der Kapazitätsreserve zu netz- und marktbezogenen Maßnahmen nach § 13 sowie zu den Anlagen der Netzreserve im Sinne des § 13d Absatz 1,
5. zu der Aktivierung und dem Abruf (Einsatz) der Anlagen, insbesondere um zu gewährleisten, dass die Anlagen der Kapazitätsreserve elektrische Energie ausschließlich auf Anforderung der Betreiber von Übertragungsnetzen einspeisen und die Betreiber der Anlagen die Reserveleistung nicht an den Strommärkten veräußern,
6. zu Art, Zeitpunkt, Zeitraum sowie Häufigkeit, Form und Inhalt des Beschaffungsverfahrens, insbesondere
   a) zu der jeweils zu beschaffenden Reserveleistung,
   b) zur zeitlichen Staffelung der zu beschaffenden Reserveleistung in Teilmengen,
   c) zu den Vorlaufzeiten und zu den Zeitpunkten der tatsächlichen Bereitstellung der Reserveleistung, die nach bestehenden oder neu zu errichtenden Kapazitätsreserveanlagen differenziert werden können,
   d) zur Preisbildung für die Bereitstellung und die Verfügbarkeit der Reserveleistung, einschließlich der Festlegung von Mindest- und Höchstpreisen,
   e) zum Ablauf des Beschaffungsverfahrens,
   f) zur Nachbeschaffung von Reserveleistung, insbesondere wenn die insgesamt zu beschaffende Reserveleistung voraussichtlich nicht erreicht wird, ein Vertrag während der Verpflichtung zur Vorhaltung der Reser-

---

[1] § 13h eingef. mWv 30.7.2016 durch G v. 26.7.2016 (BGBl. I S. 1786); Abs. 1 Nr. 21 geänd. mWv 1.1.2017 durch G v. 22.12.2016 (BGBl. I S. 3106); Abs. 1 Nr. 7 Buchst. e und Nr. 10 geänd., Nr. 11 neu gef., Nr. 12 aufgeh., bish. Nr. 13–15 werden Nr. 12–14, bish. Nr. 16 wird Nr. 15 und geänd., bish. Nr. 17 wird Nr. 16, bish. Nr. 18 wird Nr. 17 und Buchst. b einl. Satzteil geänd., bish. Nr. 19–24 werden Nr. 18–23, Abs. 2 geänd. mWv 21.12.2018 durch G v. 17.12.2018 (BGBl. I S. 2549); Abs. 1 Nr. 21 geänd. mWv 26.11.2019 durch G v. 20.11.2019 (BGBl. I S. 1626).

veleistung beendet wird oder die Funktionsprüfung trotz Nachbesserungsmöglichkeit nicht erfolgreich ist,

7. zu den Anforderungen für die Teilnahme an dem Beschaffungsverfahren und für die Anlagen, insbesondere
   a) Mindestanforderungen an die Eignung der Teilnehmer,
   b) Anforderungen an die Lage, Größe und die Eignung der Anlagen oder Teilkapazitäten der Anlage, um die Sicherheit und Zuverlässigkeit des Elektrizitätsversorgungssystems im Fall von Leistungsbilanzdefiziten zu gewährleisten,
   c) Anforderungen zur Netz- oder Systemintegration der Anlagen der Kapazitätsreserve,
   d) Anforderungen an das Vorliegen von Genehmigungen bei Anlagen,
   e) Anforderungen an die Anlagen zur Einhaltung des Rückkehrverbotes sowie zu Art, Form, Inhalt und Höhe von Sicherheiten, die von allen Teilnehmern des Beschaffungsverfahrens oder im Fall der Zuschlagserteilung zu leisten sind, um eine Inbetriebnahme sowie die Vorhaltung und den Einsatz der Anlage der Kapazitätsreserve sicherzustellen und zu gewährleisten, dass die Anlagen der Kapazitätsreserve bis zu ihrer endgültigen Stilllegung auch im Fall einer Veräußerung der Anlage nur außer-

(Fortsetzung nächstes Blatt)

1. nach Artikel 7 Absatz 1 der Verordnung (EU) 2016/631 der Kommission vom 14. April 2016 zur Festlegung eines Netzkodex mit Netzanschlussbestimmungen für Stromerzeuger (ABl. L 112 vom 27.4.2016, S. 1),
2. nach Artikel 6 Absatz 1 der Verordnung (EU) 2016/1388 der Kommission vom 17. August 2016 zur Festlegung eines Netzkodex für den Lastanschluss (ABl. L 223 vom 18.8.2016, S. 10) und
3. nach Artikel 5 Absatz 1 der Verordnung (EU) 2016/1447 der Kommission vom 26. August 2016 zur Festlegung eines Netzkodex mit Netzanschlussbestimmungen für Hochspannungs-Gleichstrom-Übertragungssysteme und nichtsynchrone Stromerzeugungsanlagen mit Gleichstromanbindung (ABl. L 241 vom 8.9.2016, S. 1).

(5) [1]Die Mindestanforderungen nach den Absätzen 1, 2 und 4 sind der Regulierungsbehörde und dem Bundesministerium für Wirtschaft und Energie vor deren Verabschiedung mitzuteilen. [2]Das Bundesministerium für Wirtschaft und Energie unterrichtet die Europäische Kommission nach Artikel 4 und Artikel 5 der Richtlinie (EU) 2015/1535 des Europäischen Parlaments und des Rates vom 9. September 2015 über ein Informationsverfahren auf dem Gebiet der technischen Vorschriften und der Vorschriften für die Dienste der Informationsgesellschaft (ABl. L 241 vom 17.9.2015, S. 1). [3]Die Verabschiedung der Mindestanforderungen darf nicht vor Ablauf der jeweils maßgeblichen Fristen nach Artikel 6 dieser Richtlinie erfolgen.

§ 19a[1)] Umstellung der Gasqualität; Verordnungsermächtigung.

(1) [1]Stellt der Betreiber eines Gasversorgungsnetzes die in seinem Netz einzuhaltende Gasqualität auf Grund eines von einem oder mehreren Fernleitungsnetzbetreibern veranlassten und netztechnisch erforderlichen Umstellungsprozesses dauerhaft von L-Gas auf H-Gas um, hat er die notwendigen technischen Anpassungen der Netzanschlüsse, Kundenanlagen und Verbrauchsgeräte auf eigene Kosten vorzunehmen. [2]Diese Kosten werden bis einschließlich 31. Dezember 2016 auf alle Gasversorgungsnetze innerhalb des Marktgebiets umgelegt, in dem das Gasversorgungsnetz liegt. [3]Ab dem 1. Januar 2017 sind diese Kosten bundesweit auf alle Gasversorgungsnetze unabhängig vom Marktgebiet umzulegen. [4]Die näheren Modalitäten der Berechnung sind der Kooperationsvereinbarung nach § 20 Absatz 1b und § 8 Absatz 6 der Gasnetzzugangsverordnung vorbehalten. [5]Betreiber von Gasversorgungsnetzen haben den jeweiligen technischen Umstellungstermin zwei Jahre vorher auf ihrer Internetseite zu veröffentlichen und die betroffenen Anschlussnehmer entsprechend schriftlich zu informieren; hierbei ist jeweils auch auf den Kostenerstattungsanspruch nach Absatz 3 hinzuweisen.

(2) [1]Der Netzbetreiber teilt der zuständigen Regulierungsbehörde jährlich bis zum 31. August mit, welche notwendigen Kosten ihm im vorherigen Kalenderjahr durch die Umstellung entstanden sind und welche notwendigen Kosten ihm im folgenden Kalenderjahr planmäßig entstehen werden. [2]Die Regulierungsbehörde kann Entscheidungen durch Festlegung nach § 29 Absatz 1 darüber treffen, in welchem Umfang technische Anpassungen der Netz-

[1)] § 19a eingef. mWv 4.8.2011 durch G v. 26.7.2011 (BGBl. I S. 1554); Satz 1 geänd. mWv 28.12. 2012 durch G v. 20.12.2012 (BGBl. I S. 2730); Überschrift, Abs. 1 Sätze 1 und 2 geänd., Sätze 3–5 und Abs. 2–4 angef. mWv 1.1.2017 durch G v. 14.12.2016 (BGBl. I S. 2874); Abs. 3 Satz 8 neu gef. mWv 1.11.2020 durch G v. 8.8.2020 (BGBl. I S. 1728).

anschlüsse, Kundenanlagen und Verbrauchsgeräte notwendig im Sinne des Absatzes 1 Satz 1 sind. [3]Daneben ist die Regulierungsbehörde befugt, gegenüber einem Netzbetreiber festzustellen, dass bestimmte Kosten nicht notwendig waren. [4]Der Netzbetreiber hat den erforderlichen Nachweis über die Notwendigkeit zu führen. [5]Kosten, deren fehlende Notwendigkeit die Regulierungsbehörde festgestellt hat, dürfen nicht umgelegt werden.

(3) [1]Installiert der Eigentümer einer Kundenanlage oder eines Verbrauchsgeräts mit ordnungsgemäßem Verwendungsnachweis auf Grund des Umstellungsprozesses nach Absatz 1 ein Neugerät, welches im Rahmen der Umstellung nicht mehr angepasst werden muss, so hat der Eigentümer gegenüber dem Netzbetreiber, an dessen Netz die Kundenanlage oder das Verbrauchsgerät angeschlossen ist, einen Kostenerstattungsanspruch. [2]Dieser Erstattungsanspruch entsteht nur dann, wenn die Installation nach dem Zeitpunkt der Veröffentlichung gemäß Absatz 1 Satz 5 und vor der Anpassung des Verbrauchsgeräts auf die neue Gasqualität im jeweiligen Netzgebiet erfolgt. [3]Der Erstattungsanspruch beträgt 100 Euro für jedes Neugerät. [4]Der Eigentümer hat gegenüber dem Netzbetreiber die ordnungsgemäße Verwendung des Altgeräts und die Anschaffung des Neugeräts nachzuweisen. [5]Absatz 1 Satz 3 und Absatz 2 sind entsprechend anzuwenden. [6]Das Bundesministerium für Wirtschaft und Energie wird ermächtigt, im Einvernehmen mit dem Bundesministerium der Justiz und für Verbraucherschutz durch Rechtsverordnung das Nähere zu darüber hinausgehenden Kostenerstattungsansprüchen für technisch nicht anpassbare Kundenanlagen oder Verbrauchsgeräte zu regeln. [7]Das Bundesministerium für Wirtschaft und Energie kann die Ermächtigung nach Satz 6 durch Rechtsverordnung unter Sicherstellung der Einvernehmensregelung auf die Bundesnetzagentur übertragen. [8]Die Pflichten nach den §§ 72 und 73 des Gebäudeenergiegesetzes vom 8. August 2020 (BGBl. I S. 1728) bleiben unberührt.

(4) [1]Anschlussnehmer oder -nutzer haben dem Beauftragten oder Mitarbeiter des Netzbetreibers den Zutritt zu ihrem Grundstück und zu ihren Räumen zu gestatten, soweit dies für die nach Absatz 1 durchzuführenden Handlungen erforderlich ist. [2]Die Anschlussnehmer und -nutzer sind vom Netzbetreiber vorab zu benachrichtigen. [3]Die Benachrichtigung kann durch schriftliche Mitteilung an die jeweiligen Anschlussnehmer oder -nutzer oder durch Aushang am oder im jeweiligen Haus erfolgen. [4]Sie muss mindestens drei Wochen vor dem Betretungstermin erfolgen; mindestens ein kostenfreier Ersatztermin ist anzubieten. [5]Der Beauftragte oder Mitarbeiter des Netzbetreibers muss sich entsprechend ausweisen. [6]Die Anschlussnehmer und -nutzer haben dafür Sorge zu tragen, dass die Netzanschlüsse, Kundenanlagen und Verbrauchsgeräte während der durchzuführenden Handlungen zugänglich sind. [7]Soweit und solange Netzanschlüsse, Kundenanlagen oder Verbrauchsgeräte zum Zeitpunkt der Umstellung aus Gründen, die der Anschlussnehmer oder -nutzer zu vertreten hat, nicht angepasst werden können, ist der Betreiber des Gasversorgungsnetzes berechtigt, den Netzanschluss und die Anschlussnutzung zu verweigern. [8]Hinsichtlich der Aufhebung der Unterbrechung des Anschlusses und der Anschlussnutzung ist § 24 Absatz 5 der Niederdruckanschlussverordnung[1)] entsprechend anzuwenden.

[1)] **Sartorius ErgBd. Nr. 830c.**

7. Regelungen für die Durchführung eines Vergleichsverfahrens nach § 21 Abs. 3 einschließlich der Erhebung der hierfür erforderlichen Daten getroffen werden.

[3] Im Falle des Satzes 2 Nr. 1 und 2 ist das Interesse an der Ermöglichung eines effizienten und diskriminierungsfreien Netzzugangs im Rahmen eines möglichst transaktionsunabhängigen Modells unter Beachtung der jeweiligen Besonderheiten der Elektrizitäts- und Gaswirtschaft besonders zu berücksichtigen; die Zusammenarbeit soll dem Ziel des § 1 Abs. 2 dienen. [4] Regelungen nach Satz 2 Nr. 3 können auch weitere Anforderungen an die Zusammenarbeit der Betreiber von Übertragungsnetzen bei der Beschaffung von Regelenergie und zur Verringerung des Aufwandes für Regelenergie sowie in Abweichung von § 22 Absatz 2 Satz 1 Bedingungen und Methoden für andere effiziente, transparente, diskriminierungsfreie und marktorientierte Verfahren zur Beschaffung von Regelenergie vorsehen. [5] Regelungen nach Satz 2 Nr. 4 können nach Maßgabe des § 120 vorsehen, dass Entgelte nicht nur auf der Grundlage von Ausspeisungen, sondern ergänzend auch auf der Grundlage von Einspeisungen von Energie berechnet und in Rechnung gestellt werden, wobei bei Einspeisungen von Elektrizität aus dezentralen Erzeugungsanlagen auch eine Erstattung eingesparter Entgelte für den Netzzugang in den vorgelagerten Netzebenen vorgesehen werden kann.

§ 24a[1)] Schrittweise Angleichung der Übertragungsnetzentgelte, Bundeszuschüsse. (1) Eine Rechtsverordnung nach § 24 Satz 2 Nummer 4 Buchstabe b zur schrittweisen bundesweit einheitlichen Festlegung der Netzentgelte der Übertragungsnetzbetreiber kann insbesondere

1. vorsehen, dass für einen schrittweise steigenden Anteil der Übertragungsnetzkosten ein bundeseinheitlicher Netzentgeltanteil bestimmt wird oder ein schrittweise größer werdender prozentualer Aufschlag oder Abschlag auf die Netzentgelte der Übertragungsnetzbetreiber erfolgt, bis ein bundeseinheitliches Übertragungsnetzentgelt erreicht ist,
2. Entlastungsregelungen für die stromkostenintensive Industrie vorsehen, sofern die Voraussetzung des § 118 Absatz 24 nicht eingetreten ist.

(2) [1] Mit Wirkung ab dem Jahr 2023 soll ein angemessener Zuschuss, den der Bund für ein Kalenderjahr zu den Kosten der Übertragungsnetzbetreiber mit Regelverantwortung zahlt, für das jeweilige Kalenderjahr mindernd in die Ermittlung der bundeseinheitlichen Übertragungsnetzentgelte einbezogen werden, die auf Grundlage der Rechtsverordnung nach § 24 Satz 2 Nummer 4 Buchstabe b erfolgt; die Rechtsverordnung soll bis zum 31. Dezember 2022 entsprechend ergänzt werden. [2] In der Rechtsverordnung nach § 24 Satz 2 Nummer 4 Buchstabe b sollen nähere Bestimmungen getroffen werden, wie der Zuschuss bei der Ermittlung des bundeseinheitlichen Übertragungsnetzentgelts, das auf Grundlage der Erlösobergrenzen der Übertragungsnetzbetreiber mit Regelzonenverantwortung ermittelt wird, mindernd zu berücksichtigen ist. [3] Dabei soll insbesondere auch geregelt werden, ob der Zuschuss des Bundes

1) § 24a eingef. mWv 22.7.2017 durch G v. 17.7.2017 (BGBl. I S. 2503); Überschrift neu gef., Abs. 2 angef. mWv 1.1.2021 durch G v. 8.8.2020 (BGBl. I S. 1818).

1. rechnerisch von dem Gesamtbetrag der in die Ermittlung der bundeseinheitlichen Übertragungsnetzentgelte einfließenden Erlösobergrenzen oder darin enthaltener Kostenpositionen abgezogen wird oder
2. vorrangig zur Deckung in der Rechtsverordnung näher bestimmter, tatsächlicher Kostenpositionen der Übertragungsnetzbetreiber anzusetzen ist.

§ 25[1)] Ausnahmen vom Zugang zu den Gasversorgungsnetzen im Zusammenhang mit unbedingten Zahlungsverpflichtungen. [1]Die Gewährung des Zugangs zu den Gasversorgungsnetzen ist im Sinne des § 20 Abs. 2 insbesondere dann nicht zumutbar, wenn einem Gasversorgungsunternehmen wegen seiner im Rahmen von Gaslieferverträgen eingegangenen unbedingten Zahlungsverpflichtungen ernsthafte wirtschaftliche und finanzielle Schwierigkeiten entstehen würden. [2]Auf Antrag des betroffenen Gasversorgungsunternehmens entscheidet die Regulierungsbehörde, ob die vom Antragsteller nachzuweisenden Voraussetzungen des Satzes 1 vorliegen. [3]Die Prüfung richtet sich nach Artikel 48 der Richtlinie 2009/73/EG (ABl. L 211 vom 14.8.2009, S. 94). [4]Das Bundesministerium für Wirtschaft und Energie wird ermächtigt, durch Rechtsverordnung[2)], die nicht der Zustimmung des Bundesrates bedarf, die bei der Prüfung nach Artikel 48 der Richtlinie 2009/73/EG anzuwendenden Verfahrensregeln festzulegen. [5]In der Rechtsverordnung nach Satz 4 kann vorgesehen werden, dass eine Entscheidung der Regulierungsbehörde, auch abweichend von den Vorschriften dieses Gesetzes, ergehen kann, soweit dies in einer Entscheidung der Kommission der Europäischen Gemeinschaften vorgesehen ist.

§ 26 Zugang zu den vorgelagerten Rohrleitungsnetzen und zu Speicheranlagen im Bereich der leitungsgebundenen Versorgung mit Erdgas. Der Zugang zu den vorgelagerten Rohrleitungsnetzen und zu Speicheranlagen erfolgt abweichend von den §§ 20 bis 24 auf vertraglicher Grundlage nach Maßgabe der §§ 27 und 28.

§ 27[3)] Zugang zu den vorgelagerten Rohrleitungsnetzen. (1) [1]Betreiber von vorgelagerten Rohrleitungsnetzen haben anderen Unternehmen das vorgelagerte Rohrleitungsnetz für Durchleitungen zu Bedingungen zur Verfügung zu stellen, die angemessen und nicht ungünstiger sind, als sie von ihnen in vergleichbaren Fällen für Leistungen innerhalb ihres Unternehmens oder gegenüber verbundenen oder assoziierten Unternehmen tatsächlich oder kalkulatorisch in Rechnung gestellt werden. [2]Dies gilt nicht, soweit der Betreiber nachweist, dass ihm die Durchleitung aus betriebsbedingten oder sonstigen Gründen unter Berücksichtigung des Zwecks des § 1 nicht möglich oder nicht zumutbar ist. [3]Die Ablehnung ist in Textform zu begründen. [4]Die Verweigerung des Netzzugangs nach Satz 2 ist nur zulässig, wenn einer der in Artikel 20 Abs. 2 Satz 3 Buchstabe a bis d der Richtlinie 2003/55/EG genannten Gründe vorliegt. [5]Das Bundesministerium für Wirtschaft und Energie wird ermächtigt,

---

[1)] § 25 Satz 4 geänd. mWv 17.12.2006 durch G v. 9.12.2006 (BGBl. I S. 2833); Sätze 3 und 4 geänd. mWv 4.8.2011 durch G v. 26.7.2011 (BGBl. I S. 1554); Satz 4 geänd. mWv 8.9.2015 durch VO v. 31.8.2015 (BGBl. I S. 1474).

[2)] Siehe die Anmerkung am Titel.

[3)] § 27 Satz 5 geänd. mWv 17.12.2006 durch G v. 9.12.2006 (BGBl. I S. 2833); Satz 5 geänd. mWv 8.9.2015 durch VO v. 31.8.2015 (BGBl. I S. 1474); Sätze 2 und 5 geänd. mWv 30.7.2016 durch G v. 26.7.2016 (BGBl. I S. 1786); Abs. 2 angef. mWv 12.12.2019 durch G v. 5.12.2019 (BGBl. I S. 2002).

durch Rechtsverordnung mit Zustimmung des Bundesrates die Bedingungen des Zugangs zu den vorgelagerten Rohrleitungsnetzen und die Methoden zur Berechnung der Entgelte für den Zugang zu den vorgelagerten Rohrleitungsnetzen unter Berücksichtigung des Zwecks des § 1 festzulegen.

(2) Bei grenzüberschreitenden Streitigkeiten über den Zugang zu vorgelagerten Rohrleitungsnetzen konsultiert die Regulierungsbehörde betroffene Mitgliedstaaten und Drittstaaten nach Maßgabe des Verfahrens nach Artikel 34 Absatz 4 der Richtlinie 2009/73/EG in der Fassung der Richtlinie (EU) 2019/692 des Europäischen Parlaments und des Rates vom 17. April 2019 zur Änderung der Richtlinie 2009/73/EG des Europäischen Parlaments und des Rates vom 13. Juli 2009 über gemeinsame Vorschriften für den Erdgasbinnenmarkt und zur Aufhebung der Richtlinie 2003/55/EG (ABl. L 211 vom 14.8. 2009, S. 94), die zuletzt durch die Richtlinie (EU) 2019/692 (ABl. L 117 vom 3.5.2019, S. 1) geändert worden ist.

§ 28[1)] Zugang zu Speicheranlagen. (1) [1]Betreiber von Speicheranlagen haben anderen Unternehmen den Zugang zu ihren Speicheranlagen und Hilfsdiensten zu angemessenen und diskriminierungsfreien technischen und wirtschaftlichen Bedingungen zu gewähren, sofern der Zugang für einen effizienten Netzzugang im Hinblick auf die Belieferung der Kunden technisch oder wirtschaftlich erforderlich ist. [2]Der Zugang zu einer Speicheranlage gilt als technisch oder wirtschaftlich erforderlich für einen effizienten Netzzugang im Hinblick auf die Belieferung von Kunden, wenn es sich bei der Speicheranlage um einen Untergrundspeicher, mit Ausnahme von unterirdischen Röhrenspeichern, handelt. [3]Der Zugang ist im Wege des verhandelten Zugangs zu gewähren.

(2) [1]Betreiber von Speicheranlagen können den Zugang nach Absatz 1 verweigern, soweit sie nachweisen, dass ihnen der Zugang aus betriebsbedingten oder sonstigen Gründen unter Berücksichtigung des Zwecks des § 1 nicht möglich oder nicht zumutbar ist. [2]Die Ablehnung ist in Textform zu begründen.

(3) [1]Betreiber von Speicheranlagen sind verpflichtet, den Standort der Speicheranlage, Informationen über verfügbare Kapazitäten, darüber, zu welchen Speicheranlagen verhandelter Zugang zu gewähren ist, sowie ihre wesentlichen Geschäftsbedingungen für den Speicherzugang im Internet zu veröffentlichen. [2]Dies betrifft insbesondere die verfahrensmäßige Behandlung von Speicherzugangsanfragen, die Beschaffenheit des zu speichernden Gases, die nominale Arbeitsgaskapazität, die Ein- und Ausspeicherungsperiode, soweit für ein Angebot der Betreiber von Speicheranlagen erforderlich, sowie die technisch minimal erforderlichen Volumen für die Ein- und Ausspeicherung. [3]Die Betreiber von Speicheranlagen konsultieren bei der Ausarbeitung der wesentlichen Geschäftsbedingungen die Speichernutzer.

(4) Das Bundesministerium für Wirtschaft und Energie wird ermächtigt, durch Rechtsverordnung mit Zustimmung des Bundesrates die technischen und wirtschaftlichen Bedingungen sowie die inhaltliche Gestaltung der Verträge über den Zugang zu den Speicheranlagen zu regeln.

[1)] § 28 Abs. 4 geänd. mWv 17.12.2006 durch G v. 9.12.2006 (BGBl. I S. 2833); Abs. 1 Sätze 2, 3 angef., Abs. 3 Satz 1 geänd., Satz 3 angef. mWv 4.8.2011 durch G v. 26.7.2011 (BGBl. I S. 1554); Abs. 4 geänd. mWv 8.9.2015 durch VO v. 31.8.2015 (BGBl. I S. 1474); Abs. 2 Satz 1 geänd. mWv 30.7.2016 durch G v. 26.7.2016 (BGBl. I S. 1786).

§ 28a[1] Neue Infrastrukturen. (1) Verbindungsleitungen zwischen Deutschland und anderen Staaten oder LNG- und Speicheranlagen können von der Anwendung der §§ 8 bis 10e sowie §§ 20 bis 28 befristet ausgenommen werden, wenn

1. durch die Investition der Wettbewerb bei der Gasversorgung und die Versorgungssicherheit verbessert werden,
2. es sich um größere neue Infrastrukturanlagen im Sinne des Artikel 36 Absatz 1 der Richtlinie 2009/73/EG handelt, bei denen insbesondere das mit der Investition verbundene Risiko so hoch ist, dass die Investition ohne eine Ausnahmegenehmigung nicht getätigt würde,
3. die Infrastruktur Eigentum einer natürlichen oder juristischen Person ist, die entsprechend der §§ 8 bis 10e von den Netzbetreibern getrennt ist, in deren Netzen die Infrastruktur geschaffen wird,
4. von den Nutzern dieser Infrastruktur Entgelte erhoben werden und
5. die Ausnahme sich nicht nachteilig auf den Wettbewerb auf den jeweiligen Märkten, die wahrscheinlich von der Investition betroffen sein werden, auf das effiziente Funktionieren des Erdgasbinnenmarktes, auf das effiziente Funktionieren der betroffenen regulierten Netze oder auf die Erdgasversorgungssicherheit der Europäischen Union auswirkt.

(2) Absatz 1 gilt auch für Kapazitätsaufstockungen bei vorhandenen Infrastrukturen, die insbesondere hinsichtlich ihres Investitionsvolumens und des zusätzlichen Kapazitätsvolumens bei objektiver Betrachtung wesentlich sind, und für Änderungen dieser Infrastrukturen, die die Erschließung neuer Gasversorgungsquellen ermöglichen.

(3) [1] Auf Antrag des betroffenen Gasversorgungsunternehmens entscheidet die Regulierungsbehörde, ob die vom Antragsteller nachzuweisenden Voraussetzungen nach Absatz 1 oder 2 vorliegen. [2] Die Prüfung und das Verfahren richten sich nach Artikel 36 Absatz 3 bis 9 der Richtlinie 2009/73/EG. [3] Die Regulierungsbehörde hat eine Entscheidung über einen Antrag nach Satz 1 nach Maßgabe einer endgültigen Entscheidung der Kommission nach Artikel 36 Absatz 9 der Richtlinie 2009/73/EG zu ändern oder aufzuheben; die §§ 48 und 49 des Verwaltungsverfahrensgesetzes[2] bleiben unberührt.

(4) Die Entscheidungen werden von der Regulierungsbehörde auf ihrer Internetseite veröffentlicht.

§ 28b[3] Bestandsleitungen zwischen Deutschland und einem Drittstaat. (1) [1] Gasverbindungsleitungen mit einem Drittstaat im Sinne des Artikels 49a der Richtlinie 2009/73/EG, die vor dem 23. Mai 2019 fertiggestellt wurden, werden von der Regulierungsbehörde auf Antrag des Betreibers dieser Gasverbindungsleitung in Bezug auf die im Hoheitsgebiet Deutschlands befindlichen Leitungsabschnitte von der Anwendung der §§ 8 bis 10e sowie der §§ 20 bis 28 befristet freigestellt, wenn

1. der erste Kopplungspunkt der Leitung mit dem Netz eines Mitgliedstaates in Deutschland liegt,

---

[1] § 28a Abs. 1 einl. Satzteil und Nr. 2, 3 geänd., Abs. 3 neu gef. mWv 4.8.2011 durch G v. 26.7. 2011 (BGBl. I S. 1554); Abs. 1 Nr. 5 und Abs. 3 Satz 2 neu gef., Satz 3 aufgeh., bish. Satz 4 wird Satz 3 mWv 12.12.2019 durch G v. 5.12.2019 (BGBl. I S. 2002).

[2] Nr. **100**.

[3] § 28b eingef. mWv 12.12.2019 durch G v. 5.12.2019 (BGBl. I S. 2002).

2. objektive Gründe für eine Freistellung vorliegen, insbesondere
   a) die Ermöglichung der Amortisierung der getätigten Investitionen oder
   b) Gründe der Versorgungssicherheit, und
3. die Freistellung sich nicht nachteilig auf den Wettbewerb auf dem Erdgasbinnenmarkt in der Europäischen Union und dessen effektives Funktionieren auswirkt und die Versorgungssicherheit in der Europäischen Union nicht beeinträchtigt wird.

[2] Satz 1 ist nicht anzuwenden auf Fernleitungen mit Drittstaaten, die im Rahmen einer mit der Europäischen Union geschlossenen Vereinbarung zur Umsetzung der Richtlinie 2009/73/EG verpflichtet sind und diese Richtlinie wirksam umgesetzt haben.

(2) [1] Der Antragsteller hat dem Antrag alle zur Prüfung des Antrags erforderlichen Unterlagen beizufügen. [2] Mit dem Antrag sind zum Nachweis der Voraussetzungen nach Absatz 1 Satz 1 Nummer 2 und 3 Gutachten einzureichen, die durch fachkundige und unabhängige Sachverständige erstellt worden sein müssen. [3] Die Gutachten sollen insbesondere zu der Frage Stellung nehmen, ob Nebenbestimmungen nach Absatz 7 zur Einhaltung der Voraussetzungen nach Absatz 1 Satz 1 Nummer 2 und 3 beitragen können. [4] Die Fachkunde und Unabhängigkeit der Sachverständigen sind im Rahmen der Antragstellung gesondert nachzuweisen. [5] Der Antrag und die für die Entscheidung erforderlichen Nachweise müssen spätestens 30 Tage nach dem 12. Dezember 2019 bei der Regulierungsbehörde eingehen. [6] Verspätet eingereichte oder unvollständige Antragsunterlagen können zur Ablehnung des Antrags führen. [7] Die Antragsunterlagen sind der Regulierungsbehörde auf Anforderung auch elektronisch zur Verfügung zu stellen.

(3) Die Entscheidung über den Antrag auf Freistellung nach Absatz 1 Satz 1 ist bis zum 24. Mai 2020 zu treffen.

(4) [1] Die Dauer der Freistellung nach Absatz 1 Satz 1 bemisst sich nach den objektiven Gründen nach Absatz 1 Satz 1 Nummer 3. [2] Sie darf 20 Jahre nicht überschreiten.

(5) [1] Die Freistellung nach Absatz 1 Satz 1 kann auf Antrag über die Dauer nach Absatz 4 hinaus verlängert werden, wenn dies nach Absatz 1 Satz 1 Nummer 2 und 3 gerechtfertigt ist. [2] Absatz 2 Satz 1 bis 4, 6 und 7 ist entsprechend anzuwenden. [3] Der Antrag auf Verlängerung und die für die Entscheidung erforderlichen Nachweise müssen spätestens ein Jahr vor Ablauf der Freistellungsregelung bei der Regulierungsbehörde eingegangen sein.

(6) Das Verfahren richtet sich im Übrigen nach Artikel 49a Absatz 2 der Richtlinie 2009/73/EG.

(7) [1] Entscheidungen über Anträge auf Freistellung nach Absatz 1 Satz 1 oder auf Verlängerung der Freistellung nach Absatz 5 Satz 1 können mit Nebenbestimmungen versehen werden, die zur Einhaltung der Voraussetzungen nach Absatz 1 Satz 1 Nummer 2 und 3 erforderlich sind. [2] Die §§ 48 und 49 des Verwaltungsverfahrensgesetzes[1] bleiben unberührt.

(8) Entscheidungen über Anträge auf Freistellung nach Absatz 1 Satz 1 oder auf Verlängerung der Freistellung nach Absatz 5 Satz 1 sind von der Regulie-

[1] Nr. **100**.

rungsbehörde an die Kommission zu übermitteln und auf der Internetseite der Regulierungsbehörde zu veröffentlichen.

§ 28c[1)] Technische Vereinbarungen über den Betrieb von Gasverbindungsleitungen mit Drittstaaten. [1]Betreiber von Fernleitungsnetzen können technische Vereinbarungen über den Betrieb von Fernleitungen mit Fernleitungsnetzbetreibern in Drittstaaten abschließen, sofern diese deutschem oder europäischem Recht nicht widersprechen. [2]Bestehende und neu abgeschlossene Vereinbarungen sind der Regulierungsbehörde anzuzeigen.

Abschnitt 4. Befugnisse der Regulierungsbehörde, Sanktionen

§ 29[2)] Verfahren zur Festlegung und Genehmigung. (1) Die Regulierungsbehörde trifft Entscheidungen in den in diesem Gesetz benannten Fällen und über die Bedingungen und Methoden für den Netzanschluss oder den Netzzugang nach den in § 17 Abs. 3, § 21a Abs. 6 und § 24 genannten Rechtsverordnungen durch Festlegung gegenüber einem Netzbetreiber, einer Gruppe von oder allen Netzbetreibern oder den sonstigen in der jeweiligen Vorschrift Verpflichteten oder durch Genehmigung gegenüber dem Antragsteller.

(2) [1]Die Regulierungsbehörde ist befugt, die nach Absatz 1 von ihr festgelegten oder genehmigten Bedingungen und Methoden nachträglich zu ändern, soweit dies erforderlich ist, um sicherzustellen, dass sie weiterhin den Voraussetzungen für eine Festlegung oder Genehmigung genügen. [2]Die §§ 48 und 49 des Verwaltungsverfahrensgesetzes[3)] bleiben unberührt.

(3) [1]Die Bundesregierung kann das Verfahren zur Festlegung oder Genehmigung nach Absatz 1 sowie das Verfahren zur Änderung der Bedingungen und Methoden nach Absatz 2 durch Rechtsverordnung[4)] mit Zustimmung des Bundesrates näher ausgestalten. [2]Dabei kann insbesondere vorgesehen werden, dass Entscheidungen der Regulierungsbehörde im Einvernehmen mit dem Bundeskartellamt ergehen.

§ 30 Missbräuchliches Verhalten eines Netzbetreibers. (1) [1]Betreibern von Energieversorgungsnetzen ist ein Missbrauch ihrer Marktstellung verboten. [2]Ein Missbrauch liegt insbesondere vor, wenn ein Betreiber von Energieversorgungsnetzen

1. Bestimmungen der Abschnitte 2 und 3 oder der auf Grund dieser Bestimmungen erlassenen Rechtsverordnungen nicht einhält,
2. andere Unternehmen unmittelbar oder mittelbar unbillig behindert oder deren Wettbewerbsmöglichkeiten ohne sachlich gerechtfertigten Grund erheblich beeinträchtigt,
3. andere Unternehmen gegenüber gleichartigen Unternehmen ohne sachlich gerechtfertigten Grund unmittelbar oder mittelbar unterschiedlich behandelt,

---

1) § 28c eingef. mWv 12.12.2019 durch G v. 5.12.2019 (BGBl. I S. 2002).

2) § 29 Abs. 1 geänd. mWv 9.9.2008 durch G v. 29.8.2008 (BGBl. I S. 1790); Abs. 1 geänd. mWv 4.8.2011 durch G v. 26.7.2011 (BGBl. I S. 1554); Abs. 1 geänd. mWv 28.12.2012 durch G v. 20.12. 2012 (BGBl. I S. 2730); Abs. 1 geänd. mWv 2.9.2016 durch G v. 29.8.2016 (BGBl. I S. 2034).

3) Nr. **100**.

4) Siehe die Anmerkung am Titel.

4. sich selbst oder mit ihm nach § 3 Nr. 38 verbundenen Unternehmen den Zugang zu seinen intern genutzten oder am Markt angebotenen Waren und Leistungen zu günstigeren Bedingungen oder Entgelten ermöglicht, als er sie anderen Unternehmen bei der Nutzung der Waren und Leistungen oder mit diesen in Zusammenhang stehenden Waren oder gewerbliche Leistungen einräumt, sofern der Betreiber des Energieversorgungsnetzes nicht nachweist, dass die Einräumung ungünstigerer Bedingungen sachlich gerechtfertigt ist,
5. ohne sachlich gerechtfertigten Grund Entgelte oder sonstige Geschäftsbedingungen für den Netzzugang fordert, die von denjenigen abweichen, die sich bei wirksamem Wettbewerb mit hoher Wahrscheinlichkeit ergeben würden; hierbei sind insbesondere die Verhaltensweisen von Unternehmen auf vergleichbaren Märkten und die Ergebnisse von Vergleichsverfahren nach § 21 zu berücksichtigen; Entgelte, die die Obergrenzen einer dem betroffenen Unternehmen erteilten Genehmigung nach § 23a nicht überschreiten, und im Falle der Durchführung einer Anreizregulierung nach § 21a Entgelte, die für das betroffene Unternehmen für eine Regulierungsperiode vorgegebene Obergrenzen nicht überschreiten, gelten als sachlich gerechtfertigt oder
6. ungünstigere Entgelte oder sonstige Geschäftsbedingungen fordert, als er sie selbst auf vergleichbaren Märkten von gleichartigen Abnehmern fordert, es sei denn, dass der Unterschied sachlich gerechtfertigt ist.

[3] Satz 2 Nr. 5 gilt auch für die Netze, in denen nach einer Rechtsverordnung nach § 24 Satz 2 Nr. 5 vom Grundsatz der Kostenorientierung abgewichen wird. [4] Besondere Rechtsvorschriften über den Missbrauch der Marktstellung in solchen Netzen bleiben unberührt.

(2) [1] Die Regulierungsbehörde kann einen Betreiber von Energieversorgungsnetzen, der seine Stellung missbräuchlich ausnutzt, verpflichten, eine Zuwiderhandlung gegen Absatz 1 abzustellen. [2] Sie kann den Unternehmen alle Maßnahmen aufgeben, die erforderlich sind, um die Zuwiderhandlung wirksam abzustellen. [3] Sie kann insbesondere
1. Änderungen verlangen, soweit die gebildeten Entgelte oder deren Anwendung sowie die Anwendung der Bedingungen für den Anschluss an das Netz und die Gewährung des Netzzugangs von der genehmigten oder festgelegten Methode oder den hierfür bestehenden gesetzlichen Vorgaben abweichen, oder
2. in Fällen rechtswidrig verweigerten Netzanschlusses oder Netzzugangs den Netzanschluss oder Netzzugang anordnen.

§ 31[1)] Besondere Missbrauchsverfahren der Regulierungsbehörde.

(1) [1] Personen und Personenvereinigungen, deren Interessen durch das Verhalten eines Betreibers von Energieversorgungsnetzen erheblich berührt werden, können bei der Regulierungsbehörde einen Antrag auf Überprüfung dieses Verhaltens stellen. [2] Diese hat zu prüfen, inwieweit das Verhalten des Betreibers von Energieversorgungsnetzen mit den Vorgaben in den Bestimmungen der Abschnitte 2 und 3 oder der auf dieser Grundlage erlassenen Rechtsverordnungen sowie den nach § 29 Abs. 1 festgelegten oder genehmigten Bedingungen und Methoden übereinstimmt. [3] Soweit das Verhalten des

[1)] § 31 Abs. 3 Satz 4 geänd. mWv 4.8.2011 durch G v. 26.7.2011 (BGBl. I S. 1554) und geänd. mWv 28.12.2012 durch G v. 20.12.2012 (BGBl. I S. 2730).

Betreibers von Energieversorgungsnetzen nach § 23a genehmigt ist, hat die Regulierungsbehörde darüber hinaus zu prüfen, ob die Voraussetzungen für eine Aufhebung der Genehmigung vorliegen. [4]Interessen der Verbraucherzentralen und anderer Verbraucherverbände, die mit öffentlichen Mitteln gefördert werden, werden im Sinne des Satzes 1 auch dann erheblich berührt, wenn sich die Entscheidung auf eine Vielzahl von Verbrauchern auswirkt und dadurch die Interessen der Verbraucher insgesamt erheblich berührt werden.

(2) [1]Ein Antrag nach Absatz 1 bedarf neben dem Namen, der Anschrift und der Unterschrift des Antragstellers folgender Angaben:
1. Firma und Sitz des betroffenen Netzbetreibers,
2. das Verhalten des betroffenen Netzbetreibers, das überprüft werden soll,
3. die im Einzelnen anzuführenden Gründe, weshalb ernsthafte Zweifel an der Rechtmäßigkeit des Verhaltens des Netzbetreibers bestehen und
4. die im Einzelnen anzuführenden Gründe, weshalb der Antragsteller durch das Verhalten des Netzbetreibers betroffen ist.

[2]Sofern ein Antrag nicht die Voraussetzungen des Satzes 1 erfüllt, weist die Regulierungsbehörde den Antrag als unzulässig ab.

(3) [1]Die Regulierungsbehörde entscheidet innerhalb einer Frist von zwei Monaten nach Eingang des vollständigen Antrags. [2]Diese Frist kann um zwei Monate verlängert werden, wenn die Regulierungsbehörde zusätzliche Informationen anfordert. [3]Mit Zustimmung des Antragstellers ist eine weitere Verlängerung dieser Frist möglich. [4]Betrifft ein Antrag nach Satz 1 die Entgelte für den Anschluss größerer neuer Erzeugungsanlagen oder Anlagen zur Speicherung elektrischer Energie sowie Speicheranlagen, so kann die Regulierungsbehörde die Fristen nach den Sätzen 1 und 2 verlängern.

(4) [1]Soweit ein Verfahren nicht mit einer den Beteiligten zugestellten Entscheidung nach § 73 Abs. 1 abgeschlossen wird, ist seine Beendigung den Beteiligten schriftlich oder elektronisch mitzuteilen. [2]Die Regulierungsbehörde kann die Kosten einer Beweiserhebung den Beteiligten nach billigem Ermessen auferlegen.

§ 32 Unterlassungsanspruch, Schadensersatzpflicht. (1) [1]Wer gegen eine Vorschrift der Abschnitte 2 und 3, eine auf Grund der Vorschriften dieser Abschnitte erlassene Rechtsverordnung oder eine auf Grundlage dieser Vorschriften ergangene Entscheidung der Regulierungsbehörde verstößt, ist dem Betroffenen zur Beseitigung einer Beeinträchtigung und bei Wiederholungsgefahr zur Unterlassung verpflichtet. [2]Der Anspruch besteht bereits dann, wenn eine Zuwiderhandlung droht. [3]Die Vorschriften der Abschnitte 2 und 3 dienen auch dann dem Schutz anderer Marktbeteiligter, wenn sich der Verstoß nicht gezielt gegen diese richtet. [4]Ein Anspruch ist nicht deswegen ausgeschlossen, weil der andere Marktbeteiligte an dem Verstoß mitgewirkt hat.

(2) Die Ansprüche aus Absatz 1 können auch von rechtsfähigen Verbänden zur Förderung gewerblicher oder selbständiger beruflicher Interessen geltend gemacht werden, soweit ihnen eine erhebliche Zahl von Unternehmen angehört, die Waren oder Dienstleistungen gleicher oder verwandter Art auf demselben Markt vertreiben, soweit sie insbesondere nach ihrer personellen, sachlichen und finanziellen Ausstattung imstande sind, ihre satzungsmäßigen Aufgaben der Verfolgung gewerblicher oder selbständiger beruflicher Interessen

tatsächlich wahrzunehmen und soweit die Zuwiderhandlung die Interessen ihrer Mitglieder berührt.

(3) [1]Wer einen Verstoß nach Absatz 1 vorsätzlich oder fahrlässig begeht, ist zum Ersatz des daraus entstehenden Schadens verpflichtet. [2]Geldschulden nach Satz 1 hat das Unternehmen ab Eintritt des Schadens zu verzinsen. [3]Die §§ 288 und 289 Satz 1 des Bürgerlichen Gesetzbuchs[1)] finden entsprechende Anwendung.

(4) [1]Wird wegen eines Verstoßes gegen eine Vorschrift der Abschnitte 2 und 3 Schadensersatz begehrt, ist das Gericht insoweit an die Feststellung des Verstoßes gebunden, wie sie in einer bestandskräftigen Entscheidung der Regulierungsbehörde getroffen wurde. [2]Das Gleiche gilt für entsprechende Feststellungen in rechtskräftigen Gerichtsentscheidungen, die infolge der Anfechtung von Entscheidungen nach Satz 1 ergangen sind.

(5) [1]Die Verjährung eines Schadensersatzanspruchs nach Absatz 3 wird gehemmt, wenn die Regulierungsbehörde wegen eines Verstoßes im Sinne des Absatzes 1 ein Verfahren einleitet. [2]§ 204 Abs. 2 des Bürgerlichen Gesetzbuchs gilt entsprechend.

§ 33[2)] Vorteilsabschöpfung durch die Regulierungsbehörde. (1) Hat ein Unternehmen vorsätzlich oder fahrlässig gegen eine Vorschrift der Abschnitte 2 und 3, eine auf Grund der Vorschriften dieser Abschnitte erlassene Rechtsverordnung oder eine auf Grundlage dieser Vorschriften ergangene Entscheidung der Regulierungsbehörde verstoßen und dadurch einen wirtschaftlichen Vorteil erlangt, kann die Regulierungsbehörde die Abschöpfung des wirtschaftlichen Vorteils anordnen und dem Unternehmen die Zahlung des entsprechenden Geldbetrags auferlegen.

(2) [1]Absatz 1 gilt nicht, sofern der wirtschaftliche Vorteil durch Schadensersatzleistungen oder durch die Verhängung der Geldbuße oder die Anordnung der Einziehung von Taterträgen abgeschöpft ist. [2]Soweit das Unternehmen Leistungen nach Satz 1 erst nach der Vorteilsabschöpfung erbringt, ist der abgeführte Geldbetrag in Höhe der nachgewiesenen Zahlungen an das Unternehmen zurückzuerstatten.

(3) [1]Wäre die Durchführung der Vorteilsabschöpfung eine unbillige Härte, soll die Anordnung auf einen angemessenen Geldbetrag beschränkt werden oder ganz unterbleiben. [2]Sie soll auch unterbleiben, wenn der wirtschaftliche Vorteil gering ist.

(4) [1]Die Höhe des wirtschaftlichen Vorteils kann geschätzt werden. [2]Der abzuführende Geldbetrag ist zahlenmäßig zu bestimmen.

(5) Die Vorteilsabschöpfung kann nur innerhalb einer Frist von bis zu fünf Jahren seit Beendigung der Zuwiderhandlung und längstens für einen Zeitraum von fünf Jahren angeordnet werden.

(6) Die Absätze 1 bis 5 gelten entsprechend für Verstöße gegen die Artikel 3 und 5 der Verordnung (EU) Nr. 1227/2011 oder gegen eine auf Grundlage dieser Vorschriften ergangene Entscheidung der Bundesnetzagentur.

§ 34 (aufgehoben)

[1)] **Schönfelder Nr. 20.**

[2)] § 33 Abs. 6 angef. mWv 12.12.2012 durch G v. 5.12.2012 (BGBl. I S. 2403); Abs. 2 Satz 1 geänd. mWv 1.7.2017 durch G v. 13.4.2017 (BGBl. I S. 872).

§ 35[1)] Monitoring und ergänzende Informationen. (1) Die Regulierungsbehörde führt zur Wahrnehmung ihrer Aufgaben nach diesem Gesetz, insbesondere zur Herstellung von Markttransparenz sowie zur Wahrnehmung ihrer Aufgaben nach dem Kohleverstromungsbeendigungsgesetz vom 8. August 2020 (BGBl. I S. 1818), ein Monitoring durch über

1. die Regeln für das Management und die Zuweisung von Verbindungskapazitäten; dies erfolgt in Abstimmung mit der Regulierungsbehörde oder den Regulierungsbehörden der Mitgliedstaaten, mit denen ein Verbund besteht;
2. die Mechanismen zur Behebung von Kapazitätsengpässen im nationalen Elektrizitäts- und Gasversorgungsnetz und bei den Verbindungsleitungen;
3. die Zeit, die von Betreibern von Übertragungs-, Fernleitungs- und Verteilernetzen für die Herstellung von Anschlüssen und Reparaturen benötigt wird;
4. die Veröffentlichung angemessener Informationen über Verbindungsleitungen, Netznutzung und Kapazitätszuweisung für interessierte Parteien durch die Betreiber von Übertragungs-, Fernleitungs- und Verteilernetzen unter Berücksichtigung der Notwendigkeit, nicht statistisch aufbereitete Einzeldaten als Geschäftsgeheimnisse zu behandeln;
5. die technische Zusammenarbeit zwischen Betreibern von Übertragungsnetzen innerhalb und außerhalb der Europäischen Gemeinschaft;
6. die Bedingungen und Tarife für den Anschluss neuer Elektrizitätserzeuger unter besonderer Berücksichtigung der Kosten und der Vorteile der verschiedenen Technologien zur Elektrizitätserzeugung aus erneuerbaren Energien, der dezentralen Erzeugung und der Kraft-Wärme-Kopplung;
7. die Bedingungen für den Zugang zu Speicheranlagen nach den §§ 26 und 28, und insbesondere über Veränderungen der Situation auf dem Speichermarkt, mit dem Ziel, dem Bundesministerium für Wirtschaft und Energie eine Überprüfung der Regelungen im Hinblick auf den Zugang zu Speicheranlagen zu ermöglichen, sowie die Netzzugangsbedingungen für Anlagen zur Erzeugung von Biogas und die Zahl der Biogas in das Erdgasnetz einspeisenden Anlagen, die eingespeiste Biogasmenge in Kilowattstunden und die nach § 20b der Gasnetzentgeltverordnung bundesweit umgelegten Kosten;
8. den Umfang, in dem die Betreiber von Übertragungs-, Fernleitungs- und Verteilernetzen ihren Aufgaben nach den §§ 11 bis 16a nachkommen;
9. die Erfüllung der Verpflichtungen nach § 42;
10. Preise für Haushaltskunden, einschließlich von Vorauszahlungssystemen, Lieferanten- und Produktwechsel, Unterbrechung der Versorgung gemäß

[1)] § 35 Abs. 1 Nr. 12 geänd. mWv 9.9.2008 durch G v. 29.8.2008 (BGBl. I S. 1790); Abs. 1 Nr. 8 geänd. mWv 1.11.2008 durch G v. 25.10.2008 (BGBl. I S. 2101); Abs. 1 Nr. 2 geänd., Nr. 5 neu gef., Nr. 7 geänd., Nr. 10 aufgeh., bish. Nr. 11 wird Nr. 10 und neu gef., bish. Nr. 12 wird Nr. 11 und geänd., Nr. 12 und 13 angef. mWv 4.8.2011 durch G v. 26.7.2011 (BGBl. I S. 1554); Abs. 1 Nr. 7 geänd. mWv 1.8.2015 durch G v. 28.7.2015 (BGBl. I S. 1400); Abs. 1 Nr. 7 geänd. mWv 8.9.2015 durch VO v. 31.8.2015 (BGBl. I S. 1474); Abs. 1 Nr. 12 geänd. mWv 30.7.2016 durch G v. 26.7.2016 (BGBl. I S. 1786); Abs. 1 Nr. 11 aufgeh., bish. Nr. 12 und 13 werden Nr. 11 und 12 mWv 2.9.2016 durch G v. 29.8.2016 (BGBl. I S. 2034); Abs. 1 Nr. 12 geänd., Nr. 13 angef. mWv 1.1.2017 durch G v. 13.10.2016 (BGBl. I S. 2258); Überschrift neu gef., Abs. 1a eingef., Abs. 2 geänd. mWv 21.12.2018 durch G v. 17.12.2018 (BGBl. I S. 2549); Abs. 1 einl. Satzteil geänd. mWv 14.8.2020 durch G v. 8.8. 2020 (BGBl. I S. 1818).

§ 19 der Stromgrundversorgungsverordnung oder der Gasgrundversorgungsverordnung, Beschwerden von Haushaltskunden, die Wirksamkeit und die Durchsetzung von Maßnahmen zum Verbraucherschutz im Bereich Elektrizität oder Gas, Wartungsdienste am Hausanschluss oder an Messeinrichtungen sowie die Dienstleistungsqualität der Netze;

11. den Bestand und die geplanten Stilllegungen von Erzeugungskapazitäten, die Möglichkeit und die vorhandenen Kapazitäten für einen Brennstoffwechsel zur Absicherung der Leistung der Erzeugungskapazitäten, die Investitionen in die Erzeugungskapazitäten mit Blick auf die Versorgungssicherheit sowie den Bestand die bereitgestellte Leistung, die gelieferte Strommenge sowie den voraussichtlichen Zeitpunkt der Außerbetriebnahme von Speichern mit einer Nennleistung von mehr als 10 Megawatt;
12. den Grad der Transparenz, auch der Großhandelspreise, sowie den Grad und die Wirksamkeit der Marktöffnung und den Umfang des Wettbewerbs auf Großhandels- und Endkundenebene sowie an Elektrizitäts- und Erdgasbörsen, soweit diese Aufgabe nicht durch Gesetz einer anderen Stelle übertragen wurde,
13. die Entwicklung der Ausschreibungen abschaltbarer Lasten durch die Betreiber von Übertragungsnetzen nach § 13 Absatz 6 Satz 1, insbesondere soweit die Bundesregierung mit Zustimmung des Bundestages eine entsprechende Rechtsverordnung nach § 13i Absatz 1 und 2 erlassen hat.

(1a) Die Regulierungsbehörde kann für die Erstellung des Berichts nach § 63 Absatz 3a sowie zur Überwachung von Verpflichtungen nach § 13, insbesondere ob eine Abweichung nach § 13 Absatz 3 vorliegt, von den Betreibern von Erzeugungsanlagen und von Anlagen zur Speicherung elektrischer Energie ergänzende Informationen erheben, insbesondere

1. Betriebskenndaten der Anlagen sowie
2. Daten zur Bereitstellung von elektrischer Leistung auf Grund sonstiger Verdienstmöglichkeiten.

(2) Zur Durchführung des Monitoring und zur Erhebung der ergänzenden Informationen gelten die Befugnisse nach § 69 entsprechend.

Teil 4. Energielieferung an Letztverbraucher

§ 36[1] Grundversorgungspflicht. (1) [1] Energieversorgungsunternehmen haben für Netzgebiete, in denen sie die Grundversorgung von Haushaltskunden durchführen, Allgemeine Bedingungen und Allgemeine Preise für die Versorgung in Niederspannung oder Niederdruck öffentlich bekannt zu geben und im Internet zu veröffentlichen und zu diesen Bedingungen und Preisen jeden Haushaltskunden zu versorgen. [2] Die Pflicht zur Grundversorgung besteht nicht, wenn die Versorgung für das Energieversorgungsunternehmen aus wirtschaftlichen Gründen nicht zumutbar ist.

(2) [1] Grundversorger nach Absatz 1 ist jeweils das Energieversorgungsunternehmen, das die meisten Haushaltskunden in einem Netzgebiet der allgemeinen Versorgung beliefert. [2] Betreiber von Energieversorgungsnetzen der allgemeinen Versorgung nach § 18 Abs. 1 sind verpflichtet, alle drei Jahre jeweils

---

[1] § 36 Abs. 2 Satz 3 eingef., bish. Sätze 3 und 4 werden Sätze 4 und 5 mWv 12.11.2010 durch G v. 4.11.2010 (BGBl. I S. 1483); Abs. 4 angef. mWv 4.8.2011 durch G v. 26.7.2011 (BGBl. I S. 1554).

zum 1. Juli, erstmals zum 1. Juli 2006, nach Maßgabe des Satzes 1 den Grundversorger für die nächsten drei Kalenderjahre festzustellen sowie dies bis zum 30. September des Jahres im Internet zu veröffentlichen und der nach Landesrecht zuständigen Behörde schriftlich mitzuteilen. [3] Die nach Landesrecht zuständige Behörde kann die zur Sicherstellung einer ordnungsgemäßen Durchführung des Verfahrens nach den Sätzen 1 und 2 erforderlichen Maßnahmen treffen. [4] Über Einwände gegen das Ergebnis der Feststellungen nach Satz 2, die bis zum 31. Oktober des jeweiligen Jahres bei der nach Landesrecht zuständigen Behörde einzulegen sind, entscheidet diese nach Maßgabe der Sätze 1 und 2. [5] Stellt der Grundversorger nach Satz 1 seine Geschäftstätigkeit ein, so gelten die Sätze 2 und 3 entsprechend.

(3) Im Falle eines Wechsels des Grundversorgers infolge einer Feststellung nach Absatz 2 gelten die von Haushaltskunden mit dem bisherigen Grundversorger auf der Grundlage des Absatzes 1 geschlossenen Energielieferverträge zu den im Zeitpunkt des Wechsels geltenden Bedingungen und Preisen fort.

(4) Die Absätze 1 bis 3 gelten nicht für geschlossene Verteilernetze.

§ 37[1)] Ausnahmen von der Grundversorgungspflicht. (1) [1] Wer zur Deckung des Eigenbedarfs eine Anlage zur Erzeugung von Energie betreibt oder sich von einem Dritten versorgen lässt, hat keinen Anspruch auf eine Grundversorgung zu dem Allgemeinen Preis nach § 36 Absatz 1 Satz 1. [2] Er kann aber eine Grundversorgung durch eine Zusatz- und Reserveversorgung in dem Umfang und zu den Bedingungen verlangen, die für den Grundversorger wirtschaftlich zumutbar sind. [3] Satz 1 gilt nicht für Eigenanlagen, die ausschließlich der Sicherstellung des Energiebedarfs bei Aussetzen der öffentlichen Energieversorgung dienen, wenn sie außerhalb ihrer eigentlichen Bestimmung nicht mehr als 15 Stunden monatlich zur Erprobung betrieben werden.

(2) [1] Reserveversorgung ist für den Grundversorger im Sinne des Absatzes 1 Satz 2 nur zumutbar, wenn sie den laufend durch Eigenanlagen gedeckten Bedarf für den gesamten Haushalt umfasst und ein fester, von der jeweils gebrauchten Energiemenge unabhängiger angemessener Leistungspreis mindestens für die Dauer eines Jahres bezahlt wird. [2] Hierbei ist von der Möglichkeit gleichzeitiger Inbetriebnahme sämtlicher an das Leitungsnetz im Grundversorgungsgebiet nach § 36 Absatz 1 Satz 1 angeschlossener Reserveanschlüsse auszugehen und der normale, im gesamten Niederspannungs- oder Niederdruckleitungsnetz des Grundversorgungsgebietes vorhandene Ausgleich der Einzelbelastungen zugrunde zu legen.

(3) [1] Das Bundesministerium für Wirtschaft und Energie kann durch Rechtsverordnung mit Zustimmung des Bundesrates regeln, in welchem Umfang und zu welchen Bedingungen eine Grundversorgung nach Absatz 1 Satz 2 wirtschaftlich zumutbar ist. [2] Dabei sind die Interessen der Energieversorgungsunternehmen und der Haushaltskunden unter Beachtung des Zwecks des § 1 angemessen zu berücksichtigen.

§ 38 Ersatzversorgung mit Energie. (1) [1] Sofern Letztverbraucher über das Energieversorgungsnetz der allgemeinen Versorgung in Niederspannung oder Niederdruck Energie beziehen, ohne dass dieser Bezug einer Lieferung oder

---

[1)] § 37 Abs. 3 Satz 1 geänd. mWv 17.12.2006 durch G v. 9.12.2006 (BGBl. I S. 2833); Abs. 3 Satz 1 geänd. mWv 8.9.2015 durch VO v. 31.8.2015 (BGBl. I S. 1474); Abs. 1 neu gef., Abs. 2 Sätze 1 und 2, Abs. 3 Sätze 1 und 2 geänd. mWv 30.7.2016 durch G v. 26.7.2016 (BGBl. I S. 1786).

einem bestimmten Liefervertrag zugeordnet werden kann, gilt die Energie als von dem Unternehmen geliefert, das nach § 36 Abs. 1 berechtigt und verpflichtet ist. [2]Die Bestimmungen dieses Teils gelten für dieses Rechtsverhältnis mit der Maßgabe, dass der Grundversorger berechtigt ist, für diese Energielieferung gesonderte Allgemeine Preise zu veröffentlichen und für die Energielieferung in Rechnung zu stellen. [3]Für Haushaltskunden dürfen die Preise die nach § 36 Abs. 1 Satz 1 nicht übersteigen.

(2) [1]Das Rechtsverhältnis nach Absatz 1 endet, wenn die Energielieferung auf der Grundlage eines Energieliefervertrages des Kunden erfolgt, spätestens aber drei Monate nach Beginn der Ersatzenergieversorgung. [2]Das Energieversorgungsunternehmen kann den Energieverbrauch, der auf die nach Absatz 1 bezogenen Energiemengen entfällt, auf Grund einer rechnerischen Abgrenzung schätzen und den ermittelten anteiligen Verbrauch in Rechnung stellen.

§ 39[1)] Allgemeine Preise und Versorgungsbedingungen. (1) [1]Das Bundesministerium für Wirtschaft und Energie kann im Einvernehmen mit dem Bundesministerium für Justiz und für Verbraucherschutz durch Rechtsverordnung mit Zustimmung des Bundesrates die Gestaltung der Allgemeinen Preise nach § 36 Abs. 1 und § 38 Abs. 1 des Grundversorgers unter Berücksichtigung des § 1 Abs. 1 regeln. [2]Es kann dabei Bestimmungen über Inhalt und Aufbau der Allgemeinen Preise treffen sowie die tariflichen Rechte und Pflichten der Elektrizitätsversorgungsunternehmen und ihrer Kunden regeln.

(2) [1]Das Bundesministerium für Wirtschaft und Energie kann im Einvernehmen mit dem Bundesministerium für Justiz und für Verbraucherschutz durch Rechtsverordnung mit Zustimmung des Bundesrates die allgemeinen Bedingungen für die Belieferung von Haushaltskunden in Niederspannung oder Niederdruck mit Energie im Rahmen der Grund- oder Ersatzversorgung angemessen gestalten und dabei die Bestimmungen der Verträge einheitlich festsetzen und Regelungen über den Vertragsabschluss, den Gegenstand und die Beendigung der Verträge treffen sowie Rechte und Pflichten der Vertragspartner festlegen. [2]Hierbei sind die beiderseitigen Interessen angemessen zu berücksichtigen. [3]Die Sätze 1 und 2 gelten entsprechend für Bedingungen öffentlich-rechtlich gestalteter Versorgungsverhältnisse mit Ausnahme der Regelung des Verwaltungsverfahrens.

§ 40[2)] Strom- und Gasrechnungen, Tarife. (1) [1]Rechnungen für Energielieferungen an Letztverbraucher müssen einfach und verständlich sein. [2]Die für Forderungen maßgeblichen Berechnungsfaktoren sind vollständig und in allgemein verständlicher Form auszuweisen.

(2) [1]Lieferanten sind verpflichtet, in ihren Rechnungen für Energielieferungen an Letztverbraucher

1. ihren Namen, ihre ladungsfähige Anschrift und das zuständige Registergericht sowie Angaben, die eine schnelle elektronische Kontaktaufnahme ermöglichen, einschließlich der Adresse der elektronischen Post,

---

[1)] § 39 Abs. 1 Satz 1 und Abs. 2 Satz 1 geänd. mWv 17.12.2006 durch G v. 9.12.2006 (BGBl. I S. 2833); Abs. 1 Satz 1 und Abs. 2 Satz 1 geänd. mWv 8.9.2015 durch VO v. 31.8.2015 (BGBl. I S. 1474).

[2)] § 40 neu gef. mWv 4.8.2011 durch G v. 26.7.2011 (BGBl. I S. 1554); Abs. 7 geänd. mWv 28.12.2012 durch G v. 20.12.2012 (BGBl. I S. 2730); Abs. 2 Satz 1 Nr. 3, Abs. 3 Satz 3 und Abs. 5 Satz 3 geänd. mWv 2.9.2016 durch G v. 29.8.2016 (BGBl. I S. 2034).

2. die Vertragsdauer, die geltenden Preise, den nächstmöglichen Kündigungstermin und die Kündigungsfrist,
3. den zuständigen Messstellenbetreiber sowie die für die Belieferung maßgebliche Zählpunktbezeichnung und die Codenummer des Netzbetreibers,
4. den ermittelten Verbrauch im Abrechnungszeitraum und bei Haushaltskunden Anfangszählerstand und den Endzählerstand des abgerechneten Zeitraums,
5. den Verbrauch des vergleichbaren Vorjahreszeitraums,
6. bei Haushaltskunden unter Verwendung von Grafiken darzustellen, wie sich der eigene Jahresverbrauch zu dem Jahresverbrauch von Vergleichskundengruppen verhält,
7. die Belastungen aus der Konzessionsabgabe und aus den Netzentgelten für Letztverbraucher und gegebenenfalls darin enthaltene Entgelte für den Messstellenbetrieb und die Messung beim jeweiligen Letztverbraucher sowie
8. Informationen über die Rechte der Haushaltskunden im Hinblick auf Streitbeilegungsverfahren, die ihnen im Streitfall zur Verfügung stehen, einschließlich der für Verbraucherbeschwerden nach § 111b einzurichtenden Schlichtungsstelle und deren Anschrift sowie die Kontaktdaten des Verbraucherservice der Bundesnetzagentur für den Bereich Elektrizität und Gas

gesondert auszuweisen. [2] Wenn der Lieferant den Letztverbraucher im Vorjahreszeitraum nicht beliefert hat, ist der vormalige Lieferant verpflichtet, den Verbrauch des vergleichbaren Vorjahreszeitraums dem neuen Lieferanten mitzuteilen. [3] Soweit der Lieferant aus Gründen, die er nicht zu vertreten hat, den Verbrauch nicht ermitteln kann, ist der geschätzte Verbrauch anzugeben.

(3) [1] Lieferanten sind verpflichtet, den Energieverbrauch nach ihrer Wahl monatlich oder in anderen Zeitabschnitten, die jedoch zwölf Monate nicht wesentlich überschreiten dürfen, abzurechnen. [2] Lieferanten sind verpflichtet, Letztverbrauchern eine monatliche, vierteljährliche oder halbjährliche Abrechnung anzubieten. [3] Letztverbraucher, deren Verbrauchswerte über ein intelligentes Messsystem im Sinne des Messstellenbetriebsgesetzes ausgelesen werden, ist eine monatliche Verbrauchsinformation, die auch die Kosten widerspiegelt, kostenfrei bereitzustellen.

(4) Lieferanten müssen sicherstellen, dass der Letztverbraucher die Abrechnung nach Absatz 3 spätestens sechs Wochen nach Beendigung des abzurechnenden Zeitraums und die Abschlussrechnung spätestens sechs Wochen nach Beendigung des Lieferverhältnisses erhält.

(5) [1] Lieferanten haben, soweit technisch machbar und wirtschaftlich zumutbar, für Letztverbraucher von Elektrizität einen Tarif anzubieten, der einen Anreiz zu Energieeinsparung oder Steuerung des Energieverbrauchs setzt. [2] Tarife im Sinne von Satz 1 sind insbesondere lastvariable oder tageszeitabhängige Tarife. [3] Lieferanten haben daneben für Haushaltskunden stets mindestens einen Tarif anzubieten, für den die Datenaufzeichnung und -übermittlung auf die Mitteilung der innerhalb eines bestimmten Zeitraums verbrauchten Gesamtstrommenge begrenzt bleibt.

(6) Lieferanten haben für Letztverbraucher die für Forderungen maßgeblichen Berechnungsfaktoren in Rechnungen unter Verwendung standardisierter Begriffe und Definitionen auszuweisen.

(7) Die Bundesnetzagentur kann für Rechnungen für Energielieferungen an Letztverbraucher Entscheidungen über den Mindestinhalt nach den Absätzen 1

bis 5 sowie Näheres zum standardisierten Format nach Absatz 6 durch Festlegung nach § 29 Absatz 1 gegenüber den Lieferanten treffen.

§ 41[1)] Energielieferverträge mit Haushaltskunden, Verordnungsermächtigung. (1) [1] Verträge über die Belieferung von Haushaltskunden mit Energie außerhalb der Grundversorgung müssen einfach und verständlich sein. [2] Die Verträge müssen insbesondere Bestimmungen enthalten über

1. die Vertragsdauer, die Preisanpassung, Kündigungstermine und Kündigungsfristen sowie das Rücktrittsrecht des Kunden,
2. zu erbringende Leistungen einschließlich angebotener Wartungsdienste,
3. die Zahlungsweise,
4. Haftungs- und Entschädigungsregelungen bei Nichteinhaltung vertraglich vereinbarter Leistungen,
5. den unentgeltlichen und zügigen Lieferantenwechsel,
6. die Art und Weise, wie aktuelle Informationen über die geltenden Tarife und Wartungsentgelte erhältlich sind,
7. Informationen über die Rechte der Haushaltskunden im Hinblick auf Streitbeilegungsverfahren, die ihnen im Streitfall zur Verfügung stehen, einschließlich der für Verbraucherbeschwerden nach § 111b einzurichtenden Schlichtungsstelle mit deren Anschrift und Webseite, über die Verpflichtung des Lieferanten zur Teilnahme am Schlichtungsverfahren sowie über die Kontaktdaten des Verbraucherservice der Bundesnetzagentur für den Bereich Elektrizität und Gas.

[3] Die Informationspflichten gemäß Artikel 246 §§ 1 und 2 des Einführungsgesetzes zum Bürgerlichen Gesetzbuche[2)] bleiben unberührt.

(2) [1] Dem Haushaltskunden sind vor Vertragsschluss verschiedene Zahlungsmöglichkeiten anzubieten. [2] Wird eine Vorauszahlung vereinbart, muss sich diese nach dem Verbrauch des vorhergehenden Abrechnungszeitraums oder dem durchschnittlichen Verbrauch vergleichbarer Kunden richten. [3] Macht der Kunde glaubhaft, dass sein Verbrauch erheblich geringer ist, so ist dies angemessen zu berücksichtigen. [4] Eine Vorauszahlung wird nicht vor Beginn der Lieferung fällig.

(3) [1] Lieferanten haben Letztverbraucher rechtzeitig, in jedem Fall jedoch vor Ablauf der normalen Abrechnungsperiode und auf transparente und verständliche Weise über eine beabsichtigte Änderung der Vertragsbedingungen und über ihre Rücktrittsrechte zu unterrichten. [2] Ändert der Lieferant die Vertragsbedingungen einseitig, kann der Letztverbraucher den Vertrag ohne Einhaltung einer Kündigungsfrist kündigen.

(3a) Bei unveränderter Weitergabe von umsatzsteuerlichen Mehr- oder Minderbelastungen, die sich aus einer gesetzlichen Änderung der geltenden Umsatzsteuersätze ergeben, bedarf es keiner Unterrichtung nach Absatz 3 Satz 1; ein Sonderkündigungsrecht nach Absatz 3 Satz 2 entsteht nicht.

[1)] § 41 neu gef. mWv 4.8.2011 durch G v. 26.7.2011 (BGBl. I S. 1554); Abs. 5 Satz 1 geänd. mWv 8.9.2015 durch VO v. 31.8.2015 (BGBl. I S. 1474); Abs. 1 Satz 2 Nr. 7 geänd. mWv 1.4.2016 durch G v. 19.2.2016 (BGBl. I S. 254); Abs. 3a eingef. mWv 14.8.2020 durch G v. 8.8.2020 (BGBl. I S. 1818).

[2)] **Schönfelder Nr. 21.**

(4) Energieversorgungsunternehmen sind verpflichtet, in oder als Anlage zu ihren Rechnungen an Haushaltskunden und in an diese gerichtetem Werbematerial sowie auf ihrer Website allgemeine Informationen zu den Bestimmungen nach Absatz 1 Satz 2 anzugeben.

(5) [1]Das Bundesministerium für Wirtschaft und Energie kann im Einvernehmen mit dem Bundesministerium für Justiz und für Verbraucherschutz durch Rechtsverordnung mit Zustimmung des Bundesrates nähere Regelungen für die Belieferung von Haushaltskunden mit Energie außerhalb der Grundversorgung treffen, die Bestimmungen der Verträge einheitlich festsetzen und insbesondere Regelungen über den Vertragsabschluss, den Gegenstand und die Beendigung der Verträge treffen sowie Rechte und Pflichten der Vertragspartner festlegen. [2]Hierbei sind die beiderseitigen Interessen angemessen zu berücksichtigen. [3]Die jeweils in Anhang I der Richtlinie 2009/72/EG und der Richtlinie 2009/73/EG vorgesehenen Maßnahmen sind zu beachten.

§ 42[1)] Stromkennzeichnung, Transparenz der Stromrechnungen, Verordnungsermächtigung. (1) Elektrizitätsversorgungsunternehmen sind verpflichtet, in oder als Anlage zu ihren Rechnungen an Letztverbraucher und in an diese gerichtetem Werbematerial sowie auf ihrer Website für den Verkauf von Elektrizität anzugeben:

1. den Anteil der einzelnen Energieträger (Kernkraft, Kohle, Erdgas und sonstige fossile Energieträger, erneuerbare Energien, finanziert aus der EEG-Umlage, Mieterstrom, finanziert aus der EEG-Umlage, sonstige erneuerbare Energien) an dem Gesamtenergieträgermix, den der Lieferant im letzten oder vorletzten Jahr verwendet hat; spätestens ab 1. November eines Jahres sind jeweils die Werte des vorangegangenen Kalenderjahres anzugeben;
2. Informationen über die Umweltauswirkungen zumindest in Bezug auf Kohlendioxidemissionen (CO_2-Emissionen) und radioaktiven Abfall, die auf den in Nummer 1 genannten Gesamtenergieträgermix zur Stromerzeugung zurückzuführen sind.

(2) Die Informationen zu Energieträgermix und Umweltauswirkungen sind mit den entsprechenden Durchschnittswerten der Stromerzeugung in Deutschland zu ergänzen und verbraucherfreundlich und in angemessener Größe in grafisch visualisierter Form darzustellen.

(3) [1]Sofern ein Elektrizitätsversorgungsunternehmen im Rahmen des Verkaufs an Letztverbraucher eine Produktdifferenzierung mit unterschiedlichem Energieträgermix vornimmt, gelten für diese Produkte sowie für den verbleibenden Energieträgermix die Absätze 1 und 2 entsprechend. [2]Die Verpflichtungen nach den Absätzen 1 und 2 bleiben davon unberührt.

(4) [1]Bei Strommengen, die nicht eindeutig erzeugungsseitig einem der in Absatz 1 Nummer 1 genannten Energieträger zugeordnet werden können, ist der ENTSO-E-Energieträgermix für Deutschland unter Abzug der nach Absatz 5 Nummer 1 und 2 auszuweisenden Anteile an Strom aus erneuerbaren Energien zu Grunde zu legen. [2]Soweit mit angemessenem Aufwand möglich,

---

[1)] § 42 neu gef. mWv 4.8.2011 durch G v. 26.7.2011 (BGBl. I S. 1554); Abs. 8 Satz 2 geänd. mWv 28.12.2012 durch G v. 20.12.2012 (BGBl. I S. 2730); Abs. 5 Nr. 1 geänd. mWv 1.8.2014 durch G v. 21.7.2014 (BGBl. I S. 1066); Abs. 1 Nr. 1 und Abs. 5 Satz 1 Nr. 2 geänd., Satz 2 angef. mWv 1.1. 2017 durch G v. 13.10.2016 (BGBl. I S. 2258); Abs. 1 Nr. 1 und Abs. 5 Satz 2 geänd. mWv 25.7.2017 durch G v. 17.7.2017 (BGBl. I S. 2532).

ist der ENTSO-E-Mix vor seiner Anwendung so weit zu bereinigen, dass auch sonstige Doppelzählungen von Strommengen vermieden werden. [3] Zudem ist die Zusammensetzung des nach Satz 1 und 2 berechneten Energieträgermixes aufgeschlüsselt nach den in Absatz 1 Nummer 1 genannten Kategorien zu benennen.

(5) [1] Eine Verwendung von Strom aus erneuerbaren Energien zum Zweck der Stromkennzeichnung nach Absatz 1 Nummer 1 und Absatz 3 liegt nur vor, wenn das Elektrizitätsversorgungsunternehmen

1. Herkunftsnachweise für Strom aus erneuerbaren Energien verwendet, die durch die zuständige Behörde nach § 79 Absatz 4 des Erneuerbare-Energien-Gesetzes[1)] entwertet wurden,
2. Strom, der aus der EEG-Umlage finanziert wird, unter Beachtung der Vorschriften des Erneuerbare-Energien-Gesetzes ausweist oder
3. Strom aus erneuerbaren Energien als Anteil des nach Absatz 4 berechneten Energieträgermixes nach Maßgabe des Absatz 4 ausweist.

[2] Elektrizitätsversorgungsunternehmen sind berechtigt, für den Anteil von Strom aus erneuerbaren Energien, finanziert aus der EEG-Umlage, unter Beachtung der Vorschriften des Erneuerbare-Energien-Gesetzes in der Stromkennzeichnung auszuweisen, in welchem Umfang dieser Stromanteil in regionalem Zusammenhang zum Stromverbrauch erzeugt worden ist, wenn Regionalnachweise durch die zuständige Behörde nach § 79a Absatz 4 des Erneuerbare-Energien-Gesetzes entwertet wurden.

(6) Erzeuger und Vorlieferanten von Strom haben im Rahmen ihrer Lieferbeziehungen den nach Absatz 1 Verpflichteten auf Anforderung die Daten so zur Verfügung zu stellen, dass diese ihren Informationspflichten genügen können.

(7) [1] Elektrizitätsversorgungsunternehmen sind verpflichtet, einmal jährlich zur Überprüfung der Richtigkeit der Stromkennzeichnung die nach den Absätzen 1 bis 4 gegenüber den Letztverbrauchern anzugebenden Daten sowie die der Stromkennzeichnung zugrunde liegenden Strommengen der Bundesnetzagentur zu melden. [2] Die Bundesnetzagentur übermittelt die Daten, soweit sie den Anteil an erneuerbaren Energien betreffen, an das Umweltbundesamt. [3] Die Bundesnetzagentur kann Vorgaben zum Format, Umfang und Meldezeitpunkt machen. [4] Stellt sie Formularvorlagen bereit, sind die Daten in dieser Form elektronisch zu übermitteln.

(8) [1] Die Bundesregierung wird ermächtigt, durch Rechtsverordnung, die nicht der Zustimmung des Bundesrates bedarf, Vorgaben zur Darstellung der Informationen nach den Absätzen 1 bis 4, insbesondere für eine bundesweit vergleichbare Darstellung, und zur Bestimmung des Energieträgermixes für Strom, der nicht eindeutig erzeugungsseitig zugeordnet werden kann, abweichend von Absatz 4 sowie die Methoden zur Erhebung und Weitergabe von

(Fortsetzung nächstes Blatt)

[1)] **Sartorius ErgBd. Nr. 833.**

2. Vorschriften zu erlassen über die Freistellung von einer solchen Vorratspflicht und die zeitlich begrenzte Freigabe von Vorratsmengen, soweit dies erforderlich ist, um betriebliche Schwierigkeiten zu vermeiden oder die Brennstoffversorgung aufrechtzuerhalten,
3. den für die Berechnung der Vorratsmengen maßgeblichen Zeitraum zu verlängern, soweit dies erforderlich ist, um die Vorratspflicht an Rechtsakte der Europäischen Gemeinschaften über Mindestvorräte fossiler Brennstoffe anzupassen.

§ 51[1)] Monitoring der Versorgungssicherheit. (1) [1]Die Bundesnetzagentur führt in Abstimmung mit dem Bundesministerium für Wirtschaft und Energie fortlaufend ein Monitoring der Versorgungssicherheit nach den Absätzen 2 bis 4 durch. [2]Die §§ 73, 75 bis 89 und 106 bis 108 sind entsprechend anzuwenden. [3]Bei der Durchführung des Monitorings nach den Absätzen 3 und 4 berücksichtigt die Bundesnetzagentur die nach § 12 Absatz 4 und 5 übermittelten Informationen.

(2) Das Monitoring nach Absatz 1 betrifft im Bereich der Versorgung mit Erdgas insbesondere
1. das heutige und künftige Verhältnis zwischen Angebot und Nachfrage auf dem deutschen Markt und auf dem internationalen Markt,
2. bestehende sowie in der Planung und im Bau befindliche Produktionskapazitäten und Transportleitungen,
3. die erwartete Nachfrageentwicklung,
4. die Qualität und den Umfang der Netzwartung,
5. eine Analyse von Netzstörungen und von Maßnahmen der Netzbetreiber zur kurz- und längerfristigen Gewährleistung der Sicherheit und Zuverlässigkeit des Gasversorgungssystems,
6. Maßnahmen zur Bedienung von Nachfragespitzen und zur Bewältigung von Ausfällen eines oder mehrerer Versorger sowie
7. das verfügbare Angebot auch unter Berücksichtigung der Bevorratungskapazität und des Anteils von Einfuhrverträgen mit einer Lieferzeit von mehr als zehn Jahren (langfristiger Erdgasliefervertrag) sowie deren Restlaufzeit.

(3) [1]Das Monitoring nach Absatz 1 betrifft im Bereich der Versorgung mit Elektrizität insbesondere
1. das heutige und künftige Verhältnis zwischen Angebot und Nachfrage auf den europäischen Strommärkten mit Auswirkungen auf das Gebiet der Bundesrepublik Deutschland als Teil des Elektrizitätsbinnenmarktes,
2. bestehende sowie in der Planung und im Bau befindliche Erzeugungskapazitäten unter Berücksichtigung von Erzeugungskapazitäten für die Netzreserve nach § 13d sowie die Kapazitätsreserve nach § 13e und Anlagen zur Speicherung von elektrischer Energie,
3. bestehende Verbindungsleitungen sowie in der Planung oder im Bau befindliche Vorhaben einschließlich der in den Anlagen zum Energieleitungsausbaugesetz und zum Bundesbedarfsplangesetz genannten Vorhaben,

---

[1)] § 51 neu gef. mWv 1.1.2017 durch G v. 26.7.2016 (BGBl. I S. 1786); Abs. 5 Sätze 2 und 3 angef. mWv 1.1.2017 durch G v. 22.12.2016 (BGBl. I S. 3106); Abs. 1 und 3 Satz 1 Nr. 2 neu gef., Nr. 3 geänd., Abs. 4 neu gef., Abs. 4a und 4b eingef., Abs. 5 Satz 1 neu gef. mWv 1.1.2021 durch G v. 8.8. 2020 (BGBl. I S. 1818).

4. die erwartete Nachfrageentwicklung,
5. die Qualität und den Umfang der Netzwartung,
6. eine Analyse von Netzstörungen und von Maßnahmen der Betreiber von Elektrizitätsversorgungsnetzen zur kurz- und längerfristigen Gewährleistung der Sicherheit und Zuverlässigkeit des Elektrizitätsversorgungssystems einschließlich des Einsatzes von Erzeugungskapazität im Rahmen der Netzreserve nach § 13d sowie der Kapazitätsreserve nach § 13e und
7. Maßnahmen zur Bedienung von Nachfragespitzen und zur Bewältigung von Ausfällen eines oder mehrerer Versorger.

[2]Bei dem Monitoring sind auch grenzüberschreitende Ausgleichseffekte bei erneuerbaren Energien, Lasten und Kraftwerksausfällen sowie der heutige und künftige Beitrag von Lastmanagement und von Netzersatzanlagen zur Versorgungssicherheit sowie Anpassungsprozesse an den Strommärkten auf Basis von Preissignalen zu analysieren und zu berücksichtigen. [3]Zudem sollen mögliche Hemmnisse für die Nutzung von Lastmanagement und von Netzersatzanlagen dargestellt werden.

(4) Das Monitoring nach Absatz 3 umfasst Märkte und Netze und wird in den Berichten nach § 63 integriert dargestellt.

(4a) [1]Das Monitoring der Versorgungssicherheit an den Strommärkten nach Absatz 3 erfolgt auf Basis von

1. Indikatoren, die zur Messung der Versorgungssicherheit an den europäischen Strommärkten mit Auswirkungen auf das Gebiet der Bundesrepublik Deutschland als Teil des Elektrizitätsbinnenmarktes geeignet sind, sowie
2. Schwellenwerten, bei deren Überschreiten oder Unterschreiten eine Prüfung und bei Bedarf eine Umsetzung angemessener Maßnahmen zur Gewährleistung der Versorgungssicherheit erfolgt.

[2]Die Messung der Versorgungssicherheit an den Strommärkten nach Satz 1 erfolgt auf Grundlage wahrscheinlichkeitsbasierter Analysen. [3]Die Anforderungen der Verordnung (EU) 2019/943, insbesondere nach den Artikeln 23 und 24 für Abschätzungen der Angemessenheit der Ressourcen, sind einzuhalten. [4]Die Analysen nach Satz 2 erfolgen nach dem Stand der Wissenschaft. [5]Sie erfolgen insbesondere auf Basis eines integrierten Investitions- und Einsatzmodells, das wettbewerbliches Marktverhalten und Preisbildung auf dem deutschen und europäischen Strommarkt abbildet; dabei sind auch kritische historische Wetter- und Lastjahre, ungeplante Kraftwerksausfälle sowie zeitliche und technische Restriktionen beim Kraftwerkszubau zu berücksichtigen.

(4b) [1]Zum Monitoring der Versorgungssicherheit nach Absatz 3 mit Bezug auf die Netze erfolgt eine Analyse, inwieweit aktuell und zukünftig die Sicherheit, Zuverlässigkeit und Leistungsfähigkeit der Elektrizitätsversorgungsnetze gewährleistet ist und ob Maßnahmen zur kurz- und längerfristigen Gewährleistung der Sicherheit und Zuverlässigkeit des Elektrizitätsversorgungssystems im Sinne von § 12 Absatz 1 Satz 1 und Absatz 3 erforderlich sind. [2]Bei der Analyse nach Satz 1 ist die langfristige Netzanalyse der Betreiber der Übertragungsnetze nach § 34 Absatz 1 des Kohleverstromungsbeendigungsgesetzes zu berücksichtigen, soweit diese vorliegt. [3]In diesem Rahmen ist auch zu untersuchen, inwieweit netztechnische Aspekte die Ergebnisse der Analysen nach Absatz 4a beeinflussen. [4]Die Bundesnetzagentur legt dem Bundesministerium für Wirtschaft und Energie bis zum 31. Oktober 2020 einen Bericht über die auf die Netze bezogene Analyse nach Satz 1 vor.

(5) [1] Bei dem Monitoring nach den Absätzen 3 und 4 werden die Betreiber von Übertragungsnetzen sowie das Bundesministerium für Wirtschaft und Energie regelmäßig bei allen wesentlichen Verfahrensschritten einbezogen. [2] Die Regulierungsbehörde übermittelt auf Verlangen dem Bundesministerium für Wirtschaft und Energie die bei ihr verfügbaren und zur Beobachtung und Bewertung der Versorgungssicherheit notwendigen Daten. [3] Das Bundesministerium für Wirtschaft und Energie darf diese Daten einschließlich der unternehmensbezogenen Daten an beauftragte Dritte zu Zwecken der Aus- und Bewertung übermitteln, sofern die vertrauliche Behandlung der Daten gewährleistet ist.

§ 51a[1] Monitoring des Lastmanagements. (1) [1] Die Regulierungsbehörde kann zur Durchführung des Monitorings nach § 51 ein Monitoring des Beitrags von Lastmanagement zur Versorgungssicherheit durchführen. [2] Dazu kann die Regulierungsbehörde von Unternehmen und Vereinigungen von Unternehmen, die einen jährlichen Stromverbrauch von mehr als 50 Gigawattstunden haben, Informationen verlangen, die erforderlich sein können, um den heutigen und künftigen Beitrag von Lastmanagement im Adressatenkreis für die Versorgungssicherheit an den Strommärkten zu analysieren. [3] Auf Verlangen des Bundesministeriums für Wirtschaft und Energie muss die Regulierungsbehörde die Informationen einholen und diesem in angemessener Frist sowie in geeigneter Form zur Verfügung stellen.

(2) Die Regulierungsbehörde soll das Marktstammdatenregister nach § 111e nutzen, sobald und soweit darin Daten im Sinne des Absatzes 1 gespeichert sind.

§ 52[2] Meldepflichten bei Versorgungsstörungen. [1] Betreiber von Energieversorgungsnetzen haben der Bundesnetzagentur bis zum 30. April eines Jahres über alle in ihrem Netz im letzten Kalenderjahr aufgetretenen Versorgungsunterbrechungen einen Bericht vorzulegen. [2] Dieser Bericht hat mindestens folgende Angaben für jede Versorgungsunterbrechung zu enthalten:

1. den Zeitpunkt und die Dauer der Versorgungsunterbrechung,
2. das Ausmaß der Versorgungsunterbrechung und
3. die Ursache der Versorgungsunterbrechung.

[3] In dem Bericht hat der Netzbetreiber die auf Grund des Störungsgeschehens ergriffenen Maßnahmen zur Vermeidung künftiger Versorgungsstörungen darzulegen. [4] Darüber hinaus ist in dem Bericht die durchschnittliche Versorgungsunterbrechung in Minuten je angeschlossenem Letztverbraucher für das letzte Kalenderjahr anzugeben. [5] Die Bundesnetzagentur kann Vorgaben zur formellen Gestaltung des Berichts machen sowie Ergänzungen und Erläuterungen des Berichts verlangen, soweit dies zur Prüfung der Versorgungszuverlässigkeit des Netzbetreibers erforderlich ist. [6] Sofortige Meldepflichten für Störungen mit überregionalen Auswirkungen richten sich nach § 13 Absatz 8.

---

[1] § 51a eingef. mWv 30.7.2016 durch G v. 26.7.2016 (BGBl. I S. 1786).

[2] § 52 Satz 1 geänd. mWv 4.8.2011 durch G v. 26.7.2011 (BGBl. I S. 1554); Satz 6 geänd. mWv 30.7.2016 durch G v. 26.7.2016 (BGBl. I S. 1786).

§ 53[1)] Ausschreibung neuer Erzeugungskapazitäten im Elektrizitätsbereich. Sofern die Versorgungssicherheit im Sinne des § 1 durch vorhandene Erzeugungskapazitäten oder getroffene Energieeffizienz- und Nachfragesteuerungsmaßnahmen allein nicht gewährleistet ist, kann die Bundesregierung durch Rechtsverordnung mit Zustimmung des Bundesrates ein Ausschreibungsverfahren oder ein diesem hinsichtlich Transparenz und Nichtdiskriminierung gleichwertiges Verfahren auf der Grundlage von Kriterien für neue Kapazitäten oder Energieeffizienz- und Nachfragesteuerungsmaßnahmen vorsehen, die das Bundesministerium für Wirtschaft und Energie im Bundesanzeiger veröffentlicht.

§ 53a[2)] Sicherstellung der Versorgung von Haushaltskunden mit Erdgas. [1] Gasversorgungsunternehmen, die Haushaltskunden oder Betreiber von gasbetriebenen Fernwärmeanlagen beliefern, haben zu gewährleisten, dass

1. die von ihnen direkt belieferten Haushaltskunden und
2. Fernwärmeanlagen, soweit sie Wärme an Haushaltskunden liefern, an ein Erdgasverteilernetz oder ein Fernleitungsnetz angeschlossen sind und keinen Brennstoffwechsel vornehmen können,

mindestens in den in Artikel 6 Absatz 1 der Verordnung (EU) 2017/1938 des Europäischen Parlaments und des Rates vom 25. Oktober 2017 über Maßnahmen zur Gewährleistung der sicheren Gasversorgung und zur Aufhebung der Verordnung (EU) Nr. 994/2010 genannten Fällen versorgt werden. [2] Darüber hinaus haben Gasversorgungsunternehmen im Falle einer teilweisen Unterbrechung der Versorgung mit Erdgas oder im Falle außergewöhnlich hoher Gasnachfrage Haushaltskunden sowie Fernwärmeanlagen im Sinne des Satzes 1 Nummer 2 mit Erdgas zu versorgen, solange die Versorgung aus wirtschaftlichen Gründen zumutbar ist. [3] Zur Gewährleistung einer sicheren Versorgung von Haushaltskunden mit Erdgas kann insbesondere auf marktbasierte Maßnahmen zurückgegriffen werden.

§ 53b[3)] *(aufgehoben)*

Teil 7. Behörden

Abschnitt 1. Allgemeine Vorschriften

§ 54[4)] Allgemeine Zuständigkeit. (1) Die Aufgaben der Regulierungsbehörde nehmen die Bundesnetzagentur für Elektrizität, Gas, Telekommunikation, Post und Eisenbahnen (Bundesnetzagentur) und nach Maßgabe des Absatzes 2 die Landesregulierungsbehörden wahr.

(2) [1] Den Landesregulierungsbehörden obliegt

[1)] § 53 geänd. mWv 17.12.2006 durch G v. 9.12.2006 (BGBl. I S. 2833); geänd. mWv 1.4.2012 durch G v. 22.12.2011 (BGBl. I S. 3044); geänd. mWv 8.9.2015 durch VO v. 31.8.2015 (BGBl. I S. 1474).

[2)] § 53a neu gef. mWv 4.8.2011 durch G v. 26.7.2011 (BGBl. I S. 1554); Satz 1 abschl. Satzteil und Satz 3 geänd. mWv 21.12.2018 durch G v. 17.12.2018 (BGBl. I S. 2549).

[3)] § 53b aufgeh. mWv 30.7.2016 durch G v. 26.7.2016 (BGBl. I S. 1786).

[4)] § 54 Abs. 2 Satz 1 Nr. 9 neu gef., Satz 3 eingef., bish. Sätze 3 und 4 werden Sätze 4 und 5, Abs. 3 Sätze 2 und 3 angef. mWv 4.8.2011 durch G v. 26.7.2011 (BGBl. I S. 1554); Abs. 2 Nr. 4 geänd., Abs. 3 Sätze 4 und 5 angef. mWv 28.12.2012 durch G v. 20.12.2012 (BGBl. I S. 2730); Abs. 2 Satz 1 Nr. 8 und 9 geänd., Nr. 10 angef. mWv 1.1.2017 durch G v. 14.12.2016 (BGBl. I S. 2874); Abs. 3 Satz 3 neu gef. mWv 22.7.2017 durch G v. 17.7.2017 (BGBl. I S. 2503).

1. die Genehmigung der Entgelte für den Netzzugang nach § 23a,
2. die Genehmigung oder Festlegung im Rahmen der Bestimmung der Entgelte für den Netzzugang im Wege einer Anreizregulierung nach § 21a,
3. die Genehmigung oder Untersagung individueller Entgelte für den Netzzugang, soweit diese in einer nach § 24 Satz 1 Nr. 3 erlassenen Rechtsverordnung vorgesehen sind,
4. die Überwachung der Vorschriften zur Entflechtung nach § 6 Abs. 1 in Verbindung mit den §§ 6a bis 7a,
5. die Überwachung der Vorschriften zur Systemverantwortung der Betreiber von Energieversorgungsnetzen nach den §§ 14 bis 16a,
6. die Überwachung der Vorschriften zum Netzanschluss nach den §§ 17 und 18 mit Ausnahme der Vorschriften zur Festlegung oder Genehmigung der technischen und wirtschaftlichen Bedingungen für einen Netzanschluss oder die Methoden für die Bestimmung dieser Bedingungen durch die Regulierungsbehörde, soweit derartige Vorschriften in einer nach § 17 Abs. 3 Satz 1 Nr. 2 erlassenen Rechtsverordnung vorgesehen sind,
7. die Überwachung der technischen Vorschriften nach § 19,
8. die Missbrauchsaufsicht nach den §§ 30 und 31 sowie die Vorteilsabschöpfung nach § 33,
9. die Entscheidung über das Vorliegen der Voraussetzungen nach § 110 Absatz 2 und 4 und
10. die Festlegung und Feststellung der notwendigen technischen Anpassungen und Kosten im Rahmen der Umstellung der Gasqualität nach § 19a Absatz 2,

soweit Energieversorgungsunternehmen betroffen sind, an deren Elektrizitäts- oder Gasverteilernetz jeweils weniger als 100 000 Kunden unmittelbar oder mittelbar angeschlossen sind. [2] Satz 1 gilt nicht, wenn ein Elektrizitäts- oder Gasverteilernetz über das Gebiet eines Landes hinausreicht. [3] Satz 1 Nummer 6, 7 und 8 gilt nicht, soweit die Erfüllung der Aufgaben mit dem Anschluss von Biogasanlagen im Zusammenhang steht. [4] Für die Feststellung der Zahl der angeschlossenen Kunden sind die Verhältnisse am 13. Juli 2005 für das Jahr 2005 und das Jahr 2006 und danach diejenigen am 31. Dezember eines Jahres jeweils für die Dauer des folgenden Jahres maßgeblich. [5] Begonnene behördliche oder gerichtliche Verfahren werden von der Behörde beendet, die zu Beginn des behördlichen Verfahrens zuständig war.

(3) [1] Weist eine Vorschrift dieses Gesetzes eine Zuständigkeit nicht einer bestimmten Behörde zu, so nimmt die Bundesnetzagentur die in diesem Gesetz der Behörde übertragenen Aufgaben und Befugnisse wahr. [2] Ist zur Wahrung gleichwertiger wirtschaftlicher Verhältnisse im Bundesgebiet eine bundeseinheitliche Festlegung nach § 29 Absatz 1 erforderlich, so nimmt die Bundesnetzagentur die in diesem Gesetz oder auf Grund dieses Gesetzes vorgesehenen Festlegungsbefugnisse wahr. [3] Sie ist insbesondere zuständig für die bundesweit einheitliche Festlegung

1. von Preisindizes nach den Verordnungen nach § 24,
2. von Eigenkapitalzinssätzen nach den Verordnungen nach § 24,
3. von Vorgaben zur Erhebung von Vergleichsparametern zur Ermittlung der Effizienzwerte nach den Verordnungen nach § 21a Absatz 6 und

4. des generellen sektoralen Produktivitätsfaktors nach den Verordnungen nach § 21a Absatz 6.

[4] Beabsichtigt die Bundesnetzagentur bundeseinheitliche Festlegungen im Sinne des Satzes 2 zu treffen, die nicht die in Satz 3 genannten Bereiche betreffen, hat sie vor einer Festlegung den Länderausschuss bei der Bundesnetzagentur mit dem geplanten Inhalt der angestrebten Festlegung zu befassen. [5] Die Bundesnetzagentur berücksichtigt die mehrheitliche Auffassung des Länderausschusses bei der Bundesnetzagentur bei ihrer Festlegung so weit wie möglich.

§ 54a[1)] Zuständigkeiten gemäß der Verordnung (EU) Nr. 2017/1938, Verordnungsermächtigung. (1) [1] Das Bundesministerium für Wirtschaft und Energie ist zuständige Behörde für die Durchführung der in der Verordnung (EU) 2017/1938 festgelegten Maßnahmen. [2] Die §§ 3, 4 und 16 des Energiesicherungsgesetzes 1975[2)] vom 20. Dezember 1974 (BGBl. I S. 3681), das zuletzt durch Artikel 164 der Verordnung vom 31. Oktober 2006 (BGBl. I S. 2407) geändert worden ist, und die §§ 5, 8 und 21 des Wirtschaftssicherstellungsgesetzes[3)] in der Fassung der Bekanntmachung vom 3. Oktober 1968 (BGBl. I S. 1069), das zuletzt durch Artikel 134 der Verordnung vom 31. Oktober 2006 (BGBl. I S. 2407) geändert worden ist, bleiben hiervon unberührt.

(2) [1] Folgende in der Verordnung (EU) 2017/1938 bestimmte Aufgaben werden auf die Bundesnetzagentur übertragen:

1. die Durchführung der Risikobewertung gemäß Artikel 7,
2. folgende Aufgaben betreffend den Ausbau bidirektionaler Lastflüsse: die Aufgaben im Rahmen des Verfahrens gemäß Anhang III, die Überwachung der Erfüllung der Verpflichtung nach Artikel 5 Absatz 4, Aufgaben gemäß Artikel 5 Absatz 8 sowie
3. die in Artikel 5 Absatz 1 und 8 Unterabsatz 1 genannten Aufgaben.

[2] Die Bundesnetzagentur nimmt diese Aufgaben unter der Aufsicht des Bundesministeriums für Wirtschaft und Energie wahr. [3] Die Zuständigkeit des Bundesministeriums für Wirtschaft und Energie gemäß Absatz 1 für Regelungen im Hinblick auf die in Artikel 5 Absatz 1 bis 3 und Artikel 6 in Verbindung mit Artikel 2 Nummer 5 der Verordnung (EU) 2017/1938 genannten Standards bleibt hiervon unberührt.

(3) [1] Die Bestimmung der wesentlichen Elemente, die im Rahmen der Risikobewertung zu berücksichtigen und zu untersuchen sind, einschließlich der Szenarien, die gemäß Artikel 7 Absatz 4 Buchstabe c der Verordnung (EU) 2017/1938 zu analysieren sind, bedarf der Zustimmung des Bundesministeriums für Wirtschaft und Energie. [2] Die Bundesnetzagentur kann durch Festlegung gemäß § 29 Einzelheiten zu Inhalt und Verfahren der Übermittlung von Informationen gemäß Artikel 7 Absatz 6, zum Verfahren gemäß Anhang III sowie zur Kostenaufteilung gemäß Artikel 5 Absatz 7 der Verordnung (EU) 2017/1938 regeln.

[1)] § 54a eingef. mWv 4.8.2011 durch G v. 26.7.2011 (BGBl. I S. 1554); Abs. 1 Satz 1, Abs. 2 Sätze 2 und 3, Abs. 3 Satz 1 und Abs. 4 einl. Satzteil geänd. mWv 8.9.2015 durch VO v. 31.8.2015 (BGBl. I S. 1474); Abs. 1 Satz 1, Abs. 2 Satz 1 einl. Satzteil, Nr. 1–3, Satz 3, Abs. 3 Sätze 1 und 2, Abs. 4 Nr. 1–3 geänd. mWv 21.12.2018 durch G v. 17.12.2018 (BGBl. I S. 2549); Überschrift geänd. mWv 17.5.2019 durch G v. 13.5.2019 (BGBl. I S. 706).

[2)] **Wehrrecht Nr. 1441.**

[3)] **Gewerberecht Nr. 955.**

(4) Das Bundesministerium für Wirtschaft und Energie wird ermächtigt, durch Rechtsverordnung, die nicht der Zustimmung des Bundesrates bedarf:

1. zum Zwecke der Durchführung der Verordnung (EU) 2017/1938 weitere Aufgaben an die Bundesnetzagentur zu übertragen,
2. Verfahren und Zuständigkeiten von Bundesbehörden bezüglich der Übermittlung von Daten gemäß Artikel 14 der Verordnung (EU) 2017/1938 festzulegen sowie zu bestimmen, welchen Erdgasunternehmen die dort genannten Informationspflichten obliegen,
3. Verfahren und Inhalt der Berichtspflichten gemäß Artikel 10 Absatz 1 Buchstabe k der Verordnung (EU) 2017/1938 festzulegen sowie
4. weitere Berichts- und Meldepflichten zu regeln, die zur Bewertung der Gasversorgungssicherheitslage erforderlich sind.

§ 54b[1)] Zuständigkeiten gemäß der Verordnung (EU) 2019/941, Verordnungsermächtigung. (1) [1]Das Bundesministerium für Wirtschaft und Energie ist zuständige Behörde für die Durchführung der in der Verordnung (EU) 2019/941 des Europäischen Parlaments und des Rates vom 5. Juni 2019 über die Risikovorsorge im Elektrizitätssektor und zur Aufhebung der Richtlinie 2005/89/EG (ABl. L 158 vom 14.6.2019, S. 1) festgelegten Maßnahmen. [2]Die §§ 3, 4 und 16 des Energiesicherungsgesetzes 1975[2)] und die §§ 5, 8 und 21 des Wirtschaftssicherstellungsgesetzes[3)] bleiben hiervon unberührt.

(2) Folgende in der Verordnung (EU) 2019/941 bestimmte Aufgaben werden auf die Bundesnetzagentur übertragen:

1. die Mitwirkung an der Bestimmung regionaler Szenarien für Stromversorgungskrisen nach Artikel 6 der Verordnung (EU) 2019/941 und
2. die Bestimmung von nationalen Szenarien für Stromversorgungskrisen nach Artikel 7 der Verordnung (EU) 2019/941.

(3) Das Bundesministerium für Wirtschaft und Energie wird ermächtigt, durch Rechtsverordnung, die nicht der Zustimmung des Bundesrates bedarf, zum Zwecke der Durchführung der Verordnung (EU) 2019/941 weitere Aufgaben an die Bundesnetzagentur zu übertragen.

(4) [1]Die Bundesnetzagentur nimmt diese Aufgaben unter der Aufsicht des Bundesministeriums für Wirtschaft und Energie wahr. [2]Die Bestimmung der im Sinne des Artikels 7 der Verordnung (EU) 2019/941 wichtigsten nationalen Szenarien für Stromversorgungskrisen bedarf der Zustimmung des Bundesministeriums für Wirtschaft und Energie.

§ 55[4)] Bundesnetzagentur, Landesregulierungsbehörde und nach Landesrecht zuständige Behörde. (1) [1]Für Entscheidungen der Regulierungsbehörde nach diesem Gesetz gelten hinsichtlich des behördlichen und gerichtlichen Verfahrens die Vorschriften des Teiles 8, soweit in diesem Gesetz nichts anderes bestimmt ist. [2]Leitet die Bundesnetzagentur ein Verfahren ein, führt sie Ermittlungen durch oder schließt sie ein Verfahren ab, so benachrichtigt sie

---

[1)] § 54b eingef. mWv 14.8.2020 durch G v. 8.8.2020 (BGBl. I S. 1818).
[2)] **Wehrrecht Nr. 1441.**
[3)] **Gewerberecht Nr. 955.**
[4)] § 55 Abs. 2 geänd. mWv 1.11.2008 durch G v. 25.10.2008 (BGBl. I S. 2101).

gleichzeitig die Landesregulierungsbehörden, in deren Gebiet die betroffenen Unternehmen ihren Sitz haben.

(2) Leitet die nach Landesrecht zuständige Behörde ein Verfahren nach § 4 oder § 36 Abs. 2 ein, führt sie nach diesen Bestimmungen Ermittlungen durch oder schließt sie ein Verfahren ab, so benachrichtigt sie unverzüglich die Bundesnetzagentur, sofern deren Aufgabenbereich berührt ist.

§ 56[1]) Tätigwerden der Bundesnetzagentur beim Vollzug des europäischen Rechts. (1) [1] Die Bundesnetzagentur nimmt die Aufgaben wahr, die den Regulierungsbehörden der Mitgliedstaaten mit folgenden Rechtsakten übertragen sind:

1. Verordnung (EU) 2019/943 des Europäischen Parlaments und des Rates vom 5. Juni 2019 über den Elektrizitätsbinnenmarkt und den auf Grundlage dieser Verordnung erlassenen Verordnungen der Europäischen Kommission sowie den auf Grundlage des Artikels 6 oder des Artikels 18 der Verordnung (EG) Nr. 714/2009 erlassenen Verordnungen der Europäischen Kommission,
2. Verordnung (EG) Nr. 715/2009 und den auf Grundlage des Artikels 6 oder Artikels 23 dieser Verordnung erlassenen Verordnungen der Europäischen Kommission,
3. Verordnung (EU) 2017/1938,
4. Verordnung (EU) Nr. 1227/2011,
5. Verordnung (EU) Nr. 347/2013,
6. Verordnung (EU) 2019/941 und
7. Verordnung (EU) 2019/942 des Europäischen Parlaments und des Rates vom 5. Juni 2019 zur Gründung einer Agentur der Europäischen Union für die Zusammenarbeit der Energieregulierungsbehörden.

[2] Zur Erfüllung dieser Aufgaben hat die Bundesnetzagentur die Befugnisse, die ihr auf Grund der in Satz 1 genannten Verordnungen und bei der Anwendung dieses Gesetzes zustehen. [3] Es sind die Verfahrensvorschriften dieses Gesetzes anzuwenden.

(2) [1] Die Bundesnetzagentur nimmt die Aufgaben wahr, die den Mitgliedstaaten mit der Verordnung (EU) 2015/1222 der Europäischen Kommission und mit Artikel 15 Absatz 2 der Verordnung (EU) 2019/943 des Europäischen Parlamentes und des Rates vom 5. Juni 2019 über den Elektrizitätsbinnenmarkt übertragen worden sind. [2] Absatz 1 Satz 2 und 3 ist entsprechend anzuwenden.

§ 57[2]) Zusammenarbeit mit Regulierungsbehörden anderer Mitgliedstaaten, der Agentur für die Zusammenarbeit der Energieregulierungsbehörden und der Europäischen Kommission. (1) [1] Die Bundesnetzagentur arbeitet zum Zwecke der Anwendung energierechtlicher Vorschriften mit den Regulierungsbehörden anderer Mitgliedstaaten, der Agentur für die Zusammenarbeit der Energieregulierungsbehörden und der Europäischen Kommission zusammen. [2] Bei Fragen der Gasinfrastruktur, die in einen Drittstaat

[1]) § 56 neu gef. mWv 30.7.2016 durch G v. 26.7.2016 (BGBl. I S. 1786); Abs. 1 Satz 1 Nr. 3 geänd. mWv 21.12.2018 durch G v. 17.12.2018 (BGBl. I S. 2549); Abs. 1 Satz 1 Nr. 1, 4 und 5 neu gef., Nr. 6 und 7 angef., Abs. 2 neu gef. mWv 14.8.2020 durch G v. 8.8.2020 (BGBl. I S. 1818).

[2]) § 57 neu gef. mWv 4.8.2011 durch G v. 26.7.2011 (BGBl. I S. 1554); Abs. 3 geänd. mWv 8.9. 2015 durch VO v. 31.8.2015 (BGBl. I S. 1474); Abs. 1 Satz 2 angef. mWv 12.12.2019 durch G v. 5.12.2019 (BGBl. I S. 2002).

hinein- oder aus einem Drittstaat herausführt, kann die Regulierungsbehörde, wenn der erste Kopplungspunkt im Hoheitsgebiet Deutschlands liegt, mit den zuständigen Behörden des betroffenen Drittstaates nach Maßgabe des Verfahrens nach Artikel 41 Absatz 1 der Richtlinie 2009/73/EG zusammenarbeiten.

(2) [1] Bei der Wahrnehmung der Aufgaben nach diesem Gesetz oder den auf Grund dieses Gesetzes erlassenen Verordnungen kann die Bundesnetzagentur Sachverhalte und Entscheidungen von Regulierungsbehörden anderer Mitgliedstaaten berücksichtigen, soweit diese Auswirkungen im Geltungsbereich dieses Gesetzes haben können. [2] Die Bundesnetzagentur kann auf Antrag eines Netzbetreibers und mit Zustimmung der betroffenen Regulierungsbehörden anderer Mitgliedstaaten von der Regulierung von Anlagen oder Teilen eines grenzüberschreitenden Energieversorgungsnetzes absehen, soweit dieses Energieversorgungsnetz zu einem weit überwiegenden Teil außerhalb des Geltungsbereichs dieses Gesetzes liegt und die Anlage oder der im Geltungsbereich dieses Gesetzes liegende Teil des Energieversorgungsnetzes keine hinreichende Bedeutung für die Energieversorgung im Inland hat. [3] Satz 2 gilt nur, soweit die Anlage oder der im Geltungsbereich dieses Gesetzes liegende Teil der Regulierung durch eine Regulierungsbehörde eines anderen Mitgliedstaates unterliegt und dies zu keiner wesentlichen Schlechterstellung der Betroffenen führt. [4] Ebenso kann die Bundesnetzagentur auf Antrag eines Netzbetreibers und mit Zustimmung der betroffenen Regulierungsbehörden anderer Mitgliedstaaten die Vorschriften dieses Gesetzes auf Anlagen oder Teile eines grenzüberschreitenden Energieversorgungsnetzes, die außerhalb des Geltungsbereichs dieses Gesetzes liegen und eine weit überwiegende Bedeutung für die Energieversorgung im Inland haben, anwenden, soweit die betroffenen Regulierungsbehörden anderer Mitgliedstaaten von einer Regulierung absehen und dies zu keiner wesentlichen Schlechterstellung der Betroffenen führt.

(3) Um die Zusammenarbeit bei der Regulierungstätigkeit zu verstärken, kann die Bundesnetzagentur mit Zustimmung des Bundesministeriums für Wirtschaft und Energie allgemeine Kooperationsvereinbarungen mit Regulierungsbehörden anderer Mitgliedstaaten schließen.

(4) [1] Die Bundesnetzagentur kann im Rahmen der Zusammenarbeit nach Absatz 1 den Regulierungsbehörden anderer Mitgliedstaaten, der Agentur für die Zusammenarbeit der Energieregulierungsbehörden und der Europäischen Kommission die für die Aufgabenerfüllung dieser Behörden aus dem Recht der Europäischen Union erforderlichen Informationen übermitteln, soweit dies erforderlich ist, damit diese Behörden ihre Aufgaben aus dem Recht der Europäischen Union erfüllen können. [2] Bei der Übermittlung von Informationen nach Satz 1 kennzeichnet die Bundesnetzagentur vertrauliche Informationen.

(5) [1] Soweit die Bundesnetzagentur im Rahmen der Zusammenarbeit nach Absatz 1 Informationen von den Regulierungsbehörden anderer Mitgliedstaaten, der Agentur für die Zusammenarbeit der Energieregulierungsbehörden oder der Europäischen Kommission erhält, stellt sie eine vertrauliche Behandlung aller als vertraulich gekennzeichneten Informationen sicher. [2] Die Bundesnetzagentur ist dabei an dasselbe Maß an Vertraulichkeit gebunden wie die übermittelnde Behörde oder die Behörde, welche die Informationen erhoben hat. [3] Die Regelungen über die Rechtshilfe in Strafsachen sowie Amts- und Rechtshilfeabkommen bleiben unberührt.

§ 57a[1)] Überprüfungsverfahren. (1) Die Bundesnetzagentur kann die Agentur für die Zusammenarbeit der Energieregulierungsbehörden um eine Stellungnahme dazu ersuchen, ob eine von einer anderen nationalen Regulierungsbehörde getroffene Entscheidung im Einklang mit der Richtlinie 2009/72/EG, der Richtlinie 2009/73/EG, der Verordnung (EG) Nr. 714/2009, der Verordnung (EG) Nr. 715/2009 oder den nach diesen Vorschriften erlassenen Leitlinien steht.

(2) Die Bundesnetzagentur kann der Europäischen Kommission jede Entscheidung einer Regulierungsbehörde eines anderen Mitgliedstaates mit Belang für den grenzüberschreitenden Handel innerhalb von zwei Monaten ab dem Tag, an dem die fragliche Entscheidung ergangen ist, zur Prüfung vorlegen, wenn sie der Auffassung ist, dass die Entscheidung der anderen Regulierungsbehörde nicht mit den gemäß der Richtlinie 2009/72/EG, der Richtlinie 2009/73/EG, der Verordnung (EG) Nr. 714/2009 oder der Verordnung (EG) Nr. 715/2009 erlassenen Leitlinien in Einklang steht.

(3) [1] Die Bundesnetzagentur ist befugt, jede eigene Entscheidung nachträglich zu ändern, soweit dies erforderlich ist, um einer Stellungnahme der Agentur für die Zusammenarbeit der Energieregulierungsbehörden nach Artikel 39 Absatz 2 der Richtlinie 2009/72/EG oder Artikel 43 Absatz 2 der Richtlinie 2009/73/EG oder Artikel 7 Absatz 4 der Verordnung (EG) Nr. 713/2009 zu genügen. [2] Die §§ 48 und 49 des Verwaltungsverfahrensgesetzes[2)] bleiben unberührt.

(4) Die Bundesnetzagentur ist befugt, jede eigene Entscheidung auf das Verlangen der Europäischen Kommission nach Artikel 39 Absatz 6 Buchstabe b der Richtlinie 2009/72/EG oder Artikel 43 Absatz 6 Buchstabe b der Richtlinie 2009/73/EG nachträglich zu ändern oder aufzuheben.

(5) Die Regelungen über die Rechtshilfe in Strafsachen sowie Amts- und Rechtshilfeabkommen bleiben unberührt.

§ 58[3)] Zusammenarbeit mit den Kartellbehörden. (1) [1] In den Fällen des § 65 in Verbindung mit den §§ 6 bis 6b, 7 bis 7b und 9 bis 10e, des § 25 Satz 2, des § 28a Abs. 3 Satz 1, des § 56 in Verbindung mit Artikel 17 Absatz 1 Buchstabe a der Verordnung (EG) Nr. 714/2009 und von Entscheidungen, die nach einer Rechtsverordnung nach § 24 Satz 1 Nr. 2 in Verbindung mit Satz 2 Nr. 5 vorgesehen sind, entscheidet die Bundesnetzagentur im Einvernehmen mit dem Bundeskartellamt, wobei jedoch hinsichtlich der Entscheidung nach § 65 in Verbindung mit den §§ 6 bis 6a, 7 bis 7b und 9 bis 10e das Einvernehmen nur bezüglich der Bestimmung des Verpflichteten und hinsichtlich der Entscheidung nach § 28a Abs. 3 Satz 1 das Einvernehmen nur bezüglich des Vorliegens der Voraussetzungen des § 28a Absatz 1 Nummer 1 und 5, jeweils ausgenommen die Voraussetzungen der Versorgungssicherheit, des effizienten Funktionierens der betroffenen regulierten Netze sowie der Erdgasversorgungssicherheit der Europäischen Union erforderlich ist. [2] Trifft die Bundes-

---

[1)] § 57a eingef. mWv 4.8.2011 durch G v. 26.7.2011 (BGBl. I S. 1554).

[2)] Nr. **100**.

[3)] § 58 Abs. 2 geänd. mWv 22.12.2007 durch G v. 18.12.2007 (BGBl. I S. 2966); Abs. 1 Satz 2, Abs. 4 Satz 1 geänd. mWv 1.11.2008 durch G v. 25.10.2008 (BGBl. I S. 2101); Abs. 1 Satz 1, Abs. 2 geänd., Abs. 2a, b eingef. mWv 4.8.2011 durch G v. 26.7.2011 (BGBl. I S. 1554); Abs. 1 Satz 1 geänd. mWv 28.12.2012 durch G v. 20.12.2012 (BGBl. I S. 2730); Abs. 1 Satz 1 geänd. mWv 12.12.2019 durch G v. 5.12.2019 (BGBl. I S. 2002).

netzagentur Entscheidungen nach den Bestimmungen des Teiles 3, gibt sie dem Bundeskartellamt und der Landesregulierungsbehörde, in deren Bundesland der Sitz des betroffenen Netzbetreibers belegen ist, rechtzeitig vor Abschluss des Verfahrens Gelegenheit zur Stellungnahme.

(2) Führt die nach dem Gesetz gegen Wettbewerbsbeschränkungen[1] zuständige Kartellbehörde im Bereich der leitungsgebundenen Versorgung mit Elektrizität und Gas Verfahren nach den §§ 19, 20 und 29 des Gesetzes gegen Wettbewerbsbeschränkungen, Artikel 102 des Vertrages über die Arbeitsweise der Europäischen Union[2] oder nach § 40 Abs. 2 des Gesetzes gegen Wettbewerbsbeschränkungen durch, gibt sie der Bundesnetzagentur rechtzeitig vor Abschluss des Verfahrens Gelegenheit zur Stellungnahme.

(2a) Absatz 2 gilt entsprechend, wenn die Bundesanstalt für Finanzdienstleistungsaufsicht ein Verfahren im Bereich der leitungsgebundenen Versorgung mit Elektrizität oder Gas einleitet.

(2b) Die Bundesnetzagentur arbeitet mit der Europäischen Kommission bei der Durchführung von wettbewerblichen Untersuchungen durch die Europäische Kommission im Bereich der leitungsgebundenen Versorgung mit Elektrizität und Gas zusammen.

(3) Bundesnetzagentur und Bundeskartellamt wirken auf eine einheitliche und den Zusammenhang mit dem Gesetz gegen Wettbewerbsbeschränkungen wahrende Auslegung dieses Gesetzes hin.

(4) [1] Die Regulierungsbehörden und die Kartellbehörden können unabhängig von der jeweils gewählten Verfahrensart untereinander Informationen einschließlich personenbezogener Daten und Betriebs- und Geschäftsgeheimnisse austauschen, soweit dies zur Erfüllung ihrer jeweiligen Aufgaben erforderlich ist, sowie diese in ihren Verfahren verwerten. [2] Beweisverwertungsverbote bleiben unberührt.

§ 58a[3] Zusammenarbeit zur Durchführung der Verordnung (EU) Nr. 1227/2011. (1) Zur Durchführung der Verordnung (EU) Nr. 1227/2011 arbeitet die Bundesnetzagentur mit der Bundesanstalt für Finanzdienstleistungsaufsicht, mit dem Bundeskartellamt sowie mit den Börsenaufsichtsbehörden und den Handelsüberwachungsstellen zusammen.

(2) [1] Die Bundesnetzagentur und die dort eingerichtete Markttransparenzstelle, die Bundesanstalt für Finanzdienstleistungsaufsicht, das Bundeskartellamt, die Börsenaufsichtsbehörden und die Handelsüberwachungsstellen haben einander unabhängig von der jeweils gewählten Verfahrensart solche Informationen, Beobachtungen und Feststellungen einschließlich personenbezogener Daten sowie Betriebs- und Geschäftsgeheimnisse mitzuteilen, die für die Erfüllung ihrer jeweiligen Aufgaben erforderlich sind. [2] Sie können diese Informationen, Beobachtungen und Feststellungen in ihren Verfahren verwerten. [3] Beweisverwertungsverbote bleiben unberührt.

(3) Ein Anspruch auf Zugang zu den in Absatz 2 und in Artikel 17 der Verordnung (EU) Nr. 1227/2011 genannten amtlichen Informationen besteht

---

[1] **Schönfelder Nr. 74.**

[2] Nr. **1001**.

[3] § 58a eingef. mWv 12.12.2012 durch G v. 5.12.2012 (BGBl. I S. 2403); Abs. 1 Satz 1 geänd., Satz 2 aufgeh., Abs. 2 Satz 1 neu gef. mWv 27.7.2013 durch G v. 23.7.2013 (BGBl. I S. 2543).

über den in Artikel 17 Absatz 3 der Verordnung (EU) Nr. 1227/2011 bezeichneten Fall hinaus nicht.

(4) [1] Die Bundesnetzagentur kann zur Durchführung der Verordnung (EU) Nr. 1227/2011 durch Festlegungen nach § 29 Absatz 1 nähere Bestimmungen treffen, insbesondere zur Verpflichtung zur Veröffentlichung von Informationen nach Artikel 4 der Verordnung (EU) Nr. 1227/2011, zur Registrierung der Marktteilnehmer nach Artikel 9 Absatz 4 und 5 und zur Datenmeldung nach Artikel 8 Absatz 1 oder Absatz 5 der Verordnung (EU) Nr. 1227/2011, soweit nicht die Europäische Kommission entgegenstehende Vorschriften nach Artikel 8 Absatz 2 oder Absatz 6 der Verordnung (EU) Nr. 1227/2011 erlassen hat. [2] Festlegungen, die nähere Bestimmungen zu den Datenmeldepflichten nach Artikel 8 der Verordnung (EU) Nr. 1227/2011 treffen, erfolgen mit Zustimmung der Markttransparenzstelle.

§ 58b[1)] Beteiligung der Bundesnetzagentur und Mitteilungen in Strafsachen. (1) [1] Die Staatsanwaltschaft informiert die Bundesnetzagentur über die Einleitung eines Ermittlungsverfahrens, welches Straftaten nach § 95a oder § 95b betrifft. [2] Werden im Ermittlungsverfahren Sachverständige benötigt, können fachkundige Mitarbeiter der Bundesnetzagentur herangezogen werden. [3] Erwägt die Staatsanwaltschaft, das Verfahren einzustellen, so hat sie die Bundesnetzagentur zu hören.

(2) Das Gericht teilt der Bundesnetzagentur in einem Verfahren, welches Straftaten nach § 95a oder § 95b betrifft, den Termin zur Hauptverhandlung mit.

(3) Der Bundesnetzagentur ist auf Antrag Akteneinsicht zu gewähren, es sei denn, schutzwürdige Interessen des Betroffenen stehen dem entgegen oder der Untersuchungserfolg der Ermittlungen wird dadurch gefährdet.

(4) [1] In Strafverfahren, die Straftaten nach § 95a oder § 95b zum Gegenstand haben, ist der Bundesnetzagentur im Fall der Erhebung der öffentlichen Klage Folgendes zu übermitteln:

1. die Anklageschrift oder eine an ihre Stelle tretende Antragsschrift,
2. der Antrag auf Erlass eines Strafbefehls und
3. die das Verfahren abschließende Entscheidung mit Begründung; ist gegen die Entscheidung ein Rechtsmittel eingelegt worden, ist sie unter Hinweis darauf zu übermitteln.

[2] In Verfahren wegen leichtfertig begangener Straftaten wird die Bundesnetzagentur über die in den Nummern 1 und 2 bestimmten Übermittlungen nur dann informiert, wenn aus der Sicht der übermittelnden Stelle unverzüglich Entscheidungen oder andere Maßnahmen der Bundesnetzagentur geboten sind.

[1)] § 58b eingef. mWv 12.12.2012 durch G v. 5.12.2012 (BGBl. I S. 2403).

Abschnitt 2. Bundesbehörden

§ 59[1] Organisation. (1) [1] Die Entscheidungen der Bundesnetzagentur nach diesem Gesetz werden von den Beschlusskammern getroffen. [2] Satz 1 gilt nicht für

1. die Erstellung und Überprüfung von Katalogen von Sicherheitsanforderungen nach § 11 Absatz 1a und 1b,
2. die Aufgaben nach § 11 Absatz 2,

2a. die Anforderung der Berichte und die Überwachung der Berichtspflichten nach § 12 Absatz 3b und 3c,

3. die Datenerhebung zur Erfüllung von Berichtspflichten einschließlich der Anforderung von Angaben nach § 12 Absatz 5 Satz 1 Nummer 4,
4. die Aufgaben nach den §§ 12a bis 12f,

4a. die Überwachung der Vorgaben nach § 13 Absatz 3 Satz 4 und 5,

5. Entscheidungen nach § 13b Absatz 5, § 13e Absatz 5, § 13f Absatz 1, § 13g Absatz 6, auf Grund einer Verordnung nach § 13h Absatz 1 Nummer 1 bis 8, 10 und 11 sowie 12 bis 23, Festlegungen auf Grund § 13h Absatz 2 zur näheren Bestimmung der Regelungen nach § 13h Absatz 1 Nummer 1 bis 8, 10 und 11 sowie 12 bis 20,
6. Entscheidungen, die auf Grund von Verordnungen nach § 13i Absatz 3 Nummer 1 Buchstabe a, b, c, f sowie Nummer 2 und Absatz 4 getroffen werden, mit Ausnahme der Kriterien einer angemessenen Vergütung,
7. Festlegungen nach § 13j Absatz 2 Nummer 3, 5 bis 7 und 9, Absatz 3 Satz 1 in Verbindung mit § 13i Absatz 3 Nummer 1 Buchstabe a, b, c und f, § 13j Absatz 3 Satz 2 hinsichtlich des § 13b sowie nach § 13j Absatz 4 und 5,
8. die Vorgaben zu den Berichten nach § 14 Absatz 1a Satz 5 und Absatz 1b Satz 2,
9. die Aufgaben nach den §§ 15a, 15b,
10. die Aufgaben nach den §§ 17a bis 17c,
11. die Durchführung des Vergleichsverfahrens nach § 21 Absatz 3,
12. Datenerhebungen zur Wahrnehmung der Aufgaben nach § 54a Absatz 2, Entscheidungen im Zusammenhang mit dem Ausbau bidirektionaler Gasflüsse nach § 54a Absatz 2 in Verbindung mit Artikel 5 Absatz 4 und 8 Unterabsatz 1 sowie Anhang III der Verordnung (EU) 2017/1938 sowie Festlegungen gemäß § 54a Absatz 3 Satz 2 mit Ausnahme von Festlegungen zur Kostenaufteilung,

---

[1] § 59 Abs. 1 Satz 3 geänd. mWv 17.12.2006 durch G v. 9.12.2006 (BGBl. I S. 2833); Abs. 1 Satz 2 neu gef., Abs. 3 geänd. mWv 4.8.2011 durch G v. 26.7.2011 (BGBl. I S. 1554); Abs. 1 Satz 2 geänd. mWv 12.12.2012 durch G v. 5.12.2012 (BGBl. I S. 2403); Abs. 1 Satz 2 geänd. mWv 28.12.2012 durch G v. 20.12.2012 (BGBl. I S. 2730); Abs. 1 Satz 2 geänd. mWv 27.7.2013 durch G v. 23.7.2013 (BGBl. I S. 2543); Abs. 1 Satz 2 geänd. mWv 25.7.2015 durch G v. 17.7.2015 (BGBl. I S. 1324); Abs. 1 Satz 3 geänd. mWv 8.9.2015 durch VO v. 31.8.2015 (BGBl. I S. 1474); Abs. 1 Satz 2 geänd. mWv 1.1.2016 durch G v. 10.12.2015 (BGBl. I S. 2194); Abs. 1 neu gef. mWv 30.7.2016 durch G v. 26.7.2016 (BGBl. I S. 1786); Abs. 1 Satz 2 Nr. 5 und 7 geänd. mWv 1.1.2017 durch G v. 13.10.2016 (BGBl. I S. 2258); Abs. 1 Satz 2 Nr. 17 und 18 geänd., Nr. 19 angef. mWv 1.1.2017 durch G v. 22.12.2016 (BGBl. I S. 3106); Abs. 1 Satz 2 Nr. 5 geänd. mWv 22.7.2017 durch G v. 17.7.2017 (BGBl. I S. 2503); Abs. 1 Satz 2 Nr. 4a eingef., Nr. 5 und 12 geänd. mWv 21.12.2018 durch G v. 17.12.2018 (BGBl. I S. 2549); Abs. 1 Satz 2 Nr. 2a eingef. mWv 17.5.2019 durch G v. 13.5.2019 (BGBl. I S. 706).

13. Entscheidungen im Zusammenhang mit der Überwachung der Energiegroßhandelsmärkte nach § 56 Absatz 1 Satz 1 Nummer 4 in Verbindung mit der Verordnung (EU) Nr. 1227/2011 sowie Festlegungen gemäß § 5b Absatz 1 Satz 2 und § 58a Absatz 4,
14. Entscheidungen hinsichtlich der Überprüfung bestehender Gebotszonenkonfigurationen auf der Grundlage von Artikel 32 der Verordnung (EU) 2015/1222,
15. Entscheidungen zur Durchsetzung der Verpflichtungen für Datenlieferanten nach Artikel 4 Absatz 6 der Verordnung (EU) Nr. 543/2013,
16. die Erhebung von Gebühren nach § 91,
17. Vollstreckungsmaßnahmen nach § 94,
18. die Aufgaben und Festlegungen im Zusammenhang mit der nationalen Informationsplattform nach § 111d und
19. die Aufgaben im Zusammenhang mit dem Marktstammdatenregister nach den §§ 111e und 111f.

[3] Die Beschlusskammern werden nach Bestimmung des Bundesministeriums für Wirtschaft und Energie gebildet.

(2) [1] Die Beschlusskammern entscheiden in der Besetzung mit einem oder einer Vorsitzenden und zwei Beisitzenden. [2] Vorsitzende und Beisitzende müssen Beamte sein und die Befähigung zum Richteramt oder für eine Laufbahn des höheren Dienstes haben.

(3) Die Mitglieder der Beschlusskammern dürfen weder ein Unternehmen der Energiewirtschaft innehaben oder leiten noch dürfen sie Mitglied des Vorstandes oder Aufsichtsrates eines Unternehmens der Energiewirtschaft sein oder einer Regierung oder einer gesetzgebenden Körperschaft des Bundes oder eines Landes angehören.

§ 60[1)] Aufgaben des Beirates. [1] Der Beirat nach § 5 des Gesetzes über die Bundesnetzagentur für Elektrizität, Gas, Telekommunikation, Post und Eisenbahnen[2)] hat die Aufgabe, die Bundesnetzagentur bei der Erstellung der Berichte nach § 63 Absatz 3 zu beraten. [2] Er ist gegenüber der Bundesnetzagentur berechtigt, Auskünfte und Stellungnahmen einzuholen. [3] Die Bundesnetzagentur ist insoweit auskunftspflichtig.

§ 60a[3)] Aufgaben des Länderausschusses. (1) Der Länderausschuss nach § 8 des Gesetzes über die Bundesnetzagentur für Elektrizität, Gas, Telekommunikation, Post und Eisenbahnen[2)] (Länderausschuss) dient der Abstimmung zwischen der Bundesnetzagentur und den Landesregulierungsbehörden mit dem Ziel der Sicherstellung eines bundeseinheitlichen Vollzugs.

(2) [1] Vor dem Erlass von Allgemeinverfügungen, insbesondere von Festlegungen nach § 29 Abs. 1, und Verwaltungsvorschriften, Leitfäden und vergleichbaren informellen Regelungen durch die Bundesnetzagentur nach den Teilen 2 und 3 ist dem Länderausschuss Gelegenheit zur Stellungnahme zu geben. [2] In dringlichen Fällen können Allgemeinverfügungen erlassen werden, ohne dass dem Länderausschuss Gelegenheit zur Stellungnahme gegeben worden ist; in solchen Fällen ist der Länderausschuss nachträglich zu unterrichten.

---

1) § 60 Satz 1 geänd. mWv 4.8.2011 durch G v. 26.7.2011 (BGBl. I S. 1554).
2) **Sartorius ErgBd. Nr. 901.**
3) § 60a Abs. 2 Satz 1 geänd. mWv 4.8.2011 durch G v. 26.7.2011 (BGBl. I S. 1554).

(3) [1]Der Länderausschuss ist berechtigt, im Zusammenhang mit dem Erlass von Allgemeinverfügungen im Sinne des Absatzes 2 Auskünfte und Stellungnahmen von der Bundesnetzagentur einzuholen. [2]Die Bundesnetzagentur ist insoweit auskunftspflichtig.

(4) [1]Der Bericht der Bundesnetzagentur nach § 112a Abs. 1 zur Einführung einer Anreizregulierung ist im Benehmen mit dem Länderausschuss zu erstellen. [2]Der Länderausschuss ist zu diesem Zwecke durch die Bundesnetzagentur regelmäßig über Stand und Fortgang der Arbeiten zu unterrichten. [3]Absatz 3 gilt entsprechend.

§ 61[1)] Veröffentlichung allgemeiner Weisungen des Bundesministeriums für Wirtschaft und Energie. Soweit das Bundesministerium für Wirtschaft und Energie der Bundesnetzagentur allgemeine Weisungen für den Erlass oder die Unterlassung von Verfügungen nach diesem Gesetz erteilt, sind diese Weisungen mit Begründung im Bundesanzeiger zu veröffentlichen.

§ 62[2)] Gutachten der Monopolkommission. (1) [1]Die Monopolkommission erstellt alle zwei Jahre ein Gutachten, in dem sie den Stand und die absehbare Entwicklung des Wettbewerbs und die Frage beurteilt, ob funktionsfähiger Wettbewerb auf den Märkten der leitungsgebundenen Versorgung mit Elektrizität und Gas in der Bundesrepublik Deutschland besteht, die Anwendung der Vorschriften dieses Gesetzes über die Regulierung und Wettbewerbsaufsicht würdigt und zu sonstigen aktuellen wettbewerbspolitischen Fragen der leitungsgebundenen Versorgung mit Elektrizität und Gas Stellung nimmt. [2]Das Gutachten soll in dem Jahr abgeschlossen sein, in dem kein Hauptgutachten nach § 44 des Gesetzes gegen Wettbewerbsbeschränkungen[3)] vorgelegt wird. [3]Die Monopolkommission kann Einsicht nehmen in die bei der Bundesnetzagentur geführten Akten einschließlich der Betriebs- und Geschäftsgeheimnisse, soweit dies zur ordnungsgemäßen Erfüllung ihrer Aufgaben erforderlich ist. [4]Für den vertraulichen Umgang mit den Akten gilt § 46 Absatz 3 des Gesetzes gegen Wettbewerbsbeschränkungen entsprechend.

(2) [1]Die Monopolkommission leitet ihre Gutachten der Bundesregierung zu. [2]Die Bundesregierung legt Gutachten nach Absatz 1 Satz 1 den gesetzgebenden Körperschaften unverzüglich vor und nimmt zu ihnen in angemessener Frist Stellung. [3]Die Gutachten werden von der Monopolkommission veröffentlicht. [4]Bei Gutachten nach Absatz 1 Satz 1 erfolgt dies zu dem Zeitpunkt, zu dem sie von der Bundesregierung der gesetzgebenden Körperschaft vorgelegt werden.

§ 63[4)] Berichterstattung. (1) [1]Die Bundesregierung berichtet dem Bundestag jährlich über den Netzausbau, den Kraftwerksbestand sowie Energieeffi-

---

[1)] § 61 Überschrift und Wortlaut geänd. mWv 17.12.2006 durch G v. 9.12.2006 (BGBl. I S. 2833); Überschrift und Wortlaut geänd. mWv 8.9.2015 durch VO v. 31.8.2015 (BGBl. I S. 1474).

[2)] § 62 Abs. 1 Sätze 3 und 4 angef. mWv 4.8.2011 durch G v. 26.7.2011 (BGBl. I S. 1554).

[3)] **Schönfelder Nr. 74.**

[4)] § 63 Abs. 1, 2 und 3 Satz 2 geänd. mWv 17.12.2006 durch G v. 9.12.2006 (BGBl. I S. 2833); Abs. 3 Satz 2 geänd. mWv 1.11.2008 durch G v. 25.10.2008 (BGBl. I S. 2101); Abs. 1 eingef., bish. Abs. 1 wird Abs. 1a, Abs. 3 und 4 neu gef., Abs. 4a und 5 aufgeh., bish. Abs. 6 wird Abs. 5 mWv 4.8. 2011 durch G v. 26.7.2011 (BGBl. I S. 1554); Abs. 2a eingef. mWv 28.12.2012 durch G v. 20.12. 2012 (BGBl. I S. 2730); Abs. 1 Satz 1 neu gef., Satz 2 aufgeh., bish. Satz 3 wird Satz 2, neuer Satz 2, Abs. 1a, 2, 2a und 3 Satz 3 geänd. mWv 1.8.2014 durch G v. 21.7.2014 (BGBl. I S. 1066); Abs. 1a aufgeh., Abs. 2 und 2a neu gef., Abs. 3 Satz 2 geänd., Abs. 3a eingef. mWv 30.7.2016, Abs. 1 Satz 1 zienz und die sich daraus ergebenden Herausforderungen und legt erforderliche Handlungsempfehlungen vor (Monitoringbericht). [2] Bei der Erstellung des Berichts nach Satz 1 hat das Bundesministerium für Wirtschaft und Energie die Befugnisse nach den §§ 12a, 12b, 14 Absatz 1a und 1b, den §§ 68, 69 und 71.

(2) [1] Die Bundesnetzagentur erstellt bis zum 31. Oktober 2021 und dann mindestens alle zwei Jahre jeweils die folgenden Berichte:

1. einen Bericht zum Stand und zur Entwicklung der Versorgungssicherheit im Bereich der Versorgung mit Erdgas sowie
2. einen Bericht zum Stand und zur Entwicklung der Versorgungssicherheit im Bereich der Versorgung mit Elektrizität.

[2] Zusätzlich zu den Berichten nach Satz 1 veröffentlicht das Bundesministerium für Wirtschaft und Energie einmalig zum 31. Oktober 2020 eine Abschätzung der Angemessenheit der Ressourcen gemäß den Anforderungen der Verordnung (EU) 2019/943. [3] Diese Analyse ist ab 2021 in den Bericht nach Satz 1 Nummer 2 zu integrieren. [4] In die Berichte nach Satz 1 sind auch die Erkenntnisse aus dem Monitoring der Versorgungssicherheit nach § 51 sowie getroffene oder geplante Maßnahmen aufzunehmen. [5] In den Berichten nach Satz 1 stellt die Bundesnetzagentur jeweils auch dar, inwieweit Importe zur Sicherstellung der Versorgungssicherheit in Deutschland beitragen. [6] Das Bundesministerium für Wirtschaft und Energie stellt zu den Berichten nach Satz 1 Einvernehmen innerhalb der Bundesregierung her. [7] Die Bundesregierung veröffentlicht die Berichte der Bundesnetzagentur nach Satz 1 und legt dem Bundestag erstmals zum 31. Dezember 2021 und dann mindestens alle vier Jahre Handlungsempfehlungen vor. [8] Die Bundesnetzagentur übermittelt die Berichte nach Satz 1 nach Veröffentlichung durch die Bundesregierung jeweils unverzüglich an die Europäische Kommission.

(2a) [1] Das Bundesministerium für Wirtschaft und Energie veröffentlicht jeweils bis zum 31. Juli 2017 und 31. Dezember 2018 sowie für die Dauer des Fortbestehens der Maßnahmen nach den §§ 13a bis 13d sowie 13f, 13i und 13j sowie § 16 Absatz 2a mindestens alle zwei Jahre jeweils einen Bericht über die Wirksamkeit und Notwendigkeit dieser Maßnahmen einschließlich der dafür entstehenden Kosten. [2] Ab dem Jahr 2020 umfasst der Bericht auch auf Grundlage der Überprüfungen nach § 13e Absatz 5 die Wirksamkeit und Notwendigkeit von Maßnahmen nach § 13e oder der Rechtsverordnung nach § 13h einschließlich der für die Maßnahmen entstehenden Kosten. [3] Das Bundesministerium für Wirtschaft und Energie evaluiert in dem zum 31. Dezember 2022 zu veröffentlichenden Bericht auch, ob eine Fortgeltung der Regelungen nach Satz 1 und der Netzreserveverordnung über den 31. Dezember 2023 hinaus zur Gewährleistung der Sicherheit oder Zuverlässigkeit des Elektrizitätsversorgungssystems weiterhin notwendig ist.

(3) [1] Die Bundesnetzagentur veröffentlicht jährlich einen Bericht über ihre Tätigkeit sowie im Einvernehmen mit dem Bundeskartellamt, soweit wettbewerbliche Aspekte betroffen sind, über das Ergebnis ihrer Monitoring-Tätig-

---

(Fortsetzung der Anm. von voriger Seite)
geänd. mWv 1.1.2017 durch G v. 26.7.2016 (BGBl. I S. 1786); Abs. 1 Satz 1 neu gef., Abs. 3 Satz 2 und Abs. 3a Satz 1 geänd. mWv 1.1.2017 durch G v. 13.10.2016 (BGBl. I S. 2258); Abs. 2a Satz 1 geänd., Satz 2 neu gef. mWv 1.1.2017 durch G v. 22.12.2016 (BGBl. I S. 3106); Abs. 2a Satz 2 und Abs. 3a Satz 1 geänd. mWv 21.12.2018 durch G v. 17.12.2018 (BGBl. I S. 2549); Abs. 2 neu gef. mWv 14.8.2020 durch G v. 8.8.2020 (BGBl. I S. 1818).

keit und legt ihn der Europäischen Kommission und der Europäischen Agentur für die Zusammenarbeit der Energieregulierungsbehörden vor. [2] In den Bericht ist der vom Bundeskartellamt im Einvernehmen mit der Bundesnetzagentur, soweit Aspekte der Regulierung der Leitungsnetze betroffen sind, erstellte Bericht über das Ergebnis seiner Monitoring-Tätigkeit nach § 48 Absatz 3 in Verbindung mit § 53 Absatz 3 Satz 1 des Gesetzes gegen Wettbewerbsbeschränkungen[1)] aufzunehmen (Monitoringbericht Elektrizitäts- und Gasmarkt). [3] In den Bericht sind allgemeine Weisungen des Bundesministeriums für Wirtschaft und Energie nach § 61 aufzunehmen.

(3a) [1] Die Regulierungsbehörde veröffentlicht bis zum 31. März 2017, bis zum 30. Juni 2019 und dann mindestens alle zwei Jahre auf Grundlage der Informationen und Analysen nach § 12 Absatz 5 Satz 1 Nummer 4 und nach § 35 Absatz 1a jeweils einen Bericht über die Mindesterzeugung, über die Faktoren, die die Mindesterzeugung in den letzten zwei Jahren maßgeblich beeinflusst haben, sowie über den Umfang, in dem die Einspeisung aus erneuerbaren Energien durch diese Mindesterzeugung beeinflusst worden ist (Bericht über die Mindesterzeugung). [2] In den Bericht nach Satz 1 ist auch die zukünftige Entwicklung der Mindesterzeugung aufzunehmen.

(4) [1] Die Bundesnetzagentur kann in ihrem Amtsblatt oder auf ihrer Internetseite jegliche Information veröffentlichen, die für Haushaltskunden Bedeutung haben kann, auch wenn dies die Nennung von Unternehmensnamen beinhaltet. [2] Sonstige Rechtsvorschriften, namentlich zum Schutz personenbezogener Daten und zum Presserecht, bleiben unberührt.

(5) Das Statistische Bundesamt unterrichtet die Europäische Kommission alle drei Monate über in den vorangegangenen drei Monaten getätigte Elektrizitätseinfuhren in Form physikalisch geflossener Energiemengen aus Ländern außerhalb der Europäischen Union.

§ 64 Wissenschaftliche Beratung. (1) [1] Die Bundesnetzagentur kann zur Vorbereitung ihrer Entscheidungen oder zur Begutachtung von Fragen der Regulierung wissenschaftliche Kommissionen einsetzen. [2] Ihre Mitglieder müssen auf dem Gebiet der leitungsgebundenen Energieversorgung über besondere volkswirtschaftliche, betriebswirtschaftliche, verbraucherpolitische, technische oder rechtliche Erfahrungen und über ausgewiesene wissenschaftliche Kenntnisse verfügen.

(2) [1] Die Bundesnetzagentur darf sich bei der Erfüllung ihrer Aufgaben fortlaufend wissenschaftlicher Unterstützung bedienen. [2] Diese betrifft insbesondere

1. die regelmäßige Begutachtung der volkswirtschaftlichen, betriebswirtschaftlichen, technischen und rechtlichen Entwicklung auf dem Gebiet der leitungsgebundenen Energieversorgung,
2. die Aufbereitung und Weiterentwicklung der Grundlagen für die Gestaltung der Regulierung des Netzbetriebs, die Regeln über den Netzanschluss und -zugang sowie den Kunden- und Verbraucherschutz.

[1)] **Schönfelder Nr. 74.**

§ 64a Zusammenarbeit zwischen den Regulierungsbehörden.

(1) [1] Die Bundesnetzagentur und die Landesregulierungsbehörden unterstützen sich gegenseitig bei der Wahrnehmung der ihnen nach § 54 obliegenden

(Fortsetzung nächstes Blatt)

2. in den Fällen des Absatzes 1 Satz 1 Nummer 1 bis 4, 6 bis 8, wer durch einen Antrag die Tätigkeit der Regulierungsbehörde veranlasst hat, oder derjenige, gegen den eine Verfügung der Regulierungsbehörde ergangen ist;

2a. in den Fällen des Absatzes 1 Satz 1 Nummer 5 der Antragsteller, wenn der Antrag abgelehnt wird, oder der Netzbetreiber, gegen den eine Verfügung nach § 31 Absatz 3 ergangen ist; wird der Antrag teilweise abgelehnt, sind die Kosten verhältnismäßig zu teilen; einem Beteiligten können die Kosten ganz auferlegt werden, wenn der andere Beteiligte nur zu einem geringen Teil unterlegen ist; erklären die Beteiligten übereinstimmend die Sache für erledigt, tragen sie die Kosten zu gleichen Teilen;

3. in den Fällen des Absatzes 1 Satz 1 Nummer 9, wer die Herstellung der Abschriften oder die Herausgabe von Daten nach § 12f Absatz 2 veranlasst hat;

4. in den Fällen des Absatzes 1 Satz 4 derjenige, dem die Regulierungsbehörde die Entscheidung oder einen schriftlichen Hinweis auf die öffentliche Bekanntmachung förmlich zugestellt hat;

5. in den Fällen des Absatzes 2a der Betreiber von Energieversorgungsnetzen, gegen den ein Missbrauchsverfahren nach § 30 Absatz 2 bereits eingeleitet war.

[2] Kostenschuldner ist auch, wer die Zahlung der Kosten durch eine vor der Regulierungsbehörde abgegebene oder ihr mitgeteilte Erklärung übernommen hat oder wer für die Kostenschuld eines anderen kraft Gesetzes haftet. [3] Mehrere Kostenschuldner haften als Gesamtschuldner.

(7) [1] Eine Festsetzung von Kosten ist bis zum Ablauf des vierten Kalenderjahres nach Entstehung der Schuld zulässig (Festsetzungsverjährung). [2] Wird vor Ablauf der Frist ein Antrag auf Aufhebung oder Änderung der Festsetzung gestellt, ist die Festsetzungsfrist so lange gehemmt, bis über den Antrag unanfechtbar entschieden wurde. [3] Der Anspruch auf Zahlung von Kosten verjährt mit Ablauf des fünften Kalenderjahres nach der Festsetzung (Zahlungsverjährung). [4] Im Übrigen gilt § 20 des Verwaltungskostengesetzes[1)] in der bis zum 14. August 2013 geltenden Fassung.

(8) [1] Das Bundesministerium für Wirtschaft und Energie wird ermächtigt, im Einvernehmen mit dem Bundesministerium der Finanzen durch Rechtsverordnung[2)] mit Zustimmung des Bundesrates die Gebührensätze und die Erhebung der Gebühren vom Gebührenschuldner in Durchführung der Vorschriften der Absätze 1 bis 6 sowie die Erstattung der Auslagen für die in § 73 Abs. 1 Satz 4 und § 74 Satz 1 bezeichneten Bekanntmachungen und Veröffentlichungen zu regeln, soweit es die Bundesnetzagentur betrifft. [2] Hierbei kann geregelt werden, auf welche Weise der wirtschaftliche Wert des Gegenstandes der jeweiligen Amtshandlung zu ermitteln ist. [3] Des Weiteren können in der Verordnung auch Vorschriften über die Kostenbefreiung von juristischen Personen des öffentlichen Rechts, über die Verjährung sowie über die Kostenerhebung vorgesehen werden.

(8a) Für die Amtshandlungen der Landesregulierungsbehörden werden die Bestimmungen nach Absatz 8 durch Landesrecht getroffen.

[1)] **Gewerberecht Nr. 940.**
[2)] Siehe die Anmerkung am Titel.

(9) Das Bundesministerium für Wirtschaft und Energie wird ermächtigt, durch Rechtsverordnung mit Zustimmung des Bundesrates das Nähere über die Erstattung der durch das Verfahren vor der Regulierungsbehörde entstehenden Kosten nach den Grundsätzen des § 90 zu bestimmen.

(10) Für Leistungen der Regulierungsbehörde in Bundeszuständigkeit gilt im Übrigen das Verwaltungskostengesetz in der bis zum 14. August 2013 geltenden Fassung.

§ 92[1)] *(aufgehoben)*

§ 93 Mitteilung der Bundesnetzagentur. [1]Die Bundesnetzagentur veröffentlicht einen jährlichen Überblick über ihre Verwaltungskosten und die insgesamt eingenommenen Abgaben. [2]Soweit erforderlich, werden Gebühren- und Beitragssätze in den Verordnungen nach § 91 Abs. 8 und § 92 Abs. 3 für die Zukunft angepasst.

Abschnitt 5. Sanktionen, Bußgeldverfahren

§ 94 Zwangsgeld. [1]Die Regulierungsbehörde kann ihre Anordnungen nach den für die Vollstreckung von Verwaltungsmaßnahmen geltenden Vorschriften durchsetzen. [2]Die Höhe des Zwangsgeldes beträgt mindestens 1 000 Euro und höchstens zehn Millionen Euro.

§ 95[2)] **Bußgeldvorschriften.** (1) Ordnungswidrig handelt, wer vorsätzlich oder fahrlässig

1. ohne Genehmigung nach § 4 Abs. 1 ein Energieversorgungsnetz betreibt,

1a. ohne eine Zertifizierung nach § 4a Absatz 1 Satz 1 ein Transportnetz betreibt,

1b. entgegen § 4c Satz 1 oder Satz 2 die Regulierungsbehörde nicht, nicht richtig, nicht vollständig oder nicht rechtzeitig unterrichtet,

1c., 1d. *(aufgehoben)*

2. entgegen § 5 Satz 1 eine Anzeige nicht, nicht richtig, nicht vollständig oder nicht rechtzeitig erstattet,

2a. entgegen § 11 Absatz 1a oder 1b den Katalog von Sicherheitsanforderungen nicht, nicht richtig, nicht vollständig oder nicht rechtzeitig einhält,

---

1) § 92 aufgeh. mWv 4.8.2011 durch G v. 26.7.2011 (BGBl. I S. 1554).

2) § 95 Abs. 1 Nr. 5 Buchst. b geänd. mWv 1.11.2008 durch G v. 25.10.2008 (BGBl. I S. 2101); Abs. 1 Nr. 1a–1d, 2a, 3a eingef., Nr. 3 Buchst. a, Abs. 1a, Abs. 2 Satz 1 geänd. mWv 4.8.2011 durch G v. 26.7.2011 (BGBl. I S. 1554); Abs. 1 Nr. 1b neu gef., Nr. 1c, 1d und 2a aufgeh., Nr. 3 Buchst. a geänd., Nr. 3a neu gef., Nr. 3b–3d angef., Abs. 1a geänd. mWv 1.4.2012 durch G v. 16.1.2012 (BGBl. I S. 74); Abs. 1 Nr. 3 Buchst. a geänd., Abs. 1a neu gef., Abs. 1b–1d eingef., Abs. 2 Satz 1 geänd. mWv 12.12.2012 durch G v. 5.12.2012 (BGBl. I S. 2403); Abs. 1 Nr. 3e, f angef., Abs. 2 Satz 1 geänd. mWv 28.12.2012 durch G v. 20.12.2012 (BGBl. I S. 2730); Abs. 1 Nr. 3e und 3f geänd., Nr. 3g–3i eingef., Nr. 5 Buchst. b und c geänd., Buchst. d und e angef., Abs. 1a Nr. 2 neu gef., Abs. 2 Satz 1 geänd. mWv 30.7.2016 durch G v. 26.7.2016 (BGBl. I S. 1786); Abs. 1 Nr. 2a und 2b eingef., Abs. 5 neu gef. mWv 30.6.2017 durch G v. 23.6.2017 (BGBl. I S. 1885); Abs. 2 Sätze 3 –5 angef., Abs. 4 Satz 2 geänd. mWv 22.7.2017 durch G v. 17.7.2017 (BGBl. I S. 2503); Abs. 2 Satz 3 geänd. mWv 21.12.2018 durch G v. 17.12.2018 (BGBl. I S. 2549); Abs. 1e eingef., Abs. 2 Satz 3 neu gef., Satz 4 eingef., bish. Sätze 4 und 5 werden Sätze 5 und 6 mWv 14.8.2020 durch G v. 8.8.2020 (BGBl. I S. 1818).

2b. entgegen § 11 Absatz 1c eine Meldung nicht, nicht richtig, nicht vollständig oder nicht rechtzeitig vornimmt,

3. einer vollziehbaren Anordnung nach

   a) § 5 Satz 4, § 12c Absatz 1 Satz 2, § 15a Absatz 3 Satz 5, § 65 Abs. 1 oder 2 oder § 69 Absatz 7 Satz 1, Absatz 8 Satz 1 oder Absatz 11 Satz 1 oder Satz 2 oder

   b) § 30 Abs. 2 zuwiderhandelt,

3a. entgegen § 5a Absatz 1 Satz 1 *dort genannten*[1] Daten nicht, nicht richtig, nicht vollständig oder nicht rechtzeitig übermittelt,

3b. entgegen § 12b Absatz 5, § 12c Absatz 5 oder § 15a Absatz 1 Satz 1 einen Entwurf oder einen Netzentwicklungsplan nicht oder nicht rechtzeitig vorlegt,

3c. entgegen § 12g Absatz 1 Satz 3 in Verbindung mit einer Rechtsverordnung nach Absatz 3 einen Bericht nicht, nicht richtig, nicht vollständig oder nicht rechtzeitig vorlegt,

3d. entgegen § 12g Absatz 2 in Verbindung mit einer Rechtsverordnung nach Absatz 3 einen Sicherheitsplan nicht, nicht richtig, nicht vollständig oder nicht rechtzeitig erstellt oder einen Sicherheitsbeauftragten nicht oder nicht rechtzeitig bestimmt,

3e. entgegen § 13b Absatz 1 Satz 1 erster Halbsatz eine Anzeige nicht, nicht richtig oder nicht rechtzeitig erstattet,

3f. entgegen § 13b Absatz 1 Satz 2 oder Absatz 5 Satz 1 eine dort genannte Anlage stilllegt,

3g. entgegen § 13e Absatz 4 Satz 1 Nummer 1 Erzeugungsleistung oder Erzeugungsarbeit veräußert,

3h. entgegen § 13e Absatz 4 Satz 1 Nummer 2 oder § 13g Absatz 1 Satz 1 oder 3 eine dort genannte Anlage nicht oder nicht rechtzeitig stilllegt,

3i. entgegen § 13g Absatz 4Satz 1 Strom erzeugt,

4. entgegen § 30 Abs. 1 Satz 1 eine Marktstellung missbraucht oder

5. einer Rechtsverordnung nach

   a) § 17 Abs. 3 Satz 1 Nr. 1, § 24 Satz 1 Nr. 1 oder § 27 Satz 5, soweit die Rechtsverordnung Verpflichtungen zur Mitteilung, Geheimhaltung, Mitwirkung oder Veröffentlichung enthält,

   b) § 17 Abs. 3 Satz 1 Nr. 2, § 21a Abs. 6 Satz 1 Nr. 3, § 24 Satz 1 Nr. 2 oder 3 oder § 29 Abs. 3,

   c) § 49 Abs. 4 oder § 50,

   d) § 111f Nummer 1 bis 3, 5 bis 7, 10 oder Nummer 14 Buchstabe b oder

   e) § 111f Nummer 8 Buchstabe a oder Buchstabe b, Nummer 9 oder Nummer 13

   oder einer vollziehbaren Anordnung auf Grund einer solchen Rechtsverordnung zuwiderhandelt, soweit die Rechtsverordnung für einen bestimmten Tatbestand auf diese Bußgeldvorschrift verweist.

(1a) Ordnungswidrig handelt, wer vorsätzlich oder leichtfertig

---

[1] Wortlaut amtlich.

1. entgegen § 5b Absatz 1 Satz 1 oder Absatz 2 eine andere Person in Kenntnis setzt oder
2. entgegen § 12 Absatz 5 Satz 1 Nummer 2 oder Nummer 3 eine dort genannte Information nicht, nicht richtig, nicht vollständig oder nicht rechtzeitig übermittelt.

(1b) Ordnungswidrig handelt, wer entgegen Artikel 5 in Verbindung mit Artikel 2 Nummer 2 Buchstabe a der Verordnung (EU) Nr. 1227/2011 des Europäischen Parlaments und des Rates vom 25. Oktober 2011 über die Integrität und Transparenz des Energiegroßhandelsmarkts (ABl. L 326 vom 8.12.2011, S. 1) eine Marktmanipulation auf einem Energiegroßhandelsmarkt vornimmt.

(1c) Ordnungswidrig handelt, wer gegen die Verordnung (EU) Nr. 1227/2011 verstößt, indem er vorsätzlich oder leichtfertig

1. als Person nach Artikel 3 Absatz 2 Buchstabe e
   a) entgegen Artikel 3 Absatz 1 Buchstabe b eine Insiderinformation an Dritte weitergibt oder
   b) entgegen Artikel 3 Absatz 1 Buchstabe c einer anderen Person empfiehlt oder sie dazu verleitet, ein Energiegroßhandelsprodukt zu erwerben oder zu veräußern,
2. entgegen Artikel 4 Absatz 1 Satz 1 eine Insiderinformation nicht, nicht richtig, nicht vollständig oder nicht unverzüglich nach Kenntniserlangung bekannt gibt,
3. entgegen Artikel 4 Absatz 2 Satz 2 eine Insiderinformation nicht, nicht richtig, nicht vollständig oder nicht rechtzeitig übermittelt,
4. entgegen Artikel 4 Absatz 3 Satz 1 die Bekanntgabe einer Insiderinformation nicht sicherstellt,
5. entgegen Artikel 4 Absatz 3 Satz 2 nicht dafür sorgt, dass eine Insiderinformation bekannt gegeben wird,
6. entgegen Artikel 5 in Verbindung mit Artikel 2 Nummer 2 Buchstabe b Satz 1 eine Marktmanipulation auf einem Energiegroßhandelsmarkt vornimmt,
7. entgegen Artikel 8 Absatz 1 Satz 1 in Verbindung mit einer Verordnung nach Artikel 8 Absatz 2 Satz 1 eine dort genannte Aufzeichnung nicht, nicht richtig, nicht vollständig oder nicht rechtzeitig übermittelt,
8. entgegen Artikel 8 Absatz 5 Satz 1 in Verbindung mit einer Verordnung nach Artikel 8 Absatz 6 Satz 1 eine dort genannte Information nicht, nicht richtig, nicht vollständig oder nicht rechtzeitig übermittelt oder
9. entgegen Artikel 15 Absatz 1 die Bundesnetzagentur als nationale Regulierungsbehörde nicht, nicht richtig, nicht vollständig oder nicht rechtzeitig informiert.

(1d) Ordnungswidrig handelt, wer gegen die Verordnung (EU) Nr. 1227/2011 verstößt, indem er vorsätzlich oder fahrlässig

1. entgegen Artikel 9 Absatz 1 Satz 1 sich nicht oder nicht rechtzeitig bei der Bundesnetzagentur registrieren lässt oder
2. entgegen Artikel 9 Absatz 1 Satz 2 sich bei mehr als einer nationalen Regulierungsbehörde registrieren lässt.

(1e) Ordnungswidrig handelt, wer gegen die Verordnung (EU) 2019/943 des Europäischen Parlaments und des Rates verstößt, indem er vorsätzlich oder fahrlässig die den Marktteilnehmern zur Verfügung zu stellende Verbindungskapazität zwischen Gebotszonen über das nach Artikel 15 Absatz 2 und Artikel 16 Absatz 3, 4, 8 und 9 der Verordnung (EU) 2019/943 des Europäischen Parlaments und des Rates vorgesehene Maß hinaus einschränkt.

(2) [1] Die Ordnungswidrigkeit kann in den Fällen des Absatzes 1 Nummer 3f bis 3i mit einer Geldbuße bis zu fünf Millionen Euro, in den Fällen des Absatzes 1 Nummer 1a, Nr. 3 Buchstabe b, Nr. 4 und 5 Buchstabe b, der Absätze 1b und 1c Nummer 2 und 6 mit einer Geldbuße bis zu einer Million Euro, über diesen Betrag hinaus bis zur dreifachen Höhe des durch die Zuwiderhandlung erlangten Mehrerlöses, in den Fällen des Absatzes 1 Nummer 5 Buchstabe e mit einer Geldbuße bis zu dreihunderttausend Euro, in den Fällen des Absatzes 1 Nummer 5 Buchstabe d mit einer Geldbuße bis zu fünfzigtausend Euro, in den Fällen des Absatzes 1 Nr. 5 Buchstabe a sowie des Absatzes 1a Nummer 2 und des Absatzes 1c Nummer 7 und 8 mit einer Geldbuße bis zu zehntausend Euro und in den übrigen Fällen mit einer Geldbuße bis zu hunderttausend Euro geahndet werden. [2] Die Höhe des Mehrerlöses kann geschätzt werden. [3] Gegenüber einem Transportnetzbetreiber oder gegenüber einem vertikal integrierten Energieversorgungsunternehmen und jedem seiner Unternehmensteile kann über Satz 1 hinaus in Fällen des Absatzes 1 Nummer 3 Buchstabe b und des Absatzes 1e eine höhere Geldbuße verhängt werden. [4] Diese darf

1. in Fällen des Absatzes 1 Nummer 3 Buchstabe b 10 Prozent des Gesamtumsatzes, den der Transportnetzbetreiber oder das vertikal integrierte Energieversorgungsunternehmen einschließlich seiner Unternehmensteile in dem der Behördenentscheidung vorausgegangenen Geschäftsjahr weltweit erzielt hat, nicht übersteigen oder
2. in Fällen des Absatzes 1e 10 Prozent des Gesamtumsatzes, den der Transportnetzbetreiber oder das vertikal integrierte Energieversorgungsunternehmen einschließlich seiner Unternehmensteile in dem der Behördenentscheidung vorausgegangenen Geschäftsjahr weltweit erzielt hat, abzüglich der Umlagen nach § 26 des Kraft-Wärme-Kopplungsgesetzes[1)] vom 21. Dezember 2015 (BGBl. I S. 2498) in der jeweils geltenden Fassung und der Umlagen nach den §§ 60 bis 61 des Erneuerbare-Energien-Gesetzes[2)] vom 21. Juli 2014 (BGBl. I S. 1066) in der jeweils geltenden Fassung nicht übersteigen.

[5] Die Höhe des Gesamtumsatzes kann geschätzt werden. [6] Ein durch die Zuwiderhandlung erlangter Mehrerlös bleibt unberücksichtigt.

(3) Die Regulierungsbehörde kann allgemeine Verwaltungsgrundsätze über die Ausübung ihres Ermessens bei der Bemessung der Geldbuße festlegen.

(4) [1] Die Verjährung der Verfolgung von Ordnungswidrigkeiten nach Absatz 1 richtet sich nach den Vorschriften des Gesetzes über Ordnungswidrigkeiten[3)]. [2] Die Verfolgung der Ordnungswidrigkeiten nach Absatz 1 Nummer 3 Buchstabe b und Nummer 4 und 5 verjährt in fünf Jahren.

[1)] **Sartorius ErgBd. Nr. 834.**
[2)] **Sartorius ErgBd. Nr. 833.**
[3)] **Schönfelder Nr. 94.**

(5) Verwaltungsbehörde im Sinne des § 36 Absatz 1 Nummer 1 des Gesetzes über Ordnungswidrigkeiten ist in den Fällen des Absatzes 1 Nummer 2b das Bundesamt für Sicherheit in der Informationstechnik, im Übrigen die nach § 54 zuständige Behörde.

§ 95a[1] Strafvorschriften. (1) Mit Freiheitsstrafe bis zu fünf Jahren oder mit Geldstrafe wird bestraft, wer eine in § 95 Absatz 1b oder Absatz 1c Nummer 6 bezeichnete vorsätzliche Handlung begeht und dadurch auf den Preis eines Energiegroßhandelsprodukts einwirkt.

(2) Ebenso wird bestraft, wer gegen die Verordnung (EU) Nr. 1227/2011 des Europäischen Parlaments und des Rates vom 25. Oktober 2011 über die Integrität und Transparenz des Energiegroßhandelsmarkts (ABl. L 326 vom 8.12.2011, S. 1) verstößt, indem er

1. entgegen Artikel 3 Absatz 1 Buchstabe a eine Insiderinformation nutzt oder
2. als Person nach Artikel 3 Absatz 2 Buchstabe a, b, c oder Buchstabe d oder Absatz 5
   a) entgegen Artikel 3 Absatz 1 Buchstabe b eine Insiderinformation an Dritte weitergibt oder
   b) entgegen Artikel 3 Absatz 1 Buchstabe c einer anderen Person empfiehlt oder sie dazu verleitet, ein Energiegroßhandelsprodukt zu erwerben oder zu veräußern.

(3) In den Fällen des Absatzes 2 ist der Versuch strafbar.

(4) Handelt der Täter in den Fällen des Absatzes 2 Nummer 1 leichtfertig, so ist die Strafe Freiheitsstrafe bis zu einem Jahr oder Geldstrafe.

§ 95b[2] Strafvorschriften. Mit Freiheitsstrafe bis zu einem Jahr oder mit Geldstrafe wird bestraft, wer

1. entgegen § 12 Absatz 5 Satz 1 Nummer 1 nicht sicherstellt, dass ein Betriebs- und Geschäftsgeheimnis ausschließlich in der dort genannten Weise genutzt wird, oder
2. eine in § 95 Absatz 1b oder Absatz 1c Nummer 2 oder Nummer 6 bezeichnete vorsätzliche Handlung beharrlich wiederholt.

§ 96 Zuständigkeit für Verfahren wegen der Festsetzung einer Geldbuße gegen eine juristische Person oder Personenvereinigung. [1] Die Regulierungsbehörde ist für Verfahren wegen der Festsetzung einer Geldbuße gegen eine juristische Person oder Personenvereinigung (§ 30 des Gesetzes über Ordnungswidrigkeiten[3]) in Fällen ausschließlich zuständig, denen

1. eine Straftat, die auch den Tatbestand des § 95 Abs. 1 Nr. 4 verwirklicht, oder
2. eine vorsätzliche oder fahrlässige Ordnungswidrigkeit nach § 130 des Gesetzes über Ordnungswidrigkeiten, bei der eine mit Strafe bedrohte Pflichtverletzung auch den Tatbestand des § 95 Abs. 1 Nr. 4 verwirklicht,

zugrunde liegt. [2] Dies gilt nicht, wenn die Behörde das § 30 des Gesetzes über Ordnungswidrigkeiten betreffende Verfahren an die Staatsanwaltschaft abgibt.

---

[1] § 95a eingef. mWv 12.12.2012 durch G v. 5.12.2012 (BGBl. I S. 2403).
[2] § 95b neu gef. mWv 30.7.2016 durch G v. 26.7.2016 (BGBl. I S. 1786).
[3] **Schönfelder Nr. 94.**

§ 97[1)] Zuständigkeiten im gerichtlichen Bußgeldverfahren. [1]Sofern die Regulierungsbehörde als Verwaltungsbehörde des Vorverfahrens tätig war, erfolgt die Vollstreckung der Geldbuße und des Geldbetrages, dessen Einziehung nach § 29a des Gesetzes über Ordnungswidrigkeiten[2)] angeordnet wurde, durch die Regulierungsbehörde als Vollstreckungsbehörde auf Grund einer von dem Urkundsbeamten der Geschäftsstelle des Gerichts zu erteilenden, mit der Bescheinigung der Vollstreckbarkeit versehenen beglaubigten Abschrift der Urteilsformel entsprechend den Vorschriften über die Vollstreckung von Bußgeldbescheiden. [2]Die Geldbußen und die Geldbeträge, deren Einziehung nach § 29a des Gesetzes über Ordnungswidrigkeiten angeordnet wurde, fließen der Bundeskasse zu, die auch die der Staatskasse auferlegten Kosten trägt.

§ 98 Zuständigkeit des Oberlandesgerichts im gerichtlichen Verfahren. (1) [1]Im gerichtlichen Verfahren wegen einer Ordnungswidrigkeit nach § 95 entscheidet das Oberlandesgericht, in dessen Bezirk die zuständige Regulierungsbehörde ihren Sitz hat; es entscheidet auch über einen Antrag auf gerichtliche Entscheidung (§ 62 des Gesetzes über Ordnungswidrigkeiten[2)]) in den Fällen des § 52 Abs. 2 Satz 3 und des § 69 Abs. 1 Satz 2 des Gesetzes über Ordnungswidrigkeiten. [2]§ 140 Abs. 1 Nr. 1 der Strafprozessordnung[3)] in Verbindung mit § 46 Abs. 1 des Gesetzes über Ordnungswidrigkeiten findet keine Anwendung.

(2) Das Oberlandesgericht entscheidet in der Besetzung von drei Mitgliedern mit Einschluss des vorsitzenden Mitglieds.

§ 99 Rechtsbeschwerde zum Bundesgerichtshof. [1]Über die Rechtsbeschwerde (§ 79 des Gesetzes über Ordnungswidrigkeiten[2)]) entscheidet der

(Fortsetzung nächstes Blatt)

[1)] § 97 Sätze 1 und 2 geänd. mWv 1.7.2017 durch G v. 13.4.2017 (BGBl. I S. 872).
[2)] **Schönfelder Nr. 94.**
[3)] **Schönfelder Nr. 90.**

§ 97[1] Zuständigkeiten im gerichtlichen Bußgeldverfahren. [1] Sofern die Regulierungsbehörde als Verwaltungsbehörde des Vorverfahrens tätig war, erfolgt die Vollstreckung der Geldbuße und des Geldbetrages, dessen Einziehung nach § 29a des Gesetzes über Ordnungswidrigkeiten[2] angeordnet wurde, durch die Regulierungsbehörde als Vollstreckungsbehörde auf Grund einer von dem Urkundsbeamten der Geschäftsstelle des Gerichts zu erteilenden, mit der Bescheinigung der Vollstreckbarkeit versehenen beglaubigten Abschrift der Urteilsformel entsprechend den Vorschriften über die Vollstreckung von Bußgeldbescheiden. [2] Die Geldbußen und die Geldbeträge, deren Einziehung nach § 29a des Gesetzes über Ordnungswidrigkeiten angeordnet wurde, fließen der Bundeskasse zu, die auch die der Staatskasse auferlegten Kosten trägt.

§ 98 Zuständigkeit des Oberlandesgerichts im gerichtlichen Verfahren. (1) [1] Im gerichtlichen Verfahren wegen einer Ordnungswidrigkeit nach § 95 entscheidet das Oberlandesgericht, in dessen Bezirk die zuständige Regulierungsbehörde ihren Sitz hat; es entscheidet auch über einen Antrag auf gerichtliche Entscheidung (§ 62 des Gesetzes über Ordnungswidrigkeiten[2]) in den Fällen des § 52 Abs. 2 Satz 3 und des § 69 Abs. 1 Satz 2 des Gesetzes über Ordnungswidrigkeiten. [2] § 140 Abs. 1 Nr. 1 der Strafprozessordnung[3] in Verbindung mit § 46 Abs. 1 des Gesetzes über Ordnungswidrigkeiten findet keine Anwendung.

(2) Das Oberlandesgericht entscheidet in der Besetzung von drei Mitgliedern mit Einschluss des vorsitzenden Mitglieds.

§ 99 Rechtsbeschwerde zum Bundesgerichtshof. [1] Über die Rechtsbeschwerde (§ 79 des Gesetzes über Ordnungswidrigkeiten[2]) entscheidet der

(Fortsetzung nächstes Blatt)

---

[1] § 97 Satz 1 und 2 geänd. mWv 1.7.2017 durch G v. 13.4.2017 (BGBl. I S. 872).
[2] Schönfelder Nr. 94.
[3] Schönfelder Nr. 90.

sowie sonstige Roh-, Hilfs- und Betriebsstoffe zur Erzeugung einer Megawattstunde Strom als jährlicher Durchschnitt der Jahre 2012 bis 2014 in Euro je Megawattstunde; bei konzernintern bezogenen Lieferungen und Leistungen bleiben etwaige Margen außer Betracht (Zwischenergebniseliminierung); wenn Kraftwerksbetrieb und Tagebaubetrieb bei verschiedenen Gesellschaften liegen, sind für Brennstoffe und Logistik die variablen Förder- und Logistikkosten der Tagebaugesellschaften zu berücksichtigen; im Falle eines Eigentümerwechsels in den Jahren 2012 oder 2013 kann der Betreiber auf die Daten aus dem Jahr 2014 abstellen, wobei konzerninterne Eigentümerwechsel nicht berücksichtigt werden; bei den variablen Logistikkosten kann ausnahmsweise auf die Belieferung mit Braunkohle aus dem nächstgelegenen Tagebau abgestellt werden, sofern die Belieferung in dem maßgeblichen Zeitraum zu mehr als 60 Prozent aus diesem Tagebau erfolgte; bei den variablen Brennstoffkosten kann bei einer Mischbelieferung aus verschiedenen Tagebauen ein Tagebau unberücksichtigt bleiben, wenn dieser Tagebau im maßgeblichen Zeitraum zu mehr als 90 Prozent ausgekohlt war,

C_i die für eine stillzulegende Anlage i von dem Betreiber nachgewiesenen Kohlendioxidemissionen als jährlicher Durchschnitt der Jahre 2012 bis 2014 in Tonnen Kohlendioxid; im Falle eines Eigentümerwechsels in den Jahren 2012 oder 2013 kann der Betreiber auf die Daten aus dem Jahr 2014 abstellen, wobei konzerninterne Eigentümerwechsel nicht berücksichtigt werden,

E_i die für eine stillzulegende Anlage i von dem Betreiber nachgewiesene an das Netz der allgemeinen Versorgung und in Eigenversorgungsnetze abgegebene Strommenge der stillzulegenden Anlage (Netto-Stromerzeugung) als jährlicher Durchschnitt der Jahre 2012 bis 2014 in Megawattstunden; im Falle eines Eigentümerwechsels in den Jahren 2012 oder 2013 kann der Betreiber auf die Daten aus dem Jahr 2014 abstellen, wobei konzerninterne Eigentümerwechsel nicht berücksichtigt werden,

EUA_t der rechnerisch ermittelte jahresdurchschnittliche Preis aller verfügbaren Handelstage im Zeitraum vom 1. Oktober 2014 bis zum 30. September 2015 für die beiden für das jeweilige Jahr der Sicherheitsbereitschaft t relevanten Jahresfutures für Emissionsberechtigungen (EUA) am Terminmarkt der Energiebörse European Energy Exchange AG in Leipzig für die jeweilige Preiszone in Euro je Tonne Kohlendioxid; der Preis für die Lieferung im ersten für das jeweilige Sicherheitsbereitschaftsjahr relevanten Kalenderjahr geht dabei zu einem Viertel und der Preis für die Lieferung im darauffolgenden Kalenderjahr zu drei Vierteln in die Berechnung ein; soweit an der Energiebörse noch kein Preis des Jahresfutures für ein relevantes Lieferjahr ermittelt wurde, wird der Preis für das letzte verfügbare relevante Lieferjahr in Ansatz gebracht,

H_{it} die für eine stillzulegende Anlage i in einem Jahr t der Sicherheitsbereitschaft von dem Betreiber nachgewiesenen Kosten zur Herstellung der Sicherheitsbereitschaft mit Blick auf die Stilllegung in Euro; in der Sicherheitsbereitschaft werden auch nachgewiesene Kosten zur Herstellung der Sicherheitsbereitschaft berücksichtigt, die vor Beginn der Sicherheitsbereitschaft entstanden sind,

FSB_{it} die für eine stillzulegende Anlage i in einem Jahr t der Sicherheitsbereitschaft von dem Betreiber nachgewiesenen fixen Betriebskosten während der Sicherheitsbereitschaft in Euro; in der Sicherheitsbereitschaft werden auch nachgewiesene fixe Betriebskosten der Sicherheitsbereitschaft berücksichtigt, die vor Beginn der Sicherheitsbereitschaft entstanden sind,

$FHIST_i$ die für eine stillzulegende Anlage i von dem Betreiber nachgewiesenen fixen Betriebskosten ohne Tagebau und Logistik als jährlicher Durchschnitt der Jahre 2012 bis 2014 in Euro; im Falle eines Eigentümerwechsels in den Jahren 2012 oder 2013 kann der Betreiber auf die Daten aus dem Jahr 2014 abstellen, wobei konzerninterne Eigentümerwechsel nicht berücksichtigt werden,

i die jeweilige stillzulegende Anlage und

t das jeweilige Jahr der Sicherheitsbereitschaft, das sich jeweils auf den Zeitraum vom 1. Oktober bis 30. September erstreckt.

Anlage 2[1)]
(zu § 13g)

Vergütung Sicherheitsbereitschaft

Die Vergütung von vorläufig stillzulegenden Anlagen nach § 13g Absatz 9 wird nach folgender Formel festgesetzt:

$$V_{it} = \left[P_t + RD_i + RE_i + O_i + W_i - \left(RHB_i + \frac{C_i}{E_i} * EUA_t \right) \right] * E_i + (H_{it} + FSB_{it} - FHIST_i)$$

Ergibt sich bei der Berechnung der Summe aus $H_{it} + FSB_{it} - FHIST_i$ ein Wert kleiner null, wird der Wert der Summe mit null festgesetzt.
Im Sinne dieser Anlage ist oder sind:

V_{it}

die Vergütung, die ein Betreiber für eine stillzulegende Anlage i in einem Jahr t der Sicherheitsbereitschaft erhält, in Euro,

P_t

der rechnerisch ermittelte jahresdurchschnittliche Preis aller verfügbaren Handelstage im Zeitraum vom 1. Juli des Jahres T-1 bis zum 30. Juni des Jahres T für die für das jeweilige Jahr der Sicherheitsbereitschaft t relevanten Phelix-Base-Futures am Terminmarkt der Energiebörse European Energy Exchange AG in Leipzig für die jeweilige Preiszone in Euro je Megawattstunde, soweit an der Energiebörse noch kein Preis des Futures für ein relevantes Lieferjahr ermittelt wurde, wird der Preis für das letzte verfügbare relevante Lieferjahr in Ansatz gebracht,

RD_i

---

1) Anl. 2 angef. mWv 14.8.2020 durch G v. 8.8.2020 (BGBl. I S. 1818).

die für eine stillzulegende Anlage i von dem Betreiber nachgewiesenen Erlöse für Anpassungen der Einspeisung nach § 13a als jährlicher Durchschnitt im Zeitraum vom 1. Juli des Jahres T-3 bis zum 30. Juni des Jahres T in Euro je Megawattstunde,

RE_i

die für eine stillzulegende Anlage i von dem Betreiber nachgewiesenen Regelenergieerlöse als jährlicher Durchschnitt im Zeitraum vom 1. Juli des Jahres T-3 bis zum 30. Juni des Jahres T in Euro je Megawattstunde,

O_i

die für eine stillzulegende Anlage i von dem Betreiber nachgewiesenen Optimierungsmehrerlöse im Zeitraum vom 1. Juli des Jahres T-3 bis zum 30. Juni des Jahres T gegenüber dem jahresdurchschnittlichen Spotmarktpreis als jährlicher Durchschnitt im Zeitraum vom 1. Juli des Jahres T-3 bis zum 30. Juni des Jahres T in Euro je Megawattstunde,

W_i

die für eine stillzulegende Anlage i von dem Betreiber nachgewiesenen Wärmelieferungserlöse als jährlicher Durchschnitt im Zeitraum vom 1. Juli des Jahres T-3 bis zum 30. Juni des Jahres T in Euro je Megawattstunde,

RHB_i

die für eine stillzulegende Anlage i von dem Betreiber nachgewiesenen kurzfristig variablen Betriebskosten für Brennstoffe, Logistik sowie sonstige Roh-, Hilfs- und Betriebsstoffe zur Erzeugung einer Megawattstunde Strom – einschließlich der Betriebskosten der damit verbundenen Wärmeauskopplung als jährlicher Durchschnitt der T-3 bis T-1 in Euro je Megawattstunde; bei konzernintern bezogenen Lieferungen und Leistungen bleiben etwaige Margen außer Betracht (Zwischenergebniseliminierung); wenn Kraftwerksbetrieb und Tagebaubetrieb bei verschiedenen Gesellschaften liegen, sind für Brennstoffe und Logistik die variablen Förder- und Logistikkosten der Tagebaugesellschaften zu berücksichtigen,

C_i

die für eine stillzulegende Anlage i von dem Betreiber zur Erzeugung der Strommenge E_i nachgewiesenen Kohlendioxidemissionen als jährlicher Durchschnitt des Zeitraums vom 1. Juli des Jahres T-3 bis zum 30. Juni des Jahres T in Tonnen Kohlendioxid,

E_i

die für eine stillzulegende Anlage i von dem Betreiber nachgewiesene an das Netz der allgemeinen Versorgung und in Eigenversorgungsnetze abgegebene Strommenge der stillzulegenden Anlage (Netto-Stromerzeugung) als jährlicher Durchschnitt des Zeitraums vom 1. Juli des Jahres T-3 bis zum 30. Juni des Jahres T in Megawattstunden,

EUA_t

der rechnerisch ermittelte jahresdurchschnittliche Preis aller verfügbaren Handelstage im Zeitraum vom 1. Juli des Jahres T-1 bis zum 30. Juni des Jahres T für die für das jeweilige Jahr t der Sicherheitsbereitschaft relevanten Jahresfutures für Emissionsberechtigungen (EUA) am Terminmarkt der Energiebörse European Energy Exchange AG in Leipzig für die jeweilige Preiszone in Euro je Tonne Kohlendioxid, soweit an der Energiebörse noch kein Preis des Jahresfutures für ein relevantes Lieferjahr ermittelt wurde, wird der Preis für das letzte verfügbare relevante Lieferjahr in Ansatz gebracht,

H_{it}

die für eine stillzulegende Anlage i in einem Jahr t der Sicherheitsbereitschaft von dem Betreiber nachgewiesenen Kosten zur Herstellung der Sicherheitsbereitschaft mit Blick auf die Stilllegung in Euro, in der Sicherheitsbereitschaft werden auch nachgewiesene Kosten zur Herstellung der Sicherheitsbereitschaft berücksichtigt, die vor Beginn der Sicherheitsbereitschaft entstanden sind,

FSB_{it}

die für eine stillzulegende Anlage i in einem Jahr t der Sicherheitsbereitschaft von dem Betreiber nachgewiesenen fixen Betriebskosten während der Sicherheitsbereitschaft in Euro, in der Sicherheitsbereitschaft werden auch nachgewiesene fixe Betriebskosten der Sicherheitsbereitschaft berücksichtigt, die vor Beginn der Sicherheitsbereitschaft entstanden sind,

$FHIST_i$

die für eine stillzulegende Anlage i von dem Betreiber nachgewiesenen fixen Betriebskosten ohne Tagebau und Logistik als jährlicher Durchschnitt der Jahre 2018 und 2019 in Euro,

i

die jeweilige stillzulegende Anlage,

T

Jahr der Überführung in die Sicherheitsbereitschaft zum 31. Dezember gemäß Anlage 2 des Kohleverstromungsbeendigungsgesetzes,

t

das jeweilige Jahr der Sicherheitsbereitschaft, das sich jeweils auf den Zeitraum vom 1. Januar bis zum Datum der endgültigen Stilllegung gemäß Anlage 2 des Kohleverstromungsbeendigungsgesetzes bezieht.

863. Gesetz zum Schutz der Kulturpflanzen (Pflanzenschutzgesetz – PflSchG) [1)2)]

Vom 6. Februar 2012

(BGBl. I S. 148, ber. S. 1281)

FNA 7823-7

geänd. durch Art. 2 Abs. 111, Art. 4 Abs. 87 G zur Strukturreform des Gebührenrechts des Bundes v. 7.8.2013 (BGBl. I S. 3154, geänd. durch G v. 18.7.2016, BGBl. I S. 1666), Art. 4 G zum Erlass und zur Änd. von Vorschriften zur Durchführung unionsrechtlicher Vorschriften über Agrarzahlungen und deren Kontrollen in der Gemeinsamen Agrarpolitik v. 2.12.2014 (BGBl. I S. 1928), Art. 375 Zehnte ZuständigkeitsanpassungsVO v. 31.8.2015 (BGBl. I S. 1474), Art. 4 Abs. 84 G zur Aktualisierung der Strukturreform des Gebührenrechts des Bundes v. 18.7.2016 (BGBl. I S. 1666) und Art. 278 Elfte ZuständigkeitsanpassungsVO v. 19.6.2020 (BGBl. I S. 1328)

Zum PflSchG wurden ua folgende Vorschriften erlassen:

- Chemikalien-VerbotsVO idF der Bek. v. 13.6.2003 (BGBl. I S. 867), aufgeh. durch VO v. 20.1.2017 (BGBl. I S. 94)
- PflanzenbeschauVO idF der Bek. v. 3.4.2000 (BGBl. I S. 337), zuletzt geänd. durch VO v. 3.5.2017 (BAnz AT 04.05.2017 V1)
- Pflanzenschutz-AnwendungsVO v. 10.11.1992 (BGBl. I S. 1887), zuletzt geänd. durch VO v. 25.11.2013 (BGBl. I S. 4020)
- Pflanzenschutz-GeräteVO v. 27.6.2013 (BGBl. I S. 1953, 1962), geänd. durch VO v. 18.4.2019 (BGBl. I S. 507)
- Pflanzenschutz-AnwendungsVO v. 10.11.1992 (BGBl. I S. 1887), zuletzt geänd. durch VO v. 25.11.2013 (BGBl. I S. 4020)
- PflanzenschutzmittelVO v. 15.1.2013 (BGBl. I S. 74)
- Pflanzenschutz-SaatgutanwendungsVO v. 22.7.2016 (BGBl. I S. 1782)
- Pflanzenschutz-SachkundeVO v. 27.6.2013 (BGBl. I S. 1953), zuletzt geänd. durch VO v. 31.8.2015 (BGBl. I S. 1474)

Inhaltsübersicht[3)]

---

1) Verkündet als Art. 1 G v. 6.2.2012 (BGBl. I S. 148, ber. S. 1281); Inkrafttreten gem. Art. 9 dieses G am 14.2.2012.

2) Die Änderungen durch G v. 18.7.2016 (BGBl. I S. 1666) treten erst **mWv 1.10.2021** in Kraft und sind im Text noch nicht berücksichtigt.

3) Inhaltsübersicht geänd. mWv 15.8.2013 durch G v. 7.8.2013 (BGBl. I S. 3154).

Abschnitt 1. Allgemeine Bestimmungen

§ 1 Zweck. Zweck dieses Gesetzes ist,

1. Pflanzen, insbesondere Kulturpflanzen, vor Schadorganismen und nichtparasitären Beeinträchtigungen zu schützen,
2. Pflanzenerzeugnisse vor Schadorganismen zu schützen,
3. Gefahren, die durch die Anwendung von Pflanzenschutzmitteln oder durch andere Maßnahmen des Pflanzenschutzes, insbesondere für die Gesundheit von Mensch und Tier und für den Naturhaushalt, entstehen können, abzuwenden oder ihnen vorzubeugen,
4. Rechtsakte der Europäischen Gemeinschaft oder der Europäischen Union im Anwendungsbereich dieses Gesetzes durchzuführen.

§ 2[1] Begriffsbestimmungen. Ergänzend zu den Begriffsbestimmungen der Artikel 2 und 3 der Verordnung (EG) Nr. 1107/2009 des Europäischen Parlaments und des Rates vom 21. Oktober 2009 über das Inverkehrbringen von Pflanzenschutzmitteln und zur Aufhebung der Richtlinien 79/117/EWG und 91/414/EWG des Rates (ABl. L 309 vom 24.11.2009, S. 1) in der jeweils geltenden Fassung gelten im Anwendungsbereich dieses Gesetzes folgende Begriffsbestimmungen:

1. Pflanzenschutz:
   a) der Schutz von Pflanzen vor Schadorganismen und nichtparasitären Beeinträchtigungen,
   b) der Schutz der Pflanzenerzeugnisse vor Schadorganismen (Vorratsschutz)
   einschließlich der Verwendung und des Schutzes von Tieren, Pflanzen und Mikroorganismen, durch die Schadorganismen bekämpft werden können;
2. integrierter Pflanzenschutz:
   eine Kombination von Verfahren, bei denen unter vorrangiger Berücksichtigung biologischer, biotechnischer, pflanzenzüchterischer sowie anbau- und kulturtechnischer Maßnahmen die Anwendung chemischer Pflanzenschutzmittel auf das notwendige Maß beschränkt wird;

[1] § 2 erster Halbs. ber. BGBl. 2012 I S. 1281.

3. Pflanzen:
lebende Pflanzen und lebende Teile von Pflanzen einschließlich der Früchte und Samen;
4. Pflanzenerzeugnisse:
Erzeugnisse pflanzlichen Ursprungs, die nicht oder nur durch einfache Verfahren, wie Trocknen oder Zerkleinern, be- oder verarbeitet worden sind, ausgenommen verarbeitetes Holz;
5. Pflanzenarten:
Pflanzenarten und Pflanzensorten sowie deren Zusammenfassungen und Unterteilungen;
6. Naturhaushalt:
seine Bestandteile Boden, Wasser, Luft, Tier- und Pflanzenarten sowie das Wirkungsgefüge zwischen ihnen;
7. Befallsgegenstände:
Pflanzen, Pflanzenerzeugnisse oder sonstige Gegenstände, die Träger bestimmter Schadorganismen sind oder sein können;
8. Einschleppung:
Verbringen oder Eindringen eines Schadorganismus in ein Gebiet, in dem dieser noch nicht vorkommt oder aber vorkommt und noch nicht weit verbreitet ist und das zu seiner Ansiedlung in diesem Gebiet führt;
9. Verschleppung:
Verbringen eines Schadorganismus innerhalb eines Gebietes einschließlich seiner Ausbreitung;
10. Pflanzenstärkungsmittel:
Stoffe und Gemische einschließlich Mikroorganismen, die
    a) ausschließlich dazu bestimmt sind, allgemein der Gesunderhaltung der Pflanzen zu dienen, soweit sie nicht Pflanzenschutzmittel nach Artikel 2 Absatz 1 der Verordnung (EG) Nr. 1107/2009, oder
    b) dazu bestimmt sind, Pflanzen vor nichtparasitären Beeinträchtigungen zu schützen;
11. Pflanzenschutzgeräte:
Geräte und Einrichtungen, die zur Anwendung von Pflanzenschutzmitteln bestimmt sind;
12. Kultursubstrate:
Erden und andere Substrate in fester oder flüssiger Form, die Pflanzen als Wurzelraum dienen;
13. Anwendungsgebiet:
bestimmte Pflanzen, Pflanzenarten oder Pflanzenerzeugnisse, auch unter Berücksichtigung des jeweiligen Verwendungszweckes, zusammen mit denjenigen Schadorganismen, gegen die die Pflanzen und Pflanzenerzeugnisse geschützt werden sollen, oder der sonstige Zweck, zu dem das Pflanzenschutzmittel angewandt werden soll;
14. Mitgliedstaat:
Mitgliedstaat der Europäischen Union;
15. Freilandflächen:
die nicht durch Gebäude oder Überdachungen ständig abgedeckten Flächen, unabhängig von ihrer Beschaffenheit oder Nutzung; dazu gehören auch Verkehrsflächen jeglicher Art wie Gleisanlagen, Straßen-, Wege-,

Hof- und Betriebsflächen sowie sonstige durch Tiefbaumaßnahmen veränderte Landflächen;

16. beruflicher Anwender:
jede Person, die im Zuge ihrer beruflichen Tätigkeit Pflanzenschutzmittel anwendet;
17. Reimport:
in Deutschland zugelassenes Pflanzenschutzmittel in seiner für das Inverkehrbringen in Deutschland bestimmten Originalverpackung und Originaletikettierung, das aus einem anderen Staat wieder eingeführt oder innergemeinschaftlich verbracht wird;
18. Einfuhr:
Verbringen von Nichtgemeinschaftswaren im Sinne des Artikels 4 Nummer 8 in Verbindung mit Nummer 7 der Verordnung (EWG) Nr. 2913/92 des Rates vom 12. Oktober 1992 zur Festlegung des Zollkodex der Gemeinschaften (ABl. L 302 vom 19.10.1992, S. 1), die zuletzt durch die Verordnung (EG) Nr. 1791/2006 (ABl. L 363 vom 20.12.2006, S. 1) geändert worden ist, in den Geltungsbereich dieses Gesetzes;
19. innergemeinschaftliches Verbringen:
Verbringen von Schadorganismen, Gegenständen oder Stoffen, die sich im zollrechtlich freien Verkehr befinden, von einem anderen Mitgliedstaat in das Inland.

Abschnitt 2. Durchführung von Pflanzenschutzmaßnahmen

§ 3[1)] Gute fachliche Praxis und integrierter Pflanzenschutz. (1) [1] Pflanzenschutz darf nur nach guter fachlicher Praxis durchgeführt werden. [2] Die gute fachliche Praxis im Pflanzenschutz umfasst insbesondere

1. die Einhaltung der allgemeinen Grundsätze des integrierten Pflanzenschutzes des Anhangs III der Richtlinie 2009/128/EG des Europäischen Parlaments und des Rates vom 21. Oktober 2009 über einen Aktionsrahmen der Gemeinschaft für die nachhaltige Verwendung von Pestiziden (ABl. L 309 vom 24.11.2009, S. 71) in der jeweils geltenden Fassung,
2. die Gesunderhaltung und Qualitätssicherung von Pflanzen und Pflanzenerzeugnissen durch
   a) vorbeugende Maßnahmen,
   b) Verhütung der Einschleppung oder Verschleppung von Schadorganismen,
   c) Abwehr oder Bekämpfung von Schadorganismen,
   d) Förderung natürlicher Mechanismen zur Bekämpfung von Schadorganismen und
3. Maßnahmen zum Schutz vor sowie die Abwehr von Gefahren, die durch die Anwendung, das Lagern und den sonstigen Umgang mit Pflanzenschutzmitteln oder durch andere Maßnahmen des Pflanzenschutzes, insbesondere für die Gesundheit von Mensch und Tier und für den Naturhaushalt einschließlich des Grundwassers, entstehen können.

---

1) § 3 Abs. 2 Sätze 1 und 2, sowie Abs. 4 geänd. mWv 8.9.2015 durch VO v. 31.8.2015 (BGBl. I S. 1474); Abs. 2 Satz 2, Abs. 4 geänd. mWv 27.6.2020 durch VO v. 19.6.2020 (BGBl. I S. 1328).

[3] Die zuständige Behörde kann die Maßnahmen anordnen, die zur Erfüllung der in Satz 1 in Verbindung mit Satz 2 genannten Anforderungen erforderlich sind.

(2) [1] Das Bundesministerium für Ernährung und Landwirtschaft erstellt unter Beteiligung der Länder und unter Berücksichtigung des Anhangs III der Richtlinie 2009/128/EG, des Standes der wissenschaftlichen Erkenntnisse sowie unter Berücksichtigung der Erfahrungen der Pflanzenschutzdienste und des Personenkreises, der Pflanzenschutzmaßnahmen durchführt, sowie der in Absatz 1 Satz 2 Nummer 2 und 3 genannten Maßnahmen, Grundsätze für die Durchführung der guten fachlichen Praxis im Pflanzenschutz. [2] Das Bundesministerium für Ernährung und Landwirtschaft gibt diese Grundsätze im Einvernehmen mit den Bundesministerien für Wirtschaft und Energie, für Arbeit und Soziales, für Gesundheit und für Umwelt, Naturschutz und nukleare Sicherheit im Bundesanzeiger oder elektronischen Bundesanzeiger bekannt.

(3) Tiere und Pflanzen einer invasiven Art im Sinne des § 7 Absatz 2 Nummer 9 des Bundesnaturschutzgesetzes[1)] dürfen nicht zu Zwecken des Pflanzenschutzes verwendet werden.

(4) Das Bundesministerium für Ernährung und Landwirtschaft wird ermächtigt im Einvernehmen mit dem Bundesministerium für Umwelt, Naturschutz und nukleare Sicherheit durch Rechtsverordnung mit Zustimmung des Bundesrates Ausnahmen von dem Verbot des Absatzes 3 zu regeln, wenn dem insbesondere der Schutz natürlich vorkommender Ökosysteme, Biotope oder Arten nicht entgegensteht.

§ 4 Aktionsplan zur nachhaltigen Anwendung von Pflanzenschutzmitteln. (1) [1] Die Bundesregierung beschließt einen Aktionsplan zur nachhaltigen Anwendung von Pflanzenschutzmitteln im Sinne des Artikels 4 Absatz 1 der Richtlinie 2009/128/EG (Aktionsplan). [2] Der Aktionsplan wird unter Mitwirkung der Länder und Beteiligung von Verbänden, die sich mit Pflanzen oder Pflanzenerzeugnissen, dem Pflanzenschutz, dem Verbraucherschutz, der Wasserwirtschaft oder dem Umwelt- und Naturschutz befassen, erstellt. [3] Der Aktionsplan umfasst auch unter Berücksichtigung bereits getroffener Risikominderungsmaßnahmen quantitative Vorgaben, Ziele, Maßnahmen und Zeitpläne zur Verringerung der Risiken und Auswirkungen der Anwendung von Pflanzenschutzmitteln auf die Gesundheit von Mensch und Tier sowie auf den Naturhaushalt. [4] Die Zielvorgaben betreffen die Bereiche Pflanzenschutz, Anwenderschutz, Verbraucherschutz und Schutz des Naturhaushaltes.

(2) [1] Die Bundesregierung macht den Entwurf des Aktionsplans in geeigneter Weise bekannt und berücksichtigt für die Ausarbeitung und Änderung des Aktionsplans das Ergebnis der Öffentlichkeitsbeteiligung in angemessener Weise. [2] Die abschließende Erstellung des Aktionsplans erfolgt unter Mitwirkung der Länder.

(3) Die Bundesregierung macht den Aktionsplan im Bundesanzeiger oder elektronischen Bundesanzeiger bekannt.

(4) [1] Die Bundesregierung überprüft den Aktionsplan mindestens alle fünf Jahre. [2] Die Absätze 1 bis 3 gelten entsprechend.

[1)] Nr. **880**.

§ 5 Mitwirkung von Bundesbehörden am Aktionsplan zur nachhaltigen Anwendung von Pflanzenschutzmitteln. [1]An der Erarbeitung des Aktionsplans im Sinne des § 4 wirken das Bundesamt für Verbraucherschutz und Lebensmittelsicherheit und das Julius Kühn-Institut im Rahmen ihrer jeweiligen Zuständigkeiten sowie das Bundesinstitut für Risikobewertung zu Fragen im Hinblick auf die Gesundheit von Mensch und Tier und das Umweltbundesamt zu Fragen im Hinblick auf den Naturhaushalt mit. [2]Die in Satz 1 genannten Bundesbehörden wirken im Rahmen ihrer nach diesem Gesetz übertragenen Verwaltungsaufgaben an der Umsetzung des Aktionsplans mit.

§ 6[1)] Pflanzenschutzmaßnahmen. (1) Das Bundesministerium für Ernährung und Landwirtschaft wird ermächtigt, soweit es zur Erfüllung der in § 1 genannten Zwecke erforderlich ist, durch Rechtsverordnung mit Zustimmung des Bundesrates

1. anzuordnen, das Auftreten oder den Verdacht des Auftretens von Schadorganismen, den Anbau oder das Vorkommen bestimmter Pflanzenarten, sonstige für das Auftreten oder Bekämpfen von Schadorganismen erhebliche Tatsachen oder die Anwendung bestimmter Pflanzenschutzmittel, Pflanzenschutzgeräte oder Verfahren des Pflanzenschutzes der zuständigen Behörde anzuzeigen;
2. Verfügungsberechtigte und Besitzer zu verpflichten, Befallsgegenstände, Grundstücke, Gebäude oder Räume auf das Auftreten von Schadorganismen zu überwachen, zu untersuchen oder untersuchen zu lassen;
3. Verfügungsberechtigte und Besitzer zu verpflichten, bestimmte Schadorganismen zu bekämpfen oder bekämpfen zu lassen sowie bestimmte Pflanzenschutzmittel, Pflanzenschutzgeräte oder Verfahren hierfür vorzuschreiben oder zu verbieten;
4. anzuordnen, dass die zuständigen Behörden Pflanzen und Grundstücke auf das Auftreten bestimmter Schadorganismen überwachen und bestimmte Schadorganismen bekämpfen;
5. das Vernichten, Entseuchen oder Entwesen von Befallsgegenständen und das Entseuchen oder Entwesen des Bodens, von Kultursubstraten oder von Gebäuden oder Räumen anzuordnen sowie bestimmte Mittel, Geräte oder Verfahren hierfür vorzuschreiben oder zu verbieten;
6. die Verwendung bestimmter Kultursubstrate für die Anzucht oder den Anbau bestimmter Pflanzen vorzuschreiben oder zu verbieten;
7. die Nutzung befallener, befallsverdächtiger oder befallsgefährdeter Grundstücke zu beschränken sowie Vorschriften über die Sperre solcher Grundstücke zu erlassen;
8. die Verwendung nicht geeigneten Saat- oder Pflanzguts oder nicht geeigneter zur Veredlung bestimmter Pflanzenteile zu verbieten oder zu beschränken;
9. den Anbau bestimmter Pflanzenarten zu verbieten oder zu beschränken;
10. das Inverkehrbringen bestimmter Pflanzen, die für die Erzeugung von Pflanzen oder sonst zum Anbau bestimmt sind (Anbaumaterial),

[1)] § 6 Abs. 1 einl. Satzteil, Abs. 2 und Abs. 3 Satz 1 Nr. 1 geänd. mWv 8.9.2015 durch VO v. 31.8. 2015 (BGBl. I S. 1474); Abs. 2 geänd. mWv 27.6.2020 durch VO v. 19.6.2020 (BGBl. I S. 1328).

a) bei Befall oder Verdacht des Befalls mit bestimmten Schadorganismen zu verbieten oder zu beschränken,

b) von dem Ergebnis einer Untersuchung auf Befall mit bestimmten Schadorganismen oder auf Resistenz gegen bestimmte Schadorganismen oder von einer Genehmigung abhängig zu machen;

11. anzuordnen, dass befallene, befallsverdächtige oder befallsgefährdete Grundstücke von bestimmten Pflanzen freizumachen oder freizuhalten sind;
12. das Befördern, das Inverkehrbringen und das Lagern bestimmter Schadorganismen und Befallsgegenstände zu verbieten, zu beschränken oder von einer Genehmigung oder Anzeige abhängig zu machen;
13. das Züchten und das Halten bestimmter Schadorganismen sowie das Arbeiten mit ihnen zu verbieten, zu beschränken oder von einer Genehmigung oder Anzeige abhängig zu machen;
14. anzuordnen, dass Grundstücke, Gebäude, Räume oder Behältnisse, die dem Lagern von Pflanzen oder Pflanzenerzeugnissen dienen, zu entseuchen, zu entwesen oder zu reinigen sind, und bestimmte Mittel, Geräte oder Verfahren hierfür vorzuschreiben oder zu verbieten;
15. Vorschriften zum Schutz von Tieren, Pflanzen oder Mikroorganismen

    a) vor ihrer Gefährdung durch Pflanzenschutzmittel, Pflanzenschutzgeräte oder sonstige Geräte und Einrichtungen, die im Pflanzenschutz benutzt werden, oder

    b) im Hinblick auf ihren Nutzen für die Bekämpfung von Schadorganismen

    zu erlassen;
16. Vorschriften über die Einfuhr, das innergemeinschaftliche Verbringen sowie das Verbringen im Inland oder das Verbringen in einen anderen Mitgliedstaat, das Inverkehrbringen und die Verwendung von Tieren, Pflanzen oder Mikroorganismen zur Bekämpfung bestimmter Schadorganismen zu erlassen; dabei kann es die Einfuhr, das innergemeinschaftliche Verbringen sowie das Verbringen im Inland oder in einen anderen Mitgliedstaat, das Inverkehrbringen und die Verwendung von Tieren, Pflanzen oder Mikroorganismen von einer Genehmigung abhängig machen sowie die Voraussetzungen und das Verfahren hierfür regeln.

(2) Rechtsverordnungen nach Absatz 1 Nummer 3, 5, 14, 15 und 16 bedürfen des Einvernehmens mit den Bundesministerien für Arbeit und Soziales und für Umwelt, Naturschutz und nukleare Sicherheit, soweit sie sich auf die Anwendung bestimmter Pflanzenschutzmittel oder anderer Stoffe beziehen.

(3) [1] Die Landesregierungen werden ermächtigt,

1. Rechtsverordnungen nach Absatz 1 zu erlassen, soweit das Bundesministerium für Ernährung und Landwirtschaft von seiner Befugnis keinen Gebrauch macht,
2. durch Rechtsverordnung, soweit es zur Erfüllung der in § 1 genannten Zwecke erforderlich ist,

    a) in Gebieten, die für den Anbau bestimmter Pflanzenarten besonders geeignet sind, den Anbau bestimmter Pflanzenarten zu verbieten oder die Verwendung bestimmten Saat- oder Pflanzguts sowie bestimmte Anbaumethoden vorzuschreiben,

    b) vorzuschreiben, dass Pflanzen oder Pflanzenerzeugnisse nur in bestimmter Art und Weise gelagert werden dürfen.

[2]Sie können durch Rechtsverordnung diese Befugnis auf oberste Landesbehörden übertragen und dabei bestimmen, dass diese ihre Befugnis durch Rechtsverordnung auf nachgeordnete oder ihrer Aufsicht unterstehende Behörden weiter übertragen können.

(4) Über die Begriffsbestimmung des Artikels 3 Nummer 7 der Verordnung (EG) Nr. 1107/2009 hinaus sind Schadorganismen im Sinne des Absatzes 1 und der §§ 7, 8, 57, 59, 60 und 62 Tiere, Pflanzen und Mikroorganismen in allen Entwicklungsstadien, die Schäden an Pflanzen und Pflanzenerzeugnisse verursachen können; Viren und ähnliche Krankheitserreger werden den Mikroorganismen, nicht durch Schadorganismen verursachte Krankheiten werden den Schadorganismen gleichgestellt.

(5) Es ist verboten, Schadorganismen zu verbreiten und dadurch

1. Bestände von Pflanzen besonders geschützter Arten im Sinne des § 7 Absatz 2 Nummer 13 des Bundesnaturschutzgesetzes[1],
2. fremde Pflanzenbestände von bedeutendem Wert oder
3. Pflanzenbestände von bedeutendem Wert für Naturhaushalt oder Landschaftsbild

zu gefährden.

§ 7[2] Maßnahmen gegen die Ein- und Verschleppung und Ansiedlung von Schadorganismen. (1) [1]Das Bundesministerium für Ernährung und Landwirtschaft wird ermächtigt, soweit es

1. zum Schutz gegen die Gefahr
   a) der Einschleppung oder Ansiedlung von Schadorganismen in die Mitgliedstaaten,
   b) der Verschleppung von Schadorganismen innerhalb der Europäischen Union oder in ein Drittland oder
2. zum Schutz bestimmter Gebiete vor Schadorganismen und Befallsgegenständen

erforderlich ist, durch Rechtsverordnung mit Zustimmung des Bundesrates das Befördern, das Inverkehrbringen, die Einfuhr, das innergemeinschaftliche Verbringen sowie das Verbringen im Inland oder das Verbringen in einen anderen Mitgliedstaat und die Ausfuhr von Schadorganismen und Befallsgegenständen zu verbieten oder zu beschränken. [2]Es kann dabei insbesondere

1. das Befördern, das Inverkehrbringen, das innergemeinschaftliche Verbringen einschließlich des Verbringens im Inland oder in einen anderen Mitgliedstaat, die Einfuhr und die Ausfuhr von Schadorganismen und Befallsgegenständen abhängig machen
   a) von einer Genehmigung oder Anzeige,
   b) von einer Untersuchung oder vom Nachweis einer durchgeführten Entseuchung, Entwesung oder anderen Behandlung,
   c) von der Begleitung durch bestimmte Bescheinigungen,
   d) von einer bestimmten Verpackung oder Kennzeichnung,

---

[1] Nr. 880.

[2] § 7 Abs. 1 Satz 1 einl. Satzteil und Abs. 2 einl. Satzteil geänd. mWv 8.9.2015 durch VO v. 31.8. 2015 (BGBl. I S. 1474).

e) von einer Zulassung oder Registrierung des Betriebes, der die Pflanzen erzeugt oder angebaut hat oder der die Pflanzen, Pflanzenerzeugnisse, Kultursubstrate oder andere Befallsgegenstände in den Verkehr bringt, einführt oder lagert;

2. Vorschriften erlassen über
   a) die Durchführung von Untersuchungen einschließlich der Probenahme,
   b) die Beobachtung, Verwendung oder Behandlung einschließlich der Vernichtung der Befallsgegenstände sowie die Untersuchung von technischen Vorrichtungen zur Behandlung von Befallsgegenständen und die Übertragung dieser Untersuchungen auf Sachverständige,
   c) die Verpflichtung zu Aufzeichnungen, insbesondere über durchgeführte Untersuchungen, über das Auftreten von Schadorganismen, über deren Bekämpfung sowie über den Verbleib von Befallsgegenständen,
   d) Inhalt, Form und Ausstellung der Bescheinigungen nach Nummer 1 Buchstabe c,
   e) die Schließung von Packungen und Behältnissen sowie die Verschlusssicherung,
   f) die Aufbewahrung von Bescheinigungen und Aufzeichnungen sowie deren Vorlage bei der zuständigen Behörde,
   g) die Voraussetzungen und das Verfahren für die Zulassung oder Registrierung der Betriebe nach Nummer 1 Buchstabe e einschließlich des Ruhens oder der Löschung der Zulassung oder Registrierung, von Beschränkungen für zugelassene oder registrierte Betriebe bei der Pflanzenerzeugung, beim Pflanzenanbau und beim Befördern, Inverkehrbringen oder Lagern von Befallsgegenständen sowie der Verarbeitung und Nutzung der in dem Verfahren erhobenen Daten,
   h) die Voraussetzungen und das Verfahren für die Zulassung von Einrichtungen, die Pflanzen, Pflanzenerzeugnisse oder Kultursubstrate auf den Befall mit Schadorganismen untersuchen, einschließlich der Voraussetzungen für die Anerkennung einer Einrichtung als nationales Referenzlabor und der Mindestanforderungen für diese Einrichtungen, des Ruhens der Zulassung oder von Beschränkungen der Untersuchungstätigkeit sowie der Verarbeitung und Nutzung der in dem Verfahren erhobenen Daten.

(2) Das Bundesministerium für Ernährung und Landwirtschaft wird ermächtigt, durch Rechtsverordnung ohne Zustimmung des Bundesrates

1. Vorschriften über das Verfahren und die Durchführung von Risikoanalysen durch das Julius Kühn-Institut, Bundesforschungsinstitut für Kulturpflanzen (Julius Kühn-Institut) hinsichtlich der Gefahr der Einschleppung von Schadorganismen in die Europäische Union, der Verschleppung von Schadorganismen innerhalb der Europäischen Union oder der Einschleppung in ein Drittland sowie über die Ausstellung entsprechender Bescheinigungen über die durchgeführten Analysen und ihre Ergebnisse zu erlassen,
2. soweit es zur Erfüllung der in § 1 Nummer 1, 2 und 4 genannten Zwecke erforderlich ist, dem Julius Kühn-Institut die Funktion eines gemeinschaftlichen oder nationalen Referenzlabors mit den dazugehörigen Aufgaben zuzuweisen.

§ 8 Anordnungen der zuständigen Behörden. Die zuständige Behörde kann zur Bekämpfung von Schadorganismen oder zur Verhütung der Ein- oder

Verschleppung sowie der Ansiedlung von Schadorganismen Maßnahmen nach § 6 Absatz 1 und § 7 Absatz 1 Satz 1 in Verbindung mit Satz 2 Nummer 1 Buchstabe a bis d und Nummer 2 Buchstabe a bis f anordnen, soweit eine Regelung durch Rechtsverordnung nach § 6 Absatz 1 oder 3 oder § 7 Absatz 1 Satz 1 nicht getroffen ist oder eine durch Rechtsverordnung nach § 6 Absatz 1 oder 3 oder § 7 Absatz 1 Satz 1 getroffene Regelung nicht entgegensteht.

Abschnitt 3. Allgemeine Anforderungen für Anwender, Händler und Hersteller von Pflanzenschutzmitteln sowie Pflanzenschutzberater

§ 9[1]) Persönliche Anforderungen. (1) Eine Person darf nur

1. Pflanzenschutzmittel anwenden
2. über den Pflanzenschutz im Sinne des Artikels 3 Nummer 3 der Richtlinie 2009/128/EG beraten,
3. Personen, die Pflanzenschutzmittel im Rahmen eines Ausbildungsverhältnisses oder einer Hilfstätigkeit anwenden, anleiten oder beaufsichtigen,
4. Pflanzenschutzmittel gewerbsmäßig in Verkehr bringen oder
5. Pflanzenschutzmittel über das Internet auch außerhalb gewerbsmäßiger Tätigkeiten in Verkehr bringen,

wenn sie über einen von der zuständigen Behörde ausgestellten Sachkundenachweis verfügt.

(2) [1] Die zuständige Behörde stellt auf Antrag den Sachkundenachweis aus, wenn der Antragsteller die dafür erforderliche Zuverlässigkeit besitzt und nachweist, dass er über die erforderlichen fachlichen Kenntnisse und die für die jeweilige Tätigkeit erforderlichen praktischen Fertigkeiten verfügt, um Pflanzenschutzmittel bestimmungsgemäß und sachgerecht anzuwenden. [2] Wer Pflanzenschutzmittel gewerbsmäßig oder im Internet auch außerhalb gewerblicher Tätigkeiten in Verkehr bringt, muss zusätzlich nachweisen, dass er über die erforderlichen fachlichen Kenntnisse verfügt, um sowohl berufliche als auch nichtberufliche Anwender von Pflanzenschutzmitteln über die bestimmungsgemäße und sachgerechte Anwendung von Pflanzenschutzmitteln, mit der Anwendung von Pflanzenschutzmitteln verbundene Risiken, mögliche Risikominderungsmaßnahmen sowie die sachgerechte Lagerung und Entsorgung von Pflanzenschutzmitteln und ihren Resten zu informieren. [3] Der Sachkundenachweis ist der zuständigen Behörde auf Verlangen vorzulegen.

(3) Die zuständige Behörde soll den Sachkundenachweis widerrufen, wenn Tatsachen die Annahme rechtfertigen, dass der Inhaber des Nachweises die in Absatz 2 genannten Voraussetzungen nicht erfüllt oder der Inhaber des Nachweises wiederholt gegen die Bestimmungen dieses Gesetzes oder der auf diesem Gesetz beruhenden Verordnungen verstoßen hat.

(4) [1] Sachkundige Personen im Sinne des Absatzes 1 sind verpflichtet, jeweils innerhalb eines Zeitraums von drei Jahren ab der erstmaligen Ausstellung eines Sachkundenachweises eine von der zuständigen Behörde anerkannte Fort- oder Weiterbildungsmaßnahme wahrzunehmen. [2] Die Fort- oder Weiterbildung ist der zuständigen Behörde auf Verlangen nachzuweisen. [3] Kann der Sachkundige

---

1) § 9 Abs. 6 einl. Satzteil geänd. mWv 8.9.2015 durch VO v. 31.8.2015 (BGBl. I S. 1474); Abs. 6 einl. Satzteil geänd. mWv 27.6.2020 durch VO v. 19.6.2020 (BGBl. I S. 1328).

den Nachweis nach Satz 2 nicht erbringen, soll die zuständige Behörde eine Frist für die Wahrnehmung einer Fort- oder Weiterbildungsmaßnahme setzen. [4] Erfolgt auch innerhalb dieser Frist keine Fort- oder Weiterbildung, soll die zuständige Behörde den Sachkundenachweis widerrufen.

(5) Abweichend von Absatz 1 Satz 1 Nummer 1 ist kein Sachkundenachweis erforderlich für die

1. Anwendung von Pflanzenschutzmitteln, die für nichtberufliche Anwender zugelassen sind, im Haus- und Kleingartenbereich,
2. Ausübung einfacher Hilfstätigkeiten unter Verantwortung und Aufsicht durch eine Person mit Sachkundenachweis im Sinne des Absatzes 1,
3. Anwendung von Pflanzenschutzmitteln im Rahmen eines Ausbildungsverhältnisses unter Anleitung einer Person mit Sachkundenachweis im Sinne des Absatzes 1,
4. Anwendung von Pflanzenschutzmitteln zur Wildschadensverhütung durch nichtberufliche Anwender.

(6) Das Bundesministerium für Ernährung und Landwirtschaft wird ermächtigt, im Einvernehmen mit den Bundesministerien für Gesundheit, für Arbeit und Soziales und für Umwelt, Naturschutz und nukleare Sicherheit durch Rechtsverordnung[1)] mit Zustimmung des Bundesrates nähere Vorschriften über

1. Art und Umfang der erforderlichen fachlichen Kenntnisse und Fertigkeiten,
2. das Verfahren für deren Nachweis,
3. die Gestaltung des Sachkundenachweises,
4. Informationspflichten von Inhabern eines Sachkundenachweises,
5. die Wiedererlangung des Sachkundenachweises durch Personen, denen der Sachkundenachweis nach den Bestimmungen der Absätze 3 oder 4 entzogen oder widerrufen worden ist,
6. die Anerkennungsvoraussetzungen für Fort- und Weiterbildungsmaßnahmen im Sinne des Absatzes 4 sowie
7. über Art und Umfang der Ausübung einfacher Hilfstätigkeiten nach Absatz 5 Nummer 2

zu erlassen.

(7) [1] Die Landesregierungen werden ermächtigt, Rechtsverordnungen nach Absatz 6 zu erlassen, soweit die Bundesregierung von ihrer Befugnis keinen Gebrauch macht. [2] Die Landesregierungen können diese Befugnis durch Rechtsverordnung auf oberste Landesbehörden übertragen.

§ 10 Anzeige bei Beratung und Anwendung. [1] Wer Pflanzenschutzmittel für andere – außer gelegentlicher Nachbarschaftshilfe – anwenden oder zu gewerblichen Zwecken oder im Rahmen sonstiger wirtschaftlicher Unternehmungen andere über den Pflanzenschutz beraten will, hat dies der für den Betriebssitz und der für den Ort der Tätigkeit zuständigen Behörde vor Aufnahme der Tätigkeit anzuzeigen. [2] Die Landesregierungen werden ermächtigt, durch Rechtsverordnung die näheren Vorschriften über die Anzeige und das Anzeigeverfahren zu erlassen. [3] Die Landesregierungen können diese Befugnis durch Rechtsverordnung auf oberste Landesbehörden übertragen.

---

1) Siehe die Anm. am Titel.

§ 11 Aufzeichnungs- und Informationspflichten. (1) [1]Die Aufzeichnungen nach Artikel 67 Absatz 1 Satz 1 oder 2 der Verordnung (EG) Nr. 1107/2009 können elektronisch oder schriftlich geführt werden. [2]Der Leiter eines landwirtschaftlichen, forstwirtschaftlichen oder gärtnerischen Betriebes ist verpflichtet, die Aufzeichnungen für die bewirtschafteten Flächen seines Betriebes unter Angabe des jeweiligen Anwenders zusammen zu führen.

(2) Die Fristen des Artikels 67 Absatz 1 Satz 1 oder 2 der Verordnung (EG) Nr. 1107/2009 zur Aufbewahrung der Aufzeichnungen rechnen ab dem Beginn des Jahres, das auf das Jahr des Entstehens der jeweiligen Aufzeichnung folgt.

(3) Die zuständige Behörde kann auf Antrag bei Vorliegen eines berechtigten Interesses und unter Wahrung der Betriebs- und Geschäftsgeheimnisse des Aufzeichnenden,[1)] im Einzelfall Auskunft über die Aufzeichnungen geben.

Abschnitt 4. Anwendung von Pflanzenschutzmitteln

§ 12 Vorschriften für die Anwendung von Pflanzenschutzmitteln.

(1) Pflanzenschutzmittel dürfen einzeln oder gemischt mit anderen nur angewandt werden, wenn sie zugelassen sind, die Zulassung nicht ruht und nur

1. in den in der Zulassung festgesetzten, jeweils gültigen Anwendungsgebieten,
2. entsprechend den in der Zulassung festgesetzten, jeweils gültigen Anwendungsbestimmungen.

(2) [1]Pflanzenschutzmittel dürfen nicht auf befestigten Freilandflächen und nicht auf sonstigen Freilandflächen, die weder landwirtschaftlich noch forstwirtschaftlich oder gärtnerisch genutzt werden, angewendet werden. [2]Sie dürfen jedoch nicht in oder unmittelbar an oberirdischen Gewässern und Küstengewässern angewandt werden. [3]Die zuständige Behörde kann Ausnahmen von den Sätzen 1 und 2 für die Anwendung zugelassener Pflanzenschutzmittel genehmigen, wenn der angestrebte Zweck vordringlich ist und mit zumutbarem Aufwand auf andere Art nicht erzielt werden kann und überwiegende öffentliche Interessen, insbesondere des Schutzes der Gesundheit von Mensch und Tier oder des Naturhaushaltes, nicht entgegenstehen. [4]Die zuständige Behörde unterrichtet das Bundesamt für Verbraucherschutz und Lebensmittelsicherheit jährlich über die erteilten Genehmigungen nach Satz 3.

(3) [1]Pflanzenschutzmittel, die nur für die Anwendung durch berufliche Anwender zugelassen sind, dürfen auch im Falle von Satz 2 Nummer 2 nur durch Personen angewandt werden, die, außer in den Fällen des § 9 Absatz 5 Nummer 2 und 3, sachkundig im Sinne des § 9 Absatz 1 Satz 1 sind. [2]Im Haus- und Kleingartenbereich dürfen nur Pflanzenschutzmittel angewandt werden, die

1. für die Anwendung durch nichtberufliche Anwender zugelassen sind oder
2. für berufliche Anwender zugelassen sind und für die das Bundesamt für Verbraucherschutz und Lebensmittelsicherheit die Eignung zur Anwendung im Haus- und Kleingartenbereich nach § 36 Absatz 1 Satz 2 Nummer 3 oder Absatz 2 festgestellt hat.

(4) [1]Eine Zulassung ist nicht erforderlich für die Anwendung von

---

[1)] Zeichensetzung amtlich.

1. Pflanzenschutzmitteln, deren Anwendung nach § 6 Absatz 1 Nummer 3, 5 und 14 oder nach § 7 Absatz 1 Satz 1 in Verbindung mit Satz 2 Nummer 2 Buchstabe b, jeweils in Verbindung mit § 8, angeordnet worden ist,
2. Stoffen oder Gemischen, die ausschließlich genehmigte Grundstoffe im Sinne des Artikels 23 der Verordnung (EG) Nr. 1107/2009 enthalten,
3. Pflanzenschutzmitteln, für die eine Genehmigung für Notfallsituationen nach Artikel 53 der Verordnung (EG) Nr. 1107/2009 erteilt worden ist,
4. Pflanzenschutzmitteln, für die eine Genehmigung zu Versuchszwecken nach Artikel 54 der Verordnung (EG) Nr. 1107/2009 erteilt worden ist.

[2] Pflanzenschutzmittel, für die eine Genehmigung nach Artikel 53 oder Artikel 54 der Verordnung (EG) Nr. 1107/2009 erteilt worden ist, dürfen nur nach den in der Genehmigung festgesetzten Anwendungsbestimmungen und Anwendungsgebieten angewandt werden.

(5) [1] Abweichend von Absatz 1 Satz 1 darf ein Pflanzenschutzmittel, dessen Zulassung durch Zeitablauf oder durch Widerruf auf Antrag des Zulassungsinhabers beendet ist, noch innerhalb eines Zeitraums von 18 Monaten, gerechnet ab dem Tag des Endes der Zulassung, angewandt werden. [2] Ein Pflanzenschutzmittel, das auf Grund einer Vertriebserweiterung nach § 30 in Verkehr gebracht worden ist, darf noch angewandt werden, soweit das entsprechende zugelassene Pflanzenschutzmittel noch nach Satz 1 oder 3 angewandt werden darf. [3] Für ein Pflanzenschutzmittel, für das eine Verkehrsfähigkeitsbescheinigung oder eine Genehmigung nach Artikel 52 der Verordnung (EG) Nr. 1107/2009 erteilt worden ist, gilt Satz 1 entsprechend. [4] Das Bundesamt für Verbraucherschutz und Lebensmittelsicherheit macht die Aufbrauchfrist für das Pflanzenschutzmittel im elektronischen Bundesanzeiger bekannt.

(6) Abweichend von Absatz 1 Satz 1 Nummer 1 dürfen zugelassene Pflanzenschutzmittel auch in einem anderen als mit der Zulassung festgesetzten Anwendungsgebiet angewandt werden, wenn die zuständige Behörde eine Genehmigung nach § 22 Absatz 2 erteilt hat.

§ 13 Vorschriften für die Einschränkung der Anwendung von Pflanzenschutzmitteln. (1) Pflanzenschutzmittel dürfen nicht angewandt werden, soweit der Anwender damit rechnen muss, dass ihre Anwendung im Einzelfall

1. schädliche Auswirkungen auf die Gesundheit von Mensch oder Tier oder auf das Grundwasser oder
2. sonstige erhebliche schädliche Auswirkungen, insbesondere auf den Naturhaushalt,

hat.

(2) [1] Bei der Anwendung von Pflanzenschutzmitteln ist es verboten,

1. wild lebenden Tieren der besonders geschützten Arten nachzustellen, sie zu fangen, zu verletzen oder zu töten oder ihre Entwicklungsformen aus der Natur zu entnehmen, zu beschädigen oder zu zerstören,
2. wild lebende Tiere der streng geschützten Arten und der europäischen Vogelarten während der Fortpflanzungs-, Aufzucht-, Mauser-, Überwinterungs- und Wanderungszeiten erheblich zu stören,
3. Fortpflanzungs- oder Ruhestätten der wild lebenden Tiere der besonders geschützten Arten aus der Natur zu entnehmen, zu beschädigen oder zu zerstören,

4. wild lebende Pflanzen der besonders geschützten Arten oder ihre Entwicklungsformen aus der Natur zu entnehmen, sie oder ihre Standorte zu beschädigen oder zu zerstören.

[2] Eine erhebliche Störung im Sinne des Satzes 1 Nummer 2 liegt vor, wenn sich durch die Störung der Erhaltungszustand der lokalen Population einer Art verschlechtert. [3] Die nach den in § 3 bezeichneten Grundsätzen durchgeführten Pflanzenschutzmaßnahmen verstoßen nicht gegen die in Satz 1 genannten Verbote. [4] Soweit in Anhang IV der Richtlinie 92/43/EWG des Rates vom 21. Mai 1992 zur Erhaltung der natürlichen Lebensräume sowie der wild lebenden Tiere und Pflanzen (ABl. L 206 vom 22.7.1992, S. 7) in der jeweils geltenden Fassung aufgeführte Arten oder europäische Vogelarten der Richtlinie 2009/147/EG des Europäischen Parlaments und des Rates vom 30. November 2009 über die Erhaltung der wild lebenden Vogelarten (ABl. L 20 vom 26.1.2010, S. 7) in der jeweils geltenden Fassung betroffen sind, gilt Satz 3 nur, soweit sich der Erhaltungszustand der lokalen Population einer Art in ihrem natürlichen Verbreitungsgebiet durch die Anwendung von Pflanzenschutzmitteln nicht verschlechtert.

(3) Die zuständige Behörde kann die Maßnahmen anordnen, die zur Erfüllung der in Absatz 1 und Absatz 2 Satz 1 genannten Anforderungen erforderlich sind.

(4) [1] Die zuständige Behörde kann im Einzelfall über Absatz 2 Satz 3 und 4 hinaus weitere Ausnahmen von den Verboten nach Absatz 2 Satz 1

1. zur Abwendung erheblicher landwirtschaftlicher, forstwirtschaftlicher oder sonstiger wirtschaftlicher Schäden,
2. zum Schutz der heimischen Tier- und Pflanzenwelt,
3. für Zwecke der Forschung, Lehre, Bildung oder Wiederansiedlung oder diesen Zwecken dienende Maßnahmen der Aufzucht oder der künstlichen Vermehrung,
4. im Interesse der Gesundheit des Menschen, der öffentlichen Sicherheit, einschließlich der Verteidigung und des Schutzes der Zivilbevölkerung, oder der maßgeblich günstigen Auswirkungen auf die Umwelt oder
5. aus anderen zwingenden Gründen des überwiegenden öffentlichen Interesses einschließlich solcher sozialer oder wirtschaftlicher Art

genehmigen. [2] Eine Ausnahme nach Satz 1 darf nur genehmigt werden, soweit zumutbare andere Möglichkeiten nicht gegeben sind und sich der Erhaltungszustand der betroffenen Populationen der nach Absatz 2 Satz 1 geschützten Tier- und Pflanzenarten nicht verschlechtert, soweit nicht Artikel 16 Absatz 1 der Richtlinie 92/43/EWG strengere Anforderungen enthält.

§ 14[1)] Verbote. (1) Das Bundesministerium für Ernährung und Landwirtschaft wird ermächtigt, soweit es zum Schutz der Gesundheit von Mensch und Tier oder zum Schutz vor Gefahren, insbesondere für den Naturhaushalt, erforderlich ist, im Einvernehmen mit den Bundesministerien für Wirtschaft und Energie und für Arbeit und Soziales sowie im Falle der Nummer 1 auch mit dem Bundesministerium für Umwelt, Naturschutz und nukleare Sicherheit

---

[1)] § 14 Abs. 1 einl. Satzteil und Abs. 4 Satz 1 geänd. mWv 8.9.2015 durch VO v. 31.8.2015 (BGBl. I S. 1474); Abs. 1 einl. Satzteil geänd. mWv 27.6.2020 durch VO v. 19.6.2020 (BGBl. I S. 1328).

und dem Bundesministerium für Gesundheit durch Rechtsverordnung[1] mit Zustimmung des Bundesrates

1. die Einfuhr, das Inverkehrbringen, das innergemeinschaftliche Verbringen und die Anwendung bestimmter Pflanzenschutzmittel oder von Pflanzenschutzmitteln mit bestimmten Stoffen,
   a) zu verbieten, zu beschränken oder von einer Genehmigung abhängig zu machen,
   b) von einer Anzeige abhängig zu machen,
2. die Anwendung von Pflanzenschutzmitteln unter Verwendung bestimmter Geräte oder Verfahren zu verbieten, zu beschränken oder von einer Genehmigung oder Anzeige abhängig zu machen,
3. den Anbau bestimmter Pflanzenarten auf Grundstücken, deren Böden mit bestimmten Pflanzenschutzmitteln behandelt worden sind, zu verbieten, zu beschränken oder von einer Genehmigung oder Anzeige abhängig zu machen,
4. die Verwendung von Pflanzen oder Pflanzenerzeugnissen, die auf mit bestimmten Pflanzenschutzmitteln behandelten Böden gewonnen worden sind, zu verbieten, zu beschränken oder von einer Genehmigung oder Anzeige abhängig zu machen sofern nicht bereits nach dem Lebensmittel- und Futtermittelgesetzbuch[2] eine entsprechende Regelung getroffen wurde,
5. das Abgeben von Pflanzenschutzmitteln, die unter eine Regelung nach Nummer 1 fallen, an den Anwender zu verbieten, zu beschränken oder von einer Genehmigung oder Anzeige abhängig zu machen;

dabei kann vorgesehen werden, dass die Genehmigung von dem Bundesamt für Verbraucherschutz und Lebensmittelsicherheit zu erteilen oder die Anzeige ihm gegenüber zu erstatten ist.

(2) Soweit durch Rechtsverordnung nach Absatz 1 Nummer 1 die Anwendung von Pflanzenschutzmitteln beschränkt wird, können insbesondere Zweck, Art, Zeit, Ort und Verfahren der Anwendung des Pflanzenschutzmittels vorgeschrieben oder verboten sowie die anzuwendende Menge und die nach der Anwendung einzuhaltende Wartezeit vorgeschrieben werden.

(3) [1] Ein mit der Zulassung eines Pflanzenschutzmittels festgesetztes Anwendungsgebiet darf durch Rechtsverordnung nach Absatz 1 Nummer 1 nicht ausgeschlossen werden, es sei denn, dass zuvor die Zulassung unter Anordnung der sofortigen Vollziehbarkeit zurückgenommen oder widerrufen worden ist. [2] Wird die Rücknahme oder der Widerruf der Zulassung unanfechtbar aufgehoben, so ist die Rechtsverordnung insoweit nicht mehr anzuwenden.

(4) [1] Die Landesregierungen werden ermächtigt, Rechtsverordnungen nach Absatz 1 Nummer 2 zu erlassen, soweit das Bundesministerium für Ernährung und Landwirtschaft von seiner Befugnis keinen Gebrauch macht. [2] Die Landesregierungen können diese Befugnis durch Rechtsverordnung auf oberste Landesbehörden übertragen.

(5) Es ist verboten, ein Pflanzenschutzmittel, das einen Stoff enthält oder aus einem Stoff besteht, dessen Anwendung durch eine Verordnung nach Absatz 1 Nummer 1 Buchstabe a vollständig verboten ist, innergemeinschaftlich zu verbringen oder in Verkehr zu bringen.

---

[1] Siehe die Anm. am Titel.
[2] **Sartorius ErgBd. Nr. 862.**

§ 15 Beseitigungspflicht. Pflanzenschutzmittel,

1. deren Anwendung wegen eines Bestehens aus einem bestimmten Stoff oder wegen des Enthaltens eines bestimmten Stoffes durch eine Rechtsverordnung nach § 14 Absatz 1 vollständig verboten ist, oder
2. die einen Wirkstoff enthalten, der auf Grund eines Rechtsaktes der Europäischen Gemeinschaft nicht in Anhang I der Richtlinie 91/414/EWG aufgenommen worden ist, dessen Genehmigung nicht nach Artikel 14 der Verordnung (EG) Nr. 1107/2009 erneuert worden ist oder dessen Genehmigung nach Artikel 21 Absatz 3 der Verordnung (EG) Nr. 1107/2009 aufgehoben worden ist und für die die Aufbrauchfrist nach § 12 Absatz 5 abgelaufen ist,

sind nach den Bestimmungen des Kreislaufwirtschafts- und Abfallgesetzes[1] und der auf Grund des Kreislaufwirtschafts- und Abfallgesetzes erlassenen Rechtsverordnungen unverzüglich zu beseitigen.

§ 16[2] Gebrauch von Pflanzenschutzgeräten. (1) Wird ein Pflanzenschutzmittel mit Hilfe eines Pflanzenschutzgerätes angewandt, darf dieses Gerät nur so beschaffen sein, dass bei seiner bestimmungsgemäßen und sachgerechten Verwendung die Anwendung des Pflanzenschutzmittels keine schädlichen Auswirkungen auf die Gesundheit von Mensch und Tier und auf das Grundwasser sowie keine sonstigen nicht vertretbaren Auswirkungen, insbesondere auf den Naturhaushalt, hat, die nach dem Stande der Technik vermeidbar sind.

(2) [1]Bei Geräten, die mit einer CE-Kennzeichnung nach der Richtlinie 2006/42/EG des Europäischen Parlaments und des Rates vom 17. Mai 2006 über Maschinen und zur Änderung der Richtlinie 95/16/EG (Neufassung) (ABl. L 157 vom 9.6.2006, S. 24), die zuletzt durch die Richtlinie 2009/127/EG (ABl. L 310 vom 25.11.2009, S. 29) geändert worden ist, versehen sind oder bei Geräten, die am 14. Dezember 2011 in die Pflanzenschutzgeräteliste des Julius Kühn-Institutes eingetragen sind, wird vermutet, dass die Voraussetzungen nach Absatz 1 erfüllt sind. [2]Die zuständige Behörde kann die Verwendung eines Pflanzenschutzgerätes untersagen, wenn eine Prüfung des Gerätes ergibt, dass die in Absatz 1 genannten Voraussetzungen nicht erfüllt sind.

(3) Werden mit der Zulassung eines Pflanzenschutzmittels besondere Anforderungen für die zu verwendenden Pflanzenschutzgeräte festgelegt, darf die Anwendung nur mit Pflanzenschutzgeräten erfolgen, bei denen eine Prüfung durch das Julius Kühn-Institut oder eine anerkannte Prüfstelle nach § 52 ergeben hat, dass diese Anforderungen erfüllt sind.

(4) [1]Das Bundesministerium für Ernährung und Landwirtschaft wird ermächtigt, durch Rechtsverordnung[3] mit Zustimmung des Bundesrates, soweit es zur Erfüllung des in § 1 genannten Zweckes erforderlich ist,

1. Verfügungsberechtigte und Besitzer zu verpflichten, im Gebrauch befindliche Pflanzenschutzgeräte prüfen zu lassen,
2. die Verwendung von Pflanzenschutzgeräten zu verbieten, die nicht nach Nummer 1 geprüft sind,

---

[1] **Gewerberecht Nr. 850.**

[2] § 16 Abs. 4 Satz 1 einl. Satzteil, Abs. 5 Satz 1 geänd. mWv 8.9.2015 durch VO v. 31.8.2015 (BGBl. I S. 1474).

[3] Siehe die Anm. am Titel.

3. das Verfahren der Prüfung von im Gebrauch befindlichen Pflanzenschutzgeräten zu regeln.

[2]In einer Rechtsverordnung nach Satz 1 Nummer 3 kann auch bestimmt werden, dass Teile des zu prüfenden Pflanzenschutzgerätes, die dem Anwenderschutz oder der Verkehrssicherheit dienen, in die Prüfung einzubeziehen sind.

(5) [1]Die Landesregierungen werden ermächtigt, soweit es zur Erfüllung des in § 1 genannten Zweckes erforderlich ist, Rechtsverordnungen nach Absatz 4 Satz 1 Nummer 1 und 3, auch in Verbindung mit Satz 2 zu erlassen, soweit das Bundesministerium für Ernährung und Landwirtschaft von seiner Befugnis keinen Gebrauch macht. [2]Dabei können sie auch bestimmen, dass die Prüfung durch eine amtlich anerkannte Kontrollwerkstatt oder sonstige Kontrollperson vorzunehmen ist sowie die Anforderung an die Anerkennung, den Verlust der Anerkennung und das Verfahren zur Anerkennung der Kontrollwerkstätten regeln. [3]Die Landesregierungen können durch Rechtsverordnung diese Befugnis auf oberste Landesbehörden übertragen und dabei bestimmen, dass diese ihre Befugnis durch Rechtsverordnung auf nachgeordnete oder ihrer Aufsicht unterstehende Behörden weiter übertragen können.

§ 17[1)] Anwendung von Pflanzenschutzmitteln auf Flächen, die für die Allgemeinheit bestimmt sind. (1) [1]Zusätzlich zu den Vorschriften nach § 12 darf auf Flächen, die für die Allgemeinheit bestimmt sind, nur ein zugelassenes Pflanzenschutzmittel angewandt werden,

1. das als Pflanzenschutzmittel mit geringem Risiko nach Artikel 47 der Verordnung (EG) Nr. 1107/2009 zugelassen ist,
2. für das vom Bundesamt für Verbraucherschutz und Lebensmittelsicherheit im Rahmen eines Zulassungsverfahrens die Eignung für die Anwendung auf Flächen, die für die Allgemeinheit bestimmt sind, festgestellt worden ist oder
3. das auf Grund seiner Eigenschaften vom Bundesamt für Verbraucherschutz und Lebensmittelsicherheit für die Anwendung auf Flächen, die für die Allgemeinheit bestimmt sind, nach dem Verfahren nach Absatz 2 genehmigt worden ist.

[2]Zu Flächen, die für die Allgemeinheit bestimmt sind, gehören insbesondere öffentliche Parks und Gärten, Grünanlagen in öffentlich zugänglichen Gebäuden, öffentlich zugängliche Sportplätze einschließlich Golfplätze, Schul- und Kindergartengelände, Spielplätze, Friedhöfe sowie Flächen in unmittelbarer Nähe von Einrichtungen des Gesundheitswesens.

(2) [1]Das Bundesamt für Verbraucherschutz und Lebensmittelsicherheit genehmigt auf Antrag Pflanzenschutzmittel nach Absatz 1 Nummer 3 im Benehmen mit dem Bundesinstitut für Risikobewertung, dem Julius Kühn-Institut und dem Umweltbundesamt, wenn

1. an der Anwendung ein öffentliches Interesse besteht und
2. eine Prüfung ergibt, dass das Pflanzenschutzmittel auf Grund seiner chemischen Eigenschaften bei bestimmungsgemäßer und sachgerechter Anwendung keine schädlichen Auswirkungen auf die Allgemeinheit hat.

[2]Die Genehmigung können außer dem Zulassungsinhaber beantragen:

[1)] § 17 Abs. 5 geänd. mWv 8.9.2015 durch VO v. 31.8.2015 (BGBl. I S. 1474); Abs. 5 geänd. mWv 27.6.2020 durch VO v. 19.6.2020 (BGBl. I S. 1328).

1. derjenige, der Pflanzenschutzmittel zu gewerblichen Zwecken oder im Rahmen sonstiger wirtschaftlicher Unternehmungen anwendet,
2. juristische Personen, deren Mitglieder Personen nach Nummer 1 sind,
3. amtliche und wissenschaftliche Einrichtungen, die in den Bereichen Landwirtschaft, Gartenbau oder Forstwirtschaft tätig sind oder
4. Eigentümer oder Besitzer von Flächen im Sinne des Absatzes 1.

[3]Ist der Antragsteller nicht der Zulassungsinhaber, ist vor der Entscheidung über die Genehmigung der Zulassungsinhaber zu hören.

(3) [1]Die Zulassung des Pflanzenschutzmittels oder die Genehmigung nach Absatz 2 kann für alle Flächen, die für die Allgemeinheit bestimmt sind, erteilt werden oder auch auf bestimmte Flächen beschränkt werden. [2]Ist es zur Einhaltung der Anforderungen nach Satz 1 erforderlich, legt das Bundesamt für Verbraucherschutz und Lebensmittelsicherheit von der Zulassung des Pflanzenschutzmittels abweichende Anwendungsbestimmungen und Auflagen fest. [3]Die Genehmigung ist zu widerrufen, wenn eine der Voraussetzungen für die Erteilung nachträglich entfallen ist.

(4) Das Bundesamt für Verbraucherschutz und Lebensmittelsicherheit veröffentlicht im Bundesanzeiger oder im elektronischen Bundesanzeiger eine Liste der Pflanzenschutzmittel, für die eine Genehmigung zur Anwendung auf Flächen, die für die Allgemeinheit bestimmt sind, erteilt worden ist.

(5) Das Bundesministerium für Ernährung und Landwirtschaft wird ermächtigt, durch Rechtsverordnung[1)] ohne Zustimmung des Bundesrates im Einvernehmen mit den Bundesministerien für Wirtschaft und Energie, für Umwelt, Naturschutz und nukleare Sicherheit und für Arbeit und Soziales allgemeine Anforderungen für Pflanzenschutzmittel zur Anwendung auf Flächen, die für die Allgemeinheit bestimmt sind, sowie die näheren Einzelheiten des Verfahrens nach Absatz 2 festzulegen.

(6) [1]Bei Gefahr im Verzug kann die zuständige Behörde Ausnahmen von Absatz 1 Satz 1 genehmigen, wenn Maßnahmen getroffen werden, um eine Gefährdung der Allgemeinheit auszuschließen. [2]Die zuständige Behörde unterrichtet das Bundesamt für Verbraucherschutz und Lebensmittelsicherheit über die erteilte Genehmigung nach Satz 1.

§ 18[2)] Anwendung von Pflanzenschutzmitteln mit Luftfahrzeugen.

(1) Die Anwendung von Pflanzenschutzmitteln mit Luftfahrzeugen ohne Genehmigung nach Absatz 2 ist verboten.

(2) [1]Die zuständige Behörde kann auf Antrag die Anwendung eines Pflanzenschutzmittels mit einem Luftfahrzeug nach Maßgabe des Satzes 2 und der Absätze 3 und 4 genehmigen, soweit es für eine wirksame Anwendung keine vergleichbaren anderen Möglichkeiten gibt oder durch die Anwendung mit Luftfahrzeugen gegenüber der Anwendung vom Boden aus eindeutige Vorteile im Sinne geringerer Auswirkungen auf die menschliche Gesundheit oder den Naturhaushalt bestehen. [2]Eine Genehmigung soll nur erteilt werden zur Bekämpfung von Schadorganismen

1. im Weinbau in Steillagen,

---

1) Siehe die Anm. am Titel.

2) § 18 Abs. 7 einl. Satzteil geänd. mWv 8.9.2015 durch VO v. 31.8.2015 (BGBl. I S. 1474); Abs. 7 einl. Satzteil geänd. mWv 27.6.2020 durch VO v. 19.6.2020 (BGBl. I S. 1328).

2. im Kronenbereich von Wäldern.

[3] Die zuständige Behörde verbindet die Genehmigung mit den Auflagen, die erforderlich sind, um eine bestimmungsgemäße und sachgerechte Anwendung einschließlich des Schutzes von Wohngebieten sicherzustellen. [4] Die Genehmigung ist zu widerrufen, wenn eine der Voraussetzungen für die Erteilung nachträglich entfallen ist; im Übrigen bleiben die §§ 48 und 49 des Verwaltungsverfahrensgesetzes[1)] unberührt.

(3) Zusätzlich zu den Vorschriften nach § 12 darf eine Genehmigung nach Absatz 2 nur für die Anwendung eines Pflanzenschutzmittels erteilt werden,

1. das vom Bundesamt für Verbraucherschutz und Lebensmittelsicherheit im Rahmen eines Zulassungsverfahrens auch für die Anwendung mit Luftfahrzeugen zugelassen worden ist oder
2. das auf Grund seiner Eigenschaften vom Bundesamt für Verbraucherschutz und Lebensmittelsicherheit für die Anwendung mit Luftfahrzeugen nach dem Verfahren nach Absatz 4 genehmigt worden ist.

(4) [1] Das Bundesamt für Verbraucherschutz und Lebensmittelsicherheit genehmigt Pflanzenschutzmittel nach Absatz 3 Nummer 2 auf Antrag im Benehmen mit dem Bundesinstitut für Risikobewertung, dem Julius Kühn-Institut und dem Umweltbundesamt, wenn eine Prüfung ergibt, dass das Pflanzenschutzmittel auf Grund seiner Eigenschaften bei bestimmungsgemäßer und sachgerechter Anwendung auch bei der Anwendung mit Luftfahrzeugen keine schädlichen Auswirkungen auf die Gesundheit von Mensch und Tier oder auf Grundwasser und keine sonstigen nicht vertretbaren Auswirkungen auf den Naturhaushalt hat. [2] Ist es zur Einhaltung der Anforderungen nach Satz 1 erforderlich, legt das Bundesamt für Verbraucherschutz und Lebensmittelsicherheit von der Zulassung des Pflanzenschutzmittels abweichende Anwendungsbestimmungen und Auflagen fest.

(5) [1] Die Genehmigung können außer dem Zulassungsinhaber beantragen:

1. derjenige, der Pflanzenschutzmittel zu gewerblichen Zwecken oder im Rahmen sonstiger wirtschaftlicher Unternehmungen in einem Betrieb der Landwirtschaft, des Gartenbaus oder der Forstwirtschaft anwendet,
2. juristische Personen, deren Mitglieder Personen nach Nummer 1 sind oder
3. amtliche und wissenschaftliche Einrichtungen, die in den Bereichen Landwirtschaft, Gartenbau oder Forstwirtschaft tätig sind.

[2] Ist der Antragsteller nicht der Zulassungsinhaber des Pflanzenschutzmittels, ist vor der Entscheidung über die Genehmigung der Zulassungsinhaber zu hören.

(6) Das Bundesamt für Verbraucherschutz und Lebensmittelsicherheit veröffentlicht im Bundesanzeiger oder im elektronischen Bundesanzeiger eine Liste der Pflanzenschutzmittel, für die eine Genehmigung zur Anwendung mit Luftfahrzeugen erteilt worden ist.

(7) Das Bundesministerium für Ernährung und Landwirtschaft wird ermächtigt, durch Rechtsverordnung[2)] mit Zustimmung des Bundesrates im Einvernehmen mit den Bundesministerien für Wirtschaft und Energie, für Umwelt, Naturschutz und nukleare Sicherheit und für Arbeit und Soziales

---

[1)] Nr. **100**.
[2)] Siehe die Anm. am Titel.

1. die Anforderungen
   a) an Pflanzenschutzmittel zur Anwendung mit Luftfahrzeugen,
   b) an die Anwendung mit Luftfahrzeugen,
   c) an die zu verwendenden Geräte sowie
2. die näheren Einzelheiten zu Voraussetzungen, Inhalt und Verfahren einer Genehmigung nach den Absätzen 2 oder 4

zu regeln.

(8) Die zuständigen Behörden unterrichten das Bundesamt für Verbraucherschutz und Lebensmittelsicherheit

1. zum Ende des Jahres über die erteilten Genehmigungen, insbesondere über den Anwendungszweck, die Häufigkeit der Anwendung, die Aufwandmenge pro Fläche, den Anwendungszeitpunkt, die Größe der Anwendungsfläche und die erteilten Auflagen sowie
2. unverzüglich über Kenntnisse, die Anhaltspunkte auf Gefahren für die Gesundheit von Mensch und Tier oder den Naturhaushalt geben.

§ 19[1] Ausbringung oder Verwendung von mit Pflanzenschutzmitteln behandeltem Saatgut, Pflanzgut oder Kultursubstrat. (1) [1] Saatgut, Pflanzgut oder Kultursubstrat, die ein Pflanzenschutzmittel enthalten oder denen ein Pflanzenschutzmittel anhaftet, darf nur ausgebracht oder verwendet werden, wenn

1. es zum Zeitpunkt der Ausbringung oder Verwendung nach § 32 auch in Verbindung mit einer Verordnung nach § 32 Absatz 4 rechtmäßig in Verkehr gebracht werden darf oder
2. es mit einem Pflanzenschutzmittel behandelt worden ist oder ihm ein Pflanzenschutzmittel anhaftet, das noch nach § 12 Absatz 5 angewendet werden darf.

[2] Die Ausbringung oder Verwendung darf nicht erfolgen, wenn der Ausbringer oder Verwender damit rechnen muss, dass die Ausbringung oder Verwendung im Einzelfall

1. schädliche Auswirkungen auf die Gesundheit von Mensch und Tier oder auf das Grundwasser oder
2. sonstige nicht vertretbare Auswirkungen, insbesondere auf den Naturhaushalt,

hat.

(2) Das Bundesministerium für Ernährung und Landwirtschaft wird ermächtigt, soweit es zum Schutz der Gesundheit von Mensch und Tier oder zum Schutz vor erheblichen Gefahren insbesondere für den Naturhaushalt erforderlich ist, durch Rechtsverordnung[2] mit Zustimmung des Bundesrates nähere Vorschriften über die Verwendung oder Ausbringung von Saatgut, Pflanzgut oder Kultursubstrat, das mit einem Pflanzenschutzmittel behandelt wurde oder dem ein Pflanzenschutzmittel anhaftet, zu erlassen.

---

[1] § 19 Abs. 2 geänd. mWv 8.9.2015 durch VO v. 31.8.2015 (BGBl. I S. 1474).
[2] Siehe die Anm. am Titel.

§ 20[1] **Versuchszwecke.** (1) [1]Ein nicht zugelassenes Pflanzenschutzmittel darf zu Versuchszwecken nur innergemeinschaftlich verbracht, in Verkehr gebracht oder auf Freilandflächen angewandt werden, wenn das Bundesamt für Verbraucherschutz und Lebensmittelsicherheit, das innergemeinschaftliche Verbringen, das Inverkehrbringen oder die Anwendung nach Artikel 54 der Verordnung (EG) Nr. 1107/2009 genehmigt hat. [2]Die Genehmigung kann für ein Versuchsprogramm erteilt werden. [3]Satz 1 gilt auch für Versuche mit zugelassenen Pflanzenschutzmitteln bei nicht zugelassenen Anwendungsgebieten einschließlich der Anwendung mit Luftfahrzeugen oder entgegen den mit der Zulassung festgelegten Anwendungsbestimmungen, wenn eine Anwendung auf Freilandflächen erfolgen soll. [4]Das Bundesamt für Verbraucherschutz und Lebensmittelsicherheit unterrichtet die zuständigen Behörden der Länder über die erteilten Genehmigungen oder Anzeigen nach Absatz 3 Satz 3. [5]Der Beginn der Versuchsdurchführung ist der zuständigen Behörde des jeweiligen Landes anzuzeigen.

(2) [1]Das Bundesamt für Verbraucherschutz und Lebensmittelsicherheit erteilt die Genehmigung, soweit durch den Versuch oder das Versuchsprogramm keine schädlichen Auswirkungen auf die Gesundheit von Mensch und Tier oder sonstige nicht vertretbare Auswirkungen auf den Naturhaushalt zu erwarten sind. [2]Das Bundesamt für Verbraucherschutz und Lebensmittelsicherheit widerruft die Genehmigung, wenn die Voraussetzungen für die Genehmigung nachträglich entfallen sind. [3]Im Übrigen bleiben die §§ 48 und 49 des Verwaltungsverfahrensgesetzes[2] unberührt.

(3) [1]Eine Genehmigung nach Absatz 1 ist nicht erforderlich für Versuche, die durch die zuständigen Behörden der Länder oder das Julius Kühn-Institut oder in deren Auftrag im Rahmen der ihnen durch dieses Gesetz oder der auf Grund dieses Gesetzes erlassenen Verordnungen übertragenen Aufgaben durchgeführt werden. [2]Eine Genehmigung nach Absatz 1 ist ferner nicht erforderlich, soweit der Hersteller eines nicht zugelassenen Pflanzenschutzmittels oder in dessen Auftrag ein Dritter das Pflanzenschutzmittel auf Freilandflächen zu Versuchszwecken anwendet. [3]In den Fällen des Satzes 2 ist der Hersteller verpflichtet, die Versuchsdurchführung oder das Versuchsprogramm unter Angabe des zu verwendenden Pflanzenschutzmittels und des Versuchsstandortes spätestens einen Monat vor dem Beginn dem Bundesamt für Verbraucherschutz und Lebensmittelsicherheit anzuzeigen. [4]Das Bundesamt für Verbraucherschutz und Lebensmittelsicherheit kann die Durchführung des Versuchs ganz oder teilweise untersagen, wenn Tatsachen die Annahme rechtfertigen, dass durch die Durchführung des Versuchs schädliche Auswirkungen auf die Gesundheit von Mensch und Tier oder nicht vertretbare Auswirkungen auf den Naturhaushalt entstehen.

(4) [1]Versuche mit nicht zugelassenen Pflanzenschutzmitteln, bei denen diese Pflanzenschutzmittel nicht auf Freilandflächen angewandt werden, dürfen nur so durchgeführt werden, dass die Anwendung keine schädlichen Auswirkungen auf die Gesundheit von Mensch und Tier oder auf das Grundwasser sowie keine sonstigen nicht vertretbaren Auswirkungen, insbesondere auf den Naturhaushalt, erwarten lässt. [2]Die zuständige Behörde kann die Anwendung von

[1] § 20 Abs. 5 einl. Satzteil geänd. mWv 8.9.2015 durch VO v. 31.8.2015 (BGBl. I S. 1474); Abs. 5 einl. Satzteil geänd. mWv 27.6.2020 durch VO v. 19.6.2020 (BGBl. I S. 1328).

[2] Nr. **100**.

Pflanzenschutzmitteln zu Versuchszwecken ganz oder teilweise untersagen, wenn Tatsachen die Annahme rechtfertigen, dass derjenige, der Pflanzenschutzmittel zu Versuchszwecken anwendet, die erforderliche Zuverlässigkeit oder die erforderlichen fachlichen Kenntnisse oder Fertigkeiten nicht besitzt. [3] Wer Versuche mit nicht zugelassenen Pflanzenschutzmitteln durchführen will, hat dies der zuständigen Behörde des jeweiligen Landes vor Aufnahme der Tätigkeit unter Angabe des Versuchsstandortes anzuzeigen.

(5) Das Bundesministerium für Ernährung und Landwirtschaft wird ermächtigt, im Einvernehmen mit den Bundesministerien für Wirtschaft und Energie, für Arbeit und Soziales und für Umwelt, Naturschutz und nukleare Sicherheit durch Rechtsverordnung mit Zustimmung des Bundesrates

1. Näheres über das Genehmigungsverfahren nach Absatz 1 oder das Anzeigeverfahren nach Absatz 3, insbesondere über Art und Umfang der einzureichenden Angaben und Unterlagen sowie
2. die näheren Anforderungen an die Anwendung zu Versuchszwecken

zu regeln.

§ 21[1)] Erhebung von Daten über die Anwendung von Pflanzenschutzmitteln. (1) [1] Das Julius Kühn-Institut ist zuständig für die Erhebung von Daten in nicht personenbezogener Form über die Anwendung von Pflanzenschutzmitteln und erstellt Statistiken zur Erfüllung der Anforderungen von Anhang II der Verordnung (EG) Nr. 1185/2009 des Europäischen Parlaments und des Rates vom 25. November 2009 über Statistiken zu Pestiziden (ABl. L 324 vom 10.12.2009, S. 1). [2] Die zuständigen Behörden der Länder wirken bei den Erhebungen mit. [3] Die nach Satz 1 erhobenen Daten dürfen nur zur Erfüllung der Verpflichtungen aus Artikel 3 Absatz 2 in Verbindung mit Anhang II der Verordnung (EG) Nr. 1185/2009 sowie zur Überprüfung der Maßnahmen nach dem Aktionsplan im Sinne des § 4 verwendet werden. [4] § 63 ist nicht anzuwenden.

(2) Das Bundesministerium für Ernährung und Landwirtschaft wird ermächtigt, durch Rechtsverordnung mit Zustimmung des Bundesrates Inhalt und Form der Erhebungen zu regeln.

(3) [1] Das Julius Kühn-Institut macht die Auswertung der Erhebungen im Bundesanzeiger oder im elektronischen Bundesanzeiger bekannt. [2] Es übermittelt die Ergebnisse gemäß Artikel 3 Absatz 2 der Verordnung (EG) Nr. 1185/2009 an die zuständigen Dienststellen der Europäischen Kommission.

§ 22 Weitergehende Länderbefugnisse. (1) Befugnisse der Länder,

1. Vorschriften zu erlassen, über
   a) die Anwendung von Pflanzenschutzmitteln in Schutzgebieten nach wasserrechtlichen oder naturschutzrechtlichen Bestimmungen, insbesondere unter Berücksichtigung der Zielsetzung von Artikel 12 Buchstabe b der Richtlinie 2009/128/EG,
   b) Einzelheiten der Anwendung von Pflanzenschutzmitteln an oberirdischen Gewässern oder Küstengewässern oder
2. Vorschriften zu erlassen, um

---

1) § 21 Abs. 2 geänd. mWv 8.9.2015 durch VO v. 31.8.2015 (BGBl. I S. 1474).

a) die Anwendung von Pflanzenschutzmitteln unter Verwendung bestimmter Geräte oder Verfahren oder

b) den Anbau bestimmter Pflanzenarten auf Grundstücken, deren Böden mit bestimmten Pflanzenschutzmitteln behandelt worden sind, sowie die Verwendung bestimmter dort gewonnener Pflanzen oder Pflanzenerzeugnisse

zu verbieten, zu beschränken oder von einer Genehmigung oder Anzeige abhängig zu machen,

bleiben unberührt.

(2) [1] Die zuständige Behörde kann nach Maßgabe des Artikels 51 Absatz 1 und 2 der Verordnung (EG) Nr. 1107/2009 auf Antrag im Einzelfall die Anwendung eines zugelassenen Pflanzenschutzmittels in einem anderen als den mit der Zulassung festgesetzten Anwendungsgebieten genehmigen, wenn

1. die Anwendung vorgesehen ist
   a) an Pflanzen, die nur in geringfügigem Umfang angebaut werden, oder
   b) gegen Schadorganismen, die nur in bestimmten Gebieten erhebliche Schäden verursachen,

   und
2. die vorgesehene Anwendung derjenigen in einem mit der Zulassung festgesetzten Anwendungsgebiet entspricht.

[2] Die Genehmigung können außer dem Zulassungsinhaber beantragen:

1. derjenige, der Pflanzenschutzmittel zu gewerblichen Zwecken oder im Rahmen sonstiger wirtschaftlicher Unternehmungen in einem Betrieb der Landwirtschaft, des Gartenbaus oder der Forstwirtschaft anwendet,
2. juristische Personen, deren Mitglieder Personen nach Nummer 1 sind.

[3] Eine Genehmigung darf nicht für die Behandlung von Saatgut erteilt werden, es sei denn, das behandelte Saatgut soll ausschließlich im eigenen Betrieb verwendet werden.

(3) Eine Genehmigung nach Absatz 2 zum Zwecke der Anwendung des Pflanzenschutzmittels an Pflanzen und Pflanzenerzeugnissen, aus denen Lebensmittel gewonnen werden können, darf nur erteilt werden, wenn

1. für die bei bestimmungsgemäßer und sachgerechter Anwendung jeweils zu erwartenden Rückstände des Pflanzenschutzmittels in oder auf Lebensmitteln pflanzlicher Herkunft ein Höchstgehalt nach der Verordnung (EG) Nr. 396/2005 des Europäischen Parlaments und des Rates vom 23. Februar 2005 über Höchstgehalte an Pestizidrückständen in oder auf Lebens- und Futtermitteln pflanzlichen und tierischen Ursprungs und zur Änderung der Richtlinie 91/414/EWG des Rates (ABl. L 70 vom 16.3.2005, S. 1) in der jeweils geltenden Fassung oder nach der Rückstands-Höchstmengenverordnung festgesetzt worden ist, und
2. die aus diesen Pflanzen oder Pflanzenerzeugnissen gewonnenen Lebensmittel nur in geringfügigem Umfang zur täglichen Verzehrsmenge beitragen.

(4) Vor Erteilung der Genehmigung ist dem Bundesamt für Verbraucherschutz und Lebensmittelsicherheit Gelegenheit zur Stellungnahme zu geben.

(5) [1] Die Genehmigung ist mit

1. den erforderlichen Auflagen zum Schutz der Gesundheit von Mensch und Tier und zum Schutz vor sonstigen schädlichen Auswirkungen, insbesondere auf den Naturhaushalt, sowie
2. dem Vorbehalt des Widerrufes

zu verbinden. [2] Die Genehmigung ist zu befristen. [3] Dabei darf die Frist die Dauer der Zulassung des Pflanzenschutzmittels nicht überschreiten. [4] Die Genehmigung ruht, wenn das Ruhen der Zulassung des Pflanzenschutzmittels angeordnet worden ist.

(6) [1] Die zuständigen Behörden unterrichten das Bundesamt für Verbraucherschutz und Lebensmittelsicherheit zum Ende eines jeden Vierteljahres über die erteilten Genehmigungen und deren Anzahl und Inhalt durch Einstellen der Information in eine vom Bundesamt für Verbraucherschutz und Lebensmittelsicherheit für diesen Zweck zur Verfügung gestellte Datenbank. [2] In entsprechender Weise unterrichten die zuständigen Behörden über die Rücknahme oder den Widerruf erteilter Genehmigungen. [3] Die zuständigen Behörden unterrichten das Bundesamt für Verbraucherschutz und Lebensmittelsicherheit unverzüglich über Anhaltspunkte auf Gefahren für die Gesundheit von Mensch und Tier sowie für den Naturhaushalt.

Abschnitt 5. Abgabe, Rückgabe und Ausfuhr von Pflanzenschutzmitteln

§ 23 Abgabe von Pflanzenschutzmitteln. (1) [1] Pflanzenschutzmittel, die nur für die berufliche Anwendung zugelassen sind, dürfen nur abgegeben werden, wenn der Erwerber über einen Sachkundenachweis im Sinne des § 9 Absatz 1 verfügt. [2] Derjenige, der ein Pflanzenschutzmittel abgibt, das nur für die Anwendung durch berufliche Anwender zugelassen ist, hat sich in geeigneter Weise den Sachkundenachweis des Erwerbers vorlegen zu lassen.

(2) [1] Pflanzenschutzmittel dürfen nicht durch Automaten oder durch andere Formen der Selbstbedienung in den Verkehr gebracht werden. [2] Die Vorschriften über die Abgabe gefährlicher Stoffe oder Zubereitungen, die auf Grund des § 17 Absatz 1 Nummer 1 Buchstabe a und c des Chemikaliengesetzes[1)] erlassen worden sind, gelten für die Abgabe von Pflanzenschutzmitteln entsprechend.

(3) Bei der Abgabe von Pflanzenschutzmitteln hat der Abgebende über die bestimmungsgemäße und sachgerechte Anwendung des Pflanzenschutzmittels, insbesondere über Verbote und Beschränkungen, zu unterrichten.

(4) [1] Bei der Abgabe von Pflanzenschutzmitteln an nicht-berufliche Anwender stellt der Abgebende darüber hinaus allgemeine Informationen über die Risiken der Anwendung von Pflanzenschutzmitteln für Mensch, Tier und Naturhaushalt zur Verfügung. [2] Die allgemeinen Informationen berücksichtigen insbesondere den Anwenderschutz, die sachgerechte Lagerung, Handhabung und Anwendung sowie die sichere Entsorgung nach den abfallrechtlichen Vorschriften und Möglichkeiten des Pflanzenschutzes mit geringem Risiko. [3] Erfolgt die Abgabe im Wege des Versandhandels, sind die Informationen nach den Sätzen 1 und 2 und Absatz 3 bereits vor der Abgabe zu übermitteln oder zur Verfügung zu stellen.

[1)] **Gewerberecht Nr. 600.**

(5) Die zuständige Behörde soll die Abgabe von Pflanzenschutzmitteln im Handel ganz oder teilweise für eine Dauer von bis zu fünf Jahren untersagen sowie den Sachkundenachweis nach § 9 Absatz 3 entziehen, wenn der Abgebende wiederholt gegen die Vorschriften dieses Gesetzes, der auf Grund dieses Gesetzes erlassenen Rechtsverordnungen oder der im Anwendungsbereich dieses Gesetzes erlassenen unmittelbar geltenden Rechtsakte der Europäischen Gemeinschaft oder der Europäischen Union verstoßen hat.

§ 24[1)] Anzeigepflicht bei der Abgabe von Pflanzenschutzmitteln.

(1) [1] Wer Pflanzenschutzmittel zu gewerblichen Zwecken oder im Rahmen sonstiger wirtschaftlicher Unternehmungen in den Verkehr bringen oder zu gewerblichen Zwecken einführen oder innergemeinschaftlich verbringen will, hat dies der für den Betriebssitz und den Ort der Tätigkeit, im Falle der Einfuhr der für den Betriebssitz oder die Niederlassung des Verfügungsberechtigten zuständigen Behörde vor Aufnahme der Tätigkeit unter Angabe seines Namens, seiner Anschrift und seiner Telekommunikationsdaten anzuzeigen. [2] Die Landesregierungen werden ermächtigt, durch Rechtsverordnung die näheren Vorschriften über die Anzeige und das Anzeigeverfahren zu erlassen. [3] Die Landesregierungen können diese Befugnis durch Rechtsverordnung auf oberste Landesbehörden übertragen.

(2) [1] Wer zu gewerblichen Zwecken oder im Rahmen sonstiger wirtschaftlicher Unternehmungen das Inverkehrbringen, das innergemeinschaftliche Verbringen oder die Einfuhr von Pflanzenschutzmitteln im oder in das Inland vermittelt oder Hilfsleistungen für die Einfuhr oder das innergemeinschaftliche Verbringen von Pflanzenschutzmitteln anbietet, hat dies dem Bundesamt für Verbraucherschutz und Lebensmittelsicherheit vor Aufnahme der Tätigkeit unter Angabe seines Namens, seiner Anschrift und seiner Telekommunikationsdaten anzuzeigen. [2] Das Bundesministerium für Ernährung und Landwirtschaft wird ermächtigt, durch Rechtsverordnung ohne Zustimmung des Bundesrates die näheren Vorschriften über die Anzeige und das Anzeigeverfahren zu erlassen. [3] Das Bundesamt für Verbraucherschutz und Lebensmittelsicherheit stellt die Liste der eingegangenen Anzeigen den nach Landesrecht zuständigen Behörden zur Erfüllung ihrer Aufgaben nach § 59 zur Verfügung.

§ 25[2)] Ausfuhr. (1) [1] Soweit nicht Regelungen in anderen Rechtsvorschriften getroffen worden sind, dürfen Pflanzenschutzmittel zu gewerblichen Zwecken oder im Rahmen sonstiger wirtschaftlicher Unternehmungen in andere als Mitgliedstaaten nur ausgeführt werden, wenn

1. auf den Behältnissen und abgabefertigen Packungen in deutlich sichtbarer, leicht lesbarer Schrift unverwischbar die Bezeichnung des Pflanzenschutzmittels, die Wirkstoffe nach Art und Menge und das Verfallsdatum bei Pflanzenschutzmitteln mit längstens zweijähriger Haltbarkeit angegeben sind und
2. den Behältnissen und abgabefertigen Packungen eine Gebrauchsanleitung mit Angaben beigefügt ist über

   a) die bestimmungsgemäße und sachgerechte Anwendung,

---

1) § 24 Abs. 2 Satz 2 geänd. mWv 8.9.2015 durch VO v. 31.8.2015 (BGBl. I S. 1474).

2) § 25 Abs. 3 einl. sowie abschl. Satzteil geänd. mWv 8.9.2015 durch VO v. 31.8.2015 (BGBl. I S. 1474); Abs. 3 abschl. Satzteil geänd. mWv 27.6.2020 durch VO v. 19.6.2020 (BGBl. I S. 1328).

b) mögliche schädliche Auswirkungen auf die Gesundheit von Mensch und Tier sowie auf den Naturhaushalt,

c) Vorsichtsmaßnahmen sowie Sofortmaßnahmen bei Unfällen,

d) die sachgerechte Entsorgung oder Neutralisierung.

[2] Im Übrigen sind bei der Ausfuhr internationale Vereinbarungen, insbesondere der Verhaltenskodex für das Inverkehrbringen und die Anwendung von Pflanzenschutz- und Schädlingsbekämpfungsmitteln der Ernährungs- und Landwirtschaftsorganisation der Vereinten Nationen, zu berücksichtigen.

(2) [1] Verfügungsberechtigte und Besitzer von für die Ausfuhr bestimmten Pflanzenschutzmitteln, die

1. nicht nach den Vorschriften der Verordnung (EG) Nr. 1107/2009 zugelassen sind oder
2. nicht nach § 31 Absatz 2 gekennzeichnet sind,

sind verpflichtet, diese von den für die Anwendung innerhalb des Geltungsbereiches dieses Gesetzes bestimmten Pflanzenschutzmitteln getrennt zu halten und entsprechend kenntlich zu machen. [2] Satz 1 Nummer 2 gilt entsprechend für Kultursubstrate, für die die Kennzeichnung in einer Rechtsverordnung nach § 31 Absatz 6 Nummer 5 vorgeschrieben worden ist.

(3) Das Bundesministerium für Ernährung und Landwirtschaft wird ermächtigt, soweit dies

1. zur Durchführung von Rechtsakten der Europäischen Gemeinschaft oder der Europäischen Union oder
2. zur Abwehr erheblicher, auf andere Weise nicht zu behebender Gefahren für die Gesundheit von Mensch oder Tier oder sonstiger Gefahren, insbesondere für den Naturhaushalt,

erforderlich ist, im Einvernehmen mit den Bundesministerien für Wirtschaft und Energie, für Arbeit und Soziales, für Umwelt, Naturschutz und nukleare Sicherheit und für wirtschaftliche Zusammenarbeit und Entwicklung durch Rechtsverordnung mit Zustimmung des Bundesrates die Ausfuhr bestimmter Pflanzenschutzmittel oder von Pflanzenschutzmitteln mit bestimmten Stoffen in Staaten außerhalb der Europäischen Union zu verbieten oder zu beschränken oder von einer Genehmigung oder Anzeige abhängig zu machen.

§ 26 Getrennte Lagerung. Verfügungsberechtigte und Besitzer von Lebensmitteln, Futtermitteln, Saatgut, Pflanzgut oder Kultursubstrat, die für die Ausfuhr bestimmt sind und die mit Pflanzenschutzmitteln behandelt worden sind, deren Inverkehrbringen nach § 29 Absatz 1 Satz 1 Nummer 2 genehmigt worden ist, sind verpflichtet, diese von den für das Inverkehrbringen im Inland bestimmten Lebensmitteln, Futtermitteln, Saatgut, Pflanzgut oder Kultursubstrat getrennt zu halten und entsprechend kenntlich zu machen.

§ 27[1)] Rückgabe von Pflanzenschutzmitteln. (1) [1] Nach Beendigung der Zulassung eines Pflanzenschutzmittels ist dessen Rückgabe an

1. den Zulassungsinhaber,
2. den Einführer oder dessen Vertreter oder

[1)] § 27 Abs. 4 geänd. mWv 8.9.2015 durch VO v. 31.8.2015 (BGBl. I S. 1474); Abs. 4 geänd. mWv 27.6.2020 durch VO v. 19.6.2020 (BGBl. I S. 1328).

3. an einen von Personen nach den Nummern 1 oder 2 beauftragten Dritten zulässig. [2]Die Rückgabe gilt nicht als Inverkehrbringen.

(2) [1]Das Bundesamt für Verbraucherschutz und Lebensmittelsicherheit soll die Rückgabe eines Pflanzenschutzmittels anordnen, wenn es die Zulassung zurückgenommen, widerrufen oder nach Ablauf der Zulassung festgestellt hat, dass die Voraussetzungen für eine Rücknahme oder einen Widerruf vorgelegen hätten. [2]Der Zulassungsinhaber, der Einführer und dessen Vertreter sind im Falle des Satzes 1 zur unverzüglichen Annahme zurückgegebener Pflanzenschutzmittel verpflichtet.

(3) [1]Im Falle der Rücknahme oder eines Widerrufes nach § 49 Absatz 2 Satz 1 Nummer 3 bis 5 des Verwaltungsverfahrensgesetzes[1)] ist ferner die Rückgabe an einen Betrieb, der Pflanzenschutzmittel zu gewerblichen Zwecken in den Verkehr bringt, zulässig. [2]Ordnet das Bundesamt für Verbraucherschutz und Lebensmittelsicherheit in einem solchen Fall die Rückgabe an, so ist dieser Betrieb zur unverzüglichen Annahme zurückgegebener Pflanzenschutzmittel verpflichtet.

(4) Das Bundesministerium für Ernährung und Landwirtschaft wird ermächtigt, im Einvernehmen mit den Bundesministerien für Wirtschaft und Energie und für Umwelt, Naturschutz und nukleare Sicherheit durch Rechtsverordnung mit Zustimmung des Bundesrates nähere Einzelheiten der Rückgabe und der Rücknahme zu regeln und zu bestimmen, wer die Kosten für die Rückgabe oder die Rücknahme zu tragen hat.

(5) Das Bundesamt für Verbraucherschutz und Lebensmittelsicherheit teilt den zuständigen Behörden die Gründe für die Rücknahme, den Widerruf oder die Feststellung mit, dass die Voraussetzungen für eine Rücknahme oder einen Widerruf vorgelegen hätten.

Abschnitt 6. Inverkehrbringen von Pflanzenschutzmitteln, Zulassungsverfahren

§ 28 Inverkehrbringen von Pflanzenschutzmitteln. (1) Unbeschadet des Artikels 28 der Verordnung (EG) Nr. 1107/2009 gilt ein Pflanzenschutzmittel auch als zugelassen, für das eine Genehmigung nach Artikel 52 der Verordnung (EG) Nr. 1107/2009 erteilt worden ist.

(2) Ein Pflanzenschutzmittel, das in keinem anderen Mitgliedstaat der Europäischen Union oder keinem Vertragsstaat des Abkommens über den Europäischen Wirtschaftsraum nach den Anforderungen der Richtlinie 91/414/EWG des Rates vom 15. Juli 1991 über das Inverkehrbringen von Pflanzenschutzmitteln (ABl. L 230 vom 19.8.1991, S. 1) oder nach Artikel 29 der Verordnung (EG) Nr. 1107/2009 zugelassen worden ist, gilt auch dann nicht als zugelassen, wenn es mit einem in Deutschland zugelassenen Pflanzenschutzmittel übereinstimmt.

(3) Eine Zulassung nach der Verordnung (EG) Nr. 1107/2009 durch das Bundesamt für Verbraucherschutz und Lebensmittelsicherheit ist nicht erforderlich

---

[1)] Nr. **100**.

1. für Pflanzenschutzmittel, die für die Ausfuhr in ein Drittland bestimmt sind oder sich als Nichtgemeinschaftsware unter zollamtlicher Überwachung befinden,
2. für Pflanzenschutzmittel, die für das Verbringen in einen anderen Mitgliedstaat bestimmt sind, wenn das Pflanzenschutzmittel in dem anderen Mitgliedstaat zugelassen ist oder dieser eine Genehmigung nach den Artikeln 52, 53 oder 54 der Verordnung (EG) Nr. 1107/2009 erteilt hat und der Verfügungsberechtigte oder Besitzer dies nachweist,
3. für Stoffe und Gemische, die ausschließlich aus Grundstoffen im Sinne des Artikels 23 der Verordnung (EG) Nr. 1107/2009 bestehen,
4. für Pflanzenschutzmittel, für die eine Versuchsgenehmigung nach § 20 erteilt wurde.

(4) [1]Abweichend von Absatz 1 Satz 1 darf ein Pflanzenschutzmittel, dessen Zulassung durch Zeitablauf oder Widerruf auf Antrag des Zulassungsinhabers beendet worden ist und das sich zum Zeitpunkt des Endes der Zulassung bereits im freien Verkehr befunden hat, noch innerhalb eines Zeitraums von sechs Monaten, gerechnet ab dem Tag des Endes der Zulassung, weiter in Verkehr gebracht werden. [2]Satz 1 gilt für Pflanzenschutzmittel, die auf Grund einer Genehmigung nach Artikel 52 der Verordnung (EG) Nr. 1107/2009 in Verkehr gebracht werden, entsprechend.

§ 29 Inverkehrbringen in besonderen Fällen. (1) [1]Das Bundesamt für Verbraucherschutz und Lebensmittelsicherheit kann das Inverkehrbringen, das innergemeinschaftliche Verbringen und die Anwendung nicht zugelassener Pflanzenschutzmittel genehmigen

1. unter den Voraussetzungen des Artikels 53 der Verordnung (EG) Nr. 1107/2009 oder
2. zur Anwendung an Befallsgegenständen, die für die Ausfuhr bestimmt sind, sofern für diese im Bestimmungsland abweichende Anforderungen gelten oder die Pflanzenschutzmittel im Bestimmungsland für diese Anwendung zugelassen sind,

für eine bestimmte Menge und für einen bestimmten Zeitraum, der im Falle der Nummer 1 einen Zeitraum von 120 Tagen nicht überschreiten darf. [2]Dabei hat es die Anwendungsgebiete sowie die zum Schutz der Gesundheit von Mensch und Tier und die zum Schutz vor sonstigen schädlichen Auswirkungen, insbesondere auf den Naturhaushalt, erforderlichen Anwendungsbestimmungen, einschließlich solcher über die zur Anwendung berechtigten Personen, festzusetzen und die erforderlichen Auflagen zu erteilen. [3]Die Genehmigung kann mit dem Vorbehalt des Widerrufes verbunden werden. [4]Sie kann erneut erteilt werden. [5]Im Falle des Satzes 1 Nummer 1 kann für ein zugelassenes Pflanzenschutzmittel eine Genehmigung auch für ein nicht mit der Zulassung festgesetztes Anwendungsgebiet erteilt werden.

(2) [1]Die Landesregierungen können durch Rechtsverordnung ergänzende Regelungen für die Anwendung eines Pflanzenschutzmittels, für das eine Genehmigung nach Absatz 1 Satz 1 Nummer 1 erteilt worden ist, erlassen, um eine bestimmungsgemäße und sachgerechte Anwendung sicherzustellen. [2]Die Landesregierungen können diese Befugnis durch Rechtsverordnung auf oberste Landesbehörden übertragen.

(3) Im Falle des Absatzes 1 Satz 1 Nummer 2 wird die Genehmigung im Benehmen mit dem Bundesinstitut für Risikobewertung, dem Julius Kühn-Institut und dem Umweltbundesamt erteilt.

§ 30[1)] Inverkehrbringen von Pflanzenschutzmitteln unter abweichender Bezeichnung. (1) [1] Ein Pflanzenschutzmittel, das in Deutschland zugelassen ist, darf auch von anderen als dem Zulassungsinhaber auf der Grundlage einer Vereinbarung mit diesem (Vertriebserweiterung) unter einer abweichenden Bezeichnung in den Verkehr gebracht werden. [2] Der Zulassungsinhaber hat den Abschluss und die Geltungsdauer oder das Ende der Vereinbarung unter Angabe des Namens, der Anschrift des Berechtigten und der abweichenden Bezeichnung, unter der das Pflanzenschutzmittel von dem Berechtigten in Verkehr gebracht werden soll, unverzüglich dem Bundesamt für Verbraucherschutz und Lebensmittelsicherheit mitzuteilen. [3] Das Bundesamt für Verbraucherschutz und Lebensmittelsicherheit vergibt für das auf Grund einer Vertriebserweiterung in den Verkehr gebrachte Pflanzenschutzmittel eine Vertriebsnummer.

(2) Im Falle des Absatzes 1 darf das Pflanzenschutzmittel nur in Verkehr gebracht werden, wenn es nach den Vorschriften des § 31 Absatz 1 und 2 jeweils auch in Verbindung mit einer Rechtsverordnung nach § 31 Absatz 6 gekennzeichnet ist.

(3) Das Bundesamt für Verbraucherschutz und Lebensmittelsicherheit macht die Pflanzenschutzmittel, die auf Grund einer Vertriebserweiterung in den Verkehr gebracht werden, ihre Bezeichnung, den Namen des Berechtigten und den Namen und die Nummer des zugelassenen Pflanzenschutzmittels sowie die Geltungsdauer oder das Ende der Vertriebserweiterung im Bundesanzeiger oder im elektronischen Bundesanzeiger bekannt.

(4) Ein Pflanzenschutzmittel, das auf Grund einer Vertriebserweiterung in Verkehr gebracht wird, darf noch in Verkehr gebracht werden, soweit das entsprechende zugelassene Pflanzenschutzmittel nach § 28 Absatz 4 noch in Verkehr gebracht werden darf.

§ 31[2)] Kennzeichnung. (1) Die Vorschriften der §§ 13 und 14 des Chemikaliengesetzes[3)] über die Kennzeichnung sind

1. auf das Inverkehrbringen oder innergemeinschaftliche Verbringen von Pflanzenschutzmitteln, die keine Stoffe oder Gemische im Sinne des § 3 Nummer 1 oder 4 des Chemikaliengesetzes sind,
2. auf das Inverkehrbringen oder innergemeinschaftliche Verbringen von Pflanzenschutzmitteln auch durch Vertriebsunternehmer

entsprechend anzuwenden.

(2) [1] Pflanzenschutzmittel dürfen nur in den Verkehr gebracht oder innergemeinschaftlich verbracht werden, wenn zusätzlich zu der Kennzeichnung nach den §§ 13 und 14 des Chemikaliengesetzes auf den Behältnissen und abgabefertigen Packungen in deutscher Sprache und in deutlich sichtbarer, leicht lesbarer Schrift unverwischbar die nach Anhang I der Verordnung (EU)

[1)] § 30 Abs. 4 ber. BGBl. 2012 I S. 1281.

[2)] § 31 Abs. 6 einl. Satzteil geänd. mWv 8.9.2015 durch VO v. 31.8.2015 (BGBl. I S. 1474); Abs. 6 einl. Satzteil geänd. mWv 27.6.2020 durch VO v. 19.6.2020 (BGBl. I S. 1328).

[3)] **Gewerberecht Nr. 600.**

Nr. 547/2011 der Kommission vom 8. Juni 2011 zur Durchführung der Verordnung (EG) Nr. 1107/2009 des Europäischen Parlaments und des Rates hinsichtlich der Kennzeichnungsanforderungen für Pflanzenschutzmittel (ABl. L 155 vom 11.6.2011, S. 176) geforderten Angaben angebracht sind. [2]Dabei sind die in Anhang I Nummer 1 Buchstabe h, i, l, m und u der Verordnung (EU) Nr. 547/2011 vorgeschriebenen Angaben unter der Überschrift „Von der Zulassungsbehörde festgesetzte Anwendungsgebiete und -bestimmungen" deutlich getrennt von den übrigen Angaben und Aufschriften aufzunehmen.

(3) Die Absätze 1 und 2 gelten nicht hinsichtlich der Einfuhr oder des innergemeinschaftlichen Verbringens eines Pflanzenschutzmittels durch den Hersteller oder Vertriebsunternehmer.

(4) Absatz 2 gilt nicht für Pflanzenschutzmittel, die für die Ausfuhr bestimmt sind oder sich im Falle der Einfuhr in einem Freihafen oder als Nichtgemeinschaftsware unter zollamtlicher Überwachung befinden.

(5) [1]Es ist verboten, Pflanzenschutzmittel herzustellen, innergemeinschaftlich zu verbringen oder in Verkehr zu bringen, die

1. hinsichtlich ihrer Identität oder Herkunft falsch gekennzeichnet sind oder
2. in anderer Weise mit irreführender Bezeichnung, Angabe oder Aufmachung versehen sind.

[2]Eine Irreführung liegt insbesondere dann vor, wenn fälschlich der Eindruck erweckt wird, dass es sich um ein zugelassenes Pflanzenschutzmittel oder um ein Pflanzenschutzmittel, für das eine Genehmigung zum Parallelhandel erteilt worden ist, handelt.

(6) Das Bundesministerium für Ernährung und Landwirtschaft wird ermächtigt, im Einvernehmen mit den Bundesministerien für Arbeit und Soziales und für Umwelt, Naturschutz und nukleare Sicherheit durch Rechtsverordnung mit Zustimmung des Bundesrates, soweit es zur Erfüllung der in § 1 genannten Zwecke erforderlich ist,

1. den Inhalt der Angaben nach Absatz 2 näher zu bestimmen,
2. vorzuschreiben, dass zusätzlich zu den Angaben nach den Absätzen 1 und 2 auf Behältnissen und abgabefertigen Packungen bestimmte weitere Angaben anzubringen sind und ihren Inhalt festzulegen,
3. Art und Form der Kennzeichnung näher zu regeln,
4. die Verwendung bestimmter Behältnisse, Packungen oder Verpackungsmaterialien vorzuschreiben sowie die Schließung der Behältnisse oder Packungen einschließlich der Verschlusssicherung zu regeln oder
5. für das Inverkehrbringen von Kultursubstraten, die Pflanzenschutzmittel enthalten oder denen Pflanzenschutzmittel anhaften, eine bestimmte Kennzeichnung vorzuschreiben.

§ 32[1)] Inverkehrbringen von mit Pflanzenschutzmitteln behandeltem Saatgut, Pflanzgut oder Kultursubstrat. (1) Saatgut, Pflanzgut und Kultursubstrate, die Pflanzenschutzmittel enthalten oder denen Pflanzenschutzmittel anhaften, dürfen nur innergemeinschaftlich verbracht oder in Verkehr gebracht werden, wenn die Pflanzenschutzmittel

---

[1)] § 32 Abs. 4 einl. Satzteil geänd. mWv 8.9.2015 durch VO v. 31.8.2015 (BGBl. I S. 1474).

1. in Deutschland für dieses Anwendungsgebiet zugelassen sind oder nach § 12 Absatz 5 noch angewendet werden dürfen oder
2. in einem anderen Mitgliedstaat oder einem Vertragsstaat des Abkommens über den Europäischen Wirtschaftsraum nach den Bestimmungen des Artikels 4 Absatz 1 Buchstabe b bis e der Richtlinie 91/414/EWG oder nach den Bestimmungen der Verordnung (EG) Nr. 1107/2009 für dieses Anwendungsgebiet zugelassen sind.

(2) [1] Das in Absatz 1 genannte Saatgut darf nur innergemeinschaftlich verbracht oder in Verkehr gebracht werden, wenn es zusätzlich zu den saatgutrechtlichen Anforderungen nach Artikel 49 Absatz 4 der Verordnung (EG) Nr. 1107/2009 gekennzeichnet ist. [2] Bestehen für das jeweilige Saatgut besondere Anforderungen auf Grund einer nach Absatz 4 erlassenen Verordnung, darf es nur innergemeinschaftlich verbracht oder in Verkehr gebracht werden, wenn diese Anforderungen erfüllt sind.

(3) [1] Ruht die Zulassung für ein in Deutschland zugelassenes Pflanzenschutzmittel oder wird eine Zulassung widerrufen, weil die Voraussetzungen für die Zulassung nicht mehr erfüllt sind, darf auch Saatgut, Pflanzgut oder Kultursubstrat, das mit diesem Pflanzenschutzmittel oder einem Pflanzenschutzmittel, das den gleichen Wirkstoff enthält, behandelt worden ist, nicht in Verkehr gebracht werden. [2] Dies gilt nicht, wenn der Widerruf der Zulassung auf Antrag des Zulassungsinhabers erfolgt.

(4) Das Bundesministerium für Ernährung und Landwirtschaft wird ermächtigt, soweit es zum Schutz der Gesundheit von Mensch und Tier oder zum Schutz vor erheblichen Gefahren insbesondere für den Naturhaushalt erforderlich ist, durch Rechtsverordnung[1)] mit Zustimmung des Bundesrates das Inverkehrbringen oder die Einfuhr von Saatgut, Pflanzgut oder Kultursubstrat, das mit einem Pflanzenschutzmittel behandelt wurde oder dem ein Pflanzenschutzmittel anhaftet,

1. zu verbieten, zu beschränken,
2. von einer Genehmigung oder Anzeige abhängig zu machen oder
3. von einer Kennzeichnung, insbesondere von Angaben zu dem anhaftenden oder enthaltenen Pflanzenschutzmittel, dem Wirkstoff und der Aufwandmenge abhängig zu machen und dabei die Art und Weise der Kennzeichnung zu regeln,

sofern die Europäische Kommission nicht zuvor nach Artikel 49 Absatz 2 der Verordnung (EG) Nr. 1107/2009 eine Regelung getroffen hat.

§ 33 Zuständigkeit für die Zulassung von Pflanzenschutzmitteln.

(1) [1] Das Bundesamt für Verbraucherschutz und Lebensmittelsicherheit ist zuständig für

1. die Zulassung eines Pflanzenschutzmittels nach Artikel 29 der Verordnung (EG) Nr. 1107/2009,
2. die vorläufige Zulassung eines Pflanzenschutzmittels nach Artikel 30 der Verordnung (EG) Nr. 1107/2009,
3. die gegenseitige Anerkennung der Zulassung eines Pflanzenschutzmittels nach Artikel 40 der Verordnung (EG) Nr. 1107/2009,

---

1) Siehe die Anm. am Titel.

4. die Erneuerung der Zulassung eines Pflanzenschutzmittels nach Artikel 43 der Verordnung (EG) Nr. 1107/2009,
5. die Aufhebung oder Änderung der Zulassung eines Pflanzenschutzmittels nach Artikel 44 der Verordnung (EG) Nr. 1107/2009,
6. die Aufhebung oder Änderung der Zulassung eines Pflanzenschutzmittels nach Artikel 45 der Verordnung (EG) Nr. 1107/2009,
7. die Zulassung von Pflanzenschutzmitteln mit geringem Risiko nach Artikel 47 der Verordnung (EG) Nr. 1107/2009,
8. die Zulassung eines Pflanzenschutzmittels, das einen gentechnisch veränderten Organismus enthält, nach Artikel 48 der Verordnung (EG) Nr. 1107/2009 und
9. die Erweiterung einer Zulassung eines Pflanzenschutzmittels nach Artikel 51 der Verordnung (EG) Nr. 1107/2009.

[2] Gibt das Bundesamt für Verbraucherschutz und Lebensmittelsicherheit einem Antrag nach Artikel 51 der Verordnung (EG) Nr. 1107/2009 statt, wird die Zulassung des betroffenen Pflanzenschutzmittels erweitert.

(2) Das Bundesamt für Verbraucherschutz und Lebensmittelsicherheit ist zuständig für die Zusammenarbeit mit den für die Zulassung zuständigen Behörden anderer Mitgliedstaaten sowie für die Übermittlung von Informationen an diese, soweit eine entsprechende Informationspflicht in der Verordnung (EG) Nr. 1107/2009 vorgesehen ist, die Beteiligung an Prüfungen von Zulassungsanträgen durch andere Mitgliedstaaten sowie die Abgabe von Stellungnahmen nach den Artikeln 35 und 36 der Verordnung (EG) Nr. 1107/2009.

(3) Das Bundesamt für Verbraucherschutz und Lebensmittelsicherheit ist im Rahmen seiner Zuständigkeiten nach Absatz 1 ferner zuständig für

1. die Erarbeitung eines Vorschlages zur Aufnahme eines Beistoffes in den Anhang III der Verordnung (EG) Nr. 1107/2009 nach Artikel 27 der Verordnung (EG) Nr. 1107/2009,
2. die Befreiung des Zweitantragstellers zur Vorlage der Studien nach Artikel 34 der Verordnung (EG) Nr. 1107/2009,
3. eine vergleichende Bewertung nach Artikel 50 der Verordnung (EG) Nr. 1107/2009, wenn das Pflanzenschutzmittel einen Wirkstoff enthält, der als Substitutionskandidat in der Wirkstoffprüfung genehmigt wurde,
4. die Gewährung von Datenschutz nach Artikel 59 der Verordnung (EG) Nr. 1107/2009,
5. die Erstellung einer Liste nach Artikel 51 Absatz 8 und die Listen nach Artikel 60 der Verordnung (EG) Nr. 1107/2009,
6. die Prüfung, ob Angaben nach Artikel 61 der Verordnung (EG) Nr. 1107/2009 mitgeteilt werden können.

(4) [1] Das Bundesamt für Verbraucherschutz und Lebensmittelsicherheit veröffentlicht eine beschreibende Liste der zugelassenen Pflanzenschutzmittel mit Angaben über die für die Anwendung der Pflanzenschutzmittel wichtigen Merkmale und Eigenschaften, insbesondere die Eignung der Pflanzenschutzmittel für bestimmte Anwendungsgebiete, Boden- und Klimaverhältnisse und die Anwendung im Haus- und Kleingartenbereich, sowie den Zeitpunkt, an dem die Zulassung der Pflanzenschutzmittel endet. [2] Das Bundesamt für Verbraucherschutz und Lebensmittelsicherheit macht die Rücknahme, den Widerruf, die Rechtsgrundlage des jeweiligen Widerrufes oder das Ruhen der Zu-

lassung sowie eine Anordnung nach § 27 Absatz 2 im Bundesanzeiger oder im elektronischen Bundesanzeiger bekannt.

§ 34 Beteiligungen. (1) [1]Das Bundesamt für Verbraucherschutz und Lebensmittelsicherheit entscheidet über die Zulassung in den Fällen des § 33 Absatz 1 Nummer 1, 2, 3, 4, 7 und 8 sowie im Falle des § 33 Absatz 1 Nummer 6, sofern es sich um eine Ergänzung der bestehenden Zulassung handelt,

1. im Benehmen mit dem Bundesinstitut für Risikobewertung hinsichtlich der Gesundheit von Mensch und Tier, der Vermeidung gesundheitlicher Schäden durch Belastung des Bodens sowie hinsichtlich der Analysemethoden für Rückstände gemäß Artikel 29 Absatz 1 Buchstabe g der Verordnung (EG) Nr. 1107/2009,
2. im Benehmen mit dem Julius Kühn-Institut hinsichtlich der Wirksamkeit, unvertretbarer Auswirkungen auf die zu schützenden Pflanzen, Pflanzenerzeugnisse und Honigbienen sowie hinsichtlich vermeidbarer Leiden und Schmerzen bei Wirbeltieren, zu deren Bekämpfung das Pflanzenschutzmittel vorgesehen ist, und
3. im Einvernehmen mit dem Umweltbundesamt hinsichtlich der Vermeidung von Schäden durch Belastung des Naturhaushaltes sowie durch Abfälle des Pflanzenschutzmittels.

[2]Ist nach den Vorschriften der Verordnung (EG) Nr. 1107/2009 ein Zulassungsbericht zu erstellen, erstellt das Bundesamt für Verbraucherschutz und Lebensmittelsicherheit den Zulassungsbericht auf der Grundlage der Bewertungsberichte des Bundesinstitutes für Risikobewertung, des Julius Kühn-Institutes und des Umweltbundesamtes.

(2) Ist Deutschland in den Fällen des § 33 Absatz 1 Nummer 1, 2, 4, 7 und 8 sowie im Falle des § 33 Absatz 1 Nummer 6, sofern es sich um eine Ergänzung der bestehenden Zulassung handelt, nicht prüfender Mitgliedstaat und erhält die Möglichkeit zur Stellungnahme durch den prüfenden Mitgliedstaat, gibt das Bundesamt für Verbraucherschutz und Lebensmittelsicherheit dem Bundesinstitut für Risikobewertung, dem Julius Kühn-Institut und dem Umweltbundesamt im Rahmen ihrer Zuständigkeit nach Absatz 1 die Möglichkeit zur Stellungnahme und erstellt auf deren Grundlage eine Stellungnahme zu dem Entwurf des Zulassungsberichtes des prüfenden Mitgliedstaates.

(3) Im Falle des § 33 Absatz 1 Nummer 9 fordert das Bundesamt für Verbraucherschutz und Lebensmittelsicherheit folgende Bewertungen an:

1. eine Bewertung des Julius Kühn-Institutes hinsichtlich des geringfügigen Umfanges und öffentlichen Interesses,
2. eine Bewertung des Bundesinstitutes für Risikobewertung hinsichtlich der Gesundheit von Anwendern, Arbeitnehmern und anwesenden Personen, soweit durch das beantragte Anwendungsgebiet erforderlich und hinsichtlich der Rückstandhöchstgehalte, wenn diese
   a) nach der Verordnung (EG) Nr. 396/2005 oder
   b) nach der Rückstandshöchstmengenverordnung vom 1. September 1994 (BGBl. I S. 2299) in der jeweils geltenden Fassung

   angehoben werden müssen. Bei der Absenkung eines Rückstandhöchstgehaltes kann eine Stellungnahme des Bundesinstitutes für Risikobewertung eingeholt werden.

(4) [1]Im Falle des § 33 Absatz 3 Nummer 1 entscheidet das Bundesamt für Verbraucherschutz und Lebensmittelsicherheit auf der Grundlage der Bewertungsberichte des Bundesinstitutes für Risikobewertung, des Julius Kühn-Institutes und des Umweltbundesamtes. [2]Im Falle des § 33 Absatz 3 Nummer 3 kann das Bundesamt für Verbraucherschutz und Lebensmittelsicherheit im Rahmen des Bewertungsberichtes nach § 33 Absatz 1 eine Stellungnahme des Bundesinstitutes für Risikobewertung, des Julius Kühn-Institutes und des Umweltbundesamtes einholen.

(5) Das Bundesamt für Verbraucherschutz und Lebensmittelsicherheit kann für die Abgabe der Bewertungen oder Stellungnahmen eine Frist setzen, wenn dies erforderlich ist, um eine durch die Verordnung (EG) Nr. 1107/2009 vorgegebene Frist einzuhalten.

§ 35 Grundlagen für die Verfahren zur Zulassung eines Pflanzenschutzmittels. (1) Bei der Prüfung eines Antrages, auch im Verfahren der gegenseitigen Anerkennung, auf Zulassung, Erweiterung oder sonstige Änderung der Zulassung eines Pflanzenschutzmittels, dessen Wirkstoff nach Artikel 4 der Verordnung (EG) Nr. 1107/2009 genehmigt worden ist, sind die aus dem Genehmigungsverfahren abgeleiteten Erkenntnisse über die Eigenschaften des Wirkstoffes zu Grunde zu legen.

(2) Bei der Prüfung eines Antrages auf Zulassung eines Pflanzenschutzmittels nach den Artikeln 29 oder 30 der Verordnung (EG) Nr. 1107/2009 sind die von der Europäischen Kommission nach Artikel 77 der Verordnung (EG) Nr. 1107/2009 entwickelten Leitlinien zu beachten.

§ 36[1] Ergänzende Bestimmungen für den Inhalt der Zulassung.

(1) [1]In der Zulassung kann das Bundesamt für Verbraucherschutz und Lebensmittelsicherheit ergänzend zu den in Artikel 31 Absatz 2 und 3 der Verordnung (EG) Nr. 1107/2009 vorgeschriebenen Bestimmungen insbesondere Anwendungsbestimmungen zum Schutz der Gesundheit von Mensch und Tier und zum Schutz vor sonstigen schädlichen Auswirkungen, insbesondere auf den Naturhaushalt, einschließlich solcher über

1. den bei sachgerechter und bestimmungsgemäßer Anwendung zum Schutz von Gewässern erforderlichen Abstand und Maßnahmen bei der Anwendung,
2. die zur Anwendung berechtigten Personen und
3. spezifische Risikominderungsmaßnahmen in bestimmten Gebieten

festlegen. [2]In der Zulassung kann das Bundesamt für Verbraucherschutz und Lebensmittelsicherheit außerdem

1. die Art der Verpackung,
2. die Eignung des Pflanzenschutzmittels für nichtberufliche Anwender unter Berücksichtigung insbesondere der Eigenschaften der Wirkstoffe, der Dosierfähigkeit, der Anwendungsform und der Verpackungsgröße oder
3. die Eignung des Pflanzenschutzmittels zur Anwendung auf Flächen im Sinne des § 12 Absatz 3 Satz 2 Nummer 2 und § 17 Absatz 1

---

[1]) § 36 Abs. 6 Satz 1 einl. Satzteil, Abs. 7 Satz 1 und Satz 2 Nr. 1 geänd. mWv 8.9.2015 durch VO v. 31.8.2015 (BGBl. I S. 1474); Abs. 6 Satz 1 einl. Satzteil, Abs. 7 Satz 1 und Satz 2 Nr. 1 geänd. mWv 27.6.2020 durch VO v. 19.6.2020 (BGBl. I S. 1328).

festlegen.

(2) Das Bundesamt für Verbraucherschutz und Lebensmittelsicherheit kann auf Antrag festlegen, dass ein für berufliche Anwender zugelassenes Pflanzenschutzmittel auf Grund seiner Eigenschaften auch im Haus- und Kleingartenbereich angewendet werden darf, soweit sich das für berufliche Anwender zugelassene Pflanzenschutzmittel nur durch Packungsgröße oder Darreichungsform von einem für nichtberufliche Anwender zugelassenen Pflanzenschutzmittel unterscheidet.

(3) [1] Das Bundesamt für Verbraucherschutz und Lebensmittelsicherheit verbindet die Zulassung mit den Nebenbestimmungen, insbesondere Auflagen, die

1. für die bestimmungsgemäße und sachgerechte Anwendung sowie
2. zum Schutz der Gesundheit von Mensch und Tier und zum Schutz vor sonstigen erheblichen schädlichen Auswirkungen, insbesondere für den Naturhaushalt,

erforderlich sind, soweit Regelungen nach Absatz 1 nicht getroffen werden. [2] Ferner verbindet das Bundesamt für Verbraucherschutz und Lebensmittelsicherheit die Zulassung mit dem Vorbehalt der nachträglichen Aufnahme, Änderung oder Ergänzung von Anwendungsbestimmungen oder Auflagen. [3] Unbeschadet des § 31 hat der Zulassungsinhaber die nachträgliche Aufnahme, Änderung oder Ergänzungen von Anwendungsbestimmungen oder Auflagen sowie sonstige Änderungen in der Gebrauchsanleitung unverzüglich in geeigneter Weise bekannt zu machen. [4] Geeignet ist auch eine Veröffentlichung auf einer Internetseite des Zulassungsinhabers.

(4) Rechtsbehelfe gegen die Anordnung von Anwendungsbestimmungen oder Auflagen haben keine aufschiebende Wirkung.

(5) [1] Das Bundesamt für Verbraucherschutz und Lebensmittelsicherheit kann, soweit dies für den in § 1 Nummer 3 aufgeführten Schutzzweck erforderlich ist, durch Auflagen anordnen, dass während der Dauer der Zulassung bestimmte Kenntnisse bei der Anwendung des Pflanzenschutzmittels gewonnen, gesammelt und ausgewertet und ihm die Ergebnisse innerhalb einer bestimmten Frist mitgeteilt werden. [2] Auf Verlangen sind ihm die entsprechenden Unterlagen und Proben vorzulegen. [3] Werden die Ergebnisse oder die entsprechenden Unterlagen und Proben nicht innerhalb der bestimmten Frist mitgeteilt, kann das Bundesamt für Verbraucherschutz und Lebensmittelsicherheit das Ruhen der Zulassung anordnen.

(6) [1] Das Bundesministerium für Ernährung und Landwirtschaft wird ermächtigt, im Einvernehmen mit dem Bundesministerium für Umwelt, Naturschutz und nukleare Sicherheit auf Vorschlag der zuständigen Behörde eines Landes ohne Zustimmung des Bundesrates durch Rechtsverordnung für

1. ein bestimmtes Gebiet dieses Landes und
2. bestimmte Pflanzenschutzmittel

von den mit der jeweiligen Zulassung festgesetzten Auflagen und Anwendungsbestimmungen abweichende Anforderungen hinsichtlich der Anwendung festzulegen, wenn durch geeignete Risikominderungsmaßnahmen und Überwachungsmaßnahmen sichergestellt wird, dass bei bestimmungsgemäßer und sachgerechter Anwendung des jeweiligen Pflanzenschutzmittels keine schädlichen Auswirkungen auf die Gesundheit von Mensch und Tier und auf das Grundwasser und keine sonstigen nicht vertretbaren Auswirkungen, insbesondere auf den Naturhaushalt, entstehen. [2]Die zuständigen Behörden unterrichten das Bundesamt für Verbraucherschutz und Lebensmittelsicherheit einmal jährlich über die in dem abgegrenzten Gebiet getroffenen Überwachungsmaßnahmen.

(7) [1]Das Bundesministerium für Ernährung und Landwirtschaft kann die Ermächtigung nach Absatz 6 Satz 1 im Einvernehmen mit dem Bundesministerium für Umwelt, Naturschutz und nukleare Sicherheit durch Rechtsverordnung ohne Zustimmung des Bundesrates auf das Bundesamt für Verbraucherschutz und Lebensmittelsicherheit übertragen. [2]Rechtsverordnungen des Bundesamtes für Verbraucherschutz und Lebensmittelsicherheit

1. bedürfen nicht der Zustimmung des Bundesrates und des Einvernehmens des Bundesministeriums für Umwelt, Naturschutz und nukleare Sicherheit und
2. ergehen im Einvernehmen mit dem Umweltbundesamt; es gilt als erteilt, wenn es nicht binnen 20 Tagen nach Eingang des Einvernehmensersuchens des Bundesamtes für Verbraucherschutz und Lebensmittelsicherheit verweigert wird.

(8) Für die Entscheidungen nach den Absätzen 1, 2 und 4 ist § 34 Absatz 1 entsprechend anzuwenden.

§ 37 Neue Erkenntnisse. (1) Das Bundesamt für Verbraucherschutz und Lebensmittelsicherheit ist zuständig für die Prüfung der Meldungen nach Artikel 56 der Verordnung (EG) Nr. 1107/2009.

(2) Der Meldung nach Artikel 56 der Verordnung (EG) Nr. 1107/2009 sind Unterlagen und Proben beizufügen, aus denen sich die neuen Erkenntnisse ergeben.

§ 38 Verlängerung der Zulassung. Ist über einen Antrag auf erneute Zulassung nach Artikel 43 der Verordnung (EG) Nr. 1107/2009 aus Gründen, die der Zulassungsinhaber nicht zu vertreten hat, nicht entschieden worden, bevor die Zulassung endet, verlängert das Bundesamt für Verbraucherschutz und Lebensmittelsicherheit die Zulassung von Amts wegen bis zu dem Zeitpunkt, an dem die Entscheidung über die erneute Zulassung getroffen wird.

§ 39 Widerruf, Rücknahme, Ruhen der Zulassung. (1) Eine Zulassung ist zu widerrufen, wenn

1. die Voraussetzungen des Artikels 44 Absatz 3 Buchstabe a, c oder e der Verordnung (EG) Nr. 1107/2009 vorliegen oder
2. der Zulassungsinhaber wiederholt gegen seine Pflichten aus Artikel 56 der Verordnung (EG) Nr. 1107/2009 verstoßen hat.

(2) Eine Zulassung kann unbeschadet des § 49 des Verwaltungsverfahrensgesetzes[1)] widerrufen werden, wenn

1. die Voraussetzungen des Artikels 44 Absatz 1 oder Absatz 3 Buchstabe d der Verordnung (EG) Nr. 1107/2009 vorliegen,
2. der Zulassungsinhaber einen Antrag nach Artikel 45 Absatz 1 gestellt hat oder

---

[1)] Nr. **100**.

3. wiederholt die Zusammensetzung des in Verkehr gebrachten Pflanzenschutzmittels wesentlich von der Zusammensetzung des zugelassenen Pflanzenschutzmittels abweicht.

(3) [1] Zulassungen sind zurückzunehmen, wenn der Antragsteller die Zulassung

1. durch arglistige Täuschung, Drohung oder Bestechung oder
2. unter den Voraussetzungen des Artikels 44 Absatz 3 Buchstabe b der Verordnung (EG) Nr. 1107/2009

erwirkt hat. [2] Im Übrigen bleibt § 48 des Verwaltungsverfahrensgesetzes unberührt.

(4) Das Bundesamt für Verbraucherschutz und Lebensmittelsicherheit kann, auch in den Fällen der Absätze 2 und 3, an Stelle der Rücknahme oder des Widerrufes bis zur Beseitigung der Rücknahme- oder Widerrufsgründe das Ruhen der Zulassung für einen bestimmten Zeitraum anordnen.

(5) In den Fällen des Absatzes 1 Nummer 1 und des Absatzes 2 Nummer 1 gilt § 49 Absatz 6 des Verwaltungsverfahrensgesetzes entsprechend.

§ 40[1)] Ergänzende Regeln zu Zulassungs- und Genehmigungsverfahren. (1) Das Bundesministerium für Ernährung und Landwirtschaft wird ermächtigt, im Einvernehmen mit den Bundesministerien für Wirtschaft und Energie, für Arbeit und Soziales und für Umwelt, Naturschutz und nukleare Sicherheit durch Rechtsverordnung mit Zustimmung des Bundesrates

1. zur Erfüllung der in § 1 genannten Zwecke nähere Einzelheiten zur Festlegung von Anwendungsbestimmungen nach § 36 sowie deren Ausgestaltung und deren Berücksichtigung bei der Zulassung von Pflanzenschutzmitteln,
2. das Verfahren der Zulassung von Pflanzenschutzmitteln einschließlich der Ausstellung von Bescheinigungen über die Zulassung für die Ausfuhr,
3. das Verfahren der Genehmigung von Zusatzstoffen und der Anmeldung von Pflanzenstärkungsmitteln sowie,
4. soweit es zur Erfüllung der in § 1 genannten Zwecke erforderlich ist, die Voraussetzungen und das Verfahren der Anerkennung von Einrichtungen, die die Wirksamkeit von Pflanzenschutzmitteln zur Erstellung der Angaben und Unterlagen für die Zulassung von Pflanzenschutzmitteln untersuchen,

zu regeln.

(2) Das Bundesministerium für Ernährung und Landwirtschaft wird ermächtigt, soweit es zur Erfüllung der in § 1 genannten Zwecke erforderlich ist, im Einvernehmen mit dem Bundesministerium der Finanzen durch Rechtsverordnung ohne Zustimmung des Bundesrates vorzuschreiben, dass Pflanzenschutzmittel aus anderen Staaten nur über bestimmte Zollstellen in Verkehr gebracht oder ausgeführt werden dürfen.

[1)] § 40 Abs. 1 einl. Satzteil, Abs. 2 geänd. mWv 8.9.2015 durch VO v. 31.8.2015 (BGBl. I S. 1474); Abs. 1 einl. Satzteil geänd. mWv 27.6.2020 durch VO v. 19.6.2020 (BGBl. I S. 1328).

Abschnitt 7. Inverkehrbringen von anderen Stoffen, Zulassungs- und Genehmigungsverfahren

§ 41 Zuständigkeit für die Prüfung von Wirkstoffen, Safenern und Synergisten. (1) Das Bundesamt für Verbraucherschutz und Lebensmittelsicherheit ist zuständig für

1. die Mitwirkung an der Genehmigung eines Wirkstoffes nach Artikel 7 der Verordnung (EG) Nr. 1107/2009,
2. die Mitwirkung an der Erneuerung der Genehmigung nach Artikel 14 der Verordnung (EG) Nr. 1107/2009,
3. die Beantragung der anlassbezogenen Überprüfung der Genehmigung nach Artikel 21 Absatz 1 Satz 2 der Verordnung (EG) Nr. 1107/2009,
4. die Mitwirkung an der Genehmigung eines Safeners oder Synergisten nach Artikel 25 der Verordnung (EG) Nr. 1107/2009 und
5. die Bewertung der Äquivalenz nach Artikel 38 der Verordnung (EG) Nr. 1107/2009 sowie die Mitwirkung an dem betreffenden Verfahren,

soweit die Bundesrepublik Deutschland als Mitgliedstaat zur Mitwirkung an den unionsrechtlichen Verfahren berufen ist.

(2) [1] Das Bundesamt für Verbraucherschutz und Lebensmittelsicherheit ist ferner zuständig für die Zusammenarbeit mit den für die Wirkstoffprüfung zuständigen Behörden anderer Mitgliedstaaten, der Europäischen Kommission und der Europäischen Behörde für Lebensmittelsicherheit sowie für die Übermittlung von Informationen, Kommentierungen und die Übermittlung der Bewertungsberichte an diese, soweit eine entsprechende Mitwirkungspflicht oder Mitwirkungsmöglichkeit in der Verordnung (EG) Nr. 1107/2009 vorgesehen ist. [2] Sofern für die Bundesrepublik Deutschland ein Antrag auf Genehmigung eines Grundstoffes nach Artikel 23 Absatz 3 der Verordnung (EG) Nr. 1107/2009 gestellt werden soll, ist hierfür das Bundesamt für Verbraucherschutz und Lebensmittelsicherheit unter vorheriger Beteiligung des Bundesinstitutes für Risikobewertung, des Julius Kühn-Institutes und des Umweltbundesamtes zuständig.

(3) [1] Ist die Bundesrepublik Deutschland bei einem in Absatz 1 Nummer 1, 2 oder 4 bezeichneten Verfahren berichterstattender Mitgliedstaat, erstellt das Bundesamt für Verbraucherschutz und Lebensmittelsicherheit den nationalen Bewertungsbericht auf der Grundlage der Bewertungen

1. des Bundesinstitutes für Risikobewertung hinsichtlich der Gesundheit von Mensch und Tier, der Vermeidung gesundheitlicher Schäden durch Belastung des Bodens sowie hinsichtlich der Analysemethoden für Rückstände gemäß Artikel 29 Absatz 1 Buchstabe g der Verordnung (EG) Nr. 1107/2009,
2. des Julius Kühn-Institutes im Hinblick auf die Wirksamkeit sowie nicht zu vertretender Auswirkungen auf Pflanzen, Pflanzenerzeugnisse und die Honigbiene und
3. des Umweltbundesamtes im Hinblick auf die Vermeidung von Schäden durch die Belastung des Naturhaushalts sowie durch Abfälle.

[2] Das Bundesamt für Verbraucherschutz und Lebensmittelsicherheit kann für die Abgabe der Bewertungen oder Stellungnahmen eine Frist setzen, wenn dies erforderlich ist, um eine durch die Verordnung (EG) Nr. 1107/2009, durch die

Europäische Kommission oder die Europäische Behörde für Lebensmittelsicherheit vorgegebene Frist einzuhalten.

(4) [1] Ist die Bundesrepublik Deutschland in einem in Absatz 1 Nummer 1, 2 oder 4 bezeichneten Verfahren nicht berichterstattender Mitgliedstaat und erhält die Möglichkeit zur Stellungnahme, gibt das Bundesamt für Verbraucherschutz und Lebensmittelsicherheit dem Bundesinstitut für Risikobewertung, dem Julius Kühn-Institut und dem Umweltbundesamt im Rahmen ihrer Zuständigkeit nach Absatz 3 die Möglichkeit zur Stellungnahme und erstellt auf der Grundlage dieser Stellungnahmen eine Stellungnahme zu dem Entwurf des Bewertungsberichtes des prüfenden Mitgliedstaates und weitergehender Unterlagen im EU-Verfahren. [2] Die Stellungnahmen nach Satz 1 sind innerhalb einer vom Bundesamt für Verbraucherschutz und Lebensmittelsicherheit gesetzten Frist abzugeben.

(5) [1] Im Falle einer Bewertung nach Absatz 1 Nummer 5 erstellt das Bundesamt für Verbraucherschutz und Lebensmittelsicherheit den Äquivalenzbericht nach Artikel 38 der Verordnung (EG) Nr. 1107/2009. [2] Das Bundesamt für Verbraucherschutz und Lebensmittelsicherheit kann eine Stellungnahme der in Absatz 2 genannten Behörden anfordern. [3] Die Stellungnahmen nach Satz 2 haben innerhalb der vom Bundesamt für Verbraucherschutz und Lebensmittelsicherheit gesetzten Frist zu erfolgen.

(6) Das Bundesamt für Verbraucherschutz und Lebensmittelsicherheit entscheidet im Rahmen seiner Zuständigkeiten nach Absatz 1 über die Gewährung von Datenschutz nach Artikel 59 der Verordnung (EG) Nr. 1107/2009.

§ 42[1)] Zusatzstoffe. (1) Zusatzstoffe im Sinne des Artikels 2 Absatz 3 Buchstabe d der Verordnung (EG) Nr. 1107/2009 dürfen in der Formulierung, in der die Abgabe an den Anwender vorgesehen ist, nur in den Verkehr gebracht werden, wenn sie auf Antrag durch das Bundesamt für Verbraucherschutz und Lebensmittelsicherheit genehmigt worden und nach § 43 gekennzeichnet sind.

(2) [1] Das Bundesamt für Verbraucherschutz und Lebensmittelsicherheit genehmigt einen Zusatzstoff, wenn der Zusatzstoff bei bestimmungsgemäßer und sachgerechter Anwendung oder als Folge einer solchen Anwendung keine schädlichen Auswirkungen, insbesondere auf die Gesundheit von Mensch und Tier, das Grundwasser und den Naturhaushalt hat. [2] Die Genehmigung erfolgt für einen Zeitraum von zehn Jahren.

(3) [1] Das Bundesamt für Verbraucherschutz und Lebensmittelsicherheit entscheidet innerhalb von vier Monaten nach Eingang des Antrages über die Genehmigung. [2] Es trifft die Entscheidung hinsichtlich

1. möglicher schädlicher Auswirkungen auf die Gesundheit von Mensch und Tier im Benehmen mit dem Bundesinstitut für Risikobewertung,
2. möglicher schädlicher Auswirkungen auf den Naturhaushalt im Einvernehmen mit dem Umweltbundesamt,
3. anderer schädlicher Auswirkungen im Sinne des Absatzes 2 im Benehmen mit dem Julius Kühn-Institut.

[3] Die in Satz 1 Nummer 1 bis 3 genannten Behörden verbinden ihre Entscheidung mit einer schriftlichen Bewertung, die dem Bundesamt für Ver-

[1)] § 42 Abs. 5 geänd. mWv 8.9.2015 durch VO v. 31.8.2015 (BGBl. I S. 1474); Abs. 5 geänd. mWv 27.6.2020 durch VO v. 19.6.2020 (BGBl. I S. 1328).

braucherschutz und Lebensmittelsicherheit vorzulegen ist. [4]Verlangt das Bundesamt für Verbraucherschutz und Lebensmittelsicherheit vom Antragsteller Unterlagen und Proben zur Überprüfung der Voraussetzungen im Sinne des Absatzes 2, entscheidet es innerhalb von vier Monaten nach Eingang der Unterlagen oder Proben.

(4) Das Bundesamt für Verbraucherschutz und Lebensmittelsicherheit macht die Genehmigung von Zusatzstoffen und den Widerruf von Genehmigungen im Bundesanzeiger oder im elektronischen Bundesanzeiger bekannt.

(5) Das Bundesministerium für Ernährung und Landwirtschaft wird ermächtigt, im Einvernehmen mit den Bundesministerien für Wirtschaft und Energie, für Arbeit und Soziales und für Umwelt, Naturschutz und nukleare Sicherheit durch Rechtsverordnung ohne Zustimmung des Bundesrates nähere Einzelheiten des Verfahrens der Genehmigung der Zusatzstoffe, insbesondere Inhalt und Form des Antrages und die mit dem Antrag einzureichenden Unterlagen zu regeln.

§ 43 Kennzeichnung von Zusatzstoffen. Ein Zusatzstoff darf nur in Verkehr gebracht werden, wenn er auf den Behältnissen oder abgabefertigen Packungen oder Packungsbeilagen in deutscher Sprache mit der Angabe „Zusatzstoff nach § 42 des Pflanzenschutzgesetzes" gekennzeichnet und in der Gebrauchsanleitung folgende Angaben gemacht werden:

1. die Bezeichnung des Zusatzstoffes,
2. Name und Anschrift desjenigen, der den Zusatzstoff zur Abgabe an den Anwender verpackt und kennzeichnet,
3. den Zusatzstoff nach Art und Menge und
4. das Verfallsdatum.

§ 44 Überprüfung genehmigter Zusatzstoffe. (1) Das Bundesamt für Verbraucherschutz und Lebensmittelsicherheit kann genehmigte Zusatzstoffe daraufhin überprüfen, ob sie den Anforderungen nach § 42 Absatz 2 weiterhin entsprechen.

(2) [1]Ergibt eine nachträgliche Prüfung, dass ein genehmigter Zusatzstoff den Anforderungen nach § 42 Absatz 2 nicht entspricht, widerruft das Bundesamt für Verbraucherschutz und Lebensmittelsicherheit die Genehmigung. [2]In diesem Fall ist die Rückgabe des Zusatzstoffes an den Hersteller oder einen von ihm beauftragten Dritten zulässig.

§ 45[1)] Pflanzenstärkungsmittel. (1) Ein Pflanzenstärkungsmittel darf nur in Verkehr gebracht werden, wenn es bei bestimmungsgemäßer und sachgerechter Anwendung oder als Folge einer solchen Anwendung keine schädlichen Auswirkungen auf die Gesundheit von Mensch und Tier und auf das Grundwasser sowie keine sonstigen nicht vertretbaren Auswirkungen, insbesondere auf den Naturhaushalt hat.

(2) Ein Pflanzenstärkungsmittel darf nur in Verkehr gebracht werden, wenn auf den Behältnissen und abgabefertigen Packungen oder Verpackungsbeilagen in deutscher Sprache neben der Angabe „Pflanzenstärkungsmittel" angegeben sind:

[1)] § 45 Abs. 6 geänd. mWv 8.9.2015 durch VO v. 31.8.2015 (BGBl. I S. 1474).

1. die Bezeichnung des Pflanzenstärkungsmittels,
2. Name und Anschrift desjenigen, der das Pflanzenstärkungsmittel erstmalig in Verkehr bringt, und
3. die Gebrauchsanleitung.

(3) [1] Vor dem erstmaligen Inverkehrbringen eines Pflanzenstärkungsmittels hat derjenige, der das Pflanzenstärkungsmittel in Verkehr bringen will, die Formulierung sowie die beabsichtigte Kennzeichnung dem Bundesamt für Verbraucherschutz und Lebensmittelsicherheit mitzuteilen. [2] Das Bundesamt für Verbraucherschutz und Lebensmittelsicherheit veröffentlicht in geeigneter Weise eine Liste der Pflanzenstärkungsmittel, deren Formulierung mitgeteilt worden ist und deren Inverkehrbringen nicht nach Absatz 4 untersagt wurde. [3] Änderungen der Formulierung oder der Kennzeichnung hat derjenige, der das Pflanzenstärkungsmittel in Verkehr bringt, unverzüglich dem Bundesamt für Verbraucherschutz und Lebensmittelsicherheit mitzuteilen.

(4) Das Bundesamt für Verbraucherschutz und Lebensmittelsicherheit kann das Inverkehrbringen eines Pflanzenstärkungsmittels untersagen, wenn Anhaltspunkte dafür vorliegen, dass das Pflanzenstärkungsmittel schädliche Auswirkungen auf die Gesundheit von Mensch und Tier, das Grundwasser oder den Naturhaushalt hat oder die Voraussetzungen nach § 2 Nummer 10 für das Vorhandensein eines Pflanzenstärkungsmittels nicht erfüllt sind.

(5) [1] Das Bundesamt für Verbraucherschutz und Lebensmittelsicherheit kann Änderungen der nach Absatz 1 vorgelegten Kennzeichnung eines Pflanzenstärkungsmittels verlangen, wenn Angaben irreführend sind, insbesondere wenn der Eindruck erweckt wird, dass das Pflanzenstärkungsmittel die Eigenschaften eines Pflanzenschutzmittels hat. [2] Erfolgt keine Änderung der Kennzeichnung innerhalb einer Frist von drei Monaten, gerechnet ab dem Tag, an dem die Aufforderung des Bundesamtes für Verbraucherschutz und Lebensmittelsicherheit verbindlich wird, gilt Absatz 4 entsprechend.

(6) Das Bundesministerium für Ernährung und Landwirtschaft wird ermächtigt, durch Rechtsverordnung mit Zustimmung des Bundesrates die näheren Einzelheiten des Verfahrens nach Absatz 3, die Einzelheiten einer Untersagungsverfügung nach Absatz 4 sowie der erforderlichen Kontrollen zu regeln.

Abschnitt 8. Parallelhandel

§ 46[1)] Genehmigung für den Parallelhandel. (1) [1] Ein Pflanzenschutzmittel, das in einem anderen Mitgliedstaat zugelassen ist und mit einem in Deutschland zugelassenen Pflanzenschutzmittel übereinstimmt, darf nur im Geltungsbereich dieses Gesetzes in Verkehr gebracht werden, wenn das Bundesamt für Verbraucherschutz und Lebensmittelsicherheit eine Genehmigung nach Artikel 52 der Verordnung (EG) Nr. 1107/2009 erteilt hat. [2] Eine Genehmigung nach Artikel 52 der Verordnung (EG) Nr. 1107/2009 ist nicht erforderlich für Reimporte.

(2) Ist es zur Feststellung der Identität erforderlich, kann das Bundesamt für Verbraucherschutz und Lebensmittelsicherheit vom Antragsteller die Vorlage einer Vergleichsuntersuchung des parallelgehandelten Pflanzenschutzmittels mit dem Referenzmittel durch ein nach Maßgabe einer Rechtsverordnung nach

---

1) § 46 Abs. 4 ein. Satzteil geänd. mWv 8.9.2015 durch VO v. 31.8.2015 (BGBl. I S. 1474).

Absatz 4 geeignetes Labor oder durch eine vom Bundesamt für Verbraucherschutz und Lebensmittelsicherheit selbst durchgeführte kostenpflichtige Vergleichsuntersuchung verlangen.

(3) Das Bundesamt für Verbraucherschutz und Lebensmittelsicherheit macht die Liste der Pflanzenschutzmittel, für die eine Genehmigung für den Parallelhandel erteilt worden ist, sowie das jeweilige Referenzmittel im Bundesanzeiger oder elektronischen Bundesanzeiger bekannt.

(4) Das Bundesministerium für Ernährung und Landwirtschaft wird ermächtigt, durch Rechtsverordnung, die nicht der Zustimmung des Bundesrates bedarf,

1. die Kriterien der Gleichwertigkeit im Sinne des Artikels 52 Absatz 3 Buchstabe c der Verordnung (EG) Nr. 1107/2009 näher zu bestimmen,
2. die von den Laboren nach Absatz 2 einzuhaltenden Anforderungen festzulegen,
3. die Einzelheiten des Verfahrens auch in Bezug auf das innergemeinschaftliche Verbringen zum Eigenbedarf, insbesondere Art und Umfang der einzureichenden Unterlagen und Proben, zu regeln.

§ 47 Kennzeichnung parallelgehandelter Pflanzenschutzmittel.

(1) Ein parallelgehandeltes Pflanzenschutzmittel darf nur in Verkehr gebracht werden, wenn es nach § 31 Absatz 1 und 2, jeweils auch in Verbindung mit einer Rechtsverordnung nach § 31 Absatz 6 gekennzeichnet ist.

(2) [1]Die für das Referenzmittel festgesetzten oder nachträglich geänderten Anwendungsgebiete, Anwendungsbestimmungen und Auflagen gelten auch für das parallelgehandelte Pflanzenschutzmittel. [2]Wird für das Referenzmittel die Zulassung nach Artikel 51 der Verordnung (EG) Nr. 1107/2009 erweitert, gilt diese auch für das parallelgehandelte Pflanzenschutzmittel.

§ 48 Ruhen der Genehmigung für den Parallelhandel. Die Genehmigung für den Parallelhandel ruht, wenn das Ruhen der Zulassung des Referenzmittels angeordnet ist.

§ 49 Pflichten des Inhabers der Genehmigung für den Parallelhandel.

(1) [1]Der Inhaber einer Genehmigung nach Artikel 52 der Verordnung (EG) Nr. 1107/2009 ist verpflichtet, Rechnungen, Kaufbelege und Lieferscheine, die das parallelgehandelte Pflanzenschutzmittel betreffen, für die Dauer von fünf Jahren, gerechnet ab dem Beginn des Jahres, das auf das Jahr des Entstehens dieser Unterlagen folgt, aufzubewahren. [2]In den in Satz 1 genannten Unterlagen dürfen keine Angaben entfernt, unkenntlich gemacht, überdeckt oder unterdrückt werden.

(2) [1]Das Bundesamt für Verbraucherschutz und Lebensmittelsicherheit kann vom Inhaber der Genehmigung zum Nachweis des fortdauernden Vorliegens der Voraussetzungen der Genehmigung innerhalb bestimmter Fristen

1. Proben des parallel einzuführenden Pflanzenschutzmittels,
2. eine Vergleichsuntersuchung im Sinne des § 46 Absatz 2 sowie Unterlagen, zu denen er Zugang hat, oder deren Beschaffung ihm zugemutet werden kann,

nachfordern, soweit neue Erkenntnisse eine Überprüfung der Genehmigung erfordern. [2]Besteht der Verdacht eines Missbrauchs im Sinne des § 50 Absatz 2

Satz 1 Nummer 2, kann das Bundesamt für Verbraucherschutz und Lebensmittelsicherheit die Vorlage der in Absatz 1 Satz 1 genannten Unterlagen vom Inhaber der Genehmigung fordern.

(3) [1] Erfährt der Inhaber der Genehmigung zum Parallelhandel von neuen Erkenntnissen über das von ihm in Verkehr gebrachte Pflanzenschutzmittel hinsichtlich der Auswirkungen des Pflanzenschutzmittels auf die Gesundheit von Mensch und Tier sowie den Naturhaushalt, ist er verpflichtet, dies unverzüglich dem Bundesamt für Verbraucherschutz und Lebensmittelsicherheit anzuzeigen. [2] Der Anzeige sind die Angaben, Unterlagen und Proben beizufügen, aus denen sich die neuen Erkenntnisse ergeben.

(4) [1] Verwendet der Inhaber der Genehmigung für die Kennzeichnung nach § 47 Absatz 1 nicht die Chargennummer des Zulassungsinhabers des parallel einzuführenden Pflanzenschutzmittels, so hat er Aufzeichnungen zu führen und für die Dauer von mindestens fünf Jahren aufzubewahren, aus denen sich die Entsprechung der von ihm verwendeten Chargennummer mit denen des Zulassungsinhabers des parallel einzuführenden Pflanzenschutzmittels ergibt. [2] Er hat diese Aufzeichnung auf Verlangen dem Bundesamt für Verbraucherschutz und Lebensmittelsicherheit zugänglich zu machen, wenn der Verdacht eines Missbrauchs im Sinne des § 50 Absatz 2 Satz 1 Nummer 2 besteht.

§ 50 Rücknahme oder Widerruf der Genehmigung für den Parallelhandel. (1) [1] Die Genehmigung für den Parallelhandel ist zurückzunehmen, wenn der Inhaber der Genehmigung diese

1. durch arglistige Täuschung, Drohung oder Bestechung,
2. vorsätzlich oder grob fahrlässig durch Angaben, die in wesentlicher Beziehung unrichtig oder unvollständig waren,

erwirkt hat. [2] Im Übrigen bleibt § 48 des Verwaltungsverfahrensgesetzes[1)] unberührt.

(2) [1] Die Genehmigung für den Parallelhandel ist zu widerrufen, wenn der Inhaber der Genehmigung

1. wiederholt gegen seine Pflichten nach § 49 verstoßen hat oder
2. eine erteilte Genehmigung dazu missbraucht hat, ein anderes Pflanzenschutzmittel als das, für das die Genehmigung erteilt worden ist, in Verkehr zu bringen.

[2] In den Fällen des Satzes 1 Nummer 2

1. darf dem Inhaber der Genehmigung vor Ablauf von zwei Jahren, im Wiederholungsfall vor Ablauf von fünf Jahren, nach dem Widerruf für kein Pflanzenschutzmittel eine neue Genehmigung erteilt werden, soweit nicht im Einzelfall eine unbillige Härte gegeben wäre,
2. sind im Wiederholungsfall alle Genehmigungen für den Parallelhandel, die dem Inhaber der nach Satz 1 Nummer 2 widerrufenen Genehmigung erteilt worden sind und die sich auf das gleiche Referenzmittel beziehen, zu widerrufen.

[3] Im Übrigen bleibt § 49 des Verwaltungsverfahrensgesetzes unberührt.

[1)] Nr. **100**.

(3) Das Bundesamt für Verbraucherschutz und Lebensmittelsicherheit kann an Stelle der Rücknahme oder des Widerrufes das Ruhen der Genehmigung für den Parallelhandel für einen bestimmten Zeitraum anordnen.

§ 51 Innergemeinschaftliches Verbringen von Pflanzenschutzmitteln für den Eigenbedarf. (1) Soll das innergemeinschaftliche Verbringen eines Pflanzenschutzmittels nach § 46 nur zur Anwendung im eigenen Betrieb der Land- oder Forstwirtschaft oder des Gartenbaus erfolgen, gelten die §§ 46 bis 48 und 50 nach Maßgabe des Absatzes 2 entsprechend.

(2) [1] Soll das innergemeinschaftliche Verbringen nur zur Anwendung im eigenen Betrieb der Land- oder Forstwirtschaft oder des Gartenbaus erfolgen, ist dies bei dem Antrag auf Genehmigung mitzuteilen. [2] Stellt das Bundesamt für Verbraucherschutz und Lebensmittelsicherheit bei einem Antrag nach Satz 1 die Identität mit dem Referenzmittel fest, stellt es die Genehmigung mit dem Zusatz „nur zur Anwendung im Betrieb des Antragstellers" aus. [3] Bei der Lagerung und Anwendung des Pflanzenschutzmittels muss der Inhaber der Genehmigung über die Gebrauchsanleitung des Referenzmittels verfügen. [4] Eine Kennzeichnung des Eigenimportes nach § 47 Absatz 1 ist nicht erforderlich. [5] § 49 Absatz 2 bis 4 ist nicht anzuwenden. [6] Das Pflanzenschutzmittel darf nur in dem Betrieb angewendet werden, für den die Genehmigung nach Absatz 1 erteilt wurde.

Abschnitt 9. Pflanzenschutzgeräte

§ 52[1] Prüfung. (1) Das Julius Kühn-Institut kann auf Antrag des Herstellers oder Inverkehrbringers Pflanzenschutzgeräte daraufhin prüfen, ob sie den Anforderungen nach § 16 entsprechen oder ob sie bestimmte über die allgemeinen Anforderungen nach § 16 hinausgehende Eigenschaften haben, insbesondere hinsichtlich der Verminderung der Abdrift oder des Verbrauches an Pflanzenschutzmitteln.

(2) Das Julius Kühn-Institut führt eine beschreibende Liste der geprüften Gerätetypen und der besonderen Anforderungen, die sie erfüllen, und macht die Liste im Bundesanzeiger oder im elektronischen Bundesanzeiger bekannt.

(3) Eine Prüfung auf besondere Anforderungen kann auch durch eine andere Prüfstelle durchgeführt werden, wenn die Prüfstelle über die geeigneten Einrichtungen für eine solche Prüfung und sachkundiges Personal verfügt und vom Julius Kühn-Institut anerkannt ist.

(4) Das Bundesministerium für Ernährung und Landwirtschaft wird ermächtigt, durch Rechtsverordnung[2] ohne Zustimmung des Bundesrates, das Verfahren der freiwilligen Prüfung von Pflanzenschutzgeräten nach Absatz 1 sowie die Anerkennung von Prüfstellen nach Absatz 3 zu regeln.

§ 53 Betriebsanleitung. Erfüllt das Pflanzenschutzgerät besondere Anforderungen im Sinne des § 52 Absatz 1, ist der Hersteller oder Inverkehrbringer verpflichtet, in der Betriebsanleitung, ergänzend zu den durch die auf § 8 des Produktsicherheitsgesetzes[3] vom 8. November 2011 (BGBl. I S. 2178) beruhenden Verordnung über das Inverkehrbringen von Maschinen geforderten

[1] § 52 Abs. 4 geänd. mWv 8.9.2015 durch VO v. 31.8.2015 (BGBl. I S. 1474).
[2] Siehe die Anm. am Titel.
[3] **Sartorius ErgBd. Nr. 803.**

Angaben, auf diese Anforderungen und die jeweils einzuhaltenden Betriebsbedingungen hinzuweisen.

Abschnitt 10. Entschädigung, Forderungsübergang, Kosten

§ 54 Entschädigung. (1) [1]Soweit auf Grund dieses Gesetzes Pflanzen oder Pflanzenerzeugnisse, die weder befallen noch befallsverdächtig sind, oder sonstige Gegenstände, die weder Träger von Schadorganismen sind noch im Verdacht stehen, Träger von Schadorganismen zu sein, vernichtet werden, ist eine angemessene Entschädigung in Geld zu leisten. [2]Die Entschädigung ist unter gerechter Abwägung der Interessen der Allgemeinheit und der Beteiligten festzusetzen.

(2) Wird durch eine Maßnahme auf Grund dieses Gesetzes dem Betroffenen ein Vermögensnachteil zugefügt, der nicht nach Absatz 1 abzugelten ist, so ist eine Entschädigung in Geld zu gewähren, soweit dies zur Abwendung oder zum Ausgleich unbilliger Härten geboten erscheint.

(3) Eine Entschädigung wird nicht gewährt, wenn der vom Eingriff Betroffene oder sein Rechtsvorgänger zu der Maßnahme durch eine Zuwiderhandlung gegen dieses Gesetz oder gegen eine nach diesem Gesetz erlassene Rechtsverordnung oder Anordnung Anlass gegeben hat.

(4) Für Streitigkeiten über die Entschädigungsansprüche ist der ordentliche Rechtsweg gegeben.

§ 55[1)] Forderungsübergang. [1]Wird eine Entschädigung nach § 54 Absatz 1 oder 2 geleistet oder ein Ausgleich aus Anlass behördlich angeordneter Maßnahmen zur Bekämpfung oder Verhinderung der Verschleppung von Schadorganismen gewährt und beteiligt sich die Europäische Union an der Entschädigung oder dem Ausgleich, kann das Bundesministerium für Ernährung und Landwirtschaft, soweit es zur Durchführung von Rechtsakten der Europäischen Gemeinschaft oder der Europäischen Union erforderlich ist, durch Rechtsverordnung mit Zustimmung des Bundesrates vorschreiben, dass Forderungen auf Entschädigung oder Schadensersatz eines Entschädigungsberechtigten oder Ausgleichsberechtigten, die ihm gegen Dritte zustehen, auf die Europäische Union in Höhe der anteiligen Finanzierung der Entschädigung oder des Ausgleiches an diese übergehen. [2]Nähere Einzelheiten des Forderungsüberganges und ein Forderungsübergang im Übrigen auf die Länder, insbesondere Umfang und Verfahren, können in der Rechtsverordnung nach Satz 1 geregelt werden.

§ 56[2)] Gebühren und Auslagen. (1) [1]Das Bundesamt für Verbraucherschutz und Lebensmittelsicherheit erhebt Gebühren und Auslagen für

1. seine individuell zurechenbaren öffentlichen Leistungen nach diesem Gesetz, auf Grund dieses Gesetzes oder nach unmittelbar geltenden Rechtsakten der Europäischen Gemeinschaft oder der Europäischen Union im Anwendungsbereich dieses Gesetzes und

---

[1)] § 55 Satz 1 geänd. mWv 8.9.2015 durch VO v. 31.8.2015 (BGBl. I S. 1474).

[2)] § 56 Überschr. neu gef., Abs. 1 einl. Satzteil und Nr. 1 geänd., Satz 3 und Abs. 2 neu gef., Abs. 3 Satz 4 geänd. mWv 15.8.2013 durch G v. 7.8.2013 (BGBl. I S. 3154); Abs. 3 Sätze 1 und 2 geänd. mWv 8.9.2015 durch VO v. 31.8.2015 (BGBl. I S. 1474); Abs. 3 Satz 2 geänd. mWv 27.6.2020 durch VO v. 19.6.2020 (BGBl. I S. 1328).

2. berichterstattende Tätigkeiten nach den Artikeln 7, 15, 18 Satz 3 Buchstabe f oder Artikel 25 der Verordnung (EG) Nr. 1107/2009.

2 Bei der Bemessung der Höhe der Gebühr nach Satz 1 ist auch der mit den Mitwirkungshandlungen des Bundesinstitutes für Risikobewertung, des Julius Kühn-Institutes und des Umweltbundesamtes verbundene Verwaltungsaufwand zu berücksichtigen. 3 Im Falle des Satzes 1 Nummer 2 sind die Gebühren und Auslagen von demjenigen zu erheben, der die Prüfung eines Wirkstoffes, Safeners, Synergisten oder Zusatzstoffes veranlasst.

(2) Das Julius Kühn-Institut erhebt Gebühren und Auslagen für seine individuell zurechenbaren öffentlichen Leistungen nach diesem Gesetz, den auf Grund dieses Gesetzes erlassenen Verordnungen oder nach unmittelbar geltenden Rechtsakten der Europäischen Gemeinschaft oder der Europäischen Union im Anwendungsbereich dieses Gesetzes.

(3) 1 Das Bundesministerium für Ernährung und Landwirtschaft wird ermächtigt, im Einvernehmen mit den Bundesministerien der Finanzen und für Wirtschaft und Energie durch Rechtsverordnung, die nicht der Zustimmung des Bundesrates bedarf, die gebührenpflichtigen Tatbestände zu bestimmen und dabei feste Sätze oder Rahmensätze vorzusehen. 2 Werden gebührenpflichtige Tatbestände geregelt, bei denen die Mitwirkung des Umweltbundesamtes gesetzlich vorgeschrieben ist, ist auch das Einvernehmen des Bundesministeriums für Umwelt, Naturschutz und nukleare Sicherheit erforderlich. 3 Der Nutzen der Pflanzenschutzmittel, Pflanzenschutzgeräte, Verfahren des Pflanzenschutzes sowie der Geräte und Einrichtungen, die im Pflanzenschutz benutzt werden, für die Allgemeinheit ist angemessen zu berücksichtigen. 4 Die zu erstattenden Auslagen können abweichend vom Bundesgebührengesetz[1)] geregelt werden.

Abschnitt 11. Behörden, Überwachung

§ 57[2)] Julius Kühn-Institut. (1) Das Julius Kühn-Institut ist eine selbständige Bundesoberbehörde im Geschäftsbereich des Bundesministeriums für Ernährung und Landwirtschaft.

(2) Das Julius Kühn-Institut hat zusätzlich zu den Aufgaben, die ihm durch dieses Gesetz, durch Rechtsverordnungen nach § 52 Absatz 4 und § 67 oder durch andere Rechtsvorschriften übertragen sind oder werden, folgende Aufgaben:

1. die Unterrichtung und Beratung der Bundesregierung auf dem Gebiet des Pflanzenschutzes,
2. Forschung im Rahmen des Zweckes dieses Gesetzes, einschließlich bibliothekarischer und dokumentarischer Erfassung, Auswertung und Bereitstellung von Informationen,
3. Forschung
   a) in den Bereichen Pflanzenbau, Grünlandwirtschaft und Pflanzenernährung und
   b) im Bereich der Pflanzengenetik sowie

---

1) Nr. 120.

2) § 57 Abs. 1 und Abs. 2 Nr. 3 geänd. mWv 8.9.2015 durch VO v. 31.8.2015 (BGBl. I S. 1474).

Unterrichtung und Beratung des Bundesministeriums für Ernährung und Landwirtschaft in allen Fragen, die zu den Aufgaben des Julius Kühn-Institutes nach den Buchstaben a und b gehören,

4. Risikoanalyse und -bewertung im Bereich der Ein- und Verschleppung von Schadorganismen sowie Mitwirkung bei der Erarbeitung nationaler und internationaler Normen auf dem Gebiet der Pflanzengesundheit,
5. Mitwirkung an und Begleitung von Programmen und Maßnahmen, einschließlich der Überwachung, der Länder und der Europäischen Gemeinschaft oder der Europäischen Union zur Verhinderung der Ein- und Verschleppung von Schadorganismen sowie der Mitwirkung bei der Diagnose von Schadorganismen und der Wahrnehmung von Referenzfunktionen,
6. Mitwirkung beim Schließen von Bekämpfungslücken einschließlich Mitwirkung bei der Erstellung der Liste der geringfügigen Anwendungen sowie der Beurteilung des öffentlichen Interesses nach Artikel 51 Absatz 8 der Verordnung (EG) Nr. 1107/2009,
7. Mitwirkung bei der Überwachung des Inverkehrbringens und der Verwendung von Pflanzenschutzgeräten sowie von Geräten, die im Pflanzenschutz verwendet werden, aber keine Pflanzenschutzgeräte sind,
8. Prüfung und Entwicklung von Verfahren des Pflanzenschutzes einschließlich des Resistenzmanagements für Pflanzenschutzmittel,
9. Prüfung der Auswirkungen von Pflanzenschutzmitteln auf Nutzarthropoden, Bodenmakro- und Bodenmikroorganismen zur Bewertung des Nutzens von Pflanzenschutzmitteln,
10. die Prüfung von Pflanzen auf ihre Widerstandsfähigkeit gegen Schadorganismen,
11. die Untersuchung von Bienen auf Schäden durch Pflanzenschutzmittel.

(3) Das Julius Kühn-Institut kann Geräte und Einrichtungen prüfen, die im Pflanzenschutz benutzt werden, aber keine Pflanzenschutzgeräte sind, und diese in einer Liste im Bundesanzeiger oder im elektronischen Bundesanzeiger bekannt machen.

(4) Das Julius Kühn-Institut macht die nach Artikel X des Internationalen Pflanzenschutzübereinkommens verabschiedeten Standards bekannt.

§ 58 Bundesamt für Verbraucherschutz und Lebensmittelsicherheit.

(1) Das Bundesamt für Verbraucherschutz und Lebensmittelsicherheit hat, zusätzlich zu den Aufgaben, die ihm durch dieses Gesetz, durch Rechtsverordnungen nach den §§ 11, 40, 46 und 68 oder durch andere Rechtsvorschriften übertragen sind oder werden, folgende Aufgaben:

1. Unterrichtung und Beratung der Bundesregierung auf dem Gebiet der Pflanzenschutzmittel, Pflanzenstärkungsmittel, Safener, Synergisten, Beistoffe und Zusatzstoffe,
2. Mitwirkung bei der Überwachung zugelassener Pflanzenschutzmittel sowie der Pflanzenschutzmittel, für die eine Genehmigung für den Parallelhandel erteilt wurde, einschließlich der Untersuchung ihrer inhaltlichen Zusammensetzung zur Überprüfung der Zulassungsvoraussetzungen oder der Genehmigungsvoraussetzungen nach § 46, bei der Überwachung der in die jeweilige Liste aufgenommenen Pflanzenstärkungsmittel und Zusatzstoffe und der genehmigten Zusatzstoffe,

3. Mitwirkung am Rotterdamer Übereinkommen über das Verfahren der vorherigen Zustimmung nach Inkenntnissetzung für bestimmte gefährliche Chemikalien sowie Pflanzenschutz- und Schädlingsbekämpfungsmittel im internationalen Handel für den Bereich Pflanzenschutz,
4. Ausstellung von Bescheinigungen über die Zulassung von Pflanzenschutzmitteln für die Ausfuhr.

(2) Das Bundesamt für Verbraucherschutz und Lebensmittelsicherheit kann prüfen

1. Pflanzenschutzmittel, die nicht der Zulassung bedürfen,
2. Stoffe, die zur Anwendung im Pflanzenbau bestimmt, aber keine Pflanzenschutzmittel, Pflanzenstärkungsmittel oder Zusatzstoffe sind.

§ 59 Durchführung in den Ländern. (1) In den Ländern obliegt die Durchführung dieses Gesetzes einschließlich der Überwachung der Einhaltung seiner Vorschriften, der Kontrollen nach Artikel 68 der Verordnung (EG) Nr. 1107/2009, der Mitwirkung bei der Durchführung des Aktionsplanes nach § 4 sowie der nach diesem Gesetz erlassenen Rechtsverordnungen und erteilten Auflagen den nach Landesrecht zuständigen Behörden.

(2) Als Pflanzenschutzdienst haben die zuständigen Behörden insbesondere folgende Aufgaben:

1. die Überwachung der Pflanzenbestände sowie der Vorräte von Pflanzen und Pflanzenerzeugnissen auf das Auftreten von Schadorganismen sowie die Überwachung von Einrichtungen nach § 7 Absatz 1 Satz 2 Nummer 2 Buchstabe h,
2. die Überwachung des Beförderns, des Inverkehrbringens, des Lagerns, der Einfuhr, des innergemeinschaftlichen Verbringens und der Ausfuhr von Pflanzen, Pflanzenerzeugnissen und Kultursubstraten im Rahmen des Pflanzenschutzes sowie die Ausstellung der für diese Tätigkeiten erforderlichen Bescheinigungen,
3. die Beratung, Aufklärung und Schulung auf dem Gebiet des Pflanzenschutzes, insbesondere der guten fachlichen Praxis einschließlich des integrierten Pflanzenschutzes, auch mit Ausrichtung auf eine Verminderung der Risiken, die durch die Anwendung von Pflanzenschutzmitteln für Mensch, Tier und Naturhaushalt entstehen können, und Ausrichtung auf die Umsetzung des Aktionsplanes nach § 4 einschließlich der Durchführung des Warndienstes auch unter Verwendung eigener Untersuchungen und Versuche,
4. die Prüfung von Pflanzenschutzmitteln, Pflanzenschutzgeräten, Verfahren des Pflanzenschutzes, der Resistenz von Pflanzenarten sowie die Mitwirkung beim Schließen von Bekämpfungslücken,
5. die Durchführung der für die Aufgaben nach den Nummern 1 bis 4 erforderlichen Untersuchungen und Versuche,
6. die Berichterstattung über das Auftreten und die Verbreitung von Schadorganismen, über die Überwachung nach Nummer 8 sowie die zur Umsetzung des Aktionsplanes nach § 4 getroffenen Maßnahmen,
7. die Genehmigung der Anwendung von Pflanzenschutzmitteln mit Luftfahrzeugen,

8. die Überwachung des Inverkehrbringens, des innergemeinschaftlichen Verbringens sowie des Verbringens im Inland und der Anwendung von Pflanzenschutzmitteln, Pflanzenstärkungsmitteln und Zusatzstoffen.

(3) Die Landesregierungen werden ermächtigt, die Durchführung von Untersuchungen auf Befall mit einem Schadorganismus auf Einrichtungen zu übertragen, wenn diese die Voraussetzungen einer nach § 7 Absatz 1 Satz 2 Nummer 2 Buchstabe h erlassenen Rechtsverordnung erfüllen.

§ 60 Behördliche Anordnungen. [1] Die zuständige Behörde kann im Einzelfall die Anordnungen treffen, die zur Beseitigung festgestellter oder zur Verhütung künftiger Verstöße gegen dieses Gesetz oder gegen die auf Grund dieses Gesetzes erlassenen Rechtsverordnungen notwendig sind. [2] Sie kann insbesondere untersagen:

1. die Anwendung eines Pflanzenschutzmittels zur Verhütung von Verstößen gegen § 12 oder § 13 Absatz 1,
2. das Inverkehrbringen eines Pflanzenschutzmittels, wenn die erforderliche Zulassung oder Genehmigung nicht vorliegt, oder
3. die Einfuhr oder das innergemeinschaftliche Verbringen sowie das Verbringen im Inland oder das Verbringen in einen anderen Mitgliedstaat von Schadorganismen oder Befallsgegenständen.

§ 61 Mitwirkung von Zolldienststellen. (1) [1] Das Bundesministerium der Finanzen und die von ihm bestimmten Zolldienststellen wirken bei der Überwachung der Einfuhr, Durchfuhr und Ausfuhr von Schadorganismen und Befallsgegenständen sowie der Überführung in den freien Verkehr von Pflanzenschutzmitteln sowie von Saatgut, Pflanzgut und Kultursubstrat, die Pflanzenschutzmittel enthalten oder denen Pflanzenschutzmittel anhaften, sowie Wirkstoffen, die zur Herstellung von Pflanzenschutzmitteln oder zur Verwendung als Pflanzenschutzmittel geeignet sind, mit. [2] Die Zusammenarbeit der Zolldienststellen mit dem in § 59 Absatz 1 genannten Behörden bei der Überwachung der in Satz 1 genannten Gegenstände, mit Ausnahme der Schadorganismen und Befallsgegenstände, erfolgt gemäß den Artikeln 27 bis 29 der Verordnung (EG) Nr. 765/2008 des Europäischen Parlaments und des Rates vom 9. Juli 2008 über die Vorschriften für die Akkreditierung und Marktüberwachung im Zusammenhang mit der Vermarktung von Produkten und zur Aufhebung der Verordnung (EWG) Nr. 339/93 des Rates (ABl. L 218 vom 13.8.2008, S. 30). [3] Die Zolldienststellen wirken auch bei der Überwachung des innergemeinschaftlichen Verbringens von Pflanzenschutzmitteln mit.

(2) Die Zolldienststellen können

1. Sendungen mit den in Satz 1 genannten Waren sowie mitgeführte Gegenstände dieser Art einschließlich deren Beförderungsmittel, Behälter, Lade- und Verpackungsmittel bei der Einfuhr, Durchfuhr und Ausfuhr zur Überwachung anhalten und im Falle von Auflagen zur Begasung oder zur sonstigen Behandlung von Befallsgegenständen diese unter zollamtlicher Überwachung an die nächste Begasungsstelle oder Behandlungsstelle weiterleiten,
2. soweit dies zur Durchführung dieses Gesetzes, der auf Grund dieses Gesetzes erlassenen Verordnungen und von Rechtsakten der Europäischen Union, die Sachbereiche dieses Gesetzes betreffen, erforderlich ist, Informationen, die sie im Rahmen ihrer zollamtlichen Tätigkeit gewonnen haben, den zuständigen Behörden mitteilen,

3. in den Fällen der Nummer 2 anordnen, dass die Sendungen der in Absatz 1 Satz 1 genannten Art auf Kosten und Gefahr des Verfügungsberechtigten einer Behörde im Sinne des § 59 Absatz 1 vorgeführt werden. Das Brief- und Postgeheimnis nach Artikel 10 des Grundgesetzes[1] wird nach Maßgabe von Satz 1 eingeschränkt.

§ 62[2] Befugte Zollstellen. Das Bundesministerium für Ernährung und Landwirtschaft gibt im Einvernehmen mit dem Bundesministerium der Finanzen im Bundesanzeiger die Zollstellen bekannt, bei denen

1. Sendungen von Schadorganismen sowie Befallsgegenstände zur Einfuhr oder Ausfuhr abgefertigt werden, wenn die Einfuhr oder Ausfuhr durch Rechtsverordnung nach § 7 geregelt ist, oder
2. Pflanzenschutzmittel zur Überführung in den zollrechtlich freien Verkehr oder zur Ausfuhr abgefertigt werden, wenn dies durch Rechtsverordnung nach § 40 Absatz 2 geregelt ist.

Abschnitt 12. Auskunfts- und Meldepflichten, Übermittlung von Daten, Geheimhaltung

§ 63[3] Auskunftspflicht. (1) [1] Natürliche und juristische Personen und nichtrechtsfähige Personenvereinigungen haben der zuständigen Behörde auf Verlangen die Auskünfte zu erteilen, die zur Durchführung der der jeweils zuständigen Behörde durch dieses Gesetz oder auf Grund dieses Gesetzes übertragenen Aufgaben erforderlich sind. [2] Die zuständigen Behörden der Länder sind berechtigt, Einsicht zu nehmen in die in § 2 in Verbindung mit der Anlage des InVeKoS-Daten-Gesetzes genannten Daten, soweit es zur Überwachung der Einhaltung der Vorschriften dieses Gesetzes sowie der nach diesem Gesetz erlassenen Rechtsverordnungen erforderlich ist.

(2) [1] Personen, die von der zuständigen Behörde beauftragt sind, dürfen im Rahmen des Absatzes 1 Grundstücke, Geschäftsräume, Betriebsräume und Transportmittel des Auskunftspflichtigen während der Geschäfts- und Betriebszeit betreten und dort

1. Besichtigungen sowie Untersuchungen auf Schadorganismen vornehmen und Pflanzenschutzgeräte prüfen,
2. Proben, insbesondere Pflanzen, Pflanzenerzeugnisse oder Pflanzenschutzmittel, ohne Entgelt gegen Empfangsbescheinigung entnehmen und
3. geschäftliche Unterlagen einsehen;

sie können dabei von Sachverständigen der Europäischen Kommission oder anderer Mitgliedstaaten begleitet werden. [2] Zur Verhütung dringender Gefahren für die öffentliche Sicherheit und Ordnung dürfen die Grundstücke, Geschäftsräume, Betriebsräume und Transportmittel auch betreten werden, wenn sie zugleich Wohnzwecken des Auskunftspflichtigen dienen. [3] Der Auskunftspflichtige hat die Maßnahmen zu dulden, die mit der Überwachung beauftragten Personen zu unterstützen und die geschäftlichen Unterlagen vorzulegen.

---

[1] Nr. **1**.
[2] § 62 einl. Satzteil geänd. mWv 8.9.2015 durch VO v. 31.8.2015 (BGBl. I S. 1474).
[3] § 63 Abs. 1 Satz 2 geänd. mWv 1.1.2015 durch G v. 2.12.2014 (BGBl. I S. 1928).

(3) [1]Die von der zuständigen Behörde mit der Durchführung von Überwachungs- und Bekämpfungsmaßnahmen nach § 6 Absatz 1 Nummer 4 beauftragten Personen dürfen im Rahmen ihres Auftrages tagsüber an Werktagen Grundstücke betreten und dort Überwachungs- und Bekämpfungsmaßnahmen durchführen. [2]Der Verfügungsberechtigte oder Besitzer hat diese Maßnahmen zu dulden.

(4) Das Grundrecht der Unverletzlichkeit der Wohnung (Artikel 13 des Grundgesetzes[1)]) wird im Rahmen der Absätze 2 und 3 eingeschränkt.

(5) Der Auskunftspflichtige kann die Auskunft auf solche Fragen verweigern, deren Beantwortung ihn selbst oder einen der in § 383 Absatz 1 Nummer 1 bis 3 der Zivilprozessordnung[2)] bezeichneten Angehörigen der Gefahr strafgerichtlicher Verfolgung oder eines Verfahrens nach dem Gesetz über Ordnungswidrigkeiten[3)] aussetzen würde.

§ 64[4)] **Meldepflicht.** (1) [1]Jährlich bis zum 31. März haben dem Bundesamt für Verbraucherschutz und Lebensmittelsicherheit für das vorangegangene Kalenderjahr zu melden

1. der Hersteller von Pflanzenschutzmitteln,
2. derjenige, der ein Pflanzenschutzmittel erstmals in den Verkehr gebracht hat, und
3. bei der Einfuhr oder dem innergemeinschaftlichen Verbringen von Pflanzenschutzmitteln derjenige, der die Ware in den freien Verkehr überführt oder überführen lässt,

Art und Menge der von ihm an Empfänger mit Wohnsitz oder Sitz im Inland abgegebenen oder ausgeführten Pflanzenschutzmittel und der jeweils in ihnen enthaltenen Wirkstoffe und soweit bekannt der in ihnen enthaltenen Safener und Synergisten. [2]Die Meldung hat für jedes Pflanzenschutzmittel getrennt und unter Angabe der Bezeichnung zu erfolgen. [3]Wird ein Pflanzenschutzmittel sowohl für berufliche als auch für nichtberufliche Verwender angeboten, so hat die Meldung hierzu jeweils getrennt zu erfolgen. [4]Die Sätze 1 und 2 finden keine Anwendung, soweit Pflanzenschutzmittel auf Grund einer Genehmigung nach Artikel 54 der Verordnung (EG) Nr. 1107/2009 abgegeben werden.

(2) Das Bundesministerium für Ernährung und Landwirtschaft wird ermächtigt, im Einvernehmen mit den Bundesministerien für Wirtschaft und Energie und für Umwelt, Naturschutz und nukleare Sicherheit durch Rechtsverordnung, die nicht der Zustimmung des Bundesrates bedarf, Näheres über Inhalt und Form der Meldungen zu regeln.

(Fortsetzung nächstes Blatt)

[1)] Nr. **1**.
[2)] **Schönfelder Nr. 100.**
[3)] **Schönfelder Nr. 94.**
[4)] § 64 Abs. 2 geänd. mWv 8.9.2015 durch VO v. 31.8.2015 (BGBl. I S. 1474); Abs. 2 geänd. mWv 27.6.2020 durch VO v. 19.6.2020 (BGBl. I S. 1328).

873. Tierschutzgesetz[1)]

In der Fassung der Bekanntmachung vom 18. Mai 2006[2)]

(BGBl. I S. 1206, ber. S. 1313)

FNA 7833-3

geänd. durch Art. 4 Tierzuchtrecht-NeuordnungsG v. 21.12.2006 (BGBl. I S. 3294), Art. 2 G zur Änd. der gesetzlichen Berichtspflichten im Zuständigkeitsbereich des BMELV v. 13.12.2007 (BGBl. I S. 2936), Art. 1 Erstes ÄndG v. 18.12.2007 (BGBl. I S. 3001, ber. 2008 I S. 47), Art. 1 Zweites ÄndG v. 15.7.2009 (BGBl. I S. 1950), Art. 20 Bundesrecht-AnpassungsG im Zuständigkeitsbereich des BMELV v. 9.12.2010 (BGBl. I S. 1934), Art. 1 Drittes G zur Änd. des TierschutzG v. 4.7.2013 (BGBl. I S. 2182, ber. S. 3911), Art. 2 Abs. 114, Art. 4 Abs. 90 G zur Strukturreform des Gebührenrechts des Bundes v. 7.8.2013 (BGBl. I S. 3154, geänd. durch G v. 18.7.2016, BGBl. I S. 1666), Art. 3 G zur Änd. des RindfleischetikettierungsG, des LegehennenbetriebsregisterG und des TierschutzG v. 28.7.2014 (BGBl. I S. 1308), Art. 8 Abs. 13 G zur Neuorganisation der Zollverwaltung v. 3.12. 2015 (BGBl. I S. 2178), Art. 2 G zur Aktualisierung der Strukturreform des Gebührenrechts des Bundes v. 18.7.2016 (BGBl. I S. 1666)(BGBl. I S. 3154), Art. 141 G zum Abbau verzichtbarer Anordnungen der Schriftform im Verwaltungsrecht des Bundes v. 29.3.2017 (BGBl. I S. 626), Art. 1 Viertes ÄndG v. 17.12.2018 (BGBl. I S. 2586), Art. 101 Zweites Datenschutz-Anpassungs- und UmsetzungsG EU v. 20.11.2019 (BGBl. I S. 1626) und Art. 280 Elfte ZuständigkeitsanpassungsVO v. 19.6.2020 (BGBl. I S. 1328)

Zum TierSchG wurden ua folgende Durchführungsvorschriften erlassen:
- FerkelbetäubungssachkundeVO v. 8.1.2020 (BGBl. I S. 96)
- LegehennenbetriebsregisterG v. 12.9.2003 (BGBl. I S. 1894), zuletzt geänd. durch G v. 28.7.2014 (BGBl. I S. 1308)
- LegehennenbetriebsregisterVO v. 6.10.2003 (BGBl. I S. 1969)
- Tiererzeugnisse-Handels-VerbotsG v. 8.12.2008 (BGBl. I S. 2394), zuletzt geänd. durch G v. 30.6. 2017 (BGBl. I S. 2147)
- Tierschutz-HundeVO v. 2.5.2001 (BGBl. I S. 838), zuletzt geänd. durch VO v. 12.12.2013 (BGBl. I S. 4145)
- TierschutzkommissionsVO v. 23.6.1987 (BGBl. I S. 1557), zuletzt geänd. durch VO v. 31.8.2015 (BGBl. I S. 1474)
- Tierschutz-NutztierhaltungsVO idF der Bek. v. 22.8.2006 (BGBl. I S. 2043), zuletzt geänd. durch G v. 30.6.2017 (BGBl. I S. 2147)
- Tierschutz-SchlachtVO v. 20.12.2012 (BGBl. I S. 2982)
- TierschutztransportVO v. 11.2.2009 (BGBl. I S. 375), zuletzt geänd. durch G v. 3.12.2015 (BGBl. I S. 2178)
- Tierschutz-VersuchstierVO v. 1.8.2013 (BGBl. I S. 3125, 3126), zuletzt geänd. durch VO v. 31.8. 2015 (BGBl. I S. 1474)
- VersuchstiermeldeVO v. 12.12.2013 (BGBl. I S. 4145), zuletzt geänd. durch G v. 29.3.2017 (BGBl. I S. 626)
- ZirkusregisterVO v. 6.3.2008 (BGBl. I S. 376), geänd. durch VO v. 12.12.2013 (BGBl. I S. 4145)

Erster Abschnitt. Grundsatz

§ 1 [Zweck und Grundsatz des Gesetzes] [1] Zweck dieses Gesetzes ist es, aus der Verantwortung des Menschen für das Tier als Mitgeschöpf dessen Leben und Wohlbefinden zu schützen. [2] Niemand darf einem Tier ohne vernünftigen Grund Schmerzen, Leiden oder Schäden zufügen.

[1)] Die Änderung durch Art. 4 Abs. 87 G v. 18.7.2016 (BGBl. I S. 1666) tritt erst **mWv 1.10.2021** in Kraft und ist im Text noch nicht berücksichtigt.

[2)] Neubekanntmachung des TierschutzG idF der Bek. v. 25.5.1998 (BGBl. I S. 1105, ber. S. 1818) in der ab 25.4.2006 geltenden Fassung.

Zweiter Abschnitt. Tierhaltung

§ 2 [Allgemeine Bestimmungen] Wer ein Tier hält, betreut oder zu betreuen hat,

1. muss das Tier seiner Art und seinen Bedürfnissen entsprechend angemessen ernähren, pflegen und verhaltensgerecht unterbringen,
2. darf die Möglichkeit des Tieres zu artgemäßer Bewegung nicht so einschränken, dass ihm Schmerzen oder vermeidbare Leiden oder Schäden zugefügt werden,
3. muss über die für eine angemessene Ernährung, Pflege und verhaltensgerechte Unterbringung des Tieres erforderlichen Kenntnisse und Fähigkeiten verfügen.

§ 2a[1] [Ermächtigungen] (1) Das Bundesministerium für Ernährung und Landwirtschaft (Bundesministerium) wird ermächtigt, durch Rechtsverordnung[2] mit Zustimmung des Bundesrates, soweit es zum Schutz der Tiere erforderlich ist, die Anforderungen an die Haltung von Tieren nach § 2 näher zu bestimmen und dabei insbesondere Vorschriften zu erlassen über Anforderungen

1. hinsichtlich der Bewegungsmöglichkeit oder der Gemeinschaftsbedürfnisse der Tiere,
2. an Räume, Käfige, andere Behältnisse und sonstige Einrichtungen zur Unterbringung von Tieren sowie an die Beschaffenheit von Anbinde-, Fütterungs- und Tränkvorrichtungen,
3. hinsichtlich der Lichtverhältnisse und des Raumklimas bei der Unterbringung der Tiere,
4. an die Pflege einschließlich der Überwachung der Tiere; hierbei kann das Bundesministerium auch vorschreiben, dass Aufzeichnungen über die Ergebnisse der Überwachung zu machen, aufzubewahren und der zuständigen Behörde auf Verlangen vorzulegen sind,
5. an Kenntnisse und Fähigkeiten von Personen, die Tiere halten, betreuen oder zu betreuen haben und an den Nachweis dieser Kenntnisse und Fähigkeiten,
6. an Sicherheitsvorkehrungen im Falle technischer Störungen oder im Brandfall.

(1a) Das Bundesministerium wird ermächtigt, durch Rechtsverordnung mit Zustimmung des Bundesrates, soweit es zum Schutz der Tiere erforderlich ist, Anforderungen an Ziele, Mittel und Methoden bei der Ausbildung, bei der Erziehung oder beim Training von Tieren festzulegen.

(1b) Das Bundesministerium wird ermächtigt, durch Rechtsverordnung mit Zustimmung des Bundesrates, soweit es zum Schutz der Tiere erforderlich ist und sich eine Pflicht zur Kennzeichnung nicht aus § 11a Absatz 3 ergibt, Vorschriften zur Kennzeichnung von Tieren, insbesondere von Hunden und Katzen, sowie zur Art und Durchführung der Kennzeichnung zu erlassen.

---

[1] § 2a Abs. 2 Satz 2 Nr. 7 geänd. mWv 15.12.2010 durch G v. 9.12.2010 (BGBl. I S. 1934); Abs. 1 Nr. 5 geänd., Nr. 6 angef., Abs. 1b geänd., Abs. 3 angef. mWv 13.7.2013 durch G v. 4.7.2013 (BGBl. I S. 2182); Abs. 1 einl. Satzteil und Abs. 2 Satz 1 geänd. mWv 5.8.2014 durch G v. 28.7.2014 (BGBl. I S. 1308).

[2] Siehe die Anm. am Titel.

(2) [1]Das Bundesministerium wird ermächtigt, im Einvernehmen mit dem Bundesministerium für Verkehr und digitale Infrastruktur durch Rechtsverordnung[1)] mit Zustimmung des Bundesrates, soweit es zum Schutz der Tiere erforderlich ist, ihre Beförderung zu regeln. [2]Es kann hierbei insbesondere

1. Anforderungen
   a) hinsichtlich der Transportfähigkeit von Tieren,
   b) an Transportmittel für Tiere

   festlegen,

1a. bestimmte Transportmittel und Versendungsarten für die Beförderung bestimmter Tiere, insbesondere die Versendung als Nachnahme, verbieten oder beschränken,

2. bestimmte Transportmittel und Versendungsarten für die Beförderung bestimmter Tiere vorschreiben,

3. vorschreiben, dass bestimmte Tiere bei der Beförderung von einem Betreuer begleitet werden müssen,

3a. vorschreiben, dass Personen, die Tiertransporte durchführen oder hierbei mitwirken, bestimmte Kenntnisse und Fähigkeiten haben und diese nachweisen müssen,

4. Vorschriften über das Verladen, Entladen, Unterbringen, Ernähren und Pflegen der Tiere erlassen,

5. als Voraussetzung für die Durchführung von Tiertransporten bestimmte Bescheinigungen, Erklärungen oder Meldungen vorschreiben sowie deren Ausstellung und Aufbewahrung regeln,

6. vorschreiben, dass, wer gewerbsmäßig Tiertransporte durchführt, einer Erlaubnis der zuständigen Behörde bedarf oder bei der zuständigen Behörde registriert sein muss, sowie die Voraussetzungen und das Verfahren bei der Erteilung der Erlaubnis und bei der Registrierung regeln,

7. vorschreiben, dass, wer Tiere während des Transports in einer Einrichtung oder einem Betrieb ernähren, pflegen oder unterbringen will, einer Erlaubnis der zuständigen Behörde bedarf, und die Voraussetzungen und das Verfahren der Erteilung der Erlaubnis regeln, soweit dies zur Durchführung von Rechtsakten der Europäischen Gemeinschaft oder der Europäischen Union erforderlich ist.

(3) Des Einvernehmens des Bundesministeriums für Bildung und Forschung bedürfen Rechtsverordnungen

1. nach Absatz 1, soweit sie Anforderungen an die Haltung von Tieren festlegen, die zur Verwendung in Tierversuchen bestimmt sind oder deren Gewebe oder Organe dazu bestimmt sind, zu wissenschaftlichen Zwecken verwendet zu werden,

2. nach Absatz 2 Satz 1, soweit sie die Beförderung von Tieren regeln, die zur Verwendung in Tierversuchen bestimmt sind oder deren Gewebe oder Organe dazu bestimmt sind, zu wissenschaftlichen Zwecken verwendet zu werden.

[1)] Siehe die Anm. am Titel.

§ 3[1] [Besondere Bestimmungen] [1] Es ist verboten,

1. einem Tier außer in Notfällen Leistungen abzuverlangen, denen es wegen seines Zustandes offensichtlich nicht gewachsen ist oder die offensichtlich seine Kräfte übersteigen,

1a. einem Tier, an dem Eingriffe und Behandlungen vorgenommen worden sind, die einen leistungsmindernden körperlichen Zustand verdecken, Leistungen abzuverlangen, denen es wegen seines körperlichen Zustandes nicht gewachsen ist,

1b. an einem Tier im Training oder bei sportlichen Wettkämpfen oder ähnlichen Veranstaltungen Maßnahmen, die mit erheblichen Schmerzen, Leiden oder Schäden verbunden sind und die die Leistungsfähigkeit von Tieren beeinflussen können, sowie an einem Tier bei sportlichen Wettkämpfen oder ähnlichen Veranstaltungen Dopingmittel anzuwenden,

2. ein gebrechliches, krankes, abgetriebenes oder altes, im Haus, Betrieb oder sonst in Obhut des Menschen gehaltenes Tier, für das ein Weiterleben mit nicht behebbaren Schmerzen oder Leiden verbunden ist, zu einem anderen Zweck als zur unverzüglichen schmerzlosen Tötung zu veräußern oder zu erwerben; dies gilt nicht für die unmittelbare Abgabe eines kranken Tieres an eine Person oder Einrichtung, der eine Genehmigung nach § 8 Absatz 1 Satz 1 und, wenn es sich um ein Wirbeltier handelt, erforderlichenfalls eine Genehmigung nach Vorschriften, die auf Grund des § 9 Absatz 3 Nummer 1 und 2 erlassen worden sind, für Versuche an solchen Tieren erteilt worden ist,

3. ein im Haus, Betrieb oder sonst in Obhut des Menschen gehaltenes Tier auszusetzen oder es zurückzulassen, um sich seiner zu entledigen oder sich der Halter- oder Betreuerpflicht zu entziehen,

4. ein gezüchtetes oder aufgezogenes Tier einer wildlebenden Art in der freien Natur auszusetzen oder anzusiedeln, das nicht auf die zum Überleben in dem vorgesehenen Lebensraum erforderliche artgemäße Nahrungsaufnahme vorbereitet und an das Klima angepasst ist; die Vorschriften des Jagdrechts und des Naturschutzrechts bleiben unberührt,

5. ein Tier auszubilden oder zu trainieren, sofern damit erhebliche Schmerzen, Leiden oder Schäden für das Tier verbunden sind,

6. ein Tier zu einer Filmaufnahme, Schaustellung, Werbung oder ähnlichen Veranstaltung heranzuziehen, sofern damit Schmerzen, Leiden oder Schäden für das Tier verbunden sind,

7. ein Tier an einem anderen lebenden Tier auf Schärfe abzurichten oder zu prüfen,

8. ein Tier auf ein anderes Tier zu hetzen, soweit dies nicht die Grundsätze weidgerechter Jagdausübung erfordern,

8a. ein Tier zu einem derartig aggressiven Verhalten auszubilden oder abzurichten, dass dieses Verhalten
   a) bei ihm selbst zu Schmerzen, Leiden oder Schäden führt oder
   b) im Rahmen jeglichen artgemäßen Kontaktes mit Artgenossen bei ihm selbst oder einem Artgenossen zu Schmerzen oder vermeidbaren Leiden oder Schäden führt oder

[1] § 3 Nr. 2 und 11 geänd., Nr. 12, 13 und Satz 2 angef. mWv 13.7.2013 durch G v. 4.7.2013 (BGBl. I S. 2182).

c) seine Haltung nur unter Bedingungen zulässt, die bei ihm zu Schmerzen oder vermeidbaren Leiden oder Schäden führen,

9. einem Tier durch Anwendung von Zwang Futter einzuverleiben, sofern dies nicht aus gesundheitlichen Gründen erforderlich ist,
10. einem Tier Futter darzureichen, das dem Tier erhebliche Schmerzen, Leiden oder Schäden bereitet,
11. ein Gerät zu verwenden, das durch direkte Stromeinwirkung das artgemäße Verhalten eines Tieres, insbesondere seine Bewegung, erheblich einschränkt oder es zur Bewegung zwingt und dem Tier dadurch nicht unerhebliche Schmerzen, Leiden oder Schäden zufügt, soweit dies nicht nach bundes- oder landesrechtlichen Vorschriften zulässig ist,
12. ein Tier als Preis oder Belohnung bei einem Wettbewerb, einer Verlosung, einem Preisausschreiben oder einer ähnlichen Veranstaltung auszuloben,
13. ein Tier für eigene sexuelle Handlungen zu nutzen oder für sexuelle Handlungen Dritter abzurichten oder zur Verfügung zu stellen und dadurch zu artwidrigem Verhalten zu zwingen.

[2] Satz 1 Nummer 12 gilt nicht, wenn das Tier auf einer in Satz 1 Nummer 12 bezeichneten Veranstaltung ausgelobt wird, bei der erwartet werden kann, dass die Teilnehmer der Veranstaltung im Falle des Gewinns als künftige Tierhalter die Einhaltung der Anforderungen des § 2 sicherstellen können.

Dritter Abschnitt. Töten von Tieren

§ 4[1)] [Tötung] (1) [1] Ein Wirbeltier darf nur unter wirksamer Schmerzausschaltung (Betäubung) in einem Zustand der Wahrnehmungs- und Empfindungslosigkeit oder sonst, soweit nach den gegebenen Umständen zumutbar, nur unter Vermeidung von Schmerzen getötet werden. [2] Ist die Tötung eines Wirbeltieres ohne Betäubung im Rahmen weidgerechter Ausübung der Jagd oder auf Grund anderer Rechtsvorschriften zulässig oder erfolgt sie im Rahmen zulässiger Schädlingsbekämpfungsmaßnahmen, so darf die Tötung nur vorgenommen werden, wenn hierbei nicht mehr als unvermeidbare Schmerzen entstehen. [3] Ein Wirbeltier töten darf nur, wer die dazu notwendigen Kenntnisse und Fähigkeiten hat.

(1a) [1] Personen, die berufs- oder gewerbsmäßig regelmäßig Wirbeltiere zum Zweck des Tötens betäuben oder töten, haben gegenüber der zuständigen Behörde einen Sachkundenachweis zu erbringen. [2] Wird im Rahmen einer Tätigkeit nach Satz 1 Geflügel in Anwesenheit einer Aufsichtsperson zum Zweck des Tötens betäubt oder getötet, so hat außer der Person, die die Tiere zum Zweck des Tötens betäubt oder tötet, auch die Aufsichtsperson den Sachkundenachweis zu erbringen. [3] Werden im Rahmen einer Tätigkeit nach Satz 1 Fische in Anwesenheit einer Aufsichtsperson zum Zweck des Tötens betäubt oder getötet, so genügt es, wenn diese den Sachkundenachweis erbringt. [4] Die Sätze 1 bis 3 gelten nicht für das Betäuben zum Zweck des Tötens und das Töten von Wirbeltieren, die zur Verwendung in Tierversuchen bestimmt sind oder deren Organe oder Gewebe dazu bestimmt sind, zu wissenschaftlichen Zwecken verwendet zu werden.

[1)] § 4 Abs. 1 Satz 1, Abs. 1a Sätze 1–3 geänd., Satz 4 angef., Abs. 3 neu gef. mWv 13.7.2013 durch G v. 4.7.2013 (BGBl. I S. 2182).

(2) Für das Schlachten eines warmblütigen Tieres gilt § 4a.

(3) [1] Für das Töten von Wirbeltieren, ausschließlich um ihre Organe oder Gewebe zu wissenschaftlichen Zwecken zu verwenden, gilt § 7a Absatz 2 Nummer 1 entsprechend. [2] Hunde, Katzen und Primaten dürfen zu wissenschaftlichen Zwecken nur getötet werden, soweit sie entweder für einen solchen Zweck oder für eine Verwendung in Tierversuchen gezüchtet worden sind. [3] Abweichend von Satz 2 kann die zuständige Behörde, soweit es mit dem Schutz der Tiere vereinbar ist, das Töten von Tieren, die nicht nach Satz 2 gezüchtet worden sind, genehmigen, soweit

1. nach Satz 2 gezüchtete Tiere mit den Eigenschaften, die für den jeweiligen Zweck erforderlich sind, nicht zur Verfügung stehen oder
2. die jeweiligen wissenschaftlichen Zwecke die Verwendung von Tieren erforderlich machen, die nicht nach Satz 2 gezüchtet worden sind.

§ 4a[1)] [Schlachten] (1) Ein warmblütiges Tier darf nur geschlachtet werden, wenn es vor Beginn des Blutentzugs zum Zweck des Schlachtens betäubt worden ist.

(2) Abweichend von Absatz 1 bedarf es keiner Betäubung, wenn

1. sie bei Notschlachtungen nach den gegebenen Umständen nicht möglich ist,
2. die zuständige Behörde eine Ausnahmegenehmigung für ein Schlachten ohne Betäubung (Schächten) erteilt hat; sie darf die Ausnahmegenehmigung nur insoweit erteilen, als es erforderlich ist, den Bedürfnissen von Angehörigen bestimmter Religionsgemeinschaften im Geltungsbereich dieses Gesetzes zu entsprechen, denen zwingende Vorschriften ihrer Religionsgemeinschaft das Schächten vorschreiben oder den Genuss von Fleisch nicht geschächteter Tiere untersagen oder
3. dies als Ausnahme durch Rechtsverordnung nach § 4b Nr. 3 bestimmt ist.

§ 4b[2)] [Ermächtigungen] [1] Das Bundesministerium wird ermächtigt, für die Zwecke der §§ 4 und 4a durch Rechtsverordnung[3)] mit Zustimmung des Bundesrates

1. a) das Schlachten von Fischen und anderen kaltblütigen Tieren zu regeln,
   b) bestimmte Tötungsarten und Betäubungsverfahren näher zu regeln, vorzuschreiben, zuzulassen oder zu verbieten,
   c) die Voraussetzungen näher zu regeln, unter denen Schlachtungen im Sinne des § 4a Abs. 2 Nr. 2 vorgenommen werden dürfen,
   d) nähere Vorschriften über Art und Umfang der zum Betäuben oder Töten von Wirbeltieren erforderlichen Kenntnisse und Fähigkeiten sowie über das Verfahren zu deren Nachweis zu erlassen,
   e) nicht gewerbliche Tätigkeiten zu bestimmen, die den Erwerb des Sachkundenachweises zum Töten von Wirbeltieren erfordern,

   um sicherzustellen, dass den Tieren nicht mehr als unvermeidbare Schmerzen zugefügt werden,

---

[1)] § 4a Abs. 1 geänd. mWv 13.7.2013 durch G v. 4.7.2013 (BGBl. I S. 2182).

[2)] § 4b Satz 1 einl. Satzteil geänd., Satz 2 neu gef. mWv 13.7.2013 durch G v. 4.7.2013 (BGBl. I S. 2182); Satz 2 Nr. 1 geänd. mWv 5.8.2014 durch G v. 28.7.2014 (BGBl. I S. 1308); Satz 2 Nr. 1 geänd. mWv 27.6.2020 durch VO v. 19.6.2020 (BGBl. I S. 1328).

[3)] Siehe die Anm. am Titel.

2. das Schlachten von Tieren im Rahmen der Bestimmungen des Europäischen Übereinkommens vom 10. Mai 1979 über den Schutz von Schlachttieren (BGBl. 1983 II S. 770) näher zu regeln,
3. für das Schlachten von Geflügel Ausnahmen von der Betäubungspflicht zu bestimmen.

[2] Rechtsverordnungen nach Satz 1 Nummer 1 Buchstabe b und d bedürfen,

1. soweit sie das Betäuben oder Töten mittels gefährlicher Stoffe oder Gemische im Sinne des Chemikaliengesetzes[1)] oder darauf bezogene Voraussetzungen für den Erwerb eines Sachkundenachweises betreffen, des Einvernehmens der Bundesministerien für Wirtschaft und Energie sowie für Umwelt, Naturschutz und nukleare Sicherheit,

(Fortsetzung nächstes Blatt)

[1)] **Gewerberecht Nr. 600.**

§ 8b[1] *(aufgehoben)*

§ 9[2] **[Durchführung]** (1) Das Bundesministerium wird ermächtigt, im Einvernehmen mit dem Bundesministerium für Bildung und Forschung durch Rechtsverordnung[3] mit Zustimmung des Bundesrates nähere Vorschriften über die Art und den Umfang der nach § 7 Absatz 1 Satz 3 erforderlichen Kenntnisse und Fähigkeiten der Personen, die Tierversuche planen oder durchführen, insbesondere der biologischen, tiermedizinischen, rechtlichen und ethischen Kenntnisse und der Fähigkeiten im Hinblick auf die Durchführung von Tierversuchen, zu erlassen sowie Anforderungen an den Nachweis und die Aufrechterhaltung der erforderlichen Kenntnisse und Fähigkeiten festzulegen; in der Rechtsverordnung kann auch vorgeschrieben werden, dass Aufzeichnungen über die Maßnahmen, die zum Zwecke der Aufrechterhaltung der Kenntnisse und Fähigkeiten ergriffen werden, zu machen, aufzubewahren und der zuständigen Behörde auf Verlangen vorzulegen sind.

(2) Das Bundesministerium wird ermächtigt, im Einvernehmen mit dem Bundesministerium für Bildung und Forschung durch Rechtsverordnung[3] mit Zustimmung des Bundesrates

1. das Betäuben von Tieren, die in Tierversuchen verwendet werden, einschließlich der hierfür erforderlichen Kenntnisse und Fähigkeiten, oder die Anwendung schmerzlindernder Mittel oder Verfahren bei diesen Tieren vorzuschreiben und
2. die Gabe von Mitteln, die das Äußern von Schmerzen verhindern oder beeinträchtigen, zu verbieten oder zu beschränken.

(3) Das Bundesministerium wird ermächtigt, im Einvernehmen mit dem Bundesministerium für Bildung und Forschung und, soweit artenschutzrechtliche Belange berührt sind, dem Bundesministerium für Umwelt, Naturschutz und nukleare Sicherheit durch Rechtsverordnung[3] mit Zustimmung des Bundesrates zur Durchführung von Rechtsakten der Europäischen Union Versuche

1. an Primaten,
2. an Tieren bestimmter Herkunft
3. die besonders belastend sind,

zu verbieten oder zu beschränken, insbesondere von einer Genehmigung oder der Erfüllung weiterer, über § 8 Absatz 1 Satz 2 Nummer 2 bis 8 hinausgehender Anforderungen abhängig zu machen.

(4) [1]Das Bundesministerium wird ermächtigt, im Einvernehmen mit dem Bundesministerium für Bildung und Forschung und, soweit artenschutzrechtliche Belange berührt sind, dem Bundesministerium für Umwelt, Naturschutz und nukleare Sicherheit durch Rechtsverordnung[3] mit Zustimmung des Bundesrates Anforderungen an

1. für die Durchführung von Tierversuchen bestimmte Räumlichkeiten, Anlagen und Gegenstände,

---

[1] § 8b aufgeh. mWv 13.7.2013 durch G v. 4.7.2013 (BGBl. I S. 2182).

[2] § 9 neu gef. mWv 13.7.2013 durch G v. 4.7.2013 (BGBl. I S. 2182); Abs. 3 einl. Satzteil und Abs. 4 Satz 1 einl. Satzteil und 2 einl. Satzteil geänd. mWv 5.8.2014 durch G v. 28.7.2014 (BGBl. I S. 1308); Abs. 3 einl. Satzteil, Abs. 4 Satz 1 einl. Satzteil und Satz 2 einl. Satzteil geänd. mWv 27.6.2020 durch VO v. 19.6.2020 (BGBl. I S. 1328).

[3] Siehe die Anm. am Titel.

2. den Fang wildlebender Tiere zum Zwecke ihrer Verwendung in Tierversuchen einschließlich der anschließenden Behandlung der Tiere und der hierfür erforderlichen Kenntnisse und Fähigkeiten und
3. die erneute Verwendung von Tieren in Tierversuchen

festzulegen. [2]Das Bundesministerium wird ferner ermächtigt, im Einvernehmen mit dem Bundesministerium für Bildung und Forschung und, soweit artenschutzrechtliche Belange berührt sind, dem Bundesministerium für Umwelt, Naturschutz und nukleare Sicherheit durch Rechtsverordnung mit Zustimmung des Bundesrates die Behandlung eines in einem Tierversuch verwendeten Tieres nach Abschluss des Tierversuchs zu regeln und dabei

1. vorzusehen, dass das Tier einem Tierarzt vorzustellen ist,
2. vorzusehen, dass das Tier unter bestimmten Voraussetzungen zu töten ist, und
3. Anforderungen an die weitere Haltung und medizinische Versorgung des Tieres festzulegen.

(5) [1]Über die Tierversuche sind Aufzeichnungen zu machen. [2]Das Bundesministerium wird ermächtigt, im Einvernehmen mit dem Bundesministerium für Bildung und Forschung durch Rechtsverordnung[1)] mit Zustimmung des Bundesrates das Nähere über die Art und den Umfang der Aufzeichnungen nach Satz 1 zu regeln; es kann dabei vorschreiben, dass die Aufzeichnungen aufzubewahren und der zuständigen Behörde auf Verlangen vorzulegen sind.

(6) [1]Der Leiter des Versuchsvorhabens oder im Falle seiner Verhinderung sein Stellvertreter haben die Einhaltung

1. der Vorschriften
   a) des § 7 Absatz 1 Satz 2 Nummer 1, des § 7a Absatz 2 Nummer 1, 4 und 5 und des § 9 Absatz 5 Satz 1 sowie
   b) des § 7 Absatz 1 Satz 3 und
2. der Vorschriften der auf Grund der Absätze 1 bis 5 erlassenen Rechtsverordnungen

sicherzustellen. [2]Das Bundesministerium wird ermächtigt, im Einvernehmen mit dem Bundesministerium für Bildung und Forschung durch Rechtsverordnung[1)] mit Zustimmung des Bundesrates das Nähere zu der Verpflichtung nach Satz 1 zu regeln.

§ 9a[2)] *(aufgehoben)*

Sechster Abschnitt.[3)] Tierschutzbeauftragte

§ 10[4)] **[Tierschutzbeauftragte]** (1) [1]Einrichtungen und Betriebe, in denen Wirbeltiere oder Kopffüßer,

1. die dazu bestimmt sind, in Tierversuchen verwendet zu werden, oder
2. deren Organe oder Gewebe dazu bestimmt sind, zu wissenschaftlichen Zwecken verwendet zu werden,

---

1) Siehe die Anm. am Titel.
2) § 9a aufgeh. mWv 13.7.2013 durch G v. 4.7.2013 (BGBl. I S. 2182).
3) 6. Abschnitt Überschrift neu gef. mWv 13.7.2013 durch G v. 4.7.2013 (BGBl. I S. 2182).
4) § 10 neu gef. mWv 13.7.2013 durch G v. 4.7.2013 (BGBl. I S. 2182).

gehalten oder verwendet werden, müssen über Tierschutzbeauftragte sowie, soweit dies in einer Rechtsverordnung, die das Bundesministerium im Einvernehmen mit dem Bundesministerium für Bildung und Forschung mit Zustimmung des Bundesrates erlassen hat, bestimmt ist, weitere Personen verfügen, die verpflichtet sind, in besonderem Maße auf den Schutz der Tiere zu achten. [2] Satz 1 gilt auch für Einrichtungen und Betriebe, in denen die dort genannten Tiere gezüchtet oder zum Zwecke der Abgabe an Dritte gehalten werden. [3] Einrichtungen und Betriebe,

1. in denen Wirbeltiere nach § 4 Absatz 3 zu wissenschaftlichen Zwecken getötet werden oder
2. in denen Eingriffe nach § 6 Absatz 1 Satz 2 Nummer 4 vorgenommen werden,

müssen ebenfalls über Tierschutzbeauftragte nach Satz 1 verfügen.

(2) [1] Die Tierschutzbeauftragten und die weiteren Personen nehmen ihre Aufgaben insbesondere durch Beratung der Einrichtung oder des Betriebes, für die oder für den sie tätig sind, und der dort beschäftigten Personen sowie durch die Abgabe von Stellungnahmen wahr. [2] Das Bundesministerium wird ermächtigt, im Einvernehmen mit dem Bundesministerium für Bildung und Forschung durch Rechtsverordnung[1)] mit Zustimmung des Bundesrates das Nähere über die Tierschutzbeauftragten und weiteren Personen zu regeln und dabei Vorschriften über

1. das Verfahren ihrer Bestellung,
2. ihre Sachkunde,
3. ihre Aufgaben und Verpflichtungen, insbesondere im Hinblick auf die Sicherstellung einer sachkundigen und tiergerechten Haltung, Tötung und Verwendung der Tiere, und
4. innerbetriebliche Maßnahmen und Vorkehrungen zur Sicherstellung einer wirksamen Wahrnehmung der in Nummer 3 genannten Aufgaben und Verpflichtungen

zu erlassen. [3] Dabei kann das Bundesministerium

1. bestimmen, dass die Tierschutzbeauftragten und weiteren Personen im Rahmen von Beiräten zusammenwirken,
2. das Nähere über die Aufgaben und die Zusammensetzung, einschließlich der Leitung, der Beiräte nach Nummer 1 regeln und
3. vorschreiben, dass über die Tätigkeit der Beiräte nach Nummer 1 Aufzeichnungen zu machen, aufzubewahren und der zuständigen Behörde auf Verlangen vorzulegen sind.

Siebenter Abschnitt.[2)] Zucht, Halten von Tieren, Handel mit Tieren

§ 11[3)] [Erlaubnis] (1) [1] Wer

1. Wirbeltiere oder Kopffüßer,

[1)] Siehe die Anm. am Titel.

[2)] Bish. 7. Abschnitt (§ 10a) aufgeh., bish. 8. Abschnitt (§§ 11–11c) wird 7. Abschnitt (§§ 11–11c) mWv 13.7.2013 durch G v. 4.7.2013 (BGBl. I S. 2182).

[3)] § 11 neu gef. mWv 13.7.2013 durch G v. 4.7.2013 (BGBl. I S. 2182); Abs. 5 Sätze 2 und 5 geänd. mWv 5.4.2017 durch G v. 29.3.2017 (BGBl. I S. 626).

a) die dazu bestimmt sind, in Tierversuchen verwendet zu werden, oder
b) deren Organe oder Gewebe dazu bestimmt sind, zu wissenschaftlichen Zwecken verwendet zu werden,

züchten oder, auch zum Zwecke der Abgabe dieser Tiere an Dritte, halten,

2. Wirbeltiere zu den in § 6 Absatz 1 Satz 2 Nummer 4 genannten Zwecken züchten oder halten,
3. Tiere in einem Tierheim oder in einer ähnlichen Einrichtung halten,
4. Tiere in einem Zoologischen Garten oder einer anderen Einrichtung, in der Tiere gehalten und zur Schau gestellt werden, halten,
5. Wirbeltiere, die nicht Nutztiere sind, zum Zwecke der Abgabe gegen Entgelt oder eine sonstige Gegenleistung in das Inland verbringen oder einführen oder die Abgabe solcher Tiere, die in das Inland verbracht oder eingeführt werden sollen oder worden sind, gegen Entgelt oder eine sonstige Gegenleistung vermitteln,
6. für Dritte Hunde zu Schutzzwecken ausbilden oder hierfür Einrichtungen unterhalten,
7. Tierbörsen zum Zwecke des Tausches oder Verkaufes von Tieren durch Dritte durchführen oder
8. gewerbsmäßig, außer in den Fällen der Nummer 1,
   a) Wirbeltiere, außer landwirtschaftliche Nutztiere und Gehegewild, züchten oder halten,
   b) mit Wirbeltieren handeln,
   c) einen Reit- oder Fahrbetrieb unterhalten,
   d) Tiere zur Schau stellen oder für solche Zwecke zur Verfügung stellen,
   e) Wirbeltiere als Schädlinge bekämpfen oder
   f) für Dritte Hunde ausbilden oder die Ausbildung der Hunde durch den Tierhalter anleiten

will, bedarf der Erlaubnis der zuständigen Behörde. [2] Für das Zurschaustellen von Tieren an wechselnden Orten darf die Erlaubnis nach Satz 1 Nummer 4 oder nach Satz 1 Nummer 8 Buchstabe d nur insoweit erteilt werden, als die Tiere nicht einer Art angehören, deren Zurschaustellen an wechselnden Orten auf Grund einer Rechtsverordnung nach Absatz 4 verboten ist.

(2) [1] Das Bundesministerium wird ermächtigt, durch Rechtsverordnung[1)] mit Zustimmung des Bundesrates in den Fällen des Absatzes 1 Satz 1

1. das Nähere zu der Form und dem Inhalt des Antrags auf Erteilung einer Erlaubnis nach Absatz 1 Satz 1,
2. die Voraussetzungen und das Verfahren für die Erteilung der Erlaubnis,
3. den Inhalt der Erlaubnis, im Falle des Absatzes 1 Satz 1 Nummer 1 nur, soweit dies zur Durchführung von Rechtsakten der Europäischen Union erforderlich ist, sowie
4. das Verfahren im Falle nachträglicher Änderungen der für die Erlaubniserteilung wesentlichen Sachverhalte, einschließlich der Pflicht zur Anzeige solcher Änderungen,

---

[1)] Siehe die Anm. am Titel.

zu regeln. [2]Rechtsverordnungen nach Satz 1 bedürfen, soweit sie das Züchten oder Halten von Tieren nach Absatz 1 Satz 1 Nummer 1 oder 2 betreffen, des Einvernehmens des Bundesministeriums für Bildung und Forschung.

(3) In Rechtsverordnungen nach § 2a Absatz 1 oder § 4b können, soweit dies zur Durchführung von Rechtsakten der Europäischen Union erforderlich ist, über die dort genannten Anforderungen hinaus Anforderungen an die Haltung von Tieren nach Absatz 1 Satz 1 Nummer 1 oder an das Töten von Tieren nach Absatz 1 Satz 1 Nummer 1 vorgeschrieben werden, insbesondere

1. Anforderungen an innerbetriebliche Abläufe zum Zwecke der Vermeidung, Feststellung und Beseitigung von Mängeln,
2. Maßnahmen zum Zwecke der Gewöhnung und des Trainings solcher Tiere im Hinblick auf ihre Haltung und Verwendung und
3. Anforderungen an den Erwerb und die Aufrechterhaltung der für die Betreuung und Pflege und das Töten erforderlichen Kenntnisse und Fähigkeiten; hierbei kann auch vorgeschrieben werden, dass Aufzeichnungen über die Maßnahmen, die zum Zwecke des Erwerbs und der Aufrechterhaltung der Kenntnisse und Fähigkeiten ergriffen werden, zu machen, aufzubewahren und der zuständigen Behörde auf Verlangen vorzulegen sind.

(4) [1]Das Bundesministerium wird ermächtigt, durch Rechtsverordnung mit Zustimmung des Bundesrates das Zurschaustellen von Tieren wildlebender Arten an wechselnden Orten zu beschränken oder zu verbieten, soweit die Tiere der jeweiligen Art an wechselnden Orten nur unter erheblichen Schmerzen, Leiden oder Schäden gehalten oder zu den wechselnden Orten nur unter erheblichen Schmerzen, Leiden oder Schäden befördert werden können. [2]Eine Rechtsverordnung nach Satz 1

1. darf nur erlassen werden, soweit den in Satz 1 bezeichneten erheblichen Schmerzen, Leiden oder Schäden durch andere Regelungen, insbesondere solche mit Anforderungen an die Haltung oder Beförderung der Tiere, nicht wirksam begegnet werden kann,
2. muss vorsehen, dass Tiere, die zum Zeitpunkt des Erlasses der Verordnung gehalten werden, von dem Verbot nur dann erfasst werden, wenn keine Möglichkeiten bestehen, die erheblichen Schmerzen, Leiden oder Schäden bei diesen Tieren auf ein vertretbares Maß zu vermindern.

(5) [1]Mit der Ausübung der Tätigkeit nach Absatz 1 Satz 1 darf erst nach Erteilung der Erlaubnis begonnen werden. [2]Die zuständige Behörde entscheidet schriftlich oder elektronisch über den Antrag auf Erteilung einer Erlaubnis innerhalb einer Frist von vier Monaten ab Eingang des Antrags. [3]Die in Satz 2 genannte Frist kann von der zuständigen Behörde um bis zu zwei Monate verlängert werden, soweit der Umfang und die Schwierigkeit der Prüfung des Vorliegens der Voraussetzungen der Erlaubnis dies rechtfertigen. [4]Der Antragsteller ist über die Fristverlängerung vor Ablauf der in Satz 2 genannten Frist unter Angabe von Gründen zu unterrichten. [5]Bei der Berechnung der Frist bleiben die Zeiten unberücksichtigt, während derer der Antragsteller trotz schriftlicher oder elektronischer Aufforderung der Behörde den Anforderungen in einer auf Grund des Absatzes 2 Satz 1 Nummer 1 erlassenen Rechtsverordnung nicht nachgekommen ist. [6]Die zuständige Behörde soll demjenigen die Ausübung der Tätigkeit untersagen, der die Erlaubnis nicht hat.

(6) [1]Wer gewerbsmäßig Gehegewild halten will, hat dies vier Wochen vor Aufnahme der Tätigkeit der zuständigen Behörde anzuzeigen. [2]Das Bundes-

ministerium wird ermächtigt, durch Rechtsverordnung mit Zustimmung des Bundesrates

1. die Form und den Inhalt der Anzeige,
2. die Voraussetzungen, unter denen die Tätigkeit nach Satz 1 untersagt werden kann, und
3. das Verfahren im Falle nachträglicher Änderungen der angezeigten Sachverhalte

zu regeln.

(7) Die Ausübung der nach Absatz 5 Satz 6 oder auf Grund einer Rechtsverordnung nach Absatz 6 Satz 2 Nummer 2 untersagten Tätigkeit kann von der zuständigen Behörde auch durch Schließung der Betriebs- oder Geschäftsräume verhindert werden.

(8) [1] Wer Nutztiere zu Erwerbszwecken hält, hat durch betriebliche Eigenkontrollen sicherzustellen, dass die Anforderungen des § 2 eingehalten werden. [2] Insbesondere hat er zum Zwecke seiner Beurteilung, dass die Anforderungen des § 2 erfüllt sind, geeignete tierbezogene Merkmale (Tierschutzindikatoren) zu erheben und zu bewerten.

§ 11a[1)] [Aufzeichnungen; Kennzeichnung] (1) [1] Wer

1. eine nach § 11 Absatz 1 Satz 1 Nummer 1 erlaubnispflichtige Tätigkeit ausübt oder
2. Wirbeltiere zu den in § 6 Absatz 1 Satz 2 Nummer 4 genannten Zwecken züchtet oder hält oder mit solchen Wirbeltieren handelt,

hat über die Herkunft und den Verbleib sowie im Falle von Hunden, Katzen und Primaten über die Haltung und Verwendung der Tiere Aufzeichnungen zu machen. [2] Dies gilt nicht, soweit entsprechende Aufzeichnungspflichten auf Grund jagdrechtlicher oder naturschutzrechtlicher Vorschriften bestehen.

(2) [1] Das Bundesministerium wird ermächtigt, im Einvernehmen mit dem Bundesministerium für Bildung und Forschung durch Rechtsverordnung[2)] mit Zustimmung des Bundesrates Vorschriften über die Art, die Form und den Umfang der Aufzeichnungen nach Absatz 1 zu erlassen. [2] Es kann dabei bestimmen, dass

1. die Aufzeichnungen zu einem bestimmten Zeitpunkt vorzunehmen sind,
2. die Aufzeichnungen aufzubewahren und der zuständigen Behörde auf Verlangen vorzulegen sind,
3. die Aufzeichnungen oder deren Inhalt an Dritte weiterzugeben sind und
4. Aufzeichnungen auf Grund anderer Rechtsvorschriften als Aufzeichnungen nach Satz 1 gelten.

(3) [1] Wer Hunde, Katzen oder Primaten,

1. die zur Verwendung in Tierversuchen bestimmt sind oder deren Gewebe oder Organe dazu bestimmt sind, zu wissenschaftlichen Zwecken verwendet zu werden, oder

---

[1)] § 11a neu gef. mWv 13.7.2013 durch G v. 4.7.2013 (BGBl. I S. 2182); Abs. 5 geänd. mWv 5.8. 2014 durch G v. 28.7.2014 (BGBl. I S. 1308); Abs. 5 geänd. mWv 27.6.2020 durch VO v. 19.6.2020 (BGBl. I S. 1328).

[2)] Siehe die Anm. am Titel.

2. die zur Verwendung zu einem der in § 6 Absatz 1 Satz 2 Nummer 4 genannten Zwecke bestimmt sind,

züchtet, hat diese zum Zwecke der Feststellung der Identität des jeweiligen Tieres zu kennzeichnen. [2] Sonstige Kennzeichnungspflichten bleiben unberührt. [3] Das Bundesministerium wird ermächtigt, im Einvernehmen mit dem Bundesministerium für Bildung und Forschung durch Rechtsverordnung[1)] mit Zustimmung des Bundesrates

1. Vorschriften über die Art und Weise und den Zeitpunkt der Kennzeichnung nach Satz 1 zu erlassen und dabei vorzusehen, dass diese unter behördlicher Aufsicht vorzunehmen ist, und
2. vorzuschreiben, dass im Falle des Erwerbs von Hunden, Katzen oder Primaten zu den in Satz 1 Nummer 1 oder 2 genannten Zwecken der Erwerber zur Kennzeichnung nach Satz 1 verpflichtet ist und den Nachweis zu erbringen hat, dass es sich um für die genannten Zwecke gezüchtete Tiere handelt.

(4) [1] Andere Wirbeltiere als Pferde, Rinder, Schweine, Schafe, Ziegen, Hühner, Tauben, Puten, Enten, Gänse und Fische, ausgenommen Zebrabärblinge, dürfen

1. zur Verwendung in Tierversuchen,
2. zu dem in § 4 Absatz 3 genannten Zweck oder
3. zu den in § 6 Absatz 1 Satz 2 Nummer 4 genannten Zwecken

aus Drittländern nur mit Genehmigung der zuständigen Behörde eingeführt werden. [2] Die Genehmigung ist zu erteilen, soweit nachgewiesen wird, dass es sich um Tiere handelt, die zu einem der in Satz 1 Nummer 1 bis 3 genannten Zwecke gezüchtet worden sind. [3] Andernfalls kann die Genehmigung nur erteilt werden, soweit

1. nach Satz 2 gezüchtete Tiere mit den Eigenschaften, die für den jeweiligen Zweck erforderlich sind, nicht zur Verfügung stehen oder
2. der jeweilige Zweck die Verwendung von Tieren erforderlich macht, die nicht nach Satz 2 gezüchtet worden sind.

[4] Sonstige Einfuhrvorschriften bleiben unberührt.

(5) Das Bundesministerium wird ermächtigt, im Einvernehmen mit dem Bundesministerium für Bildung und Forschung und, soweit artenschutzrechtliche Belange berührt sind, dem Bundesministerium für Umwelt, Naturschutz und nukleare Sicherheit durch Rechtsverordnung[1)] mit Zustimmung des Bundesrates bei Tieren, die zur Verwendung in Tierversuchen bestimmt waren oder deren Organe oder Gewebe dazu bestimmt waren, zu wissenschaftlichen Zwecken verwendet zu werden, bei denen diese Bestimmung jedoch entfallen ist, die dauerhafte Unterbringung außerhalb eines Betriebes oder einer Einrichtung nach § 10 Absatz 1 Satz 1 oder 2 oder die Freilassung solcher Tiere zu verbieten oder zu beschränken.

§ 11b[2)] [Qualzüchtung] (1) Es ist verboten, Wirbeltiere zu züchten oder durch biotechnische Maßnahmen zu verändern, soweit im Falle der Züchtung züchterische Erkenntnisse oder im Falle der Veränderung Erkenntnisse, die Ver-

---

[1)] Siehe die Anm. am Titel.

[2)] § 11b Abs. 1 neu gef., Abs. 2 aufgeh., bish. Abs. 3–5 werden Abs. 2–4, neue Abs. 2, 3 und 4 Nr. 1 und 2 geänd. mWv 13.7.2013 durch G v. 4.7.2013 (BGBl. I S. 2182).

änderungen durch biotechnische Maßnahmen betreffen, erwarten lassen, dass als Folge der Zucht oder Veränderung

1. bei der Nachzucht, den biotechnisch veränderten Tieren selbst oder deren Nachkommen erblich bedingt Körperteile oder Organe für den artgemäßen Gebrauch fehlen oder untauglich oder umgestaltet sind und hierdurch Schmerzen, Leiden oder Schäden auftreten oder
2. bei den Nachkommen
   a) mit Leiden verbundene erblich bedingte Verhaltensstörungen auftreten,
   b) jeder artgemäße Kontakt mit Artgenossen bei ihnen selbst oder einem Artgenossen zu Schmerzen oder vermeidbaren Leiden oder Schäden führt oder
   c) die Haltung nur unter Schmerzen oder vermeidbaren Leiden möglich ist oder zu Schäden führt.

(2) Die zuständige Behörde kann das Unfruchtbarmachen von Wirbeltieren anordnen, soweit züchterische Erkenntnisse oder Erkenntnisse, die Veränderungen durch biotechnische Maßnahmen betreffen, erwarten lassen, dass deren Nachkommen Störungen oder Veränderungen im Sinne des Absatzes 1 zeigen werden.

(3) Die Absätze 1 und 2 gelten nicht für durch Züchtung oder biotechnische Maßnahmen veränderte Wirbeltiere, die für wissenschaftliche Zwecke notwendig sind.

(4) Das Bundesministerium wird ermächtigt, durch Rechtsverordnung mit Zustimmung des Bundesrates

1. die erblich bedingten Veränderungen und Verhaltensstörungen nach Absatz 1 näher zu bestimmen,
2. das Züchten mit Wirbeltieren bestimmter Arten, Rassen und Linien zu verbieten oder zu beschränken, wenn dieses Züchten zu Verstößen gegen Absatz 1 führen kann.

§ 11c [Abgabe an Kinder und Jugendliche] Ohne Einwilligung der Erziehungsberechtigten dürfen Wirbeltiere an Kinder oder Jugendliche bis zum vollendeten 16. Lebensjahr nicht abgegeben werden.

Achter Abschnitt.[1] Verbringungs-, Verkehrs- und Haltungsverbot

§ 12[2] [Verbringungs-, Verkehrs- und Haltungsverbot] (1) Wirbeltiere, an denen Schäden feststellbar sind, von denen anzunehmen ist, dass sie durch tierschutzwidrige Handlungen verursacht worden sind, dürfen nicht gehalten oder ausgestellt werden, soweit dies durch Rechtsverordnungen nach Absatz 2 Nr. 4 oder 5 bestimmt ist.

(2) [1] Das Bundesministerium wird ermächtigt, durch Rechtsverordnung[3] mit Zustimmung des Bundesrates, soweit es zum Schutz der Tiere erforderlich ist,

---

[1] Bish. 9. Abschnitt (§ 12) wird 8. Abschnitt (§ 12) mWv 13.7.2013 durch G v. 4.7.2013 (BGBl. I S. 2182).

[2] § 12 Abs. 2 Satz 1 Nr. 1, Satz 2 geänd. mWv 15.12.2010 durch G v. 9.12.2010 (BGBl. I S. 1934); Abs. 2 Satz 1 Nr. 4 geänd. mWv 13.7.2013 durch G v. 4.7.2013 (BGBl. I S. 2182); Abs. 2 Nr. 6 geänd. mWv 1.1.2016 durch G v. 3.12.2015 (BGBl. I S. 2178).

[3] Siehe die Anm. am Titel.

1. das Verbringen von Tieren oder Erzeugnissen tierischer Herkunft aus einem Staat, der nicht der Europäischen Union angehört, in das Inland (Einfuhr) von der Einhaltung von Mindestanforderungen hinsichtlich der Tierhaltung oder des Tötens von Tieren und von einer entsprechenden Bescheinigung abhängig zu machen sowie deren Inhalt, Form, Ausstellung und Aufbewahrung zu regeln,
2. die Einfuhr bestimmter Tiere von einer Genehmigung abhängig zu machen,
3. das Verbringen bestimmter Tiere aus dem Inland in einen anderen Staat zu verbieten,
4. das Verbringen von Wirbeltieren in das Inland oder das Halten, insbesondere das Ausstellen von Wirbeltieren im Inland zu verbieten, wenn an den Tieren tierschutzwidrige Amputationen vorgenommen worden sind oder die Tiere erblich bedingte körperliche Defekte, Verhaltensstörungen oder Aggressionssteigerungen im Sinne des § 11b Absatz 1 Nummer 1 oder 2 Buchstabe a aufweisen oder soweit ein Tatbestand nach § 11b Absatz 1 Nummer 2 Buchstabe b oder c erfüllt ist,
5. das Halten von Wirbeltieren, an denen Schäden feststellbar sind, von denen anzunehmen ist, dass sie den Tieren durch tierschutzwidrige Handlungen zugefügt worden sind, zu verbieten, wenn das Weiterleben der Tiere nur unter Leiden möglich ist,
6. vorzuschreiben, dass Tiere oder Erzeugnisse tierischer Herkunft nur über bestimmte Zollstellen mit zugeordneten Überwachungsstellen eingeführt oder ausgeführt werden dürfen, die das Bundesamt für Verbraucherschutz und Lebensmittelsicherheit im Einvernehmen mit dem Bundesministerium der Finanzen im Bundesanzeiger bekannt gemacht hat; das Bundesministerium der Finanzen kann die Erteilung des Einvernehmens auf die Generalzolldirektion übertragen.

[2] Eine Rechtsverordnung nach Satz 1 Nr. 1 bis 5 kann nicht erlassen werden, soweit Unionsrecht oder völkerrechtliche Verpflichtungen entgegenstehen.

Neunter Abschnitt.[1] Sonstige Bestimmungen zum Schutz der Tiere

§ 13[2] [Sonstige Bestimmungen zum Schutz der Tiere] (1) [1] Es ist verboten, zum Fangen, Fernhalten oder Verscheuchen von Wirbeltieren Vorrichtungen oder Stoffe anzuwenden, wenn damit die Gefahr vermeidbarer Schmerzen, Leiden oder Schäden für Wirbeltiere verbunden ist; dies gilt nicht für die Anwendung von Vorrichtungen oder Stoffen, die auf Grund anderer Rechtsvorschriften zugelassen sind. [2] Vorschriften des Jagdrechts, des Naturschutzrechts, des Pflanzenschutzrechts und des Seuchenrechts bleiben unberührt.

(2) Das Bundesministerium wird ermächtigt, durch Rechtsverordnung mit Zustimmung des Bundesrates zum Schutz des Wildes Maßnahmen anzuordnen, die das Wild vor vermeidbaren Schmerzen oder Schäden durch land- oder forstwirtschaftliche Arbeiten schützen.

---

[1] Bish. 10. Abschnitt (§§ 13, 13a) wird 9. Abschnitt (§§ 13–13b) mWv 13.7.2013 durch G v. 4.7. 2013 (BGBl. I S. 2182).

[2] § 13 Abs. 3 Satz 1 geänd. mWv 15.12.2010 durch G v. 9.12.2010 (BGBl. I S. 1934); Abs. 3 Satz 1 geänd. mWv 5.8.2014 durch G v. 28.7.2014 (BGBl. I S. 1308); Abs. 3 Satz 1 geänd. mWv 27.6.2020 durch VO v. 19.6.2020 (BGBl. I S. 1328).

(3) [1]Das Bundesministerium wird ermächtigt, im Einvernehmen mit dem Bundesministerium für Wirtschaft und Energie und dem Bundesministerium für Umwelt, Naturschutz und nukleare Sicherheit durch Rechtsverordnung[1)] mit Zustimmung des Bundesrates, soweit es zum Schutz der Tiere erforderlich ist, das Halten von Tieren wildlebender Arten, den Handel mit solchen Tieren sowie ihre Einfuhr oder ihre Ausfuhr aus dem Inland in einen Staat, der der Europäischen Union nicht angehört (Ausfuhr), zu verbieten, zu beschränken oder von einer Genehmigung abhängig zu machen. [2]Als Genehmigungsvoraussetzung kann insbesondere gefordert werden, dass der Antragsteller die für die jeweilige Tätigkeit erforderliche Zuverlässigkeit und die erforderlichen fachlichen Kenntnisse und Fähigkeiten besitzt und nachweist sowie dass eine den Anforderungen des § 2 entsprechende Ernährung, Pflege und Unterbringung der Tiere sichergestellt ist. [3]In der Rechtsverordnung können ferner Anforderungen an den Nachweis der erforderlichen Zuverlässigkeit und der erforderlichen fachlichen Kenntnisse und Fähigkeiten nach Satz 2 festgelegt sowie das Verfahren des Nachweises geregelt werden.

§ 13a[2)] [Ermächtigung Bundesministerium] (1) [1]Das Bundesministerium wird ermächtigt, zur Verbesserung des Tierschutzes durch Rechtsverordnung mit Zustimmung des Bundesrates Anforderungen an freiwillige Prüfverfahren zu bestimmen, mit denen nachgewiesen wird, dass serienmäßig hergestellte Aufstallungssysteme und Stalleinrichtungen zum Halten von Nutztieren und beim Schlachten verwendete Betäubungsgeräte und -anlagen über die Anforderungen dieses Gesetzes und die Mindestanforderungen der auf Grund dieses Gesetzes erlassenen Rechtsverordnungen hinausgehen. [2]Es hat hierbei insbesondere Kriterien, Verfahren und Umfang der freiwilligen Prüfverfahren sowie Anforderungen an die Sachkunde der im Rahmen derartiger Prüfverfahren tätigen Gutachter festzulegen.

(2) [1]Das Bundesministerium wird ermächtigt, durch Rechtsverordnung mit Zustimmung des Bundesrates zur Förderung der tierschutzgerechten Haltung das Inverkehrbringen und das Verwenden serienmäßig hergestellter Stalleinrichtungen zum Halten von Nutztieren von einer Zulassung oder Bauartzulassung abhängig zu machen. [2]In der Rechtsverordnung nach Satz 1 können

1. die näheren Voraussetzungen für die Zulassung oder Bauartzulassung und deren Rücknahme, Widerruf oder Ruhen, ihre Bekanntmachung sowie das Zulassungsverfahren, insbesondere Art, Inhalt und Umfang der vorzulegenden Unterlagen oder beizubringenden Nachweise,
2. die Befristung der Zulassung oder Bauartzulassung,
3. die Folgen einer Aufhebung oder Befristung einer Zulassung oder einer Bauartzulassung im Hinblick auf das weitere Inverkehrbringen oder die weitere Verwendung in Verkehr gebrachter Stalleinrichtungen,
4. die Kennzeichnung der Stalleinrichtungen und das Beifügen von Gebrauchsanleitungen und deren Mindestinhalt zum Zwecke der bestimmungsgemäßen und sachgerechten Verwendung der Stalleinrichtungen,

---

[1)] Siehe die Anm. am Titel.

[2)] § 13a Abs. 1 Satz 1 geänd., Abs. 2 neu gef., Abs. 3–6 angef. mWv 22.7.2009 durch G v. 15.7.2009 (BGBl. I S. 1950); Abs. 4 Satz 4 geänd. mWv 13.7.2013 durch G v. 4.7.2013 (BGBl. I S. 2182).

880. Gesetz über Naturschutz und Landschaftspflege (Bundesnaturschutzgesetz – BNatSchG)[1)] [2)] [3)] [4)]

Vom 29. Juli 2009

(BGBl. I S. 2542)

FNA 791-9

geänd. durch Art. 3 G über Maßnahmen zur Beschleunigung des Netzausbaus Elektrizitätsnetze v. 28.7.2011 (BGBl. I S. 1690), Art. 2 G zur Umsetzung der Meeresstrategie-RahmenRL sowie zur Änd. des WaStrG und des KrW-/AbfG v. 6.10.2011 (BGBl. I S. 1986), Art. 2 45. Strafrechtsänderungs G zur Umsetzung der RL des Europäischen Parlaments und des Rates über den strafrechtlichen Schutz der Umwelt v. 6.12.2011 (BGBl. I S. 2557), Art. 5 Pflanzenschutz-NeuordnungsG v. 6.2.2012 (BGBl. I S. 148), Art. 7 G zur Änd. des Umwelt-RechtsbehelfsG und anderer umweltrechtlicher Vorschriften v. 21.1.2013 (BGBl. I S. 95), Art. 2 Abs. 24 G zur Modernisierung des Außenwirtschaftsrechts v. 6.6.2013 (BGBl. I S. 1482), Art. 2 Abs. 124, Art. 4 Abs. 100 G zur Strukturreform des Gebührenrechts des Bundes v. 7.8.2013 (BGBl. I S. 3154, geänd. durch G v. 18.7.2016, BGBl. I S. 1666), Art. 421 Zehnte ZuständigkeitsanpassungsVO v. 31.8.2015 (BGBl. I S. 1474), Art. 4 Abs. 96 G zur Aktualisierung der Strukturreform des Gebührenrechts des Bundes v. 18.7.2016 (BGBl. I S. 1666), Art. 2 G zur Änd. wasser- und naturschutzrechtlicher Vorschriften zur Untersagung und zur Risikominimierung bei den Verfahren der Fracking-Technologie v. 4.8.2016 (BGBl. I S. 1972), Art. 19 G zur Einführung von Ausschreibungen für Strom aus erneuerbaren Energien und zu weiteren Änd. des Rechts der erneuerbaren Energien v. 13.10.2016 (BGBl. I S. 2258), Art. 4 G zur Anpassung des Umwelt-RechtsbehelfsG und anderer Vorschriften an europa- und völkerrechtliche Vorgaben v. 29.5.2017 (BGBl. I S. 1298), Art. 3 HochwasserschutzG II v. 30.6.2017 (BGBl. I S. 2193), Art. 7 G zur effektiveren und praxistauglicheren Ausgestaltung des Strafverfahrens v. 17.8.2017 (BGBl. I S. 3202), Art. 1 G zur Durchführung der VO (EU) Nr. 1143/2014 über invasive gebietsfremde Arten v. 8.9.2017 (BGBl. I S. 3370), Art. 1 ÄndG v. 15.9.2017 (BGBl. I S. 3434), Art. 8 G zur Beschleunigung des Energieleitungsausbaus v. 13.5.2019 (BGBl. I S. 706), Art. 1 Zweites ÄndG v. 4.3.2020 (BGBl. I S. 440) und Art. 290 Elfte ZuständigkeitsanpassungsVO v. 19.6.2020 (BGBl. I S. 1328)

Zur Ausführung und Durchführung des BNatSchG haben die **Länder** ua folgende Vorschriften erlassen:

- **Baden-Württemberg:** NaturschutzG v. 23.6.2015 (GBl. S. 585), zuletzt geänd. durch G v. 23.7. 2020 (GBl. S. 651)
- **Bayern:** Bayerisches NaturschutzG v. 23.2.2011 (GVBl. S. 82), zuletzt geänd. durch G v. 21.2.2020 (GVBl. S. 34)
- **Berlin:** Berliner NaturschutzG v. 29.5.2013 (GVBl. S. 140), geänd. durch G v. 25.9.2019 (GVBl. S. 612)

[1)] Verkündet als Art. 1 G zur Neuregelung des Rechts des Naturschutzes und der Landschaftspflege v. 29.7.2009 (BGBl. I S. 2542); Inkrafttreten gem. Art. 27 dieses G am 1.3.2010.

[2)] **Amtl. Anm. zum ArtikelG:** Dieses Gesetz dient der Umsetzung der
- Richtlinie 79/409/EWG des Rates vom 2. April 1979 über die Erhaltung der wildlebenden Vogelarten (ABl. L 103 vom 25.4.1979, S. 1), die zuletzt durch die Richtlinie 2008/102/EG (ABl. L 323 vom 3.12.2008, S. 31) geändert worden ist,
- Richtlinie 83/129/EWG des Rates vom 28. März 1983 betreffend die Einfuhr in die Mitgliedstaaten von Fellen bestimmter Jungrobben und Waren daraus (ABl. L 91 vom 9. 4.1983, S. 30), die zuletzt durch die Richtlinie 89/370/EWG (ABl. L 163 vom 14.6.1989, S. 37) geändert worden ist,
- Richtlinie 92/43/EWG des Rates vom 21. Mai 1992 zur Erhaltung der natürlichen Lebensräume sowie der wildlebenden Tiere und Pflanzen (ABl. L 206 vom 22.7.1992, S. 7), die zuletzt durch die Richtlinie 2006/105/EG (ABl. L 363 vom 20.12.2006, S. 368) geändert worden ist,
- Richtlinie 1999/22/EG des Rates vom 29. März 1999 über die Haltung von Wildtieren in Zoos (ABl. L 94 vom 9.4.1999, S. 24).

[3)] Die Änderungen durch G v. 18.7.2016 (BGBl. I S. 1666) treten erst **mWv 1.10.2021** in Kraft und sind im Text noch nicht berücksichtigt.

[4)] Zur Sicherstellung ordnungsgemäßer Planungs-und Genehmigungsverfahren während der COVID-19-Pandemie siehe das PlanungssicherstellungsG v. 20.5.2020 (BGBl. I S. 1041).

- **Brandenburg:** Brandenburgisches NaturschutzG idF der Bek. v. 26.5.2004 (GVBl. I S. 350), aufgeh. durch G v. 21.1.2013 (GVBl. I Nr. 3); Brandenburgisches NaturschutzausführungsG v. 21.1. 2013 (GVBl. I Nr. 3, ber. Nr. 21), zuletzt geänd. durch G v. 25.9.2020 (GVBl. I Nr. 28)
- **Bremen:** Bremisches G über Naturschutz und Landschaftspflege v. 27.4.2010 (Brem.GBl. S. 315), zuletzt geänd. durch G v. 18.12.2018 (Brem.GBl. S. 651)
- **Hamburg:** Hamburgisches AusführungsG des BundesnaturschutzG v. 11.5.2010 (HmbGVBl. S. 350), zuletzt geänd. durch G v. 24.1.2020 (HmbGVBl. S. 92)
- **Hessen:** Hessisches NaturschutzG v. 20.12.2010 (GVBl. I S. 629), zuletzt geänd. durch G v. 7.5. 2020 (GVBl. S. 318)
- **Mecklenburg-Vorpommern:** NaturschutzausführungsG v. 23.2.2010 (GVOBl. M-V S. 66), zuletzt geänd. durch G v. 5.7.2018 (GVOBl. M-V S. 221)
- **Niedersachsen:** Nds. AusführungsG zum Bundesnaturschutzgesetz v. 19.2.2010 (Nds. GVBl. S. 104), geänd. durch G v. 20.5.2019 (Nds. GVBl. S. 88)
- **Nordrhein-Westfalen:** LandschaftsG idF der Bek. v. 21.7.2000 (GV. NRW. S. 568), zuletzt geänd. durch G v. 26.3.2019 (GV. NRW. S. 193)
- **Rheinland-Pfalz:** LandesnaturschutzG v. 6.10.2015 (GVBl. S. 283), zuletzt geänd. durch G v. 26.6.2020 (GVBl. S. 287)
- **Saarland:** Saarländisches NaturschutzG v. 5.4.2006 (Amtsbl. S. 726), zuletzt geänd. durch G v. 13.2. 2019 (Amtsbl. I S. 324)
- **Sachsen:** Sächsisches NaturschutzG v. 6.6.2013 (SächsGVBl. S. 451), zuletzt geänd. durch G v. 14.12.2018 (SächsGVBl. S. 782)
- **Sachsen-Anhalt:** NaturschutzG des Landes Sachsen-Anhalt v. 10.12.2010 (GVBl. LSA S. 569), zuletzt geänd. durch G v. 28.10.2019 (GVBl. LSA S. 346)
- **Schleswig-Holstein:** LandesnaturschutzG v. 24.2.2010 (GVOBl. Schl.-H. S. 301, ber. S. 486), zuletzt geänd. durch G v. 13.11.2019 (GVOBl. Schl.-H. S. 425)
- **Thüringen:** Thüringer NaturschutzG v. 30.7.2019 (GVBl. S. 323), geänd. durch G v. 30.7.2019 (GVBl. S. 323).

Inhaltsübersicht[1]

Kapitel 1. Allgemeine Vorschriften

Kapitel 2. Landschaftsplanung

Kapitel 3. Allgemeiner Schutz von Natur und Landschaft

(Fortsetzung nächstes Blatt)

[1] Inhaltsübersicht geänd. mWv 5.2.2012 durch G v. 28.7.2011 (BGBl. I S. 1690); geänd. mWv 13.6.2012 durch G v. 6.12.2011 (BGBl. I S. 2557); geänd. mWv 16.9.2017 durch G v. 8.9.2017 (BGBl. I S. 3370); geänd. mWv 29.9.2017 durch G v. 15.9.2017 (BGBl. I S. 3434); geänd. mWv 13.3.2020 durch G v. 4.3.2020 (BGBl. I S. 440).

Umfang des Eingriffs angemessenen Umfang die für die Beurteilung des Eingriffs erforderlichen Angaben zu machen, insbesondere über

1. Ort, Art, Umfang und zeitlichen Ablauf des Eingriffs sowie
2. die vorgesehenen Maßnahmen zur Vermeidung, zum Ausgleich und zum Ersatz der Beeinträchtigungen von Natur und Landschaft einschließlich Angaben zur tatsächlichen und rechtlichen Verfügbarkeit der für Ausgleich und Ersatz benötigten Flächen.

[2] Die zuständige Behörde kann die Vorlage von Gutachten verlangen, soweit dies zur Beurteilung der Auswirkungen des Eingriffs und der Ausgleichs- und Ersatzmaßnahmen erforderlich ist. [3] Bei einem Eingriff, der auf Grund eines nach öffentlichem Recht vorgesehenen Fachplans vorgenommen werden soll, hat der Planungsträger die erforderlichen Angaben nach Satz 1 im Fachplan oder in einem landschaftspflegerischen Begleitplan in Text und Karte darzustellen. [4] Dieser soll auch Angaben zu den zur Sicherung des Zusammenhangs des Netzes „Natura 2000" notwendigen Maßnahmen nach § 34 Absatz 5 und zu vorgezogenen Ausgleichsmaßnahmen nach § 44 Absatz 5 enthalten, sofern diese Vorschriften für das Vorhaben von Belang sind. [5] Der Begleitplan ist Bestandteil des Fachplans.

(5) [1] Die zuständige Behörde kann die Leistung einer Sicherheit bis zur Höhe der voraussichtlichen Kosten für die Ausgleichs- oder Ersatzmaßnahmen verlangen, soweit dies erforderlich ist, um die Erfüllung der Verpflichtungen nach § 15 zu gewährleisten. [2] Auf Sicherheitsleistungen sind die §§ 232 bis 240 des Bürgerlichen Gesetzbuches[1)] anzuwenden.

(6) [1] Die Ausgleichs- und Ersatzmaßnahmen und die dafür in Anspruch genommenen Flächen werden in einem Kompensationsverzeichnis erfasst. [2] Hierzu übermitteln die nach den Absätzen 1 und 3 zuständigen Behörden der für die Führung des Kompensationsverzeichnisses zuständigen Stelle die erforderlichen Angaben.

(7) [1] Die nach Absatz 1 oder Absatz 3 zuständige Behörde prüft die frist- und sachgerechte Durchführung der Vermeidungs- sowie der festgesetzten Ausgleichs- und Ersatzmaßnahmen einschließlich der erforderlichen Unterhaltungsmaßnahmen. [2] Hierzu kann sie vom Verursacher des Eingriffs die Vorlage eines Berichts verlangen.

(8) [1] Wird ein Eingriff ohne die erforderliche Zulassung oder Anzeige vorgenommen, soll die zuständige Behörde die weitere Durchführung des Eingriffs untersagen. [2] Soweit nicht auf andere Weise ein rechtmäßiger Zustand hergestellt werden kann, soll sie entweder Maßnahmen nach § 15 oder die Wiederherstellung des früheren Zustands anordnen. [3] § 19 Absatz 4 ist zu beachten.

(9) [1] Die Beendigung oder eine länger als ein Jahr dauernde Unterbrechung eines Eingriffs ist der zuständigen Behörde anzuzeigen. [2] Eine nur unwesentliche Weiterführung des Eingriffs steht einer Unterbrechung gleich. [3] Wird der Eingriff länger als ein Jahr unterbrochen, kann die Behörde den Verursacher verpflichten, vorläufige Maßnahmen zur Sicherung der Ausgleichs- und Ersatzmaßnahmen durchzuführen oder, wenn der Abschluss des Eingriffs in angemessener Frist nicht zu erwarten ist, den Eingriff in dem bis dahin vorgenommenen Umfang zu kompensieren.

[1)] **Schönfelder Nr. 20.**

(10) Handelt es sich bei einem Eingriff um ein Vorhaben, das nach dem Gesetz über die Umweltverträglichkeitsprüfung[1)] einer Umweltverträglichkeitsprüfung unterliegt, so muss das Verfahren, in dem Entscheidungen nach § 15 Absatz 1 bis 5 getroffen werden, den Anforderungen des genannten Gesetzes entsprechen.

(11) [1] Die Landesregierungen werden ermächtigt, durch Rechtsverordnung das Nähere zu dem in den Absätzen 1 bis 10 geregelten Verfahren einschließlich des Kompensationsverzeichnisses zu bestimmen. [2] Sie können die Ermächtigung nach Satz 1 durch Rechtsverordnung auf andere Landesbehörden übertragen.

§ 18 Verhältnis zum Baurecht. (1) Sind auf Grund der Aufstellung, Änderung, Ergänzung oder Aufhebung von Bauleitplänen oder von Satzungen nach § 34 Absatz 4 Satz 1 Nummer 3 des Baugesetzbuches[2)] Eingriffe in Natur und Landschaft zu erwarten, ist über die Vermeidung, den Ausgleich und den Ersatz nach den Vorschriften des Baugesetzbuches zu entscheiden.

(2) [1] Auf Vorhaben in Gebieten mit Bebauungsplänen nach § 30 des Baugesetzbuches, während der Planaufstellung nach § 33 des Baugesetzbuches und im Innenbereich nach § 34 des Baugesetzbuches sind die §§ 14 bis 17 nicht anzuwenden. [2] Für Vorhaben im Außenbereich nach § 35 des Baugesetzbuches sowie für Bebauungspläne, soweit sie eine Planfeststellung ersetzen, bleibt die Geltung der §§ 14 bis 17 unberührt.

(3) [1] Entscheidungen über Vorhaben nach § 35 Absatz 1 und 4 des Baugesetzbuches und über die Errichtung von baulichen Anlagen nach § 34 des Baugesetzbuches ergehen im Benehmen mit den für Naturschutz und Landschaftspflege zuständigen Behörden. [2] Äußert sich in den Fällen des § 34 des Baugesetzbuches die für Naturschutz und Landschaftspflege zuständige Behörde nicht binnen eines Monats, kann die für die Entscheidung zuständige Behörde davon ausgehen, dass Belange des Naturschutzes und der Landschaftspflege von dem Vorhaben nicht berührt werden. [3] Das Benehmen ist nicht erforderlich bei Vorhaben in Gebieten mit Bebauungsplänen und während der Planaufstellung nach den §§ 30 und 33 des Baugesetzbuches sowie in Gebieten mit Satzungen nach § 34 Absatz 4 Satz 1 Nummer 3 des Baugesetzbuches.

(4) [1] Ergeben sich bei Vorhaben nach § 34 des Baugesetzbuches im Rahmen der Herstellung des Benehmens nach Absatz 3 Anhaltspunkte dafür, dass das Vorhaben eine Schädigung im Sinne des § 19 Absatz 1 Satz 1 verursachen kann, ist dies auch dem Vorhabenträger mitzuteilen. [2] Auf Antrag des Vorhabenträgers hat die für die Erteilung der Zulassung zuständige Behörde im Benehmen mit der für Naturschutz und Landschaftspflege zuständigen Behörde die Entscheidungen nach § 15 zu treffen, soweit sie der Vermeidung, dem Ausgleich oder dem Ersatz von Schädigungen nach § 19 Absatz 1 Satz 1 dienen; in diesen Fällen gilt § 19 Absatz 1 Satz 2. [3] Im Übrigen bleibt Absatz 2 Satz 1 unberührt.

---

1) Nr. **295**.
2) Nr. **300**.

§ 19[1] Schäden an bestimmten Arten und natürlichen Lebensräumen.

(1) [1] Eine Schädigung von Arten und natürlichen Lebensräumen im Sinne des Umweltschadensgesetzes[2] ist jeder Schaden, der erhebliche nachteilige Auswirkungen auf die Erreichung oder Beibehaltung des günstigen Erhaltungszustands dieser Lebensräume oder Arten hat. [2] Abweichend von Satz 1 liegt keine Schädigung vor bei zuvor ermittelten nachteiligen Auswirkungen von Tätigkeiten einer verantwortlichen Person, die von der zuständigen Behörde nach den §§ 34, 35, 45 Absatz 7 oder § 67 Absatz 2 oder, wenn eine solche Prüfung nicht erforderlich ist, nach § 15 oder auf Grund der Aufstellung eines Bebauungsplans nach § 30 oder § 33 des Baugesetzbuches[3] genehmigt wurden oder zulässig sind.

(2) Arten im Sinne des Absatzes 1 sind die Arten, die in

1. Artikel 4 Absatz 2 oder Anhang I der Richtlinie 2009/147/EG oder
2. den Anhängen II und IV der Richtlinie 92/43/EWG

aufgeführt sind.

(3) Natürliche Lebensräume im Sinne des Absatzes 1 sind die

1. Lebensräume der Arten, die in Artikel 4 Absatz 2 oder Anhang I der Richtlinie 2009/147/EG oder in Anhang II der Richtlinie 92/43/EWG aufgeführt sind,
2. natürlichen Lebensraumtypen von gemeinschaftlichem Interesse sowie
3. Fortpflanzungs- und Ruhestätten der in Anhang IV der Richtlinie 92/43/EWG aufgeführten Arten.

(4) Hat eine verantwortliche Person nach dem Umweltschadensgesetz eine Schädigung geschützter Arten oder natürlicher Lebensräume verursacht, so trifft sie die erforderlichen Sanierungsmaßnahmen gemäß Anhang II Nummer 1 der Richtlinie 2004/35/EG.

(5) [1] Ob Auswirkungen nach Absatz 1 erheblich sind, ist mit Bezug auf den Ausgangszustand unter Berücksichtigung der Kriterien des Anhangs I der Richtlinie 2004/35/EG zu ermitteln. [2] Eine erhebliche Schädigung liegt dabei in der Regel nicht vor bei

1. nachteiligen Abweichungen, die geringer sind als die natürlichen Fluktuationen, die für den betreffenden Lebensraum oder die betreffende Art als normal gelten,
2. nachteiligen Abweichungen, die auf natürliche Ursachen zurückzuführen sind oder aber auf eine äußere Einwirkung im Zusammenhang mit der Bewirtschaftung der betreffenden Gebiete, die den Aufzeichnungen über den Lebensraum oder den Dokumenten über die Erhaltungsziele zufolge als normal anzusehen ist oder der früheren Bewirtschaftungsweise der jeweiligen Eigentümer oder Betreiber entspricht,
3. einer Schädigung von Arten oder Lebensräumen, die sich nachweislich ohne äußere Einwirkung in kurzer Zeit so weit regenerieren werden, dass entweder der Ausgangszustand erreicht wird oder aber allein auf Grund der Dynamik der betreffenden Art oder des Lebensraums ein Zustand erreicht

[1] § 19 Abs. 2 Nr. 1, Abs. 3 Nr. 1 und Abs. 4 geänd. mWv 1.8.2013 durch G v. 21.1.2013 (BGBl. I S. 95).
[2] **Sartorius II Nr. 310.**
[3] Nr. **300**.

wird, der im Vergleich zum Ausgangszustand als gleichwertig oder besser zu bewerten ist.

Kapitel 4. Schutz bestimmter Teile von Natur und Landschaft

Abschnitt 1. Biotopverbund und Biotopvernetzung; geschützte Teile von Natur und Landschaft

§ 20 Allgemeine Grundsätze. (1) Es wird ein Netz verbundener Biotope (Biotopverbund) geschaffen, das mindestens 10 Prozent der Fläche eines jeden Landes umfassen soll.

(2) Teile von Natur und Landschaft können geschützt werden

1. nach Maßgabe des § 23 als Naturschutzgebiet,
2. nach Maßgabe des § 24 als Nationalpark oder als Nationales Naturmonument,
3. als Biosphärenreservat,
4. nach Maßgabe des § 26 als Landschaftsschutzgebiet,
5. als Naturpark,
6. als Naturdenkmal oder
7. als geschützter Landschaftsbestandteil.

(3) Die in Absatz 2 genannten Teile von Natur und Landschaft sind, soweit sie geeignet sind, Bestandteile des Biotopverbunds.

§ 21 Biotopverbund, Biotopvernetzung. (1) [1] Der Biotopverbund dient der dauerhaften Sicherung der Populationen wild lebender Tiere und Pflanzen einschließlich ihrer Lebensstätten, Biotope und Lebensgemeinschaften sowie der Bewahrung, Wiederherstellung und Entwicklung funktionsfähiger ökologischer Wechselbeziehungen. [2] Er soll auch zur Verbesserung des Zusammenhangs des Netzes „Natura 2000" beitragen.

(2) [1] Der Biotopverbund soll länderübergreifend erfolgen. [2] Die Länder stimmen sich hierzu untereinander ab.

(3) [1] Der Biotopverbund besteht aus Kernflächen, Verbindungsflächen und Verbindungselementen. [2] Bestandteile des Biotopverbunds sind

1. Nationalparke und Nationale Naturmonumente,
2. Naturschutzgebiete, Natura 2000-Gebiete und Biosphärenreservate oder Teile dieser Gebiete,
3. gesetzlich geschützte Biotope im Sinne des § 30,
4. weitere Flächen und Elemente, einschließlich solcher des Nationalen Naturerbes, des Grünen Bandes sowie Teilen von Landschaftsschutzgebieten und Naturparken,

wenn sie zur Erreichung des in Absatz 1 genannten Zieles geeignet sind.

(4) Die erforderlichen Kernflächen, Verbindungsflächen und Verbindungselemente sind durch Erklärung zu geschützten Teilen von Natur und Landschaft im Sinne des § 20 Absatz 2, durch planungsrechtliche Festlegungen, durch langfristige vertragliche Vereinbarungen oder andere geeignete Maßnahmen rechtlich zu sichern, um den Biotopverbund dauerhaft zu gewährleisten.

(5) [1] Unbeschadet des § 30 sind die oberirdischen Gewässer einschließlich ihrer Randstreifen, Uferzonen und Auen als Lebensstätten und Biotope für

natürlich vorkommende Tier- und Pflanzenarten zu erhalten. [2]Sie sind so weiterzuentwickeln, dass sie ihre großräumige Vernetzungsfunktion auf Dauer erfüllen können.

(6) Auf regionaler Ebene sind insbesondere in von der Landwirtschaft geprägten Landschaften zur Vernetzung von Biotopen erforderliche lineare und punktförmige Elemente, insbesondere Hecken und Feldraine sowie Trittsteinbiotope, zu erhalten und dort, wo sie nicht in ausreichendem Maße vorhanden sind, zu schaffen (Biotopvernetzung).

§ 22[1)] Erklärung zum geschützten Teil von Natur und Landschaft.

(1) [1]Die Unterschutzstellung von Teilen von Natur und Landschaft erfolgt durch Erklärung. [2]Die Erklärung bestimmt den Schutzgegenstand, den Schutzzweck, die zur Erreichung des Schutzzwecks notwendigen Gebote und Verbote, und, soweit erforderlich, die Pflege-, Entwicklungs- und Wiederherstellungsmaßnahmen oder enthält die erforderlichen Ermächtigungen hierzu. [3]Schutzgebiete können in Zonen mit einem entsprechend dem jeweiligen Schutzzweck abgestuften Schutz gegliedert werden; hierbei kann auch die für den Schutz notwendige Umgebung einbezogen werden.

(2) [1]Form und Verfahren der Unterschutzstellung, die Beachtlichkeit von Form- und Verfahrensfehlern und die Möglichkeit ihrer Behebung sowie die Fortgeltung bestehender Erklärungen zum geschützten Teil von Natur und Landschaft richten sich nach Landesrecht. [2]Die Unterschutzstellung kann auch länderübergreifend erfolgen.

(3) [1]Teile von Natur und Landschaft, deren Schutz beabsichtigt ist, können für einen Zeitraum von bis zu zwei Jahren einstweilig sichergestellt werden, wenn zu befürchten ist, dass durch Veränderungen oder Störungen der beabsichtigte Schutzzweck gefährdet wird. [2]Die einstweilige Sicherstellung kann unter den Voraussetzungen des Satzes 1 einmalig bis zu weiteren zwei Jahren verlängert werden. [3]In dem einstweilig sichergestellten Teil von Natur und Landschaft sind Handlungen und Maßnahmen nach Maßgabe der Sicherstellungserklärung verboten, die geeignet sind, den Schutzgegenstand nachteilig zu verändern. [4]Die einstweilige Sicherstellung ist ganz oder teilweise aufzuheben, wenn ihre Voraussetzungen nicht mehr oder nicht mehr in vollem Umfang gegeben sind. [5]Absatz 2 gilt entsprechend.

(4) [1]Geschützte Teile von Natur und Landschaft sind zu registrieren und zu kennzeichnen. [2]Das Nähere richtet sich nach Landesrecht.

(5) Die Erklärung zum Nationalpark oder Nationalen Naturmonument einschließlich ihrer Änderung ergeht im Benehmen mit dem Bundesministerium für Umwelt, Naturschutz und nukleare Sicherheit und dem Bundesministerium für Verkehr und digitale Infrastruktur.

§ 23[2)] Naturschutzgebiete. (1) Naturschutzgebiete sind rechtsverbindlich festgesetzte Gebiete, in denen ein besonderer Schutz von Natur und Landschaft in ihrer Ganzheit oder in einzelnen Teilen erforderlich ist

[1)] § 22 Abs. 3 Satz 4 geänd. mWv 14.10.2011 durch G v. 6.10.2011 (BGBl. I S. 1986); Abs. 5 geänd. mWv 8.9.2015 durch VO v. 31.8.2015 (BGBl. I S. 1474); Abs. 5 geänd. mWv 27.6.2020 durch VO v. 19.6.2020 (BGBl. I S. 1328).

[2)] § 23 Abs. 3 angef. mWv 11.2.2017 durch G v. 4.8.2016 (BGBl. I S. 1972).

1. zur Erhaltung, Entwicklung oder Wiederherstellung von Lebensstätten, Biotopen oder Lebensgemeinschaften bestimmter wild lebender Tier- und Pflanzenarten,
2. aus wissenschaftlichen, naturgeschichtlichen oder landeskundlichen Gründen oder
3. wegen ihrer Seltenheit, besonderen Eigenart oder hervorragenden Schönheit.

(2) [1] Alle Handlungen, die zu einer Zerstörung, Beschädigung oder Veränderung des Naturschutzgebiets oder seiner Bestandteile oder zu einer nachhaltigen Störung führen können, sind nach Maßgabe näherer Bestimmungen verboten. [2] Soweit es der Schutzzweck erlaubt, können Naturschutzgebiete der Allgemeinheit zugänglich gemacht werden.

(3) In Naturschutzgebieten ist die Errichtung von Anlagen zur Durchführung von Gewässerbenutzungen im Sinne des § 9 Absatz 2 Nummer 3 und 4 des Wasserhaushaltsgesetzes[1)] verboten.

§ 24[2)] Nationalparke, Nationale Naturmonumente. (1) Nationalparke sind rechtsverbindlich festgesetzte einheitlich zu schützende Gebiete, die

1. großräumig, weitgehend unzerschnitten und von besonderer Eigenart sind,
2. in einem überwiegenden Teil ihres Gebiets die Voraussetzungen eines Naturschutzgebiets erfüllen und
3. sich in einem überwiegenden Teil ihres Gebiets in einem vom Menschen nicht oder wenig beeinflussten Zustand befinden oder geeignet sind, sich in einen Zustand zu entwickeln oder in einen Zustand entwickelt zu werden, der einen möglichst ungestörten Ablauf der Naturvorgänge in ihrer natürlichen Dynamik gewährleistet.

(2) [1] Nationalparke haben zum Ziel, in einem überwiegenden Teil ihres Gebiets den möglichst ungestörten Ablauf der Naturvorgänge in ihrer natürlichen Dynamik zu gewährleisten. [2] Soweit es der Schutzzweck erlaubt, sollen Nationalparke auch der wissenschaftlichen Umweltbeobachtung, der naturkundlichen Bildung und dem Naturerlebnis der Bevölkerung dienen.

(3) [1] Nationalparke sind unter Berücksichtigung ihres besonderen Schutzzwecks sowie der durch die Großräumigkeit und Besiedlung gebotenen Ausnahmen wie Naturschutzgebiete zu schützen. [2] In Nationalparken ist die Errichtung von Anlagen zur Durchführung von Gewässerbenutzungen im Sinne des § 9 Absatz 2 Nummer 3 und 4 des Wasserhaushaltsgesetzes[1)] verboten.

(4) [1] Nationale Naturmonumente sind rechtsverbindlich festgesetzte Gebiete, die

1. aus wissenschaftlichen, naturgeschichtlichen, kulturhistorischen oder landeskundlichen Gründen und
2. wegen ihrer Seltenheit, Eigenart oder Schönheit

von herausragender Bedeutung sind. [2] Nationale Naturmonumente sind wie Naturschutzgebiete zu schützen.

[1)] Nr. **845**.
[2)] § 24 Abs. 3 Satz 2 angef. mWv 11.2.2017 durch G v. 4.8.2016 (BGBl. I S. 1972).

§ 25 Biosphärenreservate. (1) Biosphärenreservate sind einheitlich zu schützende und zu entwickelnde Gebiete, die

1. großräumig und für bestimmte Landschaftstypen charakteristisch sind,
2. in wesentlichen Teilen ihres Gebiets die Voraussetzungen eines Naturschutzgebiets, im Übrigen überwiegend eines Landschaftsschutzgebiets erfüllen,
3. vornehmlich der Erhaltung, Entwicklung oder Wiederherstellung einer durch hergebrachte vielfältige Nutzung geprägten Landschaft und der darin historisch gewachsenen Arten- und Biotopvielfalt, einschließlich Wild- und früherer Kulturformen wirtschaftlich genutzter oder nutzbarer Tier- und Pflanzenarten, dienen und
4. beispielhaft der Entwicklung und Erprobung von die Naturgüter besonders schonenden Wirtschaftsweisen dienen.

(2) Biosphärenreservate dienen, soweit es der Schutzzweck erlaubt, auch der Forschung und der Beobachtung von Natur und Landschaft sowie der Bildung für nachhaltige Entwicklung.

(3) Biosphärenreservate sind unter Berücksichtigung der durch die Großräumigkeit und Besiedlung gebotenen Ausnahmen über Kernzonen, Pflegezonen und Entwicklungszonen zu entwickeln und wie Naturschutzgebiete oder Landschaftsschutzgebiete zu schützen.

(4) Biosphärenreservate können auch als Biosphärengebiete oder Biosphärenregionen bezeichnet werden.

§ 26 Landschaftsschutzgebiete. (1) Landschaftsschutzgebiete sind rechtsverbindlich festgesetzte Gebiete, in denen ein besonderer Schutz von Natur und Landschaft erforderlich ist

1. zur Erhaltung, Entwicklung oder Wiederherstellung der Leistungs- und Funktionsfähigkeit des Naturhaushalts oder der Regenerationsfähigkeit und nachhaltigen Nutzungsfähigkeit der Naturgüter, einschließlich des Schutzes von Lebensstätten und Lebensräumen bestimmter wild lebender Tier- und Pflanzenarten,
2. wegen der Vielfalt, Eigenart und Schönheit oder der besonderen kulturhistorischen Bedeutung der Landschaft oder
3. wegen ihrer besonderen Bedeutung für die Erholung.

(2) In einem Landschaftsschutzgebiet sind unter besonderer Beachtung des § 5 Absatz 1 und nach Maßgabe näherer Bestimmungen alle Handlungen verboten, die den Charakter des Gebiets verändern oder dem besonderen Schutzzweck zuwiderlaufen.

§ 27[1] Naturparke. (1) Naturparke sind einheitlich zu entwickelnde und zu pflegende Gebiete, die

1. großräumig sind,
2. überwiegend Landschaftsschutzgebiete oder Naturschutzgebiete sind,
3. sich wegen ihrer landschaftlichen Voraussetzungen für die Erholung besonders eignen und in denen ein nachhaltiger Tourismus angestrebt wird,
4. nach den Erfordernissen der Raumordnung für Erholung vorgesehen sind,

---

[1] § 27 Abs. 2 eingef., bish. Abs. 2 wird Abs. 3 mWv 1.4.2018 durch G v. 15.9.2017 (BGBl. I S. 3434).

5. der Erhaltung, Entwicklung oder Wiederherstellung einer durch vielfältige Nutzung geprägten Landschaft und ihrer Arten- und Biotopvielfalt dienen und in denen zu diesem Zweck eine dauerhaft umweltgerechte Landnutzung angestrebt wird und
6. besonders dazu geeignet sind, eine nachhaltige Regionalentwicklung zu fördern.

(2) Naturparke sollen auch der Bildung für nachhaltige Entwicklung dienen.

(3) Naturparke sollen entsprechend ihren in Absatz 1 beschriebenen Zwecken unter Beachtung der Ziele des Naturschutzes und der Landschaftspflege geplant, gegliedert, erschlossen und weiterentwickelt werden.

§ 28 Naturdenkmäler. (1) Naturdenkmäler sind rechtsverbindlich festgesetzte Einzelschöpfungen der Natur oder entsprechende Flächen bis zu fünf Hektar, deren besonderer Schutz erforderlich ist
1. aus wissenschaftlichen, naturgeschichtlichen oder landeskundlichen Gründen oder
2. wegen ihrer Seltenheit, Eigenart oder Schönheit.

(2) Die Beseitigung des Naturdenkmals sowie alle Handlungen, die zu einer Zerstörung, Beschädigung oder Veränderung des Naturdenkmals führen können, sind nach Maßgabe näherer Bestimmungen verboten.

§ 29 Geschützte Landschaftsbestandteile. (1) [1] Geschützte Landschaftsbestandteile sind rechtsverbindlich festgesetzte Teile von Natur und Landschaft, deren besonderer Schutz erforderlich ist
1. zur Erhaltung, Entwicklung oder Wiederherstellung der Leistungs- und Funktionsfähigkeit des Naturhaushalts,
2. zur Belebung, Gliederung oder Pflege des Orts- oder Landschaftsbildes,
3. zur Abwehr schädlicher Einwirkungen oder
4. wegen ihrer Bedeutung als Lebensstätten bestimmter wild lebender Tier- und Pflanzenarten.

[2] Der Schutz kann sich für den Bereich eines Landes oder für Teile des Landes auf den gesamten Bestand an Alleen, einseitigen Baumreihen, Bäumen, Hecken oder anderen Landschaftsbestandteilen erstrecken.

(2) [1] Die Beseitigung des geschützten Landschaftsbestandteils sowie alle Handlungen, die zu einer Zerstörung, Beschädigung oder Veränderung des geschützten Landschaftsbestandteils führen können, sind nach Maßgabe näherer Bestimmungen verboten. [2] Für den Fall der Bestandsminderung kann die Verpflichtung zu einer angemessenen und zumutbaren Ersatzpflanzung oder zur Leistung von Ersatz in Geld vorgesehen werden.

(3) Vorschriften des Landesrechts über den gesetzlichen Schutz von Alleen bleiben unberührt.

§ 30[1)] Gesetzlich geschützte Biotope. (1) Bestimmte Teile von Natur und Landschaft, die eine besondere Bedeutung als Biotope haben, werden gesetzlich geschützt (allgemeiner Grundsatz).

[1)] § 30 Abs. 2 Satz 1 Nr. 5 geänd., Satz 3 angef. mWv 1.4.2018 durch G v. 15.9.2017 (BGBl. I S. 3434).

(2) [1] Handlungen, die zu einer Zerstörung oder einer sonstigen erheblichen Beeinträchtigung folgender Biotope führen können, sind verboten:

1. natürliche oder naturnahe Bereiche fließender und stehender Binnengewässer einschließlich ihrer Ufer und der dazugehörigen uferbegleitenden natürlichen oder naturnahen Vegetation sowie ihrer natürlichen oder naturnahen Verlandungsbereiche, Altarme und regelmäßig überschwemmten Bereiche,
2. Moore, Sümpfe, Röhrichte, *Großseggenrieder*[1)], seggen- und binsenreiche Nasswiesen, Quellbereiche, Binnenlandsalzstellen,
3. offene Binnendünen, offene natürliche Block-, Schutt- und Geröllhalden, Lehm- und Lösswände, Zwergstrauch-, Ginster- und Wacholderheiden, Borstgrasrasen, Trockenrasen, Schwermetallrasen, Wälder und Gebüsche trockenwarmer Standorte,
4. Bruch-, Sumpf- und Auenwälder, Schlucht-, Blockhalden- und Hangschuttwälder, subalpine Lärchen- und Lärchen-Arvenwälder,
5. offene Felsbildungen, Höhlen sowie naturnahe Stollen, alpine Rasen sowie Schneetälchen und Krummholzgebüsche,
6. Fels- und Steilküsten, Küstendünen und Strandwälle, Strandseen, Boddengewässer mit Verlandungsbereichen, Salzwiesen und Wattflächen im Küstenbereich, Seegraswiesen und sonstige marine Makrophytenbestände, Riffe, sublitorale Sandbänke, Schlickgründe mit bohrender Bodenmegafauna sowie artenreiche Kies-, Grobsand- und Schillgründe im Meeres- und Küstenbereich.

[2] Die Verbote des Satzes 1 gelten auch für weitere von den Ländern gesetzlich geschützte Biotope. [3] Satz 1 Nummer 5 gilt nicht für genutzte Höhlen- und Stollenbereiche sowie für Maßnahmen zur Verkehrssicherung von Höhlen und naturnahen Stollen.

(3) Von den Verboten des Absatzes 2 kann auf Antrag eine Ausnahme zugelassen werden, wenn die Beeinträchtigungen ausgeglichen werden können.

(4) [1] Sind auf Grund der Aufstellung, Änderung oder Ergänzung von Bebauungsplänen Handlungen im Sinne des Absatzes 2 zu erwarten, kann auf Antrag der Gemeinde über eine erforderliche Ausnahme oder Befreiung von den Verboten des Absatzes 2 vor der Aufstellung des Bebauungsplans entschieden werden. [2] Ist eine Ausnahme zugelassen oder eine Befreiung gewährt worden, bedarf es für die Durchführung eines im Übrigen zulässigen Vorhabens keiner weiteren Ausnahme oder Befreiung, wenn mit der Durchführung des Vorhabens innerhalb von sieben Jahren nach Inkrafttreten des Bebauungsplans begonnen wird.

(5) Bei gesetzlich geschützten Biotopen, die während der Laufzeit einer vertraglichen Vereinbarung oder der Teilnahme an öffentlichen Programmen zur Bewirtschaftungsbeschränkung entstanden sind, gilt Absatz 2 nicht für die Wiederaufnahme einer zulässigen land-, forst-, oder fischereiwirtschaftlichen Nutzung innerhalb von zehn Jahren nach Beendigung der betreffenden vertraglichen Vereinbarung oder der Teilnahme an den betreffenden öffentlichen Programmen.

[1)] Richtig wohl: „Großseggenriede".

(6) Bei gesetzlich geschützten Biotopen, die auf Flächen entstanden sind, bei denen eine zulässige Gewinnung von Bodenschätzen eingeschränkt oder unterbrochen wurde, gilt Absatz 2 nicht für die Wiederaufnahme der Gewinnung innerhalb von fünf Jahren nach der Einschränkung oder Unterbrechung.

(7) [1]Die gesetzlich geschützten Biotope werden registriert und die Registrierung wird in geeigneter Weise öffentlich zugänglich gemacht. [2]Die Registrierung und deren Zugänglichkeit richten sich nach Landesrecht.

(8) Weiter gehende Schutzvorschriften einschließlich der Bestimmungen über Ausnahmen und Befreiungen bleiben unberührt.

Abschnitt 2. Netz „Natura 2000"

§ 31[1)] Aufbau und Schutz des Netzes „Natura 2000". Der Bund und die Länder erfüllen die sich aus den Richtlinien 92/43/EWG und 2009/147/EG ergebenden Verpflichtungen zum Aufbau und Schutz des zusammenhängenden europäischen ökologischen Netzes „Natura 2000" im Sinne des Artikels 3 der Richtlinie 92/43/EWG.

§ 32[2)] Schutzgebiete. (1) [1]Die Länder wählen die Gebiete, die der Kommission nach Artikel 4 Absatz 1 der Richtlinie 92/43/EWG und Artikel 4 Absatz 1 und 2 der Richtlinie 2009/147/EG zu benennen sind, nach den in diesen Vorschriften genannten Maßgaben aus. [2]Sie stellen das Benehmen mit dem Bundesministerium für Umwelt, Naturschutz und nukleare Sicherheit her. [3]Dieses beteiligt die anderen fachlich betroffenen Bundesministerien und benennt die ausgewählten Gebiete der Kommission. [4]Es übermittelt der Kommission gleichzeitig Schätzungen über eine finanzielle Beteiligung der Gemeinschaft, die zur Erfüllung der Verpflichtungen nach Artikel 6 Absatz 1 der Richtlinie 92/43/EWG einschließlich der Zahlung eines finanziellen Ausgleichs insbesondere für die Land- und Forstwirtschaft erforderlich ist.

(2) Die in die Liste nach Artikel 4 Absatz 2 Unterabsatz 3 der Richtlinie 92/43/EWG aufgenommenen Gebiete sind nach Maßgabe des Artikels 4 Absatz 4 dieser Richtlinie und die nach Artikel 4 Absatz 1 und 2 der Richtlinie 2009/147/EG benannten Gebiete entsprechend den jeweiligen Erhaltungszielen zu geschützten Teilen von Natur und Landschaft im Sinne des § 20 Absatz 2 zu erklären.

(3) [1]Die Schutzerklärung bestimmt den Schutzzweck entsprechend den jeweiligen Erhaltungszielen und die erforderlichen Gebietsbegrenzungen. [2]Es soll dargestellt werden, ob prioritäre natürliche Lebensraumtypen oder prioritäre Arten zu schützen sind. [3]Durch geeignete Gebote und Verbote sowie Pflege- und Entwicklungsmaßnahmen ist sicherzustellen, dass den Anforderungen des Artikels 6 der Richtlinie 92/43/EWG entsprochen wird. [4]Weiter gehende Schutzvorschriften bleiben unberührt.

(4) Die Unterschutzstellung nach den Absätzen 2 und 3 kann unterbleiben, soweit nach anderen Rechtsvorschriften einschließlich dieses Gesetzes und gebietsbezogener Bestimmungen des Landesrechts, nach Verwaltungsvorschriften, durch die Verfügungsbefugnis eines öffentlichen oder gemeinnützigen

---

1) § 31 geänd. mWv 1.8.2013 durch G v. 21.1.2013 (BGBl. I S. 95).

2) § 32 Abs. 1 Satz 1, Abs. 2 geänd. mWv 1.8.2013 durch G v. 21.1.2013 (BGBl. I S. 95); Abs. 1 Satz 2 geänd. mWv 8.9.2015 durch VO v. 31.8.2015 (BGBl. I S. 1474); Abs. 1 Satz 2 geänd. mWv 27.6.2020 durch VO v. 19.6.2020 (BGBl. I S. 1328).

Trägers oder durch vertragliche Vereinbarungen ein gleichwertiger Schutz gewährleistet ist.

(5) Für Natura 2000-Gebiete können Bewirtschaftungspläne selbständig oder als Bestandteil anderer Pläne aufgestellt werden.

(6) Die Auswahl und die Erklärung von Gebieten im Sinne des Absatzes 1 Satz 1 und des Absatzes 2 im Bereich der deutschen ausschließlichen Wirtschaftszone und des Festlandsockels zu geschützten Teilen von Natur und Landschaft im Sinne des § 20 Absatz 2 richten sich nach § 57.

§ 33[1] Allgemeine Schutzvorschriften. (1) [1] Alle Veränderungen und Störungen, die zu einer erheblichen Beeinträchtigung eines Natura 2000-Gebiets in seinen für die Erhaltungsziele oder den Schutzzweck maßgeblichen Bestandteilen führen können, sind unzulässig. [2] Die für Naturschutz und Landschaftspflege zuständige Behörde kann unter den Voraussetzungen des § 34 Absatz 3 bis 5 Ausnahmen von dem Verbot des Satzes 1 sowie von Verboten im Sinne des § 32 Absatz 3 zulassen.

(1a) [1] In Natura 2000-Gebieten ist die Errichtung von Anlagen zu folgenden Zwecken verboten:

1. zum Aufbrechen von Schiefer- Ton- oder Mergelgestein oder von Kohleflözgestein unter hydraulischem Druck zur Aufsuchung oder Gewinnung von Erdgas,
2. zur untertägigen Ablagerung von Lagerstättenwasser, das bei Maßnahmen nach Nummer 1 anfällt.

[2] § 34 findet insoweit keine Anwendung.

(2) [1] Bei einem Gebiet im Sinne des Artikels 5 Absatz 1 der Richtlinie 92/43/EWG gilt während der Konzertierungsphase bis zur Beschlussfassung des Rates Absatz 1 Satz 1 im Hinblick auf die in ihm vorkommenden prioritären natürlichen Lebensraumtypen und prioritären Arten entsprechend. [2] Die §§ 34 und 36 finden keine Anwendung.

§ 34[2] Verträglichkeit und Unzulässigkeit von Projekten; Ausnahmen. (1) [1] Projekte sind vor ihrer Zulassung oder Durchführung auf ihre Verträglichkeit mit den Erhaltungszielen eines Natura 2000-Gebiets zu überprüfen, wenn sie einzeln oder im Zusammenwirken mit anderen Projekten oder Plänen geeignet sind, das Gebiet erheblich zu beeinträchtigen, und nicht unmittelbar der Verwaltung des Gebiets dienen. [2] Soweit ein Natura 2000-Gebiet ein geschützter Teil von Natur und Landschaft im Sinne des § 20 Absatz 2 ist, ergeben sich die Maßstäbe für die Verträglichkeit aus dem Schutzzweck und den dazu erlassenen Vorschriften, wenn hierbei die jeweiligen Erhaltungsziele bereits berücksichtigt wurden. [3] Der Projektträger hat die zur Prüfung der Verträglichkeit sowie der Voraussetzungen nach den Absätzen 3 bis 5 erforderlichen Unterlagen vorzulegen.

(2) Ergibt die Prüfung der Verträglichkeit, dass das Projekt zu erheblichen Beeinträchtigungen des Gebiets in seinen für die Erhaltungsziele oder den Schutzzweck maßgeblichen Bestandteilen führen kann, ist es unzulässig.

---

[1] § 33 Abs. 1a eingef. mWv 11.2.2017 durch G v. 4.8.2016 (BGBl. I S. 1972).

[2] § 34 Abs. 4 Satz 2 und Abs. 5 Satz 2 geänd. mWv 8.9.2015 durch VO v. 31.8.2015 (BGBl. I S. 1474); Abs. 4 Satz 2 und Abs. 5 Satz 2 geänd. mWv 27.6.2020 durch VO v. 19.6.2020 (BGBl. I S. 1328).

(3) Abweichend von Absatz 2 darf ein Projekt nur zugelassen oder durchgeführt werden, soweit es

1. aus zwingenden Gründen des überwiegenden öffentlichen Interesses, einschließlich solcher sozialer oder wirtschaftlicher Art, notwendig ist und
2. zumutbare Alternativen, den mit dem Projekt verfolgten Zweck an anderer Stelle ohne oder mit geringeren Beeinträchtigungen zu erreichen, nicht gegeben sind.

(4) [1] Können von dem Projekt im Gebiet vorkommende prioritäre natürliche Lebensraumtypen oder prioritäre Arten betroffen werden, können als zwingende Gründe des überwiegenden öffentlichen Interesses nur solche im Zusammenhang mit der Gesundheit des Menschen, der öffentlichen Sicherheit, einschließlich der Verteidigung und des Schutzes der Zivilbevölkerung, oder den maßgeblich günstigen Auswirkungen des Projekts auf die Umwelt geltend gemacht werden. [2] Sonstige Gründe im Sinne des Absatzes 3 Nummer 1 können nur berücksichtigt werden, wenn die zuständige Behörde zuvor über das Bundesministerium für Umwelt, Naturschutz und nukleare Sicherheit eine Stellungnahme der Kommission eingeholt hat.

(5) [1] Soll ein Projekt nach Absatz 3, auch in Verbindung mit Absatz 4, zugelassen oder durchgeführt werden, sind die zur Sicherung des Zusammenhangs des Netzes „Natura 2000" notwendigen Maßnahmen vorzusehen. [2] Die zuständige Behörde unterrichtet die Kommission über das Bundesministerium für Umwelt, Naturschutz und nukleare Sicherheit über die getroffenen Maßnahmen.

(6) [1] Bedarf ein Projekt im Sinne des Absatzes 1 Satz 1, das nicht von einer Behörde durchgeführt wird, nach anderen Rechtsvorschriften keiner behördlichen Entscheidung oder Anzeige an eine Behörde, so ist es der für Naturschutz und Landschaftspflege zuständigen Behörde anzuzeigen. [2] Diese kann die Durchführung des Projekts zeitlich befristen oder anderweitig beschränken, um die Einhaltung der Voraussetzungen der Absätze 1 bis 5 sicherzustellen. [3] Trifft die Behörde innerhalb eines Monats nach Eingang der Anzeige keine Entscheidung, kann mit der Durchführung des Projekts begonnen werden. [4] Wird mit der Durchführung eines Projekts ohne die erforderliche Anzeige begonnen, kann die Behörde die vorläufige Einstellung anordnen. [5] Liegen im Fall des Absatzes 2 die Voraussetzungen der Absätze 3 bis 5 nicht vor, hat die Behörde die Durchführung des Projekts zu untersagen. [6] Die Sätze 1 bis 5 sind nur insoweit anzuwenden, als Schutzvorschriften der Länder, einschließlich der Vorschriften über Ausnahmen und Befreiungen, keine strengeren Regelungen für die Zulässigkeit von Projekten enthalten.

(7) [1] Für geschützte Teile von Natur und Landschaft im Sinne des § 20 Absatz 2 und gesetzlich geschützte Biotope im Sinne des § 30 sind die Absätze 1 bis 6 nur insoweit anzuwenden, als die Schutzvorschriften, einschließlich der Vorschriften über Ausnahmen und Befreiungen, keine strengeren Regelungen für die Zulässigkeit von Projekten enthalten. [2] Die Verpflichtungen nach Absatz 4 Satz 2 zur Beteiligung der Kommission und nach Absatz 5 Satz 2 zur Unterrichtung der Kommission bleiben unberührt.

(8) Die Absätze 1 bis 7 gelten mit Ausnahme von Bebauungsplänen, die eine Planfeststellung ersetzen, nicht für Vorhaben im Sinne des § 29 des Baugesetz-

buches[1)] in Gebieten mit Bebauungsplänen nach § 30 des Baugesetzbuches und während der Planaufstellung nach § 33 des Baugesetzbuches.

§ 35 Gentechnisch veränderte Organismen. Auf

1. Freisetzungen gentechnisch veränderter Organismen im Sinne des § 3 Nummer 5 des Gentechnikgesetzes[2)] und
2. die land-, forst- und fischereiwirtschaftliche Nutzung von rechtmäßig in Verkehr gebrachten Produkten die gentechnisch veränderte Organismen enthalten oder aus solchen bestehen, sowie den sonstigen, insbesondere auch nicht erwerbswirtschaftlichen, Umgang mit solchen Produkten, der in seinen Auswirkungen den vorgenannten Handlungen vergleichbar ist, innerhalb eines Natura 2000-Gebiets

ist § 34 Absatz 1 und 2 entsprechend anzuwenden.

§ 36 Pläne. [1] Auf

1. Linienbestimmungen nach § 16 des Bundesfernstraßengesetzes[3)] und § 13 des Bundeswasserstraßengesetzes[4)] sowie
2. Pläne, die bei behördlichen Entscheidungen zu beachten oder zu berücksichtigen sind

ist § 34 Absatz 1 bis 5 entsprechend anzuwenden. [2] Bei Raumordnungsplänen im Sinne des § 3 Absatz 1 Nummer 7 des Raumordnungsgesetzes[5)] und bei Bauleitplänen und Satzungen nach § 34 Absatz 4 Satz 1 Nummer 3 des Baugesetzbuches[1)] findet § 34 Absatz 1 Satz 1 keine Anwendung.

Kapitel 5. Schutz der wild lebenden Tier- und Pflanzenarten, ihrer Lebensstätten und Biotope

Abschnitt 1. Allgemeine Vorschriften

§ 37 Aufgaben des Artenschutzes. (1) [1] Die Vorschriften dieses Kapitels sowie § 6 Absatz 3 dienen dem Schutz der wild lebenden Tier- und Pflanzenarten. [2] Der Artenschutz umfasst

1. den Schutz der Tiere und Pflanzen wild lebender Arten und ihrer Lebensgemeinschaften vor Beeinträchtigungen durch den Menschen und die Gewährleistung ihrer sonstigen Lebensbedingungen,
2. den Schutz der Lebensstätten und Biotope der wild lebenden Tier- und Pflanzenarten sowie
3. die Wiederansiedlung von Tieren und Pflanzen verdrängter wild lebender Arten in geeigneten Biotopen innerhalb ihres natürlichen Verbreitungsgebiets.

(2) [1] Die Vorschriften des Pflanzenschutzrechts, des Tierschutzrechts, des Seuchenrechts sowie des Forst-, Jagd- und Fischereirechts bleiben von den Vorschriften dieses Kapitels und den auf Grund dieses Kapitels erlassenen Rechtsvorschriften unberührt. [2] Soweit in jagd- oder fischereirechtlichen Vor-

---

1) Nr. **300**.
2) Nr. **270**.
3) Nr. **932**.
4) Nr. **971**.
5) Nr. **340**.

schriften keine besonderen Bestimmungen zum Schutz und zur Pflege der betreffenden Arten bestehen oder erlassen werden, sind vorbehaltlich der Rechte der Jagdausübungs- oder Fischereiberechtigten die Vorschriften dieses Kapitels und die auf Grund dieses Kapitels erlassenen Rechtsvorschriften anzuwenden.

§ 38[1)] Allgemeine Vorschriften für den Arten-, Lebensstätten- und Biotopschutz. (1) Zur Vorbereitung und Durchführung der Aufgaben nach § 37 Absatz 1 erstellen die für Naturschutz und Landschaftspflege zuständigen Behörden des Bundes und der Länder auf der Grundlage der Beobachtung nach § 6 Schutz-, Pflege- und Entwicklungsziele und verwirklichen sie.

(2) [1] Soweit dies zur Umsetzung völker- und gemeinschaftsrechtlicher Vorgaben oder zum Schutz von Arten, die in einer Rechtsverordnung nach § 54 Absatz 1 Nummer 2 aufgeführt sind, einschließlich deren Lebensstätten, erforderlich ist, ergreifen die für Naturschutz und Landschaftspflege zuständigen Behörden des Bundes und der Länder wirksame und aufeinander abgestimmte vorbeugende Schutzmaßnahmen oder stellen Artenhilfsprogramme auf. [2] Sie treffen die erforderlichen Maßnahmen, um sicherzustellen, dass der unbeabsichtigte Fang oder das unbeabsichtigte Töten keine erheblichen nachteiligen Auswirkungen auf die streng geschützten Arten haben.

(3) Die erforderliche Forschung und die notwendigen wissenschaftlichen Arbeiten im Sinne des Artikels 18 der Richtlinie 92/43/EWG und des Artikels 10 der Richtlinie 2009/147/EG werden gefördert.

Abschnitt 2. Allgemeiner Artenschutz

§ 39[2)] Allgemeiner Schutz wild lebender Tiere und Pflanzen; Ermächtigung zum Erlass von Rechtsverordnungen. (1) Es ist verboten,

1. wild lebende Tiere mutwillig zu beunruhigen oder ohne vernünftigen Grund zu fangen, zu verletzen oder zu töten,
2. wild lebende Pflanzen ohne vernünftigen Grund von ihrem Standort zu entnehmen oder zu nutzen oder ihre Bestände niederzuschlagen oder auf sonstige Weise zu verwüsten,
3. Lebensstätten wild lebender Tiere und Pflanzen ohne vernünftigen Grund zu beeinträchtigen oder zu zerstören.

(2) [1] Vorbehaltlich jagd- oder fischereirechtlicher Bestimmungen ist es verboten, wild lebende Tiere und Pflanzen der in Anhang V der Richtlinie 92/43/EWG aufgeführten Arten aus der Natur zu entnehmen. [2] Die Länder können Ausnahmen von Satz 1 unter den Voraussetzungen des § 45 Absatz 7 oder des Artikels 14 der Richtlinie 92/43/EWG zulassen.

(3) Jeder darf abweichend von Absatz 1 Nummer 2 wild lebende Blumen, Gräser, Farne, Moose, Flechten, Früchte, Pilze, Tee- und Heilkräuter sowie Zweige wild lebender Pflanzen aus der Natur an Stellen, die keinem Betretungsverbot unterliegen, in geringen Mengen für den persönlichen Bedarf pfleglich entnehmen und sich aneignen.

[1)] § 38 Abs. 3 geänd. mWv 1.8.2013 durch G v. 21.1.2013 (BGBl. I S. 95).

[2)] § 39 Abs. 5 Satz 3 geänd. mWv 14.10.2011 durch G v. 6.10.2011 (BGBl. I S. 1986); Abs. 5 Satz 1 Nr. 2, Satz 3 geänd. mWv 29.9.2017 durch G v. 15.9.2017 (BGBl. I S. 3434).

(4) [1]Das gewerbsmäßige Entnehmen, Be- oder Verarbeiten wild lebender Pflanzen bedarf unbeschadet der Rechte der Eigentümer und sonstiger Nutzungsberechtigter der Genehmigung der für Naturschutz und Landschaftspflege zuständigen Behörde. [2]Die Genehmigung ist zu erteilen, wenn der Bestand der betreffenden Art am Ort der Entnahme nicht gefährdet und der Naturhaushalt nicht erheblich beeinträchtigt werden. [3]Die Entnahme hat pfleglich zu erfolgen. [4]Bei der Entscheidung über Entnahmen zu Zwecken der Produktion regionalen Saatguts sind die günstigen Auswirkungen auf die Ziele des Naturschutzes und der Landschaftspflege zu berücksichtigen.

(5) [1]Es ist verboten,

1. die Bodendecke auf Wiesen, Feldrainen, Hochrainen und ungenutzten Grundflächen sowie an Hecken und Hängen abzubrennen oder nicht land-, forst- oder fischereiwirtschaftlich genutzte Flächen so zu behandeln, dass die Tier- oder Pflanzenwelt erheblich beeinträchtigt wird,
2. Bäume, die außerhalb des Waldes, von Kurzumtriebsplantagen oder gärtnerisch genutzten Grundflächen stehen, Hecken, lebende Zäune, Gebüsche und andere Gehölze in der Zeit vom 1. März bis zum 30. September abzuschneiden, auf den Stock zu setzen oder zu beseitigen; zulässig sind schonende Form- und Pflegeschnitte zur Beseitigung des Zuwachses der Pflanzen oder zur Gesunderhaltung von Bäumen,
3. Röhrichte in der Zeit vom 1. März bis zum 30. September zurückzuschneiden; außerhalb dieser Zeiten dürfen Röhrichte nur in Abschnitten zurückgeschnitten werden,
4. ständig wasserführende Gräben unter Einsatz von Grabenfräsen zu räumen, wenn dadurch der Naturhaushalt, insbesondere die Tierwelt erheblich beeinträchtigt wird.

[2]Die Verbote des Satzes 1 Nummer 1 bis 3 gelten nicht für

1. behördlich angeordnete Maßnahmen,
2. Maßnahmen, die im öffentlichen Interesse nicht auf andere Weise oder zu anderer Zeit durchgeführt werden können, wenn sie
   a) behördlich durchgeführt werden,
   b) behördlich zugelassen sind oder
   c) der Gewährleistung der Verkehrssicherheit dienen,
3. nach § 15 zulässige Eingriffe in Natur und Landschaft,
4. zulässige Bauvorhaben, wenn nur geringfügiger Gehölzbewuchs zur Verwirklichung der Baumaßnahmen beseitigt werden muss.

[3]Die Landesregierungen werden ermächtigt, durch Rechtsverordnung bei den Verboten des Satzes 1 Nummer 2 und 3 für den Bereich eines Landes oder für Teile des Landes erweiterte Verbotszeiträume vorzusehen und den Verbotszeitraum aus klimatischen Gründen um bis zu zwei Wochen zu verschieben. [4]Sie können die Ermächtigung nach Satz 3 durch Rechtsverordnung auf andere Landesbehörden übertragen.

(6) Es ist verboten, Höhlen, Stollen, Erdkeller oder ähnliche Räume, die als Winterquartier von Fledermäusen dienen, in der Zeit vom 1. Oktober bis zum 31. März aufzusuchen; dies gilt nicht zur Durchführung unaufschiebbarer und nur geringfügig störender Handlungen sowie für touristisch erschlossene oder stark genutzte Bereiche.

(7) Weiter gehende Schutzvorschriften insbesondere des Kapitels 4 und des Abschnitts 3 des Kapitels 5 einschließlich der Bestimmungen über Ausnahmen und Befreiungen bleiben unberührt.

§ 40[1]) Ausbringen von Pflanzen und Tieren. (1) [1]Das Ausbringen von Pflanzen in der freien Natur, deren Art in dem betreffenden Gebiet in freier Natur nicht oder seit mehr als 100 Jahren nicht mehr vorkommt, sowie von Tieren bedarf der Genehmigung der zuständigen Behörde. [2]Dies gilt nicht für künstlich vermehrte Pflanzen, wenn sie ihren genetischen Ursprung in dem betreffenden Gebiet haben. [3]Die Genehmigung ist zu versagen, wenn eine Gefährdung von Ökosystemen, Biotopen oder Arten der Mitgliedstaaten nicht auszuschließen ist. [4]Von dem Erfordernis einer Genehmigung sind ausgenommen

1. der Anbau von Pflanzen in der Land- und Forstwirtschaft,
2. der Einsatz von Tieren zum Zweck des biologischen Pflanzenschutzes
   a) der Arten, die in dem betreffenden Gebiet in freier Natur in den letzten 100 Jahren vorkommen oder vorkamen,
   b) anderer Arten, sofern der Einsatz einer pflanzenschutzrechtlichen Genehmigung bedarf, bei der die Belange des Artenschutzes berücksichtigt sind,
3. das Ansiedeln von Tieren, die dem Jagd- oder Fischereirecht unterliegen, sofern die Art in dem betreffenden Gebiet in freier Natur in den letzten 100 Jahren vorkommt oder vorkam,
4. das Ausbringen von Gehölzen und Saatgut außerhalb ihrer Vorkommensgebiete bis einschließlich 1. März 2020; bis zu diesem Zeitpunkt sollen in der freien Natur Gehölze und Saatgut vorzugsweise nur innerhalb ihrer Vorkommensgebiete ausgebracht werden.

[5]Artikel 22 der Richtlinie 92/43/EWG sowie die Vorschriften der Verordnung (EU) Nr. 1143/2014 sind zu beachten.

(2) Genehmigungen nach Absatz 1 werden bei im Inland noch nicht vorkommenden Arten vom Bundesamt für Naturschutz erteilt.

(3) Die zuständige Behörde kann anordnen, dass ungenehmigt ausgebrachte Tiere und Pflanzen oder sich unbeabsichtigt in der freien Natur ausbreitende Pflanzen sowie dorthin entkommene Tiere beseitigt werden, soweit es zur Abwehr einer Gefährdung von Ökosystemen, Biotopen oder Arten erforderlich ist.

§ 40a[2]) Maßnahmen gegen invasive Arten. (1) [1]Die zuständigen Behörden treffen nach pflichtgemäßem Ermessen die im Einzelfall erforderlichen und verhältnismäßigen Maßnahmen, um

1. sicherzustellen, dass die Vorschriften der Verordnung (EU) Nr. 1143/2014, dieses Kapitels und der auf ihrer Grundlage erlassenen Rechtsvorschriften in Bezug auf invasive Arten eingehalten werden und um
2. die Einbringung oder Ausbreitung von invasiven Arten zu verhindern oder zu minimieren.

[1]) § 40 Überschrift neu gef., Abs. 1–3 aufgeh., bish. Abs. 4–6 werden Abs. 1–3, neuer Abs. 1 Sätze 1 und 2 geänd., Satz 4 Nr. 2 und 3, Satz 5 neu gef., neuer Abs. 2 geänd. mWv 16.9.2017 durch G v. 8.9.2017 (BGBl. I S. 3370).

[2]) § 40a eingef. mWv 16.9.2017 durch G v. 8.9.2017 (BGBl. I S. 3370).

[2] Soweit Maßnahmen nach Satz 1 Nummer 2 in der freien Natur invasive und entweder dem Jagdrecht unterliegende oder andere Arten betreffen, bei denen die Maßnahmen im Rahmen des Jagdschutzes durchgeführt werden können, werden sie im Einvernehmen mit den nach Landesrecht für Jagd zuständigen Behörden unbeschadet des fortbestehenden Jagdrechts nach den §§ 1, 2 und 23 des Bundesjagdgesetzes[1)] festgelegt. [3] Maßnahmen mit jagdlichen Mitteln sind im Einvernehmen mit den Jagdausübungsberechtigten, Maßnahmen ohne Einsatz jagdlicher Mittel mit Rücksicht auf deren berechtigte Interessen durchzuführen. [4] Soweit Maßnahmen nach Satz 1 Nummer 2 in der freien Natur dem Fischereirecht unterliegende invasive Arten betreffen, werden sie im Einvernehmen mit den nach Landesrecht für Fischerei zuständigen Behörden festgelegt. [5] Maßnahmen mit fischereilichen Mitteln sind im Einvernehmen mit dem Fischereiausübungsberechtigten, Maßnahmen ohne Einsatz fischereilicher Mittel mit Rücksicht auf deren berechtigte Interessen durchzuführen. [6] Bei Gefahr im Verzug bedarf es des Einvernehmens nach den Sätzen 2 bis 5 nicht.

(2) Liegen Anhaltspunkte für das Vorhandensein einer invasiven Art vor, sind Eigentümer und Inhaber der tatsächlichen Gewalt verpflichtet, eine Untersuchung von Gegenständen, Substraten, Transportmitteln, Anlagen, Grundstücken, Gebäuden oder Räumen im Hinblick auf das Vorhandensein invasiver Arten zu dulden.

(3) [1] Die zuständige Behörde kann gegenüber demjenigen, der die Ausbringung, die Ausbreitung oder das Entkommen von invasiven Arten verursacht hat, deren Beseitigung und dafür bestimmte Verfahren anordnen, soweit dies zur Abwehr einer Gefährdung von Ökosystemen, Biotopen oder Arten erforderlich ist. [2] Eigentümer von Grundstücken und anderen in Absatz 2 genannten Sachen sowie der Inhaber der tatsächlichen Gewalt sind verpflichtet, Maßnahmen der zuständigen Behörde zur Beseitigung oder Verhinderung einer Ausbreitung invasiver Arten zu dulden.

(4) [1] Die zuständige Behörde kann Exemplare invasiver Arten beseitigen oder durch Beauftragte beseitigen lassen, wenn eine Beseitigung durch die in Absatz 3 Satz 1 genannten Personen nicht oder nicht rechtzeitig erreicht werden kann. [2] Die durch die Maßnahme entstehenden Kosten können den in Absatz 3 Satz 1 genannten Personen auferlegt werden.

(5) [1] Steht ein Grundstück im Eigentum der öffentlichen Hand, soll der Eigentümer die von der zuständigen Behörde festgelegten Beseitigungsmaßnahmen nach Artikel 17 oder Managementmaßnahmen nach Artikel 19 der Verordnung (EU) Nr. 1143/2014 bei der Bewirtschaftung des Grundstücks in besonderer Weise berücksichtigen. [2] Satz 1 gilt auch, wenn das Grundstück im Eigentum eines privatrechtlich organisierten Unternehmens steht, an dem mehrheitlich eine Gebietskörperschaft Anteile hält.

(6) Die im Einzelfall erforderlichen Maßnahmen zur Verhütung einer Verbreitung invasiver Arten durch Seeschiffe richten sich nach dem Gesetz über die Aufgaben des Bundes auf dem Gebiet der Seeschifffahrt sowie den auf dieser Grundlage erlassenen Rechtsvorschriften.

[1)] Nr. **890**.

§ 40b[1)] Nachweispflicht und Einziehung bei invasiven Arten. [1]Wer Exemplare einer invasiven Art besitzt oder die tatsächliche Gewalt darüber ausübt, kann sich gegenüber den zuständigen Behörden auf eine Berechtigung hierzu nur berufen, wenn er diese Berechtigung auf Verlangen nachweist. [2]Beruft sich die Person auf die Übergangsbestimmungen nach Artikel 31 der Verordnung (EU) Nr. 1143/2014 genügt es, wenn sie diese Berechtigung glaubhaft macht. [3]§ 47 gilt entsprechend.

§ 40c[2)] Genehmigungen. (1) [1]Abweichend von den Verboten des Artikels 7 Absatz 1 Buchstabe a, b, c, d, f und g der Verordnung (EU) Nr. 1143/2014 bedürfen die Forschung an und Ex-situ-Erhaltung von invasiven Arten einer Genehmigung durch die zuständige Behörde. [2]Die Genehmigung ist zu erteilen, wenn die Voraussetzungen des Artikels 8 Absatz 2 bis 4 der Verordnung (EU) Nr. 1143/2014 vorliegen. [3]Eine Genehmigung ist für Bestände invasiver Tierarten nicht erforderlich, die vor dem 3. August 2016 gehalten wurden, sich unter Verschluss befinden und in denen keine Vermehrung stattfindet.

(2) Absatz 1 gilt entsprechend für die wissenschaftliche Herstellung und die anschließende medizinische Verwendung von Produkten, die aus invasiven Arten hervorgegangen sind, wenn die Verwendung der Produkte unvermeidbar ist, um Fortschritte für die menschliche Gesundheit zu erzielen.

(3) [1]Für andere Tätigkeiten kann in Ausnahmefällen auf Antrag eine Genehmigung nach Maßgabe von Artikel 9 der Verordnung (EU) Nr. 1143/2014 erteilt werden. [2]Die zuständige Behörde reicht den Zulassungsantrag über das elektronische Zulassungssystem nach Artikel 9 Absatz 2 der Verordnung (EU) Nr. 1143/2014 bei der Kommission ein. [3]Eine Zulassung durch die Kommission ist nicht erforderlich, wenn Beschränkungen einer Rechtsverordnung nach § 54 Absatz 4 Satz 1 betroffen sind.

(4) [1]Der Antrag ist schriftlich oder elektronisch unter Vorlage der zur Prüfung erforderlichen Unterlagen bei der zuständigen Behörde einzureichen. [2]Im Falle des Absatzes 3 sind die in Satz 1 genannten Unterlagen der zuständigen Behörde auch als elektronisches Dokument zu übermitteln.

(5) [1]Die Genehmigung kann widerrufen werden, wenn unvorhergesehene Ereignisse mit einer nachteiligen Auswirkung auf die biologische Vielfalt oder damit verbundene Ökosystemdienstleistungen eintreten. [2]Der Widerruf ist wissenschaftlich zu begründen; sind die wissenschaftlichen Angaben nicht ausreichend, erfolgt der Widerruf unter Anwendung des Vorsorgeprinzips.

§ 40d[3)] Aktionsplan zu Pfaden invasiver Arten. (1) [1]Das Bundesministerium für Umwelt, Naturschutz und nukleare Sicherheit beschließt nach Anhörung der Länder im Einvernehmen mit dem Bundesministerium für Verkehr und digitale Infrastruktur sowie dem Bundesministerium für Ernährung und Landwirtschaft einen Aktionsplan nach Artikel 13 der Verordnung (EU) Nr. 1143/2014 zu den Einbringungs- und Ausbreitungspfaden invasiver Arten nach § 7 Absatz 2 Nummer 9 Buchstabe a. [2]Satz 1 gilt auch für invasive Arten nach § 7 Absatz 2 Nummer 9 Buchstabe b, soweit die Kommission insoweit in einem Durchführungsrechtsakt nach Artikel 11 Absatz 2 Satz 2 eine Anwen-

---

[1)] § 40b eingef. mWv 16.9.2017 durch G v. 8.9.2017 (BGBl. I S. 3370).

[2)] § 40c eingef. mWv 16.9.2017 durch G v. 8.9.2017 (BGBl. I S. 3370).

[3)] § 40d eingef. mWv 16.9.2017 durch G v. 8.9.2017 (BGBl. I S. 3370); Abs. 1 Satz 1 geänd. mWv 27.6.2020 durch VO v. 19.6.2020 (BGBl. I S. 1328).

dung des Artikels 13 vorsieht, sowie für invasive Arten, die in einer Rechtsverordnung nach § 54 Absatz 4 Satz 1 Nummer 3 aufgeführt sind.

(2) Der Aktionsplan ist mindestens alle sechs Jahre zu überarbeiten.

(3) [1] Anstatt eines Aktionsplans können auch mehrere Aktionspläne für verschiedene Einbringungs- und Ausbreitungspfade invasiver Arten beschlossen werden. [2] Für diese Aktionspläne gelten die Absätze 1 und 2 entsprechend.

§ 40e[1)] Managementmaßnahmen. (1) [1] Die für Naturschutz und Landschaftspflege zuständigen Behörden legen nach Maßgabe des Artikels 19 der Verordnung (EU) Nr. 1143/2014 Managementmaßnahmen fest. [2] Sie stimmen die Maßnahmen nach Satz 1 sowohl untereinander als auch, soweit erforderlich, mit den zuständigen Behörden anderer Mitgliedstaaten der Europäischen Union ab. [3] Die Abstimmung mit Behörden anderer Mitgliedstaaten erfolgt im Benehmen mit dem Bundesministerium für Umwelt, Naturschutz und nukleare Sicherheit.

(2) Soweit die Managementmaßnahmen invasive und entweder dem Jagdrecht unterliegende oder andere Arten betreffen, bei denen die Maßnahmen im Rahmen des Jagdschutzes durchgeführt werden können, werden sie im Einvernehmen mit den nach Landesrecht für Jagd zuständigen Behörden unbeschadet des fortbestehenden Jagdrechts nach den §§ 1, 2 und 23 des Bundesjagdgesetzes[2)] festgelegt; soweit dem Fischereirecht unterliegende invasive Arten betroffen sind, im Einvernehmen mit den nach Landesrecht für Fischerei zuständigen Behörden.

§ 40f[3)] Beteiligung der Öffentlichkeit. (1) Bei der Aufstellung von Aktionsplänen gemäß § 40d und der Festlegung von Managementmaßnahmen gemäß § 40e ist eine Öffentlichkeitsbeteiligung entsprechend § 42 des Gesetzes über die Umweltverträglichkeitsprüfung[4)] durchzuführen.

(2) Das Ergebnis der Öffentlichkeitsbeteiligung ist bei der Aufstellung des Aktionsplans nach § 40d Absatz 1 und der Festlegung von Managementmaßnahmen nach § 40e angemessen zu berücksichtigen.

(3) [1] Das Bundesministerium für Umwelt, Naturschutz und nukleare Sicherheit macht den Aktionsplan nach § 40d Absatz 1 mit Begründung im Bundesanzeiger bekannt. [2] In der Begründung sind das Verfahren zur Auf-

(Fortsetzung nächstes Blatt)

[1)] § 40e eingef. mWv 16.9.2017 durch G v. 8.9.2017 (BGBl. I S. 3370); Abs. 1 Satz 3 geänd. mWv 27.6.2020 durch VO v. 19.6.2020 (BGBl I S. 1328).

[2)] Nr. **890**.

[3)] § 40f eingef. mWv 16.9.2017 durch G v. 8.9.2017 (BGBl. I S. 3370); Abs. 3 Satz 1 geänd. mWv 27.6.2020 durch VO v. 19.6.2020 (BGBl. I S. 1328).

[4)] Nr. **295**.

dienen, genügt anstelle des Nachweises nach Absatz 1 die Glaubhaftmachung. [3]Die Glaubhaftmachung darf nur verlangt werden, wenn Tatsachen die Annahme rechtfertigen, dass keine Berechtigung vorliegt.

(3) Soweit nach Artikel 8 oder Artikel 9 der Verordnung (EG) Nr. 338/97 die Berechtigung zu den dort genannten Handlungen nachzuweisen ist oder für den Nachweis bestimmte Dokumente vorgeschrieben sind, ist der Nachweis in der in der genannten Verordnung vorgeschriebenen Weise zu führen.

§ 47[1)] Einziehung und Beschlagnahme. [1]Kann für Tiere oder Pflanzen eine Berechtigung nach § 46 nicht nachgewiesen oder glaubhaft gemacht werden, können diese von den für Naturschutz und Landschaftspflege zuständigen Behörden beschlagnahmt oder eingezogen werden. [2]§ 51 gilt entsprechend; § 51 Absatz 1 Satz 2 gilt mit der Maßgabe, dass auch die Vorlage einer Bescheinigung einer sonstigen unabhängigen sachverständigen Stelle oder Person verlangt werden kann.

Abschnitt 4. Zuständige Behörden, Verbringen von Tieren und Pflanzen

§ 48[2)] Zuständige Behörden für den Schutz von Exemplaren wild lebender Tier- und Pflanzenarten durch Überwachung des Handels.

(1) Vollzugsbehörden im Sinne des Artikels 13 Absatz 1 der Verordnung (EG) Nr. 338/97 und des Artikels IX des Washingtoner Artenschutzübereinkommens sind

1. das Bundesministerium für Umwelt, Naturschutz und nukleare Sicherheit für den Verkehr mit anderen Vertragsparteien und mit dem Sekretariat (Artikel IX Absatz 2 des Washingtoner Artenschutzübereinkommens), mit Ausnahme der in Nummer 2 Buchstabe a und c sowie Nummer 4 genannten Aufgaben, und für die in Artikel 12 Absatz 1, 3 und 5, den Artikeln 13 und 15 Absatz 1 und 5 und Artikel 20 der Verordnung (EG) Nr. 338/97 genannten Aufgaben,
2. das Bundesamt für Naturschutz
   a) für die Erteilung von Ein- und Ausfuhrgenehmigungen und Wiederausfuhrbescheinigungen im Sinne des Artikels 4 Absatz 1 und 2 und des Artikels 5 Absatz 1 und 4 der Verordnung (EG) Nr. 338/97 sowie von sonstigen Dokumenten im Sinne des Artikels IX Absatz 1 Buchstabe a des Washingtoner Artenschutzübereinkommens sowie für den Verkehr mit dem Sekretariat, der Kommission der Europäischen Gemeinschaften und mit Behörden anderer Vertragsstaaten und Nichtvertragsstaaten im Zusammenhang mit der Bearbeitung von Genehmigungsanträgen oder bei der Verfolgung von Ein- und Ausfuhrverstößen sowie für die in Artikel 15 Absatz 4 Buchstabe a und c der Verordnung (EG) Nr. 338/97 genannten Aufgaben,
   b) für die Zulassung von Ausnahmen nach Artikel 8 Absatz 3 der Verordnung (EG) Nr. 338/97 im Fall der Einfuhr,

---

1) § 47 neu gef. mWv 16.9.2017 durch G v. 8.9.2017 (BGBl. I S. 3370).

2) § 48 Abs. 1 Nr. 1 geänd. mWv 8.9.2015 durch VO v. 31.8.2015 (BGBl. I S. 1474); Überschrift geänd. mWv 16.9.2017 durch G v. 8.9.2017 (BGBl. I S. 3370); Abs. 1 Nr. 1 geänd. mWv 27.6.2020 durch VO v. 19.6.2020 (BGBl. I S. 1328).

c) für die Anerkennung von Betrieben, in denen im Sinne des Artikels VII Absatz 4 des Washingtoner Artenschutzübereinkommens Exemplare für Handelszwecke gezüchtet oder künstlich vermehrt werden sowie für die Meldung des in Artikel 7 Absatz 1 Nummer 4 der Verordnung (EG) Nr. 338/97 genannten Registrierungsverfahrens gegenüber dem Sekretariat (Artikel IX Absatz 2 des Washingtoner Artenschutzübereinkommens),

d) die Erteilung von Bescheinigungen nach den Artikeln 30, 37 und 44a der Verordnung (EG) Nr. 865/2006 der Kommission vom 4. Mai 2006 mit Durchführungsbestimmungen zur Verordnung (EG) Nr. 338/97 des Rates über den Schutz von Exemplaren wild lebender Tier- und Pflanzenarten durch Überwachung des Handels (ABl. L 166 vom 19.6.2006, S. 1), die durch die Verordnung (EG) Nr. 100/2008 (ABl. L 31 vom 5.2.2008, S. 3) geändert worden ist, im Fall der Ein- und Ausfuhr,

e) die Registrierung von Kaviarverpackungsbetrieben nach Artikel 66 der Verordnung (EG) Nr. 865/2006,

f) für die Verwertung der von den Zollstellen nach § 51 eingezogenen lebenden Tieren und Pflanzen sowie für die Verwertung der von Zollbehörden nach § 51 eingezogenen toten Tiere und Pflanzen sowie Teilen davon und Erzeugnisse daraus, soweit diese von streng geschützten Arten stammen,

3. die Bundeszollverwaltung für den Informationsaustausch mit dem Sekretariat in Angelegenheiten der Bekämpfung der Artenschutzkriminalität,

4. die nach Landesrecht für Naturschutz und Landschaftspflege zuständigen Behörden für alle übrigen Aufgaben im Sinne der Verordnung (EG) Nr. 338/97.

(2) Wissenschaftliche Behörde im Sinne des Artikels 13 Absatz 2 der Verordnung (EG) Nr. 338/97 ist das Bundesamt für Naturschutz.

§ 48a[1] Zuständige Behörden in Bezug auf invasive Arten. [1] Zuständig für den Vollzug der Verordnung (EU) Nr. 1143/2014, der Vorschriften dieses Gesetzes und der auf ihrer Grundlage erlassenen Rechtsvorschriften in Bezug auf invasive Arten sind

1. das Bundesministerium für Umwelt, Naturschutz und nukleare Sicherheit für die Erfüllung von Verpflichtungen zur Notifizierung und Unterrichtung der Europäischen Kommission und anderer Mitgliedstaaten gemäß Artikel 10 Absatz 2, Artikel 12 Absatz 1 und 2, Artikel 16 Absatz 2, Artikel 17 Absatz 1 und 4, Artikel 18 Absatz 1, Artikel 19 Absatz 5, Artikel 23 und 24 Absatz 2 der Verordnung;

2. das Bundesamt für Naturschutz

   a) für den Vollzug im Bereich der deutschen ausschließlichen Wirtschaftszone und des Festlandsockels und

   b) für die Erteilung von Genehmigungen gemäß § 40c bei Verbringung aus dem Ausland;

3. die zuständigen Dienststellen der Bundeswehr

   a) im Hinblick auf militärisches Gerät der Bundeswehr,

[1] § 48a eingef. mWv 16.9.2017 durch G v. 8.9.2017 (BGBl. I S. 3370); Satz 1 Nr. 1 geänd. mWv 27.6.2020 durch VO v. 19.6.2020 (BGBl. I S. 1328).

b) für die Durchführung der Überwachung nach Artikel 14, der Früherkennung nach Artikel 16 Absatz 1, von Maßnahmen zur sofortigen Beseitigung nach den Artikeln 17 und 18 der Verordnung sowie der nach § 40e festgelegten Managementmaßnahmen auf den durch die Bundeswehr militärisch genutzten Flächen;

4. die Bundesanstalt für Immobilienaufgaben für die Durchführung der in Nummer 3 Buchstabe b genannten Maßnahmen auf den durch die Gaststreitkräfte militärisch genutzten Flächen;
5. für alle übrigen Aufgaben die nach Landesrecht zuständigen Behörden.

[2]Die in Satz 1 Nummer 3 und 4 genannten Behörden führen die in Nummer 3 Buchstabe b und Nummer 4 genannten Maßnahmen im Benehmen mit den für Naturschutz und Landschaftspflege zuständigen Behörden und unter Berücksichtigung der durch diese festgelegten Zielvorgaben durch.

§ 49[1)] Mitwirkung der Zollbehörden. (1) [1]Die Zollbehörden wirken mit bei der Überwachung des Verbringens von Tieren und Pflanzen, die einer Ein- oder Ausfuhrregelung nach Rechtsakten der Europäischen Gemeinschaft unterliegen, sowie bei der Überwachung von Besitz- und Vermarktungsverboten nach diesem Kapitel im Warenverkehr mit Drittstaaten. [2]Die Zollbehörden dürfen im Rahmen der Überwachung vorgelegte Dokumente an die nach § 48 zuständigen Behörden weiterleiten, soweit zureichende tatsächliche Anhaltspunkte dafür bestehen, dass Tiere oder Pflanzen unter Verstoß gegen Regelungen oder Verbote im Sinne des Satzes 1 verbracht werden.

(2) [1]Die Zollstellen, bei denen Tiere und Pflanzen zur Ein-, Durch- und Ausfuhr nach diesem Kapitel anzumelden sind, werden vom Bundesministerium für Umwelt, Naturschutz und nukleare Sicherheit im Einvernehmen mit der Generalzolldirektion im Bundesanzeiger bekannt gegeben. [2]Auf Zollstellen, bei denen lebende Tiere und Pflanzen anzumelden sind, ist besonders hinzuweisen.

§ 50[2)] Anmeldepflicht bei der Ein-, Durch- und Ausfuhr oder dem Verbringen aus Drittstaaten. (1) [1]Wer Tiere oder Pflanzen, die einer von der Europäischen Gemeinschaft erlassenen Ein- oder Ausfuhrregelung unterliegen oder deren Verbringen aus einem Drittstaat einer Ausnahme des Bundesamtes für Naturschutz bedarf, unmittelbar aus einem Drittstaat in den oder durch den Geltungsbereich dieses Gesetzes verbringt (Ein- oder Durchfuhr) oder aus dem Geltungsbereich dieses Gesetzes in einen Drittstaat verbringt (Ausfuhr), hat diese Tiere oder Pflanzen zur Ein-, Durch- oder Ausfuhr unter Vorlage der für die Ein-, Durch- oder Ausfuhr vorgeschriebenen Genehmigungen oder sonstigen Dokumente bei einer nach § 49 Absatz 2 bekannt gegebenen Zollstelle anzumelden und auf Verlangen vorzuführen. [2]Das Bundesamt für Naturschutz kann auf Antrag aus vernünftigem Grund eine andere als die in Satz 1 bezeichnete Zollstelle zur Abfertigung bestimmen, wenn diese ihr Einverständnis erteilt hat und Rechtsvorschriften dem nicht entgegenstehen.

[1)] § 49 Abs. 2 und 3 Satz 1 geänd. mWv 8.9.2015 durch VO v. 31.8.2015 (BGBl. I S. 1474); Überschrift, Abs. 1 Satz 1 geänd., Abs. 2 aufgeh., bish. Abs. 3 wird Abs. 2 und Satz 1 geänd. mWv 16.9.2017 durch G v. 8.9.2017 (BGBl. I S. 3370); Abs. 2 Satz 1 geänd. mWv 27.6.2020 durch VO v. 19.6.2020 (BGBl. I S. 1328).

[2)] § 50 Abs. 1 Satz 1 geänd. mWv 16.9.2017 durch G v. 8.9.2017 (BGBl. I S. 3370).

(2) Die ein-, durch- oder ausführende Person hat die voraussichtliche Ankunftszeit lebender Tiere der abfertigenden Zollstelle unter Angabe der Art und Zahl der Tiere mindestens 18 Stunden vor der Ankunft mitzuteilen.

§ 51[1)] Inverwahrungnahme, Beschlagnahme und Einziehung durch die Zollbehörden. (1) [1]Ergeben sich im Rahmen der zollamtlichen Überwachung Zweifel, ob das Verbringen von Tieren oder Pflanzen Regelungen oder Verboten im Sinne des § 49 Absatz 1 unterliegt, kann die Zollbehörde die Tiere oder Pflanzen auf Kosten der verfügungsberechtigten Person bis zur Klärung der Zweifel in Verwahrung nehmen oder einen Dritten mit der Verwahrung beauftragen; sie kann die Tiere oder Pflanzen auch der verfügungsberechtigten Person unter Auferlegung eines Verfügungsverbotes überlassen. [2]Zur Klärung der Zweifel kann die Zollbehörde von der verfügungsberechtigten Person die Vorlage einer Bescheinigung einer vom Bundesministerium für Umwelt, Naturschutz und nukleare Sicherheit anerkannten unabhängigen sachverständigen Stelle oder Person darüber verlangen, dass es sich nicht um Tiere oder Pflanzen handelt, die zu den Arten oder Populationen gehören, die einer von der Europäischen Gemeinschaft erlassenen Ein- oder Ausfuhrregelung oder Besitz- und Vermarktungsverboten nach diesem Kapitel unterliegen. [3]Erweisen sich die Zweifel als unbegründet, hat der Bund der verfügungsberechtigten Person die Kosten für die Beschaffung der Bescheinigung und die zusätzlichen Kosten der Verwahrung zu erstatten.

(2) [1]Wird bei der zollamtlichen Überwachung festgestellt, dass Tiere oder Pflanzen ohne die vorgeschriebenen Genehmigungen oder sonstigen Dokumente ein-, durch- oder ausgeführt werden, werden sie durch die Zollbehörde beschlagnahmt. [2]Beschlagnahmte Tiere oder Pflanzen können der verfügungsberechtigten Person unter Auferlegung eines Verfügungsverbotes überlassen werden. [3]Werden die vorgeschriebenen Genehmigungen oder sonstigen Dokumente nicht innerhalb eines Monats nach der Beschlagnahme vorgelegt, so ordnet die Zollbehörde die Einziehung an; die Frist kann angemessen verlängert werden, längstens bis zu insgesamt sechs Monaten. [4]Wird festgestellt, dass es sich um Tiere oder Pflanzen handelt, für die eine Ein- oder Ausfuhrgenehmigung nicht erteilt werden darf, werden sie sofort eingezogen.

(2a) [1]Die Zollbehörden können bei Verdacht eines Verstoßes gegen Regelungen im Sinne des § 49 Absatz 1, der sich bei der Wahrnehmung ihrer Aufgaben ergibt, Adressdaten der ein-, durch- oder ausführenden Person den gemäß § 70 zuständigen Behörden mitteilen. [2]Der Betroffene ist hierüber in Kenntnis zu setzen. [3]Das Brief- und Postgeheimnis (Artikel 10 des Grundgesetzes[2)]) wird insoweit eingeschränkt.

(3) Die Absätze 2 und 2a gelten entsprechend, wenn bei der zollamtlichen Überwachung nach § 50 Absatz 1 festgestellt wird, dass dem Verbringen Besitz- und Vermarktungsverbote entgegenstehen.

(4) [1]Werden beschlagnahmte oder eingezogene Tiere oder Pflanzen veräußert, wird der Erlös an den Eigentümer ausgezahlt, wenn er nachweist, dass ihm die Umstände, die die Beschlagnahme oder Einziehung veranlasst haben, ohne sein Verschulden nicht bekannt waren. [2]Dritte, deren Rechte durch die

[1)] § 51 Abs. 1 Satz 2 geänd. mWv 8.9.2015 durch VO v. 31.8.2015 (BGBl. I S. 1474); Abs. 2a eingef., Abs. 3 geänd. mWv 16.9.2017 durch G v. 8.9.2017 (BGBl. I S. 3370); Abs. 1 Satz 2 geänd. mWv 27.6.2020 durch VO v. 19.6.2020 (BGBl. I S. 1328).

[2)] Nr. **1**.

Einziehung oder Veräußerung erlöschen, werden unter den Voraussetzungen des Satzes 1 aus dem Erlös entschädigt.

(5) Werden Tiere oder Pflanzen beschlagnahmt oder eingezogen, so werden die hierdurch entstandenen Kosten, insbesondere für Pflege, Unterbringung, Beförderung, Rücksendung oder Verwertung, der verbringenden Person auferlegt; kann sie nicht ermittelt werden, werden sie dem Absender, Beförderer oder Besteller auferlegt, wenn diesem die Umstände, die die Beschlagnahme oder Einziehung veranlasst haben, bekannt waren oder hätten bekannt sein müssen.

§ 51a[1)] Überwachung des Verbringens invasiver Arten in die Union.

(1) [1] Zuständig für amtliche Kontrollen nach Artikel 15 Absatz 2 der Verordnung (EU) Nr. 1143/2014 zur Verhütung der vorsätzlichen Einbringung von invasiven Arten sind

1. in Bezug auf pflanzliche Warenkategorien, die in der Unionsliste nach Artikel 4 Absatz 5 der Verordnung (EU) Nr. 1143/2014 aufgeführt sind und die aufgrund der pflanzenbeschaurechtlichen Einfuhrvorschriften der Europäischen Union bei der Verbringung in die Union amtlichen Kontrollen unterliegen, die nach Landesrecht zuständigen Behörden;
2. in Bezug auf tierische Warenkategorien, die in der Unionsliste nach Artikel 4 Absatz 5 der Verordnung (EU) Nr. 1143/2014 aufgeführt sind und die aufgrund der tiergesundheitsrechtlichen Einfuhrvorschriften der Europäischen Union bei der Verbringung in die Union amtlichen Kontrollen unterliegen, die nach Landesrecht zuständigen Behörden.

[2] Satz 1 gilt entsprechend für in einer Rechtsverordnung nach § 54 Absatz 4 festgelegte Arten und diesen zugehörige Warenkategorien.

(2) [1] Die Zollbehörden wirken bei der Überwachung des Verbringens von invasiven Arten nach Artikel 15 der Verordnung (EU) Nr. 1143/2014 aus Drittstaaten mit. [2] Die Zollbehörden können

1. Sendungen einschließlich der Beförderungsmittel, Behälter, Lade- und Verpackungsmittel bei der Einfuhr zur Überwachung anhalten,
2. den Verdacht eines Verstoßes gegen Vorschriften der Verordnung (EU) Nr. 1143/2014, dieses Gesetzes oder der auf ihrer Grundlage erlassenen Rechtsvorschriften, der sich bei der Wahrnehmung ihrer Aufgaben ergibt, den nach Landesrecht zuständigen Behörden und dem Bundesamt für Naturschutz mitteilen und die im Rahmen der Überwachung vorgelegten Dokumente an diese weiterleiten und
3. im Fall der Nummer 2 anordnen, dass Sendungen auf Kosten und Gefahr des Verfügungsberechtigten den nach Landesrecht zuständigen Behörden vorgeführt werden.

[3] Das Brief- und Postgeheimnis nach Artikel 10 des Grundgesetzes[2)] wird insoweit eingeschränkt. [4] Unterliegen Warenkategorien keiner amtlichen Kontrolle durch die in Absatz 1 genannten Behörden, findet § 51 Anwendung.

(3) [1] Wird im Rahmen der amtlichen Kontrollen für die in Absatz 1 Nummer 1 und 2 genannten Warenkategorien festgestellt, dass Tiere oder Pflanzen

---

[1)] § 51a eingef. mWv 16.9.2017 durch G v. 8.9.2017 (BGBl. I S. 3370).
[2)] Nr. **1**.

einer invasiven Art aus Drittstaaten verbracht werden sollen, ohne dass eine erforderliche Genehmigung nach § 40c vorgelegt oder eine Berechtigung nach Artikel 31 der Verordnung (EU) Nr. 1143/2014 glaubhaft gemacht wird, werden sie durch die nach Landesrecht zuständigen Behörden beschlagnahmt. [2]Beschlagnahmte Tiere oder Pflanzen können der verfügungsberechtigten Person unter Auferlegung eines Verfügungsverbots überlassen werden.

(4) [1]Wird die erforderliche Genehmigung nicht innerhalb eines Monats nach der Beschlagnahme vorgelegt, so können die nach Landesrecht zuständigen Behörden die Zurückweisung einer Sendung von der Einfuhr anordnen. [2]Ist die Erteilung einer Genehmigung offensichtlich ausgeschlossen, so kann eine sofortige Zurückweisung erfolgen. [3]Sofern eine Zurückweisung der Sendung nicht möglich ist, kann diese eingezogen werden; eingezogene Pflanzen können vernichtet werden. [4]§ 51 Absatz 5 gilt entsprechend. [5]Die Frist nach Satz 1 kann angemessen verlängert werden, längstens bis zu insgesamt sechs Monaten. [6]Die Sätze 1 bis 5 gelten entsprechend für die Glaubhaftmachung des Vorliegens der Voraussetzungen des Artikels 31 der Verordnung (EU) Nr. 1143/2014.

Abschnitt 5. Auskunfts- und Zutrittsrecht; Gebühren und Auslagen

§ 52[1)] Auskunfts- und Zutrittsrecht. (1) Natürliche und juristische Personen sowie nicht rechtsfähige Personenvereinigungen haben den für Naturschutz und Landschaftspflege zuständigen oder den gemäß § 48a zuständigen Behörden oder nach § 49 oder § 51a mitwirkenden Behörden auf Verlangen die Auskünfte zu erteilen, die zur Durchführung der Rechtsakte der Europäischen Gemeinschaft, dieses Kapitels oder der zu ihrer Durchführung erlassenen Rechtsvorschriften erforderlich sind.

(2) [1]Personen, die von den in Absatz 1 genannten Behörden beauftragt sind, dürfen, soweit dies erforderlich ist, im Rahmen des Absatzes 1 betrieblich oder geschäftlich genutzte Grundstücke, Gebäude, Räume, Seeanlagen, Schiffe und Transportmittel der zur Auskunft verpflichteten Person während der Geschäfts- und Betriebszeiten betreten und die Behältnisse sowie die geschäftlichen Unterlagen einsehen. [2]Die zur Auskunft verpflichtete Person hat, soweit erforderlich, die beauftragten Personen dabei zu unterstützen sowie die geschäftlichen Unterlagen auf Verlangen vorzulegen.

(3) Für die zur Auskunft verpflichtete Person gilt § 55 der Strafprozessordnung[2)] entsprechend.

(4) [1]Die zuständigen Behörden und ihre Beauftragten dürfen, soweit dies für den Vollzug der Verordnung (EU) Nr. 1143/2014, dieses Gesetzes und der auf ihrer Grundlage erlassenen Rechtsvorschriften in Bezug auf invasive Arten erforderlich ist, privat, betrieblich oder geschäftlich genutzte Grundstücke, Gebäude, Räume, Seeanlagen und Transportmittel ohne Einwilligung des Inhabers betreten. [2]Gebäude und Räume dürfen nach dieser Vorschrift nur betreten werden, wenn sie nicht zu Wohnzwecken genutzt werden. [3]Im Fall betrieblicher Nutzung soll die Maßnahme während der Geschäfts- und Betriebszeiten durchgeführt werden. [4]Im Fall privater Nutzung sollen dem Eigentümer und dem unmittelbaren Besitzer die Möglichkeit gegeben werden,

---

[1)] § 52 Abs. 1 geänd., Abs. 4 angef. mWv 16.9.2017 durch G v. 8.9.2017 (BGBl. I S. 3370).
[2)] **Schönfelder Nr. 90.**

bei der Maßnahme anwesend zu sein. [5]Das Grundrecht der Unverletzlichkeit der Wohnung (Artikel 13 des Grundgesetzes[1)]) wird insoweit eingeschränkt.

§ 53[2)] Gebühren und Auslagen; Ermächtigung zum Erlass von Rechtsverordnungen. (1) Das Bundesamt für Naturschutz erhebt für seine individuell zurechenbaren öffentlichen Leistungen nach den Vorschriften dieses Kapitels sowie nach den Vorschriften der Verordnung (EG) Nr. 338/97 in der jeweils geltenden Fassung sowie auf deren Grundlage erlassenen Verordnungen in der jeweils geltenden Fassung Gebühren und Auslagen.

(2) [1]Das Bundesministerium für Umwelt, Naturschutz und nukleare Sicherheit wird ermächtigt, im Einvernehmen mit dem Bundesministerium der Finanzen, dem Bundesministerium für Ernährung und Landwirtschaft und dem Bundesministerium für Wirtschaft und Energie durch Rechtsverordnung[3)] ohne Zustimmung des Bundesrates die gebührenpflichtigen Tatbestände, die Gebührensätze und die Auslagenerstattung zu bestimmen und dabei feste Sätze und Rahmensätze vorzusehen. [2]Die zu erstattenden Auslagen können abweichend vom Bundesgebührengesetz[4)] geregelt werden.

Abschnitt 6. Ermächtigungen

§ 54[5)] Ermächtigung zum Erlass von Rechtsverordnungen und Verwaltungsvorschriften. (1) Das Bundesministerium für Umwelt, Naturschutz und nukleare Sicherheit wird ermächtigt, durch Rechtsverordnung mit Zustimmung des Bundesrates bestimmte, nicht unter § 7 Absatz 2 Nummer 13 Buchstabe a oder Buchstabe b fallende Tier- und Pflanzenarten oder Populationen solcher Arten unter besonderen Schutz zu stellen, soweit es sich um natürlich vorkommende Arten handelt, die

1. im Inland durch den menschlichen Zugriff in ihrem Bestand gefährdet sind, oder soweit es sich um Arten handelt, die mit solchen gefährdeten Arten oder mit Arten im Sinne des § 7 Absatz 2 Nummer 13 Buchstabe b verwechselt werden können, oder
2. in ihrem Bestand gefährdet sind und für die die Bundesrepublik Deutschland in hohem Maße verantwortlich ist.

---

1) Nr. **1**.

2) § 53 Abs. 1 neu gef., Abs. 2 Satz 2 geänd. mWv 15.8.2013 durch G v. 7.8.2013 (BGBl. I S. 3154); Abs. 2 Satz 1 geänd. mWv 8.9.2015 durch VO v. 31.8.2015 (BGBl. I S. 1474); Abs. 2 Satz 1 geänd. mWv 27.6.2020 durch VO v. 19.6.2020 (BGBl. I S. 1328).

3) Siehe die KostenVO für Amtshandlungen des Bundesamtes für Naturschutz v. 25.3.1998 (BGBl. I S. 629), zuletzt geänd. durch VO v. 18.7.2019 (BGBl. I S. 1107).

4) Nr. **120**.

5) § 54 Überschrift geänd., Abs. 11 angef. mWv 5.2.2012 durch G v. 28.7.2011 (BGBl. I S. 1690); Abs. 3 Nr. 2 und Abs. 6 Satz 1 einl. Satzteil geänd. mWv 1.8.2013 durch G v. 21.1.2013 (BGBl. I S. 95); Abs. 1 einl. Satzteil, Abs. 2 einl. Satzteil, Abs. 3 einl. Satzteil, Abs. 4, 5 einl. Satzteil, Abs. 6 Satz 1 einl. Satzteil, Abs. 7 Satz 1, Abs. 8 einl. Satzteil und Abs. 9 Sätze 1–3 einl. Satzteil geänd. mWv 8.9.2015 durch VO v. 31.8.2015 (BGBl. I S. 1474); Abs. 4 neu gef., Abs. 4a–4c eingef., Abs. 5 abschl. Satzteil, Abs. 8 Nr. 2 geänd., Abs. 9 Sätze 2 und 3 eingef., bish. Sätze 2 und 3 werden Sätze 4 und 5, neuer Satz 5 einl. Satzteil geänd. mWv 16 9.2017 durch G v. 8.9.2017 (BGBl. I S. 3370); Abs. 1 einl. Satzteil, Abs. 2 einl. Satzteil, Abs. 3 einl. Satzteil, Abs. 4 Satz 1 einl. Satzteil, Abs. 4a, 4b einl. Satzteil, Abs. 4c, 5 einl. Satzteil, Abs. 6 Satz 1 einl. Satzteil, Abs. 7 Satz 1 und Abs. 8 einl. Satzteil geänd. mWv 27.6.2020 durch VO v. 19.6.2020 (BGBl. I S. 1328).

(2) Das Bundesministerium für Umwelt, Naturschutz und nukleare Sicherheit wird ermächtigt, durch Rechtsverordnung mit Zustimmung des Bundesrates

1. bestimmte, nach § 7 Absatz 2 Nummer 13 Buchstabe a oder Buchstabe b besonders geschützte
   a) Tier- und Pflanzenarten, die in Anhang B der Verordnung (EG) Nr. 338/97 aufgeführt sind,
   b) europäische Vogelarten,
2. bestimmte sonstige Tier- und Pflanzenarten im Sinne des Absatzes 1

unter strengen Schutz zu stellen, soweit es sich um natürlich vorkommende Arten handelt, die im Inland vom Aussterben bedroht sind oder für die die Bundesrepublik Deutschland in besonders hohem Maße verantwortlich ist.

(3) Das Bundesministerium für Umwelt, Naturschutz und nukleare Sicherheit wird ermächtigt, durch Rechtsverordnung[1] mit Zustimmung des Bundesrates

1. näher zu bestimmen, welche Teile von Tieren oder Pflanzen besonders geschützter Arten oder aus solchen Tieren oder Pflanzen gewonnene Erzeugnisse als ohne Weiteres erkennbar im Sinne des § 7 Absatz 2 Nummer 1 Buchstabe c und d oder Nummer 2 Buchstabe c und d anzusehen sind,
2. bestimmte besonders geschützte Arten oder Herkünfte von Tieren oder Pflanzen besonders geschützter Arten sowie gezüchtete oder künstlich vermehrte Tiere oder Pflanzen besonders geschützter Arten von Verboten des § 44 ganz, teilweise oder unter bestimmten Voraussetzungen auszunehmen, soweit der Schutzzweck dadurch nicht gefährdet wird und die Artikel 12, 13 und 16 der Richtlinie 92/43/EWG, die Artikel 5 bis 7 und 9 der Richtlinie 2009/147/EG, sonstige Rechtsakte der Europäischen Gemeinschaft oder Verpflichtungen aus internationalen Artenschutzübereinkommen dem nicht entgegenstehen.

(4) [1] Das Bundesministerium für Umwelt, Naturschutz und nukleare Sicherheit wird ermächtigt, durch Rechtsverordnung mit Zustimmung des Bundesrates die Beschränkungen des Artikels 7 Absatz 1, die Überwachungspflicht gemäß Artikel 14, die amtlichen Kontrollen gemäß Artikel 15, die Pflicht zur sofortigen Beseitigung gemäß Artikel 17, die Managementpflicht gemäß Artikel 19 und die Wiederherstellungspflicht gemäß Artikel 20 der Verordnung (EU) Nr. 1143/2014 ganz oder teilweise zu erstrecken

1. auf solche Arten, für die die Voraussetzungen des Artikels 10 Absatz 1 der Verordnung (EU) Nr. 1143/2014 vorliegen,
2. auf Arten, für die Durchführungsrechtsakte nach Artikel 11 Absatz 2 Satz 2 der Verordnung (EU) Nr. 1143/2014 erlassen wurden, oder
3. auf weitere Arten, deren Vorkommen außerhalb ihres natürlichen Verbreitungsgebiets die biologische Vielfalt und die damit verbundenen Ökosystemdienstleistungen im Inland gefährden oder nachteilig beeinflussen.

[2] Für die betroffenen Arten gelten die Artikel 31 und 32 der Verordnung (EU) Nr. 1143/2014 entsprechend. [3] Satz 1 Nummer 3 gilt nicht für in der Land- und Forstwirtschaft angebaute Pflanzen.

---

[1] Siehe die BundesartenschutzVO v. 16.2.2005 (BGBl. I S. 258, ber. S. 896), zuletzt geänd. durch G v. 21.1.2013 (BGBl. I S. 95).

(4a) Das Bundesministerium für Umwelt, Naturschutz und nukleare Sicherheit wird ermächtigt, durch Rechtsverordnung mit Zustimmung des Bundesrates zur Erleichterung von Maßnahmen gegen invasive Arten bestimmte Verfahren, Mittel oder Geräte für Maßnahmen gegen invasive Arten, die durch Behörden oder Private durchgeführt werden, vorzuschreiben.

(4b) Das Bundesministerium für Umwelt, Naturschutz und nukleare Sicherheit wird ermächtigt, durch Rechtsverordnung mit Zustimmung des Bundesrates zur Erleichterung der Überwachung des Genehmigungserfordernisses nach § 40 Absatz 1

1. die Vorkommensgebiete von Gehölzen und Saatgut zu bestimmen,
2. einen Nachweis, dass Gehölze und Saatgut aus bestimmten Vorkommensgebieten stammen, vorzuschreiben und Anforderungen für einen solchen Nachweis festzulegen,
3. Regelungen zu Mindeststandards für die Erfassung und Anerkennung von Erntebeständen gebietseigener Herkünfte zu treffen.

(4c) Das Bundesministerium für Umwelt, Naturschutz und nukleare Sicherheit wird ermächtigt, durch Rechtsverordnung mit Zustimmung des Bundesrates die Durchführung der amtlichen Kontrollen gemäß Artikel 15 der Verordnung (EU) Nr. 1143/2014 zu regeln.

(5) Das Bundesministerium für Umwelt, Naturschutz und nukleare Sicherheit wird ermächtigt, soweit dies aus Gründen des Artenschutzes erforderlich ist und Rechtsakte der Europäischen Gemeinschaft dem nicht entgegenstehen, durch Rechtsverordnung mit Zustimmung des Bundesrates

1. die Haltung oder die Zucht von Tieren,
2. das Inverkehrbringen von Tieren und Pflanzen

bestimmter besonders geschützter Arten zu verbieten oder zu beschränken.

(6) [1]Das Bundesministerium für Umwelt, Naturschutz und nukleare Sicherheit wird ermächtigt, soweit dies aus Gründen des Artenschutzes, insbesondere zur Erfüllung der sich aus Artikel 15 der Richtlinie 92/43/EWG, Artikel 8 der Richtlinie 2009/147/EG oder aus internationalen Artenschutzübereinkommen ergebenden Verpflichtungen, erforderlich ist, durch Rechtsverordnung[1)] mit Zustimmung des Bundesrates

1. die Herstellung, den Besitz, das Inverkehrbringen oder die Verwendung bestimmter Geräte, Mittel oder Vorrichtungen, mit denen in Mengen oder wahllos wild lebende Tiere getötet, bekämpft oder gefangen oder Pflanzen bekämpft oder vernichtet werden können, oder durch die das örtliche Verschwinden oder sonstige erhebliche Beeinträchtigungen von Populationen der betreffenden Tier- oder Pflanzenarten hervorgerufen werden könnten,
2. Handlungen oder Verfahren, die zum örtlichen Verschwinden oder zu sonstigen erheblichen Beeinträchtigungen von Populationen wild lebender Tier- oder Pflanzenarten führen können,

zu beschränken oder zu verbieten. [2]Satz 1 Nummer 1 gilt nicht für Geräte, Mittel oder Vorrichtungen, die auf Grund anderer Rechtsvorschriften einer Zulassung bedürfen, sofern bei der Zulassung die Belange des Artenschutzes zu berücksichtigen sind.

[1)] Siehe die BundesartenschutzVO v. 16.2.2005 (BGBl. I S. 258, ber. S. 896), zuletzt geänd. durch G v. 21.1.2013 (BGBl. I S. 95).

(7) [1]Das Bundesministerium für Umwelt, Naturschutz und nukleare Sicherheit wird ermächtigt, durch Rechtsverordnung mit Zustimmung des Bundesrates Vorschriften zum Schutz von Horststandorten von Vogelarten zu erlassen, die in ihrem Bestand gefährdet und in besonderem Maße störungsempfindlich sind und insbesondere während bestimmter Zeiträume und innerhalb bestimmter Abstände Handlungen zu verbieten, die die Fortpflanzung oder Aufzucht beeinträchtigen können. [2]Weiter gehende Schutzvorschriften einschließlich der Bestimmungen über Ausnahmen und Befreiungen bleiben unberührt.

(8) Zur Erleichterung der Überwachung der Besitz- und Vermarktungsverbote wird das Bundesministerium für Umwelt, Naturschutz und nukleare Sicherheit ermächtigt, durch Rechtsverordnung[1)] mit Zustimmung des Bundesrates Vorschriften zu erlassen über

1. Aufzeichnungspflichten derjenigen, die gewerbsmäßig Tiere oder Pflanzen der besonders geschützten Arten be- oder verarbeiten, verkaufen, kaufen oder von anderen erwerben, insbesondere über den Kreis der Aufzeichnungspflichtigen, den Gegenstand und Umfang der Aufzeichnungspflicht, die Dauer der Aufbewahrungsfrist für die Aufzeichnungen und ihre Überprüfung durch die für Naturschutz und Landschaftspflege zuständigen Behörden,
2. die Kennzeichnung von Tieren und Pflanzen der besonders geschützten Arten für den Nachweis nach § 46 sowie von invasiven Arten für den Nachweis nach § 40b Satz 1,
3. die Erteilung von Bescheinigungen über den rechtmäßigen Erwerb von Tieren und Pflanzen für den Nachweis nach § 46,
4. Pflichten zur Anzeige des Besitzes von
   a) Tieren und Pflanzen der besonders geschützten Arten,
   b) Tieren und Pflanzen der durch Rechtsverordnung nach § 54 Absatz 4 bestimmten Arten.

(9) [1]Rechtsverordnungen nach Absatz 1 Nummer 2 bedürfen des Einvernehmens mit dem Bundesministerium für Ernährung und Landwirtschaft, mit dem Bundesministerium für Verkehr und digitale Infrastruktur sowie mit dem Bundesministerium für Wirtschaft und Energie. [2]Rechtsverordnungen nach den Absätzen 4 und 4b bedürfen des Einvernehmens mit dem Bundesministerium für Verkehr und digitale Infrastruktur. [3]Rechtsverordnungen nach Absatz 4c bedürfen des Einvernehmens mit dem Bundesministerium der Finanzen sowie dem Bundesministerium für Ernährung und Landwirtschaft. [4]Rechtsverordnungen nach Absatz 6 Satz 1 Nummer 1 und Absatz 8 Nummer 1, 2 und 4 bedürfen des Einvernehmens mit dem Bundesministerium für Wirtschaft und Energie. [5]Im Übrigen bedürfen die Rechtsverordnungen nach den Absätzen 1 bis 8 des Einvernehmens mit dem Bundesministerium für Ernährung und Landwirtschaft, in den Fällen der Absätze 1 bis 3, 5, 6 und 8 jedoch nur, soweit sie sich beziehen auf

1. Tierarten, die dem Jagd- oder Fischereirecht unterliegen,
2. Tierarten, die zum Zweck des biologischen Pflanzenschutzes eingesetzt werden, oder

---

[1)] Siehe die BundesartenschutzVO v. 16.2.2005 (BGBl. I S. 258, ber. S. 896), zuletzt geänd. durch G v. 21.1.2013 (BGBl. I S. 95).

3. Pflanzen, die durch künstliche Vermehrung gewonnen oder forstlich nutzbar sind.

(10) [1] Die Landesregierungen werden ermächtigt, durch Rechtsverordnung allgemeine Anforderungen an Bewirtschaftungsvorgaben für die land-, forst- und fischereiwirtschaftliche Bodennutzung im Sinne des § 44 Absatz 4 festzulegen. [2] Sie können die Ermächtigung nach Satz 1 durch Rechtsverordnung auf andere Landesbehörden übertragen.

(11) Die Bundesregierung erlässt mit Zustimmung des Bundesrates zur Durchführung dieses Gesetzes allgemeine Verwaltungsvorschriften, insbesondere über

1. die Voraussetzungen und Bedingungen, unter denen von einer Verträglichkeit von Plänen und Projekten im Sinne von § 34 Absatz 1 auszugehen ist,
2. die Voraussetzungen und Bedingungen für Abweichungsentscheidungen im Sinne von § 34 Absatz 3 und
3. die zur Sicherung des Zusammenhangs des Netzes „Natura 2000" notwendigen Maßnahmen im Sinne des § 34 Absatz 5.

§ 55[1)] Durchführung gemeinschaftsrechtlicher oder internationaler Vorschriften; Ermächtigung zum Erlass von Rechtsverordnungen.

(1) Rechtsverordnungen nach § 54 können auch zur Durchführung von Rechtsakten des Rates oder der Kommission der Europäischen Gemeinschaften auf dem Gebiet des Artenschutzes oder zur Erfüllung von internationalen Artenschutzübereinkommen erlassen werden.

(2) Das Bundesministerium für Umwelt, Naturschutz und nukleare Sicherheit wird ermächtigt, durch Rechtsverordnung mit Zustimmung des Bundesrates Verweisungen auf Vorschriften in Rechtsakten der Europäischen Gemeinschaft in diesem Gesetz oder in Rechtsverordnungen auf Grund des § 54 zu ändern, soweit Änderungen dieser Rechtsakte es erfordern.

Kapitel 6. Meeresnaturschutz

§ 56[2)] Geltungs- und Anwendungsbereich. (1) Die Vorschriften dieses Gesetzes gelten auch im Bereich der Küstengewässer sowie mit Ausnahme des Kapitels 2 nach Maßgabe des Seerechtsübereinkommens der Vereinten Nationen vom 10. Dezember 1982 (BGBl. 1994 II S. 1798, 1799; 1995 II S. 602) und der nachfolgenden Bestimmungen ferner im Bereich der deutschen ausschließlichen Wirtschaftszone und des Festlandsockels.

(2) In den in Absatz 1 genannten Meeresbereichen kann die Erklärung von Gebieten zu geschützten Teilen von Natur und Landschaft im Sinne des § 20 Absatz 2 auch dazu dienen, zusammenhängende und repräsentative Netze geschützter Meeresgebiete im Sinne des Artikels 13 Absatz 4 der Richtlinie 2008/56/EG aufzubauen.

---

1) § 55 Abs. 2 geänd. mWv 8.9.2015 durch VO v. 31.8.2015 (BGBl. I S. 1474); Abs. 2 geänd. mWv 27.6.2020 durch VO v. 19.6.2020 (BGBl. I S. 1328).

2) § 56 Abs. 2 eingef., bish. Abs. 2 wird Abs. 3 mWv 14.10.2011 durch G v. 6.10.2011 (BGBl. I S. 1986); Abs. 3 neu gef., Abs. 4 angef. mWv 1.1.2017 durch G v. 13.10.2016 (BGBl. I S. 2258); Abs. 4 Sätze 2 und 3 geänd. mWv 27.6.2020 durch VO v. 19.6.2020 (BGBl. I S. 1328).

(3) Auf die Errichtung und den Betrieb von Windenergieanlagen in der deutschen ausschließlichen Wirtschaftszone, die vor dem 1. Januar 2017 genehmigt worden sind, oder die auf Grundlage eines Zuschlags nach § 34 des Windenergie-auf-See-Gesetzes zugelassen werden, ist § 15 nicht anzuwenden.

(4) [1]Die Ersatzzahlung für Eingriffe im Bereich der ausschließlichen Wirtschaftszone und des Festlandsockels ist als zweckgebundene Abgabe an den Bund zu leisten. [2]Die Mittel werden vom Bundesministerium für Umwelt, Naturschutz und nukleare Sicherheit bewirtschaftet. [3]Das Bundesministerium für Umwelt, Naturschutz und nukleare Sicherheit kann Einnahmen aus Ersatzzahlungen zur Verwendung nach seinen Vorgaben an eine der Aufsicht des Bundes unterstehende Einrichtung oder eine vom Bund beherrschte Gesellschaft oder Stiftung weiterleiten.

§ 56a[1)] Bevorratung von Kompensationsmaßnahmen. (1) [1]Die Bevorratung vorgezogener Ausgleichs- und Ersatzmaßnahmen im Sinne von § 16 bedarf im Bereich der deutschen ausschließlichen Wirtschaftszone und des Festlandsockels der schriftlichen Zustimmung durch das Bundesamt für Naturschutz. [2]Die Zustimmung ist vor Durchführung der zu bevorratenden Ausgleichs- und Ersatzmaßnahme auf Antrag zu erteilen, soweit die Maßnahme

1. geeignet ist, die Anerkennungsvoraussetzungen des § 16 Absatz 1 Nummer 1 bis 3 und 5 zu erfüllen und
2. im jeweiligen Raum den Zielen des Naturschutzes und der Landschaftspflege sowie den Erfordernissen und Maßnahmen zur Umsetzung dieser Ziele nicht widerspricht.

[3]Die Verortung von vorgezogenen Ausgleichs- und Ersatzmaßnahmen erfolgt im Benehmen mit den Behörden, deren Aufgabenbereich berührt ist. [4]Das Bundesamt für Naturschutz kann die Vorlage von Gutachten verlangen, soweit dies zur Beurteilung der Maßnahme erforderlich ist.

(2) [1]Art, Ort, Umfang und Kompensationswert der Maßnahmen werden verbindlich in einem Ökokonto festgestellt, wenn die Maßnahmen gemäß der Zustimmung nach Absatz 1 durchgeführt worden sind. [2]Der Anspruch auf Anerkennung der bevorrateten Maßnahmen nach § 16 Absatz 1 ist auf Dritte übertragbar.

(3) [1]Die Verantwortung für die Ausführung, Unterhaltung und Sicherung der Ausgleichs- und Ersatzmaßnahmen nach § 15 Absatz 4 kann von Dritten mit befreiender Wirkung übernommen werden, soweit diese nach Satz 2 anerkannt sind. [2]Das Bundesamt für Naturschutz hat die Berechtigung juristischer Personen zur Übernahme von Kompensationspflichten im Bereich der deutschen ausschließlichen Wirtschaftszone und des Festlandsockels anzuerkennen, wenn

1. sie die Gewähr dafür bieten, dass die Verpflichtungen ordnungsgemäß erfüllt werden, insbesondere durch Einsatz von Beschäftigten mit geeigneter Ausbildung sowie durch wirtschaftliche Leistungsfähigkeit, und
2. keine Tatsachen vorliegen, die die Annahme der Unzuverlässigkeit der vertretungsberechtigten Personen rechtfertigen.

[1)] § 56a eingef. mWv 29.9.2017 durch G v. 15.9.2017 (BGBl. I S. 3434).

[3] Die Übernahme der Verantwortung erfolgt durch unbedingte schriftliche Vereinbarung, die nicht widerrufen werden kann. [4] Der Verursacher oder sein Rechtsnachfolger übermittelt die Vereinbarung der für die Zulassungsentscheidung zuständigen Behörde.

§ 57[1)] Geschützte Meeresgebiete im Bereich der deutschen ausschließlichen Wirtschaftszone und des Festlandsockels; Ermächtigung zum Erlass von Rechtsverordnungen. (1) [1] Die Auswahl von geschützten Meeresgebieten im Bereich der deutschen ausschließlichen Wirtschaftszone und des Festlandsockels erfolgt durch das Bundesamt für Naturschutz unter Beteiligung der Behörden, deren Aufgabenbereich berührt ist, und unter Einbeziehung der Öffentlichkeit und mit Zustimmung des Bundesministeriums für Umwelt, Naturschutz und nukleare Sicherheit. [2] Das Bundesministerium für Umwelt, Naturschutz und nukleare Sicherheit beteiligt die fachlich betroffenen Bundesministerien und stellt das Benehmen mit den angrenzenden Ländern her.

(2) Die Erklärung der Meeresgebiete zu geschützten Teilen von Natur und Landschaft im Sinne des § 20 Absatz 2 erfolgt durch das Bundesministerium für Umwelt, Naturschutz und nukleare Sicherheit unter Beteiligung der

(Fortsetzung nächstes Blatt)

[1)] § 57 Abs. 1 Sätze 1 und 2, Abs. 2 geänd. mWv 8.9.2015 durch VO v. 31.8.2015 (BGBl. I S. 1474); Abs. 1 Satz 1 geänd., Abs. 3 einl. Satzteil, Nr. 4 und 5 neu gef. mWv 29.9.2017 durch G v. 15.9.2017 (BGBl. I S. 3434); Abs. 1 Sätze 1 und 2, Abs. 2 geänd. mWv 27.6.2020 durch VO v. 19.6.2020 (BGBl. I S. 1328).

890. Bundesjagdgesetz

In der Fassung der Bekanntmachung vom 29. September 1976[1)]
(BGBl. I S. 2849)

FNA 792–1

geänd. durch Art. 2 Abs. 18 Vierzehntes G zur Änd. des VersicherungsaufsichtsG v. 29.3.1983 (BGBl. IS. 377), Art. 20 Dritte ZuständigkeitsanpassungsVO v. 26.11.1986 (BGBl. IS. 2089), Art. 17 Drittes RechtsbereinigungsG v. 28.6.1990 (BGBl. IS. 1221), Art. 6 Zweites DurchführungsG/EWG zum VAG v. 28.6.1990 (BGBl. IS. 1249), Anl. I Kap. VI Sachgebiet F Abschn. II Nr. 1 Einigungsvertrag v. 31.8.1990 (BGBl. IIS. 885), Art. 1 G zur Änd. des BundesjagdG und des WaffenG v. 21.11.1996 (BGBl. IS. 1779), Art. 4 Sechstes StrafrechtsreformG v. 26.1.1998 (BGBl. IS.164), Art. 7 Abs. 39 MietrechtsreformG v. 19.6.2001 (BGBl. IS.1149), Art. 41 Fünftes Euro-EinführungsG v. 25.6.2001 (BGBl. I S. 1215) Art. 207 Siebente ZuständigkeitsanpassungsVO v. 29.10.2001 (BGBl. I S. 2785), Art. 10 FinanzverwaltungsänderungsG v. 14.12.2001 (BGBl. I S. 3714), Art. 15 Waffenrechts-NeuregelungsG v. 11.10.2002 (BGBl. I S. 3970), Art. 168 Achte ZuständigkeitsanpassungsVO v. 25.11. 2003 (BGBl. I S. 2304), Art. 12g Abs. 16 Erstes JustizmodernisierungsG v. 24.8.2004 (BGBl. I S. 2198), Art. 215 Neunte ZuständigkeitsanpassungsVO v. 31.10.2006 (BGBl. I S. 2407), Art. 5 G zur Änd. des WaffenG und weiterer Vorschriften v. 26.3.2008 (BGBl. I S. 426), Art. 87 Bundesrecht-BereinigungsG v. 8.12.2010 (BGBl. I S. 1864), Art. 38 Bundesrecht-AnpassungsG im Zuständigkeitsbereich des BMELV v. 9.12.2010 (BGBl. I S. 1934), Art. 3 45. StrafrechtsänderungsG zur Umsetzung der RL des Europäischen Parlaments und des Rates über den strafrechtlichen Schutz der Umwelt[2)] v. 6.12.2011 (BGBl. I S. 2557), Art. 1 G zur Änd. jagdrechtlicher Vorschriften v. 29.5.2013 (BGBl. I S. 1386), Art. 422 Zehnte ZuständigkeitsanpassungsVO v. 31.8.2015 (BGBl. I S. 1474), Art. 1 Erstes ÄndG v. 1.11.2016 (BGBl. I S. 2451), Art. 2 Abs. 4 52. G zur Änd. des StGB – Stärkung des Schutzes von Vollstreckungsbeamten und Rettungskräften v. 23.5.2017 (BGBl. I S. 1226), Art. 3 G zur Durchführung der VO (EU) Nr. 1143/2014 über invasive gebietsfremde Arten v. 8.9.2017 (BGBl. I S. 3370), Art. 2 G zur Änd. des TiergesundheitsG, des BundesjagdG und des Erneuerbare-Energien-G v. 14.11.2018 (BGBl. I S. 1850) und Art. 291 Elfte ZuständigkeitsanpassungsVO v. 19.6.2020 (BGBl. I S. 1328)

I. Abschnitt. Das Jagdrecht

§ 1 Inhalt des Jagdrechts. (1) [1] Das Jagdrecht ist die ausschließliche Befugnis, auf einem bestimmten Gebiet wildlebende Tiere, die dem Jagdrecht unterliegen, (Wild) zu hegen, auf sie die Jagd auszuüben und sie sich anzueignen. [2] Mit dem Jagdrecht ist die Pflicht zur Hege verbunden.

(2) [1] Die Hege hat zum Ziel die Erhaltung eines den landschaftlichen und landeskulturellen Verhältnissen angepaßten artenreichen und gesunden Wildbestandes sowie die Pflege und Sicherung seiner Lebensgrundlagen; auf Grund anderer Vorschriften bestehende gleichartige Verpflichtungen bleiben unberührt. [2] Die Hege muß so durchgeführt werden, daß Beeinträchtigungen einer ordnungsgemäßen land-, forst- und fischereiwirtschaftlichen Nutzung, insbesondere Wildschäden, möglichst vermieden werden.

(3) Bei der Ausübung der Jagd sind die allgemein anerkannten Grundsätze deutscher Weidgerechtigkeit zu beachten.

(4) Die Jagdausübung erstreckt sich auf das Aufsuchen, Nachstellen, Erlegen und Fangen von Wild.

---

1) Neubekanntmachung des BundesjagdG idF der Bek. v. 29.11.1952 (BGBl. I S. 780) in der ab 1.4.1977 geltenden Fassung.

2) Dieses Gesetz dient der Umsetzung der Richtlinie 2008/99/EG des Europäischen Parlaments und des Rates vom 19. November 2008 über den strafrechtlichen Schutz der Umwelt (ABl. L 328 vom 6.12.2008, S. 28).

(5) Das Recht zur Aneignung von Wild umfaßt auch die ausschließliche Befugnis, krankes oder verendetes Wild, Fallwild und Abwurfstangen sowie die Eier von Federwild sich anzueignen.

(6) Das Jagdrecht unterliegt den Beschränkungen dieses Gesetzes und der in seinem Rahmen ergangenen landesrechtlichen Vorschriften.

§ 2 Tierarten. (1) Tierarten, die dem Jagdrecht unterliegen, sind:

1. Haarwild:
   Wisent (Bison bonasus L.),
   Elchwild (Alces alces L.),
   Rotwild (Cervus elaphus L.),
   Damwild (Dama dama L.),
   Sikawild (Cervus nippon TEMMINCK),
   Rehwild (Capreolus capreolus L.),
   Gamswild (Rupicapra rupicapra L.),
   Steinwild (Capra ibex L.),
   Muffelwild (Ovis ammon musimon PALLAS),
   Schwarzwild (Sus scrofa L.),
   Feldhase (Lepus europaeus PALLAS),
   Schneehase (Lepus timidus L.),
   Wildkaninchen (Oryctolagus cuniculus L.),
   Murmeltier (Marmota marmota L.),
   Wildkatze (Felis silvestris SCHREBER),
   Luchs (Lynx lynx L.),
   Fuchs (Vulpes vulpes L.),
   Steinmarder (Martes foina ERXLEBEN),
   Baummarder (Martes martes L.),
   Iltis (Mustela putorius L.),
   Hermelin (Mustela erminea L.),
   Mauswiesel (Mustela nivalis L.),
   Dachs (Meles meles L.),
   Fischotter (Lutra lutra L.),
   Seehund (Phoca vitulina L.);
2. Federwild:
   Rebhuhn (Perdix perdix L.),
   Fasan (Phasianus colchicus L.),
   Wachtel (Coturnix coturnix L.),
   Auerwild (Tetrao urogallus L.),
   Birkwild (Lyrurus tetrix L.),
   Rackelwild (Lyrus tetrix x Tetrao urogallus),
   Haselwild (Tetrastes bonasia L.),
   Alpenschneehuhn (Lagopus mutus MONTIN),
   Wildtruthuhn (Meleagris gallopavo L.),
   Wildtauben (Columbidae),
   Höckerschwan (Cygnus olor GMEL.),
   Wildgänse (Gattungen Anser BRISSON und Branta SCOPOLI),
   Wildenten (Anatinae),
   Säger (Gattung Mergus L.),
   Waldschnepfe (Scolopax rusticola L.),
   Bläßhuhn (Fulica atra L.),

VIII. Abschnitt. Inverkehrbringen und Schutz von Wild

§ 36[1] Ermächtigungen. (1) Das Bundesministerium wird ermächtigt, durch Rechtsverordnung mit Zustimmung des Bundesrates, soweit dies aus Gründen der Hege, zur Bekämpfung von Wilderei und Wildhehlerei, aus wissenschaftlichen Gründen oder zur Verhütung von Gesundheitsschäden durch Fallwild erforderlich ist, Vorschriften zu erlassen über

1. die Anwendung von Ursprungszeichen bei der Verbringung von erlegtem Schalenwild aus dem Erlegungsbezirk und der Verbringung von erlegtem Schalenwild in den Geltungsbereich dieses Gesetzes,
2. den Besitz von
   a) Wild, das nach Rechtsakten der Europäischen Gemeinschaft oder der Europäischen Union aus Gründen des Erhalts der Arten streng oder besonders geschützt oder von den Mitgliedstaaten der Europäischen Union zu schützen ist, oder
   b) sonstigem Wild,

2a. den gewerbsmäßigen Ankauf, Verkauf oder Tausch von
   a) Wild, das nach Rechtsakten der Europäischen Gemeinschaft oder der Europäischen Union aus Gründen des Erhalts der Arten streng oder besonders geschützt oder von den Mitgliedstaaten der Europäischen Union zu schützen ist, oder
   b) sonstigem Wild,

2b. den sonstigen Erwerb, die Ausübung der tatsächlichen Gewalt oder das sonstige Verwenden, die Abgabe, das Anbieten zum Verkauf oder den Tausch, die Zucht, die Beförderung, das Veräußern oder das sonstige Inverkehrbringen von Wild,

3. die Ein-, Durch- und Ausfuhr sowie das sonstige Verbringen von Wild in den, durch den und aus dem Geltungsbereich dieses Gesetzes,
4. die Verpflichtung zur Führung von Wildhandelsbüchern,
5. das Kennzeichen von Wild[2].

(2) Die Länder erlassen insbesondere Vorschriften über

1. die behördliche Überwachung des gewerbsmäßigen Ankaufs, Verkaufs und Tausches sowie der gewerbsmäßigen Verarbeitung von Wildbret und die behördliche Überwachung der Wildhandelsbücher,
2. das Aufnehmen, die Pflege und die Aufzucht verletzten oder kranken Wildes und dessen Verbleib.

---

[1] § 36 Abs. 4 Satz 2 angef., bish. Wortlaut wird Satz 1 durch G v. 26.11.1986 (BGBl. I S. 2089); Abs. 5 Sätze 1, 3 und 5 geänd. durch G v. 28.6.1990 (BGBl. I S. 1221); Abs. 1, Abs. 4 Sätze 1 und 2 sowie Abs. 5 Sätze 1, 2, 4 und 5 geänd. mWv 7.11.2001 durch VO v. 29.10.2001 (BGBl. I S. 2785); Abs. 5 Sätze 2 und 3 aufgeh., bish. Sätze 4 und 5 werden Sätze 2 und 3 mWv 21.12.2001 durch G v. 14.12.2001 (BGBl. I S. 3714); Abs. 4 Satz 1 erster Halbs. geänd. mWv 28.11.2003 durch VO v. 25.11.2003 (BGBl. I S. 2304); Abs. 4 Satz 1 geänd. mWv 8.11.2006 durch VO v. 31.10.2006 (BGBl. I S. 2407); Abs. 4 Satz 2 geänd. mWv 15.12.2010 durch G v. 9.12.2010 (BGBl. I S. 1934); Abs. 1 Nr. 2 neu gef., Nr. 2a, b eingef. mWv 13.6.2012 durch G v. 6.12.2011 (BGBl. I S. 2557); Abs. 4 Sätze 1 und 2 geänd. mWv 8.9.2015 durch VO v. 31.8.2015 (BGBl. I S. 1474); Abs. 3 geänd. mWv 10.11.2016 durch G v. 1.11.2016 (BGBl. I S. 2451); Abs. 4 Satz 2 geänd. mWv 27.6.2020 durch VO v. 19.6.2020 (BGBl. I S. 1328).

[2] Bundeswildschutzverordnung (BWildSchV) v. 25.10.1985 (BGBl. I S. 2040), zuletzt geänd. durch VO v. 28.6.2018 (BGBl. I S. 1159).

(3) Die Vorschriften nach Absatz 1 Nummer 2, 2a, 2b und 3 und Absatz 2 Nr. 2 können sich auch auf Eier oder sonstige Entwicklungsformen des Wildes, auf totes Wild, auf Teile des Wildes sowie auf die Nester und die aus Wild gewonnenen Erzeugnisse erstrecken.

(4) [1]Rechtsverordnungen nach Absatz 1 Nr. 1 bedürfen des Einvernehmens mit dem Bundesministerium für Wirtschaft und Energie; Rechtsverordnungen nach Absatz 1 Nr. 3 bedürfen des Einvernehmens mit dem Bundesministerium der Finanzen. [2]Rechtsverordnungen nach Absatz 1 Nr. 2 bis 5 bedürfen, soweit sie Rechtsakte der Europäischen Gemeinschaft oder der Europäischen Union auf dem Gebiet des Artenschutzes oder Verpflichtungen aus internationalen Artenschutzübereinkommen zu beachten haben, des Einvernehmens mit dem Bundesministerium für Umwelt, Naturschutz und nukleare Sicherheit.

(5) [1]Das Bundesministerium der Finanzen und die von ihm bestimmten Zollstellen wirken bei der Ein-, Durch- und Ausfuhr sowie bei dem sonstigen Verbringen von Wild mit. [2]Das Bundesministerium der Finanzen regelt im Einvernehmen mit dem Bundesministerium durch Rechtsverordnung ohne Zustimmung des Bundesrates die Einzelheiten des Verfahrens nach Satz 1; er kann dabei insbesondere Pflichten zu Anzeigen, Anmeldungen, Auskünften und zur Leistung von Hilfsdiensten sowie zur Duldung von Besichtigungen und von Entnahmen unentgeltlicher Muster und Proben vorsehen. [3]Das Bundesministerium gibt im Einvernehmen mit dem Bundesministerium der Finanzen im Bundesanzeiger die Zollstellen bekannt, bei denen Wild zur Ein-, Durch- und Ausfuhr sowie zum sonstigen Verbringen abgefertigt wird, wenn die Ein-, Durch- und Ausfuhr sowie das sonstige Verbringen durch Rechtsverordnung nach Absatz 1 Nr. 3 geregelt ist.

§ 36a[1)] *(aufgehoben)*

IX. Abschnitt. Jagdbeirat und Vereinigungen der Jäger

§ 37 [Jagdbeirat und Vereinigungen] (1) In den Ländern sind Jagdbeiräte zu bilden, denen Vertreter der Landwirtschaft, der Forstwirtschaft, der Jagdgenossenschaften, der Jäger und des Naturschutzes angehören müssen.

(2) Die Länder können die Mitwirkung von Vereinigungen der Jäger für die Fälle vorsehen, in denen Jagdscheininhaber gegen die Grundsätze der Weidgerechtigkeit verstoßen (§ 1 Abs. 3).

X. Abschnitt. Straf- und Bußgeldvorschriften

§ 38[2)] **Strafvorschriften.** (1) Mit Freiheitsstrafe bis zu fünf Jahren oder mit Geldstrafe wird bestraft, wer

1. einer vollziehbaren Anordnung nach § 21 Abs. 3 zuwiderhandelt,
2. entgegen § 22 Abs. 2 Satz 1 Wild nicht mit der Jagd verschont oder
3. entgegen §22 Abs. 4 Satz 1 ein Elterntier bejagt.

[1)] § 36a aufgeh. durch G v. 28.6.1990 (BGBl. I S. 1221).

[2)] § 38 Abs. 1 neu gef. durch G v. 21.11.1996 (BGBl. I S. 1779); Überschrift neu gef., Abs. 2 geänd. mWv 13.6.2012 durch G v. 6.12.2011 (BGBl. I S. 2557).

932. Bundesfernstraßengesetz (FStrG)

In der Fassung der Bekanntmachung vom 28. Juni 2007 [1)2)]
(BGBl. I S. 1206)

FNA 911-1

geänd. durch Art. 6 G zur Neuregelung des Rechts des Naturschutzes und der Landschaftspflege v. 29.7.2009 (BGBl. I S. 2542), Art. 6 G zur Neuregelung des Wasserrechts v. 31.7.2009 (BGBl. I S. 2585), Art. 7 Planfeststellungsverfahren-VereinheitlichungsG v. 31.5.2013 (BGBl. I S. 1388, geänd. durch Art. 1b G v 24.5.2014, BGBl. I S. 538), Art. 1 Sechstes ÄndG v. 24.8.2015 (BGBl. I S. 1442), Art. 466 Zehnte ZuständigkeitsanpassungsVO v. 31.8.2015 (BGBl. I S. 1474), Art. 9 G zur Anpassung des Umwelt-RechtsbehelfsG und anderer Vorschriften an europa- und völkerrechtliche Vorgaben v. 29.5.2017 (BGBl. I S. 1298), Art. 1 Siebtes ÄndG v. 27.6.2017 (BGBl. I S. 2082), Art. 2 Abs. 7 G zur Modernisierung des Rechts der Umweltverträglichkeitsprüfung v. 20.7.2017 (BGBl. I S. 2808, ber. 2018 S. 472), Art. 17 G zur Neuregelung des bundesstaatlichen Finanzausgleichssystems ab dem Jahr 2020 und zur Änd. haushaltsrechtlicher Vorschriften v. 14.8.2017 (BGBl. I S. 3122), Art. 1 G zur Beschleunigung von Planungs- und Genehmigungsverfahren im Verkehrsbereich v. 29.11.2018 (BGBl. I S. 2237) Art. 2 G zur weiteren Beschleunigung von Planungs- und Genehmigungsverfahren im Verkehrsbereich v. 3.3.2020 (BGBl. I S. 433), Art. 1 Achtes G zur Änd. des BundesfernstraßenG und zur Änd. weiterer Vorschriften v. 29.6.2020 (BGBl. I S. 1528) und Art. 2 Strukturstärkungsgesetz Kohleregionen v. 8.8.2020 (BGBl. I S. 1795)

§ 1[3)] Einteilung der Bundesstraßen des Fernverkehrs. (1) [1]Bundesstraßen des Fernverkehrs (Bundesfernstraßen) sind öffentliche Straßen, die ein zusammenhängendes Verkehrsnetz bilden und einem weiträumigen Verkehr dienen oder zu dienen bestimmt sind. [2]In der geschlossenen Ortslage (§ 5 Abs. 4) gehören zum zusammenhängenden Verkehrsnetz die zur Aufnahme des weiträumigen Verkehrs notwendigen Straßen.

(2) Sie gliedern sich in
1. Bundesautobahnen,
2. Bundesstraßen mit den Ortsdurchfahrten (§ 5 Abs. 4).

(3) [1]Bundesautobahnen sind Bundesfernstraßen, die nur für den Schnellverkehr mit Kraftfahrzeugen bestimmt und so angelegt sind, dass sie frei von höhengleichen Kreuzungen und für Zu- und Abfahrt mit besonderen Anschlussstellen ausgestattet sind. [2]Sie sollen getrennte Fahrbahnen für den Richtungsverkehr haben.

(4) Zu den Bundesfernstraßen gehören
1. der Straßenkörper; das sind besonders der Straßengrund, der Straßenunterbau, die Straßendecke, die Brücken, Tunnel, Durchlässe, Dämme, Gräben, Entwässerungsanlagen, Böschungen, Stützmauern, Lärmschutzanlagen, Trenn-, Seiten-, Rand- und Sicherheitsstreifen;
2. der Luftraum über dem Straßenkörper;
3. das Zubehör; das sind die Verkehrszeichen, die Verkehrseinrichtungen und -anlagen aller Art, die der Sicherheit oder Leichtigkeit des Straßenverkehrs oder dem Schutz der Anlieger dienen, und die Bepflanzung;

[1)] Neubekanntmachung des FStrG idF der Bek. v. 20.2.2003 (BGBl. I S. 286) in der ab 17.12.2006 geltenden Fassung.

[2)] Zur Sicherstellung ordnungsgemäßer Planungs-und Genehmigungsverfahren während der COVID-19-Pandemie siehe das PlanungssicherstellungsG v. 20.5.2020 (BGBl. I S. 1041).

[3)] § 1 Abs. 5 Satz 2 geänd. mWv 8.9.2015 durch VO v. 31.8.2015 (BGBl. I S. 1474); Abs. 5 Satz 2 geänd. mWv 1.1.2021 durch G v. 14.8.2017 (BGBl. I S. 3122).

3a. Einrichtungen zur Erhebung von Maut und zur Kontrolle der Einhaltung der Mautpflicht;
4. die Nebenanlagen; das sind solche Anlagen, die überwiegend den Aufgaben der Straßenbauverwaltung der Bundesfernstraßen dienen, z.B. Straßenmeistereien, Gerätehöfe, Lager, Lagerplätze, Entnahmestellen, Hilfsbetriebe und -einrichtungen;
5. die Nebenbetriebe an den Bundesautobahnen (§ 15 Abs. 1).

(5) [1] Für die Bundesfernstraßen werden Straßenverzeichnisse geführt. [2] Das Fernstraßen-Bundesamt bestimmt die Nummerung und Bezeichnung der Bundesfernstraßen.

§ 2[1)] Widmung, Umstufung, Einziehung. (1) Eine Straße erhält die Eigenschaft einer Bundesfernstraße durch Widmung.

(2) Voraussetzung für die Widmung ist, dass der Träger der Straßenbaulast Eigentümer des der Straße dienenden Grundstücks ist, oder der Eigentümer und ein sonst zur Nutzung dinglich Berechtigter der Widmung zugestimmt hat, oder der Träger der Straßenbaulast den Besitz durch Vertrag, durch Einweisung nach § 18f Abs. 1 oder in einem sonstigen gesetzlichen Verfahren erlangt hat.

(3) Durch privatrechtliche Verfügungen oder durch Verfügungen im Wege der Zwangsvollstreckung über die der Straße dienenden Grundstücke oder Rechte an ihnen wird die Widmung nicht berührt.

(3a) Eine öffentliche Straße, die die Voraussetzungen des § 1 Abs. 1 oder 3 erfüllt, ist zur Bundesautobahn oder Bundesstraße, eine Bundesstraße, die die Voraussetzungen des § 1 Abs. 3 erfüllt, zur Bundesautobahn aufzustufen.

(4) Eine Bundesfernstraße, bei der sich die Verkehrsbedeutung geändert hat und bei der die Voraussetzungen des § 1 Abs. 1 weggefallen sind, ist entweder unverzüglich einzuziehen, wenn sie jede Verkehrsbedeutung verloren hat oder überwiegende Gründe des öffentlichen Wohls vorliegen (Einziehung), oder unverzüglich dem Träger der Straßenbaulast zu überlassen, der sich nach Landesrecht bestimmt (Abstufung).

(5) [1] Die Absicht der Einziehung ist drei Monate vorher in den Gemeinden, die die Straße berührt, öffentlich bekannt zu machen, um Gelegenheit zu Einwendungen zu geben. [2] Von der Bekanntmachung kann abgesehen werden, wenn die zur Einziehung vorgesehenen Teilstrecken in den in einem Planfeststellungsverfahren ausgelegten Plänen als solche kenntlich gemacht worden sind oder Teilstrecken im Zusammenhang mit Änderungen von unwesentlicher Bedeutung (§ 74 Abs. 7 des Verwaltungsverfahrensgesetzes[2)]) eingezogen werden sollen. [3] Die Abstufung soll nur zum Ende eines Rechnungsjahres ausgesprochen und drei Monate vorher angekündigt werden.

(6) [1] Über Widmung, Umstufung und Einziehung einer Bundesfernstraße entscheidet das Fernstraßen-Bundesamt, soweit dem Bund die Verwaltung einer Bundesfernstraße zusteht. [2] Im Übrigen entscheidet die oberste Landesstraßenbaubehörde. [3] Abstufungen in eine Straße nach Landesrecht können nur nach vorheriger Zustimmung der betroffenen obersten Landesstraßenbaube-

---

[1)] § 2 Abs. 5 Satz 2 geänd. mWv 1.6.2015 durch G v. 31.5.2013 (BGBl. I S. 1388, geänd. durch G v. 24.5.2014, BGBl. I S. 538); Abs. 6 Satz 3 geänd. mWv 8.9.2015 durch VO v. 31.8.2015 (BGBl. I S. 1474); Abs. 6 neu gef. mWv 1.1.2021 durch G v. 14.8.2017 (BGBl. I S. 3122).

[2)] Nr. **100**.

hörde erfolgen. [4]Die Entscheidung kann auch in einem Planfeststellungsbeschluss nach § 17 mit der Maßgabe erfolgen, dass die Widmung mit der Verkehrsübergabe, die Umstufung mit der Ingebrauchnahme für den neuen Verkehrszweck und die Einziehung mit der Sperrung wirksam wird. [5]Die oberste Landesstraßenbaubehörde hat vor einer Widmung oder Aufstufung das Einverständnis des Fernstraßen-Bundesamtes einzuholen. [6]Die Entscheidung ist in einem vom Land zu bestimmenden Amtsblatt bekannt zu geben. [7]Die Bekanntmachung nach Satz 6 ist entbehrlich, wenn die zur Widmung, Umstufung oder Einziehung vorgesehenen Straßen in den im Planfeststellungsverfahren ausgelegten Plänen als solche kenntlich und die Entscheidung mit dem Planfeststellungsbeschluss bekannt gemacht worden ist.

(6a) [1]Wird eine Bundesfernstraße verbreitert, begradigt, unerheblich verlegt oder ergänzt, so gilt der neue Straßenteil durch die Verkehrsübergabe als gewidmet, sofern die Voraussetzungen des Absatzes 2 vorliegen. [2]Wird im Zusammenhang mit einer Maßnahme nach Satz 1 der Teil einer Bundesfernstraße dem Verkehr auf Dauer entzogen, so gilt dieser Straßenteil durch die Sperrung als eingezogen. [3]In diesen Fällen bedarf es keiner Ankündigung (Absatz 5) und keiner öffentlichen Bekanntmachung (Absatz 6).

(7) [1]Mit der Einziehung entfallen Gemeingebrauch (§ 7) und widerrufliche Sondernutzungen (§ 8). [2]Bei Umstufung gilt § 6 Abs. 1.

§ 3[1)] Straßenbaulast. (1) [1]Die Straßenbaulast umfasst alle mit dem Bau und der Unterhaltung der Bundesfernstraßen zusammenhängenden Aufgaben. [2]Die Träger der Straßenbaulast haben nach ihrer Leistungsfähigkeit die Bundesfernstraßen in einem dem regelmäßigen Verkehrsbedürfnis genügenden Zustand zu bauen, zu unterhalten, zu erweitern oder sonst zu verbessern; dabei sind die sonstigen öffentlichen Belange einschließlich des Umweltschutzes sowie behinderter und anderer Menschen mit Mobilitätsbeeinträchtigung mit dem Ziel, möglichst weitreichende Barrierefreiheit zu erreichen, zu berücksichtigen. [3]Betriebswege auf Brücken im Zuge von Bundesautobahnen und Betriebswege auf Brücken im Zuge von Bundesstraßen, die als Kraftfahrstraßen ausgewiesen sind, sind bedarfsabhängig durch den Träger der Straßenbaulast so zu bauen und zu unterhalten, dass auf ihnen auch öffentlicher Radverkehr abgewickelt werden kann.

(2) [1]Soweit die Träger der Straßenbaulast unter Berücksichtigung ihrer Leistungsfähigkeit zur Durchführung von Maßnahmen nach Absatz 1 Satz 2 außerstande sind, haben sie auf einen nicht verkehrssicheren Zustand durch Verkehrszeichen hinzuweisen. [2]Diese hat die Straßenbaubehörde oder auf Bundesautobahnen die Gesellschaft privaten Rechts im Sinne des Infrastrukturgesellschaftserrichtungsgesetzes[2)] vorbehaltlich anderweitiger Maßnahmen der Straßenverkehrsbehörde aufzustellen.

(3) [1]Die Träger der Straßenbaulast sollen nach besten Kräften über die ihnen nach Absatz 1 obliegenden Aufgaben hinaus die Bundesfernstraßen bei Schnee- und Eisglätte räumen und streuen. [2]Landesrechtliche Vorschriften über die Pflichten Dritter zum Schneeräumen und Streuen sowie zur polizeimäßigen Reinigung bleiben unberührt.

[1)] § 3 Abs. 1 Satz 3 angef. mWv 1.10.2020 durch G v. 29.6.2020 (BGBl. I S. 1528); Abs. 2 Satz 2 geänd. mWv 1.1.2021 durch G v. 14.8.2017 (BGBl. I S. 3122).

[2)] **Sartorius III Nr. 152.**

§ 3a[1] Duldungspflichten im Interesse der Unterhaltung. (1) [1] Soweit es zur Unterhaltung einer Bundesfernstraße erforderlich ist, haben Dritte, insbesondere die Anlieger und die Hinterlieger, zu dulden, dass die Straßenbaubehörde oder von ihr Beauftragte die Grundstücke betreten oder vorübergehend benutzen. [2] Die Arbeiten zur Unterhaltung müssen dem Dritten angekündigt werden.

(2) Entstehen durch Handlungen nach Absatz 1 Schäden, hat der Geschädigte Anspruch auf Schadensersatz.

(3) [1] Der Inhaber einer Sondernutzungserlaubnis hat, ohne Anspruch auf Entschädigung, zu dulden, dass die Ausübung seines Rechts durch Arbeiten zur Unterhaltung vorübergehend behindert oder unterbrochen wird. [2] Auf die Interessen des Inhabers einer Sondernutzungserlaubnis ist Rücksicht zu nehmen.

§ 4[2] Sicherheitsvorschriften. [1] Die Träger der Straßenbaulast haben dafür einzustehen, dass ihre Bauten allen Anforderungen der Sicherheit und Ordnung genügen. [2] Behördlicher Genehmigungen, Erlaubnisse und Abnahmen durch andere als die Straßenbaubehörden bedarf es nicht. [3] Straßenbaubehörde im Sinne dieses Gesetzes ist auch das Fernstraßen-Bundesamt, soweit dem Bund die Verwaltung einer Bundesfernstraße zusteht. [4] Für Baudenkmäler gilt Satz 2 nur, soweit ein Planfeststellungsverfahren durchgeführt worden ist.

§ 5[3] Träger der Straßenbaulast. (1) [1] Der Bund ist Träger der Straßenbaulast für die Bundesfernstraßen, soweit nicht die Baulast anderen nach gesetzlichen Vorschriften oder öffentlich-rechtlichen Verpflichtungen obliegt. [2] Bürgerlich-rechtliche Verpflichtungen Dritter bleiben unberührt.

(2) [1] Die Gemeinden mit mehr als 80 000 Einwohnern sind Träger der Straßenbaulast für die Ortsdurchfahrten im Zuge von Bundesstraßen. [2] Maßgebend ist die bei der Volkszählung festgestellte Einwohnerzahl. [3] Das Ergebnis einer Volkszählung wird mit Beginn des dritten Haushaltsjahres nach dem Jahr verbindlich, in dem die Volkszählung stattgefunden hat. [4] Werden Gemeindegrenzen geändert oder neue Gemeinden gebildet, so ist die bei der Volkszählung festgestellte Einwohnerzahl des neuen Gemeindegebietes maßgebend. [5] In diesen Fällen wechselt die Straßenbaulast für die Ortsdurchfahrten, wenn sie bisher dem Bund oblag, mit Beginn des dritten Haushaltsjahres nach dem Jahr der Gebietsänderung, sonst mit der Gebietsänderung.

(2a) [1] Die Gemeinde bleibt abweichend von Absatz 2 Träger der Straßenbaulast für die Ortsdurchfahrten im Zuge der Bundesstraßen, wenn sie es mit Zustimmung der obersten Kommunalaufsichtsbehörde gegenüber der obersten Landesstraßenbaubehörde erklärt. [2] Eine Gemeinde mit mehr als 50 000, aber weniger als 80 000 Einwohnern wird Träger der Straßenbaulast für die Ortsdurchfahrten im Zuge der Bundesstraßen, wenn sie es mit Zustimmung der obersten Kommunalaufsichtsbehörde gegenüber der obersten Landesstraßenbaubehörde verlangt. [3] Absatz 2 Satz 2 und 4 gilt entsprechend. [4] Die oberste Landesstraßenbaubehörde unterrichtet das Fernstraßen-Bundesamt über die

[1] § 3a eingef. mWv 13.3.2020 durch G v. 3.3.2020 (BGBl. I S. 433).

[2] § 4 Satz 3 eingef., bish. Satz 3 wird Satz 4 mWv 1.1.2021 durch G v. 14.8.2017 (BGBl. I S. 3122).

[3] § 5 Abs. 4 Satz 4 geänd. mWv 8.9.2015 durch VO v. 31.8.2015 (BGBl. I S. 1474); Abs. 2a Satz 4 angef. mWv 1.1.2021 durch G v. 14.8.2017 (BGBl. I S. 3122).

Erklärung der Gemeinde nach Satz 1 oder das Verlangen der Gemeinde nach Satz 2.

(3) In den Ortsdurchfahrten der übrigen Gemeinden ist die Gemeinde Träger der Straßenbaulast für Gehwege und Parkplätze.

(3a) [1] Führt die Ortsdurchfahrt über Straßen und Plätze, die erheblich breiter angelegt sind als die Bundesstraße, so ist von der Straßenbaubehörde im Einvernehmen mit der Gemeinde die seitliche Begrenzung der Ortsdurchfahrten besonders festzulegen. [2] Kommt ein Einvernehmen nicht zustande, so entscheidet die oberste Landesstraßenbaubehörde.

(4) [1] Eine Ortsdurchfahrt ist der Teil einer Bundestraße, der innerhalb der geschlossenen Ortslage liegt und auch der Erschließung der anliegenden Grundstücke oder der mehrfachen Verknüpfung des Ortsstraßennetzes dient. [2] Geschlossene Ortslage ist der Teil des Gemeindebezirkes, der in geschlossener oder offener Bauweise zusammenhängend bebaut ist. [3] Einzelne unbebaute Grundstücke, zur Bebauung ungeeignetes oder ihr entzogenes Gelände oder einseitige Bebauung unterbrechen den Zusammenhang nicht. [4] Die oberste Landesstraßenbaubehörde setzt im Benehmen mit der höheren Verwaltungsbehörde nach Anhörung der Gemeinde die Ortsdurchfahrt fest und kann dabei mit Zustimmung des Bundesministeriums für Verkehr und digitale Infrastruktur und der Kommunalaufsichtsbehörde von der Regel der Sätze 1 und 2 abweichen. [5] Die Landesregierungen werden ermächtigt, durch Rechtsverordnung zu bestimmen, dass abweichend von Satz 4 an Stelle der höheren Verwaltungsbehörde eine andere Behörde zuständig ist. [6] Sie können diese Ermächtigung auf oberste Landesbehörden übertragen.

§ 5a Zuwendungen für fremde Träger der Straßenbaulast. [1] Zum Bau oder Ausbau von Ortsdurchfahrten im Zuge von Bundesstraßen und zum Bau oder Ausbau von Gemeinde- und Kreisstraßen, die Zubringer zu Bundesfernstraßen in der Baulast des Bundes sind, kann der Bund Zuwendungen gewähren. [2] Im Saarland werden die Straßen, für die das Land auf Grund des § 46 des Saarländischen Straßengesetzes an Stelle von Landkreisen Träger der Baulast ist, den Kreisstraßen gleichgestellt.

§ 5b[1] Finanzhilfen für Radschnellwege in Straßenbaulast der Länder, Gemeinden und Gemeindeverbände. (1) [1] Zum Bau von Radschnellwegen in der Straßenbaulast der Länder, Gemeinden und Gemeindeverbände kann der Bund den Ländern insbesondere zur Förderung des wirtschaftlichen Wachstums bis zum Ablauf des Jahres 2030 Finanzhilfen gewähren. [2] Die Finanzhilfen verringern sich beginnend mit dem Haushaltsjahr 2022 um 3 vom Hundert. [3] Das Bundesministerium für Verkehr und digitale Infrastruktur überprüft jährlich die Verwendung der Mittel nach Satz 1.

(2) [1] Die Länder zahlen die Finanzhilfen zurück, wenn geförderte Maßnahmen nicht die Voraussetzungen des Absatzes 1 sowie der Verwaltungsvereinbarung im Sinne von Absatz 4 erfüllen. [2] Nach Satz 1 zurückzuzahlende Mittel sind zu verzinsen. [3] Werden Mittel zu früh angewiesen, so sind für die Zeit der Auszahlung bis zur zweckentsprechenden Verwendung Zinsen zu zahlen.

(3) Bestehen tatsächliche Anhaltspunkte, die eine Rückforderung von Bundesmitteln möglich erscheinen lassen, haben das Bundesministerium für Ver-

[1] § 5b eingef. mWv 5.7.2017 durch G v. 27.6.2017 (BGBl. I S. 2082).

kehr und digitale Infrastruktur sowie der Bundesrechnungshof ein Recht auf einzelfallbezogene Informationsbeschaffung einschließlich örtlicher Erhebungsbefugnisse.

(4) [1] Die Einzelheiten insbesondere der Verteilung der Mittel auf die Länder, des Eigenanteils der Länder, der Förderbereiche, der Förderquote des Bundes, der Bewirtschaftung der Mittel, der Prüfung der Mittelverwendung sowie des Verfahrens zur Durchführung dieser Vorschrift werden durch Verwaltungsvereinbarung geregelt. [2] Die Inanspruchnahme der Finanzhilfen ist an das Inkrafttreten der Verwaltungsvereinbarung gebunden.

§ 6[1)] Eigentum und andere Rechte. (1) [1] Wechselt der Träger der Straßenbaulast, so gehen mit der Straßenbaulast das Eigentum des bisherigen Trägers der Straßenbaulast an der Straße und an den zu ihr gehörigen Anlagen (§ 1 Abs. 4) und alle Rechte und Pflichten, die mit der Straße in Zusammenhang stehen, ohne Entschädigung auf den neuen Träger der Straßenbaulast über. [2] Verbindlichkeiten, die zur Durchführung früherer Bau- und Unterhaltungsmaßnahmen eingegangen sind, sind vom Übergang ausgeschlossen.

(1a) Der bisherige Träger der Straßenbaulast hat dem neuen Träger der Straßenbaulast dafür einzustehen, dass er die Straße in dem durch die Verkehrsbedeutung gebotenen Umfang ordnungsgemäß unterhalten und den notwendigen Grunderwerb durchgeführt hat.

(1b) [1] Hat der bisherige Träger der Straßenbaulast für den Bau oder die Änderung der Straße das Eigentum an einem Grundstück erworben, so hat der neue Träger der Straßenbaulast einen Anspruch auf Übertragung des Eigentums. [2] Steht dem bisherigen Träger der Straßenbaulast ein für Zwecke des Satzes 1 erworbener Anspruch auf Übertragung des Eigentums an einem Grundstück zu, so ist er verpflichtet, das Eigentum an dem Grundstück zu erwerben und nach Erwerb auf den neuen Träger der Straßenbaulast zu übertragen. [3] Die Verpflichtungen nach den Sätzen 1 und 2 bestehen nur insoweit, als das Grundstück dauernd für die Straße benötigt wird. [4] Dem bisherigen Träger der Straßenbaulast steht für Verbindlichkeiten, die nach dem Wechsel der Straßenbaulast fällig werden, gegen den neuen Träger der Straßenbaulast ein Anspruch auf Erstattung der Aufwendungen zu. [5] Im Übrigen wird das Eigentum ohne Entschädigung übertragen.

(2) Bei der Einziehung einer Straße kann der frühere Träger der Straßenbaulast innerhalb eines Jahres verlangen, dass ihm das Eigentum an Grundstücken mit den in Absatz 1 genannten Rechten und Pflichten ohne Entschädigung übertragen wird, wenn es vorher nach Absatz 1 übergegangen war.

(3) [1] Beim Übergang des Eigentums an öffentlichen Straßen nach Absatz 1 ist der Antrag auf Berichtigung des Grundbuches von der vom Land bestimmten Behörde zu stellen, in deren Bezirk das Grundstück liegt. [2] Betrifft der Übergang des Eigentums eine Bundesautobahn, stellt die Gesellschaft privaten Rechts im Sinne des Infrastrukturgesellschaftserrichtungsgesetzes[2)] den Antrag auf Berichtigung des Grundbuches. [3] Der Antrag der vom Land bestimmten Behörde muss vom Leiter der Behörde oder seinem Vertreter unterschrieben und mit dem Amtssiegel oder Amtsstempel versehen sein. [4] Zum Nachweis des

[1)] § 6 Abs. 3 Satz 2 eingef., bish. Sätze 2 und 3 werden Sätze 3 und 4, neuer Satz 3 geänd. mWv 1.1.2021 durch G v. 14.8.2017 (BGBl. I S. 3122).

[2)] **Sartorius III Nr. 152.**

Eigentums gegenüber dem Grundbuchamt genügt die in den Antrag aufzunehmende Erklärung, dass das Grundstück dem neuen Träger der Straßenbaulast zusteht.

(4) Das Eigentum des Bundes ist einzutragen für die „Bundesrepublik Deutschland (Bundesstraßenverwaltung)".

§ 7[1] Gemeingebrauch. (1) [1]Der Gebrauch der Bundesfernstraßen ist jedermann im Rahmen der Widmung und der verkehrsbehördlichen Vorschriften zum Verkehr gestattet (Gemeingebrauch). [2]Hierbei hat der fließende Verkehr den Vorrang vor dem ruhenden Verkehr. [3]Kein Gemeingebrauch liegt vor, wenn jemand die Straße nicht vorwiegend zum Verkehr, sondern zu anderen Zwecken benutzt. [4]Die Erhebung von Gebühren für den Gemeingebrauch bedarf einer besonderen gesetzlichen Regelung.

(2) [1]Der Gemeingebrauch kann beschränkt werden, wenn dies wegen des baulichen Zustandes zur Vermeidung außerordentlicher Schäden an der Straße oder für die Sicherheit oder Leichtigkeit des Verkehrs notwendig ist. [2]Die Beschränkungen sind durch Verkehrszeichen kenntlich zu machen.

(2a) Macht die dauernde Beschränkung des Gemeingebrauchs durch die Straßenbaubehörde oder auf Bundesautobahnen durch die Gesellschaft privaten Rechts im Sinne des Infrastrukturgesellschaftserrichtungsgesetzes[2] die Herstellung von Ersatzstraßen oder -wegen notwendig, so ist der Träger der Straßenbaulast der Bundesfernstraße zur Erstattung der Herstellungskosten verpflichtet, es sei denn, dass er die Herstellung auf Antrag des zuständigen Trägers der Straßenbaulast selbst übernimmt.

(3) Wer eine Bundesfernstraße aus Anlass des Gemeingebrauchs über das übliche Maß hinaus verunreinigt, hat die Verunreinigung ohne Aufforderungen unverzüglich zu beseitigen; andernfalls kann die Straßenbaubehörde oder auf Bundesautobahnen *durch*[3] die Gesellschaft privaten Rechts im Sinne des Infrastrukturgesellschaftserrichtungsgesetzes die Verunreinigung auf seine Kosten beseitigen.

§ 7a Vergütung von Mehrkosten. [1]Wenn eine Bundesfernstraße wegen der Art des Gebrauchs durch einen anderen aufwendiger hergestellt oder ausgebaut werden muss, als es dem regelmäßigen Verkehrsbedürfnis entspricht, hat der andere dem Träger der Straßenbaulast die Mehrkosten für den Bau und die Unterhaltung zu vergüten. [2]Das gilt nicht für Haltestellenbuchten für den Linienverkehr. [3]Der Träger der Straßenbaulast kann angemessene Vorschüsse oder Sicherheiten verlangen.

§ 8[4] Sondernutzungen; Verordnungsermächtigung. (1) [1]Die Benutzung der Bundesfernstraßen über den Gemeingebrauch hinaus ist Sondernutzung. [2]Sie bedarf der Erlaubnis der Straßenbaubehörde, auf Bundesautobahnen der Erlaubnis der Gesellschaft privaten Rechts im Sinne des Infrastrukturgesellschaftserrichtungsgesetzes[2], in Ortsdurchfahrten der Erlaubnis der Gemeinde.

---

[1] § 7 Abs. 2a und 3 geänd. mWv 1.1.2021 durch G v. 14.8.2017 (BGBl. I S. 3122).

[2] **Sartorius III Nr. 152.**

[3] Wortlaut amtlich.

[4] § 8 Abs. 3 Sätze 3 und 4 neu gef., Sätze 5 und 6 eingef., bish. Sätze 5 und 6 werden Sätze 7 und 8 mWv 1.1.2020, Überschrift neu gef., Abs. 1 Satz 2, Abs. 2a Sätze 2, 3 und Abs. 7a Satz 1 geänd., Abs. 6 Satz 2 neu gef , Abs. 11 angef. mWv 1.1.2021 durch G v. 14.8.2017 (BGBl. I S. 3122).

[3] Soweit die Gemeinde nicht Träger der Straßenbaulast ist, darf sie die Erlaubnis nur mit Zustimmung der Straßenbaubehörde erteilen. [4] Die Gemeinde kann durch Satzung bestimmte Sondernutzungen in den Ortsdurchfahrten von der Erlaubnis befreien und die Ausübung regeln. [5] Soweit die Gemeinde nicht Träger der Straßenbaulast ist, bedarf die Satzung der Zustimmung der obersten Landesstraßenbaubehörde. [6] Eine Erlaubnis soll nicht erteilt werden, wenn behinderte Menschen durch die Sondernutzung in der Ausübung des Gemeingebrauchs erheblich beeinträchtigt würden.

(2) [1] Die Erlaubnis darf nur auf Zeit oder Widerruf erteilt werden. [2] Sie kann mit Bedingungen und Auflagen verbunden werden. [3] Soweit die Gemeinde nicht Träger der Straßenbaulast ist, hat sie eine widerruflich erteilte Erlaubnis zu widerrufen, wenn die Straßenbaubehörde dies aus Gründen des Straßenbaus oder der Sicherheit oder Leichtigkeit des Verkehrs verlangt.

(2a) [1] Der Erlaubnisnehmer hat Anlagen so zu errichten und zu unterhalten, dass sie den Anforderungen der Sicherheit und Ordnung sowie den anerkannten Regeln der Technik genügen. [2] Arbeiten an der Straße bedürfen der Zustimmung der Straßenbaubehörde oder auf Bundesautobahnen der Zustimmung der Gesellschaft privaten Rechts im Sinne des Infrastrukturgesellschaftserrichtungsgesetzes. [3] Der Erlaubnisnehmer hat auf Verlangen der für die Erlaubnis zuständigen Behörde oder auf Bundesautobahnen der Gesellschaft privaten Rechts im Sinne des Infrastrukturgesellschaftserrichtungsgesetzes die Anlagen auf seine Kosten zu ändern und alle Kosten zu ersetzen, die dem Träger der Straßenbaulast durch die Sondernutzung entstehen. [4] Hierfür kann der Träger der Straßenbaulast angemessene Vorschüsse und Sicherheiten verlangen.

(3) [1] Für Sondernutzungen können Sondernutzungsgebühren erhoben werden. [2] Sie stehen in Ortsdurchfahrten den Gemeinden, im Übrigen dem Träger der Straßenbaulast zu. [3] Das Bundesministerium für Verkehr und digitale Infrastruktur wird ermächtigt, durch Rechtsverordnung ohne Zustimmung des Bundesrates für Sondernutzungen der Bundesfernstraßen eine Gebührenordnung zu erlassen, soweit dem Bund die Verwaltung einer Bundesfernstraße zusteht. [4] Im Übrigen werden die Landesregierungen ermächtigt, durch Rechtsverordnung Gebührenordnungen für die Sondernutzungen zu erlassen. [5] Die Ermächtigung des Satzes 3 kann durch Rechtsverordnung des Bundesministeriums für Verkehr und digitale Infrastruktur ohne Zustimmung des Bundesrates auf das Fernstraßen-Bundesamt übertragen werden. [6] Die Ermächtigung des Satzes 4 kann durch Rechtsverordnung der zuständigen Landesregierung auf die oberste Landesstraßenbaubehörde übertragen werden. [7] Die Gemeinden können die Gebühren durch Satzung regeln, soweit ihnen die Sondernutzungsgebühren zustehen. [8] Bei Bemessung der Gebühren sind Art und Ausmaß der Einwirkung auf die Straße und den Gemeingebrauch sowie das wirtschaftliche Interesse des Gebührenschuldners zu berücksichtigen.

(4) (weggefallen)

(4a) (weggefallen)

(5) (weggefallen)

(6) [1] Ist nach den Vorschriften des Straßenverkehrsrechts eine Erlaubnis für eine übermäßige Straßenbenutzung oder eine Ausnahmegenehmigung erforderlich, so bedarf es keiner Erlaubnis nach Absatz 1. [2] Vor ihrer Entscheidung hat die hierfür zuständige Behörde die sonst für die Sondernutzungserlaubnis

zuständige Behörde oder auf Bundesfernstraßen, soweit dem Bund die Verwaltung einer Bundesfernstraße zusteht, die Gesellschaft privaten Rechts im Sinne des Infrastrukturgesellschaftserrichtungsgesetzes zu hören. [3]Die von dieser geforderten Bedingungen, Auflagen und Sondernutzungsgebühren sind dem Antragsteller in der Erlaubnis oder Ausnahmegenehmigung aufzuerlegen.

(7) (weggefallen)

(7a) [1]Wird eine Bundesfernstraße ohne die erforderliche Erlaubnis benutzt oder kommt der Erlaubnisnehmer seinen Verpflichtungen nicht nach, so kann die für die Erteilung der Erlaubnis zuständige Behörde oder auf Bundesfernstraßen, soweit dem Bund die Verwaltung einer Bundesfernstraße zusteht, die Gesellschaft privaten Rechts im Sinne des Infrastrukturgesellschaftserrichtungsgesetzes die erforderlichen Maßnahmen zur Beendigung der Benutzung oder zur Erfüllung der Auflagen anordnen. [2]Sind solche Anordnungen nicht oder nur unter unverhältnismäßigem Aufwand möglich oder nicht erfolgversprechend, so kann sie den rechtswidrigen Zustand auf Kosten des Pflichtigen beseitigen oder beseitigen lassen.

(8) Der Erlaubnisnehmer hat gegen den Träger der Straßenbaulast keinen Ersatzanspruch bei Widerruf oder bei Sperrung, Änderung oder Einziehung der Straße.

(9) [1]Unwiderrufliche Nutzungsrechte, die von früher her bestehen, können zur Sicherheit oder Leichtigkeit des Verkehrs durch Enteignung aufgehoben werden. [2]§ 19 gilt entsprechend.

(10) Die Einräumung von Rechten zur Benutzung des Eigentums der Bundesfernstraßen richtet sich nach bürgerlichem Recht, wenn sie den Gemeingebrauch nicht beeinträchtigt, wobei eine Beeinträchtigung von nur kurzer Dauer für Zwecke der öffentlichen Versorgung außer Betracht bleibt.

(11) Das Carsharing-Gesetz[1)] bleibt unberührt.

§ 8a[2)] Straßenanlieger. (1) [1]Zufahrten und Zugänge zu Bundesstraßen außerhalb der zur Erschließung der anliegenden Grundstücke bestimmten Teile der Ortsdurchfahrten gelten als Sondernutzung im Sinne des § 8, wenn sie neu angelegt oder geändert werden. [2]Eine Änderung liegt auch vor, wenn eine Zufahrt oder ein Zugang gegenüber dem bisherigen Zustand einem erheblich größeren oder einem andersartigen Verkehr als bisher dienen soll. [3]Den Zufahrten oder Zugängen stehen die Anschlüsse nicht öffentlicher Wege gleich.

(2) Einer Erlaubnis nach § 8 Abs. 1 Satz 2 bedarf es nicht für die Anlage neuer oder die Änderung bestehender Zufahrten oder Zugänge

1. im Zusammenhang mit der Errichtung oder erheblichen Änderung baulicher Anlagen, wenn die oberste Landesstraßenbaubehörde oder, soweit dem Bund die Verwaltung einer Bundesfernstraße zusteht, das Fernstraßen-Bundesamt nach § 9 Absatz 2 zugestimmt oder nach § 9 Absatz 8 eine Ausnahme zugelassen haben,
2. in einem Flurbereinigungsverfahren auf Grund des Wege- und Gewässerplans.

[1)] **Sartorius III Nr. 285.**

[2)] § 8a Abs. 2 Nr. 1 neu gef. mWv 1.1.2021 durch G v. 14.8.2017 (BGBl. I S. 3122).

(3) Für die Unterhaltung der Zufahrten und Zugänge, die nicht auf einer Erlaubnis nach § 8 Abs. 1 beruhen, gilt § 8 Abs. 2a Satz 1 und 2 und Abs. 7a entsprechend.

(4) [1] Werden auf Dauer Zufahrten oder Zugänge durch die Änderung oder die Einziehung von Bundesstraßen unterbrochen oder wird ihre Benutzung erheblich erschwert, so hat der Träger der Straßenbaulast einen angemessenen Ersatz zu schaffen oder, soweit dies nicht zumutbar ist, eine angemessene Entschädigung in Geld zu leisten. [2] Mehrere Anliegergrundstücke können durch eine gemeinsame Zufahrt angeschlossen werden, deren Unterhaltung nach Absatz 3 den Anliegern gemeinsam obliegt. [3] Die Verpflichtung nach Satz 1 entsteht nicht, wenn die Grundstücke eine anderweitige ausreichende Verbindung zu dem öffentlichen Wegenetz besitzen oder wenn die Zufahrten oder Zugänge auf einer widerruflichen Erlaubnis beruhen.

(5) [1] Werden für längere Zeit Zufahrten oder Zugänge durch Straßenarbeiten unterbrochen oder wird ihre Benutzung erheblich erschwert, ohne dass von Behelfsmaßnahmen eine wesentliche Entlastung ausgeht, und wird dadurch die wirtschaftliche Existenz eines anliegenden Betriebs gefährdet, so kann dessen Inhaber eine Entschädigung in der Höhe des Betrages beanspruchen, der erforderlich ist, um das Fortbestehen des Betriebs bei Anspannung der eigenen Kräfte und unter Berücksichtigung der gegebenen Anpassungsmöglichkeiten zu sichern. [2] Der Anspruch richtet sich gegen den, zu dessen Gunsten die Arbeiten im Straßenbereich erfolgen. [3] Absatz 4 Satz 3 gilt entsprechend.

(6) [1] Soweit es die Sicherheit oder Leichtigkeit des Verkehrs erfordert, kann die Straßenbaubehörde nach Anhörung der Betroffenen anordnen, dass Zufahrten oder Zugänge geändert oder verlegt oder, wenn das Grundstück eine anderweitige ausreichende Verbindung zu dem öffentlichen Wegenetz besitzt, geschlossen werden. [2] Absatz 4 gilt entsprechend. [3] Die Befugnis zum Widerruf einer Erlaubnis nach § 8 Abs. 2 bleibt unberührt.

(7) Wird durch den Bau oder die Änderung einer Bundesfernstraße der Zutritt von Licht oder Luft zu einem Grundstück auf Dauer entzogen oder erheblich beeinträchtigt, so hat der Träger der Straßenbaulast für dadurch entstehende Vermögensnachteile eine angemessene Entschädigung in Geld zu gewähren.

(8) Hat der Entschädigungsberechtigte die Entstehung eines Vermögensnachteils mitverursacht, so gilt § 254 des Bürgerlichen Gesetzbuchs[1)] entsprechend.

§ 9[2)] Bauliche Anlagen an Bundesfernstraßen. (1) [1] Längs der Bundesfernstraßen dürfen nicht errichtet werden

1. Hochbauten jeder Art in einer Entfernung bis zu 40 Meter bei Bundesautobahnen und bis zu 20 Meter bei Bundesstraßen außerhalb der zur Erschließung der anliegenden Grundstücke bestimmten Teile der Ortsdurchfahrten, jeweils gemessen vom äußeren Rand der befestigten Fahrbahn,
2. bauliche Anlagen, die außerhalb der zur Erschließung der anliegenden Grundstücke bestimmten Teile der Ortsdurchfahrten über Zufahrten oder

---

[1)] **Schönfelder Nr. 20.**

[2)] § 9 Abs. 1 Satz 3 eingef., bish. Satz 3 wird Satz 4 mWv 1.10.2020 durch G v. 29.6.2020 (BGBl. I S. 1528); Abs. 2 Satz 1 einl. Satzteil, Abs. 5 und Abs. 8 Satz 1 geänd. mWv 1.1.2021 durch G v. 14.8. 2017 (BGBl. I S. 3122).

Zugänge an Bundesstraßen unmittelbar oder mittelbar angeschlossen werden sollen.

[2] Satz 1 Nr. 1 gilt entsprechend für Aufschüttungen oder Abgrabungen größeren Umfangs [3] Satz 1 Nummer 1 gilt nicht für technische Einrichtungen, die für das Erbringen von öffentlich zugänglichen Telekommunikationsdiensten erforderlich sind. [4] Weitergehende bundes- oder landesrechtliche Vorschriften bleiben unberührt.

(2) [1] Im Übrigen bedürfen Baugenehmigungen oder nach anderen Vorschriften notwendige Genehmigungen der Zustimmung der obersten Landesstraßenbaubehörde an Bundesfernstraßen, soweit dem Bund die Verwaltung einer Bundesfernstraße zusteht, der Zustimmung des Fernstraßen-Bundesamtes,, wenn

1. bauliche Anlagen längs der Bundesautobahnen in einer Entfernung bis zu 100 Meter und längs der Bundesstraßen außerhalb der zur Erschließung der anliegenden Grundstücke bestimmten Teile der Ortsdurchfahrten bis zu 40 Meter, gemessen vom äußeren Rand der befestigten Fahrbahn, errichtet, erheblich geändert oder anders genutzt werden sollen,
2. bauliche Anlagen auf Grundstücken, die außerhalb der zur Erschließung der anliegenden Grundstücke bestimmten Teile der Ortsdurchfahrten über Zufahrten oder Zugänge an Bundesstraßen unmittelbar oder mittelbar angeschlossen sind, erheblich geändert oder anders genutzt werden sollen.

[2] Die Zustimmungsbedürftigkeit nach Satz 1 gilt entsprechend für bauliche Anlagen, die nach Landesrecht anzeigepflichtig sind. [3] Weitergehende bundes- oder landesrechtliche Vorschriften bleiben unberührt.

(3) Die Zustimmung nach Absatz 2 darf nur versagt oder mit Bedingungen und Auflagen erteilt werden, soweit dies wegen der Sicherheit oder Leichtigkeit des Verkehrs, der Ausbauabsichten oder der Straßenbaugestaltung nötig ist.

(3a) Die Belange nach Absatz 3 sind auch bei Erteilung von Baugenehmigungen innerhalb der zur Erschließung der anliegenden Grundstücke bestimmten Teile der Ortsdurchfahrten von Bundesstraßen zu beachten.

(4) Bei geplanten Bundesfernstraßen gelten die Beschränkungen der Absätze 1 und 2 vom Beginn der Auslegung der Pläne im Planfeststellungsverfahren oder von dem Zeitpunkt an, zu dem den Betroffenen Gelegenheit gegeben wird, den Plan einzusehen.

(5) Bedürfen die baulichen Anlagen im Sinne des Absatzes 2 außerhalb der zur Erschließung der anliegenden Grundstücke bestimmten Teile der Ortsdurchfahrten keiner Baugenehmigung oder keiner Genehmigung nach anderen Vorschriften, so tritt an die Stelle der Zustimmung die Genehmigung der obersten Landesstraßenbaubehörde, an Bundesfernstraßen, soweit dem Bund die Verwaltung einer Bundesfernstraße zusteht, die Genehmigung des Fernstraßen-Bundesamtes.

(5a) Als bauliche Anlagen im Sinne dieses Gesetzes gelten auch die im Landesbaurecht den baulichen Anlagen gleichgestellten Anlagen.

(6) [1] Anlagen der Außenwerbung stehen außerhalb der zur Erschließung der anliegenden Grundstücke bestimmten Teile der Ortsdurchfahrten den Hochbauten des Absatzes 1 und den baulichen Anlagen des Absatzes 2 gleich. [2] An Brücken über Bundesfernstraßen außerhalb dieser Teile der Ortsdurchfahrten

dürfen Anlagen der Außenwerbung nicht angebracht werden. [3] Weitergehende bundes- oder landesrechtliche Vorschriften bleiben unberührt.

(7) Die Absätze 1 bis 5 gelten nicht, soweit das Bauvorhaben den Festsetzungen eines Bebauungsplans entspricht (§ 9 des Baugesetzbuchs[1)]), der mindestens die Begrenzung der Verkehrsflächen sowie an diesen gelegene überbaubare Grundstücksflächen enthält und unter Mitwirkung des Trägers der Straßenbaulast zustande gekommen ist.

(8) [1] Die oberste Landesstraßenbaubehörde oder das Fernstraßen-Bundesamt an den Bundesfernstraßen, soweit dem Bund die Verwaltung einer Bundesfernstraße zusteht, kann im Einzelfall Ausnahmen von den Verboten der Absätze 1, 4 und 6 zulassen, wenn die Durchführung der Vorschriften im Einzelfall zu einer offenbar nicht beabsichtigten Härte führen würde und die Abweichung mit den öffentlichen Belangen vereinbar ist oder wenn Gründe des Wohls der Allgemeinheit die Abweichungen erfordern. [2] Ausnahmen können mit Bedingungen und Auflagen versehen werden.

(9) [1] Wird infolge der Anwendung der Absätze 1, 2, 4 und 5 die bauliche Nutzung eines Grundstücks, auf deren Zulassung bisher ein Rechtsanspruch bestand, ganz oder teilweise aufgehoben, so kann der Eigentümer insoweit eine angemessene Entschädigung in Geld verlangen, als seine Vorbereitungen zur baulichen Nutzung des Grundstücks in dem bisher zulässigen Umfang für ihn an Wert verlieren oder eine wesentliche Wertminderung des Grundstücks eintritt. [2] Zur Entschädigung ist der Träger der Straßenbaulast verpflichtet.

(10) Im Fall des Absatzes 4 entsteht der Anspruch nach Absatz 9 erst, wenn der Plan rechtskräftig festgestellt oder genehmigt oder mit der Ausführung begonnen worden ist, spätestens jedoch nach Ablauf von vier Jahren, nachdem die Beschränkungen der Absätze 1 und 2 in Kraft getreten sind.

§ 9a[2)] Veränderungssperre, Vorkaufsrecht. (1) [1] Vom Beginn der Auslegung der Pläne im Planfeststellungsverfahren oder von dem Zeitpunkt an, zu dem den Betroffenen Gelegenheit gegeben wird, den Plan einzusehen, dürfen auf den vom Plan betroffenen Flächen bis zu ihrer Übernahme durch den Träger der Straßenbaulast wesentlich wertsteigernde oder den geplanten Straßenbau erheblich erschwerende Veränderungen nicht vorgenommen werden. [2] Veränderungen, die in rechtlich zulässiger Weise vorher begonnen worden sind, Unterhaltungsarbeiten und die Fortführung einer bisher ausgeübten Nutzung werden hiervon nicht berührt.

(2) [1] Dauert die Veränderungssperre länger als vier Jahre, so können die Eigentümer für die dadurch entstandenen Vermögensnachteile vom Träger der Straßenbaulast eine angemessene Entschädigung in Geld verlangen. [2] Sie können ferner die Übernahme der vom Plan betroffenen Flächen verlangen, wenn es ihnen mit Rücksicht auf die Veränderungssperre wirtschaftlich nicht zuzumuten ist, die Grundstücke in der bisherigen oder einer anderen zulässigen Art zu benutzen. [3] Kommt keine Einigung über die Übernahme zustande, so können die Eigentümer die Entziehung des Eigentums an den Flächen verlangen. [4] Im Übrigen gilt § 19 (Enteignung).

---

1) Nr. **300**.

2) § 9a Abs. 3 Satz 1 neu gef., Sätze 4 und 5 eingef., bish. Sätze 4–7 werden Sätze 6–9, Abs. 5 geänd. mWv 1.1.2021 durch G v. 14.8.2017 (BGBl. I S. 3122).

(3) [1] Um die Planung der Bundesfernstraßen zu sichern, können die Landesregierungen und kann an Stelle der Landesregierungen zur Sicherung der Planung von Bundesautobahnen das Bundesministerium für Verkehr und digitale Infrastruktur, sofern das Fernstraßen-Bundesamt nach § 2 Absatz 1 Satz 1 Nummer 4 und Absatz 2 des Fernstraßen-Bundesamt-Errichtungsgesetzes[1)] zuständige Planfeststellungsbehörde ist, durch Rechtsverordnung für die Dauer von höchstens zwei Jahren Planungsgebiete festlegen. [2] Die Gemeinden und Kreise, deren Bereich durch die festzulegenden Planungsgebiete betroffen wird, sind vorher zu hören. [3] Die Ermächtigung kann durch Rechtsverordnung weiter übertragen werden. [4] Die Rechtsverordnung des Bundesministeriums für Verkehr und digitale Infrastruktur auf Grund von Satz 1 bedarf nicht der Zustimmung des Bundesrates. [5] Das Bundesministerium für Verkehr und digitale Infrastruktur kann die Ermächtigung nach Satz 1 durch Rechtsverordnung auf das Fernstraßen-Bundesamt übertragen. [6] Auf die Planungsgebiete ist Absatz 1 sinngemäß anzuwenden. [7] Die Frist kann, wenn besondere Umstände es erfordern, durch Rechtsverordnung auf höchstens vier Jahre verlängert werden. [8] Die Festlegung tritt mit Beginn der Auslegung der Pläne im Planfeststellungsverfahren außer Kraft. [9] Ihre Dauer ist auf die Vierjahresfrist nach Absatz 2 anzurechnen.

(4) [1] Auf die Festlegung eines Planungsgebietes ist in Gemeinden, deren Bereich betroffen wird, hinzuweisen. [2] Planungsgebiete sind außerdem in Karten kenntlich zu machen, die in den Gemeinden während der Geltungsdauer der Festlegung zur Einsicht auszulegen sind.

(5) Die oberste Landesstraßenbaubehörde oder bei der Planfeststellung für den Bau oder die Änderung von Bundesfernstraßen, soweit dem Bund die Verwaltung einer Bundesfernstraße zusteht, das Fernstraßen-Bundesamt im Rahmen seiner Zuständigkeit gemäß § 2 Absatz 1 Satz 1 Nummer 4 und Absatz 2 und 3 und § 3 Absatz 2 Sätze 7 bis 11 des Fernstraßen-Bundesamt-Errichtungsgesetzes kann Ausnahmen von der Veränderungssperre zulassen, wenn überwiegende öffentliche Belange nicht entgegenstehen.

(6) In den Fällen des Absatzes 1 Satz 1 steht dem Träger der Straßenbaulast an den betroffenen Flächen ein Vorkaufsrecht zu.

§ 10[2)] Schutzwaldungen. (1) [1] Waldungen und Gehölze längs der Bundesstraße können von der nach Landesrecht zuständigen Straßenbaubehörde im Einvernehmen mit der nach Landesrecht für Schutzwaldungen zuständigen Behörde in einer Breite von 40 Metern, gemessen vom äußeren Rand der befestigten Fahrbahn, zu Schutzwaldungen erklärt werden. [2] Im Fall einer Bundesautobahn oder einer Bundesfernstraße, soweit dem Bund die Verwaltung der Bundesfernstraße zusteht, kann die Gesellschaft privaten Rechts im Sinne des Infrastrukturgesellschaftserrichtungsgesetzes[3)] Waldungen und Gehölze längs solcher Straßen im Benehmen mit der nach Landesrecht für Schutzwaldungen zuständigen Behörde in einer Breite von 40 Metern, gemessen vom äußeren Rand der befestigten Fahrbahn, zu Schutzwaldungen erklären.

[1)] **Sartorius III Nr. 155.**

[2)] § 10 neu gef. mWv 1.1.2021 durch G v. 14.8.2017 (BGBl. I S. 3122); Abs. 2 Satz 2 neu gef. mWv 1.1.2021 durch G v. 29.11.2018 (BGBl. I S. 2237).

[3)] **Sartorius III Nr. 152.**

(2) [1]Die Schutzwaldungen sind vom Eigentümer oder Nutznießer zu erhalten und ordnungsgemäß zu unterhalten. [2]Die Aufsicht hierüber obliegt der nach Landesrecht für Schutzwaldungen zuständigen Behörde.

§ 11[1)] Schutzmaßnahmen. (1) Zum Schutze der Bundesfernstraßen vor nachteiligen Einwirkungen der Natur (z.B. Schneeverwehungen, Steinschlag, Vermurungen) haben die Eigentümer von Grundstücken an den Bundesfernstraßen die Anlage vorübergehender Einrichtungen zu dulden.

(2) [1]Anpflanzungen, Zäune, Stapel, Haufen und andere mit dem Grundstück nicht fest verbundene Einrichtungen dürfen nicht angelegt werden, wenn sie die Verkehrssicherheit beeinträchtigen. [2]Soweit sie bereits vorhanden sind, haben die Eigentümer ihre Beseitigung zu dulden.

(3) [1]Die Straßenbaubehörde oder an den Bundesfernstraßen, soweit dem Bund die Verwaltung einer Bundesfernstraße zusteht, die Gesellschaft privaten Rechts im Sinne des Infrastrukturgesellschaftserrichtungsgesetzes[2)] hat den Eigentümern die Durchführung dieser Maßnahme 14 Tage vorher schriftlich anzuzeigen, es sei denn, dass Gefahr im Verzuge ist. [2]Die Eigentümer können die Maßnahmen im Benehmen mit der Straßenbaubehörde oder an den Bundesfernstraßen, soweit dem Bund die Verwaltung einer Bundesfernstraße zusteht, im Benehmen mit der Gesellschaft privaten Rechts im Sinne des Infrastrukturgesellschaftserrichtungsgesetzes selbst durchführen.

(4) Diese Verpflichtungen liegen auch den Besitzern ob.

(5) Der Träger der Straßenbaulast hat den Eigentümern oder Besitzern die hierdurch verursachten Aufwendungen und Schäden in Geld zu ersetzen.

§ 12 Kreuzungen und Einmündungen öffentlicher Straßen. (1) [1]Beim Bau einer neuen Kreuzung mehrerer öffentlicher Straßen hat der Träger der Straßenbaulast der neu hinzugekommenen Straße die Kosten der Kreuzung zu tragen. [2]Zu ihnen gehören auch die Kosten der Änderungen, die durch die neue Kreuzung an den anderen öffentlichen Straßen unter Berücksichtigung der übersehbaren Verkehrsentwicklung notwendig sind. [3]Die Änderung einer bestehenden Kreuzung ist als neue Kreuzung zu behandeln, wenn ein öffentlicher Weg, der nach der Beschaffenheit seiner Fahrbahn nicht geeignet und nicht dazu bestimmt war, einen allgemeinen Kraftfahrzeugverkehr aufzunehmen, zu einer diesem Verkehr dienenden Straße ausgebaut wird.

(2) [1]Werden mehrere Straßen gleichzeitig neu angelegt oder an bestehenden Kreuzungen Anschlussstellen neu geschaffen, so haben die Träger der Straßenbaulast die Kosten der Kreuzungsanlage im Verhältnis der Fahrbahnbreiten der an der Kreuzung beteiligten Straßenäste zu tragen. [2]Bei der Bemessung der Fahrbahnbreiten sind die Rad- und Gehwege, die Trennstreifen und befestigten Seitenstreifen einzubeziehen.

(3) Wird eine höhenungleiche Kreuzung geändert, so fallen die dadurch entstehenden Kosten

1. demjenigen Träger der Straßenbaulast zur Last, der die Änderung verlangt oder hätte verlangen müssen,

---

[1)] § 11 Abs. 3 Sätze 1 und 2 geänd. mWv 1.1.2021 durch G v. 14.8.2017 (BGBl. I S. 3122).
[2)] **Sartorius III Nr. 152.**

2. den beteiligten Trägern der Straßenbaulast zur Last, die die Änderung verlangen oder hätten verlangen müssen, und zwar im Verhältnis der Fahrbahnbreiten der an der Kreuzung beteiligten Straßenäste nach der Änderung.

(3a) [1] Wird eine höhengleiche Kreuzung geändert, so gilt für die dadurch entstehenden Kosten der Änderung Absatz 2. [2] Beträgt der durchschnittliche tägliche Verkehr mit Kraftfahrzeugen auf einem der an der Kreuzung beteiligten Straßenäste nicht mehr als 20 vom Hundert des Verkehrs auf anderen beteiligten Straßenästen, so haben die Träger der Straßenbaulast der verkehrsstärkeren Straßenäste im Verhältnis der Fahrbahnbreiten den Anteil der Änderungskosten mitzutragen, der auf den Träger der Straßenbaulast des verkehrsschwächeren Straßenastes entfallen würde.

(4) [1] Über die Errichtung neuer sowie die wesentliche Änderung bestehender Kreuzungen zwischen Bundesfernstraßen und anderen öffentlichen Straßen wird durch die Planfeststellung entschieden. [2] Diese soll zugleich die Aufteilung der Kosten regeln.

(5) Ergänzungen an Kreuzungsanlagen sind wie Änderungen zu behandeln.

(6) [1] Diese Vorschriften gelten auch für Einmündungen. [2] Münden mehrere Straßen an einer Stelle in eine andere Straße ein, so gelten diese Einmündungen als Kreuzung aller beteiligten Straßen.

§ 12a[1)] Kreuzungen mit Gewässern. (1) [1] Werden Bundesfernstraßen neu angelegt oder ausgebaut und müssen dazu Kreuzungen mit Gewässern (Brücken oder Unterführungen) hergestellt oder bestehende Kreuzungen geändert werden, so hat der Träger der Straßenbaulast die dadurch entstehenden Kosten zu tragen. [2] Die Kreuzungsanlagen sind so auszuführen, dass unter Berücksichtigung der übersehbaren Entwicklung der wasserwirtschaftlichen Verhältnisse der Wasserabfluss nicht nachteilig beeinflusst wird.

(2) [1] Werden Gewässer ausgebaut (§ 67 Absatz 2 des Wasserhaushaltsgesetzes[2)]) und werden dazu Kreuzungen mit Bundesfernstraßen hergestellt oder bestehende Kreuzungen geändert, so hat der Träger des Ausbauvorhabens die dadurch entstehenden Kosten zu tragen. [2] Wird eine neue Kreuzung erforderlich, weil ein Gewässer hergestellt wird, so ist die übersehbare Verkehrsentwicklung auf der Bundesfernstraße zu berücksichtigen. [3] Wird die Herstellung oder Änderung einer Kreuzung erforderlich, weil das Gewässer wesentlich umgestaltet wird, so sind die gegenwärtigen Verkehrsbedürfnisse zu berücksichtigen. [4] Verlangt der Träger der Straßenbaulast weitergehende Änderungen, so hat er die Mehrkosten hierfür zu tragen.

(3) Wird eine Bundesfernstraße neu angelegt und wird gleichzeitig ein Gewässer hergestellt oder aus anderen als straßenbaulichen Gründen wesentlich umgestaltet, so dass eine neue Kreuzung entsteht, so haben der Träger der Straßenbaulast und der Unternehmer des Gewässerausbaus die Kosten der Kreuzung je zur Hälfte zu tragen.

(4) Kommt über die Kreuzungsmaßnahme oder ihre Kosten keine Einigung zustande, so ist darüber durch Planfeststellung zu entscheiden.

(5) § 41 des Bundeswasserstraßengesetzes[3)] bleibt unberührt.

[1)] § 12a Abs. 2 Satz 1 geänd. mWv 1.3.2010 durch G v. 31.7.2009 (BGBl. I S. 2585).
[2)] Nr. **845**.
[3)] Nr. **971**.

§ 13 Unterhaltung der Straßenkreuzungen. (1) Bei höhengleichen Kreuzungen hat der Träger der Straßenbaulast der Bundesfernstraße die Kreuzungsanlage zu unterhalten.

(2) Bei Über- oder Unterführungen hat das Kreuzungsbauwerk der Träger der Straßenbaulast der Bundesfernstraße, die übrigen Teile der Kreuzungsanlage der Träger der Straßenbaulast der Straße, zu der sie gehören, zu unterhalten.

(3) [1] In den Fällen des § 12 Abs. 1 hat der Träger der Straßenbaulast der neu hinzugekommenen Straße dem Träger der Straßenbaulast der vorhandenen Straße die Mehrkosten für die Unterhaltung zu erstatten, die ihm durch die Regelung nach den Absätzen 1 und 2 entstehen. [2] Die Mehrkosten sind auf Verlangen eines Beteiligten abzulösen.

(4) Nach einer wesentlichen Änderung einer bestehenden Kreuzung haben die Träger der Straßenbaulast ihre veränderten Kosten für Unterhaltung und Erneuerung sowie für Wiederherstellung im Fall der Zerstörung durch höhere Gewalt ohne Ausgleich zu tragen.

(5) Abweichende Regelungen werden in dem Zeitpunkt hinfällig, in dem nach Inkrafttreten dieses Gesetzes eine wesentliche Änderung an der Kreuzung durchgeführt ist.

(6) Die Vorschriften der Absätze 1 bis 4 gelten nicht, soweit etwas anderes vereinbart wird.

(7) Wesentliche Ergänzungen an Kreuzungsanlagen sind wie wesentliche Änderungen zu behandeln.

(8) § 12 Abs. 6 gilt entsprechend.

§ 13a Unterhaltung der Kreuzungen mit Gewässern. (1) [1] Der Träger der Straßenbaulast hat die Kreuzungsanlagen von Bundesfernstraßen und Gewässern auf seine Kosten zu unterhalten, soweit nichts anderes vereinbart oder durch Planfeststellung bestimmt wird. [2] Die Unterhaltungspflicht des Trägers der Straßenbaulast erstreckt sich nicht auf Leitwerke, Leitpfähle, Dalben, Absetzpfähle oder ähnliche Einrichtungen zur Sicherung der Durchfahrt unter Brücken im Zuge von Bundesfernstraßen für die Schifffahrt sowie auf Schifffahrtszeichen. [3] Soweit diese Einrichtungen auf Kosten des Trägers der Straßenbaulast herzustellen waren, hat dieser dem Unterhaltungspflichtigen die Unterhaltungskosten und die Kosten des Betriebs dieser Einrichtungen zu ersetzen oder abzulösen.

(2) [1] Wird im Fall des § 12a Abs. 2 eine neue Kreuzung hergestellt, hat der Träger des Ausbauvorhabens die Mehrkosten für die Unterhaltung und den Betrieb der Kreuzungsanlage zu erstatten oder abzulösen. [2] Ersparte Unterhaltungskosten für den Fortfall vorhandener Kreuzungsanlagen sind anzurechnen.

(3) Die Absätze 1 und 2 gelten nicht, wenn bei dem Inkrafttreten dieses Gesetzes die Tragung der Kosten auf Grund eines bestehenden Rechts anders geregelt ist.

(4) Die §§ 42 und 43 des Bundeswasserstraßengesetzes[1] bleiben unberührt.

---

[1] Nr. **971**.

§ 13b[1)] Ermächtigung zu Rechtsverordnungen. Das Bundesministerium für Verkehr und digitale Infrastruktur kann mit Zustimmung des Bundesrates Rechtsverordnungen erlassen, durch die

1. der Umfang der Kosten nach den §§ 12 und 12a näher bestimmt wird;
2. näher bestimmt wird, welche Teile der Kreuzungsanlage nach § 13 Abs. 1 und 2 zu der einen oder anderen Straße gehören;
3. die Berechnung und die Zahlung von Ablösungsbeträgen nach § 13 Abs. 3 und nach § 13a Abs. 2 näher bestimmt sowie dazu ein Verfahren zur gütlichen Beilegung von Streitigkeiten festgelegt werden.

§ 14[2)] Umleitungen. (1) Bei Sperrung von Bundesfernstraßen wegen vorübergehender Behinderung sind die Träger der Straßenbaulast anderer öffentlicher Straßen verpflichtet, die Umleitung des Verkehrs auf ihren Straßen zu dulden.

(2) Der Träger der Straßenbaulast der Umleitungsstrecke und die Straßenverkehrsbehörden sind vor der Sperrung zu unterrichten.

(3) [1]Im Benehmen mit dem Träger der Straßenbaulast der Umleitungsstrecke ist festzustellen, was notwendig ist, um die Umleitungsstrecke für die Aufnahme des zusätzlichen Verkehrs verkehrssicher zu machen. [2]Die hierfür nötigen Mehraufwendungen sind dem Träger der Straßenbaulast der Umleitungsstrecke zu erstatten. [3]Das gilt auch für Aufwendungen, die der Träger der Straßenbaulast der Umleitungsstrecke zur Beseitigung wesentlicher durch die Umleitung verursachter Schäden machen muss.

(4) [1]Muss die Umleitung ganz oder zum Teil über private Wege geleitet werden, die dem öffentlichen Verkehr dienen, so ist der Eigentümer zur Duldung der Umleitung auf schriftliche Anforderung durch die Straßenbaubehörde oder bei Umleitung von einer Bundesfernstraße, soweit dem Bund die Verwaltung einer Bundesfernstraße zusteht, durch die Gesellschaft privaten Rechts im Sinne des Infrastrukturgesellschaftserrichtungsgesetzes[3)] verpflichtet. [2]Absatz 3 Satz 1 und 2 gilt entsprechend. [3]Der Träger der Straßenbaulast ist verpflichtet, nach Aufhebung der Umleitung auf Antrag des Eigentümers den früheren Zustand des Weges wiederherzustellen.

(5) Die Abätze 1 bis 4 gelten entsprechend, wenn neue Bundesfernstraßen vorübergehend über andere öffentliche Straßen an das Bundesfernstraßennetz angeschlossen werden müssen.

§ 15[4)] Nebenbetriebe an den Bundesautobahnen. (1) Betriebe an den Bundesautobahnen, die den Belangen der Verkehrsteilnehmer der Bundesautobahnen dienen (z.B. Tankstellen, bewachte Parkplätze, Werkstätten, Verlade- und Umschlagsanlagen, Raststätten) und eine unmittelbare Zufahrt zu den Bundesautobahnen haben, sind Nebenbetriebe.

(2) [1]Der Bau von Nebenbetrieben kann auf Dritte übertragen werden. [2]Der Betrieb von Nebenbetrieben ist auf Dritte zu übertragen, soweit nicht öffentliche Interessen oder besondere betriebliche Gründe entgegenstehen. [3]Die Übertragung von Bau und Betrieb kann unter Auflagen und Bedingungen

---

[1)] § 13b einl. Satzteil geänd. mWv 8.9.2015 durch VO v. 31.8.2015 (BGBl. I S. 1474).
[2)] § 14 Abs. 4 Satz 1 geänd. mWv 1.1.2021 durch G v. 14.8.2017 (BGBl. I S. 3122).
[3)] **Sartorius III Nr. 152.**
[4)] § 15 Abs. 3 Satz 2 geänd. mWv 8.9.2015 durch VO v. 31.8.2015 (BGBl. I S. 1474).

sowie befristet erfolgen; der Vorbehalt der nachträglichen Aufnahme, Änderung oder Ergänzung einer Auflage (§ 36 des Verwaltungsverfahrensgesetzes[1)]) ist ausgeschlossen. [4]Die Übertragung erfolgt unter Voraussetzungen, die für jeden Dritten gleichwertig sind. [5]Dies gilt besonders für Betriebszeiten, das Vorhalten von betrieblichen Einrichtungen sowie Auflagen für die Betriebsführung. [6]Hoheitliche Befugnisse gehen nicht über; die §§ 4, 17 und 18f bis 19a finden Anwendung.

(3) [1]Für das Recht, einen Nebenbetrieb an der Bundesautobahn zu betreiben, hat der Konzessionsinhaber eine umsatz- oder absatzabhängige Konzessionsabgabe an den Bund zu entrichten. [2]Das Bundesministerium für Verkehr und digitale Infrastruktur wird ermächtigt, durch Rechtsverordnung[2)] im Einvernehmen mit dem Bundesministerium der Finanzen ohne Zustimmung des Bundesrates die Höhe der Konzessionsabgabe festzusetzen und die Voraussetzungen sowie das Verfahren zur Erhebung der Konzessionsabgabe zu regeln. [3]Die Höhe der Konzessionsabgabe hat sich an dem Wert des wirtschaftlichen Vorteils auszurichten, der dem Konzessionsinhaber durch das Recht zuwächst, einen Nebenbetrieb an der Bundesautobahn zu betreiben; sie darf höchstens 1,53 Euro pro einhundert Liter abgegebenen Kraftstoffs und höchstens 3 vom Hundert von anderen Umsätzen betragen. [4]Die Konzessionsabgabe ist an das Bundesamt für Güterverkehr zu entrichten.

(4) [1]Vorschriften über Sperrzeiten gelten nicht für Nebenbetriebe. [2]Alkoholhaltige Getränke dürfen in der Zeit von 0.00 Uhr bis 7.00 Uhr weder ausgeschenkt noch verkauft werden.

§ 16[3)] Planungen. (1) [1]Das Fernstraßen-Bundesamt bestimmt im Benehmen mit den Landesplanungsbehörden der beteiligten Länder die Planung und Linienführung der Bundesfernstraßen. [2]Dies gilt nicht für den Neubau von Ortsumgehungen. [3]Eine Ortsumgehung ist der Teil einer Bundesstraße, der der Beseitigung einer Ortsdurchfahrt dient.

(2) [1]Bei der Bestimmung der Linienführung sind die von dem Vorhaben berührten öffentlichen Belange einschließlich der Umweltverträglichkeit und des Ergebnisses des Raumordnungsverfahrens im Rahmen der Abwägung zu berücksichtigen. [2]Die Bestimmung der Linienführung ist innerhalb einer Frist von drei Monaten abzuschließen.

(3) [1]Wenn Ortsplanungen oder Landesplanungen die Änderung bestehender oder die Schaffung neuer Bundesfernstraßen zur Folge haben können, ist die zuständige Straßenbaubehörde des Landes oder das Fernstraßen-Bundesamt, soweit dem Bund die Verwaltung einer Bundesfernstraße zusteht, zu beteiligen. [2]Sie haben die Belange der Bundesfernstraßen in dem Verfahren zu vertreten. [3]Bundesplanungen haben grundsätzlich Vorrang vor Orts- und Landesplanungen.

[1)] Nr. **100**.

[2)] Siehe die BAB-KonzessionsabgabenVO v. 24.6.1997 (BGBl. I S. 1513), geänd. durch G v. 15.12. 2001 (BGBl. I S. 3762).

[3)] § 16 Abs. 1 Satz 1 geänd. mWv 8.9.2015 durch VO v. 31.8.2015 (BGBl. I S. 1474); Abs. 1 Satz 1 und Abs. 3 Satz 2 geänd., Abs. 3 Satz 1 neu gef. mWv 1.1.2021 durch G v. 14.8.2017 (BGBl. I S. 3122).

§ 16a[1] **Vorarbeiten.** (1) [1]Eigentümer und sonstige Nutzungsberechtigte haben zur Vorbereitung der Planung und der Baudurchführung notwendige Vermessungen, Boden- und Grundwasseruntersuchungen einschließlich der vorübergehenden Anbringung von Markierungszeichen und sonstigen Vorarbeiten durch die Straßenbaubehörde oder die Gesellschaft privaten Rechts im Sinne des Infrastrukturgesellschaftserrichtungsgesetzes[2] im Rahmen ihrer jeweiligen Zuständigkeiten oder von den zuständigen Behörden Beauftragte zu dulden. [2]Wohnungen dürfen nur mit Zustimmung des Wohnungsinhabers betreten werden. [3]Satz 2 gilt nicht für Arbeits-, Betriebs- oder Geschäftsräume während der jeweiligen Arbeits-, Geschäfts- oder Aufenthaltszeiten.

(2) Die Absicht, solche Arbeiten auszuführen, ist dem Eigentümer oder sonstigen Nutzungsberechtigten mindestens zwei Wochen vorher unmittelbar oder durch ortsübliche Bekanntmachung in den Gemeinden, in deren Bereich die Vorarbeiten durchzuführen sind, bekannt zu geben.

(3) [1]Entstehen durch eine Maßnahme nach Absatz 1 einem Eigentümer oder sonstigen Nutzungsberechtigten unmittelbare Vermögensnachteile, so hat der Träger der Straßenbaulast eine angemessene Entschädigung in Geld zu leisten. [2]Kommt eine Einigung über die Geldentschädigung nicht zustande, so setzt die nach Landesrecht zuständige Behörde auf Antrag der Straßenbaubehörde, der Gesellschaft privaten Rechts im Sinne des Infrastrukturgesellschaftserrichtungsgesetzes oder des Berechtigten die Entschädigung fest. [3]Vor der Entscheidung sind die Beteiligten zu hören.

§ 17[3] **Erfordernis der Planfeststellung und vorläufige Anordnung.**

(1) [1]Bundesfernstraßen dürfen nur gebaut oder geändert werden, wenn der Plan vorher festgestellt ist. [2]Eine Änderung liegt vor, wenn eine Bundesfernstraße

1. um einen oder mehrere durchgehende Fahrstreifen für den Kraftfahrzeugverkehr baulich erweitert wird oder
2. in sonstiger Weise erheblich baulich umgestaltet wird.

[3]Bei der Planfeststellung sind die von dem Vorhaben berührten öffentlichen und privaten Belange einschließlich der Umweltverträglichkeit im Rahmen der Abwägung zu berücksichtigen. [4]Für das Planfeststellungsverfahren gelten die §§ 72 bis 78 des Verwaltungsverfahrensgesetzes[4] nach Maßgabe dieses Gesetzes. [5]Die Maßgaben gelten entsprechend, soweit das Verfahren landesrechtlich durch ein Verwaltungsverfahrensgesetz geregelt ist.

(2) [1]Ist das Planfeststellungsverfahren eingeleitet, kann die Planfeststellungsbehörde nach Anhörung der betroffenen Gemeinde eine vorläufige Anordnung erlassen, in der vorbereitende Maßnahmen oder Teilmaßnahmen zum Bau oder zur Änderung festgesetzt werden,

1. soweit es sich um reversible Maßnahmen handelt,
2. wenn an dem vorzeitigen Beginn ein öffentliches Interesse besteht,

---

[1] § 16a Abs. 1 Satz 1 neu gef., Abs. 3 Satz 2 geänd. mWv 1.1.2021 durch G v. 14.8.2017 (BGBl. I S. 3122).

[2] **Sartorius III Nr. 152.**

[3] § 17 Überschrift neu gef., bish. Wortlaut wird Abs. 1, Abs. 2 angef. mWv 7.12.2018 durch G v. 29.11.2018 (BGBl. I S. 2237); Abs. 1 Satz 2 eingef., bish. Sätze 2–4 werden Sätze 3–5 mWv 13.3.2020 durch G v. 3.3.2020 (BGBl. I S. 433).

[4] Nr. **100**.

3. wenn mit einer Entscheidung zugunsten des Trägers des Vorhabens gerechnet werden kann und
4. wenn die nach § 74 Absatz 2 des Verwaltungsverfahrensgesetzes zu berücksichtigenden Interessen gewahrt werden.

[2] In der vorläufigen Anordnung sind die Auflagen zur Sicherung dieser Interessen und der Umfang der vorläufig zulässigen Maßnahmen festzulegen. [3] Sie ist den anliegenden Gemeinden sowie den Beteiligten zuzustellen oder ortsüblich bekannt zu machen. [4] Sie ersetzt nicht die Planfeststellung. [5] § 16a bleibt unberührt. [6] Soweit die vorbereitenden Maßnahmen oder Teilmaßnahmen zum Bau oder zur Änderung durch die Planfeststellung für unzulässig erklärt sind, ordnet die Planfeststellungsbehörde gegenüber dem Träger des Vorhabens an, den früheren Zustand wiederherzustellen. [7] Dies gilt auch, wenn der Antrag auf Planfeststellung zurückgenommen wurde. [8] Der Betroffene ist durch den Träger der Straßenbaulast zu entschädigen, soweit die Wiederherstellung des früheren Zustands nicht möglich oder mit unverhältnismäßig hohem Aufwand verbunden oder ein Schaden eingetreten ist, der durch die Wiederherstellung des früheren Zustandes nicht ausgeglichen wird. [9] Rechtsbehelfe gegen die vorläufige Anordnung haben keine aufschiebende Wirkung; ein Vorverfahren findet nicht statt. [10] Betrifft die vorläufige Anordnung ein Vorhaben im Sinne des § 17e Absatz 1, ist § 17e Absatz 1 und 5 in Bezug auf Rechtsbehelfe gegen die vorläufige Anordnung entsprechend anzuwenden.

§ 17a[1] Anhörungsverfahren. Für das Anhörungsverfahren gilt § 73 des Verwaltungsverfahrensgesetzes[2] mit folgenden Maßgaben:

1. Die Anhörungsbehörde kann auf eine Erörterung im Sinne des § 73 Absatz 6 des Verwaltungsverfahrensgesetzes und des § 18 Absatz 1 Satz 4 des Gesetzes über die Umweltverträglichkeitsprüfung[3] verzichten. Findet keine Erörterung statt, so hat die Anhörungsbehörde ihre Stellungnahme innerhalb von sechs Wochen nach Ablauf der Einwendungsfrist abzugeben und zusammen mit den sonstigen in § 73 Absatz 9 des Verwaltungsverfahrensgesetzes aufgeführten Unterlagen der Planfeststellungsbehörde zuzuleiten.
2. Soll ein ausgelegter Plan geändert werden, so kann im Regelfall von der Erörterung im Sinne des § 73 Absatz 6 des Verwaltungsverfahrensgesetzes und des § 18 Absatz 1 Satz 4 des Gesetzes über die Umweltverträglichkeitsprüfung abgesehen werden.

---

[1] § 17a Nr. 2 Satz 1 geänd. mWv 1.3.2010 durch G v. 29.7.2009 (BGBl. I S. 2542); Nr. 1–4 und Nr. 7 aufgeh., bish. Nr. 5 wird Nr. 1 und geänd., bish. Nr. 6 wird Nr. 2 und neu gef. mWv 1.6.2015 durch G v. 31.5.2013 (BGBl. I S. 1388, geänd. durch G v. 24.5.2014, BGBl. I S. 538); Nr. 2 geänd. mWv 2.6.2017 durch G v. 29.5.2017 (BGBl. I S. 1298); Nr. 2 geänd. mWv 29.7.2017 durch G v. 20.7.2017 (BGBl. I S. 2808, ber. 2018 S. 472); Nr. 1 Satz 1 neu gef. mWv 7.12.2018 durch G v. 29.11.2018 (BGBl. I S. 2237).

[2] Nr. **100**.

[3] Nr. **295**.

§ 17b[1)] Planfeststellungsbeschluss, Plangenehmigung. (1) Für Planfeststellungsbeschluss und Plangenehmigung gilt § 74 des Verwaltungsverfahrensgesetzes[2)] mit folgenden Maßgaben:

1. Abweichend von § 74 Absatz 6 Satz 1 Nummer 3 des Verwaltungsverfahrensgesetzes kann für ein Vorhaben, für das nach dem Gesetz über die Umweltverträglichkeitsprüfung eine Umweltverträglichkeitsprüfung durchzuführen ist, an Stelle eines Planfeststellungsbeschlusses eine Plangenehmigung erteilt werden. § 17a Nummer 1 Satz 1 gilt entsprechend. Im Übrigen findet das Gesetz über die Umweltverträglichkeitsprüfung[3)] mit Ausnahme des § 21 Absatz 3 Anwendung.
2. Die oberste Landesstraßenbaubehörde stellt den Plan fest, erteilt die Plangenehmigung und trifft die Entscheidung nach § 74 Abs. 7 des Verwaltungsverfahrensgesetzes, soweit sich aus § 2 Absatz 1 Satz 1 Nummer 4 und § 2 Absatz 2 und 3 und § 3 Absatz 3 Sätze 7 bis 11 des Fernstraßen-Bundesamt-Errichtungsgesetzes[4)] keine Zuständigkeit des Fernstraßen-Bundesamtes als Planfeststellungs- und Plangenehmigungsbehörde ergibt. Bestehen zwischen der obersten Landesstraßenbaubehörde oder dem Fernstraßen-Bundesamt, die den Plan im Rahmen ihrer jeweiligen Zuständigkeiten feststellen, und einer Bundesbehörde Meinungsverschiedenheiten, so ist vor der Planfeststellung die Weisung des Bundesministeriums für Verkehr und digitale Infrastruktur einzuholen.

(2) [1] Bebauungspläne nach § 9 des Baugesetzbuchs[5)] ersetzen die Planfeststellung nach § 17. [2] Wird eine Ergänzung notwendig oder soll von Festsetzungen des Bebauungsplans abgewichen werden, so ist die Planfeststellung insoweit zusätzlich durchzuführen. [3] In diesen Fällen gelten die §§ 40, 43 Abs. 1, 2, 4 und 5 sowie § 44 Abs. 1 bis 4 des Baugesetzbuchs.

§ 17c[6)] Rechtswirkungen der Planfeststellung und der Plangenehmigung. Für die Rechtswirkungen der Planfeststellung und Plangenehmigung gilt § 75 des Verwaltungsverfahrensgesetzes[2)] mit folgenden Maßgaben:

1. Wird mit der Durchführung des Plans nicht innerhalb von zehn Jahren nach Eintritt der Unanfechtbarkeit begonnen, so tritt er außer Kraft, es sei denn, er wird vorher auf Antrag des Trägers des Vorhabens von der Planfeststellungsbehörde um höchstens fünf Jahre verlängert.
2. Vor der Entscheidung nach Nummer 1 ist eine auf den Antrag begrenzte Anhörung nach dem für die Planfeststellung oder für die Plangenehmigung vorgeschriebenen Verfahren durchzuführen.

---

1) § 17b Abs. 1 Nr. 1–4 und Nr. 7 aufgeh., bish. Nr. 5 wird Nr. 1 und geänd., bish. Nr. 6 wird Nr. 2 mWv 1.6.2015 durch G v. 31.5.2013 (BGBl. I S. 1388, geänd. durch G v. 24.5.2014, BGBl. I S. 538); Abs. 1 Nr. 2 geänd. mWv 8.9.2015 durch VO v. 31.8.2015 (BGBl. I S. 1474); Abs. 1 Nr. 1 geänd. mWv 29.7.2017 durch G v. 20.7.2017 (BGBl. I S. 2808); Abs. 1 Nr. 2 geänd. mWv 1.1.2021 durch G v. 14.8.2017 (BGBl. I S. 3122); Abs. 1 Nr. 1 neu gef. mWv 7.12.2018 durch G v. 29.11.2018 (BGBl. I S. 2237).

2) Nr. **100**.

3) Nr. **295**.

4) **Sartorius III Nr. 155**.

5) Nr. **300**.

6) § 17c Nr. 4 aufgeh. mWv 1.6.2015 durch G v. 31.5.2013 (BGBl. I S. 1388, geänd. durch G v. 24.5.2014, BGBl. I S. 538).

3. Für die Zustellung und Auslegung sowie die Anfechtung der Entscheidung über die Verlängerung sind die Bestimmungen über den Planfeststellungsbeschluss entsprechend anzuwenden.

§ 17d[1] Planänderung vor Fertigstellung des Vorhabens. [1] Für die Planergänzung und das ergänzende Verfahren im Sinne des § 75 Abs. 1a Satz 2 des Verwaltungsverfahrensgesetzes[2] und für die Planänderung vor Fertigstellung des Vorhabens gilt § 76 des Verwaltungsverfahrensgesetzes mit der Maßgabe, dass im Fall des § 76 Abs. 1 des Verwaltungsverfahrensgesetzes von einer Erörterung im Sinne des § 73 Abs. 6 des Verwaltungsverfahrensgesetzes und des § 18 Absatz 1 Satz 4 des Gesetzes über die Umweltverträglichkeitsprüfung[3] abgesehen werden kann. [2] Im Übrigen gelten für das neue Verfahren die Vorschriften dieses Gesetzes.

§ 17e[4] Rechtsbehelfe. (1) § 50 Abs. 1 Nr. 6 der Verwaltungsgerichtsordnung[5] gilt für Vorhaben im Sinne des § 17 Absatz 1, soweit die Vorhaben Bundesfernstraßen betreffen, die wegen

1. der Herstellung der Deutschen Einheit,
2. der Einbindung der neuen Mitgliedstaaten in die Europäische Union,
3. der Verbesserung der Hinterlandanbindung der deutschen Seehäfen,
4. ihres sonstigen internationalen Bezuges,
5. der besonderen Funktion zur Beseitigung schwerwiegender Verkehrsengpässe oder
6. ihrer Bedeutung bei der Verbesserung der Infrastruktur in den Revieren nach § 2 des Investitionsgesetzes Kohleregionen vom 8. August 2020 (BGBl. I S. 1795)

in der Anlage aufgeführt sind.

(2) [1] Die Anfechtungsklage gegen einen Planfeststellungsbeschluss oder eine Plangenehmigung für den Bau oder die Änderung von Bundesfernstraßen, für die nach dem Fernstraßenausbaugesetz[6] vordringlicher Bedarf festgestellt ist, hat keine aufschiebende Wirkung. [2] Der Antrag auf Anordnung der aufschiebenden Wirkung der Anfechtungsklage gegen einen Planfeststellungsbeschluss oder eine Plangenehmigung nach § 80 Abs. 5 Satz 1 der Verwaltungsgerichtsordnung kann nur innerhalb eines Monats nach der Zustellung des Planfeststellungsbeschlusses oder der Plangenehmigung gestellt und begründet werden. [3] Darauf ist in der Rechtsbehelfsbelehrung hinzuweisen. [4] § 58 der Verwaltungsgerichtsordnung gilt entsprechend.

(3) [1] Der Antrag nach § 80 Abs. 5 Satz 1 in Verbindung mit Abs. 2 Nr. 4 der Verwaltungsgerichtsordnung auf Wiederherstellung der aufschiebenden Wirkung einer Anfechtungsklage gegen einen Planfeststellungsbeschluss oder eine

---

[1] § 17d Satz 1 geänd. mWv 2.6.2017 durch G v. 29.5.2017 (BGBl. I S. 1298); Satz 1 geänd. mWv 29.7.2017 durch G v. 20.7.2017 (BGBl. I S. 2808, ber. 2018 S. 472).

[2] Nr. **100**.

[3] Nr. **295**.

[4] § 17e Abs. 6 aufgeh. mWv 1.6.2015 durch G v. 31.5.2013 (BGBl. I S. 1388, geänd. durch G v. 24.5.2014, BGBl. I S. 538); Abs. 1 einl. Satzteil geänd., Abs. 5 neu gef. mWv 7.12.2018 durch G v. 29.11.2018 (BGBl. I S. 2237); Abs. 1 Nr. 4 und 5 geänd., Nr. 6 angef. mWv 14.8.2020 durch G v. 8.8.2020 (BGBl. I S. 1795).

[5] Nr. **600**.

[6] **Sartorius III Nr. 146.**

Plangenehmigung für den Bau oder die Änderung einer Bundesfernstraße, für die ein unvorhergesehener Verkehrsbedarf im Sinne des § 6 des Fernstraßenausbaugesetzes besteht oder die der Aufnahme in den Bedarfsplan nicht bedarf, kann nur innerhalb eines Monats nach Zustellung der Entscheidung über die Anordnung der sofortigen Vollziehung gestellt und begründet werden. [2] Darauf ist in der Anordnung der sofortigen Vollziehung hinzuweisen. [3] § 58 der Verwaltungsgerichtsordnung gilt entsprechend.

(4) [1] Treten in den Fällen des Absatzes 2 oder 3 später Tatsachen ein, die die Anordnung oder Wiederherstellung der aufschiebenden Wirkung rechtfertigen, so kann der durch den Planfeststellungsbeschluss oder die Plangenehmigung Beschwerte einen hierauf gestützten Antrag nach § 80 Abs. 5 Satz 1 der Verwaltungsgerichtsordnung innerhalb einer Frist von einem Monat stellen. [2] Die Frist beginnt mit dem Zeitpunkt, in dem der Beschwerte von den Tatsachen Kenntnis erlangt.

(5) [1] Der Kläger hat innerhalb einer Frist von zehn Wochen ab Klageerhebung die zur Begründung seiner Klage dienenden Tatsachen und Beweismittel anzugeben. [2] Erklärungen und Beweismittel, die erst nach Ablauf dieser Frist vorgebracht werden, sind nur zuzulassen, wenn der Kläger die Verspätung genügend entschuldigt. [3] Der Entschuldigungsgrund ist auf Verlangen des Gerichts glaubhaft zu machen. [4] Satz 2 gilt nicht, wenn es mit geringem Aufwand möglich ist, den Sachverhalt auch ohne Mitwirkung des Klägers zu ermitteln. [5] Die Frist nach Satz 1 kann durch den Vorsitzenden oder den Berichterstatter auf Antrag verlängert werden, wenn der Kläger in dem Verfahren, in dem die angefochtene Entscheidung ergangen ist, keine Möglichkeit der Beteiligung hatte. [6] § 6 des Umwelt-Rechtsbehelfsgesetzes[1)] ist nicht anzuwenden.

§ 17f Anlagen der Verkehrsüberwachung, der Unfallhilfe und des Zolls. [1] Die der Sicherheit und Ordnung dienenden Anlagen an Bundesfernstraßen, wie Polizeistationen, Einrichtungen der Unfallhilfe, Hubschrauberlandeplätze, können, wenn sie eine unmittelbare Zufahrt zu den Bundesfernstraßen haben, zur Festsetzung der Flächen in die Planfeststellung einbezogen werden. [2] Das Gleiche gilt für Zollanlagen an Bundesfernstraßen.

§ 17g[2)] Veröffentlichung im Internet. [1] Wird der Plan nicht nach § 27a Absatz 1 des Verwaltungsverfahrensgesetze[3)]s oder § 20 des Gesetzes über die Umweltverträglichkeitsprüfung[4)] zugänglich gemacht, ist dieser vom Träger des Vorhabens zur Bürgerinformation über das Internet zugänglich zu machen. [2] § 23 des Gesetzes über die Umweltverträglichkeitsprüfung gilt entsprechend. [3] Maßgeblich ist der Inhalt des im Rahmen des Genehmigungsverfahrens zur Einsicht ausgelegten Plans. [4] Hierauf ist bei der Zugänglichmachung hinzuweisen.

§ 17h[5)] Projektmanager. [1] Die Anhörungsbehörde kann einen Dritten mit der Vorbereitung und Durchführung von Verfahrensschritten, insbesondere

[1)] Nr. **293**.
[2)] § 17g eingef. mWv 7.12.2018 durch G v. 29.11.2018 (BGBl. I S. 2237).
[3)] Nr. **100**.
[4)] Nr. **295**.
[5)] § 17h eingef. mWv 7.12.2018 durch G v. 29.11.2018 (BGBl. I S. 2237).

1. der Erstellung von Verfahrensleitplänen unter Bestimmung von Verfahrensabschnitten und Zwischenterminen,
2. der Fristenkontrolle,
3. der Koordinierung von erforderlichen Sachverständigengutachten,
4. dem Entwurf eines Anhörungsberichts,
5. der ersten Auswertung der eingereichten Stellungnahmen,
6. der organisatorischen Vorbereitung eines Erörterungstermins und
7. der Leitung eines Erörterungstermins

auf Vorschlag oder mit Zustimmung des Vorhabenträgers beauftragen. [2] § 73 Absatz 9 des Verwaltungsverfahrensgesetzes[1)] bleibt unberührt. [3] Die Entscheidung über den Planfeststellungsantrag verbleibt bei der zuständigen Behörde.

§ 18f[2)] Vorzeitige Besitzeinweisung. (1) [1] Ist der sofortige Beginn von Bauarbeiten geboten und weigert sich der Eigentümer oder Besitzer, den Besitz eines für die Straßenbaumaßnahme benötigten Grundstücks durch Vereinbarung unter Vorbehalt aller Entschädigungsansprüche zu überlassen, so hat die Enteignungsbehörde den Träger der Straßenbaulast auf Antrag nach Feststellung des Plans oder Erteilung der Plangenehmigung in den Besitz einzuweisen. [2] Der Planfeststellungsbeschluss oder die Plangenehmigung müssen vollziehbar sein. [3] Weiterer Voraussetzungen bedarf es nicht.

(2) [1] Die Enteignungsbehörde hat spätestens sechs Wochen nach Eingang des Antrages auf Besitzeinweisung mit den Beteiligten mündlich zu verhandeln. [2] Hierzu sind die Straßenbaubehörde, sofern eine Bundesfernstraße, soweit dem Bund die Verwaltung einer Bundesfernstraße zusteht, betroffen ist, die Gesellschaft privaten Rechts im Sinne des Infrastrukturgesellschaftserrichtungsgesetzes[3)] und die Betroffenen zu laden. [3] Dabei ist den Betroffenen der Antrag auf Besitzeinweisung mitzuteilen. [4] Die Ladungsfrist beträgt drei Wochen. [5] Mit der Ladung sind die Betroffenen aufzufordern, etwaige Einwendungen gegen den Antrag möglichst vor der mündlichen Verhandlung bei der Enteignungsbehörde einzureichen. [6] Sie sind außerdem darauf hinzuweisen, dass auch bei Nichterscheinen über den Antrag auf Besitzeinweisung und andere im Verfahren zu erledigende Anträge entschieden werden kann.

(3) [1] Soweit der Zustand des Grundstücks von Bedeutung ist, hat ihn die Enteignungsbehörde vor der Besitzeinweisung in einer Niederschrift festzustellen oder durch einen Sachverständigen ermitteln zu lassen. [2] Den Beteiligten ist eine Abschrift der Niederschrift oder des Ermittlungsergebnisses zu übersenden.

(4) [1] Der Beschluss über die Besitzeinweisung ist dem Antragsteller und den Betroffenen spätestens zwei Wochen nach der mündlichen Verhandlung zuzustellen. [2] Die Besitzeinweisung wird in dem von der Enteignungsbehörde bezeichneten Zeitpunkt wirksam. [3] Dieser Zeitpunkt soll auf höchstens zwei Wochen nach Zustellung der Anordnung über die vorzeitige Besitzeinweisung an den unmittelbaren Besitzer festgesetzt werden. [4] Durch die Besitzeinweisung wird dem Besitzer der Besitz entzogen und der Träger der Straßenbaulast Besitzer. [5] Der Träger der Straßenbaulast darf auf dem Grundstück das im

---

1) Nr. **100**.

2) § 18f Abs. 7 Satz 1 geänd., Satz 2 angef. mWv 13.3.2020 durch G v. 3.3.2020 (BGBl. I S. 433); Abs. 2 Satz 2 geänd. mWv 1.1.2021 durch G v. 14.8.2017 (BGBl. I S. 3122).

3) **Sartorius III Nr. 152.**

Antrag auf Besitzeinweisung bezeichnete Bauvorhaben ausführen und die dafür erforderlichen Maßnahmen treffen.

(5) [1] Der Träger der Straßenbaulast hat für die durch die vorzeitige Besitzeinweisung entstehenden Vermögensnachteile Entschädigung zu leisten, soweit die Nachteile nicht durch die Verzinsung der Geldentschädigung für die Entziehung oder Beschränkung des Eigentums oder eines anderen Rechts ausgeglichen werden. [2] Art und Höhe der Entschädigung sind von der Enteignungsbehörde in einem Beschluss festzusetzen.

(6) [1] Wird der festgestellte Plan oder die Plangenehmigung aufgehoben, so ist auch die vorzeitige Besitzeinweisung aufzuheben und der vorherige Besitzer wieder in den Besitz einzuweisen. [2] Der Träger der Straßenbaulast hat für alle durch die vorzeitige Besitzeinweisung entstandenen besonderen Nachteile Entschädigung zu leisten.

(6a) [1] Ein Rechtsbehelf gegen eine vorzeitige Besitzeinweisung hat keine aufschiebende Wirkung. [2] Der Antrag auf Anordnung der aufschiebenden Wirkung nach § 80 Abs. 5 Satz 1 der Verwaltungsgerichtsordnung[1)] kann nur innerhalb eines Monats nach der Zustellung des Besitzeinweisungsbeschlusses gestellt und begründet werden.

(7) [1] Die Absätze 1 bis 6a gelten entsprechend für Grundstücke, die für die in § 17f genannten Anlagen oder für Unterhaltungsmaßnahmen benötigt werden. [2] Bei Unterhaltungsmaßnahmen bedarf es nicht der vorherigen Planfeststellung oder Plangenehmigung.

§ 19[2)] Enteignung. (1) [1] Die Träger der Straßenbaulast der Bundesfernstraßen haben zur Erfüllung ihrer Aufgaben das Enteignungsrecht. [2] Die Enteignung ist zulässig, soweit sie zur Unterhaltung oder Ausführung eines nach § 17 Absatz 1 festgestellten oder genehmigten Bauvorhabens notwendig ist. [3] Einer weiteren Feststellung der Zulässigkeit der Enteignung bedarf es nicht.

(2) Der festgestellte oder genehmigte Plan ist dem Enteignungsverfahren zugrunde zu legen und für die Enteignungsbehörde bindend.

(2a) Hat sich ein Beteiligter mit der Übertragung oder Beschränkung des Eigentums oder eines anderen Rechts schriftlich einverstanden erklärt, kann das Entschädigungsverfahren unmittelbar durchgeführt werden.

(2b) Die Absätze 1, 2 und 2a gelten für die in § 17f genannten Anlagen entsprechend.

(3) (weggefallen)

(4) (weggefallen)

(5) Im Übrigen gelten die für öffentliche Straßen geltenden Enteignungsgesetze der Länder.

§ 19a[3)] Entschädigungsverfahren. Soweit der Träger der Straßenbaulast nach §§ 8a, 9, 17 Absatz 2 oder auf Grund eines Planfeststellungsbeschlusses oder einer Plangenehmigung verpflichtet ist, eine Entschädigung in Geld zu leisten, und über die Höhe der Entschädigung keine Einigung zwischen dem

---

[1)] Nr. **600**.

[2)] § 19 Abs. 1 Satz 2 geänd. mWv 7.12.2018 durch G v. 29.11.2018 (BGBl. I S. 2237); Abs. 1 Satz 2 geänd. mWv 13.3.2020 durch G v. 3.3.2020 (BGBl. I S. 433).

[3)] § 19a geänd. mWv 1.6.2015 durch G v. 31.5.2013 (BGBl. I S. 1388, geänd. durch G v. 24.5. 2014, BGBl. I S. 538); geänd. mWv 7.12.2018 durch G v. 29.11.2018 (BGBl. I S. 2237).

Betroffenen und dem Träger der Straßenbaulast zustande kommt, entscheidet auf Antrag eines der Beteiligten die nach Landesrecht zuständige Behörde; für das Verfahren und den Rechtsweg gelten die Enteignungsgesetze der Länder entsprechend.

§ 20[1] **Straßenaufsicht.** (1) [1] Die Erfüllung der Aufgaben, die den Trägern der Straßenbaulast für die Bundesfernstraßen obliegen, wird durch die Straßenaufsicht sichergestellt. [2] Die Länder üben die Straßenaufsicht für die Bundesstraßen im Auftrag des Bundes aus, im Bereich der Bundesfernstraßen, soweit dem Bund die Verwaltung einer Bundesfernstraße zusteht, übt sie das Fernstraßen-Bundesamt aus.

(2) [1] Die Straßenaufsichtsbehörde kann die Durchführung der notwendigen Maßnahmen unter Setzung einer angemessenen Frist anordnen. [2] Sie soll Maßnahmen, die mehrere Träger der Straßenbaulast durchzuführen haben, diesen rechtzeitig bekannt geben, damit sie möglichst zusammenhängend ausgeführt werden. [3] Kommt ein Träger der Straßenbaulast der Anordnung nicht nach, kann die Straßenaufsichtsbehörde die notwendigen Maßnahmen an seiner Stelle und auf seine Kosten verfügen und vollziehen.

§ 21 Verwaltung der Bundesstraßen in den Ortsdurchfahrten. [1] Soweit die Gemeinden nach § 5 Abs. 2 und 3 Träger der Straßenbaulast sind, richtet sich die Zuständigkeit zur Verwaltung der Ortsdurchfahrten nach Landesrecht. [2] Dieses regelt auch, wer insoweit zuständige Straßenbaubehörde im Sinne dieses Gesetzes ist.

§ 22[2] **Zuständigkeit; Verordnungsermächtigung.** (1) Das Bundesministerium für Verkehr und digitale Infrastruktur wird ermächtigt, durch Rechtsverordnung ohne Zustimmung des Bundesrates die dem Fernstraßen-Bundesamt und der Gesellschaft privaten Rechts im Sinne des Infrastrukturgesellschaftserrichtungsgesetzes[3] nach dem Bundesfernstraßengesetz zugewiesenen Befugnisse und Aufgaben auf andere Bundesbehörden oder andere vom Bund gegründete Gesellschaften, die im ausschließlichen Eigentum des Bundes stehen müssen, zu übertragen.

(2) [1] Im Fall des Artikels 90 Absatz 4 oder des Artikels 143e Absatz 2 des Grundgesetzes[4] treten an die Stelle der im Gesetz genannten Straßenbaubehörden der Länder die vom Bundesministerium für Verkehr und digitale Infrastruktur bestimmten Bundesbehörden oder die Gesellschaft privaten Rechts im Sinne des Infrastrukturgesellschaftserrichtungsgesetzes. [2] Dies gilt auch für die nach § 36 des Gesetzes über Ordnungswidrigkeiten[5] zu bestimmende Behörde.

(3) [1] Im Rahmen der Auftragsverwaltung richtet sich das Verfahren für die Beitreibung von Ersatzleistungen (§ 7), Sondernutzungsgebühren sowie Vorschüssen und Sicherheiten (§ 8) und das Verfahren in den Fällen, in denen die

---

[1] § 20 Abs. 1 Satz 2 neu gef. mWv 1.1.2021 durch G v. 14.8.2017 (BGBl. I S. 3122).

[2] § 22 Abs. 1 und 2 Satz 1, Abs. 4 Satz 3 geänd. mWv 8.9.2015 durch VO v. 31.8.2015 (BGBl. I S. 1474); Abs. 1 neu gef. mWv 1.1.2020, Überschrift neu gef., Abs. 2 Satz 1 geänd., Abs. 3 Satz 2 angef. mWv 1.1.2021 durch G v. 14.8.2017 (BGBl. I S. 3122); Abs. 2 Satz 1 neu gef., Abs. 5 geänd. mWv 7.12.2018 durch G v. 29.11.2018 (BGBl. I S. 2237).

[3] **Sartorius III Nr. 152.**

[4] Nr. 1.

[5] **Schönfelder Nr. 94.**

Behörde Maßnahmen nach § 8 Abs. 7a trifft oder in denen jemand zur Duldung oder Unterlassung verpflichtet ist (§§ 11 und 14), nach Landesrecht. [2] Im Übrigen gilt Bundesrecht.

(4) [1] Soweit nach diesem Gesetz die Zuständigkeit von Landesbehörden begründet ist, bestimmen die Länder die zuständigen Behörden. [2] Sie sind ermächtigt, die Zuständigkeit der obersten Straßenbaubehörden der Länder, soweit sie nach diesem Gesetz begründet ist, auf nachgeordnete Behörden zu übertragen. [3] Das Bundesministerium für Verkehr und digitale Infrastruktur ist hiervon zu unterrichten.

(5) Soweit Selbstverwaltungskörperschaften in der Auftragsverwaltung tätig werden (Artikel 90 Absatz 3 des Grundgesetzes), sind ihre Behörden nach Maßgabe des Landesrechts an Stelle der Behörden des Landes zuständig.

§ 23[1] Ordnungswidrigkeiten. (1) Ordnungswidrig handelt, wer vorsätzlich oder fahrlässig

1. entgegen § 8 Abs. 1 eine Bundesfernstraße über den Gemeingebrauch hinaus ohne Erlaubnis benutzt,
2. nach § 8 Abs. 2 erteilten vollziehbaren Auflagen nicht nachkommt,
3. entgegen § 8 Abs. 2a
   a) Anlagen nicht vorschriftsmäßig errichtet oder unterhält oder
   b) auf vollziehbares Verlangen der zuständigen Behörde Anlagen auf seine Kosten nicht ändert,
4. entgegen § 8a Abs. 1 in Verbindung mit § 8 Abs. 1 Zufahrten oder Zugänge ohne Erlaubnis anlegt oder ändert,
5. entgegen § 8a Abs 3 in Verbindung mit § 8 Abs. 2a Zufahrten oder Zugänge nicht vorschriftsmäßig unterhält,
6. einer nach § 8a Abs. 6 ergangenen vollziehbaren Anordnung nicht nachkommt,
7. entgegen § 9 Abs. 1 oder 4 Hochbauten oder bauliche Anlagen errichtet oder Aufschüttungen oder Abgrabungen größeren Umfangs vornimmt,
8. Anlagen der Außenwerbung entgegen § 9 Abs. 6 Satz 1 in Verbindung mit den Absätzen 1 und 2 errichtet oder entgegen § 9 Abs. 6 Satz 2 an Brücken über Bundesfernstraßen anbringt,
9. vollziehbaren Auflagen nicht nachkommt, unter denen eine Ausnahme nach § 9 Abs. 8 von den Verboten des § 9 Abs. 1, 4 und 6 zugelassen wurde,
10. entgegen § 9a Abs. 1 Satz 1 auf der vom Plan betroffenen Fläche oder in dem Planungsgebiet nach Absatz 3 Veränderungen vornimmt,
11. entgegen § 10 Abs 2 Satz 1 Schutzwaldungen nicht erhält oder nicht ordnungsgemäß unterhält,
12. entgegen § 11 Abs. 1 die Anlage vorübergehender Einrichtungen nicht duldet oder entgegen § 11 Abs. 2 Satz 1 Einrichtungen, die die Verkehrssicherheit beeinträchtigen, anlegt oder entgegen § 11 Abs. 2 Satz 2 ihre Beseitigung nicht duldet,
13. entgegen § 16a Abs. 1 Satz 1 notwendige Vorarbeiten oder die vorübergehende Anbringung von Markierungszeichen nicht duldet.

---

[1] § 23 Abs. 3 angef. mWv 1.1.2021 durch G v. 14.8.2017 (BGBl. I S. 3122).

(2) Ordnungswidrigkeiten nach Absatz 1 Nr. 1 bis 6 und 11 bis 13 können mit einer Geldbuße bis zu fünfhundert Euro, Ordnungswidrigkeiten nach Absatz 1 Nr. 7 bis 10 können mit einer Geldbuße bis zu fünftausend Euro geahndet werden.

(3) Verwaltungsbehörde im Sinne des § 36 Absatz 1 Nummer 1 des Gesetzes über Ordnungswidrigkeiten[1] ist das Fernstraßen-Bundesamt für Ordnungswidrigkeiten nach Absatz 1 auf oder an Bundesfernstraßen, soweit dem Bund die Verwaltung einer Bundesfernstraße zusteht.

§ 24[2] Übergangs- und Schlussbestimmungen. (1) [1]Vor dem 17. Dezember 2006 beantragte Planfeststellungsverfahren oder Plangenehmigungsverfahren werden nach den Vorschriften dieses Gesetzes in der ab dem 17. Dezember 2006 geltenden Fassung weitergeführt. [2]§ 11 Abs. 2 des Verkehrswegeplanungsbeschleunigungsgesetzes[3] bleibt unberührt.

(2) § 17c gilt auch für Planfeststellungsbeschlüsse und Plangenehmigungen, die vor dem 17. Dezember 2006 erlassen worden sind, soweit der Plan noch nicht außer Kraft getreten ist.

(3) (weggefallen)

(4) Die bisherigen Reichsautobahnen und Reichsstraßen, die nach dem Gesetz über die vermögensrechtlichen Verhältnisse der Bundesautobahnen und sonstigen Bundesstraßen des Fernverkehrs[4] vom 2. März 1951 (BGBl. I S. 157) Bundesautobahnen und Bundesstraßen sind, sind Bundesautobahnen und Bundesstraßen im Sinne dieses Gesetzes.

(5) (weggefallen)

(6) Beginn und Ende der Ortsdurchfahrten bemessen sich nach ihrer Festsetzung nach §§ 13 ff. der Verordnung zur Durchführung des Gesetzes über die einstweilige Neuregelung des Straßenwesens und der Straßenverwaltung vom 7. Dezember 1934 (RGBl. I S. 1237), bis sie nach § 5 Abs. 4 neu festgesetzt werden.

(7) Waldungen, die Schutzwaldungen nach § 9 des Reichsautobahngesetzes vom 29. Mai 1941 (RGBl. I S. 313) sind, gelten als Schutzwaldungen nach § 10.

(8) (weggefallen)

(9) Sind in Rechtsvorschriften aus der Zeit vor dem 23. Mai 1949 die Worte „Reichsautobahnen" oder „Reichsstraßen" gebraucht, so treten an ihre Stelle die Worte „Bundesautobahnen" oder „Bundesstraßen".

(10) Wo in anderen Gesetzen für das Unternehmen „Reichsautobahnen" besondere Rechte und Pflichten begründet sind, tritt an seine Stelle der Bund.

(11) [1]Das Bundesministerium für Verkehr und digitale Infrastruktur ist ermächtigt, im Einvernehmen mit dem Bundesministerium der Finanzen durch Rechtsverordnung, die der Zustimmung des Bundesrates bedarf, Brücken im Zuge von Bundesfernstraßen, die in der Baulast der Länder oder öffentlich-rechtlicher Selbstverwaltungskörperschaften stehen, in die Baulast des Bundes

[1] **Schönfelder Nr. 94.**

[2] § 24 Abs. 11 Satz 1 geänd. mWv 8.9.2015 durch VO v. 31.8.2015 (BGBl. I S. 1474); Abs. 13 angef. mWv 13.3.2020 durch G v. 3.3.2020 (BGBl. I S. 433).

[3] **Sartorius III Nr. 145.**

[4] Nr. **930**.

zu übernehmen und die zur Überleitung notwendigen Maßnahmen zu treffen. [2] In der Rechtsverordnung können auch die nach den üblichen Berechnungsarten zu ermittelnden Ablösungsbeträge festgesetzt werden.

(12) Für Sondernutzungen, die bei Inkrafttreten dieses Gesetzes durch bürgerlich-rechtliche Verträge vereinbart sind, gelten die Vorschriften über Sondernutzungen (§ 8) von dem Zeitpunkt an, zu dem die Verträge erstmals nach Inkrafttreten dieses Gesetzes kündbar sind.

(13) Vor dem 13. März 2020 beantragte Planfeststellungsverfahren oder Plangenehmigungsverfahren werden nach den Vorschriften dieses Gesetzes in der vor dem 13. März 2020 geltenden Fassung weitergeführt.

§ 25 (Aufhebung von Vorschriften)

§ 26 (weggefallen)

§ 27 (Inkrafttreten)

Anlage[1)]
(zu § 17e Abs. 1)

Bundesfernstraßen mit erstinstanzlicher Zuständigkeit des Bundesverwaltungsgerichts

Vorbemerkung:

Im Sinne dieser Anlage bedeuten

1. A: Autobahn
2. B: Bundesstraße
3. L: Landesstraße
4. E: Europastraße
5. OU: Ortsumgehung

Zu den Bundesfernstraßen gehören auch die für den Betrieb von Bundesfernstraßen notwendigen Anlagen. Die Bundesfernstraßen beginnen und enden jeweils an den Knotenpunkten, an denen sie mit dem bestehenden Straßennetz verbunden sind.

(Fortsetzung nächstes Blatt)

[1)] Anlage neu gef. mWv 5.7.2017 durch G v. 27.6.2017 (BGBl. I S. 2082); geänd. mWv 7.12.2018 durch G v. 29.11.2018 (BGBl. I S. 2237); geänd. mWv 14.8.2020 durch G v. 8.8.2020 (BGBl. I S. 1795).

zu übernehmen und die zur Überleitung notwendigen Maßnahmen zu treffen. [2]In der Rechtsverordnung können auch die nach den üblichen Berechnungsarten zu ermittelnden Ablösungsbeträge festgesetzt werden.

(12) Für Sondernutzungen, die bei Inkrafttreten dieses Gesetzes durch bürgerlich-rechtliche Verträge vereinbart sind, gelten die Vorschriften über Sondernutzungen (§ 8) von dem Zeitpunkt an, zu dem die Verträge erstmals nach Inkrafttreten dieses Gesetzes kündbar sind.

(13) Vor dem 13. März 2020 beantragte Planfeststellungsverfahren oder Plangenehmigungsverfahren werden nach den Vorschriften dieses Gesetzes in der vor dem 13. März 2020 geltenden Fassung weitergeführt.

§ 25 (Aufhebung von Vorschriften)

§ 26 (weggefallen)

§ 27 (Inkrafttreten)

Anlage[1)]
(zu § 17e Abs. 1)

Bundesfernstraßen mit erstinstanzlicher Zuständigkeit des Bundesverwaltungsgerichts

Vorbemerkung:

Im Sinne dieser Anlage bedeuten

1. A: Autobahn
2. B: Bundesstraße
3. L: Landesstraße
4. E: Europastraße
5. OU: Ortsumgehung

Zu den Bundesfernstraßen gehören auch die für deren Betrieb von Bundesfernstraßen notwendigen Anlagen. Die Bundesfernstraßen beginnen und enden jeweils an den Knotenpunkten, an denen sie mit dem bestehenden Straßennetz verbunden sind.

(Fortsetzung nächstes Blatt)

[1)] Anlage angef. mWv 5.7.2017 durch G v. 29.6.2017 (BGBl. I S. 2082); geänd. mWv 7.12.2018 durch G v. 29.11.2018 (BGBl. I S. 2237); geänd. mWv 14.8.2020 durch G v. 3.8.2020 (BGBl. I S. 1795).

niedergelegten Grundsätze. [2] Sie untersucht auf Antrag eines Mitgliedstaats oder von Amts wegen in Verbindung mit den zuständigen Behörden der Mitgliedstaaten, die ihr Amtshilfe zu leisten haben, die Fälle, in denen Zuwiderhandlungen gegen diese Grundsätze vermutet werden. [3] Stellt sie eine Zuwiderhandlung fest, so schlägt sie geeignete Mittel vor, um diese abzustellen.

(2) [1] Wird die Zuwiderhandlung nicht abgestellt, so trifft die Kommission in einem mit Gründen versehenen Beschluss die Feststellung, dass eine derartige Zuwiderhandlung vorliegt. [2] Sie kann den Beschluss veröffentlichen und die Mitgliedstaaten ermächtigen, die erforderlichen Abhilfemaßnahmen zu treffen, deren Bedingungen und Einzelheiten sie festlegt.

(3) Die Kommission kann Verordnungen zu den Gruppen von Vereinbarungen erlassen, zu denen der Rat nach Artikel 103 Absatz 2 Buchstabe b eine Verordnung oder Richtlinie erlassen hat.

Art. 106 [Öffentliche Unternehmen; Dienstleistungen von allgemeinem wirtschaftlichem Interesse] (1) Die Mitgliedstaaten werden in Bezug auf öffentliche Unternehmen und auf Unternehmen, denen sie besondere oder ausschließliche Rechte gewähren, keine den Verträgen und insbesondere den Artikeln 18 und 101 bis 109 widersprechende Maßnahmen treffen oder beibehalten.

(2) [1] Für Unternehmen, die mit Dienstleistungen von allgemeinem wirtschaftlichem Interesse betraut sind oder den Charakter eines Finanzmonopols haben, gelten die Vorschriften der Verträge, insbesondere die Wettbewerbsregeln, soweit die Anwendung dieser Vorschriften nicht die Erfüllung der ihnen übertragenen besonderen Aufgabe rechtlich oder tatsächlich verhindert. [2] Die Entwicklung des Handelsverkehrs darf nicht in einem Ausmaß beeinträchtigt werden, das dem Interesse der Union zuwiderläuft.

(3) Die Kommission achtet auf die Anwendung dieses Artikels und richtet erforderlichenfalls geeignete Richtlinien oder Beschlüsse an die Mitgliedstaaten.

Abschnitt 2. Staatliche Beihilfen

Art. 107 [Beihilfeverbot; Ausnahmen] (1) Soweit in den Verträgen nicht etwas anderes bestimmt ist, sind staatliche oder aus staatlichen Mitteln gewährte Beihilfen gleich welcher Art, die durch die Begünstigung bestimmter Unternehmen oder Produktionszweige den Wettbewerb verfälschen oder zu verfälschen drohen, mit dem Binnenmarkt unvereinbar, soweit sie den Handel zwischen Mitgliedstaaten beeinträchtigen.

(2) Mit dem Binnenmarkt vereinbar sind:

a) Beihilfen sozialer Art an einzelne Verbraucher, wenn sie ohne Diskriminierung nach der Herkunft der Waren gewährt werden;

b) Beihilfen zur Beseitigung von Schäden, die durch Naturkatastrophen oder sonstige außergewöhnliche Ereignisse entstanden sind;

c) Beihilfen für die Wirtschaft bestimmter, durch die Teilung Deutschlands betroffener Gebiete der Bundesrepublik Deutschland, soweit sie zum Ausgleich der durch die Teilung verursachten wirtschaftlichen Nachteile erforderlich sind. Der Rat kann fünf Jahre nach dem Inkrafttreten des Vertrags von Lissabon auf Vorschlag der Kommission einen Beschluss erlassen, mit dem dieser Buchstabe aufgehoben wird.

(3) Als mit dem Binnenmarkt vereinbar können angesehen werden:

a) Beihilfen zur Förderung der wirtschaftlichen Entwicklung von Gebieten, in denen die Lebenshaltung außergewöhnlich niedrig ist oder eine erhebliche Unterbeschäftigung herrscht, sowie der in Artikel 349 genannten Gebiete unter Berücksichtigung ihrer strukturellen, wirtschaftlichen und sozialen Lage;

b) Beihilfen zur Förderung wichtiger Vorhaben von gemeinsamem europäischem Interesse oder zur Behebung einer beträchtlichen Störung im Wirtschaftsleben eines Mitgliedstaats;

c) Beihilfen zur Förderung der Entwicklung gewisser Wirtschaftszweige oder Wirtschaftsgebiete, soweit sie die Handelsbedingungen nicht in einer Weise verändern, die dem gemeinsamen Interesse zuwiderläuft;

d) Beihilfen zur Förderung der Kultur und der Erhaltung des kulturellen Erbes, soweit sie die Handels- und Wettbewerbsbedingungen in der Union nicht in einem Maß beeinträchtigen, das dem gemeinsamen Interesse zuwiderläuft;

e) sonstige Arten von Beihilfen, die der Rat durch einen Beschluss auf Vorschlag der Kommission bestimmt.

Art. 108 [Beihilfeaufsicht] (1) [1]Die Kommission überprüft fortlaufend in Zusammenarbeit mit den Mitgliedstaaten die in diesen bestehenden Beihilferegelungen. [2]Sie schlägt ihnen die zweckdienlichen Maßnahmen vor, welche die fortschreitende Entwicklung und das Funktionieren des Binnenmarkts erfordern.

(2) *[1]* Stellt die Kommission fest, nachdem sie den Beteiligten eine Frist zur Äußerung gesetzt hat, dass eine von einem Staat oder aus staatlichen Mitteln gewährte Beihilfe mit dem Binnenmarkt nach Artikel 107 unvereinbar ist oder dass sie missbräuchlich angewandt wird, so beschließt sie, dass der betreffende Staat sie binnen einer von ihr bestimmten Frist aufzuheben oder umzugestalten hat.

[2] Kommt der betreffende Staat diesem Beschluss innerhalb der festgesetzten Frist nicht nach, so kann die Kommission oder jeder betroffene Staat in Abweichung von den Artikeln 258 und 259 den Gerichtshof der Europäischen Union unmittelbar anrufen.

[3] [1]Der Rat kann einstimmig auf Antrag eines Mitgliedstaats beschließen, dass eine von diesem Staat gewährte oder geplante Beihilfe in Abweichung von Artikel 107 oder von den nach Artikel 109 erlassenen Verordnungen als mit dem Binnenmarkt vereinbar gilt, wenn außergewöhnliche Umstände einen solchen Beschluss rechtfertigen. [2]Hat die Kommission bezüglich dieser Beihilfe das in Unterabsatz 1 dieses Absatzes vorgesehene Verfahren bereits eingeleitet, so bewirkt der Antrag des betreffenden Staates an den Rat die Aussetzung dieses Verfahrens, bis der Rat sich geäußert hat.

[4] Äußert sich der Rat nicht binnen drei Monaten nach Antragstellung, so beschließt die Kommission.

(3) [1]Die Kommission wird von jeder beabsichtigten Einführung oder Umgestaltung von Beihilfen so rechtzeitig unterrichtet, dass sie sich dazu äußern

Für handschriftliche Notizen

Für handschriftliche Notizen

Für handschriftliche Notizen

Für handschriftliche Notizen

Für handschriftliche Notizen

Für handschriftliche Notizen

Für handschriftliche Notizen

Für handschriftliche Notizen

Für handschriftliche Notizen

Für handschriftliche Notizen

Für handschriftliche Notizen

Für handschriftliche Notizen

Für handschriftliche Notizen

Für handschriftliche Notizen

Für handschriftliche Notizen

Für handschriftliche Notizen

Für handschriftliche Notizen

Für handschriftliche Notizen

Für handschriftliche Notizen

Für handschriftliche Notizen